김동준
객관식 문제집

소방관계법규

CONTENTS

문제

PART 01 소방기본법

제1장 총칙	6
제2장 소방장비 및 소방용수시설 등	6
제3장 소방활동 등	27
제4장 소방산업의 육성·진흥 및 지원 등	27
제5장 한국소방안전원	52
제6장 보칙	52
제7장 벌칙	52

PART 02 소방시설의 설치 및 관리에 관한 법률

제1장 총칙	62
제2장 소방시설등의 설치·관리 및 방염	76
제3장 소방시설등의 자체점검	113
제4장 소방시설관리사 및 소방시설관리업	124
제5장 소방용품의 품질관리	133
제6장 보칙, 제7장 벌칙	137

PART 03 소방의 화재조사에 관한 법률

제1장 총칙, 제2장 화재조사의 실시 등	146
제3장 화재조사 결과의 공표 등, 제4장 화재조사 기반구축, 제5장 벌칙	152

LEVEL 1
소방관계법규 객관식 문제집

PART 04 화재의 예방 및 안전관리에 관한 법률

제1장 총칙, 제2장 화재의 예방 및 안전관리 기본계획의 수립·시행
제3장 화재안전조사 156
제4장 화재의 예방조치 등 165
제5장 소방대상물의 소방안전관리 179
제6장 특별관리시설물의 소방안전 관리, 제7장 보칙, 제8장 벌칙 194

PART 05 소방시설공사업법

제1장 총칙, 제2장 소방시설업, 제3장 소방시설공사등 204
제4장 소방기술자, 제5장 소방시설업자협회, 제6장 보칙, 제7장 벌칙 241

PART 06 위험물안전관리법

제1장 총칙, 제2장 위험물시설의 설치 및 변경, 제3장 위험물시설의 안전관리 256
제4장 위험물의 운반 등, 제5장 감독 및 조치명령, 제6장 보칙, 제7장 벌칙 292

2025

LEVEL 1
문제

PART 01 소방기본법

| 제1장 | 총칙 |
| 제2장 | 소방장비 및 소방용수시설 등 |

01 ⓘ①②③
다음 중 소방기본법의 목적에 포함된다고 볼 수 없는 것은?

① 화재를 예방·경계하거나 진압하는 것
② 국민의 생명·신체 및 재산을 보호하는 것
③ 공공의 안녕 및 질서 유지에 이바지하는 것
④ 복리증진 및 국민경제에 이바지하는 것

02 ⓘ①②③
다음 중 괄호 안에 들어갈 말로 적절한 것을 고르시오.

> 이 법은 화재를 (㉠), (㉡)하거나 (㉢)하고, 화재·재난·재해 그 밖의 위급한 상황에서의 구조, 구급활동 등을 통하여 국민의 생명, 신체 및 재산을 보호함으로써 공공의 (㉣) 및 질서 유지와 복리증진에 이바지함을 목적으로 한다.

	㉠	㉡	㉢	㉣
①	예방,	대비,	복구,	안전
②	방지,	경계,	진압,	이익
③	예방,	경계,	진압,	안녕
④	대비,	진압,	경계,	안녕

03 ⓘ①②③
「소방기본법」상 소방대상물이 아닌 것은?

① 산림
② 선박 건조 구조물
③ 항해중인 선박
④ 차량

04

「소방기본법」상 용어에 대한 설명으로 옳은 것과 옳지 않은 것의 조합으로 맞는 것은?

> ㉠ "특정소방대상물"이란 건축물, 차량, 선박(「선박법」에 따른 선박으로서 항구에 매어둔 선박만 해당한다), 선박 건조 구조물, 산림, 그 밖의 인공 구조물 또는 물건을 말한다.
> ㉡ "소방대장"(消防隊長)이란 소방본부장 또는 소방서장 등 화재, 재난·재해, 그 밖의 위급한 상황이 발생한 현장에서 소방대를 지휘하는 사람을 말한다.
> ㉢ "관계인"이란 소방대상물의 소유자·관계자 또는 점유자를 말한다.
> ㉣ "소방본부장"이란 특별시·광역시·특별자치시·도 또는 특별자치도에서 화재의 예방·경계·진압·조사 및 구조·구급 등의 업무를 담당하는 부서의 장을 말한다.
> ㉤ "이웃지역"이란 소방대상물이 있는 장소 및 그 이웃 지역으로서 화재의 예방·경계·진압, 구조·구급 등의 활동에 필요한 지역을 말한다.

① ㉠ (X), ㉡ (O), ㉢ (X), ㉣ (O), ㉤ (X)
② ㉠ (O), ㉡ (O), ㉢ (O), ㉣ (O), ㉤ (O)
③ ㉠ (X), ㉡ (O), ㉢ (O), ㉣ (O), ㉤ (X)
④ ㉠ (O), ㉡ (X), ㉢ (X), ㉣ (X), ㉤ (O)

05

「소방기본법」상 화재를 진압하고 화재, 재난·재해, 그 밖의 위급한 상황에서의 구조·구급활동 등을 하기 위한 소방대가 아닌 것은?

① 소방공무원
② 의무소방원
③ 의용소방대원
④ 자체소방대원

06

「소방기본법」상 다음 보기 중 타당하지 않은 것은?

> ㉠ 차량 또는 산림은 소방대상물에 포함되지 않는다.
> ㉡ 관계인은 소방대상물의 소유자·관리자 또는 점유자를 말한다.
> ㉢ 소방대는 소방공무원, 의용소방원, 의무소방대원으로 구성된다.
> ㉣ 소방대장은 화재 등이 발생한 현장에서 소방대를 지휘하는 자를 말한다.

① ㉠, ㉡
② ㉠, ㉢
③ ㉡, ㉢
④ ㉡, ㉣

07

「소방기본법」 상 보기에서 설명하는 것은 무엇인가?

> (   )이란 특별시·광역시·특별자치시·도 또는 특별자치도에서 화재의 예방·경계·진압·조사 및 구조·구급 등의 업무를 담당하는 부서의 장을 말한다.

① 소방청장 ② 소방본부장
③ 소방서장 ④ 소방대장

08

「소방기본법」 상 보기의 설명 중 옳은 것은?

> ㉠ 소방본부장·소방서장 및 소방대장은 종합상황실을 설치·운영할 수 있다.
> ㉡ 수도사업자는 소방활동에 필요한 소화전·급수탑·저수조를 설치하고 유지·관리하여야 한다.
> ㉢ 소방본부장 또는 소방서장은 소방청장의 지휘와 감독을 받는다.
> ㉣ 시·도지사는 소방체험관을, 소방청장은 소방박물관을 설립하여 운영하여야 한다.

① ㉠, ㉡ ② ㉢, ㉣
③ ㉠, ㉣ ④ 없음

09

다음 중 시·도의 조례로 정하는 사항으로 옳지 않은 것은?

① 소방체험관의 설립 및 운영에 관한 사항
② 소방의 날 행사에 관하여 필요한 사항
③ 시장지역에서 연막소독을 하려는 자의 신고사항
④ 강제처분을 위해서 견인차량과 인력 등을 지원한 자에게 지급되는 비용의 기준

10 ◉①②③
다음 중 「소방기본법」에서 규정하고 있는 것으로 옳지 않은 것은?

① 119종합상황실의 설치에 관한 사항
② 소방업무에 관한 종합계획의 수립에 관한 사항
③ 소방자동차의 보험 가입에 관한 사항
④ 구조대 및 구급대의 편성과 운영에 관한 사항

11 ◉①②③
「소방기본법」상 다음 내용의 설명 중 옳은 것은?

① 소방청장은 소방행정발전에 공로가 있다고 인정되는 사람 외의 자에 대해서는 명예직의 소방대원으로 위촉할 수 없다.
② 국민의 안전의식과 화재에 대한 경각심을 높이고 안전문화의 정착을 위하여 매년 12월 9일을 소방의 날로 정하고 있다.
③ 소방청장은 화재, 재난·재해, 그 밖의 위급한 상황으로부터 국민의 생명·신체 및 재산을 보호하기 위하여 소방업무에 관한 종합계획을 5년마다 수립·시행하여야 하고, 이에 필요한 재원을 확보하도록 노력하여야 한다.
④ 소방업무를 수행하는 소방본부장 또는 소방서장은 그 소재지를 관할하는 시·도지사의 지휘와 감독을 받지 않는다.

12 ◉①②③
「소방기본법」상 행정안전부령으로 정하는 사항으로 옳지 않은 것은?

① 119종합상황실의 설치·운영에 필요한 사항
② 소방기관이 소방업무를 수행하는 데에 필요한 인력과 장비 등에 관한 기준
③ 소방안전교육사 시험의 응시자격, 시험방법, 시험과목, 시험위원, 그 밖에 소방안전교육사 시험의 실시에 필요한 사항
④ 화재예방, 소방활동 또는 소방훈련을 위하여 사용되는 소방신호의 종류와 방법

13

「소방기본법」 및 같은 법 시행규칙상 정의에 대한 설명으로 옳지 않은 것은?

① "소방업무"란 시·도의 화재 예방·경계·진압 및 조사, 소방안전교육·홍보와 화재, 재난·재해, 그 밖의 위급한 상황에서의 구조·구급 등의 업무를 말한다.
② "소방대"란 화재를 진압하고 화재, 재난·재해 그 밖의 위급한 상황에서의 구조·구급활동 등을 하기 위하여 소방공무원·의용소방원 및 의무소방대원으로 구성된 조직체를 말한다.
③ "종합상황실의 실장"이란 종합상황실에 근무하는 자 중 최고직위에 있는 자(최고직위에 있는 자가 2인 이상인 경우에는 선임자)를 말한다.
④ "소방력"이란 소방기관이 소방업무를 수행하는 데에 필요한 인력과 장비 등을 말한다.

14

「소방기본법」상 119 종합상황실에 대한 설명이다. 빈칸에 알맞은 말은 무엇인가?

> 소방청장, 소방본부장 및 소방서장은 화재, 재난·재해, 그 밖에 구조·구급이 필요한 상황이 발생하였을 때에 신속한 소방활동(소방업무를 위한 모든 활동을 말한다)을 위한 정보의 (　　　　　　　　　　　　) 등의 업무를 수행하기 위하여 119종합상황실을 설치·운영하여야 한다.

① 수집·분석과 판단·전파, 상황관리, 현장 지휘 및 조정·통제
② 수요조사·분석과 판단·전달, 상황정보, 현장 지휘 및 조정·통제
③ 수집·분석과 판단·전달, 상황정보, 현장 지휘 및 조정·통제
④ 수요조사·분석과 판단·전달, 상황관리, 현장 지휘 및 조정·통제

15

「소방기본법 시행규칙」상 119 종합상황실에 대한 다음 설명 중 가장 타당하지 않은 것은?

① 종합상황실에 시·도지사가 정하는 유·무선통신시설을 갖추어야 한다.
② 종합상황실에 「소방력 기준에 관한 규칙」에 의한 전산·통신요원을 배치해야 한다.
③ 종합상황실은 24시간 운영체제를 유지하여야 한다.
④ 종합상황실은 소방청과 특별시·광역시·특별자치시·도 또는 특별자치도의 소방본부 및 소방서에 각각 설치·운영하여야 한다.

16 「소방기본법 시행규칙」상 직상급의 종합상황실에 대한 보고수단으로 소방기본법령에 명시되어 있지 않은 것은?

㉠ 팩스 ㉡ 전령 ㉢ 구두 ㉣ 서면

① ㉠, ㉡
② ㉡, ㉢
③ ㉡, ㉣
④ ㉢, ㉣

17 「소방기본법 시행규칙」상 직상급 종합상황실에 대한 보고대상(상황)으로 보기 어려운 것은?

① 사망자가 4인이고 부상자가 7인 발생한 화재
② 층수가 4층이고 객실이 30실 이상인 숙박시설에서 발생한 화재
③ 층수가 4층이고 병상이 30개 이상인 한방병원에서 발생한 화재
④ 항구에 매어둔 모든 선박에서 발생한 화재

18 「소방기본법 시행규칙」상 소방서의 종합상황실의 경우 소방본부의 종합상황실에 보고해야 하는 상황으로 옳지 않은 것은?

① 병상이 30개인 요양소에서 발생한 화재
② 지정수량의 1천배 위험물의 제조소·저장소·취급소에서 발생한 화재
③ 항구에 매어둔 총 톤수가 1천 톤의 선박에서 발생한 화재
④ 객실이 20실인 관광호텔에서 발생한 화재

19

「소방기본법 시행규칙」상 119종합상황실에 즉시 보고해야 하는 상황으로 옳은 것과 옳지 않은 것의 조합이 맞는 것은?

> ㉠ 이재민이 100인 이상 발생한 화재
> ㉡ 연면적 1만 제곱미터 이상인 공장에서 발생한 화재
> ㉢ 가스 및 화약류의 폭발에 의한 화재
> ㉣ 층수가 5층 이상이거나 병상이 30개 이상인 정신병원에서 발생한 화재
> ㉤ 언론에 보도된 재난상황

① ㉠(X), ㉡(O), ㉢(X), ㉣(O), ㉤(X)
② ㉠(O), ㉡(X), ㉢(O), ㉣(O), ㉤(O)
③ ㉠(X), ㉡(O), ㉢(O), ㉣(O), ㉤(X)
④ ㉠(O), ㉡(X), ㉢(O), ㉣(X), ㉤(O)

20

「소방기본법 시행규칙」상 소방정보통신망을 구축·운영에 대한 설명이다. 빈칸의 내용으로 옳은 것은?

> 소방정보통신망이 안정적으로 운영될 수 있도록 ( ) 이상 소방정보통신망을 주기적으로 점검·관리해야 한다.

① 월 1회
② 연 1회
③ 분기에 1회
④ 반기에 1회

21

「소방기본법」상 119종합상황실 등의 효율적 운영을 위하여 소방정보통신망을 구축·운영할 수 있는 주체로 옳은 것은?

① 소방본부장
② 소방서장
③ 소방대장
④ 시·도지사

22

「소방기본법 시행령」상 소방기술민원센터에 대한 설명이다. 빈칸의 내용으로 옳은 것은?

> 소방기술민원센터는 센터장을 포함하여 (   )명 이내로 구성한다.

① 12
② 15
③ 18
④ 21

23

「소방기본법 시행령」상 소방기술민원센터의 업무 중 옳지 않은 것은?

① 소방기술민원과 관련된 현장 처리
② 소방시설, 소방공사와 위험물 안전관리 등과 관련된 법령해석 등의 민원의 처리
③ 소방기술민원과 관련된 질의회신집 발간
④ 소방기술민원과 관련된 정보시스템의 제작

24

「소방기본법」및 같은 법 시행령상 소방기술민원센터에 대한 내용으로 옳지 않은 것은?

① 소방청장 또는 소방본부장은 소방기술민원센터의 업무수행을 위하여 필요하다고 인정하는 경우에는 관계 기관의 장에게 소속 공무원 또는 직원의 파견을 요청할 수 있다.
② 소방기술민원센터는 소방기술민원과 관련된 업무로서 소방청장 또는 소방본부장이 필요하다고 인정하여 지시하는 업무를 수행한다.
③ 소방기술민원센터의 업무에는 소방기술민원과 관련된 정보시스템의 운영·관리, 소방기술민원과 관련된 질의회신집 및 해설서 발간등이 있다.
④ 규정한 사항 외에 소방기술민원센터의 설치·운영에 필요한 사항은 소방청에 설치하는 경우에는 소방청장이 정하고, 소방본부에 설치하는 경우에는 해당 소방본부장이 정한다.

25

「소방기본법」상 소방박물관 등의 설립과 운영에 관하여 알맞은 것은?

> 소방의 역사와 안전문화를 발전시키고 국민의 안전의식을 높이기 위하여 (㉠)은(는) (㉡)을, (㉢)은(는) (㉣)[화재 현장에서의 (㉤) 등을 체험할 수 있는 체험관을 말한다.]을 설립하여 운영할 수 있다.

	㉠	㉡	㉢	㉣	㉤
①	소방청장	소방박물관	시·도지사	소방체험관	피난
②	시·도지사	소방박물관	소방청장	소방체험관	피난
③	소방본부장	소방박물관	시·도지사	소방체험관	재난
④	시·도지사	소방박물관	소방본부장	소방체험관	재난

26

「소방기본법」및 같은 법 시행규칙상 소방박물관의 설립과 운영에 대한 다음 설명 중 옳은 것은?

① 소방청장은 소방박물관을 설립·운영하는 경우에는 소방박물관장 1인과 부관장 2인을 두어야 한다.
② 설립된 소방박물관의 관광업무·조직·운영위원회의 구성 등에 관하여 필요한 사항은 소방청장이 정한다.
③ 소방박물관에는 그 운영에 관한 중요한 사항을 심의하기 위하여 9인 이내의 위원으로 구성된 운영위원회를 둔다.
④ 소방박물관의 설립과 운영에 관하여 필요한 사항은 소방청장이 정한다.

27

「소방기본법」상 소방체험관에 대한 다음 설명 중 가장 타당하지 않은 것은?

① 시·도지사는 소방체험관을 설립하여 운영할 수 있다.
② 소방체험관의 역할은 안전문화를 발전시키고 국민의 안전의식을 높이기 위한 것이다.
③ 소방체험관이란 화재 및 각종 재난·재해 현장에서의 피난 등을 체험할 수 있는 체험관을 말한다.
④ 소방체험관의 설립과 운영에 관하여 필요한 사항은 행정안전부령으로 정하는 기준에 따라 시·도의 조례로 정한다.

28 「소방기본법 시행규칙」상 소방체험관의 체험교육 인력의 자격 기준에서 체험실별 체험교육을 총괄하는 교수요원으로 해당하지 않는 사람은?

① 소방 관련학과의 석사학위 이상을 취득한 사람
② 간호사 또는 「의료법」에 따른 간호조무사 자격을 취득한 사람
③ 5년 이상 근무한 소방공무원 중 시·도지사가 체험실의 교수요원으로 적합하다고 인정하는 사람
④ 소방활동이나 생활안전활동을 3년 이상 수행한 경력이 있는 사람

29 다음 중 소방본부장 또는 소방서장의 권한이 아닌 것은?

① 소방활동으로 인한 민·형사상 책임의 소송지원
② 소방박물관 설립·운영
③ 소방업무의 응원요청
④ 소방대원의 소방교육·훈련

30 「소방기본법」상 종합계획의 내용 중 옳지 않은 것은 몇 개인가?

㉠ 소방서비스의 질 향상을 위한 정책의 기본방향
㉡ 소방업무에 필요한 체계의 구축, 소방기술의 연구·개발 및 보급
㉢ 소방업무에 필요한 국고보조
㉣ 소방전문인력 양성
㉤ 소방업무의 교육 및 홍보

① 1개 ② 2개
③ 3개 ④ 4개

31 ①②③
「소방기본법」상 소방업무에 관한 종합계획의 수립·시행하여야 하는 자와 기간으로 옳은 것은?

① 국가 - 5년마다
② 소방청장 - 5년마다
③ 소방청장 - 매년
④ 시·도지사 - 매년

32 ①②③
「소방기본법」 및 같은 법 시행령상 소방업무에 관한 종합계획 및 세부계획의 수립·시행에 대하여 옳지 않은 것은?

① 종합계획에는 소방업무에 필요한 체계의 구축, 소방기술의 연구·개발 및 보급의 사항이 포함되어야 한다.
② 시·도지사는 종합계획의 시행에 필요한 세부계획을 계획 시행 전년도 10월 31일까지 수립하여 소방청장에게 제출하여야 한다.
③ 시·도지사는 관할 지역의 특성을 고려하여 종합계획의 시행에 필요한 세부계획을 매년 수립하여 소방청장에게 제출하여야 하며, 세부계획에 따른 소방업무를 성실히 수행하여야 한다.
④ 소방청장은 수립한 종합계획을 관계 중앙행정기관의 장, 시·도지사에게 통보하여야 한다.

33 ①②③
「소방기본법 시행령」상 소방업무에 관한 종합계획을 수립하여야 하는 시기로 옳은 것은?

① 계획 시행 연도 12월 31일까지
② 계획 시행 전년도 12월 31일까지
③ 계획 시행 연도 10월 31일까지
④ 계획 시행 전년도 10월 31일까지

34

「소방기본법」상 소방력에 관한 다음 보기의 설명 중 옳지 않은 것은?

> ㉠ 소방력이란 소방기관이 소방업무를 수행하는 데에 필요한 인력과 장비 등을 말한다.
> ㉡ 소방청장은 소방력을 확충하기 위하여 필요한 계획을 수립하여 시행하여야 한다.
> ㉢ 소방자동차 등 소방장비의 분류·표준화와 그 관리 등에 관하여 필요한 사항은 행정안전부령으로 정한다.
> ㉣ 소방력에 관한 기준은 행정안전부령으로 정한다.

① ㉠, ㉡
② ㉠, ㉢
③ ㉡, ㉢
④ ㉢, ㉣

35

「소방기본법 시행규칙」상 소방체험관의 시설 기준 중 소방체험관에 갖추어야 하는 체험실에 해당하지 않는 것은?

① 지질성 재난 체험실
② 보행안전 체험실
③ 시설안전 체험실
④ 전기안전 체험실

36

「소방기본법 시행규칙」상 체험실별 체험교육을 총괄하는 교수요원의 자격 기준에 대한 설명이다. 빈칸의 내용으로 옳은 것은?(법 기준상)

> • 소방공무원 중 「소방기본법」에 따른 소방활동이나 생활안전활동을 (㉠)년 이상 수행한 경력이 있는 사람
> • (㉡)년 이상 근무한 소방공무원 중 시·도지사가 체험실의 교수요원으로 적합하다고 인정하는 사람

	㉠	㉡
①	2	5
②	3	5
③	2	8
④	3	8

37
「소방기본법」상 법률적 성격이 다른 하나는?

① 소방용수시설과 비상소화장치의 설치 기준
② 국고보조대상 사업의 범위와 기준보조율
③ 소방의 역사와 안전문화를 발전시키고 국민의 안전의식을 높이기 위하여 소방청장의 소방박물관 설립·운영에 관한 기준
④ 소방기관이 소방업무를 수행하는 데에 필요한 인력과 장비 등에 관한 기준

38
「소방기본법」및 같은 법 시행규칙상 소방장비 등의 국고보조에 대한 다음 설명 중 가장 타당하지 않은 것은?

① 국가는 소방장비의 구입 등 시·도의 소방업무에 필요한 경비를 일부 보조한다.
② 국고보조의 대상사업의 범위와 기준보조율은 대통령령으로 정한다.
③ 수입물품에 대한 국고보조산정의 기준가격은 조달청에서 조사한 정부고시가격으로 적용한다.
④ 정부고시가격 또는 조달청에서 조사한 해외시장의 시가가 없는 물품은 2 이상의 공신력 있는 물가조사기관에서 조사한 가격의 평균 가격으로 적용한다.

39
「소방기본법 시행령」상 국고보조의 대상으로 볼 수 없는 것은?

| ㉠ 소방헬리콥터 | ㉡ 소방서장용 자동차 |
| ㉢ 소방정 | ㉣ 소방용수시설 |

① ㉠, ㉡
② ㉡, ㉢
③ ㉡, ㉣
④ ㉢, ㉣

40
「소방기본법 시행령」상 국고보조대상 중 소방활동장비와 설비의 구입 및 설치에 해당되지 않는 것은?

① 방화복
② 소방관서용 청사
③ 소방정
④ 소방전용통신설비

41
「소방기본법 시행규칙」상 국고보조 대상이 되는 소방활동장비로 옳지 않은 것은?

① 240마력 이상의 물탱크 소방차
② 비활성가스를 이용한 화학소방차
③ 공중전력 50와트 이하의 고정용 무선통신기기
④ 사다리의 길이가 33m 이상인 고가사다리 소방차

42
「소방기본법 시행규칙」상 국고보조 대상이 되는 소방활동장비에 대한 설명으로 옳지 않은 것은?

① 소방정(구조정) : 30톤급
② 소방헬리콥터 : 5~17인승
③ 구조차(대형) : 240마력 이상
④ 화학소방차(고성능) : 330마력 이상

43
「소방기본법」상 소방용수시설에 대한 다음 설명 중 옳지 않은 것은?

① 소방용수시설이란 소방활동에 필요한 소화전·급수탑·저수조를 말한다.
② 소방용수시설과 비상소화장치의 설치의 기준은 행정안전부령으로 정한다.
③ 소방서장은 소방용수시설을 설치하고 유지·관리하여야 한다.
④ 수도법에 따라 소화전을 설치하는 일반수도사업자는 관할 소방서장과 사전협의를 거친 후 소화전을 설치하여야 한다.

44 ①❷❸

「소방기본법 시행령」 및 「화재의 예방 및 안전관리에 관한 법률」상 비상소화장치의 설치대상 지역으로 옳지 않은 것은?

① 위험물의 저장 및 처리시설이 밀집한 지역
② 목조건물이 밀집한 지역
③ 소방용수시설 또는 소방출동로가 없는 지역
④ 관할 소방서장이 비상소화장치의 설치가 필요하다고 인정하는 지역

45 ①❷❸

「소방기본법 시행규칙」상 소방서장이 소방활동을 위하여 매월 1회 이상 조사하여 그 결과를 2년간 보관하여야 하는 시설로 옳지 않은 것은?

① 급수탑
② 소화전
③ 소화수조
④ 저수조

46 ❶❷❸

「소방기본법 시행규칙」상 지하에 설치하는 소화전 또는 저수조의 경우 소방용수표지의 맨홀뚜껑은 지름 몇 mm 이상의 것으로 해야 하는가? (다만, 승하강식 소화전의 경우에는 이를 적용하지 아니한다)

① 65mm
② 100mm
③ 140mm
④ 648mm

47 ❶❷❸

「소방기본법 시행규칙」상 지상에 설치하는 소화전·저수조 및 급수탑의 소방용수표지 기준으로 옳은 것은?

	안쪽문자	안쪽바탕	바깥쪽바탕
①	흰색	붉은색	파란색
②	붉은색	흰색	파란색
③	파란색	흰색	파란색
④	흰색	파란색	붉은색

48 ●❶❷❸
「소방기본법 시행규칙」상 지하에 설치하는 소화전의 소방용수표지를 설명한 것으로 옳은 것은?

① 승하강식 소화전의 경우 맨홀뚜껑은 지름 648밀리미터 이상의 것으로 하여야 한다.
② 맨홀뚜껑에는 "저수조·주정차금지"의 표시를 하여야 한다.
③ 맨홀뚜껑 부근에는 노란색 반사도료로 폭 15센티미터의 선을 그 둘레를 따라 칠하여야 한다.
④ 안쪽 문자는 흰색, 바깥쪽 문자는 노란색으로, 안쪽 바탕은 붉은색, 바깥쪽 바탕은 파란색으로 하고, 반사재료를 사용해야 한다.

49 ●❶❷❸
「소방기본법 시행규칙」상 소방용수시설의 설치기준에 대한 다음 설명 중 옳은 것은?

① 주거·상업·공업지역 외의 지역은 소방대상물과의 수평거리를 140m 이하가 되도록 설치하여야 한다.
② 소방대상물과의 수평거리를 공업지역은 100m 이상이 되도록 설치하여야 한다.
③ 소방대상물과의 수평거리를 주거지역은 100m 이상이 되도록 설치하여야 한다.
④ 소방대상물과의 수평거리를 상업지역은 100m 이상이 되도록 설치하여야 한다.

50 ●❶❷❸
「소방기본법 시행규칙」상 소방용수시설별 설치기준에 대한 설명 중 옳은 것은?

① 소방용호스와 연결하는 소화전의 연결금속구의 구경은 70mm로 할 것
② 급수탑의 급수배관의 구경은 100mm 이상으로 할 것
③ 저수조는 지면으로부터의 낙차가 4.5m 이상일 것
④ 급수탑의 개폐밸브는 지상에서 1.7m 이하의 위치에 설치하도록 할 것

51 ①②③
「소방기본법 시행규칙」상 저수조의 설치기준에 대한 다음 설명 중 옳지 않은 것은?

① 흡수에 지장이 없도록 토사 및 쓰레기 등을 제거할 수 있는 설비를 갖출 것
② 흡수부분의 수심이 0.5m 이상일 것
③ 흡수관의 투입구가 원형의 경우에는 지름이 60cm 이상일 것
④ 흡수관의 투입구가 사각형의 경우에는 대각선의 길이가 60cm 이상일 것

52 ①②③
「소방기본법 시행규칙」상 소화전의 설치기준으로 옳은 것은?

① 개폐밸브는 지상에서 1.5미터 이상 1.7미터 이하의 위치에 설치하도록 할 것
② 소방용호스와 연결하는 소화전의 연결금속구의 구경은 65밀리미터로 할 것
③ 물을 공급하는 방법은 상수도에 연결하여 자동으로 급수되는 구조일 것
④ 흡수에 지장이 없도록 토사 및 쓰레기 등을 제거할 수 있는 설비를 갖출 것

53 ①②③
「소방기본법 시행규칙」상 비상소화장치의 설치기준으로 옳지 않은 것은?

① 비상소화장치는 비상소화장치함, 소화전, 소방호스 및 관창을 포함하여 구성하여야 한다.
② 소방호스는 호스와 연결금속구로 구성되어 있으며, 소방용릴호스 또는 소방용고무내장호스를 말한다.
③ 관창은 소방호스용 연결금속구 등의 끝에 연결하여 소화용수를 방수하기 위한 나사식 또는 플랜지식 토출기구를 말한다.
④ 비상소화장치의 설치기준에 관한 세부 사항은 소방청장이 정한다.

54

「소방기본법 시행규칙」 상 소방활동에 필요한 지리조사의 내용인 것은?

㉠ 소방대상물에 인접한 도로의 포장상태
㉡ 교통상황
㉢ 건축물의 개황
㉣ 도로주변의 토지의 이용도

① ㉠, ㉢ ② ㉠, ㉣
③ ㉡, ㉢ ④ ㉡, ㉣

55

「소방기본법」 상 소방업무의 응원에 대한 다음 설명 중 가장 타당한 것은?

① 소방본부장 또는 소방서장은 소방활동에 있어서 필요한 때에는 이웃한 소방본부장 또는 소방서장에게 소방업무의 응원을 요청할 수 있다.
② 소방업무의 응원요청을 받은 소방본부장 또는 소방서장은 정당한 사유가 있어도 이를 거절할 수 없다.
③ 소방업무의 응원을 위하여 파견된 소방대원은 응원을 요청한 소방본부장 또는 소방서장의 지휘에 따라야 한다.
④ 시·도지사는 응원요청을 하는 경우 출동의 대상지역 등 필요한 사항을 응원요청을 수락한 이웃 시·도지사와 사후에 협의하여 규약으로 정하여야 한다.

56

「소방기본법」 상 소방업무의 응원을 요청하는 경우를 대비하여 출동 대상지역 및 규모 등에 관하여 필요한 사항을 정하고 있는 것은?

① 협약 ② 규칙
③ 규약 ④ 조약

57

「소방기본법 시행규칙」상 소방업무의 상호응원협정에서 소요경비의 부담에 관한 사항으로 옳지 않은 것은?

① 출동대원의 수당
② 소방장비 및 기구의 정비와 연료의 보급
③ 화재조사활동 비용
④ 출동대원의 식사

58

「소방기본법」상 소방업무의 응원을 요청하는 경우를 대비하여 출동의 대상지역 및 규모와 필요한 경비의 부담 등에 관하여 필요한 사항은 어디에서 정하는가?

① 시·도의 조례
② 행정안전부령
③ 소방청 훈령
④ 대통령령

59

「소방기본법 시행규칙」상 소방업무의 응원을 요청하는 경우를 대비하여 이웃하는 시·도지사와 협의하여 규약으로 정하여야 할 사항이 명시되어 있는 것은?

㉠ 응원출동대상지역 및 규모
㉡ 재난·재해업무의 지원
㉢ 응원출동의 요청방법
㉣ 화재조사활동을 제외한 소방활동에 관한 사항

① ㉠, ㉢
② ㉠, ㉣
③ ㉡, ㉢
④ ㉢, ㉣

60 ①②③
「소방기본법 시행규칙」상 소방업무의 상호응원협정에서 소방활동에 관한 사항으로 옳지 않은 것은?

① 구조·구급업무의 지원
② 소방장비 및 기구의 정비와 연료의 보급
③ 화재의 경계·진압 활동
④ 화재조사활동

61 ①②③
「소방기본법 시행규칙」상 소방업무의 응원협정에서 정할 규약 내용에 포함되지 않는 것은?

① 응원출동훈련 및 평가
② 출동대원의 수당·식사 및 의복의 수선
③ 소방장비 및 기구의 정비와 연료의 보급
④ 화재의 예방·경계활동

62 ①②③
「소방기본법」상 소방동원을 요청할 수 있는 사항으로 가장 옳지 않은 것은?

① 시·도의 소방력만으로는 소방활동을 효율적으로 수행하기 어려운 예방·경계
② 시·도의 소방력만으로는 소방활동을 효율적으로 수행하기 어려운 재난·재해
③ 시·도의 소방력만으로는 소방활동을 효율적으로 수행하기 어려운 구조·구급
④ 특별히 국가적 차원에서 소방활동을 수행할 필요가 인정될 때

63 ①②③
「소방기본법」상 소방동원의 요청권자로 옳은 것은?

① 소방본부장
② 소방서장
③ 시·도지사
④ 소방청장

64 ①❷③

「소방기본법」상 국가적 차원에서 소방활동을 수행할 필요가 있을 때 소방력의 동원에 관한 설명으로 옳지 않은 것은?

① 소방청장은 각 시·도지사에게 소방력의 동원을 요청할 수 있다.
② 소방청장은 각·시도에서 동원된 소방력을 직접 소방대를 편성하여 화재진압 등 소방에 필요한 활동을 하게 할 수 있다.
③ 각 시·도에서 동원된 소방대원이 소방활동을 수행할 때에는 특별한 사정이 없으면 소방청장의 지휘에 따라야 한다.
④ 소방활동을 수행한 민간 소방 인력이 사망한 경우 보상기준 등에 관한 사항은 대통령령으로 정한다.

제3장 소방활동 등
제4장 소방산업의 육성·진흥 및 지원 등

65

「소방기본법」상 소방지원활동의 내용 중 옳지 않은 것은?

① 소방지원활동은 소방활동 수행에 지장을 주지 아니하는 범위에서 할 수 있다.
② 소방청장, 소방본부장 또는 소방서장은 공공의 안녕질서 유지 또는 복리증진을 위하여 필요한 경우 소방활동 외에 소방지원활동을 하게 할 수 있다.
③ 유관기관·단체의 요청에 따른 소방지원활동에 드는 모든 비용은 지원요청을 한 유관기관·단체 등에게 부담하게 하여야 한다.
④ 집회·공연 등 각종 행사 시 사고에 대비한 근접대기 등 지원활동을 포함한다.

66

「소방기본법」및 같은 법 시행규칙상 소방지원활동으로 옳지 않은 것은?

① 집회·공연 등 각종 행사 시 사고에 대비한 근접대기 등 지원활동
② 소방시설 오작동 신고에 따른 조치활동
③ 방송제작 또는 촬영 관련 지원활동
④ 위해동물, 벌 등의 포획 및 퇴치활동

67

「소방기본법」상 소방지원활동의 내용으로 옳지 않은 것은?

① 산불진압
② 제설작업
③ 산불예방
④ 고드름 제거

68 ①②③
「소방기본법」 상 소방지원활동의 내용으로 옳지 않은 것은?

① 화재, 재난·재해로 인한 피해복구 소방지원활동을 할 수 있다.
② 소방지원활동에는 단전사고 시 비상전원 또는 조명의 공급이 있다.
③ 소방지원활동은 소방활동 수행에 지장을 주지 아니하는 범위에서 할 수 있다.
④ 유관기관·단체 등의 요청에 따른 소방지원활동에 드는 비용은 지원요청을 한 유관기관·단체 등에게 부담하게 할 수 있다.

69 ①②③
「소방기본법 시행규칙」 상 소방지원활동의 내용으로 옳지 않은 것은?

① 방송제작 또는 촬영 관련 지원활동
② 단전사고 시 조명의 공급 지원활동
③ 군·경찰 등 유관기관에서 실시하는 훈련지원 활동
④ 소방시설 오작동 신고에 따른 조치활동

70 ①②③
「소방기본법」 상 생활안전활동에 대한 설명으로 옳지 않은 것은?

① 붕괴, 낙하 등이 우려되는 고드름, 나무, 위험 구조물 등의 제거활동
② 끼임, 고립 등에 따른 위험제거 및 구출 활동
③ 단전사고 시 비상전원 또는 조명의 공급
④ 소방시설 오작동 신고에 따른 조치활동

71

「소방기본법 시행규칙」상 소방지원활동 등의 기록관리에 대한 설명이다. 빈칸의 내용으로 옳은 것은?

- 소방대원은 소방지원활동 및 생활안전활동을 한 경우 소방지원활동등 기록지에 해당 활동상황을 상세히 기록하고, 소속 소방관서에 (㉠)간 보관해야 한다.
- 소방본부장은 소방지원활동등의 상황을 종합하여 (㉡) 소방청장에게 보고해야 한다.

	㉠	㉡
①	2년	연 1회
②	2년	연 2회
③	3년	연 1회
④	3년	연 2회

72

「소방기본법」상 소방자동차의 공무상 운행 중 교통사고가 발생한 경우 그 운전자의 법률상 분쟁에 소요되는 비용을 지원할 수 있는 보험에 가입하여야 한다. 그 일부를 지원할 수 있는 자로 가장 옳은 것은?

① 시·도지사
② 소방본부장 또는 소방서장
③ 소방청장
④ 국가

73

「소방기본법」상 소방교육·훈련 실시에 대한 다음 설명 중 가장 타당하지 않은 것은?

① 소방청장, 소방본부장 또는 소방서장은 소방업무를 전문적이고 효과적으로 수행하기 위하여 소방대원에게 필요한 교육·훈련을 실시할 수 있다.
② 소방청장, 소방본부장 또는 소방서장은 화재를 예방하고 화재 발생 시 인명과 재산피해를 최소화하기 위하여 어린이집의 영유아를 대상으로 행정안전부령으로 정하는 바에 따라 소방안전에 관한 교육과 훈련을 실시할 수 있다.
③ 소방청장, 소방본부장 또는 소방서장은 국민의 안전의식을 높이기 위하여 화재 발생 시 피난 및 행동 방법 등을 홍보하여야 한다.
④ 교육·훈련의 종류 및 대상자, 그 밖에 교육·훈련의 실시에 필요한 사항은 행정안전부령으로 정한다.

74 「소방기본법 시행규칙」상 소방안전교육훈련에 대한 다음 설명 중 옳지 않은 것은?

① 소방청장, 소방본부장 또는 소방서장은 소방안전교육훈련의 실시결과, 만족도 조사 결과 등을 기록하고 이를 2년간 보관하여야 한다.
② 소방안전교육훈련은 이론교육과 실습(체험)교육을 병행하여 실시하되, 실습(체험)교육이 전체 교육시간의 100분의 30 이상이 되어야 한다.
③ 소방안전교육훈련의 강사는 소방 관련학과의 석사학위 이상을 취득한 사람이어야 한다.
④ 소방안전교육훈련의 교육시간은 소방안전교육훈련대상자의 연령 등을 고려하여 소방청장, 소방본부장 또는 소방서장이 정한다.

75 「소방기본법 시행규칙」상 소방안전교육훈련의 시설, 장비, 강사자격 및 교육방법 등의 기준에 대한 설명으로 옳은 것은?

① 이동안전체험차량의 기준은 어린이 30명(성인은 15명)을 동시에 수용할 수 있는 실내공간을 갖춘 자동차이다.
② 강사는 소방공무원으로서 3년 이상 근무한 경력이 있는 사람, 보조강사는 소방공무원으로서 1년 이상 근무한 경력이 있는 사람이어야 한다.
③ 실습(체험)교육 인원은 특별한 경우가 아니면 강사 1명당 15명을 넘지 않아야 한다.
④ 소방청장, 소방본부장 또는 소방서장은 소방안전교육훈련의 실시결과, 만족도 조사 결과 등을 기록하고 이를 2년간 보관하여야 한다.

76 「소방기본법 시행규칙」상 어린이집의 영유아 등에 대한 소방안전교육훈련 시 갖추어야 하는 사항으로 옳은 것은?

① 소방안전교실은 화재안전 및 생활안전 등을 체험할 수 있는 100제곱미터 이상의 실내시설을 확보하여야 한다.
② 이동안전체험차량은 어린이 45명을 동시에 수용할 수 있는 실내공간을 갖춘 자동차이어야 한다.
③ 소방공무원으로서 3년 이상 근무한 경력이 있는 사람은 강사의 자격을 갖는다.
④ 생활안전 교육용 장비로는 안전체험복, 안전체험용 안전모, 소화기 등이 있다.

77
「소방기본법 시행규칙」상 소방교육·훈련의 종류가 아닌 것은?

① 인명대피훈련
② 응급처치훈련
③ 화재진압훈련
④ 수습복구훈련

78
「소방기본법 시행규칙」상 소방청장, 소방본부장 또는 소방서장은 소방업무를 전문적이고 효율적으로 수행하기 위하여 소방대원에게 필요한 교육·훈련을 실시하여야 한다. 다음 중 소방대원이 실시하는 소방교육·훈련 중 현장지휘훈련을 받는 사람은?

① 소방위
② 소방사
③ 소방장
④ 소방준감

79
「소방기본법」상 소방활동에 대한 설명으로 가장 옳은 것은?

① 소방청장·소방본부장 또는 소방서장은 화재, 재난·재해, 그 밖의 위급한 상황이 발생하였을 때에는 소방대를 현장에 신속하게 출동시켜 화재진압과 인명구조·구급 등 소방에 필요한 활동을 하게 하여야 한다.
② 시·도지사는 소방자동차의 공무상 운행 중 교통사고가 발생한 경우 그 운전자의 법률상 분쟁에 소요되는 비용을 지원할 수 있는 보험에 가입할 수 있다.
③ 소방청장·소방본부장 또는 소방서장은 공공의 안녕질서 유지 또는 복리증진을 위하여 필요한 경우 소방활동 외에 소방지원활동을 하게 하여야 한다.
④ 소방청장·소방본부장 또는 소방서장은 신고가 접수된 생활안전 및 위험제거 활동(화재, 재난·재해, 그 밖의 위급한 상황에 해당하는 것은 제외한다)에 대응하기 위하여 소방대를 출동시켜 생활안전활동을 하게 할 수 있다.

80
「소방기본법」상 소방안전교육사의 수행업무가 아닌 것은?

① 분석
② 평가
③ 훈련
④ 기획

81
「소방기본법 시행령」상 소방안전교육사의 제1차 시험과목으로 옳지 않은 것은?
① 소방학개론
② 구급·응급처치론
③ 재난관리론
④ 국민안전교육 실무

82
「소방기본법 시행령」상 소방안전교육사의 응시자격 기준으로 옳지 않은 것은?
① 국가기술자격의 직무분야 중 위험물 중직무분야의 기능장 자격을 취득한 사람
② 소방공무원으로 1년 이상 근무한 경력이 있는 사람
③ 유아교육법에 따라 교원의 자격을 취득한 사람
④ 소방공무원으로서 중앙소방학교 또는 지방소방학교에서 2주 이상의 소방안전교육사 관련 전문교육과정을 이수한 사람

83
「소방기본법 시행령」상 소방안전교육사시험의 응시자격으로 옳지 않은 것은?
① 어린이집의 원장으로서 3년 이상 보육업무 경력이 있는 사람
② 소방시설관리사 자격을 취득한 후 점검업무 분야에 1년 이상 종사한 사람
③ 1급 응급구조사 자격을 취득한 후 응급의료 업무 분야에 1년 이상 종사한 사람
④ 의용소방대원으로 임명된 후 3년 이상 의용소방대 활동을 한 경력이 있는 사람

84
「소방기본법 시행령」상 소방안전교육사의 시험방법 및 시험과목에 대한 다음 설명 중 가장 타당하지 않은 것은?
① 제2차 시험은 논술형을 원칙으로 하되, 제2차 시험의 경우에는 기입형을 가미할 수 있다.
② 제1차 또는 제2차 시험에 합격한 자에 대하여는 추후 시행되는 시험 1회에 한하여 제1차 또는 제2차 시험을 면제한다.
③ 제1차 시험과목은 소방학개론, 구급 및 응급처치론, 재난관리론 및 교육학개론 중 응시자가 선택하는 3과목이다.
④ 제2차 시험과목은 국민안전교육실무이다.

85 ①②③

「소방기본법 시행령」 및 같은 법 시행규칙상 소방안전교육사 시험에 관한 설명으로 옳지 않은 것은?

① 제2차 시험과목은 국민안전교육 실무로 한다.
② 제1차 시험은 소방학개론, 응급처치론, 재난관리론 및 소방교육학개론 중 응시자가 선택하는 3과목으로 한다.
③ 소방학개론의 출제범위는 소방조직, 연소이론, 화재이론, 소화이론, 소방시설(소방시설의 종류, 작동원리 및 사용법 등을 말하며, 소방시설의 구체적인 설치기준은 제외한다)으로 한다.
④ 국민안전교육 실무는 논술형(주관식)으로 한다.

86 ①②③

「소방기본법 시행령」상 소방안전교육사시험에 응시하려는 자가 납부한 응시수수료 전액을 반환받을 수 있는 경우에 해당하지 않는 것은?

① 시험시행일 20일 전까지 접수를 철회하는 경우
② 사고 또는 질병으로 입원(시험시행일이 입원기간에 포함되는 경우로 한정한다)하여 시험에 응시하지 못한 경우
③ 「감염병의 예방 및 관리에 관한 법률」에 따른 치료·입원 또는 격리(시험시행일이 치료·입원 또는 격리 기간에 포함되는 경우로 한정한다) 처분을 받아 시험에 응시하지 못한 경우
④ 응시수수료를 낸 사람 본인 및 배우자의 조부모·외조부모가 시험시행일 10일 전부터 시험시행일까지의 기간에 사망하여 시험에 응시하지 못한 경우

87 ①②③

「소방기본법 시행령」상 소방안전교육사의 시험위원 등에 대한 다음 설명 중 가장 타당하지 않은 것은?

① 소방안전교육사 자격을 취득한 자도 응시자격심사위원 및 시험위원이 될 수 있다.
② 소방위 이상의 소방공무원은 응시자격심사위원 및 시험위원이 될 수 있다.
③ 응시자격심사위원은 3명이고, 시험위원 중 출제위원은 시험과목별 3명이다.
④ 시험위원 중 채점위원은 3명이다.

88 ●①②③
「소방기본법」 및 같은 법 시행령상 소방안전교육사의 시험 등에 대한 다음 설명 중 가장 타당하지 않은 것은?

① 시험은 2년마다 1회 시행함을 원칙으로 하되, 소방청장이 필요하다고 인정하는 때에는 그 횟수를 증감할 수 있다.
② 소방청장은 소방안전교육사시험의 시행일 30일 전까지 소방청의 인터넷 홈페이지 등에 공고해야 한다.
③ 시험에 응시하려는 자는 행정안전부령으로 정하는 응시수수료를 납부해야 한다.
④ 부정한 행위를 한 자는 시험을 정지시키거나 무효로 하고, 그 처분이 있은 날부터 2년간 응시자격을 정지한다.

89 ●①②③
「소방기본법 시행령」상 소방안전교육사시험의 합격자 결정 등에 대한 다음 설명 중 가장 타당하지 않은 것은?

① 제1차 시험은 매 과목 100점을 만점으로 하여 매 과목 40점 이상, 전 과목 평균 60점 이상 득점한 자를 합격자로 한다.
② 소방청장은 합격자를 결정한 때에는 이를 소방청의 인터넷 홈페이지 등에 공고해야 한다.
③ 제2차 시험은 100점을 만점으로 하되, 시험위원의 채점점수 중 최고점수와 최저점수를 제외한 점수의 평균이 60점 이상인 사람을 합격자로 한다.
④ 소방청장은 시험합격자 공고일부터 3개월 이내에 행정안전부령으로 정하는 소방안전교육사증을 시험합격자에게 발급하며, 이를 소방안전교육사증 교부대장에 기재하고 관리하여야 한다.

90 ●①②③
「소방기본법」상 소방안전교육사의 결격사유의 범주에 포함되지 않는 것은?

① 금고 이상의 형의 집행유예 선고를 받고 그 유예기간 중에 있는 자
② 법원의 판결 또는 다른 법률에 의하여 자격이 상실된 자
③ 금고 이상의 실형의 선고를 받고 그 집행이 면제된 날부터 2년이 경과하지 아니한 자
④ 파산선고를 받고 복권되지 아니한 자

91 「소방기본법」상 소방안전교육사의 결격사유를 모두 고르시오.

> ㉠ 피성년후견인
> ㉡ 금고 이상의 실형을 선고받고 그 집행이 끝나거나(집행이 끝난 것으로 보는 경우를 포함한다) 집행이 면제된 날부터 2년이 지나지 아니한 사람
> ㉢ 금고 이상의 형의 집행유예를 선고받고 그 유예기간 중에 있는 사람
> ㉣ 법원의 판결 또는 다른 법률에 따라 자격이 정지되거나 상실된 사람

① ㉠
② ㉠, ㉢
③ ㉡, ㉢, ㉣
④ ㉠, ㉡, ㉢, ㉣

92 「소방기본법」 및 같은 법 시행령상 소방안전교육사의 배치에 대한 다음 설명 중 옳지 않은 것은?

① 소방안전교육사를 소방청, 소방본부 또는 소방서, 그 밖에 대통령령으로 정하는 대상에 배치할 수 있다.
② 소방서와 한국소방안전원 시·도지부의 배치기준은 2명 이상으로 동일하다.
③ 소방안전교육사의 배치대상 및 배치기준 그 밖에 필요한 사항은 대통령령으로 정한다.
④ 소방본부와 한국소방산업기술원의 배치기준은 2인 이상으로 동일하다.

93 「소방기본법」상 한국119청소년단에 대한 설명으로 옳지 않은 것은?

① 청소년에게 소방안전에 관한 올바른 이해와 안전의식을 함양시키기 위하여 한국119청소년단을 설립한다.
② 시·도지사는 한국119청소년단에 그 조직 및 활동에 필요한 시설·장비를 지원할 수 있으며, 운영경비와 시설비 및 국내외 행사에 필요한 경비를 보조할 수 있다.
③ 한국119청소년단에 관하여 소방기본법에서 규정한 것을 제외하고는 「민법」 중 사단법인에 관한 규정을 준용한다.
④ 한국119청소년단 또는 이와 유사한 명칭을 사용한 자는 200만 원 이하의 과태료를 부과한다.

94

「소방기본법 시행규칙」상 한국119청소년단의 사업 범위로 옳지 않은 것은?

① 한국119청소년단 단원의 선발·육성과 활동 지원
② 관련 기관·단체와의 자문 및 협력사업
③ 소방기술과 안전관리에 관한 교육 및 조사·연구
④ 한국119청소년단의 활동·체험 프로그램 개발 및 운영

95

「소방기본법 시행규칙」상 소방신호 중 사이렌 신호방법에 대한 설명으로 옳지 않은 것은?

① 경계신호 - 5초 간격 30초씩 3회
② 발화신호 - 5초 간격 5초씩 3회
③ 해제신호 - 1분간 1회
④ 훈련신호 - 5초 간격 1분씩 3회

96

「소방기본법 시행규칙」상 화재에 관한 위험경보일 때 소방신호로 옳은 것은?

① 경계신호
② 발화신호
③ 훈련신호
④ 해제신호

97

「소방기본법 시행규칙」상 소방신호에 대한 다음 설명 중 옳지 않은 것은?

① 소방대의 비상소집을 하는 경우에는 훈련신호를 사용할 수 있다.
② 화재위험경보 시 발령하는 소방신호는 경계신호이다.
③ 소방신호의 방법은 그 전부 또는 일부를 함께 사용할 수 없다.
④ 경계신호의 타종신호는 1타와 연2타를 반복한다.

98 ①②③
「소방기본법 시행규칙」상 소방신호의 종류에 대한 다음 설명 중 옳지 않은 것은?

① 화재예방 상 필요하다고 인정되는 때 발령하는 소방신호는 예방신호이다.
② 화재가 발생한 때 발령하는 소방신호는 발화신호이다.
③ 훈련 상 필요하다고 인정되는 때 발령하는 소방신호는 훈련신호이다.
④ 소화활동이 필요 없다고 인정되는 때 발령하는 소방신호는 해제신호이다.

99 ①②③
「소방기본법 시행규칙」상 소방신호의 종류 및 방법을 설명한 것으로 옳은 것은?

① 소방신호의 종류로는 경계신호, 화재신호, 해제신호, 훈련신호가 있다.
② 훈련신호의 방법은 연3타 반복하는 타종신호와 10초 간격을 두고 1분씩 3회의 사이렌 신호를 함께 사용할 수 있다.
③ 화재가 발생한 때 발령하는 신호는 타종의 경우 난타, 사이렌의 경우는 5초 간격을 두고 10초씩 3회 신호한다.
④ 소방대의 비상소집을 하는 경우에는 상당한 간격을 두고 1타씩 반복하는 타종신호를 사용할 수 있다.

100 ①②③
「소방기본법 시행규칙」상 타종신호방법 중 발화신호에 해당되는 것은?

① 상당한 간격을 두고 1타씩 반복
② 연3타 반복
③ 1타와 연2타를 반복
④ 난타

101 ①②③
「소방기본법 시행규칙」상 다음 소방신호 중 틀린 것은 무엇인가?

① 발화신호 – 화재 발생 시
② 경보신호 – 화재 예방상 필요 시
③ 훈련신호 – 훈련상 필요하다고 인정될 때
④ 해제신호 – 소화 활동상 필요 없을 시

102
「소방기본법」상 연막소독을 하려는 자가 시·도의 조례로 정하는 바에 따라 관할 소방본부장 또는 소방서장에게 신고하지 않아도 되는 지역은?

① 공장·창고가 밀집한 지역
② 아파트
③ 위험물의 저장 및 처리시설이 밀집한 지역
④ 목조건물이 밀집한 지역

103
「소방기본법」상 화재 등의 통지에 대한 설명으로 타당하지 않은 것은?

① 창고가 밀집한 지역에서 연막소독을 실시하고자 하는 자는 관할 소방본부장 또는 소방서장에게 신고하여야 한다.
② 시·도의 조례가 정하는 지역에서 연막소독을 실시하고자 하는 자는 관할 소방본부장 또는 소방서장에게 신고하여야 한다.
③ 공장이 밀집한 지역에서 화재로 오인할 만한 우려가 있는 불을 피우고자 하는 자는 관할 소방본부장 또는 소방서장에게 신고하여야 한다.
④ 시장지역에서 연막소독을 실시하고자 하는 자가 신고를 하지 아니하여 소방자동차를 출동하게 한 자는 200만 원 이하의 과태료에 처한다.

104
「소방기본법」상 화재로 오인할 만한 우려가 있는 불을 피우는 경우 관할 소방본부장에게 신고하여야 하는 지역으로 옳지 않은 것은?

① 석유화학제품을 생산하는 공장이 있는 지역
② 위험물의 저장 및 처리시설이 밀집한 지역
③ 소방용수시설 또는 소방출동로가 없는 지역
④ 목조건물이 밀집한 지역

105

「소방기본법」상 소방대가 도착할 때까지 관계인이 하는 소방활동으로 옳지 않은 것은?

① 관계인은 소방대가 현장에 도착할 때까지 사람을 구출하는 조치를 하여야 한다.
② 관계인은 소방대가 현장에 도착할 때까지 불이 번지지 아니하도록 소화작업을 하여야 한다.
③ 관계인은 소방대가 현장에 도착할 때까지 경보를 울리거나 인명대피를 유도하여야 한다.
④ 관계인은 소방대가 현장에 도착할 때까지 소방활동구역을 설정하여야 한다.

106

「소방기본법 시행규칙」상 소방청장, 소방본부장 또는 소방서장이 자체소방대의 역량 향상을 위하여 지원할 수 있는 교육·훈련 등에 대한 설명으로 옳지 않은 것은?

① 「소방공무원 교육훈련규정」에 따른 교육훈련기관에서의 자체소방대 교육훈련과정
② 자체소방대에서 수립하는 교육·훈련 계획의 개발·홍보
③ 「소방공무원임용령」에 따른 소방기관과 자체소방대와의 합동 소방훈련
④ 소방기관에서 실시하는 자체소방대의 현장실습

107

「소방기본법」상 보기의 설명 중 타당한 것은?

> ㉠ 모든 차는 소방자동차가 화재진압 및 구조·구급활동을 위하여 출동하는 때에는 이를 방해하여서는 아니 된다.
> ㉡ 소방자동차에 구조·구급차는 포함되지만 지휘를 위한 자동차는 포함되지 않는다.
> ㉢ 모든 사람은 소방자동차가 화재진압 및 구조·구급활동을 위하여 출동하는 때에는 이를 방해하여서는 아니 된다.
> ㉣ 소방자동차의 출동을 방해한 자는 3년 이하의 징역 또는 3천만 원 이하의 벌금에 처한다.

① ㉠, ㉡
② ㉠, ㉢
③ ㉡, ㉢
④ ㉢, ㉣

108

「소방기본법」상 소방자동차의 우선 통행과 소방대의 긴급통행에 대한 설명으로 옳지 않은 것은?

> ㉠ 소방자동차의 우선 통행에 관하여는 도로교통법이 정하는 바에 따른다.
> ㉡ 소방자동차가 화재진압훈련을 위하여 출동하는 때에는 사이렌을 사용할 수 없다.
> ㉢ 소방자동차가 구조·구급활동의 훈련을 위하여 출동하는 때에는 사이렌을 사용할 수 없다.
> ㉣ 소방대는 재난현장에 신속하게 출동하기 위하여 긴급한 때에는 일반적인 통행에 쓰이지 아니하는 빈터로 통행할 수 있다.

① ㉠, ㉡
② ㉠, ㉢
③ ㉡, ㉢
④ ㉢, ㉣

109

「소방기본법 시행령」상 운행기록장치 장착 소방자동차의 범위에 해당하지 않는 것은?

① 무인방수차
② 소방펌프차
③ 소방장비운반차
④ 구조차

110

「소방기본법 시행규칙」상 소방자동차 운행기록장치 데이터의 보관에 대한 설명이다. 빈칸의 내용으로 옳은 것은?

> 소방청장, 소방본부장 및 소방서장은 소방자동차 운행기록장치에 기록된 데이터를 (   )동안 저장·관리해야 한다.

① 3개월
② 6개월
③ 1년
④ 2년

111 ●①②③
「소방기본법」상 소방자동차 교통안전 분석 시스템 구축·운영 등에 대한 설명으로 옳지 않은 것은?

① 소방청장 또는 소방본부장은 대통령령으로 정하는 소방자동차에 행정안전부령으로 정하는 기준에 적합한 운행기록장치를 장착하고 운용하여야 한다.
② 소방청장, 소방본부장 및 소방서장은 소방자동차 교통안전 분석 시스템으로 처리된 자료를 이용하여 소방자동차의 장비운용자 등에게 어떠한 불리한 제재나 처벌을 하여서는 아니 된다.
③ 소방청장 또는 소방본부장은 소방자동차의 안전한 운행 및 교통사고 예방을 위하여 운행기록장치 데이터의 수집·저장·통합·분석 등의 업무를 전자적으로 처리하기 위한 시스템을 구축·운영할 수 있다.
④ 소방자동차 교통안전 분석 시스템의 구축·운영, 운행기록장치 데이터 및 전산자료의 보관·활용 등에 필요한 사항은 행정안전부령으로 정한다.

112 ●①②③
「소방기본법 시행규칙」상 소방자동차 운행기록장치에 대한 설명으로 옳지 않은 것은?

① 소방청장 및 소방본부장은 운행기록장치 데이터 중 과속, 급감속, 급출발 등의 운행기록을 점검·분석해야 한다.
② 소방청장, 소방본부장 및 소방서장은 분석 결과를 소방자동차의 안전한 소방활동 수행에 필요한 교통안전정책의 수립, 교육·훈련 등에 활용할 수 있다.
③ "행정안전부령으로 정하는 기준에 적합한 운행기록장치"란 「교통안전법 시행규칙」에서 정하는 장치 및 기능을 갖춘 기계식 운행기록장치를 말한다.
④ 소방본부장은 관할 구역 안의 소방서장에게 운행기록장치 데이터 등 관련 자료의 제출을 요청할 수 있다.

113 ①②③

「소방기본법」상 소방대의 긴급통행에 대한 설명으로 옳은 것은?

① 모든 차와 사람은 소방자동차(지휘를 위한 자동차와 구조·구급차를 포함한다)가 화재진압 및 구조·구급 활동을 위하여 출동을 할 때에는 이를 방해하여서는 아니 된다.
② 모든 차와 사람은 소방차가 화재진압 및 구조·구급 활동을 위하여 사이렌을 사용하여 출동하는 경우 소방자동차에 진로를 양보하지 아니하는 행위를 하여서는 아니 된다.
③ 소방대는 화재, 재난·재해, 그 밖의 위급한 상황이 발생한 현장에 신속하게 출동하기 위하여 긴급할 때에는 일반적인 통행에 쓰이지 아니하는 도로·빈터 또는 물 위로 통행할 수 있다.
④ 소방자동차가 화재진압 및 구조·구급 활동을 위하여 출동하거나 훈련을 위하여 필요할 때에는 사이렌을 사용할 수 있다.

114 ①②③

「소방기본법」상 소방활동구역의 설정 등에 대한 다음 설명 중 가장 타당하지 않은 것은?

① 소방대장은 소방활동구역을 설정할 수 있다.
② 재해가 발생한 현장을 소방활동구역으로 설정할 수 있다.
③ 소방활동구역에 필요한 경우 일정한 자에 대하여는 그 구역에 출입하는 것을 제한할 수 있다.
④ 소방활동구역 출입 제한을 위반하여 소방활동구역을 출입한 자는 200만 원 이하의 벌금에 처한다.

115 ①②③

「소방기본법」상 소방활동구역의 설정과 관계가 있는 것은?

㉠ 공장이 밀집한 지역   ㉡ 재난이 발생한 현장
㉢ 화재가 발생한 현장   ㉣ 위험물의 저장시설이 밀집한 지역

① ㉠, ㉡
② ㉠, ㉣
③ ㉡, ㉢
④ ㉢, ㉣

116

「소방기본법 시행령」상 소방활동구역에 출입할 수 있는 자는?

> ㉠ 소방활동구역 밖에 있는 소방대상물의 소유자·관리자 또는 점유자
> ㉡ 수사업무에 종사하는 사람
> ㉢ 소방시설관련 자격이 있는 자
> ㉣ 교통의 업무에 종사하는 사람으로서 원활한 소방활동을 위하여 필요한 사람

① ㉠, ㉡
② ㉠, ㉣
③ ㉡, ㉢
④ ㉡, ㉣

117

「소방기본법」상 소방활동구역에 출입 제한조치를 취할 수 있는 자는?

① 소방청장
② 소방본부장
③ 소방서장
④ 소방대장

118

「소방기본법 시행령」상 소방차 전용구역의 설치기준으로 옳지 않은 것은?

① 전용구역 노면표지의 외곽선은 빗금무늬로 표시한다.
② 빗금은 두께를 30센티미터로 하여 50센티미터 간격으로 한다.
③ 전용구역 노면표지 도료의 색채는 황색을 기본으로 한다.
④ 전용구역 노면표지 문자(P, 소방차 전용)의 색은 흑색으로 표시한다.

119

「소방기본법 시행령」상 소방자동차 전용구역을 설치하여야 하는 기준으로 옳은 것은?

① 세대수가 300세대 이상인 아파트
② 세대수가 100세대 이상인 아파트
③ 주택으로 쓰이는 층수가 5층 이상인 주택
④ 5층 이상의 기숙사

120 ①②③
「소방기본법 시행령」상 소방자동차 전용구역에 진입을 가로막는 등의 방해 행위로 옳지 않은 것은?

① 전용구역의 앞면 부설주차장의 주차구획 내 주차로 진입에 방해가 되는 행위
② 전용구역 진입로에 물건 등을 쌓거나 주차하는 행위
③ 전용구역 노면표지를 지우거나 훼손하는 행위
④ 전용구역의 뒷면 또는 양 측면에 물건 등을 쌓아놓는 행위

121 ①②③
「소방기본법 시행령」상 소방자동차 전용구역에 대한 설명으로 옳지 않은 것은?

① 아파트 중 세대수가 100세대 이상인 아파트에는 소방자동차 전용구역을 설치하여야 한다.
② 공동주택의 건축주는 소방자동차가 접근하기 쉽고 소방활동이 원활하게 수행될 수 있도록 각 동별 전면 또는 후면에 소방자동차 전용구역을 2개소 이상 설치해야 한다. 다만, 하나의 전용구역에서 여러 동에 접근하여 소방활동이 가능한 경우로서 소방청장이 정하는 경우에는 각 동별로 설치하지 않을 수 있다.
③ 전용구역 노면표지의 외곽선은 빗금무늬로 표시하되, 빗금은 두께를 30센티미터로 하여 50센티미터 간격으로 표시한다.
④ 전용구역 노면표지 도료의 색채는 황색을 기본으로 하되, 문자(P, 소방차 전용)는 백색으로 표시한다.

122 ①②③
「소방기본법」상 소방활동 종사명령을 할 수 없는 자는?

㉠ 소방본부장   ㉡ 소방청장
㉢ 시·도지사   ㉣ 소방대장

① ㉠, ㉡
② ㉠, ㉣
③ ㉡, ㉢
④ ㉡, ㉣

123

「소방기본법」상 소방활동 종사명령에 대한 설명 중 타당하지 않은 것은?

① 소방활동 종사명령을 방해한 자는 3년 이하의 징역 또는 3천만 원 이하의 벌금에 처한다.
② 소방대장은 소방활동 종사명령을 하는 경우 소방활동에 필요한 보호장구를 지급하는 등 안전을 위한 조치를 하여야 한다.
③ 소방청장 또는 시·도지사는 소방활동에 종사한 자가 이로 인하여 부상을 입은 경우에는 손실보상심의위원회의 심사·의결에 따라 보상하여야 한다.
④ 소방본부장은 소방활동을 위하여 필요한 때에는 소방활동 종사명령을 할 수 있다.

124

「소방기본법」상 소방활동 종사명령에 따라 소방활동에 종사한 자에 대한 소방활동의 비용은 누가 지급하는가?

① 소방청장
② 소방본부장
③ 시·도지사
④ 소방서장

125

「소방기본법」상 명령에 따라 소방활동에 종사한 자로서 소방활동의 비용을 지급받을 수 없는 자는?

㉠ 재해가 발생한 현장에 있는 자
㉡ 구조현장에서 물건을 가져간 자
㉢ 재난이 발생한 현장에 있는 자
㉣ 고의로 화재를 발생시킨 자

① ㉠, ㉡
② ㉠, ㉣
③ ㉡, ㉢
④ ㉡, ㉣

126

「소방기본법」상 불이 번질 우려가 있는 소방대상물 및 토지에 대한 강제처분의 설명으로 타당하지 않은 것은?

① 소방본부장·소방서장 또는 소방대장은 강제처분의 권한이 있다.
② 사람을 구출하거나 불이 번지는 것을 막기 위하여 필요한 때 강제처분을 할 수 있다.
③ 강제처분의 내용에 소방활동에 필요한 처분은 포함되지 않는다.
④ 강제처분을 방해한 자는 3년 이하의 징역 또는 3천만 원 이하의 벌금에 처한다.

127 ●①②③
「소방기본법」상 불이 번지는 것을 막기 위하여 긴급하다고 인정되는 경우와 소방활동을 위하여 긴급하게 출동할 때의 강제처분에 대한 다음 설명 중 타당하지 않은 것은?

① 시·도지사는 견인차량과 인력 등을 지원한 자에게 시·도의 조례로 정하는 바에 따라 비용을 지급할 수 있다.
② 소방본부장, 소방서장 또는 소방대장은 소방활동을 위하여 긴급하게 출동할 때에는 소방자동차의 통행과 소방활동에 방해가 되는 주차된 차량만 이동시킬 수 있다.
③ 정당한 사유 없이 강제처분에 따르지 아니한 자는 300만 원 이하의 벌금에 처한다.
④ 소방청장 또는 시·도지사는 강제처분으로 인하여 손실을 받은 자가 있는 경우에는 손실보상심의위원회의 심사·의결에 따라 정당한 보상을 하여야 한다.

128 ●①②③
「소방기본법」상 소방본부장·소방서장·소방대장의 권한이 아닌 것은?

① 소방업무의 응원요청
② 소방활동 종사명령
③ 피난명령
④ 위험시설 등에 대한 긴급조치

129 ●①②③
「소방기본법」상 강제처분으로 인한 손실보상에 대한 다음 보기의 설명 중 가장 타당한 것은?

> ㉠ 불이 번지는 것을 막기 위하여 긴급하다고 인정되는 때에 강제처분으로 인하여 손실을 받은 자가 있는 경우에는 그 손실을 보상하여야 한다.
> ㉡ 강제처분으로 인하여 손실을 받은 자가 있는 경우에는 그 손실을 보상하여야 할 책임자는 강제처분권자이다.
> ㉢ 소방활동을 위하여 긴급하게 출동하는 때에 강제처분으로 인하여 손실을 받은 자가 있는 경우 그 손실을 보상하지 않는 경우도 발생할 수 있다.
> ㉣ 화재가 발생한 소방대상물에 대한 강제처분으로 인하여 손실을 받은 자가 있는 경우에는 반드시 그 손실을 보상하여야 한다.

① ㉠, ㉡
② ㉠, ㉢
③ ㉡, ㉣
④ ㉢, ㉣

130

「소방기본법」 상 강제처분에 대한 설명으로 가장 타당하지 않은 것은?

① 사람을 구출하거나 불이 번지는 것을 막기 위하여 필요할 때에는 화재가 발생하거나 불이 번질 우려가 있는 소방대상물 및 토지를 일시적으로 사용하거나 그 사용의 제한 또는 소방활동에 필요한 처분을 할 수 있다.
② 사람을 구출하거나 불이 번지는 것을 막기 위하여 긴급하다고 인정할 때에는 소방대상물 또는 토지 외의 소방대상물과 토지에 대하여 처분을 할 수 있다.
③ 강제처분권자는 소방본부장·소방서장 또는 소방대장이다.
④ 정당한 사유 없이 강제처분에 따르지 아니한 자는 행정질서벌에 처한다.

131

「소방기본법」 상 강제처분의 내용에 해당되는 것은?

> ㉠ 소방대상물의 이전
> ㉡ 소방활동에 방해가 되는 차량 몰수
> ㉢ 소방자동차의 통행에 방해가 되는 차량 이동
> ㉣ 물건을 제거하거나 이동

① ㉠, ㉡
② ㉠, ㉣
③ ㉡, ㉢
④ ㉢, ㉣

132

「소방기본법」 상 강제처분에 대한 다음 보기의 설명 중 타당한 것은?

> ㉠ 소방본부장, 소방서장 또는 소방대장은 강제처분을 할 수 있다.
> ㉡ 사람을 구출하기 위하여 필요할 때에는 화재가 발생한 소방대상물 및 토지를 일시적으로 사용하거나 그 사용의 제한 또는 소방활동에 필요한 처분을 할 수 있다.
> ㉢ 사람을 구출하기 위하여 긴급하다고 인정할 때에는 ㉡에 따른 소방대상물 또는 토지 외의 소방대상물과 토지에 대하여 일시적으로 사용하거나 그 사용의 제한 또는 소방활동에 필요한 처분을 할 수 있다.
> ㉣ 불이 번지는 것을 막기 위하여 필요할 때에는 불이 번질 우려가 있는 소방대상물 및 토지를 일시적으로 사용하거나 그 사용의 제한 또는 소방활동에 필요한 처분을 할 수 있다.

① ㉠
② ㉠, ㉢
③ ㉠, ㉡, ㉣
④ ㉠, ㉡, ㉢, ㉣

133

「소방기본법」상 피난명령에 대한 다음 보기의 설명 중 타당한 것은?

> ㉠ 소방본부장·소방서장 또는 소방대장은 피난명령권자이다.
> ㉡ 피난명령은 사람 및 물건에 대하여 할 수 있다.
> ㉢ 피난명령을 위반한 자는 200만 원 이하의 벌금에 처한다.
> ㉣ 피난명령권자는 명령을 함에 있어서 필요한 때에는 자치경찰단장에게 협조를 요청할 수 있다.

① ㉠, ㉡
② ㉠, ㉣
③ ㉡, ㉢
④ ㉡, ㉣

134

「소방기본법」상 위험시설 등에 대한 긴급조치에 대한 설명으로 옳은 것은?

① 화재, 재난·재해, 그 밖의 위급한 상황이 발생한 현장에서 소방활동을 위하여 필요할 때에는 그 관할구역에 사는 사람 또는 그 현장에 있는 사람으로 하여금 사람을 구출하는 일 또는 불을 끄거나 불이 번지지 아니하도록 하는 일을 하게 할 수 있다.
② 화재, 재난·재해 그 밖의 위급한 상황이 발생하여 사람의 생명을 위험하게 할 것으로 인정할 때에는 일정한 구역을 지정하여 그 구역에 있는 사람에게 그 구역 밖으로 피난할 것을 명할 수 있다.
③ 화재 진압 등 소방활동을 위하여 필요할 때에는 소방용수 외에 댐·저수지 또는 수영장 등의 물을 사용하거나 수도(水道)의 개폐장치 등을 조작할 수 있다.
④ 화재가 발생하거나 불이 번질 우려가 있는 소방대상물 및 토지를 일시적으로 사용하거나 그 사용의 제한 또는 소방활동에 필요한 처분을 할 수 있다.

135

「소방기본법」상 위험시설 등에 대한 긴급조치를 할 수 있는 권한이 없는 자는?

① 소방본부장
② 소방서장
③ 소방청장
④ 소방대장

136 ●①②③
「소방기본법」상 화재의 발생을 막거나 폭발 등으로 인하여 화재가 확대되는 것을 막기 위한 긴급조치의 내용으로 볼 수 있는 것은?

① 소방용수의 차단
② 수영장의 물 사용 차단
③ 수도 개폐장치의 차단
④ 가스 공급의 차단

137 ●①②③
「소방기본법」상 화재진압 등 소방활동을 위한 필요한 때에 긴급조치의 내용으로 적절한 것은?

| ㉠ 저수지의 물 사용 | ㉡ 소방용수 사용 |
| ㉢ 댐의 물 사용 | ㉣ 수도 개폐장치의 조작 |

① ㉠
② ㉠, ㉣
③ ㉠, ㉢, ㉣
④ ㉠, ㉡, ㉢, ㉣

138 ●①②③
다음 보기의 설명 중 타당하지 않은 것은?

㉠ 위험시설 등에 대한 긴급조치로 인하여 손실을 받은 자가 있는 경우에 그 손실은 보상되어야 한다.
㉡ 소방활동구역의 설정으로 인하여 손실을 받은 자가 있는 경우에 그 손실은 보상되어야 한다.
㉢ 불이 번지는 것을 막기 위하여 긴급하다고 인정되는 때에 강제처분으로 인하여 손실을 받은 자가 있는 경우에 그 손실은 보상되어야 한다.
㉣ 화재, 재난·재해, 그 밖의 위급한 상황이 발생하여 사람의 생명을 위험하게 할 것으로 인정할 때에는 일정한 구역을 지정하여 그 구역에 있는 사람에게 피난명령으로 인하여 손실을 받은 자가 있는 경우에 그 손실은 보상되어야 한다.

① ㉠, ㉡
② ㉡, ㉢
③ ㉢, ㉣
④ ㉡, ㉣

139 ●①②③

「소방기본법」상 소방활동에 있어서 손실보상에 관련된 규정이 있는 것을 모두 고르면?

> ㉠ 소방활동구역의 설정　　㉡ 생활안전활동
> ㉢ 위험시설 등에 대한 긴급조치　　㉣ 피난명령

① ㉠, ㉡
② ㉡, ㉢
③ ㉢, ㉣
④ ㉠, ㉣

140 ●①②③

「소방기본법」상 보기에서 소방청장·소방본부장·소방서장의 권한으로 옳은 것은?

> ㉠ 강제처분　　㉡ 소방활동구역의 설정
> ㉢ 소방교육·훈련　　㉣ 119 종합상황실의 설치와 운영

① ㉠, ㉡
② ㉠, ㉢
③ ㉡, ㉢
④ ㉢, ㉣

141 ●①②③

「소방기본법」상 소방산업의 육성·진흥 및 지원 등에 대한 설명 중 타당하지 않은 것은?

① 국가는 소방산업의 육성·진흥을 위하여 필요한 계획의 수립 등 행정상·재정상의 지원시책을 마련하여야 한다.
② 국가는 소방산업과 관련된 기술의 개발을 촉진하기 위하여 기술개발을 실시하는 자에게 그 기술개발에 드는 자금의 일부만을 출연하거나 보조할 수 있다.
③ 국가는 국민의 생명과 재산을 보호하기 위하여 기관이나 단체로 하여금 소방기술의 연구·개발사업을 수행하게 할 수 있다.
④ 국가는 소방기술 및 소방산업의 국제경쟁력과 국제적 통용성을 높이는 데에 필요한 기반 조성을 촉진하기 위한 시책을 마련하여야 한다.

142

「소방기본법」상 국가가 우수소방제품의 전시·홍보를 위하여 무역전시장 등을 설치한 자에게 재정적인 지원을 할 수 있는 경우의 설명으로 옳지 않은 것은?

① 전시장 설치비의 일부
② 운영 경비의 일부
③ 국외 홍보비
④ 전시 기간 중 국외의 구매자 초청 경비

143

「소방기본법」상 국가는 국민의 생명과 재산을 보호하기 위하여 소방기술의 연구·개발사업을 수행하게 할 수 있는 기관으로 옳지 않은 것은?

① 국공립 연구기관
② 「과학기술분야 정부출연연구기관 등의 설립·운영 및 육성에 관한 법률」에 따라 설립된 연구기관
③ 「소방산업의 진흥에 관한 법률」에 따른 한국소방안전원
④ 「고등교육법」에 따른 대학·산업대학·전문대학 및 기술대학

144

「소방기본법」상 소방청장이 소방기술 및 소방산업의 국제경쟁력과 국제적 통용성을 높이기 위하여 추진하여야 하는 사업으로 옳지 않은 것은?

① 소방기술 및 소방산업의 국제 협력을 위한 조사·연구
② 소방기술 및 소방산업에 관한 국제 전시회, 국제 학술회의 개최 등 국제 교류
③ 소방기술 및 소방산업의 국내시장 개척
④ 그 밖에 소방기술 및 소방산업의 국제경쟁력과 국제적 통용성을 높이기 위하여 필요하다고 인정하는 사업

제5장	한국소방안전원
제6장	보칙
제7장	벌칙

145

「소방기본법」상 한국소방안전원의 설립목적으로 보기 어려운 것은?

> ㉠ 소방시설에 관한 기술개발　　㉡ 소방관계 종사자의 기술향상
> ㉢ 행정기관이 위탁하는 업무의 수행　　㉣ 소방산업의 시장개척

① ㉠, ㉡　　② ㉠, ㉣
③ ㉡, ㉢　　④ ㉢, ㉣

146

「소방기본법」상 한국소방안전원에 대한 다음 설명 중 타당하지 않은 것은?

① 안전원은 법인으로 한다.
② 안전원은 민법 중 사단법인에 관한 규정을 준용한다.
③ 안전원은 소방기술과 안전관리에 관한 교육 및 조사·연구업무를 수행한다.
④ 안전원이 정관을 변경하고자 하는 때에는 소방청장의 인가를 받아야 한다.

147

「소방기본법 시행령」상 한국소방안전원의 교육평가심의위원회에 관한 설명으로 옳지 않은 것은?

① 평가위원회의 위원장은 위원 중에서 호선(互選)한다.
② 공무원인 위원이 소관 업무와 직접 관련되어 참석하는 경우에는 수당을 지급하지 아니한다.
③ 평가위원회는 위원장 1명을 포함하여 9명 이하의 위원으로 성별을 고려하여 구성한다.
④ 소방안전교육 업무 담당 소방공무원 중 소방본부장 또는 소방서장이 추천하는 사람은 평가위원회 위원으로 위촉할 수 있다.

148

「소방기본법」상 한국소방안전원의 업무가 아닌 것은?

① 소방업무에 관하여 행정기관이 위탁하는 업무
② 화재의 예방과 안전관리 관련 산업의 국제경쟁력 향상
③ 화재 예방과 안전관리의식 고취를 위한 대국민 홍보
④ 소방기술과 안전관리에 관한 교육 및 조사·연구

149

「소방기본법」상 한국소방안전원의 운영에 소요되는 경비를 충당하기 위한 사업의 내용으로 옳지 않은 것은?

① 자산운영수익금
② 회원의 회비
③ 행정기관이 위탁하는 업무수행에 따른 수입금
④ 소방기술과 안전관리에 관한 각종 간행물 발간

150

「소방기본법」상 한국소방안전원의 정관 변경에 대한 다음 설명 중 옳은 것은?

① 행정안전부장관의 허가를 받아야 한다.
② 소방청장의 허가를 받아야 한다.
③ 행정안전부장관의 인가를 받아야 한다.
④ 소방청장의 인가를 받아야 한다.

151

「소방기본법」상 한국소방안전원장이 소방기술과 안전관리 역량의 향상을 위하여 한국소방안전원의 회원으로 관리할 수 있는 사람을 모두 고르시오.

> ㉠ 「위험물안전관리법」에 따라 등록을 하거나 허가를 받은 사람으로서 회원이 되려는 사람
> ㉡ 소방안전관리자로 선임되거나 채용된 사람으로서 회원이 되려는 사람
> ㉢ 소방기술자로 선임되거나 채용된 사람으로서 회원이 되려는 사람
> ㉣ 위험물안전관리자로 선임되거나 채용된 사람으로서 회원이 되려는 사람

① ㉠
② ㉠, ㉢
③ ㉡, ㉢, ㉣
④ ㉠, ㉡, ㉢, ㉣

152

「소방기본법」상 안전원의 정관에 기재할 사항이 아닌 것은?

① 주된 사무소의 소재지
② 이사회에 관한 사항
③ 명칭
④ 임원의 출연기금에 관한 사항

153

「소방기본법」상 안전원에 해당되는 것이 아닌 것은?

① 소방업무에 관하여 행정기관이 위탁하는 업무를 수행한다.
② 정관을 변경하고자 하는 때에는 소방청장의 인가를 받아야 한다.
③ 운영경비는 자산운영수익금 등으로 충당한다.
④ 민법 가운데 사단법인에 관한 규정을 준용한다.

154

「소방기본법」상 안전원의 업무감독권자는?

① 소방서장
② 소방청장
③ 소방본부장
④ 시·도지사

155
「소방기본법」상 소방청장 또는 시·도지사가 손실보상심의위원회의 심사·의결에 따라 정당한 손실보상을 하여야 하는 대상으로 옳지 않은 것은?

① 피난명령으로 인하여 손실을 입은 자
② 생활안전활동에 따른 조치로 인하여 손실을 입은 자
③ 소방활동 종사로 인하여 사망하거나 부상을 입은 자
④ 화재가 확대되는 것을 막기 위하여 가스·전기 또는 유류 등의 시설에 대하여 위험물질의 공급을 차단하는 등의 조치로 인하여 손실을 입은 자

156
「소방기본법 시행령」상 손실보상의 지급절차 및 방법에 대한 설명으로 옳은 것은?

① 손실보상의 청구는 관할 소방서장에게 하여야 한다.
② 특별한 사유가 없으면 보상금 지급 청구서를 받은 날부터 50일 이내에 보상금 지급 여부를 결정하여야 한다.
③ 손실보상 청구가 요건과 절차를 갖추지 못한 경우 그 청구를 각하하는 결정을 하여야 한다.
④ 보상금을 지급하기로 결정한 경우에는 특별한 사유가 없으면 통지한 날부터 20일 이내에 보상금을 지급하여야 한다.

157
「소방기본법 시행령」상 손실보상심의위원회에 대한 설명으로 옳지 않은 것은?

① 소방청장등은 손실보상청구 사건을 심사·의결하기 위하여 필요한 경우 각각 손실보상심의위원회를 구성·운영할 수 있다.
② 위촉되는 위원의 임기는 2년으로 하며, 한 차례만 연임할 수 있다.
③ 보상위원회는 위원장 1명을 포함하여 5명 이상 7명 이하의 위원으로 구성한다. 다만, 청구금액이 100만 원 이하인 사건에 대해서는 소속 소방공무원에 해당하는 위원 3명으로만 구성할 수 있다.
④ 보상위원회의 사무를 처리하기 위하여 보상위원회에 간사 1명을 두되, 간사는 소속 소방공무원 중에서 소방청장등이 지명한다.

158 ①②③
「소방기본법」상 손실보상에 대한 설명이다. 괄호 안에 들어갈 내용으로 옳은 것은?

> 손실보상을 청구할 수 있는 권리는 손실이 있음을 안 날부터 (㉠), 손실이 발생한 날부터 (㉡)간 행사하지 아니하면 시효의 완성으로 소멸한다.

① ㉠ : 3년, ㉡ : 7년　　② ㉠ : 3년, ㉡ : 5년
③ ㉠ : 7년, ㉡ : 3년　　④ ㉠ : 5년, ㉡ : 3년

159 ①②③
「소방기본법」상 벌칙 중 그 분류가 다른 하나는?

① 소방자동차 출동을 방해한 사람
② 사람을 구출하는 일, 또는 불을 끄거나 번지지 아니하도록 하는 일을 방해한 사람
③ 소방대상물 및 토지의 강제처분을 방해한 자 또는 정당한 사유 없이 그 처분에 따르지 아니한 자
④ 소방용수시설 또는 비상소화장치를 사용하거나 소방용수시설 또는 비상소화장치의 효용을 해치거나 그 정당한 사용을 방해한 사람

160 ①②③
행정벌(행정형벌과 행정질서벌)에 대한 다음 설명 중 가장 타당하지 않은 것은?

① 행정벌이란 행정법상의 의무위반에 대하여 일반통치권에 근거하여 일반인에게 제재로서 과하는 벌을 말한다.
② 행정형벌은 형법에 정하여져 있는 형(사형·징역·금고·자격상실·자격정지·벌금·구류·과료 및 몰수)을 과하여지는 경우를 말하는데, 소방기본법에 이에 관련된 규정이 있다.
③ 행정질서벌은 행정벌로서 과태료가 부과되는 경우를 말하는데, 소방기본법에 이에 관련된 규정이 있다.
④ 직접 행위를 한 자연인 외의 법인 등을 처벌하는 규정을 양벌규정이라 하는데, 소방기본법에 이에 관련된 규정이 없다.

161 ◉①②③
「소방기본법」상 벌칙이 가장 가벼운 것은?

① 소방자동차의 출동을 방해한 사람
② 정당한 사유 없이 소방대의 생활안전활동을 방해한 자
③ 소방대가 화재진압·인명구조 또는 구급활동을 위하여 현장에 출동하거나 현장에 출입하는 것을 고의로 방해하는 행위를 한 사람
④ 위력을 사용하여 출동한 소방대의 화재진압·인명구조 또는 구급활동을 방해하는 행위를 한 사람

162 ◉①②③
「소방기본법」상 위력(威力)을 사용하여 출동한 소방대의 화재진압·인명구조 또는 구급활동을 방해하는 행위를 한 경우 벌칙 규정은?

① 5년 이하의 징역 또는 5천만 원 이하의 벌금
② 5년 이하의 징역 또는 3천만 원 이하의 벌금
③ 3년 이하의 징역 또는 3천만 원 이하의 벌금
④ 3년 이하의 징역 또는 1,500만 원 이하의 벌금

163 ◉①②③
「소방기본법」상 강제처분 등을 방해한 자에 해당되는 벌칙으로 이루어진 것은?

> ㉠ 200만 원 이하의 벌금
> ㉡ 300만 원 이하의 벌금
> ㉢ 3년 이하의 징역 또는 3천만 원 이하의 벌금
> ㉣ 5년 이하의 징역 또는 5천만 원 이하의 벌금

① ㉠, ㉡
② ㉠, ㉣
③ ㉡, ㉢
④ ㉢, ㉣

164 ①②③

「소방기본법」상 구조·구급 활동을 위하여 출동하는 소방자동차의 출동을 방해한 사람에 대한 벌칙은?

① 5년 이하의 징역 또는 5,000만 원 이하의 벌금
② 5년 이상의 징역 또는 5,000만 원 이상의 벌금
③ 3년 이하의 징역 또는 3,000만 원 이하의 벌금
④ 3년 이상의 징역 또는 3,000만 원 이상의 벌금

165 ①②③

「소방기본법」상 화재 또는 구조·구급이 필요한 상황을 거짓으로 알린 사람에 대한 벌칙은?

① 5년 이하의 징역 또는 5,000만 원 이하의 벌금
② 3년 이하의 징역 또는 3,000만 원 이하의 벌금
③ 200만 원 이하의 벌금
④ 500만 원 이하의 과태료

166 ①②③

「소방기본법」상 행정질서벌에 해당하는 경우는?

① 피난명령에 위반한 사람
② 전용구역에 차를 주차하거나 전용구역에의 진입을 가로막는 등의 방해행위를 한 자
③ 소방용수 외에 댐·저수지 또는 수영장 등의 물의 사용이나 수도의 개폐장치의 사용 또는 조작을 하지 못하게 하거나 방해한 자
④ 가스·전기 또는 유류 등의 시설에 대하여 위험물질의 공급을 차단하는 등 필요한 조치를 정당한 사유 없이 방해한 자

167

「소방기본법」상 가장 중한 벌칙에 처해지는 경우는?

① 한국소방안전원 또는 이와 유사한 명칭을 사용한 자
② 정당한 사유 없이 소방대의 생활안전활동을 방해한 자
③ 규정을 위반하여 소방활동구역을 출입한 사람
④ 구조·구급이 필요한 사항을 거짓으로 알린 자

168

「소방기본법」상 행정형벌에 처해지는 경우는?

① 피난명령을 위반한 사람
② 소방활동구역의 출입제한을 위반하여 출입한 사람
③ 구조·구급이 필요한 상황을 거짓으로 알린 사람
④ 연막 소독 신고를 하지 아니하여 소방자동차를 출동하게 한 자

169

「소방기본법」상 화재의 발생을 막거나 화재가 확대되는 것을 막기 위하여 위험시설 등에 대한 긴급조치를 정당한 사유 없이 방해한 자에 대한 벌칙은?

① 300만 원 이하의 벌금
② 200만 원 이하의 벌금
③ 100만 원 이하의 벌금
④ 200만 원 이하의 과태료

170 ①❷❸

「소방기본법 시행령」상 한국119청소년단 또는 이와 유사한 명칭을 사용한 경우의 과태료 처분기준으로 옳지 않은 것은?

① 1회 위반 시 : 50만 원
② 2회 위반 시 : 150만 원
③ 3회 위반 시 : 200만 원
④ 4회 위반 시 : 200만 원

171 ①❷❸

「소방기본법 시행령」상 과태료 부과 개별기준이 1회 200만 원, 2회 400만 원, 3회 이상 500만 원인 것은?

① 한국119청소년단 또는 이와 유사한 명칭을 사용한 경우
② 화재 또는 구조·구급이 필요한 상황을 거짓으로 알린 경우
③ 전용구역에 차를 주차하거나 전용구역에의 진입을 가로막는 등의 방해행위를 한 경우
④ 한국소방안전원 또는 이와 유사한 명칭을 사용한 경우

172 ①❷❸

「소방기본법」상 과태료의 부과 및 징수권자로 옳지 않은 것은?

① 소방서장
② 소방본부장
③ 소방청장
④ 시·도지사

MEMO

PART 02 소방시설의 설치 및 관리에 관한 법률

제1장 총칙

01 ●①②③

「소방시설의 설치 및 관리에 관한 법률」의 목적에 대한 설명 중 옳지 않은 것은 모두 몇 개인가?

> 이 법은 특정소방대상물 등에 설치하여야 하는 ㉠ <u>소방시설등의 설치·관리</u>와 소방용품 성능관리에 필요한 사항을 규정함으로써 ㉡ <u>국민의 생명·신체</u> 및 ㉢ <u>재산을 보호하고</u> ㉣ <u>공공의 안녕</u>과 ㉤ <u>국민경제</u>에 이바지함을 목적으로 한다.

① 1개 ② 2개
③ 3개 ④ 4개

02 ●①②③

「소방시설의 설치 및 관리에 관한 법률 시행령」상 소방시설 중 소화설비의 구분이 다른 것은?

① 주거용 주방자동소화장치 ② 상업용 주방자동소화장치
③ 에어로졸식 소화용구 ④ 캐비닛형 자동소화장치

03 ●①②③

「소방시설의 설치 및 관리에 관한 법률 시행령」상 소방시설의 종류가 다른 것은?

① 자동화재탐지설비 ② 비상방송설비
③ 비상콘센트설비 ④ 시각경보기

04 ●①②③
「소방시설의 설치 및 관리에 관한 법률 시행령」상 소화설비 중 소화기구에 해당하는 것이 아닌 것은?

① 소화기
② 자동확산소화기
③ 고체에어로졸 자동소화장치
④ 간이소화용구

05 ●①②③
「소방시설의 설치 및 관리에 관한 법률 시행령」상 간이소화용구에 해당하지 않은 것은?

① 투척용 소화용구
② 소화약제를 이용한 간이소화용구
③ 소공간용 소화용구
④ 에어로졸식 소화용구

06 ●①②③
「소방시설의 설치 및 관리에 관한 법률 시행령」상 물분무등소화설비가 아닌 것은?

① 이산화탄소 소화설비
② 미분무소화설비
③ 간이스프링클러설비
④ 할론소화설비

07 ●①②③
「소방시설의 설치 및 관리에 관한 법률 시행령」상 화재를 진압하거나 인명구조활동을 위하여 사용하는 설비의 종류로 알맞은 것은?

① 제연설비
② 옥내소화전설비
③ 통합감시시설
④ 인명구조기구

08 🔴①②③
「소방시설의 설치 및 관리에 관한 법률 시행령」상 소방시설 설명의 기준으로 옳지 않은 것은?

① 경보설비는 화재발생 사실을 통보하는 기계·기구 또는 설비를 말한다.
② 소화설비는 물 또는 그 밖의 소화약제를 사용하여 소화하는 기계·기구 또는 방화설비를 말한다.
③ 소화용수설비는 화재를 진압하는데 필요한 물을 공급하거나 저장하는 설비를 말한다.
④ 소화활동설비는 화재를 진압하거나 인명구조 활동을 위하여 사용하는 설비를 말한다.

09 🔴①②③
「소방시설의 설치 및 관리에 관한 법률 시행령」상 물분무등소화설비에 해당하지 않는 것은?

① 미분무소화설비
② 할로겐화합물 및 불활성기체 소화설비
③ 고체에어로졸소화설비
④ 옥외소화전설비

10 🔴①②③
「소방시설의 설치 및 관리에 관한 법률 시행령」상 소방시설 중 피난구조설비의 종류가 아닌 것은?

① 연소방지설비
② 방화복
③ 휴대용비상조명등
④ 공기안전매트

11 🔴①②③
「소방시설의 설치 및 관리에 관한 법률 시행령」상 소화설비가 아닌 것은?

① 스프링클러설비
② 자동화재탐지설비
③ 소화기구
④ 옥내소화전설비

12 ①②③
「소방시설의 설치 및 관리에 관한 법률 시행령」상 소화활동설비로 옳지 않은 것은?

① 제연설비
② 상수도소화용수설비
③ 연결살수설비
④ 연결송수관설비

13 ①②③
「소방시설의 설치 및 관리에 관한 법률 시행령」상 화재를 진압하거나 인명구조활동을 위하여 사용하는 설비로서 소화활동설비에 해당하는 것은?

① 옥내소화전설비
② 연소방지설비
③ 비상경보설비
④ 저수조

14 ①②③
「소방시실 실치 및 관리에 관한 법률 시행령」상 소화활동설비에 해당하는 것은 모두 몇 개 인가?

㉠ 연소방지설비	㉡ 자동화재탐지설비
㉢ 비상콘센트설비	㉣ 무선통신보조설비
㉤ 비상방송설비	

① 1개
② 2개
③ 3개
④ 4개

15

「소방시설의 설치 및 관리에 관한 법률 시행령」 상 소방시설에 관한 내용 중 옳지 않은 것은?

① 경보설비란 화재발생 사실을 통보하는 기계·기구 또는 설비로서 통합감시시설, 누전경보기 등이 있다.
② 소화설비란 물 또는 그 밖의 소화약제를 사용하여 소화하는 기계·기구 또는 설비로서 소화기구, 옥내·외 소화전 등이 있다.
③ 피난구조설비란 화재가 발생할 경우 피난하기 위하여 사용하는 기구 또는 설비이다.
④ 소화활동설비는 화재를 진압하거나 피난·구조활동을 위하여 사용하는 설비이다.

16

「소방시설의 설치 및 관리에 관한 법률 시행령」 상 소방시설 중 그 성격이 하나 다른 것은?

① 비상경보설비
② 자동화재탐지설비
③ 통합감시시설
④ 비상콘센트설비

17

「소방시설의 설치 및 관리에 관한 법률 시행령」 상 피난구조설비 중 피난기구에 해당하지 않는 것은?

① 피난사다리
② 완강기
③ 피난유도선
④ 구조대

18

「소방시설의 설치 및 관리에 관한 법률 시행령」 상 해당하는 소방시설이 아닌 것은?

① 소화설비 : 옥내소화전설비
② 경보설비 : 통합감시시설
③ 피난구조설비 : 비상조명등
④ 소화활동설비 : 공기호흡기

19 「소방시설의 설치 및 관리에 관한 법률 시행령」상 경보설비로 옳지 않은 것은?
① 비상경보설비   ② 자동화재속보설비
③ 가스누설경보기   ④ 무선통신보조설비

20 「소방시설의 설치 및 관리에 관한 법률」상 정의에 대한 설명으로 옳지 않은 것은?
① "소방시설"이란 소화설비, 경보설비, 피난구조설비, 소화용수설비, 그 밖에 소화활동설비로서 대통령령으로 정하는 것을 말한다.
② "특정소방대상물"이란 건축물 등의 규모·용도 및 수용인원 등을 고려하여 소방시설을 설치하여야 하는 소방대상물로서 대통령령으로 정하는 것을 말한다.
③ "소방시설등"이란 소방시설과 피난층, 그 밖에 소방 관련 시설로서 대통령령으로 정하는 것을 말한다.
④ "소방용품"이란 소방시설등을 구성하거나 소방용으로 사용되는 제품 또는 기기로서 대통령령으로 정하는 것을 말한다.

21 「소방시설 설치 및 관리에 관한 법률」및 같은 법 시행령상 "소방시설등"이란 소방시설과 비상구, 그 밖에 소방 관련 시설로서 대통령령으로 정하는 것을 말한다. 여기서 "그 밖에 소방 관련 시설로서 대통령령으로 정하는 것"에 해당하는 것은 모두 몇 개인가?

| ㉠ 방화문 | ㉡ 드렌처 설비 |
| ㉢ 자동방화셔터 | ㉣ 방염대상물품 |

① 1개   ② 2개
③ 3개   ④ 4개

22

「소방시설 설치 및 관리에 관한 법률 시행령」 상 특정소방대상물 중 근린생활시설이 아닌 것은?

① 종교집회장으로서 같은 건축물에 해당 용도로 쓰는 바닥면적의 합계가 500㎡ 미만인 것
② 출판사, 서점으로서 같은 건축물에 해당 용도로 쓰는 바닥면적의 합계가 500㎡ 미만인 것
③ 골프연습장, 물놀이형 시설(안전성검사의 대상이 되는 물놀이형 시설) 로서 같은 건축물에 해당 용도로 쓰는 바닥면적의 합계가 500㎡ 미만인 것
④ 자동차영업소로서 같은 건축물에 해당 용도로 쓰는 바닥면적의 합계가 1천㎡ 미만인 것

23

「소방시설 설치 및 관리에 관한 법률 시행령」 상 특정소방대상물 중 근린생활시설에 대한 설명이다. 빈칸을 채우시오.(법 기준상)

- 공연장 또는 종교집회장으로서 같은 건축물에 해당 용도로 쓰는 바닥면적의 합계가 [㉠]㎡ 미만인 것
- 의료기기 판매소 및 자동차영업소로서 같은 건축물에 해당 용도로 쓰는 바닥면적의 합계가 [㉡]㎡ 미만인 것

	㉠	㉡
①	300	500
②	300	1천
③	500	500
④	500	1천

24

「소방시설 설치 및 관리에 관한 법률 시행령」 상 특정소방대상물 중 문화 및 집회시설에 해당하지 않는 것은?

① 동물원
② 산업전시장
③ 마권 장외 발매소
④ 야외음악당

25

「소방시설 설치 및 관리에 관한 법률 시행령」상 판매시설의 기준 중 상점에 대한 설명이다. 빈칸을 채우시오.(법 기준상)

> 슈퍼마켓과 일용품 등의 소매점에 해당하는 용도로서 같은 건축물에 해당 용도로 쓰는 바닥면적 합계가 [   ]m² 이상인 것

① 300
② 500
③ 1000
④ 1500

26

「소방시설 설치 및 관리에 관한 법률 시행령」상 특정소방대상물 중 교육연구시설에 해당하지 않는 것은?

① 도서관
② 직업훈련소
③ 자동차운전학원
④ 급식시설

27

「소방시설 설치 및 관리에 관한 법률 시행령」상 특정소방대상물의 구분으로 알맞게 이어진 것은?

① 교육연구시설 – 독서실, 도서관
② 묘지 관련시설 – 봉안당(종교집회장 안에 설치된 봉안당 포함), 화장시설
③ 항공기 및 자동차 관련시설 – 운전학원·정비학원
④ 동물 및 식물 관련 시설 – 동·식물원, 화초 및 분재 등의 온실

28

「소방시설 설치 및 관리에 관한 법률 시행령」상 노유자시설로 옳은 것과 옳지 않은 것의 조합이 맞는 것은?

> ㉠ 유치원(병설유치원 포함) ㉡ 요양병원
> ㉢ 정신요양시설 ㉣ 학대피해노인 전용쉼터
> ㉤ 학원

① ㉠(O), ㉡(X), ㉢(O), ㉣(O), ㉤(X)
② ㉠(O), ㉡(X), ㉢(O), ㉣(O), ㉤(O)
③ ㉠(X), ㉡(O), ㉢(O), ㉣(O), ㉤(X)
④ ㉠(X), ㉡(X), ㉢(X), ㉣(O), ㉤(X)

29

「소방시설 설치 및 관리에 관한 법률 시행령」상 특정소방대상물에서 의료시설 중 분류가 다른 하나는?

① 종합병원
② 전염병원
③ 치과병원
④ 요양병원

30

「소방시설 설치 및 관리에 관한 법률 시행령」상 특정소방대상물 중 교육연구시설의 종류에 해당하지 않는 것은?

① 교사
② 체육관
③ 급식시설
④ 병설유치원

31 「소방시설 설치 및 관리에 관한 법률 시행령」상 특정소방대상물으로 옳지 않은 것은?

① 근린생활시설 : 종교집회장 300㎡ 미만
② 항공기 및 자동차관련시설 : 철도, 항만시설, 종합여객시설
③ 문화 및 집회시설 : 예식장, 동물원, 식물원
④ 업무시설 : 오피스텔, 공중화장실

32 「소방시설 설치 및 관리에 관한 법률 시행령」상 특정소방대상물의 종류로 알맞게 짝지어진 것은?

① 교육연구시설 : 도서관, 직업훈련소
② 의료시설 : 치과의원, 격리병원
③ 운수시설 : 자동차검사장, 여객자동차터미널
④ 묘지 관련 시설 : 장례식장, 봉안당

33 「소방시설 설치 및 관리에 관한 법률 시행령」상 특정소방대상물의 연결이 올바른 것은?

① 근린생활시설 - 1천㎡ 이상의 슈퍼마켓과 일용품 등의 소매점
② 위락시설 - 유원지, 단란주점(바닥면적150㎡ 이상), 무도장 및 무도학원
③ 노유자시설 - 장애인 직업재활시설, 유치원(학교의 교사 중 병설유치원으로 사용되는 부분을 포함한다)
④ 의료시설 - 치과의원, 정신의료기관, 요양병원, 장애인 의료재활시설

34 🔴①②③
「소방시설 설치 및 관리에 관한 법률 시행령」상 특정소방대상물 중 분류가 틀린 것은?

① 방송국 – 업무시설
② 박물관 – 문화 및 집회시설
③ 요양병원 – 의료시설
④ 무도학원 – 위락시설

35 🔴①②③
「소방시설 설치 및 관리에 관한 법률 시행령」상 소방서는 특정소방대상물 중 어느 시설에 속하는가?

① 근린생활시설
② 업무시설
③ 복합건축물
④ 교육연구시설

36 🔴①②③
「소방시설 설치 및 관리에 관한 법률 시행령」상 특정소방대상물의 분류가 맞는 것은?

① 자원순환 관련시설 – 고물상
② 노유자시설 – 요양병원
③ 의료시설 – 치과의원
④ 위락시설 – 안마시술소

37 🔴①②③
「소방시설 설치 및 관리에 관한 법률 시행령」상 특정소방대상물의 동·식물 관련 시설은 모두 몇 개인가?

> ㉠ 동물원 ㉡ 도계장 ㉢ 식물원
> ㉣ 도축장 ㉤ 수족관 ㉥ 경마장

① 2개
② 3개
③ 4개
④ 5개

38

「소방시설 설치 및 관리에 관한 법률 시행령」상 둘 이상의 특정소방대상물이 복도 또는 통로로 연결된 경우 하나의 특정소방대상물로 보지 않는 것은?

① 지하보도, 지하상가, 지하가로 연결된 경우
② 내화구조가 아닌 연결통로로 연결된 경우
③ 내화구조로 된 연결통로가 벽이 없는 구조로서 그 길이가 6m 이하인 경우
④ 화재 시 경보설비 또는 자동소화설비의 작동과 연동하여 자동으로 닫히는 자동방화셔터 또는 60분+ 방화문이 설치된 경우

39

「소방시설 설치 및 관리에 관한 법률 시행령」상 둘 이상의 특정소방대상물이 복도 또는 통로로 연결된 경우에 이를 하나의 특정소방대상물로 보지 않는 것은?

① 지하구로 연결된 경우
② 컨베이어로 연결되거나 플랜트설비의 배관 등으로 연결되어 있는 경우
③ 지하보도, 지하상가, 지하가로 연결된 경우
④ 내화구조로 된 연결통로가 벽이 없는 구조로서 그 길이가 10m 이하인 경우

40

「소방시설 설치 및 관리에 관한 법률 시행규칙」상 화재안전기준 중 기술기준의 제정·개정 절차에 대한 설명으로 옳지 않은 것은?

① 국립소방연구원장은 화재안전기준 중 기술기준을 제정·개정하려는 경우 제정안·개정안을 작성하여 「소방시설 설치 및 관리에 관한 법률」에 따른 중앙소방기술심의위원회의 심의·의결을 거쳐야 한다. 이 경우 제정안·개정안의 작성을 위해 소방 관련 기관·단체 및 개인 등의 의견을 수렴할 수 있다.
② 국립소방연구원장은 중앙위원회의 심의·의결을 거쳐 기술기준의 제정안 또는 개정안 등이 포함된 승인신청서를 소방청장에게 제출해야 한다.
③ 승인신청서를 제출받은 소방청장은 제정안 또는 개정안이 화재안전기준 중 성능기준 등을 충족하는지를 검토하여 승인 여부를 결정하고 국립소방연구원장에게 통보해야 한다.
④ 승인을 통보받은 국립소방연구원장은 승인받은 기술기준을 관보에 게재하고, 소방청 인터넷 홈페이지를 통해 공개해야 한다.

41 🔴①②③
「소방시설의 설치 및 관리에 관한 법률 시행령」 상 소방용품에 해당되지 않는 것은?
① 구조대
② 방염제
③ 관창
④ 완강기(지지대 제외)

42 🟢①②③
「소방시설의 설치 및 관리에 관한 법률 시행령」 상 소방용품에 해당되지 않는 것은?
① 음향장치 중 사이렌
② 누전경보기
③ 소화설비를 구성하는 가스관선택밸브
④ 가스누설경보기

43 🔴①②③
「소방시설의 설치 및 관리에 관한 법률 시행령」 상 소방용품으로 옳은 것과 옳지 않은 것의 조합이 맞는 것은?

> ㉠ 자동소화장치
> ㉡ 물분무등소화설비
> ㉢ 방열복, 방화복(안전모, 보호장갑 및 안전화를 포함)
> ㉣ 예비 전원이 내장된 비상조명등
> ㉤ 경보설비를 구성하는 발신기, 수신기
> ㉥ 통로유도등, 객석유도등

① ㉠(X), ㉡(O), ㉢(X), ㉣(O), ㉤(X), ㉥(O)
② ㉠(O), ㉡(X), ㉢(O), ㉣(O), ㉤(O), ㉥(X)
③ ㉠(X), ㉡(O), ㉢(O), ㉣(O), ㉤(X), ㉥(X)
④ ㉠(O), ㉡(X), ㉢(X), ㉣(O), ㉤(O), ㉥(O)

44 ●①②③
「소방시설의 설치 및 관리에 관한 법률 시행령」상 무창층 및 피난층에 대한 설명으로 옳지 않은 것은?

① "피난층"이란 곧바로 지상으로 갈 수 있는 출입구가 있는 층을 말한다.
② "무창층"(無窓層)이란 지상층 중 개구부(건축물에서 채광·환기·통풍 또는 출입 등을 위하여 만든 창·출입구, 그 밖에 이와 비슷한 것을 말한다)의 면적의 합계가 해당 층의 바닥면적의 30분의 1 이상이 되는 층을 말한다.
③ 무창층 개구부의 요건으로 크기는 지름 50센티미터 이상의 원이 통과할 수 있을 것.
④ 무창층 개구부의 요건으로 화재 시 건축물로부터 쉽게 피난할 수 있도록 창살이나 그 밖의 장애물이 설치되지 아니할 것.

45 ●①②③
「소방시설의 설치 및 관리에 관한 법률 시행령」상 보기의 괄호 안에 들어갈 말로 옳은 것은?

> (㉠)(이)란 지상층 중 다음 각 목의 요건을 모두 갖춘 개구부(건축물에서 채광·환기·통풍 또는 출입 등을 위하여 만든 창·출입구, 그 밖에 이와 비슷한 것을 말한다)의 면적의 합계가 해당 층의 (㉡)(「건축법 시행령」 제119조 제1항 제3호에 따라 산정된 면적을 말한다. 이하 같다)의 (㉢)이(가) 되는 층을 말한다.

① (㉠) : 무창층   (㉡) : 총면적   (㉢) : 30분의 1 이하
② (㉠) : 유창층   (㉡) : 바닥면적   (㉢) : 30분의 1 이상
③ (㉠) : 무창층   (㉡) : 바닥면적   (㉢) : 30분의 1 이하
④ (㉠) : 유창층   (㉡) : 총면적   (㉢) : 30분의 1 이상

46 ●①②③
「소방시설의 설치 및 관리에 관한 법률 시행령」상 무창층의 개구부가 되기 위한 요건으로 옳지 않은 것은?

① 개구부 크기가 지름 50cm 이상의 원이 통과할 수 있을 것
② 내부 또는 외부에서 쉽게 부수거나 열 수 있을 것
③ 개구부는 도로 또는 차량이 진입할 수 있는 빈터를 향할 것
④ 해당 층의 바닥면으로부터 개구부 밑부분까지의 높이가 1.5m 이내일 것

제2장 소방시설등의 설치·관리 및 방염

47 ●①②③
「소방시설의 설치 및 관리에 관한 법률」상 건축허가등의 동의요청자는?

① 관계인
② 소방서
③ 설계사무실
④ 건축허가등의 권한이 있는 행정기관

48 ●①②③
「소방시설의 설치 및 관리에 관한 법률 시행규칙」상 건축허가등의 동의 절차에 대한 설명이다. 바른 것을 고르시오.

> 동의 요구를 받은 소방본부장 또는 소방서장은 건축허가등의 동의 요구서류를 접수한 날부터 [㉠]일(특급 소방안전관리대상물에 해당하는 경우 [㉡]일) 이내에 건축허가등의 동의 여부를 회신하여야 한다.

	㉠	㉡
①	3	5
②	5	10
③	7	14
④	10	20

49

「소방시설의 설치 및 관리에 관한 법률 시행령」상 건축허가등의 동의 대상기준으로 옳은 것은?

① 층수가 5층 이상인 건축물
② 차고·주차장으로 사용되는 바닥면적이 100제곱미터 이상인 층이 있는 건축물이나 주차시설
③ 장애인 의료재활시설은 200제곱미터 이상의 건축물
④ 정신의료기관(입원실이 없는 정신건강의학과 의원은 제외)은 300제곱미터 이상의 건축물

50

「소방시설의 설치 및 관리에 관한 법률 시행령」상 건축허가등의 동의대상물의 기준으로 맞지 않는 것은?

> ㉠ 숙박시설이 있는 수련시설로서 수용인원 50인 이상인 것
> ㉡ 항공기 격납고, 관망탑, 항공관제탑, 방송용 송수신탑
> ㉢ 가스시설로서 지상에 노출된 탱크의 저장용량의 합계가 100톤 이상인 것
> ㉣ 30명 이상의 근로자가 작업하는 옥내작업장

① ㉠, ㉢
② ㉠, ㉣
③ ㉡, ㉢
④ ㉢, ㉣

51

「소방시설의 설치 및 관리에 관한 법률 시행령」상 건축허가등의 동의대상물의 기준으로 맞지 않는 것은?

① 「학교시설사업 촉진법」에 따라 건축 등을 하려는 연면적 100제곱미터 이상인 학교시설
② 지하층 또는 무창층이 있는 건축물로서 바닥면적이 150제곱미터(공연장의 경우에는 100제곱미터) 이상인 층이 있는 것
③ 차고·주차장으로 사용되는 바닥면적이 100제곱미터 이상인 층이 있는 건축물이나 주차시설
④ 승강기 등 기계장치에 의한 주차시설로서 자동차 20대 이상을 주차할 수 있는 시설

52

「소방시설의 설치 및 관리에 관한 법률 시행령」상 건축허가등의 동의대상물의 범위로 옳지 않은 것은?

① 「정신건강증진 및 정신질환자 복지서비스 지원에 관한 법률」에 따른 연면적 300제곱미터 이상인 정신의료기관(입원실이 없는 정신건강의학과 의원은 제외)
② 「장애인복지법」에 따른 연면적 100제곱미터 이상인 장애인 의료재활시설
③ 층수(「건축법 시행령」에 따라 산정된 층수)가 6층 이상인 건축물
④ 항공기격납고, 관망탑, 항공관제탑, 방송용 송수신탑

53

「소방시설의 설치 및 관리에 관한 법률 시행령」상 특정소방대상물 중 연면적에 상관없이 반드시 건축허가 등의 동의를 받아야 하는 시설은 모두 몇 개인가?

┌───┐
│ ㉠ 발전시설 중 전기저장시설   ㉡ 관망탑 │
│ ㉢ 위험물 저장 및 처리 시설   ㉣ 학교시설 │
│ ㉤ 발전시설 중 풍력발전소   │
└───┘

① 1개 ② 2개
③ 3개 ④ 4개

54

「소방시설 설치 및 관리에 관한 법률 시행령」상 건축허가등의 동의대상에서 제외되는 특정소방대상물로 옳지 않은 것은 모두 몇 개인가?

┌───┐
│ ㉠ 피난구조설비(비상조명등은 제외)가 화재안전기준에 적합한 경우 그 특정소방대상물 │
│ ㉡ 가스누설경보기가 화재안전기준에 적합한 경우 그 특정소방대상물 │
│ ㉢ 「소방시설공사업법 시행령」에 따른 소방시설공사의 착공신고 대상에 해당하는 경우 그 특정소방대상물 │
│ ㉣ 누전경보기가 화재안전기준에 적합한 경우 그 특정소방대상물 │
└───┘

① 1개 ② 2개
③ 3개 ④ 4개

55

「소방시설 설치 및 관리에 관한 법률 시행령」상 건축허가등의 동의대상물에서 제외되는 기준에 대한 설명이다. 괄호에 들어가기에 적합하지 않은 것은?

특정소방대상물에 설치되는 [   ]가 화재안전기준에 적합한 경우 그 특정소방대상물

① 자동소화장치
② 단독경보형감지기
③ 제연설비
④ 가스누설경보기

56

「소방시설 설치 및 관리에 관한 법률 시행규칙」상 건축허가등의 동의 요구 시 첨부서류가 아닌 것은?

① 소방시설 설치계획표
② 임시소방시설 설치계획서
③ 소방시설공사업 등록증 사본
④ 소방시설을 설계한 기술인력의 기술자격증 사본

57

「소방시설 설치 및 관리에 관한 법률 시행령」상 소방시설의 내진설계 기준 중 대통령령으로 정하는 소방시설에 해당되지 않는 것은?

① 옥내소화전설비
② 스프링클러설비
③ 물분무등소화설비
④ 연결살수설비

58

「소방시설 설치 및 관리에 관한 법률 시행령」상 특정소방대상물의 내진설계 대상으로 대통령령이 정하는 소방시설로 옳지 않은 것은?

① 고체에어로졸소화설비
② 미분무소화설비
③ 스프링클러설비
④ 옥외소화전설비

59 ①②③

「소방시설 설치 및 관리에 관한 법률 시행령」상 성능위주설계를 해야 하는 특정소방대상물의 범위로 옳지 않은 것은?(단, 신축하는 것만 해당한다.)

① 창고시설 중 연면적 10만 제곱미터 이상인 것 또는 지하층의 층수가 2개 층 이상이고 지하층의 바닥면적의 합계가 1만 제곱미터 이상인 것
② 30층 이상(지하층을 포함)이거나 지상으로부터 높이가 120m 이상인 특정소방대상물 (아파트등은 제외)
③ 터널 중 수저터널 또는 길이가 5천m 이상인 것
④ 하나의 건축물에 영화상영관이 10개 이상인 특정소방대상물

60 ①②③

「소방시설 설치 및 관리에 관한 법률 시행령」상 성능위주설계를 해야 하는 특정소방대상물의 범위의 기준으로 옳은 것은?(단, 신축하는 것만 해당한다.)

㉠ 50층 이상(지하층은 제외)이거나 지상으로부터 높이가 100m 이상인 아파트등
㉡ 하나의 건축물에 영화상영관이 10개 이상인 특정소방대상물
㉢ 연면적 1만 제곱미터 이상인 철도 및 도시철도 시설
㉣ 터널 중 수저터널 또는 길이가 5천 미터 이상인 것

① ㉠, ㉡
② ㉠, ㉢
③ ㉡, ㉢
④ ㉡, ㉣

61 ①②③

「소방시설 설치 및 관리에 관한 법률 시행령」상 성능위주설계를 해야 하는 특정소방대상물로 옳은 것은?(단, 신축하는 것만 해당한다.)

① 연면적 10만㎡ 이상인 특정소방대상물 다만, 아파트등은 제외
② 창고시설 중 연면적 10만㎡ 이상인 것 또는 지하층의 층수가 2개 층 이상이고 지하층의 바닥면적의 합계가 3만㎡ 이상인 것
③ 연면적 2만㎡ 이상인 공항시설
④ 지상으로부터 높이가 100m 이상인 아파트등

62 ●①②③

「소방시설 설치 및 관리에 관한 법률 시행규칙」상 성능위주설계의 사전검토 신청에 대한 설명이다. 빈칸을 채우시오.

> 성능위주설계를 한 자는「건축법」에 따른 건축위원회의 심의를 받아야 하는 건축물인 경우에는 그 심의를 신청하기 전에 성능위주설계 사전검토 신청서(전자문서로 된 신청서를 포함)에 규정된 서류(전자문서를 포함)를 첨부하여 [ ]에게 사전검토를 신청해야 한다.

① 소방청장
② 소방본부장
③ 관할 소방서장
④ 시·도지사

63 ●①②③

「소방시설 설치 및 관리에 관한 법률 시행규칙」상 성능위주설계의 사전검토 보완 요청에 대한 설명이다. 빈칸을 채우시오.

> 소방서장은 성능위주설계 사전검토 신청서를 받은 경우 성능위주설계 대상 및 자격 여부 등을 확인하고, 첨부서류의 보완이 필요한 경우에는 [ ]일 이내의 기간을 정하여 성능위주설계를 한 자에게 보완을 요청할 수 있다.

① 3
② 4
③ 7
④ 10

64

「소방시설 설치 및 관리에 관한 법률 시행규칙」상 성능위주설계 기준에 해당하는 것을 모두 고르시오.

> ㉠ 소방자동차 진입(통로) 동선 및 소방관 진입 경로 확보
> ㉡ 소방용품의 위치·규격 및 사용 자재의 적합성
> ㉢ 건축물의 규모와 특성을 고려한 최적의 소방시설 설치
> ㉣ 실내장식물의 불연화 및 방염물품의 적법성
> ㉤ 화재·피난 모의실험을 통한 화재위험성 및 피난안전성 검증
> ㉥ 건축물의 용도별 방화구획의 적정성

① ㉠, ㉡, ㉢
② ㉠, ㉡, ㉢, ㉥
③ ㉠, ㉢, ㉤, ㉥
④ ㉢, ㉣, ㉤, ㉥

65

「소방시설 설치 및 관리에 관한 법률 시행규칙」상 성능위주설계 평가단의 구성에 대한 설명으로 옳지 않은 것은?

① 평가단은 평가단장을 포함하여 50명 이내의 평가단원으로 성별을 고려하여 구성한다.
② 평가단원의 임기는 2년으로 하되, 1회에 한정하여 연임할 수 있다.
③ 소방공무원 중 소방기술사 및 소방시설관리사는 소방청장 또는 관할 소방본부장이 임명하여 평가단원이 될 수 있다.
④ 평가단장은 화재예방 업무를 담당하는 부서의 장 또는 임명 또는 위촉된 평가단원 중에서 학식·경험·전문성 등을 종합적으로 고려하여 소방청장 또는 소방본부장이 임명하거나 위촉한다.

66

「소방시설 설치 및 관리에 관한 법률 시행규칙」상 성능위주설계 평가단의 구성 및 운영에 대한 설명으로 옳지 않은 것은?

① 건축 분야 및 소방방재 분야 전문가 중 특급감리원 자격을 취득한 사람으로 소방공사 현장 감리업무를 10년 이상 수행한 사람은 소방청장 또는 관할 소방본부장이 위촉하여 평가단원이 될 수 있다.
② 평가단 회의에 참석한 평가단원에게는 예산의 범위에서 수당, 여비, 그 밖에 필요한 경비를 지급할 수 있다. 다만, 소방공무원인 평가단원이 그 소관 업무와 관련하여 평가단 회의에 참석하는 경우에는 그렇지 않다.
③ 평가단 회의는 평가단장과 평가단장이 회의마다 지명하는 7명 이상 9명 이하의 평가단원으로 구성·운영하며, 과반수의 출석으로 개의(開議)하고 출석 평가단원 과반수의 찬성으로 의결한다. 다만, 성능위주설계의 변경신고에 대한 심의·의결을 하는 경우에는 건축물의 성능위주설계를 검토·평가한 평가단원 중 5명 이상으로 평가단을 구성·운영 할 수 있다.
④ 평가단장이 부득이한 사유로 직무를 수행할 수 없을 때에는 평가단장이 미리 지정한 평가단원이 그 직무를 대리한다.

67

「소방시설 설치 및 관리에 관한 법률 시행령」상 단독주택 또는 공동주택(아파트 및 기숙사는 제외)의 소유자가 설치하여야 하는 주택용 소방시설로 옳은 것은?

① 가스누설경보기
② 자동확산소화기
③ 간이스프링클러
④ 단독경보형감지기

68

「소방시설 설치 및 관리에 관한 법률」상 주택용 소방시설의 설치기준 및 자율적인 안전관리 등에 관한 사항은 무엇으로 정하는가?

① 대통령령
② 행정안전부령
③ 시·도의 조례
④ 소방청장의 고시

69

「소방시설 설치 및 관리에 관한 법률 시행규칙」상 자동차에 설치 또는 비치하는 소화기에 대한 설명으로 옳지 않은 것은?

① 승용자동차 : 능력단위1 이상의 소화기 1개 이상을 사용하기 쉬운 곳에 설치 또는 비치한다.
② 경형승합자동차 : 능력단위 1 이상의 소화기 1개 이상을 사용하기 쉬운 곳에 설치 또는 비치한다.
③ 승차정원 36인 이상 : 능력단위 3 이상인 소화기 1개 이상 및 능력단위 2 이상인 소화기 1개 이상을 설치한다. 다만, 2층 대형승합자동차의 경우에는 위층 차실에 능력단위 3 이상인 소화기 2개 이상을 추가 설치한다.
④ 화물자동차(피견인자동차 제외) 대형 이상 : 능력단위 2 이상인 소화기 1개 이상 또는 능력단위 1 이상인 소화기 2개 이상을 사용하기 쉬운 곳에 설치한다.

70

「소방시설 설치 및 관리에 관한 법률 시행규칙」상 자동차에 설치 또는 비치하는 소화기에 대한 설명이다. 빈칸의 내용으로 옳은 것은?

- 승차정원 16인 이상 35인 이하 : 능력단위 2 이상인 소화기 (㉠)개 이상을 설치한다. 이 경우 승차정원 23인을 초과하는 승합자동차로서 너비 (㉡)미터를 초과하는 경우에는 운전자 좌석 부근에 가로 600밀리미터, 세로 (㉢)밀리미터 이상의 공간을 확보하고 1개 이상의 소화기를 설치한다.

	㉠	㉡	㉢
①	1	2.3	300
②	2	2.3	200
③	1	2.5	300
④	2	2.5	200

71

「소방시설 설치 및 관리에 관한 법률」상 특정소방대상물별로 설치하여야 하는 소방시설의 정비 등에 대한 설명으로 옳지 않은 것은?

① 특정소방대상물의 관계인은 대통령령으로 정하는 소방시설을 화재안전기준에 따라 설치·관리하여야 한다. 이 경우 장애인등이 사용하는 소방시설(소화설비 및 피난구조설비를 말한다)은 대통령령으로 정하는 바에 따라 장애인등에 적합하게 설치·관리하여야 한다.
② 소방청장, 소방본부장 또는 소방서장은 소방시설의 작동정보 등을 실시간으로 수집·분석할 수 있는 시스템을 구축·운영할 수 있다.
③ 소방시설정보관리시스템 구축·운영의 대상은 소방안전관리대상물 중 소방안전관리의 취약성 등을 고려하여 대통령령으로 정하고, 그 밖에 운영방법 및 통보 절차 등에 필요한 사항은 행정안전부령으로 정한다.
④ 규정을 위반하여 소방시설을 화재안전기준에 따라 설치·관리하지 아니한 자에게는 300만 원 이하의 과태료를 부과한다.

72

「소방시설 설치 및 관리에 관한 법률」상 특정소방대상물별로 설치하여야 하는 소방시설의 정비 등에 대한 설명이다. 빈칸을 채우시오.

> 소방청장은 건축 환경 및 화재위험특성 변화사항을 효과적으로 반영할 수 있도록 소방시설 규정을 [   ]년에 1회 이상 정비하여야 한다.

① 1   ② 2
③ 3   ④ 5

73

「소방시설 설치 및 관리에 관한 법률 시행령」 상 특정소방대상물의 수용인원의 산정방법으로 옳은 것은?

① 강의실·휴게실 등의 용도로 쓰이는 특정소방대상물은 해당 용도로 사용하는 바닥면적의 합계를 1.9㎡로 나누어 얻은 수
② 강당, 종교시설은 해당 용도로 사용하는 바닥면적의 합계를 0.45㎡로 나누어 얻은 수
③ 바닥면적을 산정하는 때에는 복도, 계단 및 화장실의 바닥면적을 포함한다. 계산 결과 소수점 이하의 수는 반올림한다.
④ 침대가 없는 숙박시설은 해당 특정소방대상물의 종사자 수에 숙박시설 바닥면적의 합계를 4.6㎡로 나누어 얻은 수를 합한 수

74

「소방시설 설치 및 관리에 관한 법률 시행령」 상 수용인원의 산정방법에서 수용인원이 제일 적은 것은?

① 종사자 3명, 침대가 110개(2인용 90개, 1인용 20개)있는 숙박시설
② 종사자 3명, 침대가 없고 바닥면적 900㎡ 인 숙박시설
③ 강의실·교무실·상담실·실습실·휴게실 용도로 사용하는 바닥면적 합계가 600㎡인 특정소방대상물
④ 강당, 문화 및 집회시설, 운동시설, 종교시설 용도로 사용하는 바닥면적 합계가 1,200㎡ 인 특정소방대상물(관람석 의자는 없다)

75

「소방시설 설치 및 관리에 관한 법률 시행령」 상 수용인원 산정방법으로 옳지 않은 것은?

① 휴게실 용도로 쓰이는 특정소방대상물은 해당 용도로 사용하는 바닥면적의 합계를 1.9㎡로 나누어 얻은 수로 한다.
② 상담실 용도로 쓰이는 특정소방대상물은 해당 용도로 사용하는 바닥면적의 합계를 1.9㎡로 나누어 얻은 수로 한다.
③ 침대가 있는 숙박시설은 해당 특정소방물의 종사자 수에 침대 수(2인용 침대는 2개로 산정)를 합한 수로 한다.
④ 침대가 없는 숙박시설은 해당 특정소방대상물의 종사자 수에 바닥면적의 합계를 1.5㎡로 나누어 얻은 수를 합한 수로 한다.

76 ●❶❷❸
「소방시설 설치 및 관리에 관한 법률 시행령」상 두 시설의 수용인원의 합계는?

- A 시설 : 종사자 10명, 침대가 40개(2인용 20개, 1인용 20개)있는 숙박시설
- B 시설 : 강의실 용도로 사용하는 바닥면적 합계가 380㎡ 인 특정소방대상물

① 250 ② 260
③ 270 ④ 280

77 ●❶❷❸
「소방시설 설치 및 관리에 관한 법률 시행령」상 화재안전기준에 따라 소화기구를 설치하여야 하는 특정소방대상물이 아닌 것은?

① 연면적 33㎡ 이상인 것. 다만, 노유자시설의 경우에는 투척용 소화용구 등을 화재안전기준에 따라 산정된 소화기 수량의 2분의 1 이상으로 설치할 수 있다.
② 국가유산
③ 지하가
④ 발전시설 중 전기저장시설

78 ●❶❷❸
「소방시설 설치 및 관리에 관한 법률 시행령」상 옥내소화전설비를 설치하지 않아도 되는 특정소방대상물은? (위험물 저장 및 처리 시설 중 가스시설, 지하구 및 방재실 등에서 스프링클러설비 또는 물분무등소화설비를 원격으로 조정할 수 있는 업무시설 중 무인변전소는 제외한다)

① 연면적 5천㎡ 인 것(지하가 중 터널은 제외한다)
② 공장 또는 창고시설로서 규정에서 정하는 수량의 1000배의 특수가연물을 저장·취급하는 것
③ 층수가 4층 이상인 것 중 바닥면적이 800㎡ 인 층이 있는 것
④ 지하가 중 터널로서 길이가 500m의 터널

79 ●①②③

「소방시설 설치 및 관리에 관한 법률 시행령」상 화재안전기준에 따라 옥내소화전설비를 설치하여야 하는 특정소방대상물의 기준에 대한 설명이다. 빈칸을 채우시오.
(위험물 저장 및 처리 시설 중 가스시설, 지하구 및 방재실 등에서 스프링클러설비 또는 물분무등소화설비를 원격으로 조정할 수 있는 업무시설 중 무인변전소는 제외한다)

> • 건축물의 옥상에 설치된 차고·주차장으로서 사용되는 면적이 (㉠)㎡ 이상인 경우 해당 부분
> • 지하층·무창층(축사는 제외한다)으로서 바닥면적이 (㉡)㎡ 이상인 층이 있는 것

	㉠	㉡
①	200	500
②	200	600
③	300	500
④	300	600

80 ●①②③

「소방시설 설치 및 관리에 관한 법률 시행령」상 스프링클러를 설치하여야 하는 기준으로 옳지 않은 것은? (위험물 저장 및 처리 시설 중 가스시설 또는 지하구는 제외한다)

① 문화 및 집회시설 중에서 무대부가 지하층·무창층 또는 4층 이상의 층에 있는 경우에는 무대부의 면적이 200㎡ 이상인 것
② 숙박시설로 사용되는 시설의 바닥면적의 합계가 600㎡ 이상인 것은 모든 층
③ 노유자시설로 사용되는 시설의 바닥면적의 합계가 600㎡ 이상인 것은 모든 층
④ 기숙사(교육연구시설·수련시설 내에 있는 학생 수용을 위한 것을 말한다) 또는 복합건축물로서 연면적 5천㎡ 이상인 경우에는 모든 층

81 ⬢①②③
「소방시설 설치 및 관리에 관한 법률 시행령」상 스프링클러를 설치하여야 하는 기준에 대한 설명이다. ( )안에 들어가는 내용으로 옳은 것은?

> 판매시설, 운수시설 및 창고시설(물류터미널에 한정한다)로서 바닥면적의 합계가 (㉠)㎡ 이상이거나 수용인원이 (㉡)명 이상인 경우에는 모든 층

	㉠	㉡
①	3천	500
②	3천	1,000
③	5천	500
④	5천	1,000

82 ⬢①②③
「소방시설 설치 및 관리에 관한 법률 시행령」상 화재안전기준에 따라 스프링클러설비를 설치하여야 하는 특정소방대상물의 기준에 대한 설명으로 옳지 않은 것은?

① 창고시설(물류터미널은 제외)로서 바닥면적 합계가 3천㎡ 이상인 경우에는 모든 층
② 종교시설(주요구조부가 목조인 것은 제외) 중 무대부가 지하층·무창층 또는 4층 이상의 층에 있는 경우에는 무대부의 면적이 300㎡ 이상인 것
③ 판매시설, 운수시설 및 창고시설(물류터미널에 한정한다)로서 바닥면적의 합계가 5천㎡ 이상이거나 수용인원이 500명 이상인 경우에는 모든 층
④ 의료시설 중 정신의료기관으로 사용되는 시설의 바닥면적의 합계가 600㎡ 이상인 것은 모든 층

83

「소방시설 설치 및 관리에 관한 법률 시행령」 상 화재안전기준에 따라 간이스프링클러설비를 설치하여야 하는 특정소방대상물의 기준에 대한 설명이다. ( )안에 들어가는 내용으로 옳은 것은?

> 정신의료기관 또는 의료재활시설로 사용되는 바닥면적의 합계가 ( ) 인 시설

① 300㎡ 미만
② 1,000㎡ 미만
③ 100㎡ 이상 1,000㎡ 미만
④ 300㎡ 이상 600㎡ 미만

84

「소방시설 설치 및 관리에 관한 법률 시행령」 상 화재안전기준에 따라 간이스프링클러설비를 설치하여야 하는 특정소방대상물의 기준에 대한 설명으로 옳지 않은 것은?

① 근린생활시설로 사용하는 부분의 바닥면적 합계가 1천㎡ 이상인 것은 모든 층
② 교육연구시설 내에 합숙소로서 연면적 100㎡ 이상인 경우에는 모든 층
③ 복합건축물로서 연면적 1천㎡ 이상인 것은 모든 층
④ 숙박시설 중 생활형 숙박시설로서 해당 용도로 사용되는 바닥면적의 합계가 600㎡ 이상인 것

85

「소방시설 설치 및 관리에 관한 법률 시행령」 상 화재안전기준에 따라 물분무등소화설비를 설치하여야 하는 특정소방대상물의 기준에 대한 설명이다. ( )안에 들어가는 내용으로 옳은 것은?

> 차고, 주차용 건축물 또는 철골 조립식 주차시설. 이 경우 연면적 ( )㎡ 이상인 것만 해당한다.

① 500
② 800
③ 1,000
④ 1,500

86

「소방시설 설치 및 관리에 관한 법률 시행령」상 화재안전기준에 따라 물분무등소화설비를 설치하여야 하는 특정소방대상물의 기준에 대한 설명으로 옳지 않은 것은? (위험물 저장 및 처리 시설 중 가스시설 및 지하구는 제외한다)

① 항공기 및 자동차 관련 시설 중 항공기격납고
② 지하가 중 예상 교통량, 경사도 등 터널의 특성을 고려하여 행정안전부령으로 정하는 터널. 다만, 이 경우에는 물분무소화설비를 설치하여야 한다.
③ 건축물의 내부에 설치된 차고·주차장으로서 차고 또는 주차의 용도로 사용되는 면적이 200㎡ 이상인 경우 해당 부분
④ 기계장치에 의한 주차시설을 이용하여 10대 이상의 차량을 주차할 수 있는 것

87

「소방시설 설치 및 관리에 관한 법률 시행령」상 옥외소화전설비를 설치하여야 하는 특정소방대상물의 기준으로 옳은 것은? (아파트등, 위험물 저장 및 처리 시설 중 가스시설, 지하구 및 지하가 중 터널은 제외한다)

① 지하층을 제외한 층수가 11층 이상인 것
② 문화유산 중 「문화유산의 보존 및 활용에 관한 법률」에 따라 보물 또는 국보로 지정된 목조건축물
③ 지하가 중 터널로서 길이가 500m 이상인 것
④ 공장 또는 창고시설로서 「화재의 예방 및 안전관리에 관한 법률 시행령」에서 정하는 수량의 500배 이상의 특수가연물을 저장·취급하는 것

88

「소방시설 설치 및 관리에 관한 법률 시행령」상 화재안전기준에 따라 옥외소화전설비를 설치하여야 하는 특정소방대상물의 기준에 대한 설명이다. 빈칸을 채우시오. (아파트등, 위험물 저장 및 처리 시설 중 가스시설, 지하구 및 지하가 중 터널은 제외한다)

> 지상 1층 및 2층의 바닥면적의 합계가 [   ]㎡ 이상인 것. 이 경우 같은 구(區) 내의 둘 이상의 특정소방대상물이 행정안전부령으로 정하는 연소(延燒) 우려가 있는 구조인 경우에는 이를 하나의 특정소방대상물로 본다.

① 5천
② 9천
③ 1만
④ 1만5천

89 ⦿①②③
「소방시설 설치 및 관리에 관한 법률 시행령」상 비상경보설비를 설치하여야 하는 특정소방대상물로 옳은 것은?(모래·석재 등 불연재료 공장 및 창고시설, 위험물 저장 및 처리 시설 중 가스시설, 사람이 거주하지 않거나 벽이 없는 축사 등 동물 및 식물 관련 시설 및 지하구는 제외한다)

① 지하가 중 터널로서 길이가 500m 이상인 것
② 공장 또는 창고시설로서「화재의 예방 및 안전관리에 관한 법률 시행령」에서 정하는 수량의 750배 이상의 특수가연물을 저장·취급하는 것
③ 30명 이상의 근로자가 작업하는 옥내 작업장
④「문화유산의 보존 및 활용에 관한 법률」에 따라 보물 또는 국보로 지정된 목조건축물

90 ⦿①②③
「소방시설 설치 및 관리에 관한 법률 시행령」상 화재안전기준에 따라 비상경보설비를 설치하여야 하는 특정소방대상물의 기준에 대한 설명이다. 빈칸을 채우시오. (모래·석재 등 불연재료 공장 및 창고시설, 위험물 저장 및 처리 시설 중 가스시설, 사람이 거주하지 않거나 벽이 없는 축사 등 동물 및 식물 관련 시설 및 지하구는 제외한다)

- 연면적 [㉠]㎡ 이상인 것은 모든 층
- 지하층 또는 무창층의 바닥면적이 [㉡]㎡(공연장의 경우 [㉢]㎡) 이상인 것은 모든 층

	㉠	㉡	㉢
①	300	200	150
②	300	150	100
③	400	150	100
④	400	200	150

91

「소방시설 설치 및 관리에 관한 법률 시행령」상 비상방송설비를 설치하여야 하는 특정소방대상물의 기준으로 옳은 것은? (위험물 저장 및 처리 시설 중 가스시설, 사람이 거주하지 않거나 벽이 없는 축사 등 동물 및 식물 관련 시설, 지하가 중 터널 및 지하구는 제외한다)

① 판매시설 중 전통시장
② 지하층의 층수가 3층 이상인 것은 모든 층
③ 50명 이상의 근로자가 작업하는 옥내 작업장
④ 「문화유산의 보존 및 활용에 관한 법률」에 따라 보물 또는 국보로 지정된 목조건축물

92

「소방시설 설치 및 관리에 관한 법률 시행령」상 화재안전기준에 따라 비상방송설비를 설치하여야 하는 특정소방대상물의 기준에 대한 설명이다. 빈칸을 채우시오.(위험물 저장 및 처리 시설 중 가스시설, 사람이 거주하지 않거나 벽이 없는 축사 등 동물 및 식물 관련 시설, 지하가 중 터널 및 지하구는 제외한다)

- 연면적 [㉠]㎡ 이상인 것은 모든 층
- 층수가 [㉡]층 이상인 것은 모든 층

	㉠	㉡
①	3천5백	11
②	3천5백	30
③	5천5백	30
④	5천5백	11

93

「소방시설 설치 및 관리에 관한 법률 시행령」상 누전경보기는 계약전류용량이 몇 암페어를 초과하는 특정소방대상물에 설치하여야 하는가?(내화구조가 아닌 건축물로서 벽·바닥 또는 반자의 전부나 일부를 불연재료 또는 준불연재료가 아닌 재료에 철망을 넣어 만든 특정소방대상물만 해당)

① 50 암페어
② 100 암페어
③ 500 암페어
④ 1,000 암페어

94

「소방시설 설치 및 관리에 관한 법률 시행령」상 화재안전기준에 따라 자동화재탐지설비를 설치하여야 하는 특정소방대상물의 기준에 대한 설명이다. 빈칸을 채우시오.

> 정신의료기관 또는 의료재활시설로 사용되는 바닥면적의 합계가 (　　　)인 시설

① 300㎡ 이상
② 1,000㎡ 이상
③ 100㎡ 이상 1,000㎡ 미만
④ 300㎡ 이상 600㎡ 미만

95

「소방시설 설치 및 관리에 관한 법률 시행령」상 화재안전기준에 따라 자동화재탐지설비를 설치하여야 하는 특정소방대상물의 기준에 대한 설명으로 옳지 않은 것은?

① 위락시설, 장례시설 및 복합건축물로서 연면적 500㎡ 이상인 것
② 방송통신시설, 발전시설, 관광 휴게시설로서 연면적 1천㎡ 이상인 것
③ 층수가 6층 이상인 건축물의 경우에는 모든 층
④ 지하가 중 터널로서 길이가 1천m 이상인 것

96

「소방시설 설치 및 관리에 관한 법률 시행령」상 화재안전기준에 따라 자동화재속보설비를 설치하여야 하는 특정소방대상물의 기준에 대한 설명으로 옳은 것은?(단, 방재실 등 화재 수신기가 설치된 장소에 24시간 화재를 감시할 수 있는 사람이 근무하고 있는 경우에는 제외)

① 정신병원 및 의료재활시설로 사용되는 바닥면적의 합계가 300㎡ 이상인 층이 있는 것
② 노유자시설로서 바닥면적이 400㎡ 이상인 층이 있는 것.
③ 문화유산 중 「문화유산의 보존 및 활용에 관한 법률」에 따라 보물 또는 국보로 지정된 목조건축물
④ 수련시설(숙박시설이 있는 것만 해당한다)로서 바닥면적이 300㎡ 이상인 층이 있는 것.

97 ●①②③

「소방시설 설치 및 관리에 관한 법률 시행령」상 화재안전기준에 따라 자동화재속보설비를 설치하여야 하는 특정소방대상물의 기준에 대한 설명으로 옳은 것은?(단, 방재실 등 화재 수신기가 설치된 장소에 24시간 화재를 감시할 수 있는 사람이 근무하고 있는 경우에는 제외)

① 판매시설 중 전통시장
② 층수가 6층 이상인 건축물
③ 지하가 중 터널로서 길이가 500m 이상인 것
④ 발전시설 중 전기저장시설

98 ●①②③

「소방시설 설치 및 관리에 관한 법률 시행령」상 화재안전기준에 따라 자동화재속보설비를 설치하여야 하는 특정소방대상물의 기준에 대한 설명이다. 빈칸을 채우시오. (단, 방재실 등 화재 수신기가 설치된 장소에 24시간 화재를 감시할 수 있는 사람이 근무하고 있는 경우에는 제외)

> · 수련시설(숙박시설이 있는 것만 해당한다)로서 바닥면적이 (㉠)㎡ 이상인 층이 있는 것.
> · 정신병원 및 의료재활시설로 사용되는 바닥면적의 합계가 (㉡)㎡ 이상인 층이 있는 것

	㉠	㉡
①	300	500
②	300	300
③	500	500
④	500	300

99 ●①②③

「소방시설 설치 및 관리에 관한 법률 시행령」상 자동화재탐지설비를 설치하여야 하는 특정소방대상물 중 시각경보기를 설치하여야 하는 특정소방대상물의 기준에 대한 설명으로 옳지 않은 것은?

① 교육연구시설 중 도서관
② 창고시설 중 물류터미널
③ 지하가 중 터널
④ 방송통신시설 중 방송국

100 ①❷❸

「소방시설 설치 및 관리에 관한 법률 시행령」상 단독경보형 감지기를 설치하여야 하는 특정소방대상물의 기준에 대한 설명이다. 빈칸을 채우시오.

- 연면적 (㉠)㎡ 미만의 유치원
- 교육연구시설 또는 수련시설 내에 있는 기숙사 또는 합숙소로서 연면적 (㉡)㎡ 미만인 것

	㉠	㉡
①	400	1,000
②	400	2,000
③	500	1,000
④	500	2,000

101 ①❷❸

「소방시설 설치 및 관리에 관한 법률 시행령」상 가스누설경보기를 설치하여야 하는 특정소방대상물의 기준에 대한 설명으로 옳지 않은 것은? (가스시설이 설치된 경우만 해당한다)

① 노유자시설
② 운동시설
③ 문화 및 집회시설
④ 창고시설 중 하역장

102 ①❷❸

「소방시설 설치 및 관리에 관한 법률 시행령」상 통합감시시설을 설치하여야 하는 특정소방대상물에 해당하는 것은?

① 지하가 중 지하상가
② 지하구
③ 노유자시설
④ 문화 및 집회시설

103 ●❶❷❸
「소방시설 설치 및 관리에 관한 법률 시행령」상 인공소생기를 설치하여야 하는 특정소방대상물의 기준에 해당하는 것은?

① 지하층을 포함하는 층수가 5층 이상인 것 중 병원 용도로 사용하는 층
② 지하층을 포함하는 층수가 7층 이상인 것 중 관광호텔 용도로 사용하는 층
③ 수용인원 100명 이상인 문화 및 집회시설 중 영화상영관
④ 이산화탄소소화설비(호스릴이산화탄소소화설비는 제외)를 설치하여야 하는 특정소방대상물

104 ●❶❷❸
「소방시설 설치 및 관리에 관한 법률 시행령」상 인명구조기구를 모두 설치하여야 하는 특정소방대상물로 옳은 것은?

① 지하층을 포함하는 층수가 7층 이상인 관광호텔
② 지하층을 포함하는 층수가 5층 이상인 병원
③ 수용인원 100명 이상인 문화 및 집회시설 중 영화상영관
④ 판매시설 중 대규모 점포

105 ●❶❷❸
「소방시설 설치 및 관리에 관한 법률 시행령」상 공기호흡기를 설치하여야 하는 특정소방대상물로 옳지 않은 것은?

① 판매시설 중 대규모점포
② 운수시설 중 지하역사
③ 지하가 중 지하상가
④ 수용인원 50명 이상인 문화 및 집회시설 중 영화상영관

106 ●❶❷❸
「소방시설 설치 및 관리에 관한 법률 시행령」상 객석유도등을 설치하여야 할 특정소방대상물으로 옳지 않은 것은?

① 문화 및 집회시설
② 종교시설
③ 운동시설
④ 관광 휴게시설

107 ①②③

「소방시설 설치 및 관리에 관한 법률 시행령」상 비상조명등을 설치하여야 하는 특정소방대상물의 기준에 대한 설명이다. 빈칸을 채우시오. (창고시설 중 창고 및 하역장, 위험물 저장 및 처리 시설 중 가스시설 및 사람이 거주하지 않거나 벽이 없는 축사 등 동물 및 식물 관련 시설은 제외한다)

- 지하층을 포함하는 층수가 [㉠]층 이상인 건축물로서 연면적 [㉡]㎡ 이상인 경우에는 모든 층
- 지하가 중 터널로서 그 길이가 [㉢]m 이상인 것

	㉠	㉡	㉢
①	5	3천	500
②	11	5천	500
③	5	5천	1000
④	11	3천	1000

108 ①②③

「소방시설 설치 및 관리에 관한 법률 시행령」상 휴대용 비상조명등을 설치하여야 하는 특정소방대상물의 기준에 해당하지 않는 것은?

① 수용인원 100명 이상의 영화상영관
② 판매시설 중 대규모점포
③ 철도 및 도시철도 시설 중 지하역사
④ 지하가 중 터널

109

「소방시설 설치 및 관리에 관한 법률 시행령」상 상수도소화용수설비를 설치하여야 하는 특정소방대상물의 기준에 대한 설명이다. 빈칸을 채우시오. (다만, 상수도소화용수설비를 설치하여야 하는 특정소방대상물의 대지 경계선으로부터 180m 이내에 지름 75㎜ 이상인 상수도용 배수관이 설치되지 않은 지역의 경우에는 화재안전기준에 따른 소화수조 또는 저수조를 설치하여야 한다.)

- 연면적 (㉠)㎡ 이상인 것. 다만, 위험물 저장 및 처리 시설 중 가스시설, 지하가 중 터널 또는 지하구의 경우에는 제외한다.
- 가스시설로서 지상에 노출된 탱크의 저장용량의 합계가 (㉡)톤 이상인 것

	㉠	㉡
①	3,000	30
②	3,000	100
③	5,000	30
④	5,000	100

110

「소방시설 설치 및 관리에 관한 법률 시행령」상 제연설비를 설치하여야 하는 특정소방대상물의 기준에 대한 설명이다. 빈칸을 채우시오.

- 지하가(터널은 제외)로서 연면적 (㉠)㎡ 이상인 것
- 공항시설 및 항만시설의 대기실 또는 휴게시설로서 지하층 또는 무창층의 바닥면적이 (㉡)㎡ 이상인 경우에는 모든 층

	㉠	㉡
①	500	2,000
②	500	1,000
③	1,000	1,000
④	1,000	2,000

111 ①②❸

「소방시설 설치 및 관리에 관한 법률 시행령」상 제연설비를 설치하여야 하는 특정소방대상물의 기준에 해당하지 않는 것은?

① 문화 및 집회시설 중 하나의 건축물에 영화상영관이 10개 이상인 부분
② 창고시설(물류터미널로 한정한다)로서 해당 용도로 사용되는 바닥면적의 합계가 1천㎡ 이상인 경우 해당 부분
③ 공항시설 및 항만시설의 대기실 또는 휴게시설로서 지하층 또는 무창층의 바닥면적이 1천㎡ 이상인 경우에는 모든 층
④ 지하가(터널은 제외한다)로서 연면적 1천㎡ 이상인 것

112 ①❷③

「소방시설 설치 및 관리에 관한 법률 시행령」상 연결송수관설비를 설치하여야 하는 특정소방대상물의 기준에 대한 설명이다. 빈칸을 채우시오.(위험물 저장 및 처리 시설 중 가스시설 및 지하구는 제외한다)

- 층수가 5층 이상으로서 연면적 (㉠)㎡ 이상인 경우에는 모든 층
- 지하가 중 터널로서 길이가 (㉡)m 이상인 것

	㉠	㉡
①	5,000	500
②	5,000	1,000
③	6,000	500
④	6,000	1,000

113 ①②❸

「소방시설 설치 및 관리에 관한 법률 시행령」상 연결살수설비를 설치하여야 하는 특정소방대상물(지하구는 제외한다)의 기준에 해당하는 것은?

① 문화 및 집회시설 중 영화상영관으로서 수용인원 100명 이상인 부분
② 가스시설 중 지상에 노출된 탱크의 용량이 30톤 이상인 탱크시설
③ 창고시설 중 물류터미널로서 해당 용도로 사용되는 부분의 바닥면적의 합계가 500㎡ 이상인 경우에는 해당 시설
④ 지하가 중 길이가 1천 미터 이상인 터널

114

「소방시설 설치 및 관리에 관한 법률 시행령」상 비상콘센트설비를 설치하여야 하는 특정소방대상물의 기준에 대한 설명이다. 빈칸을 채우시오. (위험물 저장 및 처리 시설 중 가스시설 및 지하구는 제외한다)

- 지하층의 층수가 [㉠]층 이상이고 지하층의 바닥면적의 합계가 [㉡]m² 이상인 것은 지하층의 모든 층
- 지하가 중 터널로서 길이가 [㉢]m 이상인 것

	㉠	㉡	㉢
①	5	3천	500
②	5	1천	1000
③	3	1천	500
④	3	3천	1000

115

「소방시설 설치 및 관리에 관한 법률 시행령」상 무선통신보조설비를 설치하여야 하는 특정소방대상물의 기준에 해당하지 않는 것은? (위험물 저장 및 처리 시설 중 가스시설은 제외한다)

① 지하가(터널은 제외한다)로서 연면적 500㎡ 이상인 것
② 지하층의 바닥면적의 합계가 3천㎡ 이상인 것 또는 지하층의 층수가 3층 이상이고 지하층의 바닥면적의 합계가 1천㎡ 이상인 것은 지하층의 모든 층
③ 지하가 중 터널로서 길이가 500m 이상인 것
④ 층수가 30층 이상인 것으로서 16층 이상 부분의 모든 층

116

「소방시설 설치 및 관리에 관한 법률 시행령」 상 무선통신보조설비를 설치하여야 하는 특정소방대상물의 기준에 대한 설명이다. 빈칸을 채우시오. (위험물 저장 및 처리 시설 중 가스시설은 제외한다)

> 지하층의 바닥면적의 합계가 (㉠)㎡ 이상인 것 또는 지하층의 층수가 3층 이상이고 지하층의 바닥면적의 합계가 (㉡)㎡ 이상인 것은 지하층의 모든 층

	㉠	㉡
①	1,000	1,000
②	1,000	3,000
③	3,000	1,000
④	3,000	3,000

117

「소방시설 설치 및 관리에 관한 법률 시행령」 상 지하가 중 터널로서 길이가 500m 이상인 경우에 설치하여야 하는 소방시설로 옳지 않은 것은 모두 몇 개인가?

> ㉠ 비상경보설비 ㉡ 제연설비
> ㉢ 비상콘센트설비 ㉣ 무선통신보조설비
> ㉤ 연결송수관설비 ㉥ 연결살수설비

① 1개 ② 2개
③ 3개 ④ 4개

118

「소방시설 설치 및 관리에 관한 법률 시행령」 상 소방청장, 소방본부장 또는 소방서장이 소방안전관리의 취약성 등을 고려하여 소방시설정보관리시스템 구축·운영할 수 있는 특정소방대상물에 해당하지 않는 것은?

① 종교시설 ② 운수시설
③ 판매시설 ④ 의료시설

119 ①②③

「소방시설 설치 및 관리에 관한 법률 시행령」상 소방청장, 소방본부장 또는 소방서장이 소방안전관리의 취약성 등을 고려하여 소방시설정보관리시스템 구축·운영할 수 있는 특정소방대상물에 해당하는 것을 모두 고르시오.

- ㉠ 문화 및 집회시설
- ㉡ 숙박이 가능한 수련시설
- ㉢ 위험물 저장 및 처리 시설
- ㉣ 지하가 및 지하구

① ㉠, ㉢
② ㉡, ㉢, ㉣
③ ㉠, ㉢, ㉣
④ ㉠, ㉡, ㉢, ㉣

120 ①②③

「소방시설 설치 및 관리에 관한 법률」상 소방서장이 화재안전기준의 변경으로 강화된 기준을 적용할 수 있는 소방시설로 옳은 것은 모두 몇 개인가?

- ㉠ 소화기구
- ㉡ 비상경보설비
- ㉢ 자동화재탐지설비
- ㉣ 연결살수설비
- ㉤ 제연설비

① 1개
② 2개
③ 3개
④ 4개

121 ①②③

「소방시설 설치 및 관리에 관한 법률」상 소방시설기준 적용의 특례 중 대통령령 또는 화재안전기준의 변경으로 강화된 기준을 적용할 수 있는 것은?

① 제연설비
② 자동화재속보설비
③ 옥내소화전설비
④ 가스누설경보기

122
「소방시설 설치 및 관리에 관한 법률 시행령」상 소방시설 중 그 기준이 강화되는 경우 강화된 기준을 적용할 수 있는 시설로 옳지 않은 것은?

① 공동구에 설치하는 유도등 및 연소방지설비
② 전력 및 통신사업용 지하구에 설치하는 소화기, 자동소화장치
③ 노유자시설에 설치하는 간이스프링클러설비, 자동화재속보설비 및 단독경보형 감지기
④ 의료시설에 설치하는 스프링클러설비, 간이스프링클러설비, 자동화재속보설비

123
「소방시설 설치 및 관리에 관한 법률 시행령」상 특정소방대상물이 증축되는 경우 기존 부분에 대해서 증축 당시의 소방시설의 설치에 관한 대통령령 또는 화재안전기준을 적용하지 않는 경우에 해당하는 것으로 옳지 않은 것은?

① 기존 부분과 증축 부분이 내화구조(耐火構造)로 된 바닥과 벽으로 구획된 경우
② 자동차 생산공장 등 화재 위험이 낮은 특정소방대상물에 컨베이어를 설치하는 경우
③ 기존 부분과 증축 부분이 「건축법 시행령」에 따른 자동방화셔터 또는 60+분 방화문으로 구획되어 있는 경우
④ 자동차 생산공장 등 화재 위험이 낮은 특정소방대상물 내부에 연면적 33제곱미터 이하의 직원 휴게실을 증축하는 경우

124
「소방시설 설치 및 관리에 관한 법률 시행령」상 특정소방대상물의 증축 또는 용도변경 시의 소방시설기준 적용에 대한 설명으로 옳지 않은 것은?

① 소방본부장 또는 소방서장은 특정소방대상물이 증축되는 경우에는 기존 부분을 포함한 특정소방대상물의 전체에 대하여 증축 당시의 소방시설의 설치에 관한 대통령령 또는 화재안전기준을 적용해야 한다.
② 기존 부분과 증축 부분이 내화구조(耐火構造)로 된 바닥과 벽으로 구획된 경우에는 기존 부분에 대해서는 증축 당시의 소방시설의 설치에 관한 대통령령 또는 화재안전기준을 적용하지 않는다.
③ 소방본부장 또는 소방서장은 특정소방대상물이 용도변경되는 경우에는 용도변경되는 부분에 대해서만 용도변경 당시의 소방시설의 설치에 관한 대통령령 또는 화재안전기준을 적용한다.
④ 용도변경으로 인하여 천장·바닥·벽 등에 고정되어 있는 가연성 물질의 양이 늘어난 경우에는 특정소방대상물 전체에 대하여 용도변경 전에 해당 특정소방대상물에 적용되던 소방시설의 설치에 관한 대통령령 또는 화재안전기준을 적용한다.

125

「소방시설 설치 및 관리에 관한 법률 시행령」상 기능과 성능이 유사한 소방시설 설치의 면제기준에 대한 설명으로 옳지 않은 것은?

① 물분무등소화설비를 설치하여야 하는 차고·주차장에 스프링클러설비를 화재안전기준에 적합하게 설치한 경우에는 그 설비의 유효범위에서 설치가 면제된다.
② 비상방송설비를 설치하여야 하는 특정소방대상물에 자동화재탐지설비 또는 비상경보설비와 같은 수준 이상의 음향을 발하는 장치를 부설한 방송설비를 화재안전기준에 적합하게 설치한 경우에는 그 설비의 유효범위에서 설치가 면제된다.
③ 비상경보설비를 설치하여야 하는 특정소방대상물에 피난구유도등 또는 통로유도등을 화재안전기준에 적합하게 설치한 경우에는 그 유도등의 유효범위에서 설치가 면제된다.
④ 연소방지설비를 설치하여야 하는 특정소방대상물에 스프링클러설비, 물분무소화설비 또는 미분무소화설비를 화재안전기준에 적합하게 설치한 경우에는 그 설비의 유효범위에서 설치가 면제된다.

126

「소방시설 설치 및 관리에 관한 법률 시행령」상 중·저준위방사성폐기물의 저장시설과 같이 화재안전기준을 달리 적용하여야 하는 특수한 용도 또는 구조를 가진 특정소방대상물에 대하여 설치하지 아니할 수 있는 소방시설로 옳은 것은?

① 옥내소화전설비
② 비상방송설비
③ 자동화재탐지설비
④ 연결송수관설비

127

「소방시설 설치 및 관리에 관한 법률」상 대통령령으로 정하는 소방시설을 설치하지 아니할 수 있는 경우가 아닌 것은?

① 화재 위험도가 낮은 특정소방대상물
② 화재안전기준을 적용하기 어려운 특정소방대상물
③ 화재안전기준을 다르게 적용하여야 하는 특수한 용도 또는 구조를 가진 특정소방대상물
④ 규정에 따라 의용소방대가 설치된 특정소방대상물

128 ①②③

「소방시설 설치 및 관리에 관한 법률 시행령」상 소방시설을 설치하지 아니할 수 있는 특정소방대상물 중 화재안전기준을 적용하기 어려운 특정소방대상물에 해당하는 것은?

① 불연성 물품을 저장하는 창고
② 원자력발전소, 중·저준위방사성폐기물의 저장시설
③ 자체소방대가 설치된 위험물 제조소등에 부속된 사무실
④ 음료수 공장의 세정 또는 충전을 하는 작업장

129 ①②③

「소방시설 설치 및 관리에 관한 법률 시행령」상 불연성 물품을 저장하는 창고와 같이 화재 위험도가 낮은 특정소방대상물에 대하여 설치하지 아니할 수 있는 소방시설로 옳은 것은?

① 스프링클러설비
② 비상방송설비
③ 연결살수설비
④ 연결송수관설비

130 ①②③

「소방시설 설치 및 관리에 관한 법률 시행령」상 인화성 물품을 취급하는 작업 등 대통령령으로 정하는 작업에 해당하지 않는 것은?

① 전열기구, 가열전선 등 열을 발생시키는 기구를 취급하는 작업
② 알루미늄, 마그네슘 등을 취급하여 폭발성 부유분진을 발생시킬 수 있는 작업
③ 휘발성 물질을 취급하거나 가연성 가스를 발생시키는 작업
④ 용접·용단 등 불꽃을 발생시키거나 화기를 취급하는 작업

131 ①②③

「소방시설 설치 및 관리에 관한 법률 시행령」상 임시소방시설로 가장 옳지 않은 것은?

① 간이소화장치
② 소화기
③ 호스릴 옥내소화전
④ 비상경보장치

132
「소방시설 설치 및 관리에 관한 법률 시행령」상 임시소방시설과 기능 및 성능이 유사한 소방시설로서 간이피난유도선을 설치한 것으로 볼 수 없는 것은?

① 휴대용비상조명등
② 피난유도선
③ 피난구유도등
④ 통로유도등

133
「소방시설 설치 및 관리에 관한 법률 시행령」상 임시소방시설과 기능 및 성능이 유사한 소방시설로서 비상경보장치를 설치한 것으로 볼 수 있는 것은?

① 통합감시시설
② 자동화재탐지설비
③ 자동화재속보설비
④ 비상경보설비

134
「소방시설 설치 및 관리에 관한 법률 시행령」상 임시소방시설 중 간이소화장치를 설치해야 하는 공사의 화재위험작업현장에 대한 설명이다. 빈칸을 채우시오.

- 연면적 (㉠)㎡ 이상인 공사의 화재위험작업현장
- 공사의 화재위험작업현장의 지하층, 무창층 또는 4층 이상의 층. 이 경우 해당 층의 바닥면적이 (㉡)㎡ 이상인 경우만 해당한다.

	㉠	㉡
①	3,000	150
②	3,000	600
③	5,000	150
④	5,000	600

135

「소방시설 설치 및 관리에 관한 법률 시행령」상 소방용품의 내용연수에 대한 설명이다. 빈칸을 채우시오.

> ① 내용연수를 설정하여야 하는 소방용품은 [㉠]형태의 소화약제를 사용하는 소화기로 한다.
> ② 소방용품의 내용연수는 [㉡]년으로 한다.

	㉠	㉡
①	분말	10
②	액체	10
③	분말	15
④	액체	15

136

「소방시설 설치 및 관리에 관한 법률」및 같은 법 시행령 상 중앙소방기술심의위원회의 업무가 아닌 것은?

① 소방시설에 하자가 있는지의 판단에 관한 사항
② 소방시설의 설계 및 공사감리의 방법에 관한 사항
③ 소방시설의 구조 및 원리 등에서 공법이 특수한 설계 및 시공에 관한 사항
④ 연면적 10만 제곱미터 이상의 특정소방대상물에 설치된 소방시설의 설계·시공·감리의 하자 유무에 관한 사항

137 ①②③
「소방시설 설치 및 관리에 관한 법률」 및 같은 법 시행령 상 지방소방기술심의위원회(지방위원회)의 심의사항인 것은?

> ㉠ 새로운 소방시설과 소방용품 등의 도입 여부에 관한 사항
> ㉡ 연면적 10만 제곱미터 미만의 특정소방대상물에 설치된 소방시설의 설계·시공·감리의 하자 유무에 관한 사항
> ㉢ 소방본부장 또는 소방서장이 위험물 제조소등 또는 화재안전기준의 적용에 관하여 기술검토를 요청하는 사항
> ㉣ 소방시설공사의 하자를 판단하는 기준에 관한 사항

① ㉠, ㉡
② ㉠, ㉢
③ ㉡, ㉢
④ ㉡, ㉣

138 ①②③
「소방시설 설치 및 관리에 관한 법률」 및 같은 법 시행령상 중앙소방기술심의위원회와 지방소방기술심의위원회에 대한 설명으로 옳지 않은 것은?

① 중앙소방기술심의위원회는 성별을 고려하여 위원장을 포함한 60명 이내의 위원으로 구성한다.
② 중앙위원회의 회의는 위원장과 위원장이 회의마다 지정하는 5명 이상 10명 이하의 위원으로 구성한다.
③ 지방소방기술심의위원회는 위원장을 포함하여 5명 이상 9명 이하의 위원으로 구성한다.
④ 지방위원회의 위원장은 시·도지사가 해당 위원 중에서 위촉한다.

139 ①②③
「소방시설 설치 및 관리에 관한 법률 시행령」 상 중앙 및 지방소방기술심의위원회 위원의 임명·위촉에 대한 다음 설명 중 가장 타당하지 않은 것은?

① 중앙소방기술심의위원회의 위원은 소방청장이 임명 또는 위촉한다.
② 석사 이상의 소방관련 학위 소지자를 지방소방기술심의위원회의 위원으로 임명 또는 위촉할 수 있다.
③ 소방 관련 법인·단체에서 소방 관련 업무에 3년 이상 종사한 사람을 지방소방기술심의위원회의 위원으로 임명 또는 위촉할 수 있다.
④ 지방소방기술심의위원회의 위원은 시·도지사가 임명 또는 위촉한다.

140

「소방시설 설치 및 관리에 관한 법률 시행령」상 중앙소방기술심의위원회는 위원장을 포함하여 몇 명 이내의 위원으로 구성되는가?

① 30명
② 50명
③ 60명
④ 90명

141

「소방시설 설치 및 관리에 관한 법률 시행령」상 소방기술심의위원회의 구성 등에 대한 설명이다. 빈칸을 채우시오.

- 중앙위원회의 회의는 위원장과 위원장이 회의마다 지정하는 (㉠) 의 위원으로 구성한다.
- 지방소방기술심의위원회는 위원장을 포함하여 (㉡) 의 위원으로 구성한다.

	㉠	㉡
①	5명 이상 9명 이하,	6명 이상 12명 이하
②	5명 이상 9명 이하,	12명 이하
③	6명 이상 12명 이하,	5명 이상 9명 이하
④	6명 이상 12명 이하,	12명 이하

142

「소방시설 설치 및 관리에 관한 법률 시행령」상 화재안전기준을 효율적으로 관리·운영하기 위한 업무 중 화재안전기준의 발전을 위하여 대통령령으로 정하는 사항에 해당하지 않는 것은?

① 화재안전기준에 대한 해설서 제작 및 보급
② 화재안전에 관한 국내 신기술·신제품의 조사·분석
③ 화재안전기준에 대한 자문
④ 화재안전기준의 발전을 위하여 소방청장이 필요하다고 인정하는 사항

143

「소방시설 설치 및 관리에 관한 법률」상 소방대상물의 방염 등에 대한 다음 설명 중 가장 타당하지 않은 것은?

① 대통령령으로 정하는 특정소방대상물에 실내장식 등의 목적으로 설치 또는 부착하는 물품으로서 대통령령으로 정하는 물품은 방염성능기준 이상의 것으로 설치하여야 한다.
② 소방청장은 방염대상물품이 방염성능기준에 미치지 못하거나 방염성능검사를 받지 아니한 것이면 특정소방대상물의 관계인에게 방염대상물품을 제거하도록 하거나 방염성능검사를 받도록 하는 등 필요한 조치를 명할 수 있다.
③ 방염성능기준은 대통령령으로 정한다.
④ 방염대상물품을 방염성능기준 이상으로 설치하지 아니한 자에게는 300만 원 이하의 과태료를 부과한다.

144

「소방시설 설치 및 관리에 관한 법률 시행령」상 방염성능기준 이상의 실내장식물 등을 설치해야 하는 특정소방대상물의 범주에 해당되는 것은?

㉠ 방송통신시설 중 방송국 및 촬영소	㉡ 교육연구시설 중 도서관
㉢ 숙박이 가능한 수련시설	㉣ 11층 이상인 아파트

① ㉠, ㉡
② ㉠, ㉢
③ ㉡, ㉢
④ ㉡, ㉣

145

「소방시설 설치 및 관리에 관한 법률 시행령」상 방염성능기준 이상의 실내장식물 등을 설치해야 하는 특정소방대상물로 옳지 않은 것은?

① 교육연구시설 중 합숙소
② 숙박이 가능한 수련시설
③ 방송통신시설 중 통신용 시설
④ 근린생활시설 중 산후조리원

146 🔴①②③
「소방시설 설치 및 관리에 관한 법률 시행령」상 제조 또는 가공 공정에서 방염 처리하여야 하는 방염대상물품으로 옳지 않은 것은?

① 벽지류(두께가 2mm 미만인 종이벽지 제외)
② 창문에 설치하는 커튼류(블라인드 제외)
③ 섬유류 또는 합성수지류 등을 원료로 하여 제작된 소파·의자(단란주점영업, 유흥주점영업 및 노래연습장의 영업장에 설치하는 것으로 한정)
④ 암막 또는 무대막(영화상영관에 설치하는 스크린과 가상체험 체육시설업에 설치하는 스크린을 포함)

147 🔴①②③
「소방시설 설치 및 관리에 관한 법률 시행령」상 제조 또는 가공 공정에서 방염 처리하여야 하는 방염대상물품이 아닌 것은?

① 창문에 설치하는 커튼류(블라인드 포함)
② 벽지류(두께가 2밀리미터 미만인 종이벽지는 포함)
③ 암막 또는 무대막(영화상영관에 설치하는 스크린과 가상체험 체육시설업에 설치하는 스크린을 포함)
④ 전시용 합판·목재 또는 섬유판

148 🔴①②③
「소방시설 설치 및 관리에 관한 법률 시행령」상 방염성능기준의 범주에 해당되지 않는 것은?

① 버너의 불꽃을 제거한 때부터 불꽃을 올리며 연소하는 상태가 그칠 때까지 시간은 20초 이내
② 버너의 불꽃을 제거한 때부터 불꽃을 올리지 않고 연소하는 상태가 그칠 때까지 시간은 30초 이내
③ 불꽃에 의하여 완전히 녹을 때까지 불꽃의 접촉횟수는 2회 이상
④ 탄화한 면적은 50제곱센티미터 이내, 탄화한 길이는 20센티미터 이내

149

「소방시설 설치 및 관리에 관한 법률 시행령」상 방염성능기준으로 옳은 것은?

① 불꽃에 의해 완전히 녹을 때까지 불꽃의 접촉횟수는 5회 이상일 것
② 버너의 불꽃을 제거한 때부터 불꽃을 올리고 연소상태가 그칠 때까지의 시간은 30초 이내일 것
③ 버너의 불꽃을 제거한 때부터 불꽃을 올리지 아니하고 연소상태가 그칠 때까지 시간은 20초 이내일 것
④ 탄화한 면적은 50제곱센티미터 이내, 탄화한 길이는 20센티미터 이내일 것

제3장 소방시설등의 자체점검

150

「소방시설 설치 및 관리에 관한 법률 시행령」상 자체점검의 결과 공개에 대한 설명으로 옳지 않은 것은?

① 소방본부장 또는 소방서장은 자체점검 결과를 공개하는 경우 30일 이상 전산시스템 또는 인터넷 홈페이지 등을 통해 공개해야 한다.
② 소방본부장 또는 소방서장은 이의신청을 받은 날부터 10일 이내에 심사·결정하여 그 결과를 지체 없이 신청인에게 알려야 한다.
③ 특정소방대상물의 관계인은 공개내용 등을 통보받은 날부터 14일 이내에 관할 소방본부장 또는 소방서장에게 이의신청을 할 수 있다.
④ 자체점검 결과의 공개가 제3자의 법익을 침해하는 경우에는 제3자와 관련된 사실을 제외하고 공개해야 한다.

151
「소방시설 설치 및 관리에 관한 법률」상 자체점검의 의무를 가진 자로 가장 옳은 것은?

① 소방청장 ② 소방본부장
③ 시·도지사 ④ 관계인

152
「소방시설 설치 및 관리에 관한 법률」상 자체점검에 대한 설명이다. 빈칸을 채우시오.

> 특정소방대상물의 관계인은 해당 특정소방대상물의 소방시설등이 신설된 경우 「건축법」에 따라 건축물을 사용할 수 있게 된 날부터 (   )일 이내에 스스로 점검하거나 규정에 따른 점검능력 평가를 받은 관리업자 또는 행정안전부령으로 정하는 기술자격자로 하여금 정기적으로 점검하게 하여야 한다.

① 14 ② 30
③ 60 ④ 90

153
「소방시설 설치 및 관리에 관한 법률 시행규칙」상 종합점검 대상으로 옳은 것을 고르면?

① 자동화재속보설비가 설치된 소방대상물
② 물분무등소화설비가 설치된 연면적 4,000㎡인 특정소방대상물
③ 제연설비가 설치된 터널
④ 공공기관 중 연면적이 600㎡ 이상이고 자동화재탐지설비가 설치된 것
  (다만, 「소방기본법」에 따른 소방대가 근무하는 공공기관은 제외한다.)

154 🔴①②③

「소방시설 설치 및 관리에 관한 법률 시행규칙」상 소방시설등의 자체점검 결과의 조치 등에 대한 설명으로 옳은 것은?

① 관리업자 또는 소방안전관리자로 선임된 소방시설관리사 및 소방기술사는 자체점검을 실시한 경우에는 그 점검이 끝난 날부터 15일 이내에 소방시설등 자체점검 실시결과 보고서(전자문서로 된 보고서를 포함한다)에 소방청장이 정하여 고시하는 소방시설등 점검표를 첨부하여 관계인에게 제출하여야 한다.

② 자체점검 실시결과 보고서를 제출받거나 스스로 자체점검을 실시한 관계인은 자체점검이 끝난 날부터 10일 이내에 소방시설등 자체점검 실시결과 보고서(전자문서로 된 보고서를 포함한다)에 규정에 따른 서류를 첨부하여 소방본부장 또는 소방서장에게 서면이나 소방청장이 지정하는 전산망을 통하여 보고해야 한다.

③ 소방본부장 또는 소방서장에게 자체점검 실시결과 보고를 마친 관계인은 소방시설등 자체점검 실시결과 보고서(소방시설등점검표를 포함한다)를 점검이 끝난 날부터 3년간 자체 보관해야 한다.

④ 완료기간 내에 이행계획을 완료한 관계인은 이행을 완료한 날로부터 10일 이내에 소방시설등의 자체점검결과 이행완료 보고서(전자문서로 된 보고서를 포함한다)에 이행계획 건별 전·후 사진 증명자료와 소방시설공사 계약서(전자문서를 포함한다)를 첨부하여 소방본부장 또는 소방서장에게 보고해야 한다.

155 🔴①②③

「소방시설 설치 및 관리에 관한 법률 시행규칙」상 소방시설 등에 대한 자체점검에 해당하지 않는 것은?

① 최초점검
② 작동점검
③ 종합점검
④ 최종점검

156

「소방시설 설치 및 관리에 관한 법률 시행규칙」상 〈보기〉에서 설명하는 소방시설등에 대한 자체점검으로 옳은 것은?

〈보기〉
소방시설등의 작동점검을 포함하여 소방시설등의 설비별 주요 구성 부품의 구조기준이 화재안전기준과 「건축법」등 관련 법령에서 정하는 기준에 적합한지 여부를 소방청장이 정하여 고시하는 소방시설등 종합점검표에 따라 점검하는 것을 말한다.

① 최초점검 ② 중간점검
③ 작동점검 ④ 종합점검

157

「소방시설 설치 및 관리에 관한 법률 시행규칙」상 소방시설등에 대한 자체점검 중 종합점검시 점검자의 자격에 해당하지 않는 것은?

① 소방안전관리자로 선임된 소방시설관리사
② 소방안전관리자로 선임된 소방기술사
③ 소방시설관리업에 등록된 소방시설관리사
④ 소방시설관리업에 등록된 소방설비기사

158

「소방시설 설치 및 관리에 관한 법률 시행규칙」상 종합점검 대상으로 옳지 않은 것은?

① 제연설비가 설치된 터널
② 스프링클러설비가 설치된 특정소방대상물
③ 공공기관 중 연면적이 1,000㎡ 이상인 것으로서 옥내소화전설비 또는 자동화재탐지설비가 설치된 것. 다만, 소방대가 근무하는 공공기관은 제외한다.
④ 물분무등소화설비[호스릴방식의 물분무등소화설비만을 설치한 경우는 제외]가 설치된 연면적 3,000㎡ 이상인 특정소방대상물(제조소등은 제외)

159

「소방시설 설치 및 관리에 관한 법률 시행규칙」상 종합점검 대상에 대한 설명이다. 빈칸을 채우시오.

> • 산후조리업·고시원업 및 안마시술소의 다중이용업의 영업장이 설치된 특정소방대상물로서 연면적이 (㉠)㎡ 이상인 것
> • 공공기관 중 연면적이 (㉡)㎡ 이상인 것으로서 옥내소화전설비 또는 자동화재탐지설비가 설치된 것.(다만, 소방대가 근무하는 공공기관은 제외)

	㉠	㉡
①	1,000	1,000
②	1,000	2,000
③	2,000	2,000
④	2,000	1,000

160

「소방시설 설치 및 관리에 관한 법률 시행규칙」상 자체점검의 점검 횟수 및 점검 시기 등에 대한 설명 중 옳지 않은 것은?

① 최초점검은 소방시설이 새로 설치되는 경우「건축법」에 따라 건축물을 사용할 수 있게 된 날부터 60일 이내 점검하는 것을 말한다.

② 작동점검은 종합점검 대상일 경우에는 종합점검을 받은 달부터 6개월이 되는 달에 실시한다.

③ 최초점검이 아닌 경우 특정소방대상물은 건축물의 사용승인일이 속하는 달에 실시한다. 다만,「공공기관의 안전관리에 관한 규정」에 따른 학교의 경우에는 해당 건축물의 사용승인일이 1월에서 6월 사이에 있는 경우에는 6월 30일까지 실시할 수 있다.

④ 종합점검시 하나의 대지경계선 안에 2개 이상의 자체점검 대상 건축물 등이 있는 경우에는 그 건축물 중 사용승인일이 가장 늦은 연도의 건축물의 사용승인일을 기준으로 점검할 수 있다.

161

「소방시설 설치 및 관리에 관한 법률 시행규칙」상 작동점검의 점검 횟수 및 점검 시기 등에 대한 설명이다. 빈칸을 채우시오.

- 작동점검은 (㉠) 이상 실시한다.
- 종합점검 대상은 종합점검을 받은 달부터 (㉡)이 되는 달에 실시한다.

	㉠	㉡
①	월 1회	3개월
②	월 1회	6개월
③	연 1회	3개월
④	연 1회	6개월

162

「소방시설 설치 및 관리에 관한 법률 시행규칙」상 소방시설등 자체점검의 방법 중 공동주택(아파트등에 한정) 세대별 점검방법에 대한 설명이다. ( ) 안에 들어갈 말로 옳은 것은?

관리자(관리소장, 입주자대표회의 및 소방안전관리자를 포함한다.) 및 입주민(세대 거주자를 말한다)은 ( ) 이내 모든 세대에 대하여 점검을 해야 한다.

① 6개월 ② 1년
③ 2년   ④ 3년

163

「소방시설 설치 및 관리에 관한 법률 시행규칙」상 소방시설등의 자체점검에 대한 설명이다. 빈칸을 채우시오.

> 소방시설관리업을 등록한 자는 자체점검을 실시하는 경우 점검 대상과 점검 인력 배치상황을 점검인력을 배치한 날 이후 자체점검이 끝난 날부터 (   )일 이내에 관리업자에 대한 점검능력 평가 등에 관한 업무를 위탁받은 법인 또는 단체에 통보해야 한다.

① 3
② 5
③ 7
④ 14

164

「소방시설 설치 및 관리에 관한 법률 시행규칙」상 종합점검의 횟수로 옳은 것은?

① 연 1회 이상 (특급 소방안전관리대상물 : 반기에 1회 이상)
② 연 2회 이상 (특급 소방안전관리대상물 : 반기에 1회 이상)
③ 연 1회 이상 (특급 소방안전관리대상물 : 분기에 1회 이상)
④ 연 2회 이상 (특급 소방안전관리대상물 : 분기에 1회 이상)

165

「소방시설 설치 및 관리에 관한 법률 시행규칙」상 공동주택(아파트등으로 한정) 세대별 점검방법에 대한 설명이다. 빈칸의 내용으로 옳은 것은?

> 관리자는 수신기에서 원격 점검이 불가능한 경우 매년 작동점검만 실시하는 공동주택은 1회 점검 시 마다 전체 세대수의 (㉠)퍼센트 이상, 종합점검을 실시하는 공동주택은 1회 점검 시 마다 전체 세대수의 (㉡)퍼센트 이상 점검하도록 자체점검 계획을 수립·시행해야 한다.

	㉠	㉡
①	50	30
②	20	40
③	30	50
④	40	20

166 ●①②③

「소방시설 설치 및 관리에 관한 법률 시행규칙」상 자체점검 중 공공기관의 외관점검에 대한 설명이다. 빈칸의 내용으로 옳은 것은?

> (㉠)은 공공기관에 설치된 소방시설등의 유지·관리상태를 맨눈 또는 신체감각을 이용하여 점검하는 외관점검을 (㉡)회 이상 실시(작동점검 또는 종합점검을 실시한 달에는 실시하지 않을 수 있다)하고, 그 점검 결과를 (㉢)년간 자체 보관해야 한다.

	㉠	㉡	㉢
①	소방청장	월 1	3
②	소방청장	연 1	3
③	공공기관의 장	월 1	2
④	공공기관의 장	연 1	2

167 ●①②③

「소방시설 설치 및 관리에 관한 법률 시행규칙」상 자체점검의 점검 장비 중 모든 소방시설에서 사용되는 점검 장비로 옳지 않은 것은?

① 방수압력측정계
② 폐쇄력측정
③ 절연저항계(절연저항측정기)
④ 전류전압측정계

168 ●①②③

「소방시설 설치 및 관리에 관한 법률 시행규칙」상 관리업자가 자체점검하는 경우의 점검인력 1단위에 대한 설명이다. 빈칸의 내용으로 옳은 것은?

> 소방시설관리사 또는 특급점검자 (㉠)명과 보조 기술인력 (㉡)명을 점검인력 1단위로 하되, 점검인력 1단위에 (㉢)명[같은 건축물을 점검할 때는 (㉣)명] 이내의 보조 기술인력을 추가할 수 있다.

	㉠	㉡	㉢	㉣
①	1	2	1	3
②	1	2	2	4
③	2	1	2	3
④	2	1	1	4

169

「소방시설 설치 및 관리에 관한 법률 시행규칙」상 관리업자가 점검하는 경우 특정소방대상물의 규모 등에 따른 소방시설등의 자체점검 시 점검인력의 배치기준에 대한 설명이다 빈칸의 내용으로 옳은 것은?

구분	주된 기술인력	보조 기술인력
가. 50층 이상 또는 성능위주설계를 한 특정소방대상물	소방시설관리사 경력 (㉠)년 이상 1명 이상	(㉡)점검자 이상 1명 이상 및 (㉢)점검자 이상 1명 이상

	㉠	㉡	㉢
①	5	특급	고급
②	8	특급	고급
③	5	고급	중급
④	8	고급	중급

170

「소방시설 설치 및 관리에 관한 법률 시행규칙」상 종합점검의 경우 점검인력 1단위가 하루 동안 점검할 수 있는 특정소방대상물의 연면적으로 옳은 것은?

① 5,000㎡
② 8,000㎡
③ 10,000㎡
④ 12,000㎡

171

「소방시설 설치 및 관리에 관한 법률 시행규칙」상 아파트등을 자체점검할 때의 기준에 대한 설명이다. 빈칸의 내용으로 옳은 것은? (공용시설, 부대시설 또는 복리시설은 포함하고, 아파트등이 포함된 복합건축물의 아파트등 외의 부분은 제외)

- 점검인력 1단위가 하루 동안 점검할 수 있는 아파트등의 세대수는 종합점검 및 작동점검에 관계없이 (㉠)세대로 한다.
- 점검인력 1단위에 보조 기술인력을 1명씩 추가할 때마다 (㉡)세대씩을 점검도 세대수에 더한다.

	㉠	㉡
①	200	50
②	200	60
③	250	50
④	250	60

172 ●①②③

「소방시설 설치 및 관리에 관한 법률 시행령」 및 같은 법 시행규칙상 소방시설등의 자체점검 면제 또는 연기에 대한 설명으로 옳지 않은 것은?

① 자체점검 면제 또는 연기를 신청하려는 관계인은 행정안전부령으로 정하는 면제 또는 연기신청서에 면제 또는 연기의 사유 및 기간 등을 적어 소방본부장 또는 소방서장에게 제출해야 한다. 이 경우「재난 및 안전관리 기본법」에 해당하는 재난이 발생한 경우에만 면제를 신청할 수 있다.
② 면제 또는 연기의 신청 및 신청서의 처리에 필요한 사항은 행정안전부령으로 정한다.
③ 경매 등의 사유로 소유권이 변동 중이거나 변동된 경우에는 자체점검의 연기를 신청할 수 있다.
④ 자체점검의 면제 또는 연기를 신청하려는 특정소방대상물의 관계인은 자체점검의 실시 만료일 7일 전까지 소방시설등의 자체점검 면제 또는 연기신청서(전자문서로 된 신청서를 포함한다)에 자체점검을 실시하기 곤란함을 증명할 수 있는 서류(전자문서를 포함한다)를 첨부하여 소방본부장 또는 소방서장에게 제출해야 한다.

173 ●①②③

「소방시설 설치 및 관리에 관한 법률 시행령」상 소방시설등의 자체점검 결과의 조치의 중대위반사항으로 옳지 않은 것은?

① 방화문 또는 자동방화셔터가 훼손되거나 철거되어 본래의 기능을 못하는 경우
② 출입구와 당해 출입구로 통하는 통로·계단 및 출입구에 유도등이 작동되지 않는 경우
③ 화재 수신기의 고장으로 화재경보음이 자동으로 울리지 않거나 화재 수신기와 연동된 소방시설의 작동이 불가능한 경우
④ 소화펌프(가압송수장치를 포함한다), 동력·감시 제어반 또는 소방시설용 전원(비상전원을 포함한다)의 고장으로 소방시설이 작동되지 않는 경우

174 ●①②③

「소방시설 설치 및 관리에 관한 법률 시행규칙」상 소방시설등의 자체점검 결과에 따른 이행계획의 연기에 대한 설명이다. 빈칸을 채우시오.

> 이행계획 완료의 연기를 신청하려는 관계인은 완료기간 만료일 (   )일 전까지 소방시설등의 자체점검 결과 이행계획 완료 연기신청서(전자문서로 된 신청서를 포함한다)에 기간 내에 이행계획을 완료하기 곤란함을 증명할 수 있는 서류(전자문서를 포함한다)를 첨부하여 소방본부장 또는 소방서장에게 제출해야 한다.

① 3　　　　　　　　　　② 5
③ 7　　　　　　　　　　④ 9

175

「소방시설 설치 및 관리에 관한 법률 시행규칙」상 자체점검과 관련된 사항을 기록한 점검기록표에 대한 설명이다. 빈칸을 채우시오.

> 소방본부장 또는 소방서장에게 자체점검결과 보고를 마친 관계인은 보고한 날로부터 (㉠)일 이내에 소방시설등 자체점검기록표를 작성하여 특정소방대상물의 출입자가 쉽게 볼수 있는 장소에 (㉡)일 이상 게시하여야 한다.

	㉠	㉡
①	7	15
②	7	30
③	10	15
④	10	30

176

「소방시설 설치 및 관리에 관한 법률」상 점검기록표 게시 등에 있어 전산시스템 또는 인터넷 홈페이지 등을 통하여 국민에게 공개할 수 있는 내용이 아닌 것은?

① 점검자
② 자체점검 기간
③ 관계인의 주소
④ 특정소방대상물의 정보

177

「소방시설 설치 및 관리에 관한 법률 시행령」상 소방시설등의 자체점검결과 공개 등에 대한 설명으로 옳지 않은 것은?

① 소방본부장 또는 소방서장은 자체점검 결과를 공개하려는 경우 공개 기간, 공개 내용 및 공개 방법을 해당 특정소방대상물의 관계인에게 미리 알려야 한다.
② 특정소방대상물의 관계인은 공개 내용 등을 통보받은 날부터 10일 이내에 관할 소방본부장 또는 소방서장에게 이의신청을 할 수 있다.
③ 소방본부장 또는 소방서장은 이의신청을 받은 날부터 10일 이내에 심사·결정하여 그 결과를 지체 없이 신청인에게 알려야 한다.
④ 소방본부장 또는 소방서장은 자체점검 결과를 공개하는 경우 7일 이상 전산시스템 또는 인터넷 홈페이지 등을 통해 공개해야 한다.

제4장 소방시설관리사 및 소방시설관리업

178 ●①②③
「소방시설 설치 및 관리에 관한 법률」상 소방시설관리사에 대한 설명으로 옳지 않은 것은?

① 소방시설관리사가 되려는 사람은 소방청장이 실시하는 관리사시험에 합격하여야 한다.
② 소방시설관리사시험의 응시자격, 시험방법, 시험과목, 시험위원, 그 밖에 관리사시험에 필요한 사항은 대통령령으로 정한다.
③ 소방시설관리사는 발급 또는 재발급받은 소방시설관리사증을 다른 사람에게 빌려 주거나 빌려서는 아니 되며, 이를 알선하여서도 아니 된다.
④ 소방시설관리사는 관할 소방서장의 허가가 있는 경우에 한해서 동시에 둘 이상의 업체에 취업이 가능하다.

179 ●①②③
「소방시설 설치 및 관리에 관한 법률 시행령」상 소방청장은 소방시설관리사시험의 응시자격, 시험 과목, 일시·장소 및 응시절차 등을 관리사시험 시행일 며칠 전까지 인터넷 홈페이지에 공고해야 하는가?

① 60일
② 90일
③ 120일
④ 140일

180 ●①②③
「소방시설 설치 및 관리에 관한 법률 시행령」상 소방시설관리사 시험 응시자격으로 옳지 않은 것은?

① 소방기술사·건축사
② 이공계 분야를 전공하고 박사학위를 취득한 사람
③ 소방안전공학(소방방재공학 및 안전공학을 포함)을 전공하고, 학사학위 이상을 취득한 사람
④ 소방공무원으로 5년 이상 근무한 경력이 있는 사람

181

「소방시설 설치 및 관리에 관한 법률 시행령」상 소방시설관리사의 시험방법에 대한 다음 보기의 설명 중 틀린 것은?

> ㉠ 제1차시험과 제2차 시험으로 구분하여 시행한다. 이 경우 소방청장은 제1차시험과 제2차시험을 같은 날에 시행할 수 있다.
> ㉡ 제1차시험은 선택형을 원칙으로 하고, 제2차시험은 논문형을 원칙으로 하되, 제2차시험에는 선택형을 포함할 수 있다.
> ㉢ 제1차시험에 합격한 사람에 대해서는 추후 시행되는 관리사시험만 제1차시험을 면제한다. 다만, 면제받으려는 시험의 응시자격을 갖춘 경우로 한정한다.
> ㉣ 제2차시험은 제1차시험에 합격한 사람만 응시할 수 있다. 다만, 제1차시험과 제2차시험을 병행하여 시행하는 경우에 제1차시험에 불합격한 사람의 제2차시험 응시는 무효로 한다.

① ㉠, ㉡
② ㉠, ㉢
③ ㉡, ㉢
④ ㉡, ㉣

182

「소방시설 설치 및 관리에 관한 법률 시행령」상 소방시설관리사의 시험위원에 임명 또는 위촉될 수 없는 자는?

① 소방위 이상의 소방공무원
② 소방관련 분야의 석사학위를 가진 사람
③ 소방시설관리사
④ 대학에서 소방안전관련학과 조교수 이상으로 2년 이상 재직한 자

183

「소방시설 설치 및 관리에 관한 법률 시행령」상 소방시설관리사의 제2차시험 채점위원 수의 기준은?(제2차시험의 경우로 한정한다.)

① 시험과목별 5인 이내
② 시험과목별 3인 이내
③ 시험과목별 2인 이내
④ 시험과목별 1인 이내

184

「소방시설 설치 및 관리에 관한 법률 시행령」상 소방시설관리사시험에 대한 다음 설명 중 가장 타당하지 않은 것은?

① 관리사시험은 매년 1회 시행하는 것을 원칙으로 하되, 소방청장이 필요하다고 인정하는 경우에는 그 횟수를 늘리거나 줄일 수 있다.
② 소방청장은 관리사시험을 시행하려면 응시자격, 시험 과목, 일시·장소 및 응시절차 등을 모든 응시 희망자가 알 수 있도록 관리사시험 시행일 30일 전까지 인터넷 홈페이지에 공고해야 한다.
③ 제1차시험에서는 과목당 100점을 만점으로 하여 모든 과목의 점수가 40점 이상이고, 전 과목 평균 점수가 60점 이상인 사람을 합격자로 한다.
④ 제2차시험에서는 과목당 100점을 만점으로 하되, 시험위원의 채점점수 중 최고점수와 최저점수를 제외한 점수가 모든 과목에서 40점 이상, 전 과목에서 평균 60점 이상인 사람을 합격자로 한다.

185

「소방시설 설치 및 관리에 관한 법률」상 소방시설관리사의 결격사유 기준에 해당되지 않는 것은?

㉠ 자격이 취소된 날부터 1년이 지나지 아니한 사람
㉡ 금고 이상의 형의 집행유예를 선고받고 그 유예기간 중에 있는 사람
㉢ 금고 이상의 실형을 선고받고 그 집행이 끝나거나 집행이 면제된 날로부터 2년이 지난 사람
㉣ 피성년후견인

① ㉠, ㉡
② ㉠, ㉢
③ ㉡, ㉢
④ ㉡, ㉣

186

「소방시설 설치 및 관리에 관한 법률」상 소방청장이 소방시설관리사의 자격정지를 명할 수 있는 기간은?(법 기준상)

① 6월 이내의 기간
② 1년 이내의 기간
③ 6월 이상 1년 이하의 기간
④ 6월 이상 2년 이하의 기간

187

「소방시설 설치 및 관리에 관한 법률」상 소방시설관리사의 자격을 취소하여야 하는 경우는 모두 몇 개인가?

> ㉠ 거짓이나 그 밖의 부정한 방법으로 시험에 합격한 경우
> ㉡ 규정을 위반하여 성실하게 자체점검 업무를 수행하지 아니한 경우
> ㉢ 규정에 따른 점검을 하지 아니하거나 거짓으로 한 경우
> ㉣ 규정을 위반하여 소방시설관리사증을 다른 사람에게 빌려준 경우
> ㉤ 규정을 위반하여 동시에 둘 이상의 업체에 취업한 경우

① 1개
② 2개
③ 3개
④ 4개

188

「소방시설 설치 및 관리에 관한 법률」상 소방시설관리업의 등록에 대한 설명이다. 빈칸을 채우시오.

> 소방시설등의 점검 및 관리를 업으로 하려는 자 또는 「화재의 예방 및 안전관리에 관한 법률」에 따른 소방안전관리업무의 대행을 하려는 자는 대통령령으로 정하는 업종별로 (   )에게 소방시설관리업 등록을 하여야 한다.

① 소방청장
② 소방본부장
③ 관할 소방서장
④ 시·도지사

189

「소방시설 설치 및 관리에 관한 법률」상 소방시설관리업의 등록을 하지 아니하고 영업을 한 경우에 해당하는 벌칙은?

① 5년 이하의 징역 또는 5천만 원 이하의 벌금
② 3년 이하의 징역 또는 3천만 원 이하의 벌금
③ 1년 이하의 징역 또는 1천만 원 이하의 벌금
④ 3백만 원 이하의 벌금

190 ●①②③

「소방시설 설치 및 관리에 관한 법률 시행규칙」상 소방시설관리업의 등록 등에 대한 설명으로 옳지 않은 것은?

① 시·도지사는 제출된 서류를 심사한 결과 첨부서류가 미비되어 있는 경우에는 10일 이내의 기간을 정하여 이를 보완하게 할 수 있다.
② 시·도지사는 소방시설관리업 등록증을 발급하거나 등록을 취소한 경우에는 이를 시·도의 공보에 공고해야 한다.
③ 시·도지사는 재발급 신청서를 제출받은 경우에는 3일 이내에 소방시설관리업 등록증 또는 등록수첩을 재발급해야 한다.
④ 소방시설관리업자는 소방시설관리업을 휴업한 경우에는 지체 없이 시·도지사에게 그 소방시설관리업 등록증 및 등록수첩을 반납해야 한다.

191 ●①②③

「소방시설 설치 및 관리에 관한 법률」상 소방시설관리업등록의 결격사유에 해당되지 않는 것은 모두 몇 개인가?

> ㉠ 피한정후견인
> ㉡ 「소방기본법」을 위반하여 금고 이상의 실형을 선고받고 그 집행이 끝나거나(집행이 끝난 것으로 보는 경우를 포함한다) 집행이 면제된 날부터 2년이 지나지 아니한 사람
> ㉢ 「위험물안전관리법」을 위반하여 금고 이상의 형의 집행유예를 선고받고 그 유예기간 중에 있는 사람
> ㉣ 법인으로서 그 대표자가 파산선고를 받은 자로서 복권되지 아니한 자

① 1개　　② 2개
③ 3개　　④ 4개

192 ●①②③

「소방시설 설치 및 관리에 관한 법률 시행규칙」상 소방시설관리업등록사항의 변경신고를 하여야 하는 중요사항에 해당하지 않는 것은?

① 명칭·상호　　② 기술인력
③ 영업소소재지　　④ 대표자의 주소

193

「소방시설 설치 및 관리에 관한 법률 시행규칙」 상 등록사항의 변경신고 등에 대한 설명으로 옳지 않은 것은?

① 관리업자는 등록사항 중 명칭·상호 또는 영업소 소재지, 대표자, 기술인력이 변경됐을 때에는 변경일부터 30일 이내에 소방시설관리업 등록사항 변경신고서(전자문서로 된 신고서를 포함한다)에 그 변경사항별로 규정에 따른 서류(전자문서를 포함한다)를 첨부하여 시·도지사에게 제출해야 한다.

② 신고서를 제출받은 담당 공무원은 「전자정부법」에 따라 법인등기부 등본(법인인 경우만 해당한다), 사업자등록증(개인인 경우만 해당한다) 및 국가기술자격증을 확인해야 한다. 다만, 신고인이 확인에 동의하지 않는 경우에는 이를 첨부하도록 해야 한다.

③ 시·도지사는 변경신고를 받은 경우 7일 이내에 소방시설관리업 등록증 및 등록수첩을 새로 발급하거나 제출된 소방시설관리업 등록증 및 등록수첩과 기술인력의 기술자격증(경력수첩을 포함한다)에 그 변경된 사항을 적은 후 내주어야 한다. 이 경우 소방시설관리업 등록대장에 변경사항을 기록하고 관리해야 한다.

④ 기술인력이 변경된 경우 관리업자는 소방시설관리업 등록사항 변경신고서(전자문서로 된 신고서를 포함한다)에 소방시설관리업 등록수첩, 변경된 기술인력의 기술자격증(경력수첩을 포함한다), 소방기술인력대장을 첨부하여 시·도지사에게 제출해야 한다.

194

「소방시설 설치 및 관리에 관한 법률」 상 소방시설관리자업자는 지위승계를 누구에게 신고해야 하는가?

① 관계인
② 소방청장
③ 소방본부장
④ 시·도지사

195

「소방시설 설치 및 관리에 관한 법률」 상 소방시설관리업자의 지위승계에 대한 설명으로 옳지 않은 것은?

① 관리업자가 그 영업을 양도한 경우 그 양수인은 종전의 관리업자의 지위를 승계한다.
② 관리업자의 지위승계 신고를 하지 아니하거나 거짓으로 신고한 자는 300만 원 이하의 과태료를 부과한다.
③ 종전의 관리업자의 지위를 승계한 자는 행정안전부령으로 정하는 바에 따라 시·도지사에게 신고하여야 한다.
④ 상속인이 결격사유에 해당하는 경우에는 상속받은 날부터 6개월 동안은 결격사유를 준용하지 아니한다.

196 ①②③

「소방시설 설치 및 관리에 관한 법률」상 소방시설관리업의 운영에 대한 설명으로 옳지 않은 것은?

① 소방시설관리업자는 휴업을 하게된 경우「화재의 예방 및 안전관리에 관한 법률」에 따라 소방안전관리업무를 대행하게 하거나 소방시설등의 점검업무를 수행하게 한 특정소방대상물의 관계인에게 지체 없이 그 사실을 알려야 한다.
② 소방시설관리업자는 자체점검을 하거나「화재의 예방 및 안전관리에 관한 법률」에 따른 소방안전관리업무의 대행을 하는 때에는 행정안전부령으로 정하는 바에 따라 소속 기술인력을 참여시켜야 한다.
③ 등록취소 또는 영업정지 처분을 받은 관리업자는 그 날부터 소방안전관리업무를 대행하거나 소방시설등에 대한 점검을 하여서는 아니 된다. 다만, 영업정지처분의 경우 도급계약이 해지된 때에는 대행 또는 점검 중에 있는 특정소방대상물의 소방안전관리업무 대행과 자체점검은 할 수 있다.
④ 소방시설관리업의 등록증이나 등록수첩을 다른 자에게 빌려주거나 빌리거나 이를 알선한 자는 1년 이하의 징역 또는 1천만 원 이하의 벌금에 처한다.

197 ①②③

「소방시설 설치 및 관리에 관한 법률」상 소방시설관리업자가 소방안전관리업무를 대행하게 하거나 소방시설등의 점검업무를 수행하게 한 특정소방대상물의 관계인에게 지체 없이 그 사실을 알려야 하는 사항이 아닌 것은?

① 관리업자의 지위를 승계한 경우
② 관리업의 영업정지 처분 받은 경우
③ 휴업 또는 폐업을 한 때
④ 정당한 사유 없이 30일 이상 관리업을 계속할 수 없는 경우

198 ①②③

「소방시설 설치 및 관리에 관한 법률 시행규칙」상 소방시설관리업자의 점검능력 평가 신청에 대한 설명이다. 빈칸을 채우시오.

> 점검능력을 평가받으려는 관리업자는 소방시설등 점검능력 평가신청서(전자문서로 된 신청서를 포함한다)에 규정된 서류(전자문서를 포함한다)를 첨부하여 평가기관에 매년 (   )까지 제출해야 한다.

① 1월 15일 ② 1월 31일
③ 2월 15일 ④ 2월 28일

199

「소방시설 설치 및 관리에 관한 법률 시행규칙」상 소방시설관리업자의 점검능력 평가에 대한 설명이다. 빈칸을 채우시오.

> 소방관리업자의 점검능력 평가 신청을 받은 평가기관의 장은 규정된 서류가 첨부되어 있지 않은 경우에는 신청인에게 (   ) 이내의 기간을 정하여 보완하게 할 수 있다.

① 7일
② 10일
③ 15일
④ 30일

200

「소방시설 설치 및 관리에 관한 법률 시행규칙」상 소방시설관리업자의 점검능력을 평가하는 평가기관의 점검 결과 통보에 대한 설명이다. 빈칸을 채우시오.

> 평가기관은 점검능력 평가 결과를 매년 (㉠)까지 평가기관의 인터넷 홈페이지를 통하여 공시하고, 상시 점검능력 평가에 따른 점검능력 평가 결과는 소방청장 및 시·도지사에게 통보한 날부터 (㉡) 이내에 평가기관의 인터넷 홈페이지를 통하여 공시해야 한다.

	㉠	㉡
①	6월 30일	7일
②	7월 31일	3일
③	8월 31일	7일
④	9월 30일	3일

201

「소방시설 설치 및 관리에 관한 법률 시행규칙」상 소방시설관리업자의 점검능력을 평가하는 평가기관의 점검능력의 평가에 대한 설명으로 옳지 않은 것은?

① 점검능력 평가의 항목에는 기술력, 경력, 신인도 등이 있다.
② 평가기관은 점검능력 평가 결과를 점검능력 평가신청서를 접수한 날로부터 30일 이내에 소방청장 및 시·도지사에게 통보해야 한다.
③ 평가기관은 점검능력 평가 결과는 매년 7월 31일까지 평가기관의 인터넷 홈페이지를 통하여 공시한다.
④ 점검능력 평가의 유효기간은 점검능력 평가 결과를 공시한 날부터 1년간으로 한다.

202 ①❷❸

「소방시설 설치 및 관리에 관한 법률」상 소방시설관리업 등록의 취소와 영업정지에 대한 설명으로 옳지 않은 것은?

① 시·도지사는 관리업자에게 행정안전부령으로 정하는 바에 따라 그 등록을 취소하거나 6개월 이내의 기간을 정하여 이의 시정이나 그 영업의 정지를 명할 수 있다.
② 소방시설관리업자가 관리업자등록증 또는 등록수첩을 빌려준 경우에는 그 등록을 취소하여야 한다.
③ 소방시설등의 자체점검 규정에 따른 점검을 하지 아니하거나 거짓으로 한 경우에는 그 등록을 취소하여야 한다.
④ 영업정지처분을 받고 그 영업정지기간 중에 관리업의 업무를 한 자는 1년 이하의 징역 또는 1천만 원 이하의 벌금에 처한다.

203 ①❷❸

「소방시설 설치 및 관리에 관한 법률」상 과징금처분에 대한 설명이다. 빈칸의 내용으로 옳은 것은?

> 시·도지사는 영업정지를 명하는 경우로서 그 영업정지가 이용자에게 불편을 주거나 그 밖에 공익을 해칠 우려가 있을 때에는 영업정지처분을 갈음하여 (   ) 원 이하의 과징금을 부과할 수 있다.

① 3천만   ② 5천만
③ 1억   ④ 2억

204 ①❷❸

「소방시설 설치 및 관리에 관한 법률」및 같은 법 시행규칙상 과징금처분에 대한 설명으로 옳지 않은 것은?

① 시·도지사는 영업정지를 명하는 경우로서 그 영업정지가 이용자에게 불편을 주거나 그 밖에 공익을 해칠 우려가 있을 때에는 영업정지처분을 갈음하여 3천만 원 이하의 과징금을 부과할 수 있다.
② 과징금의 징수절차에 관하여는 「국고금관리법 시행규칙」을 준용한다.
③ 시·도지사는 과징금을 내야 하는 자가 납부기한까지 내지 아니하면 「지방행정제재·부과금의 징수 등에 관한 법률」에 따라 징수한다.
④ 시·도지사는 과징금의 부과를 위하여 필요한 경우에는 규정된 사항을 적은 문서로 관할 소방서장에게 「국세기본법」에 따른 과세정보의 제공을 요청할 수 있다.

제5장   소방용품의 품질관리

205 🔵❶❷❸

「소방시설 설치 및 관리에 관한 법률」상 소방용품의 형식승인에 대한 설명이다. 빈칸에 들어갈 단어로 옳은 것은?

> 누구든지 제품검사를 받지 아니하거나 합격표시를 하지 아니한 소방용품을 (㉠)하거나 (㉡) 목적으로 (㉢)하거나 소방시설공사에 (㉣)할 수 없다.

	㉠	㉡	㉢	㉣
①	사용	사용	진열	설치
②	판매	진열	수입	설치
③	제조	제조	수입	사용
④	판매	판매	진열	사용

206 🔵❶❷❸

「소방시설 설치 및 관리에 관한 법률 시행령」상 소방용품 중 형식승인을 받아야 하는 것으로 옳지 않은 것은?

① 구조대, 완강기(지지대를 포함한다) 및 간이완강기(지지대를 포함한다)
② 소화약제 외의 것을 이용한 간이소화용구
③ 경보설비를 구성하는 음향장치(경종만 해당한다)
④ 유수제어밸브 및 가스관선택밸브

207 ●①②③

「소방시설 설치 및 관리에 관한 법률 시행령」상 소방용품 중 형식승인을 받아야 하는 것으로 옳지 않은 것은 모두 몇 개인가?

> ㉠ 기동용 수압개폐장치, 유수제어밸브 및 가스관선택밸브
> ㉡ 단독경보기 및 가스누설차단기
> ㉢ 경보설비를 구성하는 감지기 및 음향장치(경종은 제외)
> ㉣ 구조대, 완강기(지지대를 제외한다) 및 간이완강기(지지대를 제외한다)
> ㉤ 공기호흡기(충전기를 포함한다)
> ㉥ 방염제(방염액·방염도료 및 방염성물질을 말한다)

① 1개
② 2개
③ 3개
④ 4개

208 ●①②③

「소방시설 설치 및 관리에 관한 법률」상 소방용품의 형식승인 등에 대한 설명으로 옳지 않은 것은?

① 대통령령으로 정하는 소방용품을 제조하거나 수입하려는 자는 소방청장의 형식승인을 받아야 한다. 다만, 연구개발 목적으로 제조하거나 수입하는 소방용품은 그러하지 아니하다.
② 형식승인을 받으려는 자는 행정안전부령으로 정하는 기준에 따라 형식승인을 위한 시험시설을 갖추고 소방청장의 심사를 받아야 한다. 다만, 소방용품을 수입하는 자가 판매를 목적으로 하지 아니하고 자신의 건축물에 직접 설치하거나 사용하려는 경우 등 행정안전부령으로 정하는 경우에는 시험시설을 갖추지 아니할 수 있다.
③ 형식승인을 받은 자는 그 소방용품에 대하여 소방청장이 실시하는 제품검사를 받아야 한다.
④ 소방용품의 형상·구조·재질·성분·성능 등의 형식승인 및 제품검사의 기술기준 등에 필요한 사항은 행정안전부령으로 정한다.

209 ●①②③

「소방시설 설치 및 관리에 관한 법률」상 소방용품의 형식승인을 취소하여야 하는 경우는?

> ㉠ 제품검사 시 규정에 따른 기술기준에 미달되는 경우
> ㉡ 규정에 따른 변경승인을 받지 아니한 경우
> ㉢ 규정에 따른 시험시설의 시설기준에 미달되는 경우
> ㉣ 거짓이나 그 밖의 부정한 방법으로 규정에 따른 형식승인을 받은 경우

① ㉠, ㉡
② ㉠, ㉢
③ ㉡, ㉢
④ ㉡, ㉣

210 ●①②③

「소방시설 설치 및 관리에 관한 법률」상 소방용품의 성능인증 등에 대한 설명으로 옳지 않은 것은?

① 소방청장은 제조자 또는 수입자 등의 요청이 있는 경우 소방용품에 대하여 성능인증을 할 수 있다.
② 성능인증을 받은 자는 그 소방용품에 대하여 소방청장의 제품검사를 받아야 한다.
③ 하나의 소방용품에 성능인증 사항이 두 가지 이상 결합된 경우에는 해당 성능인증 시험을 모두 실시하고 하나의 성능인증을 할 수 있다.
④ 규정을 위반하여 제품검사를 받지 아니하거나 합격표시를 하지 아니한 소방용품을 판매·진열하거나 소방시설공사에 사용한 자는 1년 이하의 징역 또는 1천만 원 이하의 벌금에 처한다.

211 ●①②③

「소방시설 설치 및 관리에 관한 법률」상 성능인증의 취소를 해야 하는 경우가 아닌 것은?

① 거짓이나 그 밖의 부정한 방법으로 성능인증을 받은 경우
② 거짓이나 그 밖의 부정한 방법으로 제품검사를 받은 경우
③ 변경인증을 받지 아니하고 해당 소방용품에 대하여 형상 등의 일부를 변경하거나 거짓이나 그 밖의 부정한 방법으로 변경인증을 받은 경우
④ 제품검사 시 기술기준에 미달되는 경우

212

「소방시설 설치 및 관리에 관한 법률」 상 소방용품의 우수품질인증에 대한 설명이다. 빈칸을 채우시오.

> 우수품질인증의 유효기간은 (   )의 범위에서 행정안전부령으로 정한다.

① 3년 ② 5년
③ 7년 ④ 10년

213

「소방시설 설치 및 관리에 관한 법률」 상 소방용품의 우수품질인증에 대한 설명으로 옳지 않은 것은?

① 소방청장은 형식승인의 대상이 되는 소방용품 중 품질이 우수하다고 인정하는 소방용품에 대하여 인증(우수품질인증)을 할 수 있다.
② 우수품질인증을 받으려는 자는 행정안전부령으로 정하는 바에 따라 소방청장에게 신청하여야 한다.
③ 우수품질인증을 받은 제품이 「발명진흥법」에 따른 산업재산권 등 타인의 권리를 침해하였다고 판단되는 경우에는 우수품질인증을 취소하여야 한다.
④ 소방청장은 거짓이나 그 밖의 부정한 방법으로 우수품질인증을 받은 경우 우수품질인증을 취소하여야 한다.

214

「소방시설 설치 및 관리에 관한 법률」 같은 법 시행령상 건축물의 신축·증축 및 개축 등으로 소방용품을 변경 또는 신규 비치하여야 하는 경우 우수품질인증 소방용품을 우선 구매·사용하도록 노력하여야 하는 기관 및 단체로 옳지 않은 것은 모두 몇 개인가?

> ㉠ 공공기관   ㉡ 한국소방안전원
> ㉢ 지방자치단체   ㉣ 국립소방연구원
> ㉤ 한국소방산업기술원   ㉥ 「지방공기업법」에 따라 설립된 지방공사

① 1개 ② 2개
③ 3개 ④ 4개

| 제6장 | 보칙 |
| 제7장 | 벌칙 |

215

「소방시설 설치 및 관리에 관한 법률」상 소방청장이 소방용품의 제품검사를 전문적·효율적으로 실시하기 위하여 제품검사 전문기관으로 지정할 수 있는 기관에 대한 설명으로 옳지 않은 것은?

① 「과학기술분야 정부출연연구기관 등의 설립·운영 및 육성에 관한 법률」에 따라 설립된 연구기관은 지정대상에 해당한다.
② 소방용품의 시험·검사 및 연구를 주된 업무로 하는 영리 법인은 지정대상에 해당한다.
③ 「국가표준기본법」에 따라 인정을 받은 시험·검사기관 이어야 한다.
④ 전문기관의 지정이 취소된 경우 그 지정이 취소된 날부터 2년이 경과하여야 한다.

216

「소방시설 설치 및 관리에 관한 법률」상 제품검사를 전문적·효율적으로 실시하기 위한 제품검사 전문기관의 지정에 대한 설명으로 옳지 않은 것은?

① 소방청장은 전문기관을 지정하는 경우에는 소방용품의 품질 향상, 제품검사의 기술개발 등에 드는 비용을 부담하게 하는 등 필요한 조건을 붙일 수 있다. 이 경우 그 조건은 공공의 이익을 증진하기 위하여 필요한 최소한도에 그쳐야 하며, 부당한 의무를 부과하여서는 아니 된다.
② 소방청장은 전문기관을 지정한 경우에는 행정안전부령으로 정하는 바에 따라 전문기관의 제품검사 업무에 대한 평가를 실시할 수 있으며, 제품검사를 받은 소방용품에 대하여 확인검사를 할 수 있다.
③ 소방청장은 전문기관에 대한 평가를 실시하거나 확인검사를 실시한 때에는 그 평가 결과 또는 확인검사 결과를 행정안전부령으로 정하는 바에 따라 공표할 수 있다.
④ 소방청장은 확인검사를 실시하는 때에는 행정안전부령으로 정하는 바에 따라 시·도지사에게 확인검사에 드는 비용을 부담하게 할 수 있다.

217 ●①②③
「소방시설 설치 및 관리에 관한 법률」상 제품검사 전문기관에 대한 설명으로 옳지 않은 것은?

① 전문기관 지정의 방법 및 절차 등에 필요한 사항은 행정안전부령으로 정한다.
② 전문기관은 행정안전부령으로 정하는 바에 따라 제품검사 실시 현황을 소방청장에게 보고하여야 한다.
③ 전문기관이 정당한 사유 없이 3개월 이상 계속하여 제품검사 또는 실무교육 등 지정받은 업무를 수행하지 아니한 경우에는 그 지정을 취소하거나 6개월 이내의 기간을 정하여 그 업무의 정지를 명할 수 있다.
④ 거짓이나 그 밖의 부정한 방법으로 규정에 따른 전문기관으로 지정을 받은 자는 3년 이하의 징역 또는 3천만 원 이하의 벌금에 처한다.

218 ●①②③
「소방시설 설치 및 관리에 관한 법률」상 소방청장 또는 시·도지사가 청문을 하여야 하는 처분 대상으로 옳지 않은 것은?

① 소방시설관리사 자격의 취소 및 정지
② 소방용품의 형식승인 취소 및 제품검사 중지
③ 소방안전관리자의 자격취소
④ 전문기관의 지정취소 및 업무정지

219 ●①②③
「소방시설 설치 및 관리에 관한 법률」상 권한의 위임·위탁 등에 대한 다음 설명 중 가장 타당하지 않은 것은?

① 소방청장 또는 시·도지사의 권한은 대통령령으로 정하는 바에 따라 그 일부를 소속 기관의 장, 시·도지사, 소방본부장 또는 소방서장에게 위임할 수 있다.
② 소방청장은 제품검사 업무를 소방기술과 관련된 법인 또는 단체에 위탁할 수 있다.
③ 소방청장은 표준자체점검비의 산정 및 공표를 대통령령으로 정하는 바에 따라 소방기술과 관련된 법인 또는 단체에 위탁할 수 있다.
④ 소방청장은 건축 환경 및 화재위험특성 변화 추세 연구에 관한 업무를 대통령령으로 정하는 바에 따라 화재안전 관련 전문연구기관에 위탁할 수 있다. 이 경우 소방청장은 연구에 필요한 경비를 지원할 수 있다.

220 ①②③

「소방시설 설치 및 관리에 관한 법률」상 소방청장이 한국소방산업기술원에 위탁할 수 있는 내용으로 옳지 않은 것은?

① 형식승인의 변경승인
② 우수품질인증 및 그 취소
③ 점검능력 평가 및 공시
④ 방염성능검사 중 대통령령으로 정하는 검사

221 ①②③

「소방시설 설치 및 관리에 관한 법률」상 소방청장, 시·도지사, 소방본부장 또는 소방서장의 감독 대상으로 옳지 않은 것은 모두 몇 개인가?

> ㉠ 소방시설관리사
> ㉡ 소방안전관리자
> ㉢ 성능인증 및 제품검사를 받은 자
> ㉣ 우수품질인증을 받은 자
> ㉤ 소방용품을 판매하는 자
> ㉥ 제품검사 전문기관의 지정을 받은 전문기관

① 1개
② 2개
③ 3개
④ 4개

222

「소방시설 설치 및 관리에 관한 법률」상 감독에 대한 설명으로 옳지 않은 것은?

① 출입·검사 업무를 수행하는 관계 공무원은 그 권한을 표시하는 증표를 지니고 이를 관계인에게 내보여야 한다.
② 출입·검사 업무를 수행하는 관계 공무원은 관계인의 정당한 업무를 방해하거나 출입·검사 업무를 수행하면서 알게 된 비밀을 다른 사람에게 누설하여서는 아니 된다.
③ 감독을 위해 출입·검사 업무를 수행하는 관계 공무원이 관계인의 정당한 업무를 방해하거나 출입·검사 업무를 수행하면서 알게 된 비밀을 다른 사람에게 누설한 경우에는 1년 이하의 징역 또는 1천만 원 이하의 벌금에 처한다.
④ 감독에 따른 명령을 위반하여 보고 또는 자료제출을 하지 아니하거나 거짓으로 보고 또는 자료제출을 한 자 또는 정당한 사유 없이 관계 공무원의 출입 또는 검사를 거부·방해 또는 기피한 자에게는 300만 원 이하의 벌금을 부과한다.

223

「소방시설 설치 및 관리에 관한 법률 시행규칙」상 수수료의 반환에 대한 설명이다. 빈칸을 채우시오. (법 기준상)

> 시험시행일 ( ) 전까지 접수를 취소하는 경우에는 납입한 수수료의 전부를 반환하여야 한다.

① 10일
② 20일
③ 30일
④ 40일

224

「소방시설 설치 및 관리에 관한 법률 시행규칙」상 수수료의 반환에 대한 설명으로 옳지 않은 것은?

① 수수료를 과오납한 경우에는 그 과오납한 금액의 전부 반환하여야 한다.
② 시험시행일 20일 전까지 접수를 취소하는 경우에는 납입한 수수료의 전부 반환하여야 한다.
③ 시험시행일 10일 전까지 접수를 취소하는 경우에는 납입한 수수료의 100분의 80을 반환하여야 한다.
④ 원서접수기간에 접수를 철회한 경우에는 납입한 수수료 전부를 반환하여야 한다.

225

「소방시설 설치 및 관리에 관한 법률」 및 같은 법 시행령, 시행규칙상 조치명령 등의 기간연장에 대한 설명으로 가장 타당하지 않은 것은?

① 「재난 및 안전관리 기본법」에 해당하는 재난이 발생하여 조치명령등을 기간 내에 이행할 수 없는 경우 연기하여 줄 것을 신청할 수 있다.
② 관계인이 질병, 사고, 장기출장의 사유로 조치명령등을 기간 내에 이행할 수 없는 경우 연기하여 줄 것을 신청할 수 있다.
③ 연기신청을 받은 소방청장, 소방본부장 또는 소방서장은 연기 신청 승인 여부를 결정하고 그 결과를 조치명령등의 이행 기간 내에 관계인 등에게 알려주어야 한다.
④ 소방청장, 소방본부장 또는 소방서장은 신청받은 날부터 5일 이내에 조치명령등의 연기 신청 승인 여부를 결정하여 조치명령등의 연기 통지서를 관계인 등에게 통지해야 한다.

226

「소방시설 설치 및 관리에 관한 법률 시행규칙」상 조치명령 등의 기간연장에 대한 설명이다. 빈칸을 채우시오.

> 조치명령 또는 이행명령의 연기를 신청하려는 관계인 등은 조치명령등의 이행기간 만료일 (　　　) 전까지 조치명령등의 연기신청서(전자문서로 된 신청서를 포함한다)에 조치명령등을 그 기간 내에 이행할 수 없음을 증명할 수 있는 서류(전자문서를 포함한다)를 첨부하여 소방청장, 소방본부장 또는 소방서장에게 제출해야 한다.

① 3일　　　　　　　　　　② 5일
③ 7일　　　　　　　　　　④ 10일

227

「소방시설 설치 및 관리에 관한 법률」상 위반행위의 신고 및 신고포상금의 지급에 대한 설명으로 옳지 않은 것은?

① 특정소방대상물의 소방시설을 설치 또는 관리한 자가 규정을 위반하는 경우에는 누구든지 소방본부장 또는 소방서장에게 신고할 수 있다.
② 소방본부장 또는 소방서장은 제1항에 따른 신고를 받은 경우 신고 내용을 확인하여 이를 신속하게 처리하고, 그 처리결과를 행정안전부령으로 정하는 방법 및 절차에 따라 신고자에게 통지하여야 한다.
③ 소방본부장 또는 소방서장은 제1항에 따른 신고를 한 사람에게 예산의 범위에서 포상금을 지급할 수 있다.
④ 신고포상금의 지급대상, 지급기준, 지급절차 등에 필요한 사항은 행정안전부령으로 정한다.

228

「소방시설 설치 및 관리에 관한 법률 시행규칙」상 위반행위 신고 내용 처리결과의 통지 등에 대한 설명이다. 빈칸을 채우시오.

> 소방본부장 또는 소방서장은 위반행위의 신고 내용을 확인하여 이를 처리한 경우에는 처리한 날부터 (   ) 이내에 위반행위 신고 내용 처리결과 통지서를 신고자에게 통지해야 한다.

① 7일 ② 10일
③ 14일 ④ 30일

229

「소방시설 설치 및 관리에 관한 법률」상 특정소방대상물의 관계인이 규정을 위반하여 소방시설에 폐쇄·차단 등의 행위를 하였을 때 해당하는 벌칙은?

① 1년 이하의 징역 또는 2천만 원 이하의 벌금
② 3년 이하의 징역 또는 3천만 원 이하의 벌금
③ 5년 이하의 징역 또는 5천만 원 이하의 벌금
④ 7년 이하의 징역 또는 7천만 원 이하의 벌금

230 ①②③
「소방시설 설치 및 관리에 관한 법률」상 소방시설에 폐쇄·차단 등의 행위를 하여 사람을 상해에 이르게 한 경우에 해당하는 벌칙은?

① 3년 이하의 징역 또는 3천만 원 이하의 벌금
② 5년 이하의 징역 또는 5천만 원 이하의 벌금
③ 7년 이하의 징역 또는 7천만 원 이하의 벌금
④ 10년 이하의 징역 또는 1억 원 이하의 벌금

231 ①②③
「소방시설 설치 및 관리에 관한 법률」상 3년 이하의 징역 또는 3천만 원 이하의 벌금에 해당하는 사람은?

① 제품검사에 합격하지 아니한 제품에 합격표시를 하거나 합격표시를 위조 또는 변조하여 사용한 자
② 우수품질인증을 받지 아니한 제품에 우수품질인증 표시를 하거나 우수품질인증 표시를 위조하거나 변조하여 사용한 자
③ 제품검사를 받지 아니하거나 합격표시를 하지 아니한 소방용품을 판매·진열하거나 소방시설공사에 사용한 자
④ 제품검사에 합격하지 아니한 소방용품에 성능인증을 받았다는 표시 또는 제품검사에 합격하였다는 표시를 하거나 성능인증을 받았다는 표시 또는 제품검사에 합격하였다는 표시를 위조 또는 변조하여 사용한 자

232 ①②③
「소방시설 설치 및 관리에 관한 법률」상 소방시설관리사증을 다른 사람에게 빌려주거나 빌리거나 이를 알선한 자에게 해당되는 벌칙은?

① 1년 이하의 징역 또는 1천만 원 이하의 벌금
② 3년 이하의 징역 또는 3천만 원 이하의 벌금
③ 300만 원 이하의 벌금
④ 300만 원 이하의 과태료

233

「소방시설 설치 및 관리에 관한 법률」상 300만 원 이하의 벌금에 해당하는 사람은?

① 소방시설을 화재안전기준에 따라 설치·관리하지 아니한 자
② 공사 현장에 임시소방시설을 설치·관리하지 아니한 자
③ 피난시설, 방화구획 또는 방화시설의 폐쇄·훼손·변경 등의 행위를 한 자
④ 방염성능검사에 합격하지 아니한 물품에 합격표시를 하거나 합격표시를 위조하거나 변조하여 사용한 자

234

「소방시설 설치 및 관리에 관한 법률 시행령」상 방염대상물품을 방염성능기준 이상으로 설치하지 않은 경우 1차 위반 시에 해당하는 금액은?

① 50만 원
② 100만 원
③ 200만 원
④ 300만 원

235

「소방시설 설치 및 관리에 관한 법률 시행령」상 소방대상물 등의 감독에 따른 명령을 위반하여 거짓으로 보고 또는 자료제출을 한 경우 2차 위반 시에 해당하는 금액은?

① 50만 원
② 100만 원
③ 200만 원
④ 300만 원

MEMO

PART 03 소방의 화재조사에 관한 법률

| 제1장 | 총칙 |
| 제2장 | 화재조사의 실시 등 |

01 ●❶❷❸

「소방의 화재조사에 관한 법률」상 정의에 대한 설명으로 옳지 않은 것은?

① 화재란, 사람의 의도에 반하거나 고의 또는 과실에 의하여 발생하는 연소 현상으로서 소화할 필요가 있는 현상 또는 사람의 의도에 반하여 발생하거나 확대된 화학적 폭발 현상을 말한다.
② 화재조사란, 소방본부장, 소방서장 또는 소방대장이 화재원인, 피해상황, 대응활동 등을 파악하기 위하여 자료의 수집, 관계인등에 대한 질문, 현장 확인, 감식, 감정 및 실험 등을 하는 일련의 행위를 말한다.
③ 화재조사관이란, 화재조사에 전문성을 인정받아 화재조사를 수행하는 소방공무원을 말한다.
④ 관계인등이란, 화재가 발생한 소방대상물의 소유자·관리자 또는 점유자(관계인) 및 화재 현장을 목격한 사람 등을 말한다.

02 ●❶❷❸

「소방의 화재조사에 관한 법률」상 "관계인등"에 해당하는 사람으로 옳은 것을 모두 고르시오.

┌───┐
│ ㉠ 화재 현장을 발견하고 신고한 사람
│ ㉡ 화재 현장을 목격한 사람
│ ㉢ 소화활동을 행하거나 인명구조활동(유도대피 포함)에 관계된 사람
│ ㉣ 화재를 발생시키거나 화재발생과 관계된 사람
└───┘

① ㉠
② ㉠, ㉡
③ ㉠, ㉡, ㉢
④ ㉠, ㉡, ㉢, ㉣

03

「소방의 화재조사에 관한 법률」상 화재조사 사항에 해당하지 않는 것은?

① 화재발생건축물과 구조물, 화재유형별 화재위험성 등에 관한 사항
② 화재로 인한 인명·재산피해상황
③ 예방활동에 관한 사항
④ 소방시설 등의 설치·관리 및 작동 여부에 관한 사항

04

「소방의 화재조사에 관한 법률」상 화재조사를 할 수 있는 권한을 가진 자로 옳은 것은?

① 소방본부장, 소방서장
② 소방청장, 경찰청장
③ 시·도지사, 소방본부장
④ 소방청장, 시·도지사

05

「소방의 화재조사에 관한 법률」상 화재조사를 실시하는 시기로 옳은 것은?

① 소화활동을 종료한 후에
② 조사요원이 현장에 도착한 후에
③ 소방대장이 현장에 도착한 후에
④ 화재발생 사실을 알게 된 때에는 지체 없이

06

「소방의 화재조사에 관한 법률 시행령」상 소방관서장은 화재조사전담부서에 화재조사관을 몇 명 이상 배치해야 하는가?

① 1명 이상
② 2명 이상
③ 3명 이상
④ 4명 이상

07

「소방의 화재조사에 관한 법률 시행규칙」상 화재조사에 관한 시험에 대한 설명이다. 빈칸을 채우시오.

> 소방청장이 화재조사에 관한 시험을 실시하는 경우에는 시험의 과목·일시·장소 및 응시자격·절차 등을 시험 실시 (　　　) 전까지 소방청의 인터넷 홈페이지에 공고해야 한다.

① 7일　　　　　　　　　② 14일
③ 30일　　　　　　　　 ④ 60일

08

「소방의 화재조사에 관한 법률 시행규칙」상 화재조사관 시험에 대한 설명이다. 옳지 않은 것은?

① 자격시험은 1차 시험과 2차 시험으로 구분하여 실시하며, 1차 시험에 합격한 사람만이 2차 시험에 응시할 수 있다.
② 국립과학수사연구원 또는 소방청장이 인정하는 외국의 화재조사 관련 기관에서 6주 이상 화재조사에 관한 전문교육을 이수한 사람은 시험에 응시 할 수 있다.
③ 소방청장이 화재조사에 관한 시험을 실시하는 경우에는 시험의 과목·일시·장소 및 응시자격·절차 등을 시험 실시 30일 전까지 소방청의 인터넷 홈페이지에 공고해야 한다.
④ 소방청장은 자격시험에서 부정한 행위를 한 사람에 대해서는 그 시험을 정지 또는 무효로 하거나 합격을 취소한다.

09

「소방의 화재조사에 관한 법률 시행규칙」상 화재조사에 관한 교육훈련의 내용이다. 빈칸을 채우시오.

> 전담부서에 배치된 화재조사관은 의무 보수교육을 (㉠)마다 받아야 한다. 다만, 전담부서에 배치된 후 처음 받는 의무 보수교육은 배치 후 (㉡) 이내에 받아야 한다.

	㉠	㉡
①	1년	1년
②	1년	2년
③	2년	1년
④	2년	2년

10

「소방의 화재조사에 관한 법률」상 화재조사전담부서의 설치·운영에 관한 설명으로 옳지 않은 것은?

① 시·도지사는 전문성에 기반하는 화재조사를 위하여 화재조사전담부서를 설치·운영하여야 한다.
② 화재조사전담부서의 업무에는 화재조사에 필요한 시설·장비의 관리·운영 등이 있다.
③ 화재조사관으로 하여금 화재조사 업무를 수행하게 하여야 한다.
④ 화재조사관은 소방청장이 실시하는 화재조사에 관한 시험에 합격한 소방공무원 등 화재조사에 관한 전문적인 자격을 가진 소방공무원으로 한다.

11

「소방의 화재조사에 관한 법률 시행령」상 화재합동조사단의 구성에 대한 설명이다. 빈칸을 채우시오. (법 기준상)

> 사망자가 (   ) 이상 발생한 화재는 소방관서장은 화재합동조사단을 구성·운영할 수 있는 대형화재에 해당한다.

① 3명
② 5명
③ 7명
④ 10명

12

「소방의 화재조사에 관한 법률 시행령」상 화재합동조사단의 단원으로 임명하거나 위촉할 수 있는 조건에 대한 설명이다. 빈칸을 채우시오.

> • 화재조사 업무에 관한 경력이 (㉠) 이상인 소방공무원
> • 「고등교육법」에 따른 학교 또는 이에 준하는 교육기관에서 화재조사, 소방 또는 안전관리 등 관련 분야 조교수 이상의 직에 (㉡) 이상 재직한 사람

	㉠	㉡
①	3년,	5년
②	3년,	3년
③	5년,	3년
④	5년,	5년

13 🔴❶❷❸

「소방의 화재조사에 관한 법률 시행령」상 화재합동조사단의 구성·운영에 대한 설명으로 옳지 않은 것은?

① 사망자가 5명 이상 발생한 화재는 화재합동조사단을 구성·운영할 수 있는 대형화재에 해당한다.
② 화재합동조사단은 화재조사를 완료하면 소방관서장에게 화재조사 결과를 보고해야 한다.
③ 「고등교육법」에 따른 학교 또는 이에 준하는 교육기관에서 화재조사, 소방 또는 안전관리 등 관련 분야 조교수 이상의 직에 3년 이상 재직한 사람은 화재합동조사단의 단원으로 임명될 수 있다.
④ 화재합동조사단의 단장은 단원 중에서 호선(互選)한다.

14 🔴❶❷❸

「소방의 화재조사에 관한 법률」상 방화 또는 실화의 혐의로 수사의 대상이 된 경우 화재현장 보존조치를 하거나 화재현장과 그 인근 지역을 통제구역을 설정할 수 있는 자는?

① 소방청장   ② 소방본부장
③ 경찰서장   ④ 시·도지사

15 🔴❶❷❸

「소방의 화재조사에 관한 법률」상 화재현장 보존 등에 대한 설명이다. 옳지 않은 것은?

① 소방관서장은 화재조사를 위하여 필요한 범위에서 화재현장 보존조치를 하거나 화재현장과 그 인근 지역을 통제구역으로 설정할 수 있다. 다만, 방화 또는 실화의 혐의로 수사의 대상이 된 경우에는 관할 경찰서장 또는 소방대장이 통제구역을 설정한다.
② 누구든지 소방관서장 또는 경찰서장의 허가 없이 설정된 통제구역에 출입하여서는 아니 된다.
③ 허가 없이 통제구역에 출입한 사람은 200만 원 이하의 과태료를 부과한다.
④ 화재현장 보존조치를 하거나 통제구역을 설정한 경우 누구든지 소방관서장 또는 경찰서장의 허가 없이 화재현장에 있는 물건 등을 이동시키거나 변경·훼손하여서는 아니 된다. 다만, 공공의 이익에 중대한 영향을 미친다고 판단되거나 인명구조 등 긴급한 사유가 있는 경우에는 그러하지 아니하다.

16 ●①②③
「소방의 화재조사에 관한 법률」상 화재현장 보존을 위해 설정한 통제구역에 허가 없이 출입한 사람에게 해당하는 벌칙은?

① 300만 원 이하의 과태료 ② 200만 원 이하의 과태료
③ 300만 원 이하의 벌금 ④ 200만 원 이하의 벌금

17 ●①②③
「소방의 화재조사에 관한 법률」상 출입·조사 등의 관한 내용이 아닌 것은?

① 관계인에 대한 질문 ② 관계인에 대한 수사
③ 관계인에 대한 보고 요구 ④ 관계인에 대한 자료제출명령

18 ●①②③
「소방의 화재조사에 관한 법률 시행령」상 소방관서장이 관계인등의 출석을 요구하려 할 경우 관계인등에게 출석일 며칠 전까지 알려야 하는가?

① 3일 ② 7일
③ 14일 ④ 30일

19 ●①②③
「소방의 화재조사에 관한 법률」상 소방공무원과 경찰공무원의 협력 사항에 해당하지 않는 것은 모두 몇 개인가?

> ㉠ 화재현장의 출입·보존 및 통제에 관한 사항
> ㉡ 화재조사에 필요한 증거물의 수집 및 보존에 관한 사항
> ㉢ 관계인등에 대한 진술 확보에 관한 사항
> ㉣ 화재현장의 대응활동에 관한 사항

① 1개 ② 2개
③ 3개 ④ 4개

제3장	화재조사 결과의 공표 등
제4장	화재조사 기반구축
제5장	벌칙

20 ●①②③

「소방의 화재조사에 관한 법률 시행규칙」상 화재조사의 결과를 공표할 때에 포함시켜야 하는 사항으로 옳지 않은 것은?

① 화재원인에 관한 사항
② 화재예방 및 피난교육에 관한 사항
③ 화재로 인한 인명·재산피해에 관한 사항
④ 화재발생 건축물과 구조물에 관한 사항

21 ●①②③

「소방의 화재조사에 관한 법률」 및 같은 법 시행규칙상 화재조사 결과의 공표 등에 대한 설명으로 옳지 않은 것은?

① 국민이 유사한 화재로부터 피해를 입지 않도록 하기 위한 경우 등 필요한 경우 화재조사 결과를 공표할 수 있다. 다만, 수사가 진행 중이거나 수사의 필요성이 인정되는 경우에는 관계 수사기관의 장과 공표 여부에 관하여 사전에 협의하여야 한다.
② 사회적 관심이 집중되어 국민의 알 권리 충족 등 공공의 이익을 위해 필요한 경우에는 화재조사 결과를 공표할 수 있다.
③ 시·도지사는 화재와 관련된 이해관계인 또는 화재발생 내용 입증이 필요한 사람이 화재를 증명하는 서류 발급을 신청하는 때에는 화재증명원을 발급하여야 한다.
④ 화재증명원의 발급신청 절차·방법·서식 및 기재사항, 온라인 발급 등에 필요한 사항은 행정안전부령으로 정한다.

22 「소방의 화재조사에 관한 법률」 및 같은 법 시행령상 화재감정기관에 대한 설명으로 옳지 않은 것은?

① 소방청장은 지정된 감정기관에서의 과학적 조사·분석 등에 소요되는 비용의 전부 또는 일부를 지원할 수 있다.
② 소방청장은 감정기관으로 지정받은 자가 거짓이나 그 밖의 부정한 방법으로 감정비용을 청구한 경우에는 지정을 취소하여야 한다.
③ 소방청장은 감정기관의 지정을 취소하려면 청문을 하여야 한다.
④ 감정기관의 지정기준, 지정 절차, 지정 취소 및 운영 등에 필요한 사항은 대통령령으로 정한다.

23 「소방의 화재조사에 관한 법률 시행령」 상 화재감정기관의 화재조사에 필요한 전문인력 중 주된 기술인력의 기준으로 옳지 않은 것은?

① 「국가기술자격법」에 따른 국가기술자격의 직무분야 중 화재감식평가 분야의 기사 자격 취득 후 화재조사 관련 분야에서 5년 이상 근무한 사람
② 화재조사관 자격 취득 후 화재조사 관련 분야에서 5년 이상 근무한 사람
③ 이공계 분야의 박사학위 취득 후 화재조사 관련 분야에서 2년 이상 근무한 사람
④ 소방공무원으로 8년 이상 근무한 경력이 있는 사람

24 「소방의 화재조사에 관한 법률 시행령」 상 화재감정기관의 화재조사에 필요한 전문인력 중 보조 기술인력에 해당하는 사람을 몇 명 보유하여야 하는가? (법 기준상)

① 1명 이상　　　　　　　　② 2명 이상
③ 3명 이상　　　　　　　　④ 4명 이상

25

「소방의 화재조사에 관한 법률 시행규칙」상 화재감정기관 지정신청서 또는 첨부서류의 보완에 대한 설명이다. 빈칸을 채우시오.

> 소방청장은 화재감정기관 지정신청서 또는 첨부서류에 보완이 필요하다고 판단되면 ( ) 이내의 기간을 정하여 보완을 요구할 수 있다.

① 5일
② 7일
③ 10일
④ 14일

26

「소방의 화재조사에 관한 법률 시행령」상 국가화재정보시스템의 운영에 대한 설명으로 옳지 않은 것은?

① 소방관서장은 국가화재정보시스템을 활용하여 화재정보를 수집·관리해야 한다.
② 국가화재정보시스템을 활용하여 화재피해상황, 대응활동에 관한 사항 등의 화재정보를 수집·관리해야 한다.
③ 소방관서장은 국가화재정보시스템을 활용하여 화재정보를 기록·유지 및 보관해야 한다.
④ 규정한 사항 외에 국가화재정보시스템의 운영 및 활용 등에 필요한 사항은 소방청장이 정한다.

27

「소방의 화재조사에 관한 법률」상 허가 없이 화재현장에 있는 물건 등을 이동시키거나 변경·훼손한 사람에 대한 벌칙의 기준으로 옳은 것은?

① 300만 원 이하의 벌금
② 200만 원 이하의 벌금
③ 300만 원 이하의 과태료
④ 200만 원 이하의 과태료

28 🔴①②③
「소방의 화재조사에 관한 법률」상 화재조사가 필요한 관계인등이 정당한 사유 없이 규정에 따른 출석을 거부하거나 질문에 대하여 거짓으로 진술 하였다면 이에 해당하는 벌칙의 기준은?

① 300만 원 이하의 벌금
② 200만 원 이하의 벌금
③ 300만 원 이하의 과태료
④ 200만 원 이하의 과태료

29 🔴①②③
「소방의 화재조사에 관한 법률」상 과태료 부과권자로 옳지 않은 것은?

① 소방청장
② 소방본부장
③ 시·도지사
④ 경찰서장

30 🔴①②③
「소방의 화재조사에 관한 법률 시행령」상 화재조사를 위하여 설정한 통제구역에 허가 없이 출입한 사람의 경우 2회 위반시에 해당하는 과태료 금액은?

① 50만 원
② 100만 원
③ 150만 원
④ 200만 원

PART 04 화재의 예방 및 안전관리에 관한 법률

제1장	총 칙
제2장	화재의 예방 및 안전관리 기본계획의 수립·시행
제3장	화재안전조사

01 ●①②③

「화재예방 및 안전관리에 관한 법률」의 목적에 대한 다음 보기의 기술 중 옳지 않은 것은 모두 몇 개인가?

> 이 법은 ㉠ 화재의 예방과 안전관리에 필요한 사항을 규정함으로써 화재로부터 ㉡ 국민의 생명·신체 및 ㉢ 재산을 보호하고 ㉣ 공공의 안녕과 ㉤ 국민경제에 이바지함을 목적으로 한다.

① 1개 ② 2개
③ 3개 ④ 4개

02 ●①②③

「화재예방 및 안전관리에 관한 법률」상 화재의 예방 및 안전관리 기본계획 등의 수립·시행에 대한 설명 중 옳지 않은 것은?

① 소방청장은 화재예방정책을 체계적·효율적으로 추진하고 이에 필요한 기반 확충을 위하여 화재의 예방 및 안전관리에 관한 기본계획을 매년 수립·시행하여야 한다.
② 소방청장은 기본계획을 시행하기 위하여 매년 시행계획을 수립·시행하여야 한다.
③ 소방청장은 기본계획 및 시행계획을 수립하기 위하여 필요한 경우에는 관계 중앙행정기관의 장 또는 시·도지사에게 관련 자료의 제출을 요청할 수 있다. 이 경우 자료 제출을 요청받은 관계 중앙행정기관의 장 또는 시·도지사는 특별한 사유가 없으면 이에 따라야 한다.
④ 기본계획과 시행계획을 통보받은 관계 중앙행정기관의 장과 시·도지사는 소관 사무의 특성을 반영한 세부시행계획을 수립·시행하고 그 결과를 소방청장에게 통보하여야 한다.

03 ⦁①②③
「화재예방 및 안전관리에 관한 법률 시행령」상 화재의 예방 및 안전관리 기본계획, 시행계획 및 세부시행계획 등의 수립·시행에 대한 설명으로 옳지 않은 것은?
① 소방청장은 화재의 예방 및 안전관리에 관한 기본계획을 계획 시행 전년도 8월 31일까지 관계 중앙행정기관의 장과 협의를 마친 후 계획 시행 전년도 9월 30일까지 수립하여야 한다.
② 소방청장은 기본계획을 시행하기 위한 계획을 계획 시행 전년도 10월 31일까지 수립하여야 한다.
③ 소방청장은 관계 중앙행정기관의 장과 특별시장·광역시장·특별자치시장·도지사·특별자치도지사에게 기본계획 및 시행계획을 각각 계획 시행 전년도 11월 30일까지 통보하여야 한다.
④ 관계 중앙행정기관의 장 및 시·도지사는 세부시행계획을 수립하여 계획 시행 전년도 12월 31일까지 소방청장에게 통보해야 한다.

04 ⦁①②③
「화재예방 및 안전관리에 관한 법률」 및 같은 법 시행령상 화재의 예방 및 안전관리 기본계획에 포함되어야 하는 사항으로 옳지 않은 것은?
① 화재의 예방과 안전관리 관련 산업의 국제경쟁력 향상
② 소방시설의 설치·관리 및 화재안전기준의 개선에 관한 사항
③ 화재발생현황에 관한 사항
④ 소방시설의 구조 및 원리 등에서 공법이 특수한 설계 및 시공에 관한 사항

05 ⦁①②③
「화재예방 및 안전관리에 관한 법률」 및 같은 법 시행령상 화재의 예방 및 안전관리 기본계획 등의 수립·시행 등에 대한 설명에서 가장 부적절한 것은?
① 기본계획은 대통령령으로 정하는 바에 따라 소방청장이 관계 중앙행정기관의 장과 협의하여 수립한다.
② 소방청장은 화재의 예방 및 안전관리에 관한 기본계획을 계획 시행 전년도 8월 31일까지 관계 중앙행정기관의 장과 협의한 후 계획 시행 전년도 9월 30일까지 수립하여야 한다.
③ 시·도지사는 기본계획을 시행하기 위하여 매년 시행계획을 수립·시행하여야 한다.
④ 기본계획에는 화재의 예방과 안전관리 관련 전문인력의 육성·지원 및 관리에 관한 사항이 포함되어야 한다.

06 🌑①②③

「화재예방 및 안전관리에 관한 법률」상 기본계획 및 시행계획의 수립·시행에 필요한 기초자료를 확보하기 위한 실태조사의 항목으로 옳지 않은 것은?

① 소방대상물의 용도별·규모별 현황
② 소방대상물의 화재의 예방 및 안전관리 현황
③ 기본계획 및 시행계획의 수립·시행을 위하여 필요한 사항
④ 소방대상물의 소방시설등 설계·감리 현황

07 🌑①②③

「화재예방 및 안전관리에 관한 법률 시행규칙」상 기본계획 및 시행계획의 수립·시행에 필요한 기초자료를 확보하기 위한 실태조사의 방법 및 절차 등에 대한 설명으로 옳지 않은 것은?

① 소방청장은 실태조사를 실시하려는 경우 실태조사 시작 14일 전까지 조사 일시, 조사 사유 및 조사 내용 등 조사계획을 조사대상자에게 서면 또는 전자우편 등의 방법으로 미리 알려야 한다.
② 관계 공무원 및 실태조사를 의뢰받은 관계 전문가 등이 실태조사를 위하여 소방대상물에 출입할 때에는 그 권한 또는 자격을 표시하는 증표를 지니고 이를 관계인에게 내보여야 한다.
③ 소방청장은 실태조사를 전문연구기관·단체나 관계 전문가에게 의뢰하여 실시할 수 있다.
④ 소방청장은 실태조사의 결과를 인터넷 홈페이지 등에 공표할 수 있다.

08 🌑①②③

「화재예방 및 안전관리에 관한 법률 시행규칙」상 화재의 예방 및 안전관리에 관한 통계 작성 및 관리 업무를 수행하게 할 수 있는 기관으로 옳은 것은 모두 몇 개인가?

| ㉠ 한국소방산업기술원 | ㉡ 한국소방안전원 |
| ㉢ 소방기술민원센터 | ㉣ 119종합상황실 |

① 1개
② 2개
③ 3개
④ 4개

09

「화재예방 및 안전관리에 관한 법률」상 화재안전조사에 대한 설명으로 옳지 않은 것은?

① 개인의 주거(실제 주거용도로 사용되는 경우에 한정한다)에 대한 화재안전조사는 관계인의 승낙이 있거나 화재발생의 우려가 뚜렷하여 긴급한 필요가 있는 때에 한정한다.
② 화재예방안전진단이 불성실하거나 불완전하다고 인정되는 경우에 화재안전조사를 실시할 수 있다.
③ 화재안전조사의 항목은 대통령령으로 정한다. 이 경우 화재안전조사의 항목에는 화재의 예방조치 상황, 소방시설등의 관리 상황 및 소방대상물의 화재 등의 발생 위험과 관련된 사항이 포함되어야 한다.
④ 화재안전조사를 정당한 사유 없이 거부·방해 또는 기피한 경우 300만 원 이하의 과태료에 처한다.

10

「화재예방 및 안전관리에 관한 법률」상 화재안전조사권자로 옳은 것은 모두 몇 개인가?

| ㉠ 소방청장 | ㉡ 소방본부장 |
| ㉢ 소방서장 | ㉣ 시·도지사 |

① 1개 ② 2개
③ 3개 ④ 4개

11

「화재의 예방 및 안전관리에 관한 법률」상 화재안전조사를 실시할 수 있는 경우로 옳지 않은 것은?

① 자체점검이 불성실하거나 불완전하다고 인정되는 경우
② 화재예방강화지구 등 법령에서 화재안전조사를 하도록 규정되어 있는 경우
③ 화재예방안전진단이 불성실하거나 불완전하다고 인정되는 경우
④ 어린이, 노인, 장애인 등 화재의 예방 및 안전관리에 취약한 자(화재안전취약자)들로 인정되는 경우

12 ●①❷❸

「화재의 예방 및 안전관리에 관한 법률」상 화재안전조사의 방법·절차 등에 대한 설명으로 옳지 않은 것은?

① 소방관서장은 화재안전조사를 조사의 목적에 따라 화재안전조사의 항목 전체에 대하여 종합적으로 실시하거나 특정 항목에 한정하여 실시할 수 있다.
② 소방관서장은 화재안전조사를 실시하려는 경우 사전에 관계인에게 조사대상, 조사기간 및 조사사유 등을 통지하고 이를 대통령령으로 정하는 바에 따라 인터넷 홈페이지나 전산시스템 등을 통하여 공개하여야 한다.
③ 화재안전조사는 관계인의 승낙 없이 소방대상물의 공개시간 또는 근무시간 이외에는 할 수 없다. 다만, 화재안전조사의 실시를 사전에 통지하거나 공개하면 조사목적을 달성할 수 없다고 인정되는 경우에는 그러하지 아니하다.
④ 관계인은 천재지변이나 그 밖에 대통령령으로 정하는 사유로 화재안전조사를 받기 곤란한 경우에는 화재안전조사를 통지한 소방관서장에게 대통령령으로 정하는 바에 따라 화재안전조사를 연기하여 줄 것을 신청할 수 있다.

13 ●①❷❸

「화재의 예방 및 안전관리에 관한 법률 시행령」상 화재안전조사 항목으로 옳지 않은 것은?

① 「소방시설 설치 및 관리에 관한 법률」에 따른 소방시설등의 자체점검에 관한 사항
② 「소방기본법」에 따른 소방활동장비의 국고보조 등에 관한 사항
③ 「소방시설공사업법」에 따른 시공, 감리 및 감리원의 배치에 관한 사항
④ 「소방시설 설치 및 관리에 관한 법률」에 따른 피난시설, 방화구획 및 방화시설의 관리에 관한 사항

14 ●①❷❸

「화재의 예방 및 안전관리에 관한 법률」상 화재안전조사를 실시하려는 경우 관계인에게 통지하는 방법으로 옳은 것은 모두 몇 개인가?

> ㉠ 우편   ㉡ 팩스   ㉢ 전화   ㉣ 전자메일   ㉤ 문자전송

① 5개   ② 4개
③ 3개   ④ 2개

15

「화재의 예방 및 안전관리에 관한 법률 시행규칙」상 화재안전조사의 연기에 대한 설명이다. 괄호를 채우시오.

> 화재안전조사의 연기를 신청하려는 관계인은 화재안전조사 시작 ( )일 전까지 화재안전조사 연기신청서(전자문서로 된 신청서를 포함한다)에 화재안전조사를 받기가 곤란함을 증명할 수 있는 서류(전자문서로 된 서류를 포함한다)를 첨부하여 소방청장, 소방본부장 또는 소방서장(소방관서장)에게 제출하여야 한다.

① 3　　　　　　　　　　　② 7
③ 10　　　　　　　　　　 ④ 14

16

「화재의 예방 및 안전관리에 관한 법률 시행령」상 화재안전조사에 대한 설명이다. 괄호를 채우시오.

> 소방관서장은 화재안전조사를 실시하고자 하는 경우 조사대상, 조사기간 및 조사사유 등 조사계획을 인터넷 홈페이지나 전산시스템 등을 통해 사전에 공개하여야 한다. 이 경우 공개기간은 ( )일 이상으로 한다.

① 3　　　　　　　　　　　② 7
③ 10　　　　　　　　　　 ④ 14

17

「화재의 예방 및 안전관리에 관한 법률」 및 같은 법 시행령상 화재안전조사단에 관한 내용으로 옳지 않은 것은?

① 소방관서장은 중앙화재안전조사단 및 지방화재안전조사단의 업무 수행을 위하여 필요한 경우에는 관계 기관의 장에게 그 소속 공무원 또는 직원의 파견을 요청할 수 있다.
② 소방관서장은 화재안전조사를 효율적으로 수행하기 위하여 대통령령으로 정하는 바에 따라 소방본부에는 중앙화재안전조사단을, 소방서에는 지방화재안전조사단을 편성하여 운영할 수 있다.
③ 소방 관련 분야에서 전문적인 지식이나 경험이 풍부한 사람은 소방관서장의 위촉으로 조사단의 단원이 될 수 있다.
④ 소방관서장은 화재안전조사를 효율적으로 실시하기 위하여 필요한 경우 관계 중앙행정기관 또는 지방자치단체과 합동으로 조사반을 편성할 수 있다.

18

「화재의 예방 및 안전관리에 관한 법률 시행령」상 화재안전조사단의 구성에 대한 설명이다. 빈칸을 채우시오.

> 중앙화재안전조사단 및 지방화재안전조사단은 단장을 포함하여 (   ) 이내의 단원으로 성별을 고려하여 구성한다.

① 30명　　　　　　② 40명
③ 50명　　　　　　④ 60명

19

「화재의 예방 및 안전관리에 관한 법률 시행령」상 소방관서장이 화재안전조사를 효율적으로 실시하기 위하여 필요한 경우 합동으로 조사반을 편성할 수 있는 기관으로 옳은 것은 모두 몇 개인가?

> ㉠ 지방자치단체　　　　　　㉡ 한국소방산업안전원
> ㉢ 한국소방산업기술원　　　㉣ 한국화재보험협회
> ㉤ 한국전기안전공사　　　　㉥ 정부출연연구기관

① 1개　　　　　　② 2개
③ 3개　　　　　　④ 4개

20

「화재의 예방 및 안전관리에 관한 법률」 및 같은 법 시행령상 화재안전조사위원회에 대한 설명으로 옳지 않은 것은?

① 소방관서장은 화재안전조사의 대상을 객관적이고 공정하게 선정하기 위하여 필요한 경우 화재안전조사위원회를 구성하여 화재안전조사의 대상을 선정할 수 있다.
② 화재안전조사위원회는 위원장 1명을 포함한 9명 이내의 위원으로 성별을 고려하여 구성하고, 위원장은 소방관서장이 된다.
③ 과장급 직위 이상의 소방공무원은 소방관서장의 임명으로 위원회의 위원이 될 수 있다.
④ 위촉위원의 임기는 2년으로 하고, 한 차례만 연임할 수 있다.

21
「화재의 예방 및 안전관리에 관한 법률 시행령」상 소방관서장이 화재안전조사위원회의 위원으로 임명하거나 위촉 할 수 있는 사람으로 옳은 것은?

① 소방 관련 분야의 학사학위 이상을 취득한 사람
② 과장급 직위 이상의 소방공무원
③ 소방설비기사
④ 소방 관련 법인 또는 단체에서 소방 관련 업무에 1년 이상 종사한 사람

22
「화재의 예방 및 안전관리에 관한 법률」상 화재안전조사의 방법·절차 등에 대한 설명으로 옳지 않은 것은?

① 소방관서장은 필요한 경우에는 소방기술사, 소방시설관리사, 그 밖에 화재안전 분야에 전문지식을 갖춘 사람을 화재안전조사에 참여하게 할 수 있다.
② 조사에 참여하는 외부 전문가에게는 예산의 범위에서 수당, 여비, 그 밖에 필요한 경비를 지급할 수 있다.
③ 화재안전조사 업무를 수행하는 관계 공무원 및 관계 전문가는 그 권한 또는 자격을 표시하는 증표를 지니고 이를 관계인에게 내보여야 한다.
④ 소방관서장은 화재안전조사를 마친 때에는 그 조사 결과를 관계인에게 구두 또는 서면으로 통지하여야 한다. 다만, 화재안전조사의 현장에서 관계인에게 조사의 결과를 설명하고 화재안전조사 결과서의 부본을 교부한 경우에는 그러하지 아니하다.

23
「화재의 예방 및 안전관리에 관한 법률」상 화재안전조사 결과에 따른 조치명령에 대한 설명으로 옳지 않은 것은?

① 조치명령권자는 소방관서장이다.
② 명령시기는 화재안전조사 결과에 따른 소방대상물의 위치·구조·설비 또는 관리의 상황이 화재예방을 위하여 보완될 필요가 있거나 화재가 발생하면 인명 또는 재산의 피해가 클 것으로 예상되는 때이다.
③ 소방관서장은 화재안전조사 결과 소방대상물이 법령을 위반하여 건축 또는 설비되었거나 소방시설등, 피난시설·방화구획, 방화시설 등이 법령에 적합하게 설치 또는 관리되고 있지 아니한 경우에는 관계인에게 조치를 명하거나 관계 행정기관의 장에게 필요한 조치를 하여 줄 것을 요청할 수 있다.
④ 조치명령을 정당한 사유 없이 위반한 자는 1년 이하의 징역 또는 1천만 원 이하의 벌금에 처한다.

24 「화재의 예방 및 안전관리에 관한 법률」상 화재안전조사 결과에 따른 조치명령으로 옳지 않은 것은?

① 개수・이전
② 사용의 금지
③ 공사의 정지
④ 용도의 변경

25 「화재의 예방 및 안전관리에 관한 법률」및 같은 법 시행령상 손실보상에 대한 설명으로 옳지 않은 것은?

① 소방청장 또는 시・도지사는 화재안전조사 결과에 따른 조치명령으로 인하여 손실을 입은 자가 있는 경우에는 대통령령으로 정하는 바에 따라 보상하여야 한다.
② 소방청장 또는 시・도지사가 손실을 보상하는 경우에는 원가로 보상하여야 한다.
③ 손실 보상에 관하여는 소방청장 또는 시・도지사와 손실을 입은 자가 협의해야 한다.
④ 보상금액에 관한 협의가 성립되지 않은 경우에는 소방청장 또는 시・도지사는 그 보상금액을 지급하거나 공탁하고 이를 상대방에게 알려야 한다.

26 「화재의 예방 및 안전관리에 관한 법률 시행령」상 화재안전조사결과에 따른 조치명령으로 인한 손실보상에 대한 설명이다. 빈칸을 채우시오.

> 보상금의 지급 또는 공탁의 통지에 불복하는 자는 지급 또는 공탁의 통지를 받은 날부터 ( )일 이내에 「공익사업을 위한 토지 등의 취득 및 보상에 관한 법률」에 따른 중앙토지수용위원회 또는 관할 지방토지수용위원회에 재결(裁決)을 신청할 수 있다.

① 7
② 14
③ 30
④ 60

27 ●①②③

「화재의 예방 및 안전관리에 관한 법률」 및 같은 법 시행령상 화재안전조사 결과 공개 등에 대한 설명으로 옳지 않은 것은?

① 소방청장은 화재안전조사 결과를 체계적으로 관리하고 활용하기 위하여 전산시스템을 구축·운영하여야 한다.
② 소방대상물의 관계인은 화재안전조사 결과 공개에 대한 공개내용을 통보받은 날부터 10일 이내에 관할 소방관서장에게 이의신청을 할 수 있다.
③ 소방관서장은 이의신청을 받은 날부터 14일 이내에 심사·결정하여 그 결과를 지체 없이 신청인에게 알려야 한다.
④ 소방관서장은 화재안전조사 결과를 공개하는 경우 30일 이상 해당 소방관서 인터넷 홈페이지나 전산시스템을 통해 공개해야 한다.

제4장 화재의 예방조치 등

28 ●①②③

「화재의 예방 및 안전관리에 관한 법률」 및 같은 법 시행령상 화재예방강화지구 및 이에 준하는 대통령령으로 정하는 장소에서 하여서는 아니 되는 행위로 옳지 않은 것은?

① 모닥불, 흡연 등 화기의 취급
② 풍등 등 소형열기구 날리기
③ 용접·용단 등 불꽃을 발생시키는 행위
④ 화재발생 위험이 있는 산화성·인화성 물질을 안전조치 없이 방치하는 행위

29

「화재예방 및 안전관리에 관한 법률 시행령」상 화재의 예방조치에 대한 설명이다. 빈칸에 들어갈 말로 옳은 것은?

> • 소방관서장은 옮긴 물건을 보관하는 경우에는 (㉠) 동안 해당 소방관서의 인터넷 홈페이지에 그 사실을 공고해야 한다.
> • 옮긴 물건 등의 보관기간은 해당 소방관서의 인터넷 홈페이지에 공고하는 기간의 (㉡)로 한다.

① (㉠) : 그 날부터 14일 (㉡) : 종료일 다음 날부터 7일
② (㉠) : 그 날부터 7일   (㉡) : 종료일 다음 날부터 14일
③ (㉠) : 다음 날부터 14일 (㉡) : 종료일로부터 7일
④ (㉠) : 다음 날부터 7일 (㉡) : 종료일로부터 14일

30

「화재의 예방 및 안전관리에 관한 법률 시행령」상 경유·등유 등 액체연료를 사용하는 보일러의 경우 지켜야 할 사항으로 옳지 않은 것은?

① 연료탱크는 보일러본체로부터 수평거리 1미터 이상의 간격을 두어 설치할 것
② 연료탱크에는 화재 등 긴급상황이 발생하는 경우 연료를 차단 할 수 있는 개폐밸브를 연료탱크로부터 0.6미터 이내에 설치할 것
③ 연료탱크 또는 보일러 등에 연료를 공급하는 배관에는 여과장치를 설치할 것
④ 연료탱크에는 불연재료로 된 받침대를 설치하여 연료탱크가 넘어지지 아니하도록 할 것

31

「화재의 예방 및 안전관리에 관한 법률 시행령」상 기체연료를 사용하는 보일러의 경우 지켜야 할 사항으로 옳지 않은 것은?

① 보일러를 설치하는 장소에는 환기구를 설치하는 등 가연성가스가 머무르지 아니하도록 할 것
② 연료를 공급하는 배관은 금속관으로 할 것
③ 화재 등 긴급 시 연료를 차단할 수 있는 개폐밸브를 연료용기 등으로부터 0.5미터 이내에 설치할 것
④ 보일러가 설치된 장소에는 가스누설차단기를 설치할 것

32

「화재의 예방 및 안전관리에 관한 법률 시행령」상 화목 등 고체연료를 사용하는 보일러의 경우 지켜야 할 사항으로 옳지 않은 것은?

① 고체연료는 보일러 본체와 수평거리 1미터 이상 간격을 두어 보관하거나 불연재료로 된 별도의 구획된 공간에 보관할 것
② 연통은 천장으로부터 0.6미터 떨어지고, 연통의 배출구는 건물 밖으로 0.6미터 이상 나오도록 설치할 것
③ 연통의 배출구는 보일러 본체보다 2미터 이상 높게 설치할 것
④ 연통이 관통하는 벽면, 지붕 등은 불연재료로 처리할 것

33

「화재의 예방 및 안전관리에 관한 법률 시행령」상 화재예방을 위하여 이동식난로를 사용할 수 없는 장소로 옳지 않은 것은? (난로가 쓰러지지 아니하도록 받침대를 두어 고정시키거나 쓰러지는 경우 즉시 소화되고 연료의 누출 차단할 수 있는 장치가 없는 경우)

① 가설건축물
② 식품접객업의 영업장
③ 공사장
④ 공연장

34

「화재의 예방 및 안전관리에 관한 법률 시행령」상 불꽃을 사용하는 용접·용단기구에 대한 설명이다. 빈칸을 채우시오.

- 용접 또는 용단 작업장 주변 (㉠) 이내에 소화기를 갖추어 둘 것
- 용접 또는 용단 작업장 주변 (㉡) 이내에는 가연물을 쌓아두거나 놓아두지 말 것. 다만, 가연물의 제거가 곤란하여 방화포 등으로 방호조치를 한 경우는 제외한다.

	㉠	㉡
①	반경 10미터,	반경 5미터
②	반경 5미터,	반경 10미터
③	직경 10미터,	직경 5미터
④	직경 5미터,	직경 10미터

35

「화재의 예방 및 안전관리에 관한 법률 시행령」상 노·화덕설비의 경우 지켜야 할 사항으로 옳지 않은 것은?

① 노 또는 화덕의 주위에는 녹는 물질이 확산되지 아니하도록 높이 0.1미터 이상의 턱을 설치해야 한다.
② 실내에 설치하는 경우에는 흙바닥 또는 금속 외의 불연재료로 된 바닥이나 흙바닥에 설치하여야 한다.
③ 시간당 열량이 30만 킬로칼로리 이상인 노를 설치하는 경우에는 창문과 출입구는 60+방화문으로만 설치하여야 한다.
④ 시간당 열량이 30만 킬로칼로리 이상인 노를 설치하는 경우 노 주위에는 1미터 이상 공간을 확보하여야 한다.

36

「화재의 예방 및 안전관리에 관한 법률 시행령」상 음식조리를 위하여 설치하는 설비의 경우 지켜야 할 사항으로 옳지 않은 것은?

① 주방설비에 부속된 배출덕트(공기 배출통로)는 0.5밀리미터 이상의 아연도금강판 또는 이와 같거나 그 이상의 내식성 불연재료로 설치할 것
② 주방시설에는 동물 또는 식물의 기름을 제거할 수 있는 필터 등을 설치할 것
③ 열을 발생하는 조리기구는 반자 또는 선반으로부터 0.6미터 이상 떨어지게 할 것
④ 열을 발생하는 조리기구로부터 0.5미터 이내의 거리에 있는 가연성 주요구조부는 단열성이 있는 불연재료로 덮어 씌울 것

37

「화재의 예방 및 안전관리에 관한 법률 시행령」상 불을 사용하는 설비에 관하여 옳지 않은 것은?

① 주방설비에 부속된 배출덕트는 0.5밀리미터 이상의 아연도금강판 또는 이와 같거나 그 이상의 내식성 불연재료로 설치할 것
② 건조설비와 벽·천장 사이의 거리는 0.6미터 이상 되도록 하여야 한다.
③ 보일러와 벽·천장 사이의 거리는 0.6미터 이상 되도록 하여야 한다.
④ 난로의 연통은 천장으로부터 0.6미터 이상 떨어지고, 연통의 배출구는 건물 밖으로 0.6미터 이상 나오게 설치하여야 한다.

38

「화재의 예방 및 안전관리에 관한 법률 시행령」상 보일러 등의 위치·구조 및 관리와 화재예방을 위하여 불의 사용에 있어서 지켜야 할 사항을 준수하지 않은 것은?

① 서울역 공사현장의 용접 또는 용단 작업장 주변 반경 10m에 소화기를 갖추었다.
② 인천시청에서 경유를 사용하는 경우에 연료탱크는 보일러 본체로부터 수평거리 3미터 간격을 두어 설치했다.
③ 경북 안동의 고추건조설비와 천장 사이의 거리는 0.6미터를 두었다.
④ 전남 목포의 음식조리를 위하여 설치하는 주방설비에 부속된 배출덕트는 1밀리미터의 아연도금강판을 설치하였다.

39

「화재의 예방 및 안전관리에 관한 법률 시행령」상 특수가연물의 품명과 수량의 기준으로 옳지 않은 것은?

① 볏짚류 - 1,000kg 이상
② 나무껍질 및 대팻밥 - 400kg 이상
③ 넝마 및 종이부스러기 - 1,000kg 이상
④ 가연성고체류 - 1,000kg 이상

40

「화재의 예방 및 안전관리에 관한 법률 시행령」상 특수가연물의 품명과 수량의 기준으로 옳지 않은 것은?

① 플라스틱류(발포시킨 것) - 20m^3 이상
② 석탄·목탄류 - 10,000kg 이상
③ 가연성액체류 - 2m^3 이상
④ 목재가공품 및 나무부스러기 - 20m^3 이상

41 🔴①②③

「화재의 예방 및 안전관리에 관한 법률 시행령」상 특수가연물에 대한 설명이다. 괄호 안에 들어갈 내용이 순서대로 옳은 것은?

- ( ): 불연성 또는 난연성이 아닌 실(실부스러기와 솜털을 포함)과 누에고치를 말한다.
- ( ): 불연성 또는 난연성이 아닌 것(동식물유가 깊이 스며들어 있는 옷감·종이 및 이들의 제품을 포함)에 한한다.
- ( ): 불연성 또는 난연성이 아닌 면상 또는 팽이모양의 섬유와 마사 원료를 말한다.

① 사류, 넝마 및 종이부스러기, 면화류
② 면화류, 넝마 및 종이부스러기, 사류
③ 넝마 및 종이부스러기, 사류, 면화류
④ 면화류, 사류, 넝마 및 종이부스러기

42 🔴①②③

「화재의 예방 및 안전관리에 관한 법률 시행령」상 특수가연물 중 가연성고체류에 대한 설명 중 가장 옳지 않은 것은?

① 인화점이 섭씨 40℃ 미만인 것
② 인화점이 섭씨 40℃ 이상 100℃ 미만인 것
③ 인화점이 섭씨 100℃ 이상 200℃ 미만이고, 연소열량이 1그램당 8kcal 이상인 것
④ 인화점이 섭씨 200℃ 이상이고, 연소열량이 1그램당 8kcal 이상인 것으로서 융점이 100℃ 미만인 것

43 🔴①②③

「화재의 예방 및 안전관리에 관한 법률 시행령」상 동물의 기름기와 살코기로부터 추출한 것으로서 1기압과 섭씨 20도에서 액상이고 인화점이 섭씨 250도 이상인 것의 품명으로 옳은 것은?

① 동식물유류　　　　　　　② 가연성액체류
③ 가연성고체류　　　　　　④ 인화성액체류

44

「화재의 예방 및 안전관리에 관한 법률 시행령」상 특수가연물의 품명에 포함되지 않는 것은?

- ㉠ 가연성고체류
- ㉡ 석탄·목탄류
- ㉢ 인화성액체류
- ㉣ 산화성고체류

① ㉠, ㉡
② ㉠, ㉢
③ ㉡, ㉢
④ ㉢, ㉣

45

「화재의 예방 및 안전관리에 관한 법률 시행령」상 대통령령이 정하는 특수가연물에 대한 설명 중 옳지 않은 것은?

① 넝마 및 종이부스러기는 불연성인 것에 한한다.
② 볏짚류란 마른 볏짚·북데기와 이들의 제품 및 건초를 말한다. 다만, 축산용도로 사용하는 것은 제외한다.
③ 사류란 불연성 또는 난연성이 아닌 실(실부스러기와 솜털 포함)과 누에고치를 말한다.
④ 면화류란 불연성 또는 난연성이 아닌 면상 또는 팽이모양의 섬유와 마사 원료를 말한다.

46

「화재의 예방 및 안전관리에 관한 법률 시행령」상 특수가연물의 저장·취급 기준에 대한 설명이다. 괄호를 채우시오.(석탄·목탄류를 발전(發電)용으로 저장하는 경우는 제외)

구분	살수설비를 설치하지 않고 방사능력 범위에 해당 특수가연물이 포함되도록 대형수동식소화기도 설치하지 않은 경우
높이	[㉠]미터 이하
쌓는 부분의 바닥면적	[㉡]제곱미터 (석탄·목탄류의 경우에는 [㉢]제곱미터) 이하

	㉠	㉡	㉢
①	10	30	150
②	10	50	200
③	15	50	150
④	15	30	200

47

「화재의 예방 및 안전관리에 관한 법률 시행령」 상 특수가연물의 저장·취급 기준에 대한 설명이다. 괄호를 채우시오. (석탄·목탄류를 발전(發電)용으로 저장하는 경우는 제외)

구분	살수설비를 설치하거나 방사능력 범위에 해당 특수가연물이 포함되도록 대형수동식소화기를 설치하는 경우
높이	[㉠]미터 이하
쌓는 부분의 바닥면적	[㉡]제곱미터 (석탄·목탄류의 경우에는 [㉢]제곱미터) 이하

	㉠	㉡	㉢
①	10	300	500
②	15	200	300
③	15	300	500
④	10	200	300

48

「화재의 예방 및 안전관리에 관한 법률 시행령」 상 특수가연물의 저장·취급 기준으로 옳지 않은 것은?

① 특수가연물을 저장 또는 취급하는 장소에는 품명, 최대저장수량, 단위부피당 질량 또는 단위체적당 질량, 관리책임자 성명·직책, 연락처 및 화기취급의 금지표시가 포함된 특수가연물 표지를 설치해야 한다.

② 실외에 쌓아 저장하는 경우 쌓는 부분이 대지경계선, 도로 및 인접 건축물과 최소 5미터 이상 간격을 둘 것. 다만, 쌓는 높이보다 0.6미터 이상 높은 내화구조 벽체를 설치한 경우는 그렇지 않다.

③ 실내에 쌓아 저장하는 경우 주요구조부는 내화구조이면서 불연재료여야 하고, 다른 종류의 특수가연물과 같은 공간에 보관하지 않을 것. 다만, 내화구조의 벽으로 분리하는 경우는 그렇지 않다.

④ 품명별로 구분하여 쌓아야 한다.

49

「화재의 예방 및 안전관리에 관한 법률 시행령」상 특수가연물의 저장·취급 기준에 대한 설명이 빈칸을 채우시오.

> 쌓는 부분의 바닥면적 사이는 실내의 경우 [㉠]미터 또는 쌓는 높이의 [㉡] 중 큰 값 이상으로 이격해야 하며, 실외의 경우 [㉢]미터 또는 쌓는 높이 중 큰 값 이상으로 이격해야 한다.

	㉠	㉡	㉢
①	1.2	1/2	3
②	1.2	1/3	3
③	1.5	1/3	5
④	1.5	1/2	9

50

「화재의 예방 및 안전관리에 관한 법률 시행령」상 특수가연물을 저장 또는 취급하는 장소에 설치하는 표지에 대한 설명으로 옳지 않은 것은?

① 표지는 한 변의 길이가 0.3미터 이상, 다른 한 변의 길이가 0.6미터 이상인 직사각형으로 할 것
② 특수가연물 표지의 바탕은 흰색으로, 문자는 검은색으로 할 것.("화기엄금" 표시 부분 포함)
③ 특수가연물을 저장 또는 취급하는 장소에는 품명, 최대저장수량, 단위부피당 질량 또는 단위체적당 질량, 관리책임자 성명·직책, 연락처 및 화기취급의 금지표시가 포함된 특수가연물 표지를 설치할 것
④ 특수가연물 표지 중 화기엄금 표시 부분의 바탕은 붉은색으로, 문자는 백색으로 할 것

51

「화재의 예방 및 안전관리에 관한 법률」상 화재예방강화지구의 지정·관리권자는?

① 소방청장
② 소방본부장
③ 소방서장
④ 시·도지사

52

「화재의 예방 및 안전관리에 관한 법률」상 화재예방강화지구의 지정대상지역이 아닌 것은?

① 목조건물이 밀집한 지역
② 위험물의 저장 및 처리 시설이 밀집한 지역
③ 석유화학제품을 생산하는 공장이 있는 지역
④ 시·도의 조례가 정하는 지역 또는 장소

53

「화재의 예방 및 안전관리에 관한 법률」상 화재예방강화지구의 지정대상지역으로 보기 어려운 것을 모두 몇 개인가?

㉠ 상가지역	㉡ 공장·창고가 있는 지역
㉢ 콘크리트건물이 밀집한 지역	㉣ 소방출동로가 없는 지역
㉤ 노후·불량건축물이 밀집한 지역	

① 1개   ② 2개
③ 3개   ④ 4개

54

「화재의 예방 및 안전관리에 관한 법률」 및 같은 법 시행령상 화재예방강화지구의 지정 등에 대한 설명으로 옳지 않은 것은?

① 화재예방강화지구의 지정·관리권자는 시·도지사이다.
② 소방관서장은 화재예방강화지구 안의 소방대상물의 위치·구조 및 설비 등에 대하여 화재안전조사를 연 1회 이상 실시해야 한다.
③ 소방관서장은 화재예방강화지구 안의 관계인에 대하여 소방에 필요한 훈련 및 교육을 연 1회 이상 실시할 수 있다.
④ 소방관서장은 소방에 필요한 훈련 및 교육을 실시하려는 경우에는 화재예방강화지구 안의 관계인에게 훈련 또는 교육 7일 전까지 그 사실을 통보해야 한다.

55

「화재의 예방 및 안전관리에 관한 법률」상 화재예방강화지구의 지정 등에 대한 설명으로 옳지 않은 것은?

① 소방관서장은 대통령령으로 정하는 바에 화재예방강화지구 안의 소방대상물의 위치·구조 및 설비 등에 대하여 화재안전조사를 하여야 한다.
② 소방관서장은 화재안전조사를 한 결과 화재의 예방강화를 위하여 필요하다고 인정할 때에는 관계인에게 소화기구, 소방용수시설 또는 그 밖에 소방에 필요한 설비의 설치(보수, 보강을 포함한다.)를 명할 수 있다.
③ 소방관서장은 화재예방강화지구 안의 관계인에 대하여 대통령령으로 정하는 바에 따라 소방에 필요한 훈련 및 교육을 실시할 수 있다.
④ 소방관서장은 대통령령으로 정하는 바에 따라 화재예방강화지구의 지정 현황, 화재안전조사의 결과, 소방설비등의 설치 명령 현황, 소방훈련 및 교육 현황 등이 포함된 화재예방강화지구에서의 화재예방에 필요한 자료를 매년 작성·관리하여야 한다.

56

「화재의 예방 및 안전관리에 관한 법률 시행령」상 화재예방강화지구의 지정 등에 대한 설명으로 옳지 않은 것은?

① 소방관서장은 화재예방강화지구 안의 소방대상물의 위치·구조 및 설비 등에 대한 화재안전조사를 연 1회 이상 실시해야 한다.
② 소방관서장은 화재예방강화지구 안의 관계인에 대하여 소방에 필요한 훈련 및 교육을 연 1회 이상 실시할 수 있다.
③ 소방관서장은 소방에 필요한 훈련 및 교육을 실시하려는 경우에는 화재예방강화지구 안의 관계인에게 훈련 또는 교육 7일 전까지 그 사실을 통보해야 한다.
④ 화재예방강화지구 관리대장에 소방교육의 실시 현황이 포함된다.

57

「화재의 예방 및 안전관리에 관한 법률 시행령」상 화재예방강화지구 관리대장에 작성하고 관리 내용으로 옳지 않은 것은?

① 화재안전조사의 결과
② 소방설비등의 설치 명령 현황
③ 화재예방강화지구의 지정 현황
④ 소방자동차 전용구역의 지정 현황

58

「화재의 예방 및 안전관리에 관한 법률」상 화재의 예방 등에 대한 지원에 관한 설명이다. 빈칸을 채우시오.

> 시·도지사는 소방청장의 요청이 있거나 화재예방강화지구 안의 소방대상물의 화재안전 성능 향상을 위하여 필요한 경우 [   ](으)로 정하는 바에 따라 소방설비등의 설치에 필요한 비용을 지원할 수 있다.

① 대통령령
② 행정안전부령
③ 시·도의 조례
④ 소방청장의 고시

59

「화재의 예방 및 안전관리에 관한 법률」상 기상현상 및 기상영향에 대한 예보·특보·태풍예보가 있을 때 화재에 관한 위험경보를 발령할 수 있는 자로 옳은 것은?

① 시·도지사
② 행정안전부장관
③ 소방서장
④ 소방대장

60

「화재의 예방 및 안전관리에 관한 법률」 및 같은 법 시행령 상 화재안전영향평가에 대한 설명으로 옳지 않은 것은?

① 소방청장은 화재발생 원인 및 연소과정을 조사·분석하는 등의 과정에서 법령이나 정책의 개선이 필요하다고 인정되는 경우 그 법령이나 정책에 대한 화재 위험성의 유발요인 및 완화 방안에 대한 평가를 실시할 수 있다.
② 소방청장은 화재안전영향평가를 실시한 경우 그 결과를 시·도지사에게 통보하여야 한다.
③ 소방청장은 화재안전영향평가를 하는 경우 화재현장 및 자료 조사 등을 기초로 화재·피난 모의실험 등 과학적인 예측·분석 방법으로 실시할 수 있다
④ 규정한 사항 외에 화재안전영향평가의 방법·절차·기준 등에 관하여 필요한 사항은 소방청장이 정한다.

61 ①②③
「화재의 예방 및 안전관리에 관한 법률」 및 같은 법 시행령상 화재안전영향평가심의회의 구성 등에 대한 설명으로 옳지 않은 것은?

① 소방청장은 화재안전영향평가에 관한 업무를 수행하기 위하여 화재안전영향평가심의회를 구성·운영할 수 있다.
② 화재안전영향평가심의회는 위원장 1명을 포함한 12명 이내의 위원으로 구성한다.
③ 화재안전영향평가심의회의 위촉위원의 임기는 2년으로 하며 한 차례만 연임할 수 있다.
④ 위원장이 부득이한 사유로 직무를 수행할 수 없을 때에는 소방청장이 지명한 위원이 그 직무를 대행한다.

62 ①②③
「화재의 예방 및 안전관리에 관한 법률 시행령」상 화재안전 관련 업무를 수행한 사람으로서 해당 기관이나 단체의 장이 추천하는 사람 중 화재안전영향평가심의회의 위원이 될 수 있는 자는 모두 몇 명인가?

> ㉠ 지방자치단체에서 근무하는 사람
> ㉡ 한국소방산업기술원에서 근무하는 사람
> ㉢ 한국소방안전원에서 근무하는 사람
> ㉣ 화재보험협회에서 근무하는 사람
> ㉤ 가스안전공사에서 근무하는 사람
> ㉥ 정부출연연구기관에서 근무하는 사람

① 2명 ② 3명
③ 4명 ④ 5명

63 ①②③
「화재의 예방 및 안전관리에 관한 법률 시행령」상 소방청장이 화재안전영향평가심의회의 위원을 해임하거나 해촉할 수 있는 경우가 아닌 것은?

① 심신장애로 인하여 직무를 수행할 수 없게 된 경우
② 직무와 무관한 업무로 인해 벌금형의 처벌을 받게 된 경우
③ 직무태만, 품위손상이나 그 밖의 사유로 인하여 위원으로 적합하지 아니하다고 인정되는 경우
④ 위원 스스로 직무를 수행하는 것이 곤란하다고 의사를 밝히는 경우

64

「화재의 예방 및 안전관리에 관한 법률 시행령」상 화재안전취약자 지원 대상자에 해당하는 경우는 모두 몇 개인가?

> ㉠ 「국민기초생활보장법」에 따른 수급자
> ㉡ 「장애인복지법」에 따른 장애인
> ㉢ 「한부모가족지원법」에 따른 지원 대상자
> ㉣ 「노인복지법」에 따른 노인
> ㉤ 「다문화가족지원법」에 따른 다문화가족의 구성원

① 1개　　　　　　　② 2개
③ 3개　　　　　　　④ 4개

65

「화재의 예방 및 안전관리에 관한 법률 시행령」상 화재안전취약자에 대한 지원 사항으로 옳지 않은 것은?

① 소방시설등의 안전점검
② 소방시설등의 설치 및 개선
③ 화재예방 및 안전을 위하여 필요한 훈련 및 교육
④ 전기·가스 등 화재위험 설비의 점검 및 개선

제5장 소방대상물의 소방안전관리

66

「화재의 예방 및 안전관리에 관한 법률 시행령」상 특급 소방안전관리대상물에 대한 설명이다. 빈칸을 채우시오.

① [㉠]층 이상(지하층은 제외)이거나 지상으로부터 높이가 [㉡]m 이상인 아파트
② [㉢]층 이상(지하층을 포함)이거나 지상으로부터 높이가 [㉣]m 이상인 특정소방대상물(아파트는 제외)

	㉠	㉡	㉢	㉣
①	30	200	50	150
②	30	100	50	120
③	50	200	30	120
④	50	100	30	150

67

「화재의 예방 및 안전관리에 관한 법률 시행령」상 특급 소방안전관리자 선임자격 기준으로 옳지 않은 것은?

① 소방기술사 또는 소방시설관리사의 자격이 있는 사람
② 소방설비기사의 자격을 취득한 후 3년 이상 1급 소방안전관리대상물의 소방안전관리자로 근무한 실무경력(소방안전관리자로 선임되어 근무한 경력은 제외)이 있는 사람
③ 소방설비산업기사의 자격을 취득한 후 7년 이상 1급 소방안전관리대상물의 소방안전관리자로 근무한 실무경력이 있는 사람
④ 소방공무원으로 20년 이상 근무한 경력이 있는 사람

68 ①②③
「화재의 예방 및 안전관리에 관한 법률 시행령」 상 1급 소방안전관리대상물에 대한 설명으로 옳지 않은 것은?

① 30층 이상(지하층은 제외)이거나 지상으로부터 높이가 120m 이상인 아파트
② 연면적 1만5천㎡ 이상인 특정소방대상물(아파트 및 연립주택은 제외)
③ ②에 해당하지 아니하는 특정소방대상물로서 층수가 11층 이상인 특정소방대상물(아파트는 제외한다)
④ 가연성 가스를 5백 톤 이상 저장·취급하는 시설

69 ①②③
「화재의 예방 및 안전관리에 관한 법률 시행령」 상 1급 소방안전관리자 선임자격 기준으로 옳지 않은 것은?

① 위험물기능장·위험물산업기사 또는 위험물기능사 자격
② 소방공무원으로 7년 이상 근무한 경력이 있는 사람
③ 소방청장이 실시하는 1급 소방안전관리대상물의 소방안전관리에 관한 시험에 합격한 사람
④ 특급 소방안전관리대상물의 소방안전관리자 자격이 인정되는 사람

70 ①②③
「화재의 예방 및 안전관리에 관한 법률 시행령」 상 2급 소방안전관리대상물로 옳지 않은 것은?

① 가스 제조설비를 갖추고 도시가스사업의 허가를 받아야 하는 시설 또는 가연성 가스를 10톤 이상 100톤 미만 저장·취급하는 시설
② 지하구
③ 「공동주택관리법」에 해당하는 공동주택 (「소방시설 설치 및 관리에 관한 법률 시행령」에 따른 옥내소화전설비 또는 스프링클러설비가 설치된 공동주택으로 한정한다.)
④ 문화유산 중 「문화유산의 보존 및 활용에 관한 법률」에 따라 보물 또는 국보로 지정된 목조건축물

71 ①②③

「화재의 예방 및 안전관리에 관한 법률 시행령」상 2급 소방안전관리자 선임자격 기준으로 옳지 않은 것은?

① 소방공무원으로 1년 이상 근무한 경력이 있는 사람
② 위험물기능장·위험물산업기사 또는 위험물기능사 자격을 가진 사람
③ 소방청장이 실시하는 2급 소방안전관리대상물의 소방안전관리에 관한 시험에 합격한 사람
④ 특급 또는 1급 소방안전관리대상물의 소방안전관리자 자격이 인정되는 사람

72 ①②③

「화재의 예방 및 안전관리에 관한 법률 시행령」상 소방안전관리보조자를 두어야 하는 특정소방대상물이 아닌 것은?

① 공동주택 중 기숙사
② 노유자시설
③ 300세대 이상인 아파트
④ 아파트 및 연립주택을 제외한 연면적 1만 제곱미터 이상 특정소방대상물

73 ①②③

「화재의 예방 및 안전관리에 관한 법률」상 특정소방대상물(소방안전관리대상물은 제외)의 관계인과 소방안전관리대상물의 소방안전관리자의 업무 중 소방안전관리대상물의 경우에만 해당되는 것은?

① 피난시설, 방화구획 및 방화시설의 관리
② 소방시설이나 그 밖의 소방 관련 시설의 관리
③ 소방훈련 및 교육
④ 화기(火氣) 취급의 감독

74 ❶②③

「화재의 예방 및 안전관리에 관한 법률 시행령」상 소방안전관리보조자의 선임자격 기준에 대한 설명이다. 빈칸을 채우시오.

> 소방안전관리대상물에서 소방안전 관련 업무에 [　]년 이상 근무한 경력이 있는 사람

① 2　　　　　　　　　② 3
③ 4　　　　　　　　　④ 5

75 ❶②③

「화재의 예방 및 안전관리에 관한 법률 시행령」상 소방안전관리업무의 전담이 필요한 소방안전관리대상물은 모두 몇 개인가?

> ㉠ 특급 소방안전관리대상물　　㉡ 1급 소방안전관리대상물
> ㉢ 2급 소방안전관리대상물　　㉣ 3급 소방안전관리대상물

① 1　　　　　　　　　② 2
③ 3　　　　　　　　　④ 4

76 ❶②③

「화재의 예방 및 안전관리에 관한 법률」상 특정소방대상물의 소방안전관리에 대한 설명이다. 빈칸을 채우시오.

> 소방안전관리대상물의 관계인은 소방안전관리업무를 대행하는 관리업자를 감독할 수 있는 사람을 지정하여 소방안전관리자로 선임할 수 있다. 이 경우 소방안전관리자로 선임된 자는 선임된 날부터 [　]개월 이내에 소방안전관리자 등에 대한 교육을 받아야 한다.

① 1　　　　　　　　　② 3
③ 6　　　　　　　　　④ 12

77 ●①②③

「화재의 예방 및 안전관리에 관한 법률」상 특정소방대상물(소방안전관리대상물은 제외)의 관계인과 소방안전관리대상물의 소방안전관리자의 업무에 대한 설명이다. 이 중에서 소방안전관리대상물의 경우에만 해당하는 것을 모두 고르시오.

> ㉠ 피난시설, 방화구획 및 방화시설의 관리
> ㉡ 소방시설이나 그 밖의 소방 관련 시설의 관리
> ㉢ 소방훈련 및 교육
> ㉣ 화기 취급의 감독
> ㉤ 화재발생 시 초기대응

① ㉠, ㉤
② ㉠, ㉢
③ ㉢
④ ㉡, ㉣

78 ●①②③

「화재의 예방 및 안전관리에 관한 법률 시행령」상 소방안전관리대상물의 관계인이 관리업자로 하여금 소방안전관리업무를 대행하게 할 수 있는 소방안전관리대상물에 대한 내용이다. 빈칸을 채우시오.

> ㉠ 층수가 11층 이상인 1급 소방안전관리대상물(연면적 [ ] 제곱미터 이상인 특정소방대상물과 아파트는 제외한다)
> ㉡ 2급 소방안전관리대상물
> ㉢ 3급 소방안전관리대상물

① 1만
② 1만5천
③ 2만
④ 2만5천

79 ●①②③

「화재의 예방 및 안전관리에 관한 법률」상 기간 내에 소방안전관리자의 선임신고를 하지 아니하거나 소방안전관리자의 성명 등을 게시하지 아니한 자에게 부과되는 벌칙은?

① 100만 원 이하의 과태료
② 200만 원 이하의 과태료
③ 100만 원 이하의 벌금
④ 200만 원 이하의 벌금

80

「화재의 예방 및 안전관리에 관한 법률 시행규칙」상 소방안전관리자의 선임신고에 대한 설명이다. 빈칸을 채우시오.

> 특정소방대상물의 관계인은 소방안전관리자의 해임, 퇴직 등으로 해당 소방안전관리자의 업무가 종료된 경우 소방안전관리자가 해임된 날, 퇴직한 날 등 근무를 종료한 날부터 [ ]일 이내에 소방안전관리자를 선임하여야 한다.

① 7
② 14
③ 30
④ 60

81

「화재의 예방 및 안전관리에 관한 법률」상 특정소방대상물의 관계인 등의 의무에 대한 설명으로 옳지 않은 것은?

① 소방안전관리대상물의 관계인은 소방안전관리자가 소방안전관리업무를 성실하게 수행할 수 있도록 지도·감독하여야 한다.
② 소방안전관리자는 인명과 재산을 보호하기 위하여 소방시설·피난시설·방화시설 및 방화구획 등이 법령에 위반된 것을 발견한 때에는 지체 없이 소방안전관리대상물의 관계인에게 소방대상물의 개수·이전·제거·수리 등 필요한 조치를 할 것을 요구하여야 하며, 관계인이 시정하지 아니하는 경우 소방청장에게 그 사실을 알려야 한다.
③ 소방안전관리자로부터 조치요구 등을 받은 소방안전관리대상물의 관계인은 지체 없이 이에 따라야 하며, 이를 이유로 소방안전관리자를 해임하거나 보수의 지급을 거부하는 등 불이익한 처우를 하여서는 아니 된다.
④ 소방안전관리업무의 지도·감독을 하지 아니한 자에게는 300만 원 이하의 과태료를 부과한다.

82 ①②③
「화재의 예방 및 안전관리에 관한 법률 시행령」상 화재발생 및 화재피해의 우려가 커서 신축·증축·개축·재축·이전·용도변경 또는 대수선하는 경우에 소방안전관리자를 선임하여야 하는 특정소방대상물로 옳지 않은 것은?

① 연면적 합계 1만5천㎡ 이상인 것
② 지하 2개층 이상이거나 지상 11층 이상인 특정소방대상물로서 연면적 5천㎡ 이상인 것
③ 냉동 또는 냉장창고로서 연면적 5천㎡ 이상인 것
④ 지하가 중 길이가 1천m 이상인 것

83 ①②③
「화재의 예방 및 안전관리에 관한 법률 시행령」상 화재발생 및 화재피해의 우려가 커서 신축·증축·개축·재축·이전·용도변경 또는 대수선하는 경우에 소방안전관리자를 선임하여야 하는 특정소방대상물에 대한 설명이다. 빈칸을 채우시오.

> ⓐ 신축·증축·개축·재축·이전·용도변경 또는 대수선을 하려는 부분의 연면적의 합계가 (㉠) 이상인 것
> ⓑ 신축·증축·개축·재축·이전·용도변경 또는 대수선을 하려는 부분의 연면적이 (㉡) 이상인 것으로서 다음 각 목의 어느 하나에 해당하는 것
>   가. 지하층의 층수가 (㉢) 층 이상인 것
>   나. 지상층의 층수가 11층 이상인 것
>   다. 냉동창고, 냉장창고 또는 냉동·냉장창고

	㉠	㉡	㉢
①	1만㎡	1만㎡	2개
②	1만㎡	5천㎡	3개
③	1만5천㎡	5천㎡	2개
④	1만5천㎡	1만㎡	3개

84 ①②③
「화재의 예방 및 안전관리에 관한 법률」상 건설현장 소방안전관리대상물의 소방안전관리자의 업무에 해당하는 것으로 옳지 않은 것은?

① 임시소방시설의 설치 및 관리에 대한 감독
② 공사진행 단계별 피난안전구역, 피난로 등의 확보와 관리
③ 초기대응체계의 구성·운영 및 교육
④ 소방활동 자료조사 등 기록·관리

85 ①②③

「화재의 예방 및 안전관리에 관한 법률」 및 같은 법 시행규칙상 소방안전관리자 자격 및 자격증의 발급 등에 대한 설명으로 옳지 않은 것은?

① 소방안전관리자의 자격은 소방청장이 실시하는 소방안전관리자 자격시험에 합격한 사람으로서 소방청장으로부터 소방안전관리자 자격증을 발급받은 사람으로 한다.
② 소방청장은 자격을 갖춘 사람이 소방안전관리자 자격증 발급을 신청하는 경우 행정안전부령으로 정하는 바에 따라 자격증을 발급하여야 한다.
③ 소방안전관리자 자격증의 발급을 신청받은 소방청장은 7일 이내에 자격을 갖춘 사람에게 소방안전관리자 자격증을 발급해야 한다.
④ 소방안전관리자 자격증을 다른 사람에게 빌려 주거나 빌리거나 이를 알선한 자는 1년 이하의 징역 또는 1천만 원 이하의 벌금에 처한다.

86 ①②③

「화재의 예방 및 안전관리에 관한 법률」상 소방안전관리자 자격의 정지 및 취소에 대한 설명이다. 빈칸을 채우시오.

- 소방청장은 소방안전관리자 자격증을 발급받은 사람이 실무교육을 받지 아니한 경우에는 행정안전부령으로 정하는 바에 따라 그 자격을 취소하거나 [㉠] 이하의 기간을 정하여 그 자격을 정지시킬 수 있다.
- 소방안전관리자 자격이 취소된 사람은 취소된 날부터 [㉡]간 소방안전관리자 자격증을 발급받을 수 없다.

	㉠	㉡
①	6개월	1년
②	6개월	2년
③	1년	1년
④	1년	2년

87 ①②③

「화재의 예방 및 안전관리에 관한 법률 시행규칙」상 소방안전관리자가 소방안전관리 업무를 게을리 한 경우 2차에 해당하는 행정처분 기준은?

① 경고(시정명령)
② 자격정지(3개월)
③ 자격정지(6개월)
④ 자격정지(8개월)

88 ◉①②③
「화재의 예방 및 안전관리에 관한 법률 시행령」상 특급 소방안전관리자 시험 응시자격 기준으로 옳지 않은 것은?

① 1급 소방안전관리대상물의 소방안전관리자로 5년 이상 근무한 실무경력(소방안전관리자로 선임되어 근무한 경력은 제외)이 있는 사람
② 소방공무원으로 10년 이상 근무한 경력이 있는 사람
③ 특급 소방안전관리대상물의 소방안전관리보조자로 7년 이상 근무한 실무경력이 있는 사람
④ 「초고층 및 지하연계 복합건축물 재난관리에 관한 특별법」에 따라 총괄재난관리자로 지정되어 1년 이상 근무한 경력이 있는 사람

89 ◉①②③
「화재의 예방 및 안전관리에 관한 법률 시행령」상 1급 소방안전관리자 시험 응시자격의 기준에 대한 설명이다. 빈칸을 채우시오.

> 대학에서 소방안전관리학과를 전공하고 졸업한 사람으로서 해당 학과를 졸업한 후 [ ]년 이상 2급 소방안전관리대상물 또는 3급 소방안전관리대상물의 소방안전관리자로 근무한 실무경력이 있는 사람

① 1 ② 2
③ 3 ④ 5

90 ◉①②③
「화재의 예방 및 안전관리에 관한 법률 시행령」상 2급 소방안전관리자 시험 응시자격의 기준에 대한 설명으로 옳은 것은?

① 의용소방대원으로 1년 이상 근무한 경력이 있는 사람
② 의무소방대의 소방대원으로 1년 이상 근무한 경력이 있는 사람
③ 자체소방대의 소방대원으로 1년 이상 근무한 경력이 있는 사람
④ 경찰공무원으로 1년 이상 근무한 경력이 있는 사람

91

「화재의 예방 및 안전관리에 관한 법률 시행령」상 3급 소방안전관리자 시험 응시자격의 기준에 대한 설명으로 옳은 것은?

> 소방안전관리보조자로 선임될 수 있는 자격을 갖춘 후 3급 소방안전관리대상물의 소방안전관리보조자로 [ ]년 이상 근무한 실무경력이 있는 사람

① 1
② 2
③ 3
④ 4

92

「화재의 예방 및 안전관리에 관한 법률 시행규칙」상 소방청장이 실시하는 2급 소방안전관리자 자격시험의 기준 횟수는?

① 연 1회 이상
② 월 1회 이상
③ 연 2회 이상
④ 월 2회 이상

93

「화재의 예방 및 안전관리에 관한 법률 시행규칙」상 소방청장이 실시하는 소방안전관리자 자격시험에 대한 설명이다. 옳지 않은 것은?

① 특급, 1급, 2급 및 3급 소방안전관리자 시험의 합격자 결정은 매과목을 100점 만점으로 하여 매과목 40점이상, 전과목 평균 60점 이상 득점한 사람을 합격자로 한다.
② 소방청장은 특급, 1급, 2급 또는 3급 소방안전관리자 자격시험을 실시하려는 경우에는 응시자격·시험과목·일시·장소 및 응시절차를 모든 응시 희망자가 알 수 있도록 시험 시행일 30일 전에 인터넷 홈페이지에 공고해야 한다.
③ 소방안전관리자 시험을 채점하는 경우에 선택형 문제는 답안지 기재사항을 전산으로 판독하여 채점하며, 주관식 서술형은 규정에 따라 임명·위촉된 시험위원이 채점한다. 이 경우 3명 이상의 채점자가 문항별 배점과 채점 기준표에 따라 별도로 채점하고 그 평균 점수를 해당 문제의 점수로 한다.
④ 소방청장은 소방안전관리자 자격시험을 종료한 날부터 30일(특급 소방안전관리 자격시험의 경우에는 60일) 이내에 인터넷 홈페이지에 합격자를 공고하고, 응시자에게 휴대전화 문자 메시지로 합격 여부를 알려 줄 수 있다.

94 ◉①②③
「화재의 예방 및 안전관리에 관한 법률 시행규칙」상 소방안전관리자 시험에 관한 시험문제 출제, 검토 및 채점을 위하여 시험위원으로 위촉할 수 있는 사람이 아닌 경우는?

① 소방 관련 분야에서 석사 이상의 학위를 취득한 사람
② 소방위 이상의 소방공무원
③ 소방설비기사
④ 소방안전관련학과 조교수 이상으로 2년 이상 재직한 사람

95 ◉①②③
「화재의 예방 및 안전관리에 관한 법률 시행규칙」상 소방안전관리자에 대한 강습교육에 대한 설명이다. 빈칸을 채우시오.

> 소방청장은 강습교육을 실시하려는 경우에는 강습교육 실시 [ ]일 전까지 일시·장소, 그 밖에 강습교육 실시에 필요한 사항을 인터넷 홈페이지에 공고해야 한다.

① 10
② 20
③ 30
④ 60

96 ◉①②③
「화재의 예방 및 안전관리에 관한 법률 시행규칙」상 소방안전관리자 및 소방안전관리보조자의 실무교육 등에 대한 설명으로 옳지 않은 것은?

① 소방청장은 실무교육을 실시하려는 경우에는 실무교육 실시 30일 전까지 일시·장소, 그 밖에 실무교육 실시에 필요한 사항을 인터넷 홈페이지에 공고하고 교육대상자에게 통보해야 한다.
② 소방안전관리자는 소방안전관리자로 선임된 날부터 6개월 이내에 실무교육을 받아야 하며, 그 이후에는 2년마다(최초 실무교육을 받은 날을 기준일로 하여 매 2년이 되는 해의 기준일과 같은 날 전까지를 말한다) 1회 이상 실무교육을 받아야 한다. 다만, 소방안전관리 강습교육 또는 실무교육을 받은 후 1년 이내에 소방안전관리자로 선임된 사람은 해당 강습교육을 수료하거나 실무교육을 이수한 날에 실무교육을 이수한 것으로 본다.
③ 소방청장은 해당 연도의 실무교육이 끝난 날부터 30일 이내에 그 결과를 소방본부장 또는 소방서장에게 통보해야 한다.
④ 소방청장은 실무교육의 대상·일정·횟수 등을 제외한 실무교육의 실시 계획을 매년 수립·시행해야 한다.

97 ①②❸

「화재의 예방 및 안전관리에 관한 법률 시행규칙」상 소방안전관리자 강습교육의 강사로 소방청장이 임명 또는 위촉할 수 있는 사람은?

① 소방공무원으로 3년 이상 근무한 사람
② 한국소방안전원 직원
③ 소방안전 관련 분야에서 학사 이상의 학위를 취득한 사람
④ 소방안전 관련 학과에서 조교수 이상의 직에 재직 중이거나 재직한 사람

98 ①②❸

「화재의 예방 및 안전관리에 관한 법률」 및 같은 법 시행령상 관리의 권원(權原)이 분리되어 있는 특정소방대상물의 경우 그 관리의 권원별 관계인이 대통령령으로 정하는 바에 따라 소방안전관리자를 선임하여야 하는 대상물로 옳지 않은 것은?

① 지하층을 제외한 층수가 11층 이상인 복합건축물
② 연면적 1만5천㎡ 이상인 복합건축물
③ 지하가(지하의 인공구조물 안에 설치된 상점 및 사무실, 그 밖에 이와 비슷한 시설이 연속하여 지하도에 접하여 설치된 것과 그 지하도를 합한 것을 말한다)
④ 판매시설 중 도매시장, 소매시장 및 전통시장

99 ❶②③

「화재의 예방 및 안전관리에 관한 법률」상 소방안전관리자, 총괄소방안전관리자 또는 소방안전관리보조자를 선임하지 아니한 자에게 해당하는 벌칙은?

① 100만 원 이하의 과태료
② 200만 원 이하의 과태료
③ 300만 원 이하의 과태료
④ 300만 원 이하의 벌금

100

「화재의 예방 및 안전관리에 관한 법률」 및 같은 법 시행규칙상 피난계획의 수립 및 시행에 대한 설명으로 옳지 않은 것은?

① 소방안전관리대상물의 관계인은 그 장소에 근무하거나 거주 또는 출입하는 사람들이 화재가 발생한 경우에 안전하게 피난할 수 있도록 피난계획을 수립·시행하여야 한다.
② 피난계획에는 층별, 구역별 피난대상 인원의 연령별·성별 현황이 포함되어야 한다.
③ 소방안전관리대상물의 관계인은 피난시설의 위치, 피난경로 또는 대피요령이 포함된 피난유도 안내정보를 시·도지사에게 정기적으로 제공하여야 한다.
④ 규정한 사항 외에 피난계획의 수립·시행에 필요한 세부 사항은 소방청장이 정하여 고시한다.

101

「화재의 예방 및 안전관리에 관한 법률 시행규칙」상 소방안전관리대상물의 관계인이 근무자 또는 거주자에게 정기적으로 제공해야 하는 피난유도 안내정보의 제공 방법에 대한 설명이다. 괄호를 채우시오.

> ㉠ (   )회 피난안내 교육을 실시하는 방법
> ㉡ (   )회 이상 피난안내방송을 실시하는 방법

	㉠	㉡
①	연 1,	연 1
②	연 1,	분기별 1
③	연 2,	연 1
④	연 2,	분기별 1

102

「화재의 예방 및 안전관리에 관한 법률」상 소방훈련의 실시권자는 누구인가?

① 소방청장 ② 소방본부장
③ 시·도지사 ④ 관계인

103 ⓜ①②③

「화재의 예방 및 안전관리에 관한 법률」상 소방안전관리대상물 근무자 및 거주자 등에 대한 소방훈련의 내용으로 옳지 않은 것은?

① 소화·통보·피난 등의 훈련
② 소방안전관리에 필요한 교육
③ 화재 예방·경계에 필요한 교육
④ 피난훈련은 그 소방대상물에 출입하는 사람을 안전한 장소로 대피시키고 유도하는 훈련

104 ⓜ①②③

「화재의 예방 및 안전관리에 관한 법률」상 소방안전관리대상물의 관계인이 실시하는 소방훈련과 교육을 지도·감독할 수 있는 사람은?

① 소방청장
② 소방본부장
③ 소방대장
④ 시·도지사

105 ⓜ①②③

「화재의 예방 및 안전관리에 관한 법률」 및 같은 법 시행령, 시행규칙상 소방훈련과 소방안전관리에 필요한 교육에 대한 설명으로 옳지 않은 것은?

① 소방안전관리대상물 중 소방안전관리업무의 전담이 필요한 대통령령으로 정하는 소방안전관리대상물의 관계인은 소방훈련 및 교육을 한 날부터 30일 이내에 소방훈련 및 교육 결과를 행정안전부령으로 정하는 바에 따라 소방본부장 또는 소방서장에게 제출하여야 한다.
② 소방서장 또는 소방대장은 소방안전관리대상물의 관계인이 실시하는 소방훈련과 교육을 지도·감독할 수 있다.
③ 소방안전관리대상물의 관계인은 그 장소에 근무하거나 거주하는 사람 등에게 소화·통보·피난 등의 훈련과 소방안전관리에 필요한 교육을 하여야 하고, 피난훈련은 그 소방대상물에 출입하는 사람을 안전한 장소로 대피시키고 유도하는 훈련을 포함하여야 한다.
④ 소방안전관리대상물의 관계인은 소방훈련 및 교육을 실시한 날부터 30일 이내에 소방훈련·교육 실시 결과서를 작성하여 소방본부장 또는 소방서장에게 제출해야 한다.

106 ①②③
「화재의 예방 및 안전관리에 관한 법률 시행령」상 불시 소방훈련·교육의 대상에 해당하지 않는 것은 모두 몇 개인가?

> ㉠ 의료시설　　　　　㉡ 숙박시설
> ㉢ 교육연구시설　　　㉣ 수련시설
> ㉤ 노유자시설　　　　㉥ 종교시설

① 2개　　　　　　② 3개
③ 4개　　　　　　④ 5개

107 ①②③
「화재의 예방 및 안전관리에 관한 법률 시행규칙」상 불시 소방훈련·교육의 평가의 기준으로 옳지 않은 것은?

① 불시 소방훈련·교육 여건 및 참여도
② 불시 소방훈련·교육 유형 및 방법의 적합성
③ 불시 소방훈련·교육 참여인력, 시설 및 장비 등의 적정성
④ 불시 소방훈련·교육 내용의 효율성

108 ①②③
「화재의 예방 및 안전관리에 관한 법률 시행규칙」상 특정소방대상물의 관계인에 대한 소방안전교육에 대한 설명이다. 빈칸을 채우시오.

> 소방본부장 또는 소방서장은 소방안전교육을 실시하려는 경우에는 교육일 [　]일 전까지 특정소방대상물 관계인 소방안전교육 계획서를 작성하여 통보해야 한다.

① 7　　　　　　　② 10
③ 14　　　　　　 ④ 30

109

「화재의 예방 및 안전관리에 관한 법률」상 공공기관의 소방안전관리에 대한 설명이다. 밑줄 친 부분에 해당하지 않는 것은?

> 제39조(공공기관의 소방안전관리)
> ① 국가, 지방자치단체, 국공립학교 등 대통령령으로 정하는 공공기관의 장은 소관 기관의 근무자 등의 생명·신체와 건축물·인공구조물 및 물품 등을 화재로부터 보호하기 위하여 화재예방, 자위소방대의 조직 및 편성, 소방시설등의 자체점검과 소방훈련 등의 소방안전관리를 하여야 한다.
> ② 제1항에 따른 공공기관에 대한 다음 각 호의 사항에 관하여는 제24조부터 제38조까지의 규정에도 불구하고 대통령령으로 정하는 바에 따른다.

① 소방안전관리자의 자격·책임 및 선임
② 소방안전관리의 업무대행
③ 자체소방대의 구성·운영 및 교육
④ 근무자 등에 대한 소방훈련 및 교육

제6장 특별관리시설물의 소방안전 관리

제7장 보 칙

제8장 벌칙

110

「화재의 예방 및 안전관리에 관한 법률」상 소방청장이 화재 등 재난이 발생할 경우 사회·경제적으로 피해가 크기에 소방안전 특별관리를 하여야 하는 시설에 해당하는 것은 모두 몇 개인가?

㉠ 철도시설   ㉡ 노유자시설
㉢ 산업단지   ㉣ 의료시설
㉤ 숙박시설   ㉥ 석유비축시설

① 1개   ② 2개
③ 3개   ④ 4개

111

「화재의 예방 및 안전관리에 관한 법률」 및 같은 법 시행령상 소방안전 특별관리시설물로 옳지 않은 것은?

① 점포가 500개 이상인 전통시장
② 초고층 건축물 및 지하연계 복합건축물
③ 천연가스 인수기지 및 공급망
④ 물류창고로서 연면적 5만㎡ 이상인 것

112

「화재의 예방 및 안전관리에 관한 법률」 및 같은 법 시행령상 소방안전 특별관리시설물로 옳지 않은 것은?

① 초고층 건축물 및 지하연계 복합건축물
② 영화상영관 중 수용인원 1천 명 이상인 영화상영관
③ 점포가 300개 이상인 전통시장
④ 물류창고로서 연면적 10만㎡ 이상인 것

113

「화재의 예방 및 안전관리에 관한 법률 시행령」 상 소방안전 특별관리시설물의 특별관리기본계획에 포함되어야 하는 사항에 해당하지 않는 것은?

① 화재예방을 위한 중기·장기 안전관리정책
② 화재예방을 위한 교육·홍보 및 점검·진단
③ 화재예방을 위한 훈련
④ 화재대응과 사후 조치에 관한 역할 및 공조체계

114 ①②③

「화재의 예방 및 안전관리에 관한 법률 시행령」상 소방안전 특별관리 기본계획과 소방안전 특별관리 시행계획에 대한 설명으로 옳지 않은 것은?

① 소방청장은 소방안전 특별관리기본계획을 5년마다 수립하여 시·도에 통보해야 한다.
② 특별관리기본계획에는 화재대응과 사전 조치에 관한 역할 및 공조체계의 사항이 포함되어야 한다.
③ 시·도지사는 특별관리기본계획을 시행하기 위하여 매년 소방안전 특별관리시행계획을 수립·시행해야 한다.
④ 특별관리시행계획에는 시·도에서 화재 등의 안전관리를 위하여 필요한 사항이 포함되어야 한다.

115 ①②③

「화재의 예방 및 안전관리에 관한 법률 시행령」상 소방안전 특별관리 시행계획에 대한 설명이다. 괄호를 채우시오.

> 시·도지사는 특별관리기본계획을 시행하기 위하여 매년 소방안전 특별관리시행계획을 수립·시행하고, 그 결과를 다음 연도 (   )까지 소방청장에게 통보해야 한다.

① 10월 31일 ② 11월 30일
③ 12월 31일 ④ 1월 31일

116 ①②③

「화재의 예방 및 안전관리에 관한 법률 시행령」상 화재예방안전진단기관으로부터 정기적으로 화재예방안전진단을 받아야 하는 시설이 아닌 것은?

① 철도시설 중 역 시설의 연면적이 5천 제곱미터 이상인 철도시설
② 가연성 가스 탱크의 저장용량의 합계가 100톤 이상이거나 저장용량이 30톤 이상인 가연성 가스 탱크가 있는 가스공급시설
③ 국가유산인 시설의 연면적이 1천 제곱미터 이상인 목조건축물
④ 발전소 중 연면적이 5천 제곱미터 이상인 발전소

117 ●①②③
「화재의 예방 및 안전관리에 관한 법률 시행령」상 화재예방안전진단기관으로부터 정기적으로 화재예방안전진단을 받아야 하는 시설이 아닌 것은?

① 도시철도시설 중 역사 및 역 시설의 연면적이 5천 제곱미터 이상인 도시철도시설
② 항만시설 중 여객이용시설 및 지원시설의 연면적이 5천 제곱미터 이상인 항만시설
③ 지하연계 복합건축물의 연면적이 1천 제곱미터 이상인 고층건물
④ 공항시설 중 여객터미널의 연면적이 1천 제곱미터 이상인 공항시설

118 ●①②③
「화재의 예방 및 안전관리에 관한 법률 시행령」상 화재예방안전진단을 받은 결과 안전등급이 양호·보통인 경우에 소방안전 특별관리시설물의 관계인이 화재예방안전진단을 받아야 하는 시기는?

① 안전등급을 통보받은 날부터 6년이 경과한 날이 속하는 해
② 안전등급을 통보받은 날부터 5년이 경과한 날이 속하는 해
③ 안전등급을 통보받은 날부터 4년이 경과한 날이 속하는 해
④ 안전등급을 통보받은 날부터 3년이 경과한 날이 속하는 해

119 ●①②③
「화재의 예방 및 안전관리에 관한 법률 시행령」상 〈보기〉에서 설명하는 화재예방안전진단의 안전 등급 기준으로 옳은 것은?

〈보기〉
화재예방안전진단 실시 결과 문제점이 다수 발견되었으나 대상물의 전반적인 화재안전에는 이상이 없으며 대상물에 대한 다수의 조치명령이 필요한 상태

① B (양호)
② C (보통)
③ D (미흡)
④ E (불량)

120 🔴①②③

「화재의 예방 및 안전관리에 관한 법률」상 화재예방안전진단에 대한 설명으로 옳지 않은 것은?

① 화재예방안전진단의 범위에는 화재위험요인의 조사에 관한 사항이 포함된다.
② 한국소방안전원 또는 화재예방안전진단기관의 화재예방안전진단을 받은 연도에는 소방훈련과 교육 및 「소방시설 설치 및 관리에 관한 법률」에 따른 자체점검을 해당 연도내에 실시하여야 한다.
③ 한국소방안전원 또는 화재예방안전진단기관은 화재예방안전진단 결과를 행정안전부령으로 정하는 바에 따라 소방본부장 또는 소방서장, 관계인에게 제출하여야 한다.
④ 소방본부장 또는 소방서장은 제출받은 화재예방안전진단 결과에 따라 보수·보강 등의 조치가 필요하다고 인정하는 경우에는 해당 소방안전 특별관리시설물의 관계인에게 보수·보강 등의 조치를 취할 것을 명할 수 있다.

121 🔴①②③

「화재의 예방 및 안전관리에 관한 법률 시행규칙」상 화재예방안전진단 결과 제출에 대한 설명이다. 빈칸을 채우시오.

> 화재예방안전진단을 실시한 안전원 또는 진단기관은 화재예방안전진단이 완료된 날부터 [㉠]일 이내에 [㉡]에게 화재예방안전진단 결과 보고서(전자문서를 포함한다)에 규정된 서류(전자문서를 포함한다)를 첨부하여 제출해야 한다.

	㉠	㉡
①	30	소방본부장 또는 소방서장, 관계인
②	30	소방본부장 또는 소방서장
③	60	소방본부장 또는 소방서장, 관계인
④	60	소방본부장 또는 소방서장

122 ●①②③

「화재의 예방 및 안전관리에 관한 법률」상 화재예방안전진단기관으로 지정받은 자의 그 지정을 취소하여야 하는 경우로 옳은 것은?

① 화재예방안전진단 결과를 소방본부장 또는 소방서장, 관계인에게 제출하지 아니한 경우
② 지정기준에 미달하게 된 경우
③ 업무정지 기간에 화재예방안전진단 업무를 한 경우
④ 진단기관의 권한을 다른 자에게 빌려준 경우

123 ●①②③

「화재의 예방 및 안전관리에 관한 법률」상 화재의 예방과 안전문화 진흥을 위한 시책의 추진에 대한 설명으로 옳지 않은 것은?

① 소방관서장은 국민의 화재 예방과 안전에 관한 의식을 높이고 화재의 예방과 안전문화를 진흥시키기 위해 화재의 예방 및 안전관리에 관한 의식을 높이기 위한 활동 및 홍보 활동을 적극 추진하여야 한다.
② 소방관서장은 화재의 예방과 안전문화 활동에 국민 또는 주민이 참여할 수 있는 제도를 마련하여 시행할 수 있다.
③ 소방관서장은 국민이 화재의 예방과 안전문화를 실천하고 체험할 수 있는 체험시설을 설치·운영할 수 있다.
④ 국가와 지방자치단체는 지방자치단체 또는 그 밖의 기관·단체에서 추진하는 화재의 예방과 안전문화활동을 위하여 필요한 예산을 지원할 수 있다.

124 ●①②③

「화재의 예방 및 안전관리에 관한 법률 시행규칙」상 조치명령 등의 기간연장에 대한 설명이다. 빈칸을 채우시오.

> 조치명령·선임명령 또는 이행명령의 기간연장을 위한 신청서를 제출받은 소방관서장은 신청받은 날부터 [ ]일 이내에 조치명령등의 기간연장 여부를 결정하여 조치명령등의 기간연장 신청 결과 통지서를 관계인 등에게 통지해야 한다.

① 3
② 5
③ 7
④ 14

125
「화재의 예방 및 안전관리에 관한 법률」상 청문 실시권자로 옳은 사람은?

① 소방본부장 ② 소방서장
③ 소방대장 ④ 시·도지사

126
「화재의 예방 및 안전관리에 관한 법률」상 청문 사유로 옳은 것은 모두 몇 개 인가?

> ㉠ 관리사 자격의 취소 및 정지
> ㉡ 진단기관의 지정 취소
> ㉢ 우수품질인증의 취소
> ㉣ 관리업의 등록취소 및 영업정지
> ㉤ 소방안전관리자의 자격 취소

① 1개 ② 2개
③ 3개 ④ 4개

127
「화재의 예방 및 안전관리에 관한 법률 시행령」상 권한의 위임·위탁 등에 대한 설명이다. 빈칸의 내용으로 옳은 것은?

> 소방청장은 소방안전관리자 자격의 정지 및 취소에 관한 업무를 [   ]에게 위임한다.

① 시·도지사 ② 소방본부장
③ 소방서장 ④ 한국소방안전원장

128
「화재의 예방 및 안전관리에 관한 법률」상「형법」에서의 수뢰 및 사전수뢰의 벌칙 규정을 적용할 때에 공무원이 아닌 사람임에도 공무원으로 보는 사람으로 옳지 않은 것은?

① 화재안전조사단의 구성원
② 화재안전영향평가심의회 위원
③ 화재예방안전진단업무 수행 기관의 임원
④ 공동소방안전관리협의회의 구성원

129
「화재의 예방 및 안전관리에 관한 법률」상 벌칙의 내용이 다른 것은?

① 화재안전조사 결과에 따른 조치명령을 정당한 사유 없이 위반한 자
② 소방안전관리자 선임명령 등에 따른 명령을 정당한 사유 없이 위반한 자
③ 화재예방안전진단 결과에 따른 보수·보강 등의 조치명령을 정당한 사유 없이 위반한 자
④ 소방안전관리자 자격증을 다른 사람에게 빌려 주거나 빌리거나 이를 알선한 자

130
「화재의 예방 및 안전관리에 관한 법률」상 가장 중한 벌칙은?

① 소방안전관리자, 총괄소방안전관리자 또는 소방안전관리보조자를 선임하지 아니한 자
② 화재안전조사를 정당한 사유 없이 거부·방해 또는 기피한 자
③ 소방안전관리자 자격증을 다른 사람에게 빌려 주거나 빌리거나 이를 알선한 자
④ 소방안전관리자에게 불이익한 처우를 한 관계인

131
「화재의 예방 및 안전관리에 관한 법률」상 소방안전 특별관리시설물의 관계인이 화재예방안전진단기관으로부터 정기적으로 화재예방안전진단을 받아야 함에도 이를 받지 않은 경우에 해당하는 벌칙은?

① 3년 이하의 징역 또는 3천만 원 이하의 벌금
② 1년 이하의 징역 또는 1천만 원 이하의 벌금
③ 300만 원 이하의 벌금
④ 300만 원 이하의 과태료

132
「화재의 예방 및 안전관리에 관한 법률」상 양벌규정이 적용되는 경우는?

① 소방안전관리업무의 지도·감독을 하지 아니한 자
② 소방안전관리업무를 하지 아니한 특정소방대상물의 관계인 또는 소방안전관리대상물의 소방안전관리자
③ 건설현장 소방안전관리대상물의 소방안전관리자의 업무를 하지 아니한 소방안전관리자
④ 소방시설·피난시설·방화시설 및 방화구획 등이 법령에 위반된 것을 발견하였음에도 필요한 조치를 할 것을 요구하지 아니한 소방안전관리자

133 ①②③
「화재의 예방 및 안전관리에 관한 법률」상 화재안전조사를 정당한 사유 없이 거부·방해 또는 기피한 자에게 해당하는 벌칙으로 옳은 것은?

① 100만 원 이하의 과태료
② 200만 원 이하의 과태료
③ 300만 원 이하의 과태료
④ 300만 원 이하의 벌금

134 ①②③
「화재의 예방 및 안전관리에 관한 법률」상 부과되는 벌칙이 다른 것은?

① 불을 사용할 때 지켜야 하는 사항 및 특수가연물의 저장 및 취급 기준을 위반한 자
② 소방설비등의 설치 명령을 정당한 사유 없이 따르지 아니한 자
③ 소방안전관리업무를 하지 아니한 특정소방대상물의 관계인 또는 소방안전관리대상물의 소방안전관리자
④ 소방안전관리자 선임신고를 기간 내에 선임신고를 하지 아니하거나 소방안전관리자의 성명 등을 게시하지 아니한 자

135 ①②③
「화재의 예방 및 안전관리에 관한 법률 시행령」상 과태료의 부과기준에 대한 설명이다. 빈칸의 내용으로 옳은 것은?

위반행위	과태료 금액(만 원)		
	1회 위반	2회 위반	3회 이상 위반
특정소방대상물의 관계인이 소방안전관리 규정에 따른 소방안전관리업무를 하지 않은 경우	(㉠)	(㉡)	(㉢)

	㉠	㉡	㉢
①	50	150	200
②	50	200	300
③	100	150	200
④	100	200	300

MEMO

PART 05 소방시설공사업법

제1장	총칙
제2장	소방시설업
제3장	소방시설공사등

01 ●①②③

「소방시설공사업법」의 목적에 대한 다음 기술 중 옳지 않은 것은?

> 이 법은 ㉠ 소방시설공사 및 소방기술·소방설비의 관리에 관하여 필요한 사항을 규정함으로써 ㉡ 소방시설업을 건전하게 발전시키고 소방기술을 진흥시켜 ㉢ 화재로부터 공공의 안전을 확보하고 ㉣ 국민경제·복리증진에 이바지함을 목적으로 한다(법 제1조).

① ㉠, ㉡
② ㉡, ㉢
③ ㉢, ㉣
④ ㉠, ㉣

02 ●①②③

다음은 「소방시설공사업법」의 목적이다. 빈칸에 들어갈 말로 가장 적당한 것은?

> 이 법은 소방시설공사 및 소방기술의 관리에 필요한 사항을 규정함으로써 소방시설업을 건전하게 발전시키고 (   )시켜 화재로부터 (   )하고 국민경제에 이바지함을 목적으로 한다.

① 소방기술을 혁신, 공공의 안전을 확보
② 소방기술을 혁신, 국민의 생명·신체를 보호
③ 소방기술을 진흥, 공공의 안전을 확보
④ 소방기술을 진흥, 국민의 생명·신체를 보호

03 ●①②③

「소방시설공사업법」상 소방시설업의 종류로 옳은 것을 모두 고르면?

> ㉠ 소방공사감리업 ㉡ 방염처리업
> ㉢ 소방시설공사업 ㉣ 소방시설점검업
> ㉤ 소방시설설계업 ㉥ 소방시설관리업

① ㉠, ㉡, ㉣, ㉥
② ㉠, ㉢, ㉤, ㉥
③ ㉠, ㉡, ㉢, ㉤
④ ㉠, ㉡, ㉢, ㉣, ㉤

04 ●①②③

「소방시설공사업법」상 소방시설업이 아닌 것은?

① 다중이용업
② 방염처리업
③ 소방공사감리업
④ 소방시설설계업

05 ●①②③

「소방시설공사업법」상 설계도서에 따라 소방시설을 신설, 증설, 개설, 이전 및 정비하는 영업으로 옳은 것은?

① 소방시설관리업
② 소방시설공사업
③ 소방공사감리업
④ 소방시설설계업

06 ●①②③

「소방시설공사업법」상 소방시설설계업의 영업의 범위로 옳지 않은 것은?

① 공사계획서의 작성
② 설계 설명서의 작성
③ 기술계산서의 작성
④ 건축물 창호도 작성

07

「소방시설공사업법」상 용어정의에 대한 기술 중 옳지 않은 것은?

① 소방시설업자라 함은 소방시설업을 경영하기 위하여 소방시설업을 등록을 한 자를 말한다.
② 소방시설공사업이라 함은 설계도서에 따라 소방시설을 신설, 증설, 개설, 이전 및 정비하는 영업을 말한다.
③ 감리원이라 함은 소방시설의 설계, 시공, 감리 및 방염을 소방시설업자에게 도급하는 자를 말한다.
④ 소방시설설계업이라 함은 소방시설공사에 기본이 되는 공사계획, 설계도면, 설계 설명서, 기술계산서 및 이와 관련된 서류를 작성하는 영업을 말한다.

08

「소방시설공사업법」상 소방기술자에 해당하지 않는 자는?

① 소방시설관리사
② 소방기술사
③ 소방설비산업기사
④ 위험물기사

09

「소방시설공사업법」상 '소방시설업'의 영업에 해당하지 않는 것은?

① 소방시설공사에 기본이 되는 공사계획, 설계도면, 설계 설명서, 기술계산서 및 이와 관련된 서류를 작성하는 영업
② 설계도서에 따라 소방시설을 신설, 증설, 개설, 이전 및 정비하는 영업
③ 소방안전관리 업무의 대행 또는 소방시설등의 점검 및 유지·관리하는 영업
④ 방염대상물품에 대하여 방염처리하는 영업

10

「소방시설공사업법」상 소방시설공사등의 품질과 안전이 확보되도록 소방시설공사등에 관한 기준 등을 정하여 보급하는 사람은?

① 소방청장
② 시·도지사
③ 발주자
④ 소방시설업자

11 ⊙①②③
「소방시설공사업법 시행령」상 전문소방시설설계업에서 보조기술인력은 몇 인 이상이어야 하는가?

① 1인　　　　　　　　　　② 2인
③ 3인　　　　　　　　　　④ 4인

12 ⊙①②③
「소방시설공사업법」상 ( )의 들어갈 말로 옳은 것은?

> 특정소방대상물의 소방시설공사등을 하려는 자는 [㉠]로 [㉡](개인인 경우에는 [㉢]을 말한다), [㉣]등 대통령령으로 정하는 요건을 갖추어 시·도지사에게 소방시설업을 등록하여야 한다.

	㉠	㉡	㉢	㉣
①	업종별	자본금	자산평가액	기술인력
②	시설별	자본금	자산평가액	기업진단 보고서
③	업종별	자산평가액	자본금	기술인력
④	시설별	자산평가액	자본금	기업진단 보고서

13 ⊙①②③
「소방시설공사업법 시행령」상 소방시설업 분류 중 기계분야에 해당하는 소방시설로 옳은 것과 옳지 않은 것의 조합이 맞는 것은?

> ㉠ 옥내소화전설비, 옥외소화전설비　　㉡ 누전경보기, 시각경보기
> ㉢ 인명구조기구, 자동화재속보설비　　㉣ 소화기구, 피난기구
> ㉤ 제연설비, 연소방지설비

① ㉠(O), ㉡(X), ㉢(O), ㉣(X), ㉤(O)
② ㉠(O), ㉡(X), ㉢(O), ㉣(O), ㉤(O)
③ ㉠(O), ㉡(X), ㉢(X), ㉣(O), ㉤(O)
④ ㉠(O), ㉡(X), ㉢(X), ㉣(X), ㉤(X)

14 ①②③

「소방시설공사업법 시행령」상 소방시설업의 등록에 관련된 보기의 기술 중 (   ) 안에 해당되는 것은?

> 소방시설공사업의 등록을 하려는 자는 법정 기준을 갖추어 (   )이(가) 지정하는 금융회사 또는 소방산업공제조합이 법정 자본금 기준금액의 (   ) 이상에 해당하는 금액의 담보를 제공받거나 현금의 예치 또는 출자를 받은 사실을 증명하여 발행하는 확인서를 (   )에게 제출하여야 한다.

① 소방청장, 100분의 10, 시·도지사
② 소방청장, 100분의 20, 시·도지사
③ 시·도지사, 100분의 10, 소방청장
④ 시·도지사, 100분의 20, 소방청장

15 ①②③

「소방시설공사업법 시행규칙」상 소방시설업의 등록신청에 있어서 등록신청서에 첨부하여 제출할 서류로 옳지 않은 것은?

① 신청인(외국인을 포함하되, 법인의 경우에는 대표자를 포함한 임원을 말한다)의 성명, 주민등록번호 및 주소지 등의 인적사항이 적힌 서류
② 등록기준 중 기술인력에 관한 사항을 확인할 수 있는 소방기술 인정 자격수첩
③ 공인회계사가 신청일 전 최근 90일 이내에 작성한 자산평가액 또는 소방청장이 정하여 고시하는 바에 따라 작성된 기업진단보고서(소방시설공사업만 해당한다)
④ 소방청장이 지정하는 금융회사 또는 소방산업공제조합에 출자·예치·담보한 금액 확인서 1부(소방공사감리업만 해당한다)

16

「소방시설공사업법」 및 같은 법 시행규칙상 소방시설업의 등록에 대한 설명으로 옳지 않은 것은?

① 특정소방대상물의 소방시설공사등을 하려는 자는 업종별로 자본금(개인인 경우에는 자산 평가액을 말한다), 기술인력 등 대통령령으로 정하는 요건을 갖추어 특별시장·광역시장·특별자치시장·도지사 또는 특별자치도지사에게 소방시설업을 등록하여야 한다.
② 협회는 첨부서류(전자문서를 포함한다)가 첨부되지 아니한 소방시설업의 등록신청 서류를 받은 경우에는 10일 이내의 기간을 정하여 이를 보완하게 할 수 있다.
③ 시·도지사는 소방시설업 등록신청 서류를 받았을 때에는 등록기준에 맞는지를 검토·확인하여야 한다.
④ 시·도지사는 접수일부터 15일 이내에 협회를 경유하여 소방시설업 등록증 및 소방시설업 등록수첩을 신청인에게 발급해 주어야 한다.

17

「소방시설공사업법 시행규칙」상 소방시설업등록증 및 등록수첩의 교부는 등록신청 접수일 부터 (   )일 이내에 협회를 경유하여 신청인에게 발급해야 하는가?

① 30 ② 15
③ 10 ④ 7

18

다음 (   ) 안에 들어갈 숫자는?

> 시·도지사는 재발급신청서 [전자문서로 된 소방시설업 등록증(등록수첩) 재발급신청서를 포함한다]를 제출받은 경우에는 (   )일 이내에 협회를 경유하여 소방시설업 등록증 또는 등록수첩을 재발급하여야 한다.

① 3 ② 4
③ 7 ④ 10

19

「소방시설공사업법」상 소방시설업에 대한 설명으로 옳지 않은 것은?

① 특정소방대상물의 소방시설공사등을 하려는 자는 업종별로 자본금(개인인 경우에는 자산 평가액을 말한다), 기술인력 등 대통령령으로 정하는 요건을 갖추어 특별시장·광역시장·특별자치시장·도지사 또는 특별자치도지사에게 소방시설업을 등록하여야 한다.
② 피성년후견인은 소방시설업을 등록할 수 없다.
③ 소방시설업자가 그 영업을 양도한 경우 그 양수인은 소방시설업자의 지위를 승계한다.
④ 시·도지사는 소방시설업자가 거짓이나 그 밖의 부정한 방법으로 등록한 경우 그 등록을 취소하거나 6개월 이내의 기간을 정하여 시정이나 그 영업의 정지를 명할 수 있다.

20

「소방시설공사업법」 및 같은 법 시행규칙상 소방시설업에 대한 설명으로 옳지 않은 것은?

① 소방시설업자는 소방시설업 등록증 또는 등록수첩을 잃어버리거나 소방시설업 등록증 또는 등록수첩이 헐어 못 쓰게 된 경우에는 시·도지사에게 소방시설업 등록증 또는 등록수첩의 재발급을 신청할 수 있다.
② 소방시설업자는 다른 자에게 자기의 성명이나 상호를 사용하여 소방시설공사등을 수급 또는 시공하게 하거나 소방시설업의 등록증 또는 등록수첩을 빌려 주어서는 아니 된다.
③ 소방시설업자의 지위를 승계한 경우 소방시설공사등을 맡긴 특정소방대상물의 관계인에게 지체 없이 그 사실을 알려야 한다.
④ 소방시설업 등록이 정지된 경우 소방시설업 등록증 및 등록수첩을 반납하여야 한다.

21 「소방시설공사업법」상 소방시설업등록의 결격사유에 해당되지 않는 것은?

> ㉠ 피한정후견인
> ㉡ 「위험물안전관리법」에 따른 금고 이상의 실형을 선고받고 그 집행이 끝나거나(집행이 끝난 것으로 보는 경우를 포함한다) 면제된 날부터 2년이 지나지 아니한 사람
> ㉢ 「화재의 예방 및 안전관리에 관한 법률」 또는 「위험물안전관리법」에 따른 금고 이상의 형의 집행유예를 선고받고 그 유예기간 중에 있는 사람
> ㉣ 등록하려는 소방시설업 등록이 취소(피성년후견인에 해당하여 등록이 취소된 경우는 제외한다)된 날부터 5년이 지나지 아니한 자

① ㉠, ㉡
② ㉡, ㉣
③ ㉡, ㉢
④ ㉠, ㉣

22 「소방시설공사업법」상 소방시설공사업법에서 등록취소와 영업정지 등에 대한 설명으로 틀린 것은?

① 영업정지 기간 중에 소방시설공사등을 한 경우 등록을 취소하여야 한다.
② 거짓이나 그 밖의 부정한 방법으로 등록한 경우 등록을 취소하여야 한다.
③ 등록기준에 미달하게 된 후 30일이 경과한 경우 등록을 6개월 이내의 기간을 정하여 시정이나 그 영업정지를 명할 수 있다.
④ 등록을 한 후 정당한 사유 없이 1년이 지날 때까지 영업을 시작하지 아니하거나 계속하여 1년 이상 휴업한 때에는 등록을 취소하여야 한다.

23 ●①②③
「소방시설공사업법」상 소방시설업자의 등록의 취소를 하여야 하는 경우로 옳은 것과 옳지 않은 것의 조합이 맞는 것은?

> ㉠ 다른 자에게 자기의 성명이나 상호를 사용하여 소방시설공사등을 수급 또는 시공하게 하거나 소방시설업의 등록증 또는 등록수첩을 빌려준 경우
> ㉡ 등록 결격사유에 해당하게 된 경우
> ㉢ 소속 소방기술자를 공사현장에 배치하지 아니하거나 거짓으로 한 경우
> ㉣ 감리원 배치기준을 위반한 경우
> ㉤ 하자보수 기간 내에 하자보수를 하지 아니하거나 하자보수계획을 통보하지 아니한 경우

① ㉠(X), ㉡(X), ㉢(O), ㉣(O), ㉤(X)
② ㉠(O), ㉡(X), ㉢(O), ㉣(X), ㉤(O)
③ ㉠(X), ㉡(O), ㉢(X), ㉣(X), ㉤(X)
④ ㉠(O), ㉡(O), ㉢(X), ㉣(X), ㉤(X)

24 ●①②③
「소방시설공사업법」상 등록사항의 변경신고에 대한 설명 중 (   )안에 들어 갈 용어는? (순서대로)

> 소방시설업자는 등록한 사항 중 (   )으로 정하는 중요 사항을 변경할 때에는 (   )으로 정하는 바에 따라 (   )에게 신고하여야 한다.

① 행정안전부령 – 행정안전부령 – 시·도지사
② 대통령령 – 행정안전부령 – 소방청장
③ 행정안전부령 – 행정안전부령 – 소방청장
④ 대통령령 – 행정안전부령 – 시·도지사

25 ●①②③
「소방시설공사업법 시행규칙」상 소방시설업등록사항의 변경신고 사항은?

> ㉠ 대표자의 주소   ㉡ 영업소 소재지
> ㉢ 상호(명칭)   ㉣ 자본금

① ㉠, ㉡
② ㉠, ㉣
③ ㉡, ㉢
④ ㉡, ㉣

26

「소방시설공사업법 시행규칙」 상 다음 (   ) 안에 들어갈 숫자는?

> 소방시설업자는 규정에 해당하는 등록사항이 변경된 경우에는 변경일부터 (   )일 이내에 소방시설업 등록사항 변경신고서(전자문서로 된 소방시설업 등록사항 변경신고서를 포함한다)에 변경사항별로 규정에 따른 서류(전자문서를 포함한다)를 첨부하여 협회에 제출하여야 한다. 다만, 「전자정부법」에 따른 행정정보의 공동이용을 통하여 첨부서류에 대한 정보를 확인할 수 있는 경우에는 그 확인으로 첨부서류를 갈음할 수 있다. 변경신고 서류를 제출받은 협회는 등록사항의 변경신고 내용을 확인하고 (   )일 이내에 제출된 소방시설업 등록증·등록수첩 및 기술인력 증빙서류에 그 변경된 사항을 기재하여 발급하여야 한다.

① 30, 5
② 30, 7
③ 15, 5
④ 15, 7

27

「소방시설공사업법 시행규칙」 상 소방시설공사업의 명칭·상호를 변경하고자 하는 경우 민원인이 반드시 제출하여야 하는 서류는?

① 소방시설업 등록증 및 등록수첩
② 변경된 대표자의 성명, 주민등록번호 및 주소지 등의 인적사항이 적힌 서류
③ 기술인력 증빙서류
④ 사업자등록증 및 소방기술인력의 자격증

28

「소방시설공사업법」 상 소방시설업자의 지위승계에 대한 설명으로 옳지 않은 것은?

① 소방시설업자가 사망한 경우 그 상속인에 해당하는 자가 종전의 소방시설업자의 지위를 승계하려는 경우에는 그 상속일부터 30일 이내에 행정안전부령으로 정하는 바에 따라 그 사실을 시·도지사에게 신고하여야 한다.
② 「민사집행법」에 따른 경매에 해당하는 절차에 따라 소방시설업자의 소방시설의 전부를 인수한 자가 종전의 소방시설업자의 지위를 승계하려는 경우에는 그 인수일부터 30일 이내에 행정안전부령으로 정하는 바에 따라 그 사실을 시·도지사에게 신고하여야 한다.
③ 시·도지사는 신고를 받은 경우 그 내용을 검토하여 이 법에 적합하면 신고를 수리하여야 한다.
④ 지위승계에 관하여는 소방시설업등록의 결격사유를 준용한다. 다만, 상속인이 결격사유 중 어느 하나에 해당하는 경우 상속받은 날부터 6개월 동안은 그러하지 아니하다.

29
「소방시설공사업법 시행규칙」상 소방시설업 등록증 또는 등록수첩의 재발급 및 반납에 대한 설명 중 옳지 않은 것은?

① 소방시설업자는 소방시설업 등록이 취소된 경우에는 지체 없이 협회를 경유하여 시·도지사에게 그 소방시설업 등록증 및 등록수첩을 반납하여야 한다.
② 시·도지사는 재발급신청서를 제출받은 경우에는 7일 이내에 협회를 경유하여 소방시설업등록증 또는 등록수첩을 재발급하여야 한다.
③ 소방시설업자는 소방시설업등록증 또는 등록수첩이 헐어 못쓰게 된 경우에는 시·도지사에게 소방시설업등록증 또는 등록수첩의 재발급을 신청할 수 있다.
④ 소방시설업자는 소방시설업 등록증 또는 등록수첩을 잃어버리고 재발급을 받은 경우에는 이를 다시 찾은 경우에만 지체 없이 협회를 경유하여 시·도지사에게 그 소방시설업등록증 및 등록수첩을 반납하여야 한다.

30
「소방시설공사업법 시행규칙」상 소방시설업자가 보관하여야 하는 관계서류에 해당되지 않는 것은?

① 소방시설설계업 : 소방시설설계기록부 및 소방시설 설계도서
② 소방시설공사업 : 소방시설공사기록부
③ 소방시설점검업 : 소방시설점검기록부
④ 소방공사감리업 : 소방공사감리기록부, 소방공사 감리일지, 소방시설 완공당시 설계도서

31
「소방시설공사업법」상 소방시설업자가 관계인에게 통지해야 하는 경우가 아닌 것은?

① 소방시설업자의 지위를 승계한 경우
② 소방시설업 등록취소 및 영업정지 처분을 받은 경우
③ 휴업 또는 폐업한 경우
④ 소방시설업 등록한 경우

32 ①②③
「소방시설공사업법」상 시·도지사가 소방시설업자의 등록을 취소해야만 하는 경우는?

> ㉠ 다른 자에게 등록증 또는 등록수첩을 빌려준 경우
> ㉡ 등록기준에 미달하게 된 후 30일이 경과한 경우
> ㉢ 등록의 결격사유에 해당하게 된 경우
> ㉣ 거짓 그 밖의 부정한 방법으로 등록을 한 경우

① ㉠, ㉡
② ㉡, ㉢
③ ㉡, ㉣
④ ㉢, ㉣

33 ①②③
「소방시설공사업법」 및 같은 법 시행규칙상 과징금처분에 대한 설명으로 가장 타당하지 않은 것은?

① 시·도지사는 영업정지가 그 이용자에게 불편을 주거나 그 밖에 공익을 해칠 우려가 있을 때에는 영업정지처분을 갈음하여 2억 원 이하의 과징금을 부과할 수 있다.
② 영업정지 1개월은 31일로 계산한다.
③ 시·도지사는 과징금을 내야 할 자가 납부기한까지 과징금을 내지 아니하면 「지방행정제재·부과금의 징수 등에 관한 법률」에 따라 징수한다.
④ 과징금의 징수절차는 「국고금관리법 시행규칙」을 준용한다.

34 ①②③
「소방시설공사업법」 상 소방시설공사를 할 때 착공신고는 누구에게 하는가?

① 소방청장
② 관계인
③ 시·도지사
④ 소방본부장, 소방서장

35 ①②③
「소방시설공사업법 시행규칙」상 착공신고에 대한 설명으로 옳지 않은 것은?

① 소방시설공사업자는 소방시설공사를 하려면 소방시설공사의 착공 전까지 소방시설공사 착공(변경)신고서[전자문서로 된 소방시설공사 착공(변경)신고서를 포함한다]에 서류(전자문서를 포함한다)를 첨부하여 소방본부장 또는 소방서장에게 허가받아야한다.

② 공사업자는 시공자가 변경된 경우에는 변경 일부터 30일 이내에 소방시설공사 착공(변경)신고서[전자문서로 된 소방시설공사 착공(변경)신고서를 포함한다]에 서류(전자문서를 포함한다) 중 변경된 해당 서류를 첨부하여 소방본부장 또는 소방서장에게 신고하여야 한다.

③ 소방본부장 또는 소방서장은 소방시설공사 착공신고 또는 변경신고를 받은 경우에는 2일 이내에 처리하고, 그 결과를 신고인에게 통보하며, 소방시설공사현장에 배치되는 소방기술자의 성명, 자격증 번호·등급, 시공현장의 명칭·소재지·면적 및 현장 배치 기간을 소방시설업 종합정보시스템에 입력해야 한다.

④ 소방본부장 또는 소방서장은 소방시설공사 착공신고 또는 변경신고를 받은 경우에는 공사업자에게 소방시설공사현황 표지에 따른 소방시설공사현황의 게시를 요청할 수 있다.

36 ①②③
「소방시설공사업법 시행규칙」상 착공신고에서 행정안전부령으로 정하는 중요한 사항에 해당하지 않는 것은?

① 설치되는 소방시설의 종류   ② 소유자·관리자
③ 책임시공 및 기술관리 소방기술자   ④ 시공자

37 ①②③
「소방시설공사업법 시행령」상 성능위주설계의 기술인력으로 알맞은 것은?

① 소방기술사 1인 이상   ② 소방기술사 2인 이상
③ 소방안전관리자 2인 이상   ④ 소방안전관리자 1인 이상

38 ①②③
「소방시설공사업법」상 특정소방대상물의 구조, 용도, 수용인원, 위치, 가연물의 종류 및 양 등을 고려하여 하는 설계로 옳은 것은?

① 성능위주설계   ② 구조위주설계
③ 용도위주설계   ④ 특수위주설계

39 ⊕①②③
「소방시설공사업법」상 소방시설공사등에 있어서 설계에 대한 설명으로 틀린 것은?

① 소방시설설계업을 등록한 자는 소방시설공사업법이나 소방시설공사업법에 따른 명령과 화재안전기준에 맞게 소방시설을 설계하여야 한다.
② 「소방시설 설치 및 관리에 관한 법률」에 따른 중앙소방기술심의위원회의 심의를 거쳐 소방시설의 구조와 원리 등에서 특수한 설계로 인정된 경우는 화재안전기준을 따르지 아니할 수 있다
③ 「소방시설 설치 및 관리에 관한 법률」에 따른 특정소방대상물(증축하는 것만 해당한다)에 대해서는 그 용도, 위치, 구조, 수용 인원, 가연물의 종류 및 양 등을 고려하여 설계(성능위주설계) 하여야 한다.
④ 성능위주설계를 할 수 있는 자의 자격, 기술인력 및 자격에 따른 설계의 범위와 그 밖에 필요한 사항은 대통령령으로 정한다.

40 ⊕①②③
「소방시설공사업법 시행규칙」상 소방청장 또는 시·도지사는 소방시설업자 등의 처분통지에 관련하여 처분일부터 7일 이내에 협회에 그 사실을 알려 주어야하는 사항에 해당되지 않는 것은?

① 소방시설업의 등록취소
② 소방시설업의 시정명령
③ 소방시설업의 영업정지
④ 소방시설업의 청문결과

41 ●①②③

「소방시설공사업법」상 소방시설공사의 시공 등에 대한 다음 설명 중 가장 타당하지 않은 것은?

① 공사업자는 소방시설공사업법 또는 소방시설공사업법에 따른 명령과 화재안전기준에 맞게 시공하여야 한다.
② 공사업자는 소방시설공사의 책임시공 및 기술관리를 위하여 대통령령이 정하는 바에 따라 소속 소방기술자를 공사현장에 배치하여야 한다.
③ 공사업자는 대통령령으로 정하는 소방시설공사를 하려면 행정안전부령으로 정하는 바에 따라 그 공사의 내용, 시공장소 그 밖의 필요한 사항을 소방본부장이나 소방서장에게 신고하여야 한다.
④ 공사업자가 신고한 사항 가운데 행정안전부령이 정하는 중요한 사항을 변경하였을 때에는 행정안전부령이 정하는 바에 따라 변경신고를 할 수 있다.

42 ●①②③

「소방시설공사업법 시행령」상 소방기술자의 배치기준에 대한 설명이다. 빈칸의 내용으로 옳은 것은?

소방기술자의 배치기준	소방시설공사 현장의 기준
행정안전부령으로 정하는 초급기술자 이상의 소방기술자(기계분야 및 전기분야)	1) 연면적 (㉠)제곱미터 이상 (㉡)제곱미터 미만인 특정소방대상물 (아파트는 제외한다)의 공사 현장 2) 연면적 (㉢)제곱미터 이상 (㉣)제곱미터 미만인 아파트의 공사 현장

	㉠	㉡	㉢	㉣
①	1천	5천	5천	3만
②	5천	3만	5천	3만
③	1천	5천	1천	1만
④	5천	3만	1천	1만

43

「소방시설공사업법 시행규칙」상 다음 중 (   ) 안에 들어갈 숫자의 합은?

> 소방시설공사업자는 소방시설공사착공신고의 중요한 사항이 변경된 경우에는 변경일부터 (   )일 이내에 소방시설공사 착공(변경)신고서[전자문서로 된 소방시설공사 착공(변경)신고서를 포함한다]에 관련 서류(전자문서를 포함한다) 중 변경된 해당 서류를 첨부하여 소방본부장 또는 소방서장에게 신고하여야 한다. 소방본부장 또는 소방서장은 소방시설공사 착공신고 또는 변경신고를 받은 경우에는 (   )일 이내에 처리하고 그 결과를 신고인에게 통보하며, 소방시설공사현장에 배치되는 소방기술자의 성명, 자격증 번호·등급, 시공현장의 명칭·소재지·면적 및 현장 배치기간을 소방시설업 종합정보시스템에 입력해야 한다.

① 26　　② 28
③ 32　　④ 39

44

「소방시설공사업법」상 완공검사는 누구에게 받아야 하는가?

① 시·도지사　　② 소방본부장
③ 군수 및 구청장　　④ 소방청장

45

「소방시설공사업법」상 소방시설공사를 완공하면 소방본부장 또는 소방서장의 완공검사를 받아야 하는 자는?

① 방염처리업자　　② 소방시설설계업자
③ 소방시설공사업자　　④ 소방공사감리업자

46

「소방시설공사업법 시행령」상 소방시설공사의 완공검사를 위한 현장확인 대상 특정소방대상물의 범위로 옳은 것을 모두 고르면?

㉠ 교육연구시설 ㉡ 문화 및 집회시설
㉢ 지하구 ㉣ 수련시설

① ㉠, ㉡
② ㉠, ㉣
③ ㉡, ㉢
④ ㉡, ㉣

47

「소방시설공사업법 시행령」상 완공검사를 위한 현장확인대상 특정소방대상물의 범위에 해당되는 것은?

㉠ 운동시설 ㉡ 도서관 ㉢ 판매시설 ㉣ 지하상가 ㉤ 교육원

① ㉠, ㉡, ㉤
② ㉠, ㉢, ㉣
③ ㉡, ㉢, ㉣
④ ㉢, ㉣, ㉤

48

「소방시설공사업법 시행령」상 완공검사를 위한 현장확인 대상 특정소방대상물의 범위로 옳은 것과 옳지 않은 것의 조합이 맞는 것은?

㉠ 물분무등소화설비(호스릴 방식의 소화설비는 포함한다)가 설치되는 특정소방대상물
㉡ 문화 및 집회시설, 종교시설, 수련시설
㉢ 창고시설, 운동시설, 노유자시설
㉣ 지하상가 및 「다중이용업소의 안전관리에 관한 특별법」에 따른 다중이용업소
㉤ 연면적 1만 제곱미터 이상이거나 11층 이상인 아파트

① ㉠(X), ㉡(O), ㉢(O), ㉣(O), ㉤(O)
② ㉠(O), ㉡(X), ㉢(O), ㉣(X), ㉤(O)
③ ㉠(X), ㉡(O), ㉢(O), ㉣(O), ㉤(X)
④ ㉠(O), ㉡(O), ㉢(X), ㉣(X), ㉤(X)

49

「소방시설공사업법」상 공사의 하자보수 등에 대한 설명으로 옳은 것은?

① 공사업자는 소방시설공사 결과 자동화재속보설비 등 대통령령으로 정하는 소방시설에 하자가 있을 때에는 대통령령으로 정하는 기간 동안 그 하자를 보수하여야 한다.
② 소방시설의 하자가 발생하였을 때에는 공사업자에게 그 사실을 알려야 하며, 통보를 받은 공사업자는 7일 이내에 하자를 보수하거나 보수 일정을 기록한 하자보수계획을 관계인에게 서면으로 알려야 한다.
③ 관계인은 공사업자가 하자보수를 이행하지 아니한 경우에는 소방본부장이나 소방서장에게 그 사실을 알릴 수 있다.
④ 소방본부장이나 소방서장은 공사업자가 하자보수를 이행하지 아니하여 통보를 받았을 때에는 「소방시설 설치 및 관리에 관한 법률」에 따른 중앙소방기술심의위원회에 심의를 요청하여야 한다.

50

「소방시설공사업법 시행령」상 소방시설 중 하자보수보증기간이 3년이 아닌 것은?

① 비상경보설비, 비상방송설비, 비상조명등
② 옥내소화전설비, 옥외소화전설비, 스프링클러설비, 간이스프링클러설비, 물분무등소화설비
③ 연소방지설비, 연결살수설비
④ 제연설비, 연결송수관설비

51

「소방시설공사업법 시행령」상 소방시설 중 하자보수보증기간이 2년으로 옳은 것과 옳지 않은 것의 조합이 맞는 것은?

> ㉠ 피난사다리, 구조대, 완강기
> ㉡ 자동화재속보설비, 자동화재탐지설비
> ㉢ 소화기, 간이소화용구, 자동확산소화기
> ㉣ 자동소화장치, 무선통신보조설비
> ㉤ 상수도소화용수설비, 옥외소화전설비, 옥내소화전설비

① ㉠ (O), ㉡ (X), ㉢ (X), ㉣ (X), ㉤ (X)
② ㉠ (O), ㉡ (X), ㉢ (O), ㉣ (O), ㉤ (O)
③ ㉠ (X), ㉡ (O), ㉢ (O), ㉣ (O), ㉤ (X)
④ ㉠ (X), ㉡ (X), ㉢ (X), ㉣ (X), ㉤ (X)

52

「소방시설공사업법 시행령」상 소방시설공사의 착공신고 대상에서 특정소방대상물에 신설하는 공사에 해당하는 설비로 옳은 것은?

① 옥내소화전설비(호스릴옥내소화전설비를 포함한다.)
② 연결송수관설비의 송수구역
③ 비상콘센트설비의 전용회로
④ 자동화재탐지설비의 경계구역

53

「소방시설공사업법 시행령」상 소방시설공사의 착공신고 대상으로 옳지 않은 것은?

① 특정소방대상물에 설치된 소방시설등을 구성하는 소화펌프 일부를 개설하는 공사
② 특정소방대상물에 단독경보형 감지기를 신설하는 공사
③ 특정소방대상물에 물분무소화설비를 신설하는 공사
④ 특정소방대상물에 옥내·옥외소화전설비를 증설하는 공사

54
「소방시설공사업법 시행령」상 착공신고 대상으로 옳은 것은?

① 특정소방대상물에 간이스프링클러설비를 증설하는 공사
② 특정소방대상물에 유도등을 신설하는 공사
③ 특정소방대상물에 자동화재탐지설비의 경계구역을 증설하는 공사
④ 특정소방대상물에 비상방송설비(소방용 외의 용도와 겸용되는 비상방송설비를 「정보통신공사업법」에 따른 정보통신공사업자가 공사하는 경우는 포함한다)를 신설하는 공사

55
「소방시설공사업법 시행령」상 소방시설공사의 착공신고 대상에서 소방시설 등을 구성하는 전부 또는 일부를 개설, 이전 또는 정비하는 공사가 아닌 것은?

① 수신반　　　　　　② 소화펌프
③ 동력(감시)제어반　　④ 제연설비

56
「소방시설공사업법 시행령」상 공사 감리업의 종류로 알맞게 짝지어진 것은?

① 상주공사감리, 일반공사감리
② 방염공사감리, 일반공사감리
③ 상주공사감리, 방염공사감리
④ 방염공사감리, 전기공사감리

57
「소방시설공사업법」및 같은 법 시행령상 상주 공사감리방법에 대한 설명으로 옳지 않은 것은?

① 감리원은 행정안전부령으로 정하는 기간 동안 공사 현장에 상주하여 소방시설등의 설치계획표의 적법성 검토에 따른 업무를 수행하고 감리일지에 기록해야 한다.
② 감리원이 행정안전부령으로 정하는 기간 중 부득이한 사유로 1일 이상 현장을 이탈하는 경우에는 감리일지 등에 기록하여 발주청 또는 발주자의 확인을 받아야 한다.
③ 감리업자는 감리원이 행정안전부령으로 정하는 기간 중 법에 따른 교육이나 「민방위기본법」또는 「예비군법」에 따른 교육을 받는 경우나 「근로기준법」에 따른 유급휴가로 현장을 이탈하게 되는 경우에는 감리업무에 지장이 없도록 감리원의 업무를 대행할 사람을 감리현장에 배치해야 한다.
④ 감리업자는 감리원이 부득이한 사유로 14일 이내의 범위에서 업무를 수행할 수 없는 경우에는 업무대행자를 지정하여 그 업무를 수행하게 해야 한다.

58
「소방시설공사업법」상 소방시설공사업법에서 감리에 대한 설명으로 옳지 않은 것은?

① 소방공사감리업을 등록한 자는 소방공사를 감리할 때 피난시설 및 방화시설의 적법성 검토 등의 업무를 수행하여야 한다.
② 소방시설등 설계 변경 사항의 적합성 검토는 감리업무에 해당된다.
③ 완공된 소방시설등의 성능시험은 감리업무에 해당된다.
④ 용도와 구조에서 특별히 안전성과 보안성이 요구되는 소방대상물로서 대통령령으로 정하는 장소에서 시공되는 소방시설물에 대한 감리는 반드시 감리업자가 하여야 한다.

59
「소방시설공사업법」상 감리업자의 업무범위가 아닌 것은?

① 소방시설등 설계도서의 적합성 검토
② 실내장식물의 불연화 및 방염 물품의 적합성 검토
③ 공사업자가 작성한 시공 상세 도면의 적합성 검토
④ 소방용품의 위치·규격 및 사용 자재의 적합성 검토

60
「소방시설공사업법」상 감리업자가 소방공사를 감리할 때의 업무 중 적법성에 대한 것만 고르시오.

㉠ 소방시설등의 설치계획표
㉡ 소방시설등 설계도서
㉢ 소방시설등 설계 변경 사항
㉣ 피난시설 및 방화시설
㉤ 실내장식물의 불연화와 방염 물품

① ㉠, ㉡, ㉢
② ㉠, ㉣, ㉤
③ ㉡, ㉢, ㉤
④ ㉡, ㉢, ㉣

61
「소방시설공사업법 시행령」상 상주공사감리의 대상으로 옳은 것은?

① 연면적 1만5천㎡ 이상의 특정소방대상물(아파트는 포함한다)
② 연면적 2만㎡ 이상의 특정소방대상물(아파트는 제외한다)
③ 연면적 3만㎡ 이상의 특정소방대상물(아파트는 제외한다)
④ 지하층을 제외한 층수가 16층 이상으로서 500세대 이상인 아파트

62

「소방시설공사업법 시행령」상 소방공사 감리의 종류 중 상주 공사감리 대상으로 맞는 것은?

① 연면적 3만 제곱미터 이상의 특정소방대상물(아파트는 포함한다)에 대한 소방시설의 공사, 지하층을 포함한 층수가 16층 이상으로서 500세대 이상인 아파트에 대한 소방시설의 공사

② 연면적 5만 제곱미터 이상의 특정소방대상물(아파트는 포함한다)에 대한 소방시설의 공사, 지하층을 포함한 층수가 16층 이상으로서 500세대 이상인 아파트에 대한 소방시설의 공사

③ 연면적 3만 제곱미터 이상의 특정소방대상물(아파트는 제외한다)에 대한 소방시설의 공사, 지하층을 포함한 층수가 16층 이상으로서 500세대 이상인 아파트에 대한 소방시설의 공사

④ 연면적 5만 제곱미터 이상의 특정소방대상물(아파트는 제외한다)에 대한 소방시설의 공사, 지하층을 포함한 층수가 16층 이상으로서 500세대 이상인 아파트에 대한 소방시설의 공사

63

「소방시설공사업법」상 공사감리자의 지정 등에 대한 설명으로 옳지 않은 것은?

① 대통령령으로 정하는 특정소방대상물의 관계인이 특정소방대상물에 대하여 자동화재탐지설비, 옥내소화전설비 등 대통령령으로 정하는 소방시설을 시공할 때에는 소방시설공사의 감리를 위하여 감리업자를 공사감리자로 지정하여야 한다. 다만, 시·도지사가 감리업자를 선정한 경우에는 그 감리업자를 공사감리자로 지정한다.

② 소방본부장 또는 소방서장은 공사감리자 지정신고 또는 변경신고를 받은 날부터 2일 이내에 신고수리 여부를 신고인에게 통지하여야 한다.

③ 관계인은 공사감리자를 지정하였을 때에는 소방본부장이나 소방서장에게 신고하여야 하지만, 공사감리자를 변경하였을 때에는 신고 없이 할 수 있다.

④ 관계인이 공사감리자를 변경하였을 때에는 새로 지정된 공사감리자와 종전의 공사감리자는 감리 업무 수행에 관한 사항과 관계 서류를 인수·인계하여야 한다.

64

「소방시설공사업법 시행령」상 소방시설을 시공할 때 공사감리자 지정대상으로 옳지 않은 것은?

① 옥내소화전설비를 신설·개설 또는 증설할 때
② 스프링클러설비등(캐비닛형 간이스프링클러설비는 제외한다)을 신설·개설하거나 방호·방수 구역을 증설할 때
③ 물분무등소화설비(호스릴 방식의 소화설비는 제외한다)를 신설·개설하거나 방호·방수 구역을 증설할 때
④ 통합감시시설을 신설 또는 증설할 때

65

「소방시설공사업법 시행령」상 소화활동설비의 시공범위 중 공사감리자 지정대상으로 옳지 않은 것은?

① 연소방지설비를 신설·개설하거나 살수구역을 증설할 때
② 연결송수관설비를 신설·개설하거나 방수구역을 증설할 때
③ 비상콘센트설비를 신설·개설하거나 전용회로를 증설할 때
④ 제연설비를 신설·개설하거나 제연구역을 증설할 때

66

「소방시설공사업법 시행규칙」상 다음 (   ) 안에 들어갈 숫자의 합은?

> 특정소방대상물의 관계인은 공사감리자가 변경된 경우에는 변경일부터 (   )일 이내에 소방공사감리자 변경신고서(전자문서로 된 소방공사감리자 변경신고서를 포함한다)에 관련 서류(전자문서를 포함한다)를 첨부하여 소방본부장 또는 소방서장에게 제출하여야 한다. 다만, 행정정보의 공동이용을 통하여 첨부서류에 대한 정보를 확인할 수 있는 경우에는 그 확인으로 첨부서류에 갈음할 수 있다. 소방본부장 또는 소방서장은 공사감리자의 지정신고 또는 변경신고를 받은 경우에는 (   )일 이내에 처리하고, 그 결과를 신고인에게 통보해야 한다.

① 18   ② 25
③ 32   ④ 37

67

「소방시설공사업법 시행령」상 소방공사 감리원의 배치기준에 대한 설명이다. 빈칸의 내용으로 옳은 것은?

감리원의 배치기준	소방시설공사 현장의 기준
책임감리원	
행정안전부령으로 정하는 고급감리원 이상의 소방공사 감리원(기계분야 및 전기분야)	1) 물분무등소화설비(호스릴 방식의 소화설비는 제외한다) 또는 (㉠)가 설치되는 특정소방대상물의 공사 현장 2) 연면적 (㉡)제곱미터 이상 (㉢)제곱미터 미만인 아파트의 공사 현장

	㉠	㉡	㉢
①	제연설비	1만	10만
②	제연설비	3만	20만
③	연소방지설비	1만	10만
④	연소방지설비	3만	20만

68

「소방시설공사업법」 및 같은 법 시행령, 시행규칙상 소방공사감리원에 대하여 옳게 설명한 것은?

① 소방시설공사 현장에 감리원을 배치하지 아니한 자의 경우에는 100만 원 이하의 벌금에 처한다.
② 연면적 5,000㎡ 미만의 특정소방대상물 또는 지하구의 경우 초급 이상의 소방공사감리원을 배치해야 한다.
③ 소방공사감리업자는 배치한 감리원이 변경된 경우에는 소방공사감리원 배치변경통보서(전자문서로 된 소방공사감리원 배치변경통보서를 포함한다)에 해당 서류(전자문서를 포함한다)를 첨부하여 감리원 배치일부터 5일 이내에 소방본부장 또는 소방서장에게 알려야 한다.
④ 소방시설공사 현장의 연면적 합계가 20만 제곱미터 이상인 경우에는 20만 제곱미터를 초과하는 연면적에 대하여 10만 제곱미터(20만 제곱미터를 초과하는 연면적이 10만 제곱미터에 미달하는 경우에는 10만 제곱미터로 본다)마다 보조감리원 2명 이상을 추가로 배치해야 한다.

69 ●①②③
「소방시설공사업법」상 감리업자에 대한 설명으로 가장 옳지 않은 것은?

① 감리업자는 소속 감리원을 소방시설공사현장에 배치하여야 한다.
② 감리업자는 소속 감리원을 배치하였을 때에는 행정안전부령으로 정하는 바에 따라 소방본부장이나 소방서장에게 통보하여야 한다. 감리원의 배치를 변경하였을 때에도 또한 같다.
③ 감리업자는 감리를 할 때 소방시설공사가 설계도서나 화재안전기준에 맞지 아니할 때에는 시·도지사에게 알리고, 공사업자에게 그 공사의 시정 또는 보완 등을 요구하여야 한다.
④ 감리업자는 공사업자가 ③에 따른 요구를 이행하지 아니하고 그 공사를 계속할 때에는 행정안전부령으로 정하는 바에 따라 소방본부장이나 소방서장에게 그 사실을 보고하여야 한다.

70 ●①②③
「소방시설공사업법 시행규칙」상 감리업자가 소방공사감리를 완료 시 소방공사감리 결과의 통보를 알리는 대상이 아닌 것은?

① 관계인, 소방시설공사의 도급인
② 관계인, 공사를 감리한 건축사
③ 관계인, 설계자, 소방시설공사의 도급인
④ 소방시설공사의 도급인, 소방본부장 또는 소방서장

71 ●①②③
「소방시설공사업법」상 감리업자가 소방공사의 감리를 마쳤을 때에 그 감리 결과를 서면으로 알리지 않아도 되는 사람은?

① 관계인
② 공사를 감리한 건축사
③ 시·도지사
④ 도급인

72

「소방시설공사업법」 및 같은 법 시행령상 시공의 경우에는 대통령령으로 정하는 바에 따라 도급받은 소방시설공사의 일부를 다른 공사업자에게 하도급할 수 있다. 이에 해당하는 경우는 모두 몇 개인가?

> ㉠ 주택건설사업을 함께 하는 소방시설공사업자가 소방시설공사와 해당 사업의 공사를 함께 도급받은 경우
> ㉡ 정보통신공사업을 함께 하는 소방시설공사업자가 소방시설공사와 해당 사업의 공사를 함께 도급받은 경우
> ㉢ 전기공사업을 함께 하는 소방시설공사업자가 소방시설공사와 해당 사업의 공사를 함께 도급받은 경우
> ㉣ 건설업을 함께 하는 소방시설공사업자가 소방시설공사와 해당 사업의 공사를 함께 도급받은 경우

① 4개   ② 3개
③ 2개   ④ 1개

73

「소방시설공사업법」 상 공사감리결과의 통보 등에 대한 다음 보기의 설명 중 틀린 것은?

> 감리업자는 소방공사의 감리를 마쳤을 때에는 행정안전부령으로 정하는 바에 따라 그 감리결과를 ① 시·도지사, ② 소방시설공사의 도급인 및 그 특정소방대상물의 공사를 감리한 건축사에게 ③ 서면으로 알리고, ④ 소방본부장 또는 소방서장에게 공사감리 결과보고서를 제출하여야 한다(법제20조).

74

「소방시설공사업법」 상 공사의 도급 등에 대한 다음 설명 중 가장 타당하지 않은 것은?

① 특정소방대상물의 관계인 또는 발주자는 소방시설공사등을 도급할 때에는 해당 소방시설업자에게 도급하여야 한다.
② 수급인은 하수급인에게 하도급과 관련하여 자재구입처의 지정 등 하수급인에게 불리하다고 인정되는 행위를 강요하여서는 아니 된다.
③ 도급을 받은 자가 해당 소방시설공사등을 하도급 할 때에는 행정안전부령으로 정하는 바에 따라 추후 관계인과 발주자에게 알려야 한다.
④ 공사업자가 도급받은 소방시설공사의 도급금액 중 그 공사(하도급 한 공사를 포함한다)의 근로자에게 지급하여야 할 임금에 해당하는 금액은 압류할 수 없다.

75 ①❷❸

「소방시설공사업법 시행령」상 소방시설공사 분리 도급의 예외로 옳지 않은 것은?

① 국방 및 국가안보 등과 관련하여 기밀을 유지해야 하는 공사인 경우
② 연면적이 1천 제곱미터 이하인 특정소방대상물에 비상경보설비를 설치하는 공사인 경우
③ 소방시설공사의 착공신고 대상에 해당하는 공사인 경우
④ 재난의 발생으로 긴급하게 착공해야 하는 공사인 경우

76 ①❷❸

「소방시설공사업법 시행령」상 공사의 하도급계약의 적정성 심사 등에서 하수급인 또는 하도급계약 내용의 변경을 요구하려는 경우에는 하도급에 관한 사항을 통보받은 날 또는 그 사유가 있음을 안 날부터 며칠 이내에 서면으로 하여야 하는가?

① 3일
② 7일
③ 10일
④ 30일

77 ❶②❸

「소방시설공사업법」상 도급계약의 해지에 대한 다음 설명 중 가장 타당하지 않은 것은?

① 특정소방대상물의 관계인 또는 발주자는 해당 도급계약의 수급인이 소방시설업을 휴업한 때에는 도급계약을 해지할 수 있다.
② 특정소방대상물의 관계인 또는 발주자는 해당 도급계약의 수급인이 소방시설업이 등록취소되거나 영업정지의 처분을 받은 때에는 도급계약을 해지할 수 있다.
③ 특정소방대상물의 관계인 또는 발주자는 해당 도급계약의 수급인이 정당한 사유 없이 3개월 이상 소방시설공사를 계속하지 아니하는 때에는 도급계약을 해지할 수 있다.
④ 특정소방대상물의 관계인 또는 발주자는 해당 도급계약의 수급인이 소방시설업을 폐업한 때에는 도급계약을 해지할 수 있다.

78 ❶②❸

「소방시설공사업법」상 도급계약의 해지 기준으로 옳지 않은 것은?

① 소방시설업을 휴업하거나 폐업한 경우
② 소방시설업의 등록이 취소되거나 영업 정지된 경우
③ 경고 받았을 때
④ 정당한 사유 없이 30일 이상 소방시설공사를 계속하지 않는 경우

79

「소방시설공사업법」상 동일한 특정소방대상물의 소방시설에 대한 시공과 감리를 함께 할 수 없는 경우에 해당되는 경우는?

> ㉠ 공사업자와 설계업자가 같은 자인 경우
> ㉡ 「독점규제 및 공정거래에 관한 법률」에 따른 기업집단의 관계인 경우
> ㉢ 법인과 그 법인의 임직원의 관계인 경우
> ㉣ 「민법」에 따른 친인척관계인 경우

① ㉠, ㉡
② ㉠, ㉢
③ ㉡, ㉢
④ ㉡, ㉣

80

다음 보기의 설명 중 (   ) 안에 들어갈 법규범은? (순서대로)

> 소방시설공사의 설계와 감리에 관한 약정을 함에 있어서 그 대가는 (   )에 따른 대가기준 가운데 (   )이 정하는 방식에 따라 산정한다.

① 엔지니어링기술진흥법 – 대통령령
② 엔지니어링산업진흥법 – 행정안전부령
③ 소방시설공사업법 – 행정안전부령
④ 소방시설공사업법 – 대통령령

81

「소방시설공사업법 시행규칙」상 소방공사감리의 대가 기준 산정방식으로 옳은 것은?

① 실비정액 가산방식
② 통신부문에 적용하는 공사비 요율에 따른 방식
③ 기계부문에 적용하는 공사비 요율에 따른 방식
④ 실비정산 가산방식

82

「소방시설공사업법」상 시공능력평가 및 공시는 누가 하는가?

① 대통령
② 소방본부장
③ 소방청장
④ 시·도지사

83 ①②③

「소방시설공사업법 시행규칙」상 시공능력의 평가에 대한 설명으로 옳지 않은 것은?

① 평가된 시공능력은 공사업자가 도급받을 수 있는 1건의 공사도급금액으로 하고, 시공능력 평가의 유효기간은 공시일부터 1년간으로 한다.
② 소방시설공사업을 상속·양수·합병하거나 소방시설 전부를 인수한 경우 평가된 시공능력의 유효기간은 그 시공능력 평가 결과의 공시일부터 다음 해의 정기 공시일의 전날까지로 한다.
③ 협회는 시공능력평가 및 공시를 위하여 제출된 자료가 거짓으로 확인된 경우에는 그 확인된 날부터 10일 이내에 공시된 해당 공사업자의 시공능력을 새로 평가하고 해당 공사업자의 등록수첩에 그 사실을 기재하여 발급하여야 한다.
④ 협회는 시공능력을 평가한 경우에는 그 사실을 해당 공사업자의 등록수첩에 기재하여 발급하고, 매년 10월 31일까지 각 공사업자의 시공능력을 일간신문 또는 인터넷 홈페이지를 통하여 공시하여야 한다.

84 ①②③

「소방시설공사업법 시행규칙」상 소방시설공사업자의 시공능력 평가방법을 설명한 것으로 옳지 않은 것은?

① 시공능력 평가 산정기준일은 평가를 하는 해의 전년도 말일로 한다.
② 공사업을 한 기간이 산정일을 기준으로 3년 이상인 경우에는 최근 3년간의 공사실적을 합산하여 3으로 나눈 금액을 연평균공사실적액으로 한다.
③ 공사업을 한 기간이 산정일을 기준으로 1년 미만인 경우에는 그 기간의 공사실적액을 연평균공사실적액으로 한다.
④ 공사실적액은 해당 업체의 수급금액 중 하수급금액 및 하도급금액을 포함한다.

85 ●①②③

「소방시설공사업법 시행규칙」상 위반사항의 보고등에 대한 설명으로 ( ) 안에 들어갈 숫자는?

> 소방공사감리업자는 공사업자에게 해당 공사의 시정 또는 보완을 요구하였으나 이행하지 아니하고 그 공사를 계속하는 때에는 시정 또는 보완을 이행하지 아니하고 공사를 계속하는 날부터 ( )일 이내에 소방시설공사위반사항보고서를 소방본부장 또는 소방서장에게 보고하여야 한다. 이 경우 공사업자의 위반사항을 확인할 수 있는 사진 등 증빙서류가 있는 때에는 이를 소방시설공사위반사항보고서에 첨부하여 제출하여야 한다. 다만, 행정정보의 공동이용을 통하여 첨부서류에 대한 정보를 확인할 수 있는 경우에는 그 확인으로 첨부서류에 갈음할 수 있다.

① 3 ② 5
③ 7 ④ 15

86 ●①②③

「소방시설공사업법 시행규칙」상 감리결과의 통보등에 대한 설명으로 ( ) 안에 들어갈 숫자는?

> 감리업자가 소방공사감리를 완료한 때에는 소방공사감리결과보고(통보)서에 관련 서류를 첨부하여 공사가 완료된 날부터 ( )일 이내에 특정소방대상물의 관계인, 소방시설공사의 도급인 및 특정소방대상물의 공사를 감리한 건축사에게 통보하고, 소방본부장 또는 소방서장에게 보고하여야 한다.

① 3 ② 5
③ 7 ④ 15

87 ●①②③

「소방시설공사업법 시행령」상 하도급 적정성 심사의 "하도급계약의 금액이 대통령령으로 정하는 비율에 따른 금액에 미달하는 경우"에 해당되는 것은?

① 하도급계약금액이 도급금액 중 하도급부분에 상당하는 금액의 100분의 82에 해당하는 금액에 미달하는 경우
② 하도급계약금액이 도급금액 중 하도급부분에 상당하는 금액의 100분의 80에 해당하는 금액에 미달하는 경우
③ 하도급계약금액이 소방시설공사등에 대한 발주자의 예정가격의 100분의 82에 해당하는 금액에 미달하는 경우
④ 하도급계약금액이 소방시설공사등에 대한 발주자의 예정가격의 100분의 80에 해당하는 금액에 미달하는 경우

88 ●①②③

「소방시설공사업법」상 하도급대금의 지급등에 대한 설명으로 (　) 안에 들어갈 숫자는?

> 수급인은 발주자로부터 도급받은 소방시설공사등에 대한 준공금(竣工金)을 받은 경우에는 하도급대금의 전부를, 기성금(旣成金)을 받은 경우에는 하수급인이 시공하거나 수행한 부분에 상당한 금액을 각각 지급받은 날(수급인이 발주자로부터 대금을 어음으로 받은 경우에는 그 어음만기일을 말한다)부터 (　)일 이내에 하수급인에게 현금으로 지급하여야 한다.

① 5　　　　　　　　　　② 10
③ 15　　　　　　　　　 ④ 20

89 ●①②③

「소방시설공사업법 시행령」상 소방시설업에 대한 설명 중 틀린 것은?

① 전문소방시설설계업의 주된 기술인력은 소방기술사 1인 이상, 보조기술인력은 1인 이상이다.
② 전문소방시설공사업의 영업범위는 특정소방대상물에 설치되는 기계분야 및 전기분야 소방시설의 공사·개설·이전 및 정비이다.
③ 전문소방시설설계업은 3만㎡ 이상의 특정소방대상물에 설치되는 소방시설 설계만을 할 수 있다.
④ 일반소방시설공사업의 기계분야는 개인이 자산평가액 1억 원 이상이 필요하다.

90
「소방시설공사업법 시행령」상 이미 특정소방대상물에 설치된 소방시설 등의 전부 또는 일부를 철거하고 새로 설치하는 것을 무엇이라 하는가?

① 정비
② 공사
③ 이전
④ 개설

91
「소방시설공사업법 시행령」상 소방시설설계업의 업종별 영업범위에 대한 연결이 옳지 않은 것은?

① 전문소방시설설계업 : 모든 특정소방대상물에 설치되는 소방시설의 설계
② 일반소방시설설계업(기계분야) : 아파트에 설치되는 기계분야 소방시설(제연설비는 제외한다)의 설계
③ 일반소방시설설계업(전기분야) : 연면적 3만 제곱미터(공장의 경우에는 1만 제곱미터) 이상의 특정소방대상물에 설치되는 전기분야 소방시설의 설계
④ 일반소방시설설계업(기계분야) : 위험물제조소등에 설치되는 기계분야 소방시설의 설계

92
「소방시설공사업법 시행령」상 소방시설설계업의 업종별 등록기준 및 영업범위에 있어서 전문소방시설설계업의 기술인력 기준으로 맞는 것은?

① 주된 기술인력 : 소방기술사 1명 이상, 보조기술인력 : 2명 이상
② 주된 기술인력 : 소방산업기사 1명 이상, 보조기술인력 : 2명 이상
③ 주된 기술인력 : 소방기술사 1명 이상, 보조기술인력 : 1명 이상
④ 주된 기술인력 : 소방산업기사 1명 이상, 보조기술인력 : 1명 이상

93

「소방시설공사업법 시행령」상 소방시설공사업의 업종별 등록기준 및 영업범위에 있어서 전문소방시설공사업의 기술인력 기준으로 맞는 것은?

① 주된 기술인력 : 소방시설관리사 1명 이상, 보조기술인력 : 2명 이상
② 주된 기술인력 : 소방기술사 또는 기계분야와 전기분야의 소방설비기사 각 1명 이상, 보조기술인력 : 2명 이상
③ 주된 기술인력 : 소방기술사 1명 이상, 보조기술인력 : 1명 이상
④ 주된 기술인력 : 기계분야와 전기분야의 소방설비기사 각 1명 이상, 보조기술인력 : 1명 이상

94

「소방시설공사업법 시행령」상 소방시설공사업 중 일반소방시설공사업의 경우 법인의 자본금은 얼마 이상인가?

① 자본금 1억 원 이상
② 자산평가액 1억 원 이상
③ 자본금 5천만 원 이상
④ 자산평가액 5천만 원 이상

95

「소방시설공사업법 시행령」상 방염처리업의 종류로 옳지 않은 것은?

① 섬유류 방염업
② 합성수지류 방염업
③ 합판·목재류 방염업
④ 실내장식물 방염업

96

「소방시설공사업법 시행령」상 하도급계약심사위원회의 구성으로 맞는 것은?

① 위원장 1명과 부위원장 1명을 제외하고 10명 이내의 위원으로 구성한다.
② 위원장 1명과 부위원장 2명을 포함하여 60명 이내의 위원으로 구성한다.
③ 위원장 1명과 부위원장 2명을 제외하고 60명 이내의 위원으로 구성한다.
④ 위원장 1명과 부위원장 1명을 포함하여 10명 이내의 위원으로 구성한다.

97 「소방시설공사업법 시행령」상 하도급계약심사위원회의 구성 및 운영에 대한 설명으로 틀린 것은?

① 하도급계약심사위원회는 위원장 1명과 부위원장 1명을 포함하여 10명 이내의 위원으로 구성한다.
② 위원회의 위원장은 발주기관의 장이 된다.
③ 위원의 임기는 5년으로 하며, 한 차례만 연임할 수 있다.
④ 위원회의 회의는 재적위원 과반수의 출석으로 개의하고, 출석위원 과반수의 찬성으로 의결한다.

98 「소방시설공사업법 시행령」상 다음 (   ) 안에 들어갈 숫자는?

> 소방시설공사등의 하도급계약 자료의 공개는 하도급에 관한 사항을 통보받은 날부터 (㉠)일 이내에 해당 소방시설공사등을 발주한 기관의 인터넷 홈페이지에 게재하는 방법으로 하여야 한다. 소방시설공사등의 하도급계약 자료의 공개대상 계약규모는 하도급계약 금액이 (㉡) 이상인 경우로 한다.

① ㉠ : 15 ㉡ : 1천만 원
② ㉠ : 30 ㉡ : 1천만 원
③ ㉠ : 15 ㉡ : 2천만 원
④ ㉠ : 30 ㉡ : 2천만 원

99 「소방시설공사업법 시행령」상 소방기술자의 배치기준에 있어서 행정안전부령으로 정하는 고급기술자 이상의 소방기술자를 배치하여야 하는 소방시설공사 현장의 기준으로 맞는 것은?

① 연면적 20만 제곱미터 이상인 특정소방대상물의 공사 현장
② 지하층을 포함한 층수가 40층 이상인 특정소방대상물의 공사 현장
③ 연면적 3만 제곱미터 이상 20만 제곱미터 미만인 특정소방대상물(아파트는 제외한다)의 공사 현장
④ 연면적 5천 제곱미터 이상 3만 제곱미터 미만인 특정소방대상물(아파트는 제외한다)의 공사 현장

100

「소방시설공사업법 시행령」상 소방공사감리업자가 감리하는 소방시설공사에 있어 소방기술자를 소방시설공사 현장에 배치하지 않을 수 있는 경우로 옳지 않은 것은?

① 상수도 소화용수설비, 소화수조·저수조 또는 그 밖의 소화용수설비를 「건설산업기본법 시행령」에 따른 기계설비·가스공사업자 또는 상·하수도설비공사업자가 공사하는 경우
② 소방시설의 비상전원을 「전기공사업법」에 따른 전기공사업자가 공사하는 경우
③ 소방 외의 용도와 겸용되는 제연설비를 「건설산업기본법 시행령」에 따른 기계가스설비공사업자가 공사하는 경우
④ 소방 외의 용도와 겸용되는 비상방송설비 또는 무선통신보조설비를 「전기공사업법」에 따른 전기공사업자가 공사하는 경우

101

「소방시설공사업법 시행령」상 중급기술자 이상의 소방기술자(기계 및 전기분야) 배치기준으로 옳지 않은 것은?

① 호스릴 방식의 포소화설비가 설치되는 특정소방대상물의 공사 현장
② 아파트가 아닌 특정소방대상물로서 연면적 2만㎡ 인 공사 현장
③ 연면적 15만㎡인 아파트 공사 현장
④ 제연설비가 설치되는 특정소방대상물의 공사 현장

102

「소방시설공사업법 시행령」상 소방공사 감리원의 배치기준 중 행정안전부령으로 정하는 특급감리원 중 소방기술사를 배치하여야 하는 소방시설공사 현장의 기준으로 맞는 것은?

① 연면적 20만 제곱미터 이상인 특정소방대상물의 공사 현장, 지하층을 포함한 층수가 40층 이상인 특정소방대상물의 공사 현장
② 연면적 20만 제곱미터 이상인 특정소방대상물의 공사 현장, 지하층을 포함한 층수가 50층 이상인 특정소방대상물의 공사 현장
③ 연면적 20만 제곱미터 이상인 특정소방대상물의 공사 현장, 지하층을 제외한 층수가 40층 이상인 특정소방대상물의 공사 현장
④ 연면적 20만 제곱미터 이상인 특정소방대상물의 공사 현장, 지하층을 제외한 층수가 50층 이상인 특정소방대상물의 공사 현장

103 ●①②③

「소방시설공사업법 시행령」상 소방공사 감리원의 배치기준에서 행정안전부령으로 정하는 중급감리원 이상의 소방공사 감리원(기계분야 및 전기분야)을 배치할 수 있는 소방시설공사 현장의 기준으로 옳은 것은?

① 지하층을 포함한 층수가 40층 이상인 특정소방대상물의 공사 현장
② 연면적 5천 제곱미터 이상 3만 제곱미터 미만인 특정소방대상물의 공사 현장
③ 지하구 공사 현장
④ 연면적 20만 제곱미터 이상인 특정소방대상물의 공사 현장

104 ●①②③

「소방시설공사업법 시행령」상 소방공사감리원의 배치기준으로 옳지 않은 것은?

① 특급소방감리원 이상의 감리원 1명 이상 배치는 연면적이 3만㎡ 이상 20만㎡ 미만인 특정소방대상물(아파트는 제외한다) 또는 지하층을 포함한 층수가 16층 이상 40층 미만인 특정소방대상물의 공사현장의 경우이다.
② 특급소방감리원 중 소방기술사 1명 이상 배치는 연면적이 20만㎡ 이상인 특정소방대상물 또는 지하층을 포함한 층수가 40층 이상인 특정소방대상물의 공사현장의 경우이다.
③ 고급소방감리원 이상의 감리원 1명 이상 배치는 물분무등소화설비(호스릴 방식의 소화설비는 제외한다) 또는 제연설비가 설치되는 특정소방대상물이나 연면적이 3만㎡ 이상 20만㎡ 미만인 아파트의 공사현장의 경우이다.
④ 중급소방감리원 이상의 감리원 1명 이상 배치는 연면적이 5천㎡ 미만 특정소방대상물 또는 지하구의경우 중급 이상의 소방감리원 1명 이상을 배치한다.

105 ●①②③

「소방시설공사업법 시행규칙」상 감리자의 세부배치기준 중 일반공사감리에 대한 설명으로 옳지 않은 것은?

① 기계분야의 감리원 자격을 취득한 사람과 전기분야의 감리원 자격을 취득한 사람 각 1명 이상을 감리원으로 배치한다.
② 감리원은 주 1회 이상 소방공사감리현장에 배치되어 감리한다.
③ 1명의 감리원이 담당하는 소방공사감리현장은 5개 이하로서 감리현장 연면적의 총합계가 10만 제곱미터 이하이어야 한다.
④ 일반 공사감리 대상인 아파트의 경우에는 연면적의 합계에 관계없이 1명의 감리원이 6개 이내의 공사현장을 감리할 수 있다.

106 ●①②③

「소방시설공사업법 시행규칙」상 1개의 소방공사감리현장으로 볼 수 있는 일반 공사감리 현장은?

① 자동화재탐지설비를 설치하는 2개의 소방공사감리현장이 최단 차량주행거리로 30킬로미터 이내에 있는 경우
② 자동화재탐지설비를 설치하는 3개의 소방공사감리현장이 최단 차량주행거리로 20킬로미터 이내에 있는 경우
③ 자동화재탐지설비 및 옥내소화전설비를 설치하는 2개의 소방공사감리현장이 최단 차량주행거리로 30킬로미터 이내에 있는 경우
④ 자동화재탐지설비 및 옥내소화전설비를 설치하는 3개의 소방공사감리현장이 최단 차량주행거리로 20킬로미터 이내에 있는 경우

제4장	소방기술
제5장	소방시설업자협회
제6장	보칙
제7장	벌칙

107

「소방시설공사업법」상 소방기술자의 의무에 대한 다음 설명 중 가장 타당하지 않은 것은?

① 소방기술자는 다른 자에게 그 자격증을 빌려주어서는 아니 된다.
② 소방기술자 업무에 영향을 미치지 아니하는 범위에서 근무시간 외에 소방시설업이 아닌 다른 업종에도 종사하면 아니 된다.
③ 소방기술자는 「소방시설 설치 및 관리에 관한 법률」에 따른 명령에 따라 업무를 수행하여야 한다.
④ 소방기술자는 동시에 둘 이상의 업체에 취업하여서는 아니 된다.

108

「소방시설공사업법 시행규칙」상 소방기술자 경력수첩의 자격 구분 중 기술자격에 따른 기술등급(기계분야)에 대한 설명이다. 빈칸의 내용으로 옳은 것은?

특급 기술자
• 소방설비기사 기계분야의 자격을 취득한 후 (㉠)년 이상 소방 관련 업무를 수행한 사람
• 건축사, 공조냉동기계기술사, 가스기술사 자격을 취득한 후 (㉡)년 이상 소방 관련 업무를 수행한 사람

	㉠	㉡
①	5	8
②	5	7
③	7	5
④	8	5

109

「소방시설공사업법 시행규칙」상 소방기술자 경력수첩의 자격 구분 중 소방기술자 경력수첩의 자격 구분 중 기술자격에 따른 기술등급(전기분야)에 대한 설명이다. 빈칸의 내용으로 옳은 것은?

고급 기술자
• 소방설비산업기사 전기분야의 자격을 취득한 후 (㉠)년 이상 소방 관련 업무를 수행한 사람
• 전기산업기사, 전기공사산업기사 자격을 취득한 후 (㉡)년 이상 소방 관련 업무를 수행한 사람

	㉠	㉡
①	8	11
②	8	13
③	5	11
④	5	13

110

「소방시설공사업법 시행규칙」상 소방기술자 경력수첩의 자격 구분 중 학력·경력 등에 따른 기술등급에 대한 설명이다. 빈칸의 내용으로 옳은 것은?

구 분	학력·경력자
중급 기술자	• 석사학위를 취득한 후 (㉠)년 이상 소방 관련 업무를 수행한 사람 • 학사학위를 취득한 후 (㉡)년 이상 소방 관련 업무를 수행한 사람 • 전문학사학위를 취득한 후 (㉢)년 이상 소방 관련 업무를 수행한 사람

	㉠	㉡	㉢
①	2	8	8
②	2	5	8
③	3	8	11
④	3	5	11

111

「소방시설공사업법 시행규칙」상 소방공사감리원의 기술등급에 대한 설명이다. 빈칸의 내용으로 옳은 것은?

구 분	전기분야
중 급 감리원	• 소방설비기사 전기분야 자격을 취득한 후 (㉠)년 이상 소방 관련 업무를 수행한 사람 • 소방설비산업기사 전기분야 자격을 취득한 후 (㉡)년 이상 소방 관련 업무를 수행한 사람 • 초급감리원을 취득한 후 (㉢)년 이상 전기분야 소방감리업무를 수행한 사람

	㉠	㉡	㉢
①	2	5	6
②	3	5	6
③	2	6	5
④	3	6	5

112

「소방시설공사업법 시행규칙」상 소방공사감리원의 기술등급(전기분야)에 대한 설명으로 옳지 않은 것은?

① 소방설비기사 전기분야 자격을 취득한 후 8년 이상 소방 관련 업무를 수행한 사람은 특급감리원의 업무를 수행할 수 있다.

② 소방설비산업기사 전기분야 자격을 취득한 후 5년 이상 소방 관련 업무를 수행한 사람은 고급감리원의 업무를 수행할 수 있다.

③ 고등학교 소방학과를 졸업한 후 4년 이상 소방 관련 업무를 수행한 사람은 초급감리원의 업무를 수행할 수 있다.

④ 초급감리원을 취득한 후 5년 이상 전기분야 소방감리업무를 수행한 사람은 중급감리원의 업무를 수행할 수 있다.

113

「소방시설공사업법 시행규칙」상 소방시설 자체점검 점검자의 기술자격에 따른 기술등급에 대한 설명이다. 빈칸의 내용으로 옳은 것은?

구 분		기술자격
보조기술 인력	고 급 점검자	• 소방설비기사 자격을 취득한 후 (㉠)년 이상 소방 관련 업무를 수행한 사람 • 소방설비산업기사 자격을 취득한 후 (㉡)년 이상 소방 관련 업무를 수행한 사람 • 건축설비기사, 위험물기능장 자격을 취득한 후 (㉢)년 이상 소방 관련 업무를 수행한 사람

   ㉠ ㉡ ㉢
① 3 6 13
② 5 6 15
③ 3 8 13
④ 5 8 15

114

「소방시설공사업법 시행규칙」상 소방공사 감리원 기계분야의 기술등급 자격으로 가장 옳지 않은 것은?

① 특급 감리원은 소방설비기사 기계분야 자격을 취득한 후 8년 이상 소방 관련 업무를 수행한 사람
② 고급 감리원은 소방설비산업기사 기계분야 자격을 취득한 후 8년 이상 소방 관련 업무를 수행한 사람
③ 중급 감리원은 소방공무원으로서 3년 이상 근무한 경력이 있는 사람
④ 초급 감리원은 소방설비기사 기계분야 자격을 취득한 후 1년 이상 소방 관련 업무를 수행한 사람

115

「소방시설공사업법 시행규칙」상 소방기술자가 동시에 둘 이상의 업체에 취업하여 2차 적발된 경우 차수에 따른 행정처분기준으로 옳은 것은?

① 자격정지 6월
② 자격정지 1년
③ 자격정지 2년
④ 자격취소

116 ①②③

「소방시설공사업법」상 소방기술 경력 등의 인정 등에 다음 설명 중 가장 타당하지 않은 것은?

① 소방청장은 소방기술의 효율적인 활용과 소방기술의 향상을 위하여 소방기술과 관련된 자격·학력 및 경력을 가진 사람을 소방기술자로 인정할 수 있다.
② 자격이 취소된 사람은 취소된 날부터 5년간 자격수첩 또는 경력수첩을 발급받을 수 없다.
③ 거짓이나 그 밖의 부정한 방법으로 자격수첩 또는 경력수첩을 발급받은 경우에는 그 자격을 취소하여야 한다.
④ 자격·학력 및 경력을 인정받은 사람에게 소방기술 인정 자격수첩과 경력수첩을 발급할 수 있다.

117 ①②③

「소방시설공사업법」상 소방청장이 자격수첩을 발급받은 자의 그 자격을 취소시켜야 하는 경우는?

> ㉠ 소방시설공사업법에 따른 명령을 위반한 때
> ㉡ 거짓 그 밖의 부정한 방법으로 자격수첩을 발급받은 경우
> ㉢ 동시에 둘 이상의 업체에 취업한 경우
> ㉣ 자격수첩을 다른 사람에게 빌려준 경우

① ㉠, ㉢ ② ㉠, ㉣
③ ㉡, ㉣ ④ ㉢, ㉣

118 ①②③

「소방시설공사업법」상 소방기술자의 자격수첩을 발급받은 자의 인정자격을 정지시킬 수 있는 기간은?

① 6개월 이상 2년 이하 ② 6개월 이상 1년 이하
③ 3개월 이상 1년 이하 ④ 3개월 이상 2년 이하

119

「소방시설공사업법」상 벌칙이 가장 가벼운 것은?

① 소방기술자를 공사 현장에 배치하지 아니한 자
② 공사감리 결과의 통보 또는 공사감리 결과보고서의 제출을 거짓으로 한 자
③ 감리업무를 위반하여 감리한 자
④ 법을 위반하여 공사감리자를 지정하지 아니한 자

120

「소방시설공사업법」상 소방기술자의 실무교육에 대한 다음 설명 중 가장 타당하지 않은 것은?

① 소방시설관리업의 기술인력으로 등록된 소방기술자는 행정안전부령이 정하는 바에 따라 실무교육을 받아야 한다.
② 소방기술자가 소정의 교육을 받지 아니한 때에는 그 교육을 이수할 때까지 그 소방기술자는 소방시설업의 기술인력으로 등록된 사람으로 보지 아니한다.
③ 시·도지사는 소방기술자에 대한 실무교육을 효율적으로 수행하기 위하여 실무교육기관을 지정할 수 있다.
④ 실무교육기관의 지정방법·절차·기준 등에 관하여 필요한 사항은 행정안전부령으로 정한다.

121

「소방시설공사업법」상 실무교육기관의 지정을 취소해야 하는 경우는?

① 정당한 사유 없이 1년 이상 계속하여 성능시험 또는 실무교육 등 지정받은 업무를 수행하지 아니한 때
② 거짓이나 그 밖의 부정한 방법으로 지정을 받은 때
③ 감독 결과 다른 법령을 위반하여 지정기관으로서의 업무를 수행하는 것이 부적당하다고 인정되는 때
④ 지정기준에 적합하지 아니한 때

122

「소방시설공사업법 시행규칙」상 실무교육지정기관이 교육계획을 변경하는 경우에 변경한 날로부터 며칠 이내에 이를 일간신문에 공고하고 소방본부장 또는 소방서장에게 보고하여야 하는가?

① 5일
② 7일
③ 10일
④ 14일

123

「소방시설공사업법」 및 같은 법 시행규칙상 소방기술자의 실무교육에 대한 설명으로 옳은 것은?

> ㉠ 실무교육의 시간, 교육과목, 수수료, 그 밖에 실무교육에 관하여 필요한 사항은 소방청장이 정하여 고시한다.
> ㉡ 실무교육기관의 지정권자는 소방청장이다.
> ㉢ 실무교육기관의 지정을 받으려는 자는 영리법인이어야 한다.
> ㉣ 소방기술자 실무교육에 관한 업무를 위탁받은 실무교육기관 또는 한국소방안전원의 장은 소방기술자에 대한 실무교육을 실시하려면 교육일정 등 교육에 필요한 계획을 수립하여 소방청장에게 보고한 후 교육 7일 전까지 교육대상자에게 알려야 한다.

① ㉠, ㉡
② ㉢, ㉣
③ ㉡, ㉣
④ ㉠, ㉢

124

「소방시설공사업법 시행규칙」상 소방기술자 실무교육의 횟수로 옳은 것은?

① 소방기술자는 실무교육을 2년마다 2회 이상 받아야 한다.
② 소방기술자는 실무교육을 1년마다 2회 이상 받아야 한다.
③ 소방기술자는 실무교육을 2년마다 1회 이상 받아야 한다.
④ 소방기술자는 실무교육을 1년마다 1회 이상 받아야 한다.

125

「소방시설공사업법」상 청문을 실시하지 않아도 되는 경우는?

① 과징금처분
② 소방시설업의 영업정지처분
③ 소방시설업의 등록취소처분
④ 소방기술인정의 자격취소처분

126
「소방시설공사업법 시행규칙」상 다음 (　) 안에 들어갈 숫자는?

> 소방기술자 실무교육에 관한 업무를 위탁받은 한국소방안전원 또는 실무교육기관의 장은 소방기술자에 대한 실무교육을 실시하고자 하는 때에는 교육일정 등 교육에 필요한 계획을 수립하여 소방청장에게 보고한 후 교육실시 (　)일 전까지 교육대상자에게 알려야 한다.

① 7
② 10
③ 15
④ 30

127
「소방시설공사업법 시행규칙」상 다음 (　) 안에 들어갈 용어는?

> 실무교육기관의 지정신청을 받은 소방청장은 소방기술자 실무교육기관의 지정기준을 충족하였는지를 현장확인하여야 한다. 이 경우 소방청장은 (　　　)에 소속된 사람을 현장확인에 참여시킬 수 있다. 소방청장은 신청자가 제출한 신청서 및 첨부서류가 미비되거나 현장확인 결과 소방기술자 실무교육기관의 지정기준을 충족하지 못하였을 때에는 (　)일 이내의 기간을 정하여 이를 보완하게 할 수 있다. 이 경우 보완기간 내에 보완하지 않으면 신청서를 되돌려 보내야 한다.

① 한국소방안전원, 10
② 한국소방안전원, 15
③ 소방본부, 10
④ 소방본부, 15

128
「소방시설공사업법」상 소방시설업자 협회의 업무로 옳지 않은 것은?

① 소방시설업의 기술발전과 소방기술의 진흥을 위한 조사·연구·분석 및 평가
② 소방산업의 발전 및 소방기술의 향상을 위한 지원
③ 소방시설업의 기술발전과 관련된 국제교류·활동 및 행사의 유치
④ 피난시설, 방화구획 및 방화시설의 유지·관리

129

「소방시설공사업법 시행규칙」상 다음 (   ) 안에 들어갈 숫자는?

> 실무교육기관으로 지정된 기관은 1) 대표자 또는 각 지부의 책임임원 2) 기술인력 또는 시설장비 등 지정기준 3) 교육기관명칭 또는 교육기관의 소재지 등을 변경하고자 하는 때에는 변경일부터 (   )일 이내에 소방청장에게 보고하여야 한다.

① 7
② 10
③ 15
④ 30

130

「소방시설공사업법 시행규칙」상 휴업·재개업 및 폐업신고 등에 대한 설명으로 가장 타당하지 않은 것은?

① 지정을 받은 실무교육기관이 휴업 또는 재개업을 하려면 그 휴업 또는 재개업을 하려는 하는 날의 10일 전까지 소방청장에게 보고하여야 한다.
② 지정을 받은 실무교육기관이 폐업을 하고자 하는 때에는 폐업보고서에 실무교육기관지정서 1부를 첨부하여 소방청장에게 보고하여야 한다.
③ 소방청장은 휴업보고를 받은 경우에는 실무교육기관지정서에 휴업기간을 기재하여 발급한다.
④ 소방청장은 폐업보고를 받은 경우에는 실무교육기관지정서를 회수하여야 한다.

131

「소방시설공사업법 시행규칙」상 다음 설명 중 가장 타당하지 않은 것은?

① 실무교육기관등의 장은 매년 11월 30일까지 다음 해 교육계획을 실무교육의 종류별·대상자별·지역별로 수립하여 이를 일간신문 또는 인터넷 홈페이지에 공고하고 소방본부장 또는 소방서장에게 보고해야 한다.
② 교육계획을 변경하는 경우에는 변경한 날부터 10일 이내에 이를 일간신문 또는 인터넷 홈페이지에 공고하고 소방본부장 또는 소방서장에게 보고해야 한다.
③ 실무교육기관등의 장은 그 해의 교육이 끝난 후 직능별·지역별 교육수료자 명부를 작성하여 소방본부장 또는 소방서장에게 다음 해 1월 말까지 알려야 한다.
④ 실무교육기관등의 장은 매년 1월 말까지 전년도 교육 횟수·인원 및 대상자 등 교육실적을 소방청장에게 보고하여야 한다.

132 ①②③
「소방시설공사업법」 상 소방시설업자협회에 대한 설명으로 옳지 않은 것은?
① 소방청장은 소방시설업자의 권익보호와 소방기술의 개발 등 소방시설업의 건전한 발전을 위하여 소방시설업자협회를 설립할 수 있다.
② 협회는 소방청장의 인가를 받아 주된 사무소의 소재지에 설립등기를 함으로써 성립한다.
③ 「민법」 중 사단법인에 관한 규정을 준용한다.
④ 소방시설업의 기술발전과 소방기술의 진흥을 위한 조사·연구·분석 및 평가는 협회의 업무이다.

133 ①②③
「소방시설공사업법 시행령」 상 규제의 재검토를 할 수 있는 자는?
① 소방청장
② 시·도지사
③ 소방본부장
④ 시·도지사 또는 소방청장

134 ①②③
「소방시설공사업법 시행령」 상 규제의 재검토에서 기준일을 기준으로 몇 년 마다 그 타당성을 검토하고 개선 등의 조치를 해야 하는가?
① 매년
② 3년
③ 5년
④ 10년

135 ①②③
「소방시설공사업법」 상 감독에 대한 설명으로 틀린 것은?

① 소방청장 또는 시·도지사는 소방시설업의 감독을 위하여 필요할 때에는 ② 소방시설업자나 관계인에게 필요한 보고나 자료 제출을 명할 수 있고, ③ 관계 공무원으로 하여금 소방시설업체나 특정소방대상물에 출입하여 관계 서류와 시설 등을 검사하거나 ④ 소방시설업자 및 관계인에게 질문하게 할 수 있다.

136

「소방시설공사업법」상 감독에 대한 설명으로 틀린 것은?

① 시·도지사는 관계공무원으로 하여금 법인 또는 단체의 사무실에 출입하여 관계서류 등을 검사하거나 질문하게 할 수 있다.
② 소방청장은 소방청장의 업무를 위탁받은 법인 또는 단체에 대하여 필요한 보고나 자료제출을 명할 수 있다.
③ 출입·검사업무를 수행하는 관계공무원은 그 권한을 표시하는 증표를 지니고 이를 관계인에게 보여주어야 한다.
④ 출입·검사업무를 수행하는 관계공무원은 관계인의 정당한 업무를 방해하거나 출입·검사 업무를 수행하면서 알게 된 비밀을 다른 자에게 누설하여서는 아니 된다.

137

「소방시설공사업법」상 권한의 위임·위탁 등에 대한 설명으로 옳지 않은 것은?

① 소방청장은 소방시설공사업법에 따른 권한의 일부를 대통령령으로 정하는 바에 따라 시·도지사에게 위임할 수 있다.
② 소방청장은 실무교육에 관한 업무를 대통령령으로 정하는 바에 따라 실무교육기관 또는 한국소방안전원에 위탁할 수 있다.
③ 소방청장은 소방기술과 관련된 자격·학력 및 경력의 인정 업무를 대통령령으로 정하는 바에 따라 실무교육기관 또는 한국소방안전원에 위탁할 수 있다.
④ 소방청장은 소방기술자 양성·인정 교육훈련 업무를 대통령령으로 정하는 바에 따라 협회, 소방기술과 관련된 법인 또는 단체에 위탁할 수 있다.

138

「소방시설공사업법」상 감독권자가 될 수 없는 사람은?

① 소방청장
② 시·도지사
③ 소방서장
④ 관계인

139 ①②③
「소방시설공사업법」상 소방시설업의 등록을 하지 아니하고 영업을 한 자의 벌칙은?

① 1년 이하의 징역 또는 1천만 원 이하의 벌금
② 1년 이하의 징역 또는 1천 500만 원 이하의 벌금
③ 3년 이하의 징역 또는 1천 500만 원 이하의 벌금
④ 3년 이하의 징역 또는 3천만 원 이하의 벌금

140 ①②③
「소방시설공사업법」상 동일한 벌칙이 아닌 것은?

① 소방시설공사 현장에 감리원을 배치하지 아니한 자
② 도급받은 소방시설의 설계, 시공, 감리를 하도급한 자
③ 소방시설업자가 아닌 자에게 소방시설공사등을 도급한 자
④ 영업정지처분을 받고 그 영업정지 기간에 소방시설업의 업무를 한 자

141 ①②③
「소방시설공사업법」상 동일한 벌칙으로 연결된 것은?

> ㉠ 거짓으로 감리한 자
> ㉡ 소방기술 인정 자격수첩을 빌려준 자
> ㉢ 동시에 둘 이상의 업체에 취업한 사람
> ㉣ 화재안전기준에 적합하게 설계 또는 시공을 하지 아니한 자

① ㉠, ㉡   ② ㉠, ㉢
③ ㉡, ㉢   ④ ㉢, ㉣

142 ①②③
「소방시설공사업법」상 공사감리 결과의 통보 또는 공사감리 결과 보고서의 제출을 거짓으로 한 자에 대한 벌칙은?

① 1년 이하의 징역 또는 1천 만 원 이하의 벌금
② 3년 이하의 징역 또는 3천 만 원 이하의 벌금
③ 300만 원 이하의 벌금
④ 100만 원 이하의 벌금

143

「소방시설공사업법」 상 동일한 벌칙으로 연결된 것은?

㉠ 관계인의 정당한 업무를 방해하거나 업무상 알게 된 비밀을 누설한 자
㉡ 감리업무를 위반하여 감리한 자
㉢ 소방시설 공사현장에 감리원을 배치하지 아니한 자
㉣ 정당한 사유 없이 관계공무원의 출입 또는 검사·조사를 거부·방해 또는 기피한 자

① ㉠, ㉡
② ㉠, ㉢
③ ㉡, ㉢
④ ㉢, ㉣

144

「소방시설공사업법」 상 소방청장의 업무를 위탁받은 곳에 대한 감독명령을 위반하여 보고 또는 자료제출을 하지 아니하거나 거짓으로 보고 또는 자료제출을 한 자에 대한 벌칙은?

① 3년 이하의 징역 또는 3천 만 원 이하의 벌금
② 1년 이하의 징역 또는 1천 만 원 이하의 벌금
③ 300만 원 이하의 벌금
④ 100만 원 이하의 벌금

145

「소방시설공사업법」에서 소방시설공사업자가 소방시설의 완공검사를 받지 않았을 때 벌칙은?

① 300만 원 이하의 벌금
② 200만 원 이하의 과태료
③ 100만 원 이하의 벌금
④ 500만 원 이하의 과태료

146

「소방시설공사업법」에서 과태료 해당사항 중 대통령령으로 부과·징수할 수 없는 자는?

① 관할 시·도지사
② 소방청장
③ 소방본부장
④ 소방서장

147

「소방시설공사업법」상 벌칙이 다른 하나는?

① 소방시설업의 등록을 하지 아니하고 영업을 한 자
② 규정을 위반하여 설계를 한 자
③ 규정을 위반하여 감리를 한 자
④ 영업정지 처분을 받고 그 영업정지 기간에 영업을 한 자

148

「소방시설공사업법」상 소방기술자를 공사현장에 배치하지 아니한 자의 행정벌은?

① 1년 이하의 징역 또는 1천만 원 이하의 벌금
② 3년 이하의 징역 또는 1천 5백만 원 이하의 벌금
③ 300만 원 이하 벌금
④ 200만 원 이하 과태료

149

「소방시설공사업법 시행령」상 과태료 부과기준의 개별기준에서 완공검사를 받지 않은 경우 2차 과태료 금액은 얼마인가?

① 10만 원　　② 50만 원
③ 100만 원　④ 200만 원

150

「소방시설공사업법 시행령」상 과태료의 부과기준에 대한 설명이다. 빈칸의 내용으로 옳은 것은?

위반행위	과태료 금액(만 원)		
	1회 위반	2회 위반	3회 위반
규정을 위반하여 관계인에게 지위승계, 행정처분 또는 휴업·폐업의 사실을 거짓으로 알린 소방시설업자	㉠	㉡	㉢

	㉠	㉡	㉢
①	50	100	200
②	50	150	300
③	60	100	200
④	60	150	300

MEMO

PART 06 위험물안전관리법

제1장	총칙
제2장	위험물시설의 설치 및 변경
제3장	위험물시설의 안전관리

01 ●①②③
「위험물안전관리법」의 목적으로 옳은 것은?

① 공공의 안전 확보
② 국민의 생명·신체 및 재산보호
③ 국민경제에 이바지함
④ 복리증진에 이바지함

02 ●①②③
「위험물안전관리법」의 목적에 대한 설명이다. 빈칸에 들어갈 단어로 옳은 것은?

> 이 법은 위험물의 (㉠)·(㉡) 및 (㉢)과 이에 따른 안전관리에 관한 사항을 규정함으로써 위험물로 인한 위해를 방지하여 공공의 안전을 확보함을 목적으로 한다.

	㉠	㉡	㉢		㉠	㉡	㉢
①	저장	취급	운반	②	제조	취급	운반
③	제조	저장	이송	④	저장	취급	이송

03

다음 보기는 「위험물안전관리법」 상 용어의 정의를 설명한 것이다. 괄호 안에 들어갈 내용으로 옳은 것은?

> 제조소라 함은 위험물을 제조할 목적으로 지정수량 이상의 위험물을 (   )하기 위하여 제6조 제1항의 규정에 따른 허가를 받은 장소를 말한다.

① 저장
② 취급
③ 제조
④ 판매

04

「위험물안전관리법」 상 용어에 대한 정의로 바르지 않은 것은?

① 지정수량은 위험물의 종류별로 위험성을 고려하여 제조소등의 설치허가 등에 있어서 최저의 기준이 되는 수량을 말한다.
② 제조소는 위험물을 제조할 목적으로 지정수량 이상의 위험물을 취급하기 위하여 허가를 받은 장소를 말한다.
③ 위험물은 인화성 또는 발화성 등의 성질을 가지는 것으로서 대통령령이 정하는 물품을 말한다.
④ 취급소는 지정수량 이상의 위험물을 저장하기 위한 허가를 받은 장소를 말한다.

05

「위험물안전관리법」 상 다음 설명 중 가장 타당하지 않은 것은?

① 지정수량은 위험물의 종류별로 위험성을 고려하여 정하는 수량으로서 제조소등(제조소·저장소 및 취급소)의 설치허가 등에 있어서 최대의 기준이 되는 수량을 말한다.
② 항공기·선박·철도 및 궤도에 의한 위험물의 저장·취급 및 운반에 있어서는 위험물안전관리법의 적용을 받지 않는다.
③ 지정수량 미만인 위험물의 저장 또는 취급에 관한 기술상의 기준은 시·도의 조례로 정한다.
④ 지정수량 이상의 위험물을 저장소가 아닌 장소에서 저장하거나 제조소등이 아닌 장소에서 취급하여서는 아니 된다.

06

「위험물안전관리법」상 대통령령이 정하는 인화성 또는 발화성 물질을 무엇이라고 하는가?

① 착화물
② 위험물
③ 인화물
④ 발화물

07

「위험물안전관리법 시행규칙」상에서 규정하는 도로의 기준이 아닌 것은?

① 「고속국도법」에 의한 도로
② 「도로법」에 따른 도로
③ 「사도법」에 의한 사도
④ 「항만법」에 의한 항만시설 중 임항교통시설에 해당하는 도로

08

「위험물안전관리법」상 위험물의 정의로 맞는 것은?

① 위험물은 대통령령이 정하는 인화성 또는 발화성 물품이다.
② 위험물은 행정안전부령이 정하는 인화성 또는 발화성 물품이다.
③ 위험물은 대통령령이 정하는 인화성 또는 가연성 물품이다.
④ 위험물은 행정안전부령이 정하는 인화성 또는 폭발성 물품이다.

09

「위험물안전관리법」상 위험물에 대한 정의는, 대통령령이 정하는 어떠한 물품인가?

① 가연성 또는 발화성 등의 물품
② 인화성 또는 발화성 등의 물품
③ 자연발화성 또는 금수성 등의 물품
④ 가연성 또는 인화성 등의 물품

10

「위험물안전관리법 시행령」상 제4류 위험물 중 석유류별에 따른 분류로 옳은 것은?

① 제1석유류 : 아세톤, 휘발유
② 제2석유류 : 중유, 크레오소트유
③ 제3석유류 : 기어유, 실린더유
④ 제4석유류 : 등유, 경유

11

「위험물안전관리법 시행령」상 위험물에 대한 설명으로 틀린 것은?

① 가연성고체라 함은 고체로서 화염에 의한 인화의 위험성 또는 발화의 위험성을 판단하기 위하여 고시로 정하는 성질과 상태를 나타내는 것을 말한다.
② 인화성고체라 함은 고형알코올 그 밖에 1기압에서 인화점이 섭씨 40도씨 미만인 액체를 말한다.
③ 동·식물유류는 동물의 지육 등 또는 식물의 종자나 과육으로부터 추출한 것으로서 1기압에서 인화점이 섭씨 250도 미만인 것을 말한다.
④ 마그네슘은 지름 2mm 이상의 막대 모양의 것을 제외한다.

12

「위험물안전관리법 시행령」상 자기반응성 물질에 대한 설명이다. ㉠와 ㉡에 들어갈 내용으로 옳은 것은?

> 자기반응성물질이란 고체 또는 액체로서 (㉠) 또는 (㉡)을 판단하기 위하여 고시로 정하는 시험에서 고시로 정하는 성질과 상태를 나타내는 것을 말하며, 위험성 유무와 등급에 따라 제1종 또는 제2종으로 분류한다.

	㉠	㉡
①	산화력의 잠재적인 위험성	인화의 위험성
②	산화력의 잠재적인 위험성	충격에 대한 민감성
③	화염에 의한 발화의 위험성	인화의 위험성
④	폭발의 위험성	가열분해의 격렬함

13

「위험물안전관리법 시행령」상 용어에 대한 설명으로 옳지 않은 것은?

① 특수인화물이라 함은 이황화탄소, 디에틸에테르 그 밖에 1기압에서 발화점이 섭씨 100도 이하인 것 또는 인화점이 섭씨 영하 20도 이하이고 비점이 섭씨 40도 이하인 것을 말한다.
② 제1석유류라 함은 아세톤, 휘발유 그 밖에 1기압에서 인화점이 섭씨 70도 미만인 것을 말한다.
③ 제3석유류라 함은 중유, 크레오소트유 그 밖에 1기압에서 인화점이 섭씨 70도 이상 섭씨 200도 미만인 것을 말한다.
④ 동식물유류라 함은 동물의 지육 등 또는 식물의 종자나 과육으로부터 추출한 것으로서 1기압에서 인화점이 섭씨 250도 미만인 것을 말한다.

14

「위험물안전관리법 시행령」상 위험물의 유형별 성질이 바르게 연결되지 않은 것은?

① 제1류 – 산화성 고체
② 제2류 – 가연성 고체
③ 제4류 – 자기반응성물질
④ 제6류 – 산화성 액체

15

「위험물안전관리법 시행령」상 위험물 종류 연결이 바른 것은?

① 1류 – 산화성액체 – 아염소산염류
② 2류 – 가연성액체 – 황
③ 3류 – 인화성액체 – 알킬알루미늄
④ 4류 – 인화성액체 – 휘발유

16

「위험물안전관리법 시행령」상 위험물의 분류가 다른 것은?

① 하이드록실아민염류
② 과망가니즈산염류
③ 염소산염류
④ 질산염류

17 「위험물안전관리법 시행령」상 제5류 위험물이 아닌 것은?

① 나이트로화합물　　② 하이드라진유도체
③ 알킬알루미늄　　　④ 아조화합물

18 「위험물안전관리법 시행령」상 위험물의 분류 중 제2류 위험물인 가연성 고체에 해당하는 것은?

① 적린, 황린　　　　② 철분, 금속분
③ 마그네슘, 칼슘　　④ 황화인, 황린

19 「위험물안전관리법 시행령」상 제4류 위험물 중에서 "동식물유류"의 인화점으로 맞는 것은?

① 섭씨 21℃ 이상 70℃ 미만인 것
② 섭씨 70℃ 이상 200℃ 미만인 것
③ 섭씨 200℃ 이상 250℃ 미만인 것
④ 섭씨 250℃ 미만인 것

20 「위험물안전관리법 시행령」상 위험물의 지정수량으로 옳은 것은?

① 황 － 50kg　　　　　　② 과염소산염류 － 1,000kg
③ 칼슘의 탄화물 － 10kg　④ 질산 － 300kg

21

「위험물안전관리법 시행령」상 자연발화성물질 및 금수성물질의 품명과 지정수량이 옳은 것은?

① 알킬리튬 : 20킬로그램
② 황린 : 20킬로그램
③ 알루미늄의 탄화물 : 50킬로그램
④ 유기금속화합물 : 300킬로그램

22

「위험물안전관리법 시행령」상 위험물의 품명과 지정수량에 대한 설명이다. 빈칸의 내용으로 옳은 것은?

품명	지정수량
브로민산염류	(㉠)킬로그램
다이크로뮴산염류	(㉡)킬로그램
황화인	(㉢)킬로그램
마그네슘	(㉣)킬로그램

	㉠	㉡	㉢	㉣
①	300	500	100	300
②	500	500	300	300
③	500	1,000	300	500
④	300	1,000	100	500

23

「위험물안전관리법 시행령」상 위험물의 지정수량이 같은 것을 고르시오.

㉠ 아이오딘산염류
㉡ 금속의 인화물
㉢ 철분
㉣ 칼륨
㉤ 질산

① ㉠, ㉡, ㉣
② ㉠, ㉡, ㉤
③ ㉡, ㉢, ㉣
④ ㉡, ㉢, ㉤

24
「위험물안전관리법 시행령」 상 위험물에 관한 용어 중 옳지 않은 것은?
① 황은 순도가 60중량퍼센트 이상인 것을 말한다. 이 경우 순도측정에 있어서 불순물은 활석 등 불연성물질과 수분에 한한다.
② 철분이라 함은 철의 분말로서 53마이크로미터의 표준체를 통과하는 것이 50중량퍼센트 미만인 것은 제외한다.
③ 금속분이라 함은 알칼리금속·알칼리토류금속·철 및 마그네슘외의 금속의 분말을 말하고, 구리분·니켈분 및 150마이크로미터의 체를 통과하는 것이 50중량퍼센트 미만인 것은 제외한다.
④ 마그네슘은 지름 2밀리미터 이상의 막대 모양의 것을 말한다.

25
「위험물안전관리법 시행령」 상 가연성 고체에 해당되지 않는 것은?
① 황화인
② 황린
③ 적린
④ 황

26
「위험물안전관리법 시행령」 상 제1류~제6류까지의 위험물 중 맞는 조합은?
① 제1류 – 산화성액체
② 제2류 – 인화성액체
③ 제3류 – 가연성액체
④ 제5류 – 자기반응성물질

27
「위험물안전관리법 시행령」 상 제1석유류가 아닌 것은?
① 휘발유
② 벤젠
③ 톨루엔
④ 이황화탄소

28
「위험물안전관리법 시행령」 상 인화성 액체 중 특수인화물은 어느 것인가?
① 가솔린, 아세톤
② 디에틸에테르, 가솔린
③ 이황화탄소, 디에틸에테르
④ 이황화탄소, 황린

29

「위험물안전관리법 시행령」상 위험물의 유별과 품목의 분류를 맞게 분류한 것은?

① 가연성고체 – 질산염류
② 인화성액체 – 인화성고체
③ 산화성고체 – 유기과산화물
④ 가연성고체 – 황

30

「위험물안전관리법 시행령」상 용어에 대한 설명으로 옳은 것은?

① "알코올류"는 1분자를 구성하는 산소원자의 수가 1개부터 3개까지인 포화 1가 알코올을 말한다.
② "1석유류"라 함은 아세톤, 휘발유 그 밖의 1기압에서 발화점 섭씨 21도씨 미만인 것을 말한다.
③ "인화성 고체"는 고형알코올 그 밖의 1기압에서 인화점 섭씨 40도씨 미만인 고체를 말한다.
④ 질산의 비중이 1.89 이상이어야 한다.

31

「위험물안전관리법 시행령」상 위험물과 석유류의 지정품목 등이 옳지 않은 것은?

① 제3석유류에는 등유, 경유가 속한다.
② 제1석유류의 휘발유 지정수량은 200L 이다.
③ 제2류 위험물 황은 순도가 60중량퍼센트 이상이다.
④ 제4류 위험물의 4석유류에는 동식물유가 포함되지 않는다.

32

「위험물안전관리법 시행령」상 제3류 위험물이 아닌 것은?

① 알칼리금속
② 유기금속화합물
③ 황화인
④ 칼슘 또는 알루미늄의 탄화물

33 「위험물안전관리법 시행령」상 위험물과 그 지정수량의 조합으로 옳은 것은?

① 무기과산화물 50kg
② 질산염류 30kg
③ 적린 500kg
④ 금속분 100kg

34 「위험물안전관리법 시행령」상 위험물의 품목 중 지정수량 단위가 가장 큰 것은?

① 휘발유
② 등유
③ 중유
④ 동식물유류

35 「위험물안전관리법 시행령」상 위험물의 유별이 다른 것은?

① 무기과산화물
② 유기과산화물
③ 나이트로화합물
④ 아조화합물

36 「위험물안전관리법 시행령」상 위험물의 분류가 다른 것은?

① 과염소산
② 무기과산화물
③ 염소산염류
④ 질산염류

37
「위험물안전관리법 시행규칙」상 제1류 위험물로 옳지 않은 것은?

① 크로뮴, 납 또는 아이오딘의 산화물
② 질산구아니딘
③ 차아염소산염류
④ 염소화아이소사이아누르산

38
「위험물안전관리법 시행규칙」상 제6류(산화성 액체) 위험물로 분류할 수 있는 품명에 해당하는 것은?

① 염소화규소화합물
② 할로젠간화합물
③ 금속의 아지화합물
④ 크로뮴, 납 또는 아이오딘의 산화물

39
「위험물안전관리법」에서 위험물의 저장·취급 대상의 해당 사항이 아닌 것은?

① 항공기에 의한 위험물의 저장·취급 및 운반에 있어서는 이 법을 적용하지 아니한다.
② 지정수량 미만인 위험물의 저장 또는 취급에 관한 기술상의 기준은 시·도조례로 한다.
③ 지정수량의 이상의 위험물은 저장소가 아닌 장소에서 저장하거나 취급하여서는 아니된다.
④ 군부대가 지정수량의 이상의 위험물을 군사목적으로 임시로 저장 또는 취급하는 경우 관할 소방서장의 승인을 받아 시·도조례로 정한다.

40
「위험물안전관리법 시행령」상 위험물의 대한 설명 중 잘못된 것은?

① 하이드록실아민염류는 제1류 위험물 산화성 고체이다.
② 황화인은 제2류 위험물 가연성 고체이다.
③ 알킬알루미늄은 제3류 위험물 자연발화성 및 금수성 물질이다.
④ 알코올류는 제4류 위험물 인화성 액체이다.

41 저장소란 지정수량 이상의 위험물을 저장하기 위한 대통령령이 정하는 장소로서 규정에 따른 허가를 받은 장소를 말한다. 「위험물안전관리법 시행령」상 위험물 저장소에 해당되지 않는 것은?

① 지하탱크저장소 ② 이동탱크저장소
③ 선박탱크저장소 ④ 간이탱크저장소

42 「위험물안전관리법 시행령」상 옥외저장소에 저장할 수 없는 위험물로 옳은 것은?

① 휘발유 ② 황
③ 알코올류 ④ 과산화수소

43 「위험물안전관리법 시행령」상 위험물을 차량에 고정된 탱크에 저장하는 제조소등에 해당하는 것은?

① 이송취급소 ② 이동탱크저장소
③ 옥외탱크저장소 ④ 간이탱크저장소

44 「위험물안전관리법」상 위험물 취급소의 종류가 아닌 것은?

① 일반취급소 ② 이송취급소
③ 주유취급소 ④ 지하취급소

45 「위험물안전관리법 시행령」상 취급소에 대한 설명으로 올바른 것은?

① 이송취급소는 이동 가능한 주유설비에 의하여 자동차, 항공기 등의 연료탱크에 주유하기 위하여 위험물을 취급하는 장소이다.
② 주유취급소는 배관 및 이에 부속된 설비에 의하여 위험물 이송하는 장소이다.
③ 일반취급소는 주유취급소, 판매취급소, 이송취급소 외의 장소이다.
④ 판매취급소는 점포에서 위험물을 용기에 담아 판매하기 위하여 지정수량 20배 이하의 위험물을 취급하는 장소이다.

46 ①②③
「위험물안전관리법 시행령」상 고정된 주유설비에 의하여 자동차·항공기 또는 선박 등의 연료탱크에 주유하기 위하여 위험물을 취급하는 장소는?

① 판매취급소　　　　　② 주유취급소
③ 이송취급소　　　　　④ 일반취급소

47 ①②③
「위험물안전관리법」상 위험물의 저장 및 취급 제한에 관한 보기의 설명 중 타당하지 않은 것은?

> ⊙ 지정수량 이상의 위험물을 원칙적으로 저장소가 아닌 장소에서 저장하거나 제조소등이 아닌 장소에서 취급하여서는 아니 된다.
> ⓒ 시·도의 조례가 정하는 바에 따라 관할소방서장의 승인을 받아 지정수량 이상의 위험물을 100일 이내의 기간 동안 임시로 저장 또는 취급하는 경우에는 제조소등이 아닌 장소에서 지정수량 이상의 위험물을 취급할 수 있다.
> ⓒ 군부대가 지정수량 이상의 위험물을 군사목적을 위하여 상시 저장 또는 취급하는 경우에는 제조소등이 아닌 장소에서 지정수량 이상의 위험물을 취급할 수 있다.
> ⓔ 둘 이상의 위험물을 같은 장소에서 저장 또는 취급하는 경우에 있어서 당해 장소에서 저장 또는 취급하는 각 위험물의 수량을 그 위험물의 지정수량으로 각각 나누어 얻은 수의 합계가 1 이상인 경우 당해 위험물은 지정수량 이상의 위험물로 본다.

① ⊙, ⓒ　　　　　② ⊙, ⓒ
③ ⓒ, ⓒ　　　　　④ ⓒ, ⓔ

48 ①②③
「위험물안전관리법」상 국가가 위험물에 의한 사고를 예방하기 위하여 수립·시행하여야 하는 사항으로 옳지 않은 것은?

① 위험물의 유통실태 분석　　　② 사고 예방을 위한 안전기술 개발
③ 전문인력 양성　　　　　　　④ 화재 예방을 위한 대국민 홍보·교육

49 ①②③
「위험물안전관리법」상 지정수량 미만의 위험물의 저장 또는 취급에 관한 기술상의 기준은 무엇으로 정하는가?

① 행정안전부령　　　　② 대통령령
③ 시·도조례　　　　　④ 위험물관리법령

50

「위험물안전관리법」상 지정수량 이상의 위험물에 대한 저장 및 취급의 예외에 대한 설명이다. 보기의 (   ) 안에 적당한 것은?

> ⊙ 지정수량 이상의 위험물을 저장소가 아닌 장소에서 저장하거나 제조소등이 아닌 장소에서 취급하여서는 아니 된다.
> ⓒ 그러나 시·도의 조례가 정하는 바에 따라 관할소방서장의 승인을 받아 지정수량 이상의 위험물을 (   ) 이내의 기간 동안 임시로 저장 또는 취급하는 경우에는 제조소등이 아닌 장소에서 지정수량 이상의 위험물을 취급할 수 있다. 이 경우 임시로 저장 또는 취급하는 장소에서의 저장 또는 취급의 기준과 임시로 저장 또는 취급하는 장소의 위치·구조 및 설비의 기준은 시·도의 조례로 정한다.

① 60일
② 90일
③ 100일
④ 120일

51

「위험물안전관리법」상 위험물을 제조할 목적으로 지정수량 이상의 위험물을 취급하기 위하여 허가를 받은 장소는?

① 저장소
② 제조소
③ 취급소
④ 거래소

52

「위험물안전관리법」상 위험물 임시저장은 며칠 이내 누구에게 승인을 받는가?

① 90일 이내 관할 소방서장의 승인
② 180일 이내 관할 소방서장의 승인
③ 90일 이내 시·도지사의 승인
④ 180일 이내 시·도지사의 승인

53

「위험물안전관리법 시행규칙」상 복합용도 건축물의 옥내저장소의 기준으로 옳지 않은 것은?

① 옥내저장소는 벽·기둥·바닥 및 보가 내화구조인 건축물의 1층 또는 2층의 어느 하나의 층에 설치하여야 한다.
② 옥내저장소의 용도에 사용되는 부분의 바닥은 지면보다 높게 설치하고 그 층고를 10m 미만으로 하여야 한다.
③ 옥내저장소의 용도에 사용되는 부분의 출입구에는 수시로 열 수 있는 자동폐쇄방식의 60+방화문 또는 60분방화문을 설치하여야 한다.
④ 옥내저장소의 용도에 사용되는 부분은 벽·기둥·바닥·보 및 지붕(상층이 있는 경우에는 상층의 바닥)을 내화구조로 하고, 출입구외의 개구부가 없는 두께 70㎜ 이상의 철근콘크리트조 또는 이와 동등 이상의 강도가 있는 구조의 바닥 또는 벽으로 당해 건축물의 다른 부분과 구획되도록 하여야 한다.

54

「위험물안전관리법」상 둘 이상의 위험물을 같은 장소에서 저장 또는 취급하는 경우에 있어서 지정수량 판정기준으로 옳은 것은?

① 그 위험물의 수량을 각 위험물의 지정수량으로 각각 나누어 얻은 수의 합계가 1.5 이상인 경우 해당 위험물은 지정수량 이상의 위험물로 본다.
② 각 위험물이 개별적으로 지정수량 이상인 경우나 둘 중 하나 이상이 지정수량 이상인 경우 해당 위험물은 지정수량 이상의 위험물로 본다.
③ 각 위험물의 수량을 그 위험물의 지정수량으로 각각 나누어 얻은 수의 합계가 1 이상인 경우 당해 위험물은 지정수량 이상의 위험물로 본다.
④ 그 위험물의 수량을 각 위험물의 지정수량으로 각각 나누어 얻은 수의 합계가 2 이상인 경우 해당 위험물은 지정수량 이상의 위험물로 본다.

55 ①②③
「위험물안전관리법」상 위험물시설의 설치 및 변경 등에 대한 설명으로 옳지 않은 것은?

① 제조소등을 설치하고자 하는 자는 설치장소를 관할하는 시·도지사의 허가를 받아야 한다.
② 제조소등의 위치·구조 또는 설비의 변경 없이 당해 제조소등에서 저장하거나 취급하는 위험물의 품명·수량 또는 지정수량의 배수를 변경하고자 하는 자는 변경하고자 하는 날의 1일 전까지 시·도지사에게 신고하여야 한다.
③ 주택의 난방시설(공동주택의 중앙난방시설 제외)을 위한 저장소 또는 취급소에 해당하는 제조소등의 경우에는 신고를 하지 아니하고 위험물의 품명·수량 또는 지정수량의 배수를 변경할 수 있다.
④ 농예용·축산용 또는 수산용으로 필요한 난방시설 또는 건조시설을 위한 지정수량 30배 이상의 저장소에 해당하는 경우에는 신고를 하지 아니하고 위험물의 품명·수량 또는 지정수량의 배수를 변경할 수 있다.

56 ①②③
「위험물안전관리법」상 다음 중 보기의 (　)에 들어갈 수 없는 것은?

> 다음 (　)에 해당하는 제조소등의 경우에는 허가를 받지 아니하고 당해 제조소등을 설치하거나 그 위치·구조 또는 설비를 변경할 수 있으며, 신고를 하지 아니하고 위험물의 품명·수량 또는 지정수량의 배수를 변경할 수 있다.

① 농예용으로 필요한 건조시설을 위한 지정수량의 20배인 저장소
② 축산용으로 필요한 난방시설을 위한 지정수량의 15배인 저장소
③ 주택의 난방시설(공동주택의 중앙난방시설을 포함한다)을 위한 저장소 또는 취급소
④ 수산용으로 필요한 난방시설을 위한 지정수량의 10배인 저장소

57

「위험물안전관리법」 상 (   ) 안에 들어갈 말로 옳은 것은?

> 제조소등의 위치·구조 또는 설비의 변경 없이 당해 제조소등에서 저장하거나 취급하는 위험물의 품명·수량 또는 지정수량의 배수를 변경하고자 하는 자는 변경하고자 하는 날의 (   ) 전까지 행정안전부령이 정하는 바에 따라 시·도지사에게 신고하여야 한다.

① 1일
② 7일
③ 10일
④ 15일

58

「위험물안전관리법 시행령」 상 한국소방산업기술원의 기술검토를 받아야 하는 제조소등으로 옳지 않은 것은?

① 지정수량의 1천 배 이상의 위험물을 취급하는 제조소의 경우 구조·설비에 관한 사항
② 저장용량이 50만 리터 이상인 옥외탱크저장소의 경우 위험물탱크의 기초·지반, 탱크본체 및 소화설비에 관한 사항
③ 지정수량의 1천 배 이상의 위험물을 취급하는 일반취급소의 경우 기초·지반, 탱크본체 및 소화설비에 관한 사항
④ 암반탱크저장소의 경우 기초·지반, 탱크본체 및 소화설비에 관한 사항

59

「위험물안전관리법 시행규칙」 상 위험물 제조소등의 변경허가를 받아야 하는 경우 중 제조소에 대한 내용으로 옳지 않은 것은?

① 위험물의 지정수량의 배수를 변경하는 경우
② 제조소의 위치를 이전하는 경우
③ 건축물의 벽·기둥·바닥을 증설하는 경우
④ 위험물취급탱크를 교체 또는 철거하는 경우

60 ●①②③

「위험물안전관리법」상 군용위험물시설의 설치 및 변경에 대한 설명 중 가장 타당하지 않은 것은?

① 군사목적 또는 군부대시설을 위한 제조소등을 설치하거나 그 위치·구조 또는 설비를 변경하고자 하는 군부대의 장은 미리 제조소등의 소재지를 관할하는 시·도지사와 협의한 경우에는 규정에 따른 허가를 받은 것으로 본다.
② 군부대의 장이 제조소등의 소재지를 관할하는 시·도지사와 협의한 경우에는 허가를 받은 것으로 본다.
③ 군부대의 장은 협의한 제조소등에 대하여는 탱크안전성능검사와 완공검사를 자체적으로 실시할 수 있다.
④ ③의 경우 탱크안전성능검사와 완공검사를 실시한 군부대의 장은 7일 이내 시·도지사에게 통보하여야 한다.

61 ●①②③

「위험물안전관리법」상 ( ) 안에 들어갈 숫자로 바르게 짝지어진 것은?

> ㉠ 제조소등의 위치·구조 또는 설비의 변경 없이 당해 제조소등에서 저장하거나 취급하는 위험물의 품명·수량 또는 지정수량의 배수를 변경하고자 하는 자는 변경하고자 하는 날의 ( )일 전까지 시·도지사에게 신고하여야 한다.
> ㉡ 농예용·축산용 또는 수산용으로 필요한 난방시설 또는 건조시설을 위한 지정수량 ( )배 이하의 저장소의 경우에는 허가를 받지 아니하고 당해 제조소등을 설치하거나 그 위치·구조 또는 설비를 변경할 수 있으며, 신고를 하지 아니하고 위험물의 품명·수량 또는 지정수량의 배수를 변경할 수 있다.

① 1, 10 ② 10, 10
③ 1, 20 ④ 10, 20

62

「위험물안전관리법」 및 같은 법 시행령 상 탱크안전성능검사에 대한 설명으로 옳지 않은 것은?

① 위험물탱크가 있는 제조소등의 설치 또는 그 위치·구조 또는 설비의 변경에 관하여 허가를 받은 자가 위험물탱크의 설치 또는 그 위치·구조 또는 설비의 변경공사를 하는 때에는 완공검사를 받기 전에 시·도지사가 실시하는 탱크안전성능검사를 받아야 한다.
② 시·도지사는 허가를 받은 자가 탱크안전성능시험자 또는 한국소방안전원으로부터 탱크안전성능시험을 받은 경우에는 당해 탱크안전성능검사의 일부만 면제할 수 있다.
③ 탱크안전성능검사는 기초·지반검사, 충수(充水)·수압검사, 용접부검사, 암반탱크검사로 구분된다.
④ 위험물탱크에 대한 충수·수압검사를 면제받고자 하는 자는 위험물탱크안전성능시험자 또는 기술원으로부터 충수·수압검사에 관한 탱크안전성능시험을 받아 완공검사를 받기 전(지하에 매설하는 위험물탱크에 있어서는 지하에 매설하기 전)에 해당 시험에 합격하였음을 증명하는 서류를 시·도지사에게 제출해야 한다.

63

「위험물안전관리법 시행령」 상 탱크안전성능검사의 면제에 관한 설명이다. ( ) 안에 들어갈 말은?

> ㉠ 시·도지사가 면제할 수 있는 탱크안전성능검사는 ( )로 한다.
> ㉡ 위험물탱크에 대한 ( )를 면제받고자 하는 자는 위험물탱크안전성능시험자 또는 기술원으로부터 ( )에 관한 탱크안전성능시험을 받아 완공검사를 받기 전(지하에 매설하는 위험물탱크에 있어서는 지하에 매설하기 전)에 해당 시험에 합격하였음을 증명하는 서류를 시·도지사에게 제출해야 한다.

① 기초·지반검사
② 충수·수압검사
③ 암반탱크검사
④ 용접부검사

64

「위험물안전관리법 시행령」 상 탱크 본체의 누설 및 변형에 대한 탱크안전성능검사에 해당하는 것은?

① 기초·지반검사
② 충수·수압검사
③ 용접부검사
④ 암반탱크검사

65 ●①②③
「위험물안전관리법 시행령」상 탱크안전성능검사와 그 대상이 바르게 연결되지 않은 것은?

① 기초·지반검사 : 옥외탱크저장소의 액체위험물탱크 중 그 용량이 100만 리터 이상인 탱크
② 충수·수압검사 : 액체위험물을 저장 또는 취급하는 탱크
③ 용접부검사 : 옥외탱크저장소의 액체위험물탱크 중 그 용량이 100만 리터 이하인 탱크
④ 암반탱크검사 : 액체위험물을 저장 또는 취급하는 암반내의 공간을 이용한 탱크

66 ●①②③
「위험물안전관리법 시행령」상 충수·수압검사의 대상인 액체위험물을 저장 또는 취급하는 탱크에서 제외되는 탱크가 아닌 것은?

① 국제해사기구가 채택한 국제해상위험물규칙에 적합함을 나타내는 표시가 있는 탱크
② 「고압가스안전관리법」에 따른 특정설비에 관한 검사에 합격한 탱크
③ 「산업안전보건법」에 따른 안전인증을 받은 탱크
④ 제조소 또는 일반취급소에 설치된 탱크로서 용량이 지정수량 미만인 것

67 ●①②③
「위험물안전관리법 시행령」상 탱크안전성능검사의 대상이 되는 탱크 등에 있어서 기초·지반검사의 대상인 것은?

① 옥외탱크저장소의 액체위험물탱크 중 그 용량이 100만L 이상인 탱크
② 옥외탱크저장소의 고체위험물탱크 중 그 용량이 100만L 이상인 탱크
③ 옥외탱크저장소의 액체위험물탱크 중 그 용량이 200만L 이상인 지하탱크저장소
④ 옥외탱크저장소의 액체위험물탱크 중 그 용량이 200만L 이상인 지하탱크저장소

68
「위험물안전관리법 시행규칙」상 탱크안전성능검사의 신청시기에 대한 설명으로 옳지 않은 것은?

① 기초·지반검사 : 위험물탱크의 기초 및 지반에 관한 공사의 개시 전
② 충수·수압검사 : 위험물을 저장 또는 취급하는 탱크에 배관 그 밖의 부속설비를 부착한 후
③ 용접부검사 : 탱크본체에 관한 공사의 개시 전
④ 암반탱크검사 : 암반탱크의 본체에 관한 공사의 개시 전

69
「위험물안전관리법」상 위험물시설의 완공검사에 대한 설명으로 옳지 않은 것은?

① 허가를 받은 자가 제조소등의 설치를 마쳤거나 그 위치·구조 또는 설비의 변경을 마친 때에는 당해 제조소등마다 완공검사를 받아야 한다.
② 완공검사에서 기술기준에 적합하다고 인정받은 후가 아니면 이를 사용하여서는 아니된다.
③ 완공검사를 받고자 하는 자가 제조소등의 일부에 대한 설치 또는 변경을 마치기 전 그 일부를 미리 사용하고자 하는 경우에는 당해 제조소등의 일부에 대하여 완공검사를 받을 수 있다.
④ 제조소등의 위치·구조 또는 설비를 변경함에 있어서 변경허가를 신청하는 때에 화재예방에 관한 조치사항을 기재한 서류를 제출하는 경우에는 당해 변경공사와 관계가 없는 부분은 완공검사를 받기 전에 미리 사용할 수 있다.

70
「위험물안전관리법 시행령」상 위험물시설의 완공검사에 관한 설명으로 옳지 않은 것은?

① 제조소등에 대한 완공검사를 받고자 하는 자는 시·도지사에게 신청하여야 한다.
② 해당 제조소등이 기술기준(탱크안전성능검사에 관련된 것을 제외함)에 적합하다고 인정하는 때에는 완공검사합격확인증을 교부해야 한다.
③ 완공검사합격확인증을 교부받은 자는 완공검사합격확인증을 잃어버리거나 멸실·훼손 또는 파손한 경우에는 이를 교부한 시·도지사에게 재교부를 신청할 수 있다.
④ 완공검사합격확인증을 잃어버려 재교부를 받은 자는 잃어버린 완공검사합격확인증을 발견하는 경우에는 이를 7일 이내에 완공검사합격확인증을 재교부한 시·도지사에게 제출해야 한다.

71 ①②③

「위험물안전관리법 시행규칙」상 위험물시설의 완공검사 신청시기가 바르지 않은 것은?

① 지하탱크가 있는 제조소등의 경우 : 당해 지하탱크를 매설하기 전
② 이동탱크저장소의 경우 : 이동저장탱크를 완공하고 상시설치장소를 확보한 후
③ 이송취급소의 경우 : 이송배관 공사의 일부가 아닌 전체를 완료한 후
④ 전체 공사가 완료된 후에는 완공검사를 실시하기 곤란한 경우 : 위험물설비 또는 배관의 설치가 완료되어 기밀시험 또는 내압시험을 실시하는 시기

72 ①②③

「위험물안전관리법」상 제조소 등 설치자의 지위승계에 관한 설명으로 옳지 않은 것은?

① 제조소등의 설치자가 사망하거나 그 제조소등을 양도·인도한 때에는 그 상속인, 제조소등을 양수·인수한 자가 그 설치자의 지위를 승계한다.
② 법인인 제조소등의 설치자의 합병이 있는 때에는 합병 후 존속하는 법인이나 합병에 의하여 설립되는 법인은 그 설치자의 지위를 승계한다.
③ 민사집행법에 의한 경매, 「채무자 회생 및 파산에 관한 법률」에 의한 환가, 국세징수법·관세법 또는 「지방세기본법」에 따른 압류재산의 매각에 따라 제조소등의 시설의 일부를 인수한 자는 그 설치자의 지위를 승계한다.
④ 제조소등의 설치자의 지위를 승계한 자는 승계한 날부터 30일 이내에 시·도지사에게 그 사실을 신고하여야 한다.

73 ①②③

「위험물안전관리법」 및 같은 법 시행규칙 상 제조소등의 폐지에 관한 설명으로 옳지 않은 것은?

① 제조소등의 관계인은 당해 제조소등의 용도를 폐지한 때에는 제조소등의 용도를 폐지한 날부터 7일 이내에 시·도지사에게 신고하여야 한다.
② 제조소등의 용도폐지신고를 하고자 하려는 자는 신고서에 제조소등의 완공검사합격확인증을 첨부하여 시·도지사 또는 소방서장에게 제출해야 한다.
③ 시·도지사가 용도폐지신고를 각각 접수하고 처리한 경우 그 신청서 또는 신고서와 첨부서류의 사본 및 처리결과를 관할 소방서장에게 송부해야 한다.
④ 시·도지사 또는 소방서장이 용도폐지신고를 접수하고 처리한 경우 신고서와 처리결과를 관할 시장·군수·구청장에게 송부해야 한다.

74 「위험물안전관리법」상 제조소 등 설치허가의 취소와 사용정지의 사유에 해당하지 않는 것은?

① 변경허가를 받지 아니하고 제조소등의 위치·구조 또는 설비를 변경한 경우
② 위험물안전관리자를 선임하지 아니한 경우
③ 완공검사를 받지 아니하고 제조소등을 사용한 경우
④ 제조소등의 변경허가시 신청서의 첨부서류에 흠이 있는 경우

75 「위험물안전관리법 시행규칙」상 제조소등에 대한 행정처분기준의 내용이다. 빈칸의 내용으로 옳은 것은?

위반행위	행정처분기준		
	1차	2차	3차
법 제9조에 따른 완공검사를 받지 않고 제조소등을 사용한 경우	사용정지 (㉠)일	사용정지 (㉡)일	허가취소

	㉠	㉡
①	10	30
②	15	60
③	30	60
④	30	90

76 「위험물안전관리법」상 ( ) 안에 들어갈 말로 바르게 배열된 것은?

> 시·도지사는 제조소등에 대한 사용의 정지가 그 이용자에게 심한 불편을 주거나 그 밖에 공익을 해칠 우려가 있는 때에는 사용정지처분에 갈음하여 ( ) 이하의 ( )을 부과할 수 있다.

① 3천만 원, 벌금
② 2억 원, 과징금
③ 3천만 원, 과징금
④ 2억 원, 벌금

77

「위험물안전관리법」 상 (　) 안에 들어갈 말로 옳지 않은 것은?

> ㉠ 제조소등의 관계인은 당해 제조소등의 위치·구조 및 설비가 기술기준에 적합하도록 유지·관리하여야 한다.
> ㉡ (　)은 유지·관리의 상황이 기술기준에 부적합하다고 인정하는 때에는 그 기술기준에 적합하도록 제조소등의 위치·구조 및 설비의 수리·개조 또는 이전을 명할 수 있다.

① 소방청장
② 소방본부장
③ 소방서장
④ 시·도지사

78

「위험물안전관리법」 상 위험물안전관리자에 대한 설명으로 옳지 않은 것은?

① 제조소등의 관계인은 위험물의 안전관리에 관한 직무를 수행하게 하기 위하여 제조소등마다 위험물의 취급에 관한 자격이 있는 자(위험물취급자격자)를 위험물안전관리자로 선임하여야 한다.
② 안전관리자를 선임한 제조소등의 관계인은 그 안전관리자를 해임하거나 안전관리자가 퇴직한 때에는 해임하거나 퇴직한 날부터 30일 이내에 다시 안전관리자를 선임하여야 한다.
③ 안전관리자를 선임한 경우에는 선임한 날부터 30일 이내에 소방본부장 또는 소방서장에게 신고하여야 한다.
④ 다수의 제조소등을 동일인이 설치한 경우에는 1인의 안전관리자를 중복하여 선임할 수 있다.

79

「위험물안전관리법」 상 위험물안전관리자가 직무를 수행할 수 없는 경우 지정하는 대리자의 직무대행기간이 가능한 것은?

① 35일
② 40일
③ 50일
④ 15일

80

「위험물안전관리법 시행령」 상 소방공무원으로서 근무한 경력이 5년인 사람이 위험물취급자격자로서 취급할 수 있는 위험물의 종류로 옳은 것은?

① 1류 위험물
② 2류 위험물
③ 3류 위험물
④ 4류 위험물

81 ●①②③
「위험물안전관리법 시행령」 상 위험물취급자격자에 따라 취급할 수 있는 위험물로 옳지 않은 것은?

① 소방공무원으로 근무한 경력이 1년 이상인 사람은 [별표1]의 위험물 중 제4류 위험물을 취급할 수 있다.
② 소방청장이 실시하는 안전관리자교육을 이수한 사람은 [별표1]의 위험물 중 제4류 위험물을 취급할 수 있다.
③ 위험물기능사의 자격을 취득한 사람은 [별표1]의 위험물 제1류 부터 제6류 까지 모든 위험물을 취급할 수 있다.
④ 위험물기능장의 자격을 취득한 사람은 [별표1]의 위험물 제1류 부터 제6류 까지 모든 위험물을 취급할 수 있다.

82 ●①②③
「위험물안전관리법 시행규칙」 상 안전관리자의 대리자가 될 수 없는 자는?

① 제조소등의 관계인에 의하여 안전관리자로 지정된 자
② 제조소등의 위험물 안전관리업무에 있어서 안전관리자를 감독하는 직위에 있는 자
③ 제조소등의 위험물 안전관리업무에 있어서 안전관리자를 지휘하는 자
④ 안전교육을 받은 자

83 ●①②③
「위험물안전관리법 시행령」 상 1인의 안전관리자를 중복하여 선임할 수 있는 경우로 볼 수 없는 것은?

① 보일러·버너 또는 이와 비슷한 것으로서 위험물을 소비하는 장치로 이루어진 7개 이하의 일반취급소와 그 일반취급소에 공급하기 위한 위험물을 저장하는 저장소를 동일인이 설치한 경우
② 위험물을 차량에 고정된 탱크 또는 운반용기에 옮겨 담기 위한 5개 이하의 일반취급소와 그 일반취급소에 공급하기 위한 위험물을 저장하는 저장소를 동일인이 설치한 경우
③ 동일구내에 있거나 상호 100미터 이내의 거리에 있는 저장소로서 저장소의 규모, 저장하는 위험물의 종류 등을 고려하여 행정안전부령이 정하는 저장소를 동일인이 설치한 경우
④ 각 제조소등이 동일구내에 위치하거나 상호 100미터 이내의 거리에 있는 10개 이하의 제조소등을 동일인이 설치한 경우

84

「위험물안전관리법 시행령」상 ( ) 안에 들어갈 말로 바르게 짝지어진 것은?

> 다음 각목의 기준에 모두 적합한 ( )개 이하의 제조소등을 동일인이 설치한 경우 1인의 안전관리자를 중복하여 선임할 수 있다.
> ㉠ 각 제조소등이 동일구내에 위치하거나 상호 ( )미터 이내의 거리에 있을 것
> ㉡ 각 제조소등에서 저장 또는 취급하는 위험물의 최대수량이 지정수량의 3천배 미만일 것. 다만, 저장소의 경우에는 그러하지 아니하다.

① 5, 100 ② 5, 300
③ 7, 100 ④ 7, 300

85

「위험물안전관리법 시행규칙」상 동일구내에 있거나 상호 100미터 이내의 거리에 있는 저장소로서 1인의 안전관리자를 중복하여 선임할 수 있는 저장소 등으로 옳은 것은 모두 몇 개인가?

> ㉠ 10개 이하의 옥내저장소
> ㉡ 옥내탱크저장소
> ㉢ 간이탱크저장소
> ㉣ 10개 이하의 암반탱크저장소
> ㉤ 10개 이하의 옥외저장소
> ㉥ 30개 이하의 옥외탱크저장소

① 1개 ② 3개
③ 5개 ④ 6개

86

「위험물안전관리법 시행규칙」상 ( ) 안에 들어갈 말로 가장 맞지 않는 것은?

> 동일구내에 있거나 상호 100미터 이내의 거리에 있는 저장소로서 ( )를(을) 동일인이 설치한 경우에는 1인의 안전관리자를 중복하여 선임할 수 있다.

① 10개 이하의 옥내저장소 ② 10개 이하의 옥외저장소
③ 옥내탱크저장소 ④ 10개 이하의 옥외탱크저장소

87 ①②③
「위험물안전관리법」상 탱크시험자의 등록에 대한 설명으로 옳지 않은 것은?

① 탱크시험자가 되고자 하는 자는 대통령령이 정하는 기술능력·시설 및 장비를 갖추어 시·도지사에게 등록하여야 한다.
② 등록한 사항 가운데 중요사항을 변경한 경우에는 그 날부터 14일 이내에 시·도지사에게 변경신고를 하여야 한다.
③ 등록기준에 미달하게 된 경우 6월 이내의 기간을 정하여 업무의 정지를 명할 수 있다.
④ 허위 그 밖의 부정한 방법으로 등록을 한 경우 그 등록을 취소하여야 한다.

88 ①②③
「위험물안전관리법 시행령」상 위험물 탱크시험자로 등록을 하고자 하는 경우 필수 기술 인력으로 옳은 것은?

① 위험물기능사
② 방사선비파괴검사 기사
③ 초음파비파괴검사 기능사
④ 누설비파괴검사 기사

89 ①②③
「위험물안전관리법」상 탱크시험자로 등록하거나 탱크시험자의 업무에 종사할 수 없는 경우로 옳은 것을 모두 고르시오.

㉠ 피성년후견인
㉡ 「소방시설공사업법」에 따른 금고 이상의 실형의 선고를 받고 그 집행이 종료(집행이 종료된 것으로 보는 경우는 제외한다)되거나 집행이 면제된 날부터 2년이 지나지 아니한 자
㉢ 「소방기본법」에 따른 금고 이상의 형의 집행유예 선고를 받고 2년이 지나지 아니한 자
㉣ 탱크시험자의 등록이 취소(피성년후견인에 해당하여 자격이 취소된 경우는 제외한다)된 날부터 2년이 지나지 아니한 자

① ㉠, ㉡
② ㉡, ㉢
③ ㉢, ㉣
④ ㉠, ㉣

90 「위험물안전관리법」상 탱크시험자의 그 등록을 취소하지 않아도 되는 것은?

① 등록기준에 미달하게 된 경우
② 등록의 결격사유에 해당하게 된 경우
③ 허위 그 밖의 부정한 방법으로 등록을 한 경우
④ 등록증을 다른 자에게 빌려준 경우

91 「위험물안전관리법 시행규칙」상 탱크시험자가 변경신고를 하여야 하는 등록사항에 해당하지 않는 것은?

① 영업소 소재지의 변경
② 기술능력의 변경
③ 대표자주소의 변경
④ 명칭의 변경

92 「위험물안전관리법 시행령」상 관계인이 예방규정을 정하여야 하는 제조소등으로 옳지 않은 것은?

① 지정수량의 10배 이상의 위험물을 취급하는 제조소
② 지정수량의 50배 이상의 위험물을 저장하는 옥외저장소
③ 지정수량의 150배 이상의 위험물을 저장하는 옥내저장소
④ 암반탱크저장소

93

「위험물안전관리법 시행령」상 관계인이 예방규정을 정하여야 하는 제조소등으로 옳은 것과 옳지 않은 것의 조합이 맞는 것은?

> ㉠ 지정수량의 10배 이상의 위험물을 취급하는 제조소
> ㉡ 지정수량의 100배 이상의 위험물을 저장하는 옥내저장소
> ㉢ 암반탱크저장소, 이동탱크저장소
> ㉣ 지정수량의 200배 이상의 위험물을 저장하는 옥외탱크저장소
> ㉤ 지정수량의 10배 이상의 위험물을 취급하는 일반취급소

① ㉠ (O), ㉡ (X), ㉢ (X), ㉣ (O), ㉤ (O)
② ㉠ (O), ㉡ (X), ㉢ (O), ㉣ (O), ㉤ (O)
③ ㉠ (X), ㉡ (O), ㉢ (O), ㉣ (O), ㉤ (X)
④ ㉠ (O), ㉡ (O), ㉢ (O), ㉣ (O), ㉤ (O)

94

「위험물안전관리법 시행규칙」상 예방규정의 이행 실태 평가의 실시 시기에 대한 설명이다. 빈칸의 내용으로 옳은 것은?

> • 최초평가 : 예방규정을 최초로 제출한 날부터 (㉠)년이 되는 날이 속하는 연도에 실시한다.
> • 정기평가 : 최초평가 또는 직전 정기평가를 실시한 날을 기준으로 (㉡)년마다 실시. 다만, 수시평가를 실시한 경우에는 수시평가를 실시한 날을 기준으로 (㉢)년마다 실시한다.

	㉠	㉡	㉢
①	2	3	2
②	3	5	5
③	2	3	3
④	3	4	4

95

「위험물안전관리법 시행규칙」상 예방규정의 이행 실태 평가의 통보에 대한 설명이다. 빈칸의 내용으로 옳은 것은?

> 소방청장은 예방규정의 이행 실태 평가를 실시하는 경우 평가실시일 (㉠)일 전까지[수시 평가의 경우에는 (㉡)일 전까지를 말한다] 제조소등의 관계인에게 평가실시일, 평가항목 및 세부 평가일정에 관한 사항을 통보해야 한다.

	㉠	㉡
①	10	14
②	10	7
③	30	14
④	30	7

96

「위험물안전관리법」및 같은 법 시행령상 제조소등의 관계인이 기술기준에 적합한지 여부를 정기적으로 점검하고 그 결과를 기록하여 보존해야 하는 대상으로 볼 수 없는 것은?

① 위험물을 취급하는 탱크로서 지하에 매설된 탱크가 있는 제조소·주유취급소 또는 일반취급소
② 지정수량의 150배 이상의 위험물을 저장하는 옥외탱크저장소
③ 이동탱크저장소
④ 지하탱크저장소

97

「위험물안전관리법 시행령」상 정기검사 대상 중 액체위험물을 저장 또는 취급하는 몇 만 리터 이상의 옥외탱크저장소를 말하는가?

① 50만 리터
② 100만 리터
③ 150만 리터
④ 200만 리터

98 「위험물안전관리법 시행규칙」상 제조소등의 관계인이 실시해야 하는 정기점검의 실시 횟수는?

① 월 1회 이상　　② 분기별 1회 이상
③ 연 1회 이상　　④ 연 2회 이상

99 「위험물안전관리법 시행규칙」상 ( )에 들어갈 알맞은 말은?

> 제조소등의 위치·구조 및 설비가 기술기준에 적합한지를 점검하는데 필요한 정기점검의 내용·방법 등에 관한 기술상의 기준과 그 밖의 점검에 관하여 필요한 사항은 ( )이 정하여 고시한다.

① 소방청장　　② 소방본부장
③ 시·도지사　　④ 소방서장

100 「위험물안전관리법 시행령」상 자체소방대를 설치하여야 하는 사업소 중 옥외탱크저장소에 저장하는 제4류 위험물의 최대수량이 지정수량의 몇 배 이상인가?

① 1천 배　　② 3천 배
③ 100만 배　　④ 50만 배

101 「위험물안전관리법 시행규칙」상 자체소방대의 설치 제외대상인 일반취급소가 아닌 것은?

① 보일러, 버너 그 밖에 이와 유사한 장치로 위험물을 소비하는 일반취급소
② 특수인화물을 취급하는 일반취급소
③ 용기에 위험물을 옮겨 담는 일반취급소
④ 이동저장탱크 그 밖에 이와 유사한 것에 위험물을 주입하는 일반취급소

102

「위험물안전관리법 시행규칙」상 보기 중 자체소방대의 설치 제외대상인 것은 모두 몇 개인가?

> ㉠ 유압장치, 윤활유순환장치 그 밖에 이와 유사한 장치로 위험물을 취급하는 일반취급소
> ㉡ 「광산안전법」의 적용을 받는 일반취급소
> ㉢ 제조소에서 취급하는 제4류 위험물의 최대수량의 합이 지정수량의 3천 배 이상인 사업소
> ㉣ 용기에 위험물을 옮겨 담는 일반취급소
> ㉤ 이동저장탱크 그 밖에 이와 유사한 것에 위험물을 주입하는 일반취급소
> ㉥ 일반취급소에서 취급하는 제4류 위험물의 최대수량의 합이 지정수량의 3천 배 이상인 사업소
> ㉦ 보일러, 버너 그 밖에 이와 유사한 장치로 위험물을 소비하는 일반취급소

① 6개
② 5개
③ 4개
④ 3개

103

「위험물안전관리법 시행규칙」상 자체소방대에 관한 설명으로 옳지 않은 것은?

① 유압장치, 윤활유순환장치 그 밖에 이와 유사한 장치로 위험물을 취급하는 일반취급소에서는 자체소방대를 두어야 한다.
② 2 이상의 사업소가 상호응원에 관한 협정을 체결하고 있는 경우에는 당해 모든 사업소를 하나의 사업소로 본다.
③ 2 이상의 사업소가 상호응원에 관한 협정을 체결하고 있는 경우 각 제조소 또는 취급소에서 취급하는 제4류 위험물을 합산한 양을 하나의 사업소에서 취급하는 제4류 위험물의 최대수량으로 간주한다.
④ 상호응원에 관한 협정을 체결하고 있는 각 사업소의 자체소방대에는 화학소방자동차마다 5인 이상의 자체소방대원을 두어야 한다.

104

「위험물안전관리법 시행령」상 자체소방대에 두는 화학소방자동차와 자체소방대원의 수에 관한 규정이다. 빈칸에 들어갈 숫자가 바르게 짝지어진 것은?

> 옥외탱크저장소에 저장하는 제4류 위험물의 최대수량이 지정수량의 50만 배 이상인 사업소에는 화학소방자동차 (㉠)대와 자체소방대원(㉡)인을 두어야 한다.

	㉠	㉡
①	2	10
②	2	15
③	3	10
④	3	15

105

「위험물안전관리법 시행령」상 제조소 또는 일반취급소에서 취급하는 제4류 위험물의 최대수량의 합이 지정수량의 12만 배 이상 24만 배 미만인 사업소에는 화학자동차를 몇 대 두어야 하는가?

① 1대
② 2대
③ 3대
④ 4대

106

「위험물안전관리법 시행규칙」상 (   )에 들어갈 것은?

> 포수용액을 방사하는 화학소방자동차의 대수는 관련 규정에 의한 화학소방자동차의 대수의 (   )으로 하여야 한다.

① 2분의 1 이상
② 4분의 3 이상
③ 3분의 1 이상
④ 3분의 2 이상

107

「위험물안전관리법 시행규칙」상 화학소방자동차에 갖추어야 하는 소화능력 및 설비의 기준으로 옳지 않은 것은?

① 제독차는 가성소다 및 규조토를 각각 50kg 이상 비치할 것
② 분말 방사차는 분말의 방사능력이 매초 10kg 이상일 것
③ 이산화탄소의 방사차는 이산화탄소의 방사능력이 매초 40kg 이상일 것
④ 포수용액 방사차는 포수용액의 방사능력이 매분 2,000L 이상일 것

108

「위험물안전관리법」및 같은 법 시행령상 제조소등에서의 흡연 금지에 관한 내용으로 옳지 않은 것은?

① 제조소등에서의 흡연장소의 지정 기준·방법 등은 대통령령으로 정하고, 제조소등이 금연구역임을 알리는 표지를 설치하는 기준·방법 등은 행정안전부령으로 정한다.
② 소방청장은 제조소등의 관계인이 규정을 위반하여 금연구역임을 알리는 표지를 설치하지 아니하거나 보완이 필요한 경우 일정한 기간을 정하여 그 시정을 명할 수 있다.
③ 제조소등의 관계인은 흡연장소를 지정하는 경우에는 소형수동식소화기(이에 준하는 소화설비를 포함한다)를 1개 이상 비치해야 한다.
④ 흡연장소는 폭발위험장소(「산업표준화법」에 따른 한국산업표준에서 정한 폭발성 가스에 의한 폭발위험장소의 범위를 말한다) 외의 장소에 지정하는 등 위험물을 저장·취급하는 건축물, 공작물 및 기계·기구, 그 밖의 설비로부터 안전 확보에 필요한 일정한 거리를 두어야 한다.

109

「위험물안전관리법 시행령」상 제조소등에서는 지정된 장소가 아닌 곳에서의 흡연이 금지되었음에도 이를 2차 위반하였다. 이 경우에 해당하는 과태료 금액은?

① 200만 원
② 300만 원
③ 400만 원
④ 500만 원

110

「위험물안전관리법 시행규칙」상 지정수량의 10배 이상의 위험물을 저장 또는 취급하는 제조소등(이동탱크저장소를 제외한다)에는 화재발생시 이를 알릴 수 있는 경보설비를 설치하여야하는 것으로 옳은 것은?

① 시각경보기
② 통합감시시설
③ 비상방송설비
④ 무선통신보조설비

111

「위험물안전관리법 시행규칙」상 제조소등에 설치하는 소방시설 설치에 대한 내용으로 옳은 것과 옳지 않은 것의 조합이 맞는 것은?

> ㉠ 주유취급소 중 건축물의 1층의 부분을 점포·휴게음식점 또는 전시장의 용도로 사용하는 것과 옥내주유취급소에는 피난설비를 설치하여야 한다.
> ㉡ 제조소등에는 화재발생시 소화가 곤란한 정도에 따라 그 소화에 적응성이 있는 소화설비를 설치하여야 한다.
> ㉢ 지정수량의 10배 이상의 위험물을 저장 또는 취급하는 제조소등(이동탱크저장소를 제외한다)에는 화재발생시 이를 알릴 수 있는 경보설비를 설치하여야 한다.
> ㉣ 제조소등에는 화재발생시 소방공무원이 화재를 진압하거나 인명구조활동을 위하여 소화활동설비를 설치하여야 한다.
> ㉤ 제조소등에는 화재발생시 소방공무원이 화재를 진압하는 데 필요한 물을 공급하거나 저장하는 소화용수설비를 설치하여야 한다.

① ㉠(O), ㉡(X), ㉢(X), ㉣(O), ㉤(O)
② ㉠(O), ㉡(X), ㉢(O), ㉣(O), ㉤(O)
③ ㉠(X), ㉡(O), ㉢(O), ㉣(X), ㉤(X)
④ ㉠(O), ㉡(O), ㉢(O), ㉣(O), ㉤(O)

112

「위험물안전관리법 시행규칙」상 동일구내에 있거나 상호 100m 이내의 거리에 있는 저장소로 1인의 안전관리자를 중복하여 선임 할 수 없는 저장소는?

① 30개의 옥내탱크저장소
② 30개의 간이탱크저장소
③ 30개의 지하탱크저장소
④ 30개의 옥외저장소

113

「위험물안전관리법 시행규칙」상 특정·준특정옥외탱크저장소는 소방본부장이나 소방서장으로부터 정기검사를 받아야 한다. 정밀 정기검사는 완공검사합격확인증을 발급 받은 날부터 몇 년 이내에 받아야 하는가?

① 2년
② 3년
③ 11년
④ 12년

114

「위험물안전관리법」상 다량의 위험물을 저장·취급하는 제조소 등으로서 대통령령이 정하는 제조소 등이 있는 동일한 사업소에서 대통령령이 정하는 수량 이상의 위험물을 저장 또는 취급하는 경우 당해사업소 관계인이 설치해야하는 것은?

① 의용소방대
② 자체소방대
③ 자위소방대
④ 의무소방대

115

「위험물안전관리법 시행규칙」상 제조소의 변경허가를 받아야 하는 경우로 옳은 것은?

① 불활성기체의 봉입장치를 교체하는 경우
② 건축물의 벽을 증설 또는 철거하는 경우
③ 배출설비를 철거하는 경우
④ 자동화재탐지설비를 교체하는 경우

116

「위험물안전관리법」상 제조소등의 정기점검에 대한 설명이다. 빈칸을 채우시오.

> 정기점검을 한 제조소등의 관계인은 점검을 한 날부터 [   ]일 이내에 점검결과를 시·도지사에게 제출하여야 한다.

① 7
② 10
③ 14
④ 30

117

「위험물안전관리법」상 정기점검 및 정기검사를 각각 누가 해야 하는가?

	정기점검	정기검사
①	소방본부장, 소방서장	관계인
②	소방본부장, 소방서장	시·도지사
③	관계인	소방본부장, 소방서장
④	시·도지사	소방본부장

제4장	위험물의 운반 등
제5장	감독 및 조치명령
제6장	보칙
제7장	벌칙

118
「위험물안전관리법 시행규칙」상 유별을 달리하는 위험물의 혼재기준에서 4류 위험물과 혼재할 수 없는 것은?

① 1류, 6류
② 2류, 3류
③ 3류, 5류
④ 2류, 5류

119
「위험물안전관리법 시행규칙」상 위험물의 운반에 관한 기준에서 제2류 위험물의 철분을 수납하는 위험물의 표시사항으로 옳은 것은?

① 화기주의 및 물기엄금
② 충격주의 및 화기엄금
③ 화기엄금 및 공기접촉엄금
④ 물기주의 및 화기주의

120
「위험물안전관리법」상 위험물 운반용기를 제작하거나 수입한 자 등의 신청에 따라 운반용기의 검사 실시권자는?

① 제조소 등의 관계인
② 소방본부장 또는 소방서장
③ 시·도지사
④ 소방청장

121
「위험물안전관리법 시행령」상 운송책임자의 감독 또는 지원을 받아 운송하여야 하는 위험물로 옳은 것은?

① 알킬알루미늄, 알킬리튬
② 마그네슘, 염소류
③ 적린, 금속분
④ 황, 황산

122

「위험물안전관리법」 및 같은 법 시행령, 시행규칙상 위험물의 운송에 관한 설명으로 옳지 않은 것은?

① 이동탱크저장소에 의하여 위험물을 운송하는 자(운송책임자 및 이동탱크저장소운전자를 말한다)는 「국가기술자격법」에 따른 위험물 분야의 자격을 취득하거나 또는 규정에 따른 안전교육을 수료하여야 한다.
② 알킬알루미늄 또는 알킬리튬을 함유하는 위험물의 운송에 있어서 운송책임자(위험물 운송의 감독 또는 지원을 하는 자)의 감독 또는 지원을 받아 이를 운송하여야 한다.
③ 위험물 운송책임자는 위험물의 운송에 관한 안전교육을 수료하고 관련 업무에 1년 이상 종사한 경력이 있는 자이어야 한다.
④ 위험물 운송책임자는 당해 위험물의 취급에 관한 국가기술자격을 취득하고 관련 업무에 1년 이상 종사한 경력이 있는 자이어야 한다.

123

「위험물안전관리법」 상 위험물의 저장 및 취급과 관련한 감독에 대한 설명 중 가장 타당하지 않은 것은?

① 소방서장은 관계공무원으로 하여금 당해 장소에 출입하여 관계인에게 질문하게 하고 시험에 필요한 최소한의 위험물 또는 위험물로 의심되는 물품을 수거하게 할 수 있다.
② 시·도지사는 위험물의 저장 또는 취급에 따른 화재의 예방 또는 진압대책을 위하여 필요한 때에는 위험물을 저장 또는 취급하고 있다고 인정되는 장소의 관계인에 대하여 필요한 보고 또는 자료제출을 명할 수 있다.
③ 소방본부장은 관계공무원으로 하여금 당해 장소에 출입하여 그 장소의 위치·구조·설비 및 위험물의 저장·취급상황에 대하여 검사하게 할 수 있으나, 이 경우에도 개인의 주거에는 출입할 수 없다.
④ 출입·검사 등을 행하는 관계공무원은 관계인의 정당한 업무를 방해하거나 출입·검사 등을 수행하면서 알게 된 비밀을 다른 자에게 누설하여서는 아니 된다.

124

「위험물안전관리법」상 위험물 제조소 등에의 출입·검사권자로 옳은 것은?

① 소방청장, 시·도지사, 소방본부장, 소방서장
② 소방대장, 시·도지사, 소방청장, 소방본부장
③ 시·도지사, 소방청장, 소방서장, 관계공무원
④ 소방청장, 소방본부장, 소방서장, 관계인

125

다음 설명 중 가장 타당하지 않은 것은?

① 소방공무원 또는 경찰공무원은 위험물운반자 또는 위험물운송자의 요건을 확인하기 위하여 필요하다고 인정하는 경우에는 주행 중인 이동탱크저장소를 정지시켜 해당 위험물운반자 또는 위험물운송자에게 그 자격을 증명할 수 있는 국가기술자격증의 제시를 요구할 수 있다.
② 출입·검사 등은 그 장소의 공개시간이나 근무시간 외에만 행하여야 한다.
③ 시·도지사, 소방본부장 또는 소방서장은 탱크시험자에 대하여 필요한 보고 또는 자료제출을 명하거나 관계공무원으로 하여금 당해 사무소에 출입하여 업무의 상황·시험기구·장부·서류와 그 밖의 물건을 검사하게 하거나 관계인에게 질문하게 할 수 있다.
④ 출입·검사 등을 하는 관계공무원은 그 권한을 표시하는 증표를 지니고 관계인에게 이를 내보여야 한다.

126

「위험물안전관리법」상 탱크시험자에 대하여 필요한 보고 또는 자료제출을 명하거나 관계공무원으로 하여금 당해 사무소에 출입하여 업무의 상황·시험기구·장부·서류와 그 밖의 물건을 검사하게 하거나 관계인에게 질문하게 할 수 없는 자는?

① 소방청장
② 소방본부장
③ 소방서장
④ 시·도지사

127

「위험물안전관리법」상 위험물의 누출·화재·폭발 등의 사고가 발생한 경우 사고의 원인 및 피해 등을 조사하여야 하는 자로 옳지 않은 것은?

① 시·도지사
② 소방청장
③ 소방본부장
④ 소방서장

128

「위험물안전관리법」상 사고조사위원회에 대한 설명으로 옳지 않은 것은?

① 사고조사위원회는 위원장 1명을 포함하여 9명 이내의 위원으로 구성한다.
② 위원장은 위원 중에서 소방청장, 소방본부장 또는 소방서장이 임명하거나 위촉한다.
③ 위원회에 출석한 위원에게는 예산의 범위에서 수당, 여비, 그 밖에 필요한 경비를 지급할 수 있다. 다만, 공무원인 위원이 그 소관 업무와 직접적으로 관련되어 위원회에 출석하는 경우에는 지급하지 않는다.
④ 기술원의 임직원 중 위험물 안전관리 관련 업무에 5년 이상 종사한 사람은 위원회의 위원으로 소방청장, 소방본부장 또는 소방서장이 임명하거나 위촉한다.

129

「위험물안전관리법」상 시·도지사·소방본부장·소방서장의 권한이 아닌 것은?

① 무허가장소의 위험물에 대한 조치명령
② 제조소등에 대한 긴급 사용정지명령 등
③ 저장·취급기준 준수명령 등
④ 응급조치명령

130

「위험물안전관리법」상 다음 설명 중 옳지 않은 것은?

① 제조소등의 관계인은 당해 제조소등에서 위험물의 유출 그 밖의 사고가 발생한 때에는 즉시 그리고 지속적으로 위험물의 유출 및 확산의 방지, 유출된 위험물의 제거 그 밖에 재해의 발생방지를 위한 응급조치를 강구하여야 한다.
② ①의 사태를 발견한 자는 즉시 그 사실을 소방서, 경찰서 또는 그 밖의 관계기관에 통보하여야 한다.
③ 시·도지사는 제조소등의 관계인이 응급조치를 강구하지 아니하였다고 인정하는 때에는 응급조치를 강구하도록 명할 수 있다.
④ 시·도지사, 소방본부장 또는 소방서장은 제조소등에서의 위험물의 저장 또는 취급이 위반된다고 인정하는 때에는 당해 제조소등의 관계인에 대하여 동항의 기준에 따라 위험물을 저장 또는 취급하도록 명할 수 있다.

131

「위험물안전관리법」 및 같은 법 시행령 상 안전교육에 대한 다음 설명 중 가장 타당하지 않은 것은?

① 소방청장은 교육대상자에 대하여 필요한 안전교육을 받게 하여야 한다.
② 안전관리자로 선임된 자는 해당 업무에 관한 능력의 습득 또는 향상을 위하여 소방청장이 실시하는 교육을 받아야 한다.
③ 탱크시험자의 기술인력으로 종사하는 자는 해당 업무에 관한 능력의 습득 또는 향상을 위하여 소방청장이 실시하는 교육을 받아야 한다.
④ 위험물운송자로 종사하는 자는 해당 업무에 관한 능력의 습득 또는 향상을 위하여 소방청장이 실시하는 교육을 받아야 한다.

132

「위험물안전관리법 시행령」상 소방청장이 실시하는 안전교육을 받지 아니하여도 되는 자는?

① 제조소등의 관계인
② 위험물운반자로 종사하는 자
③ 위험물운송자로 종사하는 자
④ 안전관리자로 선임된 자

133
「위험물안전관리법 시행령」상 다음 시·도지사의 권한 중 소방서장에게 위임할 수 없는 것은?

① 제조소등의 설치허가 또는 변경허가
② 동일한 시·도에 있는 둘 이상 소방서장의 관할구역에 걸쳐 설치되는 이송취급소에 관련된 권한
③ 위험물의 품명·수량 또는 지정수량의 배수의 변경신고의 수리
④ 제조소등의 설치허가의 취소와 사용정지

134
「위험물안전관리법 시행규칙」상 안전관리대행기관의 업무정지를 명할 수 없는 경우는?

① 안전관리대행기관의 기술인력이 안전관리업무를 성실하게 수행하지 아니한 경우
② 다른 사람에게 지정서를 대여한 경우
③ 소방청장의 지도·감독에 정당한 이유 없이 따르지 아니하는 경우
④ 변경·휴업 또는 재개업의 신고를 연간 2회 이상 하지 아니한 경우

135
「위험물안전관리법」상 제조소등 설치허가의 취소와 탱크시험자의 등록취소에 대한 청문을 실시할 수 없는 자는?

① 소방청장
② 소방본부장
③ 소방서장
④ 시·도지사

136
「위험물안전관리법」상 가장 무거운 벌칙은?

① 제조소등의 사용정지명령을 위반한 자
② 위험물의 저장 또는 취급에 관한 세부기준을 위반한 자
③ 위험물의 운반에 관한 세부기준을 위반한 자
④ 위험물의 운반에 관한 중요기준에 따르지 아니한 자

137

「위험물안전관리법」상 벌칙에 대한 설명으로 옳지 않은 것은?

① 제조소등에서 위험물을 유출·방출 또는 확산시켜 사람의 생명·신체 또는 재산에 대하여 위험을 발생시킨 자는 1년 이상 10년 이하의 징역에 처한다.
② 제조소등에서 위험물을 유출·방출 또는 확산시켜 사람을 상해에 이르게 한 때에는 무기 또는 1년 이상의 징역에 처하며, 사망에 이르게 한 때에는 무기 또는 5년 이상의 징역에 처한다.
③ 업무상 과실로 제조소등에서 위험물을 유출·방출 또는 확산시켜 사람의 생명·신체 또는 재산에 대하여 위험을 발생시킨 자는 7년 이하의 금고 또는 7천만 원 이하의 벌금에 처한다.
④ 업무상 과실로 제조소등에서 위험물을 유출·방출 또는 확산시켜 사람을 사상(死傷)에 이르게 한 자는 10년 이하의 징역 또는 금고나 1억 원 이하의 벌금에 처한다.

138

「위험물안전관리법」상 제조소등의 설치허가를 받지 아니하고 제조소등을 설치한 자의 벌칙으로 옳은 것은?

① 7년 이하의 금고 또는 7천만 원 이하의 벌금
② 10년 이하의 징역 또는 금고나 1억 원 이하의 벌금
③ 5년 이하의 징역 또는 1억 원 이하의 벌금
④ 3년 이하의 징역 또는 3천만 원 이하의 벌금

139

「위험물안전관리법」상 처벌의 내용이 다른 것은?

① 안전관리자의 선임신고를 기간 이내에 하지 아니하거나 허위로 한 자
② 위험물의 운반에 관한 세부기준을 위반한 자
③ 제조소등의 폐지신고를 기간 이내에 하지 아니하거나 허위로 한 자
④ 위험물의 취급에 관한 안전관리와 감독을 하지 아니한 자

140 ①②③
「위험물안전관리법」상 5년 이하의 징역 또는 1억 원 이하의 벌금에 해당되는 경우는?

① 제조소 등에서 위험물을 유출·방출 또는 확산시켜 사람을 상해에 이르게 한 자
② 업무상 과실로 제조소 등에서 위험물을 유출·방출 또는 확산시켜 사람의 생명·신체 또는 재산에 대하여 위험을 발생시킨 자
③ 업무상 과실로 제조소 등에서 위험물을 유출·방출 또는 확산시켜 사람을 사상에 이르게 한 자
④ 제조소 등의 설치허가를 받지 아니하고 제조소 등을 설치한 자

141 ①②③
「위험물안전관리법」상 저장소 또는 제조소등이 아닌 장소에서 지정수량 이상의 위험물을 저장 또는 취급한 자에 대한 벌칙으로 옳은 것은?

① 1년 이하의 징역 또는 1천만 원 이하의 벌금
② 3년 이하의 징역 또는 3천만 원 이하의 벌금
③ 1천 500만 원 이하의 벌금
④ 5년 이하의 징역 또는 1억 원 이하의 벌금

142 ①②③
「위험물안전관리법」상 제조소등의 관계인은 제조소등의 사용을 중지하려는 경우에는 위험물의 제거 및 제조소등에의 출입통제 등 행정안전부령으로 정하는 안전조치를 하여야 한다. 이에 따른 안전조치 이행명령을 따르지 아니한 자에게 해당하는 벌칙은?

① 500만 원 이하의 과태료
② 500만 원 이하의 벌금
③ 1천만 원 이하의 벌금
④ 1천500만 원 이하의 벌금

143 ①②③
「위험물안전관리법」상 행위자에 대한 처벌 중 성질이 다른 것은?

① 품명 등의 변경신고를 기간 이내에 하지 아니하거나 허위로 한 자
② 지위승계신고를 기간 이내에 하지 아니하거나 허위로 한 자
③ 등록사항의 변경신고를 기간 이내에 하지 아니하거나 허위로 한 자
④ 안전관리자 또는 그 대리자가 참여하지 아니한 상태에서 위험물을 취급한 자

144

「위험물안전관리법」상 제조소등의 사용 중지신고 또는 재개신고를 기간 이내에 하지 아니하거나 거짓으로 한 자에게 해당하는 벌칙은?

① 100만 원 이하의 벌금
② 100만 원 이하의 과태료
③ 500만 원 이하의 벌금
④ 500만 원 이하의 과태료

145

「위험물안전관리법 시행령」상 과태료의 부과기준에 대한 설명이다. 빈칸의 내용으로 옳은 것은?

위반행위	과태료 금액(만 원)
규정에 따른 위험물의 저장 또는 취급에 관한 세부기준을 위반한 경우	
1) 1차 위반 시	[㉠]
2) 2차 위반 시	[㉡]
3) 3차 이상 위반 시	[㉢]

	㉠	㉡	㉢
①	150	300	500
②	150	400	600
③	250	300	600
④	250	400	500

146

「위험물안전관리법 시행령」상 제조소등의 관계인이 규정을 위반하여 예방규정을 준수하지 않은 경우가 1차 위반에 해당하는 경우에 해당하는 벌칙으로 옳은 것은?

① 100만 원
② 150만 원
③ 200만 원
④ 250만 원

147

「위험물안전관리법」상 과태료 부과권자로서 옳지 않은 것은?

① 소방서장
② 시·도지사
③ 소방본부장
④ 소방청장

148
「위험물안전관리법 시행규칙」상 제조소 안전거리가 틀린 것은?

① 주거용 - 10m 이상
② 도시가스 저장 및 취급시설 - 20m 이상
③ 병원, 학교 - 20m 이상
④ 유형문화재 - 50m 이상

149
「위험물안전관리법 시행규칙」상 위험물 제조소의 안전거리 기준에 맞는 것은?

① 주거 용도에 사용되는 것 20m 이상
② 액화석유가스 30m 이상
③ 종합병원, 병원, 치과병원, 한방병원, 요양병원 40m 이상
④ 사용전압 35,000V를 초과하는 특고압가공전선 5m 이상

150
「위험물안전관리법 시행규칙」상 위험물제조소등에서 보유공지를 확보하지 않아도 되는 대상은?

① 옥외탱크저장소
② 옥외저장소
③ 옥내탱크저장소
④ 제조소

151
「위험물안전관리법 시행규칙」상 지정수량의 몇 배 이상의 위험물을 취급하는 제조소에는 피뢰침을 설치하여야 하는가?

① 5배
② 10배
③ 50배
④ 70배

152
「위험물안전관리법 시행규칙」상 아세트알데하이드등을 취급하는 설비에 사용할 수 있는 금속은?

① 수은
② 동
③ 마그네슘
④ 알루미늄

153

「위험물안전관리법 시행규칙」상 지하저장탱크의 주위에는 당해 탱크로부터의 액체 위험물의 누설을 검사하기 위한 관에 대한 설명으로 옳지 않은 것은?

① 이중관으로 할 것. 다만, 소공이 없는 상부는 단관으로 할 수 있다.
② 재료는 금속관 또는 경질합성수지관으로 할 것
③ 관은 탱크전용실의 바닥 또는 탱크의 기초까지 닿게 할 것
④ 상부는 물이 침투하지 아니하는 구조로 하고, 뚜껑은 검사 시에 쉽게 열 수 없도록 할 것

154

「위험물안전관리법 시행규칙」상 간이탱크저장소의 위치·구조 및 설비의 기준에 대한 설명으로 옳지 않은 것은?

① 하나의 간이탱크저장소에 설치하는 간이저장탱크는 그 수를 3이하로 하고, 동일한 품질의 위험물의 간이저장탱크를 2이상 설치하지 아니하여야 한다.
② 간이저장탱크의 용량은 1,000ℓ 이하이어야 한다.
③ 간이저장탱크는 두께 3.2mm 이상의 강판으로 흠이 없도록 제작하여야 하며, 70KPa의 압력으로 10분간의 수압시험을 실시하여 새거나 변형되지 아니하여야 한다.
④ 위험물을 저장 또는 취급하는 간이탱크는 옥외에 설치하여야 한다.

155

「위험물안전관리법 시행규칙」상 간이저장탱크에 밸브 없는 통기관을 설치하는 기준으로 옳지 않은 것은?

① 통기관의 지름은 20mm 이상으로 할 것
② 통기관은 옥외에 설치하되, 그 끝부분의 높이는 지상 1.5m 이상으로 할 것
③ 통기관의 끝부분은 수평면에 대하여 아래로 45° 이상 구부려 빗물 등이 침투하지 아니하도록 할 것
④ 가는 눈의 구리망 등으로 인화방지장치를 할 것

156 ①②③
「위험물안전관리법 시행규칙」상 이동탱크저장소 측면틀과 방호틀의 설치에 대한 설명으로 옳지 않은 것은?

① 측면틀은 외부로부터 하중에 견딜 수 있는 구조로 할 것
② 측면틀은 탱크상부의 네 모퉁이에 당해 탱크의 전단 또는 후단으로부터 각각 1m 이내의 위치에 설치할 것
③ 방호틀은 두께 2.3㎜ 이상의 강철판 또는 이와 동등 이상의 기계적 성질이 있는 재료로써 산모양의 형상으로 하거나 이와 동등 이상의 강도가 있는 형상으로 할 것
④ 방호틀 정상부분은 부속장치보다 25㎜ 이상 높게 하거나 이와 동등 이상의 성능이 있는 것으로 할 것

157 ①②③
「위험물안전관리법 시행규칙」상 옥외저장소에 관하여 옳지 않은 것은?

① 선반은 불연재료로 만들고 견고한 지반면에 고정할 것
② 선반의 높이는 6m를 초과하지 아니할 것
③ 지정수량의 10배 이하의 보유공지는 3m 이상을 띄운다.
④ 지정수량의 50배 초과 200배 이하 보유공지는 9m 이상을 띄운다.

158 ①②③
「위험물안전관리법 시행규칙」상 옥내저장탱크 중 압력탱크에 저장하는 아세트알데하이드등 또는 다이에틸에터등의 저장 온도는 몇 도 이하 이어야 하는가?

① 15℃
② 30℃
③ 40℃
④ 55℃

159 ①②③
「위험물안전관리법 시행규칙」상 위험물별 주의사항 게시판 내용과 다른 것은?

① 제2류 가연성고체 - 화기주의
② 제2류 인화성고체 - 화기엄금
③ 제3류 자연발화성물품 - 물기엄금
④ 제4류 인화성액체 - 화기엄금

160

「위험물안전관리법 시행규칙」상 옥외탱크저장소 통기관에 대하여 가장 옳지 않은 것은?

① 가는 눈의 구리망 등으로 인화 방지장치를 할 것
② 대기밸브부착 통기관은 5kPa 이하의 압력차이로 작동할 수 있을 것.
③ 끝부분은 수평면보다 45도 이상 구부려져 빗물 등의 침투를 막는 구조로 할 것
④ 밸브 없는 통기관의 지름은 20㎜ 이상이어야 한다.

161

「위험물안전관리법 시행규칙」상 제조소의 설치기준에 대한 설명이다. 옳지 않은 것은?

① 채광설비는 불연재료로 하고 연소 우려가 없는 장소에 설치한다.
② 조명설비의 전선은 내화·내열전선으로 한다.
③ 환기설비의 급기구의 크기는 800㎠ 이상으로 한다.
④ 환기설비의 급기구는 높은 곳에 설치한다.

162

「위험물안전관리법 시행규칙」상 위험물제조소의 채광·조명·환기설비 기준으로 틀린 것은?

① 제조소의 환기는 강제배기방식으로 한다.
② 채광설비는 불연재료로 하고 채광면적은 최소로 한다.
③ 가연성가스 등의 체류할 우려가 있는 장소의 조명등은 방폭등으로 할 것
④ 조명설비의 전선은 내화·내열전선으로 하며 점멸스위치는 출입구 바깥부분에 설치한다.

163

「위험물안전관리법 시행규칙」상 옥외탱크저장소에 저장 또는 취급하는 위험물의 최대수량이 500배를 초과하여 600배일 경우, 보유공지는 얼마 이상인가?

① 3m 이상
② 5m 이상
③ 9m 이상
③ 12m 이상

164

「위험물안전관리법 시행규칙」상 옥외탱크저장소의 방유제 설치 기준에 대한 설명으로 옳지 않은 것은?

① 방유제는 높이 0.5m 이상 3m 이하, 두께 0.2m 이상, 지하매설깊이 1m 이상으로 할 것
② 방유제 내의 면적은 8만㎡ 이하로 할 것
③ 방유제에는 그 내부에 고인 물을 외부로 배출하기 위한 배수구를 설치하고 이를 개폐하는 밸브 등을 방유제의 외부에 설치할 것
④ 높이가 1m를 넘는 방유제 및 간막이 둑의 안팎에는 방유제 내에 출입하기 위한 계단 또는 경사로를 약 70m마다 설치할 것

165

「위험물안전관리법 시행규칙」상 지하탱크저장소의 제반사항으로 틀린 것은?

① 탱크의 주위에 마른 모래 또는 습기 등에 의하여 응고되지 아니하는 입자지름 10㎜ 이하의 마른 자갈분을 채워야 한다.
② 지하저장탱크와 탱크전용실의 안쪽과의 사이는 0.1m 이상의 간격을 유지하도록 한다.
③ 위험물을 저장 또는 취급하는 지하탱크는 지면 하에 설치된 탱크전용실에 설치하여야 한다.
④ 탱크전용실은 지하의 가장 가까운 벽·피트·가스관 등의 시설물 및 대지경계선으로부터 0.1m 이상 떨어진 곳에 설치한다.

166

「위험물안전관리법 시행규칙」상 위험물제조소의 건축물의 구조와 보유공지에 대하여 옳지 않은 것은?

① 지붕은 가벼운 불연재료로 덮는다.
② 상대온도가 70% 이상 가열된 곳에 건조설비를 한다.
③ 출입구 및 비상구에는 60+방화문·60분방화문 또는 30분방화문을 설치하되 연소 우려가 있는 외벽에 설치하는 출입구에는 수시로 열 수 있는 자동폐쇄식의 60+방화문 또는 60분방화문을 설치한다.
④ 제조소의 작업공정이 다른 작업장의 작업공정과 연속되어 있어 제조소의 건축물 그 밖의 공작물의 주위에 공지를 두게 되는 경우 그 제조소의 작업에 현저한 지장이 생길 우려가 있고, 당해 제조소와 다른 작업장 사이에 기준에 따라 방화상 유효한 격벽을 설치한 경우에는 공지를 보유하지 아니할 수 있다.

167

「위험물안전관리법 시행규칙」상 정전기 제거설비로 옳지 않은 것은?

① 공기 이온화한다.
② 접지시설을 한다.
③ 종단저항을 설치한다.
④ 상대습도를 70% 이상으로 한다.

168

「위험물안전관리법 시행규칙」상 위험물을 저장 또는 취급하는 탱크의 용량 산정식으로 알맞은 것은?

① 탱크용량 = 탱크의 내용적 − 공간용적
② 탱크용량 = 탱크의 공간용적 − 내용적
③ 탱크용량 = 탱크 − 탱크의 볼록한 부분이나 오목한 부분
④ 탱크용량 = 탱크의 내용적 + 10% − 탱크에 접속된 관 길이

169

「위험물안전관리법 시행규칙」상 내용적이 1,000만 리터인 위험물 탱크의 공간용적을 내용적의 100분의 5로 할 경우 저장하는 위험물의 용량은?

① 900만 리터
② 950만 리터
③ 1,050만 리터
④ 1,100만 리터

170 ①②③

「위험물안전관리법 시행규칙」상 고객이 직접 주유하는 주유취급소에 대한 설명으로 옳지 않은 것은?

① 주유노즐은 자동차 등의 연료탱크가 가득 찬 경우 수동으로 정지시키는 구조이어야 한다.
② 주유호스는 200kg중 이하의 하중에 의하여 깨져 분리되거나 이탈되어야 하고, 깨져 분리되거나 이탈된 부분으로부터의 위험물 누출을 방지할 수 있는 구조이어야 한다.
③ 휘발유와 경유 상호간의 오인에 의한 주유를 방지할 수 있는 구조이어야 한다.
④ 1회의 연속주유량 및 주유시간의 상한을 미리 설정할 수 있는 구조이어야 한다.

171 ①②③

「위험물안전관리법 시행규칙」상 주유취급소에 있는 고정주유설비의 주위에는 주유를 받으려는 자동차 등이 출입할 수 있도록 너비 몇 m 이상, 길이 몇 m 이상의 콘크리트 등으로 포장한 공지를 보유공지 하여야 하는가?

① 16m, 5m
② 15m, 6m
③ 8m, 15m
④ 12m, 6m

172 ①②③

「위험물안전관리법 시행규칙」상 주유취급소의 위치·구조 및 설비의 기준에서 고정주유설비 등에 대하여 옳지 않은 것은?

① 고정주유설비와 고정급유설비의 사이에는 1m 이상의 거리를 유지할 것
② 이동저장탱크의 상부를 통하여 주입하는 고정급유설비의 주유관에는 당해 탱크의 밑부분에 달하는 주입관을 설치하고, 그 배출량이 분당 80ℓ를 초과하는 것은 이동저장탱크에 주입하는 용도로만 사용할 것
③ 고정주유설비 또는 고정급유설비의 본체 또는 노즐 손잡이에 주유작업자의 인체에 축적되는 정전기를 유효하게 제거할 수 있는 장치를 설치할 것
④ 고정주유설비 또는 고정급유설비의 주유관의 길이(끝부분의 개폐밸브를 포함한다)는 5m 이내로 하고 그 끝부분에는 축적된 정전기를 유효하게 제거할 수 있는 장치를 설치하여야 한다.

173

「위험물안전관리법 시행규칙」상 주유취급소에 설치 가능한 시설이 아닌 것은?

① 점포·일반음식점
② 자동차 등의 세정을 위한 작업장
③ 주유취급소의 업무를 행하기 위한 사무소
④ 주유취급소의 관계자가 거주하는 주거시설

174

「위험물안전관리법 시행규칙」상 주유취급소에서 "주유 중 엔진정지"의 색상은 무엇인가?

① 흑색바탕에 황색문자
② 황색바탕에 흑색문자
③ 백색바탕에 흑색문자
④ 흑색바탕에 백색문자

175

「위험물안전관리법 시행규칙」상 판매취급소에 대하여 옳지 않은 것은?

① 제1종 판매취급소는 건축물의 1층에 설치할 것
② 위험물을 배합하는 실은 출입구에는 수시로 열 수 있는 자동폐쇄식의 60+방화문·60분방화문 또는 30분방화문을 설치할 것
③ 위험물을 배합하는 실은 바닥면적은 6㎡ 이상 15㎡ 이하로 할 것
④ 위험물을 배합하는 실은 출입구 문턱의 높이는 바닥면으로부터 0.1m 이상으로 할 것

176

「위험물안전관리법 시행규칙 별표」상 이송취급소의 설치장소로 옳은 것은?

① 철도 및 도로의 터널 안
② 호수·저수지 등으로서 수리의 수원이 되는 곳에 횡단하여 설치하는 경우
③ 급경사지역으로서 붕괴의 위험이 있는 지역
④ 고속국도 및 자동차전용도로의 차도·갓길 및 중앙분리대

177 ①②③
「위험물안전관리법 시행규칙」상 소화난이등급Ⅰ에 해당하는 제조소등에 해당하지 않는 것은?

① 연면적 1,500m²인 일반취급소
② 지정수량의 150배인 제조소(고인화점위험물만을 100℃ 미만의 온도에서 취급하는 것 및 제48조의 위험물을 취급하는 것은 제외)
③ 덩어리 상태의 황을 저장하는 것으로서 경계표시 내부의 면적이 75m²인 옥외저장소
④ 바닥면으로부터 탱크 옆판의 상단까지 높이가 7m인 옥내탱크저장소(제6류 위험물을 저장하는 것 및 고인화점위험물만을 100℃ 미만의 온도에서 저장하는 것은 제외)

178 ①②③
「위험물안전관리법 시행규칙」상 외벽이 내화구조인 제조소 또는 취급소 건축물의 1소요단위는?

① 연면적 100m²
② 연면적 75m²
③ 연면적 50m²
④ 지정수량의 10배

179 ①②③
「위험물안전관리법 시행규칙」상 다음 보기는 제1류(산화성 고체) 위험물에 대한 저장·취급의 공통기준이다. 괄호 안에 들어갈 내용으로 옳은 것은?

> 가연물과의 접촉·혼합이나 분해를 촉진하는 물품과의 접근 또는 과열·충격·마찰 등을 피하는 한편, 알칼리금속의 (   ) 및 이를 함유한 것에 있어서는 물과의 접촉을 피하여야 한다.

① 과산화물
② 브로민산
③ 유기과산화물
④ 과염소산

180

「위험물안전관리법 시행규칙」상 이동탱크저장소에 의한 위험물의 운송 시에 준수하여야 하는 기준으로 옳지 않은 것은?

① 위험물운송자는 고속국도에서 340km 이상에 걸치는 운송을 하는 때에는 2명 이상의 운전자로 할 것
② 위험물운송자는 이동탱크저장소를 고장 등으로 장시간 정차시킬 때에는 고속국도의 갓길을 택할 것
③ 제4류 위험물 중 제1석유류를 운송하게 하는 자는 위험물안전카드를 위험물운송자로 하여금 휴대하게 할 것
④ 위험물운송자는 이동저장탱크로부터 위험물이 현저하게 새는 등 재해발생의 우려가 있는 경우에는 재난을 방지하기 위한 응급조치를 강구하는 동시에 소방관서 그 밖의 관계기관에 통보할 것

181

「위험물안전관리법 시행규칙」상 옥외저장탱크의 펌프설비의 기준으로 옳지 않은 것은?

① 펌프설비로부터 옥외저장탱크까지의 사이에는 당해 옥외저장탱크의 보유공지 너비의 3분의 1 이상의 거리를 유지할 것
② 펌프실의 바닥의 주위에는 높이 0.1m 이상의 턱을 만들고 바닥은 콘크리트 등 위험물이 스며들지 아니하는 재료로 적당히 경사지게 하여 그 최저부에는 집유설비를 설치할 것
③ 펌프실에는 위험물을 취급하는데 필요한 채광, 조명 및 환기의 설비를 설치할 것
④ 펌프설비의 주위에는 너비 3m 이상의 공지를 보유할 것. 다만, 방화상 유효한 격벽을 설치하는 경우와 제6류 위험물 또는 지정수량의 10배 이하 위험물의 옥외저장탱크의 펌프설비에 있어서는 그러하지 아니하다.

182 ①②③

「위험물안전관리법 시행규칙」상 다층건물의 옥내저장소의 기준으로 옳지 않은 것은?

① 저장창고는 각층의 바닥을 지면보다 높게 하고, 바닥면으로부터 상층의 바닥(상층이 없는 경우에는 처마)까지의 높이를 6m 미만으로 하여야 한다.
② 하나의 저장창고의 바닥면적 합계는 500㎡ 이하로 하여야 한다.
③ 저장창고의 벽·기둥·바닥 및 보를 내화구조로 하고, 계단을 불연재료로 하며, 연소의 우려가 있는 외벽은 출입구외의 개구부를 갖지 아니하는 벽으로 하여야 한다.
④ 2층 이상의 층의 바닥에는 개구부를 두지 아니하여야 한다. 다만, 내화구조의 벽과 60+방화문·60분방화문 또는 30분방화문으로 구획된 계단실에 있어서는 그러하지 아니하다.

183 ①②③

「위험물안전관리법 시행규칙」상 암반탱크저장소의 암반탱크 설치 기준과 적합한 수리조건을 갖추어야하는 기준으로 옳지 않은 것은?

① 암반탱크는 암반투수계수가 1초당 10만분의 1m 이하인 천연암반내에 설치할 것
② 암반탱크는 저장할 위험물의 증기압을 억제할 수 있는 지하수면하에 설치할 것
③ 암반탱크내로 유입되는 지하수의 양은 암반내의 지하수 충전량보다 많을 것
④ 암반탱크에 가해지는 지하수압은 저장소의 최대운영압보다 항상 크게 유지할 것

MEMO

cafe 카페검색 김동준 소방&방재 아카데미

동영상 강의 | 소방단기

김동준
객관식 문제집

소방관계법규

CONTENTS

LEVEL 2
소방관계법규 객관식 문제집

문제

PART 01 소방기본법 — 4

PART 02 소방시설의 설치 및 관리에 관한 법률 — 18

PART 03 소방의 화재조사에 관한 법률 — 26

PART 04 화재의 예방 및 안전관리에 관한 법률 — 30

PART 05 소방시설공사업법 — 40

PART 06 위험물안전관리법 — 50

LEVEL 2 문제

PART 01 소방기본법

01
「소방기본법 시행령」상 소방차 전용구역의 설치방법을 설명한 것이다. 괄호 안에 들어갈 것으로 옳은 것은?

> ㉠ 전용구역 노면표지의 외곽선은 빗금무늬로 표시하되, 빗금은 두께를 (   )로 하여 (   ) 간격으로 표시할 것
> ㉡ 전용구역 노면표지의 외곽선의 폭은 (   )로 하고 "소방차 전용" 글자의 세로 높이는 (   )로 할 것
> ㉢ 전용구역 노면표지 도료의 색채는 (   )을 기본으로 하되, 문자(P, 소방차 전용)는 (   )으로 표시할 것

① ㉠ 30cm, 50cm, ㉡ 1m, 1.5m, ㉢ 백색, 청색
② ㉠ 50cm, 30cm, ㉡ 75cm, 1.2m, ㉢ 황색, 청색
③ ㉠ 50cm, 30cm, ㉡ 1m, 1.2m, ㉢ 백색, 황색
④ ㉠ 30cm, 50cm, ㉡ 75cm, 1.5m, ㉢ 황색, 백색

02
「소방기본법 시행규칙」상 소방교육·훈련에 대한 다음 설명 중 옳지 않은 것을 모두 고르시오.

> ㉠ 화재진압업무를 담당하는 소방공무원의 경우 2년마다 1회 교육·훈련을 받아야 한다.
> ㉡ 구조업무를 담당하는 소방공무원과 「의용소방대 설치 및 운영에 관한 법률」에 따라 임명된 의용소방대원은 응급처치훈련을 받아야 한다.
> ㉢ 소방공무원 및 「의무소방대설치법에 따라 임용된 의무소방원은 인명대피훈련을 받아야 한다.
> ㉣ 구급업무를 담당하는 소방공무원의 경우 1주 이상 교육·훈련을 받아야 한다.
> ㉤ 소방정, 소방령의 경우는 현장지휘훈련을 받아야 한다.

① ㉠, ㉡, ㉢
② ㉡, ㉢
③ ㉡, ㉣
④ ㉢, ㉣, ㉤

03 「소방기본법 시행규칙」상 소방용수시설별 설치기준에 대한 설명이다. 옳은 것과 틀린 것의 조합으로 맞는 것은?

> ㉠ 소화전의 경우 상수도와 연결하여 지하식 또는 지상식의 구조로 하고, 소방용호스와 연결하는 소화전의 연결금속구의 구경은 65밀리미터로 할 것
> ㉡ 급수탑의 급수배관의 구경은 65밀리미터 이상으로 할 것
> ㉢ 급수탑의 개폐밸브는 지상에서 1.2미터 이상 1.5미터 이하의 위치에 설치하도록 할 것
> ㉣ 저수조의 경우 지면으로부터의 낙차가 4.5미터 이하일 것
> ㉤ 저수조의 경우 흡수부분의 수심이 0.45미터 이상일 것
> ㉥ 저수조의 경우 흡수관의 투입구가 사각형의 경우에는 한 변의 길이가 60센티미터 이상, 원형의 경우에는 지름이 60센티미터 이상일 것

① ㉠ (O), ㉡ (X), ㉢ (X), ㉣ (O), ㉤ (X), ㉥ (O)
② ㉠ (X), ㉡ (X), ㉢ (O), ㉣ (X), ㉤ (O), ㉥ (O)
③ ㉠ (X), ㉡ (O), ㉢ (O), ㉣ (O), ㉤ (X), ㉥ (X)
④ ㉠ (O), ㉡ (O), ㉢ (X), ㉣ (X), ㉤ (O), ㉥ (X)

04 「소방기본법」상 위험시설 등에 대한 긴급조치에 대한 설명으로 옳은 것을 모두 고르면?

> ㉠ 위험시설 등에 대한 긴급조치권자는 소방청장, 소방본부장 또는 소방서장이다.
> ㉡ 화재 진압 등 소방활동을 위하여 필요할 때에는 소방용수 외에 댐・저수지 또는 수영장 등의 물을 사용하거나 수도(水道)의 개폐장치 등을 조작할 수 있다.
> ㉢ 화재 발생을 막거나 폭발 등으로 화재가 확대되는 것을 막기 위하여 가스・전기 또는 유류 등의 시설에 대하여 위험물질의 공급을 차단하는 등 필요한 조치를 할 수 있다.
> ㉣ 정당한 사유 없이 물의 사용이나 수도의 개폐장치의 사용 또는 조작을 하지 못하게 하거나 방해한 자는 100만 원 이하의 과태료에 처한다.

① ㉠, ㉣
② ㉡, ㉢
③ ㉠, ㉢
④ ㉡, ㉣

05

「소방기본법 시행규칙」상 종합상황실의 실장이 지체 없이 보고 해야 하는 상황에 해당 하지 않는 것을 모두 고르시오.

㉠ 이재민이 50인 이상 발생한 화재
㉡ 재산피해액이 30억원 이상 발생한 화재
㉢ 사망자가 5인 이상 발생하거나 사상자가 10인 이상 발생한 화재
㉣ 「위험물안전관리법」에 의한 지정수량의 3천배 이상의 위험물의 제조소·저장소·취급소
㉤ 층수가 5층 이상이거나 병상이 30개 이상인 요양소
㉥ 연면적 1만제곱미터 이상인 공장
㉦ 항구에 매어둔 총 톤수가 800톤 이상인 선박

① ㉠ ㉡ ㉢ ㉦
② ㉡ ㉥ ㉤ ㉦
③ ㉠ ㉡ ㉥ ㉦
④ ㉡ ㉣ ㉥ ㉤

06

「소방기본법 시행령」상 소방안전교육사의 응시자격 기준에 대한 설명이다. 빈칸의 내용으로 옳은 것은?

- 「국가기술자격법」에 따른 국가기술자격의 직무분야 중 안전관리 분야의 산업기사 자격을 취득한 후 안전관리 분야에 (㉠)년 이상 종사한 사람
- 「의료법」에 따라 간호사 면허를 취득한 후 간호업무 분야에 (㉡)년 이상 종사한 사람
- 「응급의료에 관한 법률」에 따라 2급 응급구조사 자격을 취득한 후 응급의료 업무 분야에 (㉢)년 이상 종사한 사람
- 「의용소방대 설치 및 운영에 관한 법률」에 따라 의용소방대원으로 임명된 후 (㉣)년 이상 의용소방대 활동을 한 경력이 있는 사람
- 소방공무원으로서 중앙소방학교 또는 지방소방학교에서 (㉤)주 이상의 소방안전교육사 관련 전문교육과정을 이수한 사람

	㉠	㉡	㉢	㉣	㉤
①	2	1	2	5	8
②	3	1	3	5	2
③	2	2	2	3	2
④	3	2	3	3	8

07

「소방기본법 시행령」상 소방기술민원센터의 설치·운영에 대한 설명으로 옳은 것은 모두 몇 개인가?

> ㉠ 소방청장 또는 소방본부장은 「소방기본법」에 따른 소방기술민원센터를 소방청 또는 소방본부에 각각 설치·운영한다.
> ㉡ 소방기술민원센터는 센터장 외에 18명 이내로 구성한다.
> ㉢ 소방기술민원과 관련된 정보시스템의 운영·관리는 소방기술민원센터의 업무에 해당한다.
> ㉣ 소방청장 또는 소방본부장은 소방기술민원센터의 업무수행을 위하여 필요하다고 인정하는 경우에는 관계 기관의 장에게 소속 공무원 또는 직원의 파견을 요청할 수 있다.
> ㉤ 규정한 사항 외에 소방기술민원센터의 설치·운영에 필요한 사항은 소방청에 설치하는 경우에는 소방청장이 정하고, 소방본부에 설치하는 경우에는 해당 소방본부장이 정한다.

① 1개 ② 2개
③ 3개 ④ 4개

08

「소방기본법 시행규칙」상 국고보조의 대상이 되는 소방활동장비 및 설비의 종류와 규격에 대한 설명으로 옳지 않은 것은?

① 펌프차(소형) : 120마력 이상 170마력 미만
② 물탱크소방차(대형) : 240마력 이상
③ 화학소방차(고성능) : 330마력 이상
④ 배연차(중형) : 170마력 이상

09 ①②③

「소방기본법 시행규칙」상 국고보조의 대상이 되는 소방활동장비 및 설비의 종류와 규격에 대한 설명으로 옳지 않은 것은?

① 조명차(중형) : 170마력
② 구조차(대형) : 240마력 이상
③ 구급차(특수) : 90마력 이상
④ 소방헬리콥터 : 3~15인승

10 ①②③

「소방기본법」상 정당한 사유 없이 규정을 위반하여 화재, 재난·재해, 그 밖의 위급한 상황을 소방본부, 소방서 또는 관계 행정기관에 알리지 아니한 관계인에게 해당하는 벌칙으로 옳은 것은?

① 500만 원 이하의 벌금
② 300만 원 이하의 벌금
③ 500만 원 이하의 과태료
④ 200만 원 이하의 과태료

11 ①②③

「소방기본법」 및 같은 법 시행규칙 상 자체소방대의 설치·운영 등에 대한 설명으로 옳지 않은 것은?

① 관계인은 화재를 진압하거나 구조·구급 활동을 하기 위하여 상설 조직체를 설치·운영할 수 있다.
② 자체소방대는 소방대가 현장에 도착한 경우 소방대장의 지휘·통제에 따라야 한다.
③ 시·도지사, 소방본부장 또는 소방서장은 자체소방대의 역량 향상을 위하여 필요한 교육·훈련 등을 지원할 수 있다.
④ 자체소방대에서 수립하는 교육·훈련 계획의 지도·자문 또는 소방기관에서 실시하는 자체소방대의 현장실습 등의 교육·훈련 등을 지원할 수 있다.

12 ●①②③
「소방기본법 시행령」상 운행기록장치 장착 소방자동차의 범위에 해당하지 않는 것은?

① 소방펌프차, 소방화학차
② 소방물탱크차, 소방고가차
③ 무인방수차, 구조차
④ 소방청장 및 소방본부장이 소방자동차의 안전한 운행 및 교통사고 예방을 위하여 운행기록장치 장착이 필요하다고 인정하여 정하는 소방자동차

13 ●①②③
「소방기본법 시행규칙」상 소방청장, 소방본부장 및 소방서장은 소방자동차 운행기록장치에 기록된 데이터를 얼마 동안 저장·관리해야 하는가?

① 3개월
② 6개월
③ 1년
④ 3년

14 ●①②③
「소방기본법 시행규칙」상 운행기록장치 데이터 등의 제출 및 분석·활용에 대한 설명으로 옳지 않은 것은?

① 소방청장은 소방자동차의 안전한 운행 및 교통사고 예방을 위하여 소방본부장 또는 소방서장에게 운행기록장치 데이터 및 그 분석 결과 등 관련 자료의 제출을 요청할 수 있다.
② 소방본부장은 관할 구역 안의 소방서장에게 운행기록장치 데이터 등 관련 자료의 제출을 요청할 수 있다.
③ 소방본부장 또는 소방서장은 자료의 제출을 요청받은 경우에는 소방청장 또는 소방본부장에게 해당 자료를 제출해야 한다. 이 경우 소방서장이 소방청장에게 자료를 제출하는 경우에는 소방본부장을 거쳐야 한다.
④ 소방본부장 또는 소방서장은 운행기록장치 데이터 중 과속, 급감속, 급출발 등의 운행기록을 점검·분석해야 한다.

15

「소방기본법 시행령」상 과태료의 부과기준에 대한 설명이다. 빈칸의 내용으로 옳은 것은?

위반행위	과태료 금액(만원)		
	1회	2회	3회 이상
관계인이 정당한 사유 없이 규정을 위반하여 화재, 재난·재해, 그 밖의 위급한 상황을 소방본부, 소방서 또는 관계 행정기관에 알리지 않은 경우	[㉠]	[㉡]	[㉢]

	㉠	㉡	㉢
①	100	150	200
②	200	400	500
③	200	200	200
④	500	500	500

16

「소방기본법 시행령」상 규정을 위반하여 소방자동차의 출동에 지장을 준 경우가 3회 이상 이었을 때에 해당하는 과태료 기준 금액은 얼마인가?

① 100만 원
② 200만 원
③ 300만 원
④ 500만 원

17

「소방기본법 시행령」상 과태료의 부과기준에 대한 설명이다. 빈칸의 내용으로 옳은 것은?

위반행위	과태료 금액(만원)		
	1회	2회	3회 이상
규정을 위반하여 전용구역에 차를 주차하거나 전용구역에의 진입을 가로막는 등의 방해행위를 한 경우	[㉠]	[㉡]	[㉢]

	㉠	㉡	㉢
①	50	100	100
②	50	100	200
③	100	150	200
④	200	400	500

18 ●①②③
다음 각 법 목적 중에 공공의 안전이 들어가는 것을 모두 고르시오?

> ㉮ 소방기본법 ㉯ 소방시설 설치 및 관리에 관한 법률
> ㉰ 소방시설공사업법 ㉱ 화재의 예방 및 안전관리에 관한 법률
> ㉲ 위험물안전관리법 ㉳ 소방의 화재조사에 관한 법률

① ㉮, ㉯, ㉰, ㉱
② ㉮, ㉰, ㉱
③ ㉯, ㉰, ㉱, ㉲
④ 모두

19 ●①②③
「소방기본법」의 내용으로 옳지 않은 모두 몇 개인가?

> ㉮ 소방청장 및 소방본부장은 소방시설, 소방공사 및 위험물 안전관리 등과 관련된 법령해석 등의 민원을 부분적으로 접수하여 처리할 수 있는 기구를 설치·운영해야 한다.
> ㉯ 소방청장, 소방본부장 및 소방서장은 화재, 재난·재해, 그 밖에 구조·구급이 필요한 상황이 발생하였을 때에 신속한 소방활동(소방업무를 위한 모든 활동을 말한다.)을 위한 정보의 수집·분석과 판단·전파, 상황관리, 현장 지휘 및 조정·통제 등의 업무를 수행하기 위하여 119종합상황실을 설치·운영하여야 한다.
> ㉰ 국가의 화재 예방·경계·진압 및 조사, 소방안전교육·홍보와 화재, 재난·재해, 그 밖의 위급한 상황에서의 구조·구급 등의 업무(소방업무)를 수행하는 소방기관의 설치에 필요한 사항은 행안부령으로 정한다.
> ㉱ 소방청장은 화재, 재난·재해, 그 밖의 위급한 상황으로부터 국민의 생명·신체 및 재산을 보호하기 위하여 소방업무에 관한 종합계획(종합계획)을 5년마다 수립·시행하여야 하고, 이에 필요한 재원을 확보하도록 노력하여야 한다.
> ㉲ 소방기관이 소방업무를 수행하는 데에 필요한 인력과 장비 등[소방력]에 관한 기준은 행정안전부령으로 정한다.
> ㉳ 시·도지사는 소방활동에 필요한 소화전(消火栓)·급수탑(給水塔)·저수조(貯水槽)(소방용수시설)를 설치하고 유지·관리하여야 한다. 다만, 「수도법」 제45조에 따라 소화전을 설치하는 일반수도사업자는 관할 소방서장과 사전협의를 거친 후 소화전을 설치하여야 하며, 설치 사실을 관할 소방서장에게 통지하고, 그 소화전을 유지·관리하여야 한다.
> ㉴ 시·도지사는 소방자동차의 공무상 운행 중 교통사고가 발생한 경우 그 운전자의 법률상 분쟁에 소요되는 비용을 지원할 수 있는 보험에 가입하여야 한다.

① 2개
② 3개
③ 4개
④ 5개

20 ①②③
「소방기본법」상 한국 119청소년단에 대한 설명 중 가장 옳지 않은 것은?

① 개인·법인 또는 단체는 한국119청소년단의 시설 및 운영 등을 지원하기 위하여 금전이나 그 밖의 재산을 기부할 수 있다.
② 한국119청소년단은 법인으로 하고, 그 주된 사무소의 소재지에 설립등기를 함으로써 성립한다.
③ 소방기본법에 따른 한국119청소년단이 아닌 자는 한국119청소년단 또는 이와 유사한 명칭을 사용할 수 없고 사용한자는 200만 원 이하 과태료를 부과한다.
④ 한국119청소년단에 관하여 이 법에서 규정한 것을 제외하고는「민법」중 재단법인에 관한 규정을 준용한다.

21 ①②③
「소방기본법 시행규칙」상 소방지원활동에 해당하는 사항을 모두 고르시오?

㉮ 산불에 대한 예방·진압 등 지원활동
㉯ 군·경찰 등 유관기관에서 실시하는 훈련지원 활동
㉰ 자연재해에 따른 급수·배수 및 제설 등 지원활동 ㉱ 소방시설 오작동 신고에 따른 조치활동
㉲ 위해동물, 벌 등의 포획 및 퇴치 활동
㉳ 방송제작 또는 촬영 관련 지원활동

① ㉮, ㉯, ㉰, ㉱, ㉳
② ㉮, ㉰, ㉱
③ ㉯, ㉱, ㉳
④ 모두

22

「소방기본법」상 다음 보기의 설명 중 옳은 것은?

> ㉮ 소방대의 적법한 소방업무로 인하여 손실을 입은 자에 대한 보상관련 규정은 없다.
> ㉯ 손실보상을 청구할 수 있는 권리는 행사하지 아니하면 시효의 완성으로 소멸하는데, 그 기간은 3년이다.
> ㉰ 소방기관의 적법한 소방업무로 인하여 손실을 입은 자에 대한 보상관련 규정은 없다.
> ㉱ 소방기관의 적법한 소방활동으로 인하여 손실을 입은 자에 대한 보상관련 규정은 없다.

① ㉮, ㉯
② ㉯
③ ㉰, ㉱
④ 없다

23

「소방기본법」 및 같은 법 시행령상 보기의 밑줄 친 내용인 (가)와 (나)와 (다)의 연결이 잘 되어 있는 것은?

> (가)은(는) 소방자동차의 진입이 곤란한 지역 등 화재발생 시에 초기 대응이 필요한 지역으로서 (나)〈대통령령으로 정하는 지역〉에 소방호스 또는 호스 릴 등을 소방용수시설에 연결하여 화재를 진압하는 시설이나 장치(다)를 설치하고 유지·관리할 수 있다(소방기본법 제10조).

① (가) 소방청장
　(나) 화재예방강화지구
　(다) 비상소화장치
② (가) 소방청장
　(나) 소방본부장이 비상소화장치의 설치가 필요하다고 인정하는 지역
　(다) 비상경보장치
③ (가) 시·도지사
　(나) 화재예방강화지구
　(다) 비상소화장치
④ (가) 소방청장
　(나) 소방본부장이 비상소화장치의 설치가 필요하다고 인정하는 지역
　(다) 비상경보장치

24

「소방기본법 시행령」상 소방활동 종사 사상자 보상금액 등의 기준에서 사망자의 보상금액 기준으로 가장 옳은 것은?

① 「의사상자 등 예우 및 지원에 관한 법률 시행령」 제12조 제1항에 따라 보건복지부장관이 결정하여 고시하는 보상금에 따른다.
② 「의사상자 등 예우 및 지원에 관한 법률 시행령」 제2조 및 별표 1에 따른 부상범위 및 등급에 따른다.
③ 「의사상자 등 예우 및 지원에 관한 법률 시행령」 제12조 제2항 및 별표 2에 따른 의상자의 부상등급별 보상금에 따른다.
④ 「의사상자 등 예우 및 지원에 관한 법률」 제10조의 규정을 준용한다.

25

「소방기본법」 및 같은 법 시행령상 소방자동차 전용구역에 대한 설명이다. 가장 옳은 것은?

① 「건축법」 제2조제2항제2호에 따른 공동주택 중 대통령령으로 정하는 공동주택의 관계인은 소방활동의 원활한 수행을 위하여 공동주택에 소방자동차 전용구역을 설치하여야 한다.
② 소방기본법 상 소방기본법규정을 위반하여 전용구역에 차를 주차하거나 전용구역에의 진입을 가로막는 등의 방해행위를 한 자에게는 100만 원 이하의 과태료를 부과한다.
③ 하나의 대지에 하나의 동(棟)으로 구성되고 「도로교통법」 제32조 또는 제33조에 따라 정차 또는 주차가 금지된 편도 2차선 이상의 도로에 직접 접하여 소방자동차가 도로에서 직접 소방활동이 가능한 공동주택의 아파트 중 세대수가 100세대 이상인 아파트는 소방자동차 전용구역 설치대상이다.
④ 전용구역의 설치 기준·방법, 방해행위의 기준, 그 밖의 필요한 사항은 행전안전부령으로 정한다.

26

다음의 빈칸을 채우시오.

- 「건축법」에 따른 공동주택 중 대통령령으로 정하는 공동주택의 (㉠)는 소방활동의 원활한 수행을 위하여 공동주택에 소방자동차 전용구역을 설치하여야 한다.
- 단독주택 또는 공동주택(아파트 및 기숙사는 제외한다)의 (㉡)(은)는 소화기 등 대통령령으로 정하는 소방시설을 설치하여야 한다.
- 「건설산업기본법」에 따른 (㉢)(은)는 특정소방대상물의 신축·증축·개축·재축·이전·용도변경·대수선 또는 설비 설치 등을 위한 공사 현장에서 인화성물품을 취급하는 작업 등 대통령령으로 정하는 작업을 하기 전에 설치 및 철거가 쉬운 화재대비시설을 설치하고 관리하여야 한다.
- 특정소방대상물 중 전문적인 안전관리가 요구되는 대통령령으로 정하는 특정소방대상물의 (㉣)(은)는 소방안전관리업무를 수행하기 위하여 소방안전관리자 자격증을 발급받은 사람을 소방안전관리자로 선임하여야 한다.

	㉠	㉡	㉢	㉣
①	건축주	관계인	공사시공자	소유자
②	공사시공자	소유자	건축주	관계인
③	건축주	소유자	공사시공자	관계인
④	공사시공자	관계인	건축주	소유자

27

「소방기본법 시행령」상 과태료의 부과기준에 대한 설명이다. 빈칸의 내용으로 옳은 것은?

위반행위	과태료 금액(만 원)		
	1회 위반	2회 위반	3회 이상 위반
규정을 위반하여 한국119청소년단 또는 이와 유사한 명칭을 사용한 경우	(㉠)	(㉡)	(㉢)

	㉠	㉡	㉢
①	50	150	200
②	100	150	200
③	100	200	300
④	50	150	300

28 ①②③

「소방기본법 시행령」상 과태료의 부과기준에 대한 설명이다. 빈칸의 내용으로 옳은 것은?

위반행위	과태료 금액(만 원)		
	1회 위반	2회 위반	3회 이상 위반
규정을 위반하여 화재 또는 구조·구급이 필요한 상황을 거짓으로 알린 경우	(㉠)	(㉡)	(㉢)

	㉠	㉡	㉢
①	100	150	300
②	100	200	300
③	200	300	500
④	200	400	500

MEMO

PART 02 소방시설 설치 및 관리에 관한 법률

01 ●①②③

「소방시설 설치 및 관리에 관한 법률 시행령」상 성능위주설계를 해야 하는 특정소방대상물로 옳지 않은 것을 모두 고르시오. (단, 신축하는 것만 해당한다.) (법 기준상)

㉠ 연면적 20만제곱미터 이상인 특정소방대상물. 다만, 아파트등은 제외한다.
㉡ 30층 이상(지하층은 제외한다)이거나 지상으로부터 높이가 200미터 이상인 아파트등
㉢ 연면적 3만제곱미터 이상인 철도 및 도시철도 시설
㉣ 창고시설 중 연면적 10만제곱미터 이상인 것 또는 지하층의 층수가 2개 층 이상이고 지하층의 바닥면적의 합계가 2만제곱미터 이상인 것
㉤ 하나의 건축물에 「영화 및 비디오물의 진흥에 관한 법률」에 따른 영화상영관이 10개 이상인 특정소방대상물
㉥ 「초고층 및 지하연계 복합건축물 재난관리에 관한 특별법」에 따른 지하연계 복합건축물에 해당하는 특정소방대상물
㉦ 터널 중 수저(水底)터널 또는 길이가 3천미터 이상인 것

① ㉠, ㉡, ㉣
② ㉡, ㉢, ㉥
③ ㉡, ㉣, ㉦
④ ㉢, ㉣, ㉤

02

「소방시설 설치 및 관리에 관한 법률」 및 같은 법 시행령상 소방청의 중앙소방기술심의위원회 심의사항으로 옳은 것은 모두 몇 개인가?

> ㉠ 소방본부장 또는 소방서장이 「위험물안전관리법」에 따른 제조소등의 시설기준 또는 화재안전기준의 적용에 관하여 기술검토를 요청하는 사항
> ㉡ 새로운 소방시설과 소방용품 등의 도입 여부에 관한 사항
> ㉢ 소방기술과 관련하여 소방청장이 소방기술심의위원회의 심의에 부치는 사항
> ㉣ 소방시설에 하자가 있는지의 판단에 관한 사항
> ㉤ 시·도지사가 소방기술심의위원회의 심의에 부치는 사항
> ㉥ 소방시설의 구조 및 원리 등에서 공법이 특수한 설계 및 시공에 관한 사항
> ㉦ 소방시설공사의 하자를 판단하는 기준에 관한 사항
> ㉧ 연면적 10만제곱미터 미만의 특정소방대상물에 설치된 소방시설의 설계·시공·감리의 하자 유무에 관한 사항

① 2개　　　　　　　　　② 3개
③ 4개　　　　　　　　　④ 5개

03

「소방시설 설치 및 관리에 관한 법률 시행령」상 중·저준위방사성폐기물의 저장시설과 같은 화재안전기준을 달리 적용해야 하는 특수한 용도 또는 구조를 가진 특정소방대상물의 경우 설치하지 않을 수 있는 소방시설에 해당하는 것은 모두 몇 개인가?

> ㉠ 옥내소화전설비　　　　㉡ 옥외소화전설비
> ㉢ 소화용수설비　　　　　㉣ 연결송수관설비
> ㉤ 자동화재탐지설비　　　㉥ 상수도소화용수설

① 1개　　　　　　　　　② 2개
③ 3개　　　　　　　　　④ 4개

04

「소방시설 설치 및 관리에 관한 법률 시행령」상 소방시설관리업의 업종별 등록기준 중 전문 소방시설관리업의 기술인력 기준에 대한 설명이다. 빈칸의 내용으로 옳은 것은?

> 가. 주된 기술인력
>   1) 소방시설관리사 자격을 취득한 후 소방 관련 실무경력이 (㉠)년 이상인 사람 1명 이상
>   2) 소방시설관리사 자격을 취득한 후 소방 관련 실무경력이 (㉡)년 이상인 사람 1명 이상
> 나. 보조 기술인력
>   1) 고급점검자 이상의 기술인력: (㉢)명 이상
>   2) 중급점검자 이상의 기술인력: (㉣)명 이상
>   3) 초급점검자 이상의 기술인력: (㉤)명 이상

	㉠	㉡	㉢	㉣	㉤
①	5	3	2	2	2
②	3	2	1	1	1
③	5	3	1	2	2
④	3	2	2	2	1

05

「소방시설 설치 및 관리에 관한 법률 시행령」상 특정소방대상물의 종류로 알맞게 짝지어진 것은?

① 위락시설 : 무도학원, 카지노영업소
② 의료시설 : 치과의원, 정신의료기관
③ 운수시설 : 자동차검사장, 공항시설(항공관제탑을 포함)
④ 묘지 관련 시설 : 장례식장, 봉안당(종교시설의 봉안당은 제외)

06 ●①②③

「소방시설 설치 및 관리에 관한 법률 시행규칙」상 성능위주설계 기준에 해당하는 것은 모두 몇 개인가?

> ㉠ 소방자동차 진입(통로) 동선 및 소방관 진입 경로 확보
> ㉡ 소방용품의 위치·규격 및 사용 자재의 적합성
> ㉢ 건축물의 규모와 특성을 고려한 최적의 소방시설 설치
> ㉣ 실내장식물의 불연화 및 방염물품의 적법성
> ㉤ 화재·피난 모의실험을 통한 화재위험성 및 피난안전성 검증
> ㉥ 건축물의 용도별 방화구획의 적정성

① 2개 ② 3개
③ 4개 ④ 5개

07 ●①②③

「소방시설 설치 및 관리에 관한 법률 시행규칙」상 성능위주설계 평가단의 구성 및 운영에 대한 설명으로 옳지 않은 것은?

① 건축 분야 및 소방방재 분야 전문가 중 특급감리원 자격을 취득한 사람으로 소방공사 현장 감리업무를 10년 이상 수행한 사람은 소방청장 또는 관할 소방본부장이 위촉하여 평가단원이 될 수 있다.
② 평가단의 회의에 참석한 평가단원에게는 예산의 범위에서 수당, 여비, 그 밖에 필요한 경비를 지급할 수 있다. 다만, 소방공무원인 평가단원이 소관 업무와 관련하여 평가단의 회의에 참석하는 경우에는 그렇지 않다.
③ 평가단의 회의는 평가단장과 평가단장이 회의마다 지명하는 7명 이상 9명 이하의 평가단원으로 구성·운영하며, 과반수의 출석으로 개의(開議)하고 출석 평가단원 과반수의 찬성으로 의결한다. 다만, 성능위주설계의 변경신고에 대한 심의·의결을 하는 경우에는 건축물의 성능위주설계를 검토·평가한 평가단원 중 5명 이상으로 평가단을 구성·운영할 수 있다.
④ 평가단장이 부득이한 사유로 직무를 수행할 수 없을 때에는 평가단장이 미리 지정한 평가단원이 그 직무를 대리한다.

08

「소방시설의 설치 및 관리에 관한 법률 시행령」상 건축허가등의 동의대상물의 기준으로 옳은 것과 틀린 것의 조합이 맞는 것을 고르시오.

> ㉠ 특정소방대상물 중 노유자(老幼者) 시설 및 수련시설로서 연면적 100제곱미터 이상인 것
> ㉡ 차고·주차장으로 사용되는 바닥면적이 150제곱미터 이상인 층이 있는 건축물이나 주차시설
> ㉢ 지하층 또는 무창층이 있는 건축물로서 바닥면적이 150제곱미터(공연장의 경우에는 100제곱미터) 이상인 층이 있는 것
> ㉣ 「장애인복지법」에 따른 장애인 의료재활시설로서 연면적 300제곱미터 이상인 것
> ㉤ 특정소방대상물 중 공장 또는 창고시설로서 「화재의 예방 및 안전관리에 관한 법률 시행령」에서 정하는 수량의 750배 이상의 특수가연물을 저장·취급하는 것
> ㉥ 가스시설로서 지상에 노출된 탱크의 저장용량의 합계가 50톤 이상인 것

① ㉠(X), ㉡(O), ㉢(X), ㉣(X), ㉤(O), ㉥(O)
② ㉠(O), ㉡(O), ㉢(O), ㉣(X), ㉤(X), ㉥(X)
③ ㉠(X), ㉡(X), ㉢(O), ㉣(O), ㉤(O), ㉥(X)
④ ㉠(O), ㉡(X), ㉢(X), ㉣(O), ㉤(X), ㉥(O)

09

「소방시설 설치 및 관리에 관한 법률 시행령」상 특정소방대상물이 증축되는 경우 기존 부분에 대해서 증축 당시의 소방시설의 설치에 관한 대통령령 또는 화재안전기준을 적용하지 않는 경우에 해당하는 것으로 옳은 것은 모두 몇 개인가?

> ㉠ 자동차 생산공장 등 화재 위험이 낮은 특정소방대상물 내부에 연면적 50제곱미터 이하의 직원 휴게실을 증축하는 경우
> ㉡ 기존 부분과 증축 부분이 「건축법 시행령」에 따른 자동방화셔터 또는 60분+ 방화문으로 구획되어 있는 경우
> ㉢ 자동차 생산공장 등 화재 위험이 낮은 특정소방대상물에 컨베이어를 설치하는 경우
> ㉣ 기존 부분과 증축 부분이 난연재료로 된 바닥과 벽으로 구획된 경우

① 1개　　② 2개
③ 3개　　④ 4개

10 ①②③

「소방시설 설치 및 관리에 관한 법률 시행령」상 자체점검의 결과 공개에 대한 설명으로 옳지 않은 것은?

① 특정소방대상물의 관계인은 공개 내용 등을 통보받은 날부터 10일 이내에 관할 소방본부장 또는 소방서장에게 이의신청을 할 수 있다.
② 자체점검 결과의 공개가 제3자의 법익을 침해하는 경우에는 제3자와 관련된 사실을 제외하고 공개해야 한다.
③ 소방본부장 또는 소방서장은 자체점검 결과를 공개하는 경우 30일 이상 전산시스템 또는 인터넷 홈페이지 등을 통해 공개해야 한다.
④ 소방본부장 또는 소방서장은 이의신청을 받은 날부터 30일 이내에 심사·결정하여 그 결과를 지체 없이 신청인에게 알려야 한다

11 ①②③

「소방시설 설치 및 관리에 관한 법률 시행령」상 특정소방대상물의 관계인이 특정소방대상물에 설치·관리해야 하는 소방시설의 기준에 대한 설명이다. 옳은 것과 틀린 것의 조합으로 맞는 것은?

㉠ 아파트등 및 오피스텔의 모든 층에는 주거용 주방자동소화장치를 설치해야 한다.
㉡ 지하층·무창층(축사는 제외한다)으로서 바닥면적이 500㎡ 이상인 층에는 옥내소화전설비를 설치해야 한다.
㉢ 조산원 및 산후조리원으로서 연면적 600㎡ 미만인 시설에는 간이스프링클러설비를 설치해야 한다.
㉣ 기계장치에 의한 주차시설을 이용하여 20대 이상의 차량을 주차할 수 있는 시설에는 물분무등소화설비를 설치해야 한다.
㉤ 공장 또는 창고시설로서 「화재의 예방 및 안전관리에 관한 법률 시행령」에서 정하는 수량의 650배 이상의 특수가연물을 저장·취급하는 곳에는 옥외소화전설비를 설치해야 한다.
㉥ 수련시설 내에 있는 기숙사 또는 합숙소로서 연면적 1천㎡ 미만인 것에는 단독경보형감지기를 설치해야 한다.
㉦ 지하가 중 터널로서 길이가 1천m 이상인 것에는 연결송수관설비를 설치해야 한다.

① ㉠ (O), ㉡ (O), ㉢ (O), ㉣ (X), ㉤ (O), ㉥ (X), ㉦ (O)
② ㉠ (O), ㉡ (X), ㉢ (O), ㉣ (O), ㉤ (X), ㉥ (X), ㉦ (O)
③ ㉠ (X), ㉡ (X), ㉢ (O), ㉣ (O), ㉤ (O), ㉥ (O), ㉦ (X)
④ ㉠ (O), ㉡ (O), ㉢ (O), ㉣ (X), ㉤ (X), ㉥ (X), ㉦ (X)

12 🔴①②❸

「소방시설의 설치 및 관리에 관한 법률 시행규칙」상 성능위주설계단 평가단의 운영 및 구성에 대한 설명이다. 옳지 않은 것은 모두 몇 개인가?

> ⊙ 평가단은 평가단장을 포함하여 50명 이내의 평가단원으로 성별을 고려하여 구성한다.
> ⓒ 평가단의 회의는 평가단장과 평가단장이 회의마다 지명하는 7명 이상 9명 이하의 평가단원으로 구성·운영하며, 과반수의 출석으로 개의(開議)하고 출석 평가단원 과반수의 찬성으로 의결한다.
> ⓒ 평가단장은 화재예방 업무를 담당하는 부서의 장 또는 임명 또는 위촉된 평가단원 중에서 학식·경험·전문성 등을 종합적으로 고려하여 소방청장 또는 소방본부장이 임명하거나 위촉한다.
> ⓔ 소방공무원 중 소방시설관리사, 소방설비기사는 소방청장 또는 관할 소방본부장의 임명으로 평가단의 단원이 될 수 있다.
> ⓜ 위촉된 평가단원의 임기는 2년으로 하되, 1회에 한정하여 연임할 수 있다.
> ⓑ 평가단의 회의에 참석한 평가단원에게는 예산의 범위에서 수당, 여비, 그 밖에 필요한 경비를 지급할 수 있다. 다만, 소방공무원인 평가단원이 소관 업무와 관련하여 평가단의 회의에 참석하는 경우에는 그렇지 않다.

① 1개 ② 2개
③ 3개 ④ 4개

13 🔴①②③

「소방시설 설치 및 관리에 관한 법률 시행령」상 특정소방대상물 중 근린생활시설에 대한 설명이다. 빈칸을 채우시오.

> • 슈퍼마켓과 일용품 등의 소매점으로서 같은 건축물에 해당 용도로 쓰는 바닥면적의 합계가 (⊙)㎡ 미만인 것
> • 금융업소, 사무소, 부동산중개사무소, 결혼상담소 등 소개업소, 출판사, 서점으로서 같은 건축물에 해당 용도로 쓰는 바닥면적의 합계가 (ⓒ)㎡ 미만인 것

	⊙	ⓒ
①	500	300
②	500	500
③	1천	300
④	1천	500

14 ●①②③

「소방시설 설치 및 관리에 관한 법률 시행령」상 특정소방대상물 중 근린생활시설에 대한 설명이다. 빈칸을 채우시오.

- 제조업소, 수리점으로서 같은 건축물에 해당 용도로 쓰는 바닥면적의 합계가 (㉠)㎡ 미만이고, 배출시설의 설치허가 또는 신고의 대상이 아닌 것
- 공연장(극장, 영화상영관, 연예장, 음악당, 서커스장, 비디오물감상실업의 시설, 비디오물소극장업의 시설) 또는 종교집회장[교회, 성당, 사찰, 기도원, 수도원, 수녀원, 제실, 사당]으로서 같은 건축물에 해당 용도로 쓰는 바닥면적의 합계가 (㉡)㎡ 미만인 것

	㉠	㉡
①	500	300
②	500	500
③	300	300
④	300	500

15 ●①②③

「소방시설 설치 및 관리에 관한 법률 시행규칙」상 소방시설등의 자체점검 이행계획 완료의 연기 신청 등에 대한 설명이다. 빈칸의 내용으로 옳은 것은?

- 이행계획 완료의 연기를 신청하려는 관계인은 완료기간 만료일 (㉠)일 전까지 소방시설등의 자체점검 결과 이행계획 완료 연기신청서(전자문서로 된 신청서를 포함한다)에 기간 내에 이행계획을 완료하기 곤란함을 증명할 수 있는 서류(전자문서를 포함한다)를 첨부하여 소방본부장 또는 소방서장에게 제출해야 한다.
- 이행계획 완료의 연기 신청서를 제출받은 소방본부장 또는 소방서장은 연기 신청을 받은 날부터 (㉡)일 이내에 완료기간의 연기 여부를 결정하여 소방시설등의 자체점검 결과 이행계획 완료 연기신청 결과 통지서를 연기 신청을 한 자에게 통보해야 한다.

	㉠	㉡
①	2	3
②	2	5
③	3	3
④	3	5

PART 03 소방의 화재조사에 관한 법률

01 「소방의 화재조사에 관한 법률」상 "관계인등"에 해당하는 사람으로 옳지 않은 것은 모두 몇 개인가?

> ㉠ 점유자·관리자
> ㉡ 화재 현장을 발견하고 신고한 사람
> ㉢ 화재 현장을 목격한 사람
> ㉣ 화재 현장 인근에 거주하는 사람
> ㉤ 소방시설등을 시공한 사람
> ㉥ 소화활동을 행하거나 인명구조활동에 관계된 사람

① 1개 ② 2개
③ 3개 ④ 4개

02 「소방의 화재조사에 관한 법률 시행규칙」상 화재조사에 관한 시험 및 교육훈련에 대한 설명으로 옳지 않은 것은?

① 소방청장이 화재조사에 관한 시험을 실시하는 경우에는 시험의 과목·일시·장소 및 응시 자격·절차 등을 시험 실시 30일 전까지 소방청의 인터넷 홈페이지에 공고해야 한다.
② 국립과학수사연구원 또는 소방청장이 인정하는 외국의 화재조사 관련 기관에서 8주 이상 화재조사에 관한 전문교육을 이수한 사람은 자격시험에 응시할 수 있다.
③ 화재조사관 양성을 위한 전문교육의 내용에는 화재조사 이론과 실습, 화재조사 시설 및 장비의 사용에 관한 사항 등이 있다.
④ 전담부서에 배치된 화재조사관은 의무 보수교육을 2년마다 받아야 한다. 다만, 전담 부서에 배치된 후 처음 받는 의무 보수교육은 배치 후 6개월 이내에 받아야 한다.

03 ①②③
「소방의 화재조사에 관한 법률」상 화재조사법 상 소방본부장 또는 소방서장의 권한을 설명한 것으로 옳지 않은 것은?

① 화재조사전담부서의 설치 및 운영
② 화재조사 결과의 공표
③ 국가화재정보시스템의 운영
④ 화재합동조사단의 구성 및 운영

04 ①②③
「소방의 화재조사에 관한 법률」및 같은 법 시행령상 화재감정기관의 지정 및 운영 등에 대한 설명으로 옳지 않은 것은?

① 소방청장은 과학적이고 전문적인 화재조사를 위하여 대통령령으로 정하는 시설과 전문인력 등 지정기준을 갖춘 기관을 화재감정기관으로 지정·운영하여야 한다.
② 감정기관으로 지정받은 자가 고의 또는 중대한 과실로 감정 결과를 사실과 다르게 작성한 경우에는 지정을 취소할 수 있다.
③ 화재조사관 자격 취득 후 화재조사 관련 분야에서 3년 이상 근무한 사람은 화재감정 기관의 주된 기술인력이 될 자격이 된다.
④ 화재감정기관은 증거물의 감식·감정을 수행하는 과정 등을 촬영하고 이를 디지털 파일의 형태로 처리·보관할 수 있는 시설을 갖추어야 한다.

05 ①②③
「소방의 화재조사에 관한 법률 시행규칙」상 화재조사전담부서에 갖추어야 할 장비와 시설 중 감식기기에 해당하는 것은 모두 몇 개인가?

㉠ 산업용실체현미경	㉡ 디지털풍향풍속기록계
㉢ 직류전압전류계	㉣ 정밀저울
㉤ 접지저항계	㉥ 금속현미경

① 1개
② 2개
③ 3개
④ 4개

06 ◉①②③

「소방의 화재조사에 관한 법률 시행령」상 과태료의 부과기준에 대한 설명이다. 빈칸의 내용으로 옳은 것은?

위반행위	과태료 금액(만원)		
	1회	2회	3회
소방관서장이 화재조사에 필요하여 출석을 요구할 때 정당한 사유 없이 출석을 거부한 관계인등	[㉠]	[㉡]	[㉢]

	㉠	㉡	㉢
①	100	150	300
②	150	200	250
③	100	150	200
④	150	200	300

07 ◉①②③

「소방의 화재조사에 관한 법률 시행규칙」상 전담부서에 갖추어야 할 장비 중 감정용기기에 해당하지 않는 것은?

① 직류전압전류계
② 접점저항계
③ 접지저항계
④ 주사전자현미경

PART 04 화재의 예방 및 안전관리에 관한 법률

01 ●①②③

「화재의 예방 및 안전관리에 관한 법률 시행령」상 2급 소방안전관리자 응시자격에 대한 설명이다. 빈칸의 내용으로 옳은 것은? (법기준상)

- 의용소방대원으로 (㉠)년 이상 근무한 경력이 있는 사람
- 군부대 및 의무소방대의 소방대원으로 (㉡)년 이상 근무한 경력이 있는 사람
- 자체소방대의 소방대원으로 (㉢)년 이상 근무한 경력이 있는 사람
- 경호공무원으로서 (㉣)년 이상 안전검측 업무에 종사한 경력이 있는 사람
- 경찰공무원으로 (㉤)년 이상 근무한 경력이 있는 사람

	㉠	㉡	㉢	㉣	㉤
①	3	1	3	2	3
②	2	2	2	1	2
③	3	1	2	3	3
④	2	2	1	2	2

02 ●①②③

「화재의 예방 및 안전관리에 관한 법률 시행령」상 화재예방안전진단을 받은 소방안전 특별관리시설물의 관계인이 화재예방안전진단을 받아야 하는 기간에 대한 설명이다. 빈칸의 내용으로 옳은 것은?

- 안전등급이 양호·보통인 경우: 안전등급을 통보받은 날부터 (㉠)년이 경과한 날이 속하는 해
- 안전등급이 미흡·불량인 경우: 안전등급을 통보받은 날부터 (㉡)년이 경과한 날이 속하는 해

	㉠	㉡
①	7	6
②	6	5
③	5	4
④	4	3

03

「화재의 예방 및 안전관리에 관한 법률 시행령」상 특수가연물의 품명과 수량의 연결이 옳지 않은 것은 모두 몇 개인가?

> ㉠ 나무껍질 및 대팻밥 - 400킬로그램 이상
> ㉡ 넝마 및 종이부스러기 - 1,000킬로그램 이상
> ㉢ 고무류·플라스틱류(발포시킨 것) - 3,000킬로그램 이상
> ㉣ 가연성 고체류 - 1,000킬로그램 이상
> ㉤ 석탄·목탄류 - 10,000킬로그램 이상
> ㉥ 가연성 액체류 - 1세제곱미터 이상
> ㉦ 목재가공품 및 나무부스러기 - 10세제곱미터 이상

① 1개
② 2개
③ 3개
④ 4개

04

「화재의 예방 및 안전관리에 관한 법률 시행령」상 소방관서장이 화재안전조사를 효율적으로 실시하기 위하여 필요한 경우 합동으로 조사반을 편성할 수 있는 기관에 대한 설명이다. 빈칸의 내용으로 옳은 것은?

> •「소방기본법」에 따른 (㉠)
> •「소방산업의 진흥에 관한 법률」에 따른 (㉡)
> •「전기안전관리법」에 따른 (㉢)

	㉠	㉡	㉢
①	한국소방안전원	한국소방시설협회	한국전기안전공사
②	119종합상황실	한국소방시설협회	한국전력공사
③	119종합상황실	한국소방산업기술원	한국전력공사
④	한국소방안전원	한국소방산업기술원	한국전기안전공사

05

「화재의 예방 및 안전관리에 관한 법률」상 화재안전조사의 방법·절차 등에 대한 설명으로 옳지 않은 것은 모두 몇 개인가?

> ⊙ 소방관서장은 화재안전조사를 실시하려는 경우 사전에 관계인에게 조사대상, 조사기간 및 조사사유 등을 우편, 전화, 전자메일 또는 문자전송 등을 통하여 통지하고 이를 대통령령으로 정하는 바에 따라 인터넷 홈페이지나 전산시스템 등을 통하여 공개하여야 한다. 다만, 화재안전조사의 실시를 사전에 통지하거나 공개하면 조사목적을 달성할 수 없다고 인정되는 경우에는 그러하지 아니하다.
> ⓒ 소방관서장은 화재안전조사를 조사의 목적에 따라 화재안전조사의 항목 전체에 대하여 종합적으로 실시하거나 특정 항목에 한정하여 실시할 수 있다.
> ⓒ 화재안전조사는 관계인의 승낙 없이 소방대상물의 공개시간 또는 근무시간 이외에는 할 수 없다. 다만, 화재안전조사의 실시를 사전에 통지하거나 공개하면 조사목적을 달성할 수 없다고 인정되는 경우에는 그러하지 아니하다.
> ⓔ 통지를 받은 관계인은 천재지변이나 그 밖에 대통령령으로 정하는 사유로 화재안전조사를 받기 곤란한 경우에는 화재안전조사를 통지한 소방관서장에게 대통령령으로 정하는 바에 따라 화재안전조사를 연기하여 줄 것을 신청할 수 있다. 이 경우 소방관서장은 연기신청 승인 여부를 결정하고 그 결과를 조사 시작 전까지 관계인에게 알려 주어야 한다.
> ⓜ 규정한 사항 외에 화재안전조사의 방법 및 절차 등에 필요한 사항은 대통령령으로 정한다.

① 0개 ② 1개
③ 2개 ④ 3개

06 ①②③

「화재의 예방 및 안전관리에 관한 법률 시행령」상 특수가연물의 저장·취급 기준으로 옳은 것과 틀린 것의 조합으로 맞는 것은? (다만, 석탄·목탄류를 발전용(發電用)으로 저장하는 경우는 제외)

> ㉠ 살수설비를 설치하거나 방사능력 범위에 해당 특수가연물이 포함되도록 대형수동식소화기를 설치하는 경우 쌓는 높이는 20미터 이하로 한다.
> ㉡ 실외에 쌓아 저장하는 경우 쌓는 부분이 대지경계선, 도로 및 인접 건축물과 최소 6미터 이상 간격을 둘 것. 다만, 쌓는 높이보다 0.9미터 이상 높은 「건축법 시행령」에 따른 내화구조 벽체를 설치한 경우는 그렇지 않다.
> ㉢ 실내에 쌓아 저장하는 경우 주요구조부는 내화구조이면서 불연재료여야 하고, 다른 종류의 특수가연물과 같은 공간에 보관하지 않을 것. 다만, 내화구조의 벽으로 분리하는 경우는 그렇지 않다.
> ㉣ 쌓는 부분 바닥면적의 사이는 실내의 경우 1.2미터 또는 쌓는 높이의 1/2 중 큰 값 이상으로 간격을 두어야 하며, 실외의 경우 2미터 또는 쌓는 높이 중 큰 값 이상으로 간격을 둘 것
> ㉤ 특수가연물을 저장 또는 취급하는 장소에는 품명, 최대저장수량, 단위부피당 질량 또는 단위체적당 질량, 관리책임자 성명·직책, 연락처 및 화기취급의 금지표시가 포함된 특수가연물 표지를 설치해야 한다.
> ㉥ 특수가연물 표지는 한 변의 길이가 0.2미터 이상, 다른 한 변의 길이가 0.5미터 이상인 직사각형으로 할 것

① ㉠ (X), ㉡ (X), ㉢ (X), ㉣ (O), ㉤ (X) ㉥ (O)
② ㉠ (O), ㉡ (O), ㉢ (X), ㉣ (X), ㉤ (O) ㉥ (X)
③ ㉠ (O), ㉡ (X), ㉢ (O), ㉣ (O), ㉤ (X) ㉥ (O)
④ ㉠ (X), ㉡ (O), ㉢ (O), ㉣ (X), ㉤ (O) ㉥ (X)

07 ●①②③

「화재의 예방 및 안전관리에 관한 법률 시행령」상 보일러 등의 설비 또는 기구 등의 위치·구조 및 관리와 화재예방을 위하여 불을 사용할 때 지켜야 하는 기준에 대한 설명이다. 옳은 것과 틀린 것의 조합으로 바른 것은?

> ㉠ 난로의 경우 가연성 벽·바닥 또는 천장과 접촉하는 연통의 부분은 규조토 등 난연성 또는 불연성의 단열재로 덮어씌워야 한다.
> ㉡ 보일러에 화목(火木) 등 고체연료를 사용할 때에는 연통은 천장으로부터 0.6미터 떨어지고, 연통의 배출구는 건물 밖으로 0.6미터 이상 나오도록 설치해야 한다.
> ㉢ 보일러에 경유·등유 등 액체연료를 사용할 때에는 연료탱크에는 화재 등 긴급상황이 발생하는 경우 연료를 차단할 수 있는 개폐밸브를 연료탱크로부터 0.6미터 이내에 설치해야 한다.
> ㉣ 건조설비의 경우 건조설비와 벽·천장 사이의 거리는 0.6미터 이상이어야 한다.
> ㉤ 불꽃을 사용하는 용접·용단 기구의 경우 용접 또는 용단 작업장 주변 직경 5미터 이내에 소화기를 갖추어 두어야 한다.
> ㉥ 노·화덕설비의 경우 노 또는 화덕의 주위에는 녹는 물질이 확산되지 않도록 높이 0.1미터 이상의 턱을 설치해야 한다.

① ㉠(O), ㉡(X), ㉢(X), ㉣(O), ㉤(X), ㉥(X)
② ㉠(X), ㉡(O), ㉢(O), ㉣(X), ㉤(O), ㉥(O)
③ ㉠(O), ㉡(O), ㉢(X), ㉣(X), ㉤(X), ㉥(O)
④ ㉠(X), ㉡(X), ㉢(O), ㉣(O), ㉤(O), ㉥(X)

08

「화재의 예방 및 안전관리에 관한 법률 시행령」상 특수가연물의 저장 및 취급 기준에 관한 설명이다. 빈칸의 내용으로 옳은 것은? (다만, 석탄·목탄류를 발전용으로 저장하는 경우는 제외)

- 실외에 쌓아 저장하는 경우 쌓는 부분이 대지경계선, 도로 및 인접 건축물과 최소 (㉠)미터 이상 간격을 둘 것. 다만, 쌓는 높이보다 (㉡)미터 이상 높은 「건축법 시행령」에 따른 내화구조 벽체를 설치한 경우는 그렇지 않다.
- 쌓는 부분 바닥면적의 사이는 실내의 경우 (㉢)미터 또는 쌓는 높이의 1/2 중 큰 값 이상으로 간격을 두어야 하며, 실외의 경우 (㉣)미터 또는 쌓는 높이 중 큰 값 이상으로 간격을 둘 것

	㉠	㉡	㉢	㉣
①	6,	0.9,	1.2,	3
②	9,	0.6,	1.2,	3
③	6,	0.6,	1.5,	4
④	9,	0.9,	1.5,	4

09

「화재의 예방 및 안전관리에 관한 법률」상 정의로 가장 옳지 않은 것은?

① 예방이란 화재와 재난, 재해의 위험으로부터 사람의 생명·신체 및 재산을 보호하기 위하여 화재발생을 사후에 제거하거나 방지하기 위한 모든 활동을 말한다.
② 안전관리란 화재로 인한 피해를 최소화하기 위한 예방, 대비, 대응 등의 활동을 말한다.
③ 화재안전조사란 소방청장, 소방본부장 또는 소방서장이 소방대상물, 관계지역 또는 관계인에 대하여 소방시설등이 소방 관계 법령에 적합하게 설치·관리되고 있는지, 소방대상물에 화재의 발생 위험이 있는지 등을 확인하기 위하여 실시하는 현장조사·문서열람·보고요구 등을 하는 활동을 말한다.
④ 화재예방안전진단이란 화재가 발생할 경우 사회·경제적으로 피해 규모가 클 것으로 예상되는 소방대상물에 대하여 화재위험요인을 조사하고 그 위험성을 평가하여 개선대책을 수립하는 것을 말한다.

10

「화재의 예방 및 안전관리에 관한 법률」상 화재안전영향평가심의회에 대한 설명 중 가장 옳지 않은 것은?

① 소방청장은 화재안전영향평가에 관한 업무를 수행하기 위하여 화재안전영향평가심의회를 구성·운영할 수 있다.
② 심의회는 위원장 1명을 포함한 10명 이내의 위원으로 구성한다.
③ 규정한 사항 외에 심의회의 구성·운영 등에 필요한 사항은 대통령령으로 정한다.
④ 위원은 화재안전과 관련되는 법령이나 정책을 담당하는 관계 기관의 소속 직원으로서 대통령령으로 정하는 사람이 될 수 있다.

11

「화재의 예방 및 안전관리에 관한 법률 시행령」상 화재예방안전진단기관으로부터 정기적으로 화재예방안전진단을 받아야 하는 대상시설에 대한 설명으로 옳지 않은 것을 모두 고르시오.

> ㉠ 발전소 중 연면적이 1천제곱미터 이상인 발전소
> ㉡ 공항시설 중 여객터미널의 연면적이 1천제곱미터 이상인 공항시설
> ㉢ 철도시설 중 역 시설의 연면적이 5천제곱미터 이상인 철도시설
> ㉣ 도시철도시설 중 역사 및 역 시설의 연면적이 1천제곱미터 이상인 도시철도시설
> ㉤ 항만시설 중 여객이용시설 및 지원시설의 연면적이 5천제곱미터 이상인 항만시설
> ㉥ 가스공급시설 중 가연성 가스 탱크의 저장용량의 합계가 50톤 이상이거나 저장용량이 30톤 이상인 가연성 가스 탱크가 있는 가스공급시설

① ㉠, ㉡, ㉣
② ㉢, ㉣, ㉥
③ ㉡, ㉢, ㉤
④ ㉠, ㉣, ㉥

12 ①②③
「화재의 예방 및 안전관리에 관한 법률 시행규칙」상 소방안전관리자 및 소방안전관리보조자의 실무교육 등에 대한 설명으로 옳지 않은 것은?

① 소방청장은 실무교육을 실시하려는 경우에는 실무교육 실시 30일 전까지 일시·장소, 그 밖에 실무교육 실시에 필요한 사항을 인터넷 홈페이지에 공고하고 교육대상자에게 통보해야 한다.

② 소방안전관리자는 소방안전관리자로 선임된 날부터 6개월 이내에 실무교육을 받아야 하며, 그 이후에는 2년마다(최초 실무교육을 받은 날을 기준일로 하여 매 2년이 되는 해의 기준일과 같은 날 전까지를 말한다) 1회 이상 실무교육을 받아야 한다. 다만, 소방안전관리 강습교육 또는 실무교육을 받은 후 1년 이내에 소방안전관리자로 선임된 사람은 해당 강습교육을 수료하거나 실무교육을 이수한 날에 실무교육을 이수한 것으로 본다.

③ 소방안전관리보조자는 그 선임된 날부터 6개월(소방안전관리보조자로 지정된 사람의 경우 3개월을 말한다) 이내에 실무교육을 받아야 하며, 그 이후에는 2년마다(최초 실무교육을 받은 날을 기준일로 하여 매 2년이 되는 해의 기준일과 같은 날 전까지를 말한다) 1회 이상 실무교육을 받아야 한다. 다만, 소방안전관리자 강습교육 또는 실무교육이나 소방안전관리보조자 실무교육을 받은 후 1년 이내에 소방안전관리보조자로 선임된 사람은 해당 강습교육을 수료하거나 실무교육을 이수한 날에 실무교육을 이수한 것으로 본다.

④ 소방청장은 해당 연도의 실무교육이 끝난 날부터 30일 이내에 그 결과를 시·도지사에게 통보해야 한다.

13 ①②③
「화재의 예방 및 안전관리에 관한 법률 시행규칙」상 소방안전관리자 자격증의 재발급에 대한 설명이다. 빈칸의 내용으로 옳은 것은?

> 소방안전관리자 자격증을 발급받은 사람이 그 자격증을 잃어버렸거나 자격증이 못 쓰게 된 경우에는 소방안전관리자 자격증 재발급 신청서(전자문서 포함)를 작성하여 [㉠]에게 자격증의 재발급을 신청할 수 있다. 이 경우 소방청장은 신청자에게 자격증을 [㉡] 이내에 재발급하고 소방안전관리자 자격증 재발급대장에 재발급 사항을 기록하고 관리해야 한다.

	㉠	㉡
①	안전원장	3일
②	소방청장	3일
③	안전원장	7일
④	소방청장	7일

14 ①❷❸

「화재의 예방 및 안전관리에 관한 법률 시행령」상 불을 사용하는 설비의 관리기준 등에 대한 설명이다. ( ) 안에 들어갈 숫자로 옳은 것은?

> - 노·화덕설비 : 노 또는 화덕의 주위에는 녹는 물질이 확산되지 아니하도록 높이 (가)미터 이상의 턱을 설치하여야 한다.
> - 불꽃을 사용하는 용접·용단 기구 : 용접 또는 용단 작업장 주변 반경 (나)미터 이내에 소화기를 갖추어 둘 것
> - 건조설비 : 건조설비와 벽·천장 사이의 거리는 (다)미터 이상 되도록 하여야 한다.
> - 음식조리를 위하여 설치하는 설비 : 주방설비에 부속된 배출덕트(공기 배출통로)는 (라)밀리미터 이상의 아연도금강판 또는 이와 같거나 그 이상의 내식성 불연재료로 설치하여야 한다.

	(가)	(나)	(다)	(라)
①	0.1	5	0.6	0.6
②	0.1	5	0.5	0.5
③	0.5	10	0.6	0.6
④	0.6	10	0.5	0.5

15

「화재의 예방 및 안전관리에 관한 법률 시행규칙」상 소방안전관리자 자격시험에 대한 설명이다. 옳지 않은 것을 모두 고르시오.

> ㉠ 소방청장은 소방안전관리자 자격시험을 종료한 날부터 30일(특급 소방안전관리 자격시험의 경우에는 60일) 이내에 인터넷 홈페이지에 합격자를 공고하고, 응시자에게 휴대전화 문자 메시지로 합격 여부를 알려 줄 수 있다.
> ㉡ 소방청장은 특급, 1급, 2급 또는 3급 소방안전관리자 자격시험을 실시하려는 경우에는 응시자격·시험과목·일시·장소 및 응시절차를 모든 응시 희망자가 알 수 있도록 시험 시행일 30일 전에 인터넷 홈페이지에 공고해야 한다.
> ㉢ 주관식 서술형 문제의 경우 임명·위촉된 시험위원이 채점한다. 이 경우 2명 이상의 채점자가 문항별 배점과 채점 기준표에 따라 별도로 채점하고 그 평균 점수를 해당 문제의 점수로 한다.
> ㉣ 특급 및 1급 소방안전관리자 자격시험의 제1차시험에 합격한 사람은 제1차시험에 합격한 날부터 2년간 제1차시험을 면제한다.
> ㉤ 특급, 1급, 2급 및 3급 소방안전관리자 자격시험은 매과목을 100점 만점으로 하여 매과목 40점 이상, 전과목 평균 60점 이상 득점한 사람을 합격자로 한다.

① ㉠, ㉡, ㉢, ㉣, ㉤
② ㉠, ㉢, ㉣, ㉤
③ ㉡, ㉢, ㉣, ㉤
④ ㉢, ㉣, ㉤

PART 05 소방시설공사업법

01 ●①②③

「소방시설공사업법 시행령」상 소방시설공사 분리 도급의 예외에 대한 설명이다. 옳은 것과 틀린 것의 조합으로 맞는 것은?

> ㉠ 「재난 및 안전관리 기본법」에 따른 재난의 발생으로 긴급하게 착공해야 하는 공사인 경우
> ㉡ 국방 및 국가안보 등과 관련하여 기밀을 유지해야 하는 공사인 경우
> ㉢ 연면적이 3천제곱미터 이하인 특정소방대상물에 비상경보설비를 설치하는 공사인 경우
> ㉣ 「국가를 당사자로 하는 계약에 관한 법률 시행령」 및 「지방자치단체를 당사자로 하는 계약에 관한 법률 시행령」에 따른 원안입찰 또는 일부입찰
> ㉤ 「국가를 당사자로 하는 계약에 관한 법률 시행령」 및 「지방자치단체를 당사자로 하는 계약에 관한 법률 시행령」에 따른 실시설계 기술제안입찰 또는 기본설계 기술제안입찰
> ㉥ 국가유산수리 및 재개발·재건축 등의 공사로서 공사의 성질상 분리하여 도급하는 것이 곤란하다고 시·도지사가 인정하는 경우

① ㉠ (X), ㉡ (X), ㉢ (X), ㉣ (O), ㉤ (X), ㉥ (O)
② ㉠ (O), ㉡ (O), ㉢ (X), ㉣ (X), ㉤ (O), ㉥ (X)
③ ㉠ (O), ㉡ (X), ㉢ (O), ㉣ (O), ㉤ (X), ㉥ (O)
④ ㉠ (X), ㉡ (O), ㉢ (O), ㉣ (X), ㉤ (O), ㉥ (X)

02

「소방시설공사업법 시행령」상 소방시설을 시공할 때 공사감리자 지정대상으로 옳지 않은 것은 모두 몇 개인가?

> ㉠ 스프링클러설비등(캐비닛형 간이스프링클러설비는 제외한다)을 신설·개설하거나 방호·방수 구역을 증설할 때
> ㉡ 제연설비를 신설·개설하거나 제연구역을 증설할 때
> ㉢ 연결송수관설비를 신설·개설하거나 송수구역을 증설할 때
> ㉣ 비상콘센트설비를 신설·개설하거나 전용회로를 증설할 때
> ㉤ 옥내소화전설비를 신설·개설 또는 증설할 때
> ㉥ 연결살수설비를 신설·개설하거나 살수구역을 증설할 때

① 1개 ② 2개
③ 3개 ④ 4개

03

「소방시설공사업법 시행령」상 소방기술자의 배치기준에 대한 설명이다. 옳지 않은 것은 모두 몇 개인가?

> ㉠ 연면적 3만제곱미터 이상 20만제곱미터 미만인 특정소방대상물(아파트는 제외한다)의 공사 현장에는 고급기술자 이상의 소방기술자(기계분야 및 전기분야)를 배치해야 한다.
> ㉡ 물분무등소화설비(호스릴 방식의 소화설비는 제외한다) 또는 제연설비가 설치되는 특정소방대상물의 공사 현장에는 중급기술자 이상의 소방기술자(기계분야 및 전기분야)를 배치해야 한다.
> ㉢ 지하층을 포함한 층수가 16층 이상 40층 미만인 특정소방대상물의 공사 현장에는 고급기술자 이상의 소방기술자(기계분야 및 전기분야)를 배치해야 한다.
> ㉣ 연면적 1천제곱미터 미만인 특정소방대상물의 공사 현장에는 초급기술자 이상의 소방기술자(기계분야 및 전기분야)를 배치해야 한다.
> ㉤ 연면적 1만제곱미터 이상 20만제곱미터 미만인 아파트의 공사 현장에는 중급기술자 이상의 소방기술자(기계분야 및 전기분야)를 배치해야 한다.
> ㉥ 연면적 1천제곱미터 이상 5천제곱미터 미만인 특정소방대상물(아파트는 제외한다)의 공사 현장에는 중급기술자 이상의 소방기술자(기계분야 및 전기분야)를 배치해야 한다.

① 1개 ② 2개
③ 3개 ④ 4개

04

「소방시설공사업법 시행규칙」상 소방기술자의 학력·경력 등에 따른 기술등급 중 중급기술자의 기준에 대한 설명이다. 빈칸의 내용으로 옳은 것은?

- 석사학위를 취득한 후 (㉠) 이상 소방 관련 업무를 수행한 사람
- 학사학위를 취득한 후 (㉡) 이상 소방 관련 업무를 수행한 사람
- 전문학사학위를 취득한 후 (㉢) 이상 소방 관련 업무를 수행한 사람

	㉠	㉡	㉢
①	2년	6년	9년
②	2년	5년	8년
③	3년	5년	8년
④	3년	6년	9년

05

「소방시설공사업법 시행규칙」상 소방시설 자체점검 점검자 중 보조기술인력의 기술자격에 따른 기술등급에 따른 설명이다. 빈칸의 내용으로 옳은 것은?

구 분	기술자격
고급 점검자	• 소방설비기사 자격을 취득한 후 (㉠) 이상 소방 관련 업무를 수행한 사람 • 소방설비산업기사 자격을 취득한 후 (㉡) 이상 소방 관련 업무를 수행한 사람 • 건축설비기사, 건축기사, 공조냉동기계기사, 일반기계기사, 위험물기능장 자격을 취득한 후 (㉢) 이상 소방 관련 업무를 수행한 사람

	㉠	㉡	㉢
①	3년	7년	10년
②	5년	7년	15년
③	3년	8년	10년
④	5년	8년	15년

06

「소방시설공사업법」상 소방공사감리업을 등록한 자가 감리할 때 수행하여야 하는 업무로 옳지 않은 것은 모두 몇 개인가?

> ㉠ 피난시설 및 방화시설의 적법성 검토
> ㉡ 소방시설등의 설치계획표의 적합성 검토
> ㉢ 소방시설등 설계 변경 사항의 적합성 검토
> ㉣ 공사업자가 작성한 시공 상세 도면의 적합성 검토
> ㉤ 소방용품의 위치·규격 및 사용 자재의 적합성 검토
> ㉥ 실내장식물의 불연화(不燃化)와 방염 물품의 적법성 검토
> ㉦ 설계업자가 한 소방시설등의 시공이 설계도서와 화재안전기준에 맞는지에 대한 지도·감독

① 1개   ② 2개
③ 3개   ④ 4개

07

「소방시설공사업법 시행령」상 소방공사 감리원의 배치기준 중 책임감리원을 행정안전부령으로 정하는 고급감리원 이상의 소방공사 감리원(기계분야 및 전기분야)으로 배치하는 소방시설공사 현장으로 옳은 것을 모두 고르시오. (법기준상)

> ㉠ 지하구의 공사 현장
> ㉡ 연면적 5천제곱미터 미만인 특정소방대상물의 공사 현장
> ㉢ 연면적 3만제곱미터 이상 20만제곱미터 미만인 아파트의 공사 현장
> ㉣ 연면적 5천제곱미터 이상 3만제곱미터 미만인 특정소방대상물의 공사 현장
> ㉤ 지하층을 포함한 층수가 16층 이상 40층 미만인 특정소방대상물의 공사 현장
> ㉥ 물분무등소화설비(호스릴 방식의 소화설비 제외) 또는 연소방지설비가 설치되는 특정소방대상물의 공사 현장

① ㉠, ㉤   ② ㉡
③ ㉢   ④ ㉣, ㉥

08

「소방시설공사업법」 및 같은 법 시행규칙상 소방시설업의 지위승계에 관하여 옳게 설명한 것을 모두 고르시오? (법기준상)

⊙ 시·도지사는 소방시설업의 지위승계 신고의 확인 사실을 보고받은 날부터 3일 이내에 협회를 경유하여 지위승계인에게 등록증 및 등록수첩을 발급하여야 한다.
ⓒ 합병을 하려는 지위승계인은 소방시설업 합병신고서, 합병 전 법인의 소방시설업 등록증 및 등록수첩 등을 첨부하여 합병일로부터 15일 이내에 협회에 제출하여야 한다.
ⓒ 경매 또는 환가의 절차에 따라 소방시설업자의 소방시설의 전부를 인수한 자가 종전의 소방시설업자의 지위를 승계하려는 경우에는 그 인수일부터 30일 이내에 행정안전부령으로 정하는 바에 따라 그 사실을 시·도지사에게 신고하여야 한다.
ⓔ 시·도지사가 지위승계 신고를 받은 후 신고가 수리된 경우 소방시설업자의 소방시설의 전부를 인수한 자는 그 상속일, 양수일, 합병일 또는 인수일부터 종전의 소방시설업자의 지위를 승계한다.
ⓜ 지위승계에 관하여는 소방시설업 등록의 결격사유 규정을 준용한다. 다만, 상속인이 소방시설업 등록의 결격사유의 어느 하나에 해당하는 경우 상속받은 날부터 6개월 동안은 그러하지 아니하다.

① ㉠, ㉡, ㉢, ㉣, ㉤
② ㉠, ㉢, ㉣
③ ㉡, ㉣, ㉤
④ ㉡, ㉤

09

「소방시설공사업법」상 소방시설업등록의 결격사유에 해당하지 않는 것은 모두 몇 개인가? (법 기준상)

㉠ 피성년후견인
ⓒ 「위험물안전관리법」에 따른 금고 이상의 실형을 선고받고 그 집행이 끝나거나(집행이 끝난 것으로 보는 경우를 포함한다) 면제된 날부터 2년이 지나지 아니한 사람
ⓒ 「소방기본법」 또는 「위험물안전관리법」에 따른 금고 이상의 형의 집행유예를 선고받고 그 유예기간이 종료된 날부터 2년이 지나지 아니한 사람
ⓔ 등록하려는 소방시설업 등록이 취소(피성년후견인에 해당하여 등록이 취소된 경우도 포함)된 날부터 2년이 지나지 아니한 자

① 1개
② 2개
③ 3개
④ 4개

10

「소방시설공사업법 시행령」상 완공검사를 위한 현장확인대상 특정소방대상물의 범위로 옳지 않은 것은 모두 몇 개인가?

> ㉠ 숙박시설, 창고시설
> ㉡ 교육연구시설, 운동시설
> ㉢ 제연설비가 설치되는 특정소방대상물
> ㉣ 물분무등소화설비(호스릴 방식의 소화설비는 제외)가 설비가 설치되는 특정소방대상물
> ㉤ 연면적 1만제곱미터 이상인 특정소방대상물(아파트는 제외)
> ㉥ 가연성가스를 제조·저장 또는 취급하는 시설 중 지하에 매설된 가연성가스탱크의 저장용량 합계가 500톤 이상인 시설

① 1개
② 2개
③ 3개
④ 4개

11

「소방시설공사업법」상 정의로 옳은 것과 옳지 않은 것에 연결이 바르게 된 것은 무엇인가?

> ㉠ 소방시설공사에 기본이 되는 공사계획, 설계도면, 설계 설명서, 기술계산서 및 이와 관련된 서류를 설계도서라고 한다.
> ㉡ 설계도서에 따라 소방시설을 신설, 증설, 개설, 이전 및 정비를 시공이라고 한다.
> ㉢ 소방시설업에 관한 소방본부장과 소방서장의 권한을 대행하여 소방시설업이 설계도서와 관계 법령에 따라 적합하게 시공되는지를 확인하고, 품질·시공 관리에 대한 기술지도를 하는 것을 감리라고 한다.
> ㉣ 감리원이란 소방공사감리업자에 소속된 소방기술자로서 해당 소방시설공사를 감리하는 사람을 말한다.
> ㉤ 발주자란 소방시설의 설계, 시공, 감리 및 방염을 소방시설업자에게 도급하는 자를 말한다. 다만, 수급인으로서 도급받은 공사를 하도급하는 자는 제외한다.
> ㉥ 소방설비의 설계, 시공, 감리 및 방염을 소방시설등이라 한다.

① ㉠ (O), ㉡ (O), ㉢ (X), ㉣ (O), ㉤ (O) ㉥ (X)
② ㉠ (O), ㉡ (X), ㉢ (O), ㉣ (O), ㉤ (O) ㉥ (O)
③ ㉠ (O), ㉡ (O), ㉢ (O), ㉣ (O), ㉤ (O) ㉥ (O)
④ ㉠ (X), ㉡ (X), ㉢ (X), ㉣ (O), ㉤ (X) ㉥ (X)

12

「소방시설공사업법」 상 소방시설업의 등록에 결격사유인 것을 모두 고르시오?

> ㉮ 「위험물안전관리법」에 따른 금고 이상의 실형을 선고받고 그 집행이 끝나거나(집행이 끝난 것으로 보는 경우를 포함한다) 면제된 날부터 2년이 지나지 아니한 사람.
> ㉯ 「소방시설공사업법」에 따른 금고 이상의 형의 집행유예를 선고받고 그 유예기간 중에 있는 사람
> ㉰ 법인의 임원이 피성년후견인에 해당하는 경우 그 법인
> ㉱ 「소방시설 설치 및 관리에 관한 법률」에 따른 금고 이상의 형의 집행유예를 선고받고 그 유예기간 중에 있는 사람.

① ㉯
② ㉯, ㉰
③ ㉮, ㉯, ㉱
④ ㉮, ㉯, ㉰, ㉱

13

「소방시설공사업법 시행령」 상 특정소방대상물 중 공사감리자 지정대상과 소방시설공사의 착공신고대상이 모두 만족되는 것을 고르시오?

> ㉮ 옥외소화전설비 신설
> ㉯ 캐비닛형 간이스프링클러설비 신설
> ㉰ 자동화재탐지설비 신설
> ㉱ 연소방지설비 신설

① ㉮, ㉯
② ㉯, ㉰
③ ㉮, ㉯, ㉱
④ ㉮, ㉰, ㉱

14 ●①②③

「소방시설공사업법」상 과징금에 대한 설명 중 가장 옳은 것은?

① 거짓이나 그 밖의 부정한 방법으로 등록한 경우 영업정지가 그 이용자에게 불편을 줄 때에는 영업정지처분을 갈음하여 3천만 원 이하의 과징금을 부과할 수 있다.

② 거짓이나 그 밖의 부정한 방법으로 등록한 경우 그 밖에 공익을 해칠 우려가 있을 때에는 영업취소처분을 갈음하여 2억 원 이하의 과징금을 부과할 수 있다.

③ 영업정지 기간 중에 소방시설공사등을 한 경우 영업정지가 그 이용자에게 불편을 줄 때에는 영업정지처분을 갈음하여 2억 원 이하의 과징금을 부과할 수 있다.

④ 소방시설공사업법을 위반하여 소속 소방기술자를 공사현장에 배치하지 아니한 경우 영업정지가 그 이용자에게 불편을 줄 때에는 영업정지처분을 갈음하여 2억 원 이하의 과징금을 부과할 수 있다.

15 ●①②③

「소방시설공사업법 시행규칙」상 소방시설업에 대한 행정처분기준에서 2차 영업정지 3개월인 것으로 옳지 않은 것은? (단, 개별기준만 적용하며, 일반기준 중 가중과 감경은 제외한다)

① 소방시설설계업자가 설계함에 있어 화재안전기준 등에 적합하게 설계를 하지 아니한 경우

② 소방시설공사업자가 시공함에 있어 화재안전기준 등에 적합하게 시공를 하지 아니한 경우

③ 소방시설공사업자가 법을 위반하여 착공신고(변경신고를 포함한다)를 하지 아니하거나 거짓으로 한 경우

④ 소방시설공사업자가 부정한 방법으로 등록한 경우

16 ●①②③

「소방시설공사업법」 및 같은 법 시행령상 다음의 내용 중 밑줄 친 (가)에 해당사항 중 가장 옳지 않는 것은?

> 공사업자는 소방시설공사를 완공하면 소방본부장 또는 소방서장의 완공검사를 받아야 한다. 다만, 제17조제1항에 따라 공사감리자가 지정되어 있는 경우에는 공사감리 결과보고서로 완공검사를 갈음하되, (가) 대통령령으로 정하는 특정소방대상물의 경우에는 소방본부장이나 소방서장이 소방시설공사가 공사감리 결과보고서대로 완공되었는지를 현장에서 확인할 수 있다(소방시설공사업법 제14조).

① 경북 안동에 있는 병설유치원
② 노량진에 있는 초고층건축물인 50층인 아파트
③ 경기도 이천에 있는 A창고시설
④ 전북 고창에 있는 유스호스텔

17 ●①②③

「소방시설공사업법」상 도급의 원칙에 대한 설명 중 옳지 않은 것은?

① 소방시설공사등의 도급 또는 하도급의 계약당사자는 서로 대등한 입장에서 합의에 따라 공정하게 계약을 체결하고, 신의에 따라 성실하게 계약을 이행하여야 한다.
② 소방시설공사등의 도급 또는 하도급의 관계인은 그 계약을 체결할 때 도급 또는 하도급 금액, 공사기간, 그 밖에 행정안전부령으로 정하는 사항을 계약서에 분명히 밝혀야 하며, 서명날인한 계약서를 서로 내주고 보관하여야 한다.
③ 수급인은 하수급인에게 하도급과 관련하여 자재구입처의 지정 등 하수급인에게 불리하다고 인정되는 행위를 강요하여서는 아니 된다.
④ 하도급에 관하여 이 법에서 규정하는 것을 제외하고는 그 성질에 반하지 아니하는 범위에서 「하도급거래 공정화에 관한 법률」의 해당 규정을 준용한다.

MEMO

PART 06 위험물안전관리법

01 ⓜ❶❷❸

「위험물안전관리법 시행령」상 제4류 위험물 중 제2석유류에 대한 설명이다. 빈칸의 내용으로 옳은 것은?

> "제2석유류"라 함은 등유, 경유 그 밖에 1기압에서 인화점이 섭씨 ( )인 것을 말한다. 다만, 도료류 그 밖의 물품에 있어서 가연성 액체량이 40중량퍼센트 이하이면서 인화점이 섭씨 40도 이상인 동시에 연소점이 섭씨 60도 이상인 것은 제외한다.

① 21도 이상 70도 미만
② 31도 이상 80도 미만
③ 70도 이상 200도 미만
④ 80도 이상 250도 미만

02 ⓜ❶❷❸

「위험물안전관리법 시행령」상 위험물의 품명과 지정수량의 연결이 옳지 않은 것은 모두 몇 개인가?

> ㉠ 브로민산염류 : 100kg
> ㉡ 황화인 : 100kg
> ㉢ 아이오딘산염류 : 300kg
> ㉣ 알코올류 : 400ℓ
> ㉤ 알킬리튬 : 10kg
> ㉥ 과망가니즈산염류 : 300kg
> ㉦ 마그네슘 : 500kg
> ㉧ 다이크로뮴산염류 : 300kg
> ㉨ 과산화수소 : 300kg
> ㉩ 동식물유류 : 10,000ℓ

① 2개
② 3개
③ 4개
④ 5개

03

「위험물안전관리법」상 제조소 등에서 위험물을 유출·방출 또는 확산시켜 사망에 이르게 한때 벌칙으로 옳은 것은?

① 1년 이상 10년 이하의 징역
② 무기 또는 3년 이상의 징역
③ 무기 또는 5년 이상의 징역
④ 무기 또는 7년 이상의 징역

04

「위험물안전관리법」상 ( )안에 숫자의 합은 얼마인가?

> ㉮ 제조소등의 관계인은 당해 제조소등의 용도를 폐지(장래에 대하여 위험물시설로서의 기능을 완전히 상실시키는 것을 말한다)한 때에는 행정안전부령이 정하는 바에 따라 제조소등의 용도를 폐지한 날부터 ( )일 이내에 시·도지사에게 신고하여야 한다.
> ㉯ 제조소등의 관계인은 제조소등의 사용을 중지하거나 중지한 제조소등의 사용을 재개하려는 경우에는 해당 제조소등의 사용을 중지하려는 날 또는 재개하려는 날의 ( )일 전까지 행정안전부령으로 정하는 바에 따라 제조소등의 사용 중지 또는 재개를 시·도지사에게 신고하여야 한다.
> ㉰ 제조소등의 설치자의 지위를 승계한 자는 행정안전부령이 정하는 바에 따라 승계한 날부터 ( )일 이내에 시·도지사에게 그 사실을 신고하여야 한다.
> ㉱ 제조소등의 위치·구조 또는 설비의 변경없이 당해 제조소등에서 저장하거나 취급하는 위험물의 품명·수량 또는 지정수량의 배수를 변경하고자 하는 자는 변경하고자 하는 날의 ( )일 전까지 행정안전부령이 정하는 바에 따라 시·도지사에게 신고하여야 한다.

① 59
② 75
③ 65
④ 91

05 ●①②③
「위험물안전관리법」 상 위험물에 따른 지정수량을 설명한 것으로 옳지 않은 것은?

① 아염소산염류, 염소산염류, 과염소산염류의 각각 지정수량은 50kg이다.
② 브로민산염류, 질산염류, 아이오딘산염류의 각각 지정수량은 300kg이다.
③ 황화인, 황, 황린의 각각 지정수량은 100kg이다.
④ 과염소산, 과산화수소, 질산의 각각 지정수량은 300kg이다.

06 ●①②③
「위험물안전관리법 시행령」 상 위험물에 대한 설명으로 가장 옳지 않은 것은?

① 황은 순도가 60중량퍼센트 이상인 것을 말한다. 이 경우 순도측정에 있어서 불순물은 활석 등 불연성물질과 수분에 한한다.
② 금속분이라 함은 알칼리금속·알칼리토류금속 및 마그네슘외의 금속의 분말을 말하고, 철·구리분·니켈분 및 150마이크로미터의 체를 통과하는 것이 50중량퍼센트 미만인 것은 제외한다.
③ 인화성고체라 함은 고형알코올 그 밖에 1기압에서 인화점이 섭씨 40도 미만인 고체를 말한다.
④ 1분자를 구성하는 탄소원자의 수가 1개 내지 3개의 포화1가 알코올의 함유량이 60중량퍼센트 미만인 수용액은 알코올류에서 제외한다.

07 ①②③

「위험물안전관리법」상 탱크시험자의 등록 등에 대한 설명 중 옳지 않은 것은 모두 몇 개인가?

> ㉠ 탱크시험자가 되고자 하는 자는 대통령령이 정하는 기술능력·시설 및 장비를 갖추어 시·도지사에게 등록하여야 한다.
> ㉡ 규정에 따라 등록한 사항 가운데 행정안전부령이 정하는 중요사항을 변경한 경우에는 그 날부터 60일 이내에 시·도지사에게 변경신고를 하여야 한다.
> ㉢ 시·도지사 또는 제조소등의 관계인은 안전관리업무를 전문적이고 효율적으로 수행하기 위하여 탱크안전성능시험자로 하여금 이 법에 의한 검사 또는 점검의 일부를 실시하게 할 수 있다.
> ㉣ 피한정치산자의 경우 탱크시험자로 등록하거나 탱크시험자의 업무에 종사할 수 없다.
> ㉤ 시·도지사는 규정에 따른 등록기준에 미달하게 된 경우에는 등록을 취소하거나 1년 이내의 기간을 정하여 업무의 정지를 명할 수 있다.

① 1개 ② 2개
③ 3개 ④ 4개

08 ①②③

「위험물안전관리법 시행령」상 자체소방대에 두는 화학소방자동차와 자체소방대원의 수에 관한 설명이 옳지 않은 것을 모두 고르시오.

> ㉠ 제조소 또는 일반취급소에서 취급하는 제4류 위험물의 최대 지정수량의 합이 지정수량의 10만 배인 사업소에는 화학소방자동차 1대를 두어야 한다.
> ㉡ 제조소 또는 일반취급소에서 취급하는 제4류 위험물의 최대 지정수량의 합이 지정수량의 15만배인 사업소에는 자체소방대원 10인을 두어야 한다.
> ㉢ 제조소 또는 일반취급소에서 취급하는 제4류 위험물의 최대 지정수량의 합이 지정수량의 20만 배인 사업소에는 화학소방자동차 2대를 두어야 한다.
> ㉣ 제조소 또는 일반취급소에서 취급하는 제4류 위험물의 최대 지정수량의 합이 지정수량의 25만 배인 사업소에는 자체소방대원 20인을 두어야 한다.
> ㉤ 제조소 또는 일반취급소에서 취급하는 제4류 위험물의 최대 지정수량의 합이 지정수량의 40만 배인 사업소에는 화학소방자동차는 3대를 두어야 한다.
> ㉥ 옥외탱크저장소에 저장하는 제4류 위험물의 최대수량이 지정수량의 50만 배인 사업소에는 자체소방대원 15인을 두어야 한다.

① ㉠, ㉣, ㉤ ② ㉡, ㉥
③ ㉣, ㉥ ④ ㉢, ㉣, ㉥

09

「위험물안전관리법 시행령」상 위험물의 용어에 대한 설명이다. 빈칸의 내용으로 옳은 것은? (법 기준상)

- 제1석유류라 함은 아세톤, 휘발유 그 밖에 1기압에서 인화점이 섭씨 (㉠)도 미만인 것을 말한다.
- 인화성고체라 함은 고형알코올 그 밖에 1기압에서 인화점이 섭씨 (㉡)도 미만인 고체를 말한다.
- 철분이라 함은 철의 분말로서 (㉢)마이크로미터의 표준체를 통과하는 것이 50중량퍼센트 미만인 것은 제외한다.
- 황은 순도가 (㉣)중량퍼센트 이상인 것을 말한다. 이 경우 순도측정에 있어서 불순물은 활석 등 불연성물질과 수분에 한한다.
- 금속분이라 함은 알칼리금속·알칼리토류금속·철 및 마그네슘외의 금속의 분말을 말하고, 구리분·니켈분 및 (㉤)마이크로미터의 체를 통과하는 것이 50중량퍼센트 미만인 것은 제외한다.

	㉠	㉡	㉢	㉣	㉤
①	21	40	53	50	155
②	21	40	53	60	150
③	31	30	63	50	155
④	31	30	63	60	150

10

「위험물안전관리법 시행령」상 과태료의 부과기준에 대한 설명이다. 빈칸의 내용으로 옳은 것은?

위반행위	과태료 금액
규정을 위반하여 예방규정을 준수하지 않은 경우	
1) 1차 위반 시	(㉠)
2) 2차 위반 시	(㉡)
3) 3차 이상 위반 시	(㉢)

	㉠	㉡	㉢
①	100	150	300
②	100	200	300
③	250	300	500
④	250	400	500

시행규칙 별표

01 ●①②③

「위험물안전관리법 시행규칙」상 이송취급소의 허가신청의 첨부서류의 연결이 옳지 않은 것은?

① 배관 - 용접에 관한 설명서
② 긴급차단밸브 및 차단밸브 - 기능설명서
③ 지진감지장치 및 강진계 - 지진검지에 관한 흐름도
④ 펌프 - 압력제어방식에 관한 설명서

02 ●①②③

「위험물안전관리법 시행규칙」상 이송취급소의 허가신청의 첨부서류 중 배관의 첨부서류에 대한 설명이다. 빈칸의 내용으로 옳은 것은?

- 위치도 - 축척 : (㉠) 이상, 배관의 경로 및 이송기지의 위치를 기재할 것
- 횡단도면 - 축척 : (㉡) 이상, 배관을 부설한 도로·철도 등의 횡단면에 배관의 중심과 지상 및 지하의 공작물의 위치를 기재할 것

	㉠	㉡
①	30,000분의 1	100분의 1
②	50,000분의 1	100분의 1
③	30,000분의 1	200분의 1
④	50,000분의 1	200분의 1

03

「위험물안전관리법 시행규칙」상 제조소 또는 일반취급소의 변경허가를 받아야 하는 경우에 대한 설명으로 옳지 않은 것은?

① 방화상 유효한 담을 신설·철거 또는 이설하는 경우
② 300m(지상에 설치하지 아니하는 배관의 경우에는 30m)를 초과하는 위험물배관을 신설·교체·철거 또는 보수(배관을 절개하는 경우에 한한다)하는 경우
③ 위험물취급탱크의 노즐 또는 맨홀을 신설하는 경우(노즐 또는 맨홀의 지름이 200㎜를 초과하는 경우에 한한다)
④ 위험물의 제조설비 또는 취급설비(펌프설비를 제외한다)를 증설하는 경우

04

「위험물안전관리법 시행규칙」상 옥외탱크저장소의 변경허가를 받아야 하는 경우에 대한 설명으로 옳지 않은 것은?

① 300m(지상에 설치하지 아니하는 배관의 경우에는 30m)를 초과하는 위험물배관을 신설·교체·철거 또는 보수(배관을 절개하는 경우에 한한다)하는 경우
② 옥외저장탱크의 밑판 또는 옆판의 표면적의 20%를 초과하는 겹침보수공사 또는 육성보수공사를 하는 경우
③ 옥외저장탱크의 지붕판 표면적 20% 이상을 교체하거나 구조·재질 또는 두께를 변경하는 경우
④ 옥외저장탱크의 밑판 또는 옆판을 교체하는 경우

05

「위험물안전관리법 시행규칙」 상 행정처분기준의 일반기준에 대한 설명으로 옳지 않은 것은?

① 위반행위가 2 이상인 때에는 그 중 중한 처분기준에 의하되, 2 이상의 처분기준이 동일한 사용정지이거나 업무정지인 경우에는 중한 처분의 2분의 1까지 가중처분할 수 있다.
② 사용정지 또는 업무정지의 처분기간 중에 사용정지 또는 업무정지에 해당하는 새로운 위반행위가 있는 때에는 종전의 처분기간 만료일의 다음 날부터 새로운 위반행위에 따른 사용정지 또는 업무정지의 행정처분을 한다.
③ 위반행위의 횟수에 따른 행정처분기준은 최근 1년간 같은 위반행위로 행정처분을 받은 경우에 적용한다. 이 경우 기간의 계산은 위반행위에 대하여 행정처분을 받은 날과 그 처분 후 다시 같은 위반행위를 하여 적발된 날을 기준으로 한다.
④ 사용정지 또는 업무정지의 처분기간이 완료될 때까지 위반행위가 계속되는 경우에는 사용정지 또는 업무정지의 행정처분을 다시 한다.

06

「위험물안전관리법 시행규칙」 상 제조소등에 대한 행정처분기준을 설명한 것이다. 빈칸의 내용으로 옳은 것은?

위반행위	행정처분기준		
	1차	2차	3차
제조소등의 완공검사를 받지 않고 제조소등을 사용한 경우	㉠	㉡	㉢

	㉠	㉡	㉢
①	사용정지 15일	사용정지 60일	허가취소
②	사용정지 30일	사용정지 60일	허가취소
③	경고	사용정지 90일	허가취소
④	사용정지 90일	허가취소	

07

「위험물안전관리법 시행규칙」상 제조소등에 대한 행정처분기준을 설명한 것이다. 빈칸의 내용으로 옳은 것은?

위반행위	행정처분기준		
	1차	2차	3차
대통령령이 정하는 제조소등의 정기점검을 하지 않은 경우	㉠	㉡	㉢

	㉠	㉡	㉢
①	사용정지 30일	사용정지 90일	허가취소
②	사용정지 15일	사용정지 60일	허가취소
③	사용정지 10일	사용정지 30일	허가취소
④	경고	허가취소	

08

「위험물안전관리법 시행규칙」상 안전관리대행기관에 대한 행정처분기준을 설명한 것이다. 빈칸의 내용으로 옳은 것은?

위반행위	행정처분기준		
	1차	2차	3차
안전관리대행기관의 지정기준에 미달되는 때	㉠	㉡	㉢

	㉠	㉡	㉢
①	경고	업무정지 60일	업무정지 90일
②	경고	업무정지 90일	지정취소
③	업무정지 30일	업무정지 60일	지정취소
④	업무정지 30일	업무정지 90일	지정취소

09

「위험물안전관리법 시행규칙」 상 탱크안전성능시험 또는 점검에 대한 행정처분기준을 설명한 것이다. 빈칸의 내용으로 옳은 것은?

위반행위	행정처분기준		
	1차	2차	3차
탱크안전성능시험 또는 점검을 허위로 하거나 이 법에 의한 기준에 맞지 아니하게 탱크안전성능시험 또는 점검을 실시하는 경우 등 탱크시험자로서 적합하지 아니하다고 인정되는 경우	㉠	㉡	㉢

	㉠	㉡	㉢
①	업무정지 15일	업무정지 60일	등록취소
②	업무정지 30일	업무정지 90일	등록취소
③	경고	업무정지 90일	등록취소
④	등록정지 90일	등록취소	

10

「위험물안전관리법 시행규칙」 상 연간 매출액을 기준으로 한 과징금 산정기준에 대한 설명이다. 빈칸의 내용으로 옳은 것은? (2016년 2월 1일부터 2018년 12월 31일까지의 기간 중에 위반행위를 한 경우)

등급	연간 매출액	1일당 과징금의 금액(단위: 원)
1	5천만 원 이하	㉠
2	5천만 원 초과 ~ 1억 원 이하	㉡

	㉠	㉡
①	6,000원	15,000원
②	6,000원	20,000원
③	7,000원	15,000원
④	7,000원	20,000원

11 ●①②③

「위험물안전관리법 시행규칙」상 저장 또는 취급하는 위험물의 허가수량을 기준으로 한 과징금 산정기준에 대한 설명이다. 빈칸의 내용으로 옳은 것은? (2016년 2월 1일부터 2018년 12월 31일까지의 기간 중에 위반행위를 한 경우)

등급	저장 또는 취급하는 위험물의 허가수량(지정수량의 배수)		1일당 과징금의 금액 (단위 : 천 원)
	저장량	취급량	
1	50배 이하	30배 이하	㉠
2	50배 초과 ~ 100배 이하	30배 초과 ~ 100배 이하	㉡

    ㉠   ㉡
① 20   100
② 20   150
③ 30   100
④ 30   150

12 ●①②③

「위험물안전관리법 시행규칙」상 1일 평균 매출액을 기준으로 한 과징금 산정기준에 대한 설명이다. 빈칸의 내용으로 옳은 것은? (2019년 1월 1일 이후에 위반행위를 한 경우)

> 과징금 금액 = 1일 평균 매출액 × 사용정지 일수 × (   )

① 0.0374   ② 0.0474
③ 0.0574   ④ 0.0674

13

「위험물안전관리법 시행규칙」상 제조소의 위치·구조 및 설비의 기준 중 보유공지에 대한 설명이다. 빈칸의 내용으로 옳은 것은?

취급하는 위험물의 최대수량	공지의 너비
지정수량의 10배 이하	㉠
지정수량의 10배 초과	㉡

	㉠	㉡
①	1m 이상	3m 이상
②	2m 이상	3m 이상
③	3m 이상	5m 이상
④	4m 이상	6m 이상

14

「위험물안전관리법 시행규칙」상 제조소의 위치·구조 및 설비의 기준 중 게시판에 대한 설명으로 옳지 않은 것을 모두 고르시오?

> ㉠ 게시판은 한변의 길이가 0.2m 이상, 다른 한변의 길이가 0.5m 이상인 직사각형으로 하여야 한다.
> ㉡ 게시판에는 저장 또는 취급하는 위험물의 유별·품명 및 저장최대수량 또는 취급최대수량, 지정수량의 배수 및 안전관리자의 성명 또는 직명을 기재하여야 한다.
> ㉢ 게시판의 바탕은 백색으로, 문자는 흑색으로 하여야 한다.
> ㉣ 제1류 위험물 중 알칼리금속의 과산화물과 이를 함유한 것 또는 제3류 위험물 중 금수성물질에 있어서는 "물기엄금"의 내용을 게시한 게시판을 설치하여야 한다.
> ㉤ 제2류 위험물(인화성고체를 제외한다)에 있어서는 "화기주의"의 내용을 게시한 게시판을 설치하여야 한다.
> ㉥ 제2류 위험물 중 인화성고체, 제3류 위험물 중 자연발화성물질, 제4류 위험물 또는 제5류 위험물에 있어서는 "화기주의"의 내용을 게시한 게시판을 설치하여야 한다.
> ㉦ 게시판의 색은 "물기엄금"을 표시하는 것에 있어서는 백색바탕에 백색문자로, "화기주의" 또는 "화기엄금"을 표시하는 것에 있어서는 적색바탕에 청색문자로 하여야 한다.

① ㉠, ㉡, ㉤   ② ㉠, ㉥, ㉦
③ ㉢, ㉣, ㉤   ④ ㉢, ㉤, ㉦

15

「위험물안전관리법 시행규칙」상 제조소의 위치·구조 및 설비의 기준 중 위험물을 취급하는 건축물의 구조에 대한 설명으로 옳지 않은 것은?

① 지하층이 없도록 하여야 한다. 다만, 위험물을 취급하지 아니하는 지하층으로서 위험물의 취급장소에서 새어나온 위험물 또는 가연성의 증기가 흘러 들어갈 우려가 없는 구조로 된 경우에는 그러하지 아니하다.

② 벽·기둥·바닥·보·서까래 및 계단을 불연재료로 하고, 연소의 우려가 있는 외벽(소방청장이 정하여 고시하는 것에 한한다.)은 출입구 외의 개구부가 없는 내화구조의 벽으로 하여야 한다. 이 경우 제6류 위험물을 취급하는 건축물에 있어서 위험물이 스며들 우려가 있는 부분에 대하여는 아스팔트 그 밖에 부식되지 아니하는 재료로 피복하여야 한다.

③ 제2류 위험물(분말상태의 것과 인화성고체를 제외한다), 제4류 위험물 중 제4석유류·동식물유류 또는 제6류 위험물을 취급하는 건축물인 경우에는 그 지붕을 내화구조로 할 수 있다.

④ 출입구와 「산업안전보건기준에 관한 규칙」에 따라 설치하여야 하는 비상구에는 60+방화문·60분방화문 또는 30분방화문을 설치하되, 연소의 우려가 있는 외벽에 설치하는 출입구에는 수시로 열 수 있는 자동방화셔터를 설치하여야 한다.

16

「위험물안전관리법 시행규칙」상 제조소의 위치·구조 및 설비의 기준 중 건축물의 구조에 대한 설명으로 옳지 않은 것은?

① 지하층이 없도록 하여야 한다. 다만, 위험물을 취급하지 아니하는 지하층으로서 위험물의 취급장소에서 새어나온 위험물 또는 가연성의 증기가 흘러 들어갈 우려가 없는 구조로 된 경우에는 그러하지 아니하다.

② 벽·기둥·바닥·보·서까래 및 계단을 불연재료로 하고, 연소(延燒)의 우려가 있는 외벽(소방청장이 정하여 고시하는 것에 한한다. 이하 같다)은 출입구 외의 개구부가 없는 내화구조의 벽으로 하여야 한다. 이 경우 제6류 위험물을 취급하는 건축물에 있어서 위험물이 스며들 우려가 있는 부분에 대하여는 아스팔트 그 밖에 부식되지 아니하는 재료로 피복하여야 한다.

③ 지붕(작업공정상 제조기계시설 등이 2층 이상에 연결되어 설치된 경우에는 최상층의 지붕을 말한다)은 폭발력이 위로 방출될 정도의 가벼운 불연재료로 덮어야 한다. 다만, 위험물을 취급하는 건축물이 외부화재에 60분 이상 견딜 수 있는 구조로서 밀폐형 구조의 건축물인 경우에는 그 지붕을 내화구조로 할 수 있다.

④ 출입구와 「산업안전보건기준에 관한 규칙」에 따라 설치하여야 하는 비상구에는 60+방화문·60분방화문 또는 30분방화문을 설치하되, 연소의 우려가 있는 외벽에 설치하는 출입구에는 수시로 열 수 있는 자동폐쇄식의 60+방화문 또는 60분방화문을 설치하여야 한다.

17 ●①②③
「위험물안전관리법 시행규칙」상 제조소의 위치·구조 및 설비의 기준 중 채광·조명 및 환기설비에 대한 설명으로 옳지 않은 것은?

① 채광설비는 불연재료로 하고, 연소의 우려가 없는 장소에 설치하되 채광면적을 최소로 해야 한다.
② 조명설비의 경우 가연성가스 등이 체류할 우려가 있는 장소의 조명등은 방폭등(防爆燈)으로 해야 한다.
③ 환기는 자연배기방식으로 해야 한다.
④ 조명설비의 점멸스위치는 출입구 안쪽부분에 설치할 것. 다만, 스위치의 스파크로 인한 화재·폭발의 우려가 없을 경우에는 그러하지 아니하다.

18 ●①②③
「위험물안전관리법 시행규칙」상 제조소의 위치·구조 및 설비의 기준 중 환기설비 급기구의 면적에 대한 설명이다. 빈칸의 내용으로 옳은 것은?

바닥면적	급기구의 면적
60㎡ 미만	(㉠)㎠ 이상
60㎡ 이상 90㎡ 미만	(㉡)㎠ 이상
90㎡ 이상 120㎡ 미만	(㉢)㎠ 이상
120㎡ 이상 150㎡ 미만	(㉣)㎠ 이상

	㉠	㉡	㉢	㉣
①	100	300	400	600
②	150	250	450	650
③	100	250	400	650
④	150	300	450	600

19 ①②③

「위험물안전관리법 시행규칙」상 제조소의 위치·구조 및 설비의 기준 중 배출설비에 대한 설명으로 옳지 않은 것은?

① 배출설비는 국소방식으로 하여야 한다. 다만, 위험물취급설비가 배관이음 등으로만 된 경우에는 전역방식으로 할 수 있다.
② 배출설비는 배풍기(오염된 공기를 뽑아내는 통풍기)·배출 덕트(공기 배출통로)·후드 등을 이용하여 강제적으로 배출하는 것으로 해야 한다.
③ 배출능력은 1시간당 배출장소 용적의 10배 이상인 것으로 하여야 한다. 다만, 전역방식의 경우에는 바닥면적 1㎡당 18㎥ 이상으로 할 수 있다.
④ 배출구는 지상 2m 이상으로서 연소의 우려가 없는 장소에 설치하고, 배출 덕트가 관통하는 벽부분의 바로 가까이에 화재시 자동으로 폐쇄되는 방화댐퍼(화재 시 연기 등을 차단하는 장치)를 설치해야 한다.

20 ①②③

「위험물안전관리법 시행규칙」상 제조소의 위치·구조 및 설비의 기준 중 옥외에서 액체위험물을 취급하는 설비의 바닥 기준에 대한 설명으로 옳지 않은 것은

① 바닥의 둘레에 높이 0.1m 이상의 턱을 설치하는 등 위험물이 외부로 흘러나가지 아니하도록 하여야 한다.
② 바닥은 콘크리트 등 위험물이 스며들지 아니하는 재료로 하고, 턱이 있는 쪽이 낮게 경사지게 하여야 한다.
③ 바닥의 최저부에 집유설비를 하여야 한다.
④ 위험물(온도 20℃의 물 100g에 용해되는 양이 1g 미만인 것에 한한다)을 취급하는 설비에 있어서는 당해 위험물이 직접 배수구에 흘러들어가지 아니하도록 집유설비에 유분리장치를 설치하여야 한다.

21

「위험물안전관리법 시행규칙」상 제조소의 위치·구조 및 설비의 기준 중 피뢰설비의 기준에 대한 설명이다. 빈칸의 내용으로 옳은 것은?

> 지정수량의 (　　) 이상의 위험물을 취급하는 제조소(제6류 위험물을 취급하는 위험물제조소를 제외한다)에는 피뢰침을 설치하여야 한다. 다만, 제조소의 주위의 상황에 따라 안전상 지장이 없는 경우에는 피뢰침을 설치하지 아니할 수 있다.

① 5배　　　　　　　　　② 10배
③ 20배　　　　　　　　　④ 30배

22

「위험물안전관리법 시행규칙」상 제조소의 위치·구조 및 설비의 기준 중 배관의 기준에 대한 설명이다. 빈칸의 내용으로 옳은 것은?

> 배관은 다음 각 목의 구분에 따른 압력으로 내압시험을 실시하여 누설 또는 그 밖의 이상이 없는 것으로 해야 한다.
> 　가. 불연성 액체를 이용하는 경우에는 최대상용압력의 (㉠) 배 이상
> 　나. 불연성 기체를 이용하는 경우에는 최대상용압력의 (㉡) 배 이상

	㉠	㉡
①	1.3	1.1
②	1.3	1.2
③	1.5	1.1
④	1.5	1.2

23 ●①②③

「위험물안전관리법 시행규칙」상 고인화점 위험물만을 100℃ 미만의 온도에서 취급하는 제조소의 위치·구조 및 설비의 기준에 대한 설명으로 옳지 않은 것은?

① 고인화점위험물이라 함은 인화점이 100℃ 이상인 제4류 위험물을 말한다.
② 위험물을 취급하는 건축물의 연소의 우려가 있는 외벽에 두는 출입구에 유리를 이용하는 경우에는 망입유리로 하여야 한다.
③ 위험물을 취급하는 건축물 그 밖의 공작물(위험물을 이송하기 위한 배관 그 밖에 이에 준하는 공작물을 제외한다)의 주위에 5m 이상의 너비의 공지를 보유하여야 한다. 다만, 규정에 의하여 방화상 유효한 격벽을 설치하는 경우에는 그러하지 아니하다.
④ 위험물을 취급하는 건축물의 창 및 출입구에는 60+방화문·60분방화문 또는 30분방화문 또는 불연재료나 유리로 만든 문을 달고, 연소의 우려가 있는 외벽에 두는 출입구에는 수시로 열 수 있는 자동폐쇄식의 60+방화문 또는 60분방화문을 설치하여야 한다.

24 ●①②③

「위험물안전관리법 시행규칙」상 아세트알데하이드등을 취급하는 제조소의 위치·구조 및 설비의 기준에 대한 설명으로 옳지 않은 것은?

① 세트알데하이드등을 취급하는 설비는 은·수은·동·마그네슘 또는 이들을 성분으로 하는 합금으로 만들지 아니해야 한다.
② 아세트알데하이드등을 취급하는 설비에는 연소성 혼합기체의 생성에 의한 폭발을 방지하기 위한 불활성기체 또는 수증기를 봉입하는 장치를 갖추어야 한다.
③ 아세트알데하이드등을 취급하는 탱크(옥외에 있는 탱크 또는 옥내에 있는 탱크로서 그 용량이 지정수량의 5분의 1 미만의 것을 제외한다)에는 냉각장치 또는 저온을 유지하기 위한 장치 및 연소성 혼합기체의 생성에 의한 폭발을 방지하기 위한 불활성기체를 봉입하는 장치를 갖추어야 한다. 다만, 지하에 있는 탱크가 아세트알데하이드등의 온도를 저온으로 유지할 수 있는 구조인 경우에는 냉각장치 및 보냉장치를 갖추지 아니할 수 있다.
④ 아세트알데하이드등을 취급하는 설비의 주위에는 누설범위를 국한하기 위한 설비와 누설된 아세트알데하이드등을 안전한 장소에 설치된 저장실에 유입시킬수 있는 설비를 갖추어야 한다.

25 「위험물안전관리법 시행규칙」상 하이드록실아민 등을 취급하는 제조소 주의에 설치해야 하는 담 또는 토제의 기준에 대한 설명으로 옳지 않은 것은?

① 담 또는 토제는 당해 제조소의 외벽 또는 이에 상당하는 공작물의 외측으로부터 2m 이상 떨어진 장소에 설치할 것
② 담 또는 토제의 높이는 당해 제조소에 있어서 하이드록실아민 등을 취급하는 부분의 높이 이상으로 할 것
③ 담은 두께 10㎝ 이상의 철근콘크리트조·철골철근콘크리트조 또는 두께 15㎝ 이상의 보강콘크리트블록조로 할 것
④ 토제의 경사면의 경사도는 60도 미만으로 할 것

26 「위험물안전관리법 시행규칙」상 옥내저장소에 안전거리를 두지 아니할 수 있는 경우로 옳지 않은 것은?

① 제4석유류 또는 동식물유류의 위험물을 저장 또는 취급하는 옥내저장소로서 그 최대수량이 지정수량의 30배 미만인 것
② 제6류 위험물을 저장 또는 취급하는 옥내저장소
③ 지정수량의 20배(하나의 저장창고의 바닥면적이 150㎡ 이하인 경우에는 50배) 이하의 위험물을 저장 또는 취급하는 옥내저장소로서 저장창고의 벽·기둥·바닥·보 및 지붕이 내화구조인 것
④ 지정수량의 20배(하나의 저장창고의 바닥면적이 150㎡ 이하인 경우에는 50배) 이하의 위험물을 저장 또는 취급하는 옥내저장소로서 저장창고의 출입구에 수시로 열 수 있는 자동폐쇄방식의 60+방화문 또는 60분방화문이 설치되어 있을 것

27

「위험물안전관리법 시행규칙」상 옥내저장소의 보유공지에 대한 설명이다. 빈칸의 내용으로 옳은 것은?

저장 또는 취급하는 위험물의 최대수량	벽·기둥 및 바닥이 내화구조로 된 건축물
지정수량의 5배 초과 10배 이하	[㉠]m 이상
지정수량의 10배 초과 20배 이하	[㉡]m 이상

　　㉠　　㉡
① 0.5　1.5
② 1　　2
③ 1.5　2.5
④ 2　　3

28

「위험물안전관리법 시행규칙」상 옥내저장소 중 하나의 저장창고의 바닥면적(2 이상의 구획된 실이 있는 경우에는 각 실의 바닥면적의 합계)의 기준이 1,000㎡ 이하가 아닌 것은?

① 제1류 위험물 중 아염소산염류, 염소산염류, 과염소산염류, 무기과산화물 그 밖에 지정수량이 50㎏인 위험물을 저장하는 창고
② 제3류 위험물 중 칼륨, 나트륨, 알킬알루미늄, 알킬리튬 그 밖에 지정수량이 10㎏인 위험물 및 알칼리토류금속을 저장하는 창고
③ 제4류 위험물 중 특수인화물, 제1석유류 및 알코올류를 저장하는 창고
④ 제5류 위험물 중 지정수량이 10㎏인 위험물을 저장하는 창고

29

「위험물안전관리법 시행규칙」상 옥내저장소의 저장창고의 바닥을 물이 스며 나오거나 스며들지 아니하는 구조로 해야 하는 위험물로 옳지 않은 것은?

① 제1류 위험물 중 알칼리금속의 과산화물 또는 이를 함유하는 것
② 제2류 위험물 중 철분·금속분·마그네슘 또는 이중 어느 하나 이상을 함유하는 것
③ 제3류 위험물 중 자연발화성물질
④ 제4류 위험물

30

「위험물안전관리법 시행규칙」상 옥내저장소의 위치·구조 및 설비의 기준으로 옳지 않은 것은?

① 인화점이 100℃ 미만인 위험물의 저장창고에 있어서는 내부에 체류한 가연성의 증기를 지붕 위로 배출하는 설비를 갖추어야 한다.
② 지정수량의 10배 이상의 저장창고(제6류 위험물의 저장창고를 제외한다)에는 피뢰침을 설치하여야 한다. 다만, 저장창고의 주위의 상황에 따라 안전상 지장이 없는 경우에는 피뢰침을 설치하지 아니할 수 있다.
③ 액상의 위험물의 저장창고의 바닥은 위험물이 스며들지 아니하는 구조로 하고, 적당하게 경사지게 하여 그 최저부에 집유설비를 하여야 한다.
④ 제5류 위험물 중 셀룰로이드 그 밖에 온도의 상승에 의하여 분해·발화할 우려가 있는 것의 저장창고는 당해 위험물이 발화하는 온도에 달하지 아니하는 온도를 유지하는 구조로 하거나 기준에 적합한 비상전원을 갖춘 통풍장치 또는 냉방장치 등의 설비를 2 이상 설치하여야 한다.

31 ●①②③

「위험물안전관리법 시행규칙」상 옥내저장소중 제2류의 위험물(인화성고체는 제외) 또는 제4류의 위험물(인화점이 70℃ 미만인 것은 제외)만을 저장 또는 취급하는 저장창고가 다층건물인 옥내저장소의 위치·구조 및 설비의 기술기준에 대한 설명으로 옳지 않은 것은?

① 저장창고는 각층의 바닥을 지면보다 높게 하고, 바닥면으로부터 상층의 바닥(상층이 없는 경우에는 처마)까지의 높이를 6m 미만으로 하여야 한다.
② 하나의 저장창고의 바닥면적 합계는 2,000㎡ 이하로 하여야 한다.
③ 저장창고의 벽·기둥·바닥 및 보를 내화구조로 하고, 계단을 불연재료로 하며, 연소의 우려가 있는 외벽은 출입구외의 개구부를 갖지 아니하는 벽으로 하여야 한다.
④ 2층 이상의 층의 바닥에는 개구부를 두지 아니하여야 한다. 다만, 내화구조의 벽과 60+방화문·60분방화문 또는 30분방화문으로 구획된 계단실에 있어서는 그러하지 아니하다.

32 ●①②③

「위험물안전관리법 시행규칙」상 옥내저장소 중 지정수량의 20배 이하의 것(옥내저장소외의 용도로 사용하는 부분이 있는 건축물에 설치하는 것에 한한다)의 위치·구조 및 설비의 기술기준에 대한 설명이다. 빈칸의 내용으로 옳은 것은?

> - 옥내저장소의 용도에 사용되는 부분의 바닥면적은 [㉠]㎡ 이하로 하여야 한다.
> - 옥내저장소의 용도에 사용되는 부분은 벽·기둥·바닥·보 및 지붕(상층이 있는 경우에는 상층의 바닥)을 내화구조로 하고, 출입구외의 개구부가 없는 두께 [㉡]mm 이상의 철근콘크리트조 또는 이와 동등 이상의 강도가 있는 구조의 바닥 또는 벽으로 당해 건축물의 다른 부분과 구획되도록 하여야 한다.

	㉠	㉡
①	70	70
②	70	75
③	75	70
④	75	75

33

「위험물안전관리법 시행규칙」상 지정수량의 50배 이하인 소규모의 옥내저장소 중 저장창고의 처마높이가 6m 미만인 것의 보유 공지에 대한 설명이다. 빈칸의 내용으로 옳지 않은 것은?

저장 또는 취급하는 위험물의 최대수량	공지의 너비
지정수량의 5배 초과 20배 이하	[㉠]m 이상
지정수량의 20배 초과 50배 이하	[㉡]m 이상

   ㉠ ㉡
① 1 2
② 3 5
③ 1 3
④ 2 3

34

「위험물안전관리법 시행규칙」상 지정수량의 50배 이하인 소규모의 옥내저장소 중 저장창고의 처마높이가 6m 미만인 것의 경우 법 기준상 하나의 저장창고 바닥면적은 몇 ㎡ 이하이어야 하는가?

① 100㎡   ② 150㎡
③ 200㎡   ④ 250㎡

35

「위험물안전관리법 시행규칙」상 고인화점 위험물만을 저장 또는 취급하는 단층건물의 옥내저장소 중 저장창고의 처마높이가 6m 미만인 것의 보유공지에 대한 설명이다. 빈칸의 내용으로 옳은 것은?

저장 또는 취급하는 위험물의 최대수량	공지의 너비	
	당해 건축물의 벽·기둥 및 바닥이 내화구조로 된 경우	왼쪽란에 정하는 경우 외의 경우
20배 이하		0.5m 이상
20배 초과 50배 이하	1m 이상	[㉠] 이상
50배 초과 200배 이하	2m 이상	[㉡] 이상
200배 초과	3m 이상	[㉢] 이상

	㉠	㉡	㉢
①	1.5m	2.5m	3.5m
②	2m	2.5m	3m
③	1.5m	3m	5m
④	2m	3.5m	5m

36

「위험물안전관리법 시행규칙」상 지정과산화물을 저장 또는 취급하는 옥내저장소의 저장창고의 기준에 대한 설명으로 옳지 않은 것은?

① 저장창고는 150㎡ 이내마다 격벽으로 완전하게 구획할 것. 이 경우 당해 격벽은 두께 30㎝ 이상의 철근콘크리트조 또는 철골철근콘크리트조로 하거나 두께 40㎝ 이상의 보강콘크리트블록조로 하고, 당해 저장창고의 양측의 외벽으로부터 1m 이상, 상부의 지붕으로부터 50㎝ 이상 돌출하게 하여야 한다.

② 저장창고의 외벽은 두께 10㎝ 이상의 철근콘크리트조나 철골철근콘크리트조 또는 두께 20㎝ 이상의 보강콘크리트블록조로 할 것

③ 저장창고의 창은 바닥면으로부터 2m 이상의 높이에 두되, 하나의 벽면에 두는 창의 면적의 합계를 당해 벽면의 면적의 80분의 1 이내로 하고, 하나의 창의 면적을 0.4㎡ 이내로 할 것

④ 저장창고의 지붕의 아래쪽 면에는 한 변의 길이가 45㎝ 이하의 환강(丸鋼)·경량형강(輕量形鋼) 등으로 된 강제(鋼製)의 격자를 설치할 것

37

「위험물안전관리법 시행규칙」상 옥외탱크저장소의 위치·구조 및 설비의 기준 중 보유공지에 대한 설명이다. 빈칸의 내용으로 옳은 것은?

저장 또는 취급하는 위험물의 최대수량	공지의 너비
지정수량의 1,000배 초과 2,000배 이하	[㉠]m 이상
지정수량의 2,000배 초과 3,000배 이하	[㉡]m 이상

	㉠	㉡
①	3	5
②	5	9
③	9	12
④	12	15

38

「위험물안전관리법 시행규칙」상 인화성액체위험물(이황화탄소를 제외한다)의 옥외탱크저장소의 탱크 주위에 설치하는 방유제에 관한 설명으로 옳지 않은 것은?

① 하나의 탱크 주위에 설치하는 방유제의 용량은 당해 탱크용량의 50% 이상으로 하고, 2 이상의 취급탱크 주위에 하나의 방유제를 설치하는 경우 그 방유제의 용량은 당해 탱크 중 용량이 최대인 것의 50%에 나머지 탱크용량 합계의 10%를 가산한 양 이상이 되게 해야 한다.

② 방유제는 높이 0.5m 이상 3m 이하, 두께 0.2m 이상, 지하매설깊이 1m 이상으로 할 것. 다만, 방유제와 옥외저장탱크 사이의 지반면 아래에 불침윤성구조물을 설치하는 경우에는 지하매설깊이를 해당 불침윤성 구조물까지로 할 수 있다.

③ 방유제내의 면적은 8만㎡ 이하로 해야 한다.

④ 용량이 1,000만ℓ 이상인 옥외저장탱크의 주위에 설치하는 방유제에는 규정에 따라 당해 탱크마다 간막이 둑을 설치해야 한다.

39 ①②③

「위험물안전관리법 시행규칙」상 인화성액체위험물(이황화탄소를 제외한다)의 옥외탱크저장소의 탱크 주위에 설치하는 방유제에 관한 설명이다. 빈칸의 내용으로 옳은 것은?

> 방유제는 옥외저장탱크의 지름에 따라 그 탱크의 옆판으로부터 다음에 정하는 거리를 유지할 것. 다만, 인화점이 200℃ 이상인 위험물을 저장 또는 취급하는 것에 있어서는 그러하지 아니하다.
> - 지름이 15m 미만인 경우에는 탱크 높이의 [㉠]이상
> - 지름이 15m 이상인 경우에는 탱크 높이의 [㉡] 이상

	㉠	㉡
①	2분의 1	3분의 1
②	3분의 1	2분의 1
③	3분의 2	3분의 1
④	3분의 1	3분의 2

40 ①②③

「위험물안전관리법 시행규칙」상 용량이 1,000만ℓ 이상인 옥외저장탱크의 주위의 방유제에 설치하는 간막이 둑에 대한 설명이다. 빈칸의 내용으로 옳은 것은?

> - 간막이 둑의 높이는 [㉠]m(방유제내에 설치되는 옥외저장탱크의 용량의 합계가 2억ℓ를 넘는 방유제에 있어서는 1m)이상으로 하되, 방유제의 높이보다 [㉡]m 이상 낮게 할 것
> - 간막이 둑의 용량은 간막이 둑안에 설치된 탱크의 용량의 [㉢]% 이상일 것

	㉠	㉡	㉢
①	0.2	0.3	30
②	0.3	0.2	30
③	0.2	0.3	10
④	0.3	0.2	10

41 ●①②③
「위험물안전관리법 시행규칙」상 옥외탱크저장소의 탱크 주위에 설치하는 방유제에 관한 설명으로 옳지 않은 것은?

① 방유제 또는 간막이 둑에는 해당 방유제를 관통하는 배관을 설치하지 아니할 것. 다만, 위험물을 이송하는 배관의 경우에는 배관이 관통하는 지점의 좌우방향으로 각 1m 이상까지의 방유제 또는 간막이 둑의 외면에 두께 0.1m 이상, 지하매설깊이 0.1m 이상의 구조물을 설치하여 방유제 또는 간막이 둑을 이중구조로 하고, 그 사이에 토사를 채운 후, 관통하는 부분을 완충재 등으로 마감하는 방식으로 설치할 수 있다.
② 용량이 50만 리터 이상인 위험물을 저장하는 옥외저장탱크에 있어서는 규정 상의 밸브 등에 그 개폐상황을 쉽게 확인할 수 있는 장치를 설치할 것
③ 높이가 1m를 넘는 방유제 및 간막이 둑의 안팎에는 방유제내에 출입하기 위한 계단 또는 경사로를 약 50m마다 설치할 것
④ 용량이 50만 리터 이상인 옥외탱크저장소가 해안 또는 강변에 설치되어 방유제 외부로 누출된 위험물이 바다 또는 강으로 유입될 우려가 있는 경우에는 해당 옥외탱크저장소가 설치된 부지 내에 전용유조(專用油槽) 등 누출위험물 수용설비를 설치할 것

42 ●①②③
「위험물안전관리법 시행규칙」상 고인화점 위험물의 옥외탱크저장소의 보유공지에 대한 설명이다. 빈칸의 내용으로 옳은 것은?

저장 또는 취급하는 위험물의 최대수량	공지의 너비
지정수량의 2,000배 이하	[㉠] 이상
지정수량의 2,000배 초과 4,000배 이하	[㉡] 이상

   ㉠ ㉡
① 1m 2m
② 3m 5m
③ 5m 7m
④ 7m 9m

43 🔴❶❷❸

「위험물안전관리법 시행규칙」상 옥내탱크저장소의 위치·구조 및 설비의 기준에 대한 설명이다. 빈칸의 내용으로 옳은 것은?

> • 옥내저장탱크와 탱크전용실의 벽과의 사이 및 옥내저장탱크의 상호간에는 [㉠]m 이상의 간격을 유지할 것. 다만, 탱크의 점검 및 보수에 지장이 없는 경우에는 그러하지 아니하다.
> • 옥내저장탱크의 용량은 지정수량의 [㉡]배(제4석유류 및 동식물유류 외의 제4류 위험물에 있어서 당해 수량이 20,000ℓ 를 초과할 때에는 20,000ℓ) 이하일 것

	㉠	㉡
①	0.3	40
②	0.3	50
③	0.5	40
④	0.5	50

44 🔴❶❷❸

「위험물안전관리법 시행규칙」상 제4류 위험물을 저장하는 지하저장탱크를 지면하에 설치된 탱크전용실에 설치하지 않아도 되는 조건으로 옳지 않은 것은?

① 당해 탱크를 지하철·지하가 또는 지하터널로부터 수평거리 10m 이내의 장소 또는 지하건축물내의 장소에 설치하지 아니할 것
② 당해 탱크를 그 수평투영의 세로 및 가로보다 각각 0.6m 이상 크고 두께가 0.3m 이상인 철근콘크리트조의 뚜껑으로 덮을 것
③ 뚜껑에 걸리는 중량이 직접 당해 탱크에 걸리지 아니하는 구조일 것
④ 당해 탱크를 지하의 가장 가까운 벽·피트·가스관 등의 시설물 및 대지경계선으로부터 0.5m 이상 떨어진 곳에 매설할 것

45 ●①②③

「위험물안전관리법 시행규칙」상 지하탱크저장소의 기준에 대한 설명으로 옳지 않은 것은?

① 탱크전용실은 지하의 가장 가까운 벽·피트·가스관 등의 시설물 및 대지경계선으로부터 0.1m 이상 떨어진 곳에 설치하고, 지하저장탱크와 탱크전용실의 안쪽과의 사이는 0.1m 이상의 간격을 유지하도록 하며, 당해 탱크의 주위에 마른 모래 또는 습기 등에 의하여 응고되지 아니하는 입자지름 5㎜ 이하의 마른 자갈분을 채워야 한다.
② 지하저장탱크의 윗부분은 지면으로부터 0.5m 이상 아래에 있어야 한다.
③ 지하저장탱크를 2 이상 인접해 설치하는 경우에는 그 상호간에 1m(당해 2 이상의 지하저장탱크의 용량의 합계가 지정수량의 100배 이하인 때에는 0.5m) 이상의 간격을 유지하여야 한다. 다만, 그 사이에 탱크전용실의 벽이나 두께 20㎝ 이상의 콘크리트 구조물이 있는 경우에는 그러하지 아니하다.
④ 지하탱크저장소에는 보기 쉬운 곳에 "위험물 지하탱크저장소"라는 표시를 한 표지와 방화에 관하여 필요한 사항을 게시한 게시판 및 지하탱크저장소가 금연구역임을 알리는 표지를 설치해야 한다.

46 ●①②③

「위험물안전관리법 시행규칙」상 지하저장탱크 중 압력탱크외의 제4류 위험물 탱크의 대기밸브 부착 통기관 기준에 대한 설명이다. 빈칸의 내용으로 옳은 것은?

> 제4류 제1석유류를 저장하는 탱크는 다음의 압력 차이에서 작동하여야 한다.
> ㉠ 정압: 0.6kPa 이상 [㉠]kPa 이하
> ㉡ 부압: 1.5kPa 이상 [㉡]kPa 이하

	㉠	㉡
①	1.5kPa	2kPa
②	2kPa	2kPa
③	1.5kPa	3kPa
④	2kPa	3kPa

47 ●①②③

「위험물안전관리법 시행규칙」상 지하저장탱크의 주위에 설치하여 누설 액체위험물을 검사하는 관에 대한 설명으로 옳지 않은 것은?

① 기준에 따라 4개소 이상 적당한 위치에 설치하여야 한다.
② 이중관으로 할 것. 다만, 소공이 없는 상부는 단관으로 할 수 있다.
③ 재료는 금속관 또는 경질합성수지관으로 할 것
④ 관의 밑부분으로부터 탱크의 중심 높이까지의 부분에는 소공이 뚫려 있을 것. 다만, 지하수위가 높은 장소에 있어서는 지하수위 높이까지의 부분은 그러하지 아니하다.

48 ●①②③

「위험물안전관리법 시행규칙」상 지하탱크저장소의 탱크전용실의 구조 기준에 대한 설명이다. 빈칸의 내용으로 옳은 것은?

- 벽·바닥 및 뚜껑의 두께는 [㉠]m 이상일 것
- 벽·바닥 및 뚜껑의 내부에는 지름 9mm부터 [㉡]mm까지의 철근을 가로 및 세로로 5cm부터 [㉢]cm까지의 간격으로 배치할 것

	㉠	㉡	㉢
①	0.3	12	10
②	0.3	13	20
③	0.5	12	10
④	0.5	13	20

49 ●①②③

「위험물안전관리법 시행규칙」상 지하탱크저장소의 과충전을 방지하는 장치는 탱크용량의 몇 %가 찰 때 경보음을 울리는 방법으로 설치하여야 하는가?(법 기준상)

① 60%   ② 70%
③ 80%   ④ 90%

50

「위험물안전관리법 시행규칙」상 위험물을 저장 또는 취급하는 간이탱크는 옥외에 설치하여야 하지만, 기준에 적합한 전용실 안에 설치하는 경우에는 그러하지 아니하다. 그 전용실의 기준으로 옳지 않은 것은?

① 전용실의 구조는 옥내탱크저장소의 탱크전용실의 구조의 기준에 적합할 것
② 전용실의 창 및 출입구는 옥내탱크저장소의 창 및 출입구의 기준에 적합할 것
③ 전용실의 바닥은 옥내탱크저장소의 탱크전용실의 바닥의 구조의 기준에 적합할 것
④ 전용실의 채광·조명·환기 및 배출의 설비는 옥내탱크저장소의 채광·조명·환기 및 배출의 설비의 기준에 적합할 것

51

「위험물안전관리법 시행규칙」상 간이탱크저장소의 위치·구조 및 설비의 기준에 대한 설명이다. 빈칸의 내용으로 옳은 것은?

- 간이저장탱크는 움직이거나 넘어지지 아니하도록 지면 또는 가설대에 고정시키되, 옥외에 설치하는 경우에는 그 탱크의 주위에 너비 [㉠]m 이상의 공지를 두고, 전용실안에 설치하는 경우에는 탱크와 전용실의 벽과의 사이에 [㉡]m 이상의 간격을 유지하여야 한다.
- 간이저장탱크의 용량은 [㉢]ℓ 이하이어야 한다.

	㉠	㉡	㉢
①	1	0.3	500
②	1	0.5	600
③	2	0.3	500
④	2	0.5	600

52

「위험물안전관리법 시행규칙」상 간이탱크저장소의 위치·구조 및 설비의 기준에 대한 설명이다. 빈칸의 내용으로 옳은 것은?

- 간이저장탱크는 두께 [㉠]㎜ 이상의 강판으로 흠이 없도록 제작하여야 하며, [㉡]㎪의 압력으로 [㉢]분간의 수압시험을 실시하여 새거나 변형되지 아니하여야 한다.

	㉠	㉡	㉢
①	3.1	60	10
②	3.1	70	20
③	3.2	60	20
④	3.2	70	10

53

「위험물안전관리법 시행규칙」상 간이저장탱크에 설치하여야 하는 밸브 없는 통기관에 대한 설명이다. 빈칸의 내용으로 옳은 것은?

- 통기관의 지름은 [㉠]㎜ 이상으로 할 것
- 통기관은 옥외에 설치하되, 그 끝부분의 높이는 지상 [㉡]m 이상으로 할 것

	㉠	㉡
①	25	1.5
②	25	1.7
③	30	1.5
④	30	1.7

54 ①②③

「위험물안전관리법 시행규칙」상 이동탱크저장소의 상치장소에 대한 설명이다. 빈칸의 내용으로 옳지 않은 것은?

> • 옥외에 있는 상치장소는 화기를 취급하는 장소 또는 인근의 건축물로부터 [㉠]m 이상(인근의 건축물이 1층인 경우에는 [㉡]m 이상)의 거리를 확보하여야 한다. 다만, 하천의 공지나 수면, 내화구조 또는 불연재료의 담 또는 벽 그 밖에 이와 유사한 것에 접하는 경우를 제외한다.

	㉠	㉡
①	3	1
②	3	5
③	5	3
④	5	2

55 ①②③

「위험물안전관리법 시행규칙」상 이동탱크저장소의 구조에 대한 설명으로 옳지 않은 것은?

① 탱크(맨홀 및 주입관의 뚜껑을 포함한다)는 두께 3.2㎜ 이상의 강철판 또는 이와 동등 이상의 강도·내식성 및 내열성이 있다고 인정하여 소방청장이 정하여 고시하는 재료 및 구조로 위험물이 새지 아니하게 제작할 것

② 압력탱크(최대상용압력이 46.7㎪ 이상인 탱크를 말한다) 외의 탱크는 70㎪의 압력으로, 압력탱크는 최대상용압력의 1.5배의 압력으로 각각 20분간의 수압시험을 실시하여 새거나 변형되지 아니할 것. 이 경우 수압시험은 용접부에 대한 비파괴시험과 기밀시험으로 대신할 수 있다.

③ 이동저장탱크는 그 내부에 4,000ℓ 이하마다 3.2㎜ 이상의 강철판 또는 이와 동등 이상의 강도·내열성 및 내식성이 있는 금속성의 것으로 칸막이를 설치하여야 한다. 다만, 고체인 위험물을 저장하거나 고체인 위험물을 가열하여 액체 상태로 저장하는 경우에는 그러하지 아니하다.

④ 칸막이로 구획된 각 부분마다 맨홀과 안전장치 및 방파판을 설치하여야 한다. 다만, 칸막이로 구획된 부분의 용량이 2,000ℓ 미만인 부분에는 방파판을 설치하지 아니할 수 있다.

56 ●①②③

「위험물안전관리법 시행규칙」상 이동탱크저장소의 안전장치에 대한 설명이다. 빈칸의 내용으로 옳은 것은?

> • 상용압력이 20KPa 이하인 탱크에 있어서는 [㉠] 이하의 압력에서, 상용압력이 20KPa를 초과하는 탱크에 있어서는 상용압력의 [㉡]배 이하의 압력에서 작동하는 것으로 할 것

	㉠	㉡
①	20KPa 이상 25KPa 이하	1.1
②	20KPa 이상 25KPa 이하	1.2
③	20KPa 이상 24KPa 이하	1.1
④	20KPa 이상 24KPa 이하	1.2

57 ●①②③

「위험물안전관리법 시행규칙」상 이동탱크저장소의 방파판에 대한 설명으로 옳은 것은?

① 두께 1.5㎜ 이상의 강철판 또는 이와 동등 이상의 강도·내열성 및 내식성이 있는 금속성의 것으로 해야 한다.
② 하나의 구획부분에 3개 이상의 방파판을 이동탱크저장소의 진행방향과 평행으로 설치해야 한다.
③ 각 방파판은 그 높이 및 칸막이로부터의 거리를 같게 해야한다.
④ 하나의 구획부분에 설치하는 각 방파판의 면적의 합계는 당해 구획부분의 최대 수직단면적의 50% 이상으로 할 것. 다만, 수직단면이 원형이거나 짧은 지름이 1m 이하의 타원형일 경우에는 40% 이상으로 할 수 있다.

58

「위험물안전관리법 시행규칙」상 이동탱크저장소의 측면틀에 대한 설명이다. 빈칸의 내용으로 옳은 것은?

- 탱크 뒷부분의 입면도에 있어서 측면틀의 최외측과 탱크의 최외측을 연결하는 직선의 수평면에 대한 내각이 [㉠]도 이상이 되도록 하고, 최대수량의 위험물을 저장한 상태에 있을 때의 당해 탱크중량의 중심점과 측면틀의 최외측을 연결하는 직선과 그 중심점을 지나는 직선 중 최외측선과 직각을 이루는 직선과의 내각이 [㉡]도 이상이 되도록 할 것
- 탱크상부의 네 모퉁이에 당해 탱크의 전단 또는 후단으로부터 각각 [㉢]m 이내의 위치에 설치할 것

	㉠	㉡	㉢
①	70	30	1
②	75	35	1
③	70	30	2
④	75	35	2

59

「위험물안전관리법 시행규칙」상 이동탱크저장소의 방호틀에 대한 설명이다. 빈칸의 내용으로 옳은 것은?

- 두께 [㉠]mm 이상의 강철판 또는 이와 동등 이상의 기계적 성질이 있는 재료로써 산모양의 형상으로 하거나 이와 동등 이상의 강도가 있는 형상으로 할 것
- 정상부분은 부속장치보다 [㉡]mm 이상 높게 하거나 이와 동등 이상의 성능이 있는 것으로 할 것

	㉠	㉡
①	2.3	30
②	2.5	30
③	2.3	50
④	2.5	50

60

「위험물안전관리법 시행규칙」상 이동탱크저장소에 설치하는 주입설비의 기준에 대한 설명이다. 빈칸의 내용으로 옳은 것은?

- 주입설비의 길이는 [㉠]m 이내로 하고, 그 끝부분에 축적되는 정전기를 유효하게 제거할 수 있는 장치를 할 것
- 분당 배출량은 [㉡]ℓ 이하로 할 것

	㉠	㉡
①	30	200
②	30	300
③	50	200
④	50	300

61

「위험물안전관리법 시행규칙」상 이동탱크저장소 중 공항에서 시속 40km 이하로 운행하도록 된 주유탱크차에 대한 설명이다. 빈칸의 내용으로 옳은 것은?

- 이동저장탱크는 그 내부에 길이 [㉠]m 이하 또는 부피 4천ℓ 이하마다 3.2mm 이상의 강철판 또는 이와 같은 수준 이상의 강도·내열성 및 내식성이 있는 금속성의 것으로 칸막이를 설치할 것
- 칸막이에 구멍을 낼 수 있되, 그 지름이 [㉡]cm 이내 일 것

	㉠	㉡
①	1.7	30
②	1.5	30
③	1.7	40
④	1.5	40

62 ⓐ①②③
「위험물안전관리법 시행규칙」상 알킬알루미늄등을 저장 또는 취급하는 이동탱크저장소에 대한 설명으로 옳지 않은 것은?

① 이동저장탱크는 두께 10㎜ 이상의 강판 또는 이와 동등 이상의 기계적 성질이 있는 재료로 기밀하게 제작되고 1MPa 이상의 압력으로 10분간 실시하는 수압시험에서 새거나 변형하지 아니하는 것일 것
② 이동저장탱크의 용량은 2,000ℓ 미만일 것
③ 안전장치는 이동저장탱크의 수압시험의 압력의 3분의 2를 초과하고 5분의 4를 넘지 아니하는 범위의 압력으로 작동할 것
④ 이동저장탱크의 맨홀 및 주입구의 뚜껑은 두께 10㎜ 이상의 강판 또는 이와 동등 이상의 기계적 성질이 있는 재료로 할 것

63 ⓐ①②③
「위험물안전관리법 시행규칙」상 옥외저장소의 보유공지에 대한 설명이다. 빈칸의 내용으로 옳은 것은? (다만, 제4류 위험물 중 제4석유류와 제6류 위험물을 저장 또는 취급하는 옥외저장소의 보유공지는 다음 표에 의한 공지의 너비의 3분의 1 이상의 너비로 할 수 있다.)

저장 또는 취급하는 위험물의 최대수량	공지의 너비
지정수량의 10배 초과 20배 이하	[㉠]m 이상
지정수량의 20배 초과 50배 이하	[㉡]m 이상
지정수량의 50배 초과 200배 이하	[㉢]m 이상

	㉠	㉡	㉢
①	2	3	4
②	2	3	7
③	5	8	11
④	5	9	12

64

「위험물안전관리법 시행규칙」상 옥외저장소에 설치하는 선반의 기준에 대한 설명으로 옳지 않은 것은 모두 몇 개인가?

> ㉠ 불연재료로 만들고 견고한 지반면에 고정할 것
> ㉡ 선반은 당해 선반 및 그 부속설비의 자중·저장하는 위험물의 중량·풍하중·지진의 영향 등에 의하여 생기는 응력에 대하여 안전할 것
> ㉢ 높이는 6m를 초과하지 아니할 것
> ㉣ 위험물을 수납한 용기가 쉽게 낙하하지 아니하는 조치를 강구할 것
> ㉤ 외면에는 부식방지를 위하여 도장·복장·코팅 등의 필요한 조치를 할 것
> ㉥ 지정수량의 10배 이상의 위험물을 취급하는 곳에는 피뢰침을 설치할 것

① 0개
② 1개
③ 2개
④ 3개

65

「위험물안전관리법 시행규칙」상 옥외저장소의 기준에 대한 설명으로 옳지 않은 것은?

① 지정수량의 200배를 초과하는 경우 15m 이상의 보유공지를 두어야 한다.
② 옥외저장소는 습기가 없고 배수가 잘 되는 장소에 설치할 것
③ 하이드록실아민 또는 하이드록실아민염류를 저장하는 옥외저장소에는 불연성 또는 난연성의 천막 등을 설치하여 햇빛을 가릴 것
④ 눈·비 등을 피하거나 차광 등을 위하여 옥외저장소에 캐노피 또는 지붕을 설치하는 경우에는 환기 및 소화활동에 지장을 주지 아니하는 구조로 할 것. 이 경우 기둥은 내화구조로 하고, 캐노피 또는 지붕을 불연재료로 하며, 벽을 설치하지 아니하여야 한다.

66 ●①②③

「위험물안전관리법 시행규칙」상 옥외저장소 중 덩어리 상태의 황만을 지반면에 설치한 경계표시의 안쪽에서 저장 또는 취급하는 것의 위치ㆍ구조 및 설비의 기술기준에 대한 설명으로 옳지 않은 것은?

① 하나의 경계표시의 내부의 면적은 100㎡ 이하일 것
② 경계표시의 높이는 1.5m 이하로 할 것
③ 경계표시에는 황이 넘치거나 비산하는 것을 방지하기 위한 천막 등을 고정하는 장치를 설치하되, 천막 등을 고정하는 장치는 경계표시의 길이 3m마다 한 개 이상 설치할 것
④ 2 이상의 경계표시를 설치하는 경우에 있어서는 각각의 경계표시 내부의 면적을 합산한 면적은 1,000㎡ 이하로 하고, 인접하는 경계표시와 경계표시와의 간격을 규정에 의한 공지의 너비의 2분의 1 이상으로 할 것. 다만, 저장 또는 취급하는 위험물의 최대수량이 지정수량의 200배 이상인 경우에는 10m 이상으로 하여야 한다.

67 ●①②③

「위험물안전관리법 시행규칙」상 고인화점 위험물의 옥외저장소의 보유공지에 대한 설명이다. 빈칸의 내용으로 옳은 것은?

저장 또는 취급하는 위험물의 최대수량	공지의 너비
지정수량의 50배 이하	[㉠]m 이상
지정수량의 50배 초과 200배 이하	[㉡]m 이상
지정수량의 200배 초과	[㉢]m 이상

	㉠	㉡	㉢
①	2	4	5
②	2	5	9
③	3	5	15
④	3	6	10

68 🌑①②③

「위험물안전관리법 시행규칙」상 수출입 하역장소의 옥외저장소의 보유공지에 대한 설명이다. 빈칸의 내용으로 옳은 것은?

저장 또는 취급하는 위험물의 최대수량	공지의 너비
지정수량의 50배 이하	[㉠]m 이상
지정수량의 50배 초과 200배 이하	[㉡]m 이상
지정수량의 200배 초과	[㉢]m 이상

	㉠	㉡	㉢
①	2	3	4
②	3	4	5
③	3	5	15
④	3	6	10

69 🌑①②③

「위험물안전관리법 시행규칙」상 암반탱크저장소의 암반탱크 기준에 대한 설명이다. 빈칸의 내용으로 옳은 것은?

• 암반탱크는 암반투수계수가 1초당 [ ] 이하인 천연암반내에 설치할 것

① 5만분의 1m ② 10만분의 1m
③ 15만분의 1m ④ 20만분의 1m

70

「위험물안전관리법 시행규칙」상 주유취급소의 주유공지 및 급유공지에 대한 설명이다. 빈칸의 내용으로 옳은 것은?

- 주유취급소의 고정주유설비의 주위에는 주유를 받으려는 자동차 등이 출입할 수 있도록 너비 [㉠]m 이상, 길이 [㉡]m 이상의 콘크리트 등으로 포장한 공지를 보유하여야 하고, 고정급유설비를 설치하는 경우에는 고정급유설비의 호스기기의 주위에 필요한 공지를 보유하여야 한다.

	㉠	㉡
①	12	5
②	15	5
③	12	6
④	15	6

71

「위험물안전관리법 시행규칙」상 주유취급소의 표지 및 게시판에 대한 설명이다. 빈칸의 내용으로 옳은 것은?

- 주유취급소에는 보기 쉬운 곳에 "위험물 주유취급소"라는 표시를 한 표시, 방화에 관하여 필요한 사항을 게시한 게시판 및 [㉠]바탕에 [㉡]문자로 "주유중엔진정지"라는 표시를 한 게시판 및 주유취급소가 금연구역임을 알리는 표지를 설치하여야 한다.

	㉠	㉡
①	백색	적색
②	황색	적색
③	적색	백색
④	황색	흑색

72 ⊛①②③

「위험물안전관리법 시행규칙」상 주유취급소의 탱크에 대한 설명이다. 빈칸의 내용으로 옳은 것은? (다만, 규정에 의한 이동탱크저장소의 상시주차장소를 주유공지 또는 급유공지 외의 장소에 확보하여 이동탱크저장소(당해주유취급소의 위험물의 저장 또는 취급에 관계된 것에 한한다)를 설치하는 경우에는 그러하지 아니하다.)

- 자동차 등에 주유하기 위한 고정주유설비에 직접 접속하는 전용탱크로서 [㉠]ℓ 이하의 것
- 보일러 등에 직접 접속하는 전용탱크로서 [㉡]ℓ 이하의 것

	㉠	㉡
①	50,000	10,000
②	10,000	50,000
③	50,000	20,000
④	20,000	50,000

73 ⊛①②③

「위험물안전관리법 시행규칙」상 주유취급소의 탱크에 대한 설명이다. 빈칸의 내용으로 옳은 것은? (다만, 규정에 의한 이동탱크저장소의 상시주차장소를 주유공지 또는 급유공지 외의 장소에 확보하여 이동탱크저장소(당해주유취급소의 위험물의 저장 또는 취급에 관계된 것에 한한다)를 설치하는 경우에는 그러하지 아니하다.)

- 고정급유설비에 직접 접속하는 전용탱크로서 [㉠]ℓ 이하의 것
- 자동차 등을 점검·정비하는 작업장 등(주유취급소안에 설치된 것에 한한다)에서 사용하는 폐유·윤활유 등의 위험물을 저장하는 탱크로서 용량(2 이상 설치하는 경우에는 각 용량의 합계를 말한다)이 [㉡]ℓ 이하인 탱크

	㉠	㉡
①	50,000	1,000
②	10,000	5,000
③	50,000	2,000
④	20,000	5,000

74

「위험물안전관리법 시행규칙」상 주유취급소의 고정주유설비 또는 고정급유설비의 펌프기기에 대한 설명이다. 빈칸의 내용으로 옳은 것은?

• 펌프기기는 주유관 끝부분에서의 최대배출량이 제1석유류의 경우에는 분당 [㉠]ℓ 이하, 경유의 경우에는 분당 [㉡]ℓ 이하, 등유의 경우에는 분당 [㉢]ℓ 이하인 것으로 할 것. 다만, 이동저장탱크에 주입하기 위한 고정급유설비의 펌프기기는 최대배출량이 분당 300ℓ 이하인 것으로 할 수 있으며, 분당 배출량이 200ℓ 이상인 것의 경우에는 주유설비에 관계된 모든 배관의 안지름을 [㉣]mm 이상으로 하여야 한다.

	㉠	㉡	㉢	㉣
①	50	160	80	30
②	50	180	80	40
③	30	180	50	30
④	30	160	50	40

75

「위험물안전관리법 시행규칙」상 주유취급소의 고정주유설비 등에 대한 설명이다. 빈칸의 내용으로 옳은 것은?

• 고정주유설비 또는 고정급유설비의 주유관의 길이(끝부분의 개폐밸브를 포함한다)는 [㉠]m(현수식의 경우에는 지면 위 0.5m의 수평면에 수직으로 내려 만나는 점을 중심으로 반경 [㉡]m) 이내로 하고 그 끝부분에는 축적된 정전기를 유효하게 제거할 수 있는 장치를 설치하여야 한다.

	㉠	㉡
①	5	3
②	5	2
③	3	5
④	3	2

76 ●①②③

「위험물안전관리법 시행규칙」상 주유취급소의 고정주유설비 등에 대한 설명이다. 빈칸의 내용으로 옳은 것은?

- 고정주유설비의 중심선을 기점으로 하여 도로경계선까지 [㉠]m 이상, 부지경계선·담 및 건축물의 벽까지 [㉡]m(개구부가 없는 벽까지는 [㉢]m) 이상의 거리를 유지해야 한다.

	㉠	㉡	㉢
①	4	1	2
②	3	2	1
③	4	3	2
④	4	2	1

77 ●①②③

「위험물안전관리법 시행규칙」상 주유취급소의 고정주유설비와 고정급유설비의 사이에는 몇 미터이상의 거리를 유지해야 하는가?

① 2m ② 3m
③ 4m ④ 5m

78 ●①②③

「위험물안전관리법 시행규칙」상 주유취급소에 설치 할 수 있는 건축물 등에 대한 설명이다. 이에 해당하지 않은 것은 모두 몇 개 인가?

㉠ 주유 또는 등유·경유를 옮겨 담기 위한 작업장
㉡ 주유취급소의 업무를 행하기 위한 사무소
㉢ 자동차 등의 점검 및 간이정비를 위한 작업장
㉣ 자동차 등의 전시를 위한 작업장
㉤ 주유취급소에 출입하는 사람을 대상으로 한 점포·휴게음식점 또는 전시장
㉥ 주유취급소의 관계자가 거주하는 주거시설
㉦ 전기자동차용 충전설비 및 주차설비

① 0개 ② 1개
③ 2개 ④ 3개

79 「위험물안전관리법 시행규칙」상 주유취급소의 건축물 등의 제한 등에 대한 설명이다. 빈칸의 내용으로 옳은 것은?

> 주유취급소에 설치 할 수 있는 건축물 중 주유취급소의 직원 외의 자가 출입하는 주유취급소의 업무를 행하기 위한 사무소, 자동차 등의 점검 및 간이정비를 위한 작업장, 주유취급소에 출입하는 사람을 대상으로 한 점포·휴게음식점 또는 전시장의 용도에 제공하는 부분의 면적의 합은 [   ]m²를 초과할 수 없다.

① 500 ② 1,000
③ 1,500 ④ 2,000

80 「위험물안전관리법 시행규칙」상 주유취급소의 건축물 등의 구조에 대한 설명이다. 빈칸의 내용으로 옳은 것은?

> • 사무실 등의 창 및 출입구에 유리를 사용하는 경우에는 망입유리 또는 강화유리로 할 것. 이 경우 강화유리의 두께는 창에는 [㉠]mm 이상, 출입구에는 [㉡]mm 이상으로 하여야 한다.

	㉠	㉡
①	6	10
②	6	12
③	8	10
④	8	12

81 ●①②③

「위험물안전관리법 시행규칙」상 주유취급소의 건축물 중 사무실 그 밖의 화기를 사용하는 곳의 기준에 대한 설명이다. 빈칸의 내용으로 옳은 것은? (단, 자동차 등의 점검 및 간이정비를 위한 작업장과 자동차 등의 세정을 위한 작업장 용도로 사용하는 부분을 제외)

- 출입구 또는 사이통로의 문턱의 높이를 [㉠]cm 이상으로 할 것
- 높이 [㉡]m 이하의 부분에 있는 창 등은 밀폐시킬 것

	㉠	㉡
①	13	1
②	13	2
③	15	1
④	15	2

82 ●①②③

「위험물안전관리법 시행규칙」상 주유취급소의 자동차 등의 점검·정비를 행하는 설비의 기준에 대한 설명이다. 빈칸의 내용으로 옳은 것은?

- 고정주유설비로부터 [㉠]m 이상, 도로경계선으로부터 [㉡]m 이상 떨어지게 할 것. (다만, 자동차 등의 점검 및 간이정비를 위한 작업장 중 바닥 및 벽으로 구획된 옥내의 작업장에 설치하는 경우에는 그러하지 아니하다.)

	㉠	㉡
①	3	1
②	3	2
③	4	1
④	4	2

83

「위험물안전관리법 시행규칙」상 주유취급소의 자동차 등의 세정을 행하는 설비의 기준에 대한 설명이다. 빈칸의 내용으로 옳은 것은?

> • 증기세차기를 설치하는 경우에는 그 주위의 불연재료로 된 높이 [㉠]m 이상의 담을 설치하고 출입구가 고정주유설비에 면하지 아니하도록 할 것. 이 경우 담은 고정주유설비로부터 [㉡]m 이상 떨어지게 하여야 한다.

	㉠	㉡
①	1	3
②	1	4
③	2	3
④	2	4

84

「위험물안전관리법 시행규칙」상 주유취급소의 주유원간이대기실의 바닥면적은 몇 ㎡ 이하로 해야 하는가?

① 2㎡ 이하　　② 2.5㎡ 이하
③ 3㎡ 이하　　④ 3.5㎡ 이하

85

「위험물안전관리법 시행규칙」상 주유취급소에 설치된 전기자동차용 충전설비의 전력공급설비에 대한 설명으로 옳지 않은 것은?

① 분전반은 방폭성능을 갖출 것. 다만, 분전반을 폭발위험장소 외의 장소에 설치하는 경우에는 방폭성능을 갖추지 않을 수 있다.
② 전력량계, 누전차단기 및 배선용 차단기는 분전반 내에 설치할 것
③ 인입구 배선은 지상에 설치할 것
④ 「전기사업법」에 따른 전기설비의 기술기준에 적합할 것

86 ①②③

「위험물안전관리법 시행규칙」상 주유취급소에 설치된 전기자동차용 충전설비의 충전기기와 인터페이스에 대한 설명으로 옳지 않은 것은?

① 원칙적으로 충전기기는 방폭성능을 갖추어야 한다.
② 충전기기의 전원공급을 긴급히 차단할 수 있는 장치를 사무소 내부 또는 충전기기 주변에 설치한 경우에는 방폭성능을 갖추지 않을 수 있다.
③ 충전기기를 폭발위험장소 외의 장소에 설치한 경우에는 방폭성능을 갖추지 않을 수 있다.
④ 인터페이스의 구성 부품은 「전기사업법」에 따른 기준에 적합해야 한다.

87 ①②③

「위험물안전관리법 시행규칙」상 주유취급소의 주위에 설치하는 담 또는 벽은 자동차 등이 출입하는 쪽 외의 부분에 높이 몇m 이상으로 설치해야 하는가?

① 1m 이상 ② 2m 이상
③ 3m 이상 ④ 4m 이상

88 ①②③

「위험물안전관리법 시행규칙」상 주유취급소의 주위에 설치하는 담 또는 벽의 일부분에 부착할 수 있는 유리의 기준에 대한 설명이다. 빈칸의 내용으로 옳은 것은?

- 유리를 부착하는 위치는 주입구, 고정주유설비 및 고정급유설비로부터 [   ]m 이상 거리를 둘 것

① 1 ② 2
③ 3 ④ 4

89 ●①②③

「위험물안전관리법 시행규칙」상 주유취급소의 주위에 설치하는 담 또는 벽의 일부분에 부착할 수 있는 유리의 기준에 대한 설명으로 옳지 않은 것은?

① 주유취급소 내의 지반면으로부터 70㎝를 초과하는 부분에 한하여 유리를 부착할 것
② 하나의 유리판의 가로의 길이는 2m 이내일 것
③ 유리의 구조는 접합유리(두 장의 유리를 두께 0.76㎜ 이상의 폴리바이닐뷰티랄 필름으로 접합한 구조를 말한다)로 하되, 「유리구획 부분의 내화시험방법(KS F 2845)」에 따라 시험하여 비차열 30분 이상의 방화성능이 인정될 것
④ 유리를 부착하는 범위는 전체의 담 또는 벽의 길이의 10분의 3을 초과하지 아니할 것

90 ●①②③

「위험물안전관리법 시행규칙」상 주유취급소 펌프실등의 출입구에는 바닥으로부터 몇 m 이상의 턱을 설치해야 하는가?

① 0.5m 이상
② 0.1m 이상
③ 1.5m 이상
④ 0.2m 이상

91 ●①②③

「위험물안전관리법 시행규칙」상 고속국도주유취급소에 대한 설명이다. 빈칸의 내용으로 옳은 것은?

> 고속국도의 도로변에 설치된 주유취급소에 있어서는 탱크의 용량을 [ ]ℓ 까지 할 수 있다.

① 50,000
② 60,000
③ 70,000
④ 80,000

92 ①②③

「위험물안전관리법 시행규칙」상 셀프용고정주유설비의 기준에 대한 설명이다. 빈칸의 내용으로 옳은 것은?

> - 주유호스는 (㉠)kg중 이하의 하중에 의하여 깨져 분리되거나 이탈되어야 하고, 깨져 분리되거나 이탈된 부분으로부터의 위험물 누출을 방지할 수 있는 구조일 것
> - 1회의 연속주유량 및 주유시간의 상한을 미리 설정할 수 있는 구조일 것. 이 경우 연속 주유량 및 주유시간의 상한은 다음과 같다.
>   1) 휘발유는 (㉡)L 이하, (㉢)분 이하로 할 것
>   2) 경유는 (㉣)L 이하, (㉤)분 이하로 할 것

	㉠	㉡	㉢	㉣	㉤
①	100	100	4	600	10
②	100	200	5	700	10
③	200	100	4	600	12
④	200	200	5	700	12

93 ①②③

「위험물안전관리법 시행규칙」상 셀프용고정급유설비의 기준에 대한 설명이다. 빈칸의 내용으로 옳은 것은?

> 1회의 연속급유량 및 급유시간의 상한을 미리 설정할 수 있는 구조일 것 이 경우 급유량의 상한은 [㉠]ℓ 이하, 급유시간의 상한은 [㉡]분 이하로 한다.

	㉠	㉡
①	100	4
②	100	6
③	200	4
④	200	6

94 ①②③

「위험물안전관리법 시행규칙」상 수소충전설비를 설치한 주유취급소에서 인화성 액체를 원료로 하여 수소를 제조하기 위한 개질장치의 기준에 대한 설명으로 옳지 않은 것은?

① 개질장치는 자동차등이 충돌할 우려가 없는 옥외에 설치할 것
② 개질원료 및 수소가 누출된 경우에 개질장치의 운전을 자동으로 정지시키는 장치를 설치할 것
③ 펌프설비에는 개질원료의 배출압력이 최대상용압력을 초과하여 상승하는 것을 방지하기 위한 장치를 설치할 것
④ 개질장치의 위험물 취급량은 지정수량의 20배 미만일 것

95 ①②③

「위험물안전관리법 시행규칙」상 수소충전설비를 설치한 주유취급소의 충전설비의 기준에 대한 설명으로 옳지 않은 것은?

① 위치는 주유공지 또는 급유공지 외의 장소로 하되, 주유공지 또는 급유공지에서 압축수소를 충전하는 것이 가능한 장소로 할 것
② 충전호스는 자동차등의 가스충전구와 정상적으로 접속하지 않는 경우에는 가스가 공급되지 않는 구조로 하고, 200kg중 이하의 하중에 의하여 깨져 분리되거나 이탈되어야 하며, 깨져 분리되거나 이탈된 부분으로부터 가스 누출을 방지할 수 있는 구조일 것
③ 자동차등의 충돌을 방지하는 조치를 마련할 것
④ 자동차등의 충돌을 감지하여 운전을 자동으로 정지시키는 구조일 것

96 ●①❷❸

「위험물안전관리법 시행규칙」상 수소충전설비를 설치한 주유취급소의 가스배관의 기준에 대한 설명으로 옳지 않은 것은?

① 위치는 주유공지 또는 급유공지 외의 장소로 하되, 자동차등이 충돌할 우려가 없는 장소로 하거나 자동차등의 충돌을 방지하는 조치를 마련할 것
② 가스배관으로부터 화재가 발생한 경우에 주유공지·급유공지 및 전용탱크·폐유탱크 등·간이탱크의 주입구로의 연소확대를 방지하는 조치를 마련할 것
③ 누출된 가스가 체류할 우려가 있는 장소에 설치하는 경우에는 접속부에 개폐장치를 설치할 것. 다만, 당해 접속부의 주위에 가스누출 검지설비를 설치한 경우에는 그러하지 아니하다.
④ 축압기(蓄壓器)로부터 충전설비로의 가스 공급을 긴급히 정지시킬 수 있는 장치를 설치할 것. 이 경우 당해 장치의 기동장치는 화재발생 시 신속히 조작할 수 있는 장소에 두어야 한다.

97 ●①❷❸

「위험물안전관리법 시행규칙」상 압축수소충전설비 설치 주유취급소의 기타 안전조치의 기술기준에 대한 설명이다. 빈칸의 내용으로 옳은 것은?

> 압축기, 축압기 및 개질장치가 설치된 장소와 주유공지, 급유공지 및 전용탱크·폐유탱크 등·간이탱크의 주입구가 설치된 장소 사이에는 화재가 발생한 경우에 상호 연소확대를 방지하기 위하여 높이 [   ]m 정도의 불연재료의 담을 설치할 것

① 1
② 1.5
③ 2
④ 2.5

98

「위험물안전관리법 시행규칙」상 압축수소충전설비 설치 주유취급소의 기타 안전조치의 기술기준에 대한 설명이다. 빈칸의 내용으로 옳은 것은?

> 고정주유설비·고정급유설비 및 전용탱크·폐유탱크등·간이탱크의 주입구로부터 누출된 위험물이 충전설비·축압기·개질장치에 도달하지 않도록 깊이 [㉠]cm, 폭 [㉡]cm의 집유 구조물을 설치할 것

	㉠	㉡
①	30	10
②	30	15
③	35	10
④	35	15

99

「위험물안전관리법 시행규칙」상 저장 또는 취급하는 위험물의 수량이 지정수량의 20배 이하인 제1종 판매취급소의 위치·구조 및 설비의 기준에 대한 설명으로 옳지 않은 것은?

① 제1종 판매취급소는 건축물의 1층에 설치하여야 한다.
② 제1종 판매취급소에는 보기 쉬운 곳에 "위험물 판매취급소(제1종)"라는 표시를 한 표지와 방화에 관하여 필요한 사항을 게시한 게시판 및 판매취급소가 금연구역임을 알리는 표지를 설치해야 한다.
③ 제1종 판매취급소의 용도로 사용되는 부분과 다른 부분과의 격벽은 내화구조 또는 불연재료로 하여야 한다.
④ 제1종 판매취급소의 용도로 사용하는 건축물의 부분은 보를 불연재료로 하고, 천장을 설치하는 경우에는 천장을 불연재료로 하여야 한다.

100 ①②③

「위험물안전관리법 시행규칙」상 저장 또는 취급하는 위험물의 수량이 지정수량의 20배 이하인 제1종 판매취급소의 위치·구조 및 설비의 기준에 대한 설명으로 옳지 않은 것은?

① 제1종 판매취급소의 용도로 사용하는 부분의 창 및 출입구에는 60+방화문·60분방화문 또는 30분방화문을 설치하여야 한다.
② 제1종 판매취급소의 용도로 사용하는 부분에 상층이 있는 경우에 있어서는 그 상층의 바닥을 내화구조 또는 불연재료로 하여야 한다.
③ 제1종 판매취급소의 용도로 사용하는 부분의 창 또는 출입구에 유리를 이용하는 경우에는 망입유리로 하여야 한다.
④ 제1종 판매취급소의 용도로 사용하는 건축물에 설치하는 전기설비는 전기사업법에 의한 전기설비기술기준에 의하여야 한다.

101 ①②③

「위험물안전관리법 시행규칙」상 판매취급소의 기준 중 위험물을 배합하는 실에 대한 설명이다. 빈칸의 내용으로 옳은 것은?

- 바닥면적은 [㉠]㎡ 이상 [㉡]㎡ 이하로 할 것
- 출입구 문턱의 높이는 바닥면으로부터 [㉢]m 이상으로 할 것

	㉠	㉡	㉢
①	5	12	0.1
②	5	12	0.2
③	6	15	0.1
④	6	15	0.2

102

「위험물안전관리법 시행규칙」상 저장 또는 취급하는 위험물의 수량이 지정수량의 40배 이하인 제2종 판매취급소의 위치·구조 및 설비의 기준에 대한 설명으로 옳지 않은 것은?

① 제2종 판매취급소의 용도로 사용하는 부분에 상층이 있는 경우에 있어서는 상층의 바닥을 내화구조로 하는 동시에 상층으로의 연소를 방지하기 위한 조치를 강구하고, 상층이 없는 경우에는 지붕을 내화구조로 할 것
② 제2종 판매취급소의 용도로 사용하는 부분 중 연소의 우려가 없는 부분에 한하여 창을 두되, 당해 창에는 60+방화문·60분방화문 또는 30분방화문을 설치할 것
③ 제2종 판매취급소의 용도로 사용하는 부분은 벽·기둥·바닥 및 보를 불연재료로 하고, 천장이 있는 경우에는 이를 불연재료로 하며, 판매취급소로 사용되는 부분과 다른 부분과의 격벽은 내화구조로 할 것
④ 제2종 판매취급소의 용도로 사용하는 부분의 출입구에는 60+방화문·60분방화문 또는 30분방화문을 설치할 것. 다만, 해당 부분 중 연소의 우려가 있는 벽에 설치하는 출입구에는 수시로 열 수 있는 자동폐쇄식의 60+방화문 또는 60분방화문을 설치해야 한다.

103

「위험물안전관리법 시행규칙」상 이송취급소를 설치할 수 없는 장소에 해당하지 않는 것은?

① 철도 및 도로의 터널 안
② 호수·저수지 등으로서 수리의 수원이 되는 곳
③ 위험물의 저장 및 처리 시설이 있는 지역
④ 급경사지역으로서 붕괴의 위험이 있는 지역

104

「위험물안전관리법 시행규칙」상 이송취급소에 사용하는 배관의 재료로 옳지 않은 것은?

① 압력배관용 탄소강관(KS D 3562)
② 고압배관용 탄소강관(KS D 3564)
③ 일반구조용 탄소강관(KS D 3566)
④ 고온배관용 탄소강관(KS D 3570)

105 ●①②③

「위험물안전관리법 시행규칙」상 이송취급소의 배관을 지하에 매설하는 경우에 확보해야 하는 안전거리에 대한 설명이다. 빈칸의 내용으로 옳은 것은? (다만, 적절한 누설확산방지조치가 없는 경우에 한한다.)

> ㉠ 건축물(지하가내의 건축물 제외) : [　]m 이상
> ㉡ 지하가 및 터널 : [　]m 이상
> ㉢ 「수도법」에 의한 수도시설(위험물의 유입우려가 있는 것에 한한다) : [　]m 이상

	㉠	㉡	㉢
①	1.3	10	200
②	1.5	10	300
③	1.3	20	200
④	1.5	20	300

106 ●①②③

「위험물안전관리법 시행규칙」상 이송취급소의 배관을 지하에 매설하는 경우의 설치기준에 대한 설명이다. 빈칸의 내용으로 옳은 것은?

> 배관의 외면과 지표면과의 거리는 산이나 들에 있어서는 [㉠]m 이상, 그 밖의 지역에 있어서는 [㉡]m 이상으로 할 것. 다만, 당해 배관을 각각의 깊이로 매설하는 경우와 동등 이상의 안전성이 확보되는 견고하고 내구성이 있는 구조물안에 설치하는 경우에는 그러하지 아니하다.

	㉠	㉡
①	0.7	1.2
②	0.7	1.5
③	0.9	1.2
④	0.9	1.5

107 ⓐ①②③

「위험물안전관리법 시행규칙」상 이송취급소의 배관을 지하에 매설하는 경우의 설치기준에 대한 설명이다. 빈칸의 내용으로 옳은 것은?

> 배관의 하부에는 사질토 또는 모래로 [㉠]cm(자동차 등의 하중이 없는 경우에는 [㉡]cm) 이상, 배관의 상부에는 사질토 또는 모래로 [㉢]cm(자동차 등의 하중에 없는 경우에는 [㉣]cm) 이상 채울 것

	㉠	㉡	㉢	㉣
①	20	10	30	30
②	30	20	50	40
③	20	10	30	20
④	30	20	50	20

108 ⓐ①②③

「위험물안전관리법 시행규칙」상 이송취급소의 배관을 도로 밑에 매설하는 경우의 설치기준에 대한 설명으로 옳지 않은 것은?

① 배관은 그 외면으로부터 도로의 경계에 대하여 1m 이상의 안전거리를 둘 것
② 시가지(공업지역 제외) 도로의 밑에 매설하는 경우에는 배관의 외경보다 10㎝ 이상 넓은 견고하고 내구성이 있는 재질의 판을 배관의 상부로부터 30㎝ 이상 위에 설치할 것. 다만, 방호구조물 안에 설치하는 경우에는 그러하지 아니하다.
③ 배관은 그 외면으로부터 다른 공작물에 대하여 0.3m 이상의 거리를 보유할 것. 다만, 배관의 외면에서 다른 공작물에 대하여 0.3m 이상의 거리를 보유하기 곤란한 경우로서 당해 공작물의 보전을 위하여 필요한 조치를 하는 경우에는 그러하지 아니하다.
④ 포장된 차도에 매설하는 경우에는 포장부분의 토대의 밑에 매설하고, 배관의 외면과 토대의 최하부와의 거리는 0.3m 이상으로 할 것

109

「위험물안전관리법 시행규칙」상 이송취급소의 배관을 도로 밑에 매설하는 경우의 설치기준에 대한 설명이다. 빈칸의 내용으로 옳은 것은?

- 시가지 도로의 노면 아래에 매설하는 경우에는 배관(방호구조물의 안에 설치된 것 제외)의 외면과 노면과의 거리는 [㉠]m 이상, 보호판 또는 방호구조물의 외면과 노면과의 거리는 [㉡]m 이상으로 할 것
- 시가지 외의 도로의 노면 아래에 매설하는 경우에는 배관의 외면과 노면과의 거리는 [㉢]m 이상으로 할 것

	㉠	㉡	㉢
①	1.2	1.2	1.5
②	1.5	1.2	1.2
③	1.2	1.5	1.5
④	1.5	1.5	1.2

110

「위험물안전관리법 시행규칙」상 이송취급소의 배관을 해저에 설치하는 경우의 설치기준에 대한 설명이다. 빈칸의 내용으로 옳은 것은?

> 배관은 원칙적으로 이미 설치된 배관에 대하여 (   )m 이상의 안전거리를 둘 것

① 20
② 30
③ 40
④ 50

111 ●①②③

「위험물안전관리법 시행규칙」상 이송취급소의 배관을 지상에 설치하는 경우의 보유공지에 대한 설명이다. 빈칸의 내용으로 옳은 것은? (다만, 양단을 폐쇄한 밀폐구조의 방호구조물 안에 배관을 설치하거나 위험물의 유출확산을 방지할 수 있는 방화상 유효한 담을 설치하는 등 안전상 필요한 조치를 하는 경우에는 그러하지 아니하다.)

배관의 최대상용압력	공지의 너비
0.3MPa 미만	[㉠]m 이상
0.3MPa 이상 1MPa 미만	[㉡]m 이상
1MPa 이상	[㉢]m 이상

	㉠	㉡	㉢
①	3	6	9
②	3	6	10
③	5	9	15
④	5	10	15

112 ●①②③

「위험물안전관리법 시행규칙」상 이송취급소의 배관 설치기준 중 도로를 횡단하여 배관을 설치하는 경우의 설치기준에 대한 설명이다. 빈칸의 내용으로 옳은 것은?

> 배관을 노로상공을 횡단하여 실치하는 경우에는 배관 및 딩해 배관에 관계된 부속설비는 그 아래의 노면과 ( )m 이상의 수직거리를 유지할 것

① 3   ② 5
③ 9   ④ 12

113 ●①②③

「위험물안전관리법 시행규칙」상 이송취급소의 배관을 하천 또는 수로의 밑에 매설하는 경우 배관의 외면과 계획하상과의 거리에 대한 규정이다. 빈칸의 내용으로 옳은 것은?

> 1) 하천을 횡단하는 경우 : [㉠]m 이상
> 2) 수로를 횡단하는 경우
>   가) 「하수도법」에 따른 하수도(상부가 개방되는 구조로 된 것에 한한다) 또는 운하
>   : [㉡]m 이상
>   나) 가)의 규정에 의한 수로에 해당되지 아니하는 좁은 수로(용수로 그 밖에 유사한 것 제외) : [㉢]m 이상

	㉠	㉡	㉢
①	3.0	2.5	1.2
②	3.0	3.5	1.5
③	4.0	2.5	1.2
④	4.0	3.5	1.5

114 ●①②③

「위험물안전관리법 시행규칙」상 이송취급소의 펌프 및 그 부속설비에 보유해야 하는 공지에 대한 설명이다. 빈칸의 내용으로 옳은 것은? (다만, 벽·기둥 및 보를 내화구조로 하고 지붕을 폭발력이 위로 방출될 정도의 가벼운 불연재료로 한 펌프실에 펌프를 설치한 경우에는 다음 표에 의한 공지의 너비의 3분의 1로 할 수 있다.)

펌프등의 최대상용압력	공지의 너비
1MPa 미만	[㉠]m 이상
1MPa 이상 3MPa 미만	[㉡]m 이상
3MPa 이상	[㉢]m 이상

	㉠	㉡	㉢
①	3	9	12
②	3	5	15
③	5	9	15
④	3	5	12

115

「위험물안전관리법 시행규칙」상 이송취급소의 펌프를 설치하는 펌프실 기준에 대한 설명으로 옳지 않은 것은?

① 불연재료의 구조로 할 것. 이 경우 지붕은 폭발력이 위로 방출될 정도의 가벼운 불연재료이어야 한다.
② 창 또는 출입구를 설치하는 경우에는 60+방화문·60분방화문 또는 30분방화문으로 할 것
③ 바닥은 위험물이 침투하지 아니하는 구조로 하고 그 주변에 높이 15㎝ 이상의 턱을 설치할 것
④ 누설한 위험물이 외부로 유출되지 아니하도록 바닥은 적당한 경사를 두고 그 최저부에 집유설비를 할 것

116

「위험물안전관리법 시행규칙」상 이송취급소의 펌프등을 옥외에 설치하는 경우의 설치기준에 대한 설명이다. 빈칸의 내용으로 옳은 것은?

> 펌프등을 설치하는 부분의 지반은 위험물이 침투하지 아니하는 구조로 하고 그 주위에는 높이 (   )㎝ 이상의 턱을 설치할 것

① 10
② 15
③ 20
④ 25

117 ●①②❸

「위험물안전관리법 시행규칙」상 이송취급소의 이송기지 안전거리에 대한 설명이다. 빈칸의 내용으로 옳은 것은? (「국토의 계획 및 이용에 관한 법률」에 의한 전용공업지역 또는 공업지역에 설치하는 경우에는 당해 거리의 3분의 1의 거리를 둘 것)

배관의 최대상용압력	거리
0.3MPa 미만	[㉠]m 이상
0.3MPa 이상 1MPa 미만	[㉡]m 이상
1MPa 이상	[㉢]m 이상

	㉠	㉡	㉢
①	3	5	12
②	3	5	15
③	5	9	15
④	3	9	12

118 ●①❷③

「위험물안전관리법 시행규칙」상 소화난이도등급 I 에 해당하는 제조소의 규모, 저장 또는 취급하는 위험물의 품명 및 최대수량 등에 대한 설명이다. 빈칸의 내용으로 옳은 것은?

- 연면적 [㉠]m² 이상인 것
- 지정수량의 [㉡]배 이상인 것(고인화점위험물만을 100℃ 미만의 온도에서 취급하는 것 및 화약류에 해당하는 위험물을 취급하는 것은 제외)
- 지반면으로부터 [㉢]m 이상의 높이에 위험물 취급설비가 있는 것(고인화점위험물만을 100℃ 미만의 온도에서 취급하는 것은 제외)

	㉠	㉡	㉢
①	1,000	100	5
②	1,000	100	6
③	2,000	150	5
④	2,000	150	6

119

「위험물안전관리법 시행규칙」상 소화난이도등급Ⅰ에 해당하는 옥내저장소의 규모, 저장 또는 취급하는 위험물의 품명 및 최대수량 등에 대한 설명으로 옳지 않은 것은?

① 지정수량의 100배 이상인 것(고인화점위험물만을 저장하는 것 및 화약류에 해당하는 위험물을 저장하는 것은 제외)
② 연면적 150㎡를 초과하는 것(150㎡ 이내마다 불연재료로 개구부없이 구획된 것 및 인화성고체 외의 제2류 위험물 또는 인화점 70℃ 이상의 제4류 위험물만을 저장하는 것은 제외)
③ 처마높이가 6m 이상인 단층건물의 것
④ 옥내저장소로 사용되는 부분 외의 부분이 있는 건축물에 설치된 것(내화구조로 개구부없이 구획된 것 및 인화성고체 외의 제2류 위험물 또는 인화점 70℃ 이상의 제4류 위험물만을 저장하는 것은 제외)

120

「위험물안전관리법 시행규칙」상 소화난이도등급Ⅰ의 주유취급소에 설치하여야 하는 소화설비에 해당하는 것은?

① 옥내소화전설비
② 옥외소화전설비
③ 스프링클러설비(건축물에 한정한다)
④ 물분무등소화설비(화재발생시 연기가 충만할 우려가 있는 장소에는 스프링클러설비 또는 이동식 외의 물분무등소화설비에 한한다)

121

「위험물안전관리법 시행규칙」상 소화난이도등급Ⅰ의 제조소등에 설치하여야 하는 소화설비에 대한 설명이다. 빈칸의 내용으로 옳은 것은?

제조소등의 구분	소화설비
옥외탱크저장소(황만을 저장 취급하는 것)	( )

① 옥내소화전설비
② 옥외소화전설비
③ 스프링클러설비
④ 물분무소화설비

122

「위험물안전관리법 시행규칙」상 소화난이도등급Ⅱ에 해당하는 제조소의 규모, 저장 또는 취급하는 위험물의 품명 및 최대수량 등에 대한 설명이다. 빈칸의 내용으로 옳은 것은?

- 연면적 [㉠]㎡ 이상인 것
- 지정수량의 [㉡]배 이상인 것(고인화점위험물만을 100℃ 미만의 온도에서 취급하는 것 및 화약류에 해당하는 위험물을 취급하는 것은 제외)

	㉠	㉡
①	500	5
②	500	10
③	600	5
④	600	10

123

「위험물안전관리법 시행규칙」상 소화난이도등급Ⅱ의 옥내저장소에 설치하여야 하는 소화설비에 해당하는 것은?

구분	소화설비
옥내저장소	방사능력범위 내에 당해 건축물, 그 밖의 공작물 및 위험물이 포함되도록 대형수동식소화기를 설치하고, 당해 위험물의 소요단위의 (　) 이상에 해당하는 능력단위의 소형수동식 소화기등을 설치할 것

① 1/2　② 1/3　③ 1/4　④ 1/5

124

「위험물안전관리법 시행규칙」상 위험물의 유별 저장·취급의 공통기준에 대한 설명이다. 빈칸의 내용으로 옳은 것은?

- [㉠] 위험물은 가연물과의 접촉·혼합이나 분해를 촉진하는 물품과의 접근 또는 과열을 피하여야 한다.
- [㉡] 위험물은 가연물과의 접촉·혼합이나 분해를 촉진하는 물품과의 접근 또는 과열·충격·마찰 등을 피하는 한편, 알카리금속의 과산화물 및 이를 함유한 것에 있어서는 물과의 접촉을 피하여야 한다.
- [㉢] 위험물은 불티·불꽃·고온체와의 접근 또는 과열을 피하고, 함부로 증기를 발생시키지 아니하여야 한다.

	㉠	㉡	㉢
①	제5류	제1류	제4류
②	제5류	제4류	제1류
③	제6류	제1류	제4류
④	제6류	제4류	제1류

125

「위험물안전관리법 시행규칙」상 제조소등에서의 위험물 저장의 기준에 대한 설명이다. 빈칸의 내용으로 옳은 것은?

옥내저장소에서 동일 품명의 위험물이더라도 자연발화할 우려가 있는 위험물 또는 재해가 현저하게 증대할 우려가 있는 위험물을 다량 저장하는 경우에는 지정수량의 [㉠]배 이하마다 구분하여 상호간 [㉡]m 이상의 간격을 두어 저장하여야 한다. 다만, 화약류에 해당하는 위험물 또는 기계에 의하여 하역하는 구조로 된 용기에 수납한 위험물에 있어서는 그러하지 아니하다

	㉠	㉡
①	10	0.3
②	15	0.3
③	10	0.5
④	15	0.5

126 ①②③

「위험물안전관리법 시행규칙」상 제조소등에서의 위험물 저장의 기준에 대한 설명이다. 빈칸의 내용으로 옳은 것은?

> 옥내저장소에서 위험물을 저장하는 경우에는 다음 각목의 규정에 의한 높이를 초과하여 용기를 겹쳐 쌓지 아니하여야 한다.
> ㉠ 기계에 의하여 하역하는 구조로 된 용기만을 겹쳐 쌓는 경우에 있어서는 [   ]m
> ㉡ 제4류 위험물 중 제3석유류, 제4석유류 및 동식물유류를 수납하는 용기만을 겹쳐 쌓는 경우에 있어서는 [   ]m
> ㉢ 그 밖의 경우에 있어서는 [   ]m

	㉠	㉡	㉢
①	5	3	2
②	5	4	3
③	6	3	2
④	6	4	3

127 ①②③

「위험물안전관리법 시행규칙」상 제조소등에서의 위험물 저장의 기준에 대한 설명이다. 빈칸의 내용으로 옳은 것은?

> 옥내저장소에서는 용기에 수납하여 저장하는 위험물의 온도가 [   ]℃를 넘지 아니하도록 필요한 조치를 강구하여야 한다

① 50　　　　　　　　　② 55
③ 60　　　　　　　　　④ 65

128 ①②③

「위험물안전관리법 시행규칙」상 제조소등에서의 위험물 저장의 기준에 따라 옥외저장소에서 위험물을 수납한 용기를 선반에 저장하는 경우 몇 m를 초과하여 저장하지 아니하여야 하는가? (법 기준상)

① 3m
② 5m
③ 6m
④ 9m

129 ①②③

「위험물안전관리법 시행규칙」상 제조소등에서의 위험물 저장의 기준에 대한 설명이다. 빈칸의 내용으로 옳은 것은?

- 이동저장탱크에 알킬알루미늄등을 저장하는 경우에는 [㉠]kPa 이하의 압력으로 불활성의 기체를 봉입하여 둘 것
- 보냉장치가 없는 이동저장탱크에 저장하는 아세트알데하이드등 또는 다이에틸에터등의 온도는 [㉡]℃ 이하로 유지할 것

	㉠	㉡
①	10	30
②	10	40
③	20	30
④	20	40

130

「위험물안전관리법 시행규칙」상 제조소등에서의 위험물 저장의 기준에 대한 설명이다. 빈칸의 내용으로 옳은 것은?

> - 옥외저장탱크・옥내저장탱크 또는 지하저장탱크 중 압력탱크 외의 탱크에 저장하는 다이에틸에터등 또는 아세트알데하이드등의 온도는 산화프로필렌과 이를 함유한 것 또는 다이에틸에터등에 있어서는 [㉠]℃ 이하로, 아세트알데하이드 또는 이를 함유한 것에 있어서는 [㉡]℃ 이하로 각각 유지할 것
> - 옥외저장탱크・옥내저장탱크 또는 지하저장탱크 중 압력탱크에 저장하는 아세트알데하이드등 또는 다이에틸에터등의 온도는 [㉢]℃ 이하로 유지할 것

	㉠	㉡	㉢
①	30	20	40
②	30	15	40
③	40	20	30
④	40	15	30

131

「위험물안전관리법 시행규칙」상 주유취급소에서의 취급기준에 대한 설명이다. 빈칸의 내용으로 옳은 것은? (항공기주유취급소・선박주유취급소 및 철도주유취급소 제외)

> 자동차 등에 주유할 때에는 고정주유설비 또는 고정주유설비에 접속된 탱크의 주입구로부터 [㉠]m 이내의 부분(자동차 등의 점검 및 간이정비를 위한 작업장 및 자동차 등의 세정을 위한 작업장의 용도에 제공하는 부분 중 바닥 및 벽에서 구획된 것의 내부를 제외한다)에, 이동저장탱크로부터 전용탱크에 위험물을 주입할 때에는 전용탱크의 주입구로부터 [㉡]m 이내의 부분 및 전용탱크 통기관의 끝부분으로부터 수평거리 [㉢]m 이내의 부분에 있어서는 다른 자동차 등의 주차를 금지하고 자동차 등의 점검・정비 또는 세정을 하지 아니할 것

	㉠	㉡	㉢
①	3	4	1.5
②	3	4	2
③	4	3	1.5
④	4	3	2

132

「위험물안전관리법 시행규칙」상 선박주유취급소에서의 취급기준에 대한 설명이다. 빈칸의 내용으로 옳은 것은?

- 수상구조물에 설치하는 고정주유설비를 이용하여 주유작업을 할 때에는 [㉠]m 이내에 다른 선박의 정박 또는 계류를 금지할 것
- 수상구조물에 설치하는 고정주유설비를 이용한 주유작업은 총 톤수가 [㉡]미만인 선박에 대해서만 실시할 것

	㉠	㉡
①	3	300
②	3	500
③	5	300
④	5	500

133

「위험물안전관리법 시행규칙」상 판매취급소에서의 취급기준에 대한 설명이다. 빈칸의 내용으로 옳은 것은?

판매취급소에서는 도료류, 제1류 위험물 중 염소산염류 및 염소산염류만을 함유한 것, 황 또는 인화점이 (   )℃ 이상인 제4류 위험물을 배합실에서 배합하는 경우 외에는 위험물을 배합하거나 옮겨 담는 작업을 하지 아니할 것

① 35
② 38
③ 40
④ 45

134

「위험물안전관리법 시행규칙」상 알킬알루미늄등 및 아세트알데하이드등의 취급기준에 대한 설명이다. 빈칸의 내용으로 옳은 것은?

- 알킬알루미늄등의 이동탱크저장소에 있어서 이동저장탱크로부터 알킬알루미늄등을 꺼낼 때에는 동시에 [㉠]kPa 이하의 압력으로 불활성의 기체를 봉입할 것
- 아세트알데하이드등의 이동탱크저장소에 있어서 이동저장탱크로부터 아세트알데하이드등을 꺼낼 때에는 동시에 [㉡]kPa 이하의 압력으로 불활성의 기체를 봉입할 것

	㉠	㉡
①	100	100
②	100	200
③	200	100
④	200	200

135

「위험물안전관리법 시행규칙」상 위험물의 운반용기에 대한 설명이다. 빈칸의 내용으로 옳은 것은? (다만, 덩어리 상태의 황을 운반하기 위하여 적재하는 경우 또는 위험물을 동일구내에 있는 제조소등의 상호간에 운반하기 위하여 적재하는 경우에는 그러하지 아니하다)

- 고체위험물은 운반용기 내용적의 [㉠]% 이하의 수납율로 수납할 것
- 액체위험물은 운반용기 내용적의 [㉡]% 이하의 수납율로 수납하되, [㉢]도의 온도에서 누설되지 아니하도록 충분한 공간용적을 유지하도록 할 것

	㉠	㉡	㉢
①	93	95	50
②	95	98	55
③	93	98	50
④	95	93	55

136

「위험물안전관리법 시행규칙」상 제3류 위험물을 운반용기에 수납할 경우에 지켜야할 기준에 대한 설명이다. 빈칸의 내용으로 옳은 것은? (다만, 덩어리 상태의 황을 운반하기 위하여 적재하는 경우 또는 위험물을 동일구내에 있는 제조소등의 상호간에 운반하기 위하여 적재하는 경우에는 그러하지 아니하다)

- 자연발화성물질중 알킬알루미늄등은 운반용기의 내용적의 [㉠]% 이하의 수납율로 수납하되, [㉡]℃의 온도에서 [㉢]% 이상의 공간용적을 유지하도록 할 것

	㉠	㉡	㉢
①	90	50	5
②	95	50	10
③	90	55	5
④	95	55	10

137

「위험물안전관리법 시행규칙」상 위험물의 운반에 관한 기준 중 적재방법에 대한 설명이다. 빈칸의 내용으로 옳은 것은?

위험물을 수납한 운반용기를 겹쳐 쌓는 경우에는 그 높이를 (　　)m 이하로 하고, 용기의 상부에 걸리는 하중은 당해 용기 위에 당해 용기와 동종의 용기를 겹쳐 쌓아 (　　)m의 높이로 하였을 때에 걸리는 하중 이하로 하여야 한다.

① 2
② 3
③ 4
④ 5

138

「위험물안전관리법 시행규칙」상 운반용기에 수납하는 위험물에 따른 주의사항에 대한 설명이다. 빈칸의 내용으로 옳은 것은?

- 제1류 위험물 중 알칼리금속의 과산화물 또는 이를 함유한 것에 있어서는 "화기·충격주의", "[㉠]" 및 "가연물접촉주의", 그 밖의 것에 있어서는 "화기·충격주의" 및 "가연물접촉주의"
- 제4류 위험물에 있어서는 "[㉡]"
- 제6류 위험물에 있어서는 "[㉢]"

	㉠	㉡	㉢
①	물기엄금	화기주의	충격주의
②	물기엄금	화기엄금	가연물접촉주의
③	공기접촉엄금	화기주의	충격주의
④	공기접촉엄금	화기엄금	가연물접촉주의

139

「위험물안전관리법 시행규칙」상 운반용기에 수납하는 위험물에 따른 주의사항에 대한 설명이다. 빈칸의 내용으로 옳은 것은?

- 제3류 위험물 중 자연발화성물질에 있어서는 "화기엄금" 및 "[㉠]", 금수성물질에 있어서는 "물기엄금"
- 제2류 위험물 중 철분·금속분·마그네슘 또는 이들중 어느 하나 이상을 함유한 것에 있어서는 "[㉡]" 및 "물기엄금", 인화성고체에 있어서는 "화기엄금", 그 밖의 것에 있어서는 "화기주의"
- 제5류 위험물에 있어서는 "화기엄금" 및 "[㉢]"

	㉠	㉡	㉢
①	물기엄금	화기주의	충격주의
②	물기엄금	화기엄금	가연물접촉주의
③	공기접촉엄금	화기주의	충격주의
④	공기접촉엄금	화기엄금	가연물접촉주의

140

「위험물안전관리법 시행규칙」상 위험등급Ⅰ의 위험물에 해당하지 않는 것은 모두 몇 개인가?

> ㉠ 염소산염류 ㉡ 황화인
> ㉢ 나트륨 ㉣ 특수인화물
> ㉤ 질산염류 ㉥ 유기금속화합물

① 1개 ② 2개
③ 3개 ④ 4개

141

「위험물안전관리법 시행규칙」상 위험등급Ⅰ의 위험물에 해당하는 것은?

① 브로민산염류 ② 아염소산염류
③ 적린 ④ 알칼리토금속

142

「위험물안전관리법 시행규칙」상 위험등급Ⅱ의 위험물에 해당하는 것은 모두 몇 개인가?

> ㉠ 아이오딘산염류 ㉡ 황
> ㉢ 칼륨 ㉣ 과염소산염류
> ㉤ 무기과산화물 ㉥ 알킬리튬

① 1개 ② 2개
③ 3개 ④ 4개

143 ❶❷❸

「위험물안전관리법 시행규칙」상 이동탱크저장소에 의한 위험물의 운송시에 준수하여야 하는 기준에 대한 설명이다. 빈칸의 내용으로 옳은 것은?

> • 위험물운송자는 장거리(고속도로에 있어서는 340km 이상, 그 밖의 도로에 있어서는 200km 이상을 말한다)에 걸치는 운송을 하는 때에는 [㉠]명 이상의 운전자로 할 것. 다만, 다음의 1에 해당하는 경우에는 그러하지 아니하다.
> 1) 규정에 의하여 운송책임자를 동승시킨 경우
> 2) 운송하는 위험물이 제[㉡]류 위험물·제3류 위험물(칼슘 또는 알루미늄의 탄화물과 이것만을 함유한 것에 한한다)또는 제4류 위험물(특수인화물을 제외한다)인 경우
> 3) 운송도중에 2시간 이내마다 [㉢]분 이상씩 휴식하는 경우

	㉠	㉡	㉢
①	1	3	30
②	1	2	20
③	2	3	30
④	2	2	20

144 ❶❷❸

「위험물안전관리법 시행규칙」상 화학소방자동차에 갖추어야 하는 소화능력 및 설비의 기준에 대한 설명이다. 빈칸의 내용으로 옳은 것은?

화학 소방자동차의 구분	소화능력 및 설비의 기준
포수용액 방사차	포수용액의 방사능력이 매분 [㉠]ℓ 이상일 것
	소화약액탱크 및 소화약액혼합장치를 비치할 것
	[㉡]ℓ 이상의 포수용액을 방사할 수 있는 양의 소화약제를 비치할 것

	㉠	㉡
①	1,000	10만
②	1,000	20만
③	2,000	10만
④	2,000	20만

145

「위험물안전관리법 시행규칙」상 화학소방자동차에 갖추어야 하는 소화능력 및 설비의 기준에 대한 설명이다. 빈칸의 내용으로 옳은 것은?

화학 소방자동차의 구분	소화능력 및 설비의 기준
분말 방사차	분말의 방사능력이 매초 [㉠]kg 이상일 것
	분말탱크 및 가압용가스설비를 비치할 것
	[㉡]kg 이상의 분말을 비치할 것

    ㉠   ㉡
① 35   1,400
② 40   1,400
③ 35   1,500
④ 40   1,500

146

「위험물안전관리법 시행규칙」상 화학소방자동차에 갖추어야 하는 소화능력 및 설비의 기준에 대한 설명이다. 빈칸의 내용으로 옳은 것은?

화학 소방자동차의 구분	소화능력 및 설비의 기준
이산화탄소 방사차	이산화탄소의 방사능력이 매초 [㉠]kg 이상일 것
	이산화탄소저장용기를 비치할 것
	[㉡]kg 이상의 이산화탄소를 비치할 것

    ㉠   ㉡
① 35   1,000
② 40   1,000
③ 35   3,000
④ 40   3,000

147

「위험물안전관리법 시행규칙」상 안전관리자가 되려는 사람, 위험물운반자가 되려는 사람, 위험물운송자가 되려는 사람의 강습교육에 대한 설명이다. 빈칸의 내용으로 옳은 것은?

교육과정	교육대상자	교육시간
강습교육	안전관리자가 되려는 사람	[㉠]시간
	위험물운반자가 되려는 사람	[㉡]시간
	위험물운송자가 되려는 사람	[㉢]시간

	㉠	㉡	㉢
①	12	8	16
②	24	8	16
③	12	10	18
④	24	10	18

148

「위험물안전관리법 시행규칙」상 위험물운반자 · 위험물운송자 · 탱크시험자의 기술인력의 실무교육에 대한 설명이다. 빈칸의 내용으로 옳은 것은?

교육대상자	교육시간	교육시기	교육기관
위험물운반자	[㉠]시간	가. 위험물운반자로 종사한 날부터 6개월 이내 나. 가목에 따른 교육을 받은 후 3년마다 1회	안전원
위험물운송자	8시간	가. 이동탱크저장소의 위험물운송자로 종사한 날부터 6개월 이내 나. 가목에 따른 교육을 받은 후 [㉡]	안전원
탱크시험자의 기술인력	8시간	가. 탱크시험자의 기술인력으로 등록한 날부터 6개월 이내 나. 가목에 따른 교육을 받은 후 2년마다 1회	[㉢]

	㉠	㉡	㉢
①	4	2년마다 1회	안전원
②	4	3년마다 1회	기술원
③	8	2년마다 1회	안전원
④	8	3년마다 1회	기술원

149

「위험물안전관리법 시행규칙」상 강습교육 및 실무교육에 대한 설명이다. 빈칸의 내용으로 옳은 것은?

- 안전원의 원장은 강습교육을 하고자 하는 때에는 매년 [㉠]까지 일시, 장소, 그 밖에 강습의 실시에 관한 사항을 공고할 것
- 기술원 또는 안전원은 실무교육을 하고자 하는 때에는 교육실시 [㉡]일 전까지 교육대상자에게 그 내용을 통보할 것

	㉠	㉡
①	1월 5일	10
②	1월 5일	30
③	1월 15일	10
④	1월 15일	30

150

「위험물안전관리법 시행규칙」상 안전관리자 및 위험물운송자의 실무교육 시간 중 일부를 사이버교육의 방법으로 실시할 수 있는 기준 시간은? (다만, 교육대상자가 사이버교육의 방법으로 수강하는 것에 동의하는 경우에 한정한다.)

① 2시간 이내
② 3시간 이내
③ 4시간 이내
④ 5시간 이내

MEMO

cafe 카페검색 김동준 소방&방재 아카데미
동영상 강의 | 소방단기

김동준
객관식 문제집

소방관계법규

CONTENTS

Level 1

PART 01 소방기본법

제1장 총칙	6
제2장 소방장비 및 소방용수시설 등	6
제3장 소방활동 등	31
제4장 소방산업의 육성·진흥 및 지원 등	31
제5장 한국소방안전원	65
제6장 보칙	65
제7장 벌칙	65

PART 02 소방시설의 설치 및 관리에 관한 법률

제1장 총칙	76
제2장 소방시설등의 설치·관리 및 방염	95
제3장 소방시설등의 자체점검	145
제4장 소방시설관리사 및 소방시설관리업	158
제5장 소방용품의 품질관리	171
제6장 보칙, 제7장 벌칙	177

PART 03 소방의 화재조사에 관한 법률

제1장 총칙, 제2장 화재조사의 실시 등	189
제3장 화재조사 결과의 공표 등, 제4장 화재조사 기반구축, 제5장 벌칙	195

정답 및 해설

소방관계법규 객관식 문제집

PART 04 화재의 예방 및 안전관리에 관한 법률

제1장 총칙, 제2장 화재의 예방 및 안전관리 기본계획의 수립·시행
제3장 화재안전조사 199
제4장 화재의 예방조치 등 211
제5장 소방대상물의 소방안전관리 226
제6장 특별관리시설물의 소방안전 관리, 제7장 보칙, 제8장 벌칙 ... 246

PART 05 소방시설공사업법

제1장 총칙, 제2장 소방시설업, 제3장 소방시설공사등 255
제4장 소방기술자, 제5장 소방시설업자협회, 제6장 보칙, 제7장 벌칙 ... 306

PART 06 위험물안전관리법

제1장 총칙, 제2장 위험물시설의 설치 및 변경, 제3장 위험물시설의 안전관리 ... 321
제4장 위험물의 운반 등, 제5장 감독 및 조치명령, 제6장 보칙, 제7장 벌칙 ... 365

CONTENTS

정답 및 해설
소방관계법규 객관식 문제집

Level 2

PART 01 소방기본법 — 400

PART 02 소방시설의 설치 및 관리에 관한 법률 — 413

PART 03 소방의 화재조사에 관한 법률 — 423

PART 04 화재의 예방 및 안전관리에 관한 법률 — 428

PART 05 소방시설공사업법 — 436

PART 06 위험물안전관리법 — 449

LEVEL 1
정답 및 해설

소방기본법

| 제1장 | 총칙 |
| 제2장 | 소방장비 및 소방용수시설 등 |

01 정답 ④ 기본서 1권 16p

해설

④ 국민경제에 이바지함은 소방시설공사업법의 목적이다.

※ 소방기본법 제1조(목적)

이 법은 화재를 예방·경계하거나 진압하고 화재, 재난·재해, 그 밖의 위급한 상황에서의 구조·구급 활동 등을 통하여 국민의 생명·신체 및 재산을 보호함으로써 공공의 안녕 및 질서 유지와 복리증진에 이바지함을 목적으로 한다.

02 정답 ③ 기본서 1권 16p

해설

※ 소방기본법 제1조(목적)

이 법은 화재를 (예방), (경계)하거나 (진압)하고, 화재·재난·재해 그 밖의 위급한 상황에서의 구조, 구급활동 등을 통하여 국민의 생명, 신체 및 재산을 보호함으로써 공공의 (안녕) 및 질서 유지와 복리증진에 이바지함을 목적으로 한다.

03 정답 ③ 기본서 1권 18p

해설

※ 소방기본법 제2조(정의)

이 법에서 사용하는 용어의 뜻은 다음과 같다.

1. "소방대상물"이란 건축물, 차량, 선박(「선박법」 제1조의2제1항에 따른 선박으로서 항구에 매어둔 선박만 해당한다), 선박 건조 구조물, 산림, 그 밖의 인공 구조물 또는 물건을 말한다.

04

정답 ① **기본서 1권** 18~19p

해설

㉠ "특정소방대상물"이란 건축물, 차량, 선박(「선박법」에 따른 선박으로서 항구에 매어둔 선박만 해당한다), 선박 건조 구조물, 산림, 그 밖의 인공 구조물 또는 물건을 말한다.(X)
　→ 소방대상물
㉡ "소방대장"(消防隊長)이란 소방본부장 또는 소방서장 등 화재, 재난·재해, 그 밖의 위급한 상황이 발생한 현장에서 소방대를 지휘하는 사람을 말한다.(O)
㉢ "관계인"이란 소방대상물의 소유자·관계자 또는 점유자를 말한다.(X)
　→ 관리자
㉣ "소방본부장"이란 특별시·광역시·특별자치시·도 또는 특별자치도에서 화재의 예방·경계·진압·조사 및 구조·구급 등의 업무를 담당하는 부서의 장을 말한다.(O)
㉤ "이웃지역"이란 소방대상물이 있는 장소 및 그 이웃 지역으로서 화재의 예방·경계·진압, 구조·구급 등의 활동에 필요한 지역을 말한다.(X)
　→ 관계지역

05

정답 ④ **기본서 1권** 19p

해설

※ 소방기본법 제2조(정의)
5. "소방대"(消防隊)란 화재를 진압하고 화재, 재난·재해, 그 밖의 위급한 상황에서 구조·구급 활동 등을 하기 위하여 다음 각 목의 사람으로 구성된 조직체를 말한다.
　　가. 「소방공무원법」에 따른 소방공무원
　　나. 「의무소방대설치법」 제3조에 따라 임용된 의무소방원(義務消防員)
　　다. 「의용소방대 설치 및 운영에 관한 법률」에 따른 의용소방대원(義勇消防隊員)

06

정답 ② **기본서 1권** 18~19p

해설

㉠ 차량과 산림은 소방대상물에 포함된다.
→ "소방대상물"이란 건축물, 차량, 선박(「선박법」 제1조의2제1항에 따른 선박으로서 항구에 매어둔 선박만 해당한다), 선박 건조 구조물, 산림, 그 밖의 인공 구조물 또는 물건을 말한다. (소방기본법 제2조)
㉢ 소방대는 소방공무원, 의용소방대원, 의무소방원이다.
→ "소방대"(消防隊)란 화재를 진압하고 화재, 재난·재해, 그 밖의 위급한 상황에서 구조·구급 활동 등을 하기 위하여 다음 각 목의 사람으로 구성된 조직체를 말한다.(소방기본법 제2조)
　　가. 「소방공무원법」에 따른 소방공무원
　　나. 「의무소방대설치법」 제3조에 따라 임용된 의무소방원(義務消防員)
　　다. 「의용소방대 설치 및 운영에 관한 법률」에 따른 의용소방대원(義勇消防隊員)

07 정답 ② 기본서 1권 19p

해설

※ 소방기본법 제2조(정의)

("소방본부장")이란 특별시·광역시·특별자치시·도 또는 특별자치도(이하 "시·도"라 한다)에서 화재의 예방·경계·진압·조사 및 구조·구급 등의 업무를 담당하는 부서의 장을 말한다.

08 정답 ④ 기본서 1권 20~21p, 27p, 43p

해설

㉠ 소방청장, 소방본부장 및 소방서장은 화재, 재난·재해, 그 밖에 구조·구급이 필요한 상황이 발생하였을 때에 신속한 소방활동(소방업무를 위한 모든 활동을 말한다. 이하 같다)을 위한 정보의 수집·분석과 판단·전파, 상황관리, 현장 지휘 및 조정·통제 등의 업무를 수행하기 위하여 119종합상황실을 설치·운영하여야 한다.(소방기본법 제4조 제1항)

㉡ 시·도지사는 소방활동에 필요한 소화전(消火栓)·급수탑(給水塔)·저수조(貯水槽)(이하 "소방용수시설"이라 한다)를 설치하고 유지·관리하여야 한다. 다만, 「수도법」 제45조에 따라 소화전을 설치하는 일반수도사업자는 관할 소방서장과 사전협의를 거친 후 소화전을 설치하여야 하며, 설치 사실을 관할 소방서장에게 통지하고, 그 소화전을 유지·관리하여야 한다.(소방기본법 제10조 제1항)

㉢ 소방업무를 수행하는 소방본부장 또는 소방서장은 그 소재지를 관할하는 특별시장·광역시장·특별자치시장·도지사 또는 특별자치도지사(이하 "시·도지사"라 한다)의 지휘와 감독을 받는다.(소방기본법 제3조 제2항)

㉣ 소방의 역사와 안전문화를 발전시키고 국민의 안전의식을 높이기 위하여 소방청장은 소방박물관을, 시·도지사는 소방체험관(화재 현장에서의 피난 등을 체험할 수 있는 체험관을 말한다. 이하 이 조에서 같다)을 설립하여 운영할 수 있다.(소방기본법 제5조 제1항)

09 정답 ② 기본서 1권 27~28p, 33p, 72p, 83p

해설

② 소방의 날 행사에 관하여 필요한 사항
→ 소방기본법 제7조(소방의 날 제정과 운영 등) ② 소방의 날 행사에 관하여 필요한 사항은 소방청장 또는 시·도지사가 따로 정하여 시행할 수 있다.

① 소방체험관의 설립 및 운영에 관한 사항
→ 소방기본법 제5조(소방박물관 등의 설립과 운영) ② 제1항에 따른 소방박물관의 설립과 운영에 필요한 사항은 행정안전부령으로 정하고, 소방체험관의 설립과 운영에 필요한 사항은 행정안전부령으로 정하는 기준에 따라 시·도의 조례로 정한다.

③ 시장지역에서의 연막소독을 하려는 자의 신고사항
→ 소방기본법 제19조(화재 등의 통지) ② 다음 각 호의 어느 하나에 해당하는 지역 또는 장소에서 화재로 오인할 만한 우려가 있는 불을 피우거나 연막(煙幕) 소독을 하려는 자는 시·도의 조례로 정하는 바에 따라 관할 소방본부장 또는 소방서장에게 신고하여야 한다.

④ 강제처분을 위해서 견인차량과 인력 등을 지원한 자에게 지급되는 비용의 기준
→ 소방기본법 제25조(강제처분 등)
④ 소방본부장, 소방서장 또는 소방대장은 제3항에 따른 소방활동에 방해가 되는 주차 또는 정차된 차량의 제거나 이동을 위하여 관할 지방자치단체 등 관련 기관에 견인차량과 인력 등에 대한 지원을 요청할 수 있고, 요청을 받은 관련 기관의 장은 정당한 사유가 없으면 이에 협조하여야 한다.
⑤ 시·도지사는 제4항에 따라 견인차량과 인력 등을 지원한 자에게 시·도의 조례로 정하는 바에 따라 비용을 지급할 수 있다.

10 정답 ④ 기본서 1권 21p, 31p, 58p

해설

④ 구조대 및 구급대의 편성과 운영에 관한 사항은 별도의 법률로서 정한다.

※ 소방기본법 제34조(구조대 및 구급대의 편성과 운영) 구조대 및 구급대의 편성과 운영에 관하여는 별도의 법률로 정한다.

① 119종합상황실의 설치에 관한 사항
→ 소방기본법 제4조(119종합상황실의 설치와 운영)

② 소방업무에 관한 종합계획의 수립에 관한 사항
→ 소방기본법 제6조(소방업무에 관한 종합계획의 수립·시행 등)

③ 소방자동차의 보험 가입에 관한 사항
→ 소방기본법 제16조의4(소방자동차의 보험 가입 등)

11 정답 ③ 기본서 1권 20p, 31p, 33p

해설

① 소방청장은 소방행정 발전에 공로가 있다고 인정되는 사람 외 「의사상자 등 예우 및 지원에 관한 법률」에 따른 의사상자에 해당하는 사람도 명예직의 소방대원으로 위촉할 수 있다.(소방기본법 제7조)

② 국민의 안전의식과 화재에 대한 경각심을 높이고 안전문화를 정착시키기 위하여 매년 11월 9일을 소방의 날로 정하여 기념행사를 한다.(소방기본법 제7조)

④ 소방업무를 수행하는 소방본부장 또는 소방서장은 그 소재지를 관할하는 시·도지사의 지휘와 감독을 받는다.(소방기본법 제3조)

12 정답 ③ 기본서 1권 21p, 38p, 65p, 71p

해설

③ 소방안전교육사 시험의 응시자격, 시험방법, 시험과목, 시험위원, 그 밖에 소방안전교육사 시험의 실시에 필요한 사항
→ 대통령령

※ 소방기본법 제17조의2 제3항(소방안전교육사)
③ 제1항에 따른 소방안전교육사 시험의 응시자격, 시험방법, 시험과목, 시험위원, 그 밖에 소방안전교육사 시험의 실시에 필요한 사항은 대통령령으로 정한다.

※ 소방기본법 제4조 제3항(119종합상황실의 설치와 운영)
② 제1항에 따른 119종합상황실의 설치·운영에 필요한 사항은 행정안전부령으로 정한다.

※ 소방기본법 제8조 제1항(소방력의 기준 등)
① 소방기관이 소방업무를 수행하는 데에 필요한 인력과 장비 등[이하 "소방력"(消防力)이라 한다]에 관한 기준은 행정안전부령으로 정한다.

※ 소방기본법 제18조(소방신호)
화재예방, 소방활동 또는 소방훈련을 위하여 사용되는 소방신호의 종류와 방법은 행정안전부령으로 정한다.

13 정답 ② 기본서 1권 19p, 20p, 22p, 38p

해설

② "소방대"란 화재를 진압하고 화재, 재난·재해 그 밖의 위급한 상황에서의 구조·구급활동 등을 하기 위하여 소방공무원·의용소방대원 및 의무소방원으로 구성된 조직체를 말한다.(소방기본법 제2조)
① 시·도의 화재 예방·경계·진압 및 조사, 소방안전교육·홍보와 화재, 재난·재해, 그 밖의 위급한 상황에서의 구조·구급 등의 업무(이하 "소방업무"라 한다)를 수행하는 소방기관의 설치에 필요한 사항은 대통령령으로 정한다.(소방기본법 제3조)
③ 종합상황실의 실장[종합상황실에 근무하는 자 중 최고직위에 있는 자(최고직위에 있는 자가 2인 이상인 경우에는 선임자)를 말한다. 이하 같다]은 다음 각호의 업무를 행하고, 그에 관한 내용을 기록·관리하여야 한다. (소방기본법 시행규칙 제3조)
④ 소방기관이 소방업무를 수행하는 데에 필요한 인력과 장비 등[이하 "소방력"(消防力)이라 한다]에 관한 기준은 행정안전부령으로 정한다.(소방기본법 제8조)

14 정답 ① 기본서 1권 21p

해설

※ 소방기본법 제4조(119종합상황실의 설치와 운영)
① 소방청장, 소방본부장 및 소방서장은 화재, 재난·재해, 그 밖에 구조·구급이 필요한 상황이 발생하였을 때에 신속한 소방활동(소방업무를 위한 모든 활동을 말한다. 이하 같다)을 위한 정보의 수집·분석과 판단·전파, 상황관리, 현장 지휘 및 조정·통제 등의 업무를 수행하기 위하여 119종합상황실을 설치·운영하여야 한다.

15 정답 ① 기본서 1권 21p

해설

① 소방청장이 정하는 유·무선통신시설을 갖추어야 한다.

※ 소방기본법 시행규칙 제2조(종합상황실의 설치·운영)
① 「소방기본법」(이하 "법"이라 한다) 제4조제2항의 규정에 의한 종합상황실은 소방청과 특별시·광역시·특별자치시·도 또는 특별자치도(이하 "시·도"라 한다)의 소방본부 및 소방서에 각각 설치·운영하여야 한다.
② 소방청장, 소방본부장 또는 소방서장은 신속한 소방활동을 위한 정보를 수집·전파하기 위하여 종합상황실에 「소방력 기준에 관한 규칙」에 의한 전산·통신요원을 배치하고, 소방청장이 정하는 유·무선통신시설을 갖추어야 한다.
③ 종합상황실은 24시간 운영체제를 유지하여야 한다.

16 정답 ② 기본서 1권 22p

해설

※ 소방기본법 시행규칙 제3조(종합상황실의 실장의 업무 등)
② 종합상황실의 실장은 다음 어느 하나에 해당하는 상황이 발생하는 때에는 그 사실을 지체 없이 별지 제1호 서식에 따라 서면·팩스 또는 컴퓨터통신 등으로 소방서의 종합상황실의 경우는 소방본부의 종합상황실에, 소방본부의 종합상황실의 경우는 소방청의 종합상황실에 각각 보고해야 한다.

17 정답 ④ 기본서 1권 22p

해설

④ 항구에 매어둔 총 톤수가 1천 톤 이상인 선박

※ 소방기본법 시행규칙 제3조(종합상황실의 실장의 업무 등)
② 종합상황실의 실장은 다음 어느 하나에 해당하는 상황이 발생하는 때에는 그 사실을 지체 없이 별지 제1호 서식에 따라 서면·팩스 또는 컴퓨터통신 등으로 소방서의 종합상황실의 경우는 소방본부의 종합상황실에, 소방본부의 종합상황실의 경우는 소방청의 종합상황실에 각각 보고해야 한다.
  1. 다음 각목의 1에 해당하는 화재
    가. 사망자가 5인 이상 발생하거나 사상자가 10인 이상 발생한 화재
    나. 이재민이 100인 이상 발생한 화재
    다. 재산피해액이 50억 원 이상 발생한 화재
    라. 관공서·학교·정부미도정공장·문화재·지하철 또는 지하구의 화재
    마. 관광호텔, 층수(「건축법 시행령」 제119조제1항제9호의 규정에 의하여 산정한 층수를 말한다. 이하 이 목에서 같다)가 11층 이상인 건축물, 지하상가, 시장, 백화점, 「위험물안전관리법」 제2조제2항의 규정에 의한 지정수량의 3천배 이상의 위험물의 제조소·저장소·취급소, 층수가 5층 이상이거나 객실이 30실 이상인 숙박시설, 층수가 5층 이상이거나 병상이 30개 이상인 종합병원·정신병원·한방병원·요양소, 연면적 1만 5천 제곱미터 이상인 공장 또는 「화재의 예방 및 안전관리에 관한 법률」 제18조제1항 각 목에 따른 화재예방강화지구에서 발생한 화재
    바. 철도차량, 항구에 매어둔 총 톤수가 1천 톤 이상인 선박, 항공기, 발전소 또는 변전소에서 발생한 화재
    사. 가스 및 화약류의 폭발에 의한 화재
    아. 「다중이용업소의 안전관리에 관한 특별법」 제2조에 따른 다중이용업소의 화재
  2. 「긴급구조대응활동 및 현장지휘에 관한 규칙」에 의한 통제단장의 현장지휘가 필요한 재난상황
  3. 언론에 보도된 재난상황
  4. 그 밖에 소방청장이 정하는 재난상황

18 정답 ② 기본서 1권 22p

해설

※ 소방기본법 시행규칙 제3조
② 지정수량 ~~1천배~~ 위험물의 제조소·저장소·취급소에서 발생한 화재
→ 3천배 이상이 되어야 한다.
① 병상이 30개인 요양소에서 발생한 화재
→ 층수가 5층 이상이거나 병상이 30개 이상인 종합병원·정신병원·한방병원·요양소
③ 항구에 매어둔 총 톤수가 1천 톤의 선박에서 발생한 화재
→ 항구에 매어둔 총 톤수가 1천 톤 이상인 선박
④ 객실이 20실인 관광호텔에서 발생한 화재
→ 관광호텔은 객실의 수에 관계없이 보고 대상이다.

19 정답 ② 기본서 1권 22p

해설

※ 소방기본법 시행규칙 제3조
㉠ 이재민이 100인 이상 발생한 화재 (O)
㉡ 연면적 ~~1만~~ 제곱미터 이상인 공장에서 발생한 화재 (X)
→ 1만5천 제곱미터
㉢ 가스 및 화약류의 폭발에 의한 화재 (O)
㉣ 층수가 5층 이상이거나 병상이 30개 이상인 정신병원에서 발생한 화재 (O)
㉤ 언론에 보도된 재난상황 (O)

20 정답 ② 기본서 1권 25p

해설

※ 소방기본법 시행규칙 제3조의2(소방정보통신망의 구축·운영)
③ 소방청장 및 시·도지사는 소방정보통신망이 안정적으로 운영될 수 있도록 연 1회 이상 소방정보통신망을 주기적으로 점검·관리해야 한다.

21 정답 ④ 기본서 1권 25p

해설

※ 소방기본법 제4조의2(소방정보통신망 구축·운영)
① 소방청장 및 시·도지사는 119종합상황실 등의 효율적 운영을 위하여 소방정보통신망을 구축·운영할 수 있다.
② 소방청장 및 시·도지사는 소방정보통신망의 안정적 운영을 위하여 소방정보통신망의 회선을 이중화할 수 있다. 이 경우 이중화된 각 회선은 서로 다른 사업자로부터 제공받아야 한다.
③ 제1항 및 제2항에 따른 소방정보통신망의 구축 및 운영에 필요한 사항은 행정안전부령으로 정한다.

22

정답 ④   기본서 1권   26p

해설

※ 소방기본법 시행령 제1조의2(소방기술민원센터의 설치·운영)
② 소방기술민원센터는 센터장을 포함하여 18명 이내로 구성한다.

23

정답 ④   기본서 1권   26p

해설

※ 소방기술민원센터는 다음 각 호의 업무를 수행한다.(시행령 제1조의2 제1항)
1. 소방시설, 소방공사와 위험물 안전관리 등과 관련된 법령해석 등의 민원(이하 "소방기술민원"이라 한다)의 처리
2. 소방기술민원과 관련된 질의회신집 및 해설서 발간
3. 소방기술민원과 관련된 정보시스템의 운영·관리
4. 소방기술민원과 관련된 현장 확인 및 처리
5. 그 밖에 소방기술민원과 관련된 업무로서 소방청장 또는 소방본부장이 필요하다고 인정하여 지시하는 업무

24

정답 ④   기본서 1권   26p

해설

④ 규정한 사항 외에 소방기술민원센터의 설치·운영에 필요한 사항은 소방청에 설치하는 경우에는 소방청장이 정하고, 소방본부에 설치하는 경우에는 해당 시·도의 규칙으로 정한다.

※ 소방기술민원센터의 설치·운영(법 제4조의3)
① 소방청장 또는 소방본부장은 소방시설, 소방공사 및 위험물 안전관리 등과 관련된 법령해석 등의 민원을 종합적으로 접수하여 처리할 수 있는 기구(이하 이 조에서 "소방기술민원센터"라 한다)를 설치·운영할 수 있다.
② 소방기술민원센터의 설치·운영 등에 필요한 사항은 대통령령으로 정한다.

※ 소방기술민원센터의 설치·운영(영 제1조의2)
① 소방청장 또는 소방본부장은 「소방기본법」(이하 "법"이라 한다) 제4조의2 제1항에 따른 소방기술민원센터(이하 "소방기술민원센터"라 한다)를 소방청 또는 소방본부에 각각 설치·운영한다.
② 소방기술민원센터는 센터장을 포함하여 18명 이내로 구성한다.
③ 소방기술민원센터는 다음 각 호의 업무를 수행한다.
  1. 소방시설, 소방공사와 위험물 안전관리 등과 관련된 법령해석 등의 민원(이하 "소방기술민원"이라 한다)의 처리
  2. 소방기술민원과 관련된 질의회신집 및 해설서 발간
  3. 소방기술민원과 관련된 정보시스템의 운영·관리
  4. 소방기술민원과 관련된 현장 확인 및 처리
  5. 그 밖에 소방기술민원과 관련된 업무로서 소방청장 또는 소방본부장이 필요하다고 인정하여 지시하는 업무

④ 소방청장 또는 소방본부장은 소방기술민원센터의 업무수행을 위하여 필요하다고 인정하는 경우에는 관계 기관의 장에게 소속 공무원 또는 직원의 파견을 요청할 수 있다.
⑤ 제1항부터 제4항까지에서 규정한 사항 외에 소방기술민원센터의 설치·운영에 필요한 사항은 소방청에 설치하는 경우에는 소방청장이 정하고, 소방본부에 설치하는 경우에는 해당 특별시·광역시·특별자치시·도 또는 특별자치도(이하 "시·도"라 한다)의 규칙으로 정한다.

25

정답 ① **기본서 1권** 27p

해설

※ 소방기본법 제5조(소방박물관 등의 설립과 운영)
소방의 역사와 안전문화를 발전시키고 국민의 안전의식을 높이기 위하여 (소방청장)은(는) (소방박물관)을, (시·도지사)은(는) (소방체험관)[화재 현장에서의 (피난) 등을 체험할 수 있는 체험관을 말한다.]을 설립하여 운영할 수 있다.

26

정답 ② **기본서 1권** 27p

해설

※ 소방기본법 제5조(소방박물관 등의 설립과 운영)
② 제1항에 따른 소방박물관의 설립과 운영에 필요한 사항은 행정안전부령으로 정하고, 소방체험관의 설립과 운영에 필요한 사항은 행정안전부령으로 정하는 기준에 따라 시·도의 조례로 정한다.

※ 소방기본법 시행규칙 제4조(소방박물관의 설립과 운영)
① 소방청장은 법 제5조제2항의 규정에 의하여 소방박물관을 설립·운영하는 경우에는 소방박물관에 소방박물관장 1인과 부관장 1인을 두되, 소방박물관장은 소방공무원 중에서 소방청장이 임명한다.
② 소방박물관은 국내·외의 소방의 역사, 소방공무원의 복장 및 소방장비 등의 변천 및 발전에 관한 자료를 수집·보관 및 전시한다.
③ 소방박물관에는 그 운영에 관한 중요한 사항을 심의하기 위하여 7인 이내의 위원으로 구성된 운영위원회를 둔다.
④ 제1항이 규정에 의하여 설립된 소방박물관의 관광업무·조직·운영위원회의 구성 등에 관하여 필요한 사항은 소방청장이 정한다.

27

정답 ③ **기본서 1권** 28p

해설

③ 소방체험관이란 화재현장에서의 피난 등을 체험할 수 있는 체험관을 말한다.

※ 소방기본법 제5조(소방박물관 등의 설립과 운영)
① 소방의 역사와 안전문화를 발전시키고 국민의 안전의식을 높이기 위하여 소방청장은 소방박물관을, 시·도지사는 소방체험관(화재 현장에서의 피난 등을 체험할 수 있는 체험관을 말한다. 이하 이 조에서 같다)을 설립하여 운영할 수 있다.
② 제1항에 따른 소방박물관의 설립과 운영에 필요한 사항은 행정안전부령으로 정하고, 소방체험관의 설립과 운영에 필요한 사항은 행정안전부령으로 정하는 기준에 따라 시·도의 조례로 정한다.

28

정답 ② **기본서 1권** 29p

해설
② 간호사 또는 「의료법」에 따른 간호조무사 자격을 취득한 사람
  → 「응급의료에 관한 법률」에 따른 응급구조사

※ 소방기본법 시행규칙 별표1 (소방체험관의 설립 및 운영에 관한 기준)
3. 체험교육 인력의 자격 기준
  가. 체험실별 체험교육을 총괄하는 교수요원은 소방공무원 중 다음의 어느 하나에 해당하는 사람이어야 한다.
    1) 소방 관련학과의 석사학위 이상을 취득한 사람
    2) 「소방기본법」 제17조의2에 따른 소방안전교육사, 「소방시설 설치 및 관리에 관한 법률」 제25조에 따른 소방시설관리사, 「국가기술자격법」에 따른 소방기술사 또는 소방설비기사 자격을 취득한 사람
    3) 간호사 또는 「응급의료에 관한 법률」 제36조에 따른 응급구조사 자격을 취득한 사람
    4) 소방청장이 실시하는 인명구조사시험 또는 화재대응능력시험에 합격한 사람
    5) 「소방기본법」 제16조 또는 제16조의3에 따른 소방활동이나 생활안전활동을 3년 이상 수행한 경력이 있는 사람
    6) 5년 이상 근무한 소방공무원 중 시·도지사가 체험실의 교수요원으로 적합하다고 인정하는 사람

29

정답 ② **기본서 1권** 27p, 49p, 59p

해설
소방의 역사와 안전문화를 발전시키고 국민의 안전의식을 높이기 위해 소방박물관 설립·운영을 할 수 있는 것은 소방청장의 권한에 해당한다. (소방기본법 제5조)

30

정답 ① **기본서 1권** 31p

해설 ⓒ 소방업무에 필요한 국고보조는 해당사항이 아니다.

※ 소방기본법 제6조(소방업무에 관한 종합계획의 수립·시행 등)
② 종합계획에는 다음 각 호의 사항이 포함되어야 한다.
  1. 소방서비스의 질 향상을 위한 정책의 기본방향
  2. 소방업무에 필요한 체계의 구축, 소방기술의 연구·개발 및 보급
  3. 소방업무에 필요한 장비의 구비
  4. 소방전문인력 양성
  5. 소방업무에 필요한 기반조성
  6. 소방업무의 교육 및 홍보(제21조에 따른 소방자동차의 우선 통행 등에 관한 홍보를 포함한다)
  7. 그 밖에 소방업무의 효율적 수행을 위하여 필요한 사항으로서 대통령령으로 정하는 사항

31

정답 ② | 기본서 1권 | 31p

해설

※ 소방기본법 제6조 제1항(소방업무에 관한 종합계획의 수립·시행 등)
① 소방청장은 화재, 재난·재해, 그 밖의 위급한 상황으로부터 국민의 생명·신체 및 재산을 보호하기 위하여 소방업무에 관한 종합계획을 <u>5년마다</u> 수립·시행하여야 하고, 이에 필요한 재원을 확보하도록 노력하여야 한다.

32

정답 ② | 기본서 1권 | 31~32p

해설

② 시·도지사는 종합계획의 시행에 필요한 세부계획을 계획 시행 전년도 <u>12월 31일</u>까지 수립하여 소방청장에게 제출하여야 한다.

※ 소방기본법 제6조(소방업무에 관한 종합계획의 수립·시행 등)
① 소방청장은 화재, 재난·재해, 그 밖의 위급한 상황으로부터 국민의 생명·신체 및 재산을 보호하기 위하여 소방업무에 관한 종합계획(이하 이 조에서 "종합계획"이라 한다)을 5년마다 수립·시행하여야 하고, 이에 필요한 재원을 확보하도록 노력하여야 한다.
② 종합계획에는 다음 각 호의 사항이 포함되어야 한다.
  1. 소방서비스의 질 향상을 위한 정책의 기본방향
  2. <u>소방업무에 필요한 체계의 구축, 소방기술의 연구·개발 및 보급</u>
  3. 소방업무에 필요한 장비의 구비
  4. 소방전문인력 양성
  5. 소방업무에 필요한 기반조성
  6. 소방업무의 교육 및 홍보(제21조에 따른 소방자동차의 우선 통행 등에 관한 홍보를 포함한다)
  7. 그 밖에 소방업무의 효율적 수행을 위하여 필요한 사항으로서 대통령령으로 정하는 사항
③ <u>소방청장은 제1항에 따라 수립한 종합계획을 관계 중앙행정기관의 장, 시·도지사에게 통보하여야 한다.</u>
④ 시·도지사는 관할 지역의 특성을 고려하여 종합계획의 시행에 필요한 세부계획(이하 이 조에서 "세부계획"이라 한다)을 매년 수립하여 소방청장에게 제출하여야 하며, 세부계획에 따른 소방업무를 성실히 수행하여야 한다.
⑤ 소방청장은 소방업무의 체계적 수행을 위하여 필요한 경우 제4항에 따라 시·도지사가 제출한 세부계획의 보완 또는 수정을 요청할 수 있다.
⑥ 그 밖에 종합계획 및 세부계획의 수립·시행에 필요한 사항은 대통령령으로 정한다.

※ 소방기본법 시행령 제1조의3(소방업무에 관한 종합계획 및 세부계획의 수립·시행)
① 소방청장은「소방기본법」(이하 "법"이라 한다) 제6조제1항에 따른 소방업무에 관한 종합계획을 관계 중앙행정기관의 장과의 협의를 거쳐 계획 시행 전년도 10월 31일까지 수립하여야 한다.
② 법 제6조제2항제7호에서 "대통령령으로 정하는 사항"이란 다음 각 호의 사항을 말한다.
  1. 재난·재해 환경 변화에 따른 소방업무에 필요한 대응 체계 마련
  2. 장애인, 노인, 임산부, 영유아 및 어린이 등 이동이 어려운 사람을 대상으로 한 소방활동에 필요한 조치
③ 특별시장·광역시장·특별자치시장·도지사 또는 특별자치도지사(이하 "시·도지사"라 한다)는 법 제6조제4항에 따른 종합계획의 시행에 필요한 세부계획을 계획 시행 전년도 <u>12월 31일</u>까지 수립하여 소방청장에게 제출하여야 한다.

33

정답 ④ 기본서 1권 32p

해설

④ 계획 시행 전년도 10월 31일까지

※ 소방기본법 시행령 제1조의3(소방업무에 관한 종합계획 및 세부계획의 수립·시행)
① 소방청장은 「소방기본법」(이하 "법"이라 한다) 제6조 제1항에 따른 소방업무에 관한 종합계획을 관계 중앙행정기관의 장과의 협의를 거쳐 계획 시행 전년도 10월 31일까지 수립하여야 한다.

34

정답 ③ 기본서 1권 38p

해설

ⓒ 소방청장이 소방력을 확충하는 것이 아니고 시·도지사가 하는 것이다.
ⓒ 소방자동차 등 소방장비의 분류·표준화와 그 관리 등에 필요한 사항은 따로 법률에서 정한다.

※ 소방기본법 제8조(소방력의 기준 등)
① 소방기관이 소방업무를 수행하는 데에 필요한 인력과 장비 등[이하 "소방력"(消防力)이라 한다]에 관한 기준은 행정안전부령으로 정한다.
② 시·도지사는 제1항에 따른 소방력의 기준에 따라 관할구역의 소방력을 확충하기 위하여 필요한 계획을 수립하여 시행하여야 한다.
③ 소방자동차 등 소방장비의 분류·표준화와 그 관리 등에 필요한 사항은 따로 법률에서 정한다.

35

정답 ④ 기본서 1권 29p

해설

※ 소방기본법 시행규칙 [별표 1]
④ 전기안전 체험실 - 갖출 수 있는 체험실에 해당한다.

36

정답 ② 기본서 1권 29p

해설

※ 소방기본법 시행규칙 [별표 1]
- 소방공무원 중 「소방기본법」 제16조 또는 제16조의3에 따른 소방활동이나 생활안전활동을 3년 이상 수행한 경력이 있는 사람
- 소방공무원 중 5년 이상 근무한 소방공무원 중 시·도지사가 체험실의 교수요원으로 적합하다고 인정하는 사람

37

정답 ② 기본서 1권 27p, 38~39p, 43p

해설

② 대통령령(소방기본법 제9조)
① 행정안전부령(소방기본법 제10조)
③ 행정안전부령(소방기본법 제5조)
④ 행정안전부령(소방기본법 제8조)

38 정답 ③ 기본서 1권 39~40p

해설

※ 소방기본법 제9조(소방장비 등에 대한 국고보조)
① 국가는 소방장비의 구입 등 시·도의 소방업무에 필요한 경비의 일부를 보조한다.
② 제1항에 따른 보조 대상사업의 범위와 기준보조율은 대통령령으로 정한다.

※ 소방기본법 시행규칙 제5조(소방활동장비 및 설비의 규격 및 종류와 기준가격)
① 영 제2조제2항의 규정에 의한 국고보조의 대상이 되는 소방활동장비 및 설비의 종류 및 규격은 별표 1의2와 같다.
② 영 제2조제2항의 규정에 의한 국고보조산정을 위한 기준가격은 다음 각 호와 같다.
  1. 국내조달품 : 정부고시가격
  2. 수입물품 : 조달청에서 조사한 해외시장의 시가
  3. 정부고시가격 또는 조달청에서 조사한 해외시장의 시가가 없는 물품 : 2 이상의 공신력 있는 물가조사기관에서 조사한 가격의 평균가격

39 정답 ③ 기본서 1권 39p

해설

※ 소방기본법 시행령 제2조(국고보조 대상사업의 범위와 기준보조율)
① 법 제9조제2항에 따른 국고보조 대상사업의 범위는 다음 각 호와 같다.
  1. 다음 각 목의 소방활동장비와 설비의 구입 및 설치
    가. 소방자동차
    나. 소방헬리콥터 및 소방정
    다. 소방전용통신설비 및 전산설비
    라. 그 밖에 방화복 등 소방활동에 필요한 소방장비
  2. 소방관서용 청사의 건축(「건축법」 제2조제1항제8호에 따른 건축을 말한다)

40 정답 ② 기본서 1권 39p

해설

② 소방관서용 청사는 해당되지 않는다. 건축법 2조1항8호에 따른 건축을 말한다.
※ 소방기본법 시행령 제2조(국고보조 대상사업의 범위와 기준보조율)
① 법 제9조제2항에 따른 국고보조 대상사업의 범위는 다음 각 호와 같다.
  1. 다음 각 목의 소방활동장비와 설비의 구입 및 설치
    가. 소방자동차
    나. 소방헬리콥터 및 소방정
    다. 소방전용통신설비 및 전산설비
    라. 그 밖에 방화복 등 소방활동에 필요한 소방장비
  2. 소방관서용 청사의 건축 (「건축법」 제2조제1항제8호에 따른 건축을 말한다)

41

정답 ③   기본서 1권   41p

해설

③ 공중전력 50와트 이하의 고정용 무선통신기기 → 소방전용 통신설비에 해당한다.

※ 소방기본법 시행규칙 별표1의2 (국고보조의 대상이 되는 소방활동장비)

구분	종류				규격
소방활동 장비	소방 자동차	펌프차	대형		240마력 이상
			중형		170마력 이상 240마력 미만
			소형		120마력 이상 170마력 미만
		물탱크소방차	대형		240마력 이상
			중형		170마력 이상 240마력 미만
		화학 소방차	비활성가스를 이용한 소방차		
			고성능		340마력 이상
			내폭		340마력 이상
			일반	대형	240마력 이상
				중형	170마력 이상 240마력 미만
		사다리소방차	고가(사다리의 길이가 33m 이상인 것에 한한다)		330마력 이상
			굴절	27m 이상급	330마력 이상
				18m 이상 27m 미만급	240마력 이상
		조명차	중형		170마력
		배연차	중형		170마력 이상
		구조차	대형		240마력 이상
			중형		170마력 이상 240마력 미만
		구급차	특수		90마력 이상
			일반		85마력 이상 90마력 미만
	소방정		소방정		100톤 이상급, 50톤급
			구조정		30톤급
	소방헬리콥터				5~17인승

42

정답 ④   기본서 1권   41p

해설

④ 화학소방차(고성능) : 340마력 이상 (규칙 별표1의2)

43

정답 ③　**기본서 1권**　43p

해설

③ 소방서장은 소방용수시설을 설치하고 유지·관리하여야 한다.
→ 시·도지사는

※ 소방기본법 제10조(소방용수시설의 설치 및 관리 등)
① 시·도지사는 소방활동에 필요한 소화전(消火栓)·급수탑(給水塔)·저수조(貯水槽)(이하 "소방용수시설"이라 한다)를 설치하고 유지·관리하여야 한다. 다만, 「수도법」제45조에 따라 소화전을 설치하는 일반수도사업자는 관할 소방서장과 사전협의를 거친 후 소화전을 설치하여야 하며, 설치 사실을 관할 소방서장에게 통지하고, 그 소화전을 유지·관리하여야 한다.
② 시·도지사는 제21조제1항에 따른 소방자동차의 진입이 곤란한 지역 등 화재발생 시에 초기 대응이 필요한 지역으로서 대통령령으로 정하는 지역에 소방호스 또는 호스 릴 등을 소방용수시설에 연결하여 화재를 진압하는 시설이나 장치(이하 "비상소화장치"라 한다)를 설치하고 유지·관리할 수 있다.
③ 제1항에 따른 소방용수시설과 제2항에 따른 비상소화장치의 설치기준은 행정안전부령으로 정한다.

44

정답 ④　**기본서 1권**　43p

해설

④ 관할 소방서장이 비상소화장치의 설치가 필요하다고 인정하는 지역
→ 시·도지사가

※ 소방기본법 시행령 제2조의2(비상소화장치의 설치대상 지역)
법 제10조제2항에서 "대통령령으로 정하는 지역"이란 다음 각 호의 어느 하나에 해당하는 지역을 말한다.
1. 화재예방법 제18조 제1항에 따라 지정된 화재예방강화지구
　㉠ 시장지역
　㉡ 공장·창고가 밀집한 지역
　㉢ 목조건물이 밀집한 지역
　㉣ 노후·불량건축물이 밀집한 지역
　㉤ 위험물의 저장 및 처리 시설이 밀집한 지역
　㉥ 석유화학제품을 생산하는 공장이 있는 지역
　㉦ 「산업입지 및 개발에 관한 법률」 제2조제8호에 따른 산업단지
　㉧ 소방시설·소방용수시설 또는 소방출동로가 없는 지역
　㉨ 「물류시설의 개발 및 운영에 관한 법률」 제2조제6호에 따른 물류단지
　㉩ 그 밖에 ㉠부터 ㉨까지에 준하는 지역으로서 소방관서장이 화재예방강화지구로 지정할 필요가 있다고 인정하는 지역
2. 시·도지사가 법 제10조제2항에 따른 비상소화장치의 설치가 필요하다고 인정하는 지역

45 정답 ③ 기본서 1권 48p

해설

③ 소화수조
→ 소화수조는 소방시설법 상 소화용수설비로서 특정소방대상물의 관계인이 설치하고 유지·관리하여야 하는 설비이다.

※ 소방기본법 시행규칙 제7조(소방용수시설 및 지리조사)
① 소방본부장 또는 소방서장은 원활한 소방활동을 위하여 다음 각 호의 조사를 월 1회 이상 실시하여야 한다.
  1. 법 제10조의 규정에 의하여 설치된 소방용수시설에 대한 조사
    → 소방기본법 제10조(소방용수시설의 설치 및 관리 등) ① 시·도지사는 소방활동에 필요한 소화전(消火栓)·급수탑(給水塔)·저수조(貯水槽)(이하 "소방용수시설"이라 한다)를 설치하고 유지·관리하여야 한다.
  2. 소방대상물에 인접한 도로의 폭·교통상황, 도로주변의 토지의 고저·건축물의 개황 그 밖의 소방활동에 필요한 지리에 대한 조사
② 제1항의 조사결과는 전자적 처리가 불가능한 특별한 사유가 없으면 전자적 처리가 가능한 방법으로 작성·관리하여야 한다.
③ 제1항 제1호의 조사는 별지 제2호서식에 의하고, 제1항 제2호의 조사는 별지 제3호서식에 의하되, 그 조사결과를 2년간 보관하여야 한다.

46 정답 ④ 기본서 1권 44p

해설

※ 소방기본법 시행규칙 별표2(소방용수표지)
1. 지하에 설치하는 소화전 또는 저수조의 경우 소방용수표지는 다음 각목의 기준에 의한다.
   가. 맨홀뚜껑은 지름 648밀리미터 이상의 것으로 할 것. 다만, 승하강식 소화전의 경우에는 이를 적용하지 아니한다.
   나. 맨홀뚜껑에는 "소화전·주정차금지" 또는 "저수조·주정차금지"의 표시를 할 것
   다. 맨홀뚜껑 부근에는 노란색 반사도료로 폭 15센티미터의 선을 그 둘레를 따라 칠할 것

47 정답 ① 기본서 1권 44p

해설

※ 소방기본법 시행규칙 별표 2(소방용수표지)
1. 지하에 설치하는 소화전 또는 저수조의 경우 소방용수표지는 다음 각목의 기준에 의한다.
   가. 맨홀뚜껑은 지름 648밀리미터 이상의 것으로 할 것. 다만, 승하강식 소화전의 경우에는 이를 적용하지 아니한다.
   나. 맨홀뚜껑에는 "소화전·주정차금지" 또는 "저수조·주정차금지"의 표시를 할 것
   다. 맨홀뚜껑 부근에는 노란색 반사도료로 폭 15센티미터의 선을 그 둘레를 따라 칠할 것
2. 지상에 설치하는 소화전, 저수조 및 급수탑의 경우 소방용수표지는 다음 각 목의 기준에 따라 설치한다.
   → 안쪽 문자는 흰색, 바깥쪽 문자는 노란색으로, 안쪽 바탕은 붉은색, 바깥쪽 바탕은 파란색으로 하고, 반사재료를 사용해야 한다.

48 정답 ③ 기본서 1권 44p

해설

③ 맨홀뚜껑 부근에는 노란색 반사도료로 폭 15센티미터의 선을 그 둘레를 따라 칠하여야 한다.
① 승하강식 소화전의 경우 맨홀뚜껑은 지름 648밀리미터 이상의 것으로 하여야 한다.
  → 승하강식 소화전은 맨홀뚜껑의 지름 크기를 적용하지 아니한다.
② 맨홀뚜껑에는 "저수조·주정차금지"의 표시를 하여야 한다.
  → 소화전·주정차금지
④ 안쪽 문자는 흰색, 바깥쪽 문자는 노란색으로, 안쪽 바탕은 붉은색, 바깥쪽 바탕은 파란색으로 하고, 반사재료를 사용해야 한다.
  → 지상에 설치하는 소화전에 해당한다.

※ 소방기본법 시행규칙 별표2(소방용수표지)
  1. 지하에 설치하는 소화전 또는 저수조의 경우 소방용수표지는 다음 각목의 기준에 의한다.
     가. 맨홀뚜껑은 지름 648밀리미터 이상의 것으로 할 것. 다만, 승하강식 소화전의 경우에는 이를 적용하지 아니한다.
     나. 맨홀뚜껑에는 "소화전·주정차금지" 또는 "저수조·주정차금지"의 표시를 할 것
     다. 맨홀뚜껑 부근에는 노란색반사도료로 폭 15센티미터의 선을 그 둘레를 따라 칠할 것
  2. 지상에 설치하는 소화전, 저수조 및 급수탑의 경우 소방용수표지는 다음 각 목의 기준에 따라 설치한다.
     → 안쪽 문자는 흰색, 바깥쪽 문자는 노란색으로, 안쪽 바탕은 붉은색, 바깥쪽 바탕은 파란색으로 하고, 반사재료를 사용해야 한다.

49 정답 ① 기본서 1권 45p

해설

※ 소방기본법 시행규칙 별표3(소방용수시설의 설치기준)
1. 공통기준
   가. 국토의 계획 및 이용에 관한 법률 제36조제1항제1호의 규정에 의한 주거지역·상업지역 및 공업지역에 설치하는 경우 : 소방대상물과의 수평거리를 100미터 이하가 되도록 할 것
   나. 가목 외의 지역에 설치하는 경우 : 소방대상물과의 수평거리를 140미터 이하가 되도록 할 것

50 정답 ② 기본서 1권 45p

해설

※ 소방기본법 시행규칙 별표3(소방용수시설의 설치기준)

2. 소방용수시설별 설치기준

    가. 소화전의 설치기준 : 상수도와 연결하여 지하식 또는 지상식의 구조로 하고, 소방용호스와 연결하는 소화전의 연결금속구의 구경은 65밀리미터로 할 것

    나. 급수탑의 설치기준 : 급수배관의 구경은 100밀리미터 이상으로 하고, 개폐밸브는 지상에서 1.5미터 이상 1.7미터 이하의 위치에 설치하도록 할 것

    다. 저수조의 설치기준

        (1) 지면으로부터의 낙차가 4.5미터 이하일 것

        (2) 흡수부분의 수심이 0.5미터 이상일 것

        (3) 소방펌프자동차가 쉽게 접근할 수 있도록 할 것

        (4) 흡수에 지장이 없도록 토사 및 쓰레기 등을 제거할 수 있는 설비를 갖출 것

        (5) 흡수관의 투입구가 사각형의 경우에는 한 변의 길이가 60센티미터 이상, 원형의 경우에는 지름이 60센티미터 이상일 것

        (6) 저수조에 물을 공급하는 방법은 상수도에 연결하여 자동으로 급수되는 구조일 것

51 정답 ④ 기본서 1권 45p

해설

※ 소방기본법 시행규칙 별표3(소방용수시설의 설치기준)

저수조의 설치기준

    (1) 지면으로부터의 낙차가 4.5미터 이하일 것

    (2) 흡수부분의 수심이 0.5미터 이상일 것

    (3) 소방펌프자동차가 쉽게 접근할 수 있도록 할 것

    (4) 흡수에 지장이 없도록 토사 및 쓰레기 등을 제거할 수 있는 설비를 갖출 것

    (5) 흡수관의 투입구가 사각형의 경우에는 한 변의 길이가 60센티미터 이상, 원형의 경우에는 지름이 60센티미터 이상일 것

    (6) 저수조에 물을 공급하는 방법은 상수도에 연결하여 자동으로 급수되는 구조일 것

52 정답 ② 기본서 1권 45p

해설

② 소방용호스와 연결하는 소화전의 연결금속구의 구경은 65밀리미터로 할 것
① 개폐밸브는 지상에서 1.5미터 이상 1.7미터 이하의 위치에 설치하도록 할 것
  → 급수탑의 설치기준
③ 물을 공급하는 방법은 상수도에 연결하여 자동으로 급수되는 구조일 것
  → 저수조의 설치기준
④ 흡수에 지장이 없도록 토사 및 쓰레기 등을 제거할 수 있는 설비를 갖출 것
  → 저수조의 설치기준

※ 소방기본법 시행규칙 별표3
2. 소방용수시설별 설치기준
  가. 소화전의 설치기준 : 상수도와 연결하여 지하식 또는 지상식의 구조로 하고, 소방용호스와 연결하는 소화전의 연결금속구의 구경은 65밀리미터로 할 것
  나. 급수탑의 설치기준 : 급수배관의 구경은 100밀리미터 이상으로 하고, 개폐밸브는 지상에서 1.5미터 이상 1.7미터 이하의 위치에 설치하도록 할 것
  다. 저수조의 설치기준
    (1) 지면으로부터의 낙차가 4.5미터 이하일 것
    (2) 흡수부분의 수심이 0.5미터 이상일 것
    (3) 소방펌프자동차가 쉽게 접근할 수 있도록 할 것
    (4) 흡수에 지장이 없도록 토사 및 쓰레기 등을 제거할 수 있는 설비를 갖출 것
    (5) 흡수관의 투입구가 사각형의 경우에는 한 변의 길이가 60센티미터 이상, 원형의 경우에는 지름이 60센티미터 이상일 것
    (6) 저수조에 물을 공급하는 방법은 상수도에 연결하여 자동으로 급수되는 구조일 것

53 정답 ③ 기본서 1권 47p

해설

③ 관창은 소방호스용 연결금속구 등의 끝에 연결하여 소화용수를 방수하기 위한 나사식 또는 플랜지식 토출기구를 말한다.
  → 차입식(Socket Type)

※ 소방기본법 시행규칙 제6조 제3항, 4항(소방용수시설 및 비상소화장치의 설치기준)
③ 법 제10조 제2항에 따른 비상소화장치의 설치기준은 다음 각 호와 같다.
  1. 비상소화장치는 비상소화장치함, 소화전, 소방호스(소화전의 방수구에 연결하여 소화용수를 방수하기 위한 도관으로서 호스와 연결금속구로 구성되어 있는 소방용 릴호스 또는 소방용 고무내장호스를 말한다), 관창(소방호스용 연결금속구 또는 중간연결금속구 등의 끝에 연결하여 소화용수를 방수하기 위한 나사식 또는 차입식 토출기구를 말한다)을 포함하여 구성할 것
④ 제3항에서 규정한 사항 외에 비상소화장치의 설치기준에 관한 세부 사항은 소방청장이 정한다.

54 정답 ③ 기본서 1권 48p

해설

ⓒ 교통상황 (O)
ⓒ 건축물의 개황 (O)
㉠ 소방대상물에 인접한 도로의 포장상태 (X)
  → 폭
㉣ 도로주변의 토지의 이용도
  → 고저

※ 소방기본법 시행규칙 제7조(소방용수시설 및 지리조사)
① 소방본부장 또는 소방서장은 원활한 소방활동을 위하여 다음 각호의 조사를 월 1회 이상 실시하여야 한다.
  1. 법 제10조의 규정에 의하여 설치된 소방용수시설에 대한 조사
  2. 소방대상물에 인접한 도로의 폭·교통상황, 도로주변의 토지의 고저·건축물의 개황 그 밖의 소방활동에 필요한 지리에 대한 조사

55 정답 ③ 기본서 1권 49p

해설

① 필요한 때 응원요청 하는 것이 아니라 긴급한 때 하는 것이다.
② 정당한 사유가 있을 때는 거절 할 수 있다.
④ 사후 협의가 아니라 미리 협의하여 규약으로 정하는 것이다.

※ 소방기본법 제11조(소방업무의 응원)
① 소방본부장이나 소방서장은 소방활동을 할 때에 긴급한 경우에는 이웃한 소방본부장 또는 소방서장에게 소방업무의 응원(應援)을 요청할 수 있다.
② 제1항에 따라 소방업무의 응원 요청을 받은 소방본부장 또는 소방서장은 정당한 사유 없이 그 요청을 거절하여서는 아니 된다.
③ 제1항에 따라 소방업무의 응원을 위하여 파견된 소방대원은 응원을 요청한 소방본부장 또는 소방서장의 지휘에 따라야 한다.
④ 시·도지사는 제1항에 따라 소방업무의 응원을 요청하는 경우를 대비하여 출동 대상지역 및 규모와 필요한 경비의 부담 등에 관하여 필요한 사항을 행정안전부령으로 정하는 바에 따라 이웃하는 시·도지사와 협의하여 미리 규약(規約)으로 정하여야 한다.

56

정답 ③ 기본서 1권 49p

해설

※ 소방기본법 제11조(소방업무의 응원)

④ 시·도지사는 제1항에 따라 소방업무의 응원을 요청하는 경우를 대비하여 출동 대상지역 및 규모와 필요한 경비의 부담 등에 관하여 필요한 사항을 행정안전부령으로 정하는 바에 따라 이웃하는 시·도지사와 협의하여 미리 규약(規約)으로 정하여야 한다.

※ 규약 : 조직체 안에서, 서로 지키도록 협의하여 정하여 놓은 규칙
① 협약 : 특정 분야 또는 기술적 사항을 입법화하는 성격의 조약
② 규칙 : 일반 용어로는 다 같이 준거해야 할 법칙으로 정의될 수 있으나 협의로는 행정기관이 법률의 수권 없이 그의 권한의 범위 내에서 정립하는 일반적·추상적인 규율로서 법규성이 없는 것
③ 조약 : 국제법 주체간에 국제법률 관계를 설정하기 위한 명시적(문서에 의한) 합의

57

정답 ③ 기본서 1권 49p

해설

화재조사활동은 소방활동에 관한 사항이고, 화재조사활동 비용은 상호응원협정에 포함된 사항이 아니다.
(소방기본법 시행규칙 제8조)

58

정답 ② 기본서 1권 49p

해설

※ 소방기본법 제11조 제4항(소방업무의 응원)

④ 시·도지사는 제1항에 따라 소방업무의 응원을 요청하는 경우를 대비하여 출동 대상지역 및 규모와 필요한 경비의 부담 등에 관하여 필요한 사항을 행정안전부령으로 정하는 바에 따라 이웃하는 시·도지사와 협의하여 미리 규약(規約)으로 정하여야 한다.

59 정답 ① 기본서 1권 49p

해설

ⓒ 구조·구급업무의 지원에 해당한다.
ⓔ 화재조사활동도 소방활동에 관한 사항에 포함된다.

※ 소방기본법 시행규칙 제8조(소방업무의 상호응원협정)
법 제11조제4항의 규정에 따라 시·도지사는 이웃하는 다른 시·도지사와 소방업무에 관하여 상호응원협정을 체결하고자 하는 때에는 다음 각 호의 사항이 포함되도록 해야 한다.
1. 다음 각목의 소방활동에 관한 사항
   가. 화재의 경계·진압활동
   나. 구조·구급업무의 지원
   다. 화재조사활동
2. 응원출동대상지역 및 규모
3. 다음 각 목의 소요경비의 부담에 관한 사항
   가. 출동대원의 수당·식사 및 의복의 수선
   나. 소방장비 및 기구의 정비와 연료의 보급
   다. 그 밖의 경비
4. 응원출동의 요청방법
5. 응원출동훈련 및 평가

60 정답 ② 기본서 1권 49p

해설

※ 소방기본법 시행규칙 제8조(소방업무의 상호응원협정)
법 제11조 제4항의 규정에 따라 시·도지사는 이웃하는 다른 시·도지사와 소방업무에 관하여 상호응원협정을 체결하고자 하는 때에는 다음 각 호의 사항이 포함되도록 해야 한다.
1. 다음 각 목의 <u>소방활동에 관한 사항</u>
   가. 화재의 경계·진압활동
   나. 구조·구급업무의 지원
   다. 화재조사활동
2. 응원출동대상지역 및 규모
3. 다음 각 목의 <u>소요경비의 부담에 관한 사항</u>
   가. 출동대원의 수당·식사 및 의복의 수선
   나. <u>소방장비 및 기구의 정비와 연료의 보급</u>
   다. 그 밖의 경비
4. 응원출동의 요청방법
5. 응원출동훈련 및 평가

61 정답 ④ 기본서 1권 49p

해설

④ 예방은 소방업무의 응원협정에서 정할 규약이 아니다.

※ 소방기본법 시행규칙 제8조(소방업무의 상호응원협정)

법 제11조제4항의 규정에 따라 시·도지사는 이웃하는 다른 시·도지사와 소방업무에 관하여 상호응원협정을 체결하고자 하는 때에는 다음 각 호의 사항이 포함되도록 해야 한다.

1. 다음 각목의 소방활동에 관한 사항
   가. 화재의 경계·진압활동
   나. 구조·구급업무의 지원
   다. 화재조사활동
2. 응원출동대상지역 및 규모
3. 다음 각 목의 소요경비의 부담에 관한 사항
   가. 출동대원의 수당·식사 및 의복의 수선
   나. 소방장비 및 기구의 정비와 연료의 보급
   다. 그 밖의 경비
4. 응원출동의 요청방법
5. 응원출동훈련 및 평가

62 정답 ① 기본서 1권 50p

해설

※ 소방기본법 제11조의2(소방력의 동원)

① 소방청장은 해당 시·도의 소방력만으로는 소방활동을 효율적으로 수행하기 어려운 화재, 재난·재해, 그 밖의 구조·구급이 필요한 상황이 발생하거나 특별히 국가적 차원에서 소방활동을 수행할 필요가 인정될 때에는 각 시·도지사에게 행정안전부령으로 정하는 바에 따라 소방력을 동원할 것을 요청할 수 있다.

63 정답 ④ 기본서 1권 50p

해설

※ 소방기본법 제11조의2(소방력의 동원)

① 소방청장은 해당 시·도의 소방력만으로는 소방활동을 효율적으로 수행하기 어려운 화재, 재난·재해, 그 밖의 구조·구급이 필요한 상황이 발생하거나 특별히 국가적 차원에서 소방활동을 수행할 필요가 인정될 때에는 각 시·도지사에게 행정안전부령으로 정하는 바에 따라 소방력을 동원할 것을 요청할 수 있다.

64

정답 ③   기본서 1권   50p

해설

③ 동원된 소방대원이 소방활동을 수행할 때에는 특별한 사정이 없으면 소방청장의 지휘에 따라야 한다.
→ 소방본부장 또는 소방서장

※ 소방기본법 제11조의2(소방력의 동원)

① 소방청장은 해당 시·도의 소방력만으로는 소방활동을 효율적으로 수행하기 어려운 화재, 재난·재해, 그 밖의 구조·구급이 필요한 상황이 발생하거나 특별히 국가적 차원에서 소방활동을 수행할 필요가 인정될 때에는 각 시·도지사에게 행정안전부령으로 정하는 바에 따라 소방력을 동원할 것을 요청할 수 있다.

② 제1항에 따라 동원 요청을 받은 시·도지사는 정당한 사유 없이 요청을 거절하여서는 아니 된다.

③ 소방청장은 시·도지사에게 제1항에 따라 동원된 소방력을 화재, 재난·재해 등이 발생한 지역에 지원·파견하여 줄 것을 요청하거나 필요한 경우 직접 소방대를 편성하여 화재진압 및 인명구조 등 소방에 필요한 활동을 하게 할 수 있다.

④ 제1항에 따라 동원된 소방대원이 다른 시·도에 파견·지원되어 소방활동을 수행할 때에는 특별한 사정이 없으면 화재, 재난·재해 등이 발생한 지역을 관할하는 소방본부장 또는 소방서장의 지휘에 따라야 한다. 다만, 소방청장이 직접 소방대를 편성하여 소방활동을 하게 하는 경우에는 소방청장의 지휘에 따라야 한다.

⑤ 제3항 및 제4항에 따른 소방활동을 수행하는 과정에서 발생하는 경비 부담에 관한 사항, 제3항 및 제4항에 따라 소방활동을 수행한 민간 소방 인력이 사망하거나 부상을 입었을 경우의 보상주체·보상기준 등에 관한 사항, 그 밖에 동원된 소방력의 운용과 관련하여 필요한 사항은 대통령령으로 정한다.

| 제3장 | 소방활동 등 |
| 제4장 | 소방산업의 육성 · 진흥 및 지원 등 |

65 정답 ③ 기본서 1권 57p

해설

※ 소방기본법 제16조의2(소방지원활동)

① 소방청장·소방본부장 또는 소방서장은 공공의 안녕질서 유지 또는 복리증진을 위하여 필요한 경우 소방활동 외에 다음 각 호의 활동(이하 "소방지원활동"이라 한다)을 하게 할 수 있다.
  1. 산불에 대한 예방·진압 등 지원활동
  2. 자연재해에 따른 급수·배수 및 제설 등 지원활동
  3. 집회·공연 등 각종 행사 시 사고에 대비한 근접대기 등 지원활동
  4. 화재, 재난·재해로 인한 피해복구 지원활동
  5. 삭제
  6. 그 밖에 행정안전부령으로 정하는 활동

② 소방지원활동은 제16조의 소방활동 수행에 지장을 주지 아니하는 범위에서 할 수 있다.

③ <u>유관기관·단체 등의 요청에 따른 소방지원활동에 드는 비용은 지원요청을 한 유관기관·단체 등에게 부담하게 할 수 있다. 다만, 부담금액 및 부담방법에 관하여는 지원요청을 한 유관기관·단체 등과 협의하여 결정한다.</u>

66 정답 ④ 기본서 1권 57~58p

해설

④ 위해동물, 벌 등의 포획 및 퇴치활동은 <u>생활안전활동</u>에 해당한다.

※ 소방기본법 제16조의2(소방지원활동)

① 소방청장·소방본부장 또는 소방서장은 공공의 안녕질서 유지 또는 복리증진을 위하여 필요한 경우 소방활동 외에 다음 각 호의 활동(이하 "소방지원활동"이라 한다)을 하게 할 수 있다.
  1. 산불에 대한 예방·진압 등 지원활동
  2. 자연재해에 따른 급수·배수 및 제설 등 지원활동
  3. 집회·공연 등 각종 행사 시 사고에 대비한 근접대기 등 지원활동
  4. 화재, 재난·재해로 인한 피해복구 지원활동
  5. 삭제
  6. 그 밖에 행정안전부령으로 정하는 활동

※ 소방기본법 시행규칙 제8조의4(소방지원활동)

법 제16조의2제1항제6호에서 "그 밖에 행정안전부령으로 정하는 활동"이란 다음 각 호의 어느 하나에 해당하는 활동을 말한다.
  1. 군·경찰 등 유관기관에서 실시하는 훈련지원 활동
  2. 소방시설 오작동 신고에 따른 조치활동
  3. 방송제작 또는 촬영 관련 지원활동

67
정답 ④　기본서 1권　57~58p

해설

④ 고드름 제거는 소방기본법 제16조의3에 따른 생활안전활동에 해당한다.

※ 소방기본법 제16조의2(소방지원활동)
1. 산불에 대한 예방·진압 등 지원활동
2. 자연재해에 따른 급수·배수 및 제설 등 지원활동
3. 집회·공연 등 각종 행사 시 사고에 대비한 근접대기 등 지원활동
4. 화재, 재난·재해로 인한 피해복구 지원활동
6. 그 밖에 행정안전부령으로 정하는 활동

68
정답 ②　기본서 1권　57~58p

해설

② 단전사고 시 비상전원 조명의 공급활동은 생활안전활동에 해당된다.

※ 소방기본법 제16조의2(소방지원활동)
① 소방청장·소방본부장 또는 소방서장은 공공의 안녕질서 유지 또는 복리증진을 위하여 필요한 경우 소방활동 외에 다음 각 호의 활동(이하 "소방지원활동"이라 한다)을 하게 할 수 있다.
1. 산불에 대한 예방·진압 등 지원활동
2. 자연재해에 따른 급수·배수 및 제설 등 지원활동
3. 집회·공연 등 각종 행사 시 사고에 대비한 근접대기 등 지원활동
4. 화재, 재난·재해로 인한 피해복구 지원활동
5. 삭제
6. 그 밖에 행정안전부령으로 정하는 활동

69
정답 ②　기본서 1권　57~58p

해설

② 단전사고 시 조명의 공급 지원활동
→ 소방기본법 제16조의3에 따른 생활안전활동에 해당한다.

※ 소방기본법 시행규칙 제8조의4(소방지원활동)
법 제16조의2제1항제6호에서 "그 밖에 행정안전부령으로 정하는 활동"이란 다음 각 호의 어느 하나에 해당하는 활동을 말한다.
1. 군·경찰 등 유관기관에서 실시하는 훈련지원 활동
2. 소방시설 오작동 신고에 따른 조치활동
3. 방송제작 또는 촬영 관련 지원활동

70 정답 ④ 기본서 1권 57~58p

해설
④ 소방시설 오작동 신고에 따른 조치활동
→ 소방기본법 시행규칙상 소방지원활동에 해당한다.(소방기본법 시행규칙 제8조의4)

※ 소방기본법 제16조의3(생활안전활동)
① 소방청장·소방본부장 또는 소방서장은 신고가 접수된 생활안전 및 위험제거 활동(화재, 재난·재해, 그 밖의 위급한 상황에 해당하는 것은 제외한다)에 대응하기 위하여 소방대를 출동시켜 다음 각 호의 활동(이하 "생활안전활동"이라 한다)을 하게 하여야 한다.
  1. 붕괴, 낙하 등이 우려되는 고드름, 나무, 위험 구조물 등의 제거활동
  2. 위해동물, 벌 등의 포획 및 퇴치 활동
  3. 끼임, 고립 등에 따른 위험제거 및 구출 활동
  4. 단전사고 시 비상전원 또는 조명의 공급
  5. 그 밖에 방치하면 급박해질 우려가 있는 위험을 예방하기 위한 활동

71 정답 ④ 기본서 1권 58p

해설
※ 소방기본법 시행규칙 제8조의5 (소방지원활동 등의 기록관리)
① 소방대원은 법 제16조의2제1항에 따른 소방지원활동 및 법 제16조의3제1항에 따른 생활안전활동(이하 "소방지원활동등"이라 한다)을 한 경우 별지 제3호의2서식의 소방지원활동등 기록지에 해당 활동상황을 상세히 기록하고, 소속 소방관서에 <u>3년간</u> 보관해야 한다.
② 소방본부장은 소방지원활동등의 상황을 종합하여 <u>연 2회</u> 소방청장에게 보고해야 한다.

72 정답 ④ 기본서 1권 58p

해설
※ 소방기본법 제16조의4(소방자동차의 보험 가입 등)
① 시·도지사는 소방자동차의 공무상 운행 중 교통사고가 발생한 경우 그 운전자의 법률상 분쟁에 소요되는 비용을 지원할 수 있는 보험에 가입하여야 한다.
② <u>국가는 제1항에 따른 보험 가입비용의 일부를 지원할 수 있다.</u>

73 정답 ① 기본서 1권 59p

해설

① 소방청장, 소방본부장 또는 소방서장은 소방업무를 전문적이고 효과적으로 수행하기 위하여 소방대원에게 필요한 교육·훈련을 실시할 수 있다.
  → 하여야 한다.

※ 소방기본법 제17조(소방교육·훈련)
① 소방청장, 소방본부장 또는 소방서장은 소방업무를 전문적이고 효과적으로 수행하기 위하여 소방대원에게 필요한 교육·훈련을 실시하여야 한다.
② 소방청장, 소방본부장 또는 소방서장은 화재를 예방하고 화재 발생 시 인명과 재산피해를 최소화하기 위하여 다음 각 호에 해당하는 사람을 대상으로 행정안전부령으로 정하는 바에 따라 소방안전에 관한 교육과 훈련을 실시할 수 있다. 이 경우 소방청장, 소방본부장 또는 소방서장은 해당 어린이집·유치원·학교의 장 또는 장애인복지시설의 장과 교육일정 등에 관하여 협의하여야 한다.
  1. 「영유아보육법」 제2조에 따른 어린이집의 영유아
  2. 「유아교육법」 제2조에 따른 유치원의 유아
  3. 「초·중등교육법」 제2조에 따른 학교의 학생
  4. 「장애인복지법」 제58조에 따른 장애인복지시설에 거주하거나 해당 시설을 이용하는 장애인
③ 소방청장, 소방본부장 또는 소방서장은 국민의 안전의식을 높이기 위하여 화재 발생 시 피난 및 행동 방법 등을 홍보하여야 한다.
④ 제1항에 따른 교육·훈련의 종류 및 대상자, 그 밖에 교육·훈련의 실시에 필요한 사항은 행정안전부령으로 정한다.

74 정답 ① 기본서 1권 60~62p

해설

① 소방청장, 소방본부장 또는 소방서장은 소방안전교육훈련의 실시결과, 만족도 조사결과 등을 기록하고 이를 <u>3년간 보관하여야 한다.</u>

※ 소방기본법 시행규칙 별표3의3
<u>소방안전교육훈련의 시설, 장비, 강사자격 및 교육방법 등의 기준(제9조제2항 관련)</u>
1. 시설 및 장비 기준
   가. 소방안전교육훈련에 필요한 장소 및 차량의 기준은 다음과 같다.
      1) 소방안전교실 : 화재안전 및 생활안전 등을 체험할 수 있는 100제곱미터 이상의 실내시설
      2) 이동안전체험차량 : 어린이 30명(성인은 15명)을 동시에 수용할 수 있는 실내공간을 갖춘 자동차
   나. 소방안전교실 및 이동안전체험차량에 갖추어야 할 안전교육장비의 종류는 다음과 같다.

구 분	종 류
화재안전 교육용	안전체험복, 안전체험용 안전모, 소화기, 물소화기, 연기소화기, 옥내소화전 모형장비, 화재모형 타켓, 가상화재 연출장비, 연기발생기, 유도등, 유도표지, 완강기, 소방시설(자동화재탐지설비, 옥내소화전 등) 계통 모형도, 화재대피용 마스크, 공기호흡기, 119신고 실습전화기
생활안전 교육용	구명조끼, 구명환, 공기 튜브, 안전벨트, 개인로프, 가스안전 실습 모형도, 전기안전 실습 모형도
교육 기자재	유·무선 마이크, 노트북 컴퓨터, 빔 프로젝터, 이동형 앰프, LCD 모니터, 디지털 캠코더
기타	그 밖에 소방안전교육훈련에 필요하다고 인정하는 장비

2. 강사 및 보조강사의 자격 기준 등
   가. 강사는 다음의 어느 하나에 해당하는 사람이어야 한다.
   1) <u>소방 관련학과의 석사학위 이상을 취득한 사람</u>
   2) 「소방기본법」제17조의2에 따른 소방안전교육사, 「소방시설 설치 및 관리에 관한 법률」제25조에 따른 소방시설관리사, 「국가기술자격법」에 따른 소방기술사 또는 소방설비기사 자격을 취득한 사람
   3) 응급구조사, 인명구조사, 화재대응능력 등 소방청장이 정하는 소방활동 관련 자격을 취득한 사람
   4) 소방공무원으로서 5년 이상 근무한 경력이 있는 사람
   나. 보조강사는 다음의 어느 하나에 해당하는 사람이어야 한다.
   1) 가목에 따른 강사의 자격을 갖춘 사람
   2) 소방공무원으로서 3년 이상 근무한 경력이 있는 사람
   3) 그 밖에 보조강사의 능력이 있다고 소방청장, 소방본부장 또는 소방서장이 인정하는 사람
   다. 소방청장, 소방본부장 또는 소방서장은 강사 및 보조강사로 활동하는 사람에 대하여 소방안전교육훈련과 관련된 지식·기술 및 소양 등에 관한 교육 등을 받게 할 수 있다.

3. 교육의 방법
   가. <u>소방안전교육훈련의 교육시간은 소방안전교육훈련대상자의 연령 등을 고려하여 소방청장, 소방본부장 또는 소방서장이 정한다.</u>
   나. <u>소방안전교육훈련은 이론교육과 실습(체험)교육을 병행하여 실시하되, 실습(체험)교육이 전체 교육시간의 100분의 30 이상이 되어야 한다.</u>
   다. 소방청장, 소방본부장 또는 소방서장은 나목에도 불구하고 소방안전교육훈련대상자의 연령 등을 고려하여 실습(체험)교육 시간의 비율을 달리할 수 있다.
   라. 실습(체험)교육 인원은 특별한 경우가 아니면 강사 1명당 30명을 넘지 않아야 한다.
   마. 소방청장, 소방본부장 또는 소방서장은 소방안전교육훈련 실시 전에 소방안전교육훈련대상자에게 주의사항 및 안전관리 협조사항을 미리 알려야 한다.
   바. 소방청장, 소방본부장 또는 소방서장은 소방안전교육훈련대상자의 정신적·신체적 능력을 고려하여 소방안전교육훈련을 실시하여야 한다.

4. 안전관리 기준
   가. 소방청장, 소방본부장 또는 소방서장은 소방안전교육훈련 중 발생한 사고로 인한 교육훈련대상자 등의 생명·신체나 재산상의 손해를 보상하기 위한 보험 또는 공제에 가입하여야 한다.
   나. 소방청장, 소방본부장 또는 소방서장은 소방안전교육훈련 실시 전에 시설 및 장비의 이상 유무를 반드시 확인하는 등 안전점검을 실시하여야 한다.
   다. 소방청장, 소방본부장 또는 소방서장은 사고가 발생한 경우 신속한 응급처치 및 병원 이송 등의 조치를 하여야 한다.

5. 교육현황 관리 등
   가. <u>소방청장, 소방본부장 또는 소방서장은 소방안전교육훈련의 실시결과, 만족도 조사결과 등을 기록하고 이를 3년간 보관하여야 한다.</u>
   나. 소방청장, 소방본부장 또는 소방서장은 소방안전교육훈련의 효과 및 개선사항 발굴 등을 위하여 이용자를 대상으로 만족도 조사를 실시하여야 한다. 다만, 이용자가 거부하거나 만족도 조사를 실시할 시간적 여유가 없는 등의 경우에는 만족도 조사를 실시하지 아니할 수 있다.
   다. 소방청장, 소방본부장 또는 소방서장은 소방안전교육훈련을 이수한 사람에게 교육이수자의 성명, 교육내용, 교육시간 등을 기재한 소방안전교육훈련 이수증을 발급할 수 있다.

75 정답 ① 기본서 1권 60~62p

해설

※ 소방기본법 시행규칙 별표3의3
② 강사는 소방공무원으로서 5년 이상 근무한 경력이 있는 사람, 보조강사는 소방공무원으로서 3년 이상 근무한 경력이 있는 사람
③ 실습(체험)교육 인원은 특별한 경우가 아니면 강사 1명당 30명을 넘지 않아야 한다.
④ 소방청장, 소방본부장 또는 소방서장은 소방안전교육훈련의 실시결과, 만족도 조사결과 등을 기록하고 이를 3년간 보관하여야 한다.

76 정답 ① 기본서 1권 60~61p

해설

※ 소방기본법 시행규칙 별표3의3
① 소방안전교실은 화재안전 및 생활안전 등을 체험할 수 있는 100제곱미터 이상의 실내시설을 확보하여야 한다.
② 이동안전체험차량은 어린이 45명을 동시에 수용할 수 있는 실내공간을 갖춘 자동차이어야 한다.
　→ 어린이 30명
③ 소방공무원으로서 3년 이상 근무한 경력이 있는 사람은 강사의 자격을 갖는다.
　→ 5년 이상
④ 생활안전 교육용 장비로는 안전체험복, 안전체험용 안전모, 소화기 등이 있다.
　→ 안전체험복, 안전체험용 안전모, 소화기는 화재안전교육용에 해당한다.

77 정답 ④ 기본서 1권 60p

해설

※ 소방기본법 시행규칙 별표 3의2
1. 교육·훈련의 종류 및 교육·훈련을 받아야 할 대상자
　① 화재진압훈련 : 화재진압담당 소방공무원, 화재 등에 있어서 현장활동의 보조임무를 수행하는 의무소방원, 임명된 의용소방대원
　② 인명구조훈련 : 구조업무담당 소방공무원, 화재 등에 있어서 현장활동의 보조임무를 수행하는 의무소방원, 임명된 의용소방대원
　③ 응급처치훈련 : 구급업무를 담당하는 소방공무원, 임용된 의무소방원, 임명된 의용소방대원
　④ 인명대피훈련 : 소방공무원, 임용된 의무소방원, 임명된 의용소방대원(=소방대)
　⑤ 현장지휘훈련 : 소방위, 소방경, 소방령, 소방정

78 정답 ① 기본서 1권 60p

해설

현장지휘훈련 : 소방위, 소방경, 소방령, 소방정(소방기본법 시행규칙 별표 3의2)

79 정답 ① 기본서 1권 57~58p

해설

※ 소방기본법 제16조(소방활동)
① 소방청장, 소방본부장 또는 소방서장은 화재, 재난·재해, 그 밖의 위급한 상황이 발생하였을 때에는 소방대를 현장에 신속하게 출동시켜 화재진압과 인명구조·구급 등 소방에 필요한 활동(이하 이 조에서 "소방 활동"이라 한다)을 하게 하여야 한다.

※ 소방기본법 제16조의2(소방지원활동)
① 소방청장·소방본부장 또는 소방서장은 공공의 안녕질서 유지 또는 복리증진을 위하여 필요한 경우 소방활동 외에 다음 각 호의 활동(이하 "소방지원활동"이라 한다)을 하게 할 수 있다.

※ 소방기본법 제16조의3(생활안전활동)
① 소방청장·소방본부장 또는 소방서장은 신고가 접수된 생활안전 및 위험제거 활동(화재, 재난·재해, 그 밖의 위급한 상황에 해당하는 것은 제외한다)에 대응하기 위하여 소방대를 출동시켜 다음 각 호의 활동(이하 "생활안전활동"이라 한다)을 하게 하여야 한다.

※ 소방기본법 제16조의4(소방자동차의 보험 가입 등)
① 시·도지사는 소방자동차의 공무상 운행 중 교통사고가 발생한 경우 그 운전자의 법률상 분쟁에 소요되는 비용을 지원할 수 있는 보험에 가입하여야 한다.

80 정답 ③ 기본서 1권 64p

해설

※ 소방기본법 제17조의2 제2항(소방안전교육사)
② 소방안전교육사는 소방안전교육의 기획·진행·분석·평가 및 교수업무를 수행한다.

81 정답 ④ 기본서 1권 66p

해설

※ 소방기본법 시행령 제7조의4(시험과목)
① 소방안전교육사시험의 제1차 시험 및 제2차 시험과목은 다음 각 호와 같다.
1. 제1차 시험 : 소방학개론, 구급·응급처치론, 재난관리론 및 교육학개론 중 응시자가 선택하는 3과목
2. 제2차 시험 : 국민안전교육 실무

82 정답 ② 기본서 1권 65~66p

해설

② 소방공무원으로 3년 이상 근무한 경력이 있는 사람

※ 소방기본법 시행령 별표2의2 (소방안전교육사 시험의 응시자격)

1. 소방공무원으로서 다음 각 목의 어느 하나에 해당하는 사람
   가. 소방공무원으로 3년 이상 근무한 경력이 있는 사람
   나. 중앙소방학교 또는 지방소방학교에서 2주 이상의 소방안전교육사 관련 전문교육과정을 이수한 사람
2. 「초·중등교육법」 제21조에 따라 교원의 자격을 취득한 사람
3. 「유아교육법」 제22조에 따라 교원의 자격을 취득한 사람
4. 「영유아보육법」 제21조에 따라 어린이집의 원장 또는 보육교사의 자격을 취득한 사람(보육교사 자격을 취득한 사람은 보육교사 자격을 취득한 후 3년 이상의 보육업무 경력이 있는 사람만 해당한다)
5. 다음 각 목의 어느 하나에 해당하는 기관에서 교육학과, 응급구조학과, 의학과, 간호학과 또는 소방안전 관련 학과 등 소방청장이 고시하는 학과에 개설된 교과목 중 소방안전교육과 관련하여 소방청장이 정하여 고시하는 교과목을 총 6학점 이상 이수한 사람
   가. 「고등교육법」 제2조제1호부터 제6호까지의 규정의 어느 하나에 해당하는 학교
   나. 「학점인정 등에 관한 법률」 제3조에 따라 학습과정의 평가인정을 받은 교육훈련기관
6. 「국가기술자격법」 제2조제3호에 따른 국가기술자격의 직무분야 중 안전관리 분야(국가기술자격의 직무분야 및 국가기술자격의 종목 중 중직무분야의 안전관리를 말한다. 이하 같다)의 기술사 자격을 취득한 사람
7. 「소방시설 설치 및 관리에 관한 법률」 제25조에 따른 소방시설관리사 자격을 취득한 사람
8. 「국가기술자격법」 제2조제3호에 따른 국가기술자격의 직무분야 중 안전관리 분야의 기사 자격을 취득한 후 안전관리 분야에 1년 이상 종사한 사람
9. 「국가기술자격법」 제2조제3호에 따른 국가기술자격의 직무분야 중 안전관리 분야의 산업기사 자격을 취득한 후 안전관리 분야에 3년 이상 종사한 사람
10. 「의료법」 제7조에 따라 간호사 면허를 취득한 후 간호업무 분야에 1년 이상 종사한 사람
11. 「응급의료에 관한 법률」 제36조제2항에 따라 1급 응급구조사 자격을 취득한 후 응급의료 업무 분야에 1년 이상 종사한 사람
12. 「응급의료에 관한 법률」 제36조제3항에 따라 2급 응급구조사 자격을 취득한 후 응급의료 업무 분야에 3년 이상 종사한 사람
13. 「화재의 예방 및 안전관리에 관한 법률 시행령」 별표4 제1호 나목의 어느 하나에 해당하는 사람
14. 「화재의 예방 및 안전관리에 관한 법률 시행령」 별표4 제2호 나목의 어느 하나에 해당하는 자격을 갖춘 후 소방안전관리대상물의 소방안전관리에 관한 실무경력이 1년 이상 있는 사람
15. 「화재의 예방 및 안전관리에 관한 법률 시행령」 별표4 제3호 나목의 어느 하나에 해당하는 자격을 갖춘 후 소방안전관리대상물의 소방안전관리에 관한 실무경력이 3년 이상 있는 사람
16. 「의용소방대 설치 및 운영에 관한 법률」 제3조에 따라 의용소방대원으로 임명된 후 5년 이상 의용소방대 활동을 한 경력이 있는 사람
17. 「국가기술자격법」 제2조제3호에 따른 국가기술자격의 직무분야 중 위험물 중직무분야의 기능장 자격을 취득한 사람

83 정답 ④　기본서 1권　65~66p

해설
④ 의용소방대원으로 임명된 후 3년 이상 의용소방대 활동을 한 경력이 있는 사람
→ 5년 이상.
① 어린이집의 원장으로서 3년 이상 보육업무 경력이 있는 사람
→ 어린이집 원장인 경우 당연 자격이 된다.
② 소방시설관리사 자격을 취득한 후 점검업무 분야에 1년 이상 종사한 사람
→ 소방시설관리사 자격을 취득한 사람인 경우 당연 자격이 된다.
③ 1급 응급구조사 자격을 취득한 후 응급의료 업무 분야에 1년 이상 종사한 사람
→ 1급 응급구조사 자격을 취득한 후 응급의료 업무 분야에 1년 이상 종사한 사람은 당연 자격이 된다.

84 정답 ②　기본서 1권　66p

해설
② 제1차 시험에 합격한 사람에 대해서는 다음 회의 시험에 한정하여 제1차 시험을 면제한다.

※ 소방기본법 시행령 제7조의3(시험방법)
① 소방안전교육사시험은 제1차 시험 및 제2차 시험으로 구분하여 시행한다.
② 제1차 시험은 선택형을, 제2차 시험은 논술형을 원칙으로 한다. 다만, 제2차 시험에는 주관식 단답형 또는 기입형을 포함할 수 있다.
③ 제1차 시험에 합격한 사람에 대해서는 다음 회의 시험에 한정하여 제1차 시험을 면제한다.

※ 소방기본법 시행령 제7조의4(시험과목)
① 소방안전교육사시험의 제1차 시험 및 제2차 시험과목은 다음 각 호와 같다.
1. 제1차 시험 : 소방학개론, 구급·응급처치론, 재난관리론 및 교육학개론 중 응시자가 선택하는 3과목
2. 제2차 시험 : 국민안전교육 실무

85

정답 ② 기본서 1권 68p

해설

② 제1차 시험은 소방학개론, 응급처치론, 재난관리론 및 소방교육학개론 중 응시자가 선택하는 3과목으로 한다.
→ 구급·응급처치론, 교육학개론

※ 소방기본법 시행령 제7조의4(시험과목)
① 소방안전교육사시험의 제1차 시험 및 제2차 시험과목은 다음 각 호와 같다.
  1. 제1차 시험 : 소방학개론, 구급·응급처치론, 재난관리론 및 교육학개론 중 응시자가 선택하는 3과목
  2. 제2차 시험 : 국민안전교육 실무
② 제1항에 따른 시험 과목별 출제범위는 행정안전부령으로 정한다.

※ 소방기본법 시행규칙 별표3의4(소방안전교육사 시험 과목별 출제범위)

구분	시험 과목	출제범위	비고
제1차 시험 ※ 4과목 중 3과목 선택	소방학개론	소방조직, 연소이론, 화재이론, 소화이론, 소방시설(소방시설의 종류, 작동원리 및 사용법 등을 말하며, 소방시설의 구체적인 설치기준은 제외한다.)	선택형 (객관식)
	구급·응급처치론	응급환자 관리, 임상응급의학, 인공호흡 및 심폐소생술(기도폐쇄 포함), 화상환자 및 특수환자 응급처치	
	재난관리론	재난의 정의·종류, 재난유형론, 재난단계별 대응이론	
	교육학개론	교육의 이해, 교육심리, 교육사회, 교육과정, 교육방법 및 교육공학, 교육평가	
제2차 시험	국민안전교육 실무	재난 및 안전사고의 이해, 안전교육의 개념과 기본원리, 안전교육 지도의 실제	논술형 (주관식)

86

정답 ④ 기본서 1권 68p

해설

④ 응시수수료를 낸 사람 본인 및 배우자의 조부모·외조부모가 시험시행일 7일 전부터 시험시행일까지의 기간에 사망하여 시험에 응시하지 못한 경우

※ 소방기본법 시행령 제7조의7(응시원서 제출 등)
③ 소방안전교육사시험에 응시하려는 자는 행정안전부령으로 정하는 응시수수료를 납부해야 한다.
④ 제3항에 따라 납부한 응시수수료는 다음 각 호의 어느 하나에 해당하는 경우에는 해당 금액을 반환해야 한다.
  1. 응시수수료를 과오납한 경우: 과오납한 응시수수료 전액
  2. 시험 시행기관의 귀책사유로 시험에 응시하지 못한 경우: 납입한 응시수수료 전액
  3. 시험시행일 20일 전까지 접수를 철회하는 경우: 납입한 응시수수료 전액
  4. 시험시행일 10일 전까지 접수를 철회하는 경우: 납입한 응시수수료의 100분의 50
  5. 사고 또는 질병으로 입원(시험시행일이 입원기간에 포함되는 경우로 한정한다)하여 시험에 응시하지 못한 경우: 납입한 응시수수료 전액
  6. 「감염병의 예방 및 관리에 관한 법률」에 따른 치료·입원 또는 격리(시험시행일이 치료·입원 또는 격리 기간에 포함되는 경우로 한정한다) 처분을 받아 시험에 응시하지 못한 경우: 납입한 응시수수료 전액

7. 본인이 사망하거나 다음 각 목의 사람이 시험시행일 <u>7일</u> 전부터 시험시행일까지의 기간에 사망하여 시험에 응시하지 못한 경우: 납입한 응시수수료 전액

　가. 응시수수료를 낸 사람의 배우자
　나. 응시수수료를 낸 사람 본인 및 배우자의 자녀
　다. 응시수수료를 낸 사람 본인 및 배우자의 부모
　라. 응시수수료를 낸 사람 본인 및 배우자의 조부모·외조부모
　마. 응시수수료를 낸 사람 본인 및 배우자의 형제자매

87 정답 ④　기본서 1권　66~67p

해설

④ 시험위원 중 채점위원은 5명이다.

※ 소방기본법 시행령 제7조의5(시험위원 등)

① 소방청장은 소방안전교육사시험 응시자격심사, 출제 및 채점을 위하여 다음 각 호의 어느 하나에 해당하는 사람을 응시자격심사위원 및 시험위원으로 임명 또는 위촉하여야 한다.
　1. 소방 관련 학과, 교육학과 또는 응급구조학과 박사학위 취득자
　2. 「고등교육법」 제2조제1호부터 제6호까지의 규정 중 어느 하나에 해당하는 학교에서 소방 관련 학과, 교육학과 또는 응급구조학과에서 조교수 이상으로 2년 이상 재직한 자
　3. <u>소방위 이상의 소방공무원</u>
　4. <u>소방안전교육사 자격을 취득한 자</u>

② 제1항에 따른 응시자격심사위원 및 시험위원의 수는 다음 각 호와 같다.
　1. <u>응시자격심사위원 : 3명</u>
　2. <u>시험위원 중 출제위원 : 시험과목별 3명</u>
　3. <u>시험위원 중 채점위원 : 5명</u>

88 정답 ②　기본서 1권　65p, 67~68p

해설

② 소방청장은 소방안전교육사시험의 시행일 <u>90일</u> 전까지 소방청의 인터넷 홈페이지 등에 공고해야 한다.

※ 소방기본법 제17조의4 제2항(부정행위자에 대한 조치)

② 제1항에 따라 시험이 <u>정지되거나 무효로 처리된 사람은 그 처분이 있는 날부터 2년간 소방안전교육사 시험에 응시하지 못한다.</u>

※ 소방기본법 시행령 제7조의6(시험의 시행 및 공고)

① <u>소방안전교육사시험은 2년마다 1회 시행함을 원칙으로 하되, 소방청장이 필요하다고 인정하는 때에는 그 횟수를 증감할 수 있다.</u>

② 소방청장은 소방안전교육사시험을 시행하려는 때에는 응시자격·시험과목·일시·장소 및 응시절차 등에 관하여 필요한 사항을 모든 응시 희망자가 알 수 있도록 소방안전교육사시험의 시행일 <u>90일</u> 전까지 소방청의 인터넷 홈페이지 등에 공고해야 한다.

※ 소방기본법 시행령 제7조의7 제3항(응시원서 제출 등)

③ <u>소방안전교육사시험에 응시하려는 자는 행정안전부령으로 정하는 응시수수료를 납부해야 한다.</u>

89

정답 ④ 기본서 1권 68~69p

해설

④ 소방청장은 시험합격자 공고일부터 1개월 이내에 행정안전부령으로 정하는 소방안전교육사증을 시험합격자에게 발급하며, 이를 소방안전교육사증 교부대장에 기재하고 관리하여야 한다.

※ 소방기본법 시행령 제7조의8(시험의 합격자 결정 등)
① 제1차 시험은 매 과목 100점을 만점으로 하여 매 과목 40점 이상, 전 과목 평균 60점 이상 득점한 자를 합격자로 한다.
② 제2차 시험은 100점을 만점으로 하되, 시험위원의 채점점수 중 최고점수와 최저점수를 제외한 점수의 평균이 60점 이상인 사람을 합격자로 한다.
③ 소방청장은 제1항 및 제2항에 따라 소방안전교육사시험 합격자를 결정한 때에는 이를 소방청의 인터넷 홈페이지 등에 공고해야 한다.
④ 소방청장은 제3항에 따른 시험합격자 공고일 부터 1개월 이내에 행정안전부령으로 정하는 소방안전교육사증을 시험합격자에게 발급하며, 이를 소방안전교육사증 교부대장에 기재하고 관리하여야 한다.

90

정답 ④ 기본서 1권 64p

해설

※ 소방기본법 제17조의3(소방안전교육사의 결격사유)
다음 각 호의 어느 하나에 해당하는 사람은 소방안전교육사가 될 수 없다.
1. 피성년후견인
2. 금고 이상의 실형을 선고받고 그 집행이 끝나거나(집행이 끝난 것으로 보는 경우를 포함한다) 집행이 면제된 날부터 2년이 지나지 아니한 사람
3. 금고 이상의 형의 집행유예를 선고받고 그 유예기간 중에 있는 사람
4. 법원의 판결 또는 다른 법률에 따라 자격이 정지되거나 상실된 사람

91

정답 ④ 기본서 1권 64p

해설

※ 소방기본법 17조의3(소방안전교육사의 결격사유)
다음 각 호의 어느 하나에 해당하는 사람은 소방안전교육사가 될 수 없다.
1. 피성년후견인
2. 금고 이상의 실형을 선고받고 그 집행이 끝나거나(집행이 끝난 것으로 보는 경우를 포함한다) 집행이 면제된 날부터 2년이 지나지 아니한 사람
3. 금고 이상의 형의 집행유예를 선고받고 그 유예기간 중에 있는 사람
4. 법원의 판결 또는 다른 법률에 따라 자격이 정지되거나 상실된 사람

92

정답 ②   기본서 1권   64p

해설

② 소방서 1명 이상, 한국소방안전원 시·도지부 1명 이상(본회 2명 이상)에 해당한다.

※ 소방기본법 제17조의5(소방안전교육사의 배치)
① 제17조의2제1항에 따른 소방안전교육사를 소방청, 소방본부 또는 소방서, 그 밖에 대통령령으로 정하는 대상에 배치할 수 있다.
② 제1항에 따른 소방안전교육사의 배치대상 및 배치기준, 그 밖에 필요한 사항은 대통령령으로 정한다.

※ 소방기본법 시행령 별표2의3 (소방안전교육사의 배치대상별 배치기준)
  1. 소방청 : 2명 이상
  2. 소방본부 : 2명 이상
  3. 소방서 : 1명 이상
  4. 한국소방안전원 : 본회(2명 이상), 시·도지부 (1명 이상)
  5. 한국소방산업기술원 : 2명 이상

93

정답 ②   기본서 1권   69p

해설

② 국가나 지방자치단체는 한국119청소년단에 그 조직 및 활동에 필요한 시설·장비를 지원할 수 있으며, 운영경비와 시설비 및 국내외 행사에 필요한 경비를 보조할 수 있다.

※ 소방기본법 제17조의6(한국119청소년단)
① 청소년에게 소방안전에 관한 올바른 이해와 안전의식을 함양시키기 위하여 한국119청소년단을 설립한다.
② 한국119청소년단은 법인으로 하고, 그 주된 사무소의 소재지에 설립등기를 함으로써 성립한다.
③ 국가나 지방자치단체는 한국119청소년단에 그 조직 및 활동에 필요한 시설·장비를 지원할 수 있으며, 운영경비와 시설비 및 국내외 행사에 필요한 경비를 보조할 수 있다.
④ 개인·법인 또는 단체는 한국119청소년단의 시설 및 운영 등을 지원하기 위하여 금전이나 그 밖의 재산을 기부할 수 있다.
⑤ 이 법에 따른 한국119청소년단이 아닌 자는 한국119청소년단 또는 이와 유사한 명칭을 사용할 수 없다.
⑥ 한국119청소년단의 정관 또는 사업의 범위·지도·감독 및 지원에 필요한 사항은 행정안전부령으로 정한다.
⑦ 한국119청소년단에 관하여 이 법에서 규정한 것을 제외하고는 「민법」 중 사단법인에 관한 규정을 준용한다.

※ 소방기본법 제56조 제2항 제2의2(과태료)
② 다음 각 호의 어느 하나에 해당하는 자에게는 200만 원 이하의 과태료를 부과한다.
  2의2. 제17조의6제5항을 위반하여 한국119청소년단 또는 이와 유사한 명칭을 사용한 자

94 정답 ③ 기본서 1권 69p

해설

③ 소방기술과 안전관리에 관한 교육 및 조사·연구는 한국소방안전원의 업무에 해당한다.

※ 소방기본법 시행규칙 제9조의6(한국119청소년단의 사업 범위 등)
① 법 제17조의6에 따른 한국119청소년단의 사업 범위는 다음 각 호와 같다.
  1. 한국119청소년단 단원의 선발·육성과 활동 지원
  2. 한국119청소년단의 활동·체험 프로그램 개발 및 운영
  3. 한국119청소년단의 활동과 관련된 학문·기술의 연구·교육 및 홍보
  4. 한국119청소년단 단원의 교육·지도를 위한 전문인력 양성
  5. 관련 기관·단체와의 자문 및 협력사업
  6. 그 밖에 한국119청소년단의 설립목적에 부합하는 사업
② 소방청장은 한국119청소년단의 설립목적 달성 및 원활한 사업 추진 등을 위하여 필요한 지원과 지도·감독을 할 수 있다.
③ 제1항 및 제2항에서 규정한 사항 외에 한국119청소년단의 구성 및 운영 등에 필요한 사항은 한국119청소년단 정관으로 정한다.

95 정답 ④ 기본서 1권 71p

해설

④ 훈련신호 – 10초 간격을 두고 1분씩 3회

※ 소방기본법 시행규칙 [별표4] 소방신호의 방법

신호방법 종별	타종신호	사이렌신호	그밖의 신호	
경계신호	1타와 연2타를 반복	5초 간격을 두고 30초씩 3회	"통풍대" 적색/백색	"게시판" 화재경보발령중
발화신호	난타	5초 간격을 두고 5초씩 3회		
해제신호	상당한 간격을 두고 1타씩 반복	1분간 1회	"기" 적색/백색	
훈련신호	연3타 반복	10초 간격을 두고 1분씩 3회		

※ 비고
 1. 소방신호의 방법은 그 전부 또는 일부를 함께 사용할 수 있다.
 2. 게시판을 철거하거나 통풍대 또는 기를 내리는 것으로 소방활동이 해제되었음을 알린다.
 3. 소방대의 비상소집을 하는 경우에는 훈련신호를 사용할 수 있다.

96 정답 ① 기본서 1권 71p

해설

※ 소방기본법 시행규칙 제10조(소방신호의 종류 및 방법)
① 법 제18조의 규정에 의한 소방신호의 종류는 다음 각호와 같다.
  1. 경계신호 : 화재예방상 필요하다고 인정되거나 「화재의 예방 및 안전관리에 관한 법률」 제20조의 규정에 의한 화재위험경보시 발령
  2. 발화신호 : 화재가 발생한 때 발령
  3. 해제신호 : 소화활동이 필요없다고 인정되는 때 발령
  4. 훈련신호 : 훈련상 필요하다고 인정되는 때 발령

97 정답 ③ 기본서 1권 71p

해설

③ 소방신호의 방법은 그 전부 또는 일부를 함께 사용할 수 있다.(소방기본법 시행규칙 별표4 참고)

※ 소방기본법 시행규칙 제10조(소방신호의 종류 및 방법)
① 법 제18조의 규정에 의한 소방신호의 종류는 다음 각 호와 같다.
  1. 경계신호 : 화재예방 상 필요하다고 인정되거나 「화재의 예방 및 안전관리에 관한 법률」 제20조의 규정에 의한 화재위험경보시 발령
  2. 발화신호 : 화재가 발생한 때 발령
  3. 해제신호 : 소화활동이 필요없다고 인정되는 때 발령
  4. 훈련신호 : 훈련 상 필요하다고 인정되는 때 발령
② 제1항의 규정에 의한 소방신호의 종류별 소방신호의 방법은 별표4와 같다.

※ 소방기본법 시행규칙 별표4 (소방신호의 방법)

종별 \ 신호방법	타종신호	사이렌신호
경계신호	1타와 연2타를 반복	5초 간격을 두고 30초씩 3회
발화신호	난타	5초 간격을 두고 5초씩 3회
해제신호	상당한 간격을 두고 1타씩 반복	1분간 1회
훈련신호	연3타 반복	10초 간격을 두고 1분씩 3회

[비고]
1. 소방신호의 방법은 그 전부 또는 일부를 함께 사용할 수 있다.
2. 게시판을 철거하거나 통풍대 또는 기를 내리는 것으로 소방활동이 해제되었음을 알린다.
3. 소방대의 비상소집을 하는 경우에는 훈련신호를 사용할 수 있다.

98

정답 ① 기본서 1권 71p

해설

① 화재예방 상 필요하다고 인정되는 때 발령하는 소방신호는 <u>경계신호이다.</u>

※ 소방기본법 시행규칙 제10조(소방신호의 종류 및 방법)
① 법 제18조의 규정에 의한 소방신호의 종류는 다음 각호와 같다.
　1. 경계신호 : 화재예방 상 필요하다고 인정되거나 「화재의 예방 및 안전관리에 관한 법률」 제20조의 규정에 의한 화재위험경보시 발령
　2. 발화신호 : 화재가 발생한 때 발령
　3. 해제신호 : 소화활동이 필요없다고 인정되는 때 발령
　4. 훈련신호 : 훈련 상 필요하다고 인정되는 때 발령

99

정답 ② 기본서 1권 71p

해설

② 훈련신호의 방법은 <u>연3타 반복하는 타종신호</u>와 <u>10초 간격을 두고 1분씩 3회의 사이렌 신호</u>를 함께 사용할 수 있다.
　→ 훈련신호로서 그 전부 또는 일부를 함께 사용할 수 있다.
① 소방신호의 종류로는 경계신호, 화재신호, 해제신호, 훈련신호가 있다.
　→ 화재신호가 아니라 발화신호
③ 화재가 발생한 때 발령하는 신호는 타종의 경우 <u>난타</u>, 사이렌의 경우는 5초 간격을 두고 <s>10초씩</s> 3회 신호한다.
　→ 발화신호는 타종의 경우 난타, 사이렌 신호의 경우 5초 간격을 두고 <u>5초씩</u> 3회
④ 소방대의 <u>비상소집을 하는 경우</u>에는 상당한 간격을 두고 1타씩 반복하는 <u>타종신호를 사용</u>할 수 있다.
　→ 훈련신호를 사용할 수 있으며, 훈련신호로서 <u>타종신호는 연3타 반복</u>하는 방법이다.
　→ 상당한 간격을 두고 1타씩 반복하는 타종신호는 해제신호에 해당한다.

※ 소방기본법 시행규칙 별표4 (소방신호의 방법)

종별＼신호방법	타종신호	사이렌신호
경계신호	1타와 연2타를 반복	5초 간격을 두고 30초씩 3회
발화신호	난타	5초 간격을 두고 5초씩 3회
해제신호	상당한 간격을 두고 1타씩 반복	1분간 1회
훈련신호	연3타 반복	10초 간격을 두고 1분씩 3회

[비고]
1. 소방신호의 방법은 그 전부 또는 일부를 함께 사용할 수 있다.
2. 게시판을 철거하거나 통풍대 또는 기를 내리는 것으로 소방활동이 해제되었음을 알린다.
3. 소방대의 비상소집을 하는 경우에는 훈련신호를 사용할 수 있다.

100 정답 ④ 기본서 1권 71p

해설

※ 소방기본법 시행규칙 별표4
① 상당한 간격을 두고 1타씩 반복 : 해제신호
② 연3타 반복 : 훈련신호
③ 1타와 연2타를 반복 : 경계신호

101 정답 ② 기본서 1권 71p

해설

※ 소방기본법 시행규칙 제10조(소방신호의 종류 및 방법)
① 법 제18조의 규정에 의한 소방신호의 종류는 다음 각 호와 같다.
1. 경계신호 : 화재예방상 필요하다고 인정되거나 「화재의 예방 및 안전관리에 관한 법률」 제20조의 규정에 의한 화재위험경보시 발령
2. 발화신호 : 화재가 발생한 때 발령
3. 해제신호 : 소화활동이 필요없다고 인정되는 때 발령
4. 훈련신호 : 훈련상 필요하다고 인정되는 때 발령

102 정답 ② 기본서 1권 72p

해설

② 아파트는 연막소독 시 신고하지 않아도 되는 곳이다.

※ 소방기본법 제19조(화재 등의 통지)
① 화재 현장 또는 구조·구급이 필요한 사고 현장을 발견한 사람은 그 현장의 상황을 소방본부, 소방서 또는 관계 행정기관에 지체 없이 알려야 한다.
② 다음 각 호의 어느 하나에 해당하는 지역 또는 장소에서 화재로 오인할 만한 우려가 있는 불을 피우거나 연막(煙幕) 소독을 하려는 자는 시·도의 조례로 정하는 바에 따라 관할 소방본부장 또는 소방서장에게 신고하여야 한다.
1. 시장지역
2. 공장·창고가 밀집한 지역
3. 목조건물이 밀집한 지역
4. 위험물의 저장 및 처리시설이 밀집한 지역
5. 석유화학제품을 생산하는 공장이 있는 지역
6. 그 밖에 시·도의 조례로 정하는 지역 또는 장소

103 정답 ④ 기본서 1권 72p

해설

※ 소방기본법 제57조(과태료)
① 제19조제2항에 따른 신고를 하지 아니하여 소방자동차를 출동하게 한 자에게는 <u>20만 원 이하의 과태료를</u> 부과한다.

※ 소방기본법 제19조(화재 등의 통지)
① 화재 현장 또는 구조·구급이 필요한 사고 현장을 발견한 사람은 그 현장의 상황을 소방본부, 소방서 또는 관계 행정기관에 지체 없이 알려야 한다.
② 다음 각 호의 어느 하나에 해당하는 지역 또는 장소에서 화재로 오인할 만한 우려가 있는 불을 피우거나 연막(煙幕) 소독을 하려는 자는 시·도의 조례로 정하는 바에 따라 관할 소방본부장 또는 소방서장에게 신고하여야 한다.
  1. 시장지역
  2. 공장·창고가 밀집한 지역
  3. 목조건물이 밀집한 지역
  4. 위험물의 저장 및 처리시설이 밀집한 지역
  5. 석유화학제품을 생산하는 공장이 있는 지역
  6. 그 밖에 시·도의 조례로 정하는 지역 또는 장소

104 정답 ③ 기본서 1권 72p

해설

③ 소방용수시설 또는 소방출동로가 없는 지역
  → 화재예방강화지구로 지정할 수 있는 지역에 해당한다.

※ 소방기본법 제19조(화재 등의 통지)
① 화재 현장 또는 구조·구급이 필요한 사고 현장을 발견한 사람은 그 현장의 상황을 소방본부, 소방서 또는 관계 행정기관에 지체 없이 알려야 한다.
② 다음 각 호의 어느 하나에 해당하는 지역 또는 장소에서 화재로 오인할 만한 우려가 있는 불을 피우거나 연막(煙幕) 소독을 하려는 자는 시·도의 조례로 정하는 바에 따라 관할 소방본부장 또는 소방서장에게 신고하여야 한다.
  1. 시장지역
  2. 공장·창고가 밀집한 지역
  3. 목조건물이 밀집한 지역
  4. 위험물의 저장 및 처리시설이 밀집한 지역
  5. 석유화학제품을 생산하는 공장이 있는 지역
  6. 그 밖에 시·도의 조례로 정하는 지역 또는 장소

105

정답 ④ **기본서 1권** 73p

해설

※ 소방기본법 제20조(관계인의 소방활동)
관계인은 소방대상물에 화재, 재난·재해, 그 밖의 위급한 상황이 발생한 경우에는 소방대가 현장에 도착할 때까지 경보를 울리거나 대피를 유도하는 등의 방법으로 사람을 구출하는 조치 또는 불을 끄거나 불이 번지지 아니하도록 필요한 조치를 하여야 한다.

106

정답 ② **기본서 1권** 74p

해설

② 자체소방대에서 수립하는 교육·훈련 계획의 지도·자문

※ 소방기본법 시행규칙 제11조(자체소방대의 교육·훈련 등의 지원)
법 제20조의2제3항에 따라 소방청장, 소방본부장 또는 소방서장은 같은 조 제1항에 따른 자체소방대(이하 "자체소방대"라 한다)의 역량 향상을 위하여 다음 각 호에 해당하는 교육·훈련 등을 지원할 수 있다.
1. 「소방공무원 교육훈련규정」 제2조에 따른 교육훈련기관에서의 자체소방대 교육훈련과정
2. 자체소방대에서 수립하는 교육·훈련 계획의 지도·자문
3. 「소방공무원임용령」 제2조제3호에 따른 소방기관(이하 이 조에서 "소방기관"이라 한다)과 자체소방대와의 합동 소방훈련
4. 소방기관에서 실시하는 자체소방대의 현장실습
5. 그 밖에 소방청장이 자체소방대의 역량 향상을 위하여 필요하다고 인정하는 교육·훈련

107

정답 ② **기본서 1권** 75p

해설

ⓒ 소방자동차에 구조·구급차는 포함되지만 지휘를 위한 자동차도 포함한다.
ⓔ 소방자동차의 출동을 방해한 자는 5년 이하의 징역 또는 5천만 원 이하의 벌금에 처한다.

※ 소방기본법 제21조(소방자동차의 우선 통행 등)
① 모든 차와 사람은 소방자동차(지휘를 위한 자동차와 구조·구급차를 포함한다. 이하 같다)가 화재진압 및 구조·구급 활동을 위하여 출동을 할 때에는 이를 방해하여서는 아니 된다.

※ 소방기본법 제50조(벌칙)
다음 각 호의 어느 하나에 해당하는 사람은 5년 이하의 징역 또는 5천만 원 이하의 벌금에 처한다.
2. 제21조제1항을 위반하여 소방자동차의 출동을 방해한 사람

108

정답 ③ 　기본서 1권　75p, 79p

해설

ⓒ, ⓒ 훈련을 위하여 출동하는 때에도 사이렌을 사용할 수 있다.

※ 소방기본법 제21조(소방자동차의 우선 통행 등)

① 모든 차와 사람은 소방자동차(지휘를 위한 자동차와 구조·구급차를 포함한다. 이하 같다)가 화재진압 및 구조·구급 활동을 위하여 출동을 할 때에는 이를 방해하여서는 아니 된다.

② 소방자동차가 화재진압 및 구조·구급 활동을 위하여 출동하거나 훈련을 위하여 필요할 때에는 사이렌을 사용할 수 있다.

③ 모든 차와 사람은 소방자동차가 화재진압 및 구조·구급 활동을 위하여 제2항에 따라 사이렌을 사용하여 출동하는 경우에는 다음 각 호의 행위를 하여서는 아니 된다.
　1. 소방자동차에 진로를 양보하지 아니하는 행위
　2. 소방자동차 앞에 끼어들거나 소방자동차를 가로막는 행위
　3. 그 밖에 소방자동차의 출동에 지장을 주는 행위

④ 제3항의 경우를 제외하고 소방자동차의 우선 통행에 관하여는 「도로교통법」에서 정하는 바에 따른다.

※ 소방기본법 제22조(소방대의 긴급통행)

소방대는 화재, 재난·재해, 그 밖의 위급한 상황이 발생한 현장에 신속하게 출동하기 위하여 긴급할 때에는 일반적인 통행에 쓰이지 아니하는 도로·빈터 또는 물 위로 통행할 수 있다.

109

정답 ③ 　기본서 1권　78p

해설

※ 소방기본법 시행령 제7조의15(운행기록장치 장착 소방자동차의 범위)

법 제21조의3제1항에서 "대통령령으로 정하는 소방자동차"란 「소방장비관리법 시행령」 제6조 및 별표 1 제1호가목에 따른 다음 각 호의 소방자동차를 말한다.
　1. 소방펌프차
　2. 소방물탱크차
　3. 소방화학차
　4. 소방고가차(消防高架車)
　5. 무인방수차
　6. 구조차
　7. 그 밖에 소방청장이 소방자동차의 안전한 운행 및 교통사고 예방을 위하여 운행기록장치 장착이 필요하다고 인정하여 정하는 소방자동차

110

정답 ② 　기본서 1권　78p

해설

※ 소방기본법 시행규칙 제13조(운행기록장치 데이터의 보관)

소방청장, 소방본부장 및 소방서장은 소방자동차 운행기록장치에 기록된 데이터(이하 "운행기록장치 데이터"라 한다)를 6개월동안 저장·관리해야 한다.

111 정답 ③ 기본서 1권 78p

해설

③ <u>소방청장</u>은 소방자동차의 안전한 운행 및 교통사고 예방을 위하여 운행기록장치 데이터의 수집·저장·통합·분석 등의 업무를 전자적으로 처리하기 위한 시스템을 구축·운영할 수 있다.

※ 소방기본법 제21조의3(소방자동차 교통안전 분석 시스템 구축·운영)
① 소방청장 또는 소방본부장은 대통령령으로 정하는 소방자동차에 행정안전부령으로 정하는 기준에 적합한 운행기록장치를 장착하고 운용하여야 한다.
② 소방청장은 소방자동차의 안전한 운행 및 교통사고 예방을 위하여 운행기록장치 데이터의 수집·저장·통합·분석 등의 업무를 전자적으로 처리하기 위한 시스템을 구축·운영할 수 있다.
③ 소방청장, 소방본부장 및 소방서장은 소방자동차 교통안전 분석 시스템으로 처리된 자료를 이용하여 소방자동차의 장비운용자 등에게 어떠한 불리한 제재나 처벌을 하여서는 아니 된다.
④ 소방자동차 교통안전 분석 시스템의 구축·운영, 운행기록장치 데이터 및 전산자료의 보관·활용 등에 필요한 사항은 행정안전부령으로 정한다.

112 정답 ③ 기본서 1권 78-79p

해설

③ "행정안전부령으로 정하는 기준에 적합한 운행기록장치"란 「교통안전법 시행규칙」에서 정하는 장치 및 기능을 갖춘 <u>전자식 운행기록장치</u>를 말한다.

※ 소방기본법 시행규칙 제12조 【소방자동차 운행기록장치의 기준】
법 제21조의3제1항에서 "행정안전부령으로 정하는 기준에 적합한 운행기록장치"란 「교통안전법 시행규칙」 별표 4에서 정하는 장치 및 기능을 갖춘 전자식 운행기록장치(이하 "운행기록장치"라 한다)를 말한다.

※ 소방기본법 시행규칙 제13조의2【운행기록장치 데이터 등의 제출】
① 소방청장은 소방자동차의 안전한 운행 및 교통사고 예방을 위하여 소방본부장 또는 소방서장에게 운행기록장치 데이터 및 그 분석 결과 등 관련 자료의 제출을 요청할 수 있다.
② 소방본부장은 관할 구역 안의 소방서장에게 운행기록장치 데이터 등 관련 자료의 제출을 요청할 수 있다.
③ 소방본부장 또는 소방서장은 제1항 또는 제2항에 따라 자료의 제출을 요청받은 경우에는 소방청장 또는 소방본부장에게 해당 자료를 제출해야 한다. 이 경우 소방서장이 제1항에 따라 소방청장에게 자료를 제출하는 경우에는 소방본부장을 거쳐야 한다.

※ 소방기본법 시행규칙 제13조의3【운행기록장치 데이터의 분석·활용】
① 소방청장 및 소방본부장은 운행기록장치 데이터 중 과속, 급감속, 급출발 등의 운행기록을 점검·분석해야 한다.
② 소방청장, 소방본부장 및 소방서장은 제1항에 따른 분석 결과를 소방자동차의 안전한 소방활동 수행에 필요한 교통안전정책의 수립, 교육·훈련 등에 활용할 수 있다.

113

정답 ③   기본서 1권   79p

해설

①, ②, ④은 소방자동차의 우선통행에 대한 설명이다.

※ 소방기본법 제22조(소방대의 긴급통행)

소방대는 화재, 재난·재해, 그 밖의 위급한 상황이 발생한 현장에 신속하게 출동하기 위하여 긴급할 때에는 일반적인 통행에 쓰이지 아니하는 도로·빈터 또는 물 위로 통행할 수 있다.

114

정답 ④   기본서 1권   79~80p

해설

④ 소방활동구역 출입 제한을 위반하여 소방활동구역을 출입한 자는 200만 원 이하의 <u>과태료에 처한다.</u>

※ 소방기본법 제56조(과태료)

① 다음 각 호의 어느 하나에 해당하는 자에게는 200만 원 이하의 과태료를 부과한다.
    4. 제23조제1항을 위반하여 소방활동구역을 출입한 사람

※ 소방기본법 제23조(소방활동구역의 설정)

① 소방대장은 화재, 재난·재해, 그 밖의 위급한 상황이 발생한 현장에 소방활동구역을 정하여 소방활동에 필요한 사람으로서 대통령령으로 정하는 사람 외에는 그 구역에 출입하는 것을 제한할 수 있다.
② 경찰공무원은 소방대가 제1항에 따른 소방활동구역에 있지 아니하거나 소방대장의 요청이 있을 때에는 제1항에 따른 조치를 할 수 있다.

115

정답 ③   기본서 1권   79p

해설

※ 소방기본법 제23조(소방활동구역의 설정)

① 소방대장은 <u>화재, 재난·재해, 그 밖의 위급한 상황이 발생한 현장</u>에 소방활동구역을 정하여 소방활동에 필요한 사람으로서 대통령령으로 정하는 사람 외에는 그 구역에 출입하는 것을 제한할 수 있다.
② 경찰공무원은 소방대가 제1항에 따른 소방활동구역에 있지 아니하거나 소방대장의 요청이 있을 때에는 제1항에 따른 조치를 할 수 있다.

116 정답 ④ 기본서 1권 80p

해설

※ 소방기본법 시행령 제8조(소방활동구역의 출입자)

법 제23조제1항에서 "대통령령으로 정하는 사람"이란 다음 각 호의 사람을 말한다.

1. 소방활동구역 안에 있는 소방대상물의 소유자·관리자 또는 점유자
2. 전기·가스·수도·통신·교통의 업무에 종사하는 사람으로서 원활한 소방활동을 위하여 필요한 사람
3. 의사·간호사 그 밖의 구조·구급업무에 종사하는 사람
4. 취재인력 등 보도업무에 종사하는 사람
5. 수사업무에 종사하는 사람
6. 그 밖에 소방대장이 소방활동을 위하여 출입을 허가한 사람

117 정답 ④ 기본서 1권 79p

해설

※ 소방기본법 제23조(소방활동구역의 설정)

① 소방대장은 화재, 재난·재해, 그 밖의 위급한 상황이 발생한 현장에 소방활동구역을 정하여 소방활동에 필요한 사람으로서 대통령령으로 정하는 사람 외에는 그 구역에 출입하는 것을 제한할 수 있다.

118 정답 ④ 기본서 1권 77p

해설

④ 문자는 백색으로 표시한다.

소방기본법 시행령[별표 2의5]
전용구역의 설치 방법(제7조의13제2항 관련)

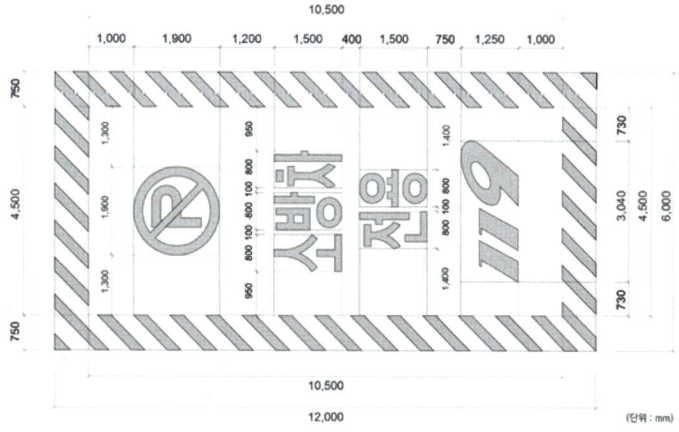

비고
1. 전용구역 노면표지의 외곽선은 빗금무늬로 표시하되, 빗금은 두께를 30센티미터로 하여 50센티미터 간격으로 표시한다.
2. 전용구역 노면표지 도료의 색채는 황색을 기본으로 하되, 문자(P, 소방차 전용)는 백색으로 표시한다.

119 정답 ② 기본서 1권 76p

해설

② 세대수가 100세대 이상인 아파트

※ 소방기본법 시행령 제7조의12(소방자동차 전용구역 설치 대상)
법 제21조의2 제1항에서 "대통령령으로 정하는 공동주택"이란 다음 각 호의 주택을 말한다. 다만, 하나의 대지에 하나의 동(棟)으로 구성되고 「도로교통법」 제32조 또는 제33조에 따라 정차 또는 주차가 금지된 편도 2차선 이상의 도로에 직접 접하여 소방자동차가 도로에서 직접 소방 활동이 가능한 공동주택은 제외한다.
1. 「건축법 시행령」 별표1 제2호 가목의 아파트 중 세대수가 100세대 이상인 아파트
2. 「건축법 시행령」 별표1 제2호 라목의 기숙사 중 3층 이상의 기숙사

120 정답 ① 기본서 1권 77p

해설

① 전용구역의 앞면 부설주차장의 주차구획 내 주차로 진입에 방해가 되는 행위
  → 부설주차장의 주차구획 내 주차는 합법행위이다.

※ 소방기본법 시행령 제7조의14(전용구역 방해행위의 기준)
법 제21조의2 제2항에 따른 방해행위의 기준은 다음 각 호와 같다.
1. 전용구역에 물건 등을 쌓거나 주차하는 행위
2. 전용구역의 앞면, 뒷면 또는 양 측면에 물건 등을 쌓거나 주차하는 행위. 다만,「주차장법」제19조에 따른 부설주차장의 주차구획 내에 주차하는 경우는 제외한다.
3. 전용구역 진입로에 물건 등을 쌓거나 주차하여 전용구역으로의 진입을 가로막는 행위
4. 전용구역 노면표지를 지우거나 훼손하는 행위
5. 그 밖의 방법으로 소방자동차가 전용구역에 주차하는 것을 방해하거나 전용구역으로 진입하는 것을 방해하는 행위

121 정답 ② 기본서 1권 76~77p

해설

※ 소방기본법 시행령 제7조의12(소방자동차 전용구역 설치 대상)

법 제21조의2 제1항에서 "대통령령으로 정하는 공동주택"이란 다음 각 호의 주택을 말한다. 다만, 하나의 대지에 하나의 동(棟)으로 구성되고 「도로교통법」 제32조 또는 제33조에 따라 정차 또는 주차가 금지된 편도 2차선 이상의 도로에 직접 접하여 소방자동차가 도로에서 직접 소방 활동이 가능한 공동주택은 제외한다.

1. 「건축법 시행령」 별표1 제2호 가목의 아파트 중 세대수가 100세대 이상인 아파트
2. 「건축법 시행령」 별표1 제2호 라목의 기숙사 중 3층 이상의 기숙사

※ 소방기본법 시행령 제7조의13(소방자동차 전용구역의 설치 기준·방법)

① 제7조의12 각 호 외의 부분 본문에 따른 공동주택의 건축주는 소방자동차가 접근하기 쉽고 소방활동이 원활하게 수행될 수 있도록 각 동별 전면 또는 후면에 소방자동차 전용구역(이하 "전용구역"이라 한다)을 1개소 이상 설치해야 한다. 다만, 하나의 전용구역에서 여러 동에 접근하여 소방 활동이 가능한 경우로서 소방청장이 정하는 경우에는 각 동별로 설치하지 않을 수 있다.

② 전용구역의 설치 방법은 별표 2의5와 같다.

※ 소방기본법 시행령[별표 2의5] 전용구역의 설치 방법(그림은 46번 해설 참고)

[비고]

1. 전용구역 노면표지의 외곽선은 빗금무늬로 표시하되, 빗금은 두께를 30센티미터로 하여 50센티미터 간격으로 표시한다.
2. 전용구역 노면표지 도료의 색채는 황색을 기본으로 하되, 문자(P, 소방차 전용)는 백색으로 표시한다.

122 정답 ③ 기본서 1권 81p

해설

※ 소방기본법 제24조(소방활동 종사 명령)

① 소방본부장, 소방서장 또는 소방대장은 화재, 재난·재해, 그 밖의 위급한 상황이 발생한 현장에서 소방활동을 위하여 필요할 때에는 그 관할구역에 사는 사람 또는 그 현장에 있는 사람으로 하여금 사람을 구출하는 일 또는 불을 끄거나 불이 번지지 아니하도록 하는 일을 하게 할 수 있다. 이 경우 소방본부장, 소방서장 또는 소방대장은 소방활동에 필요한 보호장구를 지급하는 등 안전을 위한 조치를 하여야 한다.

123 정답 ① 기본서 1권 81p, 103p

해설

※ 소방기본법 제50조(벌칙)

다음 각 호의 어느 하나에 해당하는 사람은 5년 이하의 징역 또는 5천만 원 이하의 벌금에 처한다.
  3. 제24조제1항(종사명령)에 따른 사람을 구출하는 일 또는 불을 끄거나 불이 번지지 아니하도록 하는 일을 방해한 사람

※ 소방기본법 제24조(소방활동 종사 명령)

① 소방본부장, 소방서장 또는 소방대장은 화재, 재난·재해, 그 밖의 위급한 상황이 발생한 현장에서 소방활동을 위하여 필요할 때에는 그 관할구역에 사는 사람 또는 그 현장에 있는 사람으로 하여금 사람을 구출하는 일 또는 불을 끄거나 불이 번지지 아니하도록 하는 일을 하게 할 수 있다. 이 경우 소방본부장, 소방서장 또는 소방대장은 소방활동에 필요한 보호장구를 지급하는 등 안전을 위한 조치를 하여야 한다.

※ 소방기본법 제49조의2(손실보상)

① 소방청장 또는 시·도지사는 다음 각 호의 어느 하나에 해당하는 자에게 제3항의 손실보상심의위원회의 심사·의결에 따라 정당한 보상을 하여야 한다.
  2. 제24조제1항 전단에 따른 소방활동 종사로 인하여 사망하거나 부상을 입은 자

124 정답 ③ 기본서 1권 81p

해설

※ 소방기본법 제24조 제3항 (소방활동 종사 명령)

③ 제1항에 따른 명령에 따라 소방활동에 종사한 사람은 시·도지사로부터 소방활동의 비용을 지급받을 수 있다. 다만, 다음 각 호의 어느 하나에 해당하는 사람의 경우에는 그러하지 아니하다.
  1. 소방대상물에 화재, 재난·재해, 그 밖의 위급한 상황이 발생한 경우 그 관계인
  2. 고의 또는 과실로 화재 또는 구조·구급 활동이 필요한 상황을 발생시킨 사람
  3. 화재 또는 구조·구급 현장에서 물건을 가져간 사람

125 정답 ④ 기본서 1권 81p

해설

※ 소방기본법 제24조 제3항 (소방활동 종사 명령)

③ 제1항에 따른 명령에 따라 <u>소방활동에 종사한 사람은 시·도지사로부터 소방활동의 비용을 지급받을 수 있다. 다만, 다음 각 호의 어느 하나에 해당하는 사람의 경우에는 그러하지 아니하다.</u>

  1. 소방대상물에 화재, 재난·재해, 그 밖의 위급한 상황이 발생한 경우 그 관계인
  2. 고의 또는 과실로 화재 또는 구조·구급 활동이 필요한 상황을 발생시킨 사람
  3. 화재 또는 구조·구급 현장에서 물건을 가져간 사람

126 정답 ③ 기본서 1권 82p

해설

※ 소방기본법 제25조(강제처분 등)

① 소방본부장, 소방서장 또는 소방대장은 사람을 구출하거나 불이 번지는 것을 막기 위하여 필요할 때에는 화재가 발생하거나 불이 번질 우려가 있는 소방대상물 및 토지를 일시적으로 사용하거나 그 사용의 제한 또는 <u>소방활동에 필요한 처분을 할 수 있다.</u>

② 소방본부장, 소방서장 또는 소방대장은 사람을 구출하거나 불이 번지는 것을 막기 위하여 긴급하다고 인정할 때에는 제1항에 따른 소방대상물 또는 토지 외의 소방대상물과 토지에 대하여 제1항에 따른 처분을 할 수 있다.

③ 소방본부장, 소방서장 또는 소방대장은 소방활동을 위하여 긴급하게 출동할 때에는 소방자동차의 통행과 소방활동에 방해가 되는 주차 또는 정차된 차량 및 물건 등을 제거하거나 이동시킬 수 있다.

④ 소방본부장, 소방서장 또는 소방대장은 제3항에 따른 소방활동에 방해가 되는 주차 또는 정차된 차량의 제거나 이동을 위하여 관할 지방자치단체 등 관련 기관에 견인차량과 인력 등에 대한 지원을 요청할 수 있고, 요청을 받은 관련 기관의 장은 정당한 사유가 없으면 이에 협조하여야 한다.

⑤ 시·도지사는 제4항에 따라 견인차량과 인력 등을 지원한 자에게 시·도의 조례로 정하는 바에 따라 비용을 지급할 수 있다.

※ 소방기본법 제51조(벌칙)

제25조제1항에 따른 처분을 방해한 자 또는 정당한 사유 없이 그 처분에 따르지 아니한 자는 3년 이하의 징역 또는 3천만 원 이하의 벌금에 처한다.

127

정답 ② **기본서 1권** 82~83p

해설

② 주차 또는 정차된 차량 및 물건 등을 제거하거나 이동시킬 수 있다.

※ 소방기본법 제25조(강제처분 등)

① 소방본부장, 소방서장 또는 소방대장은 사람을 구출하거나 불이 번지는 것을 막기 위하여 필요할 때에는 화재가 발생하거나 불이 번질 우려가 있는 소방대상물 및 토지를 일시적으로 사용하거나 그 사용의 제한 또는 소방활동에 필요한 처분을 할 수 있다.

② 소방본부장, 소방서장 또는 소방대장은 사람을 구출하거나 불이 번지는 것을 막기 위하여 긴급하다고 인정할 때에는 제1항에 따른 소방대상물 또는 토지 외의 소방대상물과 토지에 대하여 제1항에 따른 처분을 할 수 있다.

③ 소방본부장, 소방서장 또는 소방대장은 소방활동을 위하여 긴급하게 출동할 때에는 소방자동차의 통행과 소방활동에 방해가 되는 <u>주차 또는 정차된 차량 및 물건 등을 제거하거나 이동시킬 수 있다.</u>

④ 소방본부장, 소방서장 또는 소방대장은 제3항에 따른 소방활동에 방해가 되는 주차 또는 정차된 차량의 제거나 이동을 위하여 관할 지방자치단체 등 관련 기관에 견인차량과 인력 등에 대한 지원을 요청할 수 있고, 요청을 받은 관련 기관의 장은 정당한 사유가 없으면 이에 협조하여야 한다.

⑤ <u>시·도지사는 제4항에 따라 견인차량과 인력 등을 지원한 자에게 시·도의 조례로 정하는 바에 따라 비용을 지급할 수 있다.</u>

※ 소방기본법 제52조(벌칙)

다음 각 호의 어느 하나에 해당하는 자는 300만 원 이하의 벌금에 처한다.

1. <u>제25조제2항 및 제3항에 따른 처분을 방해한 자 또는 정당한 사유 없이 그 처분에 따르지 아니한 자</u>

※ 소방기본법 제49조의2(손실보상)

① 소방청장 또는 시·도지사는 다음 각 호의 어느 하나에 해당하는 자에게 제3항의 손실보상심의위원회의 심사·의결에 따라 정당한 보상을 하여야 한다.

3. <u>제25조제2항 또는 제3항에 따른 처분으로 인하여 손실을 입은 자</u>. 다만, 같은 조 제3항에 해당하는 경우로서 법령을 위반하여 소방자동차의 통행과 소방활동에 방해가 된 경우는 제외한다.

128

정답 ① **기본서 1권** 49p, 81p, 84p, 85p

해설

※ 소방기본법 소방업무의 응원(소방기본법 제11조 제1항)

① <u>소방본부장</u>이나 <u>소방서장</u>은 소방활동을 할 때에 긴급한 경우에는 이웃한 소방본부장 또는 소방서장에게 소방업무의 응원(應援)을 요청할 수 있다.

129 정답 ② 기본서 1권 103p

해설

ⓒ 강제처분으로 인하여 손실을 받은 자가 있는 경우에는 그 손실을 보상하여야 할 책임자는 <u>소방청장 또는 시·도지사</u> 이다.
② 다만 법령을 위반한 경우는 그러하지 아니하다.

※ 소방기본법 제49조의2(손실보상)
① <u>소방청장 또는 시·도지사</u>는 다음 각 호의 어느 하나에 해당하는 자에게 제3항의 <u>손실보상심의위원회의 심사·의결에 따라 정당한 보상을 하여야 한다.</u>
   3. 제25조제2항 또는 제3항에 따른 처분으로 인하여 손실을 입은 자. 다만, 같은 조 제3항에 해당하는 경우로서 <u>법령을 위반하여 소방자동차의 통행과 소방활동에 방해가 된 경우는 제외한다.</u>

130 정답 ④ 기본서 1권 82p

해설

④ 행정형벌인 벌금에 해당한다.(300만 원 이하의 벌금)

※ 소방기본법 제25조 제1항, 2항(강제처분 등)
① <u>소방본부장, 소방서장 또는 소방대장</u>은 사람을 구출하거나 불이 번지는 것을 막기 위하여 <u>필요할 때에는</u> 화재가 발생하거나 불이 번질 우려가 있는 <u>소방대상물 및 토지를 일시적으로 사용하거나 그 사용의 제한 또는 소방활동에 필요한 처분을 할 수 있다.</u>
② <u>소방본부장, 소방서장 또는 소방대장</u>은 사람을 구출하거나 불이 번지는 것을 막기 위하여 <u>긴급하다고 인정할 때에는</u> 제1항에 따른 <u>소방대상물 또는 토지 외의 소방대상물과 토지에 대하여 제1항에 따른 처분을 할 수 있다.</u>

※ 소방기본법 제52조(벌칙)
다음 각 호의 어느 하나에 해당하는 자는 300만 원 이하의 벌금에 처한다.
1. <u>제25조제2항 및 제3항에 따른 처분을 방해한 자 또는 정당한 사유 없이 그 처분에 따르지 아니한 자</u>

131 정답 ④ 기본서 1권 82p

해설

강제처분내용 중 소방대상물의 이전과 차량몰수는 해당되지 않는다.

※ 소방기본법 제25조 제3항(강제처분 등)
③ 소방본부장, 소방서장 또는 소방대장은 소방활동을 위하여 긴급하게 출동할 때에는 <u>소방자동차의 통행과 소방활동에 방해가 되는 주차 또는 정차된 차량 및 물건 등을 제거하거나 이동시킬 수 있다.</u>

132

정답 ④ **기본서 1권** 82p

해설

※ 소방기본법 제25조 제1항, 2항(강제처분 등)

① 소방본부장, 소방서장 또는 소방대장은 사람을 구출하거나 불이 번지는 것을 막기 위하여 필요할 때에는 화재가 발생하거나 불이 번질 우려가 있는 소방대상물 및 토지를 일시적으로 사용하거나 그 사용의 제한 또는 소방활동에 필요한 처분을 할 수 있다.

② 소방본부장, 소방서장 또는 소방대장은 사람을 구출하거나 불이 번지는 것을 막기 위하여 긴급하다고 인정할 때에는 제1항에 따른 소방대상물 또는 토지 외의 소방대상물과 토지에 대하여 제1항에 따른 처분을 할 수 있다.

133

정답 ② **기본서 1권** 84p

해설

ⓒ 피난명령은 사람에게 한한다.
ⓒ 100만 원 이하의 벌금에 처한다.

※ 소방기본법 제26조(피난 명령)

① 소방본부장, 소방서장 또는 소방대장은 화재, 재난·재해, 그 밖의 위급한 상황이 발생하여 사람의 생명을 위험하게 할 것으로 인정할 때에는 일정한 구역을 지정하여 그 구역에 있는 사람에게 그 구역 밖으로 피난할 것을 명할 수 있다.

② 소방본부장, 소방서장 또는 소방대장은 제1항에 따른 명령을 할 때 필요하면 관할 경찰서장 또는 자치경찰단장에게 협조를 요청할 수 있다.

※ 소방기본법 제54조(벌칙)

다음 각 호의 어느 하나에 해당하는 자는 100만 원 이하의 벌금에 처한다.
3. 제26조제1항에 따른 피난 명령을 위반한 사람

134

정답 ③ **기본서 1권** 81~85p

해설

① 소방활동 종사명령(소방기본법 제24조)
② 피난명령(소방기본법 제26조)
④ 강제처분 등(소방기본법 제25조)

135 정답 ③ 기본서 1권 85p

해설

※ 소방기본법 제27조(위험시설 등에 대한 긴급조치)
① 소방본부장, 소방서장 또는 소방대장은 화재 진압 등 소방활동을 위하여 필요할 때에는 소방용수 외에 댐・저수지 또는 수영장 등의 물을 사용하거나 수도(水道)의 개폐장치 등을 조작할 수 있다.

136 정답 ④ 기본서 1권 85p

해설

※ 소방기본법 제27조(위험시설 등에 대한 긴급조치)
① 소방본부장, 소방서장 또는 소방대장은 화재 진압 등 소방활동을 위하여 필요할 때에는 소방용수 외에 댐・저수지 또는 수영장 등의 물을 사용하거나 수도(水道)의 개폐장치 등을 조작할 수 있다.
② 소방본부장, 소방서장 또는 소방대장은 화재 발생을 막거나 폭발 등으로 화재가 확대되는 것을 막기 위하여 가스・전기 또는 유류 등의 시설에 대하여 위험물질의 공급을 차단하는 등 필요한 조치를 할 수 있다.

137 정답 ③ 기본서 1권 85p

해설

※ 소방기본법 제27조(위험시설 등에 대한 긴급조치)
① 소방본부장, 소방서장 또는 소방대장은 화재 진압 등 소방활동을 위하여 필요할 때에는 소방용수 외에 댐・저수지 또는 수영장 등의 물을 사용하거나 수도(水道)의 개폐장치 등을 조작할 수 있다.

138 정답 ④ 기본서 1권 103p

해설

ⓒ 소방활동구역 설정으로 인한 보상은 없다.
ⓔ 피난명령으로 인한 손실보상은 없다.

139 정답 ② 기본서 1권 58p, 79~80p, 85p, 103p

해설

※ 소방기본법 제49조의2(손실보상)

① 소방청장 또는 시·도지사는 다음 각 호의 어느 하나에 해당하는 자에게 제3항의 손실보상심의위원회의 심사·의결에 따라 정당한 보상을 하여야 한다.
1. 제16조의3제1항(생활안전활동)에 따른 조치로 인하여 손실을 입은 자
2. 제24조제1항(소방활동 종사명령) 전단에 따른 소방활동 종사로 인하여 사망하거나 부상을 입은 자
3. 제25조제2항 또는 제3항(강제처분 등)에 따른 처분으로 인하여 손실을 입은 자. 다만, 같은 조 제3항에 해당하는 경우로서 법령을 위반하여 소방자동차의 통행과 소방활동에 방해가 된 경우는 제외한다.
4. 제27조제1항 또는 제2항(위험시설 등에 대한 긴급조치)에 따른 조치로 인하여 손실을 입은 자
5. 그 밖에 소방기관 또는 소방대의 적법한 소방업무 또는 소방활동으로 인하여 손실을 입은 자

140 정답 ④ 기본서 1권 21p, 59p, 79p, 82p

해설

강제처분(소방기본법 제25조)은 소방본부장·소방서장·소방대장의 권한이고, 소방활동구역의 설정(소방기본법 제23조)은 소방대장의 권한이고, 소방교육·훈련(소방기본법 제17조)과 119종합상황실의 설치와 운영(소방기본법 제4조)은 소방청장·소방본부장·소방서장의 권한이다.

141 정답 ② 기본서 1권 92~93p

해설

② 자금의 전부나 일부를 출연하거나 보조할 수 있다.

※ 소방기본법 제39조의3(국가의 책무)

국가는 소방산업(소방용 기계·기구의 제조, 연구·개발 및 판매 등에 관한 일련의 산업을 말한다. 이하 같다)의 육성·진흥을 위하여 필요한 계획의 수립 등 행정상·재정상의 지원시책을 마련하여야 한다.

※ 소방기본법 제39조의5(소방산업과 관련된 기술개발 등의 지원)

① 국가는 소방산업과 관련된 기술(이하 "소방기술"이라 한다)의 개발을 촉진하기 위하여 기술개발을 실시하는 자에게 그 기술개발에 드는 자금의 전부나 일부를 출연하거나 보조할 수 있다.

※ 소방기본법 제39조의6(소방기술의 연구·개발사업 수행)

① 국가는 국민의 생명과 재산을 보호하기 위하여 다음 각 호의 어느 하나에 해당하는 기관이나 단체로 하여금 소방기술의 연구·개발사업을 수행하게 할 수 있다.

※ 소방기본법 제39조의7(소방기술 및 소방산업의 국제화사업)

① 국가는 소방기술 및 소방산업의 국제경쟁력과 국제적 통용성을 높이는 데에 필요한 기반 조성을 촉진하기 위한 시책을 마련하여야 한다.

142 정답 ① 기본서 1권 92p

해설

① 전시장 설치비의 일부는 해당사항이 없다.

※ 소방기본법 제39조의5(소방산업과 관련된 기술개발 등의 지원)

② 국가는 우수소방제품의 전시·홍보를 위하여 「대외무역법」 제4조 제2항에 따른 무역전시장 등을 설치한 자에게 다음 각 호에서 정한 범위에서 재정적인 지원을 할 수 있다.

  1. 소방산업전시회 운영에 따른 경비의 일부

  2. 소방산업전시회 관련 국외 홍보비

  3. 소방산업전시회 기간 중 국외의 구매자 초청 경비

143 정답 ③ 기본서 1권 92~93p

해설

※ 소방기본법 제39조의6(소방기술의 연구·개발사업 수행)
① 국가는 국민의 생명과 재산을 보호하기 위하여 다음 각 호의 어느 하나에 해당하는 기관이나 단체로 하여금 소방기술의 연구·개발사업을 수행하게 할 수 있다.
  1. 국공립 연구기관
  2. 「과학기술분야 정부출연연구기관 등의 설립·운영 및 육성에 관한 법률」에 따라 설립된 연구기관
  3. 「특정연구기관 육성법」 제2조에 따른 특정연구기관
  4. 「고등교육법」에 따른 대학·산업대학·전문대학 및 기술대학
  5. 「민법」이나 다른 법률에 따라 설립된 소방기술 분야의 법인인 연구기관 또는 법인 부설 연구소
  6. 「기초연구진흥 및 기술개발지원에 관한 법률」 제14조의2제1항에 따라 인정받은 기업부설연구소
  7. 「소방산업의 진흥에 관한 법률」 제14조에 따른 한국소방산업기술원
  8. 그 밖에 대통령령으로 정하는 소방에 관한 기술개발 및 연구를 수행하는 기관·협회
② 국가가 제1항에 따른 기관이나 단체로 하여금 소방기술의 연구·개발사업을 수행하게 하는 경우에는 필요한 경비를 지원하여야 한다.

144 정답 ③ 기본서 1권 93p

해설

※ 소방기본법 제39조의7(소방기술 및 소방산업의 국제화사업)
① 국가는 소방기술 및 소방산업의 국제경쟁력과 국제적 통용성을 높이는 데에 필요한 기반 조성을 촉진하기 위한 시책을 마련하여야 한다.
② 소방청장은 소방기술 및 소방산업의 국제경쟁력과 국제적 통용성을 높이기 위하여 다음 각 호의 사업을 추진하여야 한다.
  1. 소방기술 및 소방산업의 국제 협력을 위한 조사·연구
  2. 소방기술 및 소방산업에 관한 국제 전시회, 국제 학술회의 개최 등 국제 교류
  3. 소방기술 및 소방산업의 국외시장 개척
  4. 그 밖에 소방기술 및 소방산업의 국제경쟁력과 국제적 통용성을 높이기 위하여 필요하다고 인정하는 사업

제5장	한국소방안전원
제6장	보칙
제7장	벌칙

145 정답 ② 기본서 1권 96p

해설

※ 소방기본법 제40조(한국소방안전원의 설립 등)
① 소방기술과 안전관리기술의 향상 및 홍보, 그 밖의 교육·훈련 등 행정기관이 위탁하는 업무의 수행과 소방관계 종사자의 기술 향상을 위하여 한국소방안전원(이하 "안전원"이라 한다)을 소방청장의 인가를 받아 설립한다.

146 정답 ② 기본서 1권 96~97p

해설

※ 소방기본법 제40조(한국소방안전원의 설립 등)
① 소방기술과 안전관리기술의 향상 및 홍보, 그 밖의 교육·훈련 등 행정기관이 위탁하는 업무의 수행과 소방관계 종사자의 기술 향상을 위하여 한국소방안전원(이하 "안전원"이라 한다)을 소방청장의 인가를 받아 설립한다.
② 제1항에 따라 설립되는 안전원은 법인으로 한다.
③ 안전원에 관하여 이 법에 규정된 것을 제외하고는 「민법」 중 재단법인에 관한 규정을 준용한다.

※ 소방기본법 제41조(안전원의 업무) 안전원은 다음 각 호의 업무를 수행한다.
1. 소방기술과 안전관리에 관한 교육 및 조사·연구
2. 소방기술과 안전관리에 관한 각종 간행물 발간
3. 화재 예방과 안전관리의식 고취를 위한 대국민 홍보
4. 소방업무에 관하여 행정기관이 위탁하는 업무
5. 소방안전에 관한 국제협력
6. 그 밖에 회원에 대한 기술지원 등 정관으로 정하는 사항

※ 소방기본법 제43조 제2항(안전원의 정관)
② 안전원은 정관을 변경하려면 소방청장의 인가를 받아야 한다.

147 정답 ④ 기본서 1권 96~97p

해설

④ 소방안전교육 업무 담당 소방공무원 중 소방본부장 또는 소방서장이 추천하는 사람은 평가위원회 위원으로 위촉할 수 있다.
   → 소방청장

※ 소방기본법 시행령 제9조(교육평가심의위원회의 구성·운영)
  ① 안전원의 장(이하 "안전원장"이라 한다)은 법 제40조의2 제3항에 따라 다음 각 호의 사항을 심의하기 위하여 교육평가심의위원회(이하 "평가위원회"라 한다)를 둔다.
    1. 교육평가 및 운영에 관한 사항
    2. 교육결과 분석 및 개선에 관한 사항
    3. 다음 연도의 교육계획에 관한 사항
  ② 평가위원회는 위원장 1명을 포함하여 9명 이하의 위원으로 성별을 고려하여 구성한다.
  ③ 평가위원회의 위원장은 위원 중에서 호선(互選)한다.
      ※ 호선 : 어떤 조직의 구성원들이 서로 투표하여 그 조직 구성원 가운데에서 어떠한 사람을 뽑는 것
  ④ 평가위원회의 위원은 다음 각 호의 어느 하나에 해당하는 사람 중에서 안전원장이 임명 또는 위촉한다.
    1. 소방안전교육 업무 담당 소방공무원 중 소방청장이 추천하는 사람
    2. 소방안전교육 전문가
    3. 소방안전교육 수료자
    4. 소방안전에 관한 학식과 경험이 풍부한 사람
  ⑤ 평가위원회에 참석한 위원에게는 예산의 범위에서 수당을 지급할 수 있다. 다만, 공무원인 위원이 소관 업무와 직접 관련되어 참석하는 경우에는 수당을 지급하지 아니한다.
  ⑥ 제1항부터 제5항까지에서 규정한 사항 외에 평가위원회의 운영 등에 필요한 사항은 안전원장이 정한다.

148 정답 ② 기본서 1권 97p

해설

※ 소방기본법 제41조(안전원의 업무) 안전원은 다음 각 호의 업무를 수행한다.
 1. 소방기술과 안전관리에 관한 교육 및 조사·연구
 2. 소방기술과 안전관리에 관한 각종 간행물 발간
 3. 화재 예방과 안전관리의식 고취를 위한 대국민 홍보
 4. 소방업무에 관하여 행정기관이 위탁하는 업무
 5. 소방안전에 관한 국제협력
 6. 그 밖에 회원에 대한 기술지원 등 정관으로 정하는 사항

149 정답 ④ 기본서 1권 98p

해설

※ 소방기본법 제44조(안전원의 운영 경비) 안전원의 운영 및 사업에 소요되는 경비는 다음 각 호의 재원으로 충당한다.
  1. 제41조 제1호 및 제4호의 업무 수행에 따른 수입금
     - 제41조 제1호 : 소방기술과 안전관리에 관한 교육 및 조사·연구
     - 제41조 제4호 : 소방업무에 관하여 <u>행정기관이 위탁하는 업무</u>
  2. 제42조에 따른 <u>회원의 회비</u>
  3. <u>자산운영수익금</u>
  4. 그 밖의 부대수입

150 정답 ④ 기본서 1권 98p

해설

※ 소방기본법 제43조(안전원의 정관)
① 안전원의 정관에는 다음 각 호의 사항이 포함되어야 한다.
  1. 목적
  2. 명칭
  3. 주된 사무소의 소재지
  4. 사업에 관한 사항
  5. 이사회에 관한 사항
  6. 회원과 임원 및 직원에 관한 사항
  7. 재정 및 회계에 관한 사항
  8. 정관의 변경에 관한 사항
② <u>안전원은 정관을 변경하려면 소방청장의 인가를 받아야 한다.</u>

151 정답 ④ 기본서 1권 97p

해설

※ 소방기본법 제42조(회원의 관리)
안전원은 소방기술과 안전관리 역량의 향상을 위하여 다음 각 호의 사람을 회원으로 관리할 수 있다.
  1. 「소방시설 설치 및 관리에 관한 법률」, 「소방시설공사업법」 또는 <u>「위험물안전관리법」에 따라 등록을 하거나 허가를 받은 사람으로서 회원이 되려는 사람</u>
  2. 「화재의 예방 및 안전관리에 관한 법률」, 「소방시설공사업법」 또는 「위험물안전관리법」에 따라 <u>소방안전관리자, 소방기술자 또는 위험물안전관리자로 선임되거나 채용된 사람으로서 회원이 되려는 사람</u>
  3. 그 밖에 소방 분야에 관심이 있거나 학식과 경험이 풍부한 사람으로서 회원이 되려는 사람

152

정답 ④ 기본서 1권 98p

해설

※ 소방기본법 제43조(안전원의 정관)
① 안전원의 정관에는 다음 각 호의 사항이 포함되어야 한다.

1. 목적
2. 명칭
3. 주된 사무소의 소재지
4. 사업에 관한 사항
5. 이사회에 관한 사항
6. 회원과 임원 및 직원에 관한 사항
7. 재정 및 회계에 관한 사항
8. 정관의 변경에 관한 사항

② 안전원은 정관을 변경하려면 소방청장의 인가를 받아야 한다.

153

정답 ④ 기본서 1권 96~98p

해설

④ 민법 가운데 재단법인에 관한 규정을 준용한다.

※ 소방기본법 제40조(한국소방안전원의 설립 등)
① 소방기술과 안전관리기술의 향상 및 홍보, 그 밖의 교육·훈련 등 행정기관이 위탁하는 업무의 수행과 소방관계 종사자의 기술향상을 위하여 한국소방안전원(이하 "안전원"이라 한다)을 소방청장의 인가를 받아 설립한다.
② 제1항에 따라 설립되는 안전원은 법인으로 한다.
③ 안전원에 관하여 이 법에 규정된 것을 제외하고는 「민법」 중 재단법인에 관한 규정을 준용한다.

※ 소방기본법 제43조 제2항(안전원의 정관)
② 안전원은 정관을 변경하려면 소방청장의 인가를 받아야 한다.

※ 소방기본법 제44조(안전원의 운영 경비)
안전원의 운영 및 사업에 소요되는 경비는 다음 각 호의 재원으로 충당한다.
1. 제41조제1호 및 제4호의 업무 수행에 따른 수입금
2. 제42조에 따른 회원의 회비
3. 자산운영수익금
4. 그 밖의 부대수입

154

정답 ② 기본서 1권 102p

해설

※ 소방기본법 제48조(감독)
① 소방청장은 안전원의 업무를 감독한다.
② 소방청장은 안전원에 대하여 업무·회계 및 재산에 관하여 필요한 사항을 보고하게 하거나, 소속 공무원으로 하여금 안전원의 장부·서류 및 그 밖의 물건을 검사하게 할 수 있다.
③ 소방청장은 제2항에 따른 보고 또는 검사의 결과 필요하다고 인정되면 시정명령 등 필요한 조치를 할 수 있다.

155 정답 ① 기본서 1권 103p

해설

① 피난명령으로 인하여 손실을 입은 자에 대한 보상조치는 없다.

※ 소방기본법 제49조의2(손실보상)
① 소방청장 또는 시·도지사는 다음 각 호의 어느 하나에 해당하는 자에게 제3항의 손실보상심의위원회의 심사·의결에 따라 정당한 보상을 하여야 한다.
 1. 제16조의3제1항에 따른 조치로 인하여 손실을 입은 자
 2. 제24조제1항 전단에 따른 소방활동 종사로 인하여 사망하거나 부상을 입은 자
 3. 제25조제2항 또는 제3항에 따른 처분으로 인하여 손실을 입은 자. 다만, 같은 조 제3항에 해당하는 경우로서 법령을 위반하여 소방자동차의 통행과 소방활동에 방해가 된 경우는 제외한다.
 4. 제27조제1항 또는 제2항에 따른 조치로 인하여 손실을 입은 자
 5. 그 밖에 소방기관 또는 소방대의 적법한 소방업무 또는 소방활동으로 인하여 손실을 입은 자

156 정답 ③ 기본서 1권 103~104p

해설

① 손실보상의 청구는 관할 소방서장에게 하여야 한다.
  → 소방청장 또는 시·도지사
② 특별한 사유가 없으면 보상금 지급 청구서를 받은 날부터 ~~50일 이내~~에 보상금 지급 여부를 결정하여야 한다.
  → 60일 이내
④ 보상금을 지급하기로 결정한 경우에는 특별한 사유가 없으면 통지한 날부터 ~~20일 이내~~에 보상금을 지급하여야 한다. → 30일 이내

※ 소방기본법 시행령 제12조(손실보상의 지급절차 및 방법)
① 법 제40조의2 제1항에 따라 소방기간 또는 소방대의 적법한 소방업무 또는 소방활동으로 인하여 발생한 손실을 보상받으려는 자는 행정안전부령으로 정하는 보상금 지급 청구서에 손실내용과 손실금액을 증명할 수 있는 서류를 첨부하여 소방청장 또는 시·도지사(이하 "소방청장등"이라 한다)에게 제출하여야 한다. 이 경우 소방청장 등은 손실보상금의 산정을 위하여 필요하면 손실보상을 청구한 자에게 증빙·보완 자료의 제출을 요구할 수 있다.
② 소방청장 등은 제13조에 따른 손실보상심의위원회의 심사·의결을 거쳐 특별한 사유가 없으면 보상금 지급 청구서를 받은 날부터 60일 이내에 보상금 지급 여부 및 보상금액을 결정하여야 한다.
③ 소방청장 등은 다음 각 호의 어느 하나에 해당하는 경우에는 그 청구를 각하(却下)하는 결정을 하여야 한다.
 1. 청구인이 같은 청구 원인으로 보상금 청구를 하여 보상금 지급 여부 결정을 받은 경우. 다만, 기각 결정을 받은 청구인이 손실을 증명할 수 있는 새로운 증거가 발견되었음을 소명(疎明)하는 경우는 제외한다.
 2. 손실보상 청구가 요건과 절차를 갖추지 못한 경우. 다만, 그 잘못된 부분을 시정할 수 있는 경우는 제외한다.
④ 소방청장 등은 제2항 또는 제3항에 따른 결정일부터 10일 이내에 행정안전부령으로 정하는 바에 따라 결정 내용을 청구인에게 통지하고, 보상금을 지급하기로 결정한 경우에는 특별한 사유가 없으면 통지한 날부터 30일 이내에 보상금을 지급하여야 한다.

157

정답 ②　기본서 1권　105p

해설

② 위촉되는 위원의 임기는 2년으로 하며, 한 차례만 연임할 수 있다.
→ 연임규정은 없다.

※ 소방기본법 시행령 제13조(손실보상심의위원회의 설치 및 구성)
① 소방청장등은 법 제49조의2제3항에 따라 손실보상청구 사건을 심사·의결하기 위하여 필요한 경우 각각 손실보상심의위원회(이하 "보상위원회"라 한다)를 구성·운영할 수 있다.
② 보상위원회는 위원장 1명을 포함하여 5명 이상 7명 이하의 위원으로 구성한다. 다만, 청구금액이 100만원 이하인 사건에 대해서는 제3항제1호에 해당하는 위원 3명으로만 구성할 수 있다.
③ 보상위원회의 위원은 다음 각 호의 어느 하나에 해당하는 사람 중에서 소방청장등이 위촉하거나 임명한다. 이 경우 제2항 본문에 따라 보상위원회를 구성할 때에는 위원의 과반수는 성별을 고려하여 소방공무원이 아닌 사람으로 하여야 한다.
　1. 소속 소방공무원
　2. 판사·검사 또는 변호사로 5년 이상 근무한 사람
　3. 「고등교육법」 제2조에 따른 학교에서 법학 또는 행정학을 가르치는 부교수 이상으로 5년 이상 재직한 사람
　4. 「보험업법」 제186조에 따른 손해사정사
　5. 소방안전 또는 의학 분야에 관한 학식과 경험이 풍부한 사람
④ 제3항에 따라 위촉되는 위원의 임기는 2년으로 한다. 다만, 법 제49조의2제4항에 따라 보상위원회가 해산되는 경우에는 그 해산되는 때에 임기가 만료되는 것으로 한다.
⑤ 보상위원회의 사무를 처리하기 위하여 보상위원회에 간사 1명을 두되, 간사는 소속 소방공무원 중에서 소방청장등이 지명한다.

158

정답 ②　기본서 1권　103p

해설

② ㉠ : 3년, ㉡ : 5년

※ 소방기본법 제49조의2(손실보상)
① 소방청장 또는 시·도지사는 다음 각 호의 어느 하나에 해당하는 자에게 제3항의 손실보상심의위원회의 심사·의결에 따라 정당한 보상을 하여야 한다.
② 제1항에 따라 손실보상을 청구할 수 있는 권리는 손실이 있음을 안 날부터 3년, 손실이 발생한 날부터 5년간 행사하지 아니하면 시효의 완성으로 소멸한다.

159 정답 ③ 기본서 1권 108p

해설

③ 소방대상물 및 토지의 강제처분을 방해한 자 또는 정당한 사유 없이 그 처분에 따르지 아니한 자는 3년 이하의 징역 또는 3천만 원 이하의 벌금에 처한다.
①, ②, ④는 5년 이하의 징역 또는 5천만 원 이하의 벌금에 처한다.

※ 소방기본법 제51조(벌칙)
제25조제1항에 따른 처분을 방해한 자 또는 정당한 사유 없이 그 처분에 따르지 아니한 자는 3년 이하의 징역 또는 3천만 원 이하의 벌금에 처한다.

※ 소방기본법 제50조(벌칙)
다음 각 호의 어느 하나에 해당하는 사람은 5년 이하의 징역 또는 5천만 원 이하의 벌금에 처한다.
1. 제16조제2항을 위반하여 다음 각 목의 어느 하나에 해당하는 행위를 한 사람
    가. 위력(威力)을 사용하여 출동한 소방대의 화재진압 · 인명구조 또는 구급활동을 방해하는 행위
    나. 소방대가 화재진압 · 인명구조 또는 구급활동을 위하여 현장에 출동하거나 현장에 출입하는 것을 고의로 방해하는 행위
    다. 출동한 소방대원에게 폭행 또는 협박을 행사하여 화재진압 · 인명구조 또는 구급활동을 방해하는 행위
    라. 출동한 소방대의 소방장비를 파손하거나 그 효용을 해하여 화재진압 · 인명구조 또는 구급활동을 방해하는 행위
2. 제21조제1항을 위반하여 소방자동차의 출동을 방해한 사람
3. 제24조제1항에 따른 사람을 구출하는 일 또는 불을 끄거나 불이 번지지 아니하도록 하는 일을 방해한 사람
4. 제28조를 위반하여 정당한 사유 없이 소방용수시설 또는 비상소화장치를 사용하거나 소방용수시설 또는 비상소화장치의 효용을 해치거나 그 정당한 사용을 방해한 사람

160 정답 ④ 기본서 1권 108p

해설

※ 소방기본법 제55조(양벌규정)
법인의 대표자나 법인 또는 개인의 대리인, 사용인, 그 밖의 종업원이 그 법인 또는 개인의 업무에 관하여 제50조부터 제54조까지의 어느 하나에 해당하는 위반행위를 하면 그 행위자를 벌하는 외에 그 법인 또는 개인에게도 해당 조문의 벌금형을 과(科)한다. 다만, 법인 또는 개인이 그 위반행위를 방지하기 위하여 해당 업무에 관하여 상당한 주의와 감독을 게을리하지 아니한 경우에는 그러하지 아니하다.

161 정답 ② 기본서 1권 108p

해설

①,③,④ 5년 이하의 징역 또는 5천만 원이하의 벌금(소방기본법 제50조)
② 100만 원이하의 벌금(소방기본법 제54조)

162 정답 ① 기본서 1권 108p

해설

① 위력(威力)을 사용하여 출동한 소방대의 화재진압·인명구조 또는 구급활동을 방해하는 행위를 한 사람은 5년 이하의 징역 또는 5천만 원 이하의 벌금에 처한다(소방기본법 제50조).

163 정답 ③ 기본서 1권 108p

해설

※ 소방기본법 제51조(벌칙)

제25조 제1항에 따른 처분을 방해한 자 또는 정당한 사유 없이 그 처분에 따르지 아니한 자는 3년 이하의 징역 또는 3천만 원 이하의 벌금에 처한다.

※ 소방기본법 제52조(벌칙)

다음 각 호의 어느 하나에 해당하는 자는 300만 원 이하의 벌금에 처한다.
 1. 제25조제2항 및 제3항에 따른 처분을 방해한 자 또는 정당한 사유 없이 그 처분에 따르지 아니한 자
 2. 삭제

164 정답 ① 기본서 1권 108p

해설

※ 소방기본법 제50조(벌칙)

다음 각 호의 어느 하나에 해당하는 사람은 5년 이하의 징역 또는 5천만 원 이하의 벌금에 처한다.
1. 제16조제2항을 위반하여 다음 각 목의 어느 하나에 해당하는 행위를 한 사람
   가. 위력(威力)을 사용하여 출동한 소방대의 화재진압·인명구조 또는 구급활동을 방해하는 행위
   나. 소방대가 화재진압·인명구조 또는 구급활동을 위하여 현장에 출동하거나 현장에 출입하는 것을 고의로 방해하는 행위
   다. 출동한 소방대원에게 폭행 또는 협박을 행사하여 화재진압·인명구조 또는 구급활동을 방해하는 행위
   라. 출동한 소방대의 소방장비를 파손하거나 그 효용을 해하여 화재진압·인명구조 또는 구급활동을 방해하는 행위
2. 제21조제1항을 위반하여 소방자동차의 출동을 방해한 사람
3. 제24조제1항에 따른 사람을 구출하는 일 또는 불을 끄거나 불이 번지지 아니하도록 하는 일을 방해한 사람
4. 제28조를 위반하여 정당한 사유 없이 소방용수시설 또는 비상소화장치를 사용하거나 소방용수시설 또는 비상소화장치의 효용을 해치거나 그 정당한 사용을 방해한 사람

165 정답 ④ 기본서 1권 109p

해설

※ 소방기본법 제56조(과태료)
① 다음 각 호의 어느 하나에 해당하는 자에게는 500만 원 이하의 과태료를 부과한다.
　1. 제19조제1항을 위반하여 화재 또는 구조·구급이 필요한 상황을 거짓으로 알린 사람
　2. 정당한 사유 없이 제20조제2항을 위반하여 화재, 재난·재해, 그 밖의 위급한 상황을 소방본부, 소방서 또는 관계 행정기관에 알리지 아니한 관계인

166 정답 ② 기본서 1권 108~109p

해설

①, ③, ④는 100만 원 이하의 벌금에 해당한다.(소방기본법 제54조)

※ 소방기본법 제56조(과태료)
③ 제21조의2제2항을 위반하여 전용구역에 차를 주차하거나 전용구역에의 진입을 가로막는 등의 방해행위를 한 자에게는 100만 원 이하의 과태료를 부과한다.

167 정답 ② 기본서 1권 108~109p

해설

① 200만 원 이하의 과태료(소방기본법 제56조 제2항)
② 100만 원 이하의 벌금(소방기본법 제54조)
③ 200만 원 이하의 과태료(소방기본법 제56조 제2항)
④ 500만 원 이하의 과태료(소방기본법 제56조 제1항)

168 정답 ① 기본서 1권 108~109p

해설

① 100만 원 이하의 벌금(소방기본법 제54조)
② 200만 원 이하의 과태료(소방기본법 제56조 제2항)
③ 500만 원 이하의 과태료(소방기본법 제56조 제1항)
④ 20만 원 이하의 과태료(소방기본법 제57조 제1항)

169 정답 ③ 기본서 1권 108p

해설

※ 소방기본법 제54조(벌칙) 다음 각 호의 어느 하나에 해당하는 자는 100만 원 이하의 벌금에 처한다.
1. 삭제
1의2. 제16조의3제2항을 위반하여 정당한 사유 없이 소방대의 생활안전활동을 방해한 자
2. 제20조제1항을 위반하여 정당한 사유 없이 소방대가 현장에 도착할 때까지 사람을 구출하는 조치 또는 불을 끄거나 불이 번지지 아니하도록 하는 조치를 하지 아니한 사람
3. 제26조제1항에 따른 피난 명령을 위반한 사람
4. 제27조제1항을 위반하여 정당한 사유 없이 물의 사용이나 수도의 개폐장치의 사용 또는 조작을 하지 못하게 하거나 방해한 자
5. 제27조제2항에 따른 조치를 정당한 사유 없이 방해한 자

170 정답 ① 기본서 1권 110p

해설

※ 소방기본법 시행령 별표3

위반행위	근거 법조문	과태료 금액(만 원)		
		1회	2회	3회 이상
법 제17조의6제5항을 위반하여 한국119청소년단 또는 이와 유사한 명칭을 사용한 경우	법 제56조제2항제2호의2	100	150	200

171 정답 ② 기본서 1권 110p

해설

② 화재 또는 구조·구급이 필요한 상황을 거짓으로 알린 경우
→ 1회 200만 원, 2회 400만 원, 3회 이상 500만 원

※ 소방기본법 시행령 별표3

위반행위	근거 법조문	과태료 금액(만 원)		
		1회	2회	3회 이상
법 제19조제1항을 위반하여 화재 또는 구조·구급이 필요한 상황을 거짓으로 알린 경우	법 제56조제1항제1호	200	400	500

172 정답 ③ 기본서 1권 109p

해설

③ 소방청장은 해당하지 않는다.

※ 소방기본법 제56조(과태료)
① 다음 각 호의 어느 하나에 해당하는 자에게는 500만 원 이하의 과태료를 부과한다.
　1. 제19조제1항을 위반하여 화재 또는 구조·구급이 필요한 상황을 거짓으로 알린 사람
　2. 정당한 사유 없이 제20조제2항을 위반하여 화재, 재난·재해, 그 밖의 위급한 상황을 소방본부, 소방서 또는 관계 행정기관에 알리지 아니한 관계인
② 다음 각 호의 어느 하나에 해당하는 자에게는 200만 원 이하의 과태료를 부과한다.
　1. 삭제
　2. 삭제
　2의2. 제17조의6제5항을 위반하여 한국119청소년단 또는 이와 유사한 명칭을 사용한 자
　3. 삭제
　3의2. 제21조제3항을 위반하여 소방자동차의 출동에 지장을 준 자
　4. 제23조제1항을 위반하여 소방활동구역을 출입한 사람
　5. 삭제
　6. 제44조의3을 위반하여 한국소방안전원 또는 이와 유사한 명칭을 사용한 자
③ 제21조의2제2항을 위반하여 전용구역에 차를 주차하거나 전용구역에의 진입을 가로막는 등의 방해행위를 한 자에게는 100만 원 이하의 과태료를 부과한다.
④ 제1항부터 제3항까지에 따른 과태료는 대통령령으로 정하는 바에 따라 관할 시·도지사, 소방본부장 또는 소방서장이 부과·징수한다.

※ 소방기본법 제57조(과태료)
① 제19조제2항에 따른 신고를 하지 아니하여 소방자동차를 출동하게 한 자에게는 20만 원 이하의 과태료를 부과한다.
② 제1항에 따른 과태료는 조례로 정하는 바에 따라 관할 소방본부장 또는 소방서장이 부과·징수한다.

PART 02 소방시설의 설치 및 관리에 관한 법률

제1장 총칙

01 정답 ② 기본서 1권 124p

해설

※ 소방시설법 제1조(목적)
이 법은 특정소방대상물 등에 설치하여야 하는 소방시설등의 설치·관리와 소방용품 성능관리에 필요한 사항을 규정함으로써 국민의 생명·신체 및 재산을 보호하고 <u>공공의 안전</u>과 <u>복리 증진</u>에 이바지함을 목적으로 한다.

02 정답 ③ 기본서 1권 125p

해설

③ 에어로졸식 소화용구는 소화설비 중 소화기구에 해당된다.

※ 소방시설법 시행령 별표1(소방시설)
1. 소화설비 : 물 또는 그 밖의 소화약제를 사용하여 소화하는 기계·기구 또는 설비로서 다음 각 목의 것
   가. <u>소화기구</u>
      1) 소화기
      2) 간이소화용구 : <u>에어로졸식 소화용구</u>, 투척용 소화용구, 소공간용 소화용구 및 소화약제 외의 것을 이용한 간이소화용구
      3) 자동확산소화기
   나. <u>자동소화장치</u>
      1) <u>주거용 주방자동소화장치</u>
      2) <u>상업용 주방자동소화장치</u>
      3) <u>캐비닛형 자동소화장치</u>
      4) 가스자동소화장치
      5) 분말자동소화장치
      6) 고체에어로졸자동소화장치

03 정답 ③ 기본서 1권 125~126p

해설

※ 소방시설법 시행령 별표1 [소방시설]
③ 비상콘센트설비 – 소화활동설비에 해당된다.
①, ②, ④는 경보설비에 해당된다.

04 정답 ③ 기본서 1권 125p

해설

③ 고체에어로졸 자동소화장치는 소화설비 중 자동소화장치에 해당한다.

※ 소방시설법 시행령 별표1 (소방시설)
1. 소화설비 : 물 또는 그 밖의 소화약제를 사용하여 소화하는 기계·기구 또는 설비로서 다음 각 목의 것
   가. 소화기구
      1) 소화기
      2) 간이소화용구 : 에어로졸식 소화용구, 투척용 소화용구, 소공간용 소화용구 및 소화약제 외의 것을 이용한 간이소화용구
      3) 자동확산소화기
   나. 자동소화장치
      1) 주거용 주방자동소화장치
      2) 상업용 주방자동소화장치
      3) 캐비닛형 자동소화장치
      4) 가스자동소화장치
      5) 분말자동소화장치
      6) 고체에어로졸자동소화장치

05 정답 ② 기본서 1권 125p

해설

② 소화약제 외의 것을 이용한 간이소화용구

※ 소방시설법 시행령 별표1
1. 소화설비 : 물 또는 그 밖의 소화약제를 사용하여 소화하는 기계·기구 또는 설비로서 다음 각 목의 것
   가. 소화기구
      1) 소화기
      2) 간이소화용구 : 에어로졸식 소화용구, 투척용 소화용구, 소공간용 소화용구 및 소화약제 외의 것을 이용한 간이소화용구
      3) 자동확산소화기

06

정답 ③ 기본서 1권 125p

해설

※ 물분무등소화설비(소방시설법 시행령 별표1)
    1) 물분무 소화설비
    2) 미분무소화설비
    3) 포소화설비
    4) 이산화탄소소화설비
    5) 할론소화설비
    6) 할로겐화합물 및 불활성기체(다른 원소와 화학 반응을 일으키기 어려운 기체를 말한다) 소화설비
    7) 분말소화설비
    8) 강화액소화설비
    9) 고체에어로졸소화설비

07

정답 ① 기본서 1권 125~126p

해설

※ 소방시설법 시행령 별표1 (소방시설)
① 제연설비
    → 소화활동설비 : 화재를 진압하거나 인명구조활동을 위하여 사용하는 설비
② 옥내소화전설비
    → 소화설비 : 물 또는 그 밖의 소화약제를 사용하여 소화하는 기계·기구 또는 설비
③ 통합감시시설
    → 경보설비 : 화재발생 사실을 통보하는 기계·기구 또는 설비
④ 인명구조기구
    → 피난구조설비 : 화재가 발생할 경우 피난하기 위하여 사용하는 기구 또는 설비

08

정답 ② 기본서 1권 125~126p

해설

※ 소방시설법 시행령 별표1 (소방시설)
소화설비는 물 또는 그 밖의 소화약제를 사용하여 소화하는 기계·기구 또는 설비를 말한다.

09 정답 ④ 기본서 1권 125p

해설

※ 소방시설법 시행령 별표1
・물분무등소화설비
  1) 물분무 소화설비
  2) 미분무소화설비
  3) 포소화설비
  4) 이산화탄소소화설비
  5) 할론소화설비
  6) 할로겐화합물 및 불활성기체(다른 원소와 화학 반응을 일으키기 어려운 기체를 말한다) 소화설비
  7) 분말소화설비
  8) 강화액소화설비
  9) 고체에어로졸소화설비

10 정답 ① 기본서 1권 125~126p

해설

① 연소방지설비는 소화활동설비에 해당한다.

※ 소방시설법 시행령 별표1
　　피난구조설비 : 화재가 발생할 경우 피난하기 위하여 사용하는 기구 또는 설비로서 다음 각 목의 것
　가. 피난기구
　　　1) 피난사다리
　　　2) 구조대
　　　3) 완강기
　　　4) 간이완강기
　　　5) 그 밖에 화재안전기준으로 정하는 것
　나. 인명구조기구
　　　1) 방열복, 방화복(안전모, 보호장갑 및 안전화를 포함한다)
　　　2) 공기호흡기
　　　3) 인공소생기
　다. 유도등
　　　1) 피난유도선
　　　2) 피난구유도등
　　　3) 통로유도등
　　　4) 객석유도등
　　　5) 유도표지
　라. 비상조명등 및 휴대용비상조명등

11
정답 ②   기본서 1권   125p

해설
② 자동화재탐지설비는 경보설비에 해당한다.(소방시설법 시행령 별표1)

12
정답 ②   기본서 1권   126p

해설
② 상수도소화용수설비는 소화용수설비에 해당한다.

※ 소방시설법 시행령 별표1
- 소화활동설비 : 화재를 진압하거나 인명구조활동을 위하여 사용하는 설비로서 다음 각 목의 것
  가. 제연설비
  나. 연결송수관설비
  다. 연결살수설비
  라. 비상콘센트설비
  마. 무선통신보조설비
  바. 연소방지설비

13
정답 ②   기본서 1권   125~126p

해설
※ 소방시설법 시행령 별표1
② 연소방지설비
  → 소화활동설비 : 화재를 진압하거나 인명구조활동을 위하여 사용하는 설비
① 옥내소화전설비
  → 소화설비 : 물 또는 그 밖의 소화약제를 사용하여 소화하는 기계·기구 또는 설비
③ 비상경보설비
  → 경보설비 : 화재발생 사실을 통보하는 기계·기구 또는 설비
④ 저수조
  → 소화용수설비 : 화재를 진압하는 데 필요한 물을 공급하거나 저장하는 설비

14
정답 ③ 기본서 1권 125~126p

해설
ⓒ 자동화재탐지설비 - 경보설비 (영 별표1)
ⓔ 비상방송설비 - 경보설비 (영 별표1)

※ 소방시설법 시행령 별표1
- 소화활동설비 : 화재를 진압하거나 인명구조활동을 위하여 사용하는 설비로서 다음 각 목의 것
  가. 제연설비
  나. 연결송수관설비
  다. 연결살수설비
  라. 비상콘센트설비
  마. 무선통신보조설비
  바. 연소방지설비

15
정답 ④ 기본서 1권 125~126p

해설
④ 소화활동설비 : 화재를 진압하거나 인명구조활동을 위하여 사용하는 설비(소방시설법 시행령 별표1)

16
정답 ④ 기본서 1권 125~126p

해설
④ 비상콘센트설비는 소화활동설비에 해당한다.
나머지 ①, ②, ③은 경보설비에 해당한다. (소방시설법 시행령 별표1)

17 정답 ③ 기본서 1권 125p

해설
③ 피난유도선은 피난구조설비 중 유도등에 해당한다.

※ 소방시설법 시행령 별표1
피난구조설비 : 화재가 발생할 경우 피난하기 위하여 사용하는 기구 또는 설비로서 다음 각 목의 것
가. 피난기구
 1) 피난사다리
 2) 구조대
 3) 완강기
 4) 간이완강기
 5) 그 밖에 화재안전기준으로 정하는 것
나. 인명구조기구
 1) 방열복, 방화복(안전모, 보호장갑 및 안전화를 포함한다)
 2) 공기호흡기
 3) 인공소생기
다. 유도등
 1) 피난유도선
 2) 피난구유도등
 3) 통로유도등
 4) 객석유도등
 5) 유도표지
라. 비상조명등 및 휴대용비상조명등

18 정답 ④ 기본서 1권 125~126p

해설
④ 공기호흡기는 피난구조설비 중 인명구조기구이다.(소방시설법 시행령 별표1)

19 정답 ④ 기본서 1권 125~126p

해설
④ 무선통신보조설비는 소화활동설비이다.(소방시설법 시행령 별표1)

20 정답 ③ 기본서 1권 125p, 128p, 139p

해설

※ 소방시설법 제2조(정의)

① 이 법에서 사용하는 용어의 뜻은 다음과 같다.

1. "소방시설"이란 소화설비, 경보설비, 피난구조설비, 소화용수설비, 그 밖에 소화활동설비로서 대통령령으로 정하는 것을 말한다.
2. "소방시설등"이란 소방시설과 비상구(非常口), 그 밖에 소방 관련 시설로서 대통령령으로 정하는 것을 말한다.
3. "특정소방대상물"이란 건축물 등의 규모·용도 및 수용인원 등을 고려하여 소방시설을 설치하여야 하는 소방대상물로서 대통령령으로 정하는 것을 말한다.
4. "화재안전성능"이란 화재를 예방하고 화재발생 시 피해를 최소화하기 위하여 소방대상물의 재료, 공간 및 설비 등에 요구되는 안전성능을 말한다.
5. "성능위주설계"란 건축물 등의 재료, 공간, 이용자, 화재 특성 등을 종합적으로 고려하여 공학적 방법으로 화재 위험성을 평가하고 그 결과에 따라 화재안전성능이 확보될 수 있도록 특정소방대상물을 설계하는 것을 말한다.
6. "화재안전기준"이란 소방시설 설치 및 관리를 위한 다음 각 목의 기준을 말한다.
    가. 성능기준: 화재안전 확보를 위하여 재료, 공간 및 설비 등에 요구되는 안전성능으로서 소방청장이 고시로 정하는 기준
    나. 기술기준: 가목에 따른 성능기준을 충족하는 상세한 규격, 특정한 수치 및 시험방법 등에 관한 기준으로서 행정안전부령으로 정하는 절차에 따라 소방청장의 승인을 받은 기준
7. "소방용품"이란 소방시설등을 구성하거나 소방용으로 사용되는 제품 또는 기기로서 대통령령으로 정하는 것을 말한다.

21 정답 ② 기본서 1권 128p

해설

※ 소방시설법 시행령 제4조(소방시설등)

법 제2조제1항 제2호에서 "대통령령으로 정하는 것"이란 방화문 및 자동방화셔터를 말한다.

22 정답 ① 기본서 1권 129p

해설

① 종교집회장으로서 같은 건축물에 해당 용도로 쓰는 바닥면적의 합계가 300㎡ 미만인 것 (영 별표2)

23 정답 ② 기본서 1권 129p

해설

- 공연장 또는 종교집회장으로서 같은 건축물에 해당 용도로 쓰는 바닥면적의 합계가 300㎡ 미만인 것 (영 별표2)
- 의료기기 판매소 및 자동차영업소로서 같은 건축물에 해당 용도로 쓰는 바닥면적의 합계가 1천㎡ 미만인 것 (영 별표2)

24 정답 ④ 기본서 1권 130p, 135p

해설

④ 야외음악당 - 관광 휴게시설

※ 소방시설법 시행령 별표2

3. 문화 및 집회시설

　가. 공연장으로서 근린생활시설에 해당하지 않는 것
　나. 집회장 : 예식장, 공회당, 회의장, 마권 장외 발매소, 마권 전화투표소, 근린생활시설에 해당하지 않는 것
　다. 관람장 : 경마장, 경륜장, 경정장, 자동차 경기장, 체육관 및 운동장으로서 관람석의 바닥면적의 합계가 1천㎡ 이상인 것
　라. 전시장 : 박물관, 미술관, 과학관, 문화관, 체험관, 기념관, 산업전시장, 박람회장, 견본주택
　마. 동·식물원 : 동물원, 식물원, 수족관

25 정답 ③ 기본서 1권 130p

해설

※ 소방시설법 시행령 별표2

5. 판매시설

　라. 상점 : 다음의 어느 하나에 해당하는 것(그 안에 있는 근린생활시설을 포함한다)
　　1) 슈퍼마켓과 일용품 등의 소매점에 해당하는 용도로서 같은 건축물에 해당 용도로 쓰는 바닥면적 합계가 1천㎡ 이상인 것
　　2) 청소년게임제공업 및 일반게임제공업의 시설, 인터넷컴퓨터게임시설제공업의 시설 및 복합유통게임제공업의 시설에 해당하는 용도로서 같은 건축물에 해당 용도로 쓰는 바닥면적 합계가 500㎡ 이상인 것

26
정답 ③ **기본서 1권** 131p, 133p

해설
③ 자동차운전학원 - 항공기 및 자동차 관련 시설
※ 소방시설법 시행령 별표2
8. 교육연구시설
　가. 학교
　　　1) 초등학교, 중학교, 고등학교, 특수학교 : 교사(교실·도서실 등 교수·학습활동에 직접 또는 간접적으로 필요한 시설물을 말하되, 병설유치원으로 사용되는 부분은 제외), 체육관, 급식시설, 합숙소(학교의 운동부, 기능선수 등이 집단으로 숙식하는 장소)
　　　2) 대학, 대학교 : 교사 및 합숙소
　나. 교육원(연수원 포함)
　다. 직업훈련소
　라. 학원(근린생활시설에 해당하는 것과 자동차운전학원·정비학원 및 무도학원은 제외)
　마. 연구소(연구소에 준하는 시험소와 계량계측소를 포함)
　바. 도서관

27
정답 ③ **기본서 1권** 129~135p

해설
※ 소방시설법 시행령 별표2 (특정소방대상물)
① 독서실은 근린생활시설에 해당된다.
② 종교집회장 안에 설치된 봉안당 제외한다.
④ 동·식물원은 문화 및 집회시설에 해당된다.

28
정답 ① **기본서 1권** 129~135p

해설
※ 소방시설법 시행령 별표2
㉠ 유치원(병설유치원 포함) (O)
㉡ 요양병원 (X)
　→ 의료시설
㉢ 정신요양시설 (O)
㉣ 학대피해노인 전용쉼터 (O)
㉤ 학원 (X)
　→ 학원(같은 건축물에 해당 용도로 쓰는 바닥면적의 합계가 500㎡ 미만인 것) : 근린생활시설
　→ 자동차운전학원·정비학원 : 항공기 및 자동차 관련 시설
　→ 무도학원 : 위락시설
　→ 학원(근린생활시설에 해당하는 것과 자동차운전학원·정비학원 및 무도학원은 제외) : 교육연구시설

29

정답 ② **기본서 1권** 131p

해설

② 전염병원은 격리병원에 해당하고, 나머지 ①, ③, ④는 병원에 해당한다.

※ 소방시설법 시행령 별표2(특정소방대상물)
- 의료시설
  가. 병원 : 종합병원, 병원, 치과병원, 한방병원, 요양병원
  나. 격리병원 : 전염병원, 마약진료소, 그 밖에 이와 비슷한 것
  다. 정신의료기관
  라. 「장애인복지법」 제58조 제1항 제4호에 따른 장애인 의료재활시설

30

정답 ④ **기본서 1권** 131p

해설

④ 병설유치원
→ 병설유치원은 노유자시설에 해당한다.

※ 소방시설법 시행령 별표2 (특정소방대상물)
8. 교육연구시설
   가. 학교
   1) 초등학교, 중학교, 고등학교, 특수학교, 그 밖에 이에 준하는 학교 : 「학교시설사업 촉진법」 제2조 제1호 나목의 교사(校舍)(교실·도서실 등 교수·학습활동에 직접 또는 간접적으로 필요한 시설물을 말하되, 병설유치원으로 사용되는 부분은 제외한다. 이하 같다), 체육관, 「학교급식법」 제6조에 따른 급식시설, 합숙소(학교의 운동부, 기능선수 등이 집단으로 숙식하는 장소를 말한다. 이하 같다)
9. 노유자시설
   나. 아동 관련 시설 : 「아동복지법」에 따른 아동복지시설, 「영유아보육법」에 따른 어린이집, 「유아교육법」에 따른 유치원[제8호 가목1)에 따른 학교의 교사 중 병설유치원으로 사용되는 부분을 포함한다], 그 밖에 이와 비슷한 것

31

정답 ② **기본서 1권** 129~133p

해설

② 철도, 항만시설, 종합여객시설은 운수시설에 해당한다.

※ 소방시설법 시행령 별표2 (특정소방대상물)
- 운수시설
  가. 여객자동차터미널
  나. 철도 및 도시철도 시설(정비창 등 관련 시설을 포함한다)
  다. 공항시설(항공관제탑을 포함한다)
  라. 항만시설 및 종합여객시설

32 정답 ① 기본서 1권 129~135p

해설

※ 소방시설법 시행령 별표2 (특정소방대상물)
② 치과의원 : 근린생활시설
③ 자동차검사장 : 항공기 및 자동차 관련시설
④ 장례식장 : 장례시설

33 정답 ③ 기본서 1권 129~134p

해설

※ 소방시설법 시행령 별표2
① 근린생활시설 : 슈퍼마켓과 일용품(식품, 잡화, 의류, 완구, 서적, 건축자재, 의약품, 의료기기 등) 등의 소매점으로서 같은 건축물(하나의 대지에 두 동 이상의 건축물이 있는 경우에는 이를 같은 건축물로 본다. 이하 같다)에 해당 용도로 쓰는 바닥면적의 합계가 1천㎡ 미만인 것
② 유원지는 관광 휴게시설이다.
④ 치과의원은 근린생활시설이다.

34 정답 ① 기본서 1권 130~134p

해설

① 방송국은 방송통신시설에 해당된다.(소방시설법 시행령 별표2)

35 정답 ② 기본서 1권 132p

해설

※ 소방시설법 시행령 별표2
- 업무시설
  가. 공공업무시설 : 국가 또는 지방자치단체의 청사와 외국공관의 건축물로서 근린생활시설에 해당하지 않는 것
  나. 일반업무시설 : 금융업소, 사무소, 신문사, 오피스텔(업무를 주로 하며, 분양하거나 임대하는 구획 중 일부의 구획에서 숙식을 할 수 있도록 한 건축물로서 국토교통부장관이 고시하는 기준에 적합한 것을 말한다), 그 밖에 이와 비슷한 것으로서 근린생활시설에 해당하지 않는 것
  다. 주민자치센터(동사무소), 경찰서, 지구대, 파출소, 소방서, 119안전센터, 우체국, 보건소, 공공도서관, 국민건강보험공단, 그 밖에 이와 비슷한 용도로 사용하는 것
  라. 마을회관, 마을공동작업소, 마을공동구판장, 그 밖에 이와 유사한 용도로 사용되는 것
  마. 변전소, 양수장, 정수장, 대피소, 공중화장실, 그 밖에 이와 유사한 용도로 사용되는 것

36 정답 ① 기본서 1권 129p, 131p, 134p

해설
※ 소방시설법 시행령 별표2
② 요양병원은 의료시설이다.
③ 치과의원은 근린생활시설이다.
④ 안마시술소는 근린생활시설이다.

37 정답 ① 기본서 1권 130p, 134p

해설
㉠, ㉢, ㉤, ㉥은 문화 및 집회시설이다.

※ 소방시설법 시행령 별표2
동물 및 식물 관련 시설
  가. 축사[부화장(孵化場)을 포함한다]
  나. 가축시설 : 가축용 운동시설, 인공수정센터, 관리사(管理舍), 가축용 창고, 가축시장, 동물검역소, 실험동물 사육시설, 그 밖에 이와 비슷한 것
  다. 도축장
  라. 도계장
  마. 작물 재배사(栽培舍)
  바. 종묘배양시설
  사. 화초 및 분재 등의 온실
  아. 식물과 관련된 마목부터 사목까지의 시설과 비슷한 것(동·식물원은 제외한다)

38 정답 ④ 기본서 1권 136p~137p

해설

④는 각각 별개의 특정소방대상물로 본다.

※ 소방시설법 시행령 별표2 -비고

비고

1. 내화구조로 된 하나의 특정소방대상물이 개구부 및 연소 확대 우려가 없는 내화구조의 바닥과 벽으로 구획되어 있는 경우에는 그 구획된 부분을 각각 별개의 특정소방대상물로 본다. 다만, 제9조에 따라 성능위주설계를 해야 하는 범위를 정할 때에는 하나의 소방대상물로 본다.

2. 둘 이상의 특정소방대상물이 다음 각 목의 어느 하나에 해당되는 구조의 복도 또는 통로(이하 이 표에서 "연결통로"라 한다)로 연결된 경우에는 이를 하나의 소방대상물로 본다.

    가. 내화구조로 된 연결통로가 다음의 어느 하나에 해당되는 경우

    1) 벽이 없는 구조로서 그 길이가 6m 이하인 경우

    2) 벽이 있는 구조로서 그 길이가 10m 이하인 경우. 다만, 벽 높이가 바닥에서 천장까지의 높이의 2분의 1 이상인 경우에는 벽이 있는 구조로 보고, 벽 높이가 바닥에서 천장까지의 높이의 2분의 1 미만인 경우에는 벽이 없는 구조로 본다.

    나. 내화구조가 아닌 연결통로로 연결된 경우

    다. 컨베이어로 연결되거나 플랜트설비의 배관 등으로 연결되어 있는 경우

    라. 지하보도, 지하상가, 지하가로 연결된 경우

    마. 자동방화셔터 또는 60분+방화문이 설치되지 않은 피트(전기설비 또는 배관설비 등이 설치되는 공간을 말한다)로 연결된 경우

    바. 지하구로 연결된 경우

3. 제2호에도 불구하고 연결통로 또는 지하구와 특정소방대상물의 양쪽에 다음 각 목의 어느 하나에 해당하는 시설이 적합하게 설치된 경우에는 각각 별개의 특정소방대상물로 본다.

    가. 화재 시 경보설비 또는 자동소화설비의 작동과 연동하여 자동으로 닫히는 자동방화셔터 또는 60분+방화문이 설치된 경우

    나. 화재 시 자동으로 방수되는 방식의 드렌처설비 또는 개방형 스프링클러헤드가 설치된 경우

4. 위 제1호부터 제30호까지의 특정소방대상물의 지하층이 지하가와 연결되어 있는 경우 해당 지하층의 부분을 지하가로 본다. 다만, 다음 지하가와 연결되는 지하층에 지하층 또는 지하가에 설치된 자동방화셔터 또는 60분+방화문이 화재 시 경보설비 또는 자동소화설비의 작동과 연동하여 자동으로 닫히는 구조이거나 그 윗부분에 드렌처설비가 설치된 경우에는 지하가로 보지 않는다.

39 정답 ④ 기본서 1권 136~137p

해설

④ 벽이 있는 구조로서 그 길이가 10m 이하인 경우이다.

※ 소방시설법 시행령 별표2 -비고

비고
1. 내화구조로 된 하나의 특정소방대상물이 개구부 및 연소 확대 우려가 없는 내화구조의 바닥과 벽으로 구획되어 있는 경우에는 그 구획된 부분을 각각 별개의 특정소방대상물로 본다. 다만, 제9조에 따라 성능위주설계를 해야 하는 범위를 정할 때에는 하나의 소방대상물로 본다.
2. 둘 이상의 특정소방대상물이 다음 각 목의 어느 하나에 해당되는 구조의 복도 또는 통로(이하 이 표에서 "연결통로"라 한다)로 연결된 경우에는 이를 하나의 소방대상물로 본다.
    가. 내화구조로 된 연결통로가 다음의 어느 하나에 해당되는 경우
        1) 벽이 없는 구조로서 그 길이가 6m 이하인 경우
        2) 벽이 있는 구조로서 그 길이가 10m 이하인 경우. 다만, 벽 높이가 바닥에서 천장까지의 높이의 2분의 1 이상인 경우에는 벽이 있는 구조로 보고, 벽 높이가 바닥에서 천장까지의 높이의 2분의 1 미만인 경우에는 벽이 없는 구조로 본다.
    나. 내화구조가 아닌 연결통로로 연결된 경우
    다. 컨베이어로 연결되거나 플랜트설비의 배관 등으로 연결되어 있는 경우
    라. 지하보도, 지하상가, 지하가로 연결된 경우
    마. 자동방화셔터 또는 60분+방화문이 설치되지 않은 피트(전기설비 또는 배관설비 등이 설치되는 공간을 말한다)로 연결된 경우
    바. 지하구로 연결된 경우
3. 제2호에도 불구하고 연결통로 또는 지하구와 특정소방대상물의 양쪽에 다음 각 목의 어느 하나에 해당하는 시설이 적합하게 설치된 경우에는 각각 별개의 특정소방대상물로 본다.
    가. 화재 시 경보설비 또는 자동소화설비의 작동과 연동하여 자동으로 닫히는 자동방화셔터 또는 60분+방화문이 설치된 경우
    나. 화재 시 자동으로 방수되는 방식의 드렌처설비 또는 개방형 스프링클러헤드가 설치된 경우
4. 위 제1호부터 제30호까지의 특정소방대상물의 지하층이 지하가와 연결되어 있는 경우 해당 지하층의 부분을 지하가로 본다. 다만, 다음 지하가와 연결되는 지하층에 지하층 또는 지하가에 설치된 자동방화셔터 또는 60분+방화문이 화재 시 경보설비 또는 자동소화설비의 작동과 연동하여 자동으로 닫히는 구조이거나 그 윗부분에 드렌처설비가 설치된 경우에는 지하가로 보지 않는다.

40 정답 ④ 기본서 1권 138p

해설

④ 승인을 통보받은 국립소방연구원장은 승인받은 기술기준을 관보에 게재하고, <u>국립소방연구원 인터넷 홈페이지</u>를 통해 공개해야 한다.

※ 소방시설법 시행규칙 제2조【기술기준의 제정·개정 절차】

① 국립소방연구원장은 화재안전기준 중 기술기준(이하 "기술기준"이라 한다)을 제정·개정하려는 경우 제정안·개정안을 작성하여「소방시설 설치 및 관리에 관한 법률」(이하 "법"이라 한다) 제18조제1항에 따른 중앙소방기술심의위원회(이하 "중앙위원회"라 한다)의 심의·의결을 거쳐야 한다. 이 경우 제정안·개정안의 작성을 위해 소방 관련 기관·단체 및 개인 등의 의견을 수렴할 수 있다.

② 국립소방연구원장은 제1항에 따라 중앙위원회의 심의·의결을 거쳐 다음 각 호의 사항이 포함된 승인신청서를 소방청장에게 제출해야 한다.

  1. 기술기준의 제정안 또는 개정안
  2. 기술기준의 제정 또는 개정 이유
  3. 기술기준의 심의 경과 및 결과

③ 제2항에 따라 승인신청서를 제출받은 소방청장은 제정안 또는 개정안이 화재안전기준 중 성능기준 등을 충족하는지를 검토하여 승인 여부를 결정하고 국립소방연구원장에게 통보해야 한다.

④ 제3항에 따라 승인을 통보받은 국립소방연구원장은 승인받은 기술기준을 관보에 게재하고, 국립소방연구원 인터넷 홈페이지를 통해 공개해야 한다.

⑤ 제1항부터 제4항까지에서 규정한 사항 외에 기술기준의 제정·개정을 위하여 필요한 사항은 국립소방연구원장이 정한다.

41

정답 ④ 　기본서 1권　139p

해설

④ 지지대도 포함한다.

※ 소방시설법 시행령 별표3 (소방용품)
1. 소화설비를 구성하는 제품 또는 기기
   가. 별표 1 제1호가목의 소화기구(소화약제 외의 것을 이용한 간이소화용구는 제외한다)
   나. 별표 1 제1호나목의 자동소화장치
   다. 소화설비를 구성하는 소화전, 관창(菅槍), 소방호스, 스프링클러헤드, 기동용 수압개폐장치, 유수제어밸브 및 가스관선택밸브
2. 경보설비를 구성하는 제품 또는 기기
   가. 누전경보기 및 가스누설경보기
   나. 경보설비를 구성하는 발신기, 수신기, 중계기, 감지기 및 음향장치(경종만 해당한다)
3. 피난구조설비를 구성하는 제품 또는 기기
   가. 피난사다리, 구조대, 완강기(지지대를 포함한다) 및 간이완강기(지지대를 포함한다)
   나. 공기호흡기(충전기를 포함한다)
   다. 피난구유도등, 통로유도등, 객석유도등 및 예비 전원이 내장된 비상조명등
4. 소화용으로 사용하는 제품 또는 기기
   가. 소화약제(별표 1 제1호나목2)와 3)의 자동소화장치와 같은 호 마목3)부터 9)까지의 소화설비용만 해당한다)
   나. 방염제(방염액·방염도료 및 방염성물질을 말한다)
5. 그 밖에 행정안전부령으로 정하는 소방 관련 제품 또는 기기

42

정답 ① 　기본서 1권　139p

해설

① 음향장치 중 사이렌은 소방용품에 해당하지 아니한다.

※ 소방시설법 시행령 별표3 (소방용품)
1. 소화설비를 구성하는 제품 또는 기기
   가. 별표 1 제1호가목의 소화기구(소화약제 외의 것을 이용한 간이소화용구는 제외한다)
   나. 별표 1 제1호나목의 자동소화장치
   다. 소화설비를 구성하는 소화전, 관창(菅槍), 소방호스, 스프링클러헤드, 기동용 수압개폐장치, 유수제어밸브 및 가스관선택밸브
2. 경보설비를 구성하는 제품 또는 기기
   가. 누전경보기 및 가스누설경보기
   나. 경보설비를 구성하는 발신기, 수신기, 중계기, 감지기 및 음향장치(경종만 해당한다)

3. 피난구조설비를 구성하는 제품 또는 기기
    가. 피난사다리, 구조대, 완강기(지지대를 포함한다) 및 간이완강기(지지대를 포함한다)
    나. 공기호흡기(충전기를 포함한다)
    다. 피난구유도등, 통로유도등, 객석유도등 및 예비 전원이 내장된 비상조명등
4. 소화용으로 사용하는 제품 또는 기기
    가. 소화약제(별표 1 제1호나목2)와 3)의 자동소화장치와 같은 호 마목3)부터 9)까지의 소화설비용만 해당한다)
    나. 방염제(방염액·방염도료 및 방염성물질을 말한다)
5. 그 밖에 행정안전부령으로 정하는 소방 관련 제품 또는 기기

43 정답 ④ 기본서 1권 139p

해설
㉠ 자동소화장치 (O)
㉡ 물분무등소화설비 (X)
㉢ 방열복, 방화복(안전모, 보호장갑 및 안전화를 포함) (X)
㉣ 예비 전원이 내장된 비상조명등 (O)
㉤ 경보설비를 구성하는 발신기, 수신기 (O)
㉥ 통로유도등, 객석유도등 (O)

44 정답 ② 기본서 1권 139p

해설
② 30분의 1 이하가 되는 층을 말한다.

※ 소방시설법 시행령 제2조(정의)
1. "무창층"(無窓層)이란 지상층 중 다음 각 목의 요건을 모두 갖춘 개구부(건축물에서 채광·환기·통풍 또는 출입 등을 위하여 만든 창·출입구, 그 밖에 이와 비슷한 것을 말한다. 이하 같다)의 면적의 합계가 해당 층의 바닥면적(「건축법 시행령」 제119조제1항제3호에 따라 산정된 면적을 말한다. 이하 같다)의 30분의 1 이하가 되는 층을 말한다.
    가. 크기는 지름 50센티미터 이상의 원이 통과할 수 있을 것
    나. 해당 층의 바닥면으로부터 개구부 밑부분까지의 높이가 1.2미터 이내일 것
    다. 도로 또는 차량이 진입할 수 있는 빈터를 향할 것
    라. 화재 시 건축물로부터 쉽게 피난할 수 있도록 창살이나 그 밖의 장애물이 설치되지 않을 것
    마. 내부 또는 외부에서 쉽게 부수거나 열 수 있을 것
2. "피난층"이란 곧바로 지상으로 갈 수 있는 출입구가 있는 층을 말한다.

45 정답 ③ 기본서 1권 139p

해설

③ (㉠) : 무창층, (㉡) : 바닥면적, (㉢) : 30분의 1 이하

※ 소방시설법 시행령 제2조(정의)
1. "무창층"(無窓層)이란 지상층 중 다음 각 목의 요건을 모두 갖춘 개구부(건축물에서 채광·환기·통풍 또는 출입 등을 위하여 만든 창·출입구, 그 밖에 이와 비슷한 것을 말한다. 이하 같다)의 면적의 합계가 해당 층의 바닥면적(「건축법 시행령」 제119조제1항제3호에 따라 산정된 면적을 말한다. 이하 같다)의 30분의 1 이하가 되는 층을 말한다.
   가. 크기는 지름 50센티미터 이상의 원이 통과할 수 있을 것
   나. 해당 층의 바닥면으로부터 개구부 밑부분까지의 높이가 1.2미터 이내일 것
   다. 도로 또는 차량이 진입할 수 있는 빈터를 향할 것
   라. 화재 시 건축물로부터 쉽게 피난할 수 있도록 창살이나 그 밖의 장애물이 설치되지 않을 것
   마. 내부 또는 외부에서 쉽게 부수거나 열 수 있을 것
2. "피난층"이란 곧바로 지상으로 갈 수 있는 출입구가 있는 층을 말한다.

46 정답 ④ 기본서 1권 139p

해설

④ 바닥으로부터 개구부 밑 부분까지 높이가 1.2m 이내일 것

※ 소방시설법 시행령 제2조(정의)
1. "무창층"(無窓層)이란 지상층 중 다음 각 목의 요건을 모두 갖춘 개구부(건축물에서 채광·환기·통풍 또는 출입 등을 위하여 만든 창·출입구, 그 밖에 이와 비슷한 것을 말한다. 이하 같다)의 면적의 합계가 해당 층의 바닥면적(「건축법 시행령」 제119조제1항제3호에 따라 산정된 면적을 말한다. 이하 같다)의 30분의 1 이하가 되는 층을 말한다.
   가. 크기는 지름 50센티미터 이상의 원이 통과할 수 있을 것
   나. 해당 층의 바닥면으로부터 개구부 밑부분까지의 높이가 1.2미터 이내일 것
   다. 도로 또는 차량이 진입할 수 있는 빈터를 향할 것
   라. 화재 시 건축물로부터 쉽게 피난할 수 있도록 창살이나 그 밖의 장애물이 설치되지 않을 것
   마. 내부 또는 외부에서 쉽게 부수거나 열 수 있을 것
2. "피난층"이란 곧바로 지상으로 갈 수 있는 출입구가 있는 층을 말한다.

제2장 소방시설등의 설치·관리 및 방염

47 정답 ④   기본서 1권   144p

해설
※ 소방시설법 제6조(건축허가등의 동의 등)
① 건축물 등의 신축·증축·개축·재축(再築)·이전·용도변경 또는 대수선(大修繕)의 허가·협의 및 사용승인(「주택법」 제15조에 따른 승인 및 같은 법 제49조에 따른 사용검사, 「학교시설사업 촉진법」 제4조에 따른 승인 및 같은 법 제13조에 따른 사용승인을 포함하며, 이하 "건축허가등"이라 한다)의 권한이 있는 행정기관은 건축허가등을 할 때 미리 그 건축물 등의 시공지(施工地) 또는 소재지를 관할하는 소방본부장이나 소방서장의 동의를 받아야 한다.

48 정답 ②   기본서 1권   144p

해설
동의 요구를 받은 소방본부장 또는 소방서장은 건축허가등의 동의 요구서류를 접수한 날부터 5일(특급 소방안전관리대상물에 해당하는 경우 10일) 이내에 건축허가등의 동의 여부를 회신하여야 한다.(규칙 제3조 제3항)

49 정답 ④   기본서 1권   146p

해설
① 층수가 6층 이상인 건축물 (영 제7조 제1항)
② 차고·주차장으로 사용되는 바닥면적이 200제곱미터 이상인 층이 있는 건축물이나 주차시설 (영 제7조 제1항)
③ 장애인 의료재활시설은 300제곱미터 이상의 건축물 (영 제7조 제1항)

50 정답 ② 기본서 1권 146~147p

해설

㉠, ㉣ -해당되지 않는 내용

※ 소방시설법 시행령 제7조(건축허가등의 동의대상물의 범위 등)
① 법 제6조제1항에 따라 건축물 등의 신축·증축·개축·재축·이전·용도변경 또는 대수선의 허가·협의 및 사용승인(「주택법」 제15조에 따른 승인 및 같은 법 제49조에 따른 사용검사, 「학교시설사업 촉진법」 제4조에 따른 승인 및 같은 법 제13조에 따른 사용승인을 포함하며, 이하 "건축허가등"이라 한다)을 할 때 미리 소방본부장 또는 소방서장의 동의를 받아야 하는 건축물 등의 범위는 다음 각 호와 같다.
1. 연면적(「건축법 시행령」 제119조제1항제4호에 따라 산정된 면적을 말한다. 이하 같다)이 400제곱미터 이상인 건축물이나 시설. 다만, 다음 각 목의 어느 하나에 해당하는 건축물이나 시설은 해당 목에서 정한 기준 이상인 건축물이나 시설로 한다.
   가. 「학교시설사업 촉진법」 제5조의2제1항에 따라 건축등을 하려는 학교시설: 100제곱미터
   나. 별표 2의 특정소방대상물 중 노유자(老幼者)시설 및 수련시설: 200제곱미터
   다. 「정신건강증진 및 정신질환자 복지서비스 지원에 관한 법률」 제3조제5호에 따른 정신의료기관(입원실이 없는 정신건강의학과 의원은 제외하며, 이하 "정신의료기관"이라 한다): 300제곱미터
   라. 「장애인복지법」 제58조제1항제4호에 따른 장애인 의료재활시설(이하 "의료재활시설"이라 한다): 300제곱미터
2. 지하층 또는 무창층이 있는 건축물로서 바닥면적이 150제곱미터(공연장의 경우에는 100제곱미터) 이상인 층이 있는 것
3. 차고·주차장 또는 주차 용도로 사용되는 시설로서 다음 각 목의 어느 하나에 해당하는 것
   가. 차고·주차장으로 사용되는 바닥면적이 200제곱미터 이상인 층이 있는 건축물이나 주차시설
   나. 승강기 등 기계장치에 의한 주차시설로서 자동차 20대 이상을 주차할 수 있는 시설
4. 층수(「건축법 시행령」 제119조제1항제9호에 따라 산정된 층수를 말한다. 이하 같다)가 6층 이상인 건축물
5. 항공기격납고, 관망탑, 항공관제탑, 방송용 송수신탑
6. 별표 2의 특정소방대상물 중 의원(입원실이 있는 것으로 한정한다)·조산원·산후조리원, 위험물저장 및 처리 시설, 발전시설 중 풍력발전소·전기저장시설, 지하구(地下溝)
7. 제1호나목에 해당하지 않는 노유자시설 중 다음 각 목의 어느 하나에 해당하는 시설. 다만, 가목2) 및 나목부터 바목까지의 시설 중 「건축법 시행령」 별표 1의 단독주택 또는 공동주택에 설치되는 시설은 제외 한다.
   가. 별표 2 제9호가목에 따른 노인 관련 시설 중 다음의 어느 하나에 해당하는 시설
      1) 「노인복지법」 제31조제1호에 따른 노인주거복지시설, 같은 조 제2호에 따른 노인의료복지시설 및 같은 조 제4호에 따른 재가노인복지시설
      2) 「노인복지법」 제31조제7호에 따른 학대피해노인 전용쉼터
   나. 「아동복지법」 제52조에 따른 아동복지시설(아동상담소, 아동전용시설 및 지역아동센터는 제외한다)
   다. 「장애인복지법」 제58조제1항제1호에 따른 장애인 거주시설
   라. 정신질환자 관련 시설(「정신건강증진 및 정신질환자 복지서비스 지원에 관한 법률」 제27조제1항제2호에 따른 공동생활가정을 제외한 재활훈련시설과 같은 법 시행령 제16조제3호에 따른 종합시설 중 24시간 주거를 제공하지 아니하는 시설은 제외한다)
   마. 별표 2 제9호마목에 따른 노숙인 관련 시설 중 노숙인자활시설, 노숙인재활시설 및 노숙인요양시설
   바. 결핵환자나 한센인이 24시간 생활하는 노유자시설

8. 「의료법」제3조제2항제3호 라목에 따른 요양병원(이하 "요양병원"이라 한다). 다만, 의료재활시설은 제외한다.
9. 별표 2의 특정소방대상물 중 공장 또는 창고시설로서 「화재의 예방 및 안전관리에 관한 법률 시행령」별표 2에서 정하는 수량의 750배 이상의 특수가연물을 저장·취급하는 것
10. 별표 2 제17호나목에 따른 가스시설로서 지상에 노출된 탱크의 저장용량의 합계가 100톤 이상인 것

51

정답 ③ **기본서 1권** 146p

해설
③ 차고·주차장으로 사용되는 바닥면적이 <u>200제곱미터</u> 이상인 층이 있는 건축물이나 주차시설(영 제7조)

52

정답 ② **기본서 1권** 146p

해설
② 「장애인복지법」에 따른 연면적 <u>300제곱미터</u> 이상인 장애인 의료재활시설(영 제7조)

53 정답 ④   기본서 1권 146~147p

해설

ㄹ 100 제곱미터 이상

※ 소방시설법 시행령 제7조(건축허가등의 동의대상물의 범위 등)

① 법 제6조제1항에 따라 건축물 등의 신축·증축·개축·재축·이전·용도변경 또는 대수선의 허가·협의 및 사용승인(「주택법」 제15조에 따른 승인 및 같은 법 제49조에 따른 사용검사, 「학교시설사업 촉진법」 제4조에 따른 승인 및 같은 법 제13조에 따른 사용승인을 포함하며, 이하 "건축허가등"이라 한다)을 할 때 미리 소방본부장 또는 소방서장의 동의를 받아야 하는 건축물 등의 범위는 다음 각 호와 같다.

1. 연면적(「건축법 시행령」 제119조제1항제4호에 따라 산정된 면적을 말한다. 이하 같다)이 400제곱미터 이상인 건축물이나 시설. 다만, 다음 각 목의 어느 하나에 해당하는 건축물이나 시설은 해당 목에서 정한 기준 이상인 건축물이나 시설로 한다.
   가. 「학교시설사업 촉진법」 제5조의2제1항에 따라 건축등을 하려는 학교시설: 100제곱미터
   나. 별표 2의 특정소방대상물 중 노유자(老幼者)시설 및 수련시설: 200제곱미터
   다. 「정신건강증진 및 정신질환자 복지서비스 지원에 관한 법률」 제3조제5호에 따른 정신의료기관(입원실이 없는 정신건강의학과 의원은 제외하며, 이하 "정신의료기관"이라 한다): 300제곱미터
   라. 「장애인복지법」 제58조제1항제4호에 따른 장애인 의료재활시설(이하 "의료재활시설"이라 한다): 300제곱미터
2. 지하층 또는 무창층이 있는 건축물로서 바닥면적이 150제곱미터(공연장의 경우에는 100제곱미터) 이상인 층이 있는 것
3. 차고·주차장 또는 주차 용도로 사용되는 시설로서 다음 각 목의 어느 하나에 해당하는 것
   가. 차고·주차장으로 사용되는 바닥면적이 200제곱미터 이상인 층이 있는 건축물이나 주차시설
   나. 승강기 등 기계장치에 의한 주차시설로서 자동차 20대 이상을 주차할 수 있는 시설
4. 층수(「건축법 시행령」 제119조제1항제9호에 따라 산정된 층수를 말한다. 이하 같다)가 6층 이상인 건축물
5. 항공기격납고, 관망탑, 항공관제탑, 방송용 송수신탑
6. 별표 2의 특정소방대상물 중 의원(입원실이 있는 것으로 한정한다)·조산원·산후조리원, 위험물저장 및 처리 시설, 발전시설 중 풍력발전소·전기저장시설, 지하구(地下溝)
7. 제1호나목에 해당하지 않는 노유자시설 중 다음 각 목의 어느 하나에 해당하는 시설. 다만, 가목2) 및 나목부터 바목까지의 시설 중 「건축법 시행령」 별표 1의 단독주택 또는 공동주택에 설치되는 시설은 제외한다.
   가. 별표 2 제9호가목에 따른 노인 관련 시설 중 다음의 어느 하나에 해당하는 시설
     1) 「노인복지법」 제31조제1호에 따른 노인주거복지시설, 같은 조 제2호에 따른 노인의료복지시설 및 같은 조 제4호에 따른 재가노인복지시설
     2) 「노인복지법」 제31조제7호에 따른 학대피해노인 전용쉼터
   나. 「아동복지법」 제52조에 따른 아동복지시설(아동상담소, 아동전용시설 및 지역아동센터는 제외한다)
   다. 「장애인복지법」 제58조제1항제1호에 따른 장애인 거주시설
   라. 정신질환자 관련 시설(「정신건강증진 및 정신질환자 복지서비스 지원에 관한 법률」 제27조제1항제2호에 따른 공동생활가정을 제외한 재활훈련시설과 같은 법 시행령 제16조제3호에 따른 종합시설 중 24시간 주거를 제공하지 아니하는 시설은 제외한다)
   마. 별표 2 제9호마목에 따른 노숙인 관련 시설 중 노숙인자활시설, 노숙인재활시설 및 노숙인요양시설
   바. 결핵환자나 한센인이 24시간 생활하는 노유자시설

8. 「의료법」제3조제2항제3호 라목에 따른 요양병원(이하"요양병원"이라 한다). 다만, 의료재활시설은 제외한다.
9. 별표 2의 특정소방대상물 중 공장 또는 창고시설로서 「화재의 예방 및 안전관리에 관한 법률 시행령」 별표 2에서 정하는 수량의 750배 이상의 특수가연물을 저장·취급하는 것
10. 별표 2 제17호나목에 따른 가스시설로서 지상에 노출된 탱크의 저장용량의 합계가 100톤 이상인 것

54 정답 ① 기본서 1권 147p

해설

※ 소방시설법 시행령 제7조(건축허가등의 동의대상물의 범위 등)
② 제1항에도 불구하고 다음 각 호의 어느 하나에 해당하는 특정소방대상물은 소방본부장 또는 소방서장의 건축허가 등의 동의대상에서 제외한다.
1. 별표 4에 따라 특정소방대상물에 설치되는 소화기구, 자동소화장치, <u>누전경보기</u>, 단독경보형감지기. 가스누설경보기, 피난구조설비(비상조명등은 제외)가 화재안전기준에 적합한 경우 해당 특정소방대상물
2. 건축물의 증축 또는 용도변경으로 인하여 해당 특정소방대상물에 추가로 소방시설이 설치되지 않는 경우 해당 특정소방대상물
3. 「소방시설공사업법 시행령」 제4조에 따른 소방시설공사의 착공신고 대상에 해당하지 않는 경우 해당 특정소방대상물

55 정답 ③ 기본서 1권 147p

해설

※ 소방시설법 시행령 제7조(건축허가등의 동의대상물의 범위 등)
② 제1항에도 불구하고 다음 각 호의 어느 하나에 해당하는 특정소방대상물은 소방본부장 또는 소방서장의 건축허가 등의 동의대상에서 제외한다.
1. 별표 4에 따라 특정소방대상물에 설치되는 소화기구, 자동소화장치, <u>누전경보기</u>, 단독경보형감지기. 가스누설경보기, 피난구조설비(비상조명등은 제외)가 화재안전기준에 적합한 경우 해당 특정소방대상물
2. 건축물의 증축 또는 용도변경으로 인하여 해당 특정소방대상물에 추가로 소방시설이 설치되지 않는 경우 해당 특정소방대상물
3. 「소방시설공사업법 시행령」 제4조에 따른 소방시설공사의 착공신고 대상에 해당하지 않는 경우 해당 특정소방대상물

56

정답 ③ 기본서 1권 148p

해설

③ 소방시설설계업등록증 사본

※ 소방시설법 시행규칙 제3조 제2항 (건축허가등의 동의요구)

② 제1항 각 호의 어느 하나에 해당하는 기관은 영제7조제3항에 따라 건축허가등의 동의를 요구하는 경우에는 동의요구서(전자문서로 된 요구서를 포함한다)에 다음 각 호의 서류(전자문서를 포함한다)를 첨부해야 한다.

1. 「건축법 시행규칙」 제6조에 따른 건축허가신청서, 같은 법 시행규칙 제8조에 따른 건축허가서 또는 같은 법 시행규칙 12조에 따른 건축·대수선·용도변경신고서 등 건축허가등을 확인할 수 있는 서류의 사본. 이 경우 동의 요구를 받은 담당 공무원은 특별한 사정이 있는 경우를 제외하고는 「전자정부법」 제36조제1항에 따른 행정정보의 공동이용을 통하여 건축허가서를 확인함으로써 첨부서류의 제출에 갈음하여야 한다.
2. 다음 각 목의 설계도서. 다만, 가목 및 나목2)·4)의 설계도서는 「소방시설공사업법 시행령」제4조에 따른 소방시설공사 착공신고 대상에 해당되는 경우에만 제출한다.
    가. 건축물 설계도서
        1) 건축물 개요 및 배치도
        2) 주단면도 및 입면도(立面圖: 물체를 정면에서 본 대로 그린 그림을 말한다. 이하 같다)
        3) 층별 평면도(용도별 기준층 평면도를 포함한다. 이하 같다)
        4) 방화구획도(창호도를 포함한다)
        5) 실내·실외 마감재료표
        6) 소방자동차 진입 동선도 및 부서 공간 위치도(조경계획을 포함한다)
    나. 소방시설 설계도서
        1) 소방시설(기계·전기 분야의 시설을 말한다)의 계통도(시설별 계산서를 포함한다)
        2) 소방시설별 층별 평면도
        3) 실내장식물 방염대상물품 설치 계획(「건축법」 제52조에 따른 마감재료는 제외한다)
        4) 소방시설의 내진설계 계통도 및 기준층 평면도(내진 시방서 및 계산서 등 세부 내용이 포함된 상세 설계도면은 제외한다)
3. 소방시설 설치계획표
4. 임시소방시설 설치계획서(설치시기·위치·종류·방법 등 임시소방시설의 설치와 관련한 세부사항을 포함한다)
5. 「소방시설공사업법」 제4조제1항에 따라 등록한 소방시설설계업등록증과 소방시설을 설계한 기술인력의 기술자격증 사본
6. 「소방시설공사업법」 제21조 및 제21조의3제2항에 따라 체결한 소방시설설계 계약서 사본

57

정답 ④ 기본서 1권 153p

해설

※ 소방시설법 시행령 제8조(소방시설의 내진설계)

① 법 제7조에서 "대통령령으로 정하는 특정소방대상물"이란 「건축법」 제2조제1항제2호에 따른 건축물로서 「지진·화산재해대책법 시행령」 제10조제1항 각 호에 해당하는 시설을 말한다.

② 법 제7조에서 "대통령령으로 정하는 소방시설"이란 소방시설 중 옥내소화전설비, 스프링클러설비, 물분무등소화설비를 말한다.

58

정답 ④ 기본서 1권 153p

해설

※ 소방시설법 시행령 제8조(소방시설의 내진설계)

① 법 제7조에서 "대통령령으로 정하는 특정소방대상물"이란 「건축법」 제2조제1항제2호에 따른 건축물로서 「지진·화산재해대책법 시행령」 제10조제1항 각 호에 해당하는 시설을 말한다.

② 법 제7조에서 "대통령령으로 정하는 소방시설"이란 소방시설 중 옥내소화전설비, 스프링클러설비, 물분무등소화설비를 말한다.

59

정답 ① 기본서 1권 155p

해설

① 창고시설 중 연면적 10만제곱미터 이상인 것 또는 지하층의 층수가 2개 층 이상이고 지하층의 바닥면적의 합계가 3만제곱미터 이상인 것

※ 소방시설법 시행령 제9조(성능위주설계를 하여야 하는 특정소방대상물의 범위)

법 제8조제1항에서 "대통령령으로 정하는 특정소방대상물"이란 다음 각 호의 어느 하나에 해당하는 특정소방대상물(신축하는 것만 해당한다)을 말한다.

1. 연면적 20만제곱미터 이상인 특정소방대상물. 다만, 별표 2 제1호가목에 따른 아파트등(이하 "아파트등"이라 한다)은 제외한다.
2. 50층 이상(지하층은 제외한다)이거나 지상으로부터 높이가 200미터 이상인 아파트등
3. 30층 이상(지하층을 포함한다)이거나 지상으로부터 높이가 120미터 이상인 특정소방대상물(아파트등은 제외한다)
4. 연면적 3만제곱미터 이상인 특정소방대상물로서 다음 각 목의 어느 하나에 해당하는 특정소방대상물
   가. 별표 2 제6호나목의 철도 및 도시철도 시설
   나. 별표 2 제6호다목의 공항시설
5. 별표 2 제16호의 창고시설 중 연면적 10만제곱미터 이상인 것 또는 지하층의 층수가 2개 층 이상이고 지하층의 바닥면적의 합계가 3만제곱미터 이상인 것
6. 하나의 건축물에 「영화 및 비디오물의 진흥에 관한 법률」 제2조제10호에 따른 영화상영관이 10개 이상인 특정소방대상물
7. 「초고층 및 지하연계 복합건축물 재난관리에 관한 특별법」 제2조제2호 따른 지하연계 복합건축물에 해당하는 특정소방대상물
8. 별표 2 제27호의 터널 중 수저(水底)터널 또는 길이가 5천미터 이상인 것

60 정답 ④ 기본서 1권 155p

해설

㉠ 50층 이상(지하층은 제외)이거나 지상으로부터 높이가 200m 이상인 아파트등
㉢ 연면적 3만 제곱미터 이상인 철도 및 도시철도 시설

※ 소방시설법 시행령 제9조(성능위주설계를 하여야 하는 특정소방대상물의 범위)

법 제8조제1항에서 "대통령령으로 정하는 특정소방대상물"이란 다음 각 호의 어느 하나에 해당하는 특정소방대상물(신축하는 것만 해당한다)을 말한다.

1. 연면적 20만제곱미터 이상인 특정소방대상물. 다만, 별표 2 제1호가목에 따른 아파트등(이하 "아파트등"이라 한다)은 제외한다.
2. 50층 이상(지하층은 제외한다)이거나 지상으로부터 높이가 200미터 이상인 아파트등
3. 30층 이상(지하층을 포함한다)이거나 지상으로부터 높이가 120미터 이상인 특정소방대상물(아파트등은 제외한다)
4. 연면적 3만제곱미터 이상인 특정소방대상물로서 다음 각 목의 어느 하나에 해당하는 특정소방대상물
   가. 별표 2 제6호나목의 철도 및 도시철도 시설
   나. 별표 2 제6호다목의 공항시설
5. 별표 2 제16호의 창고시설 중 연면적 10만제곱미터 이상인 것 또는 지하층의 층수가 2개 층 이상이고 지하층의 바닥면적의 합계가 3만제곱미터 이상인 것
6. 하나의 건축물에 「영화 및 비디오물의 진흥에 관한 법률」 제2조제10호에 따른 영화상영관이 10개 이상인 특정소방대상물
7. 「초고층 및 지하연계 복합건축물 재난관리에 관한 특별법」 제2조제2호 따른 지하연계 복합건축물에 해당하는 특정소방대상물
8. 별표 2 제27호의 터널 중 수저(水底)터널 또는 길이가 5천미터 이상인 것

61 정답 ② 기본서 1권 155p

해설

① 연면적 20만㎡ 이상인 특정소방대상물 다만, 아파트등은 제외
③ 연면적 3만㎡ 이상인 공항시설
④ 지상으로부터 높이가 200m 이상인 아파트등

※ 소방시설법 시행령 제9조(성능위주설계를 하여야 하는 특정소방대상물의 범위)

법 제8조제1항에서 "대통령령으로 정하는 특정소방대상물"이란 다음 각 호의 어느 하나에 해당하는 특정소방대상물(신축하는 것만 해당한다)을 말한다.

1. 연면적 20만제곱미터 이상인 특정소방대상물. 다만, 별표 2 제1호가목에 따른 아파트등(이하 "아파트등"이라 한다)은 제외한다.
2. 50층 이상(지하층은 제외한다)이거나 지상으로부터 높이가 200미터 이상인 아파트등
3. 30층 이상(지하층을 포함한다)이거나 지상으로부터 높이가 120미터 이상인 특정소방대상물(아파트등은 제외한다)
4. 연면적 3만제곱미터 이상인 특정소방대상물로서 다음 각 목의 어느 하나에 해당하는 특정소방대상물
   가. 별표 2 제6호나목의 철도 및 도시철도 시설
   나. 별표 2 제6호다목의 공항시설
5. 별표 2 제16호의 창고시설 중 연면적 10만제곱미터 이상인 것 또는 지하층의 층수가 2개 층 이상이고 지하층의 바닥면적의 합계가 3만제곱미터 이상인 것
6. 하나의 건축물에 「영화 및 비디오물의 진흥에 관한 법률」 제2조제10호에 따른 영화상영관이 10개 이상인 특정소방대상물
7. 「초고층 및 지하연계 복합건축물 재난관리에 관한 특별법」 제2조제2호 따른 지하연계 복합건축물에 해당하는 특정소방대상물
8. 별표 2 제27호의 터널 중 수저(水底)터널 또는 길이가 5천미터 이상인 것

62

정답 ③　　**기본서 1권**　160p

해설

※ 소방시설법 시행규칙 제7조(성능위주설계의 사전검토 신청)

① 성능위주설계를 한 자는 법 제8조제4항에 따라 「건축법」제4조의2에 따른 건축위원회의 심의를 받아야 하는 건축물인 경우에는 그 심의를 신청하기 전에 별지 제2호서식의 성능위주설계 사전검토 신청서(전자문서로 된 신청서를 포함한다)에 다음 각 호의 서류(전자문서를 포함한다)를 첨부하여 관할 소방서장에게 사전검토를 신청해야 한다.

1. 건물의 개요(위치, 구조, 규모, 용도)
2. 부지 및 도로의 설치 계획(소방차량 진입 동선을 포함한다)
3. 화재안전성능의 확보 계획
4. 화재 및 피난 모의실험 결과
5. 다음 각 목의 건축물 설계도면
　　가. 주단면도 및 입면도
　　나. 층별 평면도 및 창호도
　　다. 실내·실외 마감재료표
　　라. 방화구획도(화재 확대 방지계획을 포함한다)
　　마. 건축물의 구조 설계에 따른 피난계획 및 피난 동선도
6. 소방시설 설치계획 및 설계 설명서(소방시설 기계·전기 분야의 기본계통도를 포함한다)
7. 「소방시설공사업법 시행령」 별표 1의2에 따른 성능위주설계를 할 수 있는 자의 자격·기술인력을 확인할 수 있는 서류
8. 「소방시설공사업법」 제21조 및 제21조의3제2항에 따라 체결한 성능위주설계 계약서 사본

② 소방서장은 제1항에 따른 성능위주설계 사전검토 신청서를 받은 경우 성능위주설계 대상 및 자격여부 등을 확인하고, 첨부서류의 보완이 필요한 경우에는 7일 이내의 기간을 정하여 성능위주설계를 한 자에게 보완을 요청할 수 있다.

63

정답 ③　　**기본서 1권**　160p

해설

※ 소방시설법 시행규칙 제7조【성능위주설계의 사전검토 신청】

② 소방서장은 제1항에 따른 성능위주설계 사전검토 신청서를 받은 경우 성능위주설계 대상 및 자격여부 등을 확인하고, 첨부서류의 보완이 필요한 경우에는 7일 이내의 기간을 정하여 성능위주설계를 한 자에게 보완을 요청할 수 있다.

64 정답 ③ 기본서 1권 161p

해설

㉠ 소방자동차 진입(통로) 동선 및 소방관 진입 경로 확보
㉢ 건축물의 규모와 특성을 고려한 최적의 소방시설 설치
㉤ 화재피난 모의실험을 통한 화재위험성 및 피난안전성 검증
㉥ 건축물의 용도별 방화구획의 적정성

※ 소방시설법 시행규칙 제9조(성능위주설계 기준)
① 법 제8조제7항에 따른 성능위주설계의 기준은 다음 각 호와 같다
   1. 소방자동차 진입(통로) 동선 및 소방관 진입 경로 확보
   2. 화재ㆍ피난 모의실험을 통한 화재위험성 및 피난안전성 검증
   3. 건축물의 규모와 특성을 고려한 최적의 소방시설 설치
   4. 소화수 공급시스템 최적화를 통한 화재피해 최소화 방안 마련
   5. 특별피난계단을 포함한 피난경로의 안전성 확보
   6. 건축물의 용도별 방화구획의 적정성
   7. 침수 등 재난상황을 포함한 지하층 안전확보 방안 마련
② 제1항에 따른 성능위주설계의 세부 기준은 소방청장이 정한다.

65 정답 ② 기본서 1권 164~165p

해설

② 평가단원의 임기는 2년으로 하되, 2회에 한정하여 연임할 수 있다.

※ 소방시설법 시행규칙 제10조(평가단의 구성)
① 평가단은 평가단장을 포함하여 50명 이내의 평가단원으로 성별을 고려하여 구성한다.
② 평가단장은 화재예방 업무를 담당하는 부서의 장 또는 제3항에 따라 임명 또는 위촉된 평가단원 중에서 학식·경험·전문성 등을 종합적으로 고려하여 소방청장 또는 소방본부장이 임명하거나 위촉한다.
③ 평가단원은 다음 각 호의 어느 하나에 해당하는 사람 중에서 소방청장 또는 관할 소방본부장이 임명하거나 위촉한다. 다만, 관할 소방서의 해당 업무 담당 과장은 당연직 평가단원으로 한다.
  1. 소방공무원 중 다음 각 목의 어느 하나에 해당하는 사람
     가. 소방기술사
     나. 소방시설관리사
     다. 다음의 어느 하나에 해당하는 자격을 갖춘 사람으로서 「소방공무원 교육훈련규정」 제3조제2항에 따른 중앙소방학교에서 실시하는 성능위주설계 관련 교육과정을 이수한 사람
       1) 소방설비기사 이상의 자격을 가진 사람으로서 제3조에따른 건축허가등의 동의 업무를 1년 이상 담당한 사람
       2) 건축 또는 소방 관련 석사 이상의 학위를 취득한 사람으로서 제3조에따른 건축허가등의 동의 업무를 1년 이상 담당한 사람
  2. 건축 분야 및 소방방재 분야 전문가 중 다음 각 목의 어느 하나에 해당하는 사람
     가. 위원회 위원 또는 법 제18조제2항에 따른 지방소방기술심의위원회 위원
     나. 「고등교육법」 제2조에 따른 학교 또는 이에 준하는 학교나 공인된 연구기관에서 부교수 이상의 직 또는 이에 상당하는 직에 있거나 있었던 사람으로서 화재안전 또는 관련 법령이나 정책에 전문성이 있는 사람
     다. 소방기술사
     라. 소방시설관리사
     마. 건축계획, 건축구조 또는 도시계획과 관련된 업종에 종사하는 사람으로서 건축사 또는 건축구조기술사 자격을 취득한 사람
     바. 「소방시설공사업법」 제28조제3항에 따른 특급감리원 자격을 취득한 사람으로 소방공사 현장감리업무를 10년 이상 수행한 사람
④ 위촉된 평가단원의 임기는 2년으로 하되, 2회에 한정하여 연임할 수 있다.
⑤ 평가단장은 평가단을 대표하고 평가단의 업무를 총괄한다.
⑥ 평가단장이 부득이한 사유로 직무를 수행할 수 없을 때에는 평가단장이 미리 지정한 평가단원이 그 직무를 대리한다.

66 정답 ③ 기본서 1권 165p

해설

③ 평가단 회의는 평가단장과 평가단장이 회의마다 지명하는 6명 이상 8명 이하의 평가단원으로 구성·운영하며, 과반수의 출석으로 개의(開議)하고, 출석 평가단원 과반수의 찬성으로 의결한다. 다만, 성능위주설계의 변경신고에 대한 심의·의결을 하는 경우에는 건축물의 성능위주설계를 검토·평가한 평가단원 중 5명 이상으로 평가단을 구성·운영 할 수 있다.

※ 소방시설법 시행규칙 제10조(평가단의 구성)
① 평가단은 평가단장을 포함하여 50명 이내의 평가단원으로 성별을 고려하여 구성한다.
② 평가단장은 화재예방 업무를 담당하는 부서의 장 또는 제3항에 따라 임명 또는 위촉된 평가단원 중에서 학식·경험·전문성 등을 종합적으로 고려하여 소방청장 또는 소방본부장이 임명하거나 위촉한다.
③ 평가단원은 다음 각 호의 어느 하나에 해당하는 사람 중에서 소방청장 또는 관할 소방본부장이 임명하거나 위촉한다. 다만, 관할 소방서의 해당 업무 담당 과장은 당연직 평가단원으로 한다.
  1. 소방공무원 중 다음 각 목의 어느 하나에 해당하는 사람
    가. 소방기술사
    나. 소방시설관리사
    다. 다음의 어느 하나에 해당하는 자격을 갖춘 사람으로서 「소방공무원 교육훈련규정」 제3조제2항에 따른 중앙소방학교에서 실시하는 성능위주설계 관련 교육과정을 이수한 사람
      1) 소방설비기사 이상의 자격을 가진 사람으로서 제3조에따른 건축허가등의 동의 업무를 1년 이상 담당한 사람
      2) 건축 또는 소방 관련 석사 이상의 학위를 취득한 사람으로서 제3조에따른 건축허가등의 동의 업무를 1년 이상 담당한 사람
  2. 건축 분야 및 소방방재 분야 전문가 중 다음 각 목의 어느 하나에 해당하는 사람
    가. 위원회 위원 또는 법 제18조제2항에 따른 지방소방기술심의위원회 위원
    나. 「고등교육법」 제2조에 따른 학교 또는 이에 준하는 학교나 공인된 연구기관에서 부교수 이상의 직 또는 이에 상당하는 직에 있거나 있었던 사람으로서 화재안전 또는 관련 법령이나 정책에 전문성이 있는 사람
    다. 소방기술사
    라. 소방시설관리사
    마. 건축계획, 건축구조 또는 도시계획과 관련된 업종에 종사하는 사람으로서 건축사 또는 건축구조기술사 자격을 취득한 사람
    바. 「소방시설공사업법」 제28조제3항에 따른 특급감리원 자격을 취득한 사람으로 소방공사 현장감리업무를 10년 이상 수행한 사람
④ 위촉된 평가단원의 임기는 2년으로 하되, 2회에 한정하여 연임할 수 있다.
⑤ 평가단장은 평가단을 대표하고 평가단의 업무를 총괄한다.
⑥ 평가단장이 부득이한 사유로 직무를 수행할 수 없을 때에는 평가단장이 미리 지정한 평가단원이 그 직무를 대리한다.

※ 소방시설법 시행규칙 제11조(평가단의 운영)
① 평가단 회의는 평가단장과 평가단장이 회의마다 지명하는 6명 이상 8명 이하의 평가단원으로 구성·운영하며, 과반수의 출석으로 개의(開議)하고, 출석 평가단원 과반수의 찬성으로 의결한다. 다만, 제6조제2항에 따른 성능위주설계의 변경신고에 대한 심의·의결을 하는 경우에는 제5조제2항에 따라 건축물의 성능위주설계를 검토·평가한 평가단원 중 5명 이상으로 평가단을 구성·운영할 수 있다.
② 평가단의 회의에 참석한 평가단원에게는 예산의 범위에서 수당, 여비, 그 밖에 필요한 경비를 지급할 수 있다. 다만, 소방공무원인 평가단원이 소관 업무와 관련하여 평가단의 회의에 참석하는 경우에는 그렇지 않다.
③ 제1항 및 제2항에서 규정한 사항 외에 평가단의 운영에 필요한 세부적인 사항은 소방청장 또는 관할 소방본부장이 정한다.

67 정답 ④ 기본서 1권 169p

해설

※ 주택용 소방시설(영 제10조)
소화기 및 단독경보형감지기를 말한다.

68 정답 ③ 기본서 1권 169p

해설

※ 소방시설법 제10조(주택에 설치하는 소방시설)
③ 주택용소방시설의 설치기준 및 자율적인 안전관리 등에 관한 사항은 특별시·광역시·특별자치시·도 또는 특별자치도(이하 "시·도"라 한다)의 조례로 정한다.

69 정답 ③ 기본서 1권 170p

해설

③ 승차정원 36인 이상 : 능력단위 3 이상인 소화기 1개 이상 및 능력단위 2 이상인 소화기 1개 이상을 설치한다. 다만, 2층 대형승합자동차의 경우에는 위층 차실에 능력단위 3 이상인 소화기 1개 이상을 추가 설치한다.(규칙 별표2)

70 정답 ② 기본서 1권 170p

해설

- 승차정원 16인 이상 35인 이하 : 능력단위 2 이상인 소화기 2개 이상을 설치한다. 이 경우 승차정원 23인을 초과하는 승합자동차로서 너비 2.3미터를 초과하는 경우에는 운전자 좌석 부근에 가로 600밀리미터, 세로 200밀리미터 이상의 공간을 확보하고 1개 이상의 소화기를 설치한다.(규칙 별표2)

71 정답 ① 기본서 1권 172~173p

해설

① 특정소방대상물의 관계인은 대통령령으로 정하는 소방시설을 화재안전기준에 따라 설치·관리하여야 한다. 이 경우 장애인등이 사용하는 소방시설(경보설비 및 피난구조설비를 말한다)은 대통령령으로 정하는 바에 따라 장애인등에 적합하게 설치·관리하여야 한다.(법 제12조 제1항)

※ 소방시설법 제12조(특정소방대상물에 설치하는 소방시설의 관리 등)
① 특정소방대상물의 관계인은 대통령령으로 정하는 소방시설을 화재안전기준에 따라 설치·관리하여야 한다. 이 경우 「장애인·노인·임산부 등의 편의증진 보장에 관한 법률」 제2조제1호에 따른 장애인등이 사용하는 소방시설(경보설비 및 피난구조설비를 말한다)은 대통령령으로 정하는 바에 따라 장애인등에 적합하게 설치·관리하여야 한다.
② 소방본부장이나 소방서장은 제1항에 따른 소방시설이 화재안전기준에 따라 설치·관리되고 있지 아니할 때에는 해당 특정소방대상물의 관계인에게 필요한 조치를 명할 수 있다.
③ 특정소방대상물의 관계인은 제1항에 따라 소방시설을 설치·관리하는 경우 화재 시 소방시설의 기능과 성능에 지장을 줄 수 있는 폐쇄(잠금을 포함한다. 이하 같다)·차단 등의 행위를 하여서는 아니 된다. 다만, 소방시설의 점검·정비를 위하여 필요한 경우 폐쇄·차단은 할 수 있다.
④ 소방청장은 제3항 단서에 따라 특정소방대상물의 관계인이 소방시설의 점검·정비를 위하여 폐쇄·차단을 하는 경우 안전을 확보하기 위하여 필요한 행동요령에 관한 지침을 마련하여 고시해야 한다.
⑤ 소방청장, 소방본부장 또는 소방서장은 제1항에 따른 소방시설의 작동정보 등을 실시간으로 수집·분석할 수 있는 시스템(이하 "소방시설정보관리시스템"이라 한다)을 구축·운영할 수 있다.
⑥ 소방청장, 소방본부장 또는 소방서장은 제5항에 따른 작동정보를 해당 특정소방대상물의 관계인에게 통보하여야 한다.
⑦ 소방시설정보관리시스템 구축·운영의 대상은 「화재의 예방 및 안전관리에 관한 법률」 제24조제1항 전단에 따른 소방안전관리대상물 중 소방안전관리의 취약성 등을 고려하여 대통령령으로 정하고, 그 밖에 운영방법 및 통보 절차 등에 필요한 사항은 행정안전부령으로 정한다.

※ 소방시설법 제61조(과태료)
① 다음 각 호의 어느 하나에 해당하는 자에게는 300만 원 이하의 과태료를 부과한다.
  1. 제12조제1항을 위반하여 소방시설을 화재안전기준에 따라 설치·관리하지 아니한 자

72 정답 ③ 기본서 1권 175p

해설

※ 소방시설법 제14조(특정소방대상물별로 설치하여야 하는 소방시설의 정비 등)
① 제12조제1항에 따라 대통령령으로 소방시설을 정할 때에는 특정소방대상물의 규모·용도·수용인원 및 이용자 특성 등을 고려하여야 한다.
② 소방청장은 건축 환경 및 화재위험특성 변화사항을 효과적으로 반영할 수 있도록 제1항에 따른 소방시설 규정을 3년에 1회 이상 정비하여야 한다.
③ 소방청장은 건축 환경 및 화재위험특성 변화 추세를 체계적으로 연구하여 제2항에 따른 정비를 위한 개선방안을 마련하여야 한다.
④ 제3항에 따른 연구의 수행 등에 필요한 사항은 행정안전부령으로 정한다.

73

정답 ① **기본서 1권** 176p

해설

② 강당, 종교시설은 해당 용도로 사용하는 바닥면적의 합계를 4.6㎡로 나누어 얻은 수
③ 바닥면적을 산정하는 때에는 복도, 계단 및 화장실의 바닥면적을 포함하지 않는다. 계산 결과 소수점 이하의 수는 반올림한다.
④ 침대가 없는 숙박시설은 해당 특정소방대상물의 종사자 수에 숙박시설 바닥면적의 합계를 3㎡로 나누어 얻은 수를 합한 수

※ 소방시설법 시행령 별표7 - 수용인원의 산정 방법
1. 숙박시설이 있는 특정소방대상물
   가. 침대가 있는 숙박시설: 해당 특정소방물의 종사자 수에 침대 수(2인용 침대는 2개로 산정한다)를 합한 수
   나. 침대가 없는 숙박시설: 해당 특정소방대상물의 종사자 수에 숙박시설 바닥면적의 합계를 3㎡로 나누어 얻은 수를 합한 수
2. 제1호 외의 특정소방대상물
   가. 강의실·교무실·상담실·실습실·휴게실 용도로 쓰이는 특정소방대상물: 해당 용도로 사용하는 바닥면적의 합계를 1.9㎡로 나누어 얻은 수
   나. 강당, 문화 및 집회시설, 운동시설, 종교시설: 해당 용도로 사용하는 바닥면적의 합계를 4.6㎡로 나누어 얻은 수(관람석이 있는 경우 고정식 의자를 설치한 부분은 그 부분의 의자 수로 하고, 긴 의자의 경우에는 의자의 정면너비를 0.45m로 나누어 얻은 수로 한다)
   다. 그 밖의 특정소방대상물: 해당 용도로 사용하는 바닥면적의 합계를 3㎡로 나누어 얻은 수

비고
1. 위 표에서 바닥면적을 산정할 때에는 복도(「건축법 시행령」제2조제11호에 따른 준불연재료 이상의 것을 사용하여 바닥에서 천장까지 벽으로 구획한 것을 말한다), 계단 및 화장실의 바닥면적을 포함하지 않는다.
2. 계산 결과 소수점 이하의 수는 반올림한다.

74

정답 ① **기본서 1권** 176p

해설

※ 소방시설법 시행령 별표7
① : 수용인원수와 침대수(2인용은 2개로산정)를 합한 수 3 + 200 = 203
② : 종사자수에 바닥면적 합계를 3㎡로 나누어 얻은 수 3 + (900 ÷ 3) = 303
③ : 용도로 쓰이는 바닥면적 합계를 1.9㎡로 나누어 얻은 수 600 ÷ 1.9 = 315.78....
④ : 용도로 쓰이는 바닥면적 합계를 4.6㎡로 나누어 얻은 수 1,200 ÷ 4.6 = 260.86....

75

정답 ④ **기본서 1권** 176p

해설

④ 침대가 없는 숙박시설은 해당 특정소방대상물의 종사자 수에 바닥면적의 합계를 3㎡로 나누어 얻은 수를 합한 수로 한다. (영 별표7)

76 정답 ③ 기본서 1권 176p

해설

70 + 200 = 270

※ 소방기본법 시행령 별표7
- A 시설 : 종사자 10명, 침대가 40개(2인용 20개, 1인용 20개)있는 숙박시설
  → 수용인원수와 침대수(2인용은 2개로산정)를 합한 수 10+60=70
- B 시설 : 강의실 용도로 사용하는 바닥면적 합계가 380㎡ 인 특정소방대상물
  → 강의실 용도로 쓰이는 바닥면적 합계를 1.9㎡로 나누어 얻은 수 380÷1.9=200

77 정답 ③ 기본서 1권 177p

해설

※ 소방시설법 시행령 별표4
가. 화재안전기준에 따라 소화기구를 설치하여야 하는 특정소방대상물은 다음의 어느 하나와 같다.
   1) 연면적 33㎡ 이상인 것. 다만, 노유자시설의 경우에는 투척용 소화용구 등을 화재안전기준에 따라 산정된 소화기 수량의 2분의 1 이상으로 설치할 수 있다.
   2) 1)에 해당하지 않는 시설로서 가스시설, 발전시설 중 전기저장시설 및 국가유산
   3) 터널
   4) 지하구

78   정답 ④   기본서 1권   177~178p

해설

④ 지하가 중 터널로서 길이가 1,000m이상의 터널

※ 소방시설법 시행령 별표4

다. 옥내소화전설비를 설치하여야 하는 특정소방대상물은 다음의 어느 하나에 해당하는 것으로 한다. 다만, 위험물 저장 및 처리 시설 중 가스시설, 지하구 및 업무시설 중 무인변전소(방재실 등에서 스프링클러설비 또는 물분무등소화설비를 원격으로 조정할 수 있는 무인변전소로 한정한다)는 제외한다.

1) 다음의 어느 하나에 해당하는 경우에는 모든 층

가) 연면적 3천㎡ 이상인 것(지하가 중 터널은 제외한다)

나) 지하층·무창층(축사는 제외한다)으로서 바닥면적이 600㎡ 이상인 층이 있는 것

다) 층수가 4층 이상인 층 중 바닥면적이 600㎡ 이상인 층이 있는 것

2) 1)에 해당하지 않는 근린생활시설, 판매시설, 운수시설, 의료시설, 노유자시설, 업무시설, 숙박시설, 위락시설, 공장, 창고시설, 항공기 및 자동차 관련 시설, 교정 및 군사시설 중 국방·군사시설, 방송통신시설, 발전시설, 장례시설 또는 복합건축물로서 다음의 어느 하나에 해당하는 경우에는 모든 층

가) 연면적 1천5백㎡ 이상인 것

나) 지하층·무창층으로서 바닥면적이 300㎡ 이상인 층이 있는 것

다) 층수가 4층 이상인 것 중 바닥면적이 300㎡ 이상인 층이 있는 것

3) 건축물의 옥상에 설치된 차고·주차장으로서 사용되는 면적이 200㎡ 이상인 경우 해당 부분

4) 지하가 중 터널로서 다음에 해당하는 터널

가) 길이가 1천미터 이상인 터널

나) 예상교통량, 경사도 등 터널의 특성을 고려하여 행정안전부령으로 정하는 터널

5) 1) 및 2)에 해당하지 않는 공장 또는 창고시설로서 「화재의 예방 및 안전관리에 관한 법률 시행령」 별표 2에서 정하는 수량의 750배 이상의 특수가연물을 저장·취급하는 것

79 정답 ② 기본서 1권 177~178p

해설

※ 소방시설법 시행령 별표4

다. 옥내소화전설비를 설치하여야 하는 특정소방대상물은 다음의 어느 하나에 해당하는 것으로 한다. 다만, 위험물 저장 및 처리 시설 중 가스시설, 지하구 및 업무시설 중 무인변전소(방재실 등에서 스프링클러설비 또는 물분무등소화설비를 원격으로 조정할 수 있는 무인변전소로 한정한다)는 제외한다.

1) 다음의 어느 하나에 해당하는 경우에는 모든 층

　가) 연면적 3천㎡ 이상인 것(지하가 중 터널은 제외한다)

　나) 지하층·무창층(축사는 제외한다)으로서 바닥면적이 600㎡ 이상인 층이 있는 것

　다) 층수가 4층 이상인 층 중 바닥면적이 600㎡ 이상인 층이 있는 것

2) 1)에 해당하지 않는 근린생활시설, 판매시설, 운수시설, 의료시설, 노유자시설, 업무시설, 숙박시설, 위락시설, 공장, 창고시설, 항공기 및 자동차 관련 시설, 교정 및 군사시설 중 국방·군사시설, 방송통신시설, 발전시설, 장례시설 또는 복합건축물로서 다음의 어느 하나에 해당하는 경우에는 모든 층

　가) 연면적 1천5백㎡ 이상인 것

　나) 지하층·무창층으로서 바닥면적이 300㎡ 이상인 층이 있는 것

　다) 층수가 4층 이상인 것 중 바닥면적이 300㎡ 이상인 층이 있는 것

3) 건축물의 옥상에 설치된 차고·주차장으로서 사용되는 면적이 200㎡ 이상인 경우 해당 부분

4) 지하가 중 터널로서 다음에 해당하는 터널

　가) 길이가 1천미터 이상인 터널

　나) 예상교통량, 경사도 등 터널의 특성을 고려하여 행정안전부령으로 정하는 터널

5) 1) 및 2)에 해당하지 않는 공장 또는 창고시설로서 「화재의 예방 및 안전관리에 관한 법률 시행령」 별표 2에서 정하는 수량의 750배 이상의 특수가연물을 저장·취급하는 것

80 정답 ① 기본서 1권 178~179p

해설

① 문화 및 집회시설 중에서 무대부가 지하층·무창층 또는 4층 이상의 층에 있는 경우에는 무대부의 면적이 300㎡ 이상인 것

※ 소방시설법 시행령 별표4

라. 스프링클러설비를 설치해야 하는 특정소방대상물(위험물 저장 및 처리 시설 중 가스시설 및 지하구는 제외한다)은 다음의 어느 하나에 해당하는 것으로 한다.

1) 층수가 6층 이상인 특정소방대상물의 경우에는 모든 층. 다만, 다음의 어느 하나에 해당하는 경우는 제외한다.
   가) 주택 관련 법령에 따라 기존의 아파트등을 리모델링하는 경우로서 건축물의 연면적 및 층의 높이가 변경되지 않는 경우. 이 경우 해당 아파트등의 사용검사 당시의 소방시설의 설치에 관한 대통령령 또는 화재안전기준을 적용한다.
   나) 스프링클러설비가 없는 기존의 특정소방대상물을 용도변경하는 경우. 다만, 2)부터 6)까지 및 9)부터 12)까지의 규정에 해당하는 특정소방대상물로 용도변경하는 경우에는 해당 규정에 따라 스프링클러설비를 설치한다.

2) 기숙사(교육연구시설·수련시설 내에 있는 학생 수용을 위한 것을 말한다) 또는 복합건축물로서 연면적 5천㎡ 이상인 경우에는 모든 층

3) 문화 및 집회시설(동·식물원은 제외한다), 종교시설(주요구조부가 목조인 것은 제외한다), 운동시설(물놀이형 시설 및 바닥이 불연재료이고 관람석이 없는 운동시설은 제외한다)로서 다음의 어느 하나에 해당하는 경우에는 모든 층
   가) 수용인원이 100명 이상인 것
   나) 영화상영관의 용도로 쓰는 층의 바닥면적이 지하층 또는 무창층인 경우에는 500㎡ 이상, 그 밖의 층의 경우에는 1천㎡ 이상인 것
   다) 무대부가 지하층·무창층 또는 4층 이상의 층에 있는 경우에는 무대부의 면적이 300㎡ 이상인 것
   라) 무대부가 다) 외의 층에 있는 경우에는 무대부의 면적이 500㎡ 이상인 것

4) 판매시설, 운수시설 및 창고시설(물류터미널로 한정한다)로서 바닥면적의 합계가 5천㎡ 이상이거나 수용인원이 500명 이상인 경우에는 모든 층

5) 다음의 어느 하나에 해당하는 용도로 사용되는 시설의 바닥면적의 합계가 600㎡ 이상인 것은 모든 층
   가) 근린생활시설 중 조산원 및 산후조리원
   나) 의료시설 중 정신의료기관
   나) 의료시설 중 종합병원, 병원, 치과병원, 한방병원 및 요양병원
   라) 노유자시설
   마) 숙박이 가능한 수련시설
   바) 숙박시설

6) 창고시설(물류터미널은 제외한다)로서 바닥면적 합계가 5천㎡ 이상인 경우에는 모든 층

7) 특정소방대상물의 지하층·무창층(축사는 제외한다) 또는 층수가 4층 이상인 층으로서 바닥면적이 1천㎡ 이상인 층이 있는 경우에는 해당 층

8) 랙식 창고(rack warehouse): 랙(물건을 수납할 수 있는 선반이나 이와 비슷한 것을 말한다. 이하 같다)을 갖춘 것으로서 천장 또는 반자(반자가 없는 경우에는 지붕의 옥내에 면하는 부분을 말한다)의 높이가 10m를 초과하고, 랙이 설치된 층의 바닥면적의 합계가 1천5백㎡ 이상인 경우에는 모든 층

9) 공장 또는 창고시설로서 다음의 어느 하나에 해당하는 시설
   가) 「화재의 예방 및 안전관리에 관한 법률 시행령」 별표 2에서 정하는 수량의 1천 배 이상의 특수가연물을 저장·취급하는 시설
   나) 「원자력안전법 시행령」 제2조제1호에 따른 중·저준위방사성폐기물(이하 "중·저준위방사성폐기물"이라 한다)의 저장시설 중 소화수를 수집·처리하는 설비가 있는 저장시설
10) 지붕 또는 외벽이 불연재료가 아니거나 내화구조가 아닌 공장 또는 창고시설로서 다음의 어느 하나에 해당하는 것
    가) 창고시설(물류터미널에 한정한다) 중 4)에 해당하지 않는 것으로서 바닥면적의 합계가 2천5백㎡ 이상이거나 수용인원이 250명 이상인 경우에는 모든 층
    나) 창고시설(물류터미널은 제외한다) 중 6)에 해당하지 않는 것으로서 바닥면적의 합계가 2천5백㎡ 이상인 경우에는 모든 층
    다) 공장 또는 창고시설 중 7)에 해당하지 않는 것으로서 지하층·무창층 또는 층수가 4층 이상인 것 중 바닥면적이 500㎡ 이상인 경우에는 모든 층
    라) 랙식 창고 중 8)에 해당하지 않는 것으로서 바닥면적의 합계가 750㎡이상인 경우에는 모든 층
    마) 공장 또는 창고시설 중 9)가)에 해당하지 않는 것으로서 「화재의 예방 및 안전관리에 관한 법률 시행령」 별표 2에서 정하는 수량의 500배 이상의 특수가연물을 저장·취급하는 시설
11) 교정 및 군사시설 중 다음의 어느 하나에 해당하는 경우에는 해당 장소
    가) 보호감호소, 교도소, 구치소 및 그 지소, 보호관찰소, 갱생보호시설, 치료감호시설, 소년원 및 소년분류심사원의 수용거실
    나) 「출입국관리법」 제52조제2항에 따른 보호시설(외국인보호소의 경우에는 보호대상자의 생활공간으로 한정한다. 이하 같다)로 사용하는 부분. 다만, 보호시설이 임차건물에 있는 경우는 제외한다.
    다) 「경찰관 직무집행법」 제9조에 따른 유치장
12) 지하가(터널은 제외한다)로서 연면적 1천㎡ 이상인 것
13) 발전시설 중 전기저장시설
14) 1)부터 13)까지의 특정소방대상물에 부속된 보일러실 또는 연결통로 등

81 정답 ③ 기본서 1권 178p

해설

※ 소방시설법 시행령 별표4
라. 스프링클러설비를 설치해야 하는 특정소방대상물(위험물 저장 및 처리 시설 중 가스시설 및 지하구는 제외한다)은 다음의 어느 하나에 해당하는 것으로 한다.
4) 판매시설, 운수시설 및 창고시설(물류터미널에 한정한다)로서 바닥면적의 합계가 5천㎡ 이상이거나 수용인원이 500명 이상인 경우에는 모든 층

82 정답 ① 기본서 1권 178~179p

해설

① 창고시설(물류터미널은 제외)로서 바닥면적 합계가 5천㎡ 이상인 경우에는 모든 층 (시행령 별표4)

83

정답 ④ 기본서 1권 179~180p

해설

※ 소방시설법 시행령 별표4

마. 간이스프링클러설비를 설치해야 하는 특정소방대상물은 다음의 어느 하나에 해당하는 것으로 한다.

1) 공동주택 중 연립주택 및 다세대주택(연립주택 및 다세대주택에 설치하는 간이스프링클러설비는 화재안전기준에 따른 주택전용 간이스프링클러설비를 설치한다)

2) 근린생활시설 중 다음의 어느 하나에 해당하는 것
   가) 근린생활시설로 사용하는 부분의 바닥면적 합계가 1천㎡ 이상인 것은 모든 층
   나) 의원, 치과의원 및 한의원으로서 입원실이 있는 시설
   다) 조산원 및 산후조리원으로서 연면적 600㎡ 미만인 시설

3) 의료시설 중 다음의 어느 하나에 해당하는 시설
   가) 종합병원, 병원, 치과병원, 한방병원 및 요양병원(의료재활시설은 제외한다)으로 사용되는 바닥면적의 합계가 600㎡ 미만인 시설
   나) 정신의료기관 또는 의료재활시설로 사용되는 바닥면적의 합계가 300㎡ 이상 600㎡ 미만인 시설
   다) 정신의료기관 또는 의료재활시설로 사용되는 바닥면적의 합계가 300㎡ 미만이고, 창살(철재·플라스틱 또는 목재 등으로 사람의 탈출 등을 막기 위하여 설치한 것을 말하며, 화재 시 자동으로 열리는 구조로 되어 있는 창살은 제외한다)이 설치된 시설

4) 교육연구시설 내에 합숙소로서 연면적 100㎡ 이상인 경우에는 모든 층

5) 노유자시설로서 다음의 어느 하나에 해당하는 시설
   가) 제7조제1항제7호 각 목에 따른 시설[같은 호 가목2) 및 같은 호 나목부터 바목까지의 시설 중 단독주택 또는 공동주택에 설치되는 시설은 제외하며, 이하 "노유자 생활시설"이라 한다]
   나) 가)에 해당하지 않는 노유자시설로 해당 시설로 사용하는 바닥면적의 합계가 300㎡ 이상 600㎡ 미만인 시설
   다) 가)에 해당하지 않는 노유자시설로 해당 시설로 사용하는 바닥면적의 합계가 300㎡ 미만이고, 창살(철재·플라스틱 또는 목재 등으로 사람의 탈출 등을 막기 위하여 설치한 것을 말하며, 화재 시 자동으로 열리는 구조로 되어 있는 창살은 제외한다)이 설치된 시설

6) 숙박시설로 사용되는 바닥면적의 합계가 300㎡ 이상 600㎡ 미만인 시설

7) 건물을 임차하여 「출입국관리법」 제52조제2항에 따른 보호시설로 사용하는 부분

8) 복합건축물(별표 2 제30호나목의 복합건축물만 해당한다)로서 연면적 1천㎡ 이상인 것은 모든 층

84

정답 ④ 기본서 1권 179~180p

해설

④ 숙박시설로 사용되는 바닥면적의 합계가 300㎡ 이상 600㎡ 미만인 시설(영 별표4)

85

정답 ② 기본서 1권 180p

해설

※ 소방시설법 시행령 별표4

바. 물분무등소화설비를 설치해야 하는 특정소방대상물(위험물 저장 및 처리 시설 중 가스시설 및 지하구는 제외한다)은 다음의 어느 하나에 해당하는 것으로 한다.

2) 차고, 주차용 건축물 또는 철골 조립식 주차시설. 이 경우 연면적 800㎡ 이상인 것만 해당한다.

86 정답 ④ 기본서 1권 180p

해설

④ 기계장치에 의한 주차시설을 이용하여 20대 이상의 차량을 주차할 수 있는 것 (시행령 별표4)

※ 소방시설법 시행령 별표4

바. 물분무등소화설비를 설치해야 하는 특정소방대상물(위험물 저장 및 처리 시설 중 가스시설 및 지하구는 제외한다)은 다음의 어느 하나에 해당하는 것으로 한다.
  1) 항공기 및 자동차 관련 시설 중 항공기격납고
  2) 차고, 주차용 건축물 또는 철골 조립식 주차시설. 이 경우 연면적 800㎡ 이상인 것만 해당한다.
  3) 건축물의 내부에 설치된 차고·주차장으로서 차고 또는 주차의 용도로 사용되는 면적이 200㎡ 이상인 경우 해당 부분(50세대 미만 연립주택 및 다세대주택은 제외한다)
  4) 기계장치에 의한 주차시설을 이용하여 20대 이상의 차량을 주차할 수 있는 시설
  5) 특정소방대상물에 설치된 전기실·발전실·변전실(가연성 절연유를 사용하지 않는 변압기·전류차단기 등의 전기기기와 가연성 피복을 사용하지 않은 전선 및 케이블만을 설치한 전기실·발전실 및 변전실은 제외한다)·축전지실·통신기기실 또는 전산실, 그 밖에 이와 비슷한 것으로서 바닥면적이 300㎡ 이상인 것[하나의 방화구획 내에 둘 이상의 실(室)이 설치되어 있는 경우에는 이를 하나의 실로 보아 바닥면적을 산정한다]. 다만, 내화구조로 된 공정제어실 내에 설치된 주조정실로서 양압시설(외부 오염 공기 침투를 차단하고 내부의 나쁜 공기가 자연스럽게 외부로 흐를 수 있도록 한 시설을 말한다)이 설치되고 전기기기에 220볼트 이하인 저전압이 사용되며 종업원이 24시간 상주하는 곳은 제외한다.
  6) 소화수를 수집·처리하는 설비가 설치되어 있지 않은 중·저준위방사성폐기물의 저장시설. 이 시설에는 이산화탄소소화설비, 할론소화설비 또는 할로겐화합물 및 불활성기체 소화설비를 설치해야 한다.
  7) 지하가 중 예상 교통량, 경사도 등 터널의 특성을 고려하여 행정안전부령으로 정하는 터널. 이 시설에는 물분무소화설비를 설치해야 한다.
  8) 국가유산 중 「문화유산의 보존 및 활용에 관한 법률」에 따른 지정문화유산(문화유산자료를 제외한다) 또는 「자연유산의 보존 및 활용에 관한 법률」에 따른 천연기념물등(자연유산자료를 제외한다)으로서 소방청장이 국가유산청장과 협의하여 정하는 것

87 정답 ② 기본서 1권 180p

해설

※ 소방시설법 시행령 별표4

사. 옥외소화전설비를 설치해야 하는 특정소방대상물(아파트등, 위험물 저장 및 처리 시설 중 가스시설, 지하구 및 지하가 중 터널은 제외한다)은 다음의 어느 하나에 해당하는 것으로 한다.
  1) 지상 1층 및 2층의 바닥면적의 합계가 9천㎡ 이상인 것. 이 경우 같은 구(區) 내의 둘 이상의 특정소방대상물이 행정안전부령으로 정하는 연소(延燒) 우려가 있는 구조인 경우에는 이를 하나의 특정소방대상물로 본다.
  2) 문화유산 중 「문화유산의 보존 및 활용에 관한 법률」 제23조에 따라 보물 또는 국보로 지정된 목조건축물
  3) 1)에 해당하지 않는 공장 또는 창고시설로서 「화재의 예방 및 안전관리에 관한 법률 시행령」 별표 2에서 정하는 수량의 750배 이상의 특수가연물을 저장·취급하는 것

88 정답 ② 기본서 1권 180p

해설

※ 소방시설법 시행령 별표4

사. 옥외소화전설비를 설치해야 하는 특정소방대상물(아파트등, 위험물 저장 및 처리 시설 중 가스시설, 지하구 및 지하가 중 터널은 제외한다)은 다음의 어느 하나에 해당하는 것으로 한다.
1) 지상 1층 및 2층의 바닥면적의 합계가 9천㎡ 이상인 것. 이 경우 같은 구(區) 내의 둘 이상의 특정소방대상물이 행정안전부령으로 정하는 연소(延燒) 우려가 있는 구조인 경우에는 이를 하나의 특정소방대상물로 본다.
2) 문화유산 중 「문화유산의 보존 및 활용에 관한 법률」 제23조에 따라 보물 또는 국보로 지정된 목조건축물
3) 1)에 해당하지 않는 공장 또는 창고시설로서 「화재의 예방 및 안전관리에 관한 법률 시행령」 별표 2에서 정하는 수량의 750배 이상의 특수가연물을 저장·취급하는 것

89 정답 ① 기본서 1권 181p

해설

※ 소방시설법 시행령 별표4

나. 비상경보설비를 설치하여야 할 특정소방대상물(모래·석재 등 불연재료 공장 및 창고시설, 위험물 저장 및 처리 시설 중 가스시설, 사람이 거주하지 않거나 벽이 없는 축사 등 동물 및 식물 관련 시설 및 지하구는 제외한다)은 다음의 어느 하나에 해당하는 것으로 한다.
1) 연면적 400㎡ 이상인 것은 모든 층
2) 지하층 또는 무창층의 바닥면적이 150㎡(공연장의 경우 100㎡) 이상인 것은 모든 층
2) 지하가 중 터널로서 길이가 500m 이상인 것
3) 50명 이상의 근로자가 작업하는 옥내 작업장

90 정답 ③ 기본서 1권 181p

해설

※ 소방시설법 시행령 별표4

나. 비상경보설비를 설치하여야 할 특정소방대상물(모래·석재 등 불연재료 공장 및 창고시설, 위험물 저장 및 처리 시설 중 가스시설, 사람이 거주하지 않거나 벽이 없는 축사 등 동물 및 식물 관련 시설 및 지하구는 제외한다)은 다음의 어느 하나에 해당하는 것으로 한다.
1) 연면적 400㎡ 이상인 것은 모든 층
2) 지하층 또는 무창층의 바닥면적이 150㎡(공연장의 경우 100㎡) 이상인 것은 모든 층
2) 지하가 중 터널로서 길이가 500m 이상인 것
3) 50명 이상의 근로자가 작업하는 옥내 작업장

91 정답 ② 기본서 1권 182p

해설

※ 소방시설법 시행령 별표4

바. 비상방송설비를 설치해야 하는 특정소방대상물(위험물 저장 및 처리 시설 중 가스시설, 사람이 거주하지 않거나 벽이 없는 축사 등 동물 및 식물 관련 시설, 지하가 중 터널 및 지하구는 제외한다)은 다음의 어느 하나에 해당하는 것으로 한다.
  1) 연면적 3천5백㎡ 이상인 것은 모든 층
  2) 층수가 11층 이상인 것은 모든 층
  3) 지하층의 층수가 3층 이상인 것은 모든 층

92 정답 ① 기본서 1권 182p

해설

※ 소방시설법 시행령 별표4

바. 비상방송설비를 설치해야 하는 특정소방대상물(위험물 저장 및 처리 시설 중 가스시설, 사람이 거주하지 않거나 벽이 없는 축사 등 동물 및 식물 관련 시설, 지하가 중 터널 및 지하구는 제외한다)은 다음의 어느 하나에 해당하는 것으로 한다.
  1) 연면적 3천5백㎡ 이상인 것은 모든 층
  2) 층수가 11층 이상인 것은 모든 층
  3) 지하층의 층수가 3층 이상인 것은 모든 층

93 정답 ② 기본서 1권 183p

해설

※ 소방시설법 시행령 별표4

자. 누전경보기는 계약전류용량(같은 건축물에 계약 종류가 다른 전기가 공급되는 경우에는 그 중 최대계약전류용량을 말한다)이 100암페어를 초과하는 특정소방대상물(내화구조가 아닌 건축물로서 벽·바닥 또는 반자의 전부나 일부를 불연재료 또는 준불연재료가 아닌 재료에 철망을 넣어 만든 것만 해당한다)에 설치해야 한다. 다만, 위험물 저장 및 처리 시설 중 가스시설, 지하가 중 터널 및 지하구의 경우에는 그렇지 않다.

94 정답 ① 기본서 1권 181~182p

해설

※ 소방시설법 시행령 별표4

8) 의료시설 중 정신의료기관 또는 요양병원으로서 다음의 어느 하나에 해당하는 시설
  가) 요양병원(의료재활시설은 제외한다)
  나) 정신의료기관 또는 의료재활시설로 사용되는 바닥면적의 합계가 300㎡ 이상인 시설
  다) 정신의료기관 또는 의료재활시설로 사용되는 바닥면적의 합계가 300㎡ 미만이고, 창살(철재·플라스틱 또는 목재 등으로 사람의 탈출 등을 막기 위하여 설치한 것을 말하며, 화재 시 자동으로 열리는 구조로 되어 있는 창살은 제외한다)이 설치된 시설

95 정답 ① 기본서 1권 181~182p

해설

※ 소방시설법 시행령 별표4

① 위락시설, 장례시설 및 복합건축물로서 연면적 600㎡ 이상인 것

다. 자동화재탐지설비를 설치해야 하는 특정소방대상물은 다음의 어느 하나에 해당하는 것으로 한다.
  1) 공동주택 중 아파트등·기숙사 및 숙박시설의 경우에는 모든 층
  2) <u>층수가 6층 이상인 건축물의 경우에는 모든 층</u>
  3) 근린생활시설(목욕장은 제외한다), 의료시설(정신의료기관 또는 요양병원은 제외한다), <u>위락시설, 장례시설 및 복합건축물로서 연면적 600㎡ 이상인 경우에는 모든 층</u>
  4) 근린생활시설 중 목욕장, 문화 및 집회시설, 종교시설, 판매시설, 운수시설, 운동시설, 업무시설, 공장, 창고시설, 위험물 저장 및 처리 시설, 항공기 및 자동차 관련 시설, 교정 및 군사시설 중 국방·군사시설, <u>방송통신시설, 발전시설, 관광 휴게시설, 지하가</u>(터널은 제외한다)로서 <u>연면적 1천㎡ 이상</u>인 경우에는 모든 층
  5) 교육연구시설(교육시설 내에 있는 기숙사 및 합숙소를 포함한다), 수련시설(수련시설 내에 있는 기숙사 및 합숙소를 포함하며, 숙박시설이 있는 수련시설은 제외한다), 동물 및 식물 관련 시설(기둥과 지붕만으로 구성되어 외부와 기류가 통하는 장소는 제외한다), 자원순환 관련 시설, 교정 및 군사시설(국방·군사시설은 제외한다) 또는 묘지 관련 시설로서 연면적 2천㎡ 이상인 경우에는 모든 층
  6) 노유자 생활시설의 경우에는 모든 층
  7) 6)에 해당하지 않는 노유자시설로서 연면적 400㎡ 이상인 노유자시설 및 숙박시설이 있는 수련시설로서 수용인원 100명 이상인 경우에는 모든 층
  8) 의료시설 중 정신의료기관 또는 요양병원으로서 다음의 어느 하나에 해당하는 시설
    가) 요양병원(의료재활시설은 제외한다)
    나) 정신의료기관 또는 의료재활시설로 사용되는 바닥면적의 합계가 300㎡ 이상인 시설
    다) 정신의료기관 또는 의료재활시설로 사용되는 바닥면적의 합계가 300㎡ 미만이고, 창살(철재·플라스틱 또는 목재 등으로 사람의 탈출 등을 막기 위하여 설치한 것을 말하며, 화재 시 자동으로 열리는 구조로 되어 있는 창살은 제외한다)이 설치된 시설
  9) 판매시설 중 전통시장
  10) <u>지하가 중 터널로서 길이가 1천m 이상인 것</u>
  11) 지하구
  12) 3)에 해당하지 않는 근린생활시설 중 조산원 및 산후조리원
  13) 4)에 해당하지 않는 공장 및 창고시설로서 「화재의 예방 및 안전관리에 관한 법률 시행령」 별표 2에서 정하는 수량의 500배 이상의 특수가연물을 저장·취급하는 것
  14) 4)에 해당하지 않는 발전시설 중 전기저장시설

96 정답 ③ 기본서 1권 182p

해설

① 정신병원 및 의료재활시설로 사용되는 바닥면적의 합계가 500㎡ 이상인 층이 있는 것
② 노유자시설로서 바닥면적이 500㎡ 이상인 층이 있는 것.
④ 수련시설(숙박시설이 있는 건축물만 해당한다)로서 바닥면적이 500㎡ 이상인 층이 있는 것.

※ 소방시설법 시행령 별표4

사. 자동화재속보설비를 설치해야 하는 특정소방대상물은 다음의 어느 하나에 해당하는 것으로 한다. 다만, 방재실 등 화재 수신기가 설치된 장소에 24시간 화재를 감시할 수 있는 사람이 근무하고 있는 경우에는 자동화재속보설비를 설치하지 않을 수 있다.

1) 노유자 생활시설
2) 노유자시설로서 바닥면적이 500㎡ 이상인 층이 있는 것.
3) 수련시설(숙박시설이 있는 것만 해당한다)로서 바닥면적이 500㎡ 이상인 층이 있는 것.
4) 문화유산 중 「문화유산의 보존 및 활용에 관한 법률」 제23조에 따라 보물 또는 국보로 지정된 목조건축물
5) 근린생활시설 중 다음의 어느 하나에 해당하는 시설
   가) 의원, 치과의원 및 한의원으로서 입원실이 있는 시설
   나) 조산원 및 산후조리원
6) 의료시설 중 다음의 어느 하나에 해당하는 것
   가) 종합병원, 병원, 치과병원, 한방병원 및 요양병원(의료재활시설은 제외한다)
   나) 정신병원 및 의료재활시설로 사용되는 바닥면적의 합계가 500㎡ 이상인 층이 있는 것
7) 판매시설 중 전통시장

97 정답 ① 기본서 1권 182p

해설

※ 소방시설법 시행령 별표4

사. 자동화재속보설비를 설치해야 하는 특정소방대상물은 다음의 어느 하나에 해당하는 것으로 한다. 다만, 방재실 등 화재 수신기가 설치된 장소에 24시간 화재를 감시할 수 있는 사람이 근무하고 있는 경우에는 자동화재속보설비를 설치하지 않을 수 있다.

1) 노유자 생활시설
2) 노유자시설로서 바닥면적이 500㎡ 이상인 층이 있는 것.
3) 수련시설(숙박시설이 있는 것만 해당한다)로서 바닥면적이 500㎡ 이상인 층이 있는 것.
4) 문화유산 중 「문화유산의 보존 및 활용에 관한 법률」 제23조에 따라 보물 또는 국보로 지정된 목조건축물
5) 근린생활시설 중 다음의 어느 하나에 해당하는 시설
   가) 의원, 치과의원 및 한의원으로서 입원실이 있는 시설
   나) 조산원 및 산후조리원
6) 의료시설 중 다음의 어느 하나에 해당하는 것
   가) 종합병원, 병원, 치과병원, 한방병원 및 요양병원(의료재활시설은 제외한다)
   나) 정신병원 및 의료재활시설로 사용되는 바닥면적의 합계가 500㎡ 이상인 층이 있는 것
7) 판매시설 중 전통시장

98 정답 ③ 기본서 1권 182p

해설

※ 소방시설법 시행령 별표4

사. 자동화재속보설비를 설치해야 하는 특정소방대상물은 다음의 어느 하나에 해당하는 것으로 한다. 다만, 방재실 등 화재 수신기가 설치된 장소에 24시간 화재를 감시할 수 있는 사람이 근무하고 있는 경우에는 자동화재속보설비를 설치하지 않을 수 있다.

   1) 노유자 생활시설
   2) 노유자시설로서 바닥면적이 500㎡ 이상인 층이 있는 것.
   3) <u>수련시설(숙박시설이 있는 것만 해당한다)로서 바닥면적이 500㎡ 이상인 층이 있는 것.</u>
   4) 문화유산 중 「문화유산의 보존 및 활용에 관한 법률」 제23조에 따라 보물 또는 국보로 지정된 목조건축물
   5) 근린생활시설 중 다음의 어느 하나에 해당하는 시설
      가) 의원, 치과의원 및 한의원으로서 입원실이 있는 시설
      나) 조산원 및 산후조리원
   6) 의료시설 중 다음의 어느 하나에 해당하는 것
      가) 종합병원, 병원, 치과병원, 한방병원 및 요양병원(의료재활시설은 제외한다)
      나) 정신병원 및 의료재활시설로 사용되는 바닥면적의 합계가 500㎡ 이상인 층이 있는 것
   7) 판매시설 중 전통시장

99 정답 ③ 기본서 1권 182p

해설

③ 지하가 중 <u>지하상가</u>

※ 소방시설법 시행령 별표4

라. 시각경보기를 설치해야 하는 특정소방대상물은 다목에 따라 자동화재탐지설비를 설치해야 하는 특정소방대상물 중 다음의 어느 하나에 해당하는 것으로 한다.

   1) 근린생활시설, 문화 및 집회시설, 종교시설, 판매시설, 운수시설, 의료시설, 노유자시설
   2) 운동시설, 업무시설, 숙박시설, 위락시설, <u>창고시설 중 물류터미널</u>, 발전시설 및 장례시설
   3) <u>교육연구시설 중 도서관, 방송통신시설 중 방송국</u>
   4) <u>지하가 중 지하상가</u>

100 정답 ② 기본서 1권 181p

해설

※ 소방시설법 시행령 별표4

가. 단독경보형 감지기를 설치해야 하는 특정소방대상물은 다음의 어느 하나에 해당하는 것으로 한다. 이 경우 5)의 연립주택 및 다세대주택에 설치하는 단독경보형 감지기는 연동형으로 설치해야 한다.

   1) <u>교육연구시설 내에 있는 기숙사 또는 합숙소로서 연면적 2천㎡ 미만인 것</u>
   2) <u>수련시설 내에 있는 기숙사 또는 합숙소로서 연면적 2천㎡ 미만인 것</u>
   3) 다목7)에 해당하지 않는 수련시설(숙박시설이 있는 것만 해당한다)
   4) <u>연면적 400㎡ 미만의 유치원</u>
   5) 공동주택 중 연립주택 및 다세대주택

101 정답 ④ 기본서 1권 183p

해설

④ 창고시설 중 물류터미널

※ 소방시설법 시행령 별표4

　차. 가스누설경보기를 설치해야 하는 특정소방대상물(가스시설이 설치된 경우만 해당한다)은 다음의 어느 하나에 해당하는 것으로 한다.
　　1) <u>문화 및 집회시설</u>, 종교시설, 판매시설, 운수시설, 의료시설, 노유자시설
　　2) 수련시설, <u>운동시설</u>, 숙박시설, <u>창고시설 중 물류터미널</u>, 장례시설

102 정답 ② 기본서 1권 182p

해설

※ 소방시설법 시행령 별표4

　아. 통합감시시설을 설치해야 하는 특정소방대상물은 <u>지하구</u>로 한다.

103 정답 ② 기본서 1권 183p

해설

※ 소방시설법 시행령 별표4

　나. 인명구조기구를 설치해야 하는 특정소방대상물은 다음의 어느 하나에 해당하는 것으로 한다.
　　1) 방열복 또는 방화복(안전모, 보호장갑 및 안전화를 포함한다), 인공소생기 및 공기호흡기를 설치해야 하는 특정소방대상물: 지하층을 포함하는 층수가 7층 이상인 것 중 관광호텔 용도로 사용하는 층
　　2) 방열복 또는 방화복(안전모, 보호장갑 및 안전화를 포함한다) 및 공기호흡기를 설치해야 하는 특정소방대상물: 지하층을 포함하는 층수가 5층 이상인 것 중 병원 용도로 사용하는 층
　　3) 공기호흡기를 설치해야 하는 특정소방대상물은 다음의 어느 하나에 해당하는 것으로 한다.
　　　가) 수용인원 100명 이상인 문화 및 집회시설 중 영화상영관
　　　나) 판매시설 중 대규모점포
　　　다) 운수시설 중 지하역사
　　　라) 지하가 중 지하상가
　　　마) 제1호바목 및 화재안전기준에 따라 이산화탄소소화설비(호스릴이산화탄소소화설비는 제외한다)를 설치해야 하는 특정소방대상물

104 정답 ① 기본서 1권 183p

해설

인명구조기구란 방열복 또는 방화복(안전모, 보호장갑 및 안전화를 포함한다), 공기호흡기, 인공소생기를 말한다.
② 병원의 경우에는 인공소생기를 설치하지 아니할 수 있다.
③, ④는 인명구조기구에서 공기호흡기를 설치하는 특정소방대상물이다. (영 별표4)

105

정답 ④ **기본서 1권** 183p

해설 ④ 수용인원 100명 이상인 문화 및 집회시설 중 영화상영관

※ 소방시설법 시행령 별표4

나. 인명구조기구를 설치해야 하는 특정소방대상물은 다음의 어느 하나에 해당하는 것으로 한다.

    1) 방열복 또는 방화복(안전모, 보호장갑 및 안전화를 포함한다), 인공소생기 및 공기호흡기를 설치해야 하는 특정소방대상물: 지하층을 포함하는 층수가 7층 이상인 것 중 관광호텔 용도로 사용하는 층

    2) 방열복 또는 방화복(안전모, 보호장갑 및 안전화를 포함한다) 및 공기호흡기를 설치해야 하는 특정소방대상물: 지하층을 포함하는 층수가 5층 이상인 것 중 병원 용도로 사용하는 층

    3) 공기호흡기를 설치해야 하는 특정소방대상물은 다음의 어느 하나에 해당하는 것으로 한다.

        가) <u>수용인원 100명 이상인 문화 및 집회시설 중 영화상영관</u>

        나) <u>판매시설 중 대규모점포</u>

        다) <u>운수시설 중 지하역사</u>

        라) <u>지하가 중 지하상가</u>

        마) 제1호바목 및 화재안전기준에 따라 이산화탄소소화설비(호스릴이산화탄소소화설비는 제외한다)를 설치해야 하는 특정소방대상물

106

정답 ④ **기본서 1권** 183~184p

해설

※ 소방시설법 시행령 별표4

다. 유도등을 설치해야 하는 특정소방대상물은 다음의 어느 하나에 해당하는 것으로 한다.

    1) 피난구유도등, 통로유도등 및 유도표지는 특정소방대상물에 설치한다. 다만, 다음의 어느 하나에 해당하는 경우는 제외한다.

        가) 동물 및 식물 관련 시설 중 축사로서 가축을 직접 가두어 사육하는 부분

        나) 지하가 중 터널

    2) 객석유도등은 다음의 어느 하나에 해당하는 특정소방대상물에 설치한다.

        가) 유흥주점영업시설(「식품위생법 시행령」 제21조제8호라목의 유흥주점영업 중 손님이 춤을 출 수 있는 무대가 설치된 카바레, 나이트클럽 또는 그 밖에 이와 비슷한 영업시설만 해당한다)

        나) <u>문화 및 집회시설</u>

        다) <u>종교시설</u>

        라) <u>운동시설</u>

    3) 피난유도선은 화재안전기준으로 정하는 장소에 설치한다.

107

정답 ① **기본서 1권** 184p

해설

※ 소방시설법 시행령 별표4

라. 비상조명등을 설치하여야 하는 특정소방대상물(창고시설 중 창고 및 하역장, 위험물 저장 및 처리 시설 중 가스시설 및 사람이 거주하지 않거나 벽이 없는 축사 등 동물 및 식물 관련 시설은 제외한다)은 다음의 어느 하나에 해당하는 것으로 한다.

    1) 지하층을 포함하는 층수가 <u>5층</u> 이상인 건축물로서 연면적 <u>3천㎡</u> 이상인 경우에는 모든 층

    2) 1)에 해당하지 않는 특정소방대상물로서 그 지하층 또는 무창층의 바닥면적이 450㎡ 이상인 경우에는 해당 층

    3) 지하가 중 터널로서 그 길이가 <u>500m</u> 이상인 것

108 정답 ④ 기본서 1권 184p

해설

④ 지하가 중 지하상가

※ 소방시설법 시행령 별표4

마. 휴대용 비상조명등을 설치해야 하는 특정소방대상물은 다음의 어느 하나에 해당하는 것으로 한다.
    1) 숙박시설
    2) 수용인원 100명 이상의 영화상영관, 판매시설 중 대규모점포, 철도 및 도시철도 시설 중 지하역사, 지하가 중 지하상가

109 정답 ④ 기본서 1권 184p

해설

※ 소방시설법 시행령 별표4

4. 소화용수설비

상수도소화용수설비를 설치해야 하는 특정소방대상물은 다음 각 목의 어느 하나에 해당하는 것으로 한다. 다만, 상수도소화용수설비를 설치해야 하는 특정소방대상물의 대지 경계선으로부터 180m 이내에 지름 75㎜ 이상인 상수도용 배수관이 설치되지 않은 지역의 경우에는 화재안전기준에 따른 소화수조 또는 저수조를 설치해야 한다.

  가. 연면적 5천㎡ 이상인 것. 다만, 위험물 저장 및 처리 시설 중 가스시설, 지하가 중 터널 또는 지하구의 경우에는 제외한다.
  나. 가스시설로서 지상에 노출된 탱크의 저장용량의 합계가 100톤 이상인 것
  다. 자원순환 관련 시설 중 폐기물재활용시설 및 폐기물처분시설

110 정답 ③ 기본서 1권 184p

해설

※ 소방시설법 시행령 별표4

가. 제연설비를 설치해야 하는 특정소방대상물은 다음의 어느 하나에 해당하는 것으로 한다.
    1) 문화 및 집회시설, 종교시설, 운동시설 중 무대부의 바닥면적이 200㎡ 이상인 경우에는 해당 무대부
    2) 문화 및 집회시설 중 영화상영관으로서 수용인원 100명 이상인 경우에는 해당 영화상영관
    3) 지하층이나 무창층에 설치된 근린생활시설, 판매시설, 운수시설, 숙박시설, 위락시설, 의료시설, 노유자시설 또는 창고시설(물류터미널로 한정한다)로서 해당 용도로 사용되는 바닥면적의 합계가 1천㎡ 이상인 경우 해당 부분
    4) 운수시설 중 시외버스정류장, 철도 및 도시철도 시설, 공항시설 및 항만시설의 대기실 또는 휴게시설로서 지하층 또는 무창층의 바닥면적이 1천㎡ 이상인 경우에는 모든 층
    5) 지하가(터널은 제외한다)로서 연면적 1천㎡ 이상인 것
    6) 지하가 중 예상 교통량, 경사도 등 터널의 특성을 고려하여 행정안전부령으로 정하는 터널
    7) 특정소방대상물(갓복도형 아파트등은 제외한다)에 부설된 특별피난계단, 비상용 승강기의 승강장 또는 피난용 승강기의 승강장

111 정답 ① 기본서 1권 184p

해설

① 문화 및 집회시설 중 <u>영화상영관으로서 수용인원 100명 이상인 경우에는 해당 영화상영관</u>

※ 소방시설법 시행령 별표4

가. 제연설비를 설치해야 하는 특정소방대상물은 다음의 어느 하나에 해당하는 것으로 한다.
  1) 문화 및 집회시설, 종교시설, 운동시설 중 무대부의 바닥면적이 200㎡ 이상인 경우에는 해당 무대부
  2) 문화 및 집회시설 중 영화상영관으로서 수용인원 100명 이상인 경우에는 해당 영화상영관
  3) 지하층이나 무창층에 설치된 근린생활시설, 판매시설, 운수시설, 숙박시설, 위락시설, 의료시설, 노유자시설 또는 창고시설(물류터미널로 한정한다)로서 해당 용도로 사용되는 바닥면적의 합계가 1천㎡ 이상인 경우 해당 부분
  4) 운수시설 중 시외버스정류장, 철도 및 도시철도 시설, 공항시설 및 항만시설의 대기실 또는 휴게시설로서 지하층 또는 무창층의 바닥면적이 1천㎡ 이상인 경우에는 모든 층
  5) 지하가(터널은 제외한다)로서 연면적 1천㎡ 이상인 것
  6) 지하가 중 예상 교통량, 경사도 등 터널의 특성을 고려하여 행정안전부령으로 정하는 터널
  7) 특정소방대상물(갓복도형 아파트등은 제외한다)에 부설된 특별피난계단, 비상용 승강기의 승강장 또는 피난용 승강기의 승강장

112 정답 ④ 기본서 1권 185p

해설

※ 소방시설법 시행령 별표4

나. 연결송수관설비를 설치해야 하는 특정소방대상물(위험물 저장 및 처리 시설 중 가스시설 및 지하구는 제외한다)은 다음의 어느 하나에 해당하는 것으로 한다.
  1) <u>층수가 5층 이상으로서 연면적 6천㎡ 이상인 경우에는 모든 층</u>
  2) 1)에 해당하지 않는 특정소방대상물로서 지하층을 포함하는 층수가 7층 이상인 경우에는 모든 층
  3) 1) 및 2)에 해당하지 않는 특정소방대상물로서 지하층의 층수가 3층 이상이고 지하층의 바닥면적의 합계가 1천㎡ 이상인 경우 모든 층
  4) <u>지하가 중 터널로서 길이가 1천m 이상인 것</u>

113 정답 ② 기본서 1권 185p

해설

※ 소방시설법 시행령 별표4
다. 연결살수설비를 설치해야 하는 특정소방대상물(지하구는 제외한다)은 다음의 어느 하나에 해당하는 것으로 한다.
   1) 판매시설, 운수시설, 창고시설 중 물류터미널로서 해당 용도로 사용되는 부분의 바닥면적의 합계가 1천㎡ 이상인 경우에는 해당 시설
   2) 지하층(피난층으로 주된 출입구가 도로와 접한 경우는 제외한다)으로서 바닥면적의 합계가 150㎡ 이상인 경우에는 지하층의 모든 층. 다만, 「주택법 시행령」 제46조제1항에 따른 국민주택규모 이하인 아파트등의 지하층(대피시설로 사용하는 것만 해당한다)과 교육연구시설 중 학교의 지하층의 경우에는 700㎡ 이상인 것으로 한다.
   3) 가스시설 중 지상에 노출된 탱크의 용량이 30톤 이상인 탱크시설
   4) 1) 및 2)의 특정소방대상물에 부속된 연결통로

114 정답 ③ 기본서 1권 185p

해설

※ 소방시설법 시행령 별표4
라. 비상콘센트설비를 설치해야 하는 특정소방대상물(위험물 저장 및 처리 시설 중 가스시설 및 지하구는 제외한다)은 다음의 어느 하나에 해당하는 것으로 한다.
   1) 층수가 11층 이상인 특정소방대상물의 경우에는 11층 이상의 층
   2) 지하층의 층수가 3층 이상이고 지하층의 바닥면적의 합계가 1천㎡ 이상인 것은 지하층의 모든 층
   3) 지하가 중 터널로서 길이가 500m 이상인 것

115 정답 ① 기본서 1권 185p

해설

① 지하가(터널은 제외한다)로서 연면적 1천㎡ 이상인 것
※ 소방시설법 시행령 별표4
마. 무선통신보조설비를 설치해야 하는 특정소방대상물(위험물 저장 및 처리 시설 중 가스시설은 제외한다)은 다음의 어느 하나에 해당하는 것으로 한다.
   1) 지하가(터널은 제외한다)로서 연면적 1천㎡ 이상인 것
   2) 지하층의 바닥면적의 합계가 3천㎡ 이상인 것 또는 지하층의 층수가 3층 이상이고 지하층의 바닥면적의 합계가 1천㎡ 이상인 것은 지하층의 모든 층
   3) 지하가 중 터널로서 길이가 500m 이상인 것
   4) 지하구 중 공동구
   5) 층수가 30층 이상인 것으로서 16층 이상 부분의 모든 층

116 정답 ③ 기본서 1권 185p

해설

※ 소방시설법 시행령 별표4

마. 무선통신보조설비를 설치해야 하는 특정소방대상물(위험물 저장 및 처리 시설 중 가스시설은 제외한다)은 다음의 어느 하나에 해당하는 것으로 한다.

1) 지하가(터널은 제외한다)로서 연면적 1천㎡ 이상인 것
2) 지하층의 바닥면적의 합계가 3천㎡ 이상인 것 또는 지하층의 층수가 3층 이상이고 지하층의 바닥면적의 합계가 1천㎡ 이상인 것은 지하층의 모든 층
3) 지하가 중 터널로서 길이가 500m 이상인 것
4) 지하구 중 공동구
5) 층수가 30층 이상인 것으로서 16층 이상 부분의 모든 층

117 정답 ③ 기본서 1권 186p

해설

※ 소방시설법 시행령 별표4

지하가 중 터널의 길이에 따른 설치 소화설비	
터널길이 500m 이상	비상경보설비, 비상조명등, 비상콘센트설비, 무선통신보조설비
터널길이 1,000m 이상	옥내소화전설비, 자동화재탐지설비, 연결송수관설비

118 정답 ② 기본서 1권 173p

해설

※ 소방시설법 시행령 제12조(소방시설정보관리시스템 구축·운영 대상 등)

① 소방청장, 소방본부장 또는 소방서장이 법 제12조제4항에 따라 소방시설의 작동정보 등을 실시간으로 수집·분석할 수 있는 시스템(이하 "소방시설정보관리시스템"이라 한다)을 구축·운영하는 경우 그 구축·운영의 대상은 「화재의 예방 및 안전관리에 관한 법률」 제24조제1항 전단에 따른 소방안전관리대상물 중 다음 각 호의 특정소방대상물로 한다.

1. 문화 및 집회시설
2. 종교시설
3. 판매시설
4. 의료시설
5. 노유자 시설
6. 숙박이 가능한 수련시설
7. 업무시설
8. 숙박시설
9. 공장
10. 창고시설

11. 위험물 저장 및 처리 시설
12. 지하가(地下街)
13. 지하구
14. 그 밖에 소방청장, 소방본부장 또는 소방서장이 소방안전관리의 취약성과 화재위험성을 고려하여 필요하다고 인정하는 특정소방대상물

119 정답 ④   기본서 1권 173p

해설

※ 소방시설법 시행령 제12조(소방시설정보관리시스템 구축·운영 대상 등)

① 소방청장, 소방본부장 또는 소방서장이 법 제12조제4항에 따라 소방시설의 작동정보 등을 실시간으로 수집·분석할 수 있는 시스템(이하 "소방시설정보관리시스템"이라 한다)을 구축·운영하는 경우 그 구축·운영의 대상은 「화재의 예방 및 안전관리에 관한 법률」 제24조제1항 전단에 따른 소방안전관리대상물 중 다음 각 호의 특정소방대상물로 한다.

1. <u>문화 및 집회시설</u>
2. 종교시설
3. 판매시설
4. 의료시설
5. 노유자시설
6. <u>숙박이 가능한 수련시설</u>
7. 업무시설
8. 숙박시설
9. 공장
10. 창고시설
11. <u>위험물 저장 및 처리 시설</u>
12. <u>지하가(地下街)</u>
13. <u>지하구</u>
14. 그 밖에 소방청장, 소방본부장 또는 소방서장이 소방안전관리의 취약성과 화재위험성을 고려하여 필요하다고 인정하는 특정소방대상물

② 제1항에 각 호에 따른 특정소방대상물의 관계인은 소방청장, 소방본부장 또는 소방서장이 법 제12조제4항에 따라 소방시설정보관리시스템을 구축·운영하려는 경우 특별한 사정이 없으면 이에 협조해야 한다.

120 정답 ③ 기본서 1권 188p

해설

※ 소방시설법 제13조(소방시설기준 적용의 특례)
① 소방본부장이나 소방서장은 제12조제1항 전단에 따른 대통령령 또는 화재안전기준이 변경되어 그 기준이 강화되는 경우 기존의 특정소방대상물(건축물의 신축·개축·재축·이전 및 대수선 중인 특정소방대상물을 포함한다)의 소방시설에 대하여는 변경 전의 대통령령 또는 화재안전기준을 적용한다. 다만, 다음 각 호의 어느 하나에 해당하는 소방시설의 경우에는 대통령령 또는 화재안전기준의 변경으로 강화된 기준을 적용할 수 있다.
  1. 다음 각 목의 소방시설 중 대통령령 또는 화재안전기준으로 정하는 것
    가. <u>소화기구</u>
    나. <u>비상경보설비</u>
    다. <u>자동화재탐지설비</u>
    라. 자동화재속보설비
    마. 피난구조설비

121 정답 ② 기본서 1권 188p

해설

※ 소방시설법 제13조(소방시설기준 적용의 특례)
① 소방본부장이나 소방서장은 제12조제1항 전단에 따른 대통령령 또는 화재안전기준이 변경되어 그 기준이 강화되는 경우 기존의 특정소방대상물(건축물의 신축·개축·재축·이전 및 대수선 중인 특정소방대상물을 포함한다)의 소방시설에 대하여는 변경 전의 대통령령 또는 화재안전기준을 적용한다. 다만, 다음 각 호의 어느 하나에 해당하는 소방시설의 경우에는 대통령령 또는 화재안전기준의 변경으로 강화된 기준을 적용할 수 있다.
  1. 다음 각 목의 소방시설 중 대통령령 또는 화재안전기준으로 정하는 것
    가. 소화기구
    나. 비상경보설비
    다. 자동화재탐지설비
    라. <u>자동화재속보설비</u>
    마. 피난구조설비

122 정답 ③ 기본서 1권 188p

해설

③ 노유자시설에 설치하는 간이스프링클러설비, 자동화재탐지설비 및 단독경보형 감지기(영 제13조)

※ 소방시설법 시행령 제13조(강화된 소방시설기준의 적용대상)

법 제13조제1항제2호 각 목 외의 부분에서 "대통령령으로 정하는 것"이란 다음 각 호의 소방시설을 말한다.

1. 「국토의 계획 및 이용에 관한 법률」 제2조제9호에 따른 공동구에 설치하는 소화기, 자동소화장치, 자동화재탐지설비, 통합감시시설, 유도등 및 연소방지설비
2. 전력 및 통신사업용 지하구에 설치하는 소화기, 자동소화장치, 자동화재탐지설비, 통합감시시설, 유도등 및 연소방지설비
3. 노유자(老幼者)시설에 설치하는 간이스프링클러설비, 자동화재탐지설비 및 단독경보형 감지기
4. 의료시설에 설치하는 스프링클러설비, 간이스프링클러설비, 자동화재탐지설비 및 자동화재속보설비

123 정답 ② 기본서 1권 189~190p

해설

② 자동차 생산공장 등 화재 위험이 낮은 특정소방대상물에 캐노피를 설치하는 경우

※ 소방시설법 시행령 제15조(특정소방대상물의 증축 또는 용도변경 시의 소방시설기준 적용의 특례)

① 법 제13조제3항에 따라 소방본부장 또는 소방서장은 특정소방대상물이 증축되는 경우에는 기존 부분을 포함한 특정소방대상물의 전체에 대하여 증축 당시의 소방시설의 설치에 관한 대통령령 또는 화재안전기준을 적용해야 한다. 다만, 다음 각 호의 어느 하나에 해당하는 경우에는 기존 부분에 대해서는 증축 당시의 소방시설의 설치에 관한 대통령령 또는 화재안전기준을 적용하지 않는다.

1. 기존 부분과 증축 부분이 내화구조(耐火構造)로 된 바닥과 벽으로 구획된 경우
2. 기존 부분과 증축 부분이 「건축법 시행령」 제46조제1항제2호에 따른 자동방화셔터(이하 "자동방화셔터"라 한다) 또는 같은 영 제64조제1항제1호에 따른 60분+방화문(이하 "60분+방화문"이라 한다)으로 구획되어 있는 경우
3. 자동차 생산공장 등 화재 위험이 낮은 특정소방대상물 내부에 연면적 33제곱미터 이하의 직원 휴게실을 증축하는 경우
4. 자동차 생산공장 등 화재 위험이 낮은 특정소방대상물에 캐노피(기둥으로 받치거나 매달아 놓은 덮개를 말하며, 3면 이상에 벽이 없는 구조의 것을 말한다)를 설치하는 경우

124 정답 ④ 기본서 1권 189~190p

해설

④ 용도변경으로 인하여 천장·바닥·벽 등에 고정되어 있는 가연성 물질의 양이 줄어드는 경우에는 특정소방대상물 전체에 대하여 용도변경 전에 해당 특정소방대상물에 적용되던 소방시설의 설치에 관한 대통령령 또는 화재안전기준을 적용한다.

※ 소방시설법 시행령 제15조(특정소방대상물의 증축 또는 용도변경 시의 소방시설기준 적용의 특례)

① 법 제13조제3항에 따라 소방본부장 또는 소방서장은 특정소방대상물이 증축되는 경우에는 기존 부분을 포함한 특정소방대상물의 전체에 대하여 증축 당시의 소방시설의 설치에 관한 대통령령 또는 화재안전기준을 적용해야 한다. 다만, 다음 각 호의 어느 하나에 해당하는 경우에는 기존 부분에 대해서는 증축 당시의 소방시설의 설치에 관한 대통령령 또는 화재안전기준을 적용하지 않는다.
  1. 기존 부분과 증축 부분이 내화구조(耐火構造)로 된 바닥과 벽으로 구획된 경우
  2. 기존 부분과 증축 부분이 「건축법 시행령」 제46조제1항제2호에 따른 자동방화셔터(이하 "자동방화셔터"라 한다) 또는 같은 영 제64조제1항제1호에 따른 60분+방화문(이하 "60분+방화문"이라 한다)으로 구획되어 있는 경우
  3. 자동차 생산공장 등 화재 위험이 낮은 특정소방대상물 내부에 연면적 33제곱미터 이하의 직원 휴게실을 증축하는 경우
  4. 자동차 생산공장 등 화재 위험이 낮은 특정소방대상물에 캐노피(기둥으로 받치거나 매달아 놓은 덮개를 말하며, 3면 이상에 벽이 없는 구조의 것을 말한다)를 설치하는 경우

② 법 제13조제3항에 따라 소방본부장 또는 소방서장은 특정소방대상물이 용도변경되는 경우에는 용도변경되는 부분에 대해서만 용도변경 당시의 소방시설의 설치에 관한 대통령령 또는 화재안전기준을 적용한다. 다만, 다음 각 호의 어느 하나에 해당하는 경우에는 특정소방대상물 전체에 대하여 용도변경 전에 해당 특정소방대상물에 적용되던 소방시설의 설치에 관한 대통령령 또는 화재안전기준을 적용한다.
  1. 특정소방대상물의 구조·설비가 화재연소 확대 요인이 적어지거나 피난 또는 화재진압활동이 쉬워지도록 변경되는 경우
  2. 용도변경으로 인하여 천장·바닥·벽 등에 고정되어 있는 가연성 물질의 양이 줄어드는 경우

125 정답 ③ 기본서 1권 191~192p

해설

③ 비상조명등을 설치하여야 하는 특정소방대상물에 피난구유도등 또는 통로유도등을 화재안전기준에 적합하게 설치한 경우에는 그 유도등의 유효범위에서 설치가 면제된다.

※ 소방시설법 시행령 별표5

설치가 면제되는 소방시설	설치면제 기준
5. 물분무등소화설비	물분무등소화설비를 설치하여야 하는 차고·주차장에 스프링클러설비를 화재안전기준에 적합하게 설치한 경우에는 그 설비의 유효범위에서 설치가 면제된다.
11. 비상방송설비	비상방송설비를 설치하여야 하는 특정소방대상물에 자동화재탐지설비 또는 비상경보설비와 같은 수준 이상의 음향을 발하는 장치를 부설한 방송설비를 화재안전기준에 적합하게 설치한 경우에는 그 설비의 유효범위에서 설치가 면제된다.
15. 비상조명등	비상조명등을 설치하여야 하는 특정소방대상물에 피난구유도등 또는 통로유도등을 화재안전기준에 적합하게 설치한 경우에는 그 유도등의 유효범위에서 설치가 면제된다.
21. 연소방지설비	연소방지설비를 설치하여야 하는 특정소방대상물에 스프링클러설비, 물분무소화설비 또는 미분무소화설비를 화재안전기준에 적합하게 설치한 경우에는 그 설비의 유효범위에서 설치가 면제된다.

126 정답 ④ 기본서 1권 193p

해설

※ 소방시설법 시행령 별표6
【소방시설을 설치하지 아니할 수 있는 특정소방대상물 및 소방시설의 범위】

구분	특정소방대상물	소방시설
1. 화재 위험도가 낮은 특정소방대상물	석재, 불연성금속, 불연성 건축재료 등의 가공공장·기계조립공장 또는 불연성 물품을 저장하는 창고	옥외소화전 및 연결살수설비
2. 화재안전기준을 적용하기 어려운 특정소방대상물	펄프공장의 작업장, 음료수 공장의 세정 또는 충전을 하는 작업장, 그 밖에 이와 비슷한 용도로 사용하는 것	스프링클러설비, 상수도소화용수설비 및 연결살수설비
	정수장, 수영장, 목욕장, 농예·축산·어류양식용 시설, 그 밖에 이와 비슷한 용도로 사용되는 것	자동화재탐지설비, 상수도소화용수설비 및 연결살수설비
3. 화재안전기준을 달리 적용하여야 하는 특수한 용도 또는 구조를 가진 특정소방대상물	원자력발전소, 중·저준위방사성폐기물의 저장시설	연결송수관설비 및 연결살수설비
4. 「위험물 안전관리법」 제19조에 따른 자체소방대가 설치된 특정소방대상물	자체소방대가 설치된 제조소등에 부속된 사무실	옥내소화전설비, 소화용수설비, 연결살수설비 및 연결송수관설비

127 정답 ④ 기본서 1권 193p

해설

④ 「위험물안전관리법」에 따른 자체소방대가 설치된 특정소방대상물

※ 소방시설법 제13조(소방시설기준 적용의 특례)
④ 다음 각 호의 어느 하나에 해당하는 특정소방대상물 가운데 대통령령으로 정하는 특정소방대상물에는 제12조제1항 전단에도 불구하고 대통령령으로 정하는 소방시설을 설치하지 아니할 수 있다.
1. 화재 위험도가 낮은 특정소방대상물
2. 화재안전기준을 적용하기 어려운 특정소방대상물
3. 화재안전기준을 다르게 적용하여야 하는 특수한 용도 또는 구조를 가진 특정소방대상물
4. 「위험물안전관리법」 제19조에 따른 자체소방대가 설치된 특정소방대상물

128 정답 ④ 기본서 1권 193p

해설

① 불연성 물품을 저장하는 창고 - 화재 위험도가 낮은 특정소방대상물
② 원자력발전소, 중·저준위방사성폐기물의 저장시설 - 화재안전기준을 달리 적용하여야 하는 특수한 용도 또는 구조를 가진 특정소방대상물
③ 자체소방대가 설치된 제조소등에 부속된 사무실 - 「위험물 안전관리법」 제19조에 따른 자체소방대가 설치된 특정소방대상물

※ 소방시설법 시행령 별표6
【소방시설을 설치하지 아니할 수 있는 특정소방대상물 및 소방시설의 범위】

구분	특정소방대상물	소방시설
1. 화재 위험도가 낮은 특정소방대상물	석재, 불연성금속, 불연성 건축재료 등의 가공공장·기계조립공장 또는 불연성 물품을 저장하는 창고	옥외소화전 및 연결살수설비
2. 화재안전기준을 적용하기 어려운 특정소방대상물	펄프공장의 작업장, 음료수 공장의 세정 또는 충전을 하는 작업장, 그 밖에 이와 비슷한 용도로 사용하는 것	스프링클러설비, 상수도소화용수설비 및 연결살수설비
	정수장, 수영장, 목욕장, 농예·축산·어류양식용 시설, 그 밖에 이와 비슷한 용도로 사용되는 것	자동화재탐지설비, 상수도소화용수설비 및 연결살수설비
3. 화재안전기준을 달리 적용하여야 하는 특수한 용도 또는 구조를 가진 특정소방대상물	원자력발전소, 중·저준위방사성폐기물의 저장시설	연결송수관설비 및 연결살수설비
4. 「위험물 안전관리법」 제19조에 따른 자체소방대가 설치된 특정소방대상물	자체소방대가 설치된 제조소등에 부속된 사무실	옥내소화전설비, 소화용수설비, 연결살수설비 및 연결송수관설비

129 정답 ③ 기본서 1권 193p

해설

※ 소방시설법 시행령 별표6
【소방시설을 설치하지 아니할 수 있는 특정소방대상물 및 소방시설의 범위】

구분	특정소방대상물	소방시설
1. 화재 위험도가 낮은 특정소방대상물	석재, 불연성금속, 불연성 건축재료 등의 가공공장·기계조립공장 또는 불연성 물품을 저장하는 창고	옥외소화전 및 연결살수설비
2. 화재안전기준을 적용하기 어려운 특정소방대상물	펄프공장의 작업장, 음료수 공장의 세정 또는 충전을 하는 작업장, 그 밖에 이와 비슷한 용도로 사용하는 것	스프링클러설비, 상수도소화용수설비 및 연결살수설비
	정수장, 수영장, 목욕장, 농예·축산·어류양식용 시설, 그 밖에 이와 비슷한 용도로 사용되는 것	자동화재탐지설비, 상수도소화용수설비 및 연결살수설비
3. 화재안전기준을 달리 적용하여야 하는 특수한 용도 또는 구조를 가진 특정소방대상물	원자력발전소, 중·저준위방사성폐기물의 저장시설	연결송수관설비 및 연결살수설비
4. 「위험물 안전관리법」 제19조에 따른 자체소방대가 설치된 특정소방대상물	자체소방대가 설치된 제조소등에 부속된 사무실	옥내소화전설비, 소화용수설비, 연결살수설비 및 연결송수관설비

130 정답 ③ 기본서 1권 195p

해설

③ 인화성·가연성·폭발성 물질을 취급하거나 가연성 가스를 발생시키는 작업

※ 소방시설법 시행령 제18조(화재위험작업 및 임시소방시설 등)
① 법 제15조제1항에서 "인화성(引火性) 물품을 취급하는 작업 등 대통령령으로 정하는 작업"이란 다음 각 호의 어느 하나에 해당하는 작업을 말한다.
  1. 인화성·가연성·폭발성 물질을 취급하거나 가연성 가스를 발생시키는 작업
  2. 용접·용단(금속·유리·플라스틱 따위를 녹여서 절단하는 일을 말한다) 등 불꽃을 발생시키거나 화기(火氣)를 취급하는 작업
  3. 전열기구, 가열전선 등 열을 발생시키는 기구를 취급하는 작업
  4. 알루미늄, 마그네슘 등을 취급하여 폭발성 부유분진(공기 중에 떠다니는 미세한 입자를 말한다)을 발생시킬 수 있는 작업
  5. 그 밖에 제1호부터 제4호까지와 비슷한 작업으로 소방청장이 정하여 고시하는 작업

131 정답 ③ 기본서 1권 195p

해설

※ 소방시설법 시행령 별표8
- 임시소방시설의 종류

가. <u>소화기</u>
나. <u>간이소화장치</u> : 물을 방사(放射)하여 화재를 진화할 수 있는 장치로서 소방청장이 정하는 성능을 갖추고 있을 것
다. <u>비상경보장치</u> : 화재가 발생한 경우 주변에 있는 작업자에게 화재사실을 알릴 수 있는 장치로서 소방청장이 정하는 성능을 갖추고 있을 것
라. <u>가스누설경보기</u> : 가연성 가스가 누설되거나 발생된 경우 이를 탐지하여 경보하는 장치로서 법 제37조에 따른 형식승인 및 제품검사를 받은 것
마. <u>간이피난유도선</u> : 화재가 발생한 경우 피난구 방향을 안내할 수 있는 장치로서 소방청장이 정하는 성능을 갖추고 있을 것
바. <u>비상조명등</u> : 화재가 발생한 경우 안전하고 원활한 피난활동을 할 수 있도록 자동 점등되는 조명장치로서 소방청장이 정하는 성능을 갖추고 있을 것
사. <u>방화포</u> : 용접·용단 등의 작업 시 발생하는 불티로부터 가연물이 점화되는 것을 방지해주는 천 또는 불연성 물품으로서 소방청장이 정하는 성능을 갖추고 있을 것

132 정답 ① 기본서 1권 196p

해설

※ 소방시설법 시행령 별표8
3. 임시소방시설과 기능 및 성능이 유사한 소방시설로서 임시소방시설을 설치한 것으로 보는 소방시설
  다. 간이피난유도선을 설치한 것으로 보는 소방시설
    피난유도선, 피난구유도등, 통로유도등 또는 비상조명등

133 정답 ② 기본서 1권 196p

해설

※ 소방시설법 시행령 별표8

3. 임시소방시설과 기능 및 성능이 유사한 소방시설로서 임시소방시설을 설치한 것으로 보는 소방시설

   나. 비상경보장치를 설치한 것으로 보는 소방시설

   : 비상방송설비 또는 자동화재탐지설비

134 정답 ② 기본서 1권 197p

해설

※ 소방시설법 시행령 별표8

2. 임시소방시설을 설치하여야 하는 공사의 종류와 규모

   나. 간이소화장치: 다음의 어느 하나에 해당하는 공사의 화재위험작업현장에 설치한다.

   1) 연면적 3천㎡ 이상

   2) 지하층, 무창층 또는 4층 이상의 층. 이 경우 해당 층의 바닥면적이 600㎡ 이상인 경우만 해당한다.

135 정답 ① 기본서 1권 199p

해설

※ 소방시설법 시행령 제19조【내용연수 설정 대상 소방용품】

① 법 제17조제1항 후단에 따라 내용연수를 설정하여야 하는 소방용품은 분말형태의 소화약제를 사용하는 소화기로 한다.

② 제1항에 따른 소방용품의 내용연수는 10년으로 한다.

136 정답 ① 기본서 1권 200p

해설

① 소방시설에 하자가 있는지의 판단에 관한 사항
→ 지방소방기술심의위원회의 심의사항

※ 소방시설법 제18조(소방기술심의위원회)
① 다음 각 호의 사항을 심의하기 위하여 소방청에 중앙소방기술심의위원회(이하 "중앙위원회"라 한다)를 둔다.
  1. 화재안전기준에 관한 사항
  2. 소방시설의 구조 및 원리 등에서 공법이 특수한 설계 및 시공에 관한 사항
  3. 소방시설의 설계 및 공사감리의 방법에 관한 사항
  4. 소방시설공사의 하자를 판단하는 기준에 관한 사항
  5. 제8조제5항 단서에 따라 신기술·신공법 등 검토·평가에 고도의 기술이 필요한 경우로서 중앙위원회에 심의를 요청한 사항
  6. 그 밖에 소방기술 등에 관하여 대통령령으로 정하는 사항
② 다음 각 호의 사항을 심의하기 위하여 시·도에 지방소방기술심의위원회(이하 "지방위원회"라 한다)를 둔다.
  1. 소방시설에 하자가 있는지의 판단에 관한 사항
  2. 그 밖에 소방기술 등에 관하여 대통령령으로 정하는 사항
③ 중앙위원회 및 지방위원회의 구성·운영 등에 필요한 사항은 대통령령으로 정한다.

※ 소방시설법 시행령 제20조(소방기술심의위원회의 심의사항)
① 법 제18조제1항제6호에서 "대통령령으로 정하는 사항"이란 다음 각 호의 사항을 말한다.
  1. 연면적 10만제곱미터 이상의 특정소방대상물에 설치된 소방시설의 설계·시공·감리의 하자 유무에 관한 사항
  2. 새로운 소방시설과 소방용품 등의 도입 여부에 관한 사항
  3. 그 밖에 소방기술과 관련하여 소방청장이 소방기술심의위원회의 심의에 부치는 사항
② 법 제18조제2항제2호에서 "대통령령으로 정하는 사항"이란 다음 각 호의 사항을 말한다.
  1. 연면적 10만제곱미터 미만의 특정소방대상물에 설치된 소방시설의 설계·시공·감리의 하자 유무에 관한 사항
  2. 소방본부장 또는 소방서장이 「위험물안전관리법」 제2조제1항제6호에 따른 제조소등(이하 "제조소등"이라 한다)의 시설기준 또는 화재안전기준의 적용에 관하여 기술검토를 요청하는 사항
  3. 그 밖에 소방기술과 관련하여 특별시장·광역시장·특별자치시장·도지사 또는 특별자치도지사(이하 "시·도지사"라 한다)가 소방기술심의위원회의 심의에 부치는 사항

137

정답 ③ 　기본서 1권　200p

해설

㉠, ㉣은 중앙소방기술심의위원회의 심의사항이다.

※ 소방시설법 제18조(소방기술심의위원회)

① 다음 각 호의 사항을 심의하기 위하여 소방청에 중앙소방기술심의위원회(이하 "중앙위원회"라 한다)를 둔다.
  1. 화재안전기준에 관한 사항
  2. 소방시설의 구조 및 원리 등에서 공법이 특수한 설계 및 시공에 관한 사항
  3. 소방시설의 설계 및 공사감리의 방법에 관한 사항
  4. 소방시설공사의 하자를 판단하는 기준에 관한 사항
  5. 제8조제5항 단서에 따라 신기술·신공법 등 검토·평가에 고도의 기술이 필요한 경우로서 중앙위원회에 심의를 요청한 사항
  6. 그 밖에 소방기술 등에 관하여 대통령령으로 정하는 사항
② 다음 각 호의 사항을 심의하기 위하여 시·도에 지방소방기술심의위원회(이하 "지방위원회"라 한다)를 둔다.
  1. 소방시설에 하자가 있는지의 판단에 관한 사항
  2. 그 밖에 소방기술 등에 관하여 대통령령으로 정하는 사항
③ 중앙위원회 및 지방위원회의 구성·운영 등에 필요한 사항은 대통령령으로 정한다.

※ 소방시설법 시행령 제20조(소방기술심의위원회의 심의사항)

① 법 제18조제1항제6호에서 "대통령령으로 정하는 사항"이란 다음 각 호의 사항을 말한다.
  1. 연면적 10만제곱미터 이상의 특정소방대상물에 설치된 소방시설의 설계·시공·감리의 하자 유무에 관한 사항
  2. 새로운 소방시설과 소방용품 등의 도입 여부에 관한 사항
  3. 그 밖에 소방기술과 관련하여 소방청장이 소방기술심의위원회의 심의에 부치는 사항
② 법 제18조제2항제2호에서 "대통령령으로 정하는 사항"이란 다음 각 호의 사항을 말한다.
  1. 연면적 10만제곱미터 미만의 특정소방대상물에 설치된 소방시설의 설계·시공·감리의 하자 유무에 관한 사항
  2. 소방본부장 또는 소방서장이 「위험물안전관리법」 제2조제1항제6호에 따른 제조소등(이하 "제조소등"이라 한다)의 시설기준 또는 화재안전기준의 적용에 관하여 기술검토를 요청하는 사항
  3. 그 밖에 소방기술과 관련하여 특별시장·광역시장·특별자치시장·도지사 또는 특별자치도지사(이하 "시·도지사"라 한다)가 소방기술심의위원회의 심의에 부치는 사항

138

정답 ② 　기본서 1권　201~202p

해설

② 중앙위원회의 회의는 위원장과 위원장이 회의마다 지정하는 6명 이상 12명 이하의 위원으로 구성한다.

139

정답 ③ 　기본서 1권　201~202p

해설

③ 소방 관련 법인·단체에서 소방 관련 업무에 5년 이상 종사한 사람을 지방소방기술심의위원회의 위원으로 임명 또는 위촉할 수 있다.

※ 소방시설법 시행령 제22조(위원의 임명·위촉)

① 중앙위원회의 위원은 과장급 직위 이상의 소방공무원과 다음 각 호의 어느 하나에 해당하는 사람 중에서 소방청장이 임명하거나 성별을 고려하여 위촉한다.
   1. 소방기술사
   2. 석사 이상의 소방 관련 학위를 소지한 사람
   3. 소방시설관리사
   4. 소방 관련 법인·단체에서 소방 관련 업무에 5년 이상 종사한 사람
   5. 소방공무원 교육기관, 대학교 또는 연구소에서 소방과 관련된 교육이나 연구에 5년 이상 종사한 사람
② 지방위원회의 위원은 해당 시·도 소속 소방공무원과 제1항 각 호의 어느 하나에 해당하는 사람 중에서 시·도지사가 임명하거나 성별을 고려하여 위촉한다.
③ 중앙위원회의 위원장은 소방청장이 해당 위원 중에서 위촉하고, 지방위원회의 위원장은 시·도지사가 해당 위원 중에서 위촉한다.
④ 중앙위원회 및 지방위원회의 위원 중 위촉위원의 임기는 2년으로 하되, 한 차례만 연임할 수 있다.

140

정답 ③ 　기본서 1권　201p

해설

※ 소방시설법 시행령 제21조(소방기술심의위원회의 구성 등)
① 법 제18조제1항에 따른 중앙소방기술심의위원회(이하 "중앙위원회"라 한다)는 위원장을 포함하여 60명 이내의 위원으로 성별을 고려하여 구성한다..

141

정답 ③ 　기본서 1권　201~202p

해설

※ 소방시설법 시행령 제21조(소방기술심의위원회의 구성 등)
② 법 제18조제2항에 따른 지방소방기술심의위원회(이하 "지방위원회"라 한다)는 위원장을 포함하여 5명 이상 9명 이하의 위원으로 구성한다.
③ 중앙위원회의 회의는 위원장과 위원장이 회의마다 지정하는 6명 이상 12명 이하의 위원으로 구성한다.

142 정답 ② 기본서 1권 205p

해설

② 화재안전에 관한 국외 신기술·신제품의 조사·분석

※ 소방시설법 시행령 제29조(화재안전기준의 관리·운영)
법 제19조제8호에서 "대통령령으로 정하는 사항"이란 다음 각 호의 사항을 말한다.
1. 화재안전기준에 대한 자문
2. 화재안전기준에 대한 해설서 제작 및 보급
3. 화재안전에 관한 국외 신기술·신제품의 조사분석
4. 그 밖에 화재안전기준의 발전을 위하여 소방청장이 필요하다고 인정하는 사항

143 정답 ② 기본서 1권 206p

해설

② <u>소방본부장 또는 소방서장</u>은 방염대상물품이 방염성능기준에 미치지 못하거나 방염성능검사를 받지 아니한 것이면 특정소방대상물의 관계인에게 방염대상물품을 제거하도록 하거나 방염성능검사를 받도록 하는 등 필요한 조치를 명할 수 있다.

※ 소방시설법 제20조(특정소방대상물의 방염 등)
① 대통령령으로 정하는 특정소방대상물에 실내장식 등의 목적으로 설치 또는 부착하는 물품으로서 대통령령으로 정하는 물품(이하 "방염대상물품"이라 한다)은 방염성능기준 이상의 것으로 설치하여야 한다.
② 소방본부장 또는 소방서장은 방염대상물품이 제1항에 따른 방염성능기준에 미치지 못하거나 제21조제1항에 따른 방염성능검사를 받지 아니한 것이면 특정소방대상물의 관계인에게 방염대상물품을 제거하도록 하거나 방염성능검사를 받도록 하는 등 필요한 조치를 명할 수 있다.
③ 제1항에 따른 방염성능기준은 대통령령으로 정한다.

※ 소방시설법 제61조(과태료)
① 다음 각 호의 어느 하나에 해당하는 자에게는 <u>300만 원 이하의 과태료</u>를 부과한다.
    4. 제20조제1항을 위반하여 방염대상물품을 방염성능기준 이상으로 설치하지 아니한 자

144 정답 ② 기본서 1권 207p

해설 ㄴ 교육연구시설 중 합숙소 ㄹ 아파트는 제외한다.

※ 소방시설법 시행령 제30조(방염성능기준 이상의 실내장식물 등을 설치해야 하는 특정소방대상물)

법 제20조제1항에서 "대통령령으로 정하는 특정소방대상물"이란 다음 각 호의 것을 말한다.

1. 근린생활시설 중 의원, 조산원, 산후조리원, 체력단련장, 공연장 및 종교집회장
2. 건축물의 옥내에 있는 다음 각 목의 시설
   가. 문화 및 집회시설
   나. 종교시설
   다. 운동시설(수영장은 제외한다)
3. 의료시설
4. <u>교육연구시설 중 합숙소</u>
5. 노유자시설
6. <u>숙박이 가능한 수련시설</u>
7. 숙박시설
8. <u>방송통신시설 중 방송국 및 촬영소</u>
9. 「다중이용업소의 안전관리에 관한 특별법」제2조제1항제1호에 따른 다중이용업의 영업소(이하 "다중이용업소"라 한다)
10. 제1호부터 제9호까지의 시설에 해당하지 않는 것으로서 층수가 11층 이상인 것(아파트등은 제외한다)

145 정답 ③ 기본서 1권 207p

해설

③ 방송통신시설 중 <u>방송국 및 촬영소</u>

※ 소방시설법 시행령 제30조(방염성능기준 이상의 실내장식물 등을 설치해야 하는 특정소방대상물)

법 제20조제1항에서 "대통령령으로 정하는 특정소방대상물"이란 다음 각 호의 것을 말한다.

1. 근린생활시설 중 의원, 조산원, 산후조리원, 체력단련장, 공연장 및 종교집회장
2. 건축물의 옥내에 있는 다음 각 목의 시설
   가. 문화 및 집회시설
   나. 종교시설
   다. 운동시설(수영장은 제외한다)
3. 의료시설
4. <u>교육연구시설 중 합숙소</u>
5. 노유자시설
6. <u>숙박이 가능한 수련시설</u>
7. 숙박시설
8. <u>방송통신시설 중 방송국 및 촬영소</u>
9. 「다중이용업소의 안전관리에 관한 특별법」제2조제1항제1호에 따른 다중이용업의 영업소(이하 "다중이용업소"라 한다)
10. 제1호부터 제9호까지의 시설에 해당하지 않는 것으로서 층수가 11층 이상인 것(아파트등은 제외한다)

146 정답 ② 기본서 1권 207p

해설

② 창문에 설치하는 커튼류(블라인드 포함)

※ 소방시설법 시행령 제31조(방염대상물품 및 방염성능기준)
① 법 제20조제1항에서 "대통령령으로 정하는 물품"이란 다음 각 호의 것을 말한다.
   1. 제조 또는 가공 공정에서 방염 처리하여야 하는 방염대상물품
      가. 창문에 설치하는 커튼류(블라인드를 포함한다)
      나. 카펫
      다. 벽지류(두께가 2밀리미터 미만인 종이벽지는 제외한다)
      라. 전시용 합판·목재 또는 섬유판, 무대용 합판·목재 또는 섬유판(합판·목재류의 경우 불가피하게 설치 현장에서 방염처리한 것을 포함한다)
      마. 암막 또는 무대막(「영화 및 비디오물의 진흥에 관한 법률」 제2조제10호에 따른 영화상영관에 설치하는 스크린과 「다중이용업소의 안전관리에 관한 특별법 시행령」 제2조제7호의4에 따른 가상체험 체육시설업에 설치하는 스크린을 포함한다)
      바. 섬유류 또는 합성수지류 등을 원료로 하여 제작된 소파·의자(「다중이용업소의 안전관리에 관한 특별법 시행령」 제2조제1호나목 및 같은 조 제6호에 따른 단란주점영업, 유흥주점영업 및 노래연습장업의 영업장에 설치하는 것으로 한정한다)

147 정답 ② 기본서 1권 207p

해설

② 벽지류(두께가 2밀리미터 미만인 종이벽지는 제외)

※ 소방시설법 시행령 제31조(방염대상물품 및 방염성능기준)
① 법 제20조제1항에서 "대통령령으로 정하는 물품"이란 다음 각 호의 것을 말한다.
   1. 제조 또는 가공 공정에서 방염 처리하여야 하는 방염대상물품
      가. 창문에 설치하는 커튼류(블라인드를 포함한다)
      나. 카펫
      다. 벽지류(두께가 2밀리미터 미만인 종이벽지는 제외한다)
      라. 전시용 합판·목재 또는 섬유판, 무대용 합판·목재 또는 섬유판(합판·목재류의 경우 불가피하게 설치 현장에서 방염처리한 것을 포함한다)
      마. 암막 또는 무대막(「영화 및 비디오물의 진흥에 관한 법률」 제2조제10호에 따른 영화상영관에 설치하는 스크린과 「다중이용업소의 안전관리에 관한 특별법 시행령」 제2조제7호의4에 따른 가상체험 체육시설업에 설치하는 스크린을 포함한다)
      바. 섬유류 또는 합성수지류 등을 원료로 하여 제작된 소파·의자(「다중이용업소의 안전관리에관한 특별법 시행령」 제2조제1호나목 및 같은 조 제6호에 따른 단란주점영업, 유흥주점영업 및 노래연습장업의 영업장에 설치하는 것으로 한정한다)

148 정답 ③ 기본서 1권 208p

해설

③ 불꽃에 의하여 완전히 녹을 때까지 불꽃의 <u>접촉횟수는 3회 이상</u>

※ 방염성능기준(영 제31조 제2항)
① 버너의 불꽃을 제거한 때부터 불꽃을 올리며 연소하는 상태가 그칠 때까지 시간은 20초 이내일 것
② 버너의 불꽃을 제거한 때부터 불꽃을 올리지 않고 연소하는 상태가 그칠 때까지 시간은 30초 이내일 것
③ 탄화한 면적은 50제곱센티미터 이내, 탄화한 길이는 20센티미터 이내일 것
④ 불꽃에 의하여 완전히 녹을 때까지 불꽃의 접촉 횟수는 3회 이상일 것
⑤ 소방청장이 정하여 고시한 방법으로 발연량을 측정하는 경우 최대 연기밀도는 400 이하일 것

149 정답 ④ 기본서 1권 208p

해설

① 불꽃에 의해 완전히 녹을 때까지 불꽃의 접촉횟수는 <u>3회 이상일 것</u>
② 버너의 불꽃을 제거한 때부터 불꽃을 올리고 연소상태가 그칠 때까지의 시간은 <u>20초 이내일 것</u>
③ 버너의 불꽃을 제거한 때부터 불꽃을 올리지 아니하고 연소상태가 그칠 때까지 시간은 <u>30초 이내일 것</u>

※ 방염성능기준(영 제31조 제2항)
① 버너의 불꽃을 제거한 때부터 불꽃을 올리며 연소하는 상태가 그칠 때까지 시간은 20초 이내일 것
② 버너의 불꽃을 제거한 때부터 불꽃을 올리지 않고 연소하는 상태가 그칠 때까지 시간은 30초 이내일 것
③ 탄화한 면적은 50제곱센티미터 이내, 탄화한 길이는 20센티미터 이내일 것
④ 불꽃에 의하여 완전히 녹을 때까지 불꽃의 접촉 횟수는 3회 이상일 것
⑤ 소방청장이 정하여 고시한 방법으로 발연량을 측정하는 경우 최대 연기밀도는 400 이하일 것

제3장 소방시설등의 자체점검

150 정답 ③ 기본서 1권 237p

해설
③ 특정소방대상물의 관계인은 공개 내용 등을 통보받은 날부터 10일 이내에 관할 소방본부장 또는 소방서장에게 이의신청을 할 수 있다. (영 제36조 제3항)

※ 소방시설법 시행령 제36조(자체점검 결과 공개)
① 소방본부장 또는 소방서장은 법 제24조제2항에 따라 자체점검 결과를 공개하는 경우 30일 이상 법 제48조에 따른 전산시스템 또는 인터넷 홈페이지 등을 통해 공개해야 한다.
② 소방본부장 또는 소방서장은 제1항에 따라 자체점검 결과를 공개하려는 경우 공개 기간, 공개 내용 및 공개 방법을 해당 특정소방대상물의 관계인에게 미리 알려야 한다.
③ 특정소방대상물의 관계인은 제2항에 따라 공개 내용 등을 통보받은 날부터 10일 이내에 관할 소방본부장 또는 소방서장에게 이의신청을 할 수 있다.
④ 소방본부장 또는 소방서장은 제3항에 따라 이의신청을 받은 날부터 10일 이내에 심사·결정하여 그 결과를 지체 없이 신청인에게 알려야 한다.
⑤ 자체점검 결과의 공개가 제3자의 법익을 침해하는 경우에는 제3자와 관련된 사실을 제외하고 공개해야 한다.

151 정답 ④ 기본서 1권 214p

해설
※ 소방시설법 제22조(소방시설등의 자체점검)
① 특정소방대상물의 관계인은 그 대상물에 설치되어 있는 소방시설등이 이 법이나 이 법에 따른 명령 등에 적합하게 설치·관리되고 있는지에 대하여 다음 각 호의 구분에 따른 기간 내에 스스로 점검하거나 제34조에 따른 점검능력 평가를 받은 관리업자 또는 행정안전부령으로 정하는 기술자격자(이하 "관리업자등"이라 한다)로 하여금 정기적으로 점검(이하 "자체점검"이라 한다)하게 하여야 한다. 이 경우 관리업자등이 점검한 경우에는 그 점검 결과를 행정안전부령으로 정하는 바에 따라 관계인에게 제출하여야 한다.
  1. 해당 특정소방대상물의 소방시설등이 신설된 경우: 「건축법」 제22조에 따라 건축물을 사용할 수 있게 된 날부터 60일
  2. 제1호 외의 경우: 행정안전부령으로 정하는 기간

152 정답 ③ 기본서 1권 214p

해설
※ 소방시설법 제22조(소방시설등의 자체점검)
① 특정소방대상물의 관계인은 그 대상물에 설치되어 있는 소방시설등이 이 법이나 이 법에 따른 명령 등에 적합하게 설치·관리되고 있는지에 대하여 다음 각 호의 구분에 따른 기간 내에 스스로 점검하거나 제34조에 따른 점검능력 평가를 받은 관리업자 또는 행정안전부령으로 정하는 기술자격자(이하 "관리업자등"이라 한다)로 하여금 정기적으로 점검(이하 "자체점검"이라 한다)하게 하여야 한다. 이 경우 관리업자등이 점검한 경우에는 그 점검 결과를 행정안전부령으로 정하는 바에 따라 관계인에게 제출하여야 한다.
  1. 해당 특정소방대상물의 소방시설등이 신설된 경우: 「건축법」 제22조에 따라 건축물을 사용할 수 있게 된 날부터 60일
  2. 제1호 외의 경우: 행정안전부령으로 정하는 기간

153 정답 ③ 기본서 1권 217p

해설

① 자동화재속보설비가 설치된 소방대상물
   → 스프링클러설비가 설치된 특정소방대상물
② 물분무등소화설비가 설치된 연면적 4,000㎡인 특정소방대상물
   → 5,000㎡
④ 공공기관 중 연면적이 600m㎡ 이상이고 자동화재탐지설비가 설치된 것
   → 1,000㎡

※ 종합점검 대상(규칙 별표 3)
   가. 종합점검은 다음의 어느 하나에 해당하는 특정소방대상물을 대상으로 한다.
      1) 법 제22조 제1항 제1호에 해당하는 특정소방대상물
      2) 스프링클러설비가 설치된 특정소방대상물
      3) 물분무등소화설비[호스릴(hose reel) 방식의 물분무등소화설비만을 설치한 경우는 제외한다]가 설치된 연면적 5,000㎡ 이상인 특정소방대상물(제조소등은 제외한다)
      4) 「다중이용업소의 안전관리에 관한 특별법 시행령」 제2조 제1호 나목, 같은 조 제2호(비디오물소극장업은 제외한다)·제6호·제7호·제7호의2 및 제7호의5의 다중이용업의 영업장이 설치된 특정소방대상물로서 연면적이 2,000㎡ 이상인 것
      5) 제연설비가 설치된 터널
      6) 「공공기관의 소방안전관리에 관한 규정」 제2조에 따른 공공기관 중 연면적(터널·지하구의 경우 그 길이와 평균 폭을 곱하여 계산된 값을 말한다)이 1,000㎡ 이상인 것으로서 옥내소화전설비 또는 자동화재탐지설비가 설치된 것. 다만, 「소방기본법」 제2조 제5호에 따른 소방대가 근무하는 공공기관은 제외한다.

154 정답 ④ 기본서 1권 232~233p

해설

① 관리업자 또는 소방안전관리자로 선임된 소방시설관리사 및 소방기술사는 자체점검을 실시한 경우에는 그 점검이 끝난 날부터 10일 이내에 소방시설등 자체점검 실시결과 보고서(전자문서로 된 보고서를 포함한다)에 소방청장이 정하여 고시하는 소방시설등점검표를 첨부하여 관계인에게 제출해야 한다.
② 자체점검 실시결과 보고서를 제출받거나 스스로 자체점검을 실시한 관계인은 자체점검이 끝난 날부터 15일 이내에 소방시설등 자체점검 실시결과 보고서(전자문서로 된 보고서를 포함한다)에 규정에 따른 서류를 첨부하여 소방본부장 또는 소방서장에게 서면이나 소방청장이 지정하는 전산망을 통하여 보고해야 한다.
③ 소방본부장 또는 소방서장에게 자체점검 실시결과 보고를 마친 관계인은 소방시설등 자체점검 실시결과 보고서(소방시설등점검표를 포함한다)를 점검이 끝난 날부터 2년간 자체 보관해야 한다.

※ 소방시설법 시행규칙 제23조【소방시설등의 자체점검 결과의 조치 등】

① 관리업자 또는 소방안전관리자로 선임된 소방시설관리사 및 소방기술사(이하 "관리업자등"이라 한다)는 자체점검을 실시한 경우에는 법 제22조제1항 각 호 외의 부분 후단에 따라 그 점검이 끝난 날부터 10일 이내에 별지 제9호서식의 소방시설등 자체점검 실시결과 보고서(전자문서로 된 보고서를 포함한다)에 소방청장이 정하여 고시하는 소방시설등점검표를 첨부하여 관계인에게 제출해야 한다.

② 제1항에 따른 자체점검 실시결과 보고서를 제출받거나 스스로 자체점검을 실시한 관계인은 법 제23조제3항에 따라 점검이 끝난 날부터 15일 이내에 별지 제9호서식의 소방시설등 자체점검 실시결과 보고서(전자문서로 된 보고서를 포함한다)에 다음 각 호의 서류를 첨부하여 소방본부장 또는 소방서장에게 서면이나 소방청장이 지정하는 전산망을 통하여 보고해야 한다.

  1. 점검인력 배치확인서(관리업자가 점검한 경우만 해당한다)
  2. 별지 제10호서식의 소방시설등의 자체점검 결과 이행계획서

③ 제1항 및 제2항에 따른 자체점검 실시결과의 보고기간에는 공휴일 및 토요일은 산입하지 않는다.

④ 제2항에 따라 소방본부장 또는 소방서장에게 자체점검 실시결과 보고를 마친 관계인은 소방시설등 자체점검 실시결과 보고서(소방시설등점검표를 포함한다)를 점검이 끝난 날부터 2년간 자체 보관해야 한다.

⑤ 제2항에 따라 소방시설등의 자체점검 결과 이행계획서를 보고받은 소방본부장 또는 소방서장은 다음 각 호의 구분에 따라 이행계획의 완료 기간을 정하여 관계인에게 통보해야 한다. 다만, 소방시설등에 대한 수리·교체·정비의 규모 또는 절차가 복잡하여 다음 각 호의 기간 내에 이행을 완료하기가 어려운 경우에는 그 기간을 달리 정할 수 있다.

  1. 소방시설등을 구성하고 있는 기계·기구를 수리하거나 정비하는 경우 : 보고일로부터 10일 이내
  2. 소방시설등의 전부 또는 일부를 철거하고 새로 교체하는 경우 : 보고일로부터 20일 이내

⑥ 제5항에 따라 완료기간 내에 이행계획을 완료한 관계인은 이행을 완료한 날부터 10일 이내에 별지 제11호서식의 소방시설등의 자체점검 결과 이행완료 보고서(전자문서로 된 보고서를 포함한다)에 다음 각 호의 서류(전자문서를 포함한다)를 첨부하여 소방본부장 또는 소방서장에게 보고해야 한다.

  1. 이행계획 건별 전·후 사진 증명자료
  2. 소방시설공사 계약서

155 정답 ④ 기본서 1권 220p

해설

※ 소방시설법 시행규칙 별표3

1. 소방시설등에 대한 자체점검은 다음과 같이 구분한다.

  가. 작동점검 : 소방시설등을 인위적으로 조작하여 소방시설이 정상적으로 작동하는지를 소방청장이 정하여 고시하는 소방시설등 작동점검표에 따라 점검하는 것을 말한다.

  나. 종합점검 : 소방시설등의 작동점검을 포함하여 소방시설등의 설비별 주요 구성 부품의 구조기준이 화재안전기준과 「건축법」등 관련 법령에서 정하는 기준에 적합한 지 여부를 소방청장이 정하여 고시하는 소방시설등 종합점검표에 따라 점검하는 것을 말하며, 다음과 같이 구분한다.

    1) 최초점검: 법 제22조제1항제1호에 따라 소방시설이 새로 설치되는 경우 「건축법」 제22조에 따라 건축물을 사용할 수 있게 된 날부터 60일 이내 점검하는 것을 말한다.
    2) 그 밖의 종합점검: 최초점검을 제외한 종합점검을 말한다.

156 정답 ④ 기본서 1권 220p

해설

※ 소방시설법 시행규칙 별표3

1. 소방시설등에 대한 자체점검은 다음과 같이 구분한다.
   가. 작동점검 : 소방시설등을 인위적으로 조작하여 소방시설이 정상적으로 작동하는지를 소방청장이 정하여 고시하는 소방시설등 작동점검표에 따라 점검하는 것을 말한다.
   나. 종합점검 : 소방시설등의 작동점검을 포함하여 소방시설등의 설비별 주요 구성 부품의 구조기준이 화재안전기준과 「건축법」등 관련 법령에서 정하는 기준에 적합한 지 여부를 소방청장이 정하여 고시하는 소방시설등 종합점검표에 따라 점검하는 것을 말하며, 다음과 같이 구분한다.
      1) 최초점검: 법 제22조제1항제1호에 따라 소방시설이 새로 설치되는 경우 「건축법」 제22조에 따라 건축물을 사용할 수 있게 된 날부터 60일 이내 점검하는 것을 말한다.
      2) 그 밖의 종합점검: 최초점검을 제외한 종합점검을 말한다.

157 정답 ④ 기본서 1권 221p

해설

※ 소방시설법 시행규칙 별표3

나. 종합점검은 다음 어느 하나에 해당하는 기술인력이 점검할 수 있다. 이 경우 별표 4에 따른 점검인력 배치기준을 준수해야 한다.
   1) 관리업에 등록된 소방시설관리사
   2) 소방안전관리자로 선임된 소방시설관리사 및 소방기술사

158 정답 ④ 기본서 1권 221p

해설

④ 물분무등소화설비[호스릴방식의 물분무등소화설비만을 설치한 경우는 제외]가 설치된 연면적 5,000㎡ 이상인 특정소방대상물(제조소등은 제외)(규칙 별표3)

159 정답 ④ 기본서 1권 221p

해설

※ 소방시설법 시행규칙 별표3

가. 종합점검은 다음의 어느 하나에 해당하는 특정소방대상물을 대상으로 한다.

1) 법 제22조제1항제1호(해당 특정소방대상물의 소방시설등이 신설된 경우)에 해당하는 특정소방대상물
2) 스프링클러설비가 설치된 특정소방대상물
3) 물분무등소화설비[호스릴(hose reel) 방식의 물분무등소화설비만을 설치한 경우는 제외한다]가 설치된 연면적 5,000㎡ 이상인 특정소방대상물(제조소등은 제외한다)
4) 「다중이용업소의 안전관리에 관한 특별법 시행령」 제2조제1호나목(단란주점영업과 유흥주점영업), 같은 조 제2호(영화상영관·비디오물감상실업·비디오물소극장업 및 복합영상물제공업〈비디오물소극장업은 제외한다〉)·제6호(노래연습장업)·제7호(산후조리업)·제7호의2(고시원업) 및 제7호의5(안마시술소)의 다중이용업의 영업장이 설치된 특정소방대상물로서 연면적이 2,000㎡ 이상인 것
5) 제연설비가 설치된 터널
6) 「공공기관의 소방안전관리에 관한 규정」 제2조에 따른 공공기관 중 연면적(터널·지하구의 경우 그 길이와 평균 폭을 곱하여 계산된 값을 말한다)이 1,000㎡ 이상인 것으로서 옥내소화전설비 또는 자동화재탐지설비가 설치된 것. 다만, 「소방기본법」 제2조제5호에 따른 소방대가 근무하는 공공기관은 제외한다.

160 정답 ④ 기본서 1권 220~222p

해설

④ 종합점검시 하나의 대지경계선 안에 2개 이상의 자체점검 대상 건축물 등이 있는 경우에는 그 건축물 중 사용승인일이 가장 빠른 연도의 건축물의 사용승인일을 기준으로 점검할 수 있다.

※ 소방시설법 시행규칙 별표3

1. 소방시설등에 대한 자체점검은 다음과 같이 구분한다.

   가. 작동점검 : 소방시설등을 인위적으로 조작하여 소방시설이 정상적으로 작동하는지를 소방청장이 정하여 고시하는 소방시설등 작동점검표에 따라 점검하는 것을 말한다.

   나. 종합점검 : 소방시설등의 작동점검을 포함하여 소방시설등의 설비별 주요 구성 부품의 구조기준이 화재안전기준과 「건축법」 등 관련 법령에서 정하는 기준에 적합한 지 여부를 소방청장이 정하여 고시하는 소방시설등 종합점검표에 따라 점검하는 것을 말하며, 다음과 같이 구분한다.

      1) 최초점검: 법 제22조제1항제1호에 따라 소방시설이 새로 설치되는 경우 「건축법」 제22조에 따라 건축물을 사용할 수 있게 된 날부터 60일 이내 점검하는 것을 말한다.
      2) 그 밖의 종합점검: 최초점검을 제외한 종합점검을 말한다.

2. 작동점검은 다음의 구분에 따라 실시한다.

   가. 작동점검은 영 제5조에 따른 특정소방대상물을 대상으로 한다. 다만, 다음의 어느 하나에 해당하는 특정소방대상물은 제외한다.

      1) 특정소방대상물 중 「화재의 예방 및 안전관리에 관한 법률」 제24조제1항에 해당하지 않는 특정소방대상물(소방안전관리자를 선임하지 않는 대상을 말한다) - 소방안전관리대상물이 아닌 것
      2) 「위험물안전관리법」 제2조제6호에 따른 제조소등(이하 "제조소등"이라 한다)
      3) 「화재의 예방 및 안전관리에 관한 법률 시행령」 별표 4 제1호가목의 특급소방안전관리대상물

나. 작동점검은 다음의 분류에 따른 기술인력이 점검할 수 있다. 이 경우 별표 4에 따른 점검인력 배치기준을 준수해야 한다.

1) 영 별표 4 제1호마목의 간이스프링클러설비(주택전용 간이스프링클러설비는 제외한다) 또는 같은 표 제2호다목의 자동화재탐지설비가 설치된 특정소방대상물
   가) 관계인
   나) 관리업에 등록된 기술인력 중 소방시설관리사
   다) 「소방시설공사업법 시행규칙」 별표 4의2에 따른 특급점검자
   라) 소방안전관리자로 선임된 소방시설관리사 및 소방기술사

2) 1)에 해당하지 않는 특정소방대상물
   가) 관리업에 등록된 소방시설관리사
   나) 소방안전관리자로 선임된 소방시설관리사 및 소방기술사

다. 작동점검은 연 1회 이상 실시한다.

라. 작동점검의 점검 시기는 다음과 같다.
1) 종합점검 대상은 종합점검을 받은 달부터 6개월이 되는 달에 실시한다.
2) 1)에 해당하지 않는 특정소방대상물은 특정소방대상물의 사용승인일(건축물의 경우에는 건축물관리대장 또는 건물 등기사항증명서에 기재되어 있는 날, 시설물의 경우에는 「시설물의 안전 및 유지관리에 관한 특별법」 제55조제1항에 따른 시설물통합정보관리체계에 저장·관리되고 있는 날을 말하며, 건축물관리대장, 건물 등기사항증명서 및 시설물통합정보관리체계를 통해 확인되지 않는 경우에는 소방시설완공검사증명서에 기재된 날을 말한다)이 속하는 달의 말일까지 실시한다. 다만, 건축물관리대장 또는 건물 등기사항증명서 등에 기입된 날이 서로 다른 경우에는 건축물관리대장에 기재되어 있는 날을 기준으로 점검한다.

3. 종합점검은 다음의 구분에 따라 실시한다.
   가. 종합점검은 다음의 어느 하나에 해당하는 특정소방대상물을 대상으로 한다.
   1) 법 제22조제1항제1호에 해당하는 특정소방대상물
   2) 스프링클러설비가 설치된 특정소방대상물
   3) 물분무등소화설비[호스릴(hose reel) 방식의 물분무등소화설비만을 설치한 경우는 제외한다]가 설치된 연면적 5,000㎡ 이상인 특정소방대상물(제조소등은 제외한다)
   4) 「다중이용업소의 안전관리에 관한 특별법 시행령」 제2조제1호나목(단란주점영업과 유흥주점영업), 같은 조 제2호(영화상영관·비디오물감상실업·비디오물소극장업 및 복합영상물제공업(비디오물소극장업은 제외한다))·제6호(노래연습장업)·제7호(산후조리업)·제7호의2(고시원업) 및 제7호의5(안마시술소)의 다중이용업의 영업장이 설치된 특정소방대상물로서 연면적이 2,000㎡ 이상인 것
   5) 제연설비가 설치된 터널
   6) 「공공기관의 소방안전관리에 관한 규정」 제2조에 따른 공공기관 중 연면적(터널·지하구의 경우 그 길이와 평균 폭을 곱하여 계산된 값을 말한다)이 1,000㎡ 이상인 것으로서 옥내소화전설비 또는 자동화재탐지설비가 설치된 것. 다만, 「소방기본법」 제2조제5호에 따른 소방대가 근무하는 공공기관은 제외한다.

   나. 종합점검은 다음 어느 하나에 해당하는 기술인력이 점검할 수 있다. 이 경우 별표 4에 따른 점검인력 배치기준을 준수해야 한다.
   1) 관리업에 등록된 소방시설관리사
   2) 소방안전관리자로 선임된 소방시설관리사 및 소방기술사

다. 종합점검의 점검 횟수는 다음과 같다.
  1) 연 1회 이상(「화재의 예방 및 안전관리에 관한 법률 시행령」 별표 4 제1호가목의 특급 소방안전관리대상물은 반기에 1회 이상) 실시한다.
  2) 1)에도 불구하고 소방본부장 또는 소방서장은 소방청장이 소방안전관리가 우수하다고 인정한 특정소방대상물에 대해서는 3년의 범위에서 소방청장이 고시하거나 정한 기간 동안 종합점검을 면제할 수 있다. 다만, 면제기간 중 화재가 발생한 경우는 제외한다.

라. 종합점검의 점검 시기는 다음과 같다.
  1) 가목1)에 해당하는 특정소방대상물은 「건축법」 제22조에 따라 건축물을 사용할 수 있게 된 날부터 60일 이내 실시한다.
  2) 1)을 제외한 특정소방대상물은 건축물의 사용승인일이 속하는 달에 실시한다. 다만, 「공공기관의 안전관리에 관한 규정」 제2조제2호 또는 제5호에 따른 학교의 경우에는 해당 건축물의 사용승인일이 1월에서 6월 사이에 있는 경우에는 6월 30일까지 실시할 수 있다.
  3) 건축물 사용승인일 이후 가목3)에 따라 종합점검 대상에 해당하게 된 경우에는 그 다음 해부터 실시한다.
  4) 하나의 대지경계선 안에 2개 이상의 자체점검 대상 건축물 등이 있는 경우에는 그 건축물 중 사용승인일이 가장 빠른 연도의 건축물의 사용승인일을 기준으로 점검할 수 있다.

161 정답 ④ 기본서 1권 220p

해설

※ 소방시설법 시행규칙 별표3

다. 작동점검은 연 1회 이상 실시한다.
라. 작동점검의 점검 시기는 다음과 같다.
  1) 종합점검 대상은 종합점검을 받은 달부터 6개월이 되는 달에 실시한다.
  2) 1)에 해당하지 않는 특정소방대상물은 특정소방대상물의 사용승인일(건축물의 경우에는 건축물관리대장 또는 건물 등기사항증명서에 기재되어 있는 날, 시설물의 경우에는 「시설물의 안전 및 유지관리에 관한 특별법」 제55조제1항에 따른 시설물통합정보관리체계에 저장·관리되고 있는 날을 말하며, 건축물관리대장, 건물 등기사항증명서 및 시설물통합정보관리체계를 통해 확인되지 않는 경우에는 소방시설완공검사증명서에 기재된 날을 말한다)이 속하는 달의 말일까지 실시한다. 다만, 건축물관리대장 또는 건물 등기사항증명서 등에 기입된 날이 서로 다른 경우에는 건축물관리대장에 기재되어 있는 날을 기준으로 점검한다.

162 정답 ③ 기본서 1권 222~223p

해설

※ 소방시설법 시행규칙 별표3

6. 공동주택(아파트등으로 한정한다) 세대별 점검방법은 다음과 같다.
   가. 관리자(관리소장, 입주자대표회의 및 소방안전관리자를 포함한다. 이하 같다) 및 입주민(세대 거주자를 말한다)은 2년 이내 모든 세대에 대하여 점검을 해야 한다.
   나. 가목에도 불구하고 아날로그감지기 등 특수감지기가 설치되어 있는 경우에는 수신기에서 원격 점검할 수 있으며, 점검할 때마다 모든 세대를 점검해야 한다. 다만, 자동화재탐지설비의 선로 단선이 확인되는 때에는 단선이 난 세대 또는 그 경계구역에 대하여 현장점검을 해야 한다.
   다. 관리자는 수신기에서 원격 점검이 불가능한 경우 매년 작동점검만 실시하는 공동주택은 1회 점검 시 마다 전체 세대수의 50퍼센트 이상, 종합점검을 실시하는 공동주택은 1회 점검 시 마다 전체 세대수의 30퍼센트 이상 점검하도록 자체점검 계획을 수립·시행해야 한다.

163 정답 ② 기본서 1권 215p

해설

※ 소방시설법 시행규칙 제20조(소방시설등 자체점검의 구분 및 대상 등)
① 법 제22조제1항에 따른 자체점검(이하 "자체점검"이라 한다)의 구분 및 대상, 점검자의 자격, 점검 장비, 점검방법 및 횟수 등 자체점검 시 준수해야 할 사항은 별표 3과 같고, 점검인력의 배치기준은 별표 4와 같다.
② 법 제29조에 따라 소방시설관리업을 등록한 자(이하 "관리업자"라 한다)는 제1항에 따라 자체점검을 실시하는 경우 점검대상과 점검인력 배치상황을 점검인력을 배치한 날 이후 자체점검이 끝난 날부터 5일 이내에 법 제50조제5항에 따라 관리업자에 대한 점검능력 평가 등에 관한 업무를 위탁받은 법인 또는 단체(이하 "평가기관"이라 한다)에 통보해야 한다.
③ 제1항의 자체점검 구분에 따른 점검사항, 소방시설등점검표, 점검인원 배치상황 통보 및 세부 점검방법 등 자체점검에 필요한 사항은 소방청장이 정하여 고시한다.

164 정답 ① 기본서 1권 217p

해설

※ 종합점검의 횟수(시행규칙 별표3)
㉠ 연 1회 이상 (특급 소방안전관리대상물 : 반기에 1회 이상)
㉡ ㉠에도 불구하고 소방본부장 또는 소방서장은 소방청장이 소방안전관리가 우수하다고 인정한 특정소방대상물에 대해서는 3년의 범위에서 소방청장이 고시하거나 정한 기간 동안 종합점검을 면제할 수 있다. 다만, 면제기간 중 화재가 발생한 경우는 제외한다.

165 정답 ① 기본서 1권 218p

해설

※ 공동주택(아파트등으로 한정) 세대별 점검방법 (시행규칙 별표3)
① 관리자(관리소장, 입주자대표회의 및 소방안전관리자를 포함한다. 이하 같다) 및 입주민(세대 거주자를 말한다)은 2년 이내 모든 세대에 대하여 점검을 해야 한다.
② ①에도 불구하고 아날로그감지기 등 특수감지기가 설치되어 있는 경우에는 수신기에서 원격 점검할 수 있으며, 점검할 때마다 모든 세대를 점검해야 한다. 다만, 자동화재탐지설비의 선로 단선이 확인되는 때에는 단선이 난 세대 또는 그 경계구역에 대하여 현장점검을 해야 한다.
③ 관리자는 수신기에서 원격 점검이 불가능한 경우 매년 작동점검만 실시하는 공동주택은 1회 점검 시 마다 전체 세대수의 50퍼센트 이상, 종합점검을 실시하는 공동주택은 1회 점검 시 마다 전체 세대수의 30퍼센트 이상 점검하도록 자체점검 계획을 수립·시행해야 한다.

166 정답 ③ 기본서 1권 218p

해설

※ 공공기관의 외관점검 (시행규칙 별표3)
공공기관의 장은 공공기관에 설치된 소방시설등의 유지·관리상태를 맨눈 또는 신체감각을 이용하여 점검하는 외관점검을 월 1회 이상 실시(작동점검 또는 종합점검을 실시한 달에는 실시하지 않을 수 있다)하고, 그 점검 결과를 2년간 자체 보관해야 한다.

167 정답 ② 기본서 1권 219p

해설

※ 자체점검의 점검 장비

소방시설	점검 장비
모든 소방시설	방수압력측정계, 절연저항계(절연저항측정기) 전류전압측정계

168 정답 ② 기본서 1권 224p

해설

※ 자체점검 시 점검인력의 배치기준(시행규칙 별표4)
① 점검인력 1단위
　㉠ 관리업자가 점검하는 경우
　　ⓐ 소방시설관리사 또는 특급점검자 1명과 보조 기술인력 2명을 점검인력 1단위로 하되,
　　ⓑ 점검인력 1단위에 2명(같은 건축물을 점검할 때는 4명) 이내의 보조 기술인력을 추가할 수 있다.

169 정답 ③ 기본서 1권 224p

해설

※ 자체점검 시 점검인력의 배치기준(시행규칙 별표4)
2. 관리업자가 점검하는 경우 특정소방대상물의 규모 등에 따른 소방시설등의 자체점검 시 점검인력의 배치기준은 다음과 같다.

구분	주된 기술인력	보조 기술인력
가. 50층 이상 또는 성능위주설계를 한 특정소방대상물	소방시설관리사 경력 5년 이상 1명 이상	고급점검자 이상 1명 이상 및 중급점검자 이상 1명 이상

170 정답 ② 기본서 1권 225p

해설

※ 점검인력 1단위가 하루 동안 점검할 수 있는 특정소방대상물의 연면적 (시행규칙 별표4)
　㉠ 종합점검 : 8,000㎡
　㉡ 작동점검 : 10,000㎡

171 정답 ④ 기본서 1권 226p

해설

※ 자체점검 시 점검인력의 배치기준(시행규칙 별표4)
7. 제3호부터 제6호까지의 규정에도 불구하고 아파트등(공용시설, 부대시설 또는 복리시설은 포함하고, 아파트등이 포함된 복합건축물의 아파트등 외의 부분은 제외한다. 이하 이 표에서 같다)를 점검할 때에는 다음 각 목의 기준에 따른다.
　가. 점검인력 1단위가 하루 동안 점검할 수 있는 아파트등의 세대수(이하 "점검한도 세대수"라 한다)는 종합점검 및 작동점검에 관계없이 250세대로 한다.
　나. 점검인력 1단위에 보조 기술인력을 1명씩 추가할 때마다 60세대씩을 점검한도 세대수에 더한다.

172 정답 ④ 기본서 1권 229~230p

해설

④ 자체점검의 면제 또는 연기를 신청하려는 특정소방대상물의 관계인은 자체점검의 실시 만료일 3일 전까지 소방시설등의 자체점검 면제 또는 연기신청서(전자문서로 된 신청서를 포함한다)에 자체점검을 실시하기 곤란함을 증명할 수 있는 서류(전자문서를 포함한다)를 첨부하여 소방본부장 또는 소방서장에게 제출해야 한다.

※ 소방시설법 시행령 제33조(소방시설등의 자체점검 면제 또는 연기)

① 법 제22조제6항 전단에서 "대통령령으로 정하는 사유"란 다음 각 호의 어느 하나에 해당하는 사유를 말한다.
  1. 「재난 및 안전관리 기본법」 제3조제1호에 해당하는 재난이 발생한 경우
  2. 경매 등의 사유로 소유권이 변동 중이거나 변동된 경우
  3. 관계인이 질병, 사고, 장기출장의 경우
  4. 그 밖에 관계인이 운영하는 사업에 부도 또는 도산 등 중대한 위기가 발생하여 자체점검을 실시하기 곤란한 경우

② 법 제22조제1항에 따른 자체점검(이하 "자체점검"이라 한다)의 면제 또는 연기를 신청하려는 관계인은 행정안전부령으로 정하는 면제 또는 연기신청서에 면제 또는 연기의 사유 및 기간 등을 적어 소방본부장 또는 소방서장에게 제출해야 한다. 이 경우 제1항제1호에 해당하는 경우에만 면제를 신청할 수 있다.

③ 제2항에 따른 면제 또는 연기의 신청 및 신청서의 처리에 필요한 사항은 행정안전부령으로 정한다.

※ 소방시설법 시행규칙 제22조(소방시설등의 자체점검 면제 또는 연기 등)

① 법 제22조제6항 및 영 제32조제2항에 따라 자체점검의 면제 또는 연기를 신청하려는 특정소방대상물의 관계인은 자체점검의 실시 만료일 3일 전까지 별지 제7호서식의 소방시설등의 자체점검 면제 또는 연기신청서(전자문서로 된 신청서를 포함한다)에 자체점검을 실시하기 곤란함을 증명할 수 있는 서류(전자문서를 포함한다)를 첨부하여 소방본부장 또는 소방서장에게 제출해야 한다.

② 제1항에 따른 자체점검의 면제 또는 연기 신청서를 제출받은 소방본부장 또는 소방서장은 면제 또는 연기의 신청을 받은 날부터 3일 이내에 자체점검의 면제 또는 연기 여부를 결정하여 별지 제8호서식의 자체점검 면제 또는 연기 신청 결과 통지서를 면제 또는 연기 신청을 한 자에게 통보해야 한다.

173 정답 ② 기본서 1권 231p

해설

※ 소방시설법 시행령 제34조(소방시설등의 자체점검 결과의 조치 등)

법 제23조제1항에서 "소화펌프 고장 등 대통령령으로 정하는 중대위반사항"이란 다음 각 호의 어느 하나에 해당하는 경우를 말한다.

1. 소화펌프(가압송수장치를 포함한다. 이하 같다), 동력·감시 제어반 또는 소방시설용 전원(비상전원을 포함한다)의 고장으로 소방시설이 작동되지 않는 경우
2. 화재 수신기의 고장으로 화재경보음이 자동으로 울리지 않거나 화재 수신기와 연동된 소방시설의 작동이 불가능한 경우
3. 소화배관 등이 폐쇄·차단되어 소화수 또는 소화약제가 자동 방출되지 않는 경우
4. 방화문 또는 자동방화셔터가 훼손되거나 철거되어 본래의 기능을 못하는 경우

174 정답 ① 기본서 1권 233p

해설

※ 소방시설법 시행규칙 제24조(이행계획 완료의 연기 신청 등)

① 법 제23조제5항 및 영 제34조제2항에 따라 이행계획 완료의 연기를 신청하려는 관계인은 제23조제5항에 따른 완료기간 만료일 3일 전까지 별지 제12호서식의 소방시설등의 자체점검 결과 이행계획 완료 연기신청서(전자문서로 된 신청서를 포함한다)에 기간 내에 이행계획을 완료하기 곤란함을 증명할 수 있는 서류(전자문서를 포함한다)를 첨부하여 소방본부장 또는 소방서장에게 제출해야 한다.

175 정답 ④ 기본서 1권 236p

해설

※ 소방시설법 시행규칙 제25조(자체점검 결과의 게시)

소방본부장 또는 소방서장에게 자체점검 결과 보고를 마친 관계인은 법 제24조제1항에 따라 보고한 날부터 10일 이내에 별표 5의 소방시설등 자체점검기록표를 작성하여 특정소방대상물의 출입자가 쉽게 볼수 있는 장소에 30일 이상 게시해야 한다.

176 정답 ③ 기본서 1권 236p

해설

※ 소방시설법 제24조(점검기록표 게시 등)

① 제23조제3항에 따라 자체점검 결과 보고를 마친 관계인은 관리업자등, 점검일시, 점검자 등 자체점검과 관련된 사항을 점검기록표에 기록하여 특정소방대상물의 출입자가 쉽게 볼 수 있는 장소에 게시하여야 한다. 이 경우 점검기록표의 기록 등에 필요한 사항은 행정안전부령으로 정한다.

② 소방본부장 또는 소방서장은 다음 각 호의 사항을 제48조에 따른 전산시스템 또는 인터넷 홈페이지 등을 통하여 국민에게 공개할 수 있다. 이 경우 공개 절차, 공개 기간 및 공개 방법 등 필요한 사항은 대통령령으로 정한다.

1. 자체점검 기간 및 점검자
2. 특정소방대상물의 정보 및 자체점검 결과
3. 그 밖에 소방본부장 또는 소방서장이 특정소방대상물을 이용하는 불특정다수인의 안전을 위하여 공개가 필요하다고 인정하는 사항

177 정답 ④   기본서 1권 237p

해설

④ 소방본부장 또는 소방서장은 자체점검 결과를 공개하는 경우 30일 이상 전산시스템 또는 인터넷 홈페이지 등을 통해 공개해야 한다.

※ 소방시설법 시행령 제36조(자체점검 결과 공개)

① 소방본부장 또는 소방서장은 법 제24조제2항에 따라 자체점검 결과를 공개하는 경우 30일 이상 법 제48조에 따른 전산시스템 또는 인터넷 홈페이지 등을 통해 공개해야 한다.
② 소방본부장 또는 소방서장은 제1항에 따라 자체점검 결과를 공개하려는 경우 공개 기간, 공개 내용 및 공개 방법을 해당 특정소방대상물의 관계인에게 미리 알려야 한다.
③ 특정소방대상물의 관계인은 제2항에 따라 공개 내용 등을 통보받은 날부터 10일 이내에 관할 소방본부장 또는 소방서장에게 이의신청을 할 수 있다.
④ 소방본부장 또는 소방서장은 제3항에 따라 이의신청을 받은 날부터 10일 이내에 심사·결정하여 그 결과를 지체 없이 신청인에게 알려야 한다.
⑤ 자체점검 결과의 공개가 제3자의 법익을 침해하는 경우에는 제3자와 관련된 사실을 제외하고 공개해야 한다.

제4장 소방시설관리사 및 소방시설관리업

178 정답 ④ 기본서 1권 240p

해설
④ 관리사는 동시에 둘 이상의 업체에 취업하여서는 아니 된다.

※ 소방시설법 제25조(소방시설관리사)
① 소방시설관리사(이하 "관리사"라 한다)가 되려는 사람은 소방청장이 실시하는 관리사시험에 합격하여야 한다.
② 제1항에 따른 관리사시험의 응시자격, 시험방법, 시험과목, 시험위원, 그 밖에 관리사시험에 필요한 사항은 대통령령으로 정한다.
③ 관리사시험의 최종 합격자 발표일을 기준으로 제27조의 결격사유에 해당하는 사람은 관리사 시험에 응시할 수 없다.
④ 소방기술사 등 대통령령으로 정하는 사람에 대하여는 대통령령으로 정하는 바에 따라 제2항에 따른 관리사시험 과목 가운데 일부를 면제할 수 있다.
⑤ 소방청장은 제1항에 따른 관리사시험에 합격한 사람에게는 행정안전부령으로 정하는 바에 따라 소방시설관리사증을 발급하여야 한다.
⑥ 제5항에 따라 소방시설관리사증을 발급받은 사람이 소방시설관리사증을 잃어버렸거나 못 쓰게 된 경우에는 행정안전부령으로 정하는 바에 따라 소방시설관리사증을 재발급받을 수 있다.
⑦ 관리사는 제5항 또는 제6항에 따라 발급 또는 재발급받은 소방시설관리사증을 다른 사람에게 빌려주거나 빌려서는 아니 되며, 이를 알선하여서도 아니 된다.
⑧ 관리사는 동시에 둘 이상의 업체에 취업하여서는 아니 된다.
⑨ 제22조제1항에 따른 기술자격자 및 제29조제2항에 따라 관리업의 기술인력으로 등록된 관리사는 이 법과 이 법에 따른 명령에 따라 성실하게 자체점검 업무를 수행하여야 한다.

179 정답 ② 기본서 1권 246p

해설
소방청장은 관리사시험을 시행하려면 응시자격, 시험 과목, 일시·장소 및 응시절차 등을 모든 응시 희망자가 알 수 있도록 관리사시험 시행일 90일 전까지 인터넷 홈페이지에 공고해야 한다.(영 제42조 제2항)

180 정답 ③ 기본서 1권 240~241p

해설

③ 소방안전공학(소방방재공학 및 안전공학을 포함)을 전공하고, 석사학위 이상을 취득한 사람

※ 소방시설법 시행령 부칙 제6조(소방시설관리사시험에 관한 특례)
① 법 제25조제2항에 따른 소방시설관리사시험(이하 "관리사시험"이라 한다)에 응시할 수 있는 사람은 제37조의 개정규정에도 불구하고 2026년 12월 31일까지는 다음 각 호에 따른 사람으로 한다.
 1. 소방기술사·위험물기능장·건축사·건축기계설비기술사·건축전기설비기술사 또는 공조냉동기계기술사
 2. 소방설비기사 자격을 취득한 후 2년 이상 소방청장이 정하여 고시하는 소방에 관한 실무경력(이하 "소방실무경력"이라 한다)이 있는 사람
 3. 소방설비산업기사 자격을 취득한 후 3년 이상 소방실무경력이 있는 사람
 4. 「국가과학기술 경쟁력 강화를 위한 이공계지원 특별법」 제2조제1호에 따른 이공계(이하 "이공계"라 한다) 분야를 전공한 사람으로서 다음 각 목의 어느 하나에 해당하는 사람
  가. 이공계 분야의 박사학위를 취득한 사람
  나. 이공계 분야의 석사학위를 취득한 후 2년 이상 소방실무경력이 있는 사람
  다. 이공계 분야의 학사학위를 취득한 후 3년 이상 소방실무경력이 있는 사람
 5. 소방안전공학(소방방재공학, 안전공학을 포함한다) 분야를 전공한 후 다음 각 목의 어느 하나에 해당하는 사람
  가. 해당 분야의 석사학위 이상을 취득한 사람
  나. 2년 이상 소방실무경력이 있는 사람
 6. 위험물산업기사 또는 위험물기능사 자격을 취득한 후 3년 이상 소방실무경력이 있는 사람
 7. 소방공무원으로 5년 이상 근무한 경력이 있는 사람
 8. 소방안전 관련 학과의 학사학위를 취득한 후 3년 이상 소방실무경력이 있는 사람
 9. 산업안전기사 자격을 취득한 후 3년 이상 소방실무경력이 있는 사람
 10. 다음 각 목의 어느 하나에 해당하는 사람
  가. 특급 소방안전관리대상물의 소방안전관리자로 2년 이상 근무한 실무경력이 있는 사람
  나. 1급 소방안전관리대상물의 소방안전관리자로 3년 이상 근무한 실무경력이 있는 사람
  다. 2급 소방안전관리대상물의 소방안전관리자로 5년 이상 근무한 실무경력이 있는 사람
  라. 3급 소방안전관리대상물의 소방안전관리자로 7년 이상 근무한 실무경력이 있는 사람
  마. 10년 이상 소방실무경력이 있는 사람

181 정답 ③ 기본서 1권 241p

해설

ⓒ "선택형"이 아니라 "기입형"이다.
ⓒ "추후 시행"이 아니라 "다음 회"이다.

※ 소방시설법 시행령 제38조(시험의 시행방법)
① 관리사시험은 제1차시험과 제2차시험으로 구분하여 시행한다. 이 경우 소방청장은 제1차시험과 제2차시험을 같은 날에 시행할 수 있다.
② 제1차시험은 선택형을 원칙으로 하고, 제2차시험은 논문형을 원칙으로 하되, 제2차시험의 경우에는 기입형을 포함할 수 있다.
③ 제1차시험에 합격한 사람에 대해서는 다음 회의 관리사시험만 제1차시험을 면제한다. 다만, 면제받으려는 시험의 응시자격을 갖춘 경우로 한정한다.
④ 제2차시험은 제1차시험에 합격한 사람만 응시할 수 있다. 다만, 제1항 후단에 따라 제1차시험과 제2차시험을 병행하여 시행하는 경우에 제1차시험에 불합격한 사람의 제2차시험 응시는 무효로 한다.

182 정답 ② 기본서 1권 242p

해설

※ 소방시설법 시행령 제40조(시험위원의 임명·위촉)
① 소방청장은 법 제25조제2항에 따라 관리사시험의 출제 및 채점을 위하여 다음 각 호의 어느 하나에 해당하는 사람 중에서 시험위원을 임명하거나 위촉해야 한다.
  1. 소방 관련 분야의 박사학위를 취득한 사람
  2. 대학에서 소방안전 관련 학과 조교수 이상으로 2년 이상 재직한 사람
  3. 소방위 이상의 소방공무원
  4. 소방시설관리사
  5. 소방기술사

183 정답 ① 기본서 1권 242p

해설

※ 소방시설법 시행령 제40조(시험위원의 임명·위촉)
② 제1항에 따른 시험위원의 수는 다음 각 호의 구분에 따른다.
  1. 출제위원: 시험 과목별 3명
  2. 채점위원: 시험 과목별 5명 이내(제2차시험의 경우로 한정한다)

184 정답 ② 기본서 1권 247p

해설

② 소방청장은 관리사시험을 시행하려면 응시자격, 시험 과목, 일시·장소 및 응시절차 등을 모든 응시 희망자가 알 수 있도록 관리사시험 시행일 90일 전까지 인터넷 홈페이지에 공고해야 한다.

※ 소방시설법 시행령 제42조(시험의 시행 및 공고)
① 관리사시험은 매년 1회 시행하는 것을 원칙으로 하되, 소방청장이 필요하다고 인정하는 경우에는 그 횟수를 늘리거나 줄일 수 있다.
② 소방청장은 관리사시험을 시행하려면 응시자격, 시험 과목, 일시·장소 및 응시절차 등을 모든 응시 희망자가 알 수 있도록 관리사시험 시행일 90일 전까지 인터넷 홈페이지에 공고해야 한다.

※ 소방시설법 시행령 제44조(시험의 합격자 결정 등)
① 제1차시험에서는 과목당 100점을 만점으로 하여 모든 과목의 점수가 40점 이상이고, 전 과목 평균 점수가 60점 이상인 사람을 합격자로 한다.
② 제2차시험에서는 과목당 100점을 만점으로 하되, 시험위원의 채점점수 중 최고점수와 최저점수를 제외한 점수가 모든 과목에서 40점 이상, 전 과목에서 평균 60점 이상인 사람을 합격자로 한다.
③ 소방청장은 제1항과 제2항에 따라 관리사시험 합격자를 결정하였을 때에는 이를 인터넷 홈페이지에 공고해야 한다.

185 정답 ② 기본서 1권 245p

해설

㉠ 자격이 취소된 날부터 2년이 지나지 아니한 자
㉢ 금고 이상의 실형을 선고받고 그 집행이 끝나거나 집행이 면제된 날로부터 2년이 지나지 아니한 사람

※ 소방시설법 제27조(관리사의 결격사유)
다음 각 호의 어느 하나에 해당하는 사람은 관리사가 될 수 없다.
 1. 피성년후견인
 2. 이 법,「소방기본법」,「화재의 예방 및 안전관리에 관한 법률」,「소방시설공사업법」또는「위험물안전관리법」을 위반하여 금고 이상의 실형을 선고받고 그 집행이 끝나거나(집행이 끝난 것으로 보는 경우를 포함한다) 집행이 면제된 날부터 2년이 지나지 아니한 사람
 3. 이 법,「소방기본법」,「화재의 예방 및 안전관리에 관한 법률」,「소방시설공사업법」또는「위험물안전관리법」을 위반하여 금고 이상의 형의 집행유예를 선고받고 그 유예기간 중에 있는 사람
 4. 제28조에 따라 자격이 취소(이 조 제1호에 해당하여 자격이 취소된 경우는 제외한다)된 날부터 2년이 지나지 아니한 사람

186 정답 ② 기본서 1권 249p

해설

※ 소방시설법 제28조(자격의 취소·정지)

소방청장은 관리사가 다음 각 호의 어느 하나에 해당할 때에는 행정안전부령으로 정하는 바에 따라 그 자격을 취소하거나 1년 이내의 기간을 정하여 그 자격의 정지를 명할 수 있다. 다만, 제1호, 제4호, 제5호 또는 제7호에 해당하면 그 자격을 취소하여야 한다.

1. 거짓이나 그 밖의 부정한 방법으로 시험에 합격한 경우
2. 「화재의 예방 및 안전관리에 관한 법률」 제25조제2항에 따른 대행인력의 배치기준·자격·방법 등 준수사항을 지키지 아니한 경우
3. 제22조에 따른 점검을 하지 아니하거나 거짓으로 한 경우
4. 제25조제7항을 위반하여 소방시설관리사증을 다른 사람에게 빌려준 경우
5. 제25조제8항을 위반하여 동시에 둘 이상의 업체에 취업한 경우
6. 제25조제9항을 위반하여 성실하게 자체점검 업무를 수행하지 아니한 경우
7. 제27조 각 호의 어느 하나에 따른 결격사유에 해당하게 된 경우

187 정답 ③ 기본서 1권 249p

해설

㉠ 거짓이나 그 밖의 부정한 방법으로 시험에 합격한 경우(취소)
㉢ 규정을 위반하여 소방시설관리사증을 다른 사람에게 빌려준 경우(취소)
㉣ 규정을 위반하여 동시에 둘 이상의 업체에 취업한 경우(취소)

※ 소방시설법 제28조(자격의 취소·정지)

소방청장은 관리사가 다음 각 호의 어느 하나에 해당할 때에는 행정안전부령으로 정하는 바에 따라 그 자격을 취소하거나 1년 이내의 기간을 정하여 그 자격의 정지를 명할 수 있다. 다만, 제1호, 제4호, 제5호 또는 제7호에 해당하면 그 자격을 취소하여야 한다.

1. 거짓이나 그 밖의 부정한 방법으로 시험에 합격한 경우
2. 「화재의 예방 및 안전관리에 관한 법률」 제25조제2항에 따른 대행인력의 배치기준·자격·방법 등 준수사항을 지키지 아니한 경우
3. 제22조에 따른 점검을 하지 아니하거나 거짓으로 한 경우
4. 제25조제7항을 위반하여 소방시설관리사증을 다른 사람에게 빌려준 경우
5. 제25조제8항을 위반하여 동시에 둘 이상의 업체에 취업한 경우
6. 제25조제9항을 위반하여 성실하게 자체점검 업무를 수행하지 아니한 경우
7. 제27조 각 호의 어느 하나에 따른 결격사유에 해당하게 된 경우

188 정답 ④ 기본서 1권 250p

해설

※ 소방시설법 제29조(소방시설관리업의 등록 등)

① 소방시설등의 점검 및 관리를 업으로 하려는 자 또는 「화재의 예방 및 안전관리에 관한 법률」 제25조에 따른 소방안전관리업무의 대행을 하려는 자는 대통령령으로 정하는 업종별로 시·도지사에게 소방시설관리업(이하 "관리업"이라 한다) 등록을 하여야 한다.

189

정답 ② 기본서 1권 250p

해설

※ 소방시설법 제57조【벌칙】
관리업의 등록을 하지 아니하고 영업을 한 자는 3년 이하의 징역 또는 3천만 원 이하의 벌금에 처한다.

190

정답 ④ 기본서 1권 252p

해설

④ 소방시설관리업자는 소방시설관리업을 폐업한 경우에는 지체 없이 시·도지사에게 그 소방시설관리업 등록증 및 등록수첩을 반납해야 한다.

※ 소방시설법 시행규칙 제31조(소방시설관리업의 등록증 및 등록수첩 발급 등)
① 시·도지사는 제30조에 따른 소방시설관리업의 등록신청 내용이 영 제45조제1항 및 별표 9에 따른 소방시설관리업의 업종별 등록기준에 적합하다고 인정되면 신청인에게 별지 제22호 서식의 소방시설관리업 등록증과 별지 제23호 서식의 소방시설관리업 등록수첩을 발급하고, 별지 제24호 서식의 소방시설관리업 등록대장을 작성하여 관리해야 한다. 이 경우 시·도지사는 제30조제1항에 따라 제출된 소방기술인력의 기술자격증(경력수첩을 포함한다)에 해당 소방기술인력이 그 관리업자 소속임을 기록하여 내주어야 한다.
② 시·도지사는 제30조제1항에 따라 제출된 서류를 심사한 결과 다음 각 호의 어느 하나에 해당하는 경우에는 10일 이내의 기간을 정하여 이를 보완하게 할 수 있다.
  1. 첨부서류가 미비되어 있는 경우
  2. 신청서 및 첨부서류의 기재내용이 명확하지 않은 경우
③ 시·도지사는 제1항에 따라 소방시설관리업등록증을 발급하거나 법 제35조에 따라 등록의 취소한 경우에는 이를 시·도의 공보에 공고해야 한다.

※ 소방시설법 시행규칙 제32조(소방시설관리업의 등록증·등록수첩의 재발급 및 반납)
① 관리업자는 소방시설관리업등록증 또는 등록수첩을 잃어버렸거나 소방시설관리업등록증 또는 등록수첩이 헐어 못쓰게 된 경우에는 법 제29조제3항에 따라 시·도지사에게 소방시설관리업등록증 또는 등록수첩의 재발급을 신청할 수 있다.
② 관리업자는 제1항에 따라 재발급을 신청하는 경우에는 별지 제25호 서식의 소방시설관리업등록증(등록수첩) 재발급신청서(전자문서로 된 신청서를 포함한다)에 못 쓰게 된 소방시설관리업 등록증 또는 등록수첩(잃어버린 경우는 제외한다)을 첨부하여 시·도지사에게 제출해야 한다.
③ 시·도지사는 제2항에 따른 재발급신청서를 제출받은 경우에는 3일 이내에 소방시설관리업등록증 또는 등록수첩을 재발급해야 한다.
④ 관리업자는 다음 각 호의 어느 하나에 해당하는 경우에는 지체 없이 시·도지사에게 그 소방시설관리업등록증 및 등록수첩을 반납해야 한다.
  1. 법 제35조에 따라 등록이 취소된 경우
  2. 소방시설관리업을 폐업한 경우
  3. 제1항에 따라 재발급을 받은 경우. 다만, 등록증 또는 등록수첩을 잃어버리고 재발급을 받은 경우에는 이를 다시 찾은 경우로 한정한다.

191

정답 ② | 기본서 1권 253p

해설

㉠, ㉣은 해당하지 않는다.

※ 소방시설법 제30조(등록의 결격사유) 다음 각 호의 어느 하나에 해당하는 자는 관리업의 등록을 할 수 없다.

1. 피성년후견인
2. 이 법, 「소방기본법」, 「화재의 예방 및 안전관리에 관한 법률」, 「소방시설공사업법」 또는 「위험물안전관리법」을 위반하여 금고 이상의 실형을 선고받고 그 집행이 끝나거나(집행이 끝난 것으로 보는 경우를 포함한다) 집행이 면제된 날부터 2년이 지나지 아니한 사람
3. 이 법, 「소방기본법」, 「화재의 예방 및 안전관리에 관한 법률」, 「소방시설공사업법」 또는 「위험물안전관리법」을 위반하여 금고 이상의 형의 집행유예를 선고받고 그 유예기간 중에 있는 사람
4. 제35조제1항에 따라 관리업의 등록이 취소(제1호에 해당하여 등록이 취소된 경우는 제외한다)된 날부터 2년이 지나지 아니한 자
5. 임원 중에 제1호부터 제4호까지의 어느 하나에 해당하는 사람이 있는 법인

192

정답 ④ | 기본서 1권 254p

해설

※ 소방시설법 시행규칙 제33조(등록사항의 변경신고 사항)

법 제31조에서 "행정안전부령이 정하는 중요사항"이란 다음 각 호의 어느 하나에 해당하는 사항을 말한다.

1. 명칭·상호 또는 영업소소재지
2. 대표자
3. 기술인력

193 정답 ③   기본서 1권   255p

해설

③ 시·도지사는 변경신고를 받은 경우 5일 이내에 소방시설관리업 등록증 및 등록수첩을 새로 발급하거나 제출된 소방시설관리업 등록증 및 등록수첩과 기술인력의 기술자격증(경력수첩을 포함한다)에 그 변경된 사항을 적은 후 내주어야 한다. 이 경우 소방시설관리업 등록대장에 변경사항을 기록하고 관리해야 한다.

※ 소방시설법 시행규칙 제34조(등록사항의 변경신고 등)
① 관리업자는 등록사항 중 제33조 각 호의 사항이 변경됐을 때에는 법 제31조에 따라 변경일부터 30일 이내에 별지 제26호서식의 소방시설관리업 등록사항 변경신고서(전자문서로 된 신고서를 포함한다)에 그 변경사항별로 다음 각 호의 구분에 따른 서류(전자문서를 포함한다)를 첨부하여 시·도지사에게 제출해야 한다.
  1. 명칭·상호 또는 영업소 소재지가 변경된 경우: 소방시설관리업 등록증 및 등록수첩
  2. 대표자가 변경된 경우: 소방시설관리업 등록증 및 등록수첩
  3. 기술인력이 변경된 경우
    가. 소방시설관리업 등록수첩
    나. 변경된 기술인력의 기술자격증(경력수첩을 포함한다)
    다. 별지 제21호서식의 소방기술인력대장
② 제1항에 따라 신고서를 제출받은 담당 공무원은 「전자정부법」 제36조제1항에 따라 법인등기부 등본(법인인 경우만 해당한다), 사업자등록증(개인인 경우만 해당한다) 및 국가기술자격증을 확인해야 한다. 다만, 신고인이 확인에 동의하지 않는 경우에는 이를 첨부하도록 해야 한다.
③ 시·도지사는 제1항에 따라 변경신고를 받은 경우 5일 이내에 소방시설관리업 등록증 및 등록수첩을 새로 발급하거나 제1항에 따라 제출된 소방시설관리업 등록증 및 등록수첩과 기술인력의 기술자격증(경력수첩을 포함한다)에 그 변경된 사항을 적은 후 내주어야 한다. 이 경우 별지 제24호서식의 소방시설관리업 등록대장에 변경사항을 기록하고 관리해야 한다.

194 정답 ④   기본서 1권   256p

해설

※ 소방시설법 제32조(관리업자의 지위승계)
③ 제1항이나 제2항에 따라 종전의 관리업자의 지위를 승계한 자는 행정안전부령으로 정하는 바에 따라 시·도지사에게 신고하여야 한다.

195 정답 ④ 기본서 1권 256p

해설

④ 상속인이 결격사유에 해당하는 경우에는 상속받은 날부터 3개월 동안은 결격사유를 준용하지 아니한다.(법 제32조 제4항)

※ 소방시설법 제32조(관리업자의 지위승계)
① 다음 각 호의 어느 하나에 해당하는 자는 종전의 관리업자의 지위를 승계한다.
　1. 관리업자가 사망한 경우 그 상속인
　2. 관리업자가 그 영업을 양도한 경우 그 양수인
　3. 법인인 관리업자가 합병한 경우 합병 후 존속하는 법인이나 합병으로 설립되는 법인
②「민사집행법」에 따른 경매,「채무자 회생 및 파산에 관한 법률」에 따른 환가,「국세징수법」,「관세법」또는「지방세징수법」에 따른 압류재산의 매각과 그 밖에 이에 준하는 절차에 따라 관리업의 시설 및 장비의 전부를 인수한 자는 종전의 관리업자의 지위를 승계한다.
③ 제1항이나 제2항에 따라 종전의 관리업자의 지위를 승계한 자는 행정안전부령으로 정하는 바에 따라 시·도지사에게 신고하여야 한다.
④ 제1항이나 제2항에 따라 지위를 승계한 자의 결격사유에 관하여는 제30조를 준용한다. 다만, 상속인이 제30조 각 호의 어느 하나에 해당하는 경우에는 상속받은 날부터 3개월 동안은 그러하지 아니하다.

196 정답 ③ 기본서 1권 257~258p

해설

③ 등록취소 또는 영업정지 처분을 받은 관리업자는 그 날부터 소방안전관리업무를 대행하거나 소방시설등에 대한 점검을 하여서는 아니 된다. 다만, 영업정지처분의 경우 도급계약이 해지되지 아니한 때에는 대행 또는 점검 중에 있는 특정소방대상물의 소방안전관리업무 대행과 자체점검은 할 수 있다.

※ 소방시설법 제33조(관리업의 운영)
① 관리업자는 이 법이나 이 법에 따른 명령 등에 맞게 소방시설등을 점검하거나 관리하여야 한다.
② 관리업자는 관리업의 등록증이나 등록수첩을 다른 자에게 빌려주거나 빌려서는 아니 되며, 이를 알선하여서도 아니 된다.
③ 관리업자는 다음 각 호의 어느 하나에 해당하는 경우에는「화재의 예방 및 안전관리에 관한 법률」제25조에 따라 소방안전관리업무를 대행하게 하거나 제22조제1항에 따라 소방시설등의 점검업무를 수행하게 한 특정소방대상물의 관계인에게 지체 없이 그 사실을 알려야 한다.
　1. 제32조에 따라 관리업자의 지위를 승계한 경우
　2. 제35조제1항에 따라 관리업의 등록취소 또는 영업정지 처분을 받은 경우
　3. 휴업 또는 폐업을 한 경우
④ 관리업자는 제22조제1항 및 제2항에 따라 자체점검을 하거나「화재의 예방 및 안전관리에 관한 법률」제25조에 따른 소방안전관리업무의 대행을 하는 때에는 행정안전부령으로 정하는 바에 따라 소속 기술인력을 참여시켜야 한다.
⑤ 제35조제1항에 따라 등록취소 또는 영업정지 처분을 받은 관리업자는 그 날부터 소방안전관리업무를 대행하거나 소방시설등에 대한 점검을 하여서는 아니 된다. 다만, 영업정지처분의 경우 도급계약이 해지되지 아니한 때에는 대행 또는 점검 중에 있는 특정소방대상물의 소방안전관리업무 대행과 자체점검은 할 수 있다.

※ 소방시설법 제58조(벌칙)
다음 각 호의 어느 하나에 해당하는 자는 1년 이하의 징역 또는 1천만 원 이하의 벌금에 처한다.
5. 제33조제2항을 위반하여 관리업의 등록증이나 등록수첩을 다른 자에게 빌려주거나 빌리거나 이를 알선한 자

197

정답 ④ 기본서 1권 258p

해설

※ 소방시설법 제33조 제3항

관리업자는 다음 각 호의 어느 하나에 해당하는 경우에는 「화재의 예방 및 안전관리에 관한 법률」 제25조에 따라 소방안전관리업무를 대행하게 하거나 제22조제1항에 따라 소방시설등의 점검업무를 수행하게 한 특정소방대상물의 관계인에게 지체 없이 그 사실을 알려야 한다.

1. 제32조에 따라 관리업자의 지위를 승계한 경우
2. 제35조제1항에 따라 관리업의 등록취소 또는 영업정지 처분을 받은 경우
3. 휴업 또는 폐업을 한 경우

198

정답 ③ 기본서 1권 259p

해설

※ 소방시설법 시행규칙 제37조(점검능력 평가의 신청 등)

① 법 제34조제2항에 따라 점검능력을 평가받으려는 관리업자는 별지 제29호서식의 소방시설등 점검능력 평가 신청서(전자문서로 된 신청서를 포함한다)에 다음 각 호의 서류(전자문서를 포함한다)를 첨부하여 평가기관에 매년 2월 15일까지 제출해야 한다.

1. 소방시설등의 점검실적을 증명하는 서류로서 다음 각 목의 구분에 따른 서류
    가. 국내 소방시설등에 대한 점검실적: 발주자가 별지 제30호서식에 따라 발급한 소방시설등의 점검실적 증명서 및 세금계산서(공급자 보관용을 말한다) 사본
    나. 해외 소방시설등에 대한 점검실적: 외국환은행이 발행한 외화입금증명서 및 재외공관장이 발행한 해외 점검실적 증명서 또는 점검계약서 사본
    다. 주한 외국군의 기관으로부터 도급받은 소방시설등에 대한 점검실적: 외국환은행이 발행한 외화입금증명서 및 도급계약서 사본
2. 소방시설관리업 등록수첩 사본
3. 별지 제31호서식의 소방기술인력 보유 현황 및 국가기술자격증 사본 등 이를 증명할 수 있는 서류
4. 별지 제32호서식의 신인도평가 가점사항 확인서 및 가점사항을 확인할 수 있는 다음 각 목의 해당 서류
    가. 품질경영인증서(ISO 9000 시리즈) 사본
    나. 소방시설등의 점검 관련 표창 사본
    다. 특허증 사본
    라. 소방시설관리업 관련 기술 투자를 증명할 수 있는 서류

199

정답 ③ 기본서 1권 259p

해설

※ 소방시설법 시행규칙 제37조 제2항

② 제1항에 따른 신청을 받은 평가기관의 장은 제1항 각 호의 서류가 첨부되어 있지 않은 경우에는 신청인에게 15일 이내의 기간을 정하여 보완하게 할 수 있다.

200 정답 ② 기본서 1권 259p

해설

평가기관은 제37조제1항에 따른 점검능력 평가 결과는 매년 7월 31일까지 평가기관의 인터넷 홈페이지를 통하여 공시하고, 같은 조 제3항에 따른 점검능력 평가 결과는 소방청장 및 시·도지사에게 통보한 날부터 3일 이내에 평가기관의 인터넷 홈페이지를 통하여 공시해야 한다.(규칙 제38조 제3항)

201 정답 ② 기본서 1권 260~261p

해설

② 평가기관은 점검능력 평가 결과를 지체 없이 소방청장 및 시·도지사에게 통보해야 한다.

※ 소방시설법 시행규칙 제38조(점검능력의 평가)
① 법 제34조제1항에 따른 점검능력 평가의 항목은 다음 각 호와 같고, 점검능력 평가의 세부 기준은 별표 7과 같다.
  1. 실적
    가. 점검실적(법 제22조제1항에 따른 소방시설등에 대한 자체점검 실적을 말한다). 이 경우 점검실적(제37조제1항제1호나목 및 다목에 따른 점검실적은 제외한다)은 제20조제1항 및 별표 4에 따른 점검인력 배치기준에 적합한 것으로 확인된 것만 인정한다.
    나. 대행실적(「화재의 예방 및 안전관리에 관한 법률」 제25조제1항에 따라 소방안전관리 업무를 대행하여 수행한 실적을 말한다)
  2. 기술력
  3. 경력
  4. 신인도
② 평가기관은 제1항에 따른 점검능력 평가 결과를 지체 없이 소방청장 및 시·도지사에게 통보해야 한다.
③ 평가기관은 제37조제1항에 따른 점검능력 평가 결과는 매년 7월 31일까지의 평가기관의 인터넷 홈페이지를 통하여 공시하고, 같은 조 제3항에 따른 점검능력 평가 결과는 소방청장 및 시·도지사에게 통보한 날부터 3일 이내에 평가기관의 인터넷 홈페이지를 통하여 공시해야 한다.
④ 점검능력 평가의 유효기간은 제3항에 따라 점검능력 평가 결과를 공시한 날부터 1년간으로 한다.

202 정답 ③ 기본서 1권 261p

해설

③ 소방시설등의 자체점검 규정에 따른 점검을 하지 아니하거나 거짓으로 한 경우에는 그 등록을 취소하거나 6개월 이내의 기간을 정하여 이의 시정이나 그 영업의 정지를 명할 수 있다.

※ 소방시설법 제35조(등록의 취소와 영업정지 등)

① 시·도지사는 관리업자가 다음 각 호의 어느 하나에 해당하는 경우에는 행정안전부령으로 정하는 바에 따라 그 등록을 취소하거나 6개월 이내의 기간을 정하여 이의 시정이나 그 영업의 정지를 명할 수 있다. 다만, 제1호·제4호 또는 제5호에 해당할 때에는 등록을 취소하여야 한다.
  1. 거짓이나 그 밖의 부정한 방법으로 등록을 한 경우
  2. 제22조에 따른 점검을 하지 아니하거나 거짓으로 한 경우
  3. 제29조제2항에 따른 등록기준에 미달하게 된 경우
  4. 제30조 각 호의 어느 하나에 해당하게 된 경우. 다만, 제30조제5호에 해당하는 법인으로서 결격사유에 해당하게 된 날부터 2개월 이내에 그 임원을 결격사유가 없는 임원으로 바꾸어 선임한 경우는 제외한다.
  5. 제33조제2항을 위반하여 등록증 또는 등록수첩을 빌려준 경우
  6. 제34조제1항에 따른 점검능력 평가를 받지 아니하고 자체점검을 한 경우

② 제32조에 따라 관리업자의 지위를 승계한 상속인이 제30조 각 호의 어느 하나에 해당하는 경우에는 상속을 개시한 날부터 6개월 동안은 제1항제4호를 적용하지 아니한다.

※ 소방시설법 제58조(벌칙)

다음 각 호의 어느 하나에 해당하는 자는 1년 이하의 징역 또는 1천만 원 이하의 벌금에 처한다.
6. 제35조제1항에 따라 영업정지처분을 받고 그 영업정지기간 중에 관리업의 업무를 한 자

203 정답 ① 기본서 1권 265p

해설

※ 소방시설법제36조(과징금처분)

① 시·도지사는 제35조제1항에 따라 영업정지를 명하는 경우로서 그 영업정지가 이용자에게 불편을 주거나 그 밖에 공익을 해칠 우려가 있을 때에는 영업정지처분을 갈음하여 3천만 원 이하의 과징금을 부과할 수 있다.

204 정답 ④ 기본서 1권 265p

해설

④ 시·도지사는 과징금의 부과를 위하여 필요한 경우에는 규정된 사항을 적은 문서로 관할 세무관서의 장에게 「국세기본법」에 따른 과세정보의 제공을 요청할 수 있다.

※ 소방시설법 제36조(과징금처분)
① 시·도지사는 제35조제1항에 따라 영업정지를 명하는 경우로서 그 영업정지가 이용자에게 불편을 주거나 그 밖에 공익을 해칠 우려가 있을 때에는 영업정지처분을 갈음하여 3천만 원 이하의 과징금을 부과할 수 있다.
② 제1항에 따른 과징금을 부과하는 위반행위의 종류와 위반 정도 등에 따른 과징금의 금액, 그 밖에 필요한 사항은 행정안전부령으로 정한다.
③ 시·도지사는 제1항에 따른 과징금을 내야 하는 자가 납부기한까지 내지 아니하면 「지방행정제재·부과금의 징수 등에 관한 법률」에 따라 징수한다.
④ 시·도지사는 제1항에 따른 과징금의 부과를 위하여 필요한 경우에는 다음 각 호의 사항을 적은 문서로 관할 세무관서의 장에게 「국세기본법」 제81조의13에 따른 과세정보의 제공을 요청할 수 있다.
  1. 납세자의 인적사항
  2. 과세정보의 사용 목적
  3. 과징금의 부과 기준이 되는 매출액

※ 소방시설법 시행규칙 제40조(과징금의 부과기준 등)
① 법 제36조제1항에 따라 과징금을 부과하는 위반행위의 종류와 위반 정도 등에 따른 과징금의 부과기준은 별표 9와 같다.
② 법 제36조제1항에 따른 과징금의 징수절차에 관하여는 「국고금관리법 시행규칙」을 준용한다.

제5장　소방용품의 품질관리

205 정답 ④　기본서 1권　271p

해설

※ 소방시설법 제37조(소방용품의 형식승인 등)
⑥ 누구든지 다음 각 호의 어느 하나에 해당하는 소방용품을 판매하거나 판매 목적으로 진열하거나 소방시설공사에 사용할 수 없다.
　1. 형식승인을 받지 아니한 것
　2. 형상등을 임의로 변경한 것
　3. 제품검사를 받지 아니하거나 합격표시를 하지 아니한 것

206 정답 ②　기본서 1권　270p

해설

소화약제 외의 것을 이용한 간이소화용구는 제외한다
※ 소방시설법 시행령 별표3 (소방용품)
1. 소화설비를 구성하는 제품 또는 기기
　가. 별표 1 제1호가목의 소화기구(소화약제 외의 것을 이용한 간이소화용구는 제외한다)
　나. 별표 1 제1호나목의 자동소화장치
　다. 소화설비를 구성하는 소화전, 관창(菅槍), 소방호스, 스프링클러헤드, 기동용 수압개폐장치, 유수제어밸브 및 가스관선택밸브
2. 경보설비를 구성하는 제품 또는 기기
　가. 누전경보기 및 가스누설경보기
　나. 경보설비를 구성하는 발신기, 수신기, 중계기, 감지기 및 음향장치(경종만 해당한다)
3. 피난구조설비를 구성하는 제품 또는 기기
　가. 피난사다리, 구조대, 완강기(지지대를 포함한다) 및 간이완강기(지지대를 포함한다)
　나. 공기호흡기(충전기를 포함한다)
　다. 피난구유도등, 통로유도등, 객석유도등 및 예비 전원이 내장된 비상조명등
4. 소화용으로 사용하는 제품 또는 기기
　가. 소화약제(별표 1 제1호나목2) 및 3)의 자동소화장치와 같은 호 마목3)부터 9)까지의 소화설비용만 해당한다)
　나. 방염제(방염액·방염도료 및 방염성물질을 말한다)
5. 그 밖에 행정안전부령으로 정하는 소방 관련 제품 또는 기기

207 정답 ③ 기본서 1권 270p

해설

ⓒ 누전경보기 및 가스누설경보기
ⓒ 경보설비를 구성하는 감지기 및 음향장치(경종만 해당한다)
ⓐ 구조대, 완강기(지지대를 포함한다) 및 간이완강기(지지대를 포함한다)

※ 소방시설법 시행령 별표3 (소방용품)

1. 소화설비를 구성하는 제품 또는 기기
   가. 별표 1 제1호가목의 소화기구(소화약제 외의 것을 이용한 간이소화용구는 제외한다)
   나. 별표 1 제1호나목의 자동소화장치
   다. 소화설비를 구성하는 소화전, 관창(菅槍), 소방호스, 스프링클러헤드, 기동용 수압개폐장치, 유수제어밸브 및 가스관선택밸브
2. 경보설비를 구성하는 제품 또는 기기
   가. 누전경보기 및 가스누설경보기
   나. 경보설비를 구성하는 발신기, 수신기, 중계기, 감지기 및 음향장치(경종만 해당한다)
3. 피난구조설비를 구성하는 제품 또는 기기
   가. 피난사다리, 구조대, 완강기(지지대를 포함한다) 및 간이완강기(지지대를 포함한다)
   나. 공기호흡기(충전기를 포함한다)
   다. 피난구유도등, 통로유도등, 객석유도등 및 예비 전원이 내장된 비상조명등
4. 소화용으로 사용하는 제품 또는 기기
   가. 소화약제(별표 1 제1호나목2) 및 3)의 자동소화장치와 같은 호 마목3)부터 9)까지의 소화설비용만 해당한다)
   나. 방염제(방염액·방염도료 및 방염성물질을 말한다)
5. 그 밖에 행정안전부령으로 정하는 소방 관련 제품 또는 기기

208 정답 ④   기본서 1권   270~271p

해설

④ 소방용품의 형상·구조·재질·성분·성능 등의 형식승인 및 제품검사의 기술기준 등에 필요한 사항은 <u>소방청장이 정하여 고시한다.</u>

※ 소방시설법 제37조(소방용품의 형식승인 등)
① 대통령령으로 정하는 소방용품을 제조하거나 수입하려는 자는 소방청장의 형식승인을 받아야 한다. 다만, 연구개발 목적으로 제조하거나 수입하는 소방용품은 그러하지 아니하다.
② 제1항에 따른 형식승인을 받으려는 자는 행정안전부령으로 정하는 기준에 따라 형식승인을 위한 시험시설을 갖추고 소방청장의 심사를 받아야 한다. 다만, 소방용품을 수입하는 자가 판매를 목적으로 하지 아니하고 자신의 건축물에 직접 설치하거나 사용하려는 경우 등 행정안전부령으로 정하는 경우에는 시험시설을 갖추지 아니할 수 있다.
③ 제1항과 제2항에 따라 형식승인을 받은 자는 그 소방용품에 대하여 소방청장이 실시하는 제품검사를 받아야 한다.
④ 제1항에 따른 형식승인의 방법·절차 등과 제3항에 따른 제품검사의 구분·방법·순서·합격표시 등에 필요한 사항은 행정안전부령으로 정한다.
⑤ 소방용품의 형상·구조·재질·성분·성능 등(이하 "형상등"이라 한다)의 형식승인 및 제품검사의 기술기준 등에 필요한 사항은 소방청장이 정하여 고시한다.
⑥ 누구든지 다음 각 호의 어느 하나에 해당하는 소방용품을 판매하거나 판매 목적으로 진열하거나 소방시설공사에 사용할 수 없다.
  1. 형식승인을 받지 아니한 것
  2. 형상등을 임의로 변경한 것
  3. 제품검사를 받지 아니하거나 합격표시를 하지 아니한 것
⑦ 소방청장, 소방본부장 또는 소방서장은 제6항을 위반한 소방용품에 대하여는 그 제조자·수입자·판매자 또는 시공자에게 수거·폐기 또는 교체 등 행정안전부령으로 정하는 필요한 조치를 명할 수 있다.
⑧ 소방청장은 소방용품의 작동기능, 제조방법, 부품 등이 제5항에 따라 소방청장이 고시하는 형식승인 및 제품검사의 기술기준에서 정하고 있는 방법이 아닌 새로운 기술이 적용된 제품의 경우에는 관련 전문가의 평가를 거쳐 행정안전부령으로 정하는 바에 따라 제4항에 따른 방법 및 절차와 다른 방법 및 절차로 형식승인을 할 수 있으며, 외국의 공인기관으로부터 인정받은 신기술 제품은 형식승인을 위한 시험 중 일부를 생략하여 형식승인을 할 수 있다.
⑨ 다음 각 호의 어느 하나에 해당하는 소방용품의 형식승인 내용에 대하여 공인기관의 평가 결과가 있는 경우 형식승인 및 제품검사 시험 중 일부만을 적용하여 형식승인 및 제품검사를 할 수 있다.
  1. 「군수품관리법」 제2조에 따른 군수품
  2. 주한외국공관 또는 주한외국군 부대에서 사용되는 소방용품
  3. 외국의 차관이나 국가 간의 협약 등에 따라 건설되는 공사에 사용되는 소방용품으로서 사전에 합의된 것
  4. 그 밖에 특수한 목적으로 사용되는 소방용품으로서 소방청장이 인정하는 것
⑩ 하나의 소방용품에 두 가지 이상의 형식승인 사항 또는 형식승인과 성능인증 사항이 결합된 경우에는 두 가지 이상의 형식승인 또는 형식승인과 성능인증 시험을 함께 실시하고 하나의 형식승인을 할 수 있다.
⑪ 제9항 및 제10항에 따른 형식승인의 방법 및 절차 등에 필요한 사항은 행정안전부령으로 정한다.

209 정답 ④ 기본서 1권 273p

해설

※ 소방시설법 제39조(형식승인의 취소 등)
① 소방청장은 소방용품의 형식승인을 받았거나 제품검사를 받은 자가 다음 각 호의 어느 하나에 해당할 때에는 행정안전부령으로 정하는 바에 따라 그 형식승인을 취소하거나 6개월 이내의 기간을 정하여 제품검사의 중지를 명할 수 있다. 다만, 제1호·제3호 또는 제5호의 경우에는 해당 소방용품의 형식승인을 취소하여야 한다.
  1. 거짓이나 그 밖의 부정한 방법으로 제37조제1항 및 제10항에 따른 형식승인을 받은 경우
  2. 제37조제2항에 따른 시험시설의 시설기준에 미달되는 경우
  3. 거짓이나 그 밖의 부정한 방법으로 제37조제3항에 따른 제품검사를 받은 경우
  4. 제품검사 시 제37조제5항에 따른 기술기준에 미달되는 경우
  5. 제38조에 따른 변경승인을 받지 아니하거나 거짓이나 그 밖의 부정한 방법으로 변경승인을 받은 경우
② 제1항에 따라 소방용품의 형식승인이 취소된 자는 그 취소된 날부터 2년 이내에는 형식승인이 취소된 소방용품과 동일한 품목에 대하여 형식승인을 받을 수 없다.

210 정답 ④ 기본서 1권 274p

해설

④ 규정을 위반하여 제품검사를 받지 아니하거나 합격표시를 하지 아니한 소방용품을 판매·진열하거나 소방시설공사에 사용한 자는 <u>3년 이하의 징역 또는 3천만 원 이하의 벌금</u>에 처한다.

※ 소방시설법 제40조(소방용품의 성능인증 등)
① 소방청장은 제조자 또는 수입자 등의 요청이 있는 경우 소방용품에 대하여 성능인증을 할 수 있다.
② 제1항에 따라 성능인증을 받은 자는 그 소방용품에 대하여 소방청장의 제품검사를 받아야 한다.
③ 제1항에 따른 성능인증의 대상·신청·방법 및 성능인증서 발급에 관한 사항과 제2항에 따른 제품검사의 구분·대상·절차·방법·합격표시 및 수수료 등에 필요한 사항은 행정안전부령으로 정한다.
④ 제1항에 따른 성능인증 및 제2항에 따른 제품검사의 기술기준 등에 필요한 사항은 소방청장이 정하여 고시한다.
⑤ 제2항에 따른 제품검사에 합격하지 아니한 소방용품에는 성능인증을 받았다는 표시를 하거나 제품검사에 합격하였다는 표시를 하여서는 아니 되며, 제품검사를 받지 아니하거나 합격표시를 하지 아니한 소방용품을 판매 또는 판매 목적으로 진열하거나 소방시설공사에 사용하여서는 아니 된다.
⑥ 하나의 소방용품에 성능인증 사항이 두 가지 이상 결합된 경우에는 해당 성능인증 시험을 모두 실시하고 하나의 성능인증을 할 수 있다.
⑦ 제6항에 따른 성능인증의 방법 및 절차 등에 필요한 사항은 행정안전부령으로 정한다.

※ 소방시설법 제57조(벌칙)
다음 각 호의 어느 하나에 해당하는 자는 3년 이하의 징역 또는 3천만 원 이하의 벌금에 처한다.
7. 제40조제5항을 위반하여 제품검사를 받지 아니하거나 합격표시를 하지 아니한 소방용품을 판매·진열하거나 소방시설공사에 사용한 자

211 정답 ④ 기본서 1권 275p

해설

※ 소방시설법 제42조(성능인증의 취소 등)

① 소방청장은 소방용품의 성능인증을 받았거나 제품검사를 받은 자가 다음 각 호의 어느 하나에 해당하는 때에는 행정안전부령으로 정하는 바에 따라 해당 소방용품의 성능인증을 취소하거나 6개월 이내의 기간을 정하여 해당 소방용품의 제품검사 중지를 명할 수 있다. 다만, 제1호·제2호 또는 제5호에 해당하는 경우에는 해당 소방용품의 성능인증을 취소하여야 한다.

1. 거짓이나 그 밖의 부정한 방법으로 제40조제1항 및 제6항에 따른 성능인증을 받은 경우
2. 거짓이나 그 밖의 부정한 방법으로 제40조제2항에 따른 제품검사를 받은 경우
3. 제품검사 시 제40조제4항에 따른 기술기준에 미달되는 경우
4. 제40조제5항을 위반한 경우
5. 제41조에 따라 변경인증을 받지 아니하고 해당 소방용품에 대하여 형상등의 일부를 변경하거나 거짓이나 그 밖의 부정한 방법으로 변경인증을 받은 경우

② 제1항에 따라 소방용품의 성능인증이 취소된 자는 그 취소된 날부터 2년 이내에는 성능인증이 취소된 소방용품과 동일한 품목에 대하여는 성능인증을 받을 수 없다.

212 정답 ② 기본서 1권 276p

해설

※ 소방시설법 제43조(우수품질 제품에 대한 인증)

④ 우수품질인증의 유효기간은 5년의 범위에서 행정안전부령으로 정한다.

213 정답 ③ 기본서 1권 276p

해설

③ 우수품질인증을 받은 제품이 「발명진흥법」에 따른 산업재산권 등 타인의 권리를 침해하였다고 판단되는 경우에는 우수품질인증을 <u>취소할 수 있다</u>.

※ 소방시설법 제43조(우수품질 제품에 대한 인증)

① 소방청장은 제37조에 따른 형식승인의 대상이 되는 소방용품 중 품질이 우수하다고 인정하는 소방용품에 대하여 인증(이하 "우수품질인증"이라 한다)을 할 수 있다.
② 우수품질인증을 받으려는 자는 행정안전부령으로 정하는 바에 따라 소방청장에게 신청하여야 한다.
③ 우수품질인증을 받은 소방용품에는 우수품질인증 표시를 할 수 있다.
④ 우수품질인증의 유효기간은 5년의 범위에서 행정안전부령으로 정한다.
⑤ 소방청장은 다음 각 호의 어느 하나에 해당하는 경우에는 우수품질인증을 취소할 수 있다. 다만, 제1호에 해당하는 경우에는 우수품질인증을 취소하여야 한다.
  1. 거짓이나 그 밖의 부정한 방법으로 우수품질인증을 받은 경우
  2. 우수품질인증을 받은 제품이 「발명진흥법」 제2조제4호에 따른 산업재산권 등 타인의 권리를 침해하였다고 판단되는 경우
⑥ 제1항부터 제5항까지에서 규정한 사항 외에 우수품질인증을 위한 기술기준, 제품의 품질관리 평가, 우수품질인증의 갱신, 수수료, 인증표시 등 우수품질인증에 필요한 사항은 행정안전부령으로 정한다.

214 정답 ③ 기본서 1권 277p

해설

ⓒ, ⓔ, ⓜ - 해당하지 않음

※ 소방시설법 제44조(우수품질인증 소방용품에 대한 지원 등)

다음 각 호의 어느 하나에 해당하는 기관 및 단체는 건축물의 신축·증축 및 개축 등으로 소방용품을 변경 또는 신규 비치하여야 하는 경우 우수품질인증 소방용품을 우선 구매·사용하도록 노력하여야 한다.
  1. 중앙행정기관
  2. <u>지방자치단체</u>
  3. 「공공기관의 운영에 관한 법률」 제4조에 따른 <u>공공기관</u>(이하 "공공기관"이라 한다)
  4. 그 밖에 대통령령으로 정하는 기관

※ 소방시설법 시행령 제47조(우수품질인증 소방용품 우선 구매·사용 기관)

법 제44조제4호에서 "대통령령으로 정하는 기관"이란 다음 각 호의 기관을 말한다.
  1. <u>「지방공기업법」 제49조에 따라 설립된 지방공사</u> 및 같은 법 제76조에 따라 설립된 지방공단
  2. <u>「지방자치단체 출자·출연 기관의 운영에 관한 법률」</u> 제2조에 따른 출자·출연기관

| 제6장 | 보칙 |
| 제7장 | 벌칙 |

215 정답 ② 기본서 1권 280p

해설
② 소방용품의 시험·검사 및 연구를 주된 업무로 하는 <u>비영리 법인</u>은 지정대상에 해당한다.

※ 소방시설법 제46조(제품검사 전문기관의 지정 등)
① 소방청장은 제37조제3항 및 제40조제2항에 따른 제품검사를 전문적·효율적으로 실시하기 위하여 다음 각 호의 요건을 모두 갖춘 기관을 제품검사 전문기관(이하 "전문기관"이라 한다)으로 지정할 수 있다.
  1. 다음 각 목의 어느 하나에 해당하는 기관일 것
     가. 「과학기술분야 정부출연연구기관 등의 설립·운영 및 육성에 관한 법률」제8조에 따라 설립된 연구기관
     나. 공공기관
     다. 소방용품의 시험·검사 및 연구를 주된 업무로 하는 비영리 법인
  2. 「국가표준기본법」제23조에 따라 인정을 받은 시험·검사기관일 것
  3. 행정안전부령으로 정하는 검사인력 및 검사설비를 갖추고 있을 것
  4. 기관의 대표자가 제27조제1호부터 제3호까지의 어느 하나에 해당하지 아니할 것
  5. 제47조에 따라 전문기관의 지정이 취소된 경우 그 지정이 취소된 날부터 2년이 경과하였을 것

216 정답 ④ 기본서 1권 280~281p

해설

④ 소방청장은 확인검사를 실시하는 때에는 행정안전부령으로 정하는 바에 따라 <u>전문기관</u>에 대하여 확인검사에 드는 비용을 부담하게 할 수 있다.

※ 소방시설법 제46조(제품검사 전문기관의 지정 등)
① 소방청장은 제37조제3항 및 제40조제2항에 따른 제품검사를 전문적·효율적으로 실시하기 위하여 다음 각 호의 요건을 모두 갖춘 기관을 제품검사 전문기관(이하 "전문기관"이라 한다)으로 지정할 수 있다.
   1. 다음 각 목의 어느 하나에 해당하는 기관일 것
      가. 「과학기술분야 정부출연연구기관 등의 설립·운영 및 육성에 관한 법률」 제8조에 따라 설립된 연구기관
      나. 공공기관
      다. 소방용품의 시험·검사 및 연구를 주된 업무로 하는 <u>비영리 법인</u>
   2. 「국가표준기본법」 제23조에 따라 인정을 받은 시험·검사기관일 것
   3. 행정안전부령으로 정하는 검사인력 및 검사설비를 갖추고 있을 것
   4. 기관의 대표자가 제27조제1호부터 제3호까지의 어느 하나에 해당하지 아니할 것
   5. 제47조에 따라 전문기관의 지정이 취소된 경우 그 지정이 취소된 날부터 2년이 경과하였을 것
② 전문기관 지정의 방법 및 절차 등에 필요한 사항은 행정안전부령으로 정한다.
③ 소방청장은 제1항에 따라 전문기관을 지정하는 경우에는 소방용품의 품질 향상, 제품검사의 기술개발 등에 드는 비용을 부담하게 하는 등 필요한 조건을 붙일 수 있다. 이 경우 그 조건은 공공의 이익을 증진하기 위하여 필요한 최소한도에 그쳐야 하며, 부당한 의무를 부과하여서는 아니 된다.
④ 전문기관은 행정안전부령으로 정하는 바에 따라 제품검사 실시 현황을 소방청장에게 보고하여야 한다.
⑤ 소방청장은 전문기관을 지정한 경우에는 행정안전부령으로 정하는 바에 따라 전문기관의 제품검사 업무에 대한 평가를 실시할 수 있으며, 제품검사를 받은 소방용품에 대하여 확인검사를 할 수 있다.
⑥ 소방청장은 제5항에 따라 전문기관에 대한 평가를 실시하거나 확인검사를 실시한 때에는 그 평가 결과 또는 확인검사 결과를 행정안전부령으로 정하는 바에 따라 공표할 수 있다.
⑦ 소방청장은 제5항에 따른 확인검사를 실시하는 때에는 행정안전부령으로 정하는 바에 따라 전문기관에 대하여 확인검사에 드는 비용을 부담하게 할 수 있다.

217 정답 ③ 기본서 1권 280~281p

해설

③ 전문기관이 정당한 사유 없이 <u>1년 이상</u> 계속하여 제품검사 또는 실무교육 등 지정받은 업무를 수행하지 아니한 경우에는 그 지정을 취소하거나 6개월 이내의 기간을 정하여 그 업무의 정지를 명할 수 있다.

※ 소방시설법 제46조(제품검사 전문기관의 지정 등)
② 전문기관 지정의 방법 및 절차 등에 필요한 사항은 행정안전부령으로 정한다.
④ 전문기관은 행정안전부령으로 정하는 바에 따라 제품검사 실시 현황을 소방청장에게 보고하여야 한다.

※ 소방시설법 제47조(전문기관의 지정취소 등)
소방청장은 전문기관이 다음 각 호의 어느 하나에 해당할 때에는 그 지정을 취소하거나 6개월 이내의 기간을 정하여 그 업무의 정지를 명할 수 있다. 다만, 제1호에 해당할 때에는 그 지정을 취소하여야 한다.
1. 거짓이나 그 밖의 부정한 방법으로 지정을 받은 경우
2. 정당한 사유 없이 1년 이상 계속하여 제품검사 또는 실무교육 등 지정받은 업무를 수행하지 아니한 경우
3. 제46조제1항 각 호의 요건을 갖추지 못하거나 제46조제3항에 따른 조건을 위반한 경우
4. 제52조제1항제7호에 따른 감독 결과 이 법이나 다른 법령을 위반하여 전문기관으로서의 업무를 수행하는 것이 부적당하다고 인정되는 경우

※ 소방시설법 제57조(벌칙)
다음 각 호의 어느 하나에 해당하는 자는 3년 이하의 징역 또는 3천만 원 이하의 벌금에 처한다.
9. 거짓이나 그 밖의 부정한 방법으로 제46조제1항에 따른 전문기관으로 지정을 받은 자

218 정답 ③ 기본서 1권 282p

해설

※ 소방시설법 제49조(청문)
소방청장 또는 시·도지사는 다음 각 호의 어느 하나에 해당하는 처분을 하려면 청문을 하여야 한다.
1. 제28조에 따른 관리사 자격의 취소 및 정지
2. 제35조제1항에 따른 관리업의 등록취소 및 영업정지
3. 제39조에 따른 소방용품의 형식승인 취소 및 제품검사 중지
4. 제42조에 따른 성능인증의 취소
5. 제43조제5항에 따른 우수품질인증의 취소
6. 제47조에 따른 전문기관의 지정취소 및 업무정지

219 정답 ② 기본서 1권 283~284p

해설

② 소방청장은 제품검사 업무를 기술원 또는 전문기관에 위탁할 수 있다.

※ 소방시설법 제50조(권한 또는 업무의 위임·위탁 등)

① 이 법에 따른 소방청장 또는 시·도지사의 권한은 대통령령으로 정하는 바에 따라 그 일부를 소속 기관의 장, 시·도지사, 소방본부장 또는 소방서장에게 위임할 수 있다.

② 소방청장은 다음 각 호의 업무를 「소방산업의 진흥에 관한 법률」 제14조에 따른 한국소방산업기술원(이하 "기술원"이라 한다)에 위탁할 수 있다. 이 경우 소방청장은 기술원에 소방시설 및 소방용품에 관한 기술개발·연구 등에 필요한 경비의 일부를 보조할 수 있다.

1. 제21조에 따른 방염성능검사 중 대통령령으로 정하는 검사
2. 제37조제1항·제2항 및 제8항부터 제10항까지의 규정에 따른 소방용품의 형식승인
3. 제38조에 따른 형식승인의 변경승인
4. 제39조제1항에 따른 형식승인의 취소
5. 제40조제1항·제6항에 따른 성능인증 및 제42조에 따른 성능인증의 취소
6. 제41조에 따른 성능인증의 변경인증
7. 제43조에 따른 우수품질인증 및 그 취소

③ 소방청장은 제37조제3항 및 제40조제2항에 따른 제품검사 업무를 기술원 또는 전문기관에 위탁할 수 있다.

④ 제2항 및 제3항에 따라 위탁받은 업무를 수행하는 기술원 및 전문기관이 갖추어야 하는 시설기준 등에 관하여 필요한 사항은 행정안전부령으로 정한다.

⑤ 소방청장은 다음 각 호의 업무를 대통령령으로 정하는 바에 따라 소방기술과 관련된 법인 또는 단체에 위탁할 수 있다.

1. 표준자체점검비의 산정 및 공표
2. 제25조제5항 및 제6항에 따른 소방시설관리사증의 발급·재발급
3. 제34조제1항에 따른 점검능력 평가 및 공시
4. 제34조제4항에 따른 데이터베이스 구축·운영

⑥ 소방청장은 제14조제3항에 따른 건축 환경 및 화재위험특성 변화 추세 연구에 관한 업무를 대통령령으로 정하는 바에 따라 화재안전 관련 전문연구기관에 위탁할 수 있다. 이 경우 소방청장은 연구에 필요한 경비를 지원할 수 있다.

⑦ 제2항부터 제6항까지의 규정에 따라 위탁받은 업무에 종사하고 있거나 종사하였던 사람은 업무를 수행하면서 알게 된 비밀을 이 법에서 정한 목적 외의 용도로 사용하거나 다른 사람 또는 기관에 제공하거나 누설하여서는 아니 된다.

220

정답 ③ 기본서 1권 283p

해설

③ 점검능력 평가 및 공시
→ 소방청장은 대통령령으로 정하는 바에 따라 <u>소방기술과 관련된 법인 또는 단체</u>에 위탁할 수 있다.(법 제50조)

221

정답 ② 기본서 1권 286p

해설

ⓒ, ⓔ - 대상이 아니다.

※ 소방시설법 제52조(감독)

① 소방청장, 시·도지사, 소방본부장 또는 소방서장은 다음 각 호의 어느 하나에 해당하는 자, 사업체 또는 소방대상물 등의 감독을 위하여 필요하면 관계인에게 필요한 보고 또는 자료제출을 명할 수 있으며, 관계 공무원으로 하여금 소방대상물·사업소·사무소 또는 사업장에 출입하여 관계 서류·시설 및 제품 등을 검사하게 하거나 관계인에게 질문하게 할 수 있다.

1. 제22조에 따라 관리업자등이 점검한 특정소방대상물
2. 제25조에 따른 관리사
3. 제29조제1항에 따른 등록한 관리업자
4. 제37조제1항부터 제3항까지 및 제10항에 따른 소방용품의 형식승인, 제품검사 또는 시험시설의 심사를 받은 자
5. 제38조제1항에 따라 변경승인을 받은 자
6. 제40조제1항, 제2항 및 제6항에 따라 성능인증 및 제품검사를 받은 자
7. 제46조제1항에 따라 지정을 받은 전문기관
8. 소방용품을 판매하는 자

② 제1항에 따라 출입·검사 업무를 수행하는 관계 공무원은 그 권한을 표시하는 증표를 지니고 이를 관계인에게 내보여야 한다.

③ 제1항에 따라 출입·검사 업무를 수행하는 관계 공무원은 관계인의 정당한 업무를 방해하거나 출입·검사 업무를 수행하면서 알게 된 비밀을 다른 사람에게 누설하여서는 아니 된다.

222 정답 ④ 기본서 1권 286p

해설

④ 감독에 따른 명령을 위반하여 보고 또는 자료제출을 하지 아니하거나 거짓으로 보고 또는 자료제출을 한 자 또는 정당한 사유 없이 관계 공무원의 출입 또는 검사를 거부·방해 또는 기피한 자에게는 300만 원 이하의 과태료를 부과한다.

※ 소방시설법 제52조(감독)
① 소방청장, 시·도지사, 소방본부장 또는 소방서장은 다음 각 호의 어느 하나에 해당하는 자, 사업체 또는 소방대상물 등의 감독을 위하여 필요하면 관계인에게 필요한 보고 또는 자료제출을 명할 수 있으며, 관계 공무원으로 하여금 소방대상물·사업소·사무소 또는 사업장에 출입하여 관계 서류·시설 및 제품 등을 검사하게 하거나 관계인에게 질문하게 할 수 있다.
  1. 제22조에 따라 관리업자등이 점검한 특정소방대상물
  2. 제25조에 따른 관리사
  3. 제29조제1항에 따른 등록한 관리업자
  4. 제37조제1항부터 제3항까지 및 제10항에 따른 소방용품의 형식승인, 제품검사 또는 시험시설의 심사를 받은 자
  5. 제38조제1항에 따라 변경승인을 받은 자
  6. 제40조제1항, 제2항 및 제6항에 따라 성능인증 및 제품검사를 받은 자
  7. 제46조제1항에 따라 지정을 받은 전문기관
  8. 소방용품을 판매하는 자
② 제1항에 따라 출입·검사 업무를 수행하는 관계 공무원은 그 권한을 표시하는 증표를 지니고 이를 관계인에게 내보여야 한다.
③ 제1항에 따라 출입·검사 업무를 수행하는 관계 공무원은 관계인의 정당한 업무를 방해하거나 출입·검사 업무를 수행하면서 알게 된 비밀을 다른 사람에게 누설하여서는 아니 된다.

※ 소방시설법 제58조(벌칙)
다음 각 호의 어느 하나에 해당하는 자는 1년 이하의 징역 또는 1천만 원 이하의 벌금에 처한다.
  12. 제52조제3항을 위반하여 관계인의 정당한 업무를 방해하거나 출입·검사 업무를 수행하면서 알게 된 비밀을 다른 사람에게 누설한 자

※ 소방시설법 제61조(과태료)
① 다음 각 호의 어느 하나에 해당하는 자에게는 300만 원 이하의 과태료를 부과한다.
  15. 제52조제1항에 따른 명령을 위반하여 보고 또는 자료제출을 하지 아니하거나 거짓으로 보고 또는 자료제출을 한 자 또는 정당한 사유 없이 관계 공무원의 출입 또는 검사를 거부·방해 또는 기피한 자

223 정답 ② 기본서 1권 287p

해설

※ 소방시설법 시행규칙 제41조(수수료)

② 별표 10의 수수료를 반환하는 경우에는 다음 각 호의 구분에 따라 반환해야 한다.
  1. 수수료를 과오납한 경우: 그 과오납한 금액의 전부
  2. 시험시행기관에 책임이 있는 사유로 시험에 응시하지 못한 경우: 납입한 수수료의 전부
  3. 직계 가족의 사망, 본인의 사고 또는 질병, 격리가 필요한 감염병이나 예견할 수 없는 기상상황 등으로 시험에 응시하지 못한 경우(해당 사실을 증명하는 서류 등을 제출한 경우로 한정한다): 납입한 수수료의 전부
  4. 원서접수기간에 접수를 철회한 경우: 납입한 수수료의 전부
  5. 시험시행일 20일 전까지 접수를 취소하는 경우: 납입한 수수료의 전부
  6. 시험시행일 10일 전까지 접수를 취소하는 경우: 납입한 수수료의 100분의 50

224 정답 ③ 기본서 1권 287p

해설

③ 시험시행일 10일 전까지 접수를 취소하는 경우에는 납입한 수수료의 <u>100분의 50</u>를 반환하여야 한다.

※ 소방시설법 시행규칙 제41조(수수료)

② 별표 10의 수수료를 반환하는 경우에는 다음 각 호의 구분에 따라 반환해야 한다.
  1. 수수료를 과오납한 경우: 그 과오납한 금액의 전부
  2. 시험시행기관에 책임이 있는 사유로 시험에 응시하지 못한 경우: 납입한 수수료의 전부
  3. 직계 가족의 사망, 본인의 사고 또는 질병, 격리가 필요한 감염병이나 예견할 수 없는 기상상황 등으로 시험에 응시하지 못한 경우(해당 사실을 증명하는 서류 등을 제출한 경우로 한정한다): 납입한 수수료의 전부
  4. 원서접수기간에 접수를 철회한 경우: 납입한 수수료의 전부
  5. <u>시험시행일 20일 전까지 접수를 취소하는 경우: 납입한 수수료의 전부</u>
  6. <u>시험시행일 10일 전까지 접수를 취소하는 경우: 납입한 수수료의 100분의 50</u>

225 정답 ④ 기본서 1권 288~289p

해설

④ 소방청장, 소방본부장 또는 소방서장은 신청받은 날부터 **3일 이내**에 조치명령등의 연기 신청 승인 여부를 결정하여 조치명령등의 연기 통지서를 관계인 등에게 통지해야 한다.

※ 소방시설법 제54조(조치명령등의 기간연장)

① 다음 각 호에 따른 조치명령 또는 이행명령(이하 "조치명령등"이라 한다)을 받은 관계인 등은 천재지변이나 그 밖에 대통령령으로 정하는 사유로 조치명령등을 그 기간 내에 이행할 수 없는 경우에는 조치명령등을 명령한 소방청장, 소방본부장 또는 소방서장에게 대통령령으로 정하는 바에 따라 조치명령등을 연기하여 줄 것을 신청할 수 있다.

1. 제12조제2항에 따른 소방시설에 대한 조치명령
2. 제16조제2항에 따른 피난시설, 방화구획 또는 방화시설에 대한 조치명령
3. 제20조제2항에 따른 방염대상물품의 제거 또는 방염성능검사 조치명령
4. 제23조제6항에 따른 소방시설에 대한 이행계획 조치명령
5. 제37조제7항에 따른 형식승인을 받지 아니한 소방용품의 수거·폐기 또는 교체 등의 조치명령
6. 제45조제2항에 따른 중대한 결함이 있는 소방용품의 회수·교환·폐기 조치명령

② 제1항에 따라 연기신청을 받은 소방청장, 소방본부장 또는 소방서장은 연기 신청 승인 여부를 결정하고 그 결과를 조치명령등의 이행 기간 내에 관계인 등에게 알려주어야 한다.

※ 소방시설법 시행령 제49조(조치명령등의 기간연장)

① 법 제54조제1항 각 호 외의 부분에서 "대통령령으로 정하는 사유"란 다음 각 호의 어느 하나에 해당하는 사유를 말한다.

1. 「재난 및 안전관리 기본법」 제3조제1호에 해당하는 재난이 발생한 경우
2. 경매 등의 사유로 소유권이 변동 중이거나 변동된 경우
3. 관계인이 질병, 사고, 장기출장의 경우
4. 시장·상가·복합건축물 등 소방대상물의 관계인이 여러 명으로 구성되어 법 제54조제1항 각 호에 따른 조치명령 또는 이행명령(이하 "조치명령등"이라 한다)의 이행에 대한 의견을 조정하기 어려운 경우
5. 그 밖에 관계인이 운영하는 사업에 부도 또는 도산 등 중대한 위기가 발생하여 조치명령등을 그 기간 내에 이행할 수 없는 경우

※ 소방시설법 시행규칙 제42조(조치명령등의 연기 신청)

① 법 제54조제1항에 따라 조치명령 또는 이행명령(이하 "조치명령등"이라 한다)의 연기를 신청하려는 관계인 등은 영 제49조제2항에 따라 조치명령등의 이행기간 만료일 5일 전까지 별지 제33호 서식에 따른 조치명령등의 연기신청서(전자문서로 된 신청서를 포함한다)에 조치명령등을 그 기간 내에 이행할 수 없음을 증명할 수 있는 서류(전자문서를 포함한다)를 첨부하여 소방청장, 소방본부장 또는 소방서장에게 제출해야 한다.

② 제1항에 따른 신청서를 제출받은 소방청장, 소방본부장 또는 소방서장은 신청받은 날부터 3일 이내에 조치명령등의 연기 신청 승인 여부를 결정하여 별지 제34호 서식의 조치명령등의 연기 통지서를 관계인 등에게 통지해야 한다.

226 정답 ② 기본서 1권 289p

해설

※ 소방시설법 시행규칙 제42조(조치명령등의 연기 신청)

① 법 제54조제1항에 따라 조치명령 또는 이행명령(이하 "조치명령등"이라 한다)의 연기를 신청하려는 관계인 등은 영 제49조제2항에 따라 조치명령등의 이행기간 만료일 5일 전까지 별지 제33호 서식에 따른 조치명령 등의 연기신청서(전자문서로 된 신청서를 포함한다)에 조치명령등을 그 기간 내에 이행할 수 없음을 증명할 수 있는 서류(전자문서를 포함한다)를 첨부하여 소방청장, 소방본부장 또는 소방서장에게 제출해야 한다.

② 제1항에 따른 신청서를 제출받은 소방청장, 소방본부장 또는 소방서장은 신청받은 날부터 3일 이내에 조치명령등의 연기 신청 승인 여부를 결정하여 별지 제34호 서식의 조치명령등의 연기 통지서를 관계인 등에게 통지해야 한다.

227 정답 ④ 기본서 1권 290~291p

해설

④ 신고포상금의 지급대상, 지급기준, 지급절차 등에 필요한 사항은 시·도의 조례로 정한다.

※ 소방시설법 제55조(위반행위의 신고 및 신고포상금의 지급)

① 누구든지 소방본부장 또는 소방서장에게 다음 각 호의 어느 하나에 해당하는 행위를 한 자를 신고할 수 있다.
  1. 제12조제1항을 위반하여 소방시설을 설치 또는 관리한 자
  2. 제12조제3항을 위반하여 폐쇄·차단 등의 행위를 한 자
  3. 제16조제1항 각 호의 어느 하나에 해당하는 행위를 한 자

② 소방본부장 또는 소방서장은 제1항에 따른 신고를 받은 경우 신고 내용을 확인하여 이를 신속하게 처리하고, 그 처리결과를 행정안전부령으로 정하는 방법 및 절차에 따라 신고자에게 통지하여야 한다.

③ 소방본부장 또는 소방서장은 제1항에 따른 신고를 한 사람에게 예산의 범위에서 포상금을 지급할 수 있다.

④ 제3항에 따른 신고포상금의 지급대상, 지급기준, 지급절차 등에 필요한 사항은 시·도의 조례로 정한다.

228 정답 ② 기본서 1권 291p

해설

※ 소방시설법 시행규칙 제43조(위반행위 신고 내용 처리결과의 통지 등)

① 소방본부장 또는 소방서장은 법 제55조제2항에 따라 위반행위의 신고 내용을 확인하여 이를 처리한 경우에는 처리한 날부터 10일 이내에 별지 제35호 서식의 위반행위 신고 내용 처리결과 통지서를 신고자에게 통지해야 한다.

② 제1항에 따른 통지는 우편, 팩스, 정보통신망, 전자우편 또는 휴대전화 문자메시지 등의 방법으로 할 수 있다.

229 정답 ③ 기본서 1권 294p

해설

※ 소방시설법 제56조(벌칙)

① 제12조제3항 본문을 위반하여 소방시설에 폐쇄·차단 등의 행위를 한 자는 5년 이하의 징역 또는 5천만 원 이하의 벌금에 처한다.

230 정답 ③ 기본서 1권 294p

해설

※ 소방시설법 제56조(벌칙)

① 제12조제3항 본문을 위반하여 소방시설에 폐쇄·차단 등의 행위를 한 자는 5년 이하의 징역 또는 5천만 원 이하의 벌금에 처한다.

② 제1항의 죄를 범하여 사람을 상해에 이르게 한 때에는 7년 이하의 징역 또는 7천만 원 이하의 벌금에 처하며, 사망에 이르게 한 때에는 10년 이하의 징역 또는 1억원 이하의 벌금에 처한다.

231 정답 ③ 기본서 1권 294~295p

해설

※ 소방시설법 제57조(벌칙)

다음 각 호의 어느 하나에 해당하는 자는 3년 이하의 징역 또는 3천만 원 이하의 벌금에 처한다.

7. 제40조제5항을 위반하여 제품검사를 받지 아니하거나 합격표시를 하지 아니한 소방용품을 판매·진열하거나 소방시설공사에 사용한 자

※ 소방시설법 제58조(벌칙)

다음 각 호의 어느 하나에 해당하는 자는 1년 이하의 징역 또는 1천만 원 이하의 벌금에 처한다.

7. 제37조제3항에 따른 제품검사에 합격하지 아니한 제품에 합격표시를 하거나 합격표시를 위조 또는 변조하여 사용한 자

9. 제40조제5항을 위반하여 제품검사에 합격하지 아니한 소방용품에 성능인증을 받았다는 표시 또는 제품검사에 합격하였다는 표시를 하거나 성능인증을 받았다는 표시 또는 제품검사에 합격하였다는 표시를 위조 또는 변조하여 사용한 자

11. 제43조제1항에 따른 우수품질인증을 받지 아니한 제품에 우수품질인증 표시를 하거나 우수품질인증 표시를 위조하거나 변조하여 사용한 자

232 정답 ① 기본서 1권 295p

해설

※ 소방시설법 제58조(벌칙)

다음 각 호의 어느 하나에 해당하는 자는 1년 이하의 징역 또는 1천만 원 이하의 벌금에 처한다.

 2. 제25조제7항을 위반하여 소방시설관리사증을 다른 사람에게 빌려주거나 빌리거나 이를 알선한 자

233 정답 ④ 기본서 1권 295~296p

해설

①②③ - 300만 원 이하의 과태료

※ 소방시설법 제59조(벌칙)

다음 각 호의 어느 하나에 해당하는 자는 300만 원 이하의 벌금에 처한다.

 2. 제21조를 위반하여 방염성능검사에 합격하지 아니한 물품에 합격표시를 하거나 합격표시를 위조하거나 변조하여 사용한 자

※ 소방시설법 제61조(과태료)

① 다음 각 호의 어느 하나에 해당하는 자에게는 300만 원 이하의 과태료를 부과한다.

 1. 제12조제1항을 위반하여 소방시설을 화재안전기준에 따라 설치·관리하지 아니한 자
 2. 제15조제1항을 위반하여 공사 현장에 임시소방시설을 설치·관리하지 아니한 자
 3. 제16조제1항을 위반하여 피난시설, 방화구획 또는 방화시설의 폐쇄·훼손·변경 등의 행위를 한 자

234 정답 ③ 기본서 1권 297p

해설

※ 소방시설법 시행령 별표10

위반행위	근거 법조문	과태료 금액 (단위: 만 원)		
		1차 위반	2차 위반	3차 이상 위반
라. 법 제20조제1항을 위반하여 방염대상물품을 방염성능 기준 이상으로 설치하지 않은 경우	법 제61조 제1항제4호	200		

235 정답 ② 기본서 1권 298p

해설

※ 소방시설법 시행령 별표10

위반행위	근거 법조문	과태료 금액 (단위: 만 원)		
		1차 위반	2차 위반	3차 이상 위반
거. 법 제52조제1항에 따른 명령을 위반하여 보고 또는 자료제출을 하지 않거나 거짓으로 보고 또는 자료제출을 한 경우 또는 정당한 사유 없이 관계 공무원의 출입 또는 검사를 거부·방해 또는 기피한 경우	법 제61조 제1항제15호	50	100	300

PART 03 소방의 화재조사에 관한 법률

| 제1장 | 총칙 |
| 제2장 | 화재조사의 실시 등 |

01

정답 ② 기본서 1권 309p

해설

※ 화재조사 (법 제2조)

<u>소방청장, 소방본부장 또는 소방서장</u>이 화재원인, 피해상황, 대응활동 등을 파악하기 위하여 자료의 수집, 관계인 등에 대한 질문, 현장 확인, 감식, 감정 및 실험 등을 하는 일련의 행위를 말한다.

02

정답 ④ 기본서 1권 309p

해설

※ 화재조사법 제2조(정의)

① 이 법에서 사용하는 용어의 뜻은 다음과 같다.
  1. "화재"란 사람의 의도에 반하거나 고의 또는 과실에 의하여 발생하는 연소 현상으로서 소화할 필요가 있는 현상 또는 사람의 의도에 반하여 발생하거나 확대된 화학적 폭발현상을 말한다.
  2. "화재조사"란 소방청장, 소방본부장 또는 소방서장이 화재원인, 피해상황, 대응활동 등을 파악하기 위하여 자료의 수집, 관계인등에 대한 질문, 현장 확인, 감식, 감정 및 실험 등을 하는 일련의 행위를 말한다.
  3. "화재조사관"이란 화재조사에 전문성을 인정받아 화재조사를 수행하는 소방공무원을 말한다.
  4. "관계인등"이란 화재가 발생한 소방대상물의 소유자·관리자 또는 점유자(이하 "관계인"이라 한다) 및 다음 각 목의 사람을 말한다.
      가. <u>화재 현장을 발견하고 신고한 사람</u>
      나. <u>화재 현장을 목격한 사람</u>
      다. <u>소화활동을 행하거나 인명구조활동(유도대피 포함)에 관계된 사람</u>
      라. <u>화재를 발생시키거나 화재발생과 관계된 사람</u>
② 이 법에서 사용하는 용어의 뜻은 제1항에서 규정하는 것을 제외하고는 「소방기본법」, 「화재예방, 소방시설 설치·유지 및 안전관리에 관한 법률」에서 정하는 바에 따른다.

03 정답 ③ 기본서 1권 312p

해설

※ 화재조사 사항(법 제5조 제2항)

소방관서장은 화재조사를 하는 경우 다음 각 호의 사항에 대하여 조사하여야 한다.

① 화재원인에 관한 사항
② 화재로 인한 인명·재산피해상황
③ 대응활동에 관한 사항
④ 소방시설 등의 설치·관리 및 작동 여부에 관한 사항
⑤ 화재발생건축물과 구조물, 화재유형별 화재위험성 등에 관한 사항
⑥ 그 밖에 대통령령으로 정하는 사항
　㉠ 화재안전조사의 실시 결과에 관한 사항(영 제3조 제1항)

04 정답 ① 기본서 1권 312p

해설

※ 화재조사법 제5조(화재조사의 실시)

① 소방청장, 소방본부장 또는 소방서장(이하 "소방관서장"이라 한다)은 화재발생 사실을 알게 된 때에는 지체 없이 화재조사를 하여야 한다. 이 경우 수사기관의 범죄수사에 지장을 주어서는 아니 된다.
② 소방관서장은 제1항에 따라 화재조사를 하는 경우 다음 각 호의 사항에 대하여 조사하여야 한다.
　1. 화재원인에 관한 사항
　2. 화재로 인한 인명·재산피해상황
　3. 대응활동에 관한 사항
　4. 소방시설 등의 설치·관리 및 작동 여부에 관한 사항
　5. 화재발생건축물과 구조물, 화재유형별 화재위험성 등에 관한 사항
　6. 그 밖에 대통령령으로 정하는 사항
③ 제1항 및 제2항에 따른 화재조사의 대상 및 절차 등에 필요한 사항은 대통령령으로 정한다.

05 정답 ④ 기본서 1권 312p

해설

※ 화재조사법 제5조(화재조사의 실시)

① 소방청장, 소방본부장 또는 소방서장(이하 "소방관서장"이라 한다)은 화재발생 사실을 알게 된 때에는 지체 없이 화재조사를 하여야 한다. 이 경우 수사기관의 범죄수사에 지장을 주어서는 아니 된다.

06 정답 ② 기본서 1권 314p

해설

※ 화재조사법 시행령 제4조【화재조사전담부서의 구성·운영】
① 소방관서장은 법 제6조제1항에 따른 화재조사전담부서에 화재조사관을 2명 이상 배치해야 한다.

07 정답 ③ 기본서 1권 316p

해설

※ 화재조사법 시행규칙 제4조(화재조사에 관한 시험)
① 소방청장이 영 제5조제1항제1호의 화재조사에 관한 시험(이하 "자격시험"이라 한다)을 실시하는 경우에는 시험의 과목·일시·장소 및 응시 자격·절차 등을 시험 실시 30일 전까지 소방청의 인터넷 홈페이지에 공고해야 한다.

08 정답 ② 기본서 1권 316p

해설

② 국립과학수사연구원 또는 소방청장이 인정하는 외국의 화재조사 관련 기관에서 8주 이상 화재조사에 관한 전문교육을 이수한 사람은 시험에 응시 할 수 있다.(규칙 제4조 제2항)

09 정답 ③ 기본서 1권 318p

해설

※ 화재조사법 시행규칙 제5조(화재조사에 관한 교육훈련)
② 전담부서에 배치된 화재조사관은 영 제6조제1항제3호의 의무 보수교육을 2년마다 받아야 한다. 다만, 전담부서에 배치된 후 처음 받는 의무 보수교육은 배치 후 1년 이내에 받아야 한다.

10 정답 ① 기본서 1권 319p

해설

① 소방관서장은 전문성에 기반하는 화재조사를 위하여 화재조사전담부서를 설치·운영하여야 한다.

※ 화재조사법 제6조(화재조사전담부서의 설치·운영 등)
① 소방관서장은 전문성에 기반하는 화재조사를 위하여 화재조사전담부서(이하 "전담부서"라 한다)를 설치·운영하여야 한다.
② 전담부서는 다음 각 호의 업무를 수행한다.
  1. 화재조사의 실시 및 조사결과 분석·관리
  2. 화재조사 관련 기술개발과 화재조사관의 역량증진
  3. 화재조사에 필요한 시설·장비의 관리·운영
  4. 그 밖의 화재조사에 관하여 필요한 업무
③ 소방관서장은 화재조사관으로 하여금 화재조사 업무를 수행하게 하여야 한다.
④ 화재조사관은 소방청장이 실시하는 화재조사에 관한 시험에 합격한 소방공무원 등 화재조사에 관한 전문적인 자격을 가진 소방공무원으로 한다.
⑤ 전담부서의 구성·운영, 화재조사관의 구체적인 자격기준 및 교육훈련 등에 필요한 사항은 대통령령으로 정한다.

11 정답 ② 기본서 1권 319p

해설

※ 화재조사법 시행령 제7조(화재합동조사단의 구성·운영)
① 법 제7조제1항에서 "사상자가 많거나 사회적 이목을 끄는 화재 등 대통령령으로 정하는 대형화재"란 다음 각 호의 화재를 말한다.
  1. 사망자가 5명 이상 발생한 화재
  2. 화재로 인한 사회적·경제적 영향이 광범위하다고 소방관서장이 인정하는 화재

12 정답 ② 기본서 1권 319p

해설

※ 화재조사법 시행령 제7조(화재합동조사단의 구성·운영)
② 법 제7조제1항에 따른 화재합동조사단(이하 "화재합동조사단"이라 한다)의 단원은 다음 각 호의 어느 하나에 해당하는 사람 중에서 소방관서장이 임명하거나 위촉한다.
  1. 화재조사관
  2. 화재조사 업무에 관한 경력이 3년 이상인 소방공무원
  3. 「고등교육법」 제2조에 따른 학교 또는 이에 준하는 교육기관에서 화재조사, 소방 또는 안전관리 등 관련 분야 조교수 이상의 직에 3년 이상 재직한 사람
  4. 「국가기술자격법」에 따른 국가기술자격의 직무분야 중 안전관리 분야에서 산업기사 이상의 자격을 취득한 사람
  5. 그 밖에 건축·안전 분야 또는 화재조사에 관한 학식과 경험이 풍부한 사람

13

정답 ④ **기본서 1권** 319p

해설
④ 화재합동조사단의 단장은 단원 중에서 소방관서장이 지명하거나 위촉하는 사람이 된다.(영 제7조 제3항)

14

정답 ③ **기본서 1권** 321p

해설
※ 화재조사법 제8조(화재현장 보존 등)
① 소방관서장은 화재조사를 위하여 필요한 범위에서 화재현장 보존조치를 하거나 화재현장과 그 인근 지역을 통제구역으로 설정할 수 있다. 다만, 방화(放火) 또는 실화(失火)의 혐의로 수사의 대상이 된 경우에는 관할 경찰서장 또는 해양경찰서장(이하 "경찰서장"이라 한다)이 통제구역을 설정한다.

15

정답 ① **기본서 1권** 321p

해설
① 소방관서장은 화재조사를 위하여 필요한 범위에서 화재현장 보존조치를 하거나 화재현장과 그 인근 지역을 통제구역으로 설정할 수 있다. 다만, 방화 또는 실화의 혐의로 수사의 대상이 된 경우에는 관할 경찰서장 또는 해양경찰서장(이하 "경찰서장"이라 한다)이 통제구역을 설정한다.(법 제8조 제1항)

16

정답 ② **기본서 1권** 321p

해설
※ 화재조사법 제23조 제1항 제1호【과태료】
허가 없이 통제구역에 출입한 사람은 200만 원 이하의 과태료를 부과한다.

17

정답 ② **기본서 1권** 322p

해설
② 수사는 경찰공무원의 업무권한이다.

※ 화재조사법 제9조(출입·조사 등)
① 소방관서장은 화재조사를 위하여 필요한 경우에 관계인에게 보고 또는 자료 제출을 명하거나 화재조사관으로 하여금 해당 장소에 출입하여 화재조사를 하게 하거나 관계인등에게 질문하게 할 수 있다.
② 제1항에 따라 화재조사를 하는 화재조사관은 그 권한을 표시하는 증표를 지니고 이를 관계인등에게 보여주어야 한다.
③ 제1항에 따라 화재조사를 하는 화재조사관은 관계인의 정당한 업무를 방해하거나 화재조사를 수행하면서 알게 된 비밀을 다른 용도로 사용하거나 다른 사람에게 누설하여서는 아니 된다.

18 정답 ① 기본서 1권 323p

해설

소방관서장은 관계인등의 출석을 요구하려면 출석일 3일 전까지 다음 각 호의 사항을 관계인등에게 알려야 한다. (영 제10조 제1항)

㉠ 출석 일시와 장소
㉡ 출석 요구 사유
㉢ 그 밖에 화재조사와 관련하여 필요한 사항

19 정답 ① 기본서 1권 325p

해설

㉣ 화재현장의 대응활동에 관한 사항 – 협력사항이 아니다.

※ 화재조사법 제12조(소방공무원과 경찰공무원의 협력 등)
① 소방공무원과 경찰공무원(제주특별자치도의 자치경찰공무원을 포함한다)은 다음 각 호의 사항에 대하여 서로 협력하여야 한다.
  1. 화재현장의 출입·보존 및 통제에 관한 사항
  2. 화재조사에 필요한 증거물의 수집 및 보존에 관한 사항
  3. 관계인등에 대한 진술 확보에 관한 사항
  4. 그 밖에 화재조사에 필요한 사항
② 소방관서장은 방화 또는 실화의 혐의가 있다고 인정되면 지체 없이 경찰서장에게 그 사실을 알리고 필요한 증거를 수집·보존하는 등 그 범죄수사에 협력하여야 한다.

제3장	화재조사 결과의 공표 등
제4장	화재조사 기반구축
제5장	벌칙

20

정답 ② **기본서 1권** 328~329p

해설

※ 화재조사법 시행규칙 제8조(화재조사 결과의 공표)
② 소방관서장은 제1항에 따라 화재조사의 결과를 공표할 때에는 다음 각 호의 사항을 포함시켜야 한다.
  1. 화재원인에 관한 사항
  2. 화재로 인한 인명·재산피해에 관한 사항
  3. 화재발생 건축물과 구조물에 관한 사항
  4. 그 밖에 화재예방을 위해 공표할 필요가 있다고 소방관서장이 인정하는 사항

21

정답 ③ **기본서 1권** 328~329p

해설

③ 소방관서장은 화재와 관련된 이해관계인 또는 화재발생 내용 입증이 필요한 사람이 화재를 증명하는 서류 발급을 신청하는 때에는 화재증명원을 발급하여야 한다.

※ 화재조사법 제14조(화재조사 결과의 공표)
① 소방관서장은 국민이 유사한 화재로부터 피해를 입지 않도록 하기 위한 경우 등 필요한 경우 화재조사 결과를 공표할 수 있다. 다만, 수사가 진행 중이거나 수사의 필요성이 인정되는 경우에는 관계 수사기관의 장과 공표 여부에 관하여 사전에 협의하여야 한다.
② 제1항에 따른 공표의 범위·방법 및 절차 등에 관하여 필요한 사항은 행정안전부령으로 정한다.

※ 화재조사법 시행규칙 제8조(화재조사 결과의 공표)
① 소방관서장은 법 제14조제1항에 따라 다음 각 호의 경우에는 화재조사 결과를 공표할 수 있다.
  1. 국민이 유사한 화재로부터 피해를 입지 않도록 하기 위해 필요한 경우
  2. 사회적 관심이 집중되어 국민의 알 권리 충족 등 공공의 이익을 위해 필요한 경우

※ 화재조사법 제16조(화재증명원의 발급)
① 소방관서장은 화재와 관련된 이해관계인 또는 화재발생 내용 입증이 필요한 사람이 화재를 증명하는 서류(이하 이 조에서 "화재증명원"이라 한다) 발급을 신청하는 때에는 화재증명원을 발급하여야 한다.
② 화재증명원의 발급신청 절차·방법·서식 및 기재사항, 온라인 발급 등에 필요한 사항은 행정안전부령으로 정한다.

22

정답 ② 기본서 1권 332p

해설

② 소방청장은 감정기관으로 지정받은 자가 거짓이나 그 밖의 부정한 방법으로 감정 비용을 청구한 경우에는 지정을 취소할 수 있다.(영 제13조 제3항 제2호)

23

정답 ④ 기본서 1권 333p

해설

※ 화재조사법 시행령 제12조 제1항
2. 화재조사에 필요한 다음 각 목의 구분에 따른 전문인력을 각각 보유할 것
 가. 주된 기술인력: 다음의 어느 하나에 해당하는 사람을 2명 이상 보유할 것
  1) 「국가기술자격법」에 따른 국가기술자격의 직무분야 중 화재감식평가 분야의 기사 자격 취득 후 화재조사 관련 분야에서 5년 이상 근무한 사람
  2) 화재조사관 자격 취득 후 화재조사 관련 분야에서 5년 이상 근무한 사람
  3) 이공계 분야의 박사학위 취득 후 화재조사 관련 분야에서 2년 이상 근무한 사람

24

정답 ③ 기본서 1권 333p

해설

※ 화재조사법 시행령 제12조 제1항
2. 화재조사에 필요한 다음 각 목의 구분에 따른 전문인력을 각각 보유할 것
 나. 보조 기술인력: 다음의 어느 하나에 해당하는 사람을 3명 이상 보유할 것
  1) 「국가기술자격법」에 따른 국가기술자격의 직무분야 중 화재감식평가 분야의 기사 또는 산업기사 자격을 취득한 사람
  2) 화재조사관 자격을 취득한 사람
  3) 소방청장이 인정하는 화재조사 관련 국제자격증 소지자
  4) 이공계 분야의 석사 이상 학위 취득 후 화재조사 관련 분야에서 1년 이상 근무한 사람

25 정답 ③ 기본서 1권 335p

해설

※ 화재조사법 시행규칙 제10조(화재감정기관의 지정 신청 및 지정서 발급)
③ 소방청장은 영 제13조제1항 각 호 외의 부분 후단에 따라 화재감정기관 지정신청서 또는 첨부서류에 보완이 필요하다고 판단되면 10일 이내의 기간을 정하여 보완을 요구할 수 있다.

26 정답 ① 기본서 1권 336p

해설

① 소방청장은 국가화재정보시스템을 활용하여 화재정보를 수집·관리해야 한다.

※ 화재조사법 시행령 제14조(국가화재정보시스템의 운영)
① 소방청장은 법 제19조제1항에 따른 국가화재정보시스템(이하 "국가화재정보시스템"이라 한다)을 활용하여 다음 각 호의 화재정보를 수집·관리해야 한다.
  1. 화재원인
  2. 화재피해상황
  3. 대응활동에 관한 사항
  4. 소방시설 등의 설치·관리 및 작동 여부에 관한 사항
  5. 화재발생건축물과 구조물, 화재유형별 화재위험성 등에 관한 사항
  6. 화재예방 관계 법령 등의 이행 및 위반 등에 관한 사항
  7. 법 제13조제2항에 따른 관계인의 보험가입 정보 등에 관한 사항
  8. 그 밖에 화재예방과 소방활동에 활용할 수 있는 정보
② 소방관서장은 국가화재정보시스템을 활용하여 제1항 각 호의 화재정보를 기록·유지 및 보관해야 한다.
③ 제1항 및 제2항에서 규정한 사항 외에 국가화재정보시스템의 운영 및 활용 등에 필요한 사항은 소방청장이 정한다.

27 정답 ① 기본서 1권 340p

해설

※ 화재조사법 제21조(벌칙)
다음 각 호의 어느 하나에 해당하는 사람은 300만 원 이하의 벌금에 처한다.
1. 제8조제3항을 위반하여 허가 없이 화재현장에 있는 물건 등을 이동시키거나 변경·훼손한 사람

28

정답 ④ 기본서 1권 340p

해설

※ 화재조사법 제23조(과태료)
① 다음 각 호의 어느 하나에 해당하는 사람에게는 <u>200만 원 이하의 과태료</u>를 부과한다.
  1. 제8조제2항을 위반하여 허가 없이 통제구역에 출입한 사람
  2. 제9조제1항에 따른 명령을 위반하여 보고 또는 자료 제출을 하지 아니하거나 거짓으로 보고 또는 자료를 제출한 사람
  3. 정당한 사유 없이 제10조제1항에 따른 출석을 거부하거나 질문에 대하여 거짓으로 진술한 사람
② 제1항에 따른 과태료는 대통령령으로 정하는 바에 따라 소방관서장 또는 경찰서장이 부과·징수한다.

29

정답 ③ 기본서 1권 340p

해설

※ 화재조사법 제23조(과태료)
① 다음 각 호의 어느 하나에 해당하는 사람에게는 200만 원 이하의 과태료를 부과한다.
  1. 제8조제2항을 위반하여 허가 없이 통제구역에 출입한 사람
  2. 제9조제1항에 따른 명령을 위반하여 보고 또는 자료 제출을 하지 아니하거나 거짓으로 보고 또는 자료를 제출한 사람
  3. 정당한 사유 없이 제10조제1항에 따른 출석을 거부하거나 질문에 대하여 거짓으로 진술한 사람
② 제1항에 따른 과태료는 대통령령으로 정하는 바에 따라 <u>소방관서장 또는 경찰서장</u>이 부과·징수한다.

30

정답 ③ 기본서 1권 341p

해설

※ 화재조사법 시행령 별표 – 과태료의 부과기준

위반행위	근거 법조문	과태료 금액 (단위: 만 원)		
		1회	2회	3회
가. 법 제8조제2항을 위반하여 허가 없이 통제구역에 출입한 경우	법 제23조제1항제1호	<u>100</u>	<u>150</u>	<u>200</u>

PART 04 화재의 예방 및 안전관리에 관한 법률

제1장	총칙
제2장	화재의 예방 및 안전관리 기본계획의 수립·시행
제3장	화재안전조사

01 정답 ② 기본서 2권 14p

해설
ㄹ 공공의 안전
ㅁ 복리증진

※ 화재예방법 제1조(목적)
이 법은 화재의 예방과 안전관리에 필요한 사항을 규정함으로써 화재로부터 국민의 생명·신체 및 재산을 보호하고 <u>공공의 안전</u>과 <u>복리 증진</u>에 이바지함을 목적으로 한다.

02 정답 ① 기본서 2권 18~19p

해설
① 소방청장은 화재예방정책을 체계적·효율적으로 추진하고 이에 필요한 기반 확충을 위하여 화재의 예방 및 안전관리에 관한 기본계획을 <u>5년마다</u> 수립·시행하여야 한다.

※ 화재예방법 제4조(화재의 예방 및 안전관리 기본계획 등의 수립·시행)
① 소방청장은 화재예방정책을 체계적·효율적으로 추진하고 이에 필요한 기반 확충을 위하여 화재의 예방 및 안전관리에 관한 기본계획(이하 "기본계획"이라 한다)을 5년마다 수립·시행하여야 한다.
② 기본계획은 대통령령으로 정하는 바에 따라 소방청장이 관계 중앙행정기관의 장과 협의하여 수립한다.
③ 기본계획에는 다음 각 호의 사항이 포함되어야 한다.
  1. 화재예방정책의 기본목표 및 추진방향
  2. 화재의 예방과 안전관리를 위한 법령·제도의 마련 등 기반 조성
  3. 화재의 예방과 안전관리를 위한 대국민 교육·홍보
  4. 화재의 예방과 안전관리 관련 기술의 개발·보급
  5. 화재의 예방과 안전관리 관련 전문인력의 육성·지원 및 관리
  6. 화재의 예방과 안전관리 관련 산업의 국제경쟁력 향상
  7. 그 밖에 대통령령으로 정하는 화재의 예방과 안전관리에 필요한 사항
④ 소방청장은 기본계획을 시행하기 위하여 매년 시행계획을 수립·시행하여야 한다.

⑤ 소방청장은 제1항 및 제4항에 따라 수립된 기본계획과 시행계획을 관계 중앙행정기관의 장과 시·도지사에게 통보하여야 한다.
⑥ 제5항에 따라 기본계획과 시행계획을 통보받은 관계 중앙행정기관의 장과 시·도지사는 소관 사무의 특성을 반영한 세부시행계획을 수립·시행하고 그 결과를 소방청장에게 통보하여야 한다.
⑦ 소방청장은 기본계획 및 시행계획을 수립하기 위하여 필요한 경우에는 관계 중앙행정기관의 장 또는 시·도지사에게 관련 자료의 제출을 요청할 수 있다. 이 경우 자료 제출을 요청받은 관계 중앙행정기관의 장 또는 시·도지사는 특별한 사유가 없으면 이에 따라야 한다.
⑧ 제1항부터 제7항까지에서 규정한 사항 외에 기본계획, 시행계획 및 세부시행계획의 수립·시행에 필요한 사항은 대통령령으로 정한다.

03 정답 ③ 기본서 2권 18~19p

해설

③ 소방청장은 관계 중앙행정기관의 장과 특별시장·광역시장·특별자치시장·도지사·특별자치도지사에게 기본계획 및 시행계획을 계획 시행 전년도 <u>10월 31일</u>까지 통보하여야 한다.

※ 화재예방법 시행령 제2조(화재의 예방 및 안전관리 기본계획의 협의 및 수립)
소방청장은 「화재의 예방 및 안전관리에 관한 법률」(이하 "법"이라 한다) 제4조에 따른 화재의 예방 및 안전관리에 관한 기본계획(이하 "기본계획"이라 한다)을 계획 시행 전년도 8월 31일까지 관계 중앙행정기관의 장과 협의한 후 계획 시행 전년도 9월 30일까지 수립하여야 한다.

※ 화재예방법 시행령 제4조(시행계획의 수립·시행)
① 소방청장은 법 제4조제4항에 따라 기본계획을 시행하기 위한 계획(이하 "시행계획"이라 한다)을 계획 시행 전년도 10월 31일까지 수립해야 한다.

※ 화재예방법 시행령 제5조(세부시행계획의 수립·시행)
① 소방청장은 법 제4조제5항에 따라 관계 중앙행정기관의 장과 특별시장·광역시장·특별자치시장·도지사 또는 특별자치도지사(이하 "시·도지사"라 한다)에게 기본계획 및 시행계획을 각각 계획 시행 전년도 <u>10월 31일</u>까지 통보해야 한다.
② 제1항에 따라 통보를 받은 관계 중앙행정기관의 장 및 시·도지사는 법 제4조제6항에 따른 세부시행계획(이하 "세부시행계획"이라 한다)을 수립하여 계획 시행 전년도 12월 31일까지 소방청장에게 통보해야 한다.

04 정답 ④ 기본서 2권 20p

해설

④ 소방시설의 구조 및 원리 등에서 공법이 특수한 설계 및 시공에 관한 사항
→ 소방시설법 제18조(소방기술심의위원회)에 따른 <u>중앙소방기술심의위원회의 심의사항에</u> 해당한다.

※ 화재예방법 제4조(화재의 예방 및 안전관리 기본계획 등의 수립·시행)
③ 기본계획에는 다음 각 호의 사항이 포함되어야 한다.
  1. 화재예방정책의 기본목표 및 추진방향
  2. 화재의 예방과 안전관리를 위한 법령·제도의 마련 등 기반 조성
  3. 화재의 예방과 안전관리를 위한 대국민 교육·홍보
  4. 화재의 예방과 안전관리 관련 기술의 개발·보급
  5. 화재의 예방과 안전관리 관련 전문인력의 육성·지원 및 관리
  6. 화재의 예방과 안전관리 관련 산업의 국제경쟁력 향상
  7. 그 밖에 대통령령으로 정하는 화재의 예방과 안전관리에 필요한 사항

※ 화재예방법 시행령 제3조(기본계획의 내용)
법 제4조제3항제7호에서 "대통령령으로 정하는 화재의 예방과 안전관리에 필요한 사항"이란 다음 각 호의 사항을 말한다.
  1. 화재발생현황
  2. 소방대상물의 환경 및 화재위험특성 변화 추세 등 화재예방정책의 여건 변화에 관한 사항
  3. 소방시설의 설치·관리 및 화재안전기준의 개선에 관한 사항
  4. 계절별·시기별·소방대상물별 화재예방대책의 추진 및 평가 등에 관한 사항
  5. 그 밖에 화재의 예방과 안전관리 관련하여 소방청장이 필요하다고 인정하는 사항

05 정답 ③ 기본서 2권 18~19p

해설

③ 소방청장은 기본계획을 시행하기 위하여 매년 시행계획을 수립·시행하여야 한다.

※ 화재예방법 제4조(화재의 예방 및 안전관리 기본계획 등의 수립·시행)
① 소방청장은 화재예방정책을 체계적·효율적으로 추진하고 이에 필요한 기반 확충을 위하여 화재의 예방 및 안전관리에 관한 기본계획(이하 "기본계획"이라 한다)을 5년마다 수립·시행하여야 한다.
② 기본계획은 대통령령으로 정하는 바에 따라 소방청장이 관계 중앙행정기관의 장과 협의하여 수립한다.
③ 기본계획에는 다음 각 호의 사항이 포함되어야 한다.
  1. 화재예방정책의 기본목표 및 추진방향
  2. 화재의 예방과 안전관리를 위한 법령·제도의 마련 등 기반 조성
  3. 화재의 예방과 안전관리를 위한 대국민 교육·홍보
  4. 화재의 예방과 안전관리 관련 기술의 개발·보급
  5. 화재의 예방과 안전관리 관련 전문인력의 육성·지원 및 관리
  6. 화재의 예방과 안전관리 관련 산업의 국제경쟁력 향상
  7. 그 밖에 대통령령으로 정하는 화재의 예방과 안전관리에 필요한 사항
④ 소방청장은 기본계획을 시행하기 위하여 매년 시행계획을 수립·시행하여야 한다.

⑤ 소방청장은 제1항 및 제4항에 따라 수립된 기본계획과 시행계획을 관계 중앙행정기관의 장과 시·도지사에게 통보하여야 한다.
⑥ 제5항에 따라 기본계획과 시행계획을 통보받은 관계 중앙행정기관의 장과 시·도지사는 소관 사무의 특성을 반영한 세부시행계획을 수립·시행하고 그 결과를 소방청장에게 통보하여야 한다.
⑦ 소방청장은 기본계획 및 시행계획을 수립하기 위하여 필요한 경우에는 관계 중앙행정기관의 장 또는 시·도지사에게 관련 자료의 제출을 요청할 수 있다. 이 경우 자료 제출을 요청받은 관계 중앙행정기관의 장 또는 시·도지사는 특별한 사유가 없으면 이에 따라야 한다.
⑧ 제1항부터 제7항까지에서 규정한 사항 외에 기본계획, 시행계획 및 세부시행계획의 수립·시행에 필요한 사항은 대통령령으로 정한다.

※ 화재예방법 시행령 제2조(화재의 예방 및 안전관리 기본계획의 협의 및 수립)
소방청장은 「화재의 예방 및 안전관리에 관한 법률」(이하 "법"이라 한다) 제4조제1항에 따른 화재의 예방 및 안전관리에 관한 기본계획(이하 "기본계획"이라 한다)을 계획 시행 전년도 8월 31일까지 관계 중앙행정기관의 장과 협의한 후 계획 시행 전년도 9월 30일까지 수립해야 한다.

06

정답 ④ 기본서 2권 22p

해설

※ 화재예방법 제5조(실태조사)
① 소방청장은 기본계획 및 시행계획의 수립·시행에 필요한 기초자료를 확보하기 위하여 다음 각 호의 사항에 대하여 실태조사를 할 수 있다. 이 경우 관계 중앙행정기관의 장의 요청이 있는 때에는 합동으로 실태조사를 할 수 있다.
 1. 소방대상물의 용도별·규모별 현황
 2. 소방대상물의 화재의 예방 및 안전관리 현황
 3. 소방대상물의 소방시설등 설치·관리 현황
 4. 그 밖에 기본계획 및 시행계획의 수립·시행을 위하여 필요한 사항

07

정답 ① 기본서 2권 22p

해설

① 소방청장은 실태조사를 실시하려는 경우 실태조사 시작 7일 전까지 조사 일시, 조사 사유 및 조사 내용 등 조사계획을 조사대상자에게 서면 또는 전자우편 등의 방법으로 미리 알려야 한다.

※ 화재예방법 시행규칙 제2조(실태조사의 방법 및 절차 등)
① 「화재의 예방 및 안전관리에 관한 법률」(이하 "법"이라 한다) 제5조제1항에 따른 실태조사는 통계조사, 문헌조사 또는 현장조사 방법으로 하며, 정보통신망 또는 전자적인 방식을 사용할 수 있다.
② 소방청장은 제1항에 따른 실태조사를 실시하려는 경우 실태조사 시작 7일 전까지 조사 일시, 조사 사유 및 조사 내용 등 조사계획을 조사대상자에게 서면 또는 전자우편 등의 방법으로 미리 알려야 한다.
③ 관계 공무원 및 제4항에 따라 실태조사를 의뢰받은 관계 전문가 등이 실태조사를 위하여 소방대상물에 출입할 때에는 그 권한 또는 자격을 표시하는 증표를 지니고 이를 관계인에게 내보여야 한다.

④ 소방청장은 실태조사를 전문연구기관·단체나 관계 전문가에게 의뢰하여 실시할 수 있다.
⑤ 소방청장은 실태조사의 결과를 인터넷 홈페이지 등에 공표할 수 있다.
⑥ 제1항부터 제5항까지의 규정에서 정한 사항 외에 실태조사 방법 및 절차에 필요한 사항은 소방청장이 정한다.

08 정답 ① 기본서 2권 23p

해설

※ 화재예방법 시행규칙 제3조(통계의 작성·관리)
소방청장은 법 제6조제3항에 따라 다음 각 호의 기관으로 하여금 통계자료의 작성·관리에 관한 업무를 수행하게 할 수 있다.
 1. 「소방기본법」 제40조제1항에 따라 설립된 한국소방안전원
 2. 「정부출연연구기관 등의 설립·운영 및 육성에 관한 법률」 제8조에 따라 설립된 정부출연연구기관
 3. 「통계법」 제15조에 따라 지정된 통계작성지정기관

09 정답 ④ 기본서 2권 26~27p

해설

④ 화재안전조사를 정당한 사유 없이 거부·방해 또는 기피한 경우 300만 원 이하의 벌금에 처한다.

※ 화재예방법 제7조(화재안전조사)
① 소방관서장은 다음 각 호의 어느 하나에 해당하는 경우 화재안전조사를 실시할 수 있다. 다만, 개인의 주거(실제 주거용도로 사용되는 경우에 한정한다)에 대한 화재안전조사는 관계인의 승낙이 있거나 화재발생의 우려가 뚜렷하여 긴급한 필요가 있는 때에 한정한다.
 1. 「소방시설 설치 및 관리에 관한 법률」 제22조에 따른 자체점검이 불성실하거나 불완전하다고 인정되는 경우
 2. 화재예방강화지구 등 법령에서 화재안전조사를 하도록 규정되어 있는 경우
 3. 화재예방안전진단이 불성실하거나 불완전하다고 인정되는 경우
 4. 국가적 행사 등 주요 행사가 개최되는 장소 및 그 주변의 관계 지역에 대하여 소방안전관리 실태를 조사할 필요가 있는 경우
 5. 화재가 자주 발생하였거나 발생할 우려가 뚜렷한 곳에 대한 조사가 필요한 경우
 6. 재난예측정보, 기상예보 등을 분석한 결과 소방대상물에 화재의 발생 위험이 크다고 판단되는 경우
 7. 제1호부터 제6호까지에서 규정한 경우 외에 화재, 그 밖의 긴급한 상황이 발생할 경우 인명 또는 재산 피해의 우려가 현저하다고 판단되는 경우
② 화재안전조사의 항목은 대통령령으로 정한다. 이 경우 화재안전조사의 항목에는 화재의 예방조치 상황, 소방시설등의 관리 상황 및 소방대상물의 화재 등의 발생 위험과 관련된 사항이 포함되어야 한다.
③ 소방관서장은 화재안전조사를 실시하는 경우 다른 목적을 위하여 조사권을 남용하여서는 아니 된다.

※ 화재예방법 제50조(벌칙)
③ 다음 각 호의 어느 하나에 해당하는 자는 300만 원 이하의 벌금에 처한다.
 1. 제7조제1항에 따른 화재안전조사를 정당한 사유 없이 거부·방해 또는 기피한 자

10

정답 ③ 기본서 2권 26p

해설

- 소방관서장(소방청장, 소방본부장, 소방서장)

※ 화재예방법 제7조(화재안전조사)

① 소방관서장은 다음 각 호의 어느 하나에 해당하는 경우 화재안전조사를 실시할 수 있다. 다만, 개인의 주거(실제 주거용도로 사용되는 경우에 한정한다)에 대한 화재안전조사는 관계인의 승낙이 있거나 화재발생의 우려가 뚜렷하여 긴급한 필요가 있는 때에 한정한다.

1. 「소방시설 설치 및 관리에 관한 법률」 제22조에 따른 자체점검이 불성실하거나 불완전하다고 인정되는 경우
2. 화재예방강화지구 등 법령에서 화재안전조사를 하도록 규정되어 있는 경우
3. 화재예방안전진단이 불성실하거나 불완전하다고 인정되는 경우
4. 국가적 행사 등 주요 행사가 개최되는 장소 및 그 주변의 관계 지역에 대하여 소방안전관리 실태를 조사할 필요가 있는 경우
5. 화재가 자주 발생하였거나 발생할 우려가 뚜렷한 곳에 대한 조사가 필요한 경우
6. 재난예측정보, 기상예보 등을 분석한 결과 소방대상물에 화재의 발생 위험이 크다고 판단되는 경우
7. 제1호부터 제6호까지에서 규정한 경우 외에 화재, 그 밖의 긴급한 상황이 발생할 경우 인명 또는 재산 피해의 우려가 현저하다고 판단되는 경우

② 화재안전조사의 항목은 대통령령으로 정한다. 이 경우 화재안전조사의 항목에는 화재의 예방조치 상황, 소방시설등의 관리 상황 및 소방대상물의 화재 등의 발생 위험과 관련된 사항이 포함되어야 한다.

③ 소방관서장은 화재안전조사를 실시하는 경우 다른 목적을 위하여 조사권을 남용하여서는 아니 된다.

11

정답 ④ 기본서 2권 26p

해설

※ 화재예방법 제7조(화재안전조사)

① 소방관서장은 다음 각 호의 어느 하나에 해당하는 경우 화재안전조사를 실시할 수 있다. 다만, 개인의 주거(실제 주거용도로 사용되는 경우에 한정한다)에 대한 화재안전조사는 관계인의 승낙이 있거나 화재발생의 우려가 뚜렷하여 긴급한 필요가 있는 때에 한정한다.

1. 「소방시설 설치 및 관리에 관한 법률」 제22조에 따른 자체점검이 불성실하거나 불완전하다고 인정되는 경우
2. 화재예방강화지구 등 법령에서 화재안전조사를 하도록 규정되어 있는 경우
3. 화재예방안전진단이 불성실하거나 불완전하다고 인정되는 경우
4. 국가적 행사 등 주요 행사가 개최되는 장소 및 그 주변의 관계 지역에 대하여 소방안전관리 실태를 조사할 필요가 있는 경우
5. 화재가 자주 발생하였거나 발생할 우려가 뚜렷한 곳에 대한 조사가 필요한 경우
6. 재난예측정보, 기상예보 등을 분석한 결과 소방대상물에 화재의 발생 위험이 크다고 판단되는 경우
7. 제1호부터 제6호까지에서 규정한 경우 외에 화재, 그 밖의 긴급한 상황이 발생할 경우 인명 또는 재산 피해의 우려가 현저하다고 판단되는 경우

12

정답 ③　**기본서 2권**　28~29p

해설

③ 화재안전조사는 관계인의 승낙 없이 소방대상물의 공개시간 또는 근무시간 이외에는 할 수 없다. 다만, <u>화재가 발생할 우려가 뚜렷하여 긴급하게 조사할 필요가 있는 경우에는 그러하지 아니하다.</u>

※ 화재예방법 제8조(화재안전조사의 방법·절차 등)
① 소방관서장은 화재안전조사를 조사의 목적에 따라 제7조제2항에 따른 화재안전조사의 항목 전체에 대하여 종합적으로 실시하거나 특정 항목에 한정하여 실시할 수 있다.
② 소방관서장은 화재안전조사를 실시하려는 경우 사전에 관계인에게 조사대상, 조사기간 및 조사사유 등을 우편, 전화, 전자메일 또는 문자전송 등을 통하여 통지하고 이를 대통령령으로 정하는 바에 따라 인터넷 홈페이지나 제16조제3항의 전산시스템 등을 통하여 공개하여야 한다. 다만, 다음 각 호의 어느 하나에 해당하는 경우에는 그러하지 아니하다.
  1. 화재가 발생할 우려가 뚜렷하여 긴급하게 조사할 필요가 있는 경우
  2. 제1호 외에 화재안전조사의 실시를 사전에 통지하거나 공개하면 조사목적을 달성할 수 없다고 인정되는 경우
③ <u>화재안전조사는 관계인의 승낙 없이 소방대상물의 공개시간 또는 근무시간 이외에는 할 수 없다. 다만, 제2항 제1호에 해당하는 경우에는 그러하지 아니하다.</u>
④ 제2항에 따른 통지를 받은 관계인은 천재지변이나 그 밖에 대통령령으로 정하는 사유로 화재안전조사를 받기 곤란한 경우에는 화재안전조사를 통지한 소방관서장에게 대통령령으로 정하는 바에 따라 화재안전조사를 연기하여 줄 것을 신청할 수 있다. 이 경우 소방관서장은 연기신청 승인 여부를 결정하고 그 결과를 조사 시작 전까지 관계인에게 알려 주어야 한다.
⑤ 제1항부터 제4항까지에서 규정한 사항 외에 화재안전조사의 방법 및 절차 등에 필요한 사항은 대통령령으로 정한다.

13

정답 ②　**기본서 2권**　27p

해설

※ 화재예방법 시행령 제7조(화재안전조사의 항목)
소방청장, 소방본부장 또는 소방서장(이하 "소방관서장"이라 한다)은 법 제7조제1항에 따라 다음 각 호의 항목에 대하여 화재안전조사를 실시한다.
법 제7조제2항에 따른 화재안전조사 항목은 다음 각 호와 같다.
  1. 법 제17조에 따른 화재의 예방조치 등에 관한 사항
  2. 법 제24조, 제25조, 제27조 및 제29조에 따른 소방안전관리 업무 수행에 관한 사항
  3. 법 제36조에 따른 피난계획의 수립 및 시행에 관한 사항
  4. 법 제37조에 따른 소화·통보·피난 등의 훈련 및 소방안전관리에 필요한 교육(이하 "소방훈련·교육"이라 한다)에 관한 사항
  5. 「소방기본법」 제21조의2에 따른 소방자동차 전용구역의 설치에 관한 사항
  6. 「소방시설공사업법」 제12조에 따른 시공, 같은 법 제16조에 따른 감리 및 같은 법 제18조에 따른 감리원의 배치에 관한 사항
  7. 「소방시설 설치 및 관리에 관한 법률」 제12조에 따른 소방시설의 설치 및 관리에 관한 사항

8. 「소방시설 설치 및 관리에 관한 법률」 제15조에 따른 건설현장 임시소방시설의 설치 및 관리에 관한 사항
9. 「소방시설 설치 및 관리에 관한 법률」 제16조에 따른 피난시설, 방화구획(防火區劃) 및 방화시설의 관리에 관한 사항
10. 「소방시설 설치 및 관리에 관한 법률」 제20조에 따른 방염(防炎)에 관한 사항
11. 「소방시설 설치 및 관리에 관한 법률」 제22조에 따른 소방시설등의 자체점검에 관한 사항
12. 「다중이용업소의 안전관리에 관한 특별법」 제8조, 제9조, 제9조의2, 제10조, 제10조의2 및 제11조부터 제13조까지의 규정에 따른 안전관리에 관한 사항
13. 「위험물안전관리법」 제5조, 제6조, 제14조, 제15조 및 제18조에 따른 위험물 안전관리에 관한 사항
14. 「초고층 및 지하연계 복합건축물 재난관리에 관한 특별법」 제9조, 제11조, 제12조, 제14조, 제16조 및 제22조에 따른 초고층 및 지하연계 복합건축물의 안전관리에 관한 사항
15. 그 밖에 소방대상물에 화재의 발생 위험이 있는지 등을 확인하기 위해 소방관서장이 화재안전조사가 필요하다고 인정하는 사항

14

정답 ② 　기본서 2권　28p

해설

② 4개 - ㉠ 우편　㉢ 전화　㉣ 전자메일　㉤ 문자전송

※ 화재예방법 제8조(화재안전조사의 방법·절차 등)

② 소방관서장은 화재안전조사를 실시하려는 경우 사전에 관계인에게 조사대상, 조사기간 및 조사사유 등을 우편, 전화, 전자메일 또는 문자전송 등을 통하여 통지하고 이를 대통령령으로 정하는 바에 따라 인터넷 홈페이지나 제16조제3항의 전산시스템 등을 통하여 공개하여야 한다. 다만, 다음 각 호의 어느 하나에 해당하는 경우에는 그러하지 아니하다.

15

정답 ① 　기본서 2권　29p

해설

※ 화재예방법 시행규칙 제4조(화재안전조사의 연기신청 등)

① 「화재의 예방 및 안전관리에 관한 법률 시행령」(이하 "영"이라 한다) 제9조제2항에 따라 화재안전조사의 연기를 신청하려는 관계인은 화재안전조사 시작 3일 전까지 별지 제1호서식의 화재안전조사 연기신청서(전자문서로 된 신청서를 포함한다)에 화재안전조사를 받기가 곤란함을 증명할 수 있는 서류(전자문서로 된 서류를 포함한다)를 첨부하여 소방청장, 소방본부장 또는 소방서장(이하 "소방관서장"이라 한다)에게 제출하여야 한다.

16

정답 ② 　기본서 2권　29~30p

해설

※ 화재예방법 시행령 8조

② 소방관서장은 법 제8조제2항 본문에 따라 화재안전조사를 실시하고자 하는 경우 조사대상, 조사기간 및 조사사유 등 조사계획을 인터넷 홈페이지나 법 제16조제3항에 따른 전산시스템 등을 통해 사전에 공개하여야 한다. 이 경우 공개기간은 7일 이상으로 한다.

17 정답 ② 기본서 2권 29~32p

해설

② 소방관서장은 화재안전조사를 효율적으로 수행하기 위하여 대통령령으로 정하는 바에 따라 <u>소방청</u>에는 중앙화재안전조사단을, <u>소방본부</u> 및 <u>소방서</u>에는 지방화재안전조사단을 편성하여 운영할 수 있다.

※ 화재예방법 제9조(화재안전조사단 편성·운영)
① 소방관서장은 화재안전조사를 효율적으로 수행하기 위하여 대통령령으로 정하는 바에 따라 소방청에는 중앙화재안전조사단을, 소방본부 및 소방서에는 지방화재안전조사단을 편성하여 운영할 수 있다.
② 소방관서장은 제1항에 따른 중앙화재안전조사단 및 지방화재안전조사단의 업무 수행을 위하여 필요한 경우에는 관계 기관의 장에게 그 소속 공무원 또는 직원의 파견을 요청할 수 있다. 이 경우 공무원 또는 직원의 파견 요청을 받은 관계 기관의 장은 특별한 사유가 없으면 이에 협조하여야 한다.

※ 화재예방법 시행령 제10조(화재안전조사단 편성·운영)
① 법 제9조제1항에 따른 중앙화재안전조사단 및 지방화재안전조사단(이하 "조사단"이라 한다)은 각각 단장을 포함하여 50명 이내의 단원으로 성별을 고려하여 구성한다.
② 조사단의 단원은 다음 각 호의 어느 하나에 해당하는 사람 중에서 소방관서장이 임명하거나 위촉하고, 단장은 단원 중에서 소방관서장이 임명하거나 위촉한다.
  1. 소방공무원
  2. 소방업무와 관련된 단체 또는 연구기관 등의 임직원
  3. 소방 관련 분야에서 전문적인 지식이나 경험이 풍부한 사람

※ 화재예방법 시행령 제8조(화재안전조사의 방법·절차 등)
⑤ 소방관서장은 화재안전조사를 효율적으로 실시하기 위하여 필요한 경우 다음 각 호의 기관의 장과 합동으로 조사반을 편성하여 화재안전조사를 할 수 있다.
  1. 관계 중앙행정기관 또는 지방자치단체
  2. 「소방기본법」 제40조에 따른 한국소방안전원(이하 "안전원"이라 한다)
  3. 「소방산업의 진흥에 관한 법률」 제14조에 따른 한국소방산업기술원(이하 "기술원"이라 한다)
  4. 「화재로 인한 재해보상과 보험가입에 관한 법률」 제11조에 따른 한국화재보험협회(이하 "화재보험협회"라 한다)
  5. 「고압가스 안전관리법」 제28조에 따른 한국가스안전공사(이하 "가스안전공사"라 한다)
  6. 「전기안전관리법」 제30조에 따른 한국전기안전공사(이하 "전기안전공사"라 한다)
  7. 그 밖에 소방청장이 정하여 고시하는 소방 관련 법인 또는 단체

18 정답 ③ 기본서 2권 32p

해설

※ 화재예방법 시행령 제10조(화재안전조사단 편성·운영)
① 법 제9조제1항에 따른 중앙화재안전조사단 및 지방화재안전조사단(이하 "조사단"이라 한다)은 단장을 포함하여 50명 이내의 단원으로 성별을 고려하여 구성한다.

19
정답 ④ 　기본서 2권　29p, 31p

해설
- ㉠ 지방자치단체
- ㉢ 한국소방산업기술원
- ㉣ 한국화재보험협회
- ㉤ 한국전기안전공사

※ 화재예방법 시행령 제8조(화재안전조사의 방법·절차 등)
⑤ 소방관서장은 화재안전조사를 효율적으로 실시하기 위하여 필요한 경우 다음 각 호의 기관의 장과 합동으로 조사반을 편성하여 화재안전조사를 할 수 있다.
1. 관계 중앙행정기관 또는 지방자치단체
2. 「소방기본법」 제40조에 따른 한국소방안전원(이하 "안전원"이라 한다)
3. 「소방산업의 진흥에 관한 법률」 제14조에 따른 한국소방산업기술원(이하 "기술원"이라 한다)
4. 「화재로 인한 재해보상과 보험가입에 관한 법률」 제11조에 따른 한국화재보험협회(이하 "화재보험협회"라 한다)
5. 「고압가스 안전관리법」 제28조에 따른 한국가스안전공사(이하 "가스안전공사"라 한다)
6. 「전기안전관리법」 제30조에 따른 한국전기안전공사(이하 "전기안전공사"라 한다)
7. 그 밖에 소방청장이 정하여 고시하는 소방 관련 법인 또는 단체

20
정답 ② 　기본서 2권　32~33p

해설
② 화재안전조사위원회는 위원장 1명을 포함한 7명 이내의 위원으로 성별을 고려하여 구성하고, 위원장은 소방관서장이 된다.(영 제11조 제1항)

21
정답 ② 　기본서 2권　32~33p

해설
① 소방 관련 분야의 석사학위 이상을 취득한 사람
③ 소방기술사 or 소방시설관리사
④ 소방 관련 법인 또는 단체에서 소방 관련 업무에 5년 이상 종사한 사람

※ 화재예방법 시행령 제11조(화재안전조사위원회의 구성·운영 등)
③ 위원회의 위원은 다음 각 호의 어느 하나에 해당하는 사람 중에서 소방관서장이 임명하거나 위촉한다.
1. 과장급 직위 이상의 소방공무원
2. 소방기술사
3. 소방시설관리사
4. 소방 관련 분야의 석사 이상 학위를 취득한 사람
5. 소방 관련 법인 또는 단체에서 소방 관련 업무에 5년 이상 종사한 사람
6. 「소방공무원 교육훈련규정」 제3조제2항에 따른 소방공무원 교육훈련기관, 「고등교육법」 제2조의 학교 또는 연구소에서 소방과 관련한 교육 또는 연구에 5년 이상 종사한 사람

22 정답 ④ 기본서 2권 35p

해설

④ 소방관서장은 화재안전조사를 마친 때에는 그 조사 결과를 관계인에게 서면으로 통지하여야 한다. 다만, 화재안전조사의 현장에서 관계인에게 조사의 결과를 설명하고 화재안전조사 결과서의 부본을 교부한 경우에는 그러하지 아니하다.

※ 화재예방법 제11조(화재안전조사 전문가 참여)
① 소방관서장은 필요한 경우에는 소방기술사, 소방시설관리사, 그 밖에 화재안전 분야에 전문지식을 갖춘 사람을 화재안전조사에 참여하게 할 수 있다.
② 제1항에 따라 조사에 참여하는 외부 전문가에게는 예산의 범위에서 수당, 여비, 그 밖에 필요한 경비를 지급할 수 있다.

※ 화재예방법 제12조(증표의 제시 및 비밀유지 의무 등)
① 화재안전조사 업무를 수행하는 관계 공무원 및 관계 전문가는 그 권한 또는 자격을 표시하는 증표를 지니고 이를 관계인에게 내보여야 한다.
② 화재안전조사 업무를 수행하는 관계 공무원 및 관계 전문가는 관계인의 정당한 업무를 방해하여서는 아니 되며, 조사업무를 수행하면서 취득한 자료나 알게 된 비밀을 다른 사람 또는 기관에 제공 또는 누설하거나 목적 외의 용도로 사용하여서는 아니 된다.

※ 화재예방법 제13조(화재안전조사 결과 통보)
소방관서장은 화재안전조사를 마친 때에는 그 조사 결과를 관계인에게 서면으로 통지하여야 한다. 다만, 화재안전조사의 현장에서 관계인에게 조사의 결과를 설명하고 화재안전조사 결과서의 부본을 교부한 경우에는 그러하지 아니하다.

23 정답 ④ 기본서 2권 36p

해설

④ 조치명령을 정당한 사유 없이 위반한 자는 3년 이하의 징역 또는 3천만 원 이하의 벌금에 처한다.(법 제50조 제1항 제1호)

※ 화재예방법 제14조(화재안전조사 결과에 따른 조치명령)
① 소방관서장은 화재안전조사 결과에 따른 소방대상물의 위치·구조·설비 또는 관리의 상황이 화재예방을 위하여 보완될 필요가 있거나 화재가 발생하면 인명 또는 재산의 피해가 클 것으로 예상되는 때에는 행정안전부령으로 정하는 바에 따라 관계인에게 그 소방대상물의 개수(改修)·이전·제거, 사용의 금지 또는 제한, 사용폐쇄, 공사의 정지 또는 중지, 그 밖에 필요한 조치를 명할 수 있다.
② 소방관서장은 화재안전조사 결과 소방대상물이 법령을 위반하여 건축 또는 설비되었거나 소방시설등, 피난시설·방화구획, 방화시설 등이 법령에 적합하게 설치 또는 관리되고 있지 아니한 경우에는 관계인에게 제1항에 따른 조치를 명하거나 관계 행정기관의 장에게 필요한 조치를 하여 줄 것을 요청할 수 있다.

※ 화재예방법 제50조(벌칙)
① 다음 각 호의 어느 하나에 해당하는 자는 3년 이하의 징역 또는 3천만 원 이하의 벌금에 처한다.
  1. 제14조제1항 및 제2항에 따른 조치명령을 정당한 사유 없이 위반한 자

24 정답 ④ 기본서 2권 36p

해설

※ 화재예방법 제14조(화재안전조사 결과에 따른 조치명령)
① 소방관서장은 화재안전조사 결과에 따른 소방대상물의 위치·구조·설비 또는 관리의 상황이 화재예방을 위하여 보완될 필요가 있거나 화재가 발생하면 인명 또는 재산의 피해가 클 것으로 예상되는 때에는 행정안전부령으로 정하는 바에 따라 관계인에게 그 소방대상물의 개수(改修)·이전·제거, 사용의 금지 또는 제한, 사용폐쇄, 공사의 정지 또는 중지, 그 밖에 필요한 조치를 명할 수 있다.

25 정답 ② 기본서 2권 37p

해설

② 소방청장 또는 시·도지사가 손실을 보상하는 경우에는 시가(時價)로 보상하여야 한다.(영 제13조 제1항)

※ 화재예방법 제15조(손실보상)
소방청장 또는 시·도지사는 제14조제1항에 따른 명령으로 인하여 손실을 입은 자가 있는 경우에는 대통령령으로 정하는 바에 따라 보상하여야 한다.

※ 화재예방법 시행령 제14조(손실보상)
① 법 제15조에 따라 소방청장 또는 시·도지사가 손실을 보상하는 경우에는 시가(時價)로 보상해야 한다.
② 제1항에 따른 손실보상에 관하여는 소방청장 또는 시·도지사와 손실을 입은 자가 협의해야 한다.
③ 소방청장 또는 시·도지사는 제2항에 따른 보상금액에 관한 협의가 성립되지 않은 경우에는 그 보상금액을 지급하거나 공탁하고 이를 상대방에게 알려야 한다.
④ 제3항에 따른 보상금의 지급 또는 공탁의 통지에 불복하는 자는 지급 또는 공탁의 통지를 받은 날부터 30일 이내에 「공익사업을 위한 토지 등의 취득 및 보상에 관한 법률」 제49조에 따른 중앙토지수용위원회 또는 관할 지방토지수용위원회에 재결(裁決)을 신청할 수 있다.

26 정답 ③ 기본서 2권 37p

해설

※ 화재예방법 시행령 제14조(손실보상)
① 법 제15조에 따라 소방청장 또는 시·도지사가 손실을 보상하는 경우에는 시가(時價)로 보상해야 한다.
② 제1항에 따른 손실보상에 관하여는 소방청장 또는 시·도지사와 손실을 입은 자가 협의해야 한다.
③ 소방청장 또는 시·도지사는 제2항에 따른 보상금액에 관한 협의가 성립되지 않은 경우에는 그 보상금액을 지급하거나 공탁하고 이를 상대방에게 알려야 한다.
④ 제3항에 따른 보상금의 지급 또는 공탁의 통지에 불복하는 자는 지급 또는 공탁의 통지를 받은 날부터 30일 이내에 「공익사업을 위한 토지 등의 취득 및 보상에 관한 법률」 제49조에 따른 중앙토지수용위원회 또는 관할 지방토지수용위원회에 재결(裁決)을 신청할 수 있다.

27 정답 ③ 기본서 2권 38p

해설

③ 소방관서장은 이의신청을 받은 날부터 10일 이내에 심사·결정하여 그 결과를 지체 없이 신청인에게 알려야 한다.(영 제15조 제5항)

제4장 화재의 예방조치 등

28 정답 ④ 기본서 2권 44p

해설

④ 화재발생 위험이 있는 인화성 또는 발화성 등의 성질을 가지는 것으로서 대통령령이 정하는 물품을 안전조치 없이 방치하는 행위

※ 화재예방법 시행령 제16조 제2항
② 법 제17조제1항제4호에서 "대통령령으로 정하는 화재 발생 위험이 있는 행위"란 「위험물안전관리법」 제2조제1항제1호에 따른 위험물을 방치하는 행위를 말한다.

※ 위험물안전관리법 제2조 제1항 제1호
"위험물"이라 함은 인화성 또는 발화성 등의 성질을 가지는 것으로서 대통령령이 정하는 물품을 말한다.

29 정답 ① 기본서 2권 45p

해설

- 소방관서장은 옮긴 물건을 보관하는 경우에는 그날부터 14일 동안 해당 소방관서의 인터넷 홈페이지에 그 사실을 공고해야 한다. (영 제17조 제1항)
- 옮긴 물건 등의 보관기간은 제1항에 따른 공고기간의 종료일 다음 날부터 7일까지로 한다.(영 제17조 제2항)

30 정답 ② 기본서 2권 49p

해설

② 연료탱크에는 화재 등 긴급상황이 발생하는 경우 연료를 차단 할 수 있는 개폐밸브를 연료탱크로부터 0.5미터 이내에 설치할 것 (영 별표1)

※ 화재예방법 시행령 별표1
나. 경유·등유 등 액체연료를 사용할 때에는 다음 사항을 지켜야 한다.
    1) 연료탱크는 보일러 본체로부터 수평거리 1미터 이상의 간격을 두어 설치할 것
    2) 연료탱크에는 화재 등 긴급상황이 발생하는 경우 연료를 차단할 수 있는 개폐밸브를 연료탱크로부터 0.5미터 이내에 설치할 것
    3) 연료탱크 또는 보일러 등에 연료를 공급하는 배관에는 여과장치를 설치할 것
    4) 사용이 허용된 연료 외의 것을 사용하지 않을 것
    5) 연료탱크가 넘어지지 않도록 받침대를 설치하고, 연료탱크 및 연료탱크 받침대는 「건축법 시행령」 제2조 제10호에 따른 불연재료(이하 "불연재료"라 한다)로 할 것

31 정답 ④ 기본서 2권 49p

해설

④ 보일러가 설치된 장소에는 가스누설경보기를 설치할 것(영 별표1)

※ 화재예방법 시행령 별표1
3. 기체연료를 사용하는 경우에는 다음 각목에 의한다.
    가. 보일러를 설치하는 장소에는 환기구를 설치하는 등 가연성가스가 머무르지 아니하도록 할 것
    나. 연료를 공급하는 배관은 금속관으로 할 것
    다. 화재 등 긴급시 연료를 차단할 수 있는 개폐밸브를 연료용기 등으로부터 0.5미터 이내에 설치할 것
    라. 보일러가 설치된 장소에는 가스누설경보기를 설치할 것

32 정답 ① 기본서 2권 50p

해설

① 고체연료는 보일러 본체와 수평거리 2미터 이상 간격을 두어 보관하거나 불연재료로 된 별도의 구획된 공간에 보관할 것(영 별표1)

※ 화재예방법 시행령 별표1
라. 화목(火木) 등 고체연료를 사용할 때에는 다음 사항을 지켜야 한다.
    1) 고체연료는 보일러 본체와 수평거리 2미터 이상 간격을 두어 보관하거나 불연재료로 된 별도의 구획된 공간에 보관할 것
    2) 연통은 천장으로부터 0.6미터 떨어지고, 연통의 배출구는 건물 밖으로 0.6미터 이상 나오도록 설치할 것
    3) 연통의 배출구는 보일러 본체보다 2미터 이상 높게 설치할 것
    4) 연통이 관통하는 벽면, 지붕 등은 불연재료로 처리할 것
    5) 연통재질은 불연재료로 사용하고 연결부에 청소구를 설치할 것

33 정답 ③ 기본서 2권 50p

해설

③ 공사장 → 해당되지 않는다.

※ 화재예방법 시행령 별표1

다. 이동식난로는 다음의 장소에서 사용해서는 안 된다. 다만, 난로가 쓰러지지 않도록 받침대를 두어 고정시키거나 쓰러지는 경우 즉시 소화되고 연료의 누출을 차단할 수 있는 장치가 부착된 경우에는 그렇지 않다.

1) 「다중이용업소의 안전관리에 관한 특별법」 제2조제1항제4호에 따른 다중이용업소
2) 「학원의 설립·운영 및 과외교습에 관한 법률」 제2조제1호에 따른 학원
3) 「학원의 설립·운영 및 과외교습에 관한 법률 시행령」 제2조제1항제4호에 따른 독서실
4) 「공중위생관리법」 제2조제1항제2호에 따른 숙박업, 같은 항 제3호에 따른 목욕장업 및 같은 항 제6호에 따른 세탁업의 영업장
5) 「의료법」 제3조제2항제1호에 따른 의원·치과의원·한의원, 같은 항 제2호에 따른 조산원 및 같은 항 제3호에 따른 병원·치과병원·한방병원·요양병원·정신병원·종합병원
6) 「식품위생법 시행령」 제21조제8호에 따른 식품접객업의 영업장
7) 「영화 및 비디오물의 진흥에 관한 법률」 제2조제10호에 따른 영화상영관
8) 「공연법」 제2조제4호에 따른 공연장
9) 「박물관 및 미술관 진흥법」 제2조제1호에 따른 박물관 및 같은 조 제2호에 따른 미술관
10) 「유통산업발전법」 제2조제7호에 따른 상점가
11) 「건축법」 제20조에 따른 가설건축물
12) 역·터미널

34 정답 ② 기본서 2권 51p

해설

- 용접 또는 용단 작업자로부터 **반경 5미터** 이내에 소화기를 갖추어 둘 것
- 용접 또는 용단 작업장 주변 **반경 10미터** 이내에는 가연물을 쌓아두거나 놓아두지 말 것. 다만, 가연물의 제거가 곤란하여 방화포 등으로 방호조치를 한 경우는 제외한다.(영 별표1)

※ 화재예방법 시행령 별표1

용접 또는 용단 작업장에서는 다음 각 호의 사항을 지켜야 한다. 다만, 「산업안전보건법」 제38조의 적용을 받는 사업장의 경우에는 적용하지 않는다.

1. 용접 또는 용단 작업장 주변 반경 5미터 이내에 소화기를 갖추어 둘 것
2. 용접 또는 용단 작업장 주변 반경 10미터 이내에는 가연물을 쌓아두거나 놓아두지 말 것. 다만, 가연물의 제거가 곤란하여 방화포 등으로 방호조치를 한 경우는 제외한다.

35

정답 ③ 기본서 2권 52p

해설
③ 시간당 열량이 30만 킬로칼로리 이상인 노를 설치하는 경우 창문과 출입구는 60+ 방화문 또는 60분 방화문으로 설치하여야 한다.(시행령 별표1)

※ 화재예방법 시행령 별표1 - 노·화덕설비
가. 실내에 설치하는 경우에는 흙바닥 또는 금속 외의 불연재료로 된 바닥에 설치해야 한다.
나. 노 또는 화덕을 설치하는 장소의 벽·천장은 불연재료로 된 것이어야 한다.
다. 노 또는 화덕의 주위에는 녹는 물질이 확산되지 않도록 높이 0.1미터 이상의 턱을 설치해야 한다.
라. 시간당 열량이 30만킬로칼로리 이상인 노를 설치하는 경우에는 다음의 사항을 지켜야 한다.
    1)「건축법」제2조제1항제7호에 따른 주요구조부(이하 "주요구조부"라 한다)는 불연재료 이상으로 할 것
    2) 창문과 출입구는 「건축법 시행령」 제64조에 따른 60분+ 방화문 또는 60분 방화문으로 설치할 것
    3) 노 주위에는 1미터 이상 공간을 확보할 것

36

정답 ④ 기본서 2권 52p

해설
④ 열을 발생하는 조리기구로부터 0.15미터 이내의 거리에 있는 가연성 주요구조부는 단열성이 있는 불연재료로 덮어 씌울 것(시행령 별표1)

※ 화재예방법 시행령 별표1
일반음식점 주방에서 조리를 위하여 불을 사용하는 설비를 설치하는 경우에는 다음 각목의 사항을 지켜야 한다.
1. 주방설비에 부속된 배출덕트(공기 배출통로)는 0.5밀리미터 이상의 아연도금강판 또는 이와 같거나 그 이상의 내식성 불연재료로 설치할 것
2. 주방시설에는 동물 또는 식물의 기름을 제거할 수 있는 필터 등을 설치할 것
3. 열을 발생하는 조리기구는 반자 또는 선반으로부터 0.6미터 이상 떨어지게 할 것
4. 열을 발생하는 조리기구로부터 0.15미터 이내의 거리에 있는 가연성 주요구조부는 단열성이 있는 불연재료로 덮어 씌울 것

37

정답 ② 기본서 2권 50~52p

해설
② 건조설비와 벽·천장 사이의 거리는 0.5미터 이상 되도록 하여야 한다.(영 별표1)

38 정답 ① 기본서 2권 49~52p

해설

① 서울역 공사현장의 용접 또는 용단 작업장 주변 반경 10m에 소화기를 갖추었다.
→ 용접 또는 용단 작업장 주변 반경 5미터 이내에 소화기를 갖추어 둘 것(영 별표1)
② 인천시청에서 경유를 사용하는 경우에 연료탱크는 보일러 본체로부터 수평거리 3미터 간격을 두어 설치했다.
→ 연료탱크는 보일러 본체로부터 수평거리 1미터 이상의 간격을 두어 설치할 것(영 별표1)
③ 경북 안동의 고추건조설비와 천장 사이의 거리는 0.6미터를 두었다.
→ 건조설비와 벽·천장 사이의 거리는 0.5미터 이상 되도록 하여야 한다.(영 별표1)
④ 전남 목포의 음식조리를 위하여 설치하는 주방설비에 부속된 배출덕트는 1밀리미터의 아연도금강판을 설치하였다.
→ 주방설비에 부속된 배출덕트는 0.5밀리미터 이상의 아연도금강판 또는 이와 동등 이상의 내식성 불연재료로 설치할 것(영 별표1)

39 정답 ④ 기본서 2권 53p

해설

④ 가연성고체류 - 3,000kg 이상

※ 화재예방법 시행령 별표2 (특수가연물)

품명		수량
면화류		200킬로그램 이상
나무껍질 및 대팻밥		400킬로그램 이상
넝마 및 종이부스러기		1,000킬로그램 이상
사류(絲類)		1,000킬로그램 이상
볏짚류		1,000킬로그램 이상
가연성고체류		3,000킬로그램 이상
석탄·목탄류		10,000킬로그램 이상
가연성액체류		2세제곱미터 이상
목재가공품 및 나무부스러기		10세제곱미터 이상
고무류·플라스틱류	발포시킨 것	20세제곱미터 이상
	그 밖의 것	3,000킬로그램 이상

40

정답 ④ 기본서 2권 53p

해설

④ 목재가공품 및 나무부스러기 - 10m³ 이상

※ 화재예방법 시행령 별표2 (특수가연물)

품명		수량
면화류		200킬로그램 이상
나무껍질 및 대팻밥		400킬로그램 이상
넝마 및 종이부스러기		1,000킬로그램 이상
사류(絲類)		1,000킬로그램 이상
볏짚류		1,000킬로그램 이상
가연성고체류		3,000킬로그램 이상
석탄·목탄류		10,000킬로그램 이상
가연성액체류		2세제곱미터 이상
목재가공품 및 나무부스러기		10세제곱미터 이상
고무류·플라스틱류	발포시킨 것	20세제곱미터 이상
	그 밖의 것	3,000킬로그램 이상

41

정답 ① 기본서 2권 53p

해설

① 사류, 넝마 및 종이부스러기, 면화류

※ 화재예방법 시행령 별표2 (특수가연물)

[비고]

1. "면화류"라 함은 불연성 또는 난연성이 아닌 면상 또는 팽이모양의 섬유와 마사(麻絲) 원료를 말한다.
2. "넝마 및 종이부스러기"는 불연성 또는 난연성이 아닌 것(동식물유가 깊이 스며들어 있는 옷감·종이 및 이들의 제품을 포함한다)에 한한다.
3. "사류"라 함은 불연성 또는 난연성이 아닌 실(실부스러기와 솜털을 포함한다)과 누에고치를 말한다.

42

정답 ① 기본서 2권 53p

해설

※ 화재예방법 시행령 별표2 (특수가연물)

[비고]

6. "가연성고체류"라 함은 고체로서 다음 각목의 것을 말한다.
   가. 인화점이 섭씨 40도 이상 100도 미만인 것
   나. 인화점이 섭씨 100도 이상 200도 미만이고, 연소열량이 1그램당 8킬로칼로리 이상인 것
   다. 인화점이 섭씨 200도 이상이고 연소열량이 1그램당 8킬로칼로리 이상인 것으로서 융점이 100도 미만인 것
   라. 1기압과 섭씨 20도 초과 40도 이하에서 액상인 것으로서 인화점이 섭씨 70도 이상 섭씨 200도 미만이거나 나목 또는 다목에 해당하는 것

43 정답 ② 기본서 2권 53p

해설

※ 시행령 별표2 (특수가연물)

"가연성액체류"라 함은 다음 각목의 것을 말한다.
㉠ 1기압과 섭씨 20도 이하에서 액상인 것으로서 가연성 액체량이 40중량퍼센트 이하이면서 인화점이 섭씨 40도 이상 섭씨 70도 미만이고 연소점이 섭씨 60도 이상인 물품
㉡ 1기압과 섭씨 20도에서 액상인 것으로서 가연성 액체량이 40중량퍼센트 이하이고 인화점이 섭씨 70도 이상 섭씨 250도 미만인 물품
㉢ 동물의 기름기와 살코기 또는 식물의 씨나 과일의 살로부터 추출한 것으로서 다음의 1에 해당하는 것
  ⓐ 1기압과 섭씨 20도에서 액상이고 인화점이 250도 미만인 것으로서 「위험물안전관리법」 제20조제1항의 규정에 의한 용기기준과 수납·저장기준에 적합하고 용기외부에 물품명·수량 및 "화기엄금" 등의 표시를 한 것
  ⓑ 1기압과 섭씨 20도에서 액상이고 인화점이 섭씨 250도 이상인 것

44 정답 ④ 기본서 2권 53p

해설

※ 화재예방법 시행령 별표2 (특수가연물)

품명		수량
면화류		200킬로그램 이상
나무껍질 및 대팻밥		400킬로그램 이상
넝마 및 종이부스러기		1,000킬로그램 이상
사류(絲類)		1,000킬로그램 이상
볏짚류		1,000킬로그램 이상
가연성고체류		3,000킬로그램 이상
석탄·목탄류		10,000킬로그램 이상
가연성액체류		2세제곱미터 이상
목재가공품 및 나무부스러기		10세제곱미터 이상
고무류·플라스틱류	발포시킨 것	20세제곱미터 이상
	그 밖의 것	3,000킬로그램 이상

45 정답 ① 기본서 2권 53p

해설

※ 화재예방법 시행령 별표2 (특수가연물)
[비고]
1. "면화류"라 함은 불연성 또는 난연성이 아닌 면상 또는 팽이모양의 섬유와 마사(麻絲) 원료를 말한다.
2. "넝마 및 종이부스러기"는 불연성 또는 난연성이 아닌 것(동식물유가 깊이 스며들어 있는 옷감·종이 및 이들의 제품을 포함한다)에 한한다.
3. "사류"라 함은 불연성 또는 난연성이 아닌 실(실부스러기와 솜털을 포함한다)과 누에고치를 말한다.
4. "볏짚류"라 함은 마른 볏짚·북데기와 이들의 제품 및 건초를 말한다. 다만, 축산용도로 사용하는 것은 제외한다.

46 정답 ② 기본서 2권 54p

해설

※ 화재예방법 시행령 별표3 (특수가연물의 저장 및 취급기준)

구분	살수설비를 설치하거나 방사능력 범위에 해당 특수가연물이 포함되도록 대형수동식소화기를 설치하는 경우	그 밖의 경우
높이	15미터 이하	<u>10미터 이하</u>
쌓는 부분의 바닥면적	200제곱미터 (석탄·목탄류의 경우에는 300제곱미터) 이하	<u>50제곱미터(석탄·목탄류의 경우에는 200제곱미터) 이하</u>

47 정답 ② 기본서 2권 54p

해설

※ 화재예방법 시행령 별표3 (특수가연물의 저장 및 취급기준)

구분	살수설비를 설치하거나 방사능력 범위에 해당 특수가연물이 포함되도록 대형수동식소화기를 설치하는 경우	그 밖의 경우
높이	<u>15미터 이하</u>	10미터 이하
쌓는 부분의 바닥면적	<u>200제곱미터 (석탄·목탄류의 경우에는 300제곱미터) 이하</u>	50제곱미터(석탄·목탄류의 경우에는 200제곱미터) 이하

48 정답 ② 기본서 2권 54~55p

해설

② 실외에 쌓아 저장하는 경우 쌓는 부분이 대지경계선, 도로 및 인접 건축물과 최소 <u>6미터</u> 이상 간격을 둘 것. 다만, 쌓는 높이보다 <u>0.9미터</u> 이상 높은 내화구조 벽체를 설치한 경우는 그렇지 않다. (영 별표3)

49 정답 ① 기본서 2권 55p

해설

※ 화재예방법 시행령 별표3

쌓는 부분의 바닥면적 사이는 실내의 경우 1.2미터 또는 쌓는 높이의 1/2 중 큰 값 이상으로 이격해야 하며, 실외의 경우 3미터 또는 쌓는 높이 중 큰 값 이상으로 이격해야 한다.

50 정답 ② 기본서 2권 55~56p

해설

② 특수가연물 표지의 바탕은 흰색으로, 문자는 검은색으로 할 것. 다만, "화기엄금" 표시 부분은 제외한다.

※ 화재예방법 시행령 별표3
2. 특수가연물 표지
    가. 특수가연물을 저장 또는 취급하는 장소에는 품명, 최대저장수량, 단위부피당 질량 또는 단위체적당 질량, 관리책임자 성명·직책, 연락처 및 화기취급의 금지표시가 포함된 특수가연물 표지를 설치해야 한다.
    나. 특수가연물 표지의 규격은 다음과 같다.
        1) 특수가연물 표지는 한 변의 길이가 0.3미터 이상, 다른 한 변의 길이가 0.6미터 이상인 직사각형으로 할 것
        2) 특수가연물 표지의 바탕은 흰색으로, 문자는 검은색으로 할 것. 다만, "화기엄금" 표시 부분은 제외한다.

51 정답 ④ 기본서 2권 57p

해설

※ 화재예방법 제18조(화재예방강화지구의 지정 등)
① 시·도지사는 다음 각 호의 어느 하나에 해당하는 지역을 화재예방강화지구로 지정하여 관리할 수 있다.
    1. 시장지역
    2. 공장·창고가 밀집한 지역
    3. 목조건물이 밀집한 지역
    4. 노후·불량건축물이 밀집한 지역
    5. 위험물의 저장 및 처리 시설이 밀집한 지역
    6. 석유화학제품을 생산하는 공장이 있는 지역
    7. 「산업입지 및 개발에 관한 법률」 제2조제8호에 따른 산업단지
    8. 소방시설·소방용수시설 또는 소방출동로가 없는 지역
    9. 「물류시설의 개발 및 운영에 관한 법률」 제2조제6호에 따른 물류단지
    10. 그 밖에 제1호부터 제9호까지에 준하는 지역으로서 소방관서장이 화재예방강화지구로 지정할 필요가 있다고 인정하는 지역

52
정답 ④ 　기본서 2권　57p

해설

※ 화재예방법 제18조(화재예방강화지구의 지정 등)
① 시·도지사는 다음 각 호의 어느 하나에 해당하는 지역을 화재예방강화지구로 지정하여 관리할 수 있다.
　1. 시장지역
　2. 공장·창고가 밀집한 지역
　3. 목조건물이 밀집한 지역
　4. 노후·불량건축물이 밀집한 지역
　5. 위험물의 저장 및 처리 시설이 밀집한 지역
　6. 석유화학제품을 생산하는 공장이 있는 지역
　7. 「산업입지 및 개발에 관한 법률」 제2조제8호에 따른 산업단지
　8. 소방시설·소방용수시설 또는 소방출동로가 없는 지역
　9. 「물류시설의 개발 및 운영에 관한 법률」 제2조제6호에 따른 물류단지
　10. 그 밖에 제1호부터 제9호까지에 준하는 지역으로서 소방관서장이 화재예방강화지구로 지정할 필요가 있다고 인정하는 지역

53
정답 ③ 　기본서 2권　57p

해설

㉠ 상가지역 (X)
㉡ 공장·창고가 있는 지역 (X) → 공장·창고가 밀집한 지역
㉢ 콘크리트건물이 밀집한 지역 (X)

54
정답 ④ 　기본서 2권　57~58p

해설

④ 소방관서장은 소방에 필요한 훈련 및 교육을 실시하려는 경우에는 화재예방강화지구 안의 관계인에게 훈련 또는 교육 10일 전까지 그 사실을 통보해야 한다.(영 제20조 제3항)

55
정답 ④ 　기본서 2권　57~58p

해설

④ 시·도지사는 대통령령으로 정하는 바에 따라 화재예방강화지구의 지정 현황, 화재안전조사의 결과, 소방설비등의 설치 명령 현황, 소방훈련 및 교육 현황 등이 포함된 화재예방강화지구에서의 화재예방에 필요한 자료를 매년 작성·관리하여야 한다.

※ 화재예방법 제18조(화재예방강화지구의 지정 등)
① 시·도지사는 다음 각 호의 어느 하나에 해당하는 지역을 화재예방강화지구로 지정하여 관리할 수 있다.
　1. 시장지역
　2. 공장·창고가 밀집한 지역

3. 목조건물이 밀집한 지역

4. 노후·불량건축물이 밀집한 지역

5. 위험물의 저장 및 처리 시설이 밀집한 지역

6. 석유화학제품을 생산하는 공장이 있는 지역

7. 「산업입지 및 개발에 관한 법률」 제2조제8호에 따른 산업단지

8. 소방시설·소방용수시설 또는 소방출동로가 없는 지역

9. 「물류시설의 개발 및 운영에 관한 법률」 제2조제6호에 따른 물류단지

10. 그 밖에 제1호부터 제9호까지에 준하는 지역으로서 소방관서장이 화재예방강화지구로 지정할 필요가 있다고 인정하는 지역

② 제1항에도 불구하고 시·도지사가 화재예방강화지구로 지정할 필요가 있는 지역을 화재예방강화지구로 지정하지 아니하는 경우 소방청장은 해당 시·도지사에게 해당 지역의 화재예방강화지구 지정을 요청할 수 있다.

③ 소방관서장은 대통령령으로 정하는 바에 따라 제1항에 따른 화재예방강화지구 안의 소방대상물의 위치·구조 및 설비 등에 대하여 화재안전조사를 하여야 한다.

④ 소방관서장은 제3항에 따른 화재안전조사를 한 결과 화재의 예방강화를 위하여 필요하다고 인정할 때에는 관계인에게 소화기구, 소방용수시설 또는 그 밖에 소방에 필요한 설비(이하 "소방설비등"이라 한다)의 설치(보수, 보강을 포함한다. 이하 같다)를 명할 수 있다.

⑤ 소방관서장은 화재예방강화지구 안의 관계인에 대하여 대통령령으로 정하는 바에 따라 소방에 필요한 훈련 및 교육을 실시할 수 있다.

⑥ 시·도지사는 대통령령으로 정하는 바에 따라 제1항에 따른 화재예방강화지구의 지정 현황, 제3항에 따른 화재안전조사의 결과, 제4항에 따른 소방설비등의 설치 명령 현황, 제5항에 따른 소방훈련 및 교육 현황 등이 포함된 화재예방강화지구에서의 화재예방에 필요한 자료를 매년 작성·관리하여야 한다.

56 정답 ③   기본서 2권 57~58p

해설

③ 소방관서장은 소방에 필요한 훈련 및 교육을 실시하려는 경우에는 화재예방강화지구 안의 관계인에게 훈련 또는 교육 <u>10일 전까지</u> 그 사실을 통보해야 한다.

※ 화재예방법 시행령 제20조(화재예방강화지구의관리)

① 소방관서장은 법 제18조제3항에 따라 화재예방강화지구 안의 소방대상물의 위치·구조 및 설비 등에 대한 화재안전조사를 연 1회 이상 실시해야 한다.

② 소방관서장은 법 제18조제5항에 따라 화재예방강화지구 안의 관계인에 대하여 소방에 필요한 훈련 및 교육을 연 1회 이상 실시할 수 있다.

③ 소방관서장은 제2항에 따른 소방에 필요한 훈련 및 교육을 실시하려는 경우에는 화재예방강화지구 안의 관계인에게 훈련 또는 교육 10일 전까지 그 사실을 통보해야 한다.

④ 시·도지사는 법 제18조제6항에 따라 다음 각 호의 사항을 행정안전부령으로 정하는 화재예방강화지구 관리대장에 작성하고 관리해야 한다.

1. 화재예방강화지구의 지정 현황

2. 화재안전조사의 결과

3. 법 제18조제4항에 따른 소화기구, 소방용수시설 또는 그 밖에 소방에 필요한 설비(이하 "소방설비등"이라 한다)의 설치(보수, 보강을 포함한다) 명령 현황

4. 법 제18조제5항에 따른 소방훈련 및 교육의 실시 현황

5. 그 밖에 화재예방 강화를 위하여 필요한 사항

57

정답 ④   기본서 2권   58~59p

해설

※ 화재예방법 시행령 제21조(화재예방강화지구의 관리)

④ 시·도지사는 법 제18조제6항에 따라 다음 각 호의 사항을 행정안전부령으로 정하는 화재예방강화지구 관리대장에 작성하고 관리해야 한다.
1. 화재예방강화지구의 지정 현황
2. 화재안전조사의 결과
3. 법 제18조제4항에 따른 소화기구, 소방용수시설 또는 그 밖에 소방에 필요한 설비(이하 "소방설비등"이라 한다)의 설치(보수, 보강을 포함한다) 명령 현황
4. 법 제18조제5항에 따른 소방훈련 및 교육의 실시 현황
5. 그 밖에 화재예방 강화를 위하여 필요한 사항

58

정답 ③   기본서 2권   59p

해설

※ 화재예방법 제19조(화재의 예방 등에 대한 지원)

① 소방청장은 제18조제4항에 따라 소방설비등의 설치를 명하는 경우 해당 관계인에게 소방설비등의 설치에 필요한 지원을 할 수 있다.
② 소방청장은 관계 중앙행정기관의 장 및 시·도지사에게 제1항에 따른 지원에 필요한 협조를 요청할 수 있다.
③ 시·도지사는 제2항에 따라 소방청장의 요청이 있거나 화재예방강화지구 안의 소방대상물의 화재안전성능 향상을 위하여 필요한 경우 특별시·광역시·특별자치시·도 또는 특별자치도(이하 "시·도"라 한다)의 조례로 정하는 바에 따라 소방설비등의 설치에 필요한 비용을 지원할 수 있다.

59

정답 ③   기본서 2권   60p

해설

※ 화재예방법 제20조(화재 위험경보)

소방관서장은 「기상법」 제13조, 제13조의2 및 제13조의4에 따른 기상현상 및 기상영향에 대한 예보·특보·태풍예보에 따라 화재의 발생 위험이 높다고 분석·판단되는 경우에는 행정안전부령으로 정하는 바에 따라 화재에 관한 위험경보를 발령하고 그에 따른 필요한 조치를 할 수 있다.

60

정답 ② **기본서 2권** 61~62p

해설

② 화재안전영향평가를 실시한 경우 그 결과를 해당 법령이나 정책의 소관 기관의 장에게 통보하여야 한다. (법 제21조 제2항)

※ 화재예방법 시행령 제21조(화재안전영향평가의 방법·절차·기준 등)

① 소방청장은 법 제21조제1항에 따른 화재안전영향평가(이하 "화재안전영향평가"라 한다)를 하는 경우 화재현장 및 자료 조사 등을 기초로 화재·피난 모의실험 등 과학적인 예측·분석 방법으로 실시할 수 있다.

② 소방청장은 화재안전영향평가를 위하여 필요한 경우 해당 법령이나 정책의 소관 기관의 장에게 관련 자료의 제출을 요청할 수 있다. 이 경우 자료 제출을 요청받은 소관 기관의 장은 특별한 사유가 없으면 이에 따라야 한다.

③ 소방청장은 다음 각 호의 사항이 포함된 화재안전영향평가의 기준을 법 제22조에 따른 화재안전영향평가심의회(이하 "심의회"라 한다)의 심의를 거쳐 정한다.

1. 법령이나 정책의 화재위험 유발요인
2. 법령이나 정책이 소방대상물의 재료, 공간, 이용자 특성 및 화재 확산 경로에 미치는 영향
3. 법령이나 정책이 화재피해에 미치는 영향 등 사회경제적 파급 효과
4. 화재위험 유발요인을 제어 또는 관리할 수 있는 법령이나 정책의 개선 방안

④ 제1항부터 제3항까지에서 규정한 사항 외에 화재안전영향평가의 방법·절차·기준 등에 관하여 필요한 사항은 소방청장이 정한다.

61

정답 ④ **기본서 2권** 62~63p

해설

④ 위원장이 부득이한 사유로 직무를 수행할 수 없을 때에는 위원장이 지명한 위원이 그 직무를 대행한다.

※ 화재예방법 시행령 제22조(심의회의 구성)

① 법 제22조제3항제1호에서 "대통령령으로 정하는 사람"이란 다음 각 호의 사람을 말한다.

  1. 다음 각 목의 중앙행정기관에서 화재안전 관련 법령이나 정책을 담당하는 고위공무원단에 속하는 일반직공무원(이에 상당하는 특정직공무원 및 별정직공무원을 포함한다) 중에서 해당 중앙행정기관의 장이 지명하는 사람 각 1명

    가. 행정안전부·산업통상자원부·보건복지부·고용노동부·국토교통부

    나. 그 밖에 심의회의 심의에 부치는 안건과 관련된 중앙행정기관

  2. 소방청에서 화재안전 관련 업무를 수행하는 소방준감 이상의 소방공무원 중에서 소방청장이 지명하는 사람

② 법 제22조제3항제2호에서 "소방기술사 등 대통령령으로 정하는 화재안전과 관련된 분야의 학식과 경험이 풍부한 전문가"란 다음 각 호의 어느 하나에 해당하는 사람을 말한다.

  1. 소방기술사

  2. 다음 각 목의 기관이나 법인 또는 단체에서 화재안전 관련 업무를 수행하는 사람으로서 해당 기관이나 법인 또는 단체의 장이 추천하는 사람

    가. 안전원

    나. 기술원

다. 화재보험협회

라. 가스안전공사

마. 전기안전공사

3. 「고등교육법」제2조에 따른 학교 또는 이에 준하는 학교나 공인된 연구기관에서 부교수 이상의 직(職) 또는 이에 상당하는 직에 있거나 있었던 사람으로서 화재안전 또는 관련 법령이나 정책에 전문성이 있는 사람

③ 법 제22조제3항제2호에 따른 위촉위원의 임기는 2년으로 하며 한 차례만 연임할 수 있다.

④ 심의회의 위원장은 심의회를 대표하고 심의회 업무를 총괄한다.

⑤ 위원장이 부득이한 사유로 직무를 수행할 수 없을 때에는 위원장이 지명한 위원이 그 직무를 대행한다.

⑥ 소방청장은 심의회의 위원이 다음 각 호의 어느 하나에 해당하는 경우에는 해당 위원을 해촉할 수 있다.

1. 심신장애로 직무를 수행할 수 없게 된 경우

2. 직무와 관련된 비위사실이 있는 경우

3. 직무태만, 품위손상이나 그 밖의 사유로 위원으로 적합하지 않다고 인정되는 경우

4. 위원 스스로 직무를 수행하기 어렵다는 의사를 밝히는 경우

62 정답 ③ 기본서 2권 62~63p

해설

ⓛ 기술원에서 근무하는 사람

ⓒ 안전원에서 근무하는 사람

ⓔ 화재보험협회에서 근무하는 사람

ⓜ 가스안전공사에서 근무하는 사람

※ 화재예방법 시행령 제22조(심의회의 구성)

② 이 법 제22조제3항제2호에서 "소방기술사 등 대통령령으로 정하는 화재안전과 관련된 분야의 학식과 경험이 풍부한 전문가"란 다음 각 호의 어느 하나에 해당하는 사람을 말한다.

1. 소방기술사

2. 다음 각 목의 기관이나 법인 또는 단체에서 화재안전 관련 업무를 수행하는 사람으로서 해당 기관이나 법인 또는 단체의 장이 추천하는 사람

가. 안전원

나. 기술원

다. 화재보험협회

라. 가스안전공사

마. 전기안전공사

3. 「고등교육법」제2조에 따른 학교 또는 이에 준하는 학교나 공인된 연구기관에서 부교수 이상의 직(職) 또는 이에 상당하는 직에 있거나 있었던 사람으로서 화재안전 또는 관련 법령이나 정책에 전문성이 있는 사람

63 정답 ② 기본서 2권 64p

해설

※ 화재예방법 시행령 제22조(심의회의 구성)
⑥ 소방청장은 심의회의 위원이 다음 각 호의 어느 하나에 해당하는 경우에는 해당 위원을 해촉할 수 있다.
　1. 심신장애로 직무를 수행할 수 없게 된 경우
　2. 직무와 관련된 비위사실이 있는 경우
　3. 직무태만, 품위손상이나 그 밖의 사유로 위원으로 적합하지 않다고 인정되는 경우
　4. 위원 스스로 직무를 수행하기 어렵다는 의사를 밝히는 경우

64 정답 ③ 기본서 2권 65p

해설

ⓒ 「장애인복지법」에 따른 중증장애인
ⓔ 「노인복지법」에 따른 홀로 사는 노인

※ 화재예방법 시행령 제24조(화재안전취약자 지원 대상 및 방법 등)
① 법 제23조제1항에 따른 어린이, 노인, 장애인 등 화재의 예방 및 안전관리에 취약한 자(이하 "화재안전취약자"라 한다)에 대한 지원의 대상은 다음 각 호와 같다.
　1. 「국민기초생활 보장법」 제2조제2호에 따른 수급자
　2. 「장애인복지법」 제6조에 따른 중증장애인
　3. 「한부모가족지원법」 제5조에 따른 지원대상자
　4. 「노인복지법」 제27조의2에 따른 홀로 사는 노인
　5. 「다문화가족지원법」 제2조제1호에 따른 다문화가족의 구성원
　6. 그 밖에 화재안전에 취약하다고 소방관서장이 인정하는 사람

65 정답 ③ 기본서 2권 65p

해설

※ 화재예방법 시행령 제24조(화재안전취약자 지원 대상 및 방법 등)
② 소방관서장은 법 제23조제1항에 따라 제1항 각 호의 사람에게 다음 각 호의 사항을 지원할 수 있다.
　1. 소방시설등의 설치 및 개선
　2. 소방시설등의 안전점검
　3. 소방용품의 제공
　4. 전기·가스 등 화재위험 설비의 점검 및 개선
　5. 그 밖에 화재안전을 위하여 필요하다고 인정되는 사항
③ 제1항 및 제2항에서 규정한 사항 외에 지원의 방법 및 절차 등

제5장　소방대상물의 소방안전관리

66 정답 ③ 기본서 2권 70p

해설

※ 화재예방법 시행령 별표4 - 특급 소방안전관리대상물
「소방시설 설치 및 관리에 관한 법률 시행령」 별표 2의 특정소방대상물 중 다음의 어느 하나에 해당하는 것
1) 50층 이상(지하층은 제외한다)이거나 지상으로부터 높이가 200미터 이상인 아파트
2) 30층 이상(지하층을 포함한다)이거나 지상으로부터 높이가 120미터 이상인 특정소방대상물(아파트는 제외한다)
3) 2)에 해당하지 아니하는 특정소방대상물로서 연면적이 10만제곱미터 이상인 특정소방대상물(아파트는 제외한다)

67 정답 ② 기본서 2권 70~71p

해설

② 소방설비기사의 자격을 취득한 후 5년 이상 1급 소방안전관리대상물의 소방안전관리자로 근무한 실무경력(소방안전관리자로 선임되어 근무한 경력은 제외)이 있는 사람

※ 화재예방법 시행령 별표4
나. 선임자격 - 특급 소방안전관리대상물
다음 각 호의 어느 하나에 해당하는 사람으로서 특급 소방안전관리자 자격증을 받은 사람
1) 소방기술사 또는 소방시설관리사의 자격이 있는 사람
2) 소방설비기사의 자격을 취득한 후 5년 이상 1급 소방안전관리대상물의 소방안전관리자로 근무한 실무경력(법 제24조제3항에 따라 소방안전관리자로 선임되어 근무한 경력은 제외한다.)이 있는 사람
3) 소방설비산업기사의 자격을 취득한 후 7년 이상 1급 소방안전관리대상물의 소방안전관리자로 근무한 실무경력이 있는 사람
4) 소방공무원으로 20년 이상 근무한 경력이 있는 사람
5) 소방청장이 실시하는 특급 소방안전관리대상물의 소방안전관리에 관한 시험에 합격한 사람

68 정답 ④ 기본서 2권 71p

해설

④ 가연성 가스를 1천 톤 이상 저장·취급하는 시설

※ 화재예방법 시행령 별표4 -1급 소방안전관리대상물
㉠ 30층 이상(지하층은 제외)이거나 지상으로부터 높이가 120m 이상인 아파트
㉡ 연면적 1만5천㎡ 이상인 특정소방대상물(아파트 및 연립주택은 제외)
㉢ ㉡에 해당하지 아니하는 특정소방대상물로서 층수가 11층 이상인 특정소방대상물(아파트는 제외한다)
㉣ 가연성 가스를 1천 톤 이상 저장·취급하는 시설

69 정답 ① 기본서 2권 71p

해설

① 소방설비기사 또는 소방설비산업기사의 자격이 있는 사람

※ 화재예방법 시행령 별표4 - 1급 소방안전관리대상물

나. 선임자격

다음 각 호의 어느 하나에 해당하는 사람으로서 1급 소방안전관리자 자격증을 받은 사람

1) 소방설비기사 또는 소방설비산업기사의 자격이 있는 사람
2) 소방공무원으로 7년 이상 근무한 경력이 있는 사람
3) 소방청장이 실시하는 1급 소방안전관리대상물의 소방안전관리에 관한 시험에 합격한 사람
4) 특급 소방안전관리대상물의 소방안전관리자 자격이 인정되는 사람

70 정답 ① 기본서 2권 71p

해설

① 가스 제조설비를 갖추고 도시가스사업의 허가를 받아야 하는 시설 또는 가연성 가스를 <u>100톤 이상 1천 톤 미만</u> 저장·취급하는 시설(영 별표4)

71 정답 ① 기본서 2권 71~72p

해설

① 소방공무원으로 <u>3년</u> 이상 근무한 경력이 있는 사람

※ 화재예방법 시행령 별표4 - 2급 소방안전관리대상물

다음의 어느 하나에 해당하는 사람으로서 2급 소방안전관리자 자격증을 발급받은 사람, 제1호에 따른 특급 소방안전관리대상물 또는 제2호에 따른 1급 소방안전관리대상물의 소방안전관리자 자격증을 발급받은 사람

1) 위험물기능장·위험물산업기사 또는 위험물기능사 자격이 있는 사람
2) 소방공무원으로 3년 이상 근무한 경력이 있는 사람
3) 소방청장이 실시하는 2급 소방안전관리대상물의 소방안전관리에 관한 시험에 합격한 사람
4) 「기업활동 규제완화에 관한 특별조치법」 제29조, 제30조 및 제32조에 따라 소방안전관리자로 선임된 사람 (소방안전관리자로 선임된 기간으로 한정한다)

72

정답 ④ 기본서 2권 72p

해설

④ 아파트를 제외한 연면적 <u>1만5천제곱미터</u> 이상 특정소방대상물

※ 화재예방법 시행령 별표5
[소방안전관리보조자를 두어야 하는 선임대상물]
가. 「건축법 시행령」 별표 1 제2호가목에 따른 아파트 중 300세대 이상인 아파트
나. 연면적이 1만5천제곱미터 이상인 특정소방대상물(아파트 및 연립주택은 제외한다)
다. 가목 및 나목에 따른 특정소방대상물을 제외한 특정소방대상물 중 다음의 어느 하나에 해당하는 특정소방대상물
   1) 공동주택 중 기숙사
   2) 의료시설
   3) 노유자 시설
   4) 수련시설
   5) 숙박시설(숙박시설로 사용되는 바닥면적의 합계가 1천500제곱미터 미만이고 관계인이 24시간 상시 근무하고 있는 숙박시설은 제외한다)

73

정답 ③ 기본서 2권 75p

해설

※ 화재예방법 제24조 제5항
특정소방대상물(소방안전관리대상물은 제외한다)의 관계인과 소방안전관리대상물의 소방안전관리자는 다음 각 호의 업무를 수행한다. 다만, ㉠·㉡·㉢ 및 ㉣의 업무는 소방안전관리대상물의 경우에만 해당한다.
㉠ 피난계획에 관한 사항과 대통령령으로 정하는 사항이 포함된 소방계획서의 작성 및 시행
㉡ 자위소방대(自衛消防隊) 및 초기대응체계의 구성, 운영 및 교육
㉢ 피난시설, 방화구획 및 방화시설의 관리
㉣ 소방시설이나 그 밖의 소방 관련 시설의 관리
㉤ <u>소방훈련 및 교육</u>
㉥ 화기(火氣) 취급의 감독
㉦ 행정안전부령으로 정하는 바에 따른 소방안전관리에 관한 업무수행에 관한 기록·유지(㉢·㉣ 및 ㉥의 업무를 말한다)
㉧ 화재발생 시 초기대응
㉨ 그 밖에 소방안전관리에 필요한 업무

74 정답 ① 기본서 2권 72p

해설

※ 화재예방법 시행령 별표5

2. 선임자격

　가. 별표 4의 규정에 따라 특급 소방안전관리대상물, 1급 소방안전관리대상물, 2급 소방안전관리대상물 또는 3급 소방안전관리대상물의 소방안전관리자 자격이 있는 사람

　나. 「국가기술자격법 시행규칙」 별표 2의 중직무분야에서 건축, 기계제작, 기계장비설비·설치, 화공, 위험물, 전기, 안전관리에 해당하는 국가기술자격이 있는 사람

　다. 「공공기관의 소방안전관리에 관한 규정」 제5조제1항제2호나목에 따른 강습교육을 수료한 사람

　라. 법 제34조제1항제1호 및 이 영 제35조에 따라 특급 소방안전관리대상물, 1급 소방안전관리대상물, 2급 소방안전관리대상물 또는 3급 소방안전관리대상물의 소방안전관리에 대한 강습교육을 수료한 사람

　마. 소방안전관리대상물에서 소방안전 관련 업무에 2년 이상 근무한 경력이 있는 사람

75 정답 ② 기본서 2권 74p

해설

※ 화재예방법 시행령 제26조(소방안전관리업무 전담 대상물)

법 제24조제2항에 따라 소방안전관리업무의 전담이 필요한 소방안전관리대상물은 다음 각 호와 같다.

1. 별표 4 제1호에 따른 특급 소방안전관리대상물
2. 별표 4 제2호에 따른 1급 소방안전관리대상물

76 정답 ② 기본서 2권 74p

해설

※ 화재예방법 제24조(특정소방대상물의 소방안전관리)

③ 제1항에도 불구하고 제25조제1항에 따른 소방안전관리대상물의 관계인은 소방안전관리업무를 대행하는 관리업자(「소방시설 설치 및 관리에 관한 법률」 제29조제1항에 따른 소방시설관리업의 등록을 한 자를 말한다. 이하 "관리업자"라 한다)를 감독할 수 있는 사람을 지정하여 소방안전관리자로 선임할 수 있다. 이 경우 소방안전관리자로 선임된 자는 선임된 날부터 3개월 이내에 제34조에 따른 교육을 받아야 한다.

77

정답 ③ **기본서 2권** 75p

해설

※ 화재예방법 제24조(특정소방대상물의 소방안전관리)

⑤ 특정소방대상물(소방안전관리대상물은 제외한다)의 관계인과 소방안전관리대상물의 소방안전관리자는 다음 각 호의 업무를 수행한다. 다만, 제1호·제2호·제5호 및 제7호의 업무는 소방안전관리대상물의 경우에만 해당한다.

1. 제36조에 따른 피난계획에 관한 사항과 대통령령으로 정하는 사항이 포함된 소방계획서의 작성 및 시행
2. 자위소방대(自衛消防隊) 및 초기대응체계의 구성, 운영 및 교육
3. 「소방시설 설치 및 관리에 관한 법률」 제16조에 따른 피난시설, 방화구획 및 방화시설의 관리
4. 소방시설이나 그 밖의 소방 관련 시설의 관리
5. 제37조에 따른 소방훈련 및 교육
6. 화기(火氣) 취급의 감독
7. 행정안전부령으로 정하는 바에 따른 소방안전관리에 관한 업무수행에 관한 기록·유지(제3호·제4호 및 제6호의 업무를 말한다)
8. 화재발생 시 초기대응
9. 그 밖에 소방안전관리에 필요한 업무

78

정답 ② **기본서 2권** 79p

해설

※ 화재예방법 시행령 제28조 제1항

- 소방안전관리업무의 대행 소방대상물
    ㉠ 층수가 11층 이상인 1급 소방안전관리대상물(연면적 1만 5천 제곱미터 이상인 특정소방대상물과 아파트는 제외한다)
    ㉡ 2급 소방안전관리대상물
    ㉢ 3급 소방안전관리대상물

79

정답 ② **기본서 2권** 83p

해설

※ 화재예방법 제52조 제2항 제3호(과태료)

기간 내에 선임신고를 하지 아니하거나 소방안전관리자의 성명 등을 게시하지 아니한 자는 <u>200만 원 이하의 과태료</u>를 부과한다.

80 정답 ③ 기본서 2권 84p

해설

※ 화재예방법 시행규칙 제14조(소방안전관리자의 선임신고 등)
① 소방안전관리대상물의 관계인은 법 제24조 및 제35조에 따라 소방안전관리자를 다음 각 호의 구분에 따라 해당 호에서 정하는 날부터 30일 이내에 선임해야 한다.
　5. 소방안전관리자의 해임, 퇴직 등으로 해당 소방안전관리자의 업무가 종료된 경우: 소방안전관리자가 해임된 날, 퇴직한 날 등 근무를 종료한 날

81 정답 ② 기본서 2권 91p

해설

② 소방안전관리자는 인명과 재산을 보호하기 위하여 소방시설·피난시설·방화시설 및 방화구획 등이 법령에 위반된 것을 발견한 때에는 지체 없이 소방안전관리대상물의 관계인에게 소방대상물의 개수·이전·제거·수리 등 필요한 조치를 할 것을 요구하여야 하며, 관계인이 시정하지 아니하는 경우 소방본부장 또는 소방서장에게 그 사실을 알려야 한다.

※ 화재예방법 제27조(관계인 등의 의무)
① 특정소방대상물의 관계인은 그 특정소방대상물에 대하여 제24조제5항에 따른 소방안전관리업무를 수행하여야 한다.
② 소방안전관리대상물의 관계인은 소방안전관리자가 소방안전관리업무를 성실하게 수행할 수 있도록 지도·감독하여야 한다.
③ 소방안전관리자는 인명과 재산을 보호하기 위하여 소방시설·피난시설·방화시설 및 방화구획 등이 법령에 위반된 것을 발견한 때에는 지체 없이 소방안전관리대상물의 관계인에게 소방대상물의 개수·이전·제거·수리 등 필요한 조치를 할 것을 요구하여야 하며, 관계인이 시정하지 아니하는 경우 소방본부장 또는 소방서장에게 그 사실을 알려야 한다. 이 경우 소방안전관리자는 공정하고 객관적으로 그 업무를 수행하여야 한다.
④ 소방안전관리자로부터 제3항에 따른 조치요구 등을 받은 소방안전관리대상물의 관계인은 지체 없이 이에 따라야 하며, 이를 이유로 소방안전관리자를 해임하거나 보수(報酬)의 지급을 거부하는 등 불이익한 처우를 하여서는 아니 된다.

※ 화재예방법 제52조(과태료)
① 다음 각 호의 어느 하나에 해당하는 자에게는 300만 원 이하의 과태료를 부과한다.
　4. 제27조제2항을 위반하여 소방안전관리업무의 지도·감독을 하지 아니한 자

82 정답 ④ 기본서 2권 92p

해설

※ 건설현장 소방안전관리

① 공사시공자가 화재발생 및 화재피해의 우려가 큰 대통령령으로 정하는 특정소방대상물을 신축·증축·개축·재축·이전·용도변경 또는 대수선 하는 경우에는 소방안전관리자로서 소방안전관리자 등에 대한 교육을 받은 사람을 소방시설공사 착공신고 일부터 건축물 사용승인일(건축물을 사용할 수 있게 된 날을 말한다)까지 소방안전관리자로 선임하고 행정안전부령으로 정하는 바에 따라 소방본부장 또는 소방서장에게 신고하여야 한다.(법 제29조 제1항)

※ 화재예방법 시행령 제29조(건설현장 소방안전관리대상물)

법 제29조제1항에서 "대통령령으로 정하는 특정소방대상물"이란 다음 각 호의 어느 하나에 해당하는 특정소방대상물을 말한다.

1. 신축·증축·개축·재축·이전·용도변경 또는 대수선을 하려는 부분의 연면적의 합계가 1만5천제곱미터 이상인 것
2. 신축·증축·개축·재축·이전·용도변경 또는 대수선을 하려는 부분의 연면적이 5천제곱미터 이상인 것으로서 다음 각 목의 어느 하나에 해당하는 것
   가. 지하층의 층수가 2개 층 이상인 것
   나. 지상층의 층수가 11층 이상인 것
   다. 냉동창고, 냉장창고 또는 냉동·냉장창고

83 정답 ③ 기본서 2권 92p

해설

※ 건설현장 소방안전관리

① 공사시공자가 화재발생 및 화재피해의 우려가 큰 대통령령으로 정하는 특정소방대상물을 신축·증축·개축·재축·이전·용도변경 또는 대수선 하는 경우에는 소방안전관리자로서 소방안전관리자 등에 대한 교육을 받은 사람을 소방시설공사 착공신고 일부터 건축물 사용승인일(건축물을 사용할 수 있게 된 날을 말한다)까지 소방안전관리자로 선임하고 행정안전부령으로 정하는 바에 따라 소방본부장 또는 소방서장에게 신고하여야 한다.(법 제29조 제1항)

※ 화재예방법 시행령 제29조(건설현장 소방안전관리대상물)

법 제29조제1항에서 "대통령령으로 정하는 특정소방대상물"이란 다음 각 호의 어느 하나에 해당하는 특정소방대상물을 말한다.

1. 신축·증축·개축·재축·이전·용도변경 또는 대수선을 하려는 부분의 연면적의 합계가 <u>1만5천제곱미터</u> 이상인 것
2. 신축·증축·개축·재축·이전·용도변경 또는 대수선을 하려는 부분의 연면적이 <u>5천</u>제곱미터 이상인 것으로서 다음 각 목의 어느 하나에 해당하는 것
   가. 지하층의 층수가 <u>2개</u> 층 이상인 것
   나. 지상층의 층수가 11층 이상인 것
   다. 냉동창고, 냉장창고 또는 냉동·냉장창고

84 정답 ④ 기본서 2권 93p

해설

※ 화재예방법 제29조(건설현장 소방안전관리)

② 제1항에 따른 건설현장 소방안전관리대상물의 소방안전관리자의 업무는 다음 각 호와 같다.
  1. 건설현장의 소방계획서의 작성
  2. 「소방시설 설치 및 관리에 관한 법률」 제15조제1항에 따른 임시소방시설의 설치 및 관리에 대한 감독
  3. 공사진행 단계별 피난안전구역, 피난로 등의 확보와 관리
  4. 건설현장의 작업자에 대한 소방안전 교육 및 훈련
  5. 초기대응체계의 구성·운영 및 교육
  6. 화기취급의 감독, 화재위험작업의 허가 및 관리
  7. 그 밖에 건설현장의 소방안전관리와 관련하여 소방청장이 고시하는 업무

85 정답 ③ 기본서 2권 96~97p

해설

③ 소방안전관리자 자격증 발급 및 재발급 신청서를 제출받은 때에 신청 서류가 적합한 경우에는 3일 이내에 소방안전관리자 자격증을 발급하여야 한다.

※ 화재예방법 제30조(소방안전관리자 자격 및 자격증의 발급 등)

① 제24조제1항에 따른 소방안전관리자의 자격은 다음 각 호의 어느 하나에 해당하는 사람으로서 소방청장으로부터 소방안전관리자 자격증을 발급받은 사람으로 한다.
  1. 소방청장이 실시하는 소방안전관리자 자격시험에 합격한 사람
  2. 다음 각 목에 해당하는 사람으로서 대통령령으로 정하는 사람
    가. 소방안전과 관련한 국가기술자격증을 소지한 사람
    나. 가목에 해당하는 국가기술자격증 중 일정 자격증을 소지한 사람으로서 소방안전관리자로 근무한 실무경력이 있는 사람
    다. 소방공무원 경력자
    라. 「기업활동 규제완화에 관한 특별조치법」에 따라 소방안전관리자로 선임된 사람(소방안전관리자로 선임된 기간에 한정한다)
② 소방청장은 제1항 각 호에 따른 자격을 갖춘 사람이 소방안전관리자 자격증 발급을 신청하는 경우 행정안전부령으로 정하는 바에 따라 자격증을 발급하여야 한다.

※ 화재예방법 시행규칙 제18조(소방안전관리자 자격증의 발급 및 재발급 등)
① 소방안전관리자 자격증을 발급받으려는 사람은 법 제30조제2항에 따라 별지 제20호서식의 소방안전관리자 자격증 발급 신청서(전자문서를 포함한다)에 다음 각 호의 서류(전자문서를 포함한다)를 첨부하여 소방청장에게 제출해야 한다. 이 경우 소방청장은 「전자정부법」 제36조제1항에 따른 행정정보의 공동이용을 통하여 소방안전관리자 자격증의 발급 요건인 국가기술자격증(자격증 발급을 위하여 필요한 경우만 해당한다)을 확인할 수 있으며, 신청인이 확인에 동의하지 않는 경우에는 그 사본을 제출하도록 해야 한다.
  1. 법 제30조제1항 각 호의 어느 하나에 해당하는 사람임을 증명하는 서류
  2. 신분증 사본
  3. 사진(가로 3.5센티미터 × 세로 4.5센티미터)
② 제1항에 따라 소방안전관리자 자격증의 발급을 신청받은 소방청장은 3일 이내에 법 제30조제1항 각 호에 따른 자격을 갖춘 사람에게 별지 제21호서식의 소방안전관리자 자격증을 발급해야 한다. 이 경우 소방청장은 별지 제22호서식의 소방안전관리자 자격증 발급대장에 등급별로 기록하고 관리해야 한다.
③ 제2항에 따라 소방안전관리자 자격증을 발급받은 사람이 그 자격증을 잃어버렸거나 자격증이 못 쓰게 된 경우에는 별지 제20호서식의 소방안전관리자 자격증 재발급 신청서(전자문서를 포함한다)를 작성하여 소방청장에게 자격증의 재발급을 신청할 수 있다. 이 경우 소방청장은 신청자에게 자격증을 3일 이내에 재발급하고 별지 제22호서식의 소방안전관리자 자격증 재발급대장에 재발급 사항을 기록하고 관리해야 한다.

※ 화재예방법 제50조(벌칙)
② 다음 각 호의 어느 하나에 해당하는 자는 <u>1년 이하의 징역 또는 1천만 원 이하의 벌금</u>에 처한다.
  2. 제30조제4항을 위반하여 <u>자격증을 다른 사람에게 빌려 주거나 빌리거나 이를 알선한 자</u>

86 정답 ④ 기본서 2권 98p

해설

※ 화재예방법 제31조(소방안전관리자 자격의 정지 및 취소)
① 소방청장은 제30조제2항에 따라 소방안전관리자 자격증을 발급받은 사람이 다음 각 호의 어느 하나에 해당하는 경우에는 행정안전부령으로 정하는 바에 따라 그 자격을 취소하거나 <u>1년</u> 이하의 기간을 정하여 그 자격을 정지시킬 수 있다. 다만, 제1호 또는 제3호에 해당하는 경우에는 그 자격을 취소하여야 한다.
  1. 거짓이나 그 밖의 부정한 방법으로 소방안전관리자 자격증을 발급받은 경우
  2. 제24조제5항에 따른 소방안전관리업무를 게을리한 경우
  3. 제30조제4항을 위반하여 소방안전관리자 자격증을 다른 사람에게 빌려준 경우
  4. 제34조에 따른 실무교육을 받지 아니한 경우
  5. 이 법 또는 이 법에 따른 명령을 위반한 경우
② 제1항에 따라 소방안전관리자 자격이 취소된 사람은 취소된 날부터 <u>2년간</u> 소방안전관리자 자격증을 발급받을 수 없다.

87 정답 ② 기본서 2권 99p

해설

※ 화재예방법 시행규칙 별표3

【소방안전관리자 자격의 정지 및 취소에 관한 기준】

위반사항	근거법령	행정처분기준 1차	2차	3차
가. 거짓이나 그 밖의 부정한 방법으로 소방안전관리자 자격증을 발급받은 경우	법 제31조 제1항제1호	자격취소		
나. 법 제24조제5항에 따른 소방안전관리업무를 게을리 한 경우	법 제31조 제1항제2호	경고 (시정명령)	자격정지 (3개월)	자격정지 (6개월)
다. 법 제30조제4항을 위반하여 소방안전관리자 자격증을 다른 사람에게 빌려준 경우	법 제31조 제1항제3호	자격취소		
라. 제34조에 따른 실무교육을 받지 아니한 경우	법 제31조 제1항제4호	경고 (시정명령)	자격정지 (3개월)	자격정지 (6개월)

88 정답 ③ 기본서 2권 100p

해설

③ 특급 소방안전관리대상물의 소방안전관리보조자로 10년 이상 근무한 실무경력이 있는 사람

※ 화재예방법 시행령 별표6
1 특급 소방안전관리자
　가. 1급 소방안전관리대상물의 소방안전관리자로 5년(소방설비기사의 경우에는 자격 취득 후 2년, 소방설비산업기사의 경우에는 자격 취득 후 3년) 이상 근무한 실무경력(법 제24조제3항에 따라 소방안전관리자로 선임되어 근무한 경력은 제외한다. 이하 이 표에서 같다)이 있는 사람
　나. 1급 소방안전관리대상물의 소방안전관리자로 선임될 수 있는 자격을 갖춘 후 특급 또는 1급 소방안전관리대상물의 소방안전관리보조자로 7년 이상 근무한 실무경력이 있는 사람
　다. 소방공무원으로 10년 이상 근무한 경력이 있는 사람
　라. 「고등교육법」 제2조제1호부터 제6호까지 규정 중 어느 하나에 해당하는 학교(이하 "대학"이라 한다) 또는 「초·중등교육법 시행령」 제90조제1항제10호 및 제91조에 따른 고등학교(이하 "고등학교"라 한다)에서 소방안전관리학과(소방청장이 정하여 고시하는 학과를 말한다. 이하 이 표에서 같다)를 전공하고 졸업한 사람(법령에 따라 이와 같은 수준의 학력이 있다고 인정되는 사람을 포함한다)으로서 해당 학과를 졸업한 후 2년 이상 1급 소방안전관리대상물의 소방안전관리자로 근무한 실무경력이 있는 사람
　마. 다음의 어느 하나에 해당하는 요건을 갖춘 후 3년 이상 1급 소방안전관리대상물의 소방안전관리자로 근무한 실무경력이 있는 사람
　　1) 대학 또는 고등학교에서 소방안전 관련 교과목(소방청장이 정하여 고시하는 교과목을 말한다. 이하 이 표에서 같다)을 12학점 이상 이수하고 졸업한 사람
　　2) 법령에 따라 1)에 해당하는 사람과 같은 수준의 학력이 있다고 인정되는 사람으로서 해당 학력 취득 과정에서 소방안전 관련 교과목을 12학점 이상 이수한 사람
　　3) 대학 또는 고등학교에서 소방안전 관련 학과(소방청장이 정하여 고시하는 학과를 말한다. 이하 이 표에서 같다)를 전공하고 졸업한 사람(법령에 따라 이와 같은 수준의 학력이 있다고 인정되는 사람을 포함한다)

바. 소방행정학(소방학 및 소방방재학을 포함한다) 또는 소방안전공학(소방방재공학 및 안전공학을 포함한다) 분야에서 석사 이상 학위를 취득한 후 2년 이상 1급 소방안전관리대상물의 소방안전관리자로 근무한 실무경력이 있는 사람
사. 특급 소방안전관리대상물의 소방안전관리보조자로 10년 이상 근무한 실무경력이 있는 사람
아. 법 제34조제1항제1호에 따른 강습교육 중 이 영 제33조제1호에 해당하는 사람을 대상으로 하는 강습교육을 수료한 사람
자. 「초고층 및 지하연계 복합건축물 재난관리에 관한 특별법」 제12조제1항 각 호 외의 부분 본문에 따라 총괄재난관리자로 지정되어 1년 이상 근무한 경력이 있는 사람

89 정답 ② 기본서 2권 100p

해설

※ 화재예방법 시행령 별표6

2. 1급 소방안전관리자
  가. 대학 또는 고등학교에서 소방안전관리학과를 전공하고 졸업한 사람(법령에 따라 이와 같은 수준의 학력이 있다고 인정되는 사람을 포함한다)으로서 해당 학과를 졸업한 후 2년 이상 2급 소방안전관리대상물 또는 3급 소방안전관리대상물의 소방안전관리자로 근무한 실무경력이 있는 사람
  나. 다음의 어느 하나에 해당하는 요건을 갖춘 후 3년 이상 2급 소방안전관리대상물 또는 3급 소방안전관리대상물의 소방안전관리자로 근무한 실무경력이 있는 사람
    1) 대학 또는 고등학교에서 소방안전 관련 교과목을 12학점 이상 이수하고 졸업한 사람
    2) 법령에 따라 1)에 해당하는 사람과 같은 수준의 학력이 있다고 인정되는 사람으로서 해당 학력 취득 과정에서 소방안전 관련 교과목을 12학점 이상 이수한 사람
    3) 대학 또는 고등학교에서 소방안전 관련 학과를 전공하고 졸업한 사람(법령에 따라 이와 같은 수준의 학력이 있다고 인정되는 사람을 포함한다)
  다. 소방행정학(소방학 및 소방방재학을 포함한다) 또는 소방안전공학(소방방재공학 및 안전공학을 포함한다) 분야에서 석사 이상 학위를 취득한 사람
  라. 5년 이상 2급 소방안전관리대상물의 소방안전관리자로 근무한 실무경력이 있는 사람
  마. 법 제34조제1항제1호에 따른 강습교육 중 이 영 제33조제1호 및 제2호에 해당하는 사람을 대상으로 하는 강습교육을 수료한 사람
  바. 2급 소방안전관리대상물의 소방안전관리자로 선임될 수 있는 자격을 갖춘 후 특급 또는 1급 소방안전관리대상물의 소방안전관리보조자로 5년 이상 근무한 실무경력이 있는 사람
  사. 2급 소방안전관리대상물의 소방안전관리자로 선임될 수 있는 자격을 갖춘 후 2급 소방안전관리대상물의 소방안전관리보조자로 7년 이상 근무한 실무경력(특급 또는 1급 소방안전관리대상물의 소방안전관리보조자로 근무한 실무경력이 있는 경우에는 이를 포함하여 합산한다)이 있는 사람
  아. 산업안전기사 또는 산업안전산업기사의 자격을 취득한 후 2년 이상 2급 소방안전관리대상물 또는 3급 소방안전관리대상물의 소방안전관리자로 근무한 실무경력이 있는 사람
  자. 제1호에 따라 특급 소방안전관리대상물의 소방안전관리자 시험응시 자격이 인정되는 사람

90 정답 ② 기본서 2권 101p

해설

※ 화재예방법 시행령 별표6

3. 2급 소방안전관리자

   가. 대학 또는 고등학교에서 소방안전관리학과를 전공하고 졸업한 사람(법령에 따라 이와 같은 수준의 학력이 있다고 인정되는 사람을 포함한다)

   나. 다음의 어느 하나에 해당하는 사람

   1) 대학 또는 고등학교에서 소방안전 관련 교과목을 6학점 이상 이수하고 졸업한 사람

   2) 법령에 따라 1)에 해당하는 사람과 같은 수준의 학력이 있다고 인정되는 사람으로서 해당 학력 취득 과정에서 소방안전 관련 교과목을 6학점 이상 이수한 사람

   3) 대학 또는 고등학교에서 소방안전 관련 학과를 전공하고 졸업한 사람(법령에 따라 이와 같은 수준의 학력이 있다고 인정되는 사람을 포함한다)

   다. 소방본부 또는 소방서에서 1년 이상 화재진압 또는 그 보조 업무에 종사한 경력이 있는 사람

   라. 「의용소방대 설치 및 운영에 관한 법률」 제3조에 따라 의용소방대원으로 임명되어 3년 이상 근무한 경력이 있는 사람

   마. 군부대(주한 외국군부대를 포함한다) 및 의무소방대의 소방대원으로 1년 이상 근무한 경력이 있는 사람

   바. 「위험물안전관리법」 제19조에 따른 자체소방대의 소방대원으로 3년 이상 근무한 경력이 있는 사람

   사. 「대통령 등의 경호에 관한 법률」에 따른 경호공무원 또는 별정직공무원으로서 2년 이상 안전검측 업무에 종사한 경력이 있는 사람

   아. 경찰공무원으로 3년 이상 근무한 경력이 있는 사람

   자. 법 제34조제1항제1호에 따른 강습교육 중 이 영 제33조제1호부터 제3호까지에 해당하는 사람을 대상으로 하는 강습교육을 수료한 사람

   차. 「공공기관의 소방안전관리에 관한 규정」 제5조제1항제2호나목에 따른 강습교육을 수료한 사람

   카. 특급 소방안전관리대상물, 1급 소방안전관리대상물, 2급 소방안전관리대상물 또는 3급 소방안전관리대상물의 소방안전관리보조자로 3년 이상 근무한 실무경력이 있는 사람

   타. 3급 소방안전관리대상물의 소방안전관리자로 2년 이상 근무한 실무경력이 있는 사람

   파. 건축사·산업안전기사·산업안전산업기사·건축기사·건축산업기사·일반기계기사·전기기능장·전기기사·전기산업기사·전기공사기사·전기공사산업기사·건설안전기사 또는 건설안전산업기사 자격을 가진 사람

   하. 제1호 및 제2호에 따라 특급 또는 1급 소방안전관리대상물의 소방안전관리자 시험응시 자격이 인정되는 사람

91 정답 ② 기본서 2권 101~102p

해설

※ 화재예방법 시행령 별표6

4. 3급소방안전관리자

　가. 「의용소방대 설치 및 운영에 관한 법률」 제3조에 따라 의용소방대원으로 임명되어 의용소방대원으로 2년 이상 근무한 경력이 있는 사람

　나. 「위험물안전관리법」 제19조에 따른 자체소방대의 소방대원으로 1년 이상 근무한 경력이 있는 사람

　다. 「대통령 등의 경호에 관한 법률」에 따른 경호공무원 또는 별정직공무원으로 1년 이상 안전검측 업무에 종사한 경력이 있는 사람

　라. 경찰공무원으로 2년 이상 근무한 경력이 있는 사람

　마. 법 제34조제1항제1호에 따른 강습교육 중 이 영 제33조제1호부터 제4호까지에 해당하는 사람을 대상으로 하는 강습교육을 수료한 사람

　바. 「공공기관의 소방안전관리에 관한 규정」 제5조제1항제2호나목에 따른 강습교육을 수료한 사람

　사. 특급 소방안전관리대상물, 1급 소방안전관리대상물, 2급 소방안전관리대상물 또는 3급 소방안전관리대상물의 소방안전관리보조자로 2년 이상 근무한 실무경력이 있는 사람

　아. 제1호부터 제3호까지의 규정에 따라 특급 소방안전관리대상물, 1급 소방안전관리대상물 또는 2급 소방안전관리대상물의 소방안전관리자 시험응시 자격이 인정되는 사람

92 정답 ② 기본서 2권 102p

해설

※ 화재예방법 시행규칙 제20조(소방안전관리자 자격시험의 방법)

① 소방청장은 법 제30조제1항제1호에 따른 소방안전관리자 자격시험(이하 "소방안전관리자 자격시험"이라 한다)을 다음 각 호와 같이 실시한다. 이 경우 특급 소방안전관리자 자격시험은 제1차시험과 제2차시험으로 나누어 실시한다.

　1. 특급 소방안전관리자 자격시험 : 연 2회 이상

　2. 1급ㆍ2급ㆍ3급 소방안전관리자 자격시험 : 월 1회 이상

93 정답 ① 기본서 2권 102p

해설

① 특급, 1급, 2급 및 3급 소방안전관리자 시험의 합격자 결정은 매과목을 100점 만점으로 하여 매과목 40점 이상, 전과목 평균 70점 이상 득점한 자를 합격자로 한다.

※ 화재예방법 시행규칙 제21조(소방안전관리자 자격시험의 공고)

소방청장은 특급, 1급, 2급 또는 3급 소방안전관리자 자격시험을 실시하려는 경우에는 응시자격·시험과목·일시·장소 및 응시절차를 모든 응시 희망자가 알 수 있도록 시험 시행일 30일 전에 인터넷 홈페이지에 공고해야 한다.

※ 화재예방법 시행규칙 제22조(소방안전관리자 자격시험의 합격자 결정 등)

① 특급, 1급, 2급 및 3급 소방안전관리자 자격시험은 매과목을 100점 만점으로 하여 매과목 40점 이상, 전과목 평균 70점 이상 득점한 사람을 합격자로 한다.
② 소방안전관리자 자격시험은 다음 각 호의 방법으로 채점한다. 이 경우 특급 소방안전관리자 자격시험의 제2차시험 채점은 제1차시험 합격자의 답안지에 대해서만 실시한다.
　1. 선택형 문제: 답안지 기재사항을 전산으로 판독하여 채점
　2. 주관식 서술형 문제: 제23조제2항에 따라 임명·위촉된 시험위원이 채점. 이 경우 3명 이상의 채점자가 문항별 배점과 채점 기준표에 따라 별도로 채점하고 그 평균 점수를 해당 문제의 점수로 한다.
③ 특급 소방안전관리자 자격시험의 제1차시험에 합격한 사람은 제1차시험에 합격한 날부터 2년간 제1차시험을 면제한다.
④ 소방청장은 소방안전관리자 자격시험을 종료한 날부터 30일(특급 소방안전관리 자격시험의 경우에는 60일) 이내에 인터넷 홈페이지에 합격자를 공고하고, 응시자에게 휴대전화 문자 메시지로 합격 여부를 알려 줄 수 있다.

94 정답 ③ 기본서 2권 103~104p

해설

※ 화재예방법 시행규칙 제23조(소방안전관리자 자격시험 과목 및 시험위원 위촉 등)
① 소방안전관리자 자격시험 과목 및 시험방법은 별표 4와 같다.
② 소방청장은 소방안전관리자 자격시험의 시험문제 출제, 검토 및 채점을 위하여 다음 각 호의 어느 하나에 해당하는 사람 중에서 시험 위원을 임명 또는 위촉해야 한다.
　1. 소방 관련 분야에서 석사 이상의 학위를 취득한 사람
　2. 「고등교육법」 제2조제1호부터 제6호까지에 해당하는 학교에서 소방안전 관련 학과의 조교수 이상으로 2년 이상 재직한 사람
　3. 소방위 이상의 소방공무원
　4. 소방기술사
　5. 소방시설관리사
　6. 그 밖에 화재안전 또는 소방 관련 법령이나 정책에 전문성이 있는 사람
③ 제2항에 따라 위촉된 시험위원에게는 예산의 범위에서 수당, 여비 및 그 밖에 필요한 경비를 지급할 수 있다.
④ 제1항부터 제3항까지에서 규정한 사항 외에 소방안전관리자 자격시험의 운영 등에 필요한 세부적인 사항은 소방청장이 정한다.

95 정답 ② 기본서 2권 108p

해설

※ 화재예방법 시행규칙 제25조(강습교육의 실시)
② 소방청장은 강습교육을 실시하려는 경우에는 강습교육 실시 20일 전까지 일시·장소, 그 밖에 강습교육 실시에 필요한 사항을 인터넷 홈페이지에 공고해야 한다.

96 정답 ④ 기본서 2권 108~110p

해설

④ 소방청장은 실무교육의 대상·일정·횟수 등을 포함한 실무교육의 실시 계획을 매년 수립·시행해야 한다.

※ 화재예방법 시행규칙 제29조(실무교육의 실시)
① 소방청장은 법 제34조제1항제2호에 따른 실무교육(이하 "실무교육"이라 한다)의 대상·일정·횟수 등을 포함한 실무교육의 실시 계획을 매년 수립·시행해야 한다.
② 소방청장은 실무교육을 실시하려는 경우에는 실무교육 실시 30일 전까지 일시·장소, 그 밖에 실무교육 실시에 필요한 사항을 인터넷 홈페이지에 공고하고 교육대상자에게 통보해야 한다.
③ 소방안전관리자는 소방안전관리자로 선임된 날부터 6개월 이내에 실무교육을 받아야 하며, 그 이후에는 2년마다(최초 실무교육을 받은 날을 기준일로 하여 매 2년이 되는 해의 기준일과 같은 날 전까지를 말한다) 1회 이상 실무교육을 받아야 한다. 다만, 소방안전관리 강습교육 또는 실무교육을 받은 후 1년 이내에 소방안전관리자로 선임된 사람은 해당 강습교육을 수료하거나 실무교육을 이수한 날에 실무교육을 이수한 것으로 본다.
④ 소방안전관리보조자는 그 선임된 날부터 6개월(영 별표 5 제2호마목에 따라 소방안전관리보조자로 지정된 사람의 경우 3개월을 말한다) 이내에 실무교육을 받아야 하며, 그 이후에는 2년마다(최초 실무교육을 받은 날을 기준일로 하여 매 2년이 되는 해의 기준일과 같은 날 전까지를 말한다) 1회 이상 실무교육을 받아야 한다. 다만, 소방안전관리자 강습교육 또는 실무교육이나 소방안전관리보조자 실무교육을 받은 후 1년 이내에 소방안전관리보조자로 선임된 사람은 해당 강습교육을 수료하거나 실무교육을 이수한 날에 실무교육을 이수한 것으로 본다.

※ 화재예방법 시행규칙 제32조(실무교육 수료증 발급 및 실무교육 결과의 통보)
① 소방청장은 실무교육을 수료한 사람에게 실무교육 수료증(전자문서를 포함한다)을 발급하고, 별지 제27호서식의 실무교육 수료자명부(전자문서를 포함한다)에 작성·관리해야 한다.
② 소방청장은 해당 연도의 실무교육이 끝난 날부터 30일 이내에 그 결과를 소방본부장 또는 소방서장에게 통보해야 한다.

97 정답 ② 기본서 2권 110p

해설
① 소방공무원으로 5년 이상 근무한 사람
③ 소방안전 관련 분야에서 석사 이상의 학위를 취득한 사람
④ 소방안전 관련 학과에서 부교수 이상의 직에 재직 중이거나 재직한 사람

※ 화재예방법 시행규칙 제30조(실무교육의 강사)
실무교육을 담당할 강사는 다음 각 호의 어느 하나에 해당하는 사람 중에서 소방에 관한 학식·경험·능력 등을 종합적으로 고려하여 소방청장이 임명 또는 위촉한다.
1. 안전원 직원
2. 소방기술사
3. 소방시설관리사
4. 소방안전 관련 학과에서 부교수 이상의 직에 재직 중이거나 재직한 사람
5. 소방안전 관련 분야에서 석사 이상의 학위를 취득한 사람
6. 소방공무원으로 5년 이상 근무한 사람

98 정답 ② 기본서 2권 113p

해설
② 연면적 3만㎡ 이상인 복합건축물(법 제35조 제1항)

※ 화재예방법 제35조(관리의 권원이 분리된 특정소방대상물의 소방안전관리)
① 다음 각 호의 어느 하나에 해당하는 특정소방대상물로서 그 관리의 권원(權原)이 분리되어 있는 특정소방대상물의 경우 그 관리의 권원별 관계인은 대통령령으로 정하는 바에 따라 제24조제1항에 따른 소방안전관리자를 선임하여야 한다. 다만, 소방본부장 또는 소방서장은 관리의 권원이 많아 효율적인 소방안전관리가 이루어지지 아니한다고 판단되는 경우 대통령령으로 정하는 바에 따라 관리의 권원을 조정하여 소방안전관리자를 선임하도록 할 수 있다.
1. 복합건축물(지하층을 제외한 층수가 11층 이상 또는 연면적 3만제곱미터 이상인 건축물)
2. 지하가(지하의 인공구조물 안에 설치된 상점 및 사무실, 그 밖에 이와 비슷한 시설이 연속하여 지하도에 접하여 설치된 것과 그 지하도를 합한 것을 말한다)
3. 그 밖에 대통령령으로 정하는 특정소방대상물

※ 화재예방법 시행령 제35조(관리의 권원이 분리된 특정소방대상물)
법 제35조제1항제3호에서 "대통령령으로 정하는 특정소방대상물"이란 「소방시설 설치 및 관리에 관한 법률 시행령」 별표 2에 따른 판매시설 중 도매시장, 소매시장 및 전통시장을 말한다.

99 정답 ④ 기본서 2권 113p

해설
※ 화재예방법 제50조 제3항 제3호
소방안전관리자, 총괄소방안전관리자 또는 소방안전관리보조자를 선임하지 아니한 자는 300만 원 이하의 벌금에 처한다.

100 정답 ③ 기본서 2권 117~118p

해설

③ 소방안전관리대상물의 관계인은 피난시설의 위치, 피난경로 또는 대피요령이 포함된 피난유도 안내정보를 근무자 또는 거주자에게 정기적으로 제공하여야 한다.

※ 화재예방법 제36조(피난계획의 수립 및 시행)
① 소방안전관리대상물의 관계인은 그 장소에 근무하거나 거주 또는 출입하는 사람들이 화재가 발생한 경우에 안전하게 피난할 수 있도록 피난계획을 수립·시행하여야 한다.
② 제1항의 피난계획에는 그 소방안전관리대상물의 구조, 피난시설 등을 고려하여 설정한 피난경로가 포함되어야 한다.
③ 소방안전관리대상물의 관계인은 피난시설의 위치, 피난경로 또는 대피요령이 포함된 피난유도 안내정보를 근무자 또는 거주자에게 정기적으로 제공하여야 한다.
④ 제1항에 따른 피난계획의 수립·시행, 제3항에 따른 피난유도 안내정보 제공에 필요한 사항은 행정안전부령으로 정한다.

※ 화재예방법 시행규칙 제34조(피난계획의 수립·시행)
① 법 제36조제1항에 따른 피난계획(이하 "피난계획"이라 한다)에는 다음 각 호의 사항이 포함되어야 한다.
　1. 화재경보의 수단 및 방식
　2. 층별, 구역별 피난대상 인원의 연령별·성별 현황
　3. 피난약자의 현황
　4. 각 거실에서 옥외(옥상 또는 피난안전구역을 포함한다)로 이르는 피난경로
　5. 피난약자 및 피난약자를 동반한 사람의 피난동선과 피난방법
　6. 피난시설, 방화구획, 그 밖에 피난에 영향을 줄 수 있는 제반 사항
② 소방안전관리대상물의 관계인은 해당 소방안전관리대상물의 구조·위치, 소방시설 등을 고려하여 피난계획을 수립해야 한다.
③ 소방안전관리대상물의 관계인은 해당 소방안전관리대상물의 피난시설이 변경된 경우에는 그 변경사항을 반영하여 피난계획을 정비해야 한다.
④ 제1항부터 제3항까지에서 규정한 사항 외에 피난계획의 수립·시행에 필요한 세부사항은 소방청장이 정하여 고시한다.

※ 화재예방법 시행규칙 제35조(피난유도 안내정보의 제공)
① 법 제36조제3항에 따른 피난유도 안내정보는 다음 각 호의 어느 하나의 방법으로 제공한다.
　1. 연 2회 피난안내 교육을 실시하는 방법
　2. 분기별 1회 이상 피난안내방송을 실시하는 방법
　3. 피난안내도를 층마다 보기 쉬운 위치에 게시하는 방법
　4. 엘리베이터, 출입구 등 시청이 용이한 장소에 피난안내영상을 제공하는 방법
② 제1항에서 규정한 사항 외에 피난유도 안내정보의 제공에 필요한 세부사항은 소방청장이 정하여 고시한다.

101 정답 ④ 기본서 2권 118p

해설

※ 피난유도 안내정보의 제공 방법(규칙 제35조 제1항)
㉠ 연 2회 피난안내 교육을 실시하는 방법
㉡ 분기별 1회 이상 피난안내방송을 실시하는 방법
㉢ 피난안내도를 층마다 보기 쉬운 위치에 게시하는 방법
㉣ 엘리베이터, 출입구 등 시청이 용이한 지역에 피난안내영상을 제공하는 방법

102 정답 ④ 기본서 2권 119p

해설

※ 화재예방법 제37조(소방안전관리대상물 근무자 및 거주자 등에 대한 소방훈련 등)
① 소방안전관리대상물의 관계인은 그 장소에 근무하거나 거주하는 사람 등에게 소화·통보·피난 등의 훈련과 소방안전관리에 필요한 교육을 하여야 하고, 피난훈련은 그 소방대상물에 출입하는 사람을 안전한 장소로 대피시키고 유도하는 훈련을 포함하여야 한다. 이 경우 소방훈련과 교육의 횟수 및 방법 등에 관하여 필요한 사항은 행정안전부령으로 정한다.

103 정답 ③ 기본서 2권 119p

해설

※ 화재예방법 제37조(소방안전관리대상물 근무자 및 거주자 등에 대한 소방훈련 등)
① 소방안전관리대상물의 관계인은 그 장소에 근무하거나 거주하는 사람 등에게 소화·통보·피난 등의 훈련과 소방안전관리에 필요한 교육을 하여야 하고, 피난훈련은 그 소방대상물에 출입하는 사람을 안전한 장소로 대피시키고 유도하는 훈련을 포함하여야 한다. 이 경우 소방훈련과 교육의 횟수 및 방법 등에 관하여 필요한 사항은 행정안전부령으로 정한다.

104 정답 ② 기본서 2권 120p

해설

※ 화재예방법 제37조(소방안전관리대상물 근무자 및 거주자 등에 대한 소방훈련 등)
③ 소방본부장 또는 소방서장은 제1항에 따라 소방안전관리대상물의 관계인이 실시하는 소방훈련과 교육을 지도·감독할 수 있다.

105 정답 ② 기본서 2권 119~120p

해설

※ 화재예방법 제37조(소방안전관리대상물 근무자 및 거주자 등에 대한 소방훈련 등)

① 소방안전관리대상물의 관계인은 그 장소에 근무하거나 거주하는 사람 등(이하 이 조에서 "근무자등"이라 한다)에게 소화·통보·피난 등의 훈련(이하 "소방훈련"이라 한다)과 소방안전관리에 필요한 교육을 하여야 하고, 피난훈련은 그 소방대상물에 출입하는 사람을 안전한 장소로 대피시키고 유도하는 훈련을 포함하여야 한다. 이 경우 소방훈련과 교육의 횟수 및 방법 등에 관하여 필요한 사항은 행정안전부령으로 정한다.

② 소방안전관리대상물 중 소방안전관리업무의 전담이 필요한 대통령령으로 정하는 소방안전관리대상물의 관계인은 제1항에 따른 소방훈련 및 교육을 한 날부터 30일 이내에 소방훈련 및 교육 결과를 행정안전부령으로 정하는 바에 따라 소방본부장 또는 소방서장에게 제출하여야 한다.

③ <u>소방본부장 또는 소방서장</u>은 제1항에 따라 소방안전관리대상물의 관계인이 실시하는 소방훈련과 교육을 지도·감독할 수 있다.

※ 화재예방법 시행령 제38조(소방훈련·교육 결과 제출의 대상)

법 제37조제2항에서 "대통령령으로 정하는 소방안전관리대상물"이란 다음 각 호의 소방안전관리대상물을 말한다.
 1. 별표4 제1호에 따른 특급 소방안전관리대상물
 2. 별표4 제2호에 따른 1급 소방안전관리대상물

※ 화재예방법 시행규칙 제37조(소방훈련 및 교육 실시 결과의 제출)

영 제38조 각 호에 따른 소방안전관리대상물의 관계인은 제36조제1항에 따라 소방훈련 및 교육을 실시한 날부터 30일 이내에 별지 제29호서식의 소방훈련·교육 실시 결과서를 작성하여 소방본부장 또는 소방서장에게 제출해야 한다.

106 정답 ② 기본서 2권 121p

해설

※ 화재예방법 시행령 제39조(불시 소방훈련·교육의 대상)

법 제37조제4항에서 "대통령령으로 정하는 특정소방대상물"이란 소방안전관리대상물 중 다음 각 호의 특정소방대상물을 말한다.
1. 「소방시설 설치 및 관리에 관한 법률 시행령」 별표 2 제7호에 따른 의료시설
2. 「소방시설 설치 및 관리에 관한 법률 시행령」 별표 2 제8호에 따른 교육연구시설
3. 「소방시설 설치 및 관리에 관한 법률 시행령」 별표 2 제9호에 따른 노유자 시설
4. 그 밖에 화재 발생 시 불특정 다수의 인명피해가 예상되어 소방본부장 또는 소방서장이 소방훈련·교육이 필요하다고 인정하는 특정소방대상물

107 정답 ④ 기본서 2권 121p

해설

※ 화재예방법 시행규칙 제39조(불시 소방훈련·교육의 평가 방법 및 절차)
① 소방본부장 또는 소방서장은 법 제37조제5항 전단에 따라 불시 소방훈련·교육 실시 결과에 대한 평가를 실시하려는 경우에는 평가 계획을 사전에 수립해야 한다.
② 제1항에 따른 평가의 기준은 다음 각 호와 같다.
  1. 불시 소방훈련·교육 내용의 적절성
  2. 불시 소방훈련·교육 유형 및 방법의 적합성
  3. 불시 소방훈련·교육 참여인력, 시설 및 장비 등의 적정성
  4. 불시 소방훈련·교육 여건 및 참여도

108 정답 ② 기본서 2권 124p

해설

※ 화재예방법 시행규칙 제40조(소방안전교육 대상자 등)
② 소방본부장 또는 소방서장은 법 제38조제1항에 따른 소방안전교육을 실시하려는 경우에는 교육일 10일 전까지 별지 제32호서식의 특정소방대상물 관계인 소방안전교육 계획서를 작성하여 통보해야 한다.

109 정답 ③ 기본서 2권 125p

해설

③ 자위소방대의 구성·운영 및 교육

※ 화재예방법 제39조(공공기관의 소방안전관리)
① 국가, 지방자치단체, 국공립학교 등 대통령령으로 정하는 공공기관의 장은 소관 기관의 근무자 등의 생명·신체와 건축물·인공구조물 및 물품 등을 화재로부터 보호하기 위하여 화재예방, 자위소방대의 조직 및 편성, 소방시설등의 자체점검과 소방훈련 등의 소방안전관리를 하여야 한다.
② 제1항에 따른 공공기관에 대한 다음 각 호의 사항에 관하여는 제24조부터 제38조까지의 규정에도 불구하고 대통령령으로 정하는 바에 따른다.
  1. 소방안전관리자의 자격·책임 및 선임 등
  2. 소방안전관리의 업무대행
  3. 자위소방대의 구성·운영 및 교육
  4. 근무자 등에 대한 소방훈련 및 교육
  5. 그 밖에 소방안전관리에 필요한 사항

제6장	특별관리시설물의 소방안전 관리
제7장	보 칙
제8장	벌 칙

110
정답 ③ 기본서 2권 132p

해설

㉠ 철도시설, ㉢ 산업단지, ㉥ 석유비축시설

※ 화재예방법 제40조(소방안전 특별관리시설물의 안전관리)

① 소방청장은 화재 등 재난이 발생할 경우 사회·경제적으로 피해가 큰 다음 각 호의 시설(이하 "소방안전 특별관리시설물"이라 한다)에 대하여 소방안전 특별관리를 하여야 한다.

1. 「공항시설법」제2조제7호의 공항시설
2. 「철도산업발전기본법」제3조제2호의 철도시설
3. 「도시철도법」제2조제3호의 도시철도시설
4. 「항만법」제2조제5호의 항만시설
5. 「문화유산의 보존 및 활용에 관한 법률」제2조제3항의 지정문화유산 및 「자연유산의 보존 및 활용에 관한 법률」제2조제5호에 따른 천연기념물등인 시설(시설이 아닌 지정문화유산 및 천연기념물등을 보호하거나 소장하고 있는 시설을 포함한다)
6. 「산업기술단지 지원에 관한 특례법」제2조제1호의 산업기술단지
7. 「산업입지 및 개발에 관한 법률」제2조제8호의 산업단지
8. 「초고층 및 지하연계 복합건축물 재난관리에 관한 특별법」제2조제1호·제2호의 초고층 건축물 및 지하연계 복합건축물
9. 「영화 및 비디오물의 진흥에 관한 법률」제2조제10호의 영화상영관 중 수용인원 1천명 이상인 영화상영관
10. 전력용 및 통신용 지하구
11. 「한국석유공사법」제10조제1항제3호의 석유비축시설
12. 「한국가스공사법」제11조제1항제2호의 천연가스 인수기지 및 공급망
13. 「전통시장 및 상점가 육성을 위한 특별법」제2조제1호의 전통시장으로서 대통령령으로 정하는 전통시장
14. 그 밖에 대통령령으로 정하는 시설물

② 소방청장은 제1항에 따른 특별관리를 체계적이고 효율적으로 하기 위하여 시·도지사와 협의하여 소방안전 특별관리기본계획을 제4조제1항에 따른 기본계획에 포함하여 수립 및 시행하여야 한다.

③ 시·도지사는 제2항에 따른 소방안전 특별관리기본계획에 저촉되지 아니하는 범위에서 관할 구역에 있는 소방안전 특별관리시설물의 안전관리에 적합한 소방안전 특별관리시행계획을 제4조제6항에 따른 세부시행계획에 포함하여 수립 및 시행하여야 한다.

④ 그 밖에 제2항 및 제3항에 따른 소방안전 특별관리기본계획 및 소방안전 특별관리시행계획의 수립·시행에 필요한 사항은 대통령령으로 정한다.

111
정답 ④ 기본서 2권 132p

해설

④ 물류창고로서 연면적 10만㎡ 이상인 것(영 제41조 제2항제2호)

112

정답 ③ **기본서 2권** 132p

해설

③ 점포가 <u>500개</u> 이상인 전통시장(영 제41조 제1항)

113

정답 ③ **기본서 2권** 133p

해설

③ <u>화재대응을 위한 훈련</u>

※ 화재예방법 시행령 제42조(소방안전특별관리기본계획·시행계획의 수립·시행)
② 특별관리기본계획에는 다음 각 호의 사항이 포함되어야 한다.
 1. 화재예방을 위한 중기·장기 안전관리정책
 2. 화재예방을 위한 교육·홍보 및 점검·진단
 3. 화재대응을 위한 훈련
 4. 화재대응과 사후 조치에 관한 역할 및 공조체계
 5. 그 밖에 화재 등의 안전관리를 위하여 필요한 사항

114

정답 ② **기본서 2권** 133p

해설

② 특별관리기본계획에는 화재대응과 <u>사후 조치</u>에 관한 역할 및 <u>공조체계</u>의 사항이 포함되어야 한다.

※ 화재예방법 시행령 제42조(소방안전특별관리기본계획·시행계획의 수립·시행)
① 소방청장은 법 제40조제2항에 따른 소방안전 특별관리기본계획(이하 "특별관리기본계획"이라 한다)을 5년마다 수립하여 시·도에 통보해야 한다.
② 특별관리기본계획에는 다음 각 호의 사항이 포함되어야 한다.
 1. 화재예방을 위한 중기·장기 안전관리정책
 2. 화재예방을 위한 교육·홍보 및 점검·진단
 3. 화재대응을 위한 훈련
 4. 화재대응과 사후 조치에 관한 역할 및 공조체계
 5. 그 밖에 화재 등의 안전관리를 위하여 필요한 사항
③ 시·도지사는 특별관리기본계획을 시행하기 위하여 매년 법 제40조제3항에 따른 소방안전 특별관리시행계획(이하 "특별관리시행계획"이라 한다)을 수립·시행하고, 그 결과를 다음 연도 1월 31일까지 소방청장에게 통보해야 한다.
④ 특별관리시행계획에는 다음 각 호의 사항이 포함되어야 한다.
 1. 특별관리기본계획의 집행을 위하여 필요한 사항
 2. 시·도에서 화재 등의 안전관리를 위하여 필요한 사항
⑤ 소방청장 및 시·도지사는 특별관리기본계획 및 특별관리시행계획을 수립하는 경우 성별, 연령별, 화재안전취약자별 화재 피해현황 및 실태 등을 고려해야 한다.

115 정답 ④ 기본서 2권 133p

해설

※ 화재예방법 시행령 제42조(소방안전특별관리기본계획·시행계획의 수립·시행)

③ 시·도지사는 특별관리기본계획을 시행하기 위하여 매년 법 제40조제3항에 따른 소방안전 특별관리시행계획을 수립·시행하고, 그 시행 결과를 계획 시행 다음 연도 1월 31일까지 소방청장에게 통보하여야 한다.

116 정답 ③ 기본서 2권 136p

해설

※ 화재예방법 시행령 제43조(화재예방안전진단의 대상)

법 제41조제1항에서 "대통령령으로 정하는 소방안전 특별관리시설물"이란 다음 각 호의 시설을 말한다.
1. 법 제40조제1항제1호에 따른 공항시설 중 여객터미널의 연면적이 1천제곱미터 이상인 공항시설
2. 법 제40조제1항제2호에 따른 철도시설 중 역 시설의 연면적이 5천제곱미터 이상인 철도시설
3. 법 제40조제1항제3호에 따른 도시철도시설 중 역사 및 역 시설의 연면적이 5천제곱미터 이상인 도시철도시설
4. 법 제40조제1항제4호에 따른 항만시설 중 여객이용시설 및 지원시설의 연면적이 5천제곱미터 이상인 항만시설
5. 법 제40조제1항제10호에 따른 전력용 및 통신용 지하구 중 「국토의 계획 및 이용에 관한 법률」 제2조제9호에 따른 공동구
6. 법 제40조제1항제12호에 따른 천연가스 인수기지 및 공급망 중 「소방시설 설치 및 관리에 관한 법률 시행령」 별표 2 제17호나목에 따른 가스시설
7. 제41조제2항제1호에 따른 발전소 중 연면적이 5천제곱미터 이상인 발전소
8. 제41조제2항제3호에 따른 가스공급시설 중 가연성 가스 탱크의 저장용량의 합계가 100톤 이상이거나 저장용량이 30톤 이상인 가연성 가스 탱크가 있는 가스공급시설

117 정답 ③ 기본서 2권 136p

해설

※ 화재예방법 시행령 제43조(화재예방안전진단의 대상)

법 제41조제1항에서 "대통령령으로 정하는 소방안전 특별관리시설물"이란 다음 각 호의 시설을 말한다.
1. 법 제40조제1항제1호에 따른 공항시설 중 여객터미널의 연면적이 1천제곱미터 이상인 공항시설
2. 법 제40조제1항제2호에 따른 철도시설 중 역 시설의 연면적이 5천제곱미터 이상인 철도시설
3. 법 제40조제1항제3호에 따른 도시철도시설 중 역사 및 역 시설의 연면적이 5천제곱미터 이상인 도시철도시설
4. 법 제40조제1항제4호에 따른 항만시설 중 여객이용시설 및 지원시설의 연면적이 5천제곱미터 이상인 항만시설
5. 법 제40조제1항제10호에 따른 전력용 및 통신용 지하구 중 「국토의 계획 및 이용에 관한 법률」 제2조제9호에 따른 공동구
6. 법 제40조제1항제12호에 따른 천연가스 인수기지 및 공급망 중 「소방시설 설치 및 관리에 관한 법률 시행령」 별표 2 제17호나목에 따른 가스시설
7. 제41조제2항제1호에 따른 발전소 중 연면적이 5천제곱미터 이상인 발전소
8. 제41조제2항제3호에 따른 가스공급시설 중 가연성 가스 탱크의 저장용량의 합계가 100톤 이상이거나 저장용량이 30톤 이상인 가연성 가스 탱크가 있는 가스공급시설

118 정답 ②   기본서 2권 136p

해설

※ 화재예방법 시행령 제44조(화재예방안전진단의 실시 절차 등)

② 화재예방안전진단을 받은 소방안전 특별관리시설물의 관계인은 제3항에 따른 안전등급(이하 "안전등급"이라 한다)에 따라 정기적으로 다음 각 호의 기간에 법 제41조제1항에 따라 화재예방안전진단을 받아야 한다.

   1. 안전등급이 우수인 경우: 안전등급을 통보받은 날부터 6년이 경과한 날이 속하는 해
   2. 안전등급이 양호·보통인 경우: 안전등급을 통보받은 날부터 5년이 경과한 날이 속하는 해
   3. 안전등급이 미흡·불량인 경우: 안전등급을 통보받은 날부터 4년이 경과한 날이 속하는 해

119 정답 ②   기본서 2권 137p

해설

※ 화재예방법 시행령 별표7

안전등급	화재안전예방진단 대상물의 상태
우수 (A)	화재예방안전진단 실시 결과 문제점이 발견되지 않은 상태
양호 (B)	화재예방안전진단 실시 결과 문제점이 일부 발견되었으나 대상물의 화재안전에는 이상이 없으며 대상물 일부에 대해 법 제41조제5항에 따른 보수·보강 등의 조치명령(이하 이 표에서 "조치명령"이라 한다)이 필요한 상태
보통 (C)	화재예방안전진단 실시 결과 문제점이 다수 발견되었으나 대상물의 전반적인 화재안전에는 이상이 없으며 대상물에 대한 다수의 조치명령이 필요한 상태
미흡 (D)	화재예방안전진단 실시 결과 광범위한 문제점이 발견되어 대상물의 화재안전을 위해 조치명령의 즉각적인 이행이 필요하고 대상물의 사용 제한을 권고할 필요가 있는 상태
불량 (E)	화재예방안전진단 실시 결과 중대한 문제점이 발견되어 대상물의 화재안전을 위해 조치명령의 즉각적인 이행이 필요하고 대상물의 사용 중단을 권고할 필요가 있는 상태

120

정답 ② **기본서 2권** 138~139p

해설

② 한국소방안전원 또는 화재예방안전진단기관의 화재예방안전진단을 받은 연도에는 소방훈련과 교육 및 「소방시설 설치 및 관리에 관한 법률」에 따른 자체점검을 받은 것으로 본다.

※ 화재예방법 제41조(화재예방안전진단)

① 대통령령으로 정하는 소방안전 특별관리시설물의 관계인은 화재의 예방 및 안전관리를 체계적·효율적으로 수행하기 위하여 대통령령으로 정하는 바에 따라 「소방기본법」 제40조에 따른 한국소방안전원(이하 "안전원"이라 한다) 또는 소방청장이 지정하는 화재예방안전진단기관(이하 "진단기관"이라 한다)으로부터 정기적으로 화재예방안전진단을 받아야 한다.

② 제1항에 따른 화재예방안전진단의 범위는 다음 각 호와 같다.
  1. 화재위험요인의 조사에 관한 사항
  2. 소방계획 및 피난계획 수립에 관한 사항
  3. 소방시설등의 유지·관리에 관한 사항
  4. 비상대응조직 및 교육훈련에 관한 사항
  5. 화재 위험성 평가에 관한 사항
  6. 그 밖에 화재예방진단을 위하여 대통령령으로 정하는 사항

③ 제1항에 따라 안전원 또는 진단기관의 화재예방안전진단을 받은 연도에는 제37조에 따른 소방훈련과 교육 및 「소방시설 설치 및 관리에 관한 법률」 제22조에 따른 자체점검을 받은 것으로 본다.

④ 안전원 또는 진단기관은 제1항에 따른 화재예방안전진단 결과를 행정안전부령으로 정하는 바에 따라 소방본부장 또는 소방서장, 관계인에게 제출하여야 한다.

⑤ 소방본부장 또는 소방서장은 제4항에 따라 제출받은 화재예방안전진단 결과에 따라 보수·보강 등의 조치가 필요하다고 인정하는 경우에는 해당 소방안전 특별관리시설물의 관계인에게 보수·보강 등의 조치를 취할 것을 명할 수 있다.

⑥ 화재예방안전진단 업무에 종사하고 있거나 종사하였던 사람은 업무를 수행하면서 알게 된 비밀을 이 법에서 정한 목적 외의 용도로 사용하거나 다른 사람 또는 기관에 제공하거나 누설하여서는 아니 된다.

121

정답 ③ **기본서 2권** 139p

해설

※ 화재예방법 시행규칙 제42조(화재예방안전진단 결과 제출)

① 화재예방안전진단을 실시한 안전원 또는 진단기관은 법 제41조제4항에 따라 화재예방안전진단이 완료된 날부터 60일 이내에 소방본부장 또는 소방서장, 관계인에게 별지 제34호서식의 화재예방안전진단 결과 보고서(전자문서를 포함한다)에 다음 각 호의 서류(전자문서를 포함한다)를 첨부하여 제출해야 한다.

122 정답 ③ 기본서 2권 142p

해설

※ 화재예방법 제42조(진단기관의 지정 및 취소)

② 소방청장은 진단기관으로 지정받은 자가 다음 각 호의 어느 하나에 해당하는 경우에는 그 지정을 취소하거나 6개월 이내의 기간을 정하여 업무의 전부 또는 일부의 정지를 명할 수 있다. 다만, 제1호 또는 제4호에 해당하는 경우에는 그 지정을 취소하여야 한다.

1. 거짓이나 그 밖의 부정한 방법으로 지정을 받은 경우
2. 제41조제4항에 따른 화재예방안전진단 결과를 소방본부장 또는 소방서장, 관계인에게 제출하지 아니한 경우
3. 제1항에 따른 지정기준에 미달하게 된 경우
4. 업무정지기간에 화재예방안전진단 업무를 한 경우

123 정답 ③ 기본서 2권 150p

해설

③ 소방청장은 국민이 화재의 예방과 안전문화를 실천하고 체험할 수 있는 체험시설을 설치·운영할 수 있다.

※ 화재예방법 제43조(화재의 예방과 안전문화 진흥을 위한 시책의 추진)

① 소방관서장은 국민의 화재 예방과 안전에 관한 의식을 높이고 화재의 예방과 안전문화를 진흥시키기 위한 다음 각 호의 활동을 적극 추진하여야 한다.
  1. 화재의 예방 및 안전관리에 관한 의식을 높이기 위한 활동 및 홍보
  2. 소방대상물 특성별 화재의 예방과 안전관리에 필요한 행동요령의 개발·보급
  3. 화재의 예방과 안전문화 우수사례의 발굴 및 확산
  4. 화재 관련 통계 현황의 관리·활용 및 공개
  5. 화재의 예방과 안전관리 취약계층에 대한 화재의 예방 및 안전관리 강화
  6. 그 밖에 화재의 예방과 안전문화를 진흥하기 위한 활동

② 소방관서장은 화재의 예방과 안전문화 활동에 국민 또는 주민이 참여할 수 있는 제도를 마련하여 시행할 수 있다.

③ 소방청장은 국민이 화재의 예방과 안전문화를 실천하고 체험할 수 있는 체험시설을 설치·운영할 수 있다.

④ 국가와 지방자치단체는 지방자치단체 또는 그 밖의 기관·단체에서 추진하는 화재의 예방과 안전문화활동을 위하여 필요한 예산을 지원할 수 있다.

124

정답 ①　기본서 2권　153p

해설

※ 화재예방법 시행규칙 제48조(조치명령등의 기간연장)

① 법 제45조제1항에 따른 조치명령·선임명령 또는 이행명령(이하 "조치명령등"이라 한다)의 기간연장을 신청하려는 관계인 등은 영 제47조제2항에 따라 별지 제38호서식에 따른 조치명령등의 기간연장 신청서(전자문서를 포함한다)에 조치명령등을 이행할 수 없음을 증명할 수 있는 서류(전자문서를 포함한다)를 첨부하여 소방관서장에게 제출해야 한다.

② 제1항에 따른 신청서를 제출받은 소방관서장은 신청받은 날부터 3일 이내에 조치명령등의 기간연장 여부를 결정하여 별지 제39호서식의 조치명령등의 기간연장 신청 결과 통지서를 관계인 등에게 통지해야 한다.

125

정답 ④　기본서 2권　155p

해설

※ 화재예방법 제46조(청문)

소방청장 또는 시·도지사는 다음 각 호의 어느 하나에 해당하는 처분을 하려면 청문을 하여야 한다.
1. 제31조제1항에 따른 소방안전관리자의 자격 취소
2. 제42조제2항에 따른 진단기관의 지정 취소

126

정답 ② - ㄴ, ㅁ　기본서 2권　155p

해설

※ 화재예방법 제46조(청문)

소방청장 또는 시·도지사는 다음 각 호의 어느 하나에 해당하는 처분을 하려면 청문을 하여야 한다.
1. 제31조제1항에 따른 소방안전관리자의 자격 취소
2. 제42조제2항에 따른 진단기관의 지정 취소

127

정답 ③　기본서 2권　156p

해설

※ 화재예방법 시행령 제48조(권한의 위임·위탁 등)

소방청장은 법 제48조제1항에 따라 법 제31조에 따른 소방안전관리자 자격의 정지 및 취소에 관한 업무를 소방서장에게 위임한다.

128 정답 ④ 기본서 2권 159p

해설

※ 화재예방법 제49조(벌칙 적용에서 공무원 의제)

다음 각 호의 어느 하나에 해당하는 자 중 공무원이 아닌 사람은 「형법」 제129조부터 제132조까지의 규정을 적용할 때에는 공무원으로 본다.

1. 제9조에 따른 화재안전조사단의 구성원
2. 제10조에 따른 화재안전조사위원회의 위원
3. 제11조에 따라 화재안전조사에 참여하는 자
4. 제22조에 따른 화재안전영향평가심의회 위원
5. 제41조제1항에 따른 화재예방안전진단업무 수행 기관의 임원 및 직원
6. 제48조제2항에 따라 위탁받은 업무에 종사하는 안전원의 담당 임원 및 직원

※ 형법 제129조(수뢰, 사전수뢰)

① 공무원 또는 중재인이 그 직무에 관하여 뇌물을 수수, 요구 또는 약속한 때에는 5년 이하의 징역 또는 10년 이하의 자격정지에 처한다.
② 공무원 또는 중재인이 될 자가 그 담당할 직무에 관하여 청탁을 받고 뇌물을 수수, 요구 또는 약속한 후 공무원 또는 중재인이 된 때에는 3년 이하의 징역 또는 7년 이하의 자격정지에 처한다.

129 정답 ④ 기본서 2권 162p

해설

①②③ - 3년 이하의 징역 또는 3천만 원 이하의 벌금(화재예방법 제50조 제1항)
④ - 1년 이하의 징역 또는 1천만 원 이하의 벌금(화재예방법 제50조 제2항)

130 정답 ③ 기본서 2권 162p

해설

①②④ - 300만 원 이하의 벌금(화재예방법 제50조 제3항)
③ - 1년 이하의 징역 또는 1천만 원 이하의 벌금(화재예방법 제50조 제2항)

131 정답 ② 기본서 2권 162p

해설

※ 화재예방법 제50조(벌칙)

② 다음 각 호의 어느 하나에 해당하는 자는 1년 이하의 징역 또는 1천만 원 이하의 벌금에 처한다.
  3. 제41조제1항을 위반하여 진단기관으로부터 화재예방안전진단을 받지 아니한 자

132 정답 ④ 기본서 2권 162~163p

해설

※ 화재예방법 제51조(양벌규정)

법인의 대표자나 법인 또는 개인의 대리인, 사용인, 그 밖의 종업원이 그 법인 또는 개인의 업무에 관하여 제50조에 해당하는 위반행위를 하면 그 행위자를 벌하는 외에 그 법인 또는 개인에게도 해당 조문의 벌금형을 과(科)한다. 다만, 법인 또는 개인이 그 위반행위를 방지하기 위하여 해당 업무에 관하여 상당한 주의와 감독을 게을리 하지 아니한 경우에는 그러하지 아니하다.

①②③ - 300만 원 이하의 과태료(화재예방법 제52조 제1항)
④ - 300만 원 이하의 벌금(화재예방법 제50조 제3항)

133 정답 ④ 기본서 2권 162p

해설

※ 화재예방법 제50조(벌칙)
③ 다음 각 호의 어느 하나에 해당하는 자는 300만 원 이하의 벌금에 처한다.
 1. 제7조제1항에 따른 화재안전조사를 정당한 사유 없이 거부·방해 또는 기피한 자

134 정답 ③ 기본서 2권 163p

해설

①②④ - 200만 원 이하의 과태료 (법 제52조 제2항)
③ - 300만 원 이하의 과태료 (법 제52조 제1항)

135 정답 ④ 기본서 2권 164p

해설

※ 화재예방법 시행령 별표9

위반행위	과태료 금액(단위: 만원)		
	1차 위반	2차 위반	3차 이상 위반
특정소방대상물의 관계인이 소방안전관리 규정에 따른 소방안전관리업무를 하지 않은 경우	100	200	300

PART 05 소방시설공사업법

제1장	총칙
제2장	소방시설업
제3장	소방시설공사등

01 정답 ④ 기본서 2권 174p

해설

※ 소방시설공사업법 제1조(목적)

이 법은 ㉠ 소방시설공사 및 소방기술의 관리에 필요한 사항을 규정함으로써 소방시설업을 건전하게 발전시키고 소방기술을 진흥시켜 화재로부터 공공의 안전을 확보하고 ㉣ 국민경제에 이바지함을 목적으로 한다.

02 정답 ③ 기본서 2권 174p

해설

※ 소방시설공사업법 제1조(목적)

이 법은 소방시설공사 및 소방기술의 관리에 필요한 사항을 규정함으로써 소방시설업을 건전하게 발전시키고 (소방기술을 진흥)시켜 화재로부터 (공공의 안전을 확보)하고 국민경제에 이바지함을 목적으로 한다.

03 정답 ③ 기본서 2권 175p

해설

※ 소방시설공사업법 제2조(정의)

① 이 법에서 사용하는 용어의 뜻은 다음과 같다.
1. "소방시설업"이란 다음 각 목의 영업을 말한다.
   가. 소방시설설계업 : 소방시설공사에 기본이 되는 공사계획, 설계도면, 설계 설명서, 기술계산서 및 이와 관련된 서류(이하 "설계도서"라 한다)를 작성(이하 "설계"라 한다)하는 영업
   나. 소방시설공사업 : 설계도서에 따라 소방시설을 신설, 증설, 개설, 이전 및 정비(이하 "시공"이라 한다)하는 영업
   다. 소방공사감리업 : 소방시설공사에 관한 발주자의 권한을 대행하여 소방시설공사가 설계도서와 관계 법령에 따라 적법하게 시공되는지를 확인하고, 품질・시공 관리에 대한 기술지도를 하는(이하 "감리"라 한다) 영업
   라. 방염처리업 :「소방시설 설치 및 관리에 관한 법률」제20조 제1항에 따른 방염대상물품에 대하여 방염처리(이하 "방염"이라 한다)하는 영업

04

정답 ① 기본서 2권 175p

해설

※ 소방시설공사업법 제2조(정의)

① 이 법에서 사용하는 용어의 뜻은 다음과 같다.
   1. "소방시설업"이란 다음 각 목의 영업을 말한다.
      가. 소방시설설계업 : 소방시설공사에 기본이 되는 공사계획, 설계도면, 설계 설명서, 기술계산서 및 이와 관련된 서류(이하 "설계도서"라 한다)를 작성(이하 "설계"라 한다)하는 영업
      나. 소방시설공사업 : 설계도서에 따라 소방시설을 신설, 증설, 개설, 이전 및 정비(이하 "시공"이라 한다)하는 영업
      다. 소방공사감리업 : 소방시설공사에 관한 발주자의 권한을 대행하여 소방시설공사가 설계도서와 관계 법령에 따라 적법하게 시공되는지를 확인하고, 품질·시공 관리에 대한 기술지도를 하는(이하 "감리"라 한다) 영업
      라. 방염처리업 : 「소방시설 설치 및 관리에 관한 법률」 제20조 제1항에 따른 방염대상물품에 대하여 방염처리(이하 "방염"이라 한다)하는 영업

05

정답 ② 기본서 2권 175p

해설

※ 소방시설공사업법 제2조(정의)

① 이 법에서 사용하는 용어의 뜻은 다음과 같다.
   1. "소방시설업"이란 다음 각 목의 영업을 말한다.
      가. 소방시설설계업 : 소방시설공사에 기본이 되는 공사계획, 설계도면, 설계 설명서, 기술계산서 및 이와 관련된 서류(이하 "설계도서"라 한다)를 작성(이하 "설계"라 한다)하는 영업
      나. 소방시설공사업 : 설계도서에 따라 소방시설을 신설, 증설, 개설, 이전 및 정비(이하 "시공"이라 한다)하는 영업
      다. 소방공사감리업 : 소방시설공사에 관한 발주자의 권한을 대행하여 소방시설공사가 설계도서와 관계 법령에 따라 적법하게 시공되는지를 확인하고, 품질·시공 관리에 대한 기술지도를 하는(이하 "감리"라 한다) 영업
      라. 방염처리업 : 「소방시설 설치 및 관리에 관한 법률」 제20조 제1항에 따른 방염대상물품에 대하여 방염처리(이하 "방염"이라 한다)하는 영업

06

정답 ④ 기본서 2권 175p

해설

④ 건축물 창호도 작성
→ 건축물의 창호도는 건축허가 동의 요구 시 첨부하여야 하는 서류로서 건축설계사무소(건축사)에서 작성하여야 하는 서류에 해당한다.

※ 소방시설공사업법 제2조(정의)

   가. 소방시설설계업 : 소방시설공사에 기본이 되는 공사계획, 설계도면, 설계 설명서, 기술계산서 및 이와 관련된 서류(이하 "설계도서"라 한다)를 작성(이하 "설계"라 한다)하는 영업

07 정답 ③ 기본서 2권 175p

해설

③ "감리원"이란 소방공사감리업자에 소속된 소방기술자로서 해당 소방시설공사를 감리하는 사람을 말한다.

※ 소방시설공사업법 제2조(정의)
① 이 법에서 사용하는 용어의 뜻은 다음과 같다.
  1. "소방시설업"이란 다음 각 목의 영업을 말한다.
     가. <u>소방시설설계업</u> : 소방시설공사에 기본이 되는 공사계획, 설계도면, 설계 설명서, 기술계산서 및 이와 관련된 서류(이하 "설계도서"라 한다)를 작성(이하 "설계"라 한다)하는 영업
     나. <u>소방시설공사업</u> : 설계도서에 따라 소방시설을 신설, 증설, 개설, 이전 및 정비(이하 "시공"이라 한다)하는 영업
     다. 소방공사감리업 : 소방시설공사에 관한 발주자의 권한을 대행하여 소방시설공사가 설계도서와 관계 법령에 따라 적법하게 시공되는지를 확인하고, 품질·시공 관리에 대한 기술지도를 하는(이하 "감리"라 한다) 영업
     라. 방염처리업 : 「소방시설 설치 및 관리에 관한 법률」 제20조 제1항에 따른 방염대상물품에 대하여 방염처리(이하 "방염"이라 한다)하는 영업
  2. <u>"소방시설업자"란 소방시설업을 경영하기 위하여 제4조에 따라 소방시설업을 등록한 자를 말한다.</u>
  3. <u>"감리원"이란 소방공사감리업자에 소속된 소방기술자로서 해당 소방시설공사를 감리하는 사람을 말한다.</u>
  4. "소방기술자"란 제28조에 따라 소방기술 경력 등을 인정받은 사람과 다음 각 목의 어느 하나에 해당하는 사람으로서 소방시설업과 「소방시설 설치 및 관리에 관한 법률」에 따른 소방시설관리업의 기술인력으로 등록된 사람을 말한다.
     가. 「소방시설 설치 및 관리에 관한 법률」에 따른 소방시설관리사
     나. 국가기술자격 법령에 따른 소방기술사, 소방설비기사, 소방설비산업기사, 위험물기능장, 위험물산업기사, 위험물기능사
  5. "발주자"란 소방시설의 설계, 시공, 감리 및 방염(이하 "소방시설공사등"이라 한다)을 소방시설업자에게 도급하는 자를 말한다. 다만, 수급인으로서 도급받은 공사를 하도급 하는 자는 제외한다.

08 정답 ④ 기본서 2권 175p

해설

※ 소방시설공사업법 제2조 제1항 제4호(정의)
① 이 법에서 사용하는 용어의 뜻은 다음과 같다.
  4. "소방기술자"란 제28조에 따라 소방기술 경력 등을 인정받은 사람과 다음 각 목의 어느 하나에 해당하는 사람으로서 소방시설업과 「소방시설 설치 및 관리에 관한 법률」에 따른 소방시설관리업의 기술인력으로 등록된 사람을 말한다.
     가. 「소방시설 설치 및 관리에 관한 법률」에 따른 소방시설관리사
     나. 국가기술자격 법령에 따른 소방기술사, 소방설비기사, 소방설비산업기사, 위험물기능장, 위험물산업기사, 위험물기능사

09 정답 ③ 기본서 2권 175p

해설

※ 소방시설공사업법 제2조(정의)

① 이 법에서 사용하는 용어의 뜻은 다음과 같다.

1. "소방시설업"이란 다음 각 목의 영업을 말한다.

　가. 소방시설설계업 : 소방시설공사에 기본이 되는 공사계획, 설계도면, 설계 설명서, 기술계산서 및 이와 관련된 서류(이하 "설계도서"라 한다)를 작성(이하 "설계"라 한다)하는 영업

　나. 소방시설공사업 : 설계도서에 따라 소방시설을 신설, 증설, 개설, 이전 및 정비(이하 "시공"이라 한다)하는 영업

　다. 소방공사감리업 : 소방시설공사에 관한 발주자의 권한을 대행하여 소방시설공사가 설계도서와 관계 법령에 따라 적법하게 시공되는지를 확인하고, 품질·시공 관리에 대한 기술지도를 하는(이하 "감리"라 한다) 영업

　라. 방염처리업 : 「소방시설 설치 및 관리에 관한 법률」 제20조 제1항에 따른 방염대상물품에 대하여 방염처리(이하 "방염"이라 한다)하는 영업

10 정답 ① 기본서 2권 176p

해설

※ 소방시설공사업법 제2조의2(소방시설공사등 관련 주체의 책무)

① 소방청장은 소방시설공사등의 품질과 안전이 확보되도록 소방시설공사등에 관한 기준 등을 정하여 보급하여야 한다.

② 발주자는 소방시설이 공공의 안전과 복리에 적합하게 시공되도록 공정한 기준과 절차에 따라 능력 있는 소방시설업자를 선정하여야 하고, 소방시설공사등이 적정하게 수행되도록 노력하여야 한다.

③ 소방시설업자는 소방시설공사등의 품질과 안전이 확보되도록 소방시설공사등에 관한 법령을 준수하고, 설계도서·시방서(示方書) 및 도급계약의 내용 등에 따라 성실하게 소방시설공사등을 수행하여야 한다.

11 정답 ① 기본서 2권 181p

해설

※ 소방시설공사업법 시행령 별표1 (소방시설업의 업종별 등록기준 및 영업범위)
1. 소방시설설계업

업종별	항목	기술인력	영업범위
전문 소방시설 설계업		가. 주된 기술인력 : 소방기술사 1명 이상 나. 보조기술인력 : 1명 이상	모든 특정소방대상물에 설치되는 소방시설의 설계
일반 소방 시설 설계업	기계 분야	가. 주된 기술인력 : 소방기술사 또는 기계분야 소방설비기사 1명 이상 나. 보조기술인력 : 1명 이상	가. 아파트에 설치되는 기계분야 소방시설(제연설비는 제외한다)의 설계 나. 연면적 3만 제곱미터(공장의 경우에는 1만 제곱미터) 미만의 특정소방대상물(제연설비가 설치되는 특정소방대상물은 제외한다)에 설치되는 기계분야 소방시설의 설계 다. 위험물제조소등에 설치되는 기계분야 소방시설의 설계
	전기 분야	가. 주된 기술인력 : 소방기술사 또는 전기분야 소방설비기사 1명 이상 나. 보조기술인력 : 1명 이상	가. 아파트에 설치되는 전기분야 소방시설의 설계 나. 연면적 3만 제곱미터(공장의 경우에는 1만 제곱미터) 미만의 특정소방대상물에 설치되는 전기분야 소방시설의 설계 다. 위험물제조소등에 설치되는 전기분야 소방시설의 설계

12 정답 ① 기본서 2권 178p

해설

※ 소방시설공사업법 제4조(소방시설업의 등록)
① 특정소방대상물의 소방시설공사등을 하려는 자는 업종별로 자본금(개인인 경우에는 자산 평가액을 말한다), 기술인력 등 대통령령으로 정하는 요건을 갖추어 특별시장·광역시장·특별자치시장·도지사 또는 특별자치도지사(이하 "시·도지사"라 한다)에게 소방시설업을 등록하여야 한다.

13 정답 ③ 기본서 2권 181p

해설

- ㉠ 옥내소화전설비, 옥외소화전설비 (O)
- ㉡ 누전경보기, 시각경보기 (X)
  → 전기분야
- ㉢ 인명구조기구, 자동화재속보설비 (X)
  → 자동화재속보설비는 전기분야에 해당한다.
- ㉣ 소화기구, 피난기구 (O)
- ㉤ 제연설비, 연소방지설비 (O)

※ 소방시설공사업법 시행령 별표1
비고
1. 위 표의 일반 소방시설설계업에서 기계분야 및 전기분야의 대상이 되는 소방시설의 범위는 다음 각 목과 같다.
   가. 기계분야
      1) 소화기구, 자동소화장치, 옥내소화전설비, 스프링클러설비등, 물분무등소화설비, 옥외소화전설비, 피난기구, 인명구조기구, 상수도소화용수설비, 소화수조·저수조, 그 밖의 소화용수설비, 제연설비, 연결송수관설비, 연결살수설비 및 연소방지설비
      2) 기계분야 소방시설에 부설되는 전기시설. 다만, 비상전원, 동력회로, 제어회로, 기계분야 소방시설을 작동하기 위하여 설치하는 화재감지기에 의한 화재감지장치 및 전기신호에 의한 소방시설의 작동장치는 제외한다.
   나. 전기분야
      1) 단독경보형감지기, 비상경보설비, 비상방송설비, 누전경보기, 자동화재탐지설비, 시각경보기, 화재알림설비, 자동화재속보설비, 가스누설경보기, 통합감시시설, 유도등, 비상조명등, 휴대용비상조명등, 비상콘센트설비 및 무선통신보조설비
      2) 기계분야 소방시설에 부설되는 전기시설 중 가목2) 단서의 전기시설

14 정답 ② 기본서 2권 186p

해설

※ 소방시설공사업법 시행령 제2조(소방시설업의 등록기준 및 영업범위)
① 「소방시설공사업법」 (이하 "법"이라 한다) 제4조제1항 및 제2항에 따른 소방시설업의 업종별 등록기준 및 영업범위는 별표1과 같다.
② 소방시설공사업의 등록을 하려는 자는 별표1의 기준을 갖추어 소방청장이 지정하는 금융회사 또는 「소방산업의 진흥에 관한 법률」 제23조에 따른 소방산업공제조합이 별표1에 따른 자본금 기준금액의 100분의 20 이상에 해당하는 금액의 담보를 제공받거나 현금의 예치 또는 출자를 받은 사실을 증명하여 발행하는 확인서를 특별시장·광역시장·특별자치시장·도지사 또는 특별자치도지사(이하 "시·도지사"라 한다)에게 제출하여야 한다.

15 정답 ④   기본서 2권   179~180p

해설

④ 소방청장이 지정하는 금융회사 또는 소방산업공제조합에 출자·예치·담보한 금액 확인서(이하 "출자·예치·담보 금액 확인서"라 한다) 1부 (소방시설공사업만 해당한다).

※ 소방시설공사업법 시행규칙 제2조(소방시설업의 등록신청)

① 「소방시설공사업법」(이하 "법"이라 한다) 제4조제1항에 따라 소방시설업을 등록하려는 자는 별지 제1호서식의 소방시설업 등록신청서(전자문서로 된 소방시설업 등록신청서를 포함한다)에 다음 각 호의 서류(전자문서를 포함한다)를 첨부하여 「소방시설공사업법 시행령」(이하 "영"이라 한다) 제20조제3항에 따라 법 제30조의2에 따른 소방시설업자협회(이하 "협회"라 한다)에 제출해야 한다. 다만, 「전자정부법」 제36조제1항에 따른 행정정보의 공동이용을 통하여 첨부서류에 대한 정보를 확인할 수 있는 경우에는 그 확인으로 첨부서류를 갈음할 수 있다.

1. 신청인(외국인을 포함하되, 법인의 경우에는 대표자를 포함한 임원을 말한다)의 성명, 주민등록번호 및 주소지 등의 인적사항이 적힌 서류
2. 등록기준 중 기술인력에 관한 사항을 확인할 수 있는 다음 각 목의 어느 하나에 해당하는 서류(이하 "기술인력 증빙서류"라 한다)
   가. 국가기술자격증
   나. 법 제28조제2항에 따라 발급된 소방기술 인정 자격수첩(이하 "자격수첩"이라 한다) 또는 소방기술자 경력수첩(이하 "경력수첩"이라 한다)
3. 영 제2조제2항에 따라 소방청장이 지정하는 금융회사 또는 소방산업공제조합에 출자·예치·담보한 금액 확인서(이하 "출자·예치·담보 금액 확인서"라 한다) 1부(소방시설공사업만 해당한다). 다만, 소방청장이 지정하는 금융회사 또는 소방산업공제조합에 해당 금액을 확인할 수 있는 경우에는 그 확인으로 갈음할 수 있다.
4. 다음 각 목의 어느 하나에 해당하는 자가 신청일 전 최근 90일 이내에 작성한 자산평가액 또는 소방청장이 정하여 고시하는 바에 따라 작성된 기업진단 보고서(소방시설공사업만 해당한다)
   가. 「공인회계사법」 제7조에 따라 금융위원회에 등록한 공인회계사
   나. 「세무사법」 제6조에 따라 기획재정부에 등록한 세무사
   다. 「건설산업기본법」 제49조제2항에 따른 전문경영진단기관
5. 신청인(법인인 경우에는 대표자)이 외국인인 경우에는 법 제5조 각 호의 어느 하나에 해당하는 사유와 같거나 비슷한 사유에 해당하지 않음을 확인할 수 있는 서류로서 다음 각 목의 어느 하나에 해당하는 서류
   가. 해당 국가의 정부나 공증인(법률에 따른 공증인의 자격을 가진 자만 해당한다), 그 밖의 권한이 있는 기관이 발행한 서류로서 해당 국가에 주재하는 우리나라 영사가 확인한 서류
   나. 「외국공문서에 대한 인증의 요구를 폐지하는 협약」을 체결한 국가의 경우에는 해당 국가의 정부나 공증인(법률에 따른 공증인의 자격을 가진 자만 해당한다), 그 밖의 권한이 있는 기관이 발행한 서류로서 해당 국가의 아포스티유(Apostille : 외국 공문서에 대한 인증요구 폐지 협약) 확인서 발급 권한이 있는 기관이 그 확인서를 발급한 서류

16 정답 ③ 기본서 2권 178~179p, 188p

해설

※ 소방시설공사업법 시행규칙 제2조의3 제1항(등록신청 서류의 검토·확인 및 송부)
① 협회는 제2조에 따라 소방시설업 등록신청 서류를 받았을 때에는 영 제2조 및 영 별표1에 따른 등록기준에 맞는지를 검토·확인하여야 한다.

※ 소방시설공사업법 제4조 제1항(소방시설업의 등록)
① 특정소방대상물의 소방시설공사등을 하려는 자는 업종별로 자본금(개인인 경우에는 자산 평가액을 말한다), 기술인력 등 대통령령으로 정하는 요건을 갖추어 특별시장·광역시장·특별자치시장·도지사 또는 특별자치도지사(이하 "시·도지사"라 한다)에게 소방시설업을 등록하여야 한다.

※ 소방시설공사업법 시행규칙 제2조의2(등록신청 서류의 보완)
협회는 제2조에 따라 받은 소방시설업의 등록신청 서류가 다음 각 호의 어느 하나에 해당되는 경우에는 10일 이내의 기간을 정하여 이를 보완하게 할 수 있다.
1. 첨부서류(전자문서를 포함한다)가 첨부되지 아니한 경우
2. 신청서(전자문서로 된 소방시설업 등록신청서를 포함한다) 및 첨부서류(전자문서를 포함한다)에 기재되어야 할 내용이 기재되어 있지 아니하거나 명확하지 아니한 경우

※ 소방시설공사업법 시행규칙 제3조(소방시설업 등록증 및 등록수첩의 발급)
시·도지사는 제2조에 따른 접수일부터 15일 이내에 협회를 경유하여 별지 제3호서식에 따른 소방시설업 등록증 및 별지 제4호서식에 따른 소방시설업 등록수첩을 신청인에게 발급해 주어야 한다.

17 정답 ② 기본서 2권 179p

해설

※ 소방시설공사업법 시행규칙 제3조(소방시설업 등록증 및 등록수첩의 발급)
시·도지사는 제2조에 따른 접수일부터 15일 이내에 협회를 경유하여 별지 제3호서식에 따른 소방시설업 등록증 및 별지 제4호서식에 따른 소방시설업 등록수첩을 신청인에게 발급해 주어야 한다.

18 정답 ① 기본서 2권 179p, 188p

해설

※ 소방시설공사업법 시행규칙 제4조(소방시설업 등록증 또는 등록수첩의 재발급 및 반납)

① 법 제4조제3항에 따라 소방시설업자는 소방시설업 등록증 또는 등록수첩을 잃어버리거나 소방시설업 등록증 또는 등록수첩이 헐어 못 쓰게 된 경우에는 시·도지사에게 소방시설업 등록증 또는 등록수첩의 재발급을 신청할 수 있다.

② 소방시설업자는 제1항에 따라 재발급을 신청하는 경우에는 별지 제6호서식의 소방시설업 등록증(등록수첩) 재발급신청서 [전자문서로 된 소방시설업 등록증(등록수첩) 재발급신청서를 포함한다] 를 협회를 경유하여 시·도지사에게 제출하여야 한다.

③ 시·도지사는 제2항에 따른 재발급신청서 [전자문서로 된 소방시설업 등록증(등록수첩) 재발급신청서를 포함한다] 를 제출받은 경우에는 3일 이내에 협회를 경유하여 소방시설업 등록증 또는 등록수첩을 재발급하여야 한다.

④ 소방시설업자는 다음 각 호의 어느 하나에 해당하는 경우에는 지체 없이 협회를 경유하여 시·도지사에게 그 소방시설업 등록증 및 등록수첩을 반납하여야 한다.

1. 법 제9조에 따라 소방시설업 등록이 취소된 경우
2. 삭제
3. 제1항에 따라 재발급을 받은 경우. 다만, 소방시설업 등록증 또는 등록수첩을 잃어버리고 재발급을 받은 경우에는 이를 다시 찾은 경우에만 해당한다.

19 정답 ④ 기본서 2권 178p, 189p, 194p, 200p

해설

④ 거짓이나 그 밖의 부정한 방법으로 등록한 경우는 정지 또는 취소가 아니라 취소하여야 한다.(소방시설공사업법 제9조)

20 정답 ④ 기본서 2권 179p, 188p, 198~199p

해설

④ 소방시설업 등록이 취소된 경우 소방시설업 등록증 및 등록수첩을 반납하여야 한다.

※ 소방시설공사업법 제8조(소방시설업의 운영)
① 소방시설업자는 다른 자에게 자기의 성명이나 상호를 사용하여 소방시설공사등을 수급 또는 시공하게 하거나 소방시설업의 등록증 또는 등록수첩을 빌려 주어서는 아니 된다.
② 제9조제1항에 따라 영업정지처분이나 등록취소처분을 받은 소방시설업자는 그 날부터 소방시설공사등을 하여서는 아니 된다. 다만, 소방시설의 착공신고가 수리(受理)되어 공사를 하고 있는 자로서 도급계약이 해지되지 아니한 소방시설공사업자 또는 소방공사감리업자가 그 공사를 하는 동안이나 제4조제1항에 따라 방염처리업을 등록한 자(이하 "방염처리업자"라 한다)가 도급을 받아 방염 중인 것으로서 도급계약이 해지되지 아니한 상태에서 그 방염을 하는 동안에는 그러하지 아니하다.
③ 소방시설업자는 다음 각 호의 어느 하나에 해당하는 경우에는 소방시설공사등을 맡긴 특정소방대상물의 관계인에게 지체 없이 그 사실을 알려야 한다.
  1. 제7조에 따라 소방시설업자의 지위를 승계한 경우
  2. 제9조제1항에 따라 소방시설업의 등록취소처분 또는 영업정지처분을 받은 경우
  3. 휴업하거나 폐업한 경우
④ 소방시설업자는 행정안전부령으로 정하는 관계 서류를 제15조제1항에 따른 하자보수 보증기간 동안 보관하여야 한다.

※ 소방시설공사업법 시행규칙 제4조(소방시설업 등록증 또는 등록수첩의 재발급 및 반납)
① 법 제4조제3항에 따라 소방시설업자는 소방시설업 등록증 또는 등록수첩을 잃어버리거나 소방시설업 등록증 또는 등록수첩이 헐어 못 쓰게 된 경우에는 시·도지사에게 소방시설업 등록증 또는 등록수첩의 재발급을 신청할 수 있다.
② 소방시설업자는 제1항에 따라 재발급을 신청하는 경우에는 별지 제6호서식의 소방시설업 등록증(등록수첩) 재발급신청서 [전자문서로 된 소방시설업 등록증(등록수첩) 재발급신청서를 포함한다] 를 협회를 경유하여 시·도지사에게 제출하여야 한다.
③ 시·도지사는 제2항에 따른 재발급신청서 [전자문서로 된 소방시설업 등록증(등록수첩) 재발급신청서를 포함한다] 를 제출받은 경우에는 3일 이내에 협회를 경유하여 소방시설업 등록증 또는 등록수첩을 재발급하여야 한다.
④ 소방시설업자는 다음 각 호의 어느 하나에 해당하는 경우에는 지체 없이 협회를 경유하여 시·도지사에게 그 소방시설업 등록증 및 등록수첩을 반납하여야 한다.
  1. 법 제9조에 따라 소방시설업 등록이 취소된 경우
  2. 삭제
  3. 제1항에 따라 재발급을 받은 경우. 다만, 소방시설업 등록증 또는 등록수첩을 잃어버리고 재발급을 받은 경우에는 이를 다시 찾은 경우에만 해당한다.

21 정답 ④ 기본서 2권 189p

해설

※ 소방시설공사업법 제5조(등록의 결격사유)

다음 각 호의 어느 하나에 해당하는 자는 소방시설업을 등록할 수 없다.

1. 피성년후견인

2. 삭제

3. 이 법, 「소방기본법」, 「화재의 예방 및 안전관리에 관한 법률」, 「소방시설 설치 및 관리에 관한 법률」 또는 「위험물안전관리법」에 따른 금고 이상의 실형을 선고받고 그 집행이 끝나거나(집행이 끝난 것으로 보는 경우를 포함한다) 면제된 날부터 2년이 지나지 아니한 사람

4. 이 법, 「소방기본법」, 「화재의 예방 및 안전관리에 관한 법률」, 「소방시설 설치 및 관리에 관한 법률」 또는 「위험물안전관리법」에 따른 금고 이상의 형의 집행유예를 선고받고 그 유예기간 중에 있는 사람

5. 등록하려는 소방시설업 등록이 취소(제1호에 해당하여 등록이 취소된 경우는 제외한다)된 날부터 2년이 지나지 아니한 자

6. 법인의 대표자가 제1호 또는 제3호부터 제5호까지에 해당하는 경우 그 법인

7. 법인의 임원이 제3호부터 제5호까지의 규정에 해당하는 경우 그 법인

22 정답 ④ 기본서 2권 200p

해설

④ 등록을 한 후 정당한 사유 없이 1년이 지날 때까지 영업을 시작하지 아니하거나 계속하여 1년 이상 휴업한 때에는 등록을 취소하여야 한다.
  → 취소하거나 6개월 이내의 기간을 정하여 시정이나 그 영업의 정지를 명할 수 있다.

※ 소방시설공사업법 제9조(등록취소와 영업정지 등)

① 시·도지사는 소방시설업자가 다음 각 호의 어느 하나에 해당하면 행정안전부령으로 정하는 바에 따라 그 등록을 취소하거나 6개월 이내의 기간을 정하여 시정이나 그 영업의 정지를 명할 수 있다. 다만, 제1호·제3호 또는 제7호에 해당하는 경우에는 그 등록을 취소하여야 한다.

1. 거짓이나 그 밖의 부정한 방법으로 등록한 경우

2. 제4조제1항에 따른 등록기준에 미달하게 된 후 30일이 경과한 경우. 다만, 자본금기준에 미달한 경우 중 「채무자 회생 및 파산에 관한 법률」에 따라 법원이 회생절차의 개시의 결정을 하고 그 절차가 진행 중인 경우 등 대통령령으로 정하는 경우는 30일이 경과한 경우에도 예외로 한다.

3. 제5조 각 호의 등록 결격사유에 해당하게 된 경우

4. 등록을 한 후 정당한 사유 없이 1년이 지날 때까지 영업을 시작하지 아니하거나 계속하여 1년 이상 휴업한 때

6. 제8조제1항을 위반하여 다른 자에게 자기의 성명이나 상호를 사용하여 소방시설공사등을 수급 또는 시공하게 하거나 소방시설업의 등록증 또는 등록수첩을 빌려준 경우

7. 제8조제2항을 위반하여 영업정지 기간 중에 소방시설공사등을 한 경우

23

정답 ③ 기본서 2권 200p

해설

㉠ 다른 자에게 자기의 성명이나 상호를 사용하여 소방시설공사등을 수급 또는 시공하게 하거나 소방시설업의 등록증 또는 등록수첩을 빌려준 경우 (X)
→ 취소하거나 6개월 이내의 기간을 정하여 시정이나 그 영업의 정지
㉡ 등록 결격사유에 해당하게 된 경우 (O)
㉢ 소속 소방기술자를 공사현장에 배치하지 아니하거나 거짓으로 한 경우 (X)
→ 취소하거나 6개월 이내의 기간을 정하여 시정이나 그 영업의 정지
㉣ 감리원 배치기준을 위반한 경우 (X)
→ 취소하거나 6개월 이내의 기간을 정하여 시정이나 그 영업의 정지
㉤ 하자보수 기간 내에 하자보수를 하지 아니하거나 하자보수계획을 통보하지 아니한 경우 (X)
→ 취소하거나 6개월 이내의 기간을 정하여 시정이나 그 영업의 정지

제9조(등록취소와 영업정지 등)
① 시·도지사는 소방시설업자가 다음 각 호의 어느 하나에 해당하면 행정안전부령으로 정하는 바에 따라 그 등록을 취소하거나 6개월 이내의 기간을 정하여 시정이나 그 영업의 정지를 명할 수 있다. 다만, <u>제1호·제3호 또는 제7호에 해당하는 경우에는 그 등록을 취소하여야 한다.</u>
  1. 거짓이나 그 밖의 부정한 방법으로 등록한 경우
  3. 제5조 각 호의 등록 결격사유에 해당하게 된 경우
  6. 제8조제1항을 위반하여 다른 자에게 자기의 성명이나 상호를 사용하여 소방시설공사등을 수급 또는 시공하게 하거나 소방시설업의 등록증 또는 등록수첩을 빌려준 경우
  7. 제8조제2항을 위반하여 영업정지 기간 중에 소방시설공사등을 한 경우
  11. 제12조제2항을 위반하여 소속 소방기술자를 공사현장에 배치하지 아니하거나 거짓으로 한 경우
  14. 제15조제3항을 위반하여 하자보수 기간 내에 하자보수를 하지 아니하거나 하자보수계획을 통보하지 아니한 경우
  17. 제18조제3항의 감리원 배치기준을 위반한 경우

24

정답 ① 기본서 2권 190p

해설

※ 소방시설공사업법 제6조(등록사항의 변경신고)
소방시설업자는 제4조에 따라 등록한 사항 중 (행정안전부령)으로 정하는 중요 사항을 변경할 때에는 (행정안전부령)으로 정하는 바에 따라 (시·도지사)에게 신고하여야 한다.

25

정답 ③ 기본서 2권 190p

해설

※ 소방시설공사업법 시행규칙 제5조(등록사항의 변경신고사항)
법 제6조에서 "행정안전부령으로 정하는 중요 사항"이란 다음 각 호의 어느 하나에 해당하는 사항을 말한다.
1. <u>상호(명칭) 또는 영업소 소재지</u>
2. 대표자
3. 기술인력

26 정답 ① 기본서 2권 190p

해설

※ 소방시설공사업법 시행규칙 제6조 제1항·3항(등록사항의 변경신고 등)

① 법 제6조에 따라 소방시설업자는 제5조 각 호의 어느 하나에 해당하는 등록사항이 변경된 경우에는 변경일부터 30일 이내에 별지 제7호서식의 소방시설업 등록사항 변경신고서(전자문서로 된 소방시설업 등록사항 변경신고서를 포함한다)에 변경사항별로 다음 각 호의 구분에 따른 서류(전자문서를 포함한다)를 첨부하여 협회에 제출하여야 한다. 다만, 「전자정부법」 제36조제1항에 따른 행정정보의 공동이용을 통하여 첨부서류에 대한 정보를 확인할 수 있는 경우에는 그 확인으로 첨부서류를 갈음할 수 있다.

 1. 상호(명칭) 또는 영업소 소재지가 변경된 경우 : 소방시설업 등록증 및 등록수첩

 2. 대표자가 변경된 경우 : 다음 각 목의 서류

   가. 소방시설업 등록증 및 등록수첩

   나. 변경된 대표자의 성명, 주민등록번호 및 주소지 등의 인적사항이 적힌 서류

   다. 외국인인 경우에는 제2조제1항제5호 각 목의 어느 하나에 해당하는 서류

 3. 기술인력이 변경된 경우 : 다음 각 목의 서류

   가. 소방시설업 등록수첩

   나. 기술인력 증빙서류

   다. 삭제

③ 제1항에 따라 변경신고 서류를 제출받은 협회는 등록사항의 변경신고 내용을 확인하고 5일 이내에 제1항에 따라 제출된 소방시설업 등록증·등록수첩 및 기술인력 증빙서류에 그 변경된 사항을 기재하여 발급하여야 한다.

27 정답 ① 기본서 2권 191~192p

해설

※ 소방시설공사업법 시행규칙 제6조 제1항(등록사항의 변경신고 등)

① 법 제6조에 따라 소방시설업자는 제5조 각 호의 어느 하나에 해당하는 등록사항이 변경된 경우에는 변경일부터 30일 이내에 별지 제7호서식의 소방시설업 등록사항 변경신고서(전자문서로 된 소방시설업 등록사항 변경신고서를 포함한다)에 변경사항별로 다음 각 호의 구분에 따른 서류(전자문서를 포함한다)를 첨부하여 협회에 제출하여야 한다. 다만, 「전자정부법」 제36조제1항에 따른 행정정보의 공동이용을 통하여 첨부서류에 대한 정보를 확인할 수 있는 경우에는 그 확인으로 첨부서류를 갈음할 수 있다.

 1. 상호(명칭) 또는 영업소 소재지가 변경된 경우 : 소방시설업 등록증 및 등록수첩

 2. 대표자가 변경된 경우 : 다음 각 목의 서류

   가. 소방시설업 등록증 및 등록수첩

   나. 변경된 대표자의 성명, 주민등록번호 및 주소지 등의 인적사항이 적힌 서류

   다. 외국인인 경우에는 제2조제1항제5호 각 목의 어느 하나에 해당하는 서류

 3. 기술인력이 변경된 경우 : 다음 각 목의 서류

   가. 소방시설업 등록수첩

   나. 기술인력 증빙서류

   다. 삭제

28 정답 ④   기본서 2권   194~195p

해설

④ 지위승계에 관하여는 소방시설업등록의 결격사유를 준용한다. 다만, 상속인이 결격사유 중 어느 하나에 해당하는 경우 상속받은 날부터 <u>3개월 동안</u>은 그러하지 아니하다.

※ 소방시설공사업법 제7조(소방시설업자의 지위승계)

① 다음 각 호의 어느 하나에 해당하는 자가 종전의 소방시설업자의 지위를 승계하려는 경우에는 그 상속일, 양수일 또는 합병일부터 30일 이내에 행정안전부령으로 정하는 바에 따라 그 사실을 시·도지사에게 신고하여야 한다.
  1. 소방시설업자가 사망한 경우 그 상속인
  2. 소방시설업자가 그 영업을 양도한 경우 그 양수인
  3. 법인인 소방시설업자가 다른 법인과 합병한 경우 합병 후 존속하는 법인이나 합병으로 설립되는 법인
  4. 삭제

② 다음 각 호의 어느 하나에 해당하는 절차에 따라 소방시설업자의 소방시설의 전부를 인수한 자가 종전의 소방시설업자의 지위를 승계하려는 경우에는 그 인수일부터 30일 이내에 행정안전부령으로 정하는 바에 따라 그 사실을 시·도지사에게 신고하여야 한다.
  1. 「민사집행법」에 따른 경매
  2. 「채무자 회생 및 파산에 관한 법률」에 따른 환가(換價)
  3. 「국세징수법」, 「관세법」 또는 「지방세징수법」에 따른 압류재산의 매각
  4. 그 밖에 제1호부터 제3호까지의 규정에 준하는 절차

③ 시·도지사는 제1항 또는 제2항에 따른 신고를 받은 경우 그 내용을 검토하여 이 법에 적합하면 신고를 수리하여야 한다.

④ 제1항이나 제2항에 따른 지위승계에 관하여는 제5조를 준용한다. 다만, 상속인이 제5조 각 호의 어느 하나에 해당하는 경우 상속받은 날부터 3개월 동안은 그러하지 아니하다.

⑤ 제1항 또는 제2항에 따른 신고가 수리된 경우에는 제1항 각 호에 해당하는 자 또는 소방시설업자의 소방시설의 전부를 인수한 자는 그 상속일, 양수일, 합병일 또는 인수일부터 종전의 소방시설업자의 지위를 승계한다.

29 정답 ② 기본서 2권 179p, 188~189p

해설

② 시·도지사는 재발급신청서를 제출받은 경우에는 3일 이내에 협회를 경유하여 소방시설업등록증 또는 등록수첩을 재발급하여야 한다.

※ 소방시설공사업법 시행규칙 제4조(소방시설업 등록증 또는 등록수첩의 재발급 및 반납)

① 법 제4조제3항에 따라 소방시설업자는 소방시설업 등록증 또는 등록수첩을 잃어버리거나 소방시설업 등록증 또는 등록수첩이 헐어 못 쓰게 된 경우에는 시·도지사에게 소방시설업 등록증 또는 등록수첩의 재발급을 신청할 수 있다.

② 소방시설업자는 제1항에 따라 재발급을 신청하는 경우에는 별지 제6호서식의 소방시설업 등록증(등록수첩) 재발급신청서 [전자문서로 된 소방시설업 등록증(등록수첩) 재발급신청서를 포함한다]를 협회를 경유하여 시·도지사에게 제출하여야 한다.

③ 시·도지사는 제2항에 따른 재발급신청서 [전자문서로 된 소방시설업 등록증(등록수첩) 재발급신청서를 포함한다]를 제출받은 경우에는 3일 이내에 협회를 경유하여 소방시설업 등록증 또는 등록수첩을 재발급하여야 한다.

④ 소방시설업자는 다음 각 호의 어느 하나에 해당하는 경우에는 지체 없이 협회를 경유하여 시·도지사에게 그 소방시설업 등록증 및 등록수첩을 반납하여야 한다.

1. 법 제9조에 따라 소방시설업 등록이 취소된 경우
2. 삭제
3. 제1항에 따라 재발급을 받은 경우. 다만, 소방시설업 등록증 또는 등록수첩을 잃어버리고 재발급을 받은 경우에는 이를 다시 찾은 경우에만 해당한다.

30 정답 ③ 기본서 2권 199p

해설

③ 소방시설점검업은 소방시설업에 해당되지 않는다

※ 소방시설공사업법 시행규칙 제8조(소방시설업자가 보관하여야 하는 관계 서류)

법 제8조제4항에서 "행정안전부령으로 정하는 관계 서류"란 다음 각 호의 구분에 따른 해당 서류(전자문서를 포함한다)를 말한다.

1. 소방시설설계업 : 별지 제10호서식의 소방시설 설계기록부 및 소방시설 설계도서
2. 소방시설공사업 : 별지 제11호서식의 소방시설공사기록부
3. 소방공사감리업 : 별지 제12호서식의 소방공사 감리기록부, 별지 제13호서식의 소방공사 감리일지 및 소방시설의 완공 당시 설계도서

31

정답 ④ **기본서 2권** 199p

해설

※ 소방시설공사업법 제8조 제3항(소방시설업의 운영)

③ 소방시설업자는 다음 각 호의 어느 하나에 해당하는 경우에는 소방시설공사등을 맡긴 특정소방대상물의 관계인에게 지체 없이 그 사실을 알려야 한다.

1. 제7조에 따라 소방시설업자의 지위를 승계한 경우
2. 제9조제1항에 따라 소방시설업의 등록취소처분 또는 영업정지처분을 받은 경우
3. 휴업하거나 폐업한 경우

32

정답 ④ **기본서 2권** 200p

해설

※ 소방시설공사업법 제9조(등록취소와 영업정지 등)

① 시·도지사는 소방시설업자가 다음 각 호의 어느 하나에 해당하면 행정안전부령으로 정하는 바에 따라 그 등록을 취소하거나 6개월 이내의 기간을 정하여 시정이나 그 영업의 정지를 명할 수 있다. 다만, 제1호·제3호 또는 제7호에 해당하는 경우에는 그 등록을 취소하여야 한다.

1. 거짓이나 그 밖의 부정한 방법으로 등록한 경우
2. 제4조제1항에 따른 등록기준에 미달하게 된 후 30일이 경과한 경우. 다만, 자본금기준에 미달한 경우 중 「채무자 회생 및 파산에 관한 법률」에 따라 법원이 회생절차의 개시의 결정을 하고 그 절차가 진행 중인 경우 등 대통령령으로 정하는 경우는 30일이 경과한 경우에도 예외로 한다.
3. 제5조 각 호의 등록 결격사유에 해당하게 된 경우
4. 등록을 한 후 정당한 사유 없이 1년이 지날 때까지 영업을 시작하지 아니하거나 계속하여 1년 이상 휴업한 때
5. 삭제
6. 제8조제1항을 위반하여 다른 자에게 자기의 성명이나 상호를 사용하여 소방시설공사등을 수급 또는 시공하게 하거나 소방시설업의 등록증 또는 등록수첩을 빌려준 경우
7. 제8조제2항을 위반하여 영업정지 기간 중에 소방시설공사등을 한 경우

33 정답 ② 기본서 2권 203p, 205~206p

해설

② 영업정지 1개월은 30일로 계산한다.

※ 소방시설공사업법 제10조(과징금처분)
① 시·도지사는 제9조제1항 각 호의 어느 하나에 해당하는 경우로서 영업정지가 그 이용자에게 불편을 주거나 그 밖에 공익을 해칠 우려가 있을 때에는 영업정지처분을 갈음하여 2억 원 이하의 과징금을 부과할 수 있다.
② 제1항에 따른 과징금을 부과하는 위반행위의 종류와 위반 정도 등에 따른 과징금과 그 밖에 필요한 사항은 행정안전부령으로 정한다.
③ 시·도지사는 제1항에 따른 과징금을 내야 할 자가 납부기한까지 과징금을 내지 아니하면 「지방행정제재·부과금의 징수 등에 관한 법률」에 따라 징수한다.

※ 소방시설공사업법 시행규칙 제11조(과징금 징수절차)
법 제10조제2항에 따른 과징금의 징수절차는 「국고금관리법 시행규칙」을 준용한다.

※ 소방시설법 시행규칙 별표2 (과징금의 부과기준)
1. 일반기준
   가. 영업정지 1개월은 30일로 계산한다.
   나. 과징금 산정은 별표 1 제2호의 영업정지기간(일)에 제2호에 따른 1일 과징금 금액을 곱하여 얻은 금액으로 한다.
   다. 위반행위가 둘 이상 발생한 경우 과징금 부과에 따른 영업정지기간(일) 산정은 별표 1 제2호의 개별기준에 따른 각각의 영업정지처분기간을 합산한 기간으로 한다.
   라. 영업정지에 해당하는 위반사항으로서 위반행위의 동기·내용·횟수 또는 그 결과를 고려하여 그 처분기준의 2분의 1까지 감경한 경우 과징금 부과에 따른 영업정지기간(일) 산정은 감경한 영업정지기간으로 한다.
   마. 제2호에 따른 연간 매출액은 해당 업체에 대한 행정처분일이 속한 연도의 전년도 1년간 총 매출액을 기준으로 하며, 신규사업·휴업 등에 따라 전년도 1년간의 총매출액을 산출할 수 없는 경우에는 분기별·월별 또는 일별 매출액을 기준으로 하여 연간 매출액을 산정한다.
   바. 별표 1 제2호 행정처분 개별기준 중 나목·바목·거목·누목·두목 및 루목의 위반사항에는 법 제10조제1항에 따른 영업정지를 갈음하여 과징금을 부과할 수 없다.

34 정답 ④ 기본서 2권 214p

해설

※ 소방시설공사업법 제13조 제1항(착공신고)
① 공사업자는 대통령령으로 정하는 소방시설공사를 하려면 행정안전부령으로 정하는 바에 따라 그 공사의 내용, 시공 장소, 그 밖에 필요한 사항을 소방본부장이나 소방서장에게 신고하여야 한다.

35 정답 ①   기본서 2권   215p

해설

① 소방본부장 또는 소방서장에게 신고해야 한다.

※ 소방시설공사업법 시행규칙 제12조(착공신고 등)

① 법 제4조제1항에 따라 소방시설공사업을 등록한 자(이하 "공사업자"라 한다)는 소방시설공사를 하려면 법 제13조제1항에 따라 해당 소방시설공사의 착공 전까지 별지 제14호서식의 소방시설공사 착공(변경)신고서[전자문서로 된 소방시설공사 착공(변경)신고서를 포함한다]에 다음 각 호의 서류(전자문서를 포함한다)를 첨부하여 소방본부장 또는 소방서장에게 신고해야 한다. 다만, 「전자정부법」 제36조제1항에 따른 행정정보의 공동이용을 통하여 첨부서류에 대한 정보를 확인할 수 있는 경우에는 그 확인으로 첨부서류를 갈음할 수 있다.

1. 공사업자의 소방시설공사업 등록증 사본 1부 및 등록수첩 사본 1부
2. 해당 소방시설공사의 책임시공 및 기술관리를 하는 기술인력의 기술등급을 증명하는 서류 사본 1부
3. 법 제21조의3제2항에 따라 체결한 소방시설공사 계약서 사본 1부
4. 설계도서(설계설명서를 포함한다) 1부. 다만, 영 제4조제3호에 해당하는 소방시설공사인 경우 또는 「소방시설 설치 및 관리에 관한 법률 시행규칙」 제3조 제2항에 따라 건축허가등의 동의요구서에 첨부된 서류 중 설계도서가 변경되지 않은 경우에는 설계도서를 첨부하지 않을 수 있다.
5. 소방시설공사를 하도급하는 경우 다음 각 목의 서류
   가. 제20조제1항 및 별지 제31호서식에 따른 소방시설공사등의 하도급통지서 사본 1부
   나. 하도급대금 지급에 관한 다음의 어느 하나에 해당하는 서류
      1) 「하도급거래 공정화에 관한 법률」 제13조의2에 따라 공사대금 지급을 보증한 경우에는 하도급대금 지급보증서 사본 1부
      2) 「하도급거래 공정화에 관한 법률」 제13조의2제1항 각 호 외의 부분 단서 및 같은 법 시행령 제8조제1항에 따라 보증이 필요하지 않거나 보증이 적합하지 않다고 인정되는 경우에는 이를 증빙하는 서류 사본 1부

② 법 제13조제2항에서 "행정안전부령으로 정하는 중요한 사항"이란 다음 각 호의 어느 하나에 해당하는 사항을 말한다.
   1. 시공자
   2. 설치되는 소방시설의 종류
   3. 책임시공 및 기술관리 소방기술자

③ 법 제13조제2항에 따라 공사업자는 제2항 각 호의 어느 하나에 해당하는 사항이 변경된 경우에는 변경일부터 30일 이내에 별지 제14호서식의 소방시설공사 착공(변경)신고서[전자문서로 된 소방시설공사 착공(변경)신고서를 포함한다]에 제1항 각 호의 서류(전자문서를 포함한다) 중 변경된 해당 서류를 첨부하여 소방본부장 또는 소방서장에게 신고하여야 한다.

④ 소방본부장 또는 소방서장은 소방시설공사 착공신고 또는 변경신고를 받은 경우에는 2일 이내에 처리하고 그 결과를 신고인에게 통보하며, 소방시설공사현장에 배치되는 소방기술자의 성명, 자격증 번호·등급, 시공 현장의 명칭·소재지·면적 및 현장 배치기간을 법 제26조의3제1항에 따른 소방시설업 종합정보시스템에 입력해야 한다. 이 경우 소방본부장 또는 소방서장은 별지 제15호서식의 소방시설 착공 및 완공대장에 필요한 사항을 기록하여 관리하여야 한다.

⑤ 소방본부장 또는 소방서장은 소방시설공사 착공신고 또는 변경신고를 받은 경우에는 공사업자에게 별지 제16호서식의 소방시설공사현황 표지에 따른 소방시설공사현황의 게시를 요청할 수 있다.

36 정답 ② 기본서 2권 215p

해설

※ 소방시설공사업법 시행규칙 제12조 제2항(착공신고 등)

② 법 제13조 제2항에서 "행정안전부령으로 정하는 중요한 사항"이란 다음 각 호의 어느 하나에 해당하는 사항을 말한다.
  1. 시공자
  2. 설치되는 소방시설의 종류
  3. 책임시공 및 기술관리 소방기술자

37 정답 ② 기본서 2권 210p

해설

※ 소방시설공사업법 시행령[별표 1의2]

성능위주설계를 할 수 있는 자의 자격·기술인력 및 자격에 따른 설계범위(제2조의3 관련)

성능위주설계자의 자격	기술인력	설계범위
1. 법 제4조에 따라 전문 소방시설 설계업을 등록한 자 2. 전문 소방시설설계업 등록기준에 따른 기술인력을 갖춘 자로서 소방청장이 정하여 고시하는 연구기관 또는 단체	소방기술사 2명 이상	「소방시설 설치 및 관리에 관한 법률 시행령」 제9조에 따라 성능위주설계를 하여야 하는 특정소방대상물

38 정답 ① 기본서 2권 210p

해설

※ 소방시설공사업법 제11조(설계)

① 제4조제1항에 따라 소방시설설계업을 등록한 자(이하 "설계업자"라 한다)는 이 법이나 이 법에 따른 명령과 화재안전기준에 맞게 소방시설을 설계하여야 한다. 다만, 「소방시설 설치 및 관리에 관한 법률」 제18조제1항에 따른 중앙소방기술심의위원회의 심의를 거쳐 소방시설의 구조와 원리 등에서 특수한 설계로 인정된 경우는 화재안전기준을 따르지 아니할 수 있다.

② 제1항 본문에도 불구하고 「소방시설 설치 및 관리에 관한 법률」 제8조제1항에 따른 특정소방대상물(신축하는 것만 해당한다)에 대해서는 그 용도, 위치, 구조, 수용 인원, 가연물(可燃物)의 종류 및 양 등을 고려하여 설계(이하 "성능위주설계"라 한다)하여야 한다.

39 정답 ③ 기본서 2권 210p

해설

③ 성능위주설계는 신축하는 것만 해당한다.

※ 소방시설공사업법 제11조(설계)

① 제4조제1항에 따라 소방시설설계업을 등록한 자(이하 "설계업자"라 한다)는 이 법이나 이 법에 따른 명령과 화재안전기준에 맞게 소방시설을 설계하여야 한다. 다만, 「소방시설 설치 및 관리에 관한 법률」 제18조제1항에 따른 중앙소방기술심의위원회의 심의를 거쳐 소방시설의 구조와 원리 등에서 특수한 설계로 인정된 경우는 화재안전기준을 따르지 아니할 수 있다.

② 제1항 본문에도 불구하고 「소방시설 설치 및 관리에 관한 법률」 제8조제1항에 따른 특정소방대상물(신축하는 것만 해당한다)에 대해서는 그 용도, 위치, 구조, 수용 인원, 가연물(可燃物)의 종류 및 양 등을 고려하여 설계(이하 "성능위주설계"라 한다)하여야 한다.

③ 성능위주설계를 할 수 있는 자의 자격, 기술인력 및 자격에 따른 설계의 범위와 그 밖에 필요한 사항은 대통령령으로 정한다.

40 정답 ④ 기본서 2권 204p

해설

※ 소방시설공사업법 시행규칙 11조의2(소방시설업자 등의 처분통지)

소방청장 또는 시·도지사는 다음 각 호의 경우에는 처분일부터 7일 이내에 협회에 그 사실을 알려주어야 한다.
1. 법 제9조제1항에 따라 등록취소·시정명령 또는 영업정지를 하는 경우
2. 법 제10조제1항에 따라 과징금을 부과하는 경우
3. 법 제28조제4항에 따라 자격을 취소하거나 정지하는 경우

41 정답 ④ 기본서 2권 211p, 214p

해설

④ 변경신고를 하여야 한다.

※ 소방시설공사업법 제12조(시공)

① 제4조제1항에 따라 소방시설공사업을 등록한 자(이하 "공사업자"라 한다)는 이 법이나 이 법에 따른 명령과 화재안전기준에 맞게 시공하여야 한다. 이 경우 소방시설의 구조와 원리 등에서 그 공법이 특수한 시공에 관하여는 제11조제1항 단서를 준용한다.

② 공사업자는 소방시설공사의 책임시공 및 기술관리를 위하여 대통령령으로 정하는 바에 따라 소속 소방기술자를 공사 현장에 배치하여야 한다.

※ 소방시설공사업법 제13조(착공신고)
① 공사업자는 대통령령으로 정하는 소방시설공사를 하려면 행정안전부령으로 정하는 바에 따라 그 공사의 내용, 시공 장소, 그 밖에 필요한 사항을 소방본부장이나 소방서장에게 신고하여야 한다.
② 공사업자가 제1항에 따라 신고한 사항 가운데 행정안전부령으로 정하는 중요한 사항을 변경하였을 때에는 <u>행정안전부령으로 정하는 바에 따라 변경신고를 하여야 한다.</u> 이 경우 중요한 사항에 해당하지 아니하는 변경사항은 다음 각 호의 어느 하나에 해당하는 서류에 포함하여 소방본부장이나 소방서장에게 보고하여야 한다.
  1. 제14조제1항 또는 제2항에 따른 완공검사 또는 부분완공검사를 신청하는 서류
  2. 제20조에 따른 공사감리 결과보고서
③ 소방본부장 또는 소방서장은 제1항 또는 제2항 전단에 따른 착공신고 또는 변경신고를 받은 날부터 2일 이내에 신고수리 여부를 신고인에게 통지하여야 한다.
④ 소방본부장 또는 소방서장이 제3항에서 정한 기간 내에 신고수리 여부 또는 민원 처리 관련 법령에 따른 처리기간의 연장을 신고인에게 통지하지 아니하면 그 기간(민원처리 관련 법령에 따라 처리기간이 연장 또는 재연장된 경우에는 해당 처리기간을 말한다)이 끝난 날의 다음 날에 신고를 수리한 것으로 본다.

42 정답 ③ 기본서 2권 211p

해설

※ 소방시설공사업법 시행령 [별표 2]

소방기술자의 배치기준	소방시설공사 현장의 기준
행정안전부령으로 정하는 초급기술자 이상의 소방기술자(기계분야 및 전기분야)	1) 연면적 1천제곱미터 이상 5천제곱미터 미만인 특정소방대상물(아파트는 제외한다)의 공사 현장 2) 연면적 1천제곱미터 이상 1만제곱미터 미만인 아파트의 공사 현장 3) 지하구(地下溝)의 공사 현장

43 정답 ③ 기본서 2권 214~215p

해설

30일, 2일 → 32

※ 소방시설공사업법 시행규칙 제12조 제3항·4항(착공신고 등)
③ 법 제13조제2항에 따라 공사업자는 제2항 각 호의 어느 하나에 해당하는 <u>사항이 변경된 경우에는 변경일부터 30일 이내에</u> 별지 제14호서식의 소방시설공사 착공(변경)신고서[전자문서로 된 소방시설공사 착공(변경)신고서를 포함한다]에 제1항 각 호의 서류(전자문서를 포함한다) 중 변경된 해당 서류를 첨부하여 소방본부장 또는 소방서장에게 신고하여야 한다.
④ <u>소방본부장 또는 소방서장은 소방시설공사 착공신고 또는 변경신고를 받은 경우에는 2일 이내에 처리하고</u> 그 결과를 신고인에게 통보하며, 소방시설공사현장에 배치되는 소방기술자의 성명, 자격증 번호·등급, 시공현장의 명칭·소재지·면적 및 현장 배치기간을 법 제26조의3제1항에 따른 소방시설업 종합정보시스템에 입력해야 한다. 이 경우 소방본부장 또는 소방서장은 별지 제15호서식의 소방시설 착공 및 완공대장에 필요한 사항을 기록하여 관리하여야 한다.

44 정답 ② | 기본서 2권 | 220p

해설

※ 소방시설공사업법 제14조(완공검사)

① 공사업자는 소방시설공사를 완공하면 소방본부장 또는 소방서장의 완공검사를 받아야 한다. 다만, 제17조제1항에 따라 공사감리자가 지정되어 있는 경우에는 공사감리 결과보고서로 완공검사를 갈음하되, 대통령령으로 정하는 특정소방대상물의 경우에는 소방본부장이나 소방서장이 소방시설공사가 공사감리 결과보고서대로 완공되었는지를 현장에서 확인할 수 있다.

45 정답 ③ | 기본서 2권 | 220p

해설

※ 소방시설공사업법 제14조(완공검사)

① 공사업자는 소방시설공사를 완공하면 소방본부장 또는 소방시장의 원공검사를 받아아 한다. 다만, 제17조제1항에 따라 공사감리자가 지정되어 있는 경우에는 공사감리 결과보고서로 완공검사를 갈음하되, 대통령령으로 정하는 특정소방대상물의 경우에는 소방본부장이나 소방서장이 소방시설공사가 공사감리 결과보고서대로 완공되었는지를 현장에서 확인할 수 있다.

46 정답 ④ | 기본서 2권 | 220~221p

해설

④ 교육연구시설과 지하구는 완공검사를 위한 현장확인 대상 특정소방대상물의 범위에 해당하지 않는다.

※ 소방시설공사업법 시행령 제5조(완공검사를 위한 현장확인 대상 특정소방대상물의 범위)

법 제14조 제1항 단서에서 "대통령령으로 정하는 특정소방대상물"이란 특정소방대상물 중 다음 각 호의 대상물을 말한다.

1. 문화 및 집회시설, 종교시설, 판매시설, 노유자(老幼者)시설, 수련시설, 운동시설, 숙박시설, 창고시설, 지하상가 및 「다중이용업소의 안전관리에 관한 특별법」에 따른 다중이용업소
2. 다음 각 목의 어느 하나에 해당하는 설비가 설치되는 특정소방대상물
   가. 스프링클러설비등
   나. 물분무등소화설비(호스릴 방식의 소화설비는 제외한다)
3. 연면적 1만 제곱미터 이상이거나 11층 이상인 특정소방대상물(아파트는 제외한다)
4. 가연성가스를 제조·저장 또는 취급하는 시설 중 지상에 노출된 가연성가스탱크의 저장용량 합계가 1천 톤 이상인 시설

47

정답 ② **기본서 2권** 220~221p

해설

※ 소방시설공사업법 시행령 제5조(완공검사를 위한 현장확인 대상 특정소방대상물의 범위)

법 제14조 제1항 단서에서 "대통령령으로 정하는 특정소방대상물"이란 특정소방대상물 중 다음 각 호의 대상물을 말한다.

1. 문화 및 집회시설, 종교시설, 판매시설, 노유자(老幼者)시설, 수련시설, 운동시설, 숙박시설, 창고시설, 지하상가 및 「다중이용업소의 안전관리에 관한 특별법」에 따른 다중이용업소
2. 다음 각 목의 어느 하나에 해당하는 설비가 설치되는 특정소방대상물
   가. 스프링클러설비등
   나. 물분무등소화설비(호스릴 방식의 소화설비는 제외한다)
3. 연면적 1만 제곱미터 이상이거나 11층 이상인 특정소방대상물(아파트는 제외한다)
4. 가연성가스를 제조·저장 또는 취급하는 시설 중 지상에 노출된 가연성가스탱크의 저장용량 합계가 1천 톤 이상인 시설

48

정답 ③ **기본서 2권** 220~221p

해설

㉠ 물분무등소화설비(호스릴 방식의 소화설비는 포함한다)가 설치되는 특정소방대상물 (X)
   → 제외된다.
㉡ 문화 및 집회시설, 종교시설, 수련시설 (O)
㉢ 창고시설, 운동시설, 노유자시설 (O)
㉣ 지하상가 및 「다중이용업소의 안전관리에 관한 특별법」에 따른 다중이용업소 (O)
㉤ 연면적 1만 제곱미터 이상이거나 11층 이상인 아파트 (X)
   → 아파트는 제외한다.

※ 소방시설공사업법 시행령 제5조(완공검사를 위한 현장확인 대상 특정소방대상물의 범위)

법 제14조제1항 단서에서 "대통령령으로 정하는 특정소방대상물"이란 특정소방대상물 중 다음 각 호의 대상물을 말한다.

1. 문화 및 집회시설, 종교시설, 판매시설, 노유자(老幼者)시설, 수련시설, 운동시설, 숙박시설, 창고시설, 지하상가 및 「다중이용업소의 안전관리에 관한 특별법」에 따른 다중이용업소
2. 다음 각 목의 어느 하나에 해당하는 설비가 설치되는 특정소방대상물
   가. 스프링클러설비등
   나. 물분무등소화설비(호스릴 방식의 소화설비는 제외한다)
3. 연면적 1만제곱미터 이상이거나 11층 이상인 특정소방대상물(아파트는 제외한다)
4. 가연성가스를 제조·저장 또는 취급하는 시설 중 지상에 노출된 가연성가스탱크의 저장용량 합계가 1천 톤 이상인 시설

49 정답 ③   기본서 2권   222p

해설

① 자동화재탐지설비이다. 자동화재속보설비는 하자를 보수하여야 하는 소방시설에 해당하지 않는다.
② 7일이 아니라 3일이다.
④ 중앙소방기술심의위원회가 아니라 지방소방기술심의위원회이다.

※ 소방시설공사업법 제15조(공사의 하자보수 등)
① 공사업자는 소방시설공사 결과 자동화재탐지설비 등 대통령령으로 정하는 소방시설에 하자가 있을 때에는 대통령령으로 정하는 기간 동안 그 하자를 보수하여야 한다.
② 삭제
③ 관계인은 제1항에 따른 기간에 소방시설의 하자가 발생하였을 때에는 공사업자에게 그 사실을 알려야 하며, 통보를 받은 공사업자는 3일 이내에 하자를 보수하거나 보수 일정을 기록한 하자보수계획을 관계인에게 서면으로 알려야 한다.
④ 관계인은 공사업자가 다음 각 호의 어느 하나에 해당하는 경우에는 소방본부장이나 소방서장에게 그 사실을 알릴 수 있다.
  1. 제3항에 따른 기간에 하자보수를 이행하지 아니한 경우
  2. 제3항에 따른 기간에 하자보수계획을 서면으로 알리지 아니한 경우
  3. 하자보수계획이 불합리하다고 인정되는 경우
⑤ 소방본부장이나 소방서장은 제4항에 따른 통보를 받았을 때에는 「소방시설 설치 및 관리에 관한 법률」 제18조 제2항에 따른 지방소방기술심의위원회에 심의를 요청하여야 하며, 그 심의 결과 제4항 각 호의 어느 하나에 해당하는 것으로 인정할 때에는 시공자에게 기간을 정하여 하자보수를 명하여야 한다.

50 정답 ①   기본서 2권   222p

해설

①은 2년의 하자보수보증기간이 된다.

※ 소방시설공사업법 시행령 제6조(하자보수 대상 소방시설과 하자보수 보증기간)
1. 피난기구, 유도등, 유도표지, 비상경보설비, 비상조명등, 비상방송설비 및 무선통신보조설비 : 2년
2. 자동소화장치, 옥내소화전설비, 스프링클러설비, 간이스프링클러설비, 물분무등소화설비, 옥외소화전설비, 자동화재탐지설비, 상수도소화용수설비 및 소화활동설비(무선통신보조설비는 제외한다) : 3년

51 정답 ① 기본서 2권 222p

해설

㉠ 피난사다리, 구조대, 완강기 (O)
→ 피난기구의 하자보수보증기간은 2년이다.
㉡ 자동화재속보설비, 자동화재탐지설비 (X)
→ 자동화재속보설는 하자보수 대상이 아니고, 자동화재탐지설비는 하자보수보증기간 3년이다.
㉢ 소화기, 간이소화용구, 자동확산소화기 (X)
→ 소화기구는 하자보수 대상이 아니다.
㉣ 자동소화장치, 무선통신보조설비 (X)
→ 자동소화장치 하자보수보증기간 3년
㉤ 상수도소화용수설비, 옥외소화전설비, 옥내소화전설비 (X)
→ 하자보수보증기간 3년이다.

※ 소방시설공사업법 시행령 제6조(하자보수 대상 소방시설과 하자보수 보증기간)
법 제15조제1항에 따라 하자를 보수하여야 하는 소방시설과 소방시설별 하자보수 보증기간은 다음 각 호의 구분과 같다.
1. 피난기구, 유도등, 유도표지, 비상경보설비, 비상조명등, 비상방송설비 및 무선통신보조설비: 2년
2. 자동소화장치, 옥내소화전설비, 스프링클러설비, 간이스프링클러설비, 물분무등소화설비, 옥외소화전설비, 자동화재탐지설비, 상수도소화용수설비 및 소화활동설비(무선통신보조설비는 제외한다): 3년

52 정답 ① 기본서 2권 215~217p

해설

②, ③, ④ 모두 증설하는 공사에 해당한다.

※ 소방시설공사업법 시행령 제4조(소방시설공사의 착공신고 대상)

법 제13조제1항에서 "대통령령으로 정하는 소방시설공사"란 다음 각 호의 어느 하나에 해당하는 소방시설공사를 말한다. 다만, 「위험물안전관리법」 제2조제1항제6호에 따른 제조소등 또는 「다중이용업소의 안전관리에 관한 특별법」 제2조제1항제4호에 따른 다중이용업소에서의 소방시설공사는 제외한다.

1. 특정소방대상물에 다음 각 목의 어느 하나에 해당하는 설비를 신설하는 공사
   가. <u>옥내소화전설비</u>(호스릴옥내소화전설비를 포함한다. 이하 같다), 옥외소화전설비, 스프링클러설비·간이스프링클러설비(캐비닛형 간이스프링클러설비를 포함한다. 이하 같다) 및 화재조기진압용 스프링클러설비(이하 "스프링클러설비등"이라 한다), 물분무소화설비·포소화설비·이산화탄소소화설비·할론소화설비·할로겐화합물 및 불활성기체소화설비·미분무소화설비·강화액소화설비 및 분말소화설비(이하 "물분무등소화설비"라 한다), 연결송수관설비, 연결살수설비, 제연설비(소방용 외의 용도와 겸용되는 제연설비를 「건설산업기본법 시행령」 별표1에 따른 기계설비·가스공사업자가 공사하는 경우는 제외한다), 소화용수설비(소화용수설비를 「건설산업기본법 시행령」 별표 1에 따른 기계설비·가스공사업자 또는 상·하수도설비공사업자가 공사하는 경우는 제외한다) 또는 연소방지설비
   나. 자동화재탐지설비, 비상경보설비, 비상방송설비(소방용 외의 용도와 겸용되는 비상방송설비를 「정보통신공사업법」에 따른 정보통신공사업자가 공사하는 경우는 제외한다), 비상콘센트설비(비상콘센트설비를 「전기공사업법」에 따른 전기공사업자가 공사하는 경우는 제외한다) 또는 무선통신보조설비(소방용 외의 용도와 겸용되는 무선통신보조설비를 「정보통신공사업법」에 따른 정보통신공사업자가 공사하는 경우는 제외한다)

2. 특정소방대상물에 다음 각 목의 어느 하나에 해당하는 설비 또는 구역 등을 <u>증설하는 공사</u>
   가. 옥내·옥외소화전설비
   나. 스프링클러설비·간이스프링클러설비 또는 물분무등소화설비의 방호구역, <u>자동화재탐지설비의 경계구역</u>, 제연설비의 제연구역(소방용 외의 용도와 겸용되는 제연설비를 「건설산업기본법 시행령」 별표1에 따른 기계설비·가스공사업자가 공사하는 경우는 제외한다), 연결살수설비의 살수구역, <u>연결송수관설비의 송수구역</u>, 비상콘센트설비의 전용회로, 연소방지설비의 살수구역

3. 특정소방대상물에 설치된 소방시설등을 구성하는 다음 각 목의 어느 하나에 해당하는 것의 전부 또는 일부를 개설(改設), 이전(移轉) 또는 정비(整備)하는 공사. 다만, 고장 또는 파손 등으로 인하여 작동시킬 수 없는 소방시설을 긴급히 교체하거나 보수하여야 하는 경우에는 신고하지 않을 수 있다.
   가. 수신반(受信盤)
   나. 소화펌프
   다. 동력(감시)제어반

53
정답 ② **기본서 2권** 215~217p

해설
특정소방대상물에 단독경보형 감지기를 신설하는 공사는 소방시설공사의 착공신고 대상에 해당되지 않는다. (소방시설공사업법 시행령 제4조)

54
정답 ③ **기본서 2권** 215~217p

해설
① 특정소방대상물에 간이스프링클러설비를 신설하는 공사
② 유도등은 착공신고 대상이 아니다.
④ 특정소방대상물에 비상방송설비(소방용 외의 용도와 겸용되는 비상방송설비를 「정보통신공사업법」에 따른 정보통신공사업자가 공사하는 경우는 제외한다)를 신설하는 공사

55
정답 ④ **기본서 2권** 216~217p

해설
※ 소방시설공시업법 시행령 제4조(소방시설공사의 착공신고 대상)
법 제13조제1항에서 "대통령령으로 정하는 소방시설공사"란 다음 각 호의 어느 하나에 해당하는 소방시설공사를 말한다. 다만, 「위험물안전관리법」 제2조제1항제6호에 따른 제조소등 또는 「다중이용업소의 안전관리에 관한 특별법」 제2조제1항제4호에 따른 다중이용업소에서의 소방시설공사는 제외한다.
3. 특정소방대상물에 설치된 소방시설등을 구성하는 다음 각 목의 어느 하나에 해당하는 것의 전부 또는 일부를 개설(改設), 이전(移轉) 또는 정비(整備)하는 공사 다만, 고장 또는 파손 등으로 인하여 작동시킬 수 없는 소방시설을 긴급히 교체하거나 보수하여야 하는 경우에는 신고하지 않을 수 있다.
　가. 수신반(受信盤)
　나. 소화펌프
　다. 동력(감시)제어반

56
정답 ① **기본서 2권** 224~225p

해설
공사 감리업의 종류로 알맞게 짝지어진 것은 상주공사감리와 일반공사감리이다. (소방시설공사업법 시행령 별표3)

57

정답 ④　기본서 2권　224p

해설

④ 감리업자는 감리원이 부득이한 사유로 14일 이내의 범위에서 업무를 수행할 수 없는 경우에는 업무대행자를 지정하여 그 업무를 수행하게 해야 한다.
→ 일반 공사감리 방법에 해당한다.

※ 소방시설공사업법 시행령 별표3

1. 상주 공사감리 방법

   가. 감리원은 행정안전부령으로 정하는 기간 동안 공사 현장에 상주하여 법 제16조제1항 각 호에 따른 업무를 수행하고 감리일지에 기록해야 한다. 다만, 법 제16조제1항제9호에 따른 업무는 행정안전부령으로 정하는 기간 동안 공사가 이루어지는 경우만 해당한다.

   나. 감리원이 행정안전부령으로 정하는 기간 중 부득이한 사유로 1일 이상 현장을 이탈하는 경우에는 감리일지 등에 기록하여 발주청 또는 발주자의 확인을 받아야 한다. 이 경우 감리업자는 감리원의 업무를 대행할 사람을 감리현장에 배치하여 감리업무에 지장이 없도록 해야 한다.

   다. 감리업자는 감리원이 행정안전부령으로 정하는 기간 중 법에 따른 교육이나 「민방위기본법」 또는 「예비군법」에 따른 교육을 받는 경우나 「근로기준법」에 따른 유급휴가로 현장을 이탈하게 되는 경우에는 감리업무에 지장이 없도록 감리원의 업무를 대행할 사람을 감리현장에 배치해야 한다. 이 경우 감리원은 새로 배치되는 업무대행자에게 업무 인수·인계 등의 필요한 조치를 해야 한다.

2. 일반 공사감리 방법

   가. 감리원은 공사 현장에 배치되어 법 제16조제1항 각 호에 따른 업무를 수행한다. 다만, 법 제16조제1항제9호에 따른 업무는 행정안전부령으로 정하는 기간 동안 공사가 이루어지는 경우만 해당한다.

   나. 감리원은 행정안전부령으로 정하는 기간 중에는 주 1회 이상 공사 현장에 배치되어 제1호의 업무를 수행하고 감리일지에 기록해야 한다.

   다. 감리업자는 감리원이 부득이한 사유로 14일 이내의 범위에서 제2호의 업무를 수행할 수 없는 경우에는 업무대행자를 지정하여 그 업무를 수행하게 해야 한다.

   라. 제3호에 따라 지정된 업무대행자는 주 2회 이상 공사 현장에 배치되어 제1호의 업무를 수행하며, 그 업무 수행 내용을 감리원에게 통보하고 감리일지에 기록해야 한다.

※ 소방시설공사업법 제16조(감리)

① 제4조제1항에 따라 소방공사감리업을 등록한 자(이하 "감리업자"라 한다)는 소방공사를 감리할 때 다음 각 호의 업무를 수행하여야 한다.

1. 소방시설등의 설치계획표의 적법성 검토
2. 소방시설등 설계도서의 적합성(적법성과 기술상의 합리성을 말한다. 이하 같다) 검토
3. 소방시설등 설계 변경 사항의 적합성 검토
4. 「소방시설 설치 및 관리에 관한 법률」 제2조제1항제7호의 소방용품의 위치·규격 및 사용 자재의 적합성 검토
5. 공사업자가 한 소방시설등의 시공이 설계도서와 화재안전기준에 맞는지에 대한 지도·감독
6. 완공된 소방시설등의 성능시험
7. 공사업자가 작성한 시공 상세 도면의 적합성 검토
8. 피난시설 및 방화시설의 적법성 검토
9. 실내장식물의 불연화(不燃化)와 방염 물품의 적법성 검토

58 정답 ④ 기본서 2권 223p

해설

④ 용도와 구조에서 특별히 안전성과 보안성이 요구되는 소방대상물로서 대통령령으로 정하는 장소에서 시공되는 소방시설물에 대한 감리는 <u>감리업자가 아닌 자도 할 수 있다.</u>

※ 소방시설공사업법 제16조(감리)
① 제4조제1항에 따라 <u>소방공사감리업을 등록한 자</u>(이하 "감리업자"라 한다)는 소방공사를 감리할 때 다음 각 호의 업무를 수행하여야 한다.
  1. <u>소방시설등의 설치계획표의 적법성 검토</u>
  2. <u>소방시설등 설계도서의 적합성</u>(적법성과 기술상의 합리성을 말한다. 이하 같다) 검토
  3. 소방시설등 설계 변경 사항의 적합성 검토
  4. 「소방시설 설치 및 관리에 관한 법률」제2조제1항제7호의 소방용품의 위치·규격 및 사용 자재의 적합성 검토
  5. 공사업자가 한 소방시설등의 시공이 설계도서와 화재안전기준에 맞는지에 대한 지도·감독
  6. <u>완공된 소방시설등의 성능시험</u>
  7. 공사업자가 작성한 시공 상세 도면의 적합성 검토
  8. 피난시설 및 방화시설의 적법성 검토
  9. 실내장식물의 불연화(不燃化)와 방염 물품의 적법성 검토
② 용도와 구조에서 특별히 안전성과 보안성이 요구되는 소방대상물로서 대통령령으로 정하는 장소에서 시공되는 소방시설물에 대한 감리는 감리업자가 아닌 자도 할 수 있다.
③ 감리업자는 제1항 각 호의 업무를 수행할 때에는 대통령령으로 정하는 감리의 종류 및 대상에 따라 공사기간 동안 소방시설공사 현장에 소속 감리원을 배치하고 업무수행 내용을 감리일지에 기록하는 등 대통령령으로 정하는 감리의 방법에 따라야 한다.

※ 소방시설공사업법 시행령 제8조
<u>(감리업자가 아닌 자가 감리할 수 있는 보안성 등이 요구되는 소방대상물의 시공 장소)</u>
법 제16조제2항에서 "대통령령으로 정하는 장소"란 「원자력안전법」제2조제10호에 따른 관계시설이 설치되는 장소를 말한다.

59 정답 ② 기본서 2권 223p

해설

② 실내장식물의 불연화 및 방염 물품의 <u>적법성 검토</u>

※ 소방시설공사업법 제16조(감리)
① 제4조제1항에 따라 소방공사감리업을 등록한 자(이하 "감리업자"라 한다)는 소방공사를 감리할 때 다음 각 호의 업무를 수행하여야 한다.
  1. <u>소방시설등의 설치계획표의 적법성 검토</u>
  2. 소방시설등 설계도서의 적합성(적법성과 기술상의 합리성을 말한다. 이하 같다) 검토
  3. 소방시설등 설계 변경 사항의 적합성 검토
  4. 「소방시설 설치 및 관리에 관한 법률」 제2조제1항제7호의 <u>소방용품의 위치·규격 및 사용 자재의 적합성 검토</u>
  5. 공사업자가 한 소방시설등의 시공이 설계도서와 화재안전기준에 맞는지에 대한 지도·감독
  6. 완공된 소방시설등의 성능시험
  7. <u>공사업자가 작성한 시공 상세 도면의 적합성 검토</u>
  8. 피난시설 및 방화시설의 적법성 검토
  9. <u>실내장식물의 불연화(不燃化)와 방염 물품의 적법성 검토</u>

60 정답 ② 기본서 2권 223p

해설

※ 소방시설공사업법 제16조(감리)
① 제4조제1항에 따라 소방공사감리업을 등록한 자(이하 "감리업자"라 한다)는 소방공사를 감리할 때 다음 각 호의 업무를 수행하여야 한다.
  1. <u>소방시설등의 설치계획표의 적법성 검토</u>
  2. 소방시설등 설계도서의 적합성(적법성과 기술상의 합리성을 말한다. 이하 같다) 검토
  3. 소방시설등 설계 변경 사항의 적합성 검토
  4. 「소방시설 설치 및 관리에 관한 법률」 제2조제1항제7호의 소방용품의 위치·규격 및 사용 자재의 적합성 검토
  5. 공사업자가 한 소방시설등의 시공이 설계도서와 화재안전기준에 맞는지에 대한 지도·감독
  6. 완공된 소방시설등의 성능시험
  7. 공사업자가 작성한 시공 상세 도면의 적합성 검토
  8. <u>피난시설 및 방화시설의 적법성 검토</u>
  9. <u>실내장식물의 불연화(不燃化)와 방염 물품의 적법성 검토</u>

61 정답 ③ 기본서 2권 224p

해설

※ 상주공사감리의 대상(소방시설공사업법 시행령 별표3)
1. 연면적 3만 제곱미터 이상의 특정소방대상물(아파트는 제외한다)에 대한 소방시설의 공사
2. 지하층을 포함한 층수가 16층 이상으로서 500세대 이상인 아파트에 대한 소방시설의 공사

62 정답 ③ 기본서 2권 224p

해설

※ 소방공사 감리의 종류, 방법 및 대상(소방시설공사업법 시행령 별표3)
1. 상주 공사감리대상
   ① 연면적 3만 제곱미터 이상의 특정소방대상물(아파트는 제외한다)에 대한 소방시설의 공사
   ② 지하층을 포함한 층수가 16층 이상으로서 500세대 이상인 아파트에 대한 소방시설의 공사

63 정답 ③ 기본서 2권 226p

해설

③ 공사감리자를 변경하였을 때에도 또한 같다. 신고하여야 한다.

※ 소방시설공사업법 제17조(공사감리자의 지정 등)
① 대통령령으로 정하는 특정소방대상물의 관계인이 특정소방대상물에 대하여 자동화재탐지설비, 옥내소화전설비 등 대통령령으로 정하는 소방시설을 시공할 때에는 소방시설공사의 감리를 위하여 감리업자를 공사감리자로 지정하여야 한다. 다만, 제26조의2제2항에 따라 시·도지사가 감리업자를 선정한 경우에는 그 감리업자를 공사감리자로 지정한다.
② 관계인은 제1항에 따라 공사감리자를 지정하였을 때에는 행정안전부령으로 정하는 바에 따라 소방본부장이나 소방서장에게 신고하여야 한다. 공사감리자를 변경하였을 때에도 또한 같다.
③ 관계인이 제1항에 따른 공사감리자를 변경하였을 때에는 새로 지정된 공사감리자와 종전의 공사감리자는 감리 업무 수행에 관한 사항과 관계 서류를 인수·인계하여야 한다.
④ 소방본부장 또는 소방서장은 제2항에 따른 공사감리자 지정신고 또는 변경신고를 받은 날부터 2일 이내에 신고수리 여부를 신고인에게 통지하여야 한다.
⑤ 소방본부장 또는 소방서장이 제4항에서 정한 기간 내에 신고수리 여부 또는 민원 처리 관련 법령에 따른 처리기간의 연장을 신고인에게 통지하지 아니하면 그 기간(민원처리 관련 법령에 따라 처리기간이 연장 또는 재연장된 경우에는 해당 처리기간을 말한다)이 끝난 날의 다음 날에 신고를 수리한 것으로 본다.

64 정답 ④   기본서 2권   229p

해설

④ 통합감시시설을 신설 또는 개설할 때

※ 소방시설공사업법 시행령 제10조(공사감리자 지정대상 특정소방대상물의 범위)
① 법 제17조제1항에서 "대통령령으로 정하는 특정소방대상물"이란 「소방시설 설치 및 관리에 관한 법률」 제2조제1항제3호의 특정소방대상물을 말한다.
② 법 제17조제1항에서 "자동화재탐지설비, 옥내소화전설비 등 대통령령으로 정하는 소방시설을 시공할 때"란 다음 각 호의 어느 하나에 해당하는 소방시설을 시공할 때를 말한다.
  1. 옥내소화전설비를 신설·개설 또는 증설할 때
  2. 스프링클러설비등(캐비닛형 간이스프링클러설비는 제외한다)을 신설·개설하거나 방호·방수 구역을 증설할 때
  3. 물분무등소화설비(호스릴 방식의 소화설비는 제외한다)를 신설·개설하거나 방호·방수 구역을 증설할 때
  4. 옥외소화전설비를 신설·개설 또는 증설할 때
  5. 자동화재탐지설비를 신설 또는 개설할 때
  5의2. 비상방송설비를 신설 또는 개설할 때
  6. 통합감시시설을 신설 또는 개설할 때
  7. 소화용수설비를 신설 또는 개설할 때
  8. 다음 각 목에 따른 소화활동설비에 대하여 각 목에 따른 시공을 할 때
    가. 제연설비를 신설·개설하거나 제연구역을 증설할 때
    나. 연결송수관설비를 신설 또는 개설할 때
    다. 연결살수설비를 신설·개설하거나 송수구역을 증설할 때
    라. 비상콘센트설비를 신설·개설하거나 전용회로를 증설할 때
    마. 무선통신보조설비를 신설 또는 개설할 때
    바. 연소방지설비를 신설·개설하거나 살수구역을 증설할 때

65 정답 ②   기본서 2권   229p

해설

② 연결송수관설비를 신설·개설하거나 방수구역을 증설할 때
  → 연결송수관설비를 신설 또는 개설할 때

※ 소방시설공사업법 시행령 제10조 제2항(공사감리자 지정대상 특정소방대상물의 범위)
② 법 제17조 제1항에서 "자동화재탐지설비, 옥내소화전설비 등 대통령령으로 정하는 소방시설을 시공할 때"란 다음 각 호의 어느 하나에 해당하는 소방시설을 시공할 때를 말한다.
  1. 옥내소화전설비를 신설·개설 또는 증설할 때
  2. 스프링클러설비등(캐비닛형 간이스프링클러설비는 제외한다)을 신설·개설하거나 방호·방수 구역을 증설할 때

3. 물분무등소화설비(호스릴 방식의 소화설비는 제외한다)를 신설·개설하거나 방호·방수 구역을 증설할 때
4. 옥외소화전설비를 신설·개설 또는 증설할 때
5. 자동화재탐지설비를 신설 또는 개설할 때

5의2. 비상방송설비를 신설 또는 개설할 때

6. 통합감시시설을 신설 또는 개설할 때
7. 소화용수설비를 신설 또는 개설할 때
8. 다음 각 목에 따른 소화활동설비에 대하여 각 목에 따른 시공을 할 때
　　가. 제연설비를 신설·개설하거나 제연구역을 증설할 때
　　나. 연결송수관설비를 신설 또는 개설할 때
　　다. 연결살수설비를 신설·개설하거나 송수구역을 증설할 때
　　라. 비상콘센트설비를 신설·개설하거나 전용회로를 증설할 때
　　마. 무선통신보조설비를 신설 또는 개설할 때
　　바. 연소방지설비를 신설·개설하거나 살수구역을 증설할 때

66

정답 ③　**기본서 2권** 226p, 230p

해설 ※ 소방시설공사업법 시행규칙 제15조 제2항·3항(소방공사감리자의 지정신고 등)

② 특정소방대상물의 관계인은 공사감리자가 변경된 경우에는 법 제17조제2항 후단에 따라 변경일부터 <u>30일 이내</u>에 별지 제23호서식의 소방공사감리자 변경신고서(전자문서로 된 소방공사감리자 변경신고서를 포함한다)에 제1항 각 호의 서류(전자문서를 포함한다)를 첨부하여 소방본부장 또는 소방서장에게 제출하여야 한다. 다만, 「전자정부법」 제36조제1항에 따른 행정정보의 공동이용을 통하여 첨부서류에 대한 정보를 확인할 수 있는 경우에는 그 확인으로 첨부서류를 갈음할 수 있다.

③ 소방본부장 또는 소방서장은 제1항 및 제2항에 따라 공사감리자의 지정신고 또는 변경신고를 받은 경우에는 <u>2일 이내</u>에 처리하고 그 결과를 신고인에게 통보해야 한다.

67

정답 ②　**기본서 2권** 231p

해설

※ 소방시설공사업법 시행령 별표 4

감리원의 배치기준	소방시설공사 현장의 기준
책임감리원	
행정안전부령으로 정하는 고급감리원 이상의 소방공사 감리원(기계분야 및 전기분야)	1) 물분무등소화설비(호스릴 방식의 소화설비는 제외한다) 또는 제연설비가 설치되는 특정소방대상물의 공사 현장 2) 연면적 3만제곱미터 이상 20만제곱미터 미만인 아파트의 공사 현장

68 정답 ② 기본서 2권 231~237p

해설

① 300만 원 이하의 벌금
③ 7일
④ 보조감리원 1명 이상

※ 소방시설공사업법 제37조(벌칙)
다음 각 호의 어느 하나에 해당하는 자는 300만 원 이하의 벌금에 처한다.
2. 제18조제1항을 위반하여 소방시설공사 현장에 감리원을 배치하지 아니한 자

※ 소방시설공사업법 시행령 별표4(소방공사 감리원의 배치기준)

감리원의 배치기준	소방시설공사 현장의 기준
마. 행정안전부령으로 정하는 초급감리원 이상의 소방공사 감리원(기계분야 및 전기분야)	1) 연면적 5천 제곱미터 미만인 특정소방대상물의 공사 현장 2) 지하구의 공사 현장

비고
가. "책임감리원"이란 해당 공사 전반에 관한 감리업무를 총괄하는 사람을 말한다.
나. "보조감리원"이란 책임감리원을 보좌하고 책임감리원의 지시를 받아 감리업무를 수행하는 사람을 말한다.
다. 소방시설공사 현장의 연면적 합계가 20만 제곱미터 이상인 경우에는 20만 제곱미터를 초과하는 연면적에 대하여 10만 제곱미터(20만 제곱미터를 초과하는 연면적이 10만 제곱미터에 미달하는 경우에는 10만 제곱미터로 본다)마다 보조감리원 1명 이상을 추가로 배치해야 한다.
라. 위 표에도 불구하고 상주 공사감리에 해당하지 않는 소방시설의 공사에는 보조감리원을 배치하지 않을 수 있다.
마. 특정 공사 현장이 2개 이상의 공사 현장 기준에 해당하는 경우에는 해당 공사 현장 기준에 따라 배치해야 하는 감리원을 각각 배치하지 않고 그 중 상위 등급 이상의 감리원을 배치할 수 있다.

※ 소방시설공사업법 시행규칙 제17조(감리원 배치통보 등)
① 소방공사감리업자는 법 제18조제2항에 따라 감리원을 소방공사감리현장에 배치하는 경우에는 별지 제24호서식의 소방공사감리원 배치통보서(전자문서로 된 소방공사감리원 배치통보서를 포함한다)에, 배치한 감리원이 변경된 경우에는 별지 제25호서식의 소방공사감리원 배치변경통보서(전자문서로 된 소방공사감리원 배치변경통보서를 포함한다)에 다음 각 호의 구분에 따른 해당 서류(전자문서를 포함한다)를 첨부하여 감리원 배치일부터 7일 이내에 소방본부장 또는 소방서장에게 알려야 한다.

69

정답 ③ **기본서 2권** 231p, 235p, 238p

해설

③ 감리업자는 감리를 할 때 소방시설공사가 설계도서나 화재안전기준에 맞지 아니할 때에는 <u>관계인에게 알리고</u>, 공사업자에게 그 공사의 시정 또는 보완 등을 요구하여야 한다.

※ 소방시설공사업법 제18조(감리원의 배치 등)
① 감리업자는 소방시설공사의 감리를 위하여 소속 감리원을 대통령령으로 정하는 바에 따라 소방시설공사 현장에 배치하여야 한다.
② 감리업자는 제1항에 따라 소속 감리원을 배치하였을 때에는 행정안전부령으로 정하는 바에 따라 소방본부장이나 소방서장에게 통보하여야 한다. 감리원의 배치를 변경하였을 때에도 또한 같다.
③ 제1항에 따른 감리원의 세부적인 배치 기준은 행정안전부령으로 정한다.

※ 소방시설공사업법 제19조(위반사항에 대한 조치)
① 감리업자는 감리를 할 때 소방시설공사가 설계도서나 화재안전기준에 맞지 아니할 때에는 관계인에게 알리고, 공사업자에게 그 공사의 시정 또는 보완 등을 요구하여야 한다.
② 공사업자가 제1항에 따른 요구를 받았을 때에는 그 요구에 따라야 한다.
③ 감리업자는 공사업자가 제1항에 따른 요구를 이행하지 아니하고 그 공사를 계속할 때에는 행정안전부령으로 정하는 바에 따라 소방본부장이나 소방서장에게 그 사실을 보고하여야 한다.
④ 관계인은 감리업자가 제3항에 따라 소방본부장이나 소방서장에게 보고한 것을 이유로 감리계약을 해지하거나 감리의 대가 지급을 거부하거나 지연시키거나 그 밖의 불이익을 주어서는 아니 된다.

70

정답 ③ **기본서 2권** 235~236p

해설

③ 설계자는 해당하지 않는다.

※ 소방시설공사업법 시행규칙 제19조(감리결과의 통보 등)

법 제20조에 따라 감리업자가 소방공사의 감리를 마쳤을 때에는 별지 제29호서식의 소방공사감리 결과보고(통보)서[전자문서로 된 소방공사감리 결과보고(통보)서를 포함한다]에 다음 각 호의 서류(전자문서를 포함한다)를 첨부하여 공사가 완료된 날부터 7일 이내에 특정소방대상물의 <u>관계인</u>, <u>소방시설공사의 도급인</u> 및 특정소방대상물의 공사를 감리한 건축사에게 알리고, <u>소방본부장 또는 소방서장에게 보고</u>하여야 한다.

1. 소방청장이 정하여 고시하는 소방시설 성능시험조사표 1부
2. 착공신고 후 변경된 소방시설설계도면(변경사항이 있는 경우에만 첨부하되, 법 제11조에 따른 설계업자가 설계한 도면만 해당된다) 1부
3. 별지 제13호서식의 소방공사 감리일지(소방본부장 또는 소방서장에게 보고하는 경우에만 첨부한다) 1부
4. 특정소방대상물의 사용승인(「건축법」 제22조에 따른 사용승인으로서 「주택법」 제49조에 따른 사용검사 또는 「학교시설사업 촉진법」 제13조에 따른 사용승인을 포함한다. 이하 같다) 신청서 등 사용승인 신청을 증빙할 수 있는 서류 1부

71

정답 ③   기본서 2권   235~236p

해설

※ 소방시설공사업법 제20조(공사감리 결과의 통보 등)

감리업자는 소방공사의 감리를 마쳤을 때에는 행정안전부령으로 정하는 바에 따라 그 감리 결과를 그 특정소방대상물의 관계인, 소방시설공사의 도급인, 그 특정소방대상물의 공사를 감리한 건축사에게 서면으로 알리고, 소방본부장이나 소방서장에게 공사감리 결과보고서를 제출하여야 한다.

72

정답 ①   기본서 2권   259p

해설

※ 소방시설공사업법 제22조(하도급의 제한)

① 제21조에 따라 도급을 받은 자는 소방시설의 설계, 시공, 감리를 제3자에게 하도급할 수 없다. 다만, 시공의 경우에는 대통령령으로 정하는 바에 따라 도급받은 소방시설공사의 일부를 다른 공사업자에게 하도급할 수 있다.

② 하수급인은 제1항 단서에 따라 하도급받은 소방시설공사를 제3자에게 다시 하도급할 수 없다.

※ 소방시설공사업법 시행령 제12조(소방시설공사의 시공을 하도급할 수 있는 경우)

① 소방시설공사업과 다음 각 호의 어느 하나에 해당하는 사업을 함께 하는 공사업자가 소방시설공사와 해당 사업의 공사를 함께 도급받은 경우에는 법 제22조제1항 단서에 따라 도급받은 소방시설공사의 일부를 다른 공사업자에게 하도급할 수 있다.

  1. 「주택법」 제4조에 따른 주택건설사업
  2. 「건설산업기본법」 제9조에 따른 건설업
  3. 「전기공사업법」 제4조에 따른 전기공사업
  4. 「정보통신공사업법」 제14조에 따른 정보통신공사업

73

정답 ①   기본서 2권   235~236p

해설

※ 소방시설공사업법 제20조(공사감리 결과의 통보 등)

감리업자는 소방공사의 감리를 마쳤을 때에는 행정안전부령으로 정하는 바에 따라 그 감리 결과를 그 특정소방대상물의 관계인, 소방시설공사의 도급인, 그 특정소방대상물의 공사를 감리한 건축사에게 서면으로 알리고, 소방본부장이나 소방서장에게 공사감리 결과보고서를 제출하여야 한다.

74 정답 ③ 기본서 2권 248~251p

해설

③ 추후가 아니라 미리 관계인과 발주자에게 알려야 한다.

※ 소방시설공사업법 제21조(소방시설공사의 도급)
① 특정소방대상물의 관계인 또는 발주자는 소방시설공사등을 도급할 때에는 해당 소방시설업자에게 도급하여야 한다.
② 소방시설공사는 다른 업종의 공사와 분리하여 도급하여야 한다. 다만, 공사의 성질상 또는 기술관리상 분리하여 도급하는 것이 곤란한 경우로서 대통령령으로 정하는 경우에는 다른 업종의 공사와 분리하지 아니하고 도급할 수 있다.

※ 소방시설공사업법 제21조의2(임금에 대한 압류의 금지)
① 공사업자가 도급받은 소방시설공사의 도급금액 중 그 공사(하도급한 공사를 포함한다)의 근로자에게 지급하여야 할 임금에 해당하는 금액은 압류할 수 없다.
② 제1항의 임금에 해당하는 금액의 범위와 산정방법은 대통령령으로 정한다.

※ 소방시설공사업법 제21조의3(도급의 원칙 등)
① 소방시설공사등의 도급 또는 하도급의 계약당사자는 서로 대등한 입장에서 합의에 따라 공정하게 계약을 체결하고, 신의에 따라 성실하게 계약을 이행하여야 한다.
② 소방시설공사등의 도급 또는 하도급의 계약당사자는 그 계약을 체결할 때 도급 또는 하도급 금액, 공사기간, 그 밖에 대통령령으로 정하는 사항을 계약서에 분명히 밝혀야 하며, 서명날인 한 계약서를 서로 내주고 보관하여야 한다.
③ 수급인은 하수급인에게 하도급과 관련하여 자재구입처의 지정 등 하수급인에게 불리하다고 인정되는 행위를 강요하여서는 아니 된다.
④ 제21조에 따라 도급을 받은 자가 해당 소방시설공사등을 하도급 할 때에는 행정안전부령으로 정하는 바에 따라 미리 관계인과 발주자에게 알려야 한다. 하수급인을 변경하거나 하도급 계약을 해지할 때에도 또한 같다.
⑤ 하도급에 관하여 이 법에서 규정하는 것을 제외하고는 그 성질에 반하지 아니하는 범위에서 「하도급거래 공정화에 관한 법률」의 해당 규정을 준용한다.

75

정답 ③ 기본서 2권 248~249p

해설

③ 소방시설공사의 착공신고 대상에 해당하는 공사인 경우
→ 해당하지 않는

※ 소방시설공사업법 제21조 제2항(소방시설공사등의 도급)
② 소방시설공사는 다른 업종의 공사와 분리하여 도급하여야 한다. 다만, 공사의 성질상 또는 기술관리상 분리하여 도급하는 것이 곤란한 경우로서 대통령령으로 정하는 경우에는 다른 업종의 공사와 분리하지 아니하고 도급할 수 있다.

※ 소방시설공사업법 시행령 제11조의2(소방시설공사 분리 도급의 예외)
법 제21조제2항 단서에서 "대통령령으로 정하는 경우"란 다음 각 호의 어느 하나에 해당하는 경우를 말한다.
1. 「재난 및 안전관리 기본법」 제3조제1호에 따른 재난의 발생으로 긴급하게 착공해야 하는 공사인 경우
2. 국방 및 국가안보 등과 관련하여 기밀을 유지해야 하는 공사인 경우
3. 제4조 각 호에 따른 소방시설공사에 해당하지 않는 공사인 경우
4. 연면적이 1천 제곱미터 이하인 특정소방대상물에 비상경보설비를 설치하는 공사인 경우
5. 다음 각 목의 어느 하나에 해당하는 입찰로 시행되는 공사인 경우
   가. 「국가를 당사자로 하는 계약에 관한 법률 시행령」 제79조제1항제4호 또는 제5호 및 「지방자치단체를 당사자로 하는 계약에 관한 법률 시행령」 제95조제4호 또는 제5호에 따른 대안입찰 또는 일괄입찰
   나. 「국가를 당사자로 하는 계약에 관한 법률 시행령」 제98조제2호 또는 제3호 및 「지방자치단체를 당사자로 하는 계약에 관한 법률 시행령」 제127조제2호 또는 제3호에 따른 실시설계 기술제안입찰 또는 기본설계 기술제안입찰
5의2. 「국가첨단전략산업 경쟁력 강화 및 보호에 관한 특별조치법」 제2조제1호에 따른 국가첨단전략기술 관련 연구시설·개발시설 또는 그 기술을 이용하여 제품을 생산하는 시설 공사인 경우
6. 그 밖에 국가유산수리 및 재개발·재건축 등의 공사로서 공사의 성질상 분리하여 도급하는 것이 곤란하다고 소방청장이 인정하는 경우

76

정답 ④ 기본서 2권 260p

해설

※ 소방시설공사업법 시행령 제12조의2 제4항(하도급계약의 적정성 심사 등)
④ 발주자는 법 제22조의2제2항에 따라 하수급인 또는 하도급계약 내용의 변경을 요구하려는 경우에는 법 제21조의3제4항에 따라 하도급에 관한 사항을 통보받은 날 또는 그 사유가 있음을 안 날부터 30일 이내에 서면으로 하여야 한다.

77 정답 ③ 기본서 2권 264p

해설

③ 특정소방대상물의 관계인 또는 발주자는 해당 도급계약의 수급인이 정당한 사유 없이 30일 이상 소방시설공사를 계속하지 아니하는 때에는 도급계약을 해지할 수 있다.

※ 소방시설공사업법 제23조(도급계약의 해지)
특정소방대상물의 관계인 또는 발주자는 해당 도급계약의 수급인이 다음 각 호의 어느 하나에 해당하는 경우에는 도급계약을 해지할 수 있다.
1. 소방시설업이 등록취소되거나 영업정지 된 경우
2. 소방시설업을 휴업하거나 폐업한 경우
3. 정당한 사유 없이 30일 이상 소방시설공사를 계속하지 아니하는 경우
4. 제22조의2제2항에 따른 요구에 정당한 사유 없이 따르지 아니하는 경우

78 정답 ③ 기본서 2권 264p

해설

※ 소방시설공사업법 제23조(도급계약의 해지)
특정소방대상물의 관계인 또는 발주자는 해당 도급계약의 수급인이 다음 각 호의 어느 하나에 해당하는 경우에는 도급계약을 해지할 수 있다.
1. 소방시설업이 등록취소되거나 영업정지 된 경우
2. 소방시설업을 휴업하거나 폐업한 경우
3. 정당한 사유 없이 30일 이상 소방시설공사를 계속하지 아니하는 경우
4. 제22조의2제2항에 따른 요구에 정당한 사유 없이 따르지 아니하는 경우

79 정답 ③ 기본서 2권 265p

해설

㉠ 공사업자와 감리업자가 같은 자인 경우
㉣ 「민법」에 따른 친족관계인 경우

※ 소방시설공사업법 제24조(공사업자의 감리 제한)
다음 각 호의 어느 하나에 해당되면 동일한 특정소방대상물의 소방시설에 대한 시공과 감리를 함께 할 수 없다.
1. 공사업자와 감리업자가 같은 자인 경우
2. 「독점규제 및 공정거래에 관한 법률」 제2조제11호에 따른 기업집단의 관계인 경우
3. 법인과 그 법인의 임직원의 관계인 경우
4. 「민법」 제777조에 따른 친족관계인 경우

80

정답 ②   기본서 2권   265p

해설

※ 소방시설공사업법 제25조(소방기술용역의 대가 기준)

소방시설공사의 설계와 감리에 관한 약정을 할 때 그 대가는 「엔지니어링산업 진흥법」 제31조에 따른 엔지니어링사업의 대가 기준 가운데 <u>행정안전부령</u>으로 정하는 방식에 따라 산정한다.

81

정답 ①   기본서 2권   265p

해설

① 실비정액 가산방식

※ 소방시설공사업법 시행규칙 제21조(소방기술용역의 대가 기준 산정방식)

법 제25조에서 "행정안전부령으로 정하는 방식"이란 「엔지니어링산업 진흥법」 제31조 제2항에 따라 산업통상자원부장관이 고시한 엔지니어링사업 대가의 기준 중 다음 각 호에 따른 방식을 말한다.

  1. 소방시설설계의 대가 : <u>통신부문에 적용하는 공사비 요율에 따른 방식</u>
  2. 소방공사감리의 대가 : <u>실비정액 가산방식(직접인건비, 직접경비 등을 합산해 용역대가를 산출하는 방식)</u>

82

정답 ③   기본서 2권   266p

해설

※ 소방시설공사업법 제26조(시공능력 평가 및 공시)

① <u>소방청장</u>은 관계인 또는 발주자가 적절한 공사업자를 선정할 수 있도록 하기 위하여 공사업자의 신청이 있으면 그 공사업자의 소방시설공사 실적, 자본금 등에 따라 시공능력을 평가하여 공시할 수 있다.

83 정답 ④ 기본서 2권 269p

해설

④ 매년 7월 31일까지 각 공사업자의 시공능력을 일간신문 또는 인터넷 홈페이지를 통하여 공시하여야 한다.

※ 소방시설공사업법 시행규칙 제23조(시공능력의 평가)
① 법 제26조제3항에 따른 시공능력 평가의 방법은 별표4와 같다.
② 제1항에 따라 평가된 시공능력은 공사업자가 도급받을 수 있는 1건의 공사도급금액으로 하고, 시공능력 평가의 유효기간은 공시일부터 1년간으로 한다. 다만, 다음 각 호의 어느 하나에 해당하는 사유로 평가된 시공능력의 유효기간은 그 시공능력 평가 결과의 공시일부터 다음 해의 정기 공시일(제3항 본문에 따라 공시한 날을 말한다)의 전날까지로 한다.
  1. 법 제4조에 따라 소방시설공사업을 등록한 경우
  2. 법 제7조제1항이나 제2항에 따라 소방시설공사업을 상속·양수·합병하거나 소방시설 전부를 인수한 경우
  3. 제22조제1항 각 호의 서류가 거짓으로 확인되어 제4항에 따라 새로 평가한 경우
③ 협회는 시공능력을 평가한 경우에는 그 사실을 해당 공사업자의 등록수첩에 기재하여 발급하고, 매년 7월 31일까지 각 공사업자의 시공능력을 일간신문(「신문 등의 진흥에 관한 법률」 제2조제1호가목 또는 나목에 해당하는 일간신문으로서 같은 법 제9조제1항에 따른 등록 시 전국을 보급지역으로 등록한 일간신문을 말한다. 이하 같다) 또는 인터넷 홈페이지를 통하여 공시하여야 한다. 다만, 제2항 각 호의 어느 하나에 해당하는 사유로 시공능력을 평가한 경우에는 인터넷 홈페이지를 통하여 공시하여야 한다.
④ 협회는 시공능력평가 및 공시를 위하여 제22조에 따라 제출된 자료가 거짓으로 확인된 경우에는 그 확인된 날부터 10일 이내에 제3항에 따라 공시된 해당 공사업자의 시공능력을 새로 평가하고 해당 공사업자의 등록수첩에 그 사실을 기재하여 발급하여야 한다.

84 정답 ④ 기본서 2권 270p

해설

④ 공사실적액은 해당 업체의 수급금액 중 하수급금액 및 하도급금액을 포함한다.
  → 하도급금액은 제외한다.

※ 소방시설공사업법 시행규칙 별표4 (시공능력 평가의 방법)
소방시설공사업자의 시공능력 평가는 다음 계산식으로 산정하되, 10만 원 미만의 숫자는 버린다. 이 경우 산정기준일은 평가를 하는 해의 전년도 말일로 한다.
→ 시공능력평가액 = 실적평가액 + 자본금평가액 + 기술력평가액 + 경력평가액 ± 신인도평가액

1. 실적평가액은 다음 계산식으로 산정한다.
   → 실적평가액 = 연평균공사실적액
   가. 공사실적액(발주자가 공급하는 자재비를 제외한다)은 해당 업체의 수급금액 중 하수급금액은 포함하고 하도급금액은 제외한다.
   나. 공사업을 한 기간이 산정일을 기준으로 3년 이상인 경우에는 최근 3년간의 공사실적을 합산하여 3으로 나눈 금액을 연평균공사실적액으로 한다.
   다. 공사업을 한 기간이 산정일을 기준으로 1년 이상 3년 미만인 경우에는 그 기간의 공사실적을 합산한 금액을 그 기간의 개월수로 나눈 금액에 12를 곱한 금액을 연평균공사실적액으로 한다.
   라. 공사업을 한 기간이 산정일을 기준으로 1년 미만인 경우에는 그 기간의 공사실적액을 연평균공사실적액으로 한다.

85 정답 ① 기본서 2권 238p

해설

※ 소방시설공사업법 시행규칙 제18조(위반사항의 보고 등)

소방공사감리업자는 법 제19조제1항에 따라 공사업자에게 해당 공사의 시정 또는 보완을 요구하였으나 이행하지 아니하고 그 공사를 계속할 때에는 법 제19조제3항에 따라 시정 또는 <u>보완을 이행하지 아니하고 공사를 계속하는 날부터 3일 이내</u>에 별지 제28호서식의 소방시설공사 위반사항보고서(전자문서로 된 소방시설공사 위반사항보고서를 포함한다)를 소방본부장 또는 소방서장에게 제출하여야 한다. 이 경우 공사업자의 위반사항을 확인할 수 있는 사진 등 증명서류(전자문서를 포함한다)가 있으면 이를 소방시설공사 위반사항보고서(전자문서로 된 소방시설공사 위반사항보고서를 포함한다)에 첨부하여 제출하여야 한다. 다만, 「전자정부법」 제36조제1항에 따른 행정정보의 공동이용을 통하여 첨부서류에 대한 정보를 확인할 수 있는 경우에는 그 확인으로 첨부서류를 갈음할 수 있다.

86 정답 ③ 기본서 2권 235p

해설

※ 소방시설공사업법 시행규칙 제19조(감리결과의 통보 등)

법 제20조에 따라 감리업자가 소방공사의 감리를 마쳤을 때에는 별지 제29호서식의 소방공사감리 결과보고(통보)서[전자문서로 된 소방공사감리 결과보고(통보)서를 포함한다]에 다음 각 호의 서류(전자문서를 포함한다)를 첨부하여 공사가 <u>완료된 날부터 7일 이내</u>에 특정소방대상물의 관계인, 소방시설공사의 도급인 및 특정소방대상물의 공사를 감리한 건축사에게 알리고, 소방본부장 또는 소방서장에게 보고하여야 한다.

87 정답 ① 기본서 2권 259p

해설

※ 소방시설공사업법 시행령 제12조의2(하도급계약의 적정성 심사 등)

① 법 제22조의2제1항 전단에서 "하도급계약금액이 대통령령으로 정하는 비율에 따른 금액에 미달하는 경우"란 다음 각 호의 어느 하나에 해당하는 경우를 말한다.

1. 하도급계약금액이 도급금액 중 하도급부분에 상당하는 금액[하도급하려는 소방시설공사등에 대하여 수급인의 도급금액 산출내역서의 계약단가(직접·간접 노무비, 재료비 및 경비를 포함한다)를 기준으로 산출한 금액에 일반관리비, 이윤 및 부가가치세를 포함한 금액을 말하며, 수급인이 하수급인에게 직접 지급하는 자재의 비용 등 관계 법령에 따라 수급인이 부담하는 금액은 제외한다]의 100분의 82에 해당하는 금액에 미달하는 경우
2. 하도급계약금액이 소방시설공사등에 대한 발주자의 예정가격의 100분의 60에 해당하는 금액에 미달하는 경우

88 정답 ③ 기본서 2권 262p

해설

※ 소방시설공사업법 제22조의3(하도급대금의 지급 등)

① 수급인은 발주자로부터 도급받은 소방시설공사등에 대한 준공금(竣工金)을 받은 경우에는 하도급대금의 전부를, 기성금(旣成金)을 받은 경우에는 하수급인이 시공하거나 수행한 부분에 상당한 금액을 각각 지급받은 날(수급인이 발주자로부터 대금을 어음으로 받은 경우에는 그 어음만기일을 말한다)부터 15일 이내에 하수급인에게 현금으로 지급하여야 한다.

② 수급인은 발주자로부터 선급금을 받은 경우에는 하수급인이 자재의 구입, 현장근로자의 고용, 그 밖에 하도급 공사 등을 시작할 수 있도록 그가 받은 선급금의 내용과 비율에 따라 하수급인에게 선금을 받은 날(하도급 계약을 체결하기 전에 선급금을 받은 경우에는 하도급 계약을 체결한 날을 말한다)부터 15일 이내에 선급금을 지급하여야 한다. 이 경우 수급인은 하수급인이 선급금을 반환하여야 할 경우에 대비하여 하수급인에게 보증을 요구할 수 있다.

③ 수급인은 하도급을 한 후 설계변경 또는 물가변동 등의 사정으로 도급금액이 조정되는 경우에는 조정된 금액과 비율에 따라 하수급인에게 하도급 금액을 증액하거나 감액하여 지급할 수 있다.

89 정답 ③ 기본서 2권 181~183p

해설

③ 전문소방시설설계업은 모든 특정소방대상물에 설치되는 소방시설 설계를 할 수 있다.

※ 소방시설공사업법 시행령 별표1

1. 소방시설설계업

항목 업종별		기술인력	영업범위
전문 소방시설 설계업		가. 주된 기술인력 : 소방기술사 1명 이상 나. 보조기술인력 : 1명 이상	모든 특정소방대상물에 설치되는 소방시설의 설계
일반 소방 시설 설계업	기계 분야	가. 주된 기술인력 : 소방기술사 또는 기계분야 소방설비기사 1명 이상 나. 보조기술인력 : 1명 이상	가. 아파트에 설치되는 기계분야 소방시설(제연설비는 제외한다)의 설계 나. 연면적 3만 제곱미터(공장의 경우에는 1만 제곱미터) 미만의 특정소방대상물(제연설비가 설치되는 특정소방대상물은 제외한다)에 설치되는 기계분야 소방시설의 설계 다. 위험물제조소등에 설치되는 기계분야 소방시설의 설계
	전기 분야	가. 주된 기술인력 : 소방기술사 또는 전기분야 소방설비기사 1명 이상 나. 보조기술인력 : 1명 이상	가. 아파트에 설치되는 전기분야 소방시설의 설계 나. 연면적 3만 제곱미터(공장의 경우에는 1만 제곱미터) 미만의 특정소방대상물에 설치되는 전기분야 소방시설의 설계 다. 위험물제조소등에 설치되는 전기분야 소방시설의 설계

2. 소방시설공사업

항목 업종별		기술인력	자본금 (자산평가액)	영업범위
전문 소방시설 공사업		가. 주된 기술인력 : 소방기술사 또는 기계분야와 전기분야의 소방설비기사 각 1명(기계분야 및 전기분야의 자격을 함께 취득한 사람 1명) 이상 나. 보조기술인력 : 2명 이상	가. 법인 : 1억 원 이상 나. 개인 : 자산평가액 1억 원 이상	특정소방대상물에 설치되는 기계분야 및 전기분야 소방시설의 공사·개설·이전 및 정비
일반 소방 시설 공사 업	기계 분야	가. 주된 기술인력 : 소방기술사 또는 기계분야 소방설비기사 1명 이상 나. 보조기술인력 : 1명 이상	가. 법인 : 1억 원 이상 나. 개인 : 자산평가액 1억 원 이상	가. 연면적 1만 제곱미터 미만의 특정소방대상물에 설치되는 기계분야 소방시설의 공사·개설·이전 및 정비 나. 위험물제조소등에 설치되는 기계분야 소방시설의 공사·개설·이전 및 정비
	전기 분야	가. 주된 기술인력 : 소방기술사 또는 전기분야 소방설비기사 1명 이상 나. 보조기술인력 : 1명 이상	가. 법인 : 1억 원 이상 나. 개인 : 자산평가액 1억 원 이상	가. 연면적 1만 제곱미터 미만의 특정소방대상물에 설치되는 전기분야 소방시설의 공사·개설·이전·정비 나. 위험물제조소등에 설치되는 전기분야 소방시설의 공사·개설·이전·정비

90

정답 ④ 기본서 2권 184p

해설

④ 개설

※ 소방시설공사업법 시행령 별표1 (소방시설업의 업종별 등록기준 및 영업범위)

  2. 소방시설공사업의 비고 6~8

  6. "개설"이란 이미 특정소방대상물에 설치된 소방시설등의 전부 또는 일부를 철거하고 새로 설치하는 것을 말한다.

  7. "이전"이란 이미 설치된 소방시설등을 현재 설치된 장소에서 다른 장소로 옮겨 설치하는 것을 말한다.

  8. "정비"란 이미 설치된 소방시설등을 구성하고 있는 기계·기구를 교체하거나 보수하는 것을 말한다.

91

정답 ③ 기본서 2권 181p

해설

③ 일반소방시설설계업(전기분야) : 연면적 3만 제곱미터(공장의 경우에는 1만 제곱미터) 미만의 특정소방대상물에 설치되는 전기분야 소방시설의 설계

※ 소방시설공사업법 시행령 별표1

1. 소방시설설계업

업종별	항목		기술인력	영업범위
전문 소방시설 설계업			가. 주된 기술인력 : 소방기술사 1명 이상 나. 보조기술인력 : 1명 이상	모든 특정소방대상물에 설치되는 소방시설의 설계
일반 소방 시설 설계업	기계 분야		가. 주된 기술인력 : 소방기술사 또는 기계분야 소방설비기사 1명 이상 나. 보조기술인력 : 1명 이상	가. 아파트에 설치되는 기계분야 소방시설(제연설비는 제외한다)의 설계 나. 연면적 3만 제곱미터(공장의 경우에는 1만 제곱미터) 미만의 특정소방대상물(제연설비가 설치되는 특정소방대상물은 제외한다)에 설치되는 기계분야 소방시설의 설계 다. 위험물제조소등에 설치되는 기계분야 소방시설의 설계
	전기 분야		가. 주된 기술인력 : 소방기술사 또는 전기분야 소방설비기사 1명 이상 나. 보조기술인력 : 1명 이상	가. 아파트에 설치되는 전기분야 소방시설의 설계 나. 연면적 3만 제곱미터(공장의 경우에는 1만 제곱미터) 미만의 특정소방대상물에 설치되는 전기분야 소방시설의 설계 다. 위험물제조소등에 설치되는 전기분야 소방시설의 설계

92

정답 ③ 기본서 2권 181p

해설

※ 소방시설공사업법 시행령 별표1

1. 소방시설설계업

업종별 항목	기술인력	영업범위
전문 소방시설 설계업	가. 주된 기술인력 : 소방기술사 1명 이상 나. 보조기술인력 : 1명 이상	모든 특정소방대상물에 설치되는 소방시설의 설계

93 정답 ② 기본서 2권 182p

해설

※ 소방시설공사업법 시행령 별표1

2. 소방시설공사업

업종별 \ 항목	기술인력	자본금 (자산평가액)	영업범위
전문 소방시설 공사업	가. 주된 기술인력 : 소방기술사 또는 기계분야와 전기분야의 소방설비기사 각 1명(기계분야 및 전기분야의 자격을 함께 취득한 사람 1명) 이상 나. 보조기술인력 : 2명 이상	가. 법인 : 1억 원 이상 나. 개인 : 자산평가액 1억 원 이상	특정소방대상물에 설치되는 기계분야 및 전기분야 소방시설의 공사ㆍ개설ㆍ이전 및 정비

94 정답 ① 기본서 2권 182~183p

해설

※ 소방시설공사업법 시행령 별표1

2. 소방시설공사업

업종별	항목	기술인력	자본금 (자산평가액)
전문 소방시설 공사업		가. 주된 기술인력 : 소방기술사 또는 기계분야와 전기분야의 소방설비기사 각 1명(기계분야 및 전기분야의 자격을 함께 취득한 사람 1명) 이상 나. 보조기술인력: 2명 이상	가. 법인 : 1억 원 이상 나. 개인 : 자산평가액 1억 원 이상
일반 소방시설 공사업	기계 분야	가. 주된 기술인력 : 소방기술사 또는 기계분야 소방설비기사 1명 이상 나. 보조기술인력 : 1명 이상	가. 법인 : 1억 원 이상 나. 개인 : 자산평가액 1억 원 이상
	전기 분야	가. 주된 기술인력 : 소방기술사 또는 전기분야 소방설비 기사 1명 이상 나. 보조기술인력 : 1명 이상	가. 법인 : 1억 원 이상 나. 개인 : 자산평가액 1억 원 이상

95 정답 ④ 기본서 2권 185p

해설

방염처리업의 종류는 섬유류 방염업, 합성수지류 방염업, 합판ㆍ목재류 방염업이 있다.(소방시설공사업법 시행령 별표1)

96 정답 ④ 기본서 2권 260p

해설

※ 소방시설공사업법 시행령 제12조의3(하도급계약심사위원회의 구성 및 운영)
① 법 제22조의2제4항에 따른 하도급계약심사위원회(이하 "위원회"라 한다)는 위원장 1명과 부위원장 1명을 포함하여 10명 이내의 위원으로 구성한다.

97 정답 ③ 기본서 2권 260p

해설

※ 소방시설공사업법 시행령 제12조의3(하도급계약심사위원회의 구성 및 운영)
① 법 제22조의2제4항에 따른 하도급계약심사위원회(이하 "위원회"라 한다)는 <u>위원장 1명과 부위원장 1명을 포함하여 10명 이내의 위원으로 구성한다.</u>
② <u>위원회의 위원장(이하 "위원장"이라 한다)</u>은 발주기관의 장(발주기관이 특별시·광역시·특별자치시·도 및 특별자치도인 경우에는 해당 기관 소속 2급 또는 3급 공무원 중에서, 발주기관이 제11조의5 각 호의 공공기관인 경우에는 1급 이상 임직원 중에서 발주기관의 장이 지명하는 사람을 각각 말한다)이 되고, 부위원장과 위원은 다음 각 호의 어느 하나에 해당하는 사람 중에서 위원장이 임명하거나 성별을 고려하여 위촉한다.
  1. 해당 발주기관의 과장급 이상 공무원(제11조의5 각 호의 공공기관인 경우에는 2급 이상의 임직원을 말한다)
  2. 소방 분야 연구기관의 연구위원급 이상인 사람
  3. 소방 분야의 박사학위를 취득하고 그 분야에서 3년 이상 연구 또는 실무경험이 있는 사람
  4. 대학(소방 분야로 한정한다)의 조교수 이상인 사람
  5. 「국가기술자격법」에 따른 소방기술사 자격을 취득한 사람
③ 제2항제2호부터 제5호까지의 규정에 해당하는 <u>위원의 임기는 3년으로 하며, 한 차례만 연임할 수 있다</u>
④ <u>위원회의 회의는 재적위원 과반수의 출석으로 개의(開議)하고, 출석위원 과반수의 찬성으로 의결한다.</u>
⑤ 제1항부터 제4항까지에서 규정한 사항 외에 위원회의 운영에 필요한 사항은 위원회의 의결을 거쳐 위원장이 정한다.

98 정답 ② 기본서 2권 263p

해설

※ 소방시설공사업법 시행령 제12조의5(하도급계약 자료의 공개)
① 법 제22조의4제1항 각 호 외의 부분에서 "대통령령으로 정하는 공공기관"이란 제11조의5 각 호의 공공기관을 말한다.
② 법 제22조의4제1항에 따른 소방시설공사등의 하도급계약 자료의 공개는 법 제21조의3제4항에 따라 하도급에 관한 사항을 통보받은 날부터 <u>30일 이내</u>에 해당 소방시설공사등을 발주한 기관의 인터넷 홈페이지에 게재하는 방법으로 하여야 한다.
③ 법 제22조의4제1항에 따른 소방시설공사등의 하도급계약 자료의 공개대상 계약규모는 하도급계약금액[하수급인의 하도급금액 산출내역서의 계약단가(직접·간접 노무비, 재료비 및 경비를 포함한다)를 기준으로 산출한 금액에 일반관리비, 이윤 및 부가가치세를 포함한 금액을 말하며, 수급인이 하수급인에게 직접 지급하는 자재의 비용 등 관계 법령에 따라 수급인이 부담하는 금액은 제외한다]이 <u>1천만 원 이상</u>인 경우로 한다.

99

정답 ③ 기본서 2권 211p

해설

① 특급기술자 / ② 특급기술자 / ④ 중급기술자

※ 소방시설공사업법 시행령 별표2

소방기술자의 배치기준(제3조 관련)

소방기술자의 배치기준	소방시설공사 현장의 기준
가. 행정안전부령으로 정하는 특급기술자인 소방기술자(기계분야 및 전기분야)	1) 연면적 20만 제곱미터 이상인 특정소방대상물의 공사 현장 2) 지하층을 포함한 층수가 40층 이상인 특정소방대상물의 공사 현장
나. 행정안전부령으로 정하는 고급기술자 이상의 소방기술자(기계분야 및 전기분야)	1) 연면적 3만 제곱미터 이상 20만 제곱미터 미만인 특정소방대상물(아파트는 제외한다)의 공사 현장 2) 지하층을 포함한 층수가 16층 이상 40층 미만인 특정소방대상물의 공사 현장
다. 행정안전부령으로 정하는 중급기술자 이상의 소방기술자(기계분야 및 전기분야)	1) 물분무등소화설비(호스릴 방식의 소화설비는 제외한다) 또는 제연설비가 설치되는 특정소방대상물의 공사 현장 2) 연면적 5천 제곱미터 이상 3만 제곱미터 미만인 특정소방대상물(아파트는 제외한다)의 공사 현장 3) 연면적 1만 제곱미터 이상 20만 제곱미터 미만인 아파트의 공사 현장
라. 행정안전부령으로 정하는 초급기술자 이상의 소방기술자(기계분야 및 전기분야)	1) 연면적 1천 제곱미터 이상 5천 제곱미터 미만인 특정소방대상물(아파트는 제외한다)의 공사 현장 2) 연면적 1천 제곱미터 이상 1만 제곱미터 미만인 아파트의 공사 현장 3) 지하구(地下溝)의 공사 현장
마. 법 제28조에 따라 자격수첩을 발급받은 소방기술자	연면적 1천 제곱미터 미만인 특정소방대상물의 공사 현장

100

정답 ④ 기본서 2권 212~213p

해설

④ 소방 외의 용도와 겸용되는 비상방송설비 또는 무선통신보조설비를 「전기공사업법」에 따른 전기공사업자가 공사하는 경우 → 「정보통신공사업법」에 따른 정보통신공사업자가 공사하는 경우

※ 소방시설공사업법 시행령 별표2 (소방기술자의 배치기준)

[비고]

라. 가목 및 나목에도 불구하고 소방공사감리업자가 감리하는 소방시설공사가 다음의 어느 하나에 해당하는 경우에는 소방기술자를 소방시설공사 현장에 배치하지 않을 수 있다.

   1) 소방시설의 비상전원을 「전기공사업법」에 따른 전기공사업자가 공사하는 경우
   2) 상수도소화용수설비, 소화수조·저수조 또는 그 밖의 소화용수설비를 「건설산업기본법 시행령」 별표1에 따른 기계설비·가스공사업자 또는 상·하수도설비공사업자가 공사하는 경우
   3) 소방 외의 용도와 겸용되는 제연설비를 「건설산업기본법 시행령」 별표 1에 따른 기계가스설비공사업자가 공사하는 경우
   4) 소방 외의 용도와 겸용되는 비상방송설비 또는 무선통신보조설비를 「정보통신공사업법」에 따른 정보통신공사업자가 공사하는 경우

101 정답 ① 기본서 2권 211p

해설

※ 소방시설공사업법 시행령 별표2 (소방기술자의 배치기준)

| 다. 행정안전부령으로 정하는 중급 기술자 이상의 소방기술자(기계 분야 및 전기분야) | 1) 물분무등소화설비(호스릴 방식의 소화설비는 제외한다) 또는 제연설비가 설치되는 특정소방대상물의 공사 현장
2) 연면적 5천 제곱미터 이상 3만 제곱미터 미만인 특정소방대상물(아파트는 제외한다)의 공사 현장
3) 연면적 1만 제곱미터 이상 20만 제곱미터 미만인 아파트의 공사 현장 |

102 정답 ① 기본서 2권 231p

해설

※ 소방시설공사업법 시행령 별표4 (소방공사 감리원의 배치기준)

감리원의 배치기준		소방시설공사 현장의 기준
책임감리원	보조감리원	
가. 행정안전부령으로 정하는 특급감리원 중 소방기술사	행정안전부령으로 정하는 초급감리원 이상의 소방공사 감리원(기계분야 및 전기분야)	1) 연면적 20만 제곱미터 이상인 특정소방대상물의 공사 현장 2) 지하층을 포함한 층수가 40층 이상인 특정소방대상물의 공사 현장

103 정답 ② 기본서 2권 231p

해설

※ 소방시설공사업법 시행령 별표4 (소방공사 감리원의 배치기준)

감리원의 배치기준		소방시설공사 현장의 기준
책임감리원	보조감리원	
가. 행정안전부령으로 정하는 특급감리원 중 소방기술사	행정안전부령으로 정하는 초급감리원 이상의 소방공사 감리원(기계분야 및 전기분야)	1) 연면적 20만제곱미터 이상인 특정소방대상물의 공사 현장 2) 지하층을 포함한 층수가 40층 이상인 특정소방대상물의 공사 현장
나. 행정안전부령으로 정하는 특급감리원 이상의 소방공사 감리원(기계분야 및 전기분야)	행정안전부령으로 정하는 초급감리원 이상의 소방공사 감리원(기계분야 및 전기분야)	1) 연면적 3만제곱미터 이상 20만제곱미터 미만인 특정소방대상물(아파트는 제외한다)의 공사 현장 2) 지하층을 포함한 층수가 16층 이상 40층 미만인 특정소방대상물의 공사 현장
다. 행정안전부령으로 정하는 고급감리원 이상의 소방공사 감리원(기계분야 및 전기분야)	행정안전부령으로 정하는 초급감리원 이상의 소방공사 감리원(기계분야 및 전기분야)	1) 물분무등소화설비(호스릴 방식의 소화설비는 제외한다) 또는 제연설비가 설치되는 특정소방대상물의 공사 현장 2) 연면적 3만제곱미터 이상 20만제곱미터 미만인 아파트의 공사 현장
라. 행정안전부령으로 정하는 중급감리원 이상의 소방공사 감리원(기계분야 및 전기분야)		연면적 5천제곱미터 이상 3만제곱미터미만인 특정소방대상물의 공사 현장
마. 행정안전부령으로 정하는 초급감리원 이상의 소방공사 감리원(기계분야 및 전기분야)		1) 연면적 5천제곱미터 미만인 특정소방대상물의 공사 현장 2) 지하구의 공사 현장

104 정답 ④ 기본서 2권 231~232p

해설

④는 초급소방감리원의 설명이다.

※ 소방시설공사업법 시행령 별표4 (소방공사 감리원의 배치기준)

감리원의 배치기준		소방시설공사 현장의 기준
책임감리원	보조감리원	
가. 행정안전부령으로 정하는 특급감리원 중 소방기술사	행정안전부령으로 정하는 초급감리원 이상의 소방공사 감리원(기계분야 및 전기분야)	1) 연면적 20만 제곱미터 이상인 특정소방대상물의 공사 현장 2) 지하층을 포함한 층수가 40층 이상인 특정소방대상물의 공사 현장
나. 행정안전부령으로 정하는 특급감리원 이상의 소방공사 감리원(기계분야 및 전기분야)	행정안전부령으로 정하는 초급감리원 이상의 소방공사 감리원(기계분야 및 전기분야)	1) 연면적 3만 제곱미터 이상 20만 제곱미터 미만인 특정소방대상물(아파트는 제외한다)의 공사 현장 2) 지하층을 포함한 층수가 16층 이상 40층 미만인 특정소방대상물의 공사 현장
다. 행정안전부령으로 정하는 고급감리원 이상의 소방공사 감리원(기계분야 및 전기분야)	행정안전부령으로 정하는 초급감리원 이상의 소방공사 감리원(기계분야 및 전기분야)	1) 물분무등소화설비(호스릴 방식의 소화설비는 제외한다) 또는 제연설비가 설치되는 특정소방대상물의 공사 현장 2) 연면적 3만 제곱미터 이상 20만 제곱미터 미만인 아파트의 공사 현장
라. 행정안전부령으로 정하는 중급감리원 이상의 소방공사 감리원(기계분야 및 전기분야)		연면적 5천 제곱미터 이상 3만 제곱미터미만인 특정소방대상물의 공사 현장
마. 행정안전부령으로 정하는 초급감리원 이상의 소방공사 감리원(기계분야 및 전기분야)		1) 연면적 5천 제곱미터 미만인 특정소방대상물의 공사 현장 2) 지하구의 공사 현장

105 정답 ④ 기본서 2권 233p

해설

④ 일반 공사감리 대상인 아파트의 경우에는 연면적의 합계에 관계없이 1명의 감리원이 <u>5개 이내의 공사현장</u>을 감리할 수 있다.

※ 소방시설공사업법 시행규칙 제16조(감리원의 세부 배치 기준 등)
① 법 제18조제3항에 따른 감리원의 세부적인 배치 기준은 다음 각 호의 구분에 따른다.
  1. 영 별표3에 따른 상주 공사감리 대상인 경우
    가. 기계분야의 감리원 자격을 취득한 사람과 전기분야의 감리원 자격을 취득한 사람 각 1명 이상을 감리원으로 배치할 것. 다만, 기계분야 및 전기분야의 감리원 자격을 함께 취득한 사람이 있는 경우에는 그에 해당하는 사람 1명 이상을 배치할 수 있다.
    나. 소방시설용 배관(전선관을 포함한다. 이하 같다)을 설치하거나 매립하는 때부터 소방시설 완공검사증명서를 발급받을 때까지 소방공사감리현장에 감리원을 배치할 것
  2. 영 별표3에 따른 <u>일반 공사감리 대상인 경우</u>
    가. 기계분야의 감리원 자격을 취득한 사람과 전기분야의 감리원 자격을 취득한 사람 각 1명 이상을 감리원으로 배치할 것. 다만, 기계분야 및 전기분야의 감리원 자격을 함께 취득한 사람이 있는 경우에는 그에 해당하는 사람 1명 이상을 배치할 수 있다.
    나. 별표 3에 따른 기간 동안 감리원을 배치할 것
    다. <u>감리원은 주 1회 이상 소방공사감리현장에 배치되어 감리할 것</u>
    라. <u>1명의 감리원이 담당하는 소방공사감리현장은 5개 이하</u>(자동화재탐지설비 또는 옥내소화전설비 중 어느 하나만 설치하는 2개의 소방공사감리현장이 최단 차량주행거리로 30킬로미터 이내에 있는 경우에는 1개의 소방공사감리현장으로 본다)로서 감리현장 연면적의 총 합계가 10만 제곱미터 이하일 것. 다만, 일반 공사감리 대상인 아파트의 경우에는 연면적의 합계에 관계없이 1명의 감리원이 5개 이내의 공사현장을 감리할 수 있다.

106 정답 ① 기본서 2권 233p

해설

① 자동화재탐지설비를 설치하는 2개의 소방공사감리현장이 최단 차량주행거리로 30킬로미터 이내에 있는 경우

※ 소방시설공사업법 시행규칙 제16조 ①항의 라.
1명의 감리원이 담당하는 소방공사감리현장은 5개 이하(자동화재탐지설비 또는 옥내소화전설비 중 어느 하나만 설치하는 2개의 소방공사감리현장이 최단 차량주행거리로 30킬로미터 이내에 있는 경우에는 1개의 소방공사감리현장으로 본다)로서 감리현장 연면적의 총 합계가 10만 제곱미터 이하일 것. 다만, 일반 공사감리 대상인 아파트의 경우에는 연면적의 합계에 관계없이 1명의 감리원이 5개 이내의 공사현장을 감리할 수 있다.

제4장	소방기술
제5장	소방시설업자협회
제6장	보칙
제7장	벌칙

107 정답 ② 기본서 2권 286p

해설

② 소방기술자 업무에 영향을 미치지 아니하는 범위에서 근무시간 외에 소방시설업이 아닌 다른 업종에 종사하는 경우는 제외한다.

※ 소방시설공사업법 제27조(소방기술자의 의무)
① 소방기술자는 이 법과 이 법에 따른 명령과 「소방시설 설치 및 관리에 관한 법률」 및 같은 법에 따른 명령에 따라 업무를 수행하여야 한다.
② 소방기술자는 다른 사람에게 자격증[제28조에 따라 소방기술 경력 등을 인정받은 사람의 경우에는 소방기술 인정 자격수첩(이하 "자격수첩"이라 한다)과 소방기술자 경력수첩(이하 "경력수첩"이라 한다)을 말한다]을 빌려 주어서는 아니 된다.
③ 소방기술자는 동시에 둘 이상의 업체에 취업하여서는 아니 된다. 다만, 제1항에 따른 소방기술자 업무에 영향을 미치지 아니하는 범위에서 근무시간 외에 소방시설업이 아닌 다른 업종에 종사하는 경우는 제외한다.

108 정답 ④ 기본서 2권 292p

해설

※ 소방시설공사업법 시행규칙 별표 4의2
- 소방설비기사 기계분야의 자격을 취득한 후 <u>8년</u> 이상 소방 관련 업무를 수행한 사람
- 건축사, 공조냉동기계기술사, 가스기술사 자격을 취득한 후 <u>5년</u> 이상 소방 관련 업무를 수행한 사람

109 정답 ② 기본서 2권 293p

해설

※ 소방시설공사업법 시행규칙 별표 4의2
- 소방설비산업기사 전기분야의 자격을 취득한 후 <u>8년</u> 이상 소방 관련 업무를 수행한 사람
- 전기산업기사, 전기공사산업기사 자격을 취득한 후 <u>13년</u> 이상 소방 관련 업무를 수행한 사람

110 정답 ② 기본서 2권 294p

해설

※ 소방시설공사업법 시행규칙 별표 4의2

구 분	학력·경력자
중 급 기술자	• 석사학위를 취득한 후 2년 이상 소방 관련 업무를 수행한 사람 • 학사학위를 취득한 후 5년 이상 소방 관련 업무를 수행한 사람 • 전문학사학위를 취득한 후 8년 이상 소방 관련 업무를 수행한 사람

111 정답 ④ 기본서 2권 295p

해설

※ 소방시설공사업법 시행규칙 별표 4의2

구 분	전기분야
중급 감리원	• 소방설비기사 전기분야 자격을 취득한 후 3년 이상 소방 관련 업무를 수행한 사람 • 소방설비산업기사 전기분야 자격을 취득한 후 6년 이상 소방 관련 업무를 수행한 사람 • 초급감리원을 취득한 후 5년 이상 전기분야 소방감리업무를 수행한 사람

112 정답 ② 기본서 2권 295p

해설

② 소방설비산업기사 전기분야 자격을 취득한 후 8년 이상 소방 관련 업무를 수행한 사람은 고급감리원의 업무를 수행할 수 있다.(규칙 별표 4의2)

113 정답 ④ 기본서 2권 295p

해설

※ 소방시설공사업법 시행규칙 별표 4의2

구 분		기술자격
보조기술 인력	고 급 점검자	• 소방설비기사 자격을 취득한 후 5년 이상 소방 관련 업무를 수행한 사람 • 소방설비산업기사 자격을 취득한 후 8년 이상 소방 관련 업무를 수행한 사람 • 건축설비기사, 위험물기능장 자격을 취득한 후 15년 이상 소방 관련 업무를 수행한 사람

114 정답 ③ 기본서 2권 295p

해설

③ 소방공무원으로서 3년 이상 근무한 경력이 있는 사람은 초급감리원에 해당한다.

※ 소방시설공사업법 시행규칙 별표 4의2(소방기술과 관련된 자격·학력 및 경력의 인정 범위)

소방공사감리원의 기술등급 자격

구분	기계분야	전기분야
특급 감리원	· 소방기술사 자격을 취득한 사람	
	· 소방설비기사 기계분야 자격을 취득한 후 8년 이상 소방 관련 업무를 수행한 사람 · 소방설비산업기사 기계분야 자격을 취득한 후 12년 이상 소방 관련 업무를 수행한 사람	· 소방설비기사 전기분야 자격을 취득한 후 8년 이상 소방 관련 업무를 수행한 사람 · 소방설비산업기사 전기분야 자격을 취득한 후 12년 이상 소방 관련 업무를 수행한 사람
고급 감리원	· 소방설비기사 기계분야 자격을 취득한 후 5년 이상 소방 관련 업무를 수행한 사람 · 소방설비산업기사 기계분야 자격을 취득한 후 8년 이상 소방 관련 업무를 수행한 사람	· 소방설비기사 전기분야 자격을 취득한 후 5년 이상 소방 관련 업무를 수행한 사람 · 소방설비산업기사 전기분야 자격을 취득한 후 8년 이상 소방 관련 업무를 수행한 사람
중급 감리원	· 소방설비기사 기계분야 자격을 취득한 후 3년 이상 소방 관련 업무를 수행한 사람 · 소방설비산업기사 기계분야 자격을 취득한 후 6년 이상 소방 관련 업무를 수행한 사람 · 초급감리원을 취득한 후 5년 이상 기계분야 소방감리업무를 수행한 사람	· 소방설비기사 전기분야 자격을 취득한 후 3년 이상 소방 관련 업무를 수행한 사람 · 소방설비산업기사 전기분야 자격을 취득한 후 6년 이상 소방 관련 업무를 수행한 사람 · 초급감리원을 취득한 후 5년 이상 전기분야 소방감리업무를 수행한 사람
초급 감리원	· 제1호나목1)에 해당하는 학과 학사학위를 취득한 후 1년 이상 소방 관련 업무를 수행한 사람 · 「고등교육법」 제2조제1호부터 제6호까지의 규정 중 어느 하나에 해당하는 학교에서 제1호나목1)에 해당하는 학과 전문학사학위를 취득한 후 3년 이상 소방 관련 업무를 수행한 사람 · 고등학교 소방학과를 졸업한 후 4년 이상 소방 관련 업무를 수행한 사람 · 소방공무원으로서 3년 이상 근무한 경력이 있는 사람 · 5년 이상 소방 관련 업무를 수행한 사람	
	· 소방설비기사 기계분야 자격을 취득한 후 1년 이상 소방 관련 업무를 수행한 사람 · 소방설비산업기사 기계분야 자격을 취득한 후 2년 이상 소방 관련 업무를 수행한 사람 · 제1호나목3)부터 6)까지의 규정 중 어느 하나에 해당하는 학과 학사학위를 취득한 후 1년 이상 소방 관련 업무를 수행한 사람 · 「고등교육법」 제2조제1호부터 제6호까지의 규정 중 어느 하나에 해당하는 학교에서 제1호나목3)부터 6)까지의 규정에 해당하는 학과 전문학사학위를 취득한 후 3년 이상 소방 관련 업무를 수행한 사람	· 소방설비기사 전기분야 자격을 취득한 후 1년 이상 소방 관련 업무를 수행한 사람 · 소방설비산업기사 전기분야 자격을 취득한 후 2년 이상 소방 관련 업무를 수행한 사람 · 제1호나목2)에 해당하는 학과 학사학위를 취득한 후 1년 이상 소방 관련 업무를 수행한 사람 · 「고등교육법」 제2조제1호부터 제6호까지의 규정 중 어느 하나에 해당하는 학교에서 제1호나목2)에 해당하는 학과 전문학사학위를 취득한 후 3년 이상 소방 관련 업무를 수행한 사람

115 정답 ④ 기본서 2권 288p

해설

④ 자격취소

※ 소방시설공사업법 시행규칙 별표5 (소방기술자의 자격의 정지 및 취소에 관한 기준)

위반사항	행정처분기준		
	1차	2차	3차
다. 법 제27조 제3항을 위반하여 동시에 둘 이상의 업체에 취업한 경우	자격정지 1년	자격취소	

116 정답 ② 기본서 2권 287p

해설

② 자격이 취소된 사람은 취소된 날부터 2년간 자격수첩 또는 경력수첩을 발급받을 수 없다.

※ 소방시설공사업법 제28조(소방기술 경력 등의 인정 등)
① 소방청장은 소방기술의 효율적인 활용과 소방기술의 향상을 위하여 소방기술과 관련된 자격·학력 및 경력을 가진 사람을 소방기술자로 인정할 수 있다.
② 소방청장은 제1항에 따라 자격·학력 및 경력을 인정받은 사람에게 소방기술 인정 자격수첩과 경력수첩을 발급할 수 있다.
③ 제1항에 따른 소방기술과 관련된 자격·학력 및 경력의 인정 범위와 제2항에 따른 자격수첩 및 경력수첩의 발급 절차 등에 관하여 필요한 사항은 행정안전부령으로 정한다.
④ 소방청장은 제2항에 따라 자격수첩 또는 경력수첩을 발급받은 사람이 다음 각 호의 어느 하나에 해당하는 경우에는 행정안전부령으로 정하는 바에 따라 그 자격을 취소하거나 6개월 이상 2년 이하의 기간을 정하여 그 자격을 정지시킬 수 있다. 다만, 제1호와 제2호에 해당하는 경우에는 그 자격을 취소하여야 한다.
  1. 거짓이나 그 밖의 부정한 방법으로 자격수첩 또는 경력수첩을 발급받은 경우
  2. 제27조제2항을 위반하여 자격수첩 또는 경력수첩을 다른 사람에게 빌려준 경우
  3. 제27조제3항을 위반하여 동시에 둘 이상의 업체에 취업한 경우
  4. 이 법 또는 이 법에 따른 명령을 위반한 경우
⑤ 제4항에 따라 자격이 취소된 사람은 취소된 날부터 2년간 자격수첩 또는 경력수첩을 발급받을 수 없다.

117 정답 ③ 기본서 2권 287p

해설

※ 소방시설공사업법 제28조 제4항(소방기술 경력 등의 인정 등)
④ 소방청장은 제2항에 따라 자격수첩 또는 경력수첩을 발급받은 사람이 다음 각 호의 어느 하나에 해당하는 경우에는 행정안전부령으로 정하는 바에 따라 그 자격을 취소하거나 6개월 이상 2년 이하의 기간을 정하여 그 자격을 정지시킬 수 있다. 다만, 제1호와 제2호에 해당하는 경우에는 그 자격을 취소하여야 한다.
  1. 거짓이나 그 밖의 부정한 방법으로 자격수첩 또는 경력수첩을 발급받은 경우
  2. 제27조제2항을 위반하여 자격수첩 또는 경력수첩을 다른 사람에게 빌려준 경우
  3. 제27조제3항을 위반하여 동시에 둘 이상의 업체에 취업한 경우
  4. 이 법 또는 이 법에 따른 명령을 위반한 경우

118 정답 ① 기본서 2권 287p

해설

※ 소방시설공사업법 제28조 제4항(소방기술 경력 등의 인정 등)
④ 소방청장은 제2항에 따라 자격수첩 또는 경력수첩을 발급받은 사람이 다음 각 호의 어느 하나에 해당하는 경우에는 행정안전부령으로 정하는 바에 따라 그 자격을 취소하거나 6개월 이상 2년 이하의 기간을 정하여 그 자격을 정지시킬 수 있다.

119 정답 ① 기본서 2권 322~323p

해설

① 200만 원 이하의 과태료(소방시설공사업 제40조)
② 1년 이하의 징역 또는 1,000만 원 이하의 벌금(소방시설공사업 제36조)
③ 1년 이하의 징역 또는 1,000만 원 이하의 벌금(소방시설공사업 제36조)
④ 1년 이하의 징역 또는 1,000만 원 이하의 벌금(소방시설공사업 제36조)

120 정답 ③ 기본서 2권 299~300p

해설

③ 시·도지사가 아니라 소방청장이다.

※ 소방시설공사업법 제29조(소방기술자의 실무교육)
① 화재 예방, 안전관리의 효율화, 새로운 기술 등 소방에 관한 지식의 보급을 위하여 소방시설업 또는 「소방시설 설치 및 관리에 관한 법률」 제29조에 따른 소방시설관리업의 기술인력으로 등록된 소방기술자는 행정안전부령으로 정하는 바에 따라 실무교육을 받아야 한다.
② 제1항에 따른 소방기술자가 정하여진 교육을 받지 아니하면 그 교육을 이수할 때까지 그 소방기술자는 소방시설업 또는 「소방시설 설치 및 관리에 관한 법률」 제29조에 따른 소방시설관리업의 기술인력으로 등록된 사람으로 보지 아니한다.
③ 소방청장은 제1항에 따른 소방기술자에 대한 실무교육을 효율적으로 하기 위하여 실무교육기관을 지정할 수 있다.
④ 제3항에 따른 실무교육기관의 지정방법·절차·기준 등에 관하여 필요한 사항은 행정안전부령으로 정한다.
⑤ 제3항에 따라 지정된 실무교육기관의 지정취소, 업무정지 및 청문에 관하여는 「소방시설 설치 및 관리에 관한 법률」 제47조 및 제49조를 준용한다.

121 정답 ② 기본서 2권 305p

해설

※ 소방시설공사업법 제29조(소방기술자의 실무교육)

① 화재 예방, 안전관리의 효율화, 새로운 기술 등 소방에 관한 지식의 보급을 위하여 소방시설업 또는 「소방시설설치유지 및 안전관리에 관한 법률」 제29조에 따른 소방시설관리업의 기술인력으로 등록된 소방기술자는 행정안전부령으로 정하는 바에 따라 실무교육을 받아야 한다.

⑤ 제3항에 따라 지정된 실무교육기관의 지정취소, 업무정지 및 청문에 관하여는 「소방시설 설치 및 관리에 관한 법률」 제47조 및 제49조를 준용한다.

※ 소방시설 설치 및 관리에 관한 법률 제47조(전문기관의 지정취소 등)

소방청장은 전문기관이 다음 각 호의 어느 하나에 해당할 때에는 그 지정을 취소하거나 6개월 이내의 기간을 정하여 그 업무의 정지를 명할 수 있다. 다만, 제1호에 해당할 때에는 그 지정을 취소하여야 한다.

1. 거짓이나 그 밖의 부정한 방법으로 지정을 받은 경우
2. 정당한 사유 없이 1년 이상 계속하여 제품검사 또는 실무교육 등 지정받은 업무를 수행하지 아니한 경우
3. 제46조제1항 각 호의 요건을 갖추지 못하거나 제46조제3항에 따른 조건을 위반한 경우
4. 제52조제1항제7호에 따른 감독 결과 이 법이나 다른 법령을 위반하여 전문기관으로서의 업무를 수행하는 것이 부적당하다고 인정되는 경우

122 정답 ③ 기본서 2권 307p

해설

※ 소방시설공사업법 시행규칙 제35조(교육계획의 수립·공고 등)

① 실무교육기관등의 장은 매년 12월 31일까지 다음 해 교육계획을 실무교육의 종류별·대상자별·지역별로 수립하여 이를 일간신문 또는 인터넷 홈페이지에 공고하고 소방본부장 또는 소방서장에게 보고해야 한다.

② 제1항에 따른 교육계획을 변경하는 경우에는 변경한 날부터 10일 이내에 이를 일간신문 또는 인터넷 홈페이지에 공고하고 소방본부장 또는 소방서장에게 보고해야 한다.

123 정답 ① 기본서 2권 299~300p

해설

ⓒ 비영리 법인이어야 한다.
ⓔ 10일 전까지 교육대상자에게 알려야 한다.

※ 소방시설공사업법 제29조(소방기술자의 실무교육)
③ 소방청장은 제1항에 따른 소방기술자에 대한 실무교육을 효율적으로 하기 위하여 실무교육기관을 지정할 수 있다.

※ 소방시설공사업법 시행규칙 제26조(소방기술자의 실무교육)
① 소방기술자는 법 제29조제1항에 따라 실무교육을 2년마다 1회 이상 받아야 한다. 다만, 실무교육을 받아야 할 기간 내에 소방기술자 양성·인정 교육훈련을 받은 경우에는 해당 실무교육을 받은 것으로 본다.
② 영 제20조제1항에 따라 소방기술자 실무교육에 관한 업무를 위탁받은 실무교육기관 또는 한국소방안전원의 장(이하 "실무교육기관등의 장"이라 한다)은 소방기술자에 대한 실무교육을 실시하려면 교육일정 등 교육에 필요한 계획을 수립하여 소방청장에게 보고한 후 교육 10일 전까지 교육대상자에게 알려야 한다.
③ 제1항에 따른 실무교육의 시간, 교육과목, 수수료, 그 밖에 실무교육에 관하여 필요한 사항은 소방청장이 정하여 고시한다.

※ 소방시설공사업법 시행규칙 제29조(소방기술자 실무교육기관의 지정기준)
① 법 제29조제4항에 따라 소방기술자에 대한 실무교육기관의 지정을 받으려는 자가 갖추어야 하는 실무교육에 필요한 기술인력 및 시설장비는 별표6과 같다.
② 제1항에 따라 실무교육기관의 지정을 받으려는 자는 비영리법인이어야 한다.

124 정답 ③ 기본서 2권 299p

해설

※ 소방시설공사업법 시행규칙 제26조(소방기술자의 실무교육)
① 소방기술자는 법 제29조제1항에 따라 실무교육을 2년마다 1회 이상 받아야 한다. 다만, 실무교육을 받아야 할 기간 내에 소방기술자 양성·인정 교육훈련을 받은 경우에는 해당 실무교육을 받은 것으로 본다.

125 정답 ① 기본서 2권 315p

해설

※ 소방시설공사업법 제32조(청문)
제9조제1항에 따른 소방시설업 등록취소처분이나 영업정지처분 또는 제28조제4항에 따른 소방기술 인정 자격취소처분을 하려면 청문을 하여야 한다.

126 정답 ② 기본서 2권 299p

해설

※ 소방시설공사업법 시행규칙 제26조 제2항(소방기술자의 실무교육)

② 영 제20조제1항에 따라 소방기술자 실무교육에 관한 업무를 위탁받은 실무교육기관 또는 한국소방안전원의 장(이하 "실무교육기관등의 장"이라 한다)은 소방기술자에 대한 실무교육을 실시하려면 교육일정 등 교육에 필요한 계획을 수립하여 소방청장에게 보고한 후 교육 10일 전까지 교육대상자에게 알려야 한다.

127 정답 ② 기본서 2권 301p

해설

※ 소방시설공사업법 시행규칙 제31조(서류심사 등)

① 제30조에 따라 실무교육기관의 지정신청을 받은 소방청장은 제29조의 지정기준을 충족하였는지를 현장 확인하여야 한다. 이 경우 소방청장은 「소방기본법」 제40조에 따른 한국소방안전원에 소속된 사람을 현장확인에 참여시킬 수 있다.

② 소방청장은 신청자가 제출한 신청서(전자문서로 된 신청서를 포함한다) 및 첨부서류(전자문서를 포함한다)가 미비되거나 현장확인 결과 제29조에 따른 지정기준을 충족하지 못하였을 때에는 15일 이내의 기간을 정하여 이를 보완하게 할 수 있다. 이 경우 보완기간 내에 보완하지 않으면 신청서를 되돌려 보내야 한다.

128 정답 ④ 기본서 2권 311p

해설

※ 소방시설공사업법 제30조의3(협회의 업무) 협회의 업무는 다음 각 호와 같다.

1. 소방시설업의 기술발전과 소방기술의 진흥을 위한 조사·연구·분석 및 평가
2. 소방산업의 발전 및 소방기술의 향상을 위한 지원
3. 소방시설업의 기술발전과 관련된 국제교류·활동 및 행사의 유치
4. 이 법에 따른 위탁 업무의 수행

129 정답 ② 기본서 2권 307p

해설

※ 소방시설공사업법 시행규칙 제33조(지정사항의 변경)

제32조제1항에 따라 실무교육기관으로 지정된 기관은 다음 각 호의 어느 하나에 해당하는 사항을 변경하려면 변경일부터 10일 이내에 소방청장에게 보고하여야 한다.

1. 대표자 또는 각 지부의 책임임원
2. 기술인력 또는 시설장비 등 지정기준
3. 교육기관의 명칭 또는 소재지

130 정답 ① 기본서 2권 307p

해설

① 지정을 받은 실무교육기관이 휴업 또는 재개업을 하려면 그 휴업 또는 재개업을 하려는 날의 14일 전까지 소방청장에게 보고하여야 한다.

※ 소방시설공사업법 시행규칙 제34조(휴업·재개업 및 폐업 신고 등)

① 제32조제1항에 따라 지정을 받은 실무교육기관은 휴업·재개업 또는 폐업을 하려면 그 휴업 또는 재개업을 하려는 날의 14일 전까지 별지 제43호서식의 휴업·재개업·폐업 보고서에 실무교육기관 지정서 1부를 첨부(폐업하는 경우에만 첨부한다)하여 소방청장에게 보고하여야 한다.
② 제1항에 따른 보고는 방문·전화·팩스 또는 컴퓨터 통신으로 할 수 있다.
③ 소방청장은 제1항에 따라 휴업보고를 받은 경우에는 실무교육기관 지정서에 휴업기간을 기재하여 발급하고, 폐업보고를 받은 경우에는 실무교육기관 지정서를 회수하여야 한다. 이 경우 소방청장은 휴업·재개업·폐업 사실을 인터넷 등을 통하여 널리 알려야 한다.

131 정답 ① 기본서 2권 307p

해설

① 실무교육기관등의 장은 매년 12월 31일까지 다음 해 교육계획을 실무교육의 종류별·대상자별·지역별로 수립하여 이를 일간신문 또는 인터넷 홈페이지에 공고하고 소방본부장 또는 소방서장에게 보고해야 한다.

※ 소방시설공사업법 시행규칙 제35조(교육계획의 수립·공고 등)

① 실무교육기관등의 장은 매년 12월 31일까지 다음 해 교육계획을 실무교육의 종류별·대상자별·지역별로 수립하여 이를 일간신문 또는 인터넷 홈페이지에 공고하고 소방본부장 또는 소방서장에게 보고해야 한다.
② 제1항에 따른 교육계획을 변경하는 경우에는 변경한 날부터 10일 이내에 이를 일간신문 또는 인터넷 홈페이지에 공고하고 소방본부장 또는 소방서장에게 보고해야 한다.

※ 소방시설공사업법 시행규칙 제36조(교육대상자 관리 및 교육실적 보고)

① 실무교육기관등의 장은 그 해의 교육이 끝난 후 직능별·지역별 교육수료자 명부를 작성하여 소방본부장 또는 소방서장에게 다음 해 1월 말까지 알려야 한다.
② 실무교육기관등의 장은 매년 1월 말까지 전년도 교육 횟수·인원 및 대상자 등 교육실적을 소방청장에게 보고하여야 한다.

132 정답 ① 기본서 2권 310~311p

해설

① 소방청장이 아니라 소방시설업자가 소방시설업자협회를 설립할 수 있다.

※ 소방시설공사업법 제30조의2(소방시설업자협회의 설립)
① 소방시설업자는 소방시설업자의 권익보호와 소방기술의 개발 등 소방시설업의 건전한 발전을 위하여 소방시설업자협회(이하 "협회"라 한다)를 설립할 수 있다.
② 협회는 법인으로 한다.
③ 협회는 소방청장의 인가를 받아 주된 사무소의 소재지에 설립등기를 함으로써 성립한다.
④ 협회의 설립인가 절차, 정관의 기재사항 및 협회에 대한 감독에 관하여 필요한 사항은 대통령령으로 정한다.

※ 소방시설공사업법 제30조의3(협회의 업무)
협회의 업무는 다음 각 호와 같다.
1. 소방시설업의 기술발전과 소방기술의 진흥을 위한 조사·연구·분석 및 평가
2. 소방산업의 발전 및 소방기술의 향상을 위한 지원
3. 소방시설업의 기술발전과 관련된 국제교류·활동 및 행사의 유치
4. 이 법에 따른 위탁 업무의 수행

※ 소방시설공사업법 제30조의4(「민법」의 준용)
협회에 관하여 이 법에 규정되지 아니한 사항은 「민법」 중 사단법인에 관한 규정을 준용한다.

133 정답 ① 기본서 2권 3단비교표 158p

해설

※ 소방시설공사업법 시행령 제20조의3(규제의 재검토)
소방청장은 3년마다(매 3년이 되는 해의 기준일과 같은 날 전까지를 말한다) 그 타당성을 검토하여 개선 등의 조치를 해야 한다.

134 정답 ② 기본서 2권 3단비교표 158p

해설

※ 소방시설공사업법 시행령 제20조의3(규제의 재검토)
소방청장은 3년마다(매 3년이 되는 해의 기준일과 같은 날 전까지를 말한다) 그 타당성을 검토하여 개선 등의 조치를 해야 한다.

135 정답 ① 기본서 2권 314p

해설

※ 소방시설공사업법 제31조(감독)

① 시·도지사, 소방본부장 또는 소방서장은 소방시설업의 감독을 위하여 필요할 때에는 소방시설업자나 관계인에게 필요한 보고나 자료 제출을 명할 수 있고, 관계 공무원으로 하여금 소방시설업체나 특정소방대상물에 출입하여 관계 서류와 시설 등을 검사하거나 소방시설업자 및 관계인에게 질문하게 할 수 있다.

136 정답 ① 기본서 2권 314p

해설

① 소방청장은 관계공무원으로 하여금 법인 또는 단체의 사무실에 출입하여 관계서류 등을 검사하거나 질문하게 할 수 있다.

※ 소방시설공사업법 제31조(감독)

① 시·도지사, 소방본부장 또는 소방서장은 소방시설업의 감독을 위하여 필요할 때에는 소방시설업자나 관계인에게 필요한 보고나 자료 제출을 명할 수 있고, 관계 공무원으로 하여금 소방시설업체나 특정소방대상물에 출입하여 관계 서류와 시설 등을 검사하거나 소방시설업자 및 관계인에게 질문하게 할 수 있다.

② 소방청장은 제33조제2항부터 제4항까지의 규정에 따라 소방청장의 업무를 위탁받은 제29조제3항에 따른 실무교육기관(이하 "실무교육기관"이라 한다) 또는 「소방기본법」 제40조에 따른 한국소방안전원, 협회, 법인 또는 단체에 필요한 보고나 자료 제출을 명할 수 있고, 관계 공무원으로 하여금 실무교육기관, 한국소방안전원, 협회, 법인 또는 단체의 사무실에 출입하여 관계 서류 등을 검사하거나 관계인에게 질문하게 할 수 있다.

③ 제1항과 제2항에 따라 출입·검사를 하는 관계 공무원은 그 권한을 표시하는 증표를 지니고 이를 관계인에게 보여주어야 한다.

④ 제1항과 제2항에 따라 출입·검사업무를 수행하는 관계 공무원은 관계인의 정당한 업무를 방해하거나 출입·검사업무를 수행하면서 알게 된 비밀을 다른 자에게 누설하여서는 아니 된다.

137

정답 ③ 기본서 2권 316p

해설

③ 소방청장은 소방기술과 관련된 자격·학력 및 경력의 인정 업무를 대통령령으로 정하는 바에 따라 <u>협회, 소방기술과 관련된 법인 또는 단체에 위탁할 수 있다.</u>

※ 소방시설공사업법 제33조(권한의 위임·위탁 등)
① <u>소방청장은 이 법에 따른 권한의 일부를 대통령령으로 정하는 바에 따라 시·도지사에게 위임할 수 있다.</u>
② <u>소방청장은 제29조에 따른 실무교육에 관한 업무를 대통령령으로 정하는 바에 따라 실무교육기관 또는 한국소방안전원에 위탁할 수 있다.</u>
③ 소방청장 또는 시·도지사는 다음 각 호의 업무를 대통령령으로 정하는 바에 따라 협회에 위탁할 수 있다.
  1. 제4조제1항에 따른 소방시설업 등록신청의 접수 및 신청내용의 확인
  2. 제6조에 따른 소방시설업 등록사항 변경신고의 접수 및 신고내용의 확인
  2의2. 제6조의2에 따른 소방시설업 휴업·폐업 등 신고의 접수 및 신고내용의 확인
  3. 제7조제3항에 따른 소방시설업자의 지위승계 신고의 접수 및 신고내용의 확인
  4. 제20조의3에 따른 방염처리능력 평가 및 공시
  5. 제26조에 따른 시공능력 평가 및 공시
  6. 제26조의3제1항에 따른 소방시설업 종합정보시스템의 구축·운영
④ 소방청장은 다음 각 호의 업무를 대통령령으로 정하는 바에 따라 협회, 소방기술과 관련된 법인 또는 단체에 위탁할 수 있다.
  1. <u>제28조에 따른 소방기술과 관련된 자격·학력 및 경력의 인정 업무</u>
  2. <u>제28조의2에 따른 소방기술자 양성·인정 교육훈련 업무</u>

138

정답 ④ 기본서 2권 314p

해설

※ 소방시설공사업법 제31조(감독)
① 시·도지사, <u>소방본부장 또는</u> 소방서장은 소방시설업의 감독을 위하여 필요할 때에는 소방시설업자나 관계인에게 필요한 보고나 자료 제출을 명할 수 있고, 관계 공무원으로 하여금 소방시설업체나 특정소방대상물에 출입하여 관계 서류와 시설 등을 검사하거나 소방시설업자 및 관계인에게 질문하게 할 수 있다.
② <u>소방청장은</u> 제33조제2항부터 제4항까지의 규정에 따라 소방청장의 업무를 위탁받은 제29조제3항에 따른 실무교육기관(이하 "실무교육기관"이라 한다) 또는 「소방기본법」 제40조에 따른 한국소방안전원, 협회, 법인 또는 단체에 필요한 보고나 자료 제출을 명할 수 있고, 관계 공무원으로 하여금 실무교육기관, 한국소방안전원, 협회, 법인 또는 단체의 사무실에 출입하여 관계 서류 등을 검사하거나 관계인에게 질문하게 할 수 있다.

139

정답 ④ 기본서 2권 322p

해설

※ 소방시설공사업법 제35조(벌칙)
제4조제1항을 위반하여 소방시설업 등록을 하지 아니하고 영업을 한 자는 <u>3년 이하의 징역 또는 3천만 원 이하의 벌금</u>에 처한다.

140 정답 ① 기본서 2권 322p

해설

① 300만 원 이하의 벌금
②, ③, ④ 1년 이하의 징역 또는 1천만 원 이하의 벌금

※ 소방시설공사업법 제36조(벌칙)
다음 각 호의 어느 하나에 해당하는 자는 1년 이하의 징역 또는 1천만 원 이하의 벌금에 처한다.
1. 제9조제1항을 위반하여 영업정지처분을 받고 그 영업정지 기간에 영업을 한 자
2. 제11조나 제12조제1항을 위반하여 설계나 시공을 한 자
3. 제16조제1항을 위반하여 감리를 하거나 거짓으로 감리한 자
4. 제17조제1항을 위반하여 공사감리자를 지정하지 아니한 자
4의2. 제19조제3항에 따른 보고를 거짓으로 한 자
4의3. 제20조에 따른 공사감리 결과의 통보 또는 공사감리 결과보고서의 제출을 거짓으로 한 자
5. 제21조제1항을 위반하여 해당 소방시설업자가 아닌 자에게 소방시설공사등을 도급한 자
6. 제22조제1항 본문을 위반하여 도급받은 소방시설의 설계, 시공, 감리를 하도급한 자
6의2. 제22조제2항을 위반하여 하도급 받은 소방시설공사를 다시 하도급한 자
7. 제27조제1항을 위반하여 같은 항에 따른 법 또는 명령을 따르지 아니하고 업무를 수행한 자

※ 소방시설공사업법 제37조(벌칙)
다음 각 호의 어느 하나에 해당하는 자는 300만 원 이하의 벌금에 처한다.
2. 제18조제1항을 위반하여 소방시설공사 현장에 감리원을 배치하지 아니한 자

141 정답 ③ 기본서 2권 322p

해설

㉠ 1년 이하의 징역 또는 1천만 원 이하의 벌금(소방시설공사업법 제36조)
㉡ 300만 원 이하의 벌금(소방시설공사업법 제37조)
㉢ 300만 원 이하의 벌금(소방시설공사업법 제37조)
㉣ 1년 이하의 징역 또는 1천만 원 이하의 벌금(소방시설공사업법 제36조)

142 정답 ① 기본서 2권 322p

해설

※ 소방시설공사업법 제36조(벌칙)
다음 각 호의 어느 하나에 해당하는 자는 1년 이하의 징역 또는 1천만 원 이하의 벌금에 처한다.
4의3. 제20조에 따른 공사감리 결과의 통보 또는 공사감리 결과보고서의 제출을 거짓으로 한 자

143 정답 ② 기본서 2권 322p

해설

㉠ 300만 원 이하의 벌금(소방시설공사업법 제37조)
㉡ 1년 이하의 징역 또는 1천만 원 이하의 벌금(소방시설공사업법 제36조)
㉢ 300만 원 이하의 벌금(소방시설공사업법 제37조)
㉣ 100만 원 이하의 벌금(소방시설공사업법 제38조)

144 정답 ④ 기본서 2권 322p

해설

※ 소방시설공사업법 제38조(벌칙)
다음 각 호의 어느 하나에 해당하는 자는 100만 원 이하의 벌금에 처한다.
1. 제31조제2항에 따른 명령을 위반하여 보고 또는 자료 제출을 하지 아니하거나 거짓으로 한 자
2. 제31조제1항 및 제2항을 위반하여 정당한 사유 없이 관계 공무원의 출입 또는 검사·조사를 거부·방해 또는 기피한 자

145 정답 ② 기본서 2권 323p

해설

※ 소방시설공사업법 제40조(과태료)
① 다음 각 호의 어느 하나에 해당하는 자에게는 200만 원 이하의 과태료를 부과한다.
　　5. 제14조제1항을 위반하여 완공검사를 받지 아니한 자

146 정답 ② 기본서 2권 323p

해설

※ 소방시설공사업법 제40조 제2항(과태료)
② 제1항에 따른 과태료는 대통령령으로 정하는 바에 따라 관할 시·도지사, 소방본부장 또는 소방서장이 부과·징수한다.

147
정답 ① 기본서 2권 322p

해설
①은 소방시설업의 등록을 하지 아니하고 영업을 한 자는 3년 이하의 징역 또는 3천만 원 이하의 벌금이고, 나머지 ②, ③, ④는 1년 이하의 징역 또는 1천만 원 이하의 벌금이다. (소방시설공사업법 제35, 36조)

148
정답 ④ 기본서 2권 323p

해설
규정을 위반하여 소방기술자를 공사현장에 배치하지 아니한 자의 행정벌은 과태료 200만 원 이하이다.(소방시설공사업법 제40조)

149
정답 ④ 기본서 2권 325p

해설
완공검사를 받지 않은 경우는 1차, 2차, 3차 모두 200만 원 과태료에 해당한다.(소방시설공사업법 시행령 별표 5)

150
정답 ③ 기본서 2권 325p

해설
※ 소방시설공사업법 시행령 별표5

위반행위	과태료 금액(만 원)		
	1회 위반	2회 위반	3회 위반
나. 법 제8조제3항을 위반하여 관계인에게 지위 승계, 행정처분 또는 휴업·폐업의 사실을 거짓으로 알린 경우	60	100	200

PART 06 위험물안전관리법

제1장	총칙
제2장	위험물시설의 설치 및 변경
제3장	위험물시설의 안전관리

01 정답 ① 기본서 2권 335p

해설

※ 위험물안전관리법 제1조(목적)

이 법은 위험물의 저장·취급 및 운반과 이에 따른 안전관리에 관한 사항을 규정함으로써 위험물로 인한 위해를 방지하여 <u>공공의 안전을 확보함</u>을 목적으로 한다.

02 정답 ① 기본서 2권 335p

해설

① 이 법은 위험물의 (저장)·(취급) 및 (운반)과 이에 따른 안전관리에 관한 사항을 규정함으로써 위험물로 인한 위해를 방지하여 공공의 안전을 확보함을 목적으로 한다(위험물안전관리법 제1조).

03 정답 ② 기본서 2권 337p

해설

② 취급

※ 위험물안전관리법 제2조(정의)
① 이 법에서 사용하는 용어의 정의는 다음과 같다.
   3. "제조소"라 함은 위험물을 제조할 목적으로 지정수량 이상의 위험물을 <u>취급</u>하기 위하여 제6조 제1항의 규정에 따른 허가(동조 제3항의 규정에 따라 허가가 면제된 경우 및 제7조 제2항의 규정에 따라 협의로써 허가를 받은 것으로 보는 경우를 포함한다. 이하 제4호 및 제5호에서 같다)를 받은 장소를 말한다.

04

정답 ④ **기본서 2권** 337p

해설

④ "취급소"라 함은 지정수량 이상의 위험물을 제조 외의 목적으로 취급하기 위한 대통령령이 정하는 장소로서 제6조제1항의 규정에 따른 허가를 받은 장소를 말한다.

※ 위험물안전관리법 제2조(정의)

① 이 법에서 사용하는 용어의 정의는 다음과 같다.
  1. "위험물"이라 함은 인화성 또는 발화성 등의 성질을 가지는 것으로서 대통령령이 정하는 물품을 말한다.
  2. "지정수량"이라 함은 위험물의 종류별로 위험성을 고려하여 대통령령이 정하는 수량으로서 제6호의 규정에 의한 제조소등의 설치허가 등에 있어서 최저의 기준이 되는 수량을 말한다.
  3. "제조소"라 함은 위험물을 제조할 목적으로 지정수량 이상의 위험물을 취급하기 위하여 제6조제1항의 규정에 따른 허가(동조제3항의 규정에 따라 허가가 면제된 경우 및 제7조제2항의 규정에 따라 협의로써 허가를 받은 것으로 보는 경우를 포함한다. 이하 제4호 및 제5호에서 같다)를 받은 장소를 말한다.
  4. "저장소"라 함은 지정수량 이상의 위험물을 저장하기 위한 대통령령이 정하는 장소로서 제6조제1항의 규정에 따른 허가를 받은 장소를 말한다.
  5. "취급소"라 함은 지정수량 이상의 위험물을 제조외의 목적으로 취급하기 위한 대통령령이 정하는 장소로서 제6조제1항의 규정에 따른 허가를 받은 장소를 말한다.
  6. "제조소등"이라 함은 제3호 내지 제5호의 제조소·저장소 및 취급소를 말한다.

05

정답 ① **기본서 2권** 337p, 350~351p

해설

① "지정수량"이라 함은 위험물의 종류별로 위험성을 고려하여 대통령령이 정하는 수량으로서 제6호의 규정에 의한 제조소등의 설치허가 등에 있어서 최저의 기준이 되는 수량을 말한다.

※ 위험물안전관리법 제2조(정의)

① 이 법에서 사용하는 용어의 정의는 다음과 같다.
  2. "지정수량"이라 함은 위험물의 종류별로 위험성을 고려하여 대통령령이 정하는 수량으로서 제6호의 규정에 의한 제조소등의 설치허가 등에 있어서 최저의 기준이 되는 수량을 말한다.

※ 위험물안전관리법 제3조(적용제외)

이 법은 항공기·선박(선박법 제1조의2제1항의 규정에 따른 선박을 말한다)·철도 및 궤도에 의한 위험물의 저장·취급 및 운반에 있어서는 이를 적용하지 아니한다.

※ 위험물안전관리법 제4조(지정수량 미만인 위험물의 저장·취급)

지정수량 미만인 위험물의 저장 또는 취급에 관한 기술상의 기준은 특별시·광역시·특별자치시·도 및 특별자치도(이하 "시·도"라 한다)의 조례로 정한다.

※ 위험물안전관리법 제5조(위험물의 저장 및 취급의 제한)

① 지정수량 이상의 위험물을 저장소가 아닌 장소에서 저장하거나 제조소등이 아닌 장소에서 취급하여서는 아니 된다.

06

정답 ② **기본서 2권** 337p

해설

위험물은 대통령령이 정하는 인화성 또는 발화성 성질을 가지는 물품을 말한다. (위험물안전관리법 제2조)

07

정답 ① **기본서 2권** 338p

해설

위험물안전관리법에서 "도로"라 함은 도로법, 사도법, 항만법에 해당하는 것을 말한다. 고속국도법은 해당되지 않는다.

※ 위험물안전관리법 시행규칙 제2조(정의)

이 규칙에서 사용하는 용어의 뜻은 다음과 같다.

1. "고속국도"란 「도로법」 제10조제1호에 따른 고속국도를 말한다.
2. "도로"란 다음 각 목의 어느 하나에 해당하는 것을 말한다.
    가. 「도로법」 제2조제1호에 따른 도로
    나. 「항만법」 제2조제5호에 따른 항만시설 중 임항교통시설에 해당하는 도로
    다. 「사도법」 제2조의 규정에 의한 사도
    라. 그 밖에 일반교통에 이용되는 너비 2미터 이상의 도로로서 자동차의 통행이 가능한 것
3. "하천"이란 「하천법」 제2조제1호에 따른 하천을 말한다.
4. "내화구조"란 「건축법 시행령」 제2조제7호에 따른 내화구조를 말한다.
5. "불연재료"란 「건축법 시행령」 제2조제10호에 따른 불연재료 중 유리 외의 것을 말한다.

08

정답 ① **기본서 2권** 337p

해설

위험물이란 인화성 또는 발화성 등의 성질을 가지는 것으로서 대통령령이 정하는 물품을 말한다. (위험물안전관리법 제2조)

09

정답 ② **기본서 2권** 337p

해설

위험물은 대통령령이 정하는 인화성 또는 발화성 등의 물품이다. (위험물안전관리법 제2조)

10
정답 ① 　기본서 2권　346p

해설

※ 위험물안전관리법 시행령 별표1
1. "제1석유류"라 함은 아세톤, 휘발유 그 밖에 1기압에서 인화점이 섭씨 21도 미만인 것을 말한다.
2. "제2석유류"라 함은 등유, 경유 그 밖에 1기압에서 인화점이 섭씨 21도 이상 70도 미만인 것을 말한다. 다만, 도료류 그 밖의 물품에 있어서 가연성 액체량이 40중량퍼센트 이하이면서 인화점이 섭씨 40도 이상인 동시에 연소점이 섭씨 60도 이상인 것은 제외한다.
3. "제3석유류"라 함은 중유, 크레오소트유 그 밖에 1기압에서 인화점이 섭씨 70도 이상 섭씨 200도 미만인 것을 말한다. 다만, 도료류 그 밖의 물품은 가연성 액체량이 40중량퍼센트 이하인 것은 제외한다.
4. "제4석유류"라 함은 기어유, 실린더유 그 밖에 1기압에서 인화점이 섭씨 200도 이상 섭씨 250도 미만의 것을 말한다. 다만 도료류 그 밖의 물품은 가연성 액체량이 40중량퍼센트 이하인 것은 제외한다.

11
정답 ② 　기본서 2권　345~346p

해설

인화성고체라 함은 고형알코올 그 밖에 1기압에서 인화점이 섭씨 40도씨 미만인 고체를 말한다. (위험물안전관리법 시행령 별표1)

12
정답 ④ 　기본서 2권　346p

해설

자기반응성물질이란 고체 또는 액체로서 폭발의 위험성 또는 가열분해의 격렬함을 판단하기 위하여 고시로 정하는 시험에서 고시로 정하는 성질과 상태를 나타내는 것을 말하며, 위험성 유무와 등급에 따라 제1종 또는 제2종으로 분류한다.(위험물안전관리법 시행령 별표1).

13
정답 ② 　기본서 2권　346p

해설

"제1석유류"라 함은 아세톤, 휘발유 그 밖에 1기압에서 인화점이 섭씨 21도 미만인 것을 말한다. (위험물안전관리법 시행령 별표1)

14
정답 ③ 　기본서 2권　343p

해설

※ 위험물안전관리법 시행령 별표1 (위험물 및 지정수량)
1. 제1류 위험물 - 산화성 고체
2. 제2류 위험물 - 가연성 고체
3. 제3류 위험물 - 자연발화성 물질 및 금수성 물질
4. 제4류 위험물 - 인화성 액체
5. 제5류 위험물 - 자기반응성 물질
6. 제6류 위험물 - 산화성 액체

15

정답 ④　기본서 2권　343p

해설

※ 위험물안전관리법 시행령 별표1
④ 4류 – 인화성액체 – 휘발유
① 1류 – 산화성고체 – 아염소산염류
② 2류 – 가연성고체 – 황
③ 3류 – 자연발화성 및 금수성물질 – 알킬알루미늄

16

정답 ①　기본서 2권　343p

해설

① 하이드록실아민염류는 제5류 위험물이다.
②, ③, ④ 제1류 위험물이다. (위험물안전관리법 시행령 별표1)

17

정답 ③　기본서 2권　343p

해설

③ 알킬알루미늄은 제3류 위험물에 해당한다. (위험물안전관리법 시행령 별표1)

18

정답 ②　기본서 2권　343p

해설

※ 위험물안전관리법 시행령 별표1
② 철분, 금속분은 제2류 위험물인 가연성 고체에 해당한다.
① 적린 2류, 황린 3류　③ 마그네슘 2류, 칼슘 3류　④ 황화인 2류, 황린3류

19

정답 ④　기본서 2권　346p

해설

동식물유류는 동물의 지육(枝肉 : 머리, 내장, 다리를 잘라내고 아직 부위별로 나누지 않은 고기를 말한다) 등 또는 식물의 종자나 과육으로부터 추출한 것으로서 1기압에서 인화점이 섭씨 250도 미만인 것을 말한다. (위험물안전관리법 시행령 별표1)

20

정답 ④ 기본서 2권 343p

해설

※ 위험물안전관리법 시행령 별표1
④ 질산은 300kg에 해당된다.
① 황 – 100kg ② 과염소산염류 – 50kg ③ 칼슘 탄화물 – 300kg

21

정답 ② 기본서 2권 343p

해설

※ 위험물안전관리법 시행령 별표1
② 황린 : 20킬로그램
① 알킬리튬 : 10킬로그램
③ 알루미늄의 탄화물 : 300킬로그램
④ 유기금속화합물 : 50킬로그램

22

정답 ④ 기본서 2권 343p

해설

※ 위험물안전관리법 시행령 별표 1

품명	지정수량
브로민산염류	300킬로그램
다이크로뮴산염류	1,000킬로그램
황화인	100킬로그램
마그네슘	500킬로그램

23

정답 ② 기본서 2권 343p

해설

※ 위험물안전관리법 시행령 별표1
㉠ 아이오딘산염류 : 300kg 제1류 위험물
㉡ 금속의 인화물 : 300kg 제3류 위험물
㉢ 철분 : 500kg 제2류 위험물
㉣ 칼륨 : 10kg 제3류 위험물
㉤ 질산 : 300kg 제6류 위험물

24 정답 ④ 기본서 2권 345p

해설

※ 위험물안전관리법 시행령 별표1

비고

3. 황은 순도가 60중량퍼센트 이상인 것을 말한다. 이 경우 순도측정에 있어서 불순물은 활석 등 불연성물질과 수분에 한한다.
4. "철분"이라 함은 철의 분말로서 53마이크로미터의 표준체를 통과하는 것이 50중량퍼센트 미만인 것은 제외한다.
5. "금속분"이라 함은 알칼리금속·알칼리토류금속·철 및 마그네슘외의 금속의 분말을 말하고, 구리분·니켈분 및 150마이크로미터의 체를 통과하는 것이 50중량퍼센트 미만인 것은 제외한다.
6. 마그네슘 및 제2류제8호의 물품중 마그네슘을 함유한 것에 있어서는 다음 각 목의 1에 해당하는 것은 제외한다.
   가. 2밀리미터의 체를 통과하지 아니하는 덩어리 상태의 것
   나. 지름 2밀리미터 이상의 막대 모양의 것

25 정답 ② 기본서 2권 343p

해설

①, ③, ④는 제2류 위험물 가연성 고체 해당되지만 황린은 제3류 위험물인 자연발화성 물질 및 금수성물질에 해당된다. (위험물안전관리법 시행령 별표1)

26 정답 ④ 기본서 2권 343p

해설

※ 위험물안전관리법 시행령 별표1
① 제1류 – 산화성 고체
② 제2류 – 가연성 고체
③ 제3류 – 자연발화성 물질 및 금수성 물질

27
정답 ④ 기본서 2권 346p

해설
④ 이황화탄소는 제4류 위험물 중 특수인화물에 해당된다.

※ 위험물안전관리법 시행령 별표1
1. "제1석유류"라 함은 아세톤, 휘발유 그 밖에 1기압에서 인화점이 섭씨 21도 미만인 것을 말한다.
2. "제2석유류"라 함은 등유, 경유 그 밖에 1기압에서 인화점이 섭씨 21도 이상 70도 미만인 것을 말한다. 다만, 도료류 그 밖의 물품에 있어서 가연성 액체량이 40중량퍼센트 이하이면서 인화점이 섭씨 40도 이상인 동시에 연소점이 섭씨 60도 이상인 것은 제외한다.
3. "제3석유류"라 함은 중유, 크레오소트유 그 밖에 1기압에서 인화점이 섭씨 70도 이상 섭씨 200도 미만인 것을 말한다. 다만, 도료류 그 밖의 물품은 가연성 액체량이 40중량퍼센트 이하인 것은 제외한다.
4. "제4석유류"라 함은 기어유, 실린더유 그 밖에 1기압에서 인화점이 섭씨 200도 이상 섭씨 250도 미만의 것을 말한다. 다만 도료류 그 밖의 물품은 가연성 액체량이 40중량퍼센트 이하인 것은 제외한다.
5. "특수인화물"이라 함은 이황화탄소, 디에틸에테르 그 밖에 1기압에서 발화점이 섭씨 100도 이하인 것 또는 인화점이 섭씨 영하 20도 이하이고 비점이 섭씨 40도 이하인 것을 말한다.

28
정답 ③ 기본서 2권 346p

해설
"특수인화물"이라 함은 이황화탄소, 디에틸에테르 그 밖에 1기압에서 발화점이 섭씨 100도 이하인 것 또는 인화점이 섭씨 영하 20도 이하이고 비점이 섭씨 40도 이하인 것을 말한다. (위험물안전관리법 시행령 별표 1)

29
정답 ④ 기본서 2권 343p

해설
※ 위험물안전관리법 시행령 별표1
④ 가연성고체(제2류 위험물) – 황
① 산화성고체(제1류 위험물) – 질산염류
② 가연성고체(제2류 위험물) – 인화성고체
③ 자기반응성물질(제5류 위험물) – 유기과산화물

30
정답 ③ 기본서 2권 345~347p

해설
※ 위험물안전관리법 시행령 별표1 비고
① "알코올류"는 1분자를 구성하는 탄소원자의 수가 1개부터 3개까지인 포화 1가 알코올을 말한다.
② "1석유류"라 함은 아세톤, 휘발유 그 밖의 1기압에서 인화점 섭씨 21도씨 미만인 것을 말한다.
④ 질산의 비중이 1.49 이상이어야 한다.

31
정답 ① 기본서 2권 343~346p

해설
제3석유류 지정품목은 중유, 크레오소트유에 해당된다. (위험물안전관리법 시행령 별표1)

32
정답 ③ 기본서 2권 343p

해설
황화인은 적린과 함께 제2류 위험물에 해당된다. (위험물안전관리법 시행령 별표1)

33
정답 ① 기본서 2권 343p

해설
① 무기과산화물 – 50kg(제1류 위험물)
② 질산염류 – 300kg(제1류 위험물)
③ 적린 – 100kg(제2류 위험물)
④ 금속분 – 500kg(제2류 위험물)

34
정답 ④ 기본서 2권 343p

해설
위험물의 품목 중 지정수량 단위 순으로
① 휘발유 : 200ℓ ② 등유 : 1,000ℓ ③ 중유 : 2,000ℓ ④ 동식물류 : 10,000ℓ 에 해당된다. (위험물안전관리법 시행령 별표1)

35
정답 ① 기본서 2권 343p

해설
무기과산화물은 제1류 위험물에 해당된다. 나머지는 제5류 위험물이다. (위험물안전관리법 시행령 별표1)

36
정답 ① 기본서 2권 343p

해설
과염소산은 제6류, 나머지는 1류 위험물이다. (위험물안전관리법 시행령 별표1)

37 정답 ② 기본서 2권 344p

해설

② 질산구아니딘은 제5류 위험물이다.

※ 위험물안전관리법 시행규칙 제3조(위험물 품명의 지정)
① 「위험물안전관리법 시행령」(이하 "영"이라 한다) 별표1
제1류의 품명란 제10호에서 "행정안전부령으로 정하는 것"이라 함은 다음 각 호의 1에 해당하는 것을 말한다.
 1. 과아이오딘산염류
 2. 과아이오딘산
 3. 크로뮴, 납 또는 아이오딘의 산화물
 4. 아질산염류
 5. 차아염소산염류
 6. 염소화아이소사이아누르산
 7. 퍼옥소이황산염류
 8. 퍼옥소붕산염류
② 영 별표 1 제3류의 품명란 제11호에서 "행정안전부령으로 정하는 것"이라 함은 염소화규소화합물을 말한다.
③ 영 별표 1 제5류의 품명란 제10호에서 "행정안전부령으로 정하는 것"이라 함은 다음 각호의 1에 해당하는 것을 말한다.
 1. 금속의 아지화합물
 2. 질산구아니딘
④ 영 별표1 제6류의 품명란 제4호에서 "행정안전부령으로 정하는 것"이라 함은 할로젠간화합물을 말한다.

38 정답 ② 기본서 2권 344p

해설

※ 위험물안전관리법 시행규칙 제3조(위험물 품명의 지정)
① 제1류의 품명
   - 과아이오딘산염류
   - 과아이오딘산
   - 크로뮴, 납 또는 아이오딘의 산화물
   - 아질산염류
   - 차아염소산염류
   - 염소화아이소사이아누르산
   - 퍼옥소이황산염류
   - 퍼옥소붕산염류
② 제3류의 품명
   - 염소화규소화합물
③ 제5류의 품명
   - 금속의 아지화합물
   - 질산구아니딘
④ 제6류의 품명
   - 할로젠간화합물

39 정답 ④ 기본서 2권 350~351p

해설

④ 군부대가 지정수량의 이상의 위험물을 군사목적으로 임시로 저장 또는 취급하는 경우 관할 소방서장의 승인 없이 시·도조례로 정한다.

※ 위험물안전관리법 제5조(위험물의 저장 및 취급의 제한)
① 지정수량 이상의 위험물을 저장소가 아닌 장소에서 저장하거나 제조소등이 아닌 장소에서 취급하여서는 아니 된다.
② 제1항의 규정에 불구하고 다음 각 호의 어느 하나에 해당하는 경우에는 제조소등이 아닌 장소에서 지정수량 이상의 위험물을 취급할 수 있다. 이 경우 임시로 저장 또는 취급하는 장소에서의 저장 또는 취급의 기준과 임시로 저장 또는 취급하는 장소의 위치·구조 및 설비의 기준은 시·도의 조례로 정한다.
  1. 시·도의 조례가 정하는 바에 따라 관할소방서장의 승인을 받아 지정수량 이상의 위험물을 90일 이내의 기간 동안 임시로 저장 또는 취급하는 경우
  2. 군부대가 지정수량 이상의 위험물을 군사목적으로 임시로 저장 또는 취급하는 경우

40 정답 ① 기본서 2권 343p

해설

① 하이드록실아민염류는 제5류 자기반응성물질이다. (위험물안전관리법 시행령 별표1)

41 정답 ③ 기본서 2권 341p

해설

※ 위험물안전관리법 시행령 별표2
① 옥내저장소는 옥내에 저장하는 장소이다.(옥내탱크저장소 제외)
② 옥외탱크저장소는 옥외에 있는 탱크(이동탱크, 암반탱크 제외)에 위험물을 저장하는 장소이다.
③ 옥내탱크저장소는 옥내에 있는 탱크에 위험물을 저장하는 장소이다.
④ 지하탱크저장소는 지하에 매설한 탱크에 위험물을 저장하는 장소이다.
⑤ 간이탱크저장소는 간이탱크에 위험물을 저장하는 장소이다.
⑥ 이동탱크저장소는 차량에 고정된 탱크에 위험물을 저장하는 장소이다.
⑦ 옥외저장소는 옥외에 위험물을 저장하는 장소이다.
⑧ 암반탱크저장소는 암반 내의 공간을 이용한 탱크에 액체의 위험물을 저장하는 장소이다.

42
정답 ① 기본서 2권 341p

해설

① 휘발유 → 휘발유의 인화점: -20 ~ -43도

※ 위험물안전관리법 시행령 별표2
7. 옥외에 다음 각목의 1에 해당하는 위험물을 저장하는 장소
    가. 제2류 위험물중 황 또는 인화성고체(인화점이 섭씨 0도 이상인 것에 한한다)
    나. 제4류 위험물중 제1석유류(인화점이 섭씨 0도 이상인 것에 한한다)·알코올류·제2석유류·제3석유류·제4석유류 및 동식물유류
    다. 제6류 위험물(과산화수소, 과염소산, 질산)
    라. 제2류 위험물 및 제4류 위험물중 특별시·광역시 또는 도의 조례에서 정하는 위험물(「관세법」제154조의 규정에 의한 보세구역 안에 저장하는 경우에 한한다)
    마. 「국제해사기구에 관한 협약」에 의하여 설치된 국제해사기구가 채택한 「국제해상위험물규칙」(IMDG Code)에 적합한 용기에 수납된 위험물

43
정답 ② 기본서 2권 341p

해설

※ 위험물안전관리법 시행령 별표2

지정수량 이상의 위험물을 저장하기 위한 장소	저장소의 구분
6. 차량(피견인자동차에 있어서는 앞차축을 갖지 아니하는 것으로서 당해 피견인자동차의 일부가 견인자동차에 적재되고 당해 피견인자동차와 그 적재물의 중량의 상당부분이 견인자동차에 의하여 지탱되는 구조의 것에 한한다)에 고정된 탱크에 위험물을 저장하는 장소	이동탱크저장소

44
정답 ④ 기본서 2권 342p

해설

취급소 종류: 일반·이송·주유·판매 취급소 (위험물안전관리법 제2조)

45

정답 ③　**기본서 2권**　342p

해설

① 주유취급소는 고정된 주유설비에 의하여 자동차 항공기 등의 연료탱크에 주유하기 위하여 위험물을 취급하는 장소이다.
② 이송취급소는 배관 및 이에 부속된 설비에 의하여 위험물 이송하는 장소이다.
④ 판매취급소는 점포에서 위험물을 용기에 담아 판매하기 위하여 지정수량 40배 이하의 위험물을 취급하는 장소이다.

※ 위험물안전관리법 시행령 별표3

위험물을 제조외의 목적으로 취급하기 위한 장소	취급소의 구분
1. 고정된 주유설비(항공기에 주유하는 경우에는 차량에 설치된 주유설비를 포함한다)에 의하여 자동차·항공기 또는 선박 등의 연료탱크에 직접 주유하기 위하여 위험물(「석유 및 석유대체연료 사업법」제29조의 규정에 의한 가짜석유제품에 해당하는 물품을 제외한다. 이하 제2호에서 같다)을 취급하는 장소(위험물을 용기에 옮겨 담거나 차량에 고정된 5천 리터 이하의 탱크에 주입하기 위하여 고정된 급유설비를 병설한 장소를 포함한다)	주유취급소
2. 점포에서 위험물을 용기에 담아 판매하기 위하여 지정수량의 40배 이하의 위험물을 취급하는 장소	판매취급소
3. 배관 및 이에 부속된 설비에 의하여 위험물을 이송하는 장소. 다만, 다음 각목의 1에 해당하는 경우의 장소를 제외한다. 　가. 「송유관 안전관리법」에 의한 송유관에 의하여 위험물을 이송하는 경우 　나. 제조소등에 관계된 시설(배관을 제외한다) 및 그 부지가 같은 사업소 안에 있고 당해 사업소 안에서만 위험물을 이송하는 경우 　다. 사업소와 사업소의 사이에 도로(폭 2미터 이상의 일반교통에 이용되는 도로로서 자동차의 통행이 가능한 것을 말한다)만 있고 사업소와 사업소 사이의 이송배관이 그 도로를 횡단하는 경우 　라. 사업소와 사업소 사이의 이송배관이 제3자(당해 사업소와 관련이 있거나 유사한 사업을 하는 자에 한한다)의 토지만을 통과하는 경우로서 당해 배관의 길이가 100미터 이하인 경우 　마. 해상구조물에 설치된 배관(이송되는 위험물이 별표 1의 제4류 위험물중 제1석유류인 경우에는 배관의 안지름이 30센티미터 미만인 것에 한한다)으로서 해당 해상구조물에 설치된 배관이 길이가 30미터 이하인 경우 　바. 사업소와 사업소 사이의 이송배관이 다목 내지 마목의 규정에 의한 경우 중 2이상에 해당하는 경우 　사. 「농어촌 전기공급사업 촉진법」에 따라 설치된 자가발전시설에 사용되는 위험물을 이송하는 경우	이송취급소
4. 제1호 내지 제3호외의 장소(「석유 및 석유대체연료 사업법」제29조의 규정에 의한 가짜석유제품에 해당하는 위험물을 취급하는 경우의 장소를 제외한다)	일반취급소

46

정답 ②　**기본서 2권**　342p

해설

※ 위험물안전관리법 시행령 별표3

위험물을 제조외의 목적으로 취급하기 위한 장소	취급소의 구분
1. 고정된 주유설비(항공기에 주유하는 경우에는 차량에 설치된 주유설비를 포함한다)에 의하여 자동차·항공기 또는 선박 등의 연료탱크에 직접 주유하기 위하여 위험물(「석유 및 석유대체연료 사업법」제29조의 규정에 의한 가짜석유제품에 해당하는 물품을 제외한다. 이하 제2호에서 같다)을 취급하는 장소(위험물을 용기에 옮겨 담거나 차량에 고정된 5천 리터 이하의 탱크에 주입하기 위하여 고정된 급유설비를 병설한 장소를 포함한다)	주유취급소

47 정답 ③ 기본서 2권 351~352p

해설

ⓒ 시·도의 조례가 정하는 바에 따라 관할 소방서장의 승인을 받아 지정수량 이상의 위험물을 <u>90일 이내의</u> 기간 동안 임시로 저장 또는 취급하는 경우
ⓔ 군부대가 지정수량 이상의 위험물을 군사목적으로 <u>임시로 저장</u> 또는 <u>취급하는 경우</u>

※ 위험물안전관리법 제4조(지정수량 미만인 위험물의 저장·취급)
지정수량 미만인 위험물의 저장 또는 취급에 관한 기술상의 기준은 특별시·광역시·특별자치시·도 및 특별자치도(이하 "시·도"라 한다)의 조례로 정한다.

※ 위험물안전관리법 제5조 제1항·2항·5항(위험물의 저장 및 취급의 제한)
① 지정수량 이상의 위험물을 저장소가 아닌 장소에서 저장하거나 제조소등이 아닌 장소에서 취급하여서는 아니된다.
② 제1항의 규정에 불구하고 다음 각 호의 어느 하나에 해당하는 경우에는 <u>제조소등이 아닌 장소에서 지정수량 이상의 위험물을 취급할 수 있다.</u> 이 경우 임시로 저장 또는 취급하는 장소에서의 저장 또는 취급의 기준과 임시로 저장 또는 취급하는 장소의 위치·구조 및 설비의 기준은 시·도의 조례로 정한다.
  1. 시·도의 조례가 정하는 바에 따라 관할소방서장의 승인을 받아 지정수량 이상의 위험물을 <u>90일 이내의 기간 동안 임시로 저장 또는 취급하는 경우</u>
  2. 군부대가 지정수량 이상의 위험물을 군사목적으로 임시로 저장 또는 취급하는 경우
⑤ 둘 이상의 위험물을 같은 장소에서 저장 또는 취급하는 경우에 있어서 당해 장소에서 저장 또는 취급하는 각 위험물의 수량을 그 위험물의 지정수량으로 각각 나누어 얻은 수의 합계가 1 이상인 경우 당해 위험물은 <u>지정수량 이상의 위험물로 본다.</u>

48 정답 ④ 기본서 2권 350p

해설

※ 위험물안전관리법 제3조의2(국가의 책무)
① 국가는 위험물에 의한 사고를 예방하기 위하여 다음 각 호의 사항을 포함하는 시책을 수립·시행하여야 한다.
  1. 위험물의 유통실태 분석
  2. 위험물에 의한 사고 유형의 분석
  3. 사고 예방을 위한 안전기술 개발
  4. 전문인력 양성
  5. 그 밖에 사고 예방을 위하여 필요한 사항

49 정답 ③ 기본서 2권 351p

해설

위험물의 지정수량 미만의 위험물의 저장취급에 관한 기술상의 기준은 시·도조례로 정한다. (위험물안전관리법 제4조)

50

정답 ② 기본서 2권 351p

해설

※ 위험물안전관리법 제5조 제1항·2항(위험물의 저장 및 취급의 제한)
① 지정수량 이상의 위험물을 저장소가 아닌 장소에서 저장하거나 제조소등이 아닌 장소에서 취급하여서는 아니된다.
② 제1항의 규정에 불구하고 다음 각 호의 어느 하나에 해당하는 경우에는 제조소등이 아닌 장소에서 지정수량 이상의 위험물을 취급할 수 있다. 이 경우 임시로 저장 또는 취급하는 장소에서의 저장 또는 취급의 기준과 임시로 저장 또는 취급하는 장소의 위치·구조 및 설비의 기준은 시·도의 조례로 정한다.
  1. 시·도의 조례가 정하는 바에 따라 관할소방서장의 승인을 받아 지정수량 이상의 위험물을 <u>90일 이내의 기간 동안 임시로 저장 또는 취급하는 경우</u>
  2. 군부대가 지정수량 이상의 위험물을 군사목적으로 임시로 저장 또는 취급하는 경우

51

정답 ② 기본서 2권 337p

해설

※ 위험물안전관리법 제2조(정의)
② "제조소"라 함은 <u>위험물을 제조할 목적으로 지정수량 이상의 위험물을 취급하기 위하여</u> 제6조제1항의 규정에 따른 <u>허가</u>(동조제3항의 규정에 따라 허가가 면제된 경우 및 제7조제2항의 규정에 따라 협의로써 허가를 받은 것으로 보는 경우를 포함한다. 이하 제4호 및 제5호에서 같다)<u>를 받은 장소를 말한다.</u>
① "저장소"라 함은 지정수량 이상의 위험물을 저장하기 위한 대통령령이 정하는 장소로서 제6조제1항의 규정에 따른 허가를 받은 장소를 말한다.
③ "취급소"라 함은 지정수량 이상의 위험물을 제조 외의 목적으로 취급하기 위한 대통령령이 정하는 장소로서 제6조제1항의 규정에 따른 허가를 받은 장소를 말한다.

52

정답 ① 기본서 2권 351p

해설

위험물 임시저장은 90일 이내 관할 소방서장의 승인을 받으며 시·도조례에 의하여 지정수량 이상의 위험물을 취급할 수 있다.(위험물안전관리법 제5조)

53

정답 ②　기본서 2권　418p

해설

② 옥내저장소의 용도에 사용되는 부분의 바닥은 지면보다 높게 설치하고 그 층고를 <u>6m 미만</u>으로 하여야 한다.

※ 위험물안전관리법 시행규칙 별표5

Ⅲ. 복합용도 건축물의 옥내저장소의 기준

옥내저장소중 지정수량의 20배 이하의 것(옥내저장소외의 용도로 사용하는 부분이 있는 건축물에 설치하는 것에 한한다)의 위치·구조 및 설비의 기술기준은 Ⅰ제3호, 제11호 내지 제17호의 규정에 의하는 외에 다음 각호의 기준에 의하여야 한다.

1. 옥내저장소는 벽·기둥·바닥 및 보가 내화구조인 건축물의 1층 또는 2층의 어느 하나의 층에 설치하여야 한다.
2. 옥내저장소의 용도에 사용되는 부분의 바닥은 지면보다 높게 설치하고 그 층고를 6m 미만으로 하여야 한다.
3. 옥내저장소의 용도에 사용되는 부분의 바닥면적은 75m^2 이하로 하여야 한다.
4. 옥내저장소의 용도에 사용되는 부분은 벽·기둥·바닥·보 및 지붕(상층이 있는 경우에는 상층의 바닥)을 내화구조로 하고, 출입구 외의 개구부가 없는 두께 70㎜ 이상의 철근콘크리트조 또는 이와 동등 이상의 강도가 있는 구조의 바닥 또는 벽으로 당해 건축물의 다른 부분과 구획되도록 하여야 한다.
5. 옥내저장소의 용도에 사용되는 부분의 출입구에는 수시로 열 수 있는 자동폐쇄방식의 60+방화문 또는 60분 방화문을 설치하여야 한다.
6. 옥내저장소의 용도에 사용되는 부분에는 창을 설치하지 아니하여야 한다.
7. 옥내저장소의 용도에 사용되는 부분의 환기설비 및 배출설비에는 방화상 유효한 댐퍼 등을 설치하여야 한다.

54

정답 ③　기본서 2권　352p

해설

※ 위험물안전관리법 제5조(위험물의 저장 및 취급의 제한)

⑤ 둘 이상의 위험물을 같은 장소에서 저장 또는 취급하는 경우에 있어서 당해 장소에서 저장 또는 취급하는 각 위험물의 수량을 그 위험물의 지정수량으로 각각 나누어 얻은 수의 합계가 1 이상인 경우 당해 위험물은 지정수량 이상의 위험물로 본다.

55

정답 ④　기본서 2권　368~370p

해설

④ 농예용·축산용 또는 수산용으로 필요한 난방시설 또는 건조시설을 위한 지정수량 20배 이하의 저장소에 해당하는 경우

※ 위험물안전관리법 제6조(위험물시설의 설치 및 변경 등)
① 제조소등을 설치하고자 하는 자는 대통령령이 정하는 바에 따라 그 설치장소를 관할하는 특별시장·광역시장·특별자치시장·도지사 또는 특별자치도지사(이하 "시·도지사"라 한다)의 허가를 받아야 한다. 제조소등의 위치·구조 또는 설비 가운데 행정안전부령이 정하는 사항을 변경하고자 하는 때에도 또한 같다.
② 제조소등의 위치·구조 또는 설비의 변경없이 당해 제조소등에서 저장하거나 취급하는 위험물의 품명·수량 또는 지정수량의 배수를 변경하고자 하는 자는 변경하고자 하는 날의 1일 전까지 행정안전부령이 정하는 바에 따라 시·도지사에게 신고하여야 한다.
③ 제1항 및 제2항의 규정에 불구하고 다음 각 호의 어느 하나에 해당하는 제조소등의 경우에는 허가를 받지 아니하고 당해 제조소등을 설치하거나 그 위치·구조 또는 설비를 변경할 수 있으며, 신고를 하지 아니하고 위험물의 품명·수량 또는 지정수량의 배수를 변경할 수 있다.
　1. 주택의 난방시설(공동주택의 중앙난방시설을 제외한다)을 위한 저장소 또는 취급소
　2. 농예용·축산용 또는 수산용으로 필요한 난방시설 또는 건조시설을 위한 지정수량 20배 이하의 저장소

56

정답 ③　기본서 2권　370p

해설

③ 공동주택의 중앙난방시설을 제외한다.

※ 위험물안전관리법 제6조 제3항(위험물시설의 설치 및 변경 등)
③ 제1항 및 제2항의 규정에 불구하고 다음 각 호의 어느 하나에 해당하는 제조소등의 경우에는 허가를 받지 아니하고 당해 제조소등을 설치하거나 그 위치·구조 또는 설비를 변경할 수 있으며, 신고를 하지 아니하고 위험물의 품명·수량 또는 지정수량의 배수를 변경할 수 있다.
　1. 주택의 난방시설(공동주택의 중앙난방시설을 제외한다)을 위한 저장소 또는 취급소
　2. 농예용·축산용 또는 수산용으로 필요한 난방시설 또는 건조시설을 위한 지정수량 20배 이하의 저장소

57

정답 ①　기본서 2권　369p

해설

※ 위험물안전관리법 제6조 제2항(위험물시설의 설치 및 변경 등)
② 제조소등의 위치·구조 또는 설비의 변경없이 당해 제조소등에서 저장하거나 취급하는 위험물의 품명·수량 또는 지정수량의 배수를 변경하고자 하는 자는 변경하고자 하는 날의 1일 전까지 행정안전부령이 정하는 바에 따라 시·도지사에게 신고하여야 한다.

58

정답 ③ **기본서 2권** 371p

해설

③ 지정수량의 1천 배 이상의 위험물을 취급하는 일반취급소의 기초·지반, 탱크본체 및 소화설비에 관한 사항
→ 구조·설비에 관한 사항

※ 위험물안전관리법 시행령 제6조(제조소등의 설치 및 변경의 허가)

② 시·도지사는 제1항에 따른 제조소등의 설치허가 또는 변경허가 신청 내용이 다음 각 호의 기준에 적합하다고 인정하는 경우에는 허가를 하여야 한다.

3. 다음 각 목의 제조소등은 해당 목에서 정한 사항에 대하여 「소방산업의 진흥에 관한 법률」 제14조에 따른 한국소방산업기술원(이하 "기술원"이라 한다)의 기술검토를 받고 그 결과가 행정안전부령으로 정하는 기준에 적합한 것으로 인정될 것. 다만, 보수 등을 위한 부분적인 변경으로서 소방청장이 정하여 고시하는 사항에 대해서는 기술원의 기술검토를 받지 않을 수 있으나 행정안전부령으로 정하는 기준에는 적합해야 한다.

가. 지정수량의 1천 배 이상의 위험물을 취급하는 제조소 또는 일반취급소 : 구조·설비에 관한 사항
나. 옥외탱크저장소(저장용량이 50만 리터 이상인 것만 해당한다) 또는 암반탱크저장소 : 위험물탱크의 기초·지반, 탱크본체 및 소화설비에 관한 사항

59

정답 ① **기본서 2권** 368~369p, 373p

해설

① 위험물의 지정수량의 배수를 변경하는 경우 → 신고대상에 해당한다.
② 제조소등의 위치를 이전하는 경우
③ 건축물의 벽·기둥·바닥을 증설하는 경우
④ 위험물취급탱크를 교체 또는 철거하는 경우
→ ②, ③, ④는 변경허가 대상이다.

※ 위험물안전관리법 제6조(위험물시설의 설치 및 변경 등)

① 제조소등을 설치하고자 하는 자는 대통령령이 정하는 바에 따라 그 설치장소를 관할하는 특별시장·광역시장·특별자치시장·도지사 또는 특별자치도지사(이하 "시·도지사"라 한다)의 허가를 받아야 한다. 제조소등의 위치·구조 또는 설비 가운데 행정안전부령이 정하는 사항을 변경하고자 하는 때에도 또한 같다.

② 제조소등의 위치·구조 또는 설비의 변경 없이 당해 제조소등에서 저장하거나 취급하는 위험물의 품명·수량 또는 지정수량의 배수를 변경하고자 하는 자는 변경하고자 하는 날의 1일 전까지 행정안전부령이 정하는 바에 따라 시·도지사에게 신고하여야 한다.

60

정답 ④　기본서 2권　378p

해설

④ 완공검사를 자체적으로 실시한 군부대의 장은 지체 없이 행정안전부령이 정하는 사항을 시·도지사에게 통보하여야 한다.

※ 위험물안전관리법 제7조(군용위험물시설의 설치 및 변경에 대한 특례)
① 군사목적 또는 군부대시설을 위한 제조소등을 설치하거나 그 위치·구조 또는 설비를 변경하고자 하는 군부대의 장은 대통령령이 정하는 바에 따라 미리 제조소등의 소재지를 관할하는 시·도지사와 협의하여야 한다.
② 군부대의 장이 제1항의 규정에 따라 제조소등의 소재지를 관할하는 시·도지사와 협의한 경우에는 제6조제1항의 규정에 따른 허가를 받은 것으로 본다.
③ 군부대의 장은 제1항의 규정에 따라 협의한 제조소등에 대하여는 제8조 및 제9조의 규정에 불구하고 탱크안전성능검사와 완공검사를 자체적으로 실시할 수 있다. 이 경우 완공검사를 자체적으로 실시한 군부대의 장은 지체 없이 행정안전부령이 정하는 사항을 시·도지사에게 통보하여야 한다.

61

정답 ③　기본서 2권　369~370p

해설

㉠ 제조소등의 위치·구조 또는 설비의 변경 없이 당해 제조소등에서 저장하거나 취급하는 위험물의 품명·수량 또는 지정수량의 배수를 변경하고자 하는 자는 변경하고자 하는 날의 (1)일 전까지 시·도지사에게 신고하여야 한다.(위험물안전관리법 제6조 제2항)
㉡ 농예용·축산용 또는 수산용으로 필요한 난방시설 또는 건조시설을 위한 지정수량 (20)배 이하의 저장소의 경우에는 허가를 받지 아니하고 당해 제조소등을 설치하거나 그 위치·구조 또는 설비를 변경할 수 있으며, 신고를 하지 아니하고 위험물의 품명·수량 또는 지정수량의 배수를 변경할 수 있다.(위험물안전관리법 제6조 제3항)

62 정답 ② 기본서 2권 380~382p

해설

② 시·도지사는 허가를 받은 자가 탱크안전성능시험자 또는 한국소방산업기술원으로부터 탱크안전성능시험을 받은 경우에는 당해 탱크안전성능검사의 전부 또는 일부를 면제할 수 있다.

※ 위험물안전관리법 제8조(탱크안전성능검사)
① 위험물을 저장 또는 취급하는 탱크로서 대통령령이 정하는 탱크(이하 "위험물탱크"라 한다)가 있는 제조소등의 설치 또는 그 위치·구조 또는 설비의 변경에 관하여 제6조제1항의 규정에 따른 허가를 받은 자가 위험물탱크의 설치 또는 그 위치·구조 또는 설비의 변경공사를 하는 때에는 제9조제1항의 규정에 따른 완공검사를 받기 전에 제5조제4항의 규정에 따른 기술기준에 적합한지의 여부를 확인하기 위하여 시·도지사가 실시하는 탱크안전성능검사를 받아야 한다. 이 경우 시·도지사는 제6조제1항의 규정에 따른 허가를 받은 자가 제16조제1항의 규정에 따른 탱크안전성능시험자 또는 「소방산업의 진흥에 관한 법률」 제14조에 따른 한국소방산업기술원(이하 "기술원"이라 한다)로부터 탱크안전성능시험을 받은 경우에는 대통령령이 정하는 바에 따라 당해 탱크안전성능검사의 전부 또는 일부를 면제할 수 있다.
② 제1항의 규정에 따른 탱크안전성능검사의 내용은 대통령령으로 정하고, 탱크안전성능검사의 실시 등에 관하여 필요한 사항은 행정안전부령으로 정한다.

※ 위험물안전관리법 시행령 제9조 제2항(탱크안전성능검사의 면제)
② 위험물탱크에 대한 충수·수압검사를 면제받고자 하는 자는 위험물탱크안전성능시험자(이하 "탱크시험자"라 한다) 또는 기술원으로부터 충수·수압검사에 관한 탱크안전성능시험을 받아 법 제9조제1항에 따른 완공검사를 받기 전(지하에 매설하는 위험물탱크에 있어서는 지하에 매설하기 전)에 해당 시험에 합격하였음을 증명하는 서류(이하 "탱크시험합격확인증"이라 한다)를 시·도지사에게 제출해야 한다.

63 정답 ② 기본서 2권 381~382p

해설

※ 위험물안전관리법 시행령 제9조(탱크안전성능검사의 면제)
① 법 제8조제1항 후단의 규정에 의하여 시·도지사가 면제할 수 있는 탱크안전성능검사는 제8조제2항 및 별표 4의 규정에 의한 충수·수압검사로 한다.
② 위험물탱크에 대한 충수·수압검사를 면제받고자 하는 자는 위험물탱크안전성능시험자(이하 "탱크시험자"라 한다) 또는 기술원으로부터 충수·수압검사에 관한 탱크안전성능시험을 받아 법 제9조제1항에 따른 완공검사를 받기 전(지하에 매설하는 위험물탱크에 있어서는 지하에 매설하기 전)에 해당 시험에 합격하였음을 증명하는 서류(이하 "탱크시험합격확인증"이라 한다)를 시·도지사에게 제출해야 한다.
③ 시·도지사는 제2항에 따라 제출받은 탱크시험합격확인증과 해당 위험물탱크를 확인한 결과 법 제5조제4항에 따른 기술기준에 적합하다고 인정되는 때에는 해당 충수·수압검사를 면제한다.

64 정답 ② 기본서 2권 381p

해설

탱크안전성능검사의 내용 (위험물안전관리법 시행령 별표4)

구분	검사내용
1. 기초・지반검사	가. 제8조 제1항 제1호의 규정에 의한 탱크 중 나목 외의 탱크 : 탱크의 기초 및 지반에 관한 공사에 있어서 당해 탱크의 기초 및 지반이 행정안전부령으로 정하는 기준에 적합한지 여부를 확인함 나. 제8조 제1항 제1호의 규정에 의한 탱크 중 행정안전부령으로 정하는 탱크 : 탱크의 기초 및 지반에 관한 공사에 상당한 것으로서 행정안전부령으로 정하는 공사에 있어서 당해 탱크의 기초 및 지반에 상당하는 부분이 행정안전부령으로 정하는 기준에 적합한지 여부를 확인함
2. 충수・수압검사	탱크에 배관 그 밖의 부속설비를 부착하기 전에 당해 탱크 본체의 누설 및 변형에 대한 안전성이 행정안전부령으로 정하는 기준에 적합한지 여부를 확인함
3. 용접부검사	탱크의 배관 그 밖의 부속설비를 부착하기 전에 행하는 당해 탱크의 본체에 관한 공사에 있어서 탱크의 용접부가 행정안전부령으로 정하는 기준에 적합한지 여부를 확인함
4. 암반탱크검사	탱크의 본체에 관한 공사에 있어서 탱크의 구조가 행정안전부령으로 정하는 기준에 적합한지 여부를 확인함

65 정답 ③ 기본서 2권 300p

해설

③ 옥외탱크저장소의 액체위험물탱크 중 그 용량이 100만 리터 이상인 탱크

※ 위험물안전관리법 시행령 제8조(탱크안전성능검사의 대상이 되는 탱크 등)
① 법 제8조제1항 전단에 따라 탱크안전성능검사를 받아야 하는 위험물탱크는 제2항에 따른 탱크안전성능검사 별로 다음 각 호의 어느 하나에 해당하는 탱크로 한다.
  1. 기초・지반검사 : 옥외탱크저장소의 액체위험물탱크 중 그 용량이 100만 리터 이상인 탱크
  2. 충수(充水)・수압검사 : 액체위험물을 저장 또는 취급하는 탱크. 다만, 다음 각 목의 어느 하나에 해당하는 탱크는 제외한다.
    가. 제조소 또는 일반취급소에 설치된 탱크로서 용량이 지정수량 미만인 것
    나. 「고압가스 안전관리법」 제17조제1항에 따른 특정설비에 관한 검사에 합격한 탱크
    다. 「산업안전보건법」 제34조제2항에 따른 안전인증을 받은 탱크
    라. 삭제
  3. 용접부검사 : 제1호에 따른 탱크. 다만, 탱크의 저부에 관계된 변경공사(탱크의 옆판과 관련되는 공사를 포함하는 것을 제외한다)시에 행하여진 법 제18조제3항에 따른 정기검사에 의하여 용접부에 관한 사항이 행정안전부령으로 정하는 기준에 적합하다고 인정된 탱크를 제외한다.
  4. 암반탱크검사 : 액체위험물을 저장 또는 취급하는 암반내의 공간을 이용한 탱크

66 정답 ① 기본서 2권 383p

해설

① 국제해사기구가 채택한 국제해상위험물규칙에 적합함을 나타내는 표시가 있는 탱크는 법이 개정되어 <u>삭제</u>된 항목

※ 위험물안전관리법 시행령 제8조(탱크안전성능검사의 대상이 되는 탱크 등)
① 법 제8조제1항 전단에 따라 탱크안전성능검사를 받아야 하는 위험물탱크는 제2항에 따른 탱크안전성능검사 별로 다음 각 호의 어느 하나에 해당하는 탱크로 한다.

2. 충수(充水)·수압검사 : 액체위험물을 저장 또는 취급하는 탱크. 다만, 다음 각 목의 어느 하나에 해당하는 탱크는 제외한다.
    가. 제조소 또는 일반취급소에 설치된 탱크로서 용량이 지정수량 미만인 것
    나. 「고압가스 안전관리법」 제17조제1항에 따른 특정설비에 관한 검사에 합격한 탱크
    다. 「산업안전보건법」 제34조제2항에 따른 안전인증을 받은 탱크
    라. 삭제

67 정답 ① 기본서 2권 380p

해설

탱크안전성능검사의 대상이 되는 탱크 등(위험물안전관리법 시행령 제8조 제1항 제1호)
기초·지반검사 : 옥외탱크저장소의 액체위험물탱크 중 그 용량이 100만 리터 이상인 탱크

68 정답 ② 기본서 2권 381p

해설

※ 위험물안전관리법 시행규칙 제18조(탱크안전성능검사의 신청 등)
④ 제1항의 규정에 의한 탱크안전성능검사의 신청시기는 다음 각 호의 구분에 의한다.
 1. 기초·지반검사 : 위험물탱크의 기초 및 지반에 관한 공사의 개시 전
 2. 충수·수압검사 : <u>위험물을 저장 또는 취급하는 탱크에 배관 그 밖의 부속설비를 부착하기 전</u>
 3. 용접부검사 : 탱크본체에 관한 공사의 개시 전
 4. 암반탱크검사 : 암반탱크의 본체에 관한 공사의 개시 전

69 정답 ③ 기본서 2권 386p

해설

③ 완공검사를 받고자 하는 자가 제조소등의 일부에 대한 설치 또는 변경을 마친 후 그 일부를 미리 사용하고자 하는 경우에는 당해 제조소등의 일부에 대하여 완공검사를 받을 수 있다.

※ 위험물안전관리법 제9조(완공검사)
① 제6조제1항의 규정에 따른 허가를 받은 자가 제조소등의 설치를 마쳤거나 그 위치·구조 또는 설비의 변경을 마친 때에는 당해 제조소등마다 시·도지사가 행하는 완공검사를 받아 제5조제4항의 규정에 따른 기술기준에 적합하다고 인정받은 후가 아니면 이를 사용하여서는 아니 된다. 다만, 제조소등의 위치·구조 또는 설비를 변경함에 있어서 제6조제1항 후단의 규정에 따른 변경허가를 신청하는 때에 화재예방에 관한 조치사항을 기재한 서류를 제출하는 경우에는 당해 변경공사와 관계가 없는 부분은 완공검사를 받기 전에 미리 사용할 수 있다.
② 제1항 본문의 규정에 따른 완공검사를 받고자 하는 자가 제조소등의 일부에 대한 설치 또는 변경을 마친 후 그 일부를 미리 사용하고자 하는 경우에는 당해 제조소등의 일부에 대하여 완공검사를 받을 수 있다.

70 정답 ④ 기본서 2권 387p

해설

④ 완공검사합격확인증을 잃어버려 재교부를 받은 자는 잃어버린 완공검사합격확인증을 발견하는 경우에는 이를 10일 이내에 완공검사합격확인증을 재교부한 시·도지사에게 제출하여야 한다.

※ 위험물안전관리법 시행령 제10조(완공검사의 신청 등)
① 법 제9조의 규정에 의한 제조소등에 대한 완공검사를 받고자 하는 자는 이를 시·도지사에게 신청하여야 한다.
② 제1항에 따른 신청을 받은 시·도지사는 제조소등에 대하여 완공검사를 실시하고, 완공검사를 실시한 결과 해당 제조소등이 법 제5조제4항에 따른 기술기준(탱크안전성능검사에 관련된 것을 제외한다)에 적합하다고 인정하는 때에는 완공검사합격확인증을 교부해야 한다.
③ 제2항의 완공검사합격확인증을 교부받은 자는 완공검사합격확인증을 잃어버리거나 멸실·훼손 또는 파손한 경우에는 이를 교부한 시·도지사에게 재교부를 신청할 수 있다.
④ 완공검사합격확인증을 훼손 또는 파손하여 제3항에 따른 신청을 하는 경우에는 신청서에 해당 완공검사합격확인증을 첨부하여 제출해야 한다.
⑤ 제2항의 완공검사합격확인증을 잃어버려 재교부를 받은 자는 잃어버린 완공검사합격확인증을 발견하는 경우에는 이를 10일 이내에 완공검사합격확인증을 재교부한 시·도지사에게 제출해야 한다.

71 정답 ③ 기본서 2권 387p

해설

③ 이송취급소의 경우 : 이송배관 공사의 전체 또는 일부를 완료한 후

※ 위험물안전관리법 시행규칙 제20조(완공검사의 신청시기)
법 제9조제1항에 따른 제조소등의 완공검사 신청시기는 다음 각 호의 구분에 따른다.
1. 지하탱크가 있는 제조소등의 경우 : 당해 지하탱크를 매설하기 전
2. 이동탱크저장소의 경우 : 이동저장탱크를 완공하고 상시설치장소(이하 "상치장소"라 한다)를 확보한 후
3. 이송취급소의 경우 : 이송배관 공사의 전체 또는 일부를 완료한 후. 다만, 지하·하천 등에 매설하는 이송배관의 공사의 경우에는 이송배관을 매설하기 전
4. 전체 공사가 완료된 후에는 완공검사를 실시하기 곤란한 경우 : 다음 각 목에서 정하는 시기
   가. 위험물설비 또는 배관의 설치가 완료되어 기밀시험 또는 내압시험을 실시하는 시기
   나. 배관을 지하에 설치하는 경우에는 시·도지사, 소방서장 또는 기술원이 지정하는 부분을 매몰하기 직전
   다. 기술원이 지정하는 부분의 비파괴시험을 실시하는 시기
5. 제1호 내지 제4호에 해당하지 아니하는 제조소등의 경우 : 제조소등의 공사를 완료한 후

72 정답 ③ 기본서 2권 390p

해설

※ 위험물안전관리법 제10조(제조소등 설치자의 지위승계)
① 제조소등의 설치자(제6조제1항의 규정에 따라 허가를 받아 제조소등을 설치한 자를 말한다. 이하 같다)가 사망하거나 그 제조소등을 양도·인도한 때 또는 법인인 제조소등의 설치자의 합병이 있는 때에는 그 상속인, 제조소등을 양수·인수한 자 또는 합병 후 존속하는 법인이나 합병에 의하여 설립되는 법인은 그 설치자의 지위를 승계한다.
② 민사집행법에 의한 경매, 「채무자 회생 및 파산에 관한 법률」에 의한 환가, 국세징수법·관세법 또는 「지방세징수법」에 따른 압류재산의 매각과 그 밖에 이에 준하는 절차에 따라 제조소등의 시설의 전부를 인수한 자는 그 설치자의 지위를 승계한다.
③ 제1항 또는 제2항의 규정에 따라 제조소등의 설치자의 지위를 승계한 자는 행정안전부령이 정하는 바에 따라 승계한 날부터 30일 이내에 시·도지사에게 그 사실을 신고하여야 한다.

73 정답 ① 기본서 2권 391p

해설

① 제조소등의 관계인은 당해 제조소등의 용도를 폐지한 때에는 제조소등의 용도를 폐지한 날부터 14일 이내에 시·도지사에게 신고하여야 한다.

※ 위험물안전관리법 제11조(제조소등의 폐지)

제조소등의 관계인(소유자·점유자 또는 관리자를 말한다. 이하 같다)은 당해 제조소등의 용도를 폐지(장래에 대하여 위험물시설로서의 기능을 완전히 상실시키는 것을 말한다)한 때에는 행정안전부령이 정하는 바에 따라 제조소등의 용도를 폐지한 날부터 14일 이내에 시·도지사에게 신고하여야 한다.

※ 위험물안전관리법 시행규칙 제23조(용도폐지의 신고)

① 법 제11조에 따라 제조소등의 용도폐지신고를 하려는 자는 별지 제29호서식의 신고서(전자문서로 된 신고서를 포함한다)에 제조소등의 완공검사합격확인증을 첨부하여 시·도지사 또는 소방서장에게 제출해야 한다.

※ 위험물안전관리법 시행규칙 제24조(처리결과의 통보)

① 시·도지사가 영 제7조제1항의 설치·변경 관련 서류제출, 제6조의 설치허가신청, 제7조의 변경허가신청, 제10조의 품명 등의 변경신고, 제19조제1항의 완공검사신청, 제21조의 가사용승인신청, 제22조의 지위승계신고, 제23조제1항의 용도폐지신고 또는 제23조의2제2항의 사용 중지신고 또는 재개신고를 각각 접수하고 처리한 경우 그 신청서 또는 신고서와 첨부서류의 사본 및 처리결과를 관할 소방서장에게 송부해야 한다.
② 시·도지사 또는 소방서장이 영 제7조제1항의 설치·변경 관련 서류제출, 제6조의 설치허가신청, 제7조의 변경허가신청, 제10조의 품명 등의 변경신고, 제19조제1항의 완공검사신청, 제22조의 지위승계신고, 제23조제1항의 용도폐지신고 또는 제23조의2제2항의 사용 중지신고 또는 재개신고를 각각 접수하고 처리한 경우 그 신청서 또는 신고서와 구조설비명세표(설치허가신청 또는 변경허가신청에 한한다)의 사본 및 처리결과를 관할 시장·군수·구청장에게 송부해야 한다.

74 정답 ④ 기본서 2권 395p

해설

※ 위험물안전관리법 제12조(제조소등 설치허가의 취소와 사용정지 등)

시·도지사는 제조소등의 관계인이 다음 각 호의 어느 하나에 해당하는 때에는 행정안전부령이 정하는 바에 따라 제6조제1항에 따른 허가를 취소하거나 6월 이내의 기간을 정하여 제조소등의 전부 또는 일부의 사용정지를 명할 수 있다.

1. 제6조제1항 후단의 규정에 따른 변경허가를 받지 아니하고 제조소등의 위치·구조 또는 설비를 변경한 때
2. 제9조의 규정에 따른 완공검사를 받지 아니하고 제조소등을 사용한 때
2의2. 제11조의2제3항에 따른 안전조치 이행명령을 따르지 아니한 때
3. 제14조제2항의 규정에 따른 수리·개조 또는 이전의 명령을 위반한 때
4. 제15조제1항 및 제2항의 규정에 따른 위험물안전관리자를 선임하지 아니한 때
5. 제15조제5항을 위반하여 대리자를 지정하지 아니한 때
6. 제18조제1항의 규정에 따른 정기점검을 하지 아니한 때
7. 제18조제3항의 규정에 따른 정기검사를 받지 아니한 때
8. 제26조의 규정에 따른 저장·취급기준 준수명령을 위반한 때

75 정답 ② 기본서 2권 396p

해설

※ 위험물안전관리법 시행규칙 별표 2
행정처분기준

위반행위	행정처분기준		
	1차	2차	3차
법 제9조에 따른 완공검사를 받지 않고 제조소등을 사용한 경우	사용정지 15일	사용정지 60일	허가취소

76 정답 ② 기본서 2권 398p

해설

※ 위험물안전관리법 제13조(과징금처분)
① 시·도지사는 제12조 각 호의 어느 하나에 해당하는 경우로서 제조소등에 대한 사용의 정지가 그 이용자에게 심한 불편을 주거나 그 밖에 공익을 해칠 우려가 있는 때에는 사용정지처분에 갈음하여 (2억 원) 이하의 (과징금)을 부과할 수 있다.
② 제1항의 규정에 따른 과징금을 부과하는 위반행위의 종별·정도 등에 따른 과징금의 금액 그 밖의 필요한 사항은 행정안전부령으로 정한다.
③ 시·도지사는 제1항의 규정에 따른 과징금을 납부하여야 하는 자가 납부기한까지 이를 납부하지 아니한 때에는 「지방행정제재·부과금의 징수 등에 관한 법률」에 따라 징수한다.

77 정답 ① 기본서 2권 404p

해설

※ 위험물안전관리법 제14조(위험물시설의 유지·관리)
① 제조소등의 관계인은 당해 제조소등의 위치·구조 및 설비가 제5조제4항의 규정에 따른 기술기준에 적합하도록 유지·관리하여야 한다.
② <u>시·도지사, 소방본부장 또는 소방서장</u>은 제1항의 규정에 따른 유지·관리의 상황이 제5조제4항의 규정에 따른 기술기준에 부적합하다고 인정하는 때에는 그 기술기준에 적합하도록 제조소등의 위치·구조 및 설비의 수리·개조 또는 이전을 명할 수 있다.

78 정답 ③ 기본서 2권 464~465p, 468p

해설

③ 선임한 날부터 14일 이내

※ 위험물안전관리법 제15조(위험물안전관리자)
① 제조소등[제6조제3항의 규정에 따라 허가를 받지 아니하는 제조소등과 이동탱크저장소(차량에 고정된 탱크에 위험물을 저장 또는 취급하는 저장소를 말한다)를 제외한다. 이하 이 조에서 같다]의 관계인은 위험물의 안전관리에 관한 직무를 수행하게 하기 위하여 제조소등마다 대통령령이 정하는 위험물의 취급에 관한 자격이 있는 자(이하 "위험물취급자격자"라 한다)를 위험물안전관리자(이하 "안전관리자"라 한다)로 선임하여야 한다. 다만, 제조소등에서 저장·취급하는 위험물이 「화학물질관리법」에 따른 유독물질에 해당하는 경우 등 대통령령이 정하는 경우에는 당해 제조소등을 설치한 자는 다른 법률에 의하여 안전관리업무를 하는 자로 선임된 자 가운데 대통령령이 정하는 자를 안전관리자로 선임할 수 있다.
② 제1항의 규정에 따라 안전관리자를 선임한 제조소등의 관계인은 그 안전관리자를 해임하거나 안전관리자가 퇴직한 때에는 해임하거나 퇴직한 날부터 30일 이내에 다시 안전관리자를 선임하여야 한다.
③ 제조소등의 관계인은 제1항 및 제2항에 따라 안전관리자를 선임한 경우에는 선임한 날부터 14일 이내에 행정안전부령으로 정하는 바에 따라 소방본부장 또는 소방서장에게 신고하여야 한다.
④ 제조소등의 관계인이 안전관리자를 해임하거나 안전관리자가 퇴직한 경우 그 관계인 또는 안전관리자는 소방본부장이나 소방서장에게 그 사실을 알려 해임되거나 퇴직한 사실을 확인받을 수 있다.
⑤ 제1항의 규정에 따라 안전관리자를 선임한 제조소등의 관계인은 안전관리자가 여행·질병 그 밖의 사유로 인하여 일시적으로 직무를 수행할 수 없거나 안전관리자의 해임 또는 퇴직과 동시에 다른 안전관리자를 선임하지 못하는 경우에는 국가기술자격법에 따른 위험물의 취급에 관한 자격취득자 또는 위험물안전에 관한 기본지식과 경험이 있는 자로서 행정안전부령이 정하는 자를 대리자(代理者)로 지정하여 그 직무를 대행하게 하여야 한다. 이 경우 대리자가 안전관리자의 직무를 대행하는 기간은 30일을 초과할 수 없다.
⑥ 안전관리자는 위험물을 취급하는 작업을 하는 때에는 작업자에게 안전관리에 관한 필요한 지시를 하는 등 행정안전부령이 정하는 바에 따라 위험물의 취급에 관한 안전관리와 감독을 하여야 하고, 제조소등의 관계인과 그 종사자는 안전관리자의 위험물 안전관리에 관한 의견을 존중하고 그 권고에 따라야 한다.
⑦ 제조소등에 있어서 위험물취급자격자가 아닌 자는 안전관리자 또는 제5항에 따른 대리자가 참여한 상태에서 위험물을 취급하여야 한다.
⑧ 다수의 제조소등을 동일인이 설치한 경우에는 제1항의 규정에 불구하고 관계인은 대통령령이 정하는 바에 따라 1인의 안전관리자를 중복하여 선임할 수 있다. 이 경우 대통령령이 정하는 제조소등의 관계인은 제5항에 따른 대리자의 자격이 있는 자를 각 제조소등별로 지정하여 안전관리자를 보조하게 하여야 한다.
⑨ 제조소등의 종류 및 규모에 따라 선임하여야 하는 안전관리자의 자격은 대통령령으로 정한다.

79 정답 ④ 기본서 2권 466p

해설

※ 위험물안전관리법 제15조 제5항(위험물안전관리자)
⑤ 제1항의 규정에 따라 안전관리자를 선임한 제조소등의 관계인은 안전관리자가 여행·질병 그 밖의 사유로 인하여 일시적으로 직무를 수행할 수 없거나 안전관리자의 해임 또는 퇴직과 동시에 다른 안전관리자를 선임하지 못하는 경우에는 국가기술자격법에 따른 위험물의 취급에 관한 자격취득자 또는 위험물안전에 관한 기본지식과 경험이 있는 자로서 행정안전부령이 정하는 자를 대리자(代理者)로 지정하여 그 직무를 대행하게 하여야 한다. 이 경우 대리자가 안전관리자의 직무를 대행하는 기간은 30일을 초과할 수 없다.

80

정답 ④ 기본서 2권 464p

해설

※ 위험물안전관리법 시행령 별표5

위험물취급자격자의 자격(제11조제1항 관련)

위험물취급자격자의 구분	취급할 수 있는 위험물
1. 「국가기술자격법」에 따라 위험물기능장, 위험물산업기사, 위험물기능사의 자격을 취득한 사람	별표1의 모든 위험물
2. 안전관리자교육이수자(법 28조제1항에 따라 소방청장이 실시하는 안전관리자교육을 이수한 자를 말한다. 이하 별표 6에서 같다)	별표1의 위험물 중 제4류 위험물
3. 소방공무원 경력자(소방공무원으로 근무한 경력이 3년 이상인 자를 말한다. 이하 별표6에서 같다)	별표1의 위험물 중 제4류 위험물

81

정답 ① 기본서 2권 464p

해설

① 소방공무원으로 근무한 경력이 1년 이상인 사람은 [별표 1]의 위험물 중 제4류 위험물을 취급할 수 있다.(위험물안전관리법 시행령 별표5) → 3년 이상

82

정답 ① 기본서 2권 467p

해설

※ 위험물안전관리법 시행규칙 제54조(안전관리자의 대리자)

법 제15조제5항 전단에서 "행정안전부령이 정하는 자"란 다음 각 호의 어느 하나에 해당하는 사람을 말한다.

1. 법 제28조제1항에 따른 안전교육을 받은 자
2. 삭제
3. 제조소등의 위험물 안전관리업무에 있어서 안전관리자를 지휘·감독하는 직위에 있는 자

83 정답 ④ 기본서 2권 468~469p

해설

④ 각 제조소등이 동일구내에 위치하거나 상호 100미터 이내의 거리에 있고, 각 제조소등에서 저장 또는 취급하는 위험물의 최대수량이 지정수량의 3천배 미만에 적합한 5개 이하의 제조소등을 동일인이 설치한 경우

※ 위험물안전관리법 시행령 제12조(1인의 안전관리자를 중복하여 선임할 수 있는 경우 등)
① 법 제15조제8항 전단에 따라 다수의 제조소등을 설치한 자가 1인의 안전관리자를 중복하여 선임할 수 있는 경우는 다음 각 호의 어느 하나와 같다.
   1. 보일러·버너 또는 이와 비슷한 것으로서 위험물을 소비하는 장치로 이루어진 7개 이하의 일반취급소와 그 일반취급소에 공급하기 위한 위험물을 저장하는 저장소[일반취급소 및 저장소가 모두 동일구내(같은 건물 안 또는 같은 울 안을 말한다. 이하 같다)에 있는 경우에 한한다. 이하 제2호에서 같다]를 동일인이 설치한 경우
   2. 위험물을 차량에 고정된 탱크 또는 운반용기에 옮겨 담기 위한 5개 이하의 일반취급소[일반취급소간의 거리(보행거리를 말한다. 제3호 및 제4호에서 같다)가 300미터 이내인 경우에 한한다]와 그 일반취급소에 공급하기 위한 위험물을 저장하는 저장소를 동일인이 설치한 경우
   3. 동일구내에 있거나 상호 100미터 이내의 거리에 있는 저장소로서 저장소의 규모, 저장하는 위험물의 종류 등을 고려하여 행정안전부령이 정하는 저장소를 동일인이 설치한 경우
   4. 다음 각목의 기준에 모두 적합한 5개 이하의 제조소등을 동일인이 설치한 경우
      가. 각 제조소등이 동일구내에 위치하거나 상호 100미터 이내의 거리에 있을 것
      나. 각 제조소등에서 저장 또는 취급하는 위험물의 최대수량이 지정수량의 3천배 미만일 것. 다만, 저장소의 경우에는 그러하지 아니하다.
   5. 그 밖에 제1호 또는 제2호의 규정에 의한 제조소등과 비슷한 것으로서 행정안전부령이 정하는 제조소등을 동일인이 설치한 경우

84 정답 ① 기본서 2권 469p

해설

※ 위험물안전관리법 시행령 제12조(1인의 안전관리자를 중복하여 선임할 수 있는 경우 등)
① 법 제15조제8항 전단에 따라 다수의 제조소등을 설치한 자가 1인의 안전관리자를 중복하여 선임할 수 있는 경우는 다음 각 호의 어느 하나와 같다.
   4. 다음 각목의 기준에 모두 적합한 5개 이하의 제조소등을 동일인이 설치한 경우
      가. 각 제조소등이 동일구내에 위치하거나 상호 100미터 이내의 거리에 있을 것
      나. 각 제조소등에서 저장 또는 취급하는 위험물의 최대수량이 지정수량의 3천배 미만일 것. 다만, 저장소의 경우에는 그러하지 아니하다.

85 정답 ④ 기본서 2권 469p

해설

※ 위험물안전관리법 시행규칙

제56조(1인의 안전관리자를 중복하여 선임할 수 있는 저장소 등)

① 영 제12조제1항제3호에서 "행정안전부령이 정하는 저장소"라 함은 다음 각 호의 1에 해당하는 저장소를 말한다.

1. 10개 이하의 옥내저장소
2. 30개 이하의 옥외탱크저장소
3. 옥내탱크저장소
4. 지하탱크저장소
5. 간이탱크저장소
6. 10개 이하의 옥외저장소
7. 10개 이하의 암반탱크저장소

② 영 제12조제1항제5호에서 "행정안전부령이 정하는 제조소등"이라 함은 선박주유취급소의 고정주유설비에 공급하기 위한 위험물을 저장하는 저장소와 당해 선박주유취급소를 말한다.

86 정답 ④ 기본서 2권 469p

해설

④ 30개 이하의 옥외탱크저장소

※ 위험물안전관리법 시행규칙 제56조(1인의 안전관리자를 중복하여 선임할 수 있는 저장소 등)

① 영 제12조제1항제3호에서 "행정안전부령이 정하는 저장소"라 함은 다음 각 호의 1에 해당하는 저장소를 말한다.

1. <u>10개 이하의 옥내저장소</u>
2. <u>30개 이하의 옥외탱크저장소</u>
3. 옥내탱크저장소
4. 지하탱크저장소
5. 간이탱크저장소
6. <u>10개 이하의 옥외저장소</u>
7. 10개 이하의 암반탱크저장소

87 정답 ② 기본서 2권 482~484p

해설

② 중요사항을 변경할 경우 30일 이내 시·도지사에게 변경신고 하여야 한다.

※ 위험물안전관리법 제16조 제1항·제2항·제3항·제5항(탱크시험자의 등록 등)
① 시·도지사 또는 제조소등의 관계인은 안전관리업무를 전문적이고 효율적으로 수행하기 위하여 탱크안전성능시험자(이하 "탱크시험자"라 한다)로 하여금 이 법에 의한 검사 또는 점검의 일부를 실시하게 할 수 있다.
② 탱크시험자가 되고자 하는 자는 대통령령이 정하는 기술능력·시설 및 장비를 갖추어 시·도지사에게 등록하여야 한다.
③ 제2항의 규정에 따라 등록한 사항 가운데 행정안전부령이 정하는 중요사항을 변경한 경우에는 그 날부터 30일 이내에 시·도지사에게 변경신고를 하여야 한다.
⑤ 시·도지사는 탱크시험자가 다음 각 호의 어느 하나에 해당하는 경우에는 행정안전부령으로 정하는 바에 따라 그 등록을 취소하거나 6월 이내의 기간을 정하여 업무의 정지를 명할 수 있다. 다만, 제1호 내지 제3호에 해당하는 경우에는 그 등록을 취소하여야 한다.
 1. 허위 그 밖의 부정한 방법으로 등록을 한 경우
 2. 제4항 각 호의 어느 하나의 등록의 결격사유에 해당하게 된 경우
 3. 등록증을 다른 자에게 빌려준 경우
 4. 제2항의 규정에 따른 등록기준에 미달하게 된 경우
 5. 탱크안전성능시험 또는 점검을 허위로 하거나 이 법에 의한 기준에 맞지 아니하게 탱크안전성능시험 또는 점검을 실시하는 경우 등 탱크시험자로서 적합하지 아니하다고 인정하는 경우

88 정답 ① 기본서 2권 485p

해설

① 위험물기능사

※ 위험물안전관리법 시행령 별표7 (탱크시험자의 기술능력·시설 및 장비)
1. 기술능력
 가. 필수인력
  1) 위험물기능장·위험물산업기사 또는 위험물기능사 중 1명 이상
  2) 비파괴검사기술사 1명 이상 또는 초음파비파괴검사·자기비파괴검사 및 침투비파괴검사별로 기사 또는 산업기사 각 1명 이상
 나. 필요한 경우에 두는 인력
  1) 충·수압시험, 진공시험, 기밀시험 또는 내압시험의 경우 : 누설비파괴검사 기사, 산업기사 또는 기능사
  2) 수직·수평도시험의 경우 : 측량 및 지형공간정보 기술사, 기사, 산업기사 또는 측량기능사
  3) 방사선투과시험의 경우 : 방사선비파괴검사 기사 또는 산업기사
  4) 필수 인력의 보조 : 방사선비파괴검사·초음파비파괴검사·자기비파괴검사 또는 침투비파괴검사 기능사

89 정답 ④ 기본서 2권 483~484p

해설

ⓒ 「소방시설공사업법」에 따른 금고 이상의 실형의 선고를 받고 그 집행이 종료(집행이 종료된 것으로 보는 경우를 포함한다)되거나 집행이 면제된 날부터 2년이 지나지 아니한 자
ⓔ 「소방기본법」에 따른 금고 이상의 형의 집행유예 선고를 받고 그 유예기간 중에 있는 자

※ 위험물관리법 제16조 제4항(탱크시험자의 등록 등)
④ 다음 각 호의 어느 하나에 해당하는 자는 탱크시험자로 등록하거나 탱크시험자의 업무에 종사할 수 없다.
  1. 피성년후견인
  2. 삭제
  3. 이 법, 「소방기본법」, 「화재의 예방 및 안전관리에 관한 법률」, 「소방시설 설치 및 관리에 관한 법률」 또는 「소방시설공사업법」에 따른 금고 이상의 실형의 선고를 받고 그 집행이 종료(집행이 종료된 것으로 보는 경우를 포함한다)되거나 집행이 면제된 날부터 2년이 지나지 아니한 자
  4. 이 법, 「소방기본법」, 「화재의 예방 및 안전관리에 관한 법률」, 「소방시설 설치 및 관리에 관한 법률」 또는 「소방시설공사업법」에 따른 금고 이상의 형의 집행유예 선고를 받고 그 유예기간 중에 있는 자
  5. 제5항의 규정에 따라 탱크시험자의 등록이 취소(제1호에 해당하여 자격이 취소된 경우는 제외한다)된 날부터 2년이 지나지 아니한 자
  6. 법인으로서 그 대표자가 제1호 내지 제5호의 1에 해당하는 경우

90 정답 ① 기본서 2권 484p

해설

②, ③, ④는 반드시 그 등록을 취소하여야 한다.

※ 위험물안전관리법 제16조 제5항(탱크시험자의 등록 등)
⑤ 시·도지사는 탱크시험자가 다음 각 호의 어느 하나에 해당하는 경우에는 행정안전부령으로 정하는 바에 따라 그 등록을 취소하거나 6월 이내의 기간을 정하여 업무의 정지를 명할 수 있다. 다만, 제1호 내지 제3호에 해당하는 경우에는 그 등록을 취소하여야 한다.
  1. 허위 그 밖의 부정한 방법으로 등록을 한 경우
  2. 제4항 각 호의 어느 하나의 등록의 결격사유에 해당하게 된 경우
  3. 등록증을 다른 자에게 빌려준 경우
  4. 제2항의 규정에 따른 등록기준에 미달하게 된 경우
  5. 탱크안전성능시험 또는 점검을 허위로 하거나 이 법에 의한 기준에 맞지 아니하게 탱크안전성능시험 또는 점검을 실시하는 경우 등 탱크시험자로서 적합하지 아니하다고 인정하는 경우

91 정답 ③ 기본서 2권 483p

해설

③ 대표자의 변경에 해당한다.

※ 위험물안전관리법 시행규칙 제61조(변경사항의 신고 등)
① 탱크시험자는 법 제16조제3항의 규정에 의하여 다음 각 호의 1에 해당하는 중요사항을 변경한 경우에는 별지 제38호서식의 신고서(전자문서로 된 신고서를 포함한다)에 다음 각 호의 구분에 따른 서류(전자문서를 포함한다)를 첨부하여 시·도지사에게 제출하여야 한다.
  1. 영업소 소재지의 변경 : 사무소의 사용을 증명하는 서류와 위험물탱크안전성능시험자등록증
  2. 기술능력의 변경 : 변경하는 기술인력의 자격증과 위험물탱크안전성능시험자등록증
  3. 대표자의 변경 : 위험물탱크안전성능시험자등록증
  4. 상호 또는 명칭의 변경 : 위험물탱크안전성능시험자등록증

92 정답 ② 기본서 2권 488p

해설

② 지정수량의 100배 이상의 위험물을 저장하는 옥외저장소

※ 위험물안전관리법 시행령 제15조(관계인이 예방규정을 정하여야 하는 제조소등)
법 제17조제1항에서 "대통령령이 정하는 제조소등"이라 함은 다음 각 호의 어느 하나에 해당하는 제조소등을 말한다.
  1. 지정수량의 10배 이상의 위험물을 취급하는 제조소
  2. 지정수량의 100배 이상의 위험물을 저장하는 옥외저장소
  3. 지정수량의 150배 이상의 위험물을 저장하는 옥내저장소
  4. 지정수량의 200배 이상의 위험물을 저장하는 옥외탱크저장소
  5. 암반탱크저장소
  6. 이송취급소
  7. 지정수량의 10배 이상의 위험물을 취급하는 일반취급소. 다만, 제4류 위험물(특수인화물을 제외한다)만을 지정수량의 50배 이하로 취급하는 일반취급소(제1석유류·알코올류의 취급량이 지정수량의 10배 이하인 경우에 한한다)로서 다음 각목의 어느 하나에 해당하는 것을 제외한다.
    가. 보일러·버너 또는 이와 비슷한 것으로서 위험물을 소비하는 장치로 이루어진 일반취급소
    나. 위험물을 용기에 옮겨 담거나 차량에 고정된 탱크에 주입하는 일반취급소

93 정답 ① 기본서 2권 488p

해설

㉠ 지정수량의 10배 이상의 위험물을 취급하는 제조소 (O)
㉡ 지정수량의 ~~100배~~ 이상의 위험물을 저장하는 옥내저장소 (X)
　→ 150배
㉢ 암반탱크저장소, ~~이동탱크저장소~~ (X)
　→ 이송취급소
㉣ 지정수량의 200배 이상의 위험물을 저장하는 옥외탱크저장소 (O)
㉤ 지정수량의 10배 이상의 위험물을 취급하는 일반취급소 (O)

제15조(관계인이 예방규정을 정하여야 하는 제조소등)
법 제17조제1항에서 "대통령령이 정하는 제조소등"이라 함은 다음 각호의 어느 하나에 해당하는 제조소등을 말한다.
1. 지정수량의 10배 이상의 위험물을 취급하는 제조소
2. 지정수량의 100배 이상의 위험물을 저장하는 옥외저장소
3. 지정수량의 150배 이상의 위험물을 저장하는 옥내저장소
4. 지정수량의 200배 이상의 위험물을 저장하는 옥외탱크저장소
5. 암반탱크저장소
6. 이송취급소
7. 지정수량의 10배 이상의 위험물을 취급하는 일반취급소. 다만, 제4류 위험물(특수인화물을 제외한다)만을 지정수량의 50배 이하로 취급하는 일반취급소(제1석유류·알코올류의 취급량이 지정수량의 10배 이하인 경우에 한한다)로서 다음 각목의 어느 하나에 해당하는 것을 제외한다.
　　가. 보일러·버너 또는 이와 비슷한 것으로서 위험물을 소비하는 장치로 이루어진 일반취급소
　　나. 위험물을 용기에 옮겨 담거나 차량에 고정된 탱크에 주입하는 일반취급소

94 정답 ④ 기본서 2권 490p

해설

※ 위험물안전관리법 시행규칙 제63조의2 【예방규정의 이행 실태 평가】
① 법 제17조제4항에 따른 예방규정의 이행 실태 평가는 다음 각 호의 구분에 따라 실시한다.
　1. 최초평가 : 법 제17조제1항 전단에 따라 예방규정을 최초로 제출한 날부터 3년이 되는 날이 속하는 연도에 실시
　2. 정기평가 : 최초평가 또는 직전 정기평가를 실시한 날을 기준으로 4년마다 실시. 다만, 제3호에 따라 수시평가를 실시한 경우에는 수시평가를 실시한 날을 기준으로 4년마다 실시한다.
　3. 수시평가 : 위험물의 누출·화재·폭발 등의 사고가 발생한 경우 소방청장이 제조소등의 관계인 또는 종업원의 예방규정 준수 여부를 평가할 필요가 있다고 인정하는 경우에 실시

95 정답 ④ 기본서 2권 490p

해설

※ 위험물안전관리법 시행규칙 제63조의2【예방규정의 이행 실태 평가】
③ 소방청장은 제1항에 따른 평가를 실시하는 경우 평가실시일 30일 전까지(제1항제3호의 경우에는 7일 전까지를 말한다) 제조소등의 관계인에게 평가실시일, 평가항목 및 세부 평가일정에 관한 사항을 통보해야 한다.

96 정답 ② 기본서 2권 492p

해설

② 지정수량의 150배 이상의 위험물을 저장하는 옥내저장소

※ 위험물안전관리법 제18조(정기점검 및 정기검사)
① 대통령령이 정하는 제조소등의 관계인은 그 제조소등에 대하여 행정안전부령이 정하는 바에 따라 제5조제4항의 규정에 따른 기술기준에 적합한지의 여부를 정기적으로 점검하고 점검결과를 기록하여 보존하여야 한다.

※ 위험물안전관리법 시행령 제16조(정기점검의 대상인 제조소등)
법 제18조제1항에서 "대통령령이 정하는 제조소등"이라 함은 다음 각 호의 1에 해당하는 제조소등을 말한다.
1. 제15조 각호의 어느 하나에 해당하는 제조소등
2. 지하탱크저장소
3. 이동탱크저장소
4. 위험물을 취급하는 탱크로서 지하에 매설된 탱크가 있는 제조소·주유취급소 또는 일반취급소

※ 위험물안전관리법 시행령 제15조(관계인이 예방규정을 정하여야 하는 제조소등)
법 제17조제1항에서 "대통령령이 정하는 제조소등"이라 함은 다음 각 호의 어느 하나에 해당하는 제조소등을 말한다.
  1. 지정수량의 10배 이상의 위험물을 취급하는 제조소
  2. 지정수량의 100배 이상의 위험물을 저장하는 옥외저장소
  3. 지정수량의 150배 이상의 위험물을 저장하는 옥내저장소
  4. 지정수량의 200배 이상의 위험물을 저장하는 옥외탱크저장소
  5. 암반탱크저장소
  6. 이송취급소
  7. 지정수량의 10배 이상의 위험물을 취급하는 일반취급소. 다만, 제4류 위험물(특수인화물을 제외한다)만을 지정수량의 50배 이하로 취급하는 일반취급소(제1석유류·알코올류의 취급량이 지정수량의 10배 이하인 경우에 한한다)로서 다음 각목의 어느 하나에 해당하는 것을 제외한다.
    가. 보일러·버너 또는 이와 비슷한 것으로서 위험물을 소비하는 장치로 이루어진 일반취급소
    나. 위험물을 용기에 옮겨 담거나 차량에 고정된 탱크에 주입하는 일반취급소

97 정답 ① 기본서 2권 495p

해설

※ 위험물안전관리법 시행령 제17조(정기검사의 대상인 제조소등)

법 제18조제3항에서 "대통령령이 정하는 제조소등"이란 <u>액체위험물을 저장 또는 취급하는 50만 리터 이상의 옥외탱크저장소를 말한다.</u>

98 정답 ③ 기본서 2권 491p

해설

※ 위험물안전관리법 시행규칙 제64조(정기점검의 횟수)

법 제18조제1항의 규정에 의하여 제조소등의 관계인은 당해 제조소등에 대하여 <u>연 1회 이상 정기점검을 실시</u>하여야 한다.

99 정답 ① 기본서 2권 449p

해설

※ 위험물안전관리법 시행규칙 제66조(정기점검의 내용 등)

제조소등의 위치·구조 및 설비가 법 제5조 제4항의 기술기준에 적합한지를 점검하는데 필요한 정기점검의 내용·방법 등에 관한 기술상의 기준과 그 밖의 점검에 관하여 필요한 사항은 <u>소방청장</u>이 정하여 고시한다.

100 정답 ④ 기본서 2권 503p

해설

※ 위험물안전관리법 시행령 제18조(자체소방대를 설치하여야 하는 사업소)

① 법 제19조에서 "대통령령이 정하는 제조소등"이란 다음 각 호의 어느 하나에 해당하는 제조소등을 말한다.
  1. 제4류 위험물을 취급하는 제조소 또는 일반취급소. 다만, 보일러로 위험물을 소비하는 일반취급소 등 행정안전부령으로 정하는 일반취급소는 제외한다.
  2. <u>제4류 위험물을 저장하는 옥외탱크저장소</u>

② 법 제19조에서 "대통령령이 정하는 수량 이상"이란 다음 각 호의 구분에 따른 수량을 말한다.
  1. 제1항제1호에 해당하는 경우: 제조소 또는 일반취급소에서 취급하는 제4류 위험물의 최대수량의 합이 지정수량의 3천배 이상
  2. <u>제1항제2호에 해당하는 경우: 옥외탱크저장소에 저장하는 제4류 위험물의 최대수량이 지정수량의 50만배 이상</u>

③ 법 제19조의 규정에 의하여 자체소방대를 설치하는 사업소의 관계인(소유자·점유자 또는 관리자를 말한다. 이하 같다) 별표 8의 규정에 의하여 자체소방대에 화학소방자동차 및 자체소방대원을 두어야 한다. 다만, 화재 그 밖의 재난발생시 다른 사업소 등과 상호응원에 관한 협정을 체결하고 있는 사업소에 있어서는 행정안전부령이 정하는 바에 따라 별표 8의 범위 안에서 화학소방자동차 및 인원의 수를 달리할 수 있다.

101 정답 ② 기본서 2권 504p

해설

※ 위험물안전관리법 시행규칙 제73조(자체소방대의 설치 제외대상인 일반취급소)

영 제18조제1항제1호 단서에서 "행정안전부령으로 정하는 일반취급소"란 다음 각 호의 어느 하나에 해당하는 일반취급소를 말한다.

1. 보일러, 버너 그 밖에 이와 유사한 장치로 위험물을 소비하는 일반취급소
2. 이동저장탱크 그 밖에 이와 유사한 것에 위험물을 주입하는 일반취급소
3. 용기에 위험물을 옮겨 담는 일반취급소
4. 유압장치, 윤활유순환장치 그 밖에 이와 유사한 장치로 위험물을 취급하는 일반취급소
5. 「광산안전법」의 적용을 받는 일반취급소

102 정답 ② 기본서 2권 504p

해설

ⓒ, ⓗ은 자체소방대를 설치하여야 하는 사업소에 해당한다.

※ 위험물안전관리법 시행규칙 제73조(자체소방대의 설치 제외대상인 일반취급소)

영 제18조제1항제1호 단서에서 "행정안전부령으로 정하는 일반취급소"란 다음 각 호의 어느 하나에 해당하는 일반취급소를 말한다.

1. 보일러, 버너 그 밖에 이와 유사한 장치로 위험물을 소비하는 일반취급소
2. 이동저장탱크 그 밖에 이와 유사한 것에 위험물을 주입하는 일반취급소
3. 용기에 위험물을 옮겨 담는 일반취급소
4. 유압장치, 윤활유순환장치 그 밖에 이와 유사한 장치로 위험물을 취급하는 일반취급소
5. 「광산안전법」의 적용을 받는 일반취급소

103 정답 ① 기본서 2권 504p

해설

①은 자체소방대의 설치 제외대상인 일반취급소이다.

※ 위험물안전관리법 시행규칙 제73조(자체소방대의 설치 제외대상인 일반취급소)

영 제18조제1항제1호 단서에서 "행정안전부령으로 정하는 일반취급소"란 다음 각 호의 어느 하나에 해당하는 일반취급소를 말한다.
1. 보일러, 버너 그 밖에 이와 유사한 장치로 위험물을 소비하는 일반취급소
2. 이동저장탱크 그 밖에 이와 유사한 것에 위험물을 주입하는 일반취급소
3. 용기에 위험물을 옮겨 담는 일반취급소
4. 유압장치, 윤활유순환장치 그 밖에 이와 유사한 장치로 위험물을 취급하는 일반취급소
5. 「광산안전법」의 적용을 받는 일반취급소

※ 위험물안전관리법 시행규칙 제74조(자체소방대 편성의 특례)

영 제18조제3항 단서의 규정에 의하여 2 이상의 사업소가 상호응원에 관한 협정을 체결하고 있는 경우에는 당해 모든 사업소를 하나의 사업소로 보고 제조소 또는 취급소에서 취급하는 제4류 위험물을 합산한 양을 하나의 사업소에서 취급하는 제4류 위험물의 최대수량으로 간주하여 동항 본문의 규정에 의한 화학소방자동차의 대수 및 자체소방대원을 정할 수 있다. 이 경우 상호응원에 관한 협정을 체결하고 있는 각 사업소의 자체소방대에는 영 제18조제3항 본문의 규정에 의한 화학소방차 대수의 2분의 1 이상의 대수와 화학소방자동차마다 5인 이상의 자체소방대원을 두어야 한다.

104 정답 ① 기본서 2권 503p

해설

※ 위험물안전관리법 시행령 별표8

자체소방대에 두는 화학소방자동차 및 인원(제18조제3항관련)

사업소의 구분	화학소방자동차	자체소방대원의 수
1. 제조소 또는 일반취급소에서 취급하는 제4류 위험물의 최대수량의 합이 지정수량의 3천배 이상 12만 배 미만인 사업소	1대	5인
2. 제조소 또는 일반취급소에서 취급하는 제4류 위험물의 최대수량의 합이 지정수량의 12만 배 이상 24만 배 미만인 사업소	2대	10인
3. 제조소 또는 일반취급소에서 취급하는 제4류 위험물의 최대수량의 합이 지정수량의 24만 배 이상 48만 배 미만인 사업소	3대	15인
4. 제조소 또는 일반취급소에서 취급하는 제4류 위험물의 최대수량의 합이 지정수량의 48만 배 이상인 사업소	4대	20인
5. 옥외탱크저장소에 저장하는 제4류 위험물의 최대수량이 지정수량의 50만 배 이상인 사업소	2대	10인

※ 비고 : 화학소방자동차에는 행정안전부령으로 정하는 소화능력 및 설비를 갖추어야 하고, 소화활동에 필요한 소화약제 및 기구(방열복 등 개인장구를 포함한다)를 비치하여야 한다.

105 정답 ② 기본서 2권 503p

해설

※ 위험물안전관리법 시행령 별표8

제조소 또는 일반취급소에서 취급하는 제4류 위험물의 최대수량의 합이 지정수량의 12만 배 이상 24만 배 미만인 사업소

→ 화학소방자동차 2대 - 자체소방대원의 수 10인

106 정답 ④ 기본서 2권 504p

해설

※ 위험물안전관리법 시행규칙 제75조(화학소방차의 기준 등)
① 영 별표8 비고의 규정에 의하여 화학소방자동차(내폭화학차 및 제독차를 포함한다)에 갖추어야 하는 소화능력 및 설비의 기준은 별표 23과 같다.
② 포수용액을 방사하는 화학소방자동차의 대수는 영 제18조 제3항의 규정에 의한 화학소방자동차의 대수의 3분의 2 이상으로 하여야 한다.

107 정답 ② 기본서 2권 505p

해설

② 분말의 방사능력이 매초 35kg 이상일 것

※ 위험물안전관리법 시행규칙 별표23

화학소방자동차에 갖추어야 하는 소화능력 및 설비의 기준 (제75조제1항관련)

화학소방자동차의 구분	소화능력 및 설비의 기준
포수용액 방사차	포수용액의 방사능력이 매분 2,000ℓ 이상일 것
	소화약액탱크 및 소화약액혼합장치를 비치할 것
	10만ℓ 이상의 포수용액을 방사할 수 있는 양의 소화약제를 비치할 것
분말 방사차	분말의 방사능력이 매초 35kg 이상일 것
	분말탱크 및 가압용가스설비를 비치할 것
	1,400kg 이상의 분말을 비치할 것
할로젠화합물 방사차	할로젠화합물의 방사능력이 매초 40kg 이상일 것
	할로젠화합물탱크 및 가압용가스설비를 비치할 것
	1,000kg 이상의 할로젠화합물을 비치할 것
이산화탄소 방사차	이산화탄소의 방사능력이 매초 40kg 이상일 것
	이산화탄소저장용기를 비치할 것
	3,000kg 이상의 이산화탄소를 비치할 것
제독차	가성소다 및 규조토를 각각 50kg 이상 비치할 것

108 정답 ② 기본서 2권 507p

해설

② 시·도지사는 제조소등의 관계인이 규정을 위반하여 금연구역임을 알리는 표지를 설치하지 아니하거나 보완이 필요한 경우 일정한 기간을 정하여 그 시정을 명할 수 있다.

※ 위험물안전관리법 제19조의2(제조소등에서의 흡연 금지)
① 누구든지 제조소등에서는 지정된 장소가 아닌 곳에서 흡연을 하여서는 아니 된다.
② 제조소등의 관계인은 해당 제조소등이 금연구역임을 알리는 표지를 설치하여야 한다.
③ 시·도지사는 제조소등의 관계인이 제2항을 위반하여 금연구역임을 알리는 표지를 설치하지 아니하거나 보완이 필요한 경우 일정한 기간을 정하여 그 시정을 명할 수 있다.
④ 제1항에 따른 지정 기준·방법 등은 대통령령으로 정하고, 제2항에 따른 표지를 설치하는 기준·방법 등은 행정안전부령으로 정한다.

※ 위험물안전관리법 시행령 제18조의2(흡연장소의 지정기준 등)
① 제조소등의 관계인은 법 제19조의2에 따라 제조소등에서 흡연장소를 지정할 필요가 있다고 인정하는 경우 다음 각 호의 기준에 따라 흡연장소를 지정해야 한다.
  1. 흡연장소는 폭발위험장소(「산업표준화법」 제12조에 따른 한국산업표준에서 정한 폭발성 가스에 의한 폭발위험장소의 범위를 말한다) 외의 장소에 지정하는 등 위험물을 저장·취급하는 건축물, 공작물 및 기계·기구, 그 밖의 설비로부터 안전 확보에 필요한 일정한 거리를 둘 것
  2. 흡연장소는 옥외로 지정할 것. 다만, 부득이한 경우에는 건축물 내에 지정할 수 있다.
② 제조소등의 관계인은 제1항에 따라 흡연장소를 지정하는 경우에는 다음 각 호의 방법에 따른 화재예방 조치를 해야 한다.
  1. 흡연장소는 구획된 실(室)로 하되, 가연성의 증기 또는 미분이 실내에 체류하거나 실내로 유입되는 것을 방지하기 위한 구조 또는 설비를 갖출 것
  2. 소형수동식소화기(이에 준하는 소화설비를 포함한다)를 1개 이상 비치할 것
③ 제1항 및 제2항에서 규정한 사항 외에 흡연장소의 지정 기준·방법 등에 관한 세부적인 기준은 소방청장이 정하여 고시한다.

109 정답 ③ 기본서 2권 507p

해설

※ 위험물안전관리법 제19조의2(제조소등에서의 흡연 금지)
① 누구든지 제조소등에서는 지정된 장소가 아닌 곳에서 흡연을 하여서는 아니 된다.

※ 위험물안전관리법 시행령 별표9

위반행위	과태료 금액
타. 법 제19조의2제1항을 위반하여 흡연을 한 경우	
1) 1차 위반 시	250
2) 2차 위반 시	400
3) 3차 이상 위반 시	500

110 정답 ③ 기본서 2권 407p

해설

※ 위험물안전관리법 시행규칙 제42조(경보설비의 기준)
① 법 제5조 제4항의 규정에 의하여 영 별표 1의 규정에 의한 지정수량의 10배 이상의 위험물을 저장 또는 취급하는 제조소등(이동탱크저장소를 제외한다)에는 화재발생시 이를 알릴 수 있는 경보설비를 설치하여야 한다.
② 제1항의 규정에 의한 경보설비는 자동화재탐지설비·자동화재속보설비·비상경보설비(비상벨장치 또는 경종을 포함한다)·확성장치(휴대용 확성기를 포함한다) 및 비상방송설비로 구분하되, 제조소등별로 설치하여야 하는 경보설비의 종류 및 설치기준은 별표 17과 같다.
③ 자동신호장치를 갖춘 스프링클러설비 또는 물분무등소화설비를 설치한 제조소등에 있어서는 제2항의 규정에 의한 자동화재탐지설비를 설치한 것으로 본다.

111 정답 ③ 기본서 2권 407~408p

해설

㉠ 주유취급소 중 건축물의 1층의 부분을 점포·휴게음식점 또는 전시장의 용도로 사용하는 것과 옥내주유취급소에는 피난설비를 설치하여야 한다. (X)
  → 2층
㉡ 제조소등에는 화재발생시 소화가 곤란한 정도에 따라 그 소화에 적응성이 있는 소화설비를 설치하여야 한다. (O)
㉢ 지정수량의 10배 이상의 위험물을 저장 또는 취급하는 제조소등(이동탱크저장소를 제외한다)에는 화재발생시 이를 알릴 수 있는 경보설비를 설치하여야 한다. (O)
㉣ 제조소등에는 화재발생시 소방공무원이 화재를 진압하거나 인명구조활동을 위하여 소방활동설비를 설치하여야 한다. (X)
  → 소화활동설비는 제조소등의 위치·구조 및 설비의 기술기준에 해당하지 않는다.
㉤ 제조소등에는 화재발생시 소방공무원이 화재를 진압하는 데 필요한 물을 공급하거나 저장하는 소화용수설비를 설치하여야 한다. (X)
  → 소화용수설비는 제조소등의 위치·구조 및 설비의 기술기준에 해당하지 않는다.

※ 위험물안전관리법 시행규칙 제41조(소화설비의 기준)
① 법 제5조제4항의 규정에 의하여 제조소등에는 화재발생시 소화가 곤란한 정도에 따라 그 소화에 적응성이 있는 소화설비를 설치하여야 한다.

※ 위험물안전관리법 시행규칙 제42조(경보설비의 기준)
① 법 제5조제4항의 규정에 의하여 영 별표 1의 규정에 의한 지정수량의 10배 이상의 위험물을 저장 또는 취급하는 제조소등(이동탱크저장소를 제외한다)에는 화재발생시 이를 알릴 수 있는 경보설비를 설치하여야 한다.

※ 위험물안전관리법 시행규칙 제43조(피난설비의 기준)
① 법 제5조제4항의 규정에 의하여 주유취급소 중 건축물의 2층 이상의 부분을 점포·휴게음식점 또는 전시장의 용도로 사용하는 것과 옥내주유취급소에는 피난설비를 설치하여야 한다.

112 정답 ④ 기본서 2권 469p

해설

①, ②, ③은 숫자에 관계없이 중복선임 할 수 있고 옥외저장소는 10개 이하에 해당된다.

※ 위험물안전관리법 시행규칙 제56조(1인의 안전관리자를 중복하여 선임할 수 있는 저장소 등)

① 영 제12조제1항제3호에서 "행정안전부령이 정하는 저장소"라 함은 다음 각호의 1에 해당하는 저장소를 말한다.

  1. 10개 이하의 옥내저장소
  2. 30개 이하의 옥외탱크저장소
  3. 옥내탱크저장소
  4. 지하탱크저장소
  5. 간이탱크저장소
  6. 10개 이하의 옥외저장소
  7. 10개 이하의 암반탱크저장소

113 정답 ④ 기본서 2권 495p

해설

※ 위험물안전관리법 시행규칙 제70조(정기검사의 시기)

① 법 제18조제3항에 따른 정기검사(이하 "정기검사"라 한다)를 받아야 하는 특정·준특정옥외탱크저장소의 관계인은 다음 각 호의 구분에 따라 정밀정기검사 및 중간정기검사를 받아야 한다. 다만, 재난 그 밖의 비상사태의 발생, 안전유지상의 필요 또는 사용상황 등의 변경으로 해당 시기에 정기검사를 실시하는 것이 적당하지 않다고 인정되는 때에는 소방서장의 직권 또는 관계인의 신청에 따라 소방서장이 따로 지정하는 시기에 정기검사를 받을 수 있다.

  1. 정밀정기검사 : 다음 각 목의 어느 하나에 해당하는 기간 내에 1회
     가. <u>특정·준특정옥외탱크저장소의 설치허가에 따른 완공검사합격확인증을 발급받은 날부터 12년</u>
     나. 최근의 정밀정기검사를 받은 날부터 11년
  2. 중간정기검사 : 다음 각 목의 어느 하나에 해당하는 기간 내에 1회
     가. 특정·준특정옥외탱크저장소의 설치허가에 따른 완공검사합격확인증을 발급받은 날부터 4년
     나. 최근의 정밀정기검사 또는 중간정기검사를 받은 날부터 4년

114 정답 ② 기본서 2권 503p

해설

대통령령이 정하는 수량(지정수량 3,000배) 이상의 위험물을 저장 또는 취급하는 경우 당해 사업소 관계인이 설치해야하는 것은 자체소방대에 해당된다. (위험물안전관리법 제19조)

115 정답 ② 기본서 2권 373~374p

해설

② 건축물의 벽을 증설 또는 철거하는 경우

① 불활성기체의 봉입장치를 교체하는 경우
→ 신설

③ 배출설비를 철거하는 경우
→ 신설

④ 자동화재탐지설비를 교체하는 경우
→ 신설 또는 철거

※ 위험물안전관리법 시행규칙 별표1의2(제조소등의 변경허가를 받아야 하는 경우)
  1. 제조소 또는 일반취급소
    가. 제조소 또는 일반취급소의 위치를 이전하는 경우
    나. 건축물의 벽·기둥·바닥·보 또는 지붕을 증설 또는 철거하는 경우
    다. 배출설비를 신설하는 경우
    라. 위험물취급탱크를 신설·교체·철거 또는 보수(탱크의 본체를 절개하는 경우에 한한다)하는 경우
    마. 위험물취급탱크의 노즐 또는 맨홀을 신설하는 경우(노즐 또는 맨홀의 지름이 250mm를 초과하는 경우에 한한다)
    바. 위험물취급탱크의 방유제의 높이 또는 방유제 내의 면적을 변경하는 경우
    사. 위험물취급탱크의 탱크전용실을 증설 또는 교체하는 경우
    아. 300m(지상에 설치하지 아니하는 배관의 경우에는 30m)를 초과하는 위험물배관을 신설·교체·철거 또는 보수(배관을 절개하는 경우에 한한다)하는 경우
    자. 불활성기체(다른 원소와 화학 반응을 일으키기 어려운 기체)의 봉입장치를 신설하는 경우
    차. 별표4 Ⅻ제2호 가목에 따른 누설범위를 국한하기 위한 설비를 신설하는 경우
    카. 별표4 Ⅻ제3호 다목에 따른 냉각장치 또는 보냉장치를 신설하는 경우
    타. 별표4 Ⅻ제3호 마목에 따른 탱크전용실을 증설 또는 교체하는 경우
    파. 별표4 Ⅻ제4호 나목에 따른 담 또는 토제를 신설·철거 또는 이설하는 경우
    하. 별표4 Ⅻ제4호 다목에 따른 온도 및 농도의 상승에 의한 위험한 반응을 방지하기 위한 설비를 신설하는 경우
    거. 별표4 Ⅻ제4호 라목에 따른 철 이온 등의 혼입에 의한 위험한 반응을 방지하기 위한 설비를 신설하는 경우
    너. 방화상 유효한 담을 신설·철거 또는 이설하는 경우
    더. 위험물의 제조설비 또는 취급설비(펌프설비를 제외한다)를 증설하는 경우
    러. 옥내소화전설비·옥외소화전설비·스프링클러설비·물분무등소화설비를 신설·교체(배관·밸브·압력계·소화전본체·소화약제탱크·포헤드·포방출구 등의 교체는 제외한다) 또는 철거하는 경우
    머. 자동화재탐지설비를 신설 또는 철거하는 경우

116 정답 ④ 기본서 2권 491p

해설

※ 위험물안전관리법 제18조 제2항(정기점검 및 정기검사)
② 제1항에 따라 정기점검을 한 제조소등의 관계인은 점검을 한 날부터 30일 이내에 점검결과를 시·도지사에게 제출하여야 한다.

117 정답 ③ 기본서 2권 419p, 495p

해설

※ 위험물안전관리법 제18조(정기점검 및 정기검사)
① 대통령령이 정하는 제조소등의 관계인은 그 제조소등에 대하여 행정안전부령이 정하는 바에 따라 제5조제4항의 규정에 따른 기술기준에 적합한지의 여부를 정기적으로 점검하고 점검결과를 기록하여 보존하여야 한다.
② 제1항에 따라 정기점검을 한 제조소등의 관계인은 점검을 한 날부터 30일 이내에 점검결과를 시·도지사에게 제출하여야 한다.
③ 제1항에 따른 정기점검의 대상이 되는 제조소등의 관계인 가운데 대통령령으로 정하는 제조소등의 관계인은 행정안전부령으로 정하는 바에 따라 소방본부장 또는 소방서장으로부터 해당 제조소등이 제5조제4항에 따른 기술기준에 적합하게 유지되고 있는지의 여부에 대하여 정기적으로 검사를 받아야 한다.

제4장	위험물의 운반 등
제5장	감독 및 조치명령
제6장	보칙
제7장	벌칙

118 정답 ① 기본서 2권 520p

해설 ※ 위험물안전관리법 시행규칙 별표19

제1류 위험물과 제6류 위험물은 서로 혼재할 수 있다.

제4류 위험물은 제2류 위험물, 제3류 위험물, 제5류 위험물까지 혼재할 수 있다.

119 정답 ① 기본서 2권 516~517p

해설 ※ 위험물안전관리법 시행규칙 별표19(위험물의 운반에 관한 기준)

수납하는 위험물에 따라 다음의 규정에 의한 주의사항

1) 제1류 위험물 중 알칼리금속의 과산화물 또는 이를 함유한 것에 있어서는 "화기·충격주의", "물기엄금" 및 "가연물접촉주의", 그 밖의 것에 있어서는 "화기·충격주의" 및 "가연물접촉주의"
2) 제2류 위험물 중 철분·금속분·마그네슘 또는 이들 중 어느 하나 이상을 함유한 것에 있어서는 "화기주의" 및 "물기엄금", 인화성고체에 있어서는 "화기엄금", 그 밖의 것에 있어서는 "화기주의"
3) 제3류 위험물 중 자연발화성물질에 있어서는 "화기엄금" 및 "공기접촉엄금", 금수성물질에 있어서는 "물기엄금"
4) 제4류 위험물에 있어서는 "화기엄금"
5) 제5류 위험물에 있어서는 "화기엄금" 및 "충격주의"
6) 제6류 위험물에 있어서는 "가연물접촉주의"

120 정답 ③ 기본서 2권 511p

해설 ※ 위험물안전관리법 제20조(위험물의 운반)

① 위험물의 운반은 그 용기·적재방법 및 운반방법에 관한 다음 각 호의 중요기준과 세부기준에 따라 행하여야 한다.
  1. 중요기준 : 화재 등 위해의 예방과 응급조치에 있어서 큰 영향을 미치거나 그 기준을 위반하는 경우 직접적으로 화재를 일으킬 가능성이 큰 기준으로서 행정안전부령이 정하는 기준
  2. 세부기준 : 화재 등 위해의 예방과 응급조치에 있어서 중요기준보다 상대적으로 적은 영향을 미치거나 그 기준을 위반하는 경우 간접적으로 화재를 일으킬 수 있는 기준 및 위험물의 안전관리에 필요한 표시와 서류·기구 등의 비치에 관한 기준으로서 행정안전부령이 정하는 기준
② 제1항에 따라 운반용기에 수납된 위험물을 지정수량 이상으로 차량에 적재하여 운반하는 차량의 운전자(이하 "위험물운반자"라 한다)는 다음 각 호의 어느 하나에 해당하는 요건을 갖추어야 한다.
  1. 「국가기술자격법」에 따른 위험물 분야의 자격을 취득할 것
  2. 제28조제1항에 따른 교육을 수료할 것
③ 시·도지사는 운반용기를 제작하거나 수입한 자 등의 신청에 따라 제1항의 규정에 따른 운반용기를 검사할 수 있다. 다만, 기계에 의하여 하역하는 구조로 된 대형의 운반용기로서 행정안전부령이 정하는 것을 제작하거나 수입한 자 등은 행정안전부령이 정하는 바에 따라 당해 용기를 사용하거나 유통시키기 전에 시·도지사가 실시하는 운반용기에 대한 검사를 받아야 한다.

121 정답 ① 기본서 2권 521p

해설

※ 위험물안전관리법 시행령 제19조(운송책임자의 감독·지원을 받아 운송하여야 하는 위험물)
법 제21조제2항에서 "대통령령이 정하는 위험물"이라 함은 다음 각호의 1에 해당하는 위험물을 말한다.
  1. 알킬알루미늄
  2. 알킬리튬
  3. 제1호 또는 제2호의 물질을 함유하는 위험물

122 정답 ③ 기본서 2권 521~522p

해설

③ 위험 운송책임자는 위험물의 운송에 관한 안전교육을 수료하고 관련 업무에 2년 이상 종사한 경력이 있는 자이어야 한다.

※ 위험물안전관리법 제21조(위험물의 운송)
① 이동탱크저장소에 의하여 위험물을 운송하는 자(운송책임자 및 이동탱크저장소운전자를 말하며, 이하 "위험물운송자"라 한다)는 제20조제2항 각 호의 어느 하나에 해당하는 요건을 갖추어야 한다.

※ 위험물안전관리법 제20조(위험물의 운반)
② 제1항에 따라 운반용기에 수납된 위험물을 지정수량 이상으로 차량에 적재하여 운반하는 차량의 운전자(이하 "위험물운반자"라 한다)는 다음 각 호의 어느 하나에 해당하는 요건을 갖추어야 한다.
  1. 「국가기술자격법」에 따른 위험물 분야의 자격을 취득할 것
  2. 제28조제1항에 따른 교육을 수료할 것

※ 위험물안전관리법 시행령 제19조(운송책임자의 감독·지원을 받아 운송하여야 하는 위험물)
법 제21조제2항에서 "대통령령이 정하는 위험물"이라 함은 다음 각호의 1에 해당하는 위험물을 말한다.
  1. 알킬알루미늄
  2. 알킬리튬
  3. 제1호 또는 제2호의 물질을 함유하는 위험물

※ 위험물안전관리법 시행규칙 제52조(위험물의 운송기준)
① 법 제21조제2항의 규정에 의한 위험물 운송책임자는 다음 각호의 1에 해당하는 자로 한다.
  1. 당해 위험물의 취급에 관한 국가기술자격을 취득하고 관련 업무에 1년 이상 종사한 경력이 있는 자
  2. 법 제28조제1항의 규정에 의한 위험물의 운송에 관한 안전교육을 수료하고 관련 업무에 2년 이상 종사한 경력이 있는 자
② 법 제21조제2항의 규정에 의한 위험물 운송책임자의 감독 또는 지원의 방법과 법제21조제3항의 규정에 의한 위험물의 운송시에 준수하여야 하는 사항은 별표 21과 같다.

123

정답 ③ 기본서 2권 526p

해설

③ 개인의 주거는 관계인의 승낙을 얻은 경우 또는 화재발생의 우려가 커서 긴급한 필요가 있는 경우는 출입할 수 있다.

※ 위험물안전관리법 제22조(출입·검사 등)

① <u>소방청장</u>(중앙119구조본부장 및 그 소속 기관의 장을 포함한다. 이하 제22조의2에서 같다), <u>시·도지사, 소방본부장 또는 소방서장</u>은 <u>위험물의 저장 또는 취급에 따른 화재의 예방 또는 진압대책을 위하여 필요한 때에는 위험물을 저장 또는 취급하고 있다고 인정되는 장소의 관계인에 대하여 필요한 보고 또는 자료제출을 명할 수 있으며, 관계공무원으로 하여금 당해 장소에 출입하여 그 장소의 위치·구조·설비 및 위험물의 저장·취급상황에 대하여 검사하게 하거나 관계인에게 질문하게 하고 시험에 필요한 최소한의 위험물 또는 위험물로 의심되는 물품을 수거하게 할 수 있다.</u> 다만, 개인의 주거는 관계인의 승낙을 얻은 경우 또는 화재발생의 우려가 커서 긴급한 필요가 있는 경우가 아니면 출입할 수 없다.

② 소방공무원 또는 경찰공무원은 위험물운반자 또는 위험물운송자의 요건을 확인하기 위하여 필요하다고 인정하는 경우에는 주행 중인 위험물 운반 차량 또는 이동탱크저장소를 정지시켜 해당 위험물운반자 또는 위험물운송자에게 그 자격을 증명할 수 있는 국가기술자격증 또는 교육수료증의 제시를 요구할 수 있으며, 이를 제시하지 아니한 경우에는 주민등록증, 여권, 운전면허증 등 신원확인을 위한 증명서를 제시할 것을 요구하거나 신원확인을 위한 질문을 할 수 있다. 이 직무를 수행하는 경우에 있어서 소방공무원과 경찰공무원은 긴밀히 협력해야 한다.

③ 제1항의 규정에 따른 출입·검사 등은 그 장소의 공개시간이나 근무시간 내 또는 해가 뜬 후부터 해가 지기 전까지의 시간 내에 행하여야 한다. 다만, <u>건축물 그 밖의 공작물의 관계인의 승낙을 얻은 경우 또는 화재발생의 우려가 커서 긴급한 필요가 있는 경우에는 그러하지 아니하다.</u>

④ 제1항 및 제2항의 규정에 의하여 <u>출입·검사 등을 행하는 관계공무원은 관계인의 정당한 업무를 방해하거나 출입·검사 등을 수행하면서 알게 된 비밀을 다른 자에게 누설하여서는 아니 된다.</u>

⑤ 시·도지사, 소방본부장 또는 소방서장은 탱크시험자에게 탱크시험자의 등록 또는 그 업무에 관하여 필요한 보고 또는 자료제출을 명하거나 관계공무원으로 하여금 당해 사무소에 출입하여 업무의 상황·시험기구·장부·서류와 그 밖의 물건을 검사하게 하거나 관계인에게 질문하게 할 수 있다.

⑥ 제1항·제2항 및 제5항의 규정에 따라 출입·검사 등을 하는 관계공무원은 그 권한을 표시하는 증표를 지니고 관계인에게 이를 내보여야 한다.

124

정답 ① 기본서 2권 526p

해설

※ 위험물안전관리법 제22조 제1항(출입·검사 등)

① <u>소방청장</u>(중앙119구조본부장 및 그 소속 기관의 장을 포함한다. 이하 제22조의2에서 같다), <u>시·도지사, 소방본부장 또는 소방서장</u>은 위험물의 저장 또는 취급에 따른 화재의 예방 또는 진압대책을 위하여 필요한 때에는 위험물을 저장 또는 취급하고 있다고 인정되는 장소의 관계인에 대하여 필요한 보고 또는 자료제출을 명할 수 있으며, 관계공무원으로 하여금 당해 장소에 출입하여 그 장소의 위치·구조·설비 및 위험물의 저장·취급상황에 대하여 검사하게 하거나 관계인에게 질문하게 하고 시험에 필요한 최소한의 위험물 또는 위험물로 의심되는 물품을 수거하게 할 수 있다. 다만, 개인의 주거는 관계인의 승낙을 얻은 경우 또는 화재발생의 우려가 커서 긴급한 필요가 있는 경우가 아니면 출입할 수 없다.

125 정답 ② 기본서 2권 527~528p

해설

※ 위험물안전관리법 제22조 제3항(출입·검사 등)

출입·검사 등은 그 장소의 공개시간이나 근무시간 내 또는 해가 뜬 후부터 해가 지기 전까지의 시간내에 행하여야 한다. 다만, 건축물 그 밖의 공작물의 관계인의 승낙을 얻은 경우 또는 화재발생의 우려가 커서 긴급한 필요가 있는 경우에는 그러하지 아니하다.

126 정답 ① 기본서 2권 527p

해설

※ 위험물안전관리법 제22조 제5항(출입·검사 등)

⑤ 시·도지사, 소방본부장 또는 소방서장은 탱크시험자에 대하여 필요한 보고 또는 자료제출을 명하거나 관계 공무원으로 하여금 당해 사무소에 출입하여 업무의 상황·시험기구·장부·서류와 그 밖의 물건을 검사하게 하거나 관계인에게 질문하게 할 수 있다.

127 정답 ① 기본서 2권 529p

해설

※ 위험물안전관리법 제22조의2(위험물 누출 등의 사고 조사)

① 소방청장, 소방본부장 또는 소방서장은 위험물의 누출·화재·폭발 등의 사고가 발생한 경우 사고의 원인 및 피해 등을 조사하여야 한다.

128 정답 ① 기본서 2권 529p

해설

① 사고조사위원회는 위원장 1명을 포함하여 <u>7명 이내의 위원</u>으로 구성한다.

※위험물안전관리법 시행령 제19조의2(사고조사위원회의 구성 등)
① 법 제22조의2제3항에 따른 사고조사위원회(이하 이 조에서 "위원회"라 한다)는 위원장 1명을 포함하여 7명 이내의 위원으로 구성한다.
② 위원회의 위원은 다음 각 호의 어느 하나에 해당하는 사람 중에서 소방청장, 소방본부장 또는 소방서장이 임명하거나 위촉하고, 위원장은 위원 중에서 소방청장, 소방본부장 또는 소방서장이 임명하거나 위촉한다.
  1. 소속 소방공무원
  2. 기술원의 임직원 중 위험물 안전관리 관련 업무에 5년 이상 종사한 사람
  3. 「소방기본법」 제40조에 따른 한국소방안전원(이하 "안전원"이라 한다.)의 임직원 중 위험물 안전관리 관련 업무에 5년 이상 종사한 사람
  4. 위험물로 인한 사고의 원인·피해 조사 및 위험물 안전관리 관련 업무 등에 관한 학식과 경험이 풍부한 사람
③ 제2항제2호부터 제4호까지의 규정에 따라 위촉되는 민간위원의 임기는 2년으로 하며, 한 차례만 연임할 수 있다.
④ 위원회에 출석한 위원에게는 예산의 범위에서 수당, 여비, 그 밖에 필요한 경비를 지급할 수 있다. 다만, 공무원인 위원이 그 소관 업무와 직접적으로 관련되어 위원회에 출석하는 경우에는 지급하지 않는다.
⑤ 제1항부터 제4항까지에서 규정한 사항 외에 위원회의 구성 및 운영에 필요한 사항은 소방청장이 정하여 고시할 수 있다.

129 정답 ④ 기본서 2권 532~535p

해설

※ 위험물안전관리법 제27조 제3항(응급조치·통보 및 조치명령)
③ <u>소방본부장 또는 소방서장</u>은 제조소등의 관계인이 제1항의 응급조치를 강구하지 아니하였다고 인정하는 때에는 제1항의 응급조치를 강구하도록 명할 수 있다.

※ 위험물안전관리법 제24조(무허가장소의 위험물에 대한 조치명령)
<u>시·도지사, 소방본부장 또는 소방서장</u>은 위험물에 의한 재해를 방지하기 위하여 제6조제1항의 규정에 따른 허가를 받지 아니하고 지정수량 이상의 위험물을 저장 또는 취급하는 자(제6조제3항의 규정에 따라 허가를 받지 아니하는 자를 제외한다)에 대하여 그 위험물 및 시설의 제거 등 필요한 조치를 명할 수 있다.

※ 위험물안전관리법 제25조(제조소등에 대한 긴급 사용정지명령 등)
<u>시·도지사, 소방본부장 또는 소방서장</u>은 공공의 안전을 유지하거나 재해의 발생을 방지하기 위하여 긴급한 필요가 있다고 인정하는 때에는 제조소등의 관계인에 대하여 당해 제조소등의 사용을 일시정지하거나 그 사용을 제한할 것을 명할 수 있다.

※ 위험물안전관리법 제26조 제1항(저장·취급기준 준수명령 등)
① <u>시·도지사, 소방본부장 또는 소방서장</u>은 제조소등에서의 위험물의 저장 또는 취급이 제5조제3항의 규정에 위반된다고 인정하는 때에는 당해 제조소등의 관계인에 대하여 동항의 기준에 따라 위험물을 저장 또는 취급하도록 명할 수 있다.

130 정답 ③   기본서 2권   533~535p

해설

③ 소방본부장 또는 소방서장은 제조소등의 관계인이 응급조치를 강구하지 아니하였다고 인정하는 때에는 제1항의 응급조치를 강구하도록 명할 수 있다.

※ 위험물안전관리법 제26조 제1항(저장·취급기준 준수명령 등)
① 시·도지사, 소방본부장 또는 소방서장은 제조소등에서의 위험물의 저장 또는 취급이 제5조제3항의 규정에 위반된다고 인정하는 때에는 당해 제조소등의 관계인에 대하여 동항의 기준에 따라 위험물을 저장 또는 취급하도록 명할 수 있다.

※ 위험물안전관리법 제27조(응급조치·통보 및 조치명령)
① 제조소등의 관계인은 당해 제조소등에서 위험물의 유출 그 밖의 사고가 발생한 때에는 즉시 그리고 지속적으로 위험물의 유출 및 확산의 방지, 유출된 위험물의 제거 그 밖에 재해의 발생방지를 위한 응급조치를 강구하여야 한다.
② 제1항의 사태를 발견한 자는 즉시 그 사실을 소방서, 경찰서 또는 그 밖의 관계기관에 통보하여야 한다.
③ 소방본부장 또는 소방서장은 제조소등의 관계인이 제1항의 응급조치를 강구하지 아니하였다고 인정하는 때에는 제1항의 응급조치를 강구하도록 명할 수 있다.
④ 소방본부장 또는 소방서장은 그 관할하는 구역에 있는 이동탱크저장소의 관계인에 대하여 제3항의 규정의 예에 따라 제1항의 응급조치를 강구하도록 명할 수 있다.

131 정답 ①   기본서 2권   538p

해설

① 제조소등의 관계인은 교육대상자에 대하여 필요한 안전교육을 받게 하여야 한다.

※ 위험물안전관리법 제28조(안전교육)
① 안전관리자·탱크시험자·위험물운반자·위험물운송자 등 위험물의 안전관리와 관련된 업무를 수행하는 자로서 대통령령이 정하는 자는 해당 업무에 관한 능력의 습득 또는 향상을 위하여 소방청장이 실시하는 교육을 받아야 한다.
② 제조소등의 관계인은 제1항의 규정에 따른 교육대상자에 대하여 필요한 안전교육을 받게 하여야 한다.
③ 제1항의 규정에 따른 교육의 과정 및 기간과 그 밖에 교육의 실시에 관하여 필요한 사항은 행정안전부령으로 정한다.
④ 시·도지사, 소방본부장 또는 소방서장은 제1항의 규정에 따른 교육대상자가 교육을 받지 아니한 때에는 그 교육대상자가 교육을 받을 때까지 이 법의 규정에 따라 그 자격으로 행하는 행위를 제한할 수 있다.

※ 위험물안전관리법 시행령 제20조(안전교육대상자)
법 제28조 제1항에서 "대통령령이 정하는 자"란 다음 각 호의 자를 말한다.
1. 안전관리자로 선임된 자
2. 탱크시험자의 기술인력으로 종사하는 자
3. 법 제20조제2항에 따른 위험물운반자로 종사하는 자
4. 법 제21조제1항에 따른 위험물운송자로 종사하는 자

132 정답 ① 기본서 2권 538p

해설

※ 위험물안전관리법 시행령 제20조(안전교육대상자)

법 제28조제1항에서 "대통령령이 정하는 자"란 다음 각 호의 자를 말한다.

1. 안전관리자로 선임된 자
2. 탱크시험자의 기술인력으로 종사하는 자
3. 법 제20조제2항에 따른 위험물운반자로 종사하는 자
4. 법 제21조제1항에 따른 위험물운송자로 종사하는 자

133 정답 ② 기본서 2권 543p

해설

② 동일한 시·도에 있는 2 이상 소방서장의 관할구역에 걸쳐 설치되는 이송취급소에 관련된 권한은 <u>제외한다</u>.

※ 위험물안전관리법 시행령 제21조(권한의 위임)

<u>시·도지사는 법 제30조제1항에 따라 다음 각 호의 권한을 소방서장에게 위임한다. 다만, 동일한 시·도에 있는 둘 이상의 소방서장의 관할구역에 걸쳐 설치되는 이송취급소에 관련된 권한을 제외한다.</u>

1. 법 제6조제1항의 규정에 의한 <u>제조소등의 설치허가 또는 변경허가</u>
2. 법 제6조제2항의 규정에 의한 <u>위험물의 품명·수량 또는 지정수량의 배수의 변경신고의 수리</u>
3. 법 제7조제1항의 규정에 의하여 군사목적 또는 군부대시설을 위한 제조소등을 설치하거나 그 위치·구조 또는 설비의 변경에 관한 군부대의 장과의 협의
4. 법 제8조제1항에 따른 탱크안전성능검사(제22조제2항제1호에 따라 기술원에 위탁하는 것을 제외한다)
5. 법 제9조에 따른 완공검사(제22조제2항제2호에 따라 기술원에 위탁하는 것을 제외한다)
6. 법 제10조제3항의 규정에 의한 제조소등의 설치자의 지위승계신고의 수리
7. 법 제11조의 규정에 의한 제조소등의 용도폐지신고의 수리
7의2. 법 제11조의2제2항에 따른 제조소등의 사용 중지신고 또는 재개신고의 수리
7의3. 법 제11조의2제3항에 따른 안전조치의 이행명령
8. 법 제12조의 규정에 의한 제조소등의 설치허가의 취소와 사용정지
9. 법 제13조의 규정에 의한 과징금처분
10. 법 제17조의 규정에 의한 예방규정의 수리·반려 및 변경명령
11. 법 제18조제2항에 따른 정기점검 결과의 수리
12. 법 제19조의2제3항에 따른 시정명령

134 정답 ② 기본서 2권 473p

해설

② 다른 사람에게 지정서를 대여한 경우는 <u>취소하여야 한다.</u>

※ 위험물안전관리법 시행규칙 제58조(안전관리대행기관의 지정취소 등)
① 「기업활동 규제완화에 관한 특별조치법」 제40조제3항의 규정에 의하여 소방청장은 안전관리대행기관이 다음 각 호의 1에 해당하는 때에는 별표 2의 기준에 따라 그 지정을 취소하거나 6월 이내의 기간을 정하여 그 업무의 정지를 명하거나 시정하게 할 수 있다. 다만, <u>제1호 내지 제3호의 1에 해당하는 때에는 그 지정을 취소하여야 한다.</u>
  1. <u>허위 그 밖의 부정한 방법으로 지정을 받은 때</u>
  2. <u>탱크시험자의 등록 또는 다른 법령에 의하여 안전관리업무를 대행하는 기관의 지정·승인 등이 취소된 때</u>
  3. <u>다른 사람에게 지정서를 대여한 때</u>
  4. 별표 22의 안전관리대행기관의 지정기준에 미달되는 때
  5. 제57조제4항의 규정에 의한 소방청장의 지도·감독에 정당한 이유 없이 따르지 아니하는 때
  6. 제57조제5항의 규정에 의한 변경·휴업 또는 재개업의 신고를 연간 2회 이상 하지 아니한 때
  7. 안전관리대행기관의 기술인력이 제59조의 규정에 의한 안전관리업무를 성실하게 수행하지 아니한 때

135 정답 ① 기본서 2권 541p

해설

※ 위험물안전관리법 제29조(청문)
<u>시·도지사, 소방본부장 또는 소방서장은 다음 각 호의 어느 하나에 해당하는 처분을 하고자 하는 경우에는 청문을 실시하여야 한다.</u>
  1. 제12조의 규정에 따른 제조소등 설치허가의 취소
  2. 제16조 제5항의 규정에 따른 탱크시험자의 등록취소

136 정답 ① 기본서 2권 548~550p

해설

① 제조소등의 사용정지명령을 위반한 자는 1천500만 원이하의 벌금(위험물안전관리법 제36조)
② 위험물의 저장 또는 취급에 관한 세부기준을 위반한 자는 500만 원 이하 과태료(위험물안전관리법 제39조)
③ 위험물의 운반에 관한 세부기준을 위반한 자는 500만 원 이하 과태료(위험물안전관리법 제39조)
④ 위험물의 운반에 관한 중요기준에 따르지 아니한 자는 1,000만 원 이하 벌금(위험물안전관리법 제37조)

137

정답 ② **기본서 2권** 548p

해설

② 제조소등에서 위험물을 유출·방출 또는 확산시켜 사람을 <u>상해</u>에 이르게 한 때에는 무기 또는 <u>3년 이상의 징역</u>에 처하며, 사망에 이르게 한 때에는 무기 또는 5년 이상의 징역에 처한다.

※ 위험물안전관리법 제33조(벌칙)
① 제조소등 또는 제6조제1항에 따른 허가를 받지 않고 지정수량 이상의 위험물을 저장 또는 취급하는 장소에서 위험물을 유출·방출 또는 확산시켜 사람의 생명·신체 또는 재산에 대하여 위험을 발생시킨 자는 1년 이상 10년 이하의 징역에 처한다.
② 제1항의 규정에 따른 죄를 범하여 사람을 상해(傷害)에 이르게 한 때에는 무기 또는 3년 이상의 징역에 처하며, 사망에 이르게 한 때에는 무기 또는 5년 이상의 징역에 처한다.

※ 위험물안전관리법 제34조(벌칙)
① 업무상 과실로 제33조제1항의 죄를 범한 자는 7년 이하의 금고 또는 7천만원 이하의 벌금에 처한다.
② 제1항의 죄를 범하여 사람을 사상(死傷)에 이르게 한 자는 10년 이하의 징역 또는 금고나 1억 원 이하의 벌금에 처한다.

138

정답 ③ **기본서 2권** 548p

해설

③ 5년 이하의 징역 또는 1억 원 이하의 벌금

※ 위험물안전관리법 제34조의2(벌칙)
제6조제1항 전단을 위반하여 제조소등의 설치허가를 받지 아니하고 제조소등을 설치한 자는 5년 이하의 징역 또는 1억 원 이하의 벌금에 처한다.

139

정답 ④ **기본서 2권** 549~550p

해설

④ 위험물의 취급에 관한 안전관리와 감독을 하지 아니한 자는 <u>1,000만 원 이하 벌금</u>에 처한다.(위험물안전관리법 제37조)
①,②,③ 500만 원의 과태료에 처한다.(위험물안전관리법 제39조)

140 정답 ④ 기본서 2권 548p

해설
④ 5년 이하의 징역 또는 1억 원 이하의 벌금(위험물안전관리법 제34조의2)
① 무기 또는 3년 이상의 징역(위험물안전관리법 제33조 제2항)
② 7년 이하의 금고 또는 7천만 원 이하의 벌금(위험물안전관리법 제34조 제1항)
③ 10년 이하의 징역 또는 금고나 1억 원 이하의 벌금(위험물안전관리법 제34조 제2항)

141 정답 ② 기본서 2권 548p

해설
※ 위험물안전관리법 제34조의3(벌칙)
제5조제1항을 위반하여 저장소 또는 제조소등이 아닌 장소에서 지정수량 이상의 위험물을 저장 또는 취급한 자는 3년 이하의 징역 또는 3천만 원 이하의 벌금에 처한다.

142 정답 ④ 기본서 2권 548p

해설
※ 위험물안전관리법 제36조(벌칙)
다음 각 호의 어느 하나에 해당하는 자는 <u>1천500만 원 이하의 벌금</u>에 처한다.
3의2. 제11조의2제3항에 따른 <u>안전조치 이행명령을 따르지 아니한 자</u>

143 정답 ④ 기본서 2권 549~550p

해설
④는 1천만 원 이하의 벌금 형벌로 처벌되는 경우이며, 나머지는 500만 원이하의 과태료로 처벌되는 경우이다.

144 정답 ④ 기본서 2권 550p

해설
※ 위험물안전관리법 제39조(과태료)
① 다음 각 호의 어느 하나에 해당하는 자에게는 <u>500만 원 이하의 과태료</u>를 부과한다.
5의2. 제11조의2제2항을 위반하여 <u>사용 중지신고 또는 재개신고를 기간 이내에 하지 아니하거나 거짓으로 한 자</u>

145 정답 ④ 기본서 2권 550p

해설

※ 위험물안전관리법 시행령 별표9

위반행위	과태료 금액(만 원)
나. 법 제5조제3항제2호에 따른 위험물의 저장 또는 취급에 관한 세부 기준을 위반한 경우	
1) 1차 위반 시	250
2) 2차 위반 시	400
3) 3차 이상 위반 시	500

146 정답 ④ 기본서 2권 550p

해설

※ 위험물안전관리법 시행령 별표9

위반행위	과태료 금액(만 원)
자. 법 제17조제3항을 위반하여 예방규정을 준수하지 않은 경우	
1) 1차 위반 시	250
2) 2차 위반 시	400
3) 3차 이상 위반 시	500

147 정답 ④ 기본서 2권 550p

해설

※ 위험물안전관리법 제39조 제2항(과태료)
② 제1항의 규정에 따른 과태료는 대통령령이 정하는 바에 따라 시·도지사, 소방본부장 또는 소방서장(이하 "부과권자"라 한다)이 부과·징수한다.

148

정답 ③ | 기본서 2권 | 409p

해설

③ 병원, 학교는 30m 이상의 거리를 두어야한다.

※ 위험물안전관리법 시행규칙 별표4(제조소의 위치·구조 및 설비의 기준)

위험물제조소의 안전거리

안전거리	해당 대상물
50m 이상	유형문화재, 기념물 중 지정문화재
30m 이상	① 학교 ② 종합병원, 병원, 치과병원, 한방병원, 요양병원 ③ 공연장, 영화상영관, 유사한 시설로서 300명 이상 수용할 수 있는 것 ④ 아동복지시설, 장애인복지시설, 모·부자복지시설, 보육시설, 가정폭력피해자시설로서 20명 이상의 인원을 수용할 수 있는 것
20m 이상	고압가스, 액화석유가스, 도시가스를 저장 또는 취급하는 시설
10m 이상	주거 용도에 사용되는 것
5m 이상	사용전압 35,000V를 초과하는 특고압가공전선
3m 이상	사용전압 7,000V 초과 35,000V 이하의 특고압가공전선

149

정답 ④ | 기본서 2권 | 409p

해설

기준은 ① 주거 용도에 사용되는 것 10m 이상, ② 액화석유가스 20m 이상, ③ 종합병원, 병원, 치과병원, 한방병원, 요양병원 30m 이상에 해당된다.
(위험물안전관리법 시행규칙 별표4)

150

정답 ③ | 기본서 2권 | 428p, 430p, 436p

해설

위험물제조소등에서 보유공지를 확보하지 않아도 되는 대상은 옥내탱크저장소, 이동탱크저장소, 지하탱크저장소, 암반탱크저장소 이다.
(위험물안전관리법 시행규칙 별표4~별표6)

151

정답 ② | 기본서 2권 | 409p

해설

※ 위험물안전관리법 시행규칙 별표4(제조소의 위치·구조 및 설비의 기준)
7. 피뢰설비

지정수량의 10배 이상의 위험물을 취급하는 제조소(제6류 위험물을 취급하는 위험물제조소를 제외한다)에는 피뢰침(「산업표준화법」 제12조에 따른 한국산업표준 중 피뢰설비 표준에 적합한 것을 말한다. 이하 같다)을 설치하여야 한다. 다만, 제조소의 주위의 상황에 따라 안전상 지장이 없는 경우에는 피뢰침을 설치하지 아니할 수 있다.

152 정답 ④ 기본서 2권 414p

해설

※ 위험물안전관리법 시행규칙 별표4(제조소의 위치·구조 및 설비의 기준)

3. 아세트알데하이드등을 취급하는 제조소의 특례는 다음 각목과 같다.

   가. 아세트알데하이드등을 취급하는 설비는 은·수은·동·마그네슘 또는 이들을 성분으로 하는 합금으로 만들지 아니할 것

   나. 아세트알데하이드등을 취급하는 설비에는 연소성 혼합기체의 생성에 의한 폭발을 방지하기 위한 불활성기체 또는 수증기를 봉입하는 장치를 갖출 것

   다. 아세트알데하이드등을 취급하는 탱크(옥외에 있는 탱크 또는 옥내에 있는 탱크로서 그 용량이 지정수량의 5분의 1 미만의 것을 제외한다)에는 냉각장치 또는 저온을 유지하기 위한 장치(이하 "보냉장치"라 한다) 및 연소성 혼합기체의 생성에 의한 폭발을 방지하기 위한 불활성기체를 봉입하는 장치를 갖출 것. 다만, 지하에 있는 탱크가 아세트알데하이드등의 온도를 저온으로 유지할 수 있는 구조인 경우에는 냉각장치 및 보냉장치를 갖추지 아니할 수 있다.

   라. 다목의 규정에 의한 냉각장치 또는 보냉장치는 2 이상 설치하여 하나의 냉각장치 도는 보냉장치가 고장난 때에도 일정 온도를 유지할 수 있도록 하고, 다음의 기준에 적합한 비상전원을 갖출 것

   　 1) 상용전력원이 고장인 경우에 자동으로 비상전원으로 전환되어 가동되도록 할 것

   　 2) 비상전원의 용량은 냉각장치 또는 보냉장치를 유효하게 작동할 수 있는 정도일 것

   마. 아세트알데하이드등을 취급하는 탱크를 지하에 매설하는 경우에는 Ⅸ제3호의 규정에 의하여 적용되는 별표 8 Ⅰ제1호 단서의 규정에 불구하고 당해 탱크를 탱크전용실에 설치할 것

153 정답 ④ 기본서 2권 431p

해설

※ 위험물안전관리법 시행규칙 별표8

15. 지하저장탱크의 주위에는 당해 탱크로부터의 액체위험물의 누설을 검사하기 위한 관을 다음의 각 목의 기준에 따라 4개소 이상 적당한 위치에 설치하여야 한다.

    가. 이중관으로 할 것. 다만, 소공이 없는 상부는 단관으로 할 수 있다.

    나. 재료는 금속관 또는 경질합성수지관으로 할 것

    다. 관은 탱크전용실의 바닥 또는 탱크의 기초까지 닿게 할 것

    라. 관의 밑부분으로부터 탱크의 중심 높이까지의 부분에는 소공이 뚫려 있을 것. 다만, 지하수위가 높은 장소에 있어서는 지하수위 높이까지의 부분에 소공이 뚫려 있어야 한다.

    마. 상부는 물이 침투하지 아니하는 구조로 하고, 뚜껑은 검사 시에 쉽게 열 수 있도록 할 것

154 정답 ② 기본서 2권 434p

해설

② 간이저장탱크의 용량은 600ℓ 이하이어야 한다.

※ 위험물안전관리법 시행규칙 별표9 (간이탱크저장소의 위치·구조 및 설비의 기준)

1. 위험물을 저장 또는 취급하는 간이탱크(이하 Ⅰ, 별표13 Ⅲ 및 별표18 Ⅲ에서 "간이저장탱크"라 한다)는 옥외에 설치하여야 한다. 다만, 다음 각목의 기준에 적합한 전용실 안에 설치하는 경우에는 그러하지 아니하다.
   가. 전용실의 구조는 별표7 Ⅰ제1호 거목 및 너목의 규정에 의한 옥내탱크저장소의 탱크전용실의 구조의 기준에 적합할 것
   나. 전용실의 창 및 출입구는 별표7 Ⅰ제1호 더목 및 러목의 규정에 의한 옥내탱크저장소의 창 및 출입구의 기준에 적합할 것
   다. 전용실의 바닥은 별표7 Ⅰ제1호 머목의 규정에 의한 옥내탱크저장소의 탱크전용실의 바닥의 구조의 기준에 적합할 것
   라. 전용실의 채광·조명·환기 및 배출의 설비는 별표5 Ⅰ제14호의 규정에 의한 옥내저장소의 채광·조명·환기 및 배출의 설비의 기준에 적합할 것
2. 하나의 간이탱크저장소에 설치하는 간이저장탱크는 그 수를 3 이하로 하고, 동일한 품질의 위험물의 간이저장탱크를 2 이상 설치하지 아니하여야 한다.
3. 간이탱크저장소에는 별표 4 Ⅲ제1호의 기준에 따라 보기 쉬운 곳에 "위험물 간이탱크저장소"라는 표시를 한 표지와 같은 표 Ⅲ제2호의 기준에 따라 방화에 관하여 필요한 사항을 게시한 게시판 및 같은 표 Ⅲ 제3호의 기준을 준용하여 해당 간이탱크저장소가 금연구역임을 알리는 표지를 설치하여야 한다.
4. 간이저장탱크는 움직이거나 넘어지지 아니하도록 지면 또는 가설대에 고정시키되, 옥외에 설치하는 경우에는 그 탱크의 주위에 너비 1m 이상의 공지를 두고, 전용실 안에 설치하는 경우에는 탱크와 전용실의 벽과의 사이에 0.5m 이상의 간격을 유지하여야 한다.
5. 간이저장탱크의 용량은 600ℓ 이하이어야 한다.
6. 간이저장탱크는 두께 3.2mm 이상의 강판으로 흠이 없도록 제작하여야 하며, 70㎪의 압력으로 10분간의 수압시험을 실시하여 새거나 변형되지 아니하여야 한다.
7. 간이저장탱크의 외면에는 녹을 방지하기 위한 도장을 하여야 한다. 다만, 탱크의 재질이 부식의 우려가 없는 스테인레스 강판 등인 경우에는 그러하지 아니하다.

155 정답 ① 기본서 2권 434p

해설

① 통기관의 지름은 <u>25mm</u> 이상으로 할 것

※ 위험물안전관리법 시행규칙 별표9 (간이탱크저장소의 위치·구조 및 설비의 기준)
8. 간이저장탱크에는 다음 각 목의 구분에 따른 기준에 적합한 밸브 없는 통기관 또는 대기밸브부착 통기관을 설치하여야 한다.
   가. 밸브 없는 통기관
      1) 통기관의 지름은 25mm 이상으로 할 것
      2) 통기관은 옥외에 설치하되, 그 끝부분의 높이는 지상 1.5m 이상으로 할 것
      3) 통기관의 끝부분은 수평면에 대하여 아래로 45° 이상 구부려 빗물 등이 침투하지 아니하도록 할 것
      4) 가는 눈의 구리망 등으로 인화방지장치를 할 것. 다만, 인화점 70℃ 이상의 위험물만을 해당 위험물의 인화점 미만의 온도로 저장 또는 취급하는 탱크에 설치하는 통기관에 있어서는 그러하지 아니하다.
   나. 대기밸브 부착 통기관
      1) 가목2) 및 4)의 기준에 적합할 것
      2) 별표 6 Ⅵ제7호나목1)의 기준에 적합할 것

156 정답 ④ 기본서 2권 437p

해설

④ 방호틀 정상부분은 부속장치보다 <u>50mm</u> 이상 높게 하거나 이와 동등 이상의 성능이 있는 것으로 할 것

※ 위험물안전관리법 시행규칙 별표10 (이동탱크저장소의 위치·구조 및 설비의 기준)
4. 맨홀·주입구 및 안전장치 등이 탱크의 상부에 돌출되어 있는 탱크에 있어서는 다음 각목의 기준에 의하여 부속장치의 손상을 방지하기 위한 측면틀 및 방호틀을 설치하여야 한다. 다만, 피견인자동차에 고정된 탱크에는 측면틀을 설치하지 아니할 수 있다.
   가. 측면틀
      1) 탱크 뒷부분의 입면도에 있어서 측면틀의 최외측과 탱크의 최외측을 연결하는 직선(이하 Ⅱ에서 "최외측선"이라 한다)의 수평면에 대한 내각이 75도 이상이 되도록 하고, 최대수량의 위험물을 저장한 상태에 있을 때의 당해 탱크중량의 중심점과 측면틀의 최외측을 연결하는 직선과 그 중심점을 지나는 직선 중 최외측선과 직각을 이루는 직선과의 내각이 35도 이상이 되도록 할 것
      2) <u>외부로부터 하중에 견딜 수 있는 구조로 할 것</u>
      3) 탱크상부의 네 모퉁이에 당해 탱크의 전단 또는 후단으로부터 각각 1m 이내의 위치에 설치할 것
      4) 측면틀에 걸리는 하중에 의하여 탱크가 손상되지 아니하도록 측면틀의 부착부분에 받침판을 설치할 것
   나. 방호틀
      1) <u>두께 2.3mm 이상의 강철판 또는 이와 동등 이상의 기계적 성질이 있는 재료로써 산모양의 형상으로 하거나 이와 동등 이상의 강도가 있는 형상으로 할 것</u>
      2) <u>정상부분은 부속장치보다 50mm 이상 높게 하거나 이와 동등 이상의 성능이 있는 것으로 할 것</u>

157 정답 ④ 기본서 2권 439p

해설

④ 지정수량의 20배 초과 50배 이하 보유공지는 9m 이상을 띄운다.

※ 위험물안전관리법 시행규칙 별표11 (옥외저장소의 위치·구조 및 설비의 기준)

Ⅰ. 옥외저장소의 기준

1. 옥외저장소 중 위험물을 용기에 수납하여 저장 또는 취급하는 것의 위치·구조 및 설비의 기술기준은 다음 각목과 같다.

   가. 옥외저장소는 별표4 Ⅰ의 규정에 준하여 안전거리를 둘 것
   나. 옥외저장소는 습기가 없고 배수가 잘 되는 장소에 설치할 것
   다. 위험물을 저장 또는 취급하는 장소의 주위에는 경계표시(울타리의 기능이 있는 것에 한한다. 이와 같다)를 하여 명확하게 구분할 것
   라. 다목의 경계표시의 주위에는 그 저장 또는 취급하는 위험물의 최대수량에 따라 다음 표에 의한 너비의 공지를 보유할 것. 다만, 제4류 위험물 중 제4석유류와 제6류 위험물을 저장 또는 취급하는 옥외저장소의 보유공지는 다음 표에 의한 공지의 너비의 3분의 1 이상의 너비로 할 수 있다.

저장 또는 취급하는 위험물의 최대수량	공지의 너비
지정수량의 10배 이하	3m 이상
지정수량의 10배 초과 20배 이하	5m 이상
지정수량의 20배 초과 50배 이하	9m 이상
지정수량의 50배 초과 200배 이하	12m 이상
지정수량의 200배 초과	15m 이상

   마. 옥외저장소에는 별표 4 Ⅲ제1호의 기준에 따라 보기 쉬운 곳에 "위험물 옥외저장소"라는 표시를 한 표지와 같은 표 Ⅲ제2호의 기준에 따라 방화에 관하여 필요한 사항을 게시한 게시판 및 같은 표 Ⅲ제3호의 기준을 준용하여 해당 옥외저장소가 금연구역임을 알리는 표지를 설치해야 한다.
   바. 옥외저장소에 선반을 설치하는 경우에는 다음의 기준에 의할 것
      1) 선반은 불연재료로 만들고 견고한 지반면에 고정할 것
      2) 선반은 당해 선반 및 그 부속설비의 자중·저장하는 위험물의 중량·풍하중·지진의 영향 등에 의하여 생기는 응력에 대하여 안전할 것
      3) 선반의 높이는 6m를 초과하지 아니할 것
      4) 선반에는 위험물을 수납한 용기가 쉽게 낙하하지 아니하는 조치를 강구할 것
   사. 과산화수소 또는 과염소산을 저장하는 옥외저장소에는 불연성 또는 난연성의 천막 등을 설치하여 햇빛을 가릴 것
   아. 눈·비 등을 피하거나 차광 등을 위하여 옥외저장소에 캐노피 또는 지붕을 설치하는 경우에는 환기 및 소화활동에 지장을 주지 아니하는 구조로 할 것. 이 경우 기둥은 내화구조로 하고, 캐노피 또는 지붕을 불연재료로 하며, 벽을 설치하지 아니하여야 한다.

158

정답 ③ **기본서 2권** 462p

해설

옥외저장탱크·옥내저장탱크 또는 지하저장탱크 중 압력탱크에 저장하는 아세트알데하이드등 또는 다이에 틸에터등의 온도는 40℃ 이하로 유지할 것
(위험물안전관리법 시행규칙 별표18)

159

정답 ③ **기본서 2권** 410p

해설

③ 제3류 자연발화성물품 - "화기엄금"

※ 위험물안전관리법 시행규칙 별표4(제조소의 위치·구조 및 설비의 기준)
  1) 제1류 위험물 중 알칼리금속의 과산화물과 이를 함유한 것 또는 제3류 위험물 중 금수성물질에 있어서는 "물기엄금"
  2) 제2류 위험물(인화성고체를 제외한다)에 있어서는 "화기주의"
  3) 제2류 위험물 중 인화성고체, 제3류 위험물 중 자연발화성물질, 제4류 위험물 또는 제5류 위험물에 있어서는 "화기엄금"

160

정답 ④ **기본서 2권** 422p

해설

④ 밸브 없는 통기관의 지름은 30㎜ 이상이어야 한다.

※ 위험물안전관리법 시행규칙 별표6(옥외탱크저장소의 위치·구조 및 설비의 기준)
  7. 옥외저장탱크중 압력탱크(최대상용압력이 부압 또는 정압 5㎪을 초과하는 탱크를 말한다)외의 탱크(제4류 위험물의 옥외저장탱크에 한한다)에 있어서는 밸브없는 통기관 또는 대기밸브부착 통기관을 다음 각목에 정하는 바에 의하여 설치하여야 하고, 압력탱크에 있어서는 별표 4 Ⅷ제4호의 규정에 의한 안전장치를 설 치하여야 한다.
    가. 밸브없는 통기관
      1) 지름은 30㎜ 이상일 것
      2) 끝부분은 수평면보다 45도 이상 구부려 빗물 등의 침투를 막는 구조로 할 것
      3) 가는 눈의 구리망 등으로 인화방지장치를 할 것. 다만, 인화점 70℃ 이상의 위험물만을 해당 위험물의 인화점 미만의 온도로 저장 또는 취급하는 탱크에 설치하는 통기관에 있어서는 그러하지 아니하다.
      4) 가연성의 증기를 회수하기 위한 밸브를 통기관에 설치하는 경우에 있어서는 당해 통기관의 밸브는 저장 탱크에 위험물을 주입하는 경우를 제외하고는 항상 개방되어 있는 구조로 하는 한편, 폐쇄하였을 경우 에 있어서는 10㎪ 이하의 압력에서 개방되는 구조로 할 것. 이 경우 개방된 부분의 유효단면적은 777.15㎟ 이상이어야 한다.
    나. 대기밸브부착 통기관
      1) 5㎪ 이하의 압력차이로 작동할 수 있을 것
      2) 가목3)의 기준에 적합할 것

161 정답 ④ 기본서 2권 411p

해설

※ 위험물안전관리법 시행규칙 별표4

Ⅴ. 채광・조명 및 환기설비

1. 위험물을 취급하는 건축물에는 다음 각목의 기준에 의하여 위험물을 취급하는데 필요한 채광・조명 및 환기의 설비를 설치하여야 한다.

　가. 채광설비는 불연재료로 하고, 연소의 우려가 없는 장소에 설치하되 채광면적을 최소로 할 것
　나. 조명설비는 다음의 기준에 적합하게 설치할 것
　　1) 가연성가스 등이 체류할 우려가 있는 장소의 조명등은 방폭등으로 할 것
　　2) 전선은 내화・내열전선으로 할 것
　　3) 점멸스위치는 출입구 바깥부분에 설치할 것. 다만, 스위치의 스파크로 인한 화재・폭발의 우려가 없을 경우에는 그러하지 아니하다.
　다. 환기설비는 다음의 기준에 의할 것
　　1) 환기는 자연배기방식으로 할 것
　　2) 급기구는 당해 급기구가 설치된 실의 바닥면적 150m²마다 1개 이상으로 하되, 급기구의 크기는 800cm² 이상으로 할 것. 다만 바닥면적이 150m² 미만인 경우에는 다음의 크기로 하여야 한다.

바닥면적	급기구의 면적
60m² 미만	150cm² 이상
60m² 이상 90m² 미만	300cm² 이상
90m² 이상 120m² 미만	450cm² 이상
120m² 이상 150m² 미만	600cm² 이상

　　3) 급기구는 낮은 곳에 설치하고 가는 눈의 구리망 등으로 인화방지망을 설치할 것
　　4) 환기구는 지붕위 또는 지상 2m 이상의 높이에 회전식 고정벤티레이터 또는 루푸 팬방식(roof fan : 지붕에 설치하는 배기장치)으로 설치할 것

2. 배출설비가 설치되어 유효하게 환기가 되는 건축물에는 환기설비를 하지 아니 할 수 있고, 조명설비가 설치되어 유효하게 조도(밝기)가 확보되는 건축물에는 채광설비를 하지 아니할 수 있다.

162 정답 ① 기본서 2권 411p

해설

① 제조소의 환기설비는 자연배기방식으로 하고, 배출설비는 강제배기방식으로 한다.

※ 위험물안전관리법 시행규칙 별표4 (제조소의 위치·구조 및 설비의 기준)
Ⅴ. 채광·조명 및 환기설비
1. 위험물을 취급하는 건축물에는 다음 각목의 기준에 의하여 위험물을 취급하는데 필요한 채광·조명 및 환기의 설비를 설치하여야 한다.
   가. 채광설비는 불연재료로 하고, 연소의 우려가 없는 장소에 설치하되 채광면적을 최소로 할 것
   나. 조명설비는 다음의 기준에 적합하게 설치할 것
      1) 가연성가스 등이 체류할 우려가 있는 장소의 조명등은 방폭등으로 할 것
      2) 전선은 내화·내열전선으로 할 것
      3) 점멸스위치는 출입구 바깥부분에 설치할 것. 다만, 스위치의 스파크로 인한 화재·폭발의 우려가 없을 경우에는 그러하지 아니하다.
   다. 환기설비는 다음의 기준에 의할 것
      1) 환기는 자연배기방식으로 할 것
      2) 급기구는 당해 급기구가 설치된 실의 바닥면적 150m^2마다 1개 이상으로 하되, 급기구의 크기는 800cm^2 이상으로 할 것. 다만 바닥면적이 150m^2 미만인 경우에는 다음의 크기로 하여야 한다.

바닥면적	급기구의 면적
60m^2 미만	150cm^2 이상
60m^2 이상 90m^2 미만	300cm^2 이상
90m^2 이상 120m^2 미만	450cm^2 이상
120m^2 이상 150m^2 미만	600cm^2 이상

      3) 급기구는 낮은 곳에 설치하고 가는 눈의 구리망 등으로 인화방지망을 설치할 것
      4) 환기구는 지붕위 또는 지상 2m 이상의 높이에 회전식 고정벤티레이터 또는 루푸 팬방식(roof fan : 지붕에 설치하는 배기장치)으로 설치할 것
2. 배출설비가 설치되어 유효하게 환기가 되는 건축물에는 환기설비를 하지 아니 할 수 있고, 조명설비가 설치되어 유효하게 조도(밝기)가 확보되는 건축물에는 채광설비를 하지 아니할 수 있다.

163 정답 ② 기본서 2권 421p

해설

※ 위험물안전관리법 시행규칙 별표6 (옥외탱크저장소의 위치·구조 및 설비의 기준)

옥외탱크저장소의 보유공지

저장 또는 취급하는 위험물의 최대수량	공지의 너비
지정수량의 500배 이하	3m 이상
지정수량의 500배 초과 1,000배 이하	5m 이상
지정수량의 1,000배 초과 2,000배 이하	9m 이상
지정수량의 2,000배 초과 3,000배 이하	12m 이상
지정수량의 3,000배 초과 4,000배 이하	15m 이상
지정수량의 4,000배 초과	탱크의 수평단면의 최대지름과 높이 중 큰 것과 같은 거리 이상(30m 초과는 30m, 15m 미만은 15m로 한다)

164 정답 ④ 기본서 2권 424~425p

해설

④ 높이가 1m를 넘는 방유제 및 간막이 둑의 안팎에는 방유제 내에 출입하기 위한 계단 또는 경사로를 약 50m 마다 설치할 것

※ 위험물안전관리법 시행규칙 별표6 (옥외탱크저장소의 위치·구조 및 설비의 기준)

Ⅸ. 방유제

1. 인화성액체위험물(이황화탄소를 제외한다)의 옥외탱크저장소의 탱크 주위에는 다음 각목의 기준에 의하여 방유제를 설치하여야 한다.

   가. 방유제의 용량은 방유제안에 설치된 탱크가 하나인 때에는 그 탱크 용량의 110% 이상, 2기 이상인 때에는 그 탱크 중 용량이 최대인 것의 용량의 110% 이상으로 할 것. 이 경우 방유제의 용량은 당해 방유제의 내용적에서 용량이 최대인 탱크 외의 탱크의 방유제 높이 이하 부분의 용적, 당해 방유제내에 있는 모든 탱크의 지반면 이상 부분의 기초의 체적, 간막이 둑의 체적 및 당해 방유제 내에 있는 배관 등의 체적을 뺀 것으로 한다.

   나. 방유제는 높이 0.5m 이상 3m 이하, 두께 0.2m 이상, 지하매설깊이 1m 이상으로 할 것. 다만, 방유제와 옥외저장탱크 사이의 지반면 아래에 불침윤성(不浸潤性) 구조물을 설치하는 경우에는 지하매설깊이를 해당 불침윤성 구조물까지로 할 수 있다.

   다. 방유제내의 면적은 8만m² 이하로 할 것

   라. 방유제내에 설치하는 옥외저장탱크의 수는 10(방유제내에 설치하는 모든 옥외저장탱크의 용량이 20만ℓ 이하이고, 당해 옥외저장탱크에 저장 또는 취급하는 위험물의 인화점이 70℃ 이상 200℃ 미만인 경우에는 20) 이하로 할 것. 다만, 인화점이 200℃ 이상인 위험물을 저장 또는 취급하는 옥외저장탱크에 있어서는 그러하지 아니하다.

   마. 방유제 외면의 2분의 1 이상은 자동차 등이 통행할 수 있는 3m 이상의 노면폭을 확보한 구내도로(옥외저장탱크가 있는 부지내의 도로를 말한다. 이하 같다)에 직접 접하도록 할 것. 다만, 방유제내에 설치하는 옥외저장탱크의 용량합계가 20만ℓ 이하인 경우에는 소화활동에 지장이 없다고 인정되는 3m 이상의 노면폭을 확보한 도로 또는 공지에 접하는 것으로 할 수 있다.

   바. 방유제는 옥외저장탱크의 지름에 따라 그 탱크의 옆판으로부터 다음에 정하는 거리를 유지할 것. 다만, 인화점이 200℃ 이상인 위험물을 저장 또는 취급하는 것에 있어서는 그러하지 아니하다.

      1) 지름이 15m 미만인 경우에는 탱크 높이의 3분의 1 이상
      2) 지름이 15m 이상인 경우에는 탱크 높이의 2분의 1 이상

   사. 방유제는 철근콘크리트로 하고, 방유제와 옥외저장탱크 사이의 지표면은 불연성과 불침윤성이 있는 구조(철근콘크리트 등)로 할 것. 다만, 누출된 위험물을 수용할 수 있는 전용유조(專用油槽) 및 펌프 등의 설비를 갖춘 경우에는 방유제와 옥외저장탱크 사이의 지표면을 흙으로 할 수 있다.

   아. 용량이 1,000만ℓ 이상인 옥외저장탱크의 주위에 설치하는 방유제에는 다음의 규정에 따라 당해 탱크마다 간막이 둑을 설치할 것

      1) 간막이 둑의 높이는 0.3m(방유제내에 설치되는 옥외저장탱크의 용량의 합계가 2억ℓ를 넘는 방유제에 있어서는 1m)이상으로 하되, 방유제의 높이보다 0.2m 이상 낮게 할 것
      2) 간막이 둑은 흙 또는 철근콘크리트로 할 것
      3) 간막이 둑의 용량은 간막이 둑안에 설치된 탱크의 용량의 10% 이상일 것

   자. 방유제내에는 당해 방유제내에 설치하는 옥외저장탱크를 위한 배관(당해 옥외저장탱크의 소화설비를 위한 배관을 포함한다), 조명설비 및 계기시스템과 이들에 부속하는 설비 그 밖의 안전확보에 지장이 없는 부속설비 외에는 다른 설비를 설치하지 아니할 것

차. 방유제 또는 간막이 둑에는 해당 방유제를 관통하는 배관을 설치하지 아니할 것. 다만, 위험물을 이송하는 배관의 경우에는 배관이 관통하는 지점의 좌우방향으로 각 1m 이상까지의 방유제 또는 간막이 둑의 외면에 두께 0.1m 이상, 지하매설깊이 0.1m 이상의 구조물을 설치하여 방유제 또는 간막이 둑을 이중구조로 하고, 그 사이에 토사를 채운 후, 관통하는 부분을 완충재 등으로 마감하는 방식으로 설치할 수 있다.

카. 방유제에는 그 내부에 고인 물을 외부로 배출하기 위한 배수구를 설치하고 이를 개폐하는 밸브 등을 방유제의 외부에 설치할 것

타. 용량이 100만ℓ 이상인 위험물을 저장하는 옥외저장탱크에 있어서는 카목의 밸브 등에 그 개폐상황을 쉽게 확인할 수 있는 장치를 설치할 것

파. 높이가 1m를 넘는 방유제 및 간막이 둑의 안팎에는 방유제내에 출입하기 위한 계단 또는 경사로를 약 50m마다 설치할 것

하. 용량이 50만 리터 이상인 옥외탱크저장소가 해안 또는 강변에 설치되어 방유제 외부로 누출된 위험물이 바다 또는 강으로 유입될 우려가 있는 경우에는 해당 옥외탱크저장소가 설치된 부지 내에 전용유조(專用油槽) 등 누출위험물 수용설비를 설치할 것

2. 제1호 가목·나목·사목 내지 파목의 규정은 인화성이 없는 액체위험물의 옥외저장탱크의 주위에 설치하는 방유제의 기술기준에 대하여 준용한다. 이 경우에 있어서 제1호 가목 중 "110%"는 "100%"로 본다.

3. 그 밖에 방유제의 기술기준에 관하여 필요한 사항은 소방청장이 정하여 고시한다.

165 정답 ① 기본서 2권 430p

해설

① 탱크의 주위에 마른 모래 또는 습기 등에 의하여 응고되지 아니하는 입자지름 5㎜ 이하의 마른 자갈분을 채워야 한다.

※ 위험물안전관리법 시행규칙 별표8 Ⅰ. 제1호·2호
(지하탱크저장소의 위치·구조 및 설비의 기준)

Ⅰ. 지하탱크저장소의 기준(Ⅱ 및 Ⅲ에 정하는 것을 제외한다)

1. 위험물을 저장 또는 취급하는 지하탱크(이하 Ⅰ, 별표 13 Ⅲ 및 별표 18 Ⅲ에서 "지하저장탱크"라 한다)는 지면하에 설치된 탱크전용실에 설치하여야 한다. 다만, 제4류 위험물의 지하저장탱크가 다음 가목 내지 마목의 기준에 적합한 때에는 그러하지 아니하다.

   가. 당해 탱크를 지하철·지하가 또는 지하터널로부터 수평거리 10m 이내의 장소 또는 지하건축물내의 장소에 설치하지 아니할 것

   나. 당해 탱크를 그 수평투영의 세로 및 가로보다 각각 0.6m 이상 크고 두께가 0.3m 이상인 철근콘크리트조의 뚜껑으로 덮을 것

   다. 뚜껑에 걸리는 중량이 직접 당해 탱크에 걸리지 아니하는 구조일 것

   라. 당해 탱크를 견고한 기초 위에 고정할 것

   마. 당해 탱크를 지하의 가장 가까운 벽·피트(Pit : 인공지하구조물)·가스관 등의 시설물 및 대지경계선으로부터 0.6m 이상 떨어진 곳에 매설할 것

2. 탱크전용실은 지하의 가장 가까운 벽·피트·가스관 등의 시설물 및 대지경계선으로부터 0.1m 이상 떨어진 곳에 설치하고, 지하저장탱크와 탱크전용실의 안쪽과의 사이는 0.1m 이상의 간격을 유지하도록 하며, 당해 탱크의 주위에 마른 모래 또는 습기 등에 의하여 응고되지 아니하는 입자지름 5㎜ 이하의 마른 자갈분을 채워야 한다.

166 정답 ② 기본서 2권 410p

해설

② 상대온도가 70% 이상 가열된 곳에 건조설비를 한다는 규정은 없다.

※ 위험물안전관리법 시행규칙 별표4(제조소의 위치·구조 및 설비의 기준)

Ⅱ. 보유공지
1. 위험물을 취급하는 건축물 그 밖의 시설(위험물을 이송하기 위한 배관 그 밖에 이와 유사한 시설을 제외한다)의 주위에는 그 취급하는 위험물의 최대수량에 따라 다음 표에 의한 너비의 공지를 보유하여야 한다.

취급하는 위험물의 최대수량	공지의 너비
지정수량의 10배 이하	3m 이상
지정수량의 10배 초과	5m 이상

2. 제조소의 작업공정이 다른 작업장의 작업공정과 연속되어 있어, 제조소의 건축물 그 밖의 공작물의 주위에 공지를 두게 되면 그 제조소의 작업에 현저한 지장이 생길 우려가 있는 경우 당해 제조소와 다른 작업장 사이에 다음 각목의 기준에 따라 방화상 유효한 격벽을 설치한 때에는 당해 제조소와 다른 작업장 사이에 제1호의 규정에 의한 공지를 보유하지 아니할 수 있다.
    가. 방화벽은 내화구조로 할 것, 다만 취급하는 위험물이 제6류 위험물인 경우에는 불연재료로 할 수 있다.
    나. 방화벽에 설치하는 출입구 및 창 등의 개구부는 가능한 한 최소로 하고, 출입구 및 창에는 자동폐쇄식의 60+방화문 또는 60분방화문을 설치할 것
    다. 방화벽의 양단 및 상단이 외벽 또는 지붕으로부터 50cm 이상 돌출하도록 할 것

Ⅳ. 건축물의 구조
위험물을 취급하는 건축물의 구조는 다음 각호의 기준에 의하여야 한다.
1. 지하층이 없도록 하여야 한다. 다만, 위험물을 취급하지 아니하는 지하층으로서 위험물의 취급장소에서 새어나온 위험물 또는 가연성의 증기가 흘러 들어갈 우려가 없는 구조로 된 경우에는 그러하지 아니하다.
2. 벽·기둥·바닥·보·서까래 및 계단을 불연재료로 하고, 연소(延燒)의 우려가 있는 외벽(소방청장이 정하여 고시하는 것에 한한다. 이하 같다)은 출입구 외의 개구부가 없는 내화구조의 벽으로 하여야 한다. 이 경우 제6류 위험물을 취급하는 건축물에 있어서 위험물이 스며들 우려가 있는 부분에 대하여는 아스팔트 그 밖에 부식되지 아니하는 재료로 피복하여야 한다.
3. 지붕(작업공정상 제조기계시설 등이 2층 이상에 연결되어 설치된 경우에는 최상층의 지붕을 말한다)은 폭발력이 위로 방출될 정도의 가벼운 불연재료로 덮어야 한다. 다만, 위험물을 취급하는 건축물이 다음 각 목의 1에 해당하는 경우에는 그 지붕을 내화구조로 할 수 있다.
    가. 제2류 위험물(분말상태의 것과 인화성고체를 제외한다), 제4류 위험물 중 제4석유류·동식물유류 또는 제6류 위험물을 취급하는 건축물인 경우
    나. 다음의 기준에 적합한 밀폐형 구조의 건축물인 경우
        1) 발생할 수 있는 내부의 과압(過壓) 또는 부압(負壓)에 견딜 수 있는 철근콘크리트조일 것
        2) 외부화재에 90분 이상 견딜 수 있는 구조일 것
4. 출입구와 「산업안전보건기준에 관한 규칙」 제17조에 따라 설치하여야 하는 비상구에는 60+방화문·60분방화문 또는 30분방화문을 설치하되, 연소의 우려가 있는 외벽에 설치하는 출입구에는 수시로 열 수 있는 자동폐쇄식의 60+방화문 또는 60분방화문을 설치하여야 한다.
5. 위험물을 취급하는 건축물의 창 및 출입구에 유리를 이용하는 경우에는 망입유리(두꺼운 판유리에 철망을 넣은 것)로 하여야 한다.
6. 액체의 위험물을 취급하는 건축물의 바닥은 위험물이 스며들지 못하는 재료를 사용하고, 적당한 경사를 두어 그 최저부에 집유설비를 하여야 한다.

167 정답 ③ 기본서 2권 413p

해설

③ 종단저항은 자동화재탐지설비에서 단선(선이 끊어짐) 유무확인을 위한 설비에 해당되지만, 정전기 제거설비에는 해당되지 않는다.

※ 위험물안전관리법 시행규칙 별표4 (제조소의 위치·구조 및 설비의 기준)
6. 정전기 제거설비
  위험물을 취급함에 있어서 정전기가 발생할 우려가 있는 설비에는 다음 각 목의 1에 해당하는 방법으로 정전기를 유효하게 제거할 수 있는 설비를 설치하여야 한다.
  가. 접지에 의한 방법
  나. 공기 중의 상대습도를 70% 이상으로 하는 방법
  다. 공기를 이온화하는 방법

168 정답 ① 기본서 2권 339p

해설

※ 위험물안전관리법 시행규칙 제5조(탱크 용적의 산정기준)
① 위험물을 저장 또는 취급하는 <u>탱크의 용량은 해당 탱크의 내용적에서 공간용적을 뺀</u> 용적으로 한다. 이 경우 위험물을 저장 또는 취급하는 영 별표 2 제6호에 따른 차량에 고정된 탱크(이하 "이동저장탱크"라 한다)의 용량은 「자동차 및 자동차부품의 성능과 기준에 관한 규칙」에 따른 최대적재량 이하로 하여야 한다.
② 제1항의 규정에 의한 탱크의 내용적 및 공간용적의 계산방법은 소방청장이 정하여 고시한다.
③ 제1항의 규정에 불구하고 제조소 또는 일반취급소의 위험물을 취급하는 탱크 중 특수한 구조 또는 설비를 이용함에 따라 당해 탱크내의 위험물의 최대량이 제1항의 규정에 의한 용량 이하인 경우에는 당해 최대량을 용량으로 한다.

169 정답 ② 기본서 2권 339p

해설

② 950만 리터

※ 위험물안전관리법 시행규칙 제5조(탱크 용적의 산정기준)
① 위험물을 저장 또는 취급하는 탱크의 용량은 해당 탱크의 내용적에서 공간용적을 뺀 용적으로 한다.
  위험물을 저장하는 탱크의 용량 = 탱크의 내용적 - 공간용적

  $1{,}000만 - 1{,}000만 \times \dfrac{5}{100}(50만) = \underline{950만\ 리터}$

170 정답 ① 기본서 2권 446p

해설

① 주유노즐은 자동차 등의 연료탱크가 가득 찬 경우 자동적으로 정지시키는 구조이어야 한다.

※ 위험물안전관리법 시행규칙 별표13 (주유취급소의 위치·구조 및 설비의 기준)
ⅩⅤ. 고객이 직접 주유하는 주유취급소의 특례
1. 고객이 직접 자동차 등의 연료탱크 또는 용기에 위험물을 주입하는 고정주유설비 또는 고정급유설비(이하 "셀프용고정주유설비" 또는 "셀프용고정급유설비"라 한다)를 설치하는 주유취급소의 특례는 제2호 내지 제5호와 같다.
2. 셀프용고정주유설비의 기준은 다음의 각목과 같다.
   가. 주유호스의 끝부분에 수동개폐장치를 부착한 주유노즐을 설치할 것. 다만, 수동개폐장치를 개방한 상태로 고정시키는 장치가 부착된 경우에는 다음의 기준에 적합하여야 한다.
      1) 주유작업을 개시함에 있어서 주유노즐의 수동개폐장치가 개방상태에 있을 때에는 당해 수동개폐장치를 일단 폐쇄시켜야만 다시 주유를 개시할 수 있는 구조로 할 것
      2) 주유노즐이 자동차 등의 주유구로부터 이탈된 경우 주유를 자동적으로 정지시키는 구조일 것
   나. 주유노즐은 자동차 등의 연료탱크가 가득 찬 경우 자동적으로 정지시키는 구조일 것
   다. 주유호스는 200㎏중 이하의 하중에 의하여 깨져 분리되거나 이탈되어야 하고, 깨져 분리되거나 이탈된 부분으로부터의 위험물 누출을 방지할 수 있는 구조일 것
   라. 휘발유와 경유 상호간의 오인에 의한 주유를 방지할 수 있는 구조일 것
   마. 1회의 연속주유량 및 주유시간의 상한을 미리 설정할 수 있는 구조일 것. 이 경우 주유량의 상한은 휘발유는 100ℓ 이하, 경유는 200ℓ 이하로 하며, 주유시간의 상한은 4분 이하로 한다.

171 정답 ② 기본서 2권 441p

해설

※ 위험물안전관리법 시행규칙 별표13(주유취급소의 위치·구조 및 설비의 기준)
Ⅰ. 주유공지 및 급유공지
1. 주유취급소의 고정주유설비[펌프기기 및 호스기기로 되어 위험물을 자동차등에 직접 주유하기 위한 설비로서 현수식(매닮식)의 것을 포함한다. 이하 같다]의 주위에는 주유를 받으려는 자동차 등이 출입할 수 있도록 너비 15m 이상, 길이 6m 이상의 콘크리트 등으로 포장한 공지(이하 "주유공지"라 한다)를 보유하여야 하고, 고정급유설비(펌프기기 및 호스기기로 되어 위험물을 용기에 옮겨 담거나 이동저장탱크에 주입하기 위한 설비로서 현수식의 것을 포함한다. 이하 같다)를 설치하는 경우에는 고정급유설비의 호스기기의 주위에 필요한 공지(이하 "급유공지"라 한다)를 보유하여야 한다.

172 정답 ① 기본서 2권 441~442p

해설

① 고정주유설비와 고정급유설비의 사이에는 <u>4m 이상의 거리를 유지할 것</u>

※ 위험물안전관리법 시행규칙 별표13(주유취급소의 위치·구조 및 설비의 기준)

Ⅳ. 고정주유설비 등

1. 주유취급소에는 자동차 등의 연료탱크에 직접 주유하기 위한 고정주유설비를 설치하여야 한다.
2. 주유취급소의 고정주유설비 또는 고정급유설비는 Ⅲ제1호 가목·나목 또는 마목의 규정에 의한 탱크중 하나의 탱크만으로부터 위험물을 공급받을 수 있도록 하고, 다음 각목의 기준에 적합한 구조로 하여야 한다.
    가. 펌프기기는 주유관 끝부분에서의 최대배출량이 제1석유류의 경우에는 분당 50ℓ 이하, 경유의 경우에는 분당 180ℓ 이하, 등유의 경우에는 분당 80ℓ 이하인 것으로 할 것. 다만, 이동저장탱크에 주입하기 위한 고정급유설비의 펌프기기는 최대배출량이 분당 300ℓ 이하인 것으로 할 수 있으며, 분당 배출량이 200ℓ 이상인 것의 경우에는 주유설비에 관계된 모든 배관의 안지름을 40㎜ 이상으로 하여야 한다.
    나. 이동저장탱크의 상부를 통하여 주입하는 고정급유설비의 주유관에는 당해 탱크의 밑부분에 달하는 주입관을 설치하고, 그 배출량이 분당 80ℓ 를 초과하는 것은 이동저장탱크에 주입하는 용도로만 사용할 것
    다. 고정주유설비 또는 고정급유설비는 난연성 재료로 만들어진 외장을 설치할 것. 다만, Ⅸ의 규정에 의한 기준에 적합한 펌프실에 설치하는 펌프기기 또는 액중펌프에 있어서는 그러하지 아니하다.
    라. <u>고정주유설비 또는 고정급유설비의 본체 또는 노즐 손잡이에 주유작업자의 인체에 축적되는 정전기를 유효하게 제거할 수 있는 장치를 설치할 것</u>
3. <u>고정주유설비 또는 고정급유설비의 주유관의 길이(끝부분의 개폐밸브를 포함한다)는 5m(현수식의 경우에는 지면위 0.5m의 수평면에 수직으로 내려 만나는 점을 중심으로 반경 3m) 이내로 하고 그 끝부분에는 축적된 정전기를 유효하게 제거할 수 있는 장치를 설치하여야 한다.</u>
4. 고정주유설비 또는 고정급유설비는 다음 각목의 기준에 적합한 위치에 설치하여야 한다.
    가. 고정주유설비의 중심선을 기점으로 하여 도로경계선까지 4m 이상, 부지경계선·담 및 건축물의 벽까지 2m(개구부가 없는 벽까지는 1m) 이상의 거리를 유지하고, 고정급유설비의 중심선을 기점으로 하여 도로경계선까지 4m 이상, 부지경계선 및 담까지 1m 이상, 건축물의 벽까지 2m(개구부가 없는 벽까지는 1m) 이상의 거리를 유지할 것
    나. <u>고정주유설비와 고정급유설비의 사이에는 4m 이상의 거리를 유지할 것</u>

173 정답 ① 기본서 2권 442p

해설

① 주유취급소에 출입하는 사람을 대상으로 한 점포·휴게음식점 또는 전시장

※ 위험물안전관리법 시행규칙 별표13 (주유취급소의 위치·구조 및 설비의 기준)
 V. 건축물 등의 제한 등
 1. 주유취급소에는 주유 또는 그에 부대하는 업무를 위하여 사용되는 다음 각목의 건축물 또는 시설 외에는 다른 건축물 그 밖의 공작물을 설치할 수 없다.
  가. 주유 또는 등유·경유를 옮겨 담기 위한 작업장
  나. 주유취급소의 업무를 행하기 위한 사무소
  다. 자동차 등의 점검 및 간이정비를 위한 작업장
  라. 자동차 등의 세정을 위한 작업장
  마. <u>주유취급소에 출입하는 사람을 대상으로 한 점포·휴게음식점 또는 전시장</u>
  바. 주유취급소의 관계자가 거주하는 주거시설
  사. 전기자동차용 충전설비(전기를 동력원으로 하는 자동차에 직접 전기를 공급하는 설비를 말한다. 이하 같다)
  아. 그 밖의 소방청장이 정하여 고시하는 건축물 또는 시설

174 정답 ② 기본서 2권 441p

해설

주유취급소에서 "주유 중 엔진정지"의 색상은 황색바탕에 흑색 문자에 해당된다.
(위험물안전관리법 시행규칙 별표13)

175 정답 ② 기본서 2권 448p

해설

② 위험물을 배합하는 실의 출입구에는 수시로 열 수 있는 자동폐쇄식의 60+방화문 또는 60분방화문을 설치할 것

※ 위험물안전관리법 시행규칙 별표14 (판매취급소의 위치·구조 및 설비의 기준)

Ⅰ. 판매취급소의 기준

1. 저장 또는 취급하는 위험물의 수량이 지정수량의 20배 이하인 판매취급소(이하 "제1종 판매취급소"라 한다)의 위치·구조 및 설비의 기준은 다음 각목과 같다.

   가. 제1종 판매취급소는 건축물의 1층에 설치할 것

   나. 제1종 판매취급소에는 별표 4 Ⅲ제1호의 기준에 따라 보기 쉬운 곳에 "위험물 판매취급소(제1종)"라는 표시를 한 표지와 같은 표 Ⅲ제2호의 기준에 따라 방화에 관하여 필요한 사항을 게시한 게시판 및 같은 표 Ⅲ 제3호의 기준을 준용하여 해당 판매취급소가 금연구역임을 알리는 표지를 설치해야 한다.

   다. 제1종 판매취급소의 용도로 사용되는 건축물의 부분은 내화구조 또는 불연재료로 하고, 판매취급소로 사용되는 부분과 다른 부분과의 격벽은 내화구조로 할 것

   라. 제1종 판매취급소의 용도로 사용하는 건축물의 부분은 보를 불연재료로 하고, 천장을 설치하는 경우에는 천장을 불연재료로 할 것

   마. 제1종 판매취급소의 용도로 사용하는 부분에 상층이 있는 경우에 있어서는 그 상층의 바닥을 내화구조로 하고, 상층이 없는 경우에 있어서는 지붕을 내화구조 또는 불연재료로 할 것

   바. 제1종 판매취급소의 용도로 사용하는 부분의 창 및 출입구에는 60+방화문·60분방화문 또는 30분방화문을 설치할 것

   사. 제1종 판매취급소의 용도로 사용하는 부분의 창 또는 출입구에 유리를 이용하는 경우에는 망입유리로 할 것

   아. 제1종 판매취급소의 용도로 사용하는 건축물에 설치하는 전기설비는 전기사업법에 의한 전기설비기술기준에 의할 것

   자. 위험물을 배합하는 실은 다음에 의할 것

   1) 바닥면적은 6m² 이상 15m² 이하로 할 것
   2) 내화구조 또는 불연재료로 된 벽으로 구획할 것
   3) 바닥은 위험물이 침투하지 아니하는 구조로 하여 적당한 경사를 두고 집유설비를 할 것
   4) 출입구에는 수시로 열 수 있는 자동폐쇄식의 60+방화문 또는 60분방화문을 설치할 것
   5) 출입구 문턱의 높이는 바닥면으로부터 0.1m 이상으로 할 것
   6) 내부에 체류한 가연성의 증기 또는 가연성의 미분을 지붕 위로 방출하는 설비를 할 것

176 정답 ② 기본서 2권 450p

해설

※ 위험물안전관리법 시행규칙 별표15

Ⅰ. 설치장소

1. 이송취급소는 다음 각목의 장소 외의 장소에 설치하여야 한다.
   가. 철도 및 도로의 터널 안
   나. 고속국도 및 자동차전용도로(「도로법」 제48조제1항에 따라 지정된 도로를 말한다)의 차도·갓길 및 중앙분리대
   다. 호수·저수지 등으로서 수리의 수원이 되는 곳
   라. 급경사지역으로서 붕괴의 위험이 있는 지역
2. 제1호의 규정에 불구하고 다음 각목의 1에 해당하는 경우에는 제1호 각목의 장소에 이송취급소를 설치할 수 있다.
   가. 지형상황 등 부득이한 사유가 있고 안전에 필요한 조치를 하는 경우
   나. 제1호 나목 또는 다목의 장소에 횡단하여 설치하는 경우

177 정답 ③ 기본서 2권 455p, 457p

해설

③ 덩어리 상태의 황을 저장하는 것으로서 경계표시 내부의 면적이 75m² 인 옥외저장소
→ 덩어리 상태의 황을 저장하는 것으로서 경계표시 내부의 면적이 5m² 이상 100m² 미만인 옥외저장소는 소화난이도등급Ⅱ에 해당하는 제조소등에 해당한다.

※ 위험물안전관리법 시행규칙 별표 17 (소화설비, 경보설비 및 피난설비의 기준)

소화난이도 Ⅰ 등급에 해당하는 제조소등

제조소 등의 구분	제조소등의 규모, 저장 또는 취급하는 위험물의 품명 및 최대수량 등
제조소 일반취급소	연면적 1,000m² 이상인 것
	지정수량의 100배 이상인 것(고인화점위험물만을 100℃ 미만의 온도에서 취급하는 것 및 제48조의 위험물을 취급하는 것은 제외)
옥내탱크 저장소	바닥면으로부터 탱크 옆판의 상단까지 높이가 6m 이상인 것(제6류 위험물을 저장하는 것 및 고인화점위험물만을 100℃ 미만의 온도에서 저장하는 것은 제외)
옥외 저장소	덩어리 상태의 황을 저장하는 것으로서 경계표시 내부의 면적(2 이상의 경계표시가 있는 경우에는 각 경계표시의 내부의 면적을 합한 면적)이 100m² 이상인 것

178 정답 ① 기본서 2권 459p

해설

① 연면적 100m²

※ 위험물안전관리법 시행규칙 별표17 (소화설비, 경보설비 및 피난설비의 기준)
5. 소화설비의 설치기준
   가. 전기설비의 소화설비
      제조소등에 전기설비(전기배선, 조명기구 등은 제외한다)가 설치된 경우에는 당해 장소의 면적 100m² 마다 소형수동식소화기를 1개 이상 설치할 것
   나. 소요단위 및 능력단위
      1) 소요단위 : 소화설비의 설치대상이 되는 건축물 그 밖의 공작물의 규모 또는 위험물의 양의 기준단위
      2) 능력단위 : 1)의 소요단위에 대응하는 소화설비의 소화능력의 기준단위
   다. 소요단위의 계산방법
      건축물 그 밖의 공작물 또는 위험물의 소요단위의 계산방법은 다음의 기준에 의할 것
      1) 제조소 또는 취급소의 건축물은 외벽이 내화구조인 것은 연면적 100m²를 1소요단위로 하며, 외벽이 내화구조가 아닌 것은 연면적 50m²를 1소요단위로 할 것
      2) 저장소의 건축물은 외벽이 내화구조인 것은 연면적 150m²를 1소요단위로 하고, 외벽이 내화구조가 아닌 것은 연면적 75m²를 1소요단위로 할 것
      3) 제조소등의 옥외에 설치된 공작물은 외벽이 내화구조인 것으로 간주하고 공작물의 최대수평투영 면적을 연면적으로 간주하여 1) 및 2)의 규정에 의하여 소요단위를 산정할 것
      4) 위험물은 지정수량의 10배를 1소요단위로 할 것

179 정답 ① 기본서 2권 353p

해설

제1류 위험물은 가연물과의 접촉·혼합이나 분해를 촉진하는 물품과의 접근 또는 과열·충격·마찰 등을 피하는 한편, 알카리금속의 <u>과산화물</u> 및 이를 함유한 것에 있어서는 물과의 접촉을 피하여야 한다.

※ 위험물안전관리법 시행규칙 별표 18(제조소등에서의 위험물의 저장 및 취급에 관한 기준)
Ⅱ. 위험물의 유별 저장·취급의 공통기준(중요기준)
1. 제1류 위험물은 가연물과의 접촉·혼합이나 분해를 촉진하는 물품과의 접근 또는 과열·충격·마찰 등을 피하는 한편, 알카리금속의 과산화물 및 이를 함유한 것에 있어서는 물과의 접촉을 피하여야 한다.
5. 제5류 위험물은 불티·불꽃·고온체와의 접근이나 과열·충격 또는 마찰을 피하여야 한다.
6. 제6류 위험물은 가연물과의 접촉·혼합이나 분해를 촉진하는 물품과의 접근 또는 과열을 피하여야 한다.

180 정답 ② 기본서 2권 523p

해설

② 위험물운송자는 이동탱크저장소를 고장 등으로 장시간 정차시킬 때에는 고속국도의 갓길을 택할 것
→ 위험물운송자는 이동탱크저장소를 휴식·고장 등으로 일시 정차시킬 때에는 안전한 장소를 택하고 당해 이동탱크저장소의 안전을 위한 감시를 할 수 있는 위치에 있는 등 운송하는 위험물의 안전확보에 주의할 것

※ 위험물안전관리법 시행규칙 별표21
2. 이동탱크저장소에 의한 위험물의 운송 시에 준수하여야 하는 기준은 다음 각목과 같다.
   가. 위험물운송자는 운송의 개시 전에 이동저장탱크의 배출밸브 등의 밸브와 폐쇄장치, 맨홀 및 주입구의 뚜껑, 소화기 등의 점검을 충분히 실시할 것
   나. 위험물운송자는 장거리(고속국도에 있어서는 340㎞ 이상, 그 밖의 도로에 있어서는 200㎞ 이상을 말한다)에 걸치는 운송을 하는 때에는 2명 이상의 운전자로 할 것. 다만, 다음의 1에 해당하는 경우에는 그러하지 아니하다.
      1) 제1호 가목의 규정에 의하여 운송책임자를 동승시킨 경우
      2) 운송하는 위험물이 제2류 위험물·제3류 위험물(칼슘 또는 알루미늄의 탄화물과 이것만을 함유한 것에 한한다)또는 제4류 위험물(특수인화물을 제외한다)인 경우
      3) 운송도중에 2시간 이내마다 20분 이상씩 휴식하는 경우
   다. 위험물운송자는 이동탱크저장소를 휴식·고장 등으로 일시 정차시킬 때에는 안전한 장소를 택하고 당해 이동탱크저장소의 안전을 위한 감시를 할 수 있는 위치에 있는 등 운송하는 위험물의 안전확보에 주의할 것
   라. 위험물운송자는 이동저장탱크로부터 위험물이 현저하게 새는 등 재해발생의 우려가 있는 경우에는 재난을 방지하기 위한 응급조치를 강구하는 동시에 소방관서 그 밖의 관계기관에 통보할 것
   마. 위험물(제4류 위험물에 있어서는 특수인화물 및 제1석유류에 한한다)을 운송하게 하는 자는 별지 제48호 서식의 위험물안전카드를 위험물운송자로 하여금 휴대하게 할 것
   바. 위험물운송자는 위험물안전카드를 휴대하고 당해 카드에 기재된 내용에 따를 것. 다만, 재난 그 밖의 불가피한 이유가 있는 경우에는 당해 기재된 내용에 따르지 아니할 수 있다.

181 정답 ② 기본서 2권 423p

해설

② 펌프실의 바닥의 주위에는 높이 ~~0.1m~~ 이상의 턱을 만들고 바닥은 콘크리트 등 위험물이 스며들지 아니하는 재료로 적당히 경사지게 하여 그 최저부에는 집유설비를 설치할 것

→ 0.2m

※ 위험물안전관리법 시행규칙 [별표 6]

옥외저장탱크의 펌프설비(펌프 및 이에 부속하는 전동기를 말하며, 당해 펌프 및 전동기를 위한 건축물 그 밖의 공작물을 설치하는 경우에는 당해 공작물을 포함한다. 이하 같다)는 다음 각목에 의하여야 한다.

가. 펌프설비의 주위에는 너비 3m 이상의 공지를 보유할 것. 다만, 방화상 유효한 격벽을 설치하는 경우와 제6류 위험물 또는 지정수량의 10배 이하 위험물의 옥외저장탱크의 펌프설비에 있어서는 그러하지 아니하다.

나. 펌프설비로부터 옥외저장탱크까지의 사이에는 당해 옥외저장탱크의 보유공지 너비의 3분의 1 이상의 거리를 유지할 것

다. 펌프설비는 견고한 기초 위에 고정할 것

라. 펌프 및 이에 부속하는 전동기를 위한 건축물 그 밖의 공작물(이하 "펌프실"이라 한다)의 벽·기둥·바닥 및 보는 불연재료로 할 것

마. 펌프실의 지붕을 폭발력이 위로 방출될 정도의 가벼운 불연재료로 할 것

바. 펌프실의 창 및 출입구에는 60+방화문·60분방화문 또는 30분방화문을 설치할 것

사. 펌프실의 창 및 출입구에 유리를 이용하는 경우에는 망입유리로 할 것

아. 펌프실의 바닥의 주위에는 높이 0.2m 이상의 턱을 만들고 바닥은 콘크리트 등 위험물이 스며들지 아니하는 재료로 적당히 경사지게 하여 그 최저부에는 집유설비를 설치할 것

자. 펌프실에는 위험물을 취급하는데 필요한 채광, 조명 및 환기의 설비를 설치할 것

차. 가연성 증기가 체류할 우려가 있는 펌프실에는 그 증기를 옥외의 높은 곳으로 배출하는 설비를 설치할 것

카. 펌프실외의 장소에 설치하는 펌프설비에는 그 직하의 지반면의 주위에 높이 0.15m 이상의 턱을 만들고 당해 지반면은 콘크리트 등 위험물이 스며들지 아니하는 재료로 적당히 경사지게 하여 그 최저부에는 집유설비를 할 것. 이 경우 제4류 위험물(온도 20℃의 물 100g에 용해되는 양이 1g 미만인 것에 한한다)을 취급하는 펌프설비에 있어서는 당해 위험물이 직접 배수구에 유입하지 아니하도록 집유설비에 유분리장치를 설치하여야 한다.

타. 인화점이 21℃ 미만인 위험물을 취급하는 펌프설비에는 보기 쉬운 곳에 제9호 마목의 규정에 준하여 "옥외저장탱크 펌프설비"라는 표시를 한 게시판과 방화에 관하여 필요한 사항을 게시한 게시판을 설치할 것. 다만, 소방본부장 또는 소방서장이 화재예방상 당해 게시판을 설치할 필요가 없다고 인정하는 경우에는 그러하지 아니하다.

182 정답 ② 기본서 2권 417p

해설

② 하나의 저장창고의 바닥면적 합계는 ~~500㎡~~ 이하로 하여야 한다.
　→ 1,000㎡

※ 다층건물의 옥내저장소의 기준(위험물안전관리법 시행규칙 별표5)
옥내저장소중 제2류의 위험물(인화성고체는 제외한다) 또는 제4류의 위험물(인화점이 70℃ 미만인 것은 제외한다)만을 저장 또는 취급하는 저장창고가 다층건물인 옥내저장소의 위치·구조 및 설비의 기술기준은 Ⅰ제1호 내지 제4호 및 제8호 내지 제16호의 규정에 의하는 외에 다음 각호의 기준에 의하여야 한다.
1. 저장창고는 각층의 바닥을 지면보다 높게 하고, 바닥면으로부터 상층의 바닥(상층이 없는 경우에는 처마)까지의 높이(이하 "층고"라 한다)를 6m 미만으로 하여야 한다.
2. 하나의 저장창고의 바닥면적 합계는 1,000㎡ 이하로 하여야 한다.
3. 저장창고의 벽·기둥·바닥 및 보를 내화구조로 하고, 계단을 불연재료로 하며, 연소의 우려가 있는 외벽은 출입구외의 개구부를 갖지 아니하는 벽으로 하여야 한다.
4. 2층 이상의 층의 바닥에는 개구부를 두지 아니하여야 한다. 다만, 내화구조의 벽과 60+방화문·60분방화문 또는 30분방화문으로 구획된 계단실에 있어서는 그러하지 아니하다.

183 정답 ③ 기본서 2권 440p

해설

③ 암반탱크내로 유입되는 지하수의 양은 암반내의 지하수 충전량보다 ~~많을 것~~
　→ 적을 것

※ 위험물안전관리법 시행규칙 [별표 12](암반탱크저장소의 위치·구조 및 설비의 기준
Ⅰ. 암반탱크
1. 암반탱크저장소의 암반탱크는 다음 각목의 기준에 의하여 설치하여야 한다.
　가. 암반탱크는 암반투수계수가 1초당 10만분의 1m 이하인 천연암반내에 설치할 것
　나. 암반탱크는 저장할 위험물의 증기압을 억제할 수 있는 지하수면하에 설치할 것
　다. 암반탱크의 내벽은 암반균열에 의한 낙반(落磐: 갱내 천장이나 벽의 암석이 떨어지는 것)을 방지할 수 있도록 볼트·콘크리크 등으로 보강할 것
2. 암반탱크는 다음 각목의 기준에 적합한 수리조건을 갖추어야 한다.
　가. 암반탱크내로 유입되는 지하수의 양은 암반내의 지하수 충전량보다 적을 것
　나. 암반탱크의 상부로 물을 주입하여 수압을 유지할 필요가 있는 경우에는 수벽공을 설치할 것
　다. 암반탱크에 가해지는 지하수압은 저장소의 최대운영압보다 항상 크게 유지할 것

객관식 문제집

2025

소방관계법규

MEMO

LEVEL 2

정답 및 해설

PART 01 소방기본법

01
정답 ④   기본서 1권   77p

해설

④ ㉠ 30cm, 50cm ㉡ 75cm, 1.5m, ㉢ 황색, 백색

※ 소방기본법 시행령 [별표 2의5]

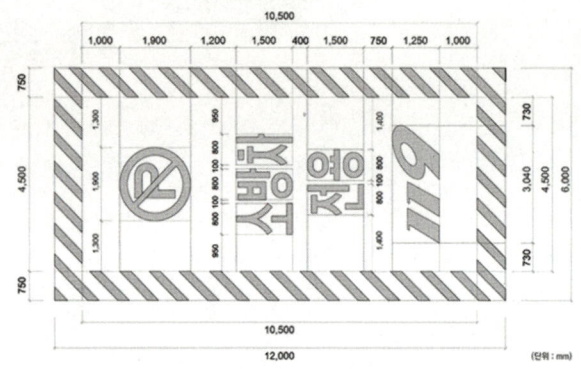

비고
1. 전용구역 노면표지의 외곽선은 빗금무늬로 표시하되, 빗금은 두께를 <u>30센티미터</u>로 하여 <u>50센티미터 간격</u>으로 표시한다.
2. 전용구역 노면표지 도료의 색채는 <u>황색</u>을 기본으로 하되, 문자(P, 소방차 전용)는 <u>백색</u>으로 표시한다.

02
정답 ③   기본서 1권   60p

해설

㉡ <u>구급업무</u>를 담당하는 소방공무원과 「의용소방대 설치 및 운영에 관한 법률」에 따라 임명된 의용소방대원은 응급처치훈련을 받아야 한다.
㉣ 구급업무를 담당하는 소방공무원의 경우 <u>2주</u> 이상 교육·훈련을 받아야 한다.

※ 소방기본법 시행규칙 별표3의2

1. 교육·훈련의 종류 및 교육·훈련을 받아야 할 대상자

종류	교육·훈련을 받아야 할 대상자
가. 화재진압 훈련	1) <u>화재진압업무</u>를 담당하는 소방공무원 2) 「의무소방대설치법 시행령」 제20조제1항제1호에 따른 임무를 수행하는 <u>의무소방원</u> 3) 「의용소방대 설치 및 운영에 관한 법률」 제3조에 따라 임명된 의용소방대원
나. 인명구조 훈련	1) <u>구조업무</u>를 담당하는 소방공무원 2) 「의무소방대설치법 시행령」 제20조제1항제1호에 따른 임무를 수행하는 의무소방원 3) 「의용소방대 설치 및 운영에 관한 법률」 제3조에 따라 임명된 의용소방대원

다. 응급처치 훈련	1) 구급업무를 담당하는 소방공무원 2) 「의무소방대설치법」 제3조에 따라 임용된 의무소방원 3) 「의용소방대 설치 및 운영에 관한 법률」 제3조에 따라 임명된 의용소방대원	
라. 인명대피 훈련	1) 소방공무원 2) 「의무소방대설치법」 제3조에 따라 임용된 의무소방원 3) 「의용소방대 설치 및 운영에 관한 법률」 제3조에 따라 임명된 의용소방대원	
마. 현장지휘 훈련	소방공무원 중 다음의 계급에 있는 사람 1) 소방정 2) 소방령 3) 소방경 4) 소방위	

2. 교육·훈련 횟수 및 기간

횟수	기간
2년마다 1회	2주 이상

3. 제1호 및 제2호에서 규정한 사항 외에 소방대원의 교육·훈련에 필요한 사항은 소방청장이 정한다.

03 정답 ①   기본서 1권   45p

해설

ⓒ 급수탑의 급수배관의 구경은 100밀리미터 이상으로 할 것
ⓒ 급수탑의 개폐밸브는 지상에서 1.5미터 이상 1.7미터 이하의 위치에 설치하도록 할 것
ⓜ 저수조의 경우 흡수부분의 수심이 0.5미터 이상일 것

※ 소방기본법 시행규칙 별표3
2. 소방용수시설별 설치기준

    가. 소화전의 설치기준 : 상수도와 연결하여 지하식 또는 지상식의 구조로 하고, 소방용호스와 연결하는 소화전의 연결금속구의 구경은 65밀리미터로 할 것

    나. 급수탑의 설치기준 : 급수배관의 구경은 100밀리미터 이상으로 하고, 개폐밸브는 지상에서 1.5미터 이상 1.7미터 이하의 위치에 설치하도록 할 것

    다. 저수조의 설치기준

      (1) 지면으로부터의 낙차가 4.5미터 이하일 것
      (2) 흡수부분의 수심이 0.5미터 이상일 것
      (3) 소방펌프자동차가 쉽게 접근할 수 있도록 할 것
      (4) 흡수에 지장이 없도록 토사 및 쓰레기 등을 제거할 수 있는 설비를 갖출 것
      (5) 흡수관의 투입구가 사각형의 경우에는 한 변의 길이가 60센티미터 이상, 원형의 경우에는 지름이 60센티미터 이상일 것
      (6) 저수조에 물을 공급하는 방법은 상수도에 연결하여 자동으로 급수되는 구조일 것

04

정답 ②   기본서 1권   85p

해설

㉠ 위험시설 등에 대한 긴급조치권자는 <u>소방본부장, 소방서장 또는 소방대장</u>이다.
㉣ 정당한 사유 없이 물의 사용이나 수도의 개폐장치의 사용 또는 조작을 하지 못하게 하거나 방해한 자는 <u>100만 원 이하의 벌금</u>에 처한다.

※ 소방기본법 제27조(위험시설 등에 대한 긴급조치)
① 소방본부장, 소방서장 또는 소방대장은 화재 진압 등 소방활동을 위하여 필요할 때에는 소방용수 외에 댐·저수지 또는 수영장 등의 물을 사용하거나 수도(水道)의 개폐장치 등을 조작할 수 있다.
② 소방본부장, 소방서장 또는 소방대장은 화재 발생을 막거나 폭발 등으로 화재가 확대되는 것을 막기 위하여 가스·전기 또는 유류 등의 시설에 대하여 위험물질의 공급을 차단하는 등 필요한 조치를 할 수 있다.

※ 소방기본법 제54조(벌칙)
다음 각 호의 어느 하나에 해당하는 자는 100만 원 이하의 벌금에 처한다.
4. 제27조 제1항을 위반하여 정당한 사유 없이 물의 사용이나 수도의 개폐장치의 사용 또는 조작을 하지 못하게 하거나 방해한 자

05

정답 ③   기본서 1권   22p

해설

㉠ 이재민이 <u>100인 이상</u> 발생한 화재
㉡ 재산피해액이 <u>50억 원 이상</u> 발생한 화재
㉥ 연면적 <u>1만5천제곱미터 이상</u>인 공장
㉦ 항구에 매어둔 총 톤수가 <u>1천톤 이상</u>인 선박

※ 소방기본법 시행규칙 제3조 제2항
② 종합상황실의 실장은 다음 각 호의 어느 하나에 해당하는 상황이 발생하는 때에는 그 사실을 지체 없이 별지 제1호서식에 따라 서면·팩스 또는 컴퓨터통신 등으로 소방서의 종합상황실의 경우는 소방본부의 종합상황실에, 소방본부의 종합상황실의 경우는 소방청의 종합상황실에 각각 보고해야 한다.
1. 다음 각목의 1에 해당하는 화재
  가. 사망자가 5인 이상 발생하거나 사상자가 10인 이상 발생한 화재
  나. 이재민이 100인 이상 발생한 화재
  다. 재산피해액이 50억 원 이상 발생한 화재
  라. 관공서·학교·정부미도정공장·문화재·지하철 또는 지하구의 화재
  마. 관광호텔, 층수(「건축법 시행령」 제119조제1항제9호의 규정에 의하여 산정한 층수를 말한다. 이하 이 목에서 같다)가 11층 이상인 건축물, 지하상가, 시장, 백화점, 「위험물안전관리법」 제2조제2항의 규정에 의한 지정수량의 3천배 이상의 위험물의 제조소·저장소·취급소, 층수가 5층 이상이거나 객실이 30실 이상인 숙박시설, 층수가 5층 이상이거나 병상이 30개 이상인 종합병원·정신병원·한방병원·요양소, 연면적 1만5천제곱미터 이상인 공장 또는 「화재의 예방 및 안전관리에 관한 법률」 제18조제1항 각 목에 따른 화재예방강화지구에서 발생한 화재

바. 철도차량, 항구에 매어둔 총 톤수가 1천톤 이상인 선박, 항공기, 발전소 또는 변전소에서 발생한 화재
사. 가스 및 화약류의 폭발에 의한 화재
아. 「다중이용업소의 안전관리에 관한 특별법」 제2조에 따른 다중이용업소의 화재
2. 「긴급구조대응활동 및 현장지휘에 관한 규칙」에 의한 통제단장의 현장지휘가 필요한 재난상황
3. 언론에 보도된 재난상황
4. 그 밖에 소방청장이 정하는 재난상황

06

정답 ② 기본서 1권 65~66p

해설

※ 소방기본법 시행령 별표2의2 (소방안전교육사 시험의 응시자격)

1. 소방공무원으로서 다음 각 목의 어느 하나에 해당하는 사람
   가. 소방공무원으로 3년 이상 근무한 경력이 있는 사람
   나. 중앙소방학교 또는 지방소방학교에서 2주 이상의 소방안전교육사 관련 전문교육과정을 이수한 사람
2. 「초·중등교육법」 제21조에 따라 교원의 자격을 취득한 사람
3. 「유아교육법」 제22조에 따라 교원의 자격을 취득한 사람
4. 「영유아보육법」 제21조에 따라 어린이집의 원장 또는 보육교사의 자격을 취득한 사람(보육교사 자격을 취득한 사람은 보육교사 자격을 취득한 후 3년 이상의 보육업무 경력이 있는 사람만 해당한다)
5. 다음 각 목의 어느 하나에 해당하는 기관에서 교육학과, 응급구조학과, 의학과, 간호학과 또는 소방안전 관련 학과 등 소방청장이 고시하는 학과에 개설된 교과목 중 소방안전교육과 관련하여 소방청장이 정하여 고시하는 교과목을 총 6학점 이상 이수한 사람
   가. 「고등교육법」 제2조제1호부터 제6호까지의 규정의 어느 하나에 해당하는 학교
   나. 「학점인정 등에 관한 법률」 제3조에 따라 학습과정의 평가인정을 받은 교육훈련기관
6. 「국가기술자격법」 제2조제3호에 따른 국가기술자격의 직무분야 중 안전관리 분야(국가기술자격의 직무분야 및 국가기술자격의 종목 중 중직무분야의 안전관리를 말한다. 이하 같다)의 기술사 자격을 취득한 사람
7. 「화재예방, 소방시설 설치·유지 및 안전관리에 관한 법률」 제26조에 따른 소방시설관리사 자격을 취득한 사람
8. 「국가기술자격법」 제2조제3호에 따른 국가기술자격의 직무분야 중 안전관리 분야의 기사 자격을 취득한 후 안전관리 분야에 1년 이상 종사한 사람
9. 「국가기술자격법」 제2조제3호에 따른 국가기술자격의 직무분야 중 안전관리 분야의 산업기사 자격을 취득한 후 안전관리 분야에 3년 이상 종사한 사람
10. 「의료법」 제7조에 따라 간호사 면허를 취득한 후 간호업무 분야에 1년 이상 종사한 사람
11. 「응급의료에 관한 법률」 제36조제2항에 따라 1급 응급구조사 자격을 취득한 후 응급의료 업무 분야에 1년 이상 종사한 사람
12. 「응급의료에 관한 법률」 제36조제3항에 따라 2급 응급구조사 자격을 취득한 후 응급의료 업무 분야에 3년 이상 종사한 사람
13. 「화재예방, 소방시설 설치·유지 및 안전관리에 관한 법률 시행령」 제23조제1항 각 호의 어느 하나에 해당하는 사람

14. 「화재예방, 소방시설 설치·유지 및 안전관리에 관한 법률 시행령」제23조제2항 각 호의 어느 하나에 해당하는 자격을 갖춘 후 소방안전관리대상물의 소방안전관리에 관한 실무경력이 1년 이상 있는 사람
15. 「화재예방, 소방시설 설치·유지 및 안전관리에 관한 법률 시행령」제23조제3항 각 호의 어느 하나에 해당하는 자격을 갖춘 후 소방안전관리대상물의 소방안전관리에 관한 실무경력이 3년 이상 있는 사람
16. 「의용소방대 설치 및 운영에 관한 법률」제3조에 따라 의용소방대원으로 임명된 후 5년 이상 의용소방대 활동을 한 경력이 있는 사람
17. 「국가기술자격법」제2조제3호에 따른 국가기술자격의 직무분야 중 위험물 중직무분야의 기능장 자격을 취득한 사람

07 정답 ③   기본서 1권   26p

해설

ⓒ 소방기술민원센터는 센터장을 포함하여 18명 이내로 구성한다.
ⓜ 규정한 사항 외에 소방기술민원센터의 설치·운영에 필요한 사항은 소방청에 설치하는 경우에는 소방청장이 정하고, 소방본부에 설치하는 경우에는 해당 시·도의 규칙으로 정한다.

※ 소방기본법 시행령 제1조의2(소방기술민원센터의 설치·운영)
① 소방청장 또는 소방본부장은 「소방기본법」(이하 "법"이라 한다) 제4조의2 제1항에 따른 소방기술민원센터(이하 "소방기술민원센터"라 한다)를 소방청 또는 소방본부에 각각 설치·운영한다.
② 소방기술민원센터는 센터장을 포함하여 18명 이내로 구성한다.
③ 소방기술민원센터는 다음 각 호의 업무를 수행한다.
  1. 소방시설, 소방공사와 위험물 안전관리 등과 관련된 법령해석 등의 민원(이하 "소방기술민원"이라 한다)의 처리
  2. 소방기술민원과 관련된 질의회신집 및 해설서 발간
  3. 소방기술민원과 관련된 정보시스템의 운영·관리
  4. 소방기술민원과 관련된 현장 확인 및 처리
  5. 그 밖에 소방기술민원과 관련된 업무로서 소방청장 또는 소방본부장이 필요하다고 인정하여 지시하는 업무
④ 소방청장 또는 소방본부장은 소방기술민원센터의 업무수행을 위하여 필요하다고 인정하는 경우에는 관계 기관의 장에게 소속 공무원 또는 직원의 파견을 요청할 수 있다.
⑤ 제1항부터 제4항까지에서 규정한 사항 외에 소방기술민원센터의 설치·운영에 필요한 사항은 소방청에 설치하는 경우에는 소방청장이 정하고, 소방본부에 설치하는 경우에는 해당 특별시·광역시·특별자치시·도 또는 특별자치도(이하 "시·도"라 한다)의 규칙으로 정한다.

08 정답 ③   기본서 1권   41p

해설

※ 소방기본법 시행규칙 별표1의2
③ 화학소방차(고성능) : 340마력 이상

09 정답 ④ 기본서 1권 41p

해설

※ 소방기본법 시행규칙 별표1의2
④ 소방헬리콥터 : 5~17인승

10 정답 ③ 기본서 1권 73p

해설

※ 제56조(과태료)
① 다음 각 호의 어느 하나에 해당하는 자에게는 500만 원 이하의 과태료를 부과한다.
　2. 정당한 사유 없이 제20조제2항을 위반하여 화재, 재난·재해, 그 밖의 위급한 상황을 소방본부, 소방서 또는 관계 행정기관에 알리지 아니한 관계인

11 정답 ③ 기본서 1권 74p

해설

③ 소방청장, 소방본부장 또는 소방서장은 자체소방대의 역량 향상을 위하여 필요한 교육·훈련 등을 지원할 수 있다.

※ 소방기본법 제20조의2(자체소방대의 설치·운영 등)
① 관계인은 화재를 진압하거나 구조·구급 활동을 하기 위하여 상설 조직체(「위험물안전관리법」 제19조 및 그 밖의 다른 법령에 따라 설치된 자체소방대를 포함하며, 이하 이 조에서 "자체소방대"라 한다)를 설치·운영할 수 있다.
② 자체소방대는 소방대가 현장에 도착한 경우 소방대장의 지휘·통제에 따라야 한다.
③ 소방청장, 소방본부장 또는 소방서장은 자체소방대의 역량 향상을 위하여 필요한 교육·훈련 등을 지원할 수 있다.
④ 제3항에 따른 교육·훈련 등의 지원에 필요한 사항은 행정안전부령으로 정한다.

※ 소방기본법 시행규칙 제11조(자체소방대의 교육·훈련 등의 지원) 법 제20조의2제3항에 따라 소방청장, 소방본부장 또는 소방서장은 같은 조 제1항에 따른 자체소방대(이하 "자체소방대"라 한다)의 역량 향상을 위하여 다음 각 호에 해당하는 교육·훈련 등을 지원할 수 있다.
1. 「소방공무원 교육훈련규정」 제2조에 따른 교육훈련기관에서의 자체소방대 교육훈련과정
2. 자체소방대에서 수립하는 교육·훈련 계획의 지도·자문
3. 「소방공무원임용령」 제2조제3호에 따른 소방기관(이하 이 조에서 "소방기관"이라 한다)과 자체소방대와의 합동 소방훈련
4. 소방기관에서 실시하는 자체소방대의 현장실습
5. 그 밖에 소방청장이 자체소방대의 역량 향상을 위하여 필요하다고 인정하는 교육·훈련

12

정답 ④ 기본서 1권 78p

해설

※ 소방기본법 시행령 제7조의15(운행기록장치 장착 소방자동차의 범위)

법 제21조의3제1항에서 "대통령령으로 정하는 소방자동차"란 「소방장비관리법 시행령」 제6조 및 별표 1 제1호 가목에 따른 다음 각 호의 소방자동차를 말한다.

1. <u>소방펌프차</u>
2. <u>소방물탱크차</u>
3. <u>소방화학차</u>
4. <u>소방고가차</u>(消防高架車)
5. <u>무인방수차</u>
6. <u>구조차</u>
7. 그 밖에 <u>소방청장</u>이 소방자동차의 안전한 운행 및 교통사고 예방을 위하여 운행기록장치 장착이 필요하다고 인정하여 정하는 소방자동차

13

정답 ② 기본서 1권 78p

해설

※ 소방기본법 시행규칙 제13조(운행기록장치 데이터의 보관)
  소방청장, 소방본부장 및 소방서장은 소방자동차 운행기록장치에 기록된 데이터(이하 "운행기록장치 데이터"라 한다)를 <u>6개월</u> 동안 저장·관리해야 한다.

14

정답 ④ 기본서 1권 78~79p

해설

④ <u>소방청장</u> 및 <u>소방본부장</u>은 운행기록장치 데이터 중 과속, 급감속, 급출발 등의 운행기록을 점검·분석해야 한다.

※ 소방기본법 시행규칙 제13조의2(운행기록장치 데이터 등의 제출)
① 소방청장은 소방자동차의 안전한 운행 및 교통사고 예방을 위하여 소방본부장 또는 소방서장에게 운행기록장치 데이터 및 그 분석 결과 등 관련 자료의 제출을 요청할 수 있다.
② 소방본부장은 관할 구역 안의 소방서장에게 운행기록장치 데이터 등 관련 자료의 제출을 요청할 수 있다.
③ 소방본부장 또는 소방서장은 제1항 또는 제2항에 따라 자료의 제출을 요청받은 경우에는 소방청장 또는 소방본부장에게 해당 자료를 제출해야 한다. 이 경우 소방서장이 제1항에 따라 소방청장에게 자료를 제출하는 경우에는 소방본부장을 거쳐야 한다.

※ 소방기본법 시행규칙 제13조의3(운행기록장치 데이터의 분석·활용)
① 소방청장 및 소방본부장은 운행기록장치 데이터 중 과속, 급감속, 급출발 등의 운행기록을 점검·분석해야 한다.
② 소방청장, 소방본부장 및 소방서장은 제1항에 따른 분석 결과를 소방자동차의 안전한 소방활동 수행에 필요한 교통안전정책의 수립, 교육·훈련 등에 활용할 수 있다.

15 정답 ④ 기본서 1권 110p

해설

※ 소방기본법 시행령 별표3

위반행위	과태료 금액(만 원)		
	1회	2회	3회 이상
다. 정당한 사유 없이 법 제20조제2항을 위반하여 화재, 재난·재해, 그 밖의 위급한 상황을 소방본부, 소방서 또는 관계 행정기관에 알리지 않은 경우	500		

16 정답 ① 기본서 1권 110p

해설

※ 소방기본법 시행령 별표3

위반행위	과태료 금액(만 원)		
	1회	2회	3회 이상
리. 법 제21조제3항을 위반하여 소방자동차의 출동에 지장을 준 경우	100		

17 정답 ① 기본서 1권 110p

해설

※ 소방기본법 시행령 별표3

위반행위	과태료 금액(만 원)		
	1회	2회	3회 이상
마. 법 제21조의2제2항을 위반하여 전용구역에 차를 주차하거나 전용구역에의 진입을 가로막는 등의 방해행위를 한 경우	50	100	100

18 정답 ③ 기본서 1권 17p

해설

㉮ 소방기본법 목적
(목적) 이 법은 화재를 예방·경계하거나 진압하고 화재, 재난·재해, 그 밖의 위급한 상황에서의 구조·구급 활동 등을 통하여 국민의 생명·신체 및 재산을 보호함으로써 <u>공공의 안녕 및 질서 유지와 복리증진</u>에 이바지함을 목적으로 한다.

㉯ 소방시설 설치 및 관리에 관한 법률 (약칭: 소방시설법)
(목적) 이 법은 특정소방대상물 등에 설치하여야 하는 소방시설등의 설치·관리와 소방용품 성능관리에 필요한 사항을 규정함으로써 국민의 생명·신체 및 재산을 보호하고 <u>공공의 안전과 복리 증진</u>에 이바지함을 목적으로 한다.

㉰ 소방시설공사업법
(목적) 이 법은 소방시설공사 및 소방기술의 관리에 필요한 사항을 규정함으로써 소방시설업을 건전하게 발전시키고 소방기술을 진흥시켜 화재로부터 <u>공공의 안전</u>을 확보하고 국민경제에 이바지함을 목적으로 한다.

㉱ 화재의 예방 및 안전관리에 관한 법률 (약칭: 화재예방법)
(목적) 이 법은 화재의 예방과 안전관리에 필요한 사항을 규정함으로써 화재로부터 국민의 생명·신체 및 재산을 보호하고 <u>공공의 안전과 복리 증진</u>에 이바지함을 목적으로 한다.

㉲ 위험물안전관리법 (약칭: 위험물관리법)
이 법은 위험물의 저장·취급 및 운반과 이에 따른 안전관리에 관한 사항을 규정함으로써 위험물로 인한 위해를 방지하여 <u>공공의 안전</u>을 확보함을 목적으로 한다.

㉳ 소방의 화재조사에 관한 법률 (약칭: 화재조사법)
이 법은 화재예방 및 소방정책에 활용하기 위하여 화재원인, 화재성장 및 확산, 피해현황 등에 관한 과학적·전문적인 조사에 필요한 사항을 규정함을 목적으로 한다.

19 정답 ① 기본서 1권 20p, 21p, 26p, 31p, 38p, 43p, 58p

해설

㉮ 소방청장 및 소방본부장은 소방시설, 소방공사 및 위험물 안전관리 등과 관련된 법령해석 등의 민원을 부분적으로 접수하여 처리할 수 있는 기구를 설치·운영해야 한다.
→ 소방청장 <u>또는</u> 소방본부장은 소방시설, 소방공사 및 위험물 안전관리 등과 관련된 법령해석 등의 민원을 <u>종합적</u>으로 접수하여 처리할 수 있는 기구를 설치·운영할 수 있다.(소방기본법 제4조의2)

㉯ 국가의 화재 예방·경계·진압 및 조사, 소방안전교육·홍보와 화재, 재난·재해, 그 밖의 위급한 상황에서의 구조·구급 등의 업무(소방업무)를 수행하는 소방기관의 설치에 필요한 사항은 행안부령으로 정한다.
→ <u>시·도</u>의 화재 예방·경계·진압 및 조사, 소방안전교육·홍보와 화재, 재난·재해, 그 밖의 위급한 상황에서의 구조·구급 등의 업무(소방업무)를 수행하는 소방기관의 설치에 필요한 사항은 <u>대통령령</u>으로 정한다. (소방기본법 제3조)

20

정답 ④ 기본서 1권 69p

해설

한국119청소년단에 관하여 이 법에서 규정한 것을 제외하고는 「민법」 중 재단법인에 관한 규정을 준용한다.
→ 사단법인 (소방기본법 제17조의6)

21

정답 ③ 기본서 1권 57~58p

해설

법규정인지 시행규칙규정인지를 물어 보는 문제이다

우선 소방지원활동과 소방생활안전활동을 구별할 수 있어야 하고, 행안부령이 정하는 지원활동사항도 구별을 할 수 있어야 한다.

> ㉮ 산불에 대한 예방·진압 등 지원활동 → 법 16조의2(소방지원활동)
> ㉯ 군·경찰 등 유관기관에서 실시하는 훈련지원 활동 → 시행규칙 8조의4(소방지원활동)
> ㉰ 자연재해에 따른 급수·배수 및 제설 등 지원활동 → 법 16조의2(소방지원활동)
> ㉱ 소방시설 오작동 신고에 따른 조치활동 → 시행규칙 8조의4(소방지원활동)
> ㉲ 위해동물, 벌 등의 포획 및 퇴치 활동 → 법 16조의3(소방생활안전활동)
> ㉳ 방송제작 또는 촬영 관련 지원활동 → 시행규칙 8조의4(소방지원활동)

22

정답 ④ 기본서 1권 103p

해설

소방청장 또는 시·도지사는 다음 각 호의 어느 하나에 해당하는 자에게 제3항의 손실보상심의위원회의 심사·의결에 따라 정당한 보상을 하여야 한다(기본법 제49조의2제1항).

1. 제16조의3제1항에 따른 조치로 인하여 손실을 입은 자
2. 제24조제1항 전단에 따른 소방활동 종사로 인하여 사망하거나 부상을 입은 자
3. 제25조제2항 또는 제3항에 따른 처분으로 인하여 손실을 입은 자. 다만, 같은 조 제3항에 해당하는 경우로서 법령을 위반하여 소방자동차의 통행과 소방활동에 방해가 된 경우는 제외한다.
4. 제27조제1항 또는 제2항에 따른 조치로 인하여 손실을 입은 자
5. 그 밖에 소방기관 또는 소방대의 적법한 소방업무 또는 소방활동으로 인하여 손실을 입은 자

㉯ 손실보상을 청구할 수 있는 권리는 손실이 있음을 안 날부터 3년, 손실이 발생한 날부터 5년간 행사하지 아니하면 시효의 완성으로 소멸한다(기본법 제49조의2제2항).

23 정답 ③ 기본서 1권 43p

해설

※ 소방기본법 제10조

② 시·도지사는 제21조제1항에 따른 소방자동차의 진입이 곤란한 지역 등 화재발생 시에 초기 대응이 필요한 지역으로서 대통령령으로 정하는 지역에 소방호스 또는 호스 릴 등을 소방용수시설에 연결하여 화재를 진압하는 시설이나 장치(비상소화장치)를 설치하고 유지·관리할 수 있다.

소방기본법 시행령 제2조의2(비상소화장치의 설치대상 지역)
법 제10조제2항에서 "대통령령으로 정하는 지역"이란 다음 각 호의 어느 하나에 해당하는 지역을 말한다.
1. 「화재의 예방 및 안전관리에 관한 법률」 제18조제1항에 따라 지정된 화재예방강화지구
2. 시·도지사가 법 제10조제2항에 따른 비상소화장치의 설치가 필요하다고 인정하는 지역

24 정답 ① 기본서 1권 3단비교표 161p

해설

※ 소방기본법 시행령 [별표 2의4]

소방활동 종사 사상자의 보상금액 등의 기준(제11조제3항 관련)

1. 사망자의 보상금액 기준
   「의사상자 등 예우 및 지원에 관한 법률 시행령」 제12조제1항에 따라 보건복지부장관이 결정하여 고시하는 보상금에 따른다.
2. 부상등급의 기준
   「의사상자 등 예우 및 지원에 관한 법률 시행령」 제2조 및 별표 1에 따른 부상범위 및 등급에 따른다.
3. 부상등급별 보상금액 기준
   「의사상자 등 예우 및 지원에 관한 법률 시행령」 제12조제2항 및 별표 2에 따른 의상자의 부상등급별 보상금에 따른다.
4. 보상금 지급순위의 기준
   「의사상자 등 예우 및 지원에 관한 법률」 제10조의 규정을 준용한다.
5. 보상금의 환수 기준
   「의사상자 등 예우 및 지원에 관한 법률」 제19조의 규정을 준용한다.

25 정답 ② 기본서 1권 76p

해설

① 「건축법」 제2조제2항제2호에 따른 공동주택 중 대통령령으로 정하는 공동주택의 관계인은 소방활동의 원활한 수행을 위하여 공동주택에 소방자동차 전용구역을 설치하여야 한다.
→ 건축주 (소방기본법 제21조의2)
② 소방기본법규정을 위반하여 전용구역에 차를 주차하거나 전용구역에의 진입을 가로막는 등의 방해행위를 한 자에게는 100만 원 이하의 과태료를 부과한다(○).
→ (소방기본법 제56조)
③ 하나의 대지에 하나의 동(棟)으로 구성되고 「도로교통법」 제32조 또는 제33조에 따라 정차 또는 주차가 금지된 편도 2차선 이상의 도로에 직접 접하여 소방자동차가 도로에서 직접 소방활동이 가능한 공동주택의 아파트 중 세대수가 100세대 이상인 아파트는 소방자동차 전용구역 설치대상이다.
→ 밑줄 친 부분은 제외대상이다. (소방기본법 시행령 제7조의12)
④ 전용구역의 설치 기준·방법, 제2항에 따른 방해행위의 기준, 그 밖의 필요한 사항은 행안부령으로 정한다.
→ 대통령령 (소방기본법 제21조의2)

26 정답 ③ 기본서 1권 76, 169, 194p 기본서 2권 70p

해설

※ 소방기본법 제21조의2(소방자동차 전용구역 등)
① 「건축법」 제2조제2항제2호에 따른 공동주택 중 대통령령으로 정하는 공동주택의 건축주는 제16조제1항에 따른 소방활동의 원활한 수행을 위하여 공동주택에 소방자동차 전용구역(이하 "전용구역"이라 한다)을 설치하여야 한다.

※ 소방시설법 10조(주택에 설치하는 소방시설)
① 다음 각 호의 주택의 소유자는 소화기 등 대통령령으로 정하는 소방시설(이하 "주택용소방시설"이라 한다)을 설치하여야 한다.
  1. 「건축법」 제2조제2항제1호의 단독주택
  2. 「건축법」 제2조제2항제2호의 공동주택(아파트 및 기숙사는 제외한다)

※ 소방시설법 제15조(건설현장의 임시소방시설 설치 및 관리)
① 「건설산업기본법」 제2조제4호에 따른 건설공사를 하는 자(이하 "공사시공자"라 한다)는 특정소방대상물의 신축·증축·개축·재축·이전·용도변경·대수선 또는 설비 설치 등을 위한 공사 현장에서 인화성(引火性) 물품을 취급하는 작업 등 대통령령으로 정하는 작업(이하 "화재위험작업"이라 한다)을 하기 전에 설치 및 철거가 쉬운 화재대비시설(이하 "임시소방시설"이라 한다)을 설치하고 관리하여야 한다.

※ 화재예방법 제24조(특정소방대상물의 소방안전관리)
① 특정소방대상물 중 전문적인 안전관리가 요구되는 대통령령으로 정하는 특정소방대상물(이하 "소방안전관리대상물"이라 한다)의 관계인은 소방안전관리업무를 수행하기 위하여 제30조제1항에 따른 소방안전관리자 자격증을 발급받은 사람을 소방안전관리자로 선임하여야 한다.

27 정답 ② 기본서 1권 110p

해설

※ 소방기본법 시행령 별표3

위반행위	과태료 금액(만원)		
	1회	2회	3회 이상
가. 법 제17조의6제5항을 위반하여 한국119청소년단 또는 이와 유사한 명칭을 사용한 경우	100	150	200

28 정답 ④ 기본서 1권 110p

해설

※ 소방기본법 시행령 별표3

위반행위	과태료 금액(만원)		
	1회	2회	3회 이상
나. 법 제19조제1항을 위반하여 화재 또는 구조·구급이 필요한 상황을 거짓으로 알린 경우	200	400	500

PART 02 소방시설 설치 및 관리에 관한 법률

01 정답 ③   기본서 1권   155p

해설

ⓒ 50층 이상(지하층은 제외한다)이거나 지상으로부터 높이가 200미터 이상인 아파트등
ⓔ 창고시설 중 연면적 10만제곱미터 이상인 것 또는 지하층의 층수가 2개 층 이상이고 지하층의 바닥면적의 합계가 3만제곱미터 이상인 것
ⓐ 터널 중 수저(水底)터널 또는 길이가 5천미터 이상인 것

※ 소방시설법 시행령 제9조(성능위주설계를 해야 하는 특정소방대상물의 범위)
법 제8조제1항에서 "대통령령으로 정하는 특정소방대상물"이란 다음 각 호의 어느 하나에 해당하는 특정소방대상물(신축하는 것만 해당한다)을 말한다.

1. 연면적 20만제곱미터 이상인 특정소방대상물. 다만, 별표 2 제1호가목에 따른 아파트등(이하 "아파트등" 이라 한다)은 제외한다.
2. 50층 이상(지하층은 제외한다)이거나 지상으로부터 높이가 200미터 이상인 아파트등
3. 30층 이상(지하층을 포함한다)이거나 지상으로부터 높이가 120미터 이상인 특정소방대상물(아파트등은 제외한다)
4. 연면적 3만제곱미터 이상인 특정소방대상물로서 다음 각 목의 어느 하나에 해당하는 특정소방대상물
   가. 별표 2 제6호나목의 철도 및 도시철도 시설
   나. 별표 2 제6호다목의 공항시설
5. 별표 2 제16호의 창고시설 중 연면적 10만제곱미터 이상인 것 또는 지하층의 층수가 2개 층 이상이고 지하층의 바닥면적의 합계가 3만제곱미터 이상인 것
6. 하나의 건축물에 「영화 및 비디오물의 진흥에 관한 법률」제2조제10호에 따른 영화상영관이 10개 이상인 특정소방대상물
7. 「초고층 및 지하연계 복합건축물 재난관리에 관한 특별법」제2조제2호에 따른 지하연계 복합건축물에 해당하는 특정소방대상물
8. 별표 2 제27호의 터널 중 수저(水底)터널 또는 길이가 5천미터 이상인 것

02 정답 ③ 기본서 1권 200p

해설

ⓒ, ⓒ, ⓗ, ⓢ

※ 소방시설법 제18조(소방기술심의위원회)
① 다음 각 호의 사항을 심의하기 위하여 소방청에 중앙소방기술심의위원회(이하 "중앙위원회"라 한다)를 둔다.
  1. 화재안전기준에 관한 사항
  2. 소방시설의 구조 및 원리 등에서 공법이 특수한 설계 및 시공에 관한 사항
  3. 소방시설의 설계 및 공사감리의 방법에 관한 사항
  4. 소방시설공사의 하자를 판단하는 기준에 관한 사항
  5. 제8조제5항 단서에 따라 신기술·신공법 등 검토·평가에 고도의 기술이 필요한 경우로서 중앙위원회에 심의를 요청한 사항
  6. 그 밖에 소방기술 등에 관하여 대통령령으로 정하는 사항

② 다음 각 호의 사항을 심의하기 위하여 시·도에 지방소방기술심의위원회(이하 "지방위원회"라 한다)를 둔다.
  1. 소방시설에 하자가 있는지의 판단에 관한 사항
  2. 그 밖에 소방기술 등에 관하여 대통령령으로 정하는 사항

③ 중앙위원회 및 지방위원회의 구성·운영 등에 필요한 사항은 대통령령으로 정한다.

※ 소방시설법 시행령 제20조(소방기술심의위원회의 심의사항)
① 법 제18조제1항제6호에서 "대통령령으로 정하는 사항"이란 다음 각 호의 사항을 말한다.
  1. 연면적 10만제곱미터 이상의 특정소방대상물에 설치된 소방시설의 설계·시공·감리의 하자 유무에 관한 사항
  2. 새로운 소방시설과 소방용품 등의 도입 여부에 관한 사항
  3. 그 밖에 소방기술과 관련하여 소방청장이 소방기술심의위원회의 심의에 부치는 사항

② 법 제18조제2항제2호에서 "대통령령으로 정하는 사항"이란 다음 각 호의 사항을 말한다.
  1. 연면적 10만제곱미터 미만의 특정소방대상물에 설치된 소방시설의 설계·시공·감리의 하자 유무에 관한 사항
  2. 소방본부장 또는 소방서장이 「위험물안전관리법」 제2조제1항제6호에 따른 제조소등(이하 "제조소등"이라 한다)의 시설기준 또는 화재안전기준의 적용에 관하여 기술검토를 요청하는 사항
  3. 그 밖에 소방기술과 관련하여 특별시장·광역시장·특별자치시장·도지사 또는 특별자치도지사(이하 "시·도지사"라 한다)가 소방기술심의위원회의 심의에 부치는 사항

03 정답 ① 기본서 1권 193p

해설

ㄹ 연결송수관설비

※ 소방시설법 시행령 별표6

구분	특정소방대상물	설치하지 않을 수 있는 소방시설
1. 화재 위험도가 낮은 특정소방대상물	석재, 불연성금속, 불연성 건축재료 등의 가공공장·기계조립공장 또는 불연성 물품을 저장하는 창고	옥외소화전 및 연결살수설비
2. 화재안전기준을 적용하기 어려운 특정소방대상물	펄프공장의 작업장, 음료수 공장의 세정 또는 충전을 하는 작업장, 그 밖에 이와 비슷한 용도로 사용하는 것	스프링클러설비, 상수도소화용수설비 및 연결살수설비
	정수장, 수영장, 목욕장, 농예·축산·어류양식용 시설, 그 밖에 이와 비슷한 용도로 사용되는 것	자동화재탐지설비, 상수도소화용수설비 및 연결살수설비
3. 화재안전기준을 달리 적용해야 하는 특수한 용도 또는 구조를 가진 특정소방대상물	원자력발전소, 중·저준위방사성폐기물의 저장시설	연결송수관설비 및 연결살수설비
4. 자체소방대가 설치된 특정소방대상물	자체소방대가 설치된 제조소등에 부속된 사무실	옥내소화전설비, 소화용수설비, 연결살수설비 및 연결송수관설비

04 정답 ① 기본서 2권 251p

해설

※ 소방시설법 시행령 별표9
[소방시설관리업의 업종별 등록기준 및 영업범위]

기술인력 등 업종별	기술인력	영업범위

전문 소방시설관리업	가. 주된 기술인력
	  1) 소방시설관리사 자격을 취득한 후 소방 관련 실무경력이 5년 이상인 사람 1명 이상
	  2) 소방시설관리사 자격을 취득한 후 소방 관련 실무경력이 3년 이상인 사람 1명 이상
	나. 보조 기술인력
	  1) 고급점검자 이상의 기술인력: 2명 이상
	  2) 중급점검자 이상의 기술인력: 2명 이상
	  3) 초급점검자 이상의 기술인력: 2명 이상
		모든 특정소방대상물

일반 소방시설관리업	가. 주된 기술인력
	  소방시설관리사 자격을 취득한 후 소방 관련 실무경력이 1년 이상인 사람 1명 이상
	나. 보조 기술인력
	  1) 중급점검자 이상의 기술인력: 1명 이상
	  2) 초급점검자 이상의 기술인력: 1명 이상
		특정소방대상물 중 「화재의 예방 및 안전관리에 관한 법률 시행령」 별표 4에 따른 1급, 2급, 3급 소방안전관리대상물

05 정답 ① 기본서 1권 131p, 132p, 135p

해설

② 의료시설 : 치과의원, 정신의료기관
   → 치과의원은 근린생활시설(영 별표 2)
③ 운수시설 : 자동차검사장, 공항시설(항공관제탑을 포함)
   → 자동차검사장은 항공기 및 자동차 관련시설(영 별표 2)
④ 묘지 관련 시설 : 장례식장, 동물화장시설
   → 장례식장은 장례시설(영 별표 2)

06 정답 ③ 기본서 1권 161p

해설

㉠ 소방자동차 진입(통로) 동선 및 소방관 진입 경로 확보
㉢ 건축물의 규모와 특성을 고려한 최적의 소방시설 설치
㉤ 화재·피난 모의실험을 통한 화재위험성 및 피난안전성 검증
㉥ 건축물의 용도별 방화구획의 적정성

※ 소방시설법 시행규칙 제9조(성능위주설계 기준)
① 법 제8조제7항에 따른 성능위주설계의 기준은 다음 각 호와 같다.
  1. 소방자동차 진입(통로) 동선 및 소방관 진입 경로 확보
  2. 화재·피난 모의실험을 통한 화재위험성 및 피난안전성 검증
  3. 건축물의 규모와 특성을 고려한 최적의 소방시설 설치
  4. 소화수 공급시스템 최적화를 통한 화재피해 최소화 방안 마련
  5. 특별피난계단을 포함한 피난경로의 안전성 확보
  6. 건축물의 용도별 방화구획의 적정성
  7. 침수 등 재난상황을 포함한 지하층 안전확보 방안 마련
② 제1항에 따른 성능위주설계의 세부 기준은 소방청장이 정한다.

07 정답 ③ 기본서 1권 165p

해설

③ 평가단의 회의는 평가단장과 평가단장이 회의마다 지명하는 6명 이상 8명 이하의 평가단원으로 구성·운영하며, 과반수의 출석으로 개의(開議)하고 출석 평가단원 과반수의 찬성으로 의결한다. 다만, 성능위주설계의 변경신고에 대한 심의·의결을 하는 경우에는 건축물의 성능위주설계를 검토·평가한 평가단원 중 5명 이상으로 평가단을 구성·운영할 수 있다.

※ 소방시설법 시행규칙 제10조(평가단의 구성)
① 평가단은 평가단장을 포함하여 50명 이내의 평가단원으로 성별을 고려하여 구성한다.
② 평가단장은 화재예방 업무를 담당하는 부서의 장 또는 제3항에 따라 임명 또는 위촉된 평가단원 중에서 학식·경험·전문성 등을 종합적으로 고려하여 소방청장 또는 소방본부장이 임명하거나 위촉한다.
③ 평가단원은 다음 각 호의 어느 하나에 해당하는 사람 중에서 소방청장 또는 관할 소방본부장이 임명하거나 위촉한다. 다만, 관할 소방서의 해당 업무 담당 과장은 당연직 평가단원으로 한다.
  1. 소방공무원 중 다음 각 목의 어느 하나에 해당하는 사람
    가. 소방기술사
    나. 소방시설관리사
    다. 다음의 어느 하나에 해당하는 자격을 갖춘 사람으로서 「소방공무원 교육훈련규정」 제3조제2항에 따른 중앙소방학교에서 실시하는 성능위주설계 관련 교육과정을 이수한 사람
      1) 소방설비기사 이상의 자격을 가진 사람으로서 제3조에 따른 건축허가등의 동의 업무를 1년 이상 담당한 사람
      2) 건축 또는 소방 관련 석사 이상의 학위를 취득한 사람으로서 제3조에 따른 건축허가등의 동의 업무를 1년 이상 담당한 사람
  2. 건축 분야 및 소방방재 분야 전문가 중 다음 각 목의 어느 하나에 해당하는 사람
    가. 위원회 위원 또는 법 제18조제2항에 따른 지방소방기술심의위원회 위원
    나. 「고등교육법」 제2조에 따른 학교 또는 이에 준하는 학교나 공인된 연구기관에서 부교수 이상의 직(職) 또는 이에 상당하는 직에 있거나 있었던 사람으로서 화재안전 또는 관련 법령이나 정책에 전문성이 있는 사람
    다. 소방기술사
    라. 소방시설관리사
    마. 건축계획, 건축구조 또는 도시계획과 관련된 업종에 종사하는 사람으로서 건축사 또는 건축구조기술사 자격을 취득한 사람
    바. 「소방시설공사업법」 제28조제3항에 따른 특급감리원 자격을 취득한 사람으로 소방공사 현장 감리업무를 10년 이상 수행한 사람
④ 위촉된 평가단원의 임기는 2년으로 하되, 2회에 한정하여 연임할 수 있다.
⑤ 평가단장은 평가단을 대표하고 평가단의 업무를 총괄한다.
⑥ 평가단장이 부득이한 사유로 직무를 수행할 수 없을 때에는 평가단장이 미리 지정한 평가단원이 그 직무를 대리한다.

※ 소방시설법 시행규칙 제11조(평가단의 운영)
① 평가단의 회의는 평가단장과 평가단장이 회의마다 지명하는 6명 이상 8명 이하의 평가단원으로 구성·운영하며, 과반수의 출석으로 개의(開議)하고 출석 평가단원 과반수의 찬성으로 의결한다. 다만, 제6조제2항에 따른 성능위주설계의 변경신고에 대한 심의·의결을 하는 경우에는 제5조제2항에 따라 건축물의 성능위주설계를 검토·평가한 평가단원 중 5명 이상으로 평가단을 구성·운영할 수 있다.
② 평가단의 회의에 참석한 평가단원에게는 예산의 범위에서 수당, 여비, 그 밖에 필요한 경비를 지급할 수 있다. 다만, 소방공무원인 평가단원이 소관 업무와 관련하여 평가단의 회의에 참석하는 경우에는 그렇지 않다.
③ 제1항 및 제2항에서 규정한 사항 외에 평가단의 운영에 필요한 세부적인 사항은 소방청장 또는 관할 소방본부장이 정한다.

08 정답 ③ 　기본서 1권 　146~147p

해설

㉠ 특정소방대상물 중 노유자(老幼者) 시설 및 수련시설로서 연면적 200제곱미터 이상인 것
㉡ 차고·주차장으로 사용되는 바닥면적이 200제곱미터 이상인 층이 있는 건축물이나 주차시설
㉢ 가스시설로서 지상에 노출된 탱크의 저장용량의 합계가 100톤 이상인 것

※ 소방시설법 시행령 제7조(건축허가등의 동의대상물의 범위 등)
① 법 제6조제1항에 따라 건축물 등의 신축·증축·개축·재축·이전·용도변경 또는 대수선의 허가·협의 및 사용승인(「주택법」 제15조에 따른 승인 및 같은 법 제49조에 따른 사용검사, 「학교시설사업 촉진법」 제4조에 따른 승인 및 같은 법 제13조에 따른 사용승인을 포함하며, 이하 "건축허가등"이라 한다)을 할 때 미리 소방본부장 또는 소방서장의 동의를 받아야 하는 건축물 등의 범위는 다음 각 호와 같다.
1. 연면적(「건축법 시행령」 제119조제1항제4호에 따라 산정된 면적을 말한다. 이하 같다)이 400제곱미터 이상인 건축물이나 시설. 다만, 다음 각 목의 어느 하나에 해당하는 건축물이나 시설은 해당 목에서 정한 기준 이상인 건축물이나 시설로 한다.
    가. 「학교시설사업 촉진법」 제5조의2제1항에 따라 건축등을 하려는 학교시설: 100제곱미터
    나. 별표 2의 특정소방대상물 중 노유자(老幼者) 시설 및 수련시설: 200제곱미터
    다. 「정신건강증진 및 정신질환자 복지서비스 지원에 관한 법률」 제3조제5호에 따른 정신의료기관(입원실이 없는 정신건강의학과 의원은 제외하며, 이하 "정신의료기관"이라 한다): 300제곱미터
    라. 「장애인복지법」 제58조제1항제4호에 따른 장애인 의료재활시설(이하 "의료재활시설"이라 한다): 300제곱미터
2. 지하층 또는 무창층이 있는 건축물로서 바닥면적이 150제곱미터(공연장의 경우에는 100제곱미터) 이상인 층이 있는 것
3. 차고·주차장 또는 주차 용도로 사용되는 시설로서 다음 각 목의 어느 하나에 해당하는 것
    가. 차고·주차장으로 사용되는 바닥면적이 200제곱미터 이상인 층이 있는 건축물이나 주차시설
    나. 승강기 등 기계장치에 의한 주차시설로서 자동차 20대 이상을 주차할 수 있는 시설
4. 층수(「건축법 시행령」 제119조제1항제9호에 따라 산정된 층수를 말한다. 이하 같다)가 6층 이상인 건축물
5. 항공기 격납고, 관망탑, 항공관제탑, 방송용 송수신탑
6. 별표 2의 특정소방대상물 중 의원(입원실이 있는 것으로 한정한다)·조산원·산후조리원, 위험물 저장 및 처리 시설, 발전시설 중 풍력발전소·전기저장시설, 지하구(地下溝)
7. 제1호나목에 해당하지 않는 노유자 시설 중 다음 각 목의 어느 하나에 해당하는 시설. 다만, 가목2) 및 나목부터 바목까지의 시설 중 「건축법 시행령」 별표 1의 단독주택 또는 공동주택에 설치되는 시설은 제외한다.
    가. 별표 2 제9호가목에 따른 노인 관련 시설 중 다음의 어느 하나에 해당하는 시설
        1) 「노인복지법」 제31조제1호에 따른 노인주거복지시설, 같은 조 제2호에 따른 노인의료복지시설 및 같은 조 제4호에 따른 재가노인복지시설
        2) 「노인복지법」 제31조제7호에 따른 학대피해노인 전용쉼터
    나. 「아동복지법」 제52조에 따른 아동복지시설(아동상담소, 아동전용시설 및 지역아동센터는 제외한다)
    다. 「장애인복지법」 제58조제1항제1호에 따른 장애인 거주시설
    라. 정신질환자 관련 시설(「정신건강증진 및 정신질환자 복지서비스 지원에 관한 법률」 제27조제1항제2호에 따른 공동생활가정을 제외한 재활훈련시설과 같은 법 시행령 제16조제3호에 따른 종합시설 중 24시간 주거를 제공하지 않는 시설은 제외한다)
    마. 별표 2 제9호마목에 따른 노숙인 관련 시설 중 노숙인자활시설, 노숙인재활시설 및 노숙인요양시설
    바. 결핵환자나 한센인이 24시간 생활하는 노유자 시설

8. 「의료법」 제3조제2항제3호라목에 따른 요양병원(이하 "요양병원"이라 한다). 다만, 의료재활시설은 제외한다.
9. 별표 2의 특정소방대상물 중 공장 또는 창고시설로서 「화재의 예방 및 안전관리에 관한 법률 시행령」 별표 2에서 정하는 수량의 750배 이상의 특수가연물을 저장·취급하는 것
10. 별표 2 제17호나목에 따른 가스시설로서 지상에 노출된 탱크의 저장용량의 합계가 100톤 이상인 것

09

정답 ① **기본서 1권** 189p

해설

※ 소방시설법 시행령 제15조(특정소방대상물의 증축 또는 용도변경 시의 소방시설기준 적용의 특례)

① 법 제13조제3항에 따라 소방본부장 또는 소방서장은 특정소방대상물이 증축되는 경우에는 기존 부분을 포함한 특정소방대상물의 전체에 대하여 증축 당시의 소방시설의 설치에 관한 대통령령 또는 화재안전기준을 적용해야 한다. 다만, 다음 각 호의 어느 하나에 해당하는 경우에는 기존 부분에 대해서는 증축 당시의 소방시설의 설치에 관한 대통령령 또는 화재안전기준을 적용하지 않는다.

1. 기존 부분과 증축 부분이 <u>내화구조(耐火構造)</u>로 된 바닥과 벽으로 구획된 경우
2. 기존 부분과 증축 부분이 「건축법 시행령」 제46조제1항제2호에 따른 <u>자동방화셔터(이하 "자동방화셔터"라 한다) 또는 같은 영 제64조제1항제1호에 따른 60분+ 방화문(이하 "60분+ 방화문"이라 한다)으로 구획되어 있는 경우</u>
3. <u>자동차 생산공장 등 화재 위험이 낮은 특정소방대상물 내부에 연면적 33제곱미터 이하의 직원 휴게실을 증축하는 경우</u>
4. <u>자동차 생산공장 등 화재 위험이 낮은 특정소방대상물에 캐노피(기둥으로 받치거나 매달아 놓은 덮개를 말하며, 3면 이상에 벽이 없는 구조의 것을 말한다)를 설치하는 경우</u>

10

정답 ④ **기본서 1권** 237p

해설

④ 소방본부장 또는 소방서장은 이의신청을 받은 날부터 <u>10일</u> 이내에 심사·결정하여 그 결과를 지체 없이 신청인에게 알려야 한다.

※ 소방시설법 시행령 제36조(자체점검 결과 공개)

① 소방본부장 또는 소방서장은 법 제24조제2항에 따라 자체점검 결과를 공개하는 경우 30일 이상 법 제48조에 따른 전산시스템 또는 인터넷 홈페이지 등을 통해 공개해야 한다.
② 소방본부장 또는 소방서장은 제1항에 따라 자체점검 결과를 공개하려는 경우 공개 기간, 공개 내용 및 공개 방법을 해당 특정소방대상물의 관계인에게 미리 알려야 한다.
③ 특정소방대상물의 관계인은 제2항에 따라 공개 내용 등을 통보받은 날부터 10일 이내에 관할 소방본부장 또는 소방서장에게 이의신청을 할 수 있다.
④ 소방본부장 또는 소방서장은 제3항에 따라 이의신청을 받은 날부터 10일 이내에 심사·결정하여 그 결과를 지체 없이 신청인에게 알려야 한다.
⑤ 자체점검 결과의 공개가 제3자의 법익을 침해하는 경우에는 제3자와 관련된 사실을 제외하고 공개해야 한다.

11 정답 ② 기본서 1권 177~185p

해설

※ 소방시설법 시행령 별표4
ⓒ 지하층·무창층(축사는 제외한다)으로서 바닥면적이 600㎡ 이상인 층에는 옥내소화전설비를 설치해야 한다.
ⓜ 공장 또는 창고시설로서 「화재의 예방 및 안전관리에 관한 법률 시행령」에서 정하는 수량의 750배 이상의 특수가연물을 저장·취급하는 곳에는 옥외소화전설비를 설치해야 한다.
ⓗ 수련시설 내에 있는 기숙사 또는 합숙소로서 연면적 2천㎡ 미만인 것에는 단독경보형 감지기를 설치해야 한다.

12 정답 ③ 기본서 1권 164~165p

해설

ⓒ 평가단의 회의는 평가단장과 평가단장이 회의마다 지명하는 6명 이상 8명 이하의 평가단원으로 구성·운영하며, 과반수의 출석으로 개의(開議)하고 출석 평가단원 과반수의 찬성으로 의결한다.
ⓔ 소방공무원 중 소방시설관리사, 소방설비기사는 소방청장 또는 관할 소방본부장의 임명으로 평가단의 단원이 될 수 있다.
ⓜ 위촉된 평가단원의 임기는 2년으로 하되, 2회에 한정하여 연임할 수 있다.

※ 소방시설법 시행규칙 제10조(평가단의 구성)
① 평가단은 평가단장을 포함하여 50명 이내의 평가단원으로 성별을 고려하여 구성한다.
② 평가단장은 화재예방 업무를 담당하는 부서의 장 또는 제3항에 따라 임명 또는 위촉된 평가단원 중에서 학식·경험·전문성 등을 종합적으로 고려하여 소방청장 또는 소방본부장이 임명하거나 위촉한다.
③ 평가단원은 다음 각 호의 어느 하나에 해당하는 사람 중에서 소방청장 또는 관할 소방본부장이 임명하거나 위촉한다. 다만, 관할 소방서의 해당 업무 담당 과장은 당연직 평가단원으로 한다.
  1. 소방공무원 중 다음 각 목의 어느 하나에 해당하는 사람
    가. 소방기술사
    나. 소방시설관리사
    다. 다음의 어느 하나에 해당하는 자격을 갖춘 사람으로서 「소방공무원 교육훈련규정」 제3조제2항에 따른 중앙소방학교에서 실시하는 성능위주설계 관련 교육과정을 이수한 사람
      1) 소방설비기사 이상의 자격을 가진 사람으로서 제3조에 따른 건축허가등의 동의 업무를 1년 이상 담당한 사람
      2) 건축 또는 소방 관련 석사 이상의 학위를 취득한 사람으로서 제3조에 따른 건축허가등의 동의 업무를 1년 이상 담당한 사람

2. 건축 분야 및 소방방재 분야 전문가 중 다음 각 목의 어느 하나에 해당하는 사람

  가. 위원회 위원 또는 법 제18조제2항에 따른 지방소방기술심의위원회 위원

  나. 「고등교육법」 제2조에 따른 학교 또는 이에 준하는 학교나 공인된 연구기관에서 부교수 이상의 직(職) 또는 이에 상당하는 직에 있거나 있었던 사람으로서 화재안전 또는 관련 법령이나 정책에 전문성이 있는 사람

  다. 소방기술사

  라. 소방시설관리사

  마. 건축계획, 건축구조 또는 도시계획과 관련된 업종에 종사하는 사람으로서 건축사 또는 건축구조기술사 자격을 취득한 사람

  바. 「소방시설공사업법」 제28조제3항에 따른 특급감리원 자격을 취득한 사람으로 소방공사 현장 감리업무를 10년 이상 수행한 사람

④ 위촉된 평가단원의 임기는 2년으로 하되, 2회에 한정하여 연임할 수 있다.

⑤ 평가단장은 평가단을 대표하고 평가단의 업무를 총괄한다.

⑥ 평가단장이 부득이한 사유로 직무를 수행할 수 없을 때에는 평가단장이 미리 지정한 평가단원이 그 직무를 대리한다.

※ 소방시설법 시행규칙 제11조(평가단의 운영)

① 평가단의 회의는 평가단장과 평가단장이 회의마다 지명하는 6명 이상 8명 이하의 평가단원으로 구성·운영하며, 과반수의 출석으로 개의(開議)하고 출석 평가단원 과반수의 찬성으로 의결한다. 다만, 제6조제2항에 따른 성능위주설계의 변경신고에 대한 심의·의결을 하는 경우에는 제5조제2항에 따라 건축물의 성능위주설계를 검토·평가한 평가단원 중 5명 이상으로 평가단을 구성·운영할 수 있다.

② 평가단의 회의에 참석한 평가단원에게는 예산의 범위에서 수당, 여비, 그 밖에 필요한 경비를 지급할 수 있다. 다만, 소방공무원인 평가단원이 소관 업무와 관련하여 평가단의 회의에 참석하는 경우에는 그렇지 않다.

③ 제1항 및 제2항에서 규정한 사항 외에 평가단의 운영에 필요한 세부적인 사항은 소방청장 또는 관할 소방본부장이 정한다.

13 정답 ④ 기본서 1권 129p

해설

※ 시행령 별표 2

2. 근린생활시설

- 슈퍼마켓과 일용품 등의 소매점으로서 같은 건축물에 해당 용도로 쓰는 바닥면적의 합계가 <u>1천㎡</u> 미만인 것
- 금융업소, 사무소, 부동산중개사무소, 결혼상담소 등 소개업소, 출판사, 서점으로서 같은 건축물에 해당 용도로 쓰는 바닥면적의 합계가 <u>500㎡</u> 미만인 것

14 정답 ① 기본서 1권 129p

해설

※ 시행령 별표 2
2. 근린생활시설
   - 제조업소, 수리점으로서 같은 건축물에 해당 용도로 쓰는 바닥면적의 합계가 500㎡ 미만이고, 배출시설의 설치허가 또는 신고의 대상이 아닌 것
   - 공연장(극장, 영화상영관, 연예장, 음악당, 서커스장, 비디오물감상실업의 시설, 비디오물소극장업의 시설) 또는 종교집회장[교회, 성당, 사찰, 기도원, 수도원, 수녀원, 제실, 사당]으로서 같은 건축물에 해당 용도로 쓰는 바닥면적의 합계가 300㎡ 미만인 것

15 정답 ③ 기본서 1권 233p

해설

※ 소방시설법 시행규칙 제24조(이행계획 완료의 연기 신청 등)
① 법 제23조제5항 및 영 제35조제2항에 따라 이행계획 완료의 연기를 신청하려는 관계인은 제23조제5항에 따른 완료기간 만료일 3일 전까지 별지 제12호서식의 소방시설등의 자체점검 결과 이행계획 완료 연기신청서(전자문서로 된 신청서를 포함한다)에 기간 내에 이행계획을 완료하기 곤란함을 증명할 수 있는 서류(전자문서를 포함한다)를 첨부하여 소방본부장 또는 소방서장에게 제출해야 한다.
② 제1항에 따른 이행계획 완료의 연기 신청서를 제출받은 소방본부장 또는 소방서장은 연기 신청을 받은 날부터 3일 이내에 제23조제5항에 따른 완료기간의 연기 여부를 결정하여 별지 제13호서식의 소방시설등의 자체점검 결과 이행계획 완료 연기신청 결과 통지서를 연기 신청을 한 자에게 통보해야 한다.

PART 03 소방의 화재조사에 관한 법률

01

정답 ②   기본서 1권   309p

해설

ㄹ, ㅁ - 해당하지 않는다.

※ 화재조사법 제2조(정의)

① 이 법에서 사용하는 용어의 뜻은 다음과 같다.
  1. "화재"란 사람의 의도에 반하거나 고의 또는 과실에 의하여 발생하는 연소 현상으로서 소화할 필요가 있는 현상 또는 사람의 의도에 반하여 발생하거나 확대된 화학적 폭발현상을 말한다.
  2. "화재조사"란 소방청장, 소방본부장 또는 소방서장이 화재원인, 피해상황, 대응활동 등을 파악하기 위하여 자료의 수집, 관계인등에 대한 질문, 현장 확인, 감식, 감정 및 실험 등을 하는 일련의 행위를 말한다.
  3. "화재조사관"이란 화재조사에 전문성을 인정받아 화재조사를 수행하는 소방공무원을 말한다.
  4. "관계인등"이란 화재가 발생한 소방대상물의 소유자·관리자 또는 점유자(이하 "관계인"이라 한다) 및 다음 각 목의 사람을 말한다.
     가. 화재 현장을 발견하고 신고한 사람
     나. 화재 현장을 목격한 사람
     다. 소화활동을 행하거나 인명구조활동(유도대피 포함)에 관계된 사람
     라. 화재를 발생시키거나 화재발생과 관계된 사람
② 이 법에서 사용하는 용어의 뜻은 제1항에서 규정하는 것을 제외하고는 「소방기본법」, 「화재예방, 소방시설 설치·유지 및 안전관리에 관한 법률」에서 정하는 바에 따른다.

02

정답 ④   기본서 1권   316~318p

해설

④ 전담부서에 배치된 화재조사관은 의무 보수교육을 2년마다 받아야 한다. 다만, 전담부서에 배치된 후 처음 받는 의무 보수교육은 배치 후 1년 이내에 받아야 한다.

※ 화재조사법 시행규칙 제4조(화재조사에 관한 시험)

제4조(화재조사에 관한 시험)

① 소방청장이 영 제5조제1항제1호의 화재조사에 관한 시험(이하 "자격시험"이라 한다)을 실시하는 경우에는 시험의 과목·일시·장소 및 응시 자격·절차 등을 시험 실시 30일 전까지 소방청의 인터넷 홈페이지에 공고해야 한다.
② 자격시험에 응시할 수 있는 사람은 소방공무원 중 다음 각 호의 어느 하나에 해당하는 사람으로 한다.
  1. 영 제6조제1항제1호의 화재조사관 양성을 위한 전문교육을 이수한 사람
  2. 국립과학수사연구원 또는 소방청장이 인정하는 외국의 화재조사 관련 기관에서 8주 이상 화재조사에 관한 전문교육을 이수한 사람
③ 자격시험은 1차 시험과 2차 시험으로 구분하여 실시하며, 1차 시험에 합격한 사람만이 2차 시험에 응시할 수 있다.

④ 소방청장은 영 제5조제1항 각 호의 소방공무원에게 별지 제1호서식의 화재조사관 자격증을 발급해야 한다.
⑤ 소방청장은 자격시험에서 부정한 행위를 한 사람에 대해서는 그 시험을 정지 또는 무효로 하거나 합격을 취소한다.

※ 화재조사법 시행규칙 제5조(화재조사에 관한 교육훈련)
① 영 제6조제1항제1호의 화재조사관 양성을 위한 전문교육의 내용은 다음 각 호와 같다.
  1. 화재조사 이론과 실습
  2. 화재조사 시설 및 장비의 사용에 관한 사항
  3. 주요·특이 화재조사, 감식·감정에 관한 사항
  4. 화재조사 관련 정책 및 법령에 관한 사항
  5. 그 밖에 소방청장이 화재조사 관련 전문능력의 배양을 위해 필요하다고 인정하는 사항
② 전담부서에 배치된 화재조사관은 영 제6조제1항제3호의 의무 보수교육을 2년마다 받아야 한다. 다만, 전담부서에 배치된 후 처음 받는 의무 보수교육은 배치 후 1년 이내에 받아야 한다.
③ 소방관서장은 제2항에 따라 의무 보수교육을 이수하지 않은 사람에게 보수교육을 이수할 때까지 화재조사 업무를 수행하게 해서는 안 된다.
④ 제1항부터 제3항까지에서 규정한 사항 외에 화재조사에 관한 교육훈련에 필요한 사항은 소방청장이 정한다.

03

정답 ③ **기본서 1권** 314p, 319p, 328p, 336p

해설
③ 국가화재정보시스템의 운영
  → 소방청장의 권한

① 화재조사전담부서의 설치 및 운영
  → 화재조사법 제6조(화재조사전담부서의 설치·운영 등)
    ① 소방관서장은 전문성에 기반하는 화재조사를 위하여 화재조사전담부서(이하 "전담부서"라 한다)를 설치·운영하여야 한다.
② 화재조사 결과의 공표
  → 화재조사법 제14조(화재조사 결과의 공표)
    ① 소방관서장은 국민이 유사한 화재로부터 피해를 입지 않도록 하기 위한 경우 등 필요한 경우 화재조사 결과를 공표할 수 있다.
③ 국가화재정보시스템의 운영
  → 화재조사법 제19조(국가화재정보시스템의 구축·운영)
    ① 소방청장은 화재조사 결과, 화재원인, 피해상황 등에 관한 화재정보를 종합적으로 수집·관리하여 화재예방과 소방활동에 활용할 수 있는 국가화재정보시스템을 구축·운영하여야 한다.
④ 화재합동조사단의 구성 및 운영
  → 화재조사법 제7조(화재합동조사단의 구성·운영)
    ① 소방관서장은 사상자가 많거나 사회적 이목을 끄는 화재 등 대통령령으로 정하는 대형화재 등이 발생한 경우 종합적이고 정밀한 화재조사를 위하여 유관기관 및 관계 전문가를 포함한 화재합동조사단을 구성·운영할 수 있다.

04 정답 ③   기본서 1권   332~333p

해설

③ 화재조사관 자격 취득 후 화재조사 관련 분야에서 5년 이상 근무한 사람은 화재감정기관의 주된 기술인력이 될 자격이 된다.

※ 화재조사법 제17조(감정기관의 지정·운영 등)
① 소방청장은 과학적이고 전문적인 화재조사를 위하여 대통령령으로 정하는 시설과 전문인력 등 지정기준을 갖춘 기관을 화재감정기관(이하 "감정기관"이라 한다)으로 지정·운영하여야 한다.
② 소방청장은 제1항에 따라 지정된 감정기관에서의 과학적 조사·분석 등에 소요되는 비용의 전부 또는 일부를 지원할 수 있다.
③ 소방청장은 감정기관으로 지정받은 자가 다음 각 호의 어느 하나에 해당하는 경우에는 지정을 취소할 수 있다. 다만, 제1호에 해당하는 경우에는 지정을 취소하여야 한다.
  1. 거짓이나 그 밖의 부정한 방법으로 지정을 받은 경우
  2. 제1항에 따른 지정기준에 적합하지 아니하게 된 경우
  3. 고의 또는 중대한 과실로 감정 결과를 사실과 다르게 작성한 경우
  4. 그 밖에 대통령령으로 정하는 사항을 위반한 경우
④ 소방청장은 제3항에 따라 감정기관의 지정을 취소하려면 청문을 하여야 한다.
⑤ 감정기관의 지정기준, 지정 절차, 지정 취소 및 운영 등에 필요한 사항은 대통령령으로 정한다.

※ 화재조사법 시행령 제12조(화재감정기관의 지정기준)
① 법 제17조제1항에서 "대통령령으로 정하는 시설과 전문인력 등 지정기준"이란 다음 각 호의 기준을 말한다.
  1. 화재조사를 수행할 수 있는 다음 각 목의 시설을 모두 갖출 것
    가. 증거물, 화재조사 장비 등을 안전하게 보호할 수 있는 설비를 갖춘 시설
    나. 증거물 등을 장기간 보존·보관할 수 있는 시설
    다. 증거물의 감식·감정을 수행하는 과정 등을 촬영하고 이를 디지털파일의 형태로 처리·보관할 수 있는 시설
  2. 화재조사에 필요한 다음 각 목의 구분에 따른 전문인력을 각각 보유할 것
    가. 주된 기술인력: 다음의 어느 하나에 해당하는 사람을 2명 이상 보유할 것
      1) 「국가기술자격법」에 따른 국가기술자격의 직무분야 중 화재감식평가 분야의 기사 자격 취득 후 화재조사 관련 분야에서 5년 이상 근무한 사람
      2) 화재조사관 자격 취득 후 화재조사 관련 분야에서 5년 이상 근무한 사람
      3) 이공계 분야의 박사학위 취득 후 화재조사 관련 분야에서 2년 이상 근무한 사람
    나. 보조 기술인력: 다음의 어느 하나에 해당하는 사람을 3명 이상 보유할 것
      1) 「국가기술자격법」에 따른 국가기술자격의 직무분야 중 화재감식평가 분야의 기사 또는 산업기사 자격을 취득한 사람
      2) 화재조사관 자격을 취득한 사람
      3) 소방청장이 인정하는 화재조사 관련 국제자격증 소지자
      4) 이공계 분야의 석사 이상 학위 취득 후 화재조사 관련 분야에서 1년 이상 근무한 사람
  3. 화재조사를 수행할 수 있는 감식·감정 장비, 증거물 수집 장비 등을 갖출 것
② 법 제17조제1항에 따라 지정된 화재감정기관(이하 "화재감정기관"이라 한다)이 갖추어야 할 시설과 전문인력 등에 관한 세부적인 기준은 소방청장이 정하여 고시한다.

05 정답 ② 기본서 1권 315p

해설

㉠ 산업용실체현미경 - 감식기기
㉡ 디지털풍향풍속기록계 - 기록용 기기
㉢ 직류전압전류계 - 감정용기기
㉣ 정밀저울 - 기록용 기기
㉤ 접지저항계 - 감식기기
㉥ 금속현미경 - 감정용기기

※ 소방의 화재조사에 관한 법률 시행규칙 별표

구분	기자재명 및 시설규모
기록용 기기 (13종)	디지털카메라(DSLR)세트, 비디오카메라세트, TV, 적외선거리측정기, 디지털온도·습도측정시스템, 디지털풍향풍속기록계, 정밀저울, 버니어캘리퍼스(아들자가 달려 두께나 지름을 재는 기구), 웨어러블캠, 3D스캐너, 3D카메라(AR), 3D캐드시스템, 드론
감식기기 (16종)	절연저항계, 멀티테스터기, 클램프미터, 정전기측정장치, 누설전류계, 검전기, 복합가스측정기, 가스(유증)검지기, 확대경, 산업용실체현미경, 적외선열상카메라, 접지저항계, 휴대용디지털현미경, 디지털탄화심도계, 슈미트해머(콘크리트 반발 경도 측정기구), 내시경현미경
감정용 기기 (21종)	가스크로마토그래피, 고속카메라세트, 화재시뮬레이션시스템, X선 촬영기, 금속현미경, 시편(試片)절단기, 시편성형기, 시편연마기, 접점저항계, 직류전압전류계, 교류전압전류계, 오실로스코프(변화가 심한 전기 현상의 파형을 눈으로 관찰하는 장치), 주사전자현미경, 인화점측정기, 발화점측정기, 미량융점측정기, 온도기록계, 폭발압력측정기세트, 전압조정기(직류, 교류), 적외선분광광도계, 전기단락흔실험장치[1차 용융흔(鎔融痕), 2차 용융흔(鎔融痕), 3차 용융흔(鎔融痕) 측정 가능]

06

정답 ③ **기본서 1권** 341p

해설

※ 소방의 화재조사에 관한 법률 시행령 별표

위반행위	과태료 금액(만 원)		
	1회	2회	3회
다. 정당한 사유 없이 법 제10조제1항에 따른 출석을 거부하거나 질문에 대하여 거짓으로 진술한 경우	100	150	200

07

정답 ③ **기본서 1권** 315p

해설

③ 접지저항계 - 감식기기

※ 시행규칙 별표 (전담부서에 갖추어야 할 장비와 시설)

구분	기자재명 및 시설규모
감정용기기 (21종)	가스크로마토그래피, 고속카메라세트, 화재시뮬레이션시스템, X선 촬영기, 금속현미경, 시편(試片)절단기, 시편성형기, 시편연마기, 접점저항계, 직류전압전류계, 교류전압전류계, 오실로스코프(변회기 심한 전기 현상의 피형을 눈으로 관찰하는 장치), 주사진자현미경, 인화짐측징기, 빌화점측정기, 미량용점측정기, 온도기록계, 폭발압력측정기세트, 전압조정기(직류, 교류), 적외선분광광도계, 전기단락흔실험장치[1차 용융흔(鎔融痕), 2차 용융흔(鎔融痕), 3차 용융흔(鎔融痕) 측정 가능]
감식기기 (16종)	절연저항계, 멀티테스터기, 클램프미터, 정전기측정장치, 누설전류계, 검전기, 복합가스측정기, 가스(유증)검지기, 확대경, 산업용실체현미경, 적외선열상카메라, 접지저항계, 휴대용디지털현미경, 디지털탄화심도계, 슈미트해머(콘크리트 반발 경도 측정기구), 내시경현미경

PART 04 화재의 예방 및 안전관리에 관한 법률

01 정답 ①   기본서 2권   101p

해설

- 의용소방대원으로 (3)년 이상 근무한 경력이 있는 사람
- 군부대 및 의무소방대의 소방대원으로 (1)년 이상 근무한 경력이 있는 사람
- 자체소방대의 소방대원으로 (3)년 이상 근무한 경력이 있는 사람
- 경호공무원으로서 (2)년 이상 안전검측 업무에 종사한 경력이 있는 사람
- 경찰공무원으로 (3)년 이상 근무한 경력이 있는 사람

※ 2급 소방안전관리자 응시자격(영 별표 6)
3. 2급 소방안전관리자
   가. 대학 또는 고등학교에서 소방안전관리학과를 전공하고 졸업한 사람(법령에 따라 이와 같은 수준의 학력이 있다고 인정되는 사람을 포함한다)
   나. 다음의 어느 하나에 해당하는 사람
      1) 대학 또는 고등학교에서 소방안전 관련 교과목을 6학점 이상 이수하고 졸업한 사람
      2) 법령에 따라 1)에 해당하는 사람과 같은 수준의 학력이 있다고 인정되는 사람으로서 해당 학력 취득 과정에서 소방안전 관련 교과목을 6학점 이상 이수한 사람
      3) 대학 또는 고등학교에서 소방안전 관련 학과를 전공하고 졸업한 사람(법령에 따라 이와 같은 수준의 학력이 있다고 인정되는 사람을 포함한다)
   다. 소방본부 또는 소방서에서 1년 이상 화재진압 또는 그 보조 업무에 종사한 경력이 있는 사람
   라. 「의용소방대 설치 및 운영에 관한 법률」 제3조에 따라 의용소방대원으로 임명되어 3년 이상 근무한 경력이 있는 사람
   마. 군부대(주한 외국군부대를 포함한다) 및 의무소방대의 소방대원으로 1년 이상 근무한 경력이 있는 사람
   바. 「위험물안전관리법」 제19조에 따른 자체소방대의 소방대원으로 3년 이상 근무한 경력이 있는 사람
   사. 「대통령 등의 경호에 관한 법률」에 따른 경호공무원 또는 별정직공무원으로서 2년 이상 안전검측 업무에 종사한 경력이 있는 사람
   아. 경찰공무원으로 3년 이상 근무한 경력이 있는 사람
   자. 법 제34조제1항제1호에 따른 강습교육 중 이 영 제33조제1호부터 제3호까지에 해당하는 사람을 대상으로 하는 강습교육을 수료한 사람
   차. 「공공기관의 소방안전관리에 관한 규정」 제5조제1항제2호나목에 따른 강습교육을 수료한 사람
   카. 특급 소방안전관리대상물, 1급 소방안전관리대상물, 2급 소방안전관리대상물 또는 3급 소방안전관리대상물의 소방안전관리보조자로 3년 이상 근무한 실무경력이 있는 사람
   타. 3급 소방안전관리대상물의 소방안전관리자로 2년 이상 근무한 실무경력이 있는 사람
   파. 건축사·산업안전기사·산업안전산업기사·건축기사·건축산업기사·일반기계기사·전기기능장·전기기사·전기산업기사·전기공사기사·전기공사산업기사·건설안전기사 또는 건설안전산업기사 자격을 가진 사람
   하. 제1호 및 제2호에 따라 특급 또는 1급 소방안전관리대상물의 소방안전관리자 시험응시 자격이 인정되는 사람

02 정답 ③ 기본서 2권 136p

해설

※ 화재예방법 시행령 제44조(화재예방안전진단의 실시 절차 등)

② 화재예방안전진단을 받은 소방안전 특별관리시설물의 관계인은 제3항에 따른 안전등급(이하 "안전등급"이라 한다)에 따라 정기적으로 다음 각 호의 기간에 법 제41조제1항에 따라 화재예방안전진단을 받아야 한다.
   1. 안전등급이 우수인 경우: 안전등급을 통보받은 날부터 6년이 경과한 날이 속하는 해
   2. 안전등급이 양호·보통인 경우: 안전등급을 통보받은 날부터 5년이 경과한 날이 속하는 해
   3. 안전등급이 미흡·불량인 경우: 안전등급을 통보받은 날부터 4년이 경과한 날이 속하는 해

03 정답 ③ 기본서 2권 53p

해설

ⓒ 고무류·플라스틱류(발포시킨 것) - 20세제곱미터 이상
② 가연성 고체류 - 3,000킬로그램 이상
ⓑ 가연성 액체류 - 2세제곱미터 이상

※ 화재예방법 시행령 별표2

특수가연물(제19조제1항 관련)

품명		수량
면화류		200킬로그램 이상
나무껍질 및 대팻밥		400킬로그램 이상
넝마 및 종이부스러기		1,000킬로그램 이상
사류(絲類)		1,000킬로그램 이상
볏짚류		1,000킬로그램 이상
가연성 고체류		3,000킬로그램 이상
석탄·목탄류		10,000킬로그램 이상
가연성 액체류		2세제곱미터 이상
목재가공품 및 나무부스러기		10세제곱미터 이상
고무류·플라스틱류	발포시킨 것	20세제곱미터 이상
	그 밖의 것	3,000킬로그램 이상

04

정답 ④ 기본서 2권 29p

해설

※ 화재예방법 시행령 제8조(화재안전조사의 방법·절차 등)

⑤ 소방관서장은 화재안전조사를 효율적으로 실시하기 위하여 필요한 경우 다음 각 호의 기관의 장과 합동으로 조사반을 편성하여 화재안전조사를 할 수 있다.
 1. 관계 중앙행정기관 또는 지방자치단체
 2. 「소방기본법」 제40조에 따른 한국소방안전원(이하 "안전원"이라 한다)
 3. 「소방산업의 진흥에 관한 법률」 제14조에 따른 한국소방산업기술원(이하 "기술원"이라 한다)
 4. 「화재로 인한 재해보상과 보험가입에 관한 법률」 제11조에 따른 한국화재보험협회(이하 "화재보험협회"라 한다)
 5. 「고압가스 안전관리법」 제28조에 따른 한국가스안전공사(이하 "가스안전공사"라 한다)
 6. 「전기안전관리법」 제30조에 따른 한국전기안전공사(이하 "전기안전공사"라 한다)
 7. 그 밖에 소방청장이 정하여 고시하는 소방 관련 법인 또는 단체

05

정답 ② 기본서 2권 28~29p

해설

ⓒ 화재안전조사는 관계인의 승낙 없이 소방대상물의 공개시간 또는 근무시간 이외에는 할 수 없다. 다만, <u>화재가 발생할 우려가 뚜렷하여 긴급하게 조사할 필요가 있는 경우에는 그러하지 아니하다.</u>

※ 화재예방법 제8조(화재안전조사의 방법·절차 등)

① 소방관서장은 화재안전조사를 조사의 목적에 따라 제7조제2항에 따른 화재안전조사의 항목 전체에 대하여 종합적으로 실시하거나 특정 항목에 한정하여 실시할 수 있다.
② 소방관서장은 화재안전조사를 실시하려는 경우 사전에 관계인에게 조사대상, 조사기간 및 조사사유 등을 우편, 전화, 전자메일 또는 문자전송 등을 통하여 통지하고 이를 대통령령으로 정하는 바에 따라 인터넷 홈페이지나 제16조제3항의 전산시스템 등을 통하여 공개하여야 한다. 다만, 다음 각 호의 어느 하나에 해당하는 경우에는 그러하지 아니하다.
 1. 화재가 발생할 우려가 뚜렷하여 긴급하게 조사할 필요가 있는 경우
 2. 제1호 외에 화재안전조사의 실시를 사전에 통지하거나 공개하면 조사목적을 달성할 수 없다고 인정되는 경우
③ 화재안전조사는 관계인의 승낙 없이 소방대상물의 공개시간 또는 근무시간 이외에는 할 수 없다. 다만, 제2항제1호에 해당하는 경우에는 그러하지 아니하다.
④ 제2항에 따른 통지를 받은 관계인은 천재지변이나 그 밖에 대통령령으로 정하는 사유로 화재안전조사를 받기 곤란한 경우에는 화재안전조사를 통지한 소방관서장에게 대통령령으로 정하는 바에 따라 화재안전조사를 연기하여 줄 것을 신청할 수 있다. 이 경우 소방관서장은 연기신청 승인 여부를 결정하고 그 결과를 조사 시작 전까지 관계인에게 알려 주어야 한다.
⑤ 제1항부터 제4항까지에서 규정한 사항 외에 화재안전조사의 방법 및 절차 등에 필요한 사항은 대통령령으로 정한다.

06 정답 ④ 기본서 2권 54~55p

해설

㉠ 살수설비를 설치하거나 방사능력 범위에 해당 특수가연물이 포함되도록 대형수동식소화기를 설치하는 경우 쌓는 높이는 15미터 이하로 한다.
㉢ 쌓는 부분 바닥면적의 사이는 실내의 경우 1.2미터 또는 쌓는 높이의 1/2 중 큰 값 이상으로 간격을 두어야 하며, 실외의 경우 3미터 또는 쌓는 높이 중 큰 값 이상으로 간격을 둘 것
㉤ 특수가연물 표지는 한 변의 길이가 0.3미터 이상, 다른 한 변의 길이가 0.6미터 이상인 직사각형으로 할 것

※ 화재예방법 시행령 별표3
[특수가연물의 저장 및 취급 기준]

1. 특수가연물의 저장·취급 기준
   특수가연물은 다음 각 목의 기준에 따라 쌓아 저장해야 한다. 다만, 석탄·목탄류를 발전용(發電用)으로 저장하는 경우는 제외한다.
   가. 품명별로 구분하여 쌓을 것
   나. 다음의 기준에 맞게 쌓을 것

구분	살수설비를 설치하거나 방사능력 범위에 해당 특수가연물이 포함되도록 대형수동식소화기를 설치하는 경우	그 밖의 경우
높이	15미터 이하	10미터 이하
쌓는 부분의 바닥면적	200제곱미터(석탄·목탄류의 경우에는 300제곱미터) 이하	50제곱미터(석탄·목탄류의 경우에는 200제곱미터) 이하

   다. 실외에 쌓아 저장하는 경우 쌓는 부분이 대지경계선, 도로 및 인접 건축물과 최소 6미터 이상 간격을 둘 것. 다만, 쌓는 높이보다 0.9미터 이상 높은 「건축법 시행령」 제2조제7호에 따른 내화구조(이하 "내화구조"라 한다) 벽체를 설치한 경우는 그렇지 않다.
   라. 실내에 쌓아 저장하는 경우 주요구조부는 내화구조이면서 불연재료여야 하고, 다른 종류의 특수가연물과 같은 공간에 보관하지 않을 것. 다만, 내화구조의 벽으로 분리하는 경우는 그렇지 않다.
   마. 쌓는 부분 바닥면적의 사이는 실내의 경우 1.2미터 또는 쌓는 높이의 1/2 중 큰 값 이상으로 간격을 두어야 하며, 실외의 경우 3미터 또는 쌓는 높이 중 큰 값 이상으로 간격을 둘 것

2. 특수가연물 표지
   가. 특수가연물을 저장 또는 취급하는 장소에는 품명, 최대저장수량, 단위부피당 질량 또는 단위체적당 질량, 관리책임자 성명·직책, 연락처 및 화기취급의 금지표시가 포함된 특수가연물 표지를 설치해야 한다.
   나. 특수가연물 표지의 규격은 다음과 같다.
      1) 특수가연물 표지는 한 변의 길이가 0.3미터 이상, 다른 한 변의 길이가 0.6미터 이상인 직사각형으로 할 것
      2) 특수가연물 표지의 바탕은 흰색으로, 문자는 검은색으로 할 것. 다만, "화기엄금" 표시 부분은 제외한다.
      3) 특수가연물 표지 중 화기엄금 표시 부분의 바탕은 붉은색으로, 문자는 백색으로 할 것
   다. 특수가연물 표지는 특수가연물을 저장하거나 취급하는 장소 중 보기 쉬운 곳에 설치해야 한다.

07 정답 ③ 기본서 2권 49~52p

해설

※ 화재예방법 시행령 별표1
ⓒ 보일러에 경유·등유 등 액체연료를 사용할 때에는 연료탱크에는 화재 등 긴급상황이 발생하는 경우 연료를 차단할 수 있는 개폐밸브를 연료탱크로부터 <u>0.5미터</u> 이내에 설치해야 한다.
ⓓ 건조설비의 경우 건조설비와 벽·천장 사이의 거리는 <u>0.5미터</u> 이상이어야 한다.
ⓔ 불꽃을 사용하는 용접·용단 기구의 경우 용접 또는 용단 작업장 주변 <u>반경 5미터</u> 이내에 소화기를 갖추어 두어야 한다.

08 정답 ① 기본서 2권 54~55p

해설

※ 화재예방법 시행령 별표3
- 실외에 쌓아 저장하는 경우 쌓는 부분이 대지경계선, 도로 및 인접 건축물과 최소 (6)미터 이상 간격을 둘 것. 다만, 쌓는 높이보다 (0.9)미터 이상 높은 「건축법 시행령」에 따른 내화구조 벽체를 설치한 경우는 그렇지 않다.
- 쌓는 부분 바닥면적의 사이는 실내의 경우 (1.2)미터 또는 쌓는 높이의 1/2 중 큰 값 이상으로 간격을 두어야 하며, 실외의 경우 (3)미터 또는 쌓는 높이 중 큰 값 이상으로 간격을 둘 것

09 정답 ① 기본서 2권 14p

해설

예방이란 화재와 재난, 재해의 위험으로부터 사람의 생명·신체 및 재산을 보호하기 위하여 화재발생을 사후에 제거하거나 방지하기 위한 모든 활동을 말한다.
→ 예방이란 <u>화재</u>의 위험으로부터 사람의 생명·신체 및 재산을 보호하기 위하여 화재발생을 <u>사전</u>에 제거하거나 방지하기 위한 모든 활동을 말한다.

1. "예방"이란 화재의 위험으로부터 사람의 생명·신체 및 재산을 보호하기 위하여 화재발생을 사전에 제거하거나 방지하기 위한 모든 활동을 말한다.
2. "안전관리"란 화재로 인한 피해를 최소화하기 위한 예방, 대비, 대응 등의 활동을 말한다.
3. "화재안전조사"란 소방청장, 소방본부장 또는 소방서장(이하 "소방관서장"이라 한다)이 소방대상물, 관계지역 또는 관계인에 대하여 소방시설등(「소방시설 설치 및 관리에 관한 법률」 제2조제1항제2호에 따른 소방시설 등을 말한다. 이하 같다)이 소방 관계 법령에 적합하게 설치·관리되고 있는지, 소방대상물에 화재의 발생 위험이 있는지 등을 확인하기 위하여 실시하는 현장조사·문서열람·보고요구 등을 하는 활동을 말한다.
4. "화재예방강화지구"란 특별시장·광역시장·특별자치시장·도지사 또는 특별자치도지사(이하 "시·도지사"라 한다)가 화재발생 우려가 크거나 화재가 발생할 경우 피해가 클 것으로 예상되는 지역에 대하여 화재의 예방 및 안전관리를 강화하기 위해 지정·관리하는 지역을 말한다.
5. "화재예방안전진단"이란 화재가 발생할 경우 사회·경제적으로 피해 규모가 클 것으로 예상되는 소방대상물에 대하여 화재위험요인을 조사하고 그 위험성을 평가하여 개선대책을 수립하는 것을 말한다.

10 정답 ② 기본서 2권 62p

해설
② 심의회는 위원장 1명을 포함한 12명 이내의 위원으로 구성한다.

※ 화재예방법 제22조(화재안전영향평가심의회)
① 소방청장은 화재안전영향평가에 관한 업무를 수행하기 위하여 화재안전영향평가심의회(이하 "심의회"라 한다)를 구성·운영할 수 있다.
② 심의회는 위원장 1명을 포함한 12명 이내의 위원으로 구성한다.
③ 위원장은 위원 중에서 호선하고, 위원은 다음 각 호의 사람으로 한다.
  1. 화재안전과 관련되는 법령이나 정책을 담당하는 관계 기관의 소속 직원으로서 대통령령으로 정하는 사람
  2. 소방기술사 등 대통령령으로 정하는 화재안전과 관련된 분야의 학식과 경험이 풍부한 전문가로서 소방청장이 위촉한 사람
④ 제2항 및 제3항에서 규정한 사항 외에 심의회의 구성·운영 등에 필요한 사항은 대통령령으로 정한다.

11 정답 ④ 기본서 2권 136p

해설
㉠ 발전소 중 연면적이 5천제곱미터 이상인 발전소
㉢ 도시철도시설 중 역사 및 역 시설의 연면적이 5천제곱미터 이상인 도시철도시설
㉣ 가스공급시설 중 가연성 가스 탱크의 저장용량의 합계가 100톤 이상이거나 저장용량이 30톤 이상인 가연성 가스 탱크가 있는 가스공급시설

※ 화재예방법 시행령 제43조(화재예방안전진단의 대상)
법 제41조제1항에서 "대통령령으로 정하는 소방안전 특별관리시설물"이란 다음 각 호의 시설을 말한다.
  1. 법 제40조제1항제1호에 따른 공항시설 중 여객터미널의 연면적이 1천제곱미터 이상인 공항시설
  2. 법 제40조제1항제2호에 따른 철도시설 중 역 시설의 연면적이 5천제곱미터 이상인 철도시설
  3. 법 제40조제1항제3호에 따른 도시철도시설 중 역사 및 역 시설의 연면적이 5천제곱미터 이상인 도시철도시설
  4. 법 제40조제1항제4호에 따른 항만시설 중 여객이용시설 및 지원시설의 연면적이 5천제곱미터 이상인 항만시설
  5. 법 제40조제1항제10호에 따른 전력용 및 통신용 지하구 중 「국토의 계획 및 이용에 관한 법률」 제2조제9호에 따른 공동구
  6. 법 제40조제1항제12호에 따른 천연가스 인수기지 및 공급망 중 「소방시설 설치 및 관리에 관한 법률 시행령」 별표 2 제17호나목에 따른 가스시설
  7. 제41조제2항제1호에 따른 발전소 중 연면적이 5천제곱미터 이상인 발전소
  8. 제41조제2항제3호에 따른 가스공급시설 중 가연성 가스 탱크의 저장용량의 합계가 100톤 이상이거나 저장용량이 30톤 이상인 가연성 가스 탱크가 있는 가스공급시설

12

정답 ④　기본서 2권　109~110p

④ 소방청장은 해당 연도의 실무교육이 끝난 날부터 30일 이내에 그 결과를 <u>소방본부장 또는 소방서장</u>에게 통보해야 한다.

※ 화재예방법 시행규칙 제29조(실무교육의 실시)
① 소방청장은 법 제34조제1항제2호에 따른 실무교육(이하 "실무교육"이라 한다)의 대상·일정·횟수 등을 포함한 실무교육의 실시 계획을 매년 수립·시행해야 한다.
② 소방청장은 실무교육을 실시하려는 경우에는 실무교육 실시 30일 전까지 일시·장소, 그 밖에 실무교육 실시에 필요한 사항을 인터넷 홈페이지에 공고하고 교육대상자에게 통보해야 한다.
③ 소방안전관리자는 소방안전관리자로 선임된 날부터 6개월 이내에 실무교육을 받아야 하며, 그 이후에는 2년마다(최초 실무교육을 받은 날을 기준일로 하여 매 2년이 되는 해의 기준일과 같은 날 전까지를 말한다) 1회 이상 실무교육을 받아야 한다. 다만, 소방안전관리 강습교육 또는 실무교육을 받은 후 1년 이내에 소방안전관리자로 선임된 사람은 해당 강습교육을 수료하거나 실무교육을 이수한 날에 실무교육을 이수한 것으로 본다.
④ 소방안전관리보조자는 그 선임된 날부터 6개월(영 별표 5 제2호마목에 따라 소방안전관리보조자로 지정된 사람의 경우 3개월을 말한다) 이내에 실무교육을 받아야 하며, 그 이후에는 2년마다(최초 실무교육을 받은 날을 기준일로 하여 매 2년이 되는 해의 기준일과 같은 날 전까지를 말한다) 1회 이상 실무교육을 받아야 한다. 다만, 소방안전관리자 강습교육 또는 실무교육이나 소방안전관리보조자 실무교육을 받은 후 1년 이내에 소방안전관리보조자로 선임된 사람은 해당 강습교육을 수료하거나 실무교육을 이수한 날에 실무교육을 이수한 것으로 본다.

※ 화재예방법 시행규칙 제32조(실무교육 수료증 발급 및 실무교육 결과의 통보)
① 소방청장은 실무교육을 수료한 사람에게 실무교육 수료증(전자문서를 포함한다)을 발급하고, 별지 제27호서식의 실무교육 수료자명부(전자문서를 포함한다)에 작성·관리해야 한다.
② 소방청장은 해당 연도의 실무교육이 끝난 날부터 30일 이내에 그 결과를 소방본부장 또는 소방서장에게 통보해야 한다.

13

정답 ②　기본서 2권　96p

해설

※ 화재예방법 시행규칙 제18조(소방안전관리자 자격증의 발급 및 재발급 등)
③ 제2항에 따라 소방안전관리자 자격증을 발급받은 사람이 그 자격증을 잃어버렸거나 자격증이 못 쓰게 된 경우에는 별지 제20호서식의 소방안전관리자 자격증 재발급 신청서(전자문서를 포함한다)를 작성하여 <u>소방청장</u>에게 자격증의 재발급을 신청할 수 있다. 이 경우 소방청장은 신청자에게 자격증을 <u>3일</u> 이내에 재발급하고 별지 제22호서식의 소방안전관리자 자격증 재발급대장에 재발급 사항을 기록하고 관리해야 한다.

14

정답 ② 기본서 2권 51~52p

해설

▶ 영 별표 1

- 노·화덕설비
  노 또는 화덕의 주위에는 녹는 물질이 확산되지 아니하도록 높이 (가 : 0.1)미터 이상의 턱을 설치하여야 한다.
- 불꽃을 사용하는 용접·용단 기구
  용접 또는 용단 작업장 주변 반경 (나 : 5)미터 이내에 소화기를 갖추어 둘 것
- 건조설비
  건조설비와 벽·천장 사이의 거리는 (다 : 0.5)미터 이상 되도록 하여야 한다.
- 음식조리를 위하여 설치하는 설비
  주방설비에 부속된 배출덕트(공기 배출통로)는 (라 : 0.5)밀리미터 이상의 아연도금강판 또는 이와 같거나 그 이상의 내식성 불연재료로 설치하여야 한다.

15

정답 ④ 기본서 2권 102p

해설

ⓒ 주관식 서술형 문제의 경우 임명·위촉된 시험위원이 채점한다. 이 경우 3명 이상의 채점자가 문항별 배점과 채점 기준표에 따라 별도로 채점하고 그 평균 점수를 해당 문제의 점수로 한다.

ⓔ 특급 소방안전관리자 자격시험의 제1차시험에 합격한 사람은 제1차시험에 합격한 날부터 2년간 제1차시험을 면제한다.

ⓜ 특급, 1급, 2급 및 3급 소방안전관리자 자격시험은 매과목을 100점 만점으로 하여 매과목 40점 이상, 전과목 평균 70점 이상 득점한 사람을 합격자로 한다.

※ 화재예방법 시행규칙 제21조(소방안전관리자 자격시험의 공고)

소방청장은 특급, 1급, 2급 또는 3급 소방안전관리자 자격시험을 실시하려는 경우에는 응시자격·시험과목·일시·장소 및 응시절차를 모든 응시 희망자가 알 수 있도록 시험 시행일 30일 전에 인터넷 홈페이지에 공고해야 한다.

※ 화재예방법 시행규칙 제22조(소방안전관리자 자격시험의 합격자 결정 등)

① 특급, 1급, 2급 및 3급 소방안전관리자 자격시험은 매과목을 100점 만점으로 하여 매과목 40점 이상, 전과목 평균 70점 이상 득점한 사람을 합격자로 한다.

② 소방안전관리자 자격시험은 다음 각 호의 방법으로 채점한다. 이 경우 특급 소방안전관리자 자격시험의 제2차시험 채점은 제1차시험 합격자의 답안지에 대해서만 실시한다.
  1. 선택형 문제: 답안지 기재사항을 전산으로 판독하여 채점
  2. 주관식 서술형 문제: 제23조제2항에 따라 임명·위촉된 시험위원이 채점. 이 경우 3명 이상의 채점자가 문항별 배점과 채점 기준표에 따라 별도로 채점하고 그 평균 점수를 해당 문제의 점수로 한다.

③ 특급 소방안전관리자 자격시험의 제1차시험에 합격한 사람은 제1차시험에 합격한 날부터 2년간 제1차시험을 면제한다.

④ 소방청장은 소방안전관리자 자격시험을 종료한 날부터 30일(특급 소방안전관리 자격시험의 경우에는 60일) 이내에 인터넷 홈페이지에 합격자를 공고하고, 응시자에게 휴대전화 문자 메시지로 합격 여부를 알려 줄 수 있다.

PART 05 소방시설공사업법

01
정답 ② 기본서 2권 249p

해설

ⓒ 연면적이 <u>1천제곱미터</u> 이하인 특정소방대상물에 비상경보설비를 설치하는 공사인 경우
ⓔ 「국가를 당사자로 하는 계약에 관한 법률 시행령」 및 「지방자치단체를 당사자로 하는 계약에 관한 법률 시행령」에 따른 <u>대안입찰 또는 일괄입찰</u>
ⓗ 국가유산수리 및 재개발·재건축 등의 공사로서 공사의 성질상 분리하여 도급하는 것이 곤란하다고 <u>소방청장</u>이 인정하는 경우

※ 소방시설공사업법 시행령 제11조의2(소방시설공사 분리 도급의 예외)
법 제21조제2항 단서에서 "대통령령으로 정하는 경우"란 다음 각 호의 어느 하나에 해당하는 경우를 말한다.
1. 「재난 및 안전관리 기본법」 제3조제1호에 따른 재난의 발생으로 긴급하게 착공해야 하는 공사인 경우
2. 국방 및 국가안보 등과 관련하여 기밀을 유지해야 하는 공사인 경우
3. 제4조 각 호에 따른 소방시설공사에 해당하지 않는 공사인 경우
4. 연면적이 1천제곱미터 이하인 특정소방대상물에 비상경보설비를 설치하는 공사인 경우
5. 다음 각 목의 어느 하나에 해당하는 입찰로 시행되는 공사인 경우
   가. 「국가를 당사자로 하는 계약에 관한 법률 시행령」 제79조제1항제4호 또는 제5호 및 「지방자치단체를 당사자로 하는 계약에 관한 법률 시행령」 제95조제4호 또는 제5호에 따른 대안입찰 또는 일괄입찰
   나. 「국가를 당사자로 하는 계약에 관한 법률 시행령」 제98조제2호 또는 제3호 및 「지방자치단체를 당사자로 하는 계약에 관한 법률 시행령」 제127조제2호 또는 제3호에 따른 실시설계 기술제안입찰 또는 기본설계 기술제안입찰
5의2. 「국가첨단전략산업 경쟁력 강화 및 보호에 관한 특별조치법」 제2조제1호에 따른 국가첨단전략기술 관련 연구시설·개발시설 또는 그 기술을 이용하여 제품을 생산하는 시설 공사인 경우
6. 그 밖에 국가유산수리 및 재개발·재건축 등의 공사로서 공사의 성질상 분리하여 도급하는 것이 곤란하다고 소방청장이 인정하는 경우

02

정답 ② **기본서 2권** 2294p

해설

ⓒ 연결송수관설비를 신설·개설하거나 송수구역을 증설할 때
ⓗ 연결살수설비를 신설·개설하거나 송수구역을 증설할 때

※ 소방시설공사업법 시행령 제10조(공사감리자 지정대상 특정소방대상물의 범위)
① 법 제17조제1항에서 "대통령령으로 정하는 특정소방대상물"이란 「소방시설 설치 및 관리에 관한 법률」 제2조제1항제3호의 특정소방대상물을 말한다.
② 법 제17조제1항에서 "자동화재탐지설비, 옥내소화전설비 등 대통령령으로 정하는 소방시설을 시공할 때"란 다음 각 호의 어느 하나에 해당하는 소방시설을 시공할 때를 말한다.
 1. 옥내소화전설비를 신설·개설 또는 증설할 때
 2. 스프링클러설비등(캐비닛형 간이스프링클러설비는 제외한다)을 신설·개설하거나 방호·방수 구역을 증설할 때
 3. 물분무등소화설비(호스릴 방식의 소화설비는 제외한다)를 신설·개설하거나 방호·방수 구역을 증설할 때
 4. 옥외소화전설비를 신설·개설 또는 증설할 때
 5. 자동화재탐지설비를 신설 또는 개설할 때
 5의2. 비상방송설비를 신설 또는 개설할 때
 6. 통합감시시설을 신설 또는 개설할 때
 7. 소화용수설비를 신설 또는 개설할 때
 8. 다음 각 목에 따른 소화활동설비에 대하여 각 목에 따른 시공을 할 때
  가. 제연설비를 신설·개설하거나 제연구역을 증설할 때
  나. 연결송수관설비를 신설 또는 개설할 때
  다. 연결살수설비를 신설·개설하거나 송수구역을 증설할 때
  라. 비상콘센트설비를 신설·개설하거나 전용회로를 증설할 때
  마. 무선통신보조설비를 신설 또는 개설할 때
  바. 연소방지설비를 신설·개설하거나 살수구역을 증설할 때

03

정답 ② 기본서 2권 211p

해설

㉣ 연면적 1천제곱미터 미만인 특정소방대상물의 공사 현장에는 <u>자격수첩을 발급받은 소방기술자</u>를 배치해야 한다.
㉥ 연면적 1천제곱미터 이상 5천제곱미터 미만인 특정소방대상물(아파트는 제외한다)의 공사 현장에는 <u>초급기술자 이상의 소방기술자(기계분야 및 전기분야)</u>를 배치해야 한다.

※ 소방시설공사업법 시행령 별표2
1. 소방기술자의 배치기준

소방기술자의 배치기준	소방시설공사 현장의 기준
가. 행정안전부령으로 정하는 특급기술자인 소방기술자(기계분야 및 전기분야)	1) 연면적 20만제곱미터 이상인 특정소방대상물의 공사 현장 2) 지하층을 포함한 층수가 40층 이상인 특정소방대상물의 공사 현장
나. 행정안전부령으로 정하는 고급기술자 이상의 소방기술자(기계분야 및 전기분야)	1) 연면적 3만제곱미터 이상 20만제곱미터 미만인 특정소방대상물(아파트는 제외한다)의 공사 현장 2) 지하층을 포함한 층수가 16층 이상 40층 미만인 특정소방대상물의 공사 현장
다. 행정안전부령으로 정하는 중급기술자 이상의 소방기술자(기계분야 및 전기분야)	1) 물분무등소화설비(호스릴 방식의 소화설비는 제외한다) 또는 제연설비가 설치되는 특정소방대상물의 공사 현장 2) 연면적 5천제곱미터 이상 3만제곱미터 미만인 특정소방대상물(아파트는 제외한다)의 공사 현장 3) 연면적 1만제곱미터 이상 20만제곱미터 미만인 아파트의 공사 현장
라. 행정안전부령으로 정하는 초급기술자 이상의 소방기술자(기계분야 및 전기분야)	1) 연면적 1천제곱미터 이상 5천제곱미터 미만인 특정소방대상물(아파트는 제외한다)의 공사 현장 2) 연면적 1천제곱미터 이상 1만제곱미터 미만인 아파트의 공사 현장 3) 지하구(地下溝)의 공사 현장
마. 법 제28조제2항에 따라 자격수첩을 발급받은 소방기술자	연면적 1천제곱미터 미만인 특정소방대상물의 공사 현장

04

정답 ② 기본서 2권 293p

해설

※ 소방시설공사업법 시행규칙 별표4의2

구분	학력·경력자
중급 기술자	• 박사학위를 취득한 사람 • 석사학위를 취득한 후 <u>2년</u> 이상 소방 관련 업무를 수행한 사람 • 학사학위를 취득한 후 <u>5년</u> 이상 소방 관련 업무를 수행한 사람 • 전문학사학위를 취득한 후 <u>8년</u> 이상 소방 관련 업무를 수행한 사람 • 고등학교 소방학과를 졸업한 후 10년 이상 소방 관련 업무를 수행한 사람 • 고등학교[제1호나목 2)부터 6)까지에 해당하는 학과]를 졸업한 후 12년 이상 소방 관련 업무를 수행한 사람

05 정답 ④ 기본서 2권 295p

해설

※ 소방시설공사업법 시행규칙 별표4의2
다. 소방시설 자체점검 점검자의 기술등급
　1) 기술자격에 따른 기술등급

구 분	기술자격
고급 점검자	• 소방설비기사 자격을 취득한 후 <u>5년</u> 이상 소방 관련 업무를 수행한 사람 • 소방설비산업기사 자격을 취득한 후 <u>8년</u> 이상 소방 관련 업무를 수행한 사람 • 건축설비기사, 건축기사, 공조냉동기계기사, 일반기계기사, 위험물기능장 자격을 취득한 후 <u>15년</u> 이상 소방 관련 업무를 수행한 사람

06 정답 ② 기본서 2권 223p

해설

ⓒ 소방시설등의 설치계획표의 <u>적법성 검토</u>
ⓐ <u>공사업자</u>가 한 소방시설등의 시공이 설계도서와 화재안전기준에 맞는지에 대한 지도·감독

※ 소방시설공사업법 제16조(감리)
1. 소방시설등의 설치계획표의 적법성 검토
2. 소방시설등 설계도서의 적합성(적법성과 기술상의 합리성을 말한다. 이하 같다) 검토
3. 소방시설등 설계 변경 사항의 적합성 검토
4. 「소방시설 설치 및 관리에 관한 법률」 제2조제1항제7호의 소방용품의 위치·규격 및 사용 자재의 적합성 검토
5. 공사업자가 한 소방시설등의 시공이 설계도서와 화재안전기준에 맞는지에 대한 지도·감독
6. 완공된 소방시설등의 성능시험
7. 공사업자가 작성한 시공 상세 도면의 적합성 검토
8. 피난시설 및 방화시설의 적법성 검토
9. 실내장식물의 불연화(不燃化)와 방염 물품의 적법성 검토

07 정답 ③ 기본서 2권 231p

해설

㉠ 지하구의 공사 현장 → 초급감리원 이상의 소방공사 감리원
㉡ 연면적 5천제곱미터 미만인 특정소방대상물의 공사 현장 → 초급감리원 이상의 소방공사 감리원
㉣ 연면적 5천제곱미터 이상 3만제곱미터 미만인 특정소방대상물의 공사 현장 → 중급감리원 이상의 소방공사 감리원
㉤ 지하층을 포함한 층수가 16층 이상 40층 미만인 특정소방대상물의 공사 현장 → <u>특급감리원 이상의 소방공사 감리원</u>
㉥ 물분무등소화설비(호스릴 방식의 소화설비 제외) 또는 <u>연소방지설비</u>가 설치되는 특정소방대상물의 공사 현장 → 제연설비

※ 소방시설공사업법 시행령 별표 4.
소방공사 감리원의 배치기준 및 배치기간

1. 소방공사 감리원의 배치기준

감리원의 배치기준		소방시설공사 현장의 기준
책임감리원	보조감리원	
가. 행정안전부령으로 정하는 특급 감리원 중 소방기술사	행정안전부령으로 정하는 초급감리원 이상의 소방공사 감리원 (기계분야 및 전기분야)	1) 연면적 20만제곱미터 이상인 특정소방대상물의 공사 현장 2) 지하층을 포함한 층수가 40층 이상인 특정소방대상물의 공사 현장
나. 행정안전부령으로 정하는 특급 감리원 이상의 소방공사 감리원 (기계분야 및 전기분야)	행정안전부령으로 정하는 초급감리원 이상의 소방공사 감리원 (기계분야 및 전기분야)	1) 연면적 3만제곱미터 이상 20만제곱미터 미만인 특정소방대상물(아파트는 제외한다)의 공사 현장 2) 지하층을 포함한 층수가 16층 이상 40층 미만인 특정소방대상물의 공사 현장
다. 행정안전부령으로 정하는 고급 감리원 이상의 소방공사 감리원 (기계분야 및 전기분야)	행정안전부령으로 정하는 초급감리원 이상의 소방공사 감리원 (기계분야 및 전기분야)	1) 물분무등소화설비(호스릴 방식의 소화설비는 제외한다) 또는 제연설비가 설치되는 특정소방대상물의 공사 현장 2) 연면적 3만제곱미터 이상 20만제곱미터 미만인 아파트의 공사 현장
라. 행정안전부령으로 정하는 중급감리원 이상의 소방공사 감리원(기계분야 및 전기분야)		연면적 5천제곱미터 이상 3만제곱미터 미만인 특정소방대상물의 공사 현장
마. 행정안전부령으로 정하는 초급감리원 이상의 소방공사 감리원(기계분야 및 전기분야)		1) 연면적 5천제곱미터 미만인 특정소방대상물의 공사 현장 2) 지하구의 공사 현장

08 정답 ② 기본서 2권 194~195p

해설

ⓒ 합병을 하려는 지위승계인은 소방시설업 합병신고서, 합병 전 법인의 소방시설업 등록증 및 등록수첩 등을 첨부하여 합병일로부터 30일 이내에 협회에 제출하여야 한다.
ⓜ 지위승계에 관하여는 소방시설업 등록의 결격사유 규정을 준용한다. 다만, 상속인이 소방시설업 등록의 결격사유의 어느 하나에 해당하는 경우 상속받은 날부터 3개월 동안은 그러하지 아니하다.

※ 소방시설공사업법 제7조(소방시설업자의 지위승계)
① 다음 각 호의 어느 하나에 해당하는 자가 종전의 소방시설업자의 지위를 승계하려는 경우에는 그 상속일, 양수일 또는 합병일부터 30일 이내에 행정안전부령으로 정하는 바에 따라 그 사실을 시·도지사에게 신고하여야 한다.
  1. 소방시설업자가 사망한 경우 그 상속인
  2. 소방시설업자가 그 영업을 양도한 경우 그 양수인
  3. 법인인 소방시설업자가 다른 법인과 합병한 경우 합병 후 존속하는 법인이나 합병으로 설립되는 법인
② 다음 각 호의 어느 하나에 해당하는 절차에 따라 소방시설업자의 소방시설의 전부를 인수한 자가 종전의 소방시설업자의 지위를 승계하려는 경우에는 그 인수일부터 30일 이내에 행정안전부령으로 정하는 바에 따라 그 사실을 시·도지사에게 신고하여야 한다.
  1. 「민사집행법」에 따른 경매
  2. 「채무자 회생 및 파산에 관한 법률」에 따른 환가(換價)
  3. 「국세징수법」, 「관세법」 또는 「지방세징수법」에 따른 압류재산의 매각
  4. 그 밖에 제1호부터 제3호까지의 규정에 준하는 절차
③ 시·도지사는 제1항 또는 제2항에 따른 신고를 받은 경우 그 내용을 검토하여 이 법에 적합하면 신고를 수리하여야 한다.
④ 제1항이나 제2항에 따른 지위승계에 관하여는 제5조를 준용한다. 다만, 상속인이 제5조 각 호의 어느 하나에 해당하는 경우 상속받은 날부터 3개월 동안은 그러하지 아니하다.
⑤ 제1항 또는 제2항에 따른 신고가 수리된 경우에는 제1항 각 호에 해당하는 자 또는 소방시설업자의 소방시설의 전부를 인수한 자는 그 상속일, 양수일, 합병일 또는 인수일부터 종전의 소방시설업자의 지위를 승계한다.

※ 소방시설공사업법 시행규칙 제7조(지위승계 신고 등)
① 법 제7조제1항 및 제2항에 따라 소방시설업자 지위 승계를 신고하려는 자는 그 상속일, 양수일, 합병일 또는 인수일부터 30일 이내에 다음 각 호의 구분에 따른 서류(전자문서를 포함한다)를 협회에 제출해야 한다.
  1. 양도·양수의 경우(분할 또는 분할합병에 따른 양도·양수의 경우를 포함한다. 이하 이 조에서 같다): 다음 각 목의 서류
    가. 별지 제8호서식에 따른 소방시설업 지위승계신고서
    나. 양도인 또는 합병 전 법인의 소방시설업 등록증 및 등록수첩
    다. 양도·양수 계약서 사본, 분할계획서 사본 또는 분할합병계약서 사본(법인의 경우 양도·양수에 관한 사항을 의결한 주주총회 등의 결의서 사본을 포함한다)
    라. 제2조제1항 각 호에 해당하는 서류. 이 경우 같은 항 제1호 및 제5호의 "신청인"은 "신고인"으로 본다.
    마. 양도·양수 공고문 사본

2. 상속의 경우: 다음 각 목의 서류
   가. 별지 제8호서식에 따른 소방시설업 지위승계신고서
   나. 피상속인의 소방시설업 등록증 및 등록수첩
   다. 제2조제1항 각 호에 해당하는 서류. 이 경우 같은 항 제1호 및 제5호의 "신청인"은 "신고인"으로 본다.
   라. 상속인임을 증명하는 서류
3. 합병의 경우: 다음 각 목의 서류
   가. 별지 제9호서식에 따른 소방시설업 합병신고서
   나. 합병 전 법인의 소방시설업 등록증 및 등록수첩
   다. 합병계약서 사본(합병에 관한 사항을 의결한 총회 또는 창립총회 결의서 사본을 포함한다)
   라. 제2조제1항 각 호에 해당하는 서류. 이 경우 같은 항 제1호 및 제5호의 "신청인"은 "신고인"으로 본다.
   마. 합병공고문 사본
② 제1항에 따라 소방시설업자 지위 승계를 신고하려는 상속인이 법 제6조의2제1항에 따른 폐업 신고를 함께 하려는 경우에는 제1항제2호다목 전단의 서류 중 제2조제1항제1호 및 제5호의 서류만을 첨부하여 제출할 수 있다. 이 경우 같은 항 제1호 및 제5호의 "신청인"은 "신고인"으로 본다.
③ 제1항에 따른 신고서를 제출받은 협회는 「전자정부법」 제36조제1항에 따라 행정정보의 공동이용을 통하여 다음 각 호의 서류를 확인하여야 하며, 신고인이 제2호부터 제4호까지의 서류의 확인에 동의하지 아니하는 경우에는 해당 서류를 첨부하게 하여야 한다.
1. 법인등기사항 전부증명서(지위승계인이 법인인 경우에만 해당한다)
2. 사업자등록증(지위승계인이 개인인 경우에만 해당한다)
3. 「출입국관리법」 제88조제2항에 따른 외국인등록 사실증명(지위승계인이 외국인인 경우에만 해당한다)
4. 국민연금가입자 증명서 또는 건강보험자격취득 확인서
④ 제1항에 따른 지위승계 신고 서류를 제출받은 협회는 접수일부터 7일 이내에 지위를 승계한 사실을 확인한 후 그 결과를 시·도지사에게 보고하여야 한다.
⑤ 시·도지사는 제4항에 따라 소방시설업의 지위승계 신고의 확인 사실을 보고받은 날부터 3일 이내에 협회를 경유하여 법 제7조제1항에 따른 지위승계인에게 등록증 및 등록수첩을 발급하여야 한다.
⑥ 제1항에 따라 지위승계 신고 서류를 제출받은 협회는 별지 제5호서식에 따른 소방시설업 등록대장에 지위승계에 관한 사항을 작성하여 관리(전자문서를 포함한다)하여야 한다.
⑦ 지위승계 신고 서류의 보완에 관하여는 제2조의2를 준용한다. 이 경우 "소방시설업의 등록신청 서류"는 "소방시설업의 지위승계 신고 서류"로 본다.

09 정답 ② 기본서 2권 189p

해설

ⓒ 「소방기본법」 또는 「위험물안전관리법」에 따른 금고 이상의 형의 집행유예를 선고받고 그 유예기간 중에 있는 사람
ⓔ 등록하려는 소방시설업 등록이 취소(피성년후견인에 해당하여 등록이 취소된 경우는 제외)된 날부터 2년이 지나지 아니한 자

※ 소방시설공사업법 제5조(등록의 결격사유)

다음 각 호의 어느 하나에 해당하는 자는 소방시설업을 등록할 수 없다.

1. 피성년후견인
2. 삭제
3. 이 법, 「소방기본법」, 「화재의 예방 및 안전관리에 관한 법률」, 「소방시설 설치 및 관리에 관한 법률」 또는 「위험물안전관리법」에 따른 금고 이상의 실형을 선고받고 그 집행이 끝나거나(집행이 끝난 것으로 보는 경우를 포함한다) 면제된 날부터 2년이 지나지 아니한 사람
4. 이 법, 「소방기본법」, 「화재의 예방 및 안전관리에 관한 법률」, 「소방시설 설치 및 관리에 관한 법률」 또는 「위험물안전관리법」에 따른 금고 이상의 형의 집행유예를 선고받고 그 유예기간 중에 있는 사람
5. 등록하려는 소방시설업 등록이 취소(제1호에 해당하여 등록이 취소된 경우는 제외한다)된 날부터 2년이 지나지 아니한 자
6. 법인의 대표자가 제1호 또는 제3호부터 제5호까지에 해당하는 경우 그 법인
7. 법인의 임원이 제3호부터 제5호까지의 규정에 해당하는 경우 그 법인

10 정답 ③ 기본서 2권 220p

해설

ⓑ 교육연구시설, 운동시설
ⓒ 제연설비가 설치되는 특정소방대상물
ⓐ 가연성가스를 제조·저장 또는 취급하는 시설 중 지하에 매설된 가연성가스탱크의 저장용량 합계가 500톤 이상인 시설 → 1천톤

※ 소방시설공사업법 시행령 제5조(완공검사를 위한 현장확인 대상 특정소방대상물의 범위)

법 제14조 제1항 단서에서 "대통령령으로 정하는 특정소방대상물"이란 특정소방대상물 중 다음 각 호의 대상물을 말한다.

1. 문화 및 집회시설, 종교시설, 판매시설, 노유자(老幼者)시설, 수련시설, 운동시설, 숙박시설, 창고시설, 지하상가 및 「다중이용업소의 안전관리에 관한 특별법」에 따른 다중이용업소
2. 다음 각 목의 어느 하나에 해당하는 설비가 설치되는 특정소방대상물
    가. 스프링클러설비등
    나. 물분무등소화설비(호스릴 방식의 소화설비는 제외한다)
3. 연면적 1만 제곱미터 이상이거나 11층 이상인 특정소방대상물(아파트는 제외한다)
4. 가연성가스를 제조·저장 또는 취급하는 시설 중 지상에 노출된 가연성가스탱크의 저장용량 합계가 1천톤 이상인 시설

11

정답 ① 기본서 2권 175p

해설

ㄱ. 소방시설공사에 기본이 되는 공사계획, 설계도면, 설계 설명서, 기술계산서 및 이와 관련된 서류를 설계도서라고 한다. (O) → 소방시설공사업법 제2조

ㄴ. 설계도서에 따라 소방시설을 신설, 증설, 개설, 이전 및 정비를 시공이라고 한다. (O)

ㄷ. 소방시설업에 관한 소방본부장과 소방서장의 권한을 대행하여 소방시설업이 설계도서와 관계 법령에 따라 적합하게 시공되는지를 확인하고, 품질·시공 관리에 대한 기술지도를 하는 것을 감리라고 한다. (X)
→ 소방시설공사업법 제2조
→ ㄷ. 소방시설공사에 관한 발주자의 권한을 대행하여 소방시설공사가 설계도서와 관계 법령에 따라 적법하게 시공되는지를 확인하고, 품질·시공 관리에 대한 기술지도를 하는 것을 감리라고 한다.

ㄹ. 감리원이란 소방공사감리업자에 소속된 소방기술자로서 해당 소방시설공사를 감리하는 사람을 말한다. (O)
→ 소방시설공사업법 제2조

ㅁ. 발주자란 소방시설의 설계, 시공, 감리 및 방염을 소방시설업자에게 도급하는 자를 말한다. 다만, 수급인으로서 도급받은 공사를 하도급하는 자는 제외한다. (O) → 소방시설공사업법 제2조

ㅂ. 소방설비의 설계, 시공, 감리 및 방염을 소방시설등이라 한다. (X) → 소방시설공사업법 제2조

ㅂ. 소방시설의 설계, 시공, 감리 및 방염을 소방시설공사등이라 한다.

12

정답 ③ 기본서 2권 189p

해설

임원은 피성년후견인이어도 결격사유는 아니다.

※ 소방시설공사업법 제5조(등록의 결격사유)
다음 각 호의 어느 하나에 해당하는 자는 소방시설업을 등록할 수 없다.

1. 피성년후견인
2. 삭제
3. 이 법, 「소방기본법」, 「화재의 예방 및 안전관리에 관한 법률」, 「소방시설 설치 및 관리에 관한 법률」 또는 「위험물안전관리법」에 따른 금고 이상의 실형을 선고받고 그 집행이 끝나거나(집행이 끝난 것으로 보는 경우를 포함한다) 면제된 날부터 2년이 지나지 아니한 사람
4. 이 법, 「소방기본법」, 「화재의 예방 및 안전관리에 관한 법률」, 「소방시설 설치 및 관리에 관한 법률」 또는 「위험물안전관리법」에 따른 금고 이상의 형의 집행유예를 선고받고 그 유예기간 중에 있는 사람
5. 등록하려는 소방시설업 등록이 취소(제1호에 해당하여 등록이 취소된 경우는 제외한다)된 날부터 2년이 지나지 아니한 자
6. 법인의 대표자가 제1호부터 제5호까지의 규정에 해당하는 경우 그 법인
7. 법인의 임원이 제3호부터 제5호까지의 규정에 해당하는 경우 그 법인

13 정답 ④ 기본서 2권 217p, 228~229p

해설

※ 소방시설공사업법 시행령 제10조(공사감리자 지정대상 특정소방대상물의 범위)

① 법 제17조제1항에서 "대통령령으로 정하는 특정소방대상물"이란 「소방시설 설치 및 관리에 관한 법률」 제2조제1항제3호의 특정소방대상물을 말한다.

② 법 제17조제1항에서 "자동화재탐지설비, 옥내소화전설비 등 대통령령으로 정하는 소방시설을 시공할 때"란 다음 각 호의 어느 하나에 해당하는 소방시설을 시공할 때를 말한다.

1. 옥내소화전설비를 신설·개설 또는 증설할 때
2. 스프링클러설비등(㉯ 캐비닛형 간이스프링클러설비는 제외한다)을 신설·개설하거나 방호·방수 구역을 증설할 때
3. 물분무등소화설비(호스릴 방식의 소화설비는 제외한다)를 신설·개설하거나 방호·방수 구역을 증설할 때
4. ㉮ 옥외소화전설비를 신설·개설 또는 증설할 때
5. ㉰ 자동화재탐지설비를 신설 또는 개설할 때
5의2. 비상방송설비를 신설 또는 개설할 때
6. 통합감시시설을 신설 또는 개설할 때
7. 소화용수설비를 신설 또는 개설할 때
8. 다음 각 목에 따른 소화활동설비에 대하여 각 목에 따른 시공을 할 때
   가. 제연설비를 신설·개설하거나 제연구역을 증설할 때
   나. 연결송수관설비를 신설 또는 개설할 때
   다. 연결살수설비를 신설·개설하거나 송수구역을 증설할 때
   라. 비상콘센트설비를 신설·개설하거나 전용회로를 증설할 때
   마. 무선통신보조설비를 신설 또는 개설할 때
   바. ㉱ 연소방지설비를 신설·개설하거나 살수구역을 증설할 때

※ 소방시설공사업법 시행령 제4조(소방시설공사의 착공신고 대상)

법 제13조제1항에서 "대통령령으로 정하는 소방시설공사"란 다음 각 호의 어느 하나에 해당하는 소방시설공사를 말한다. 다만, 「위험물안전관리법」 제2조제1항제6호에 따른 제조소등 또는 「다중이용업소의 안전관리에 관한 특별법」 제2조제1항제4호에 따른 다중이용업소에서의 소방시설공사는 제외한다.

1. 특정소방대상물에 다음 각 목의 어느 하나에 해당하는 설비를 신설하는 공사
   가. 옥내소화전설비(호스릴옥내소화전설비를 포함한다. 이하 같다), ㉮ 옥외소화전설비, 스프링클러설비·간이스프링클러설비(㉯ 캐비닛형 간이스프링클러설비를 포함한다. 이하 같다) 및 화재조기진압용 스프링클러설비(이하 "스프링클러설비등"이라 한다), 물분무소화설비·포소화설비·이산화탄소소화설비·할론소화설비·할로겐화합물 및 불활성기체 소화설비·미분무소화설비·강화액소화설비 및 분말소화설비(이하 "물분무등소화설비"라 한다), 연결송수관설비, 연결살수설비, 제연설비(소방용 외의 용도와 겸용되는 제연설비를 「건설산업기본법 시행령」 별표 1에 따른 기계가스설비공사업자가 공사하는 경우는 제외한다), 소화용수설비(소화용수설비를 「건설산업기본법 시행령」 별표 1에 따른 기계가스설비공사업자 또는 상·하수도설비공사업자가 공사하는 경우는 제외한다) 또는 ㉱ 연소방지설비
   나. ㉰ 자동화재탐지설비, 비상경보설비, 비상방송설비(소방용 외의 용도와 겸용되는 비상방송설비를 「정보통신공사업법」에 따른 정보통신공사업자가 공사하는 경우는 제외한다), 비상콘센트설비(비상콘센트설비를 「전기공사업법」에 따른 전기공사업자가 공사하는 경우는 제외한다) 또는 무선통신보조설비(소방용 외의 용도와 겸용되는 무선통신보조설비를 「정보통신공사업법」에 따른 정보통신공사업자가 공사하는 경우는 제외한다)

2. 특정소방대상물에 다음 각 목의 어느 하나에 해당하는 설비 또는 구역 등을 증설하는 공사
   가. 옥내·옥외소화전설비
   나. 스프링클러설비·간이스프링클러설비 또는 물분무등소화설비의 방호구역, 자동화재탐지설비의 경계구역, 제연설비의 제연구역(소방용 외의 용도와 겸용되는 제연설비를 「건설산업기본법 시행령」 별표 1에 따른 기계가스설비공사업자가 공사하는 경우는 제외한다), 연결살수설비의 살수구역, 연결송수관설비의 송수구역, 비상콘센트설비의 전용회로, 연소방지설비의 살수구역

3. 특정소방대상물에 설치된 소방시설등을 구성하는 다음 각 목의 어느 하나에 해당하는 것의 전부 또는 일부를 개설(改設), 이전(移轉) 또는 정비(整備)하는 공사. 다만, 고장 또는 파손 등으로 인하여 작동시킬 수 없는 소방시설을 긴급히 교체하거나 보수하여야 하는 경우에는 신고하지 않을 수 있다.
   가. 수신반(受信盤)
   나. 소화펌프
   다. 동력(감시)제어반

14 정답 ④ 기본서 2권 200p, 203p

해설

과징금은 취소사유가 아니라 정지사유에 해당되어야 하며 소방시설공사업법상은 2억 이하의 과징금을 부과할 수 있다.

※ 소방시설공사업법 제10조(과징금처분)
① 시·도지사는 제9조제1항 각 호의 어느 하나에 해당하는 경우로서 영업정지가 그 이용자에게 불편을 주거나 그 밖에 공익을 해칠 우려가 있을 때에는 영업정지처분을 갈음하여 2억원 이하의 과징금을 부과할 수 있다.

※ 제9조(등록취소와 영업정지 등)
① 시·도지사는 소방시설업자가 다음 각 호의 어느 하나에 해당하면 행정안전부령으로 정하는 바에 따라 그 등록을 취소하거나 6개월 이내의 기간을 정하여 시정이나 그 영업의 정지를 명할 수 있다. 다만, 제1호·제3호 또는 제7호에 해당하는 경우에는 그 등록을 취소하여야 한다.
   1. 거짓이나 그 밖의 부정한 방법으로 등록한 경우
   3. 제5조 각 호의 등록 결격사유에 해당하게 된 경우
   7. 제8조제2항을 위반하여 영업정지 기간 중에 소방시설공사등을 한 경우
   11. 제12조제2항을 위반하여 소속 소방기술자를 공사현장에 배치하지 아니하거나 거짓으로 한 경우

15 정답 ④ 기본서 2권 3단비교표 310~311p

해설

부정한 방법으로 등록한 경우 1차 취소사유이다. 나머지는 2차 영업정지 3개월이다.

2. 개별기준

위반사항	근거법령	행정처분 기준		
		1차	2차	3차
가. 거짓이나 그 밖의 부정한 방법으로 등록한 경우	법 제9조	등록취소		
아. 법 제11조 또는 제12조제1항을 위반하여 화재안전기준 등에 적합하게 설계·시공을 하지 아니하거나, 법 제16조제1항에 따라 적합하게 감리를 하지 아니한 경우	법 제9조	영업정지 1개월	영업정지 3개월	등록취소
카. 법 제13조 또는 제14조를 위반하여 착공신고(변경신고를 포함한다)를 하지 아니하거나 거짓으로 한 때 또는 완공검사(부분완공검사를 포함한다)를 받지 아니한 경우	법 제9조	경고 (시정명령)	영업정지 3개월	등록취소

16 정답 ② 기본서 2권 220p

해설

※ 소방시설공사업법 시행령 5조

제5조(완공검사를 위한 현장확인 대상 특정소방대상물의 범위) 법 제14조제1항 단서에서 "대통령령으로 정하는 특정소방대상물"이란 특정소방대상물 중 다음 각 호의 대상물을 말한다.

1. 문화 및 집회시설, 종교시설, 판매시설, ① 노유자(老幼者)시설, ④ 수련시설, 운동시설, 숙박시설, ③ 창고시설, 지하상가 및 「다중이용업소의 안전관리에 관한 특별법」에 따른 다중이용업소
2. 다음 각 목의 어느 하나에 해당하는 설비가 설치되는 특정소방대상물
   가. 스프링클러설비등
   나. 물분무등소화설비(호스릴 방식의 소화설비는 제외한다)
3. 연면적 1만제곱미터 이상이거나 11층 이상인 특정소방대상물(② 아파트는 제외한다)
4. 가연성가스를 제조·저장 또는 취급하는 시설 중 지상에 노출된 가연성가스탱크의 저장용량 합계가 1천톤 이상인 시설

17 정답 ② 기본서 2권 250~251p

해설

② 소방시설공사등의 도급 또는 하도급의 관계인은 그 계약을 체결할 때 도급 또는 하도급 금액, 공사기간, 그 밖에 행정안전부령으로 정하는 사항을 계약서에 분명히 밝혀야 하며, 서명날인한 계약서를 서로 내주고 보관하여야 한다.

↓

② 소방시설공사등의 도급 또는 하도급의 계약당사자는 그 계약을 체결할 때 도급 또는 하도급 금액, 공사기간, 그 밖에 대통령령으로 정하는 사항을 계약서에 분명히 밝혀야 하며, 서명날인한 계약서를 서로 내주고 보관하여야 한다(소방시설공사업법 제21조의3).

※ 소방시설공사업법 제21조의3(도급의 원칙 등)
① 소방시설공사등의 도급 또는 하도급의 계약당사자는 서로 대등한 입장에서 합의에 따라 공정하게 계약을 체결하고, 신의에 따라 성실하게 계약을 이행하여야 한다.
② 소방시설공사등의 도급 또는 하도급의 계약당사자는 그 계약을 체결할 때 도급 또는 하도급 금액, 공사기간, 그 밖에 대통령령으로 정하는 사항을 계약서에 분명히 밝혀야 하며, 서명날인한 계약서를 서로 내주고 보관하여야 한다.
③ 수급인은 하수급인에게 하도급과 관련하여 자재구입처의 지정 등 하수급인에게 불리하다고 인정되는 행위를 강요하여서는 아니 된다.
④ 제21조에 따라 도급을 받은 자가 해당 소방시설공사등을 하도급할 때에는 행정안전부령으로 정하는 바에 따라 미리 관계인과 발주자에게 알려야 한다. 하수급인을 변경하거나 하도급 계약을 해지할 때에도 또한 같다.
⑤ 하도급에 관하여 이 법에서 규정하는 것을 제외하고는 그 성질에 반하지 아니하는 범위에서 「하도급거래 공정화에 관한 법률」의 해당 규정을 준용한다.

PART 06 위험물안전관리법

01
정답 ① 기본서 2권 346p

해설

※ 위험물안전관리법 시행령 별표1

15. "제2석유류"라 함은 등유, 경유 그 밖에 1기압에서 인화점이 섭씨 21도 이상 70도 미만인 것을 말한다. 다만, 도료류 그 밖의 물품에 있어서 가연성 액체량이 40중량퍼센트 이하이면서 인화점이 섭씨 40도 이상인 동시에 연소점이 섭씨 60도 이상인 것은 제외한다.

02
정답 ② 기본서 2권 340p

해설

※ 위험물 및 지정수량(영 별표1)
- ㉠ 브로민산염류 : 300kg
- ㉷ 과망가니즈산염류 : 1,000kg
- ㉸ 다이크로뮴산염류 : 1,000kg

03
정답 ③ 기본서 2권 548p

해설

③ 무기 또는 5년 이상의 징역

※ 위험물안전관리법 제33조(벌칙)
① 제조소등에서 위험물을 유출·방출 또는 확산시켜 사람의 생명·신체 또는 재산에 대하여 위험을 발생시킨 자는 1년 이상 10년 이하의 징역에 처한다.
② 제1항의 규정에 따른 죄를 범하여 사람을 상해(傷害)에 이르게 한 때에는 무기 또는 3년 이상의 징역에 처하며, 사망에 이르게 한 때에는 무기 또는 5년 이상의 징역에 처한다.

04

정답 ①   기본서 2권   369p, 390~392p

해설

14 + 14 + 30 + 1 = 59

㉮ 제조소등의 관계인은 당해 제조소등의 용도를 폐지(장래에 대하여 위험물시설로서의 기능을 완전히 상실시키는 것을 말한다)한 때에는 행정안전부령이 정하는 바에 따라 제조소등의 용도를 폐지한 날부터 14일 이내에 시·도지사에게 신고하여야 한다(위험물안전관리법 11조).

㉯ 제조소등의 관계인은 제조소등의 사용을 중지하거나 중지한 제조소등의 사용을 재개하려는 경우에는 해당 제조소등의 사용을 중지하려는 날 또는 재개하려는 날의 14일 전까지 행정안전부령으로 정하는 바에 따라 제조소등의 사용 중지 또는 재개를 시·도지사에게 신고하여야 한다(위험물안전관리법 11조의2 제2항).

㉰ 제조소등의 설치자의 지위를 승계한 자는 행정안전부령이 정하는 바에 따라 승계한 날부터 30일 이내에 시·도지사에게 그 사실을 신고하여야 한다(위험물안전관리법 10조 제3항).

㉱ 제조소등의 위치·구조 또는 설비의 변경없이 당해 제조소등에서 저장하거나 취급하는 위험물의 품명·수량 또는 지정수량의 배수를 변경하고자 하는 자는 변경하고자 하는 날의 1일 전까지 행정안전부령이 정하는 바에 따라 시·도지사에게 신고하여야 한다(위험물안전관리법 6조 제2항).

05

정답 ③   기본서 2권   343p

해설

③ 황린의 지정수량은 20kg이다.(영 별표1)

06

정답 ②   기본서 2권   345~346p

해설

금속분이라 함은 알칼리금속·알칼리토류금속 및 마그네슘외의 금속의 분말을 말하고, 철·구리분·니켈분 및 150마이크로미터의 체를 통과하는 것이 50중량퍼센트 미만인 것은 제외한다.

→ 철은 금속분에서 제외한다.

※ 위험물안전관리법 시행령 별표 1. 위험물 및 지정수량

5. "**금속분**"이라 함은 알칼리금속·알칼리토류금속·철 및 마그네슘외의 금속의 분말을 말하고, 구리분·니켈분 및 150마이크로미터의 체를 통과하는 것이 50중량퍼센트 미만인 것은 제외한다.

07 정답 ③ 기본서 2권 482~484p

해설

ⓒ 규정에 따라 등록한 사항 가운데 행정안전부령이 정하는 중요사항을 변경한 경우에는 그 날부터 30일 이내에 시·도지사에게 변경신고를 하여야 한다.
ⓔ 피성년후견인의 경우 탱크시험자로 등록하거나 탱크시험자의 업무에 종사할 수 없다.
ⓜ 시·도지사는 규정에 따른 등록기준에 미달하게 된 경우에는 등록을 취소하거나 6월 이내의 기간을 정하여 업무의 정지를 명할 수 있다.

※ 위험물안전관리법 제16조(탱크시험자의 등록 등)
① 시·도지사 또는 제조소등의 관계인은 안전관리업무를 전문적이고 효율적으로 수행하기 위하여 탱크안전성능시험자(이하 "탱크시험자"라 한다)로 하여금 이 법에 의한 검사 또는 점검의 일부를 실시하게 할 수 있다.
② 탱크시험자가 되고자 하는 자는 대통령령이 정하는 기술능력·시설 및 장비를 갖추어 시·도지사에게 등록하여야 한다.
③ 제2항의 규정에 따라 등록한 사항 가운데 행정안전부령이 정하는 중요사항을 변경한 경우에는 그 날부터 30일 이내에 시·도지사에게 변경신고를 하여야 한다.
④ 다음 각 호의 어느 하나에 해당하는 자는 탱크시험자로 등록하거나 탱크시험자의 업무에 종사할 수 없다.
  1. 피성년후견인
  3. 이 법,「소방기본법」,「화재의 예방 및 안전관리에 관한 법률」,「소방시설 설치 및 관리에 관한 법률」 또는 「소방시설공사업법」에 따른 금고 이상의 실형의 선고를 받고 그 집행이 종료(집행이 종료된 것으로 보는 경우를 포함한다)되거나 집행이 면제된 날부터 2년이 지나지 아니한 자
  4. 이 법,「소방기본법」,「화재의 예방 및 안전관리에 관한 법률」,「소방시설 설치 및 관리에 관한 법률」 또는 「소방시설공사업법」에 따른 금고 이상의 형의 집행유예 선고를 받고 그 유예기간 중에 있는 자
  5. 제5항의 규정에 따라 탱크시험자의 등록이 취소(제1호에 해당하여 자격이 취소된 경우는 제외한다)된 날부터 2년이 지나지 아니한 자
  6. 법인으로서 그 대표자가 제1호 내지 제5호의 1에 해당하는 경우
⑤ 시·도지사는 탱크시험자가 다음 각 호의 어느 하나에 해당하는 경우에는 행정안전부령으로 정하는 바에 따라 그 등록을 취소하거나 6월 이내의 기간을 정하여 업무의 정지를 명할 수 있다. 다만, 제1호 내지 제3호에 해당하는 경우에는 그 등록을 취소하여야 한다.
  1. 허위 그 밖의 부정한 방법으로 등록을 한 경우
  2. 제4항 각 호의 어느 하나의 등록의 결격사유에 해당하게 된 경우
  3. 등록증을 다른 자에게 빌려준 경우
  4. 제2항의 규정에 따른 등록기준에 미달하게 된 경우
  5. 탱크안전성능시험 또는 점검을 허위로 하거나 이 법에 의한 기준에 맞지 아니하게 탱크안전성능시험 또는 점검을 실시하는 경우 등 탱크시험자로서 적합하지 아니하다고 인정하는 경우
⑥ 탱크시험자는 이 법 또는 이 법에 의한 명령에 따라 탱크안전성능시험 또는 점검에 관한 업무를 성실히 수행하여야 한다.

08

정답 ③ 기본서 2권 503p

해설

ⓐ 제조소 또는 일반취급소에서 취급하는 제4류 위험물의 최대 지정수량의 합이 25만 배인 사업소에는 자체소방대원 <u>15인</u>을 두어야 한다.

ⓑ 옥외탱크저장소에 저장하는 제4류 위험물의 최대수량이 지정수량의 50만 배인 사업소에는 자체소방대원 <u>10인</u>을 두어야 한다.

※ 위험물안전관리법 시행령 별표8

사업소의 구분	화학소방자동차	자체소방대원의 수
1. 제조소 또는 일반취급소에서 취급하는 제4류 위험물의 최대수량의 합이 지정수량의 3천 배 이상 12만 배 미만인 사업소	1대	5인
2. 제조소 또는 일반취급소에서 취급하는 제4류 위험물의 최대수량의 합이 지정수량의 12만 배 이상 24만 배 미만인 사업소	2대	10인
3. 제조소 또는 일반취급소에서 취급하는 제4류 위험물의 최대수량의 합이 지정수량의 24만 배 이상 48만 배 미만인 사업소	3대	15인
4. 제조소 또는 일반취급소에서 취급하는 제4류 위험물의 최대수량의 합이 지정수량의 48만 배 이상인 사업소	4대	20인
5. 옥외탱크저장소에 저장하는 제4류 위험물의 최대수량이 지정수량의 50만배 이상인 사업소	2대	10인

09

정답 ② 기본서 2권 345~346p

해설

※ 위험물안전관리법 시행령 별표1

- 제1석유류라 함은 아세톤, 휘발유 그 밖에 1기압에서 인화점이 섭씨 (21)도 미만인 것을 말한다.
- 인화성고체라 함은 고형알코올 그 밖에 1기압에서 인화점이 섭씨 (40)도 미만인 고체를 말한다.
- 철분이라 함은 철의 분말로서 (53)마이크로미터의 표준체를 통과하는 것이 50중량퍼센트 미만인 것은 제외한다.
- 황은 순도가 (60)중량퍼센트 이상인 것을 말한다. 이 경우 순도측정에 있어서 불순물은 활석 등 불연성 물질과 수분에 한한다.
- 금속분이라 함은 알칼리금속·알칼리토류금속·철 및 마그네슘외의 금속의 분말을 말하고, 구리분·니켈분 및 (150)마이크로미터의 체를 통과하는 것이 50중량퍼센트 미만인 것은 제외한다.

10

정답 ④ 기본서 2권 489p

해설

※ 위험물안전관리법 시행령 별표9

위반행위	과태료 금액
자. 법 제17조제3항을 위반하여 예방규정을 준수하지 않은 경우	
1) 1차 위반 시	250
2) 2차 위반 시	400
3) 3차 이상 위반 시	500

시행규칙 별표

01 정답 ④   기본서 2권 3단비교표   365~367p

해설
④ 압력안전장치 - 압력제어방식에 관한 설명서(규칙 별표 1)

02 정답 ④   기본서 2권 3단비교표   365p

해설
- 위치도 - 축척 : (50,000분의 1) 이상, 배관의 경로 및 이송기지의 위치를 기재할 것(규칙 별표 1)
- 횡단도면 - 축척 : (200분의 1) 이상, 배관을 부설한 도로·철도 등의 횡단면에 배관의 중심과 지상 및 지하의 공작물의 위치를 기재할 것(규칙 별표 1)

03 정답 ③   기본서 2권 3단비교표   368p

해설
③ 위험물취급탱크의 노즐 또는 맨홀을 신설하는 경우(노즐 또는 맨홀의 지름이 <u>250㎜</u>를 초과하는 경우에 한한다)
(규칙 별표1의2)

04 정답 ③   기본서 2권 3단비교표   369p

해설
③ 옥외저장탱크의 지붕판 표면적 <u>30%</u> 이상을 교체하거나 구조·재질 또는 두께를 변경하는 경우
(규칙 별표1의2)

05 정답 ③   기본서 2권 3단비교표   374p

해설
③ 위반행위의 횟수에 따른 행정처분기준은 최근 <u>2년간</u> 같은 위반행위로 행정처분을 받은 경우에 적용한다. 이 경우 기간의 계산은 위반행위에 대하여 행정처분을 받은 날과 그 처분 후 다시 같은 위반행위를 하여 적발된 날을 기준으로 한다.(규칙 별표2)

06 정답 ① 기본서 2권 3단비교표 375p

해설

※ 위험물안전관리법 시행규칙 별표2

위반행위	행정처분기준		
	1차	2차	3차
제조소등의 완공검사를 받지 않고 제조소등을 사용한 경우	사용정지 15일	사용정지 60일	허가취소

07 정답 ③ 기본서 2권 3단비교표 375p

해설

※ 위험물안전관리법 시행규칙 별표2

위반행위	행정처분기준		
	1차	2차	3차
대통령령이 정하는 제조소등의 정기점검을 하지 않은 경우	사용정지 10일	사용정지 30일	허가취소

08 정답 ③ 기본서 2권 3단비교표 376p

해설

※ 위험물안전관리법 시행규칙 별표2

위반행위	행정처분기준		
	1차	2차	3차
안전관리대행기관의 지정기준에 미달되는 때	업무정지 30일	업무정지 60일	지정취소

09 정답 ② 기본서 2권 3단비교표 376p

해설

※ 위험물안전관리법 시행규칙 별표2

위반행위	행정처분기준		
	1차	2차	3차
탱크안전성능시험 또는 점검을 허위로 하거나 이 법에 의한 기준에 맞지 아니하게 탱크안전성능시험 또는 점검을 실시하는 경우 등 탱크시험자로서 적합하지 아니하다고 인정되는 경우	업무정지 30일	업무정지 90일	등록취소

10

정답 ④ 기본서 2권 3단비교표 378p

해설

※ 위험물안전관리법 시행규칙 별표3

등급	연간 매출액	1일당 과징금의 금액(단위: 원)
1	5천만 원 이하	7,000
2	5천만 원 초과 ~ 1억 원 이하	20,000

11

정답 ③ 기본서 2권 3단비교표 379p

해설

※ 위험물안전관리법 시행규칙 별표3

등급	저장 또는 취급하는 위험물의 허가수량(지정수량의 배수)		1일당 과징금의 금액 (단위 : 천 원)
	저장량	취급량	
1	50배 이하	30배 이하	30
2	50배 초과 ~ 100배 이하	30배 초과 ~ 100배 이하	100

12

정답 ③ 기본서 2권 3단비교표 381p

해설

※ 위험물안전관리법 시행규칙 별표3의2

2. 과징금 산정기준

  가. 1일 평균 매출액을 기준으로 한 과징금 산정기준

$$과징금\ 금액 = 1일\ 평균\ 매출액 \times 사용정지\ 일수 \times 0.0574$$

13

정답 ③ 기본서 2권 409p 기본서 2권 3단비교표 382p

해설

※ 위험물안전관리법 시행규칙 별표4
Ⅱ. 보유공지

취급하는 위험물의 최대수량	공지의 너비
지정수량의 10배 이하	3m 이상
지정수량의 10배 초과	5m 이상

14 정답 ② 기본서 2권 410p 기본서 2권 3단비교표 383p

해설

※ 위험물안전관리법 시행규칙 별표4

㉠ 게시판은 한변의 길이가 <u>0.3m</u> 이상, 다른 한변의 길이가 <u>0.6m</u> 이상인 직사각형으로 하여야 한다.
㉧ 제2류 위험물 중 인화성고체, 제3류 위험물 중 자연발화성물질, 제4류 위험물 또는 제5류 위험물에 있어서는 "화기엄금"의 내용을 게시한 게시판을 설치하여야 한다.
㉦ 게시판의 색은 "물기엄금"을 표시하는 것에 있어서는 <u>청색</u>바탕에 백색문자로, "화기주의" 또는 "화기엄금"을 표시하는 것에 있어서는 <u>적색</u>바탕에 백색문자로 하여야 한다.

15 정답 ④ 기본서 2권 410p 기본서 2권 3단비교표 384p

해설

※ 위험물안전관리법 시행규칙 별표4

④ 출입구와「산업안전보건기준에 관한 규칙」에 따라 설치하여야 하는 비상구에는 60+방화문·60분방화문 또는 30분방화문을 설치하되, 연소의 우려가 있는 외벽에 설치하는 출입구에는 수시로 열 수 있는 <u>자동폐쇄식의 60+방화문 또는 60분방화문</u>을 설치하여야 한다.

16 정답 ③ 기본서 2권 410p 기본서 2권 3단비교표 384p

해설

③ 지붕(작업공정상 제조기계시설 등이 2층 이상에 연결되어 설치된 경우에는 최상층의 지붕을 말한다)은 폭발력이 위로 방출될 정도의 가벼운 불연재료로 덮어야 한다. 다만, 위험물을 취급하는 건축물이 외부화재에 <u>90분 이상</u> 견딜 수 있는 구조로서 밀폐형 구조의 건축물인 경우에는 그 지붕을 내화구조로 할 수 있다.

※ 위험물안전관리법 시행규칙 별표4

Ⅳ. 건축물의 구조

위험물을 취급하는 건축물의 구조는 다음 각호의 기준에 의하여야 한다.

1. 지하층이 없도록 하여야 한다. 다만, 위험물을 취급하지 아니하는 지하층으로서 위험물의 취급장소에서 새어나온 위험물 또는 가연성의 증기가 흘러 들어갈 우려가 없는 구조로 된 경우에는 그러하지 아니하다.
2. 벽·기둥·바닥·보·서까래 및 계단을 불연재료로 하고, 연소(延燒)의 우려가 있는 외벽(소방청장이 정하여 고시하는 것에 한한다. 이하 같다)은 출입구 외의 개구부가 없는 내화구조의 벽으로 하여야 한다. 이 경우 제6류 위험물을 취급하는 건축물에 있어서 위험물이 스며들 우려가 있는 부분에 대하여는 아스팔트 그 밖에 부식되지 아니하는 재료로 피복하여야 한다.
3. 지붕(작업공정상 제조기계시설 등이 2층 이상에 연결되어 설치된 경우에는 최상층의 지붕을 말한다)은 폭발력이 위로 방출될 정도의 가벼운 불연재료로 덮어야 한다. 다만, 위험물을 취급하는 건축물이 다음 각목의 1에 해당하는 경우에는 그 지붕을 내화구조로 할 수 있다.
   가. 제2류 위험물(분말상태의 것과 인화성고체를 제외한다), 제4류 위험물 중 제4석유류·동식물유류 또는 제6류 위험물을 취급하는 건축물인 경우

나. 다음의 기준에 적합한 밀폐형 구조의 건축물인 경우
   1) 발생할 수 있는 내부의 과압(過壓) 또는 부압(負壓)에 견딜 수 있는 철근콘크리트조일 것
   2) 외부화재에 90분 이상 견딜 수 있는 구조일 것
4. 출입구와 「산업안전보건기준에 관한 규칙」 제17조에 따라 설치하여야 하는 비상구에는 60+방화문·60분방화문 또는 30분방화문을 설치하되, 연소의 우려가 있는 외벽에 설치하는 출입구에는 수시로 열 수 있는 자동폐쇄식의 60+방화문 또는 60분방화문을 설치하여야 한다.
5. 위험물을 취급하는 건축물의 창 및 출입구에 유리를 이용하는 경우에는 망입유리(두꺼운 판유리에 철망을 넣은 것)로 하여야 한다.
6. 액체의 위험물을 취급하는 건축물의 바닥은 위험물이 스며들지 못하는 재료를 사용하고, 적당한 경사를 두어 그 최저부에 집유설비를 하여야 한다.

17

정답 ④ | 기본서 2권 411p | 기본서 2권 3단비교표 384p

해설

④ 조명설비의 점멸스위치는 출입구 <u>바깥부분</u>에 설치할 것. 다만, 스위치의 스파크로 인한 화재·폭발의 우려가 없을 경우에는 그러하지 아니하다.

※ 위험물안전관리법 시행규칙 별표4
Ⅴ. 채광·조명 및 환기설비
1. 위험물을 취급하는 건축물에는 다음 각목의 기준에 의하여 위험물을 취급하는데 필요한 채광·조명 및 환기의 설비를 설치하여야 한다.
   가. 채광설비는 불연재료로 하고, 연소의 우려가 없는 장소에 설치하되 채광면적을 최소로 할 것
   나. 조명설비는 다음의 기준에 적합하게 설치할 것
      1) 가연성가스 등이 체류할 우려가 있는 장소의 조명등은 방폭등(防爆燈)으로 할 것
      2) 전선은 내화·내열전선으로 할 것
      3) 점멸스위치는 출입구 바깥부분에 설치할 것. 다만, 스위치의 스파크로 인한 화재·폭발의 우려가 없을 경우에는 그러하지 아니하다.
   다. 환기설비는 다음의 기준에 의할 것
      1) 환기는 자연배기방식으로 할 것

18

정답 ④ | 기본서 2권 411p | 기본서 2권 3단비교표 385p

해설

※ 위험물안전관리법 시행규칙 별표4

바닥면적	급기구의 면적
60㎡ 미만	150㎠ 이상
60㎡ 이상 90㎡ 미만	300㎠ 이상
90㎡ 이상 120㎡ 미만	450㎠ 이상
120㎡ 이상 150㎡ 미만	600㎠ 이상

19 정답 ③   기본서 2권 412p   기본서 2권 3단비교표 385~386p

해설
③ 배출능력은 1시간당 배출장소 용적의 <u>20배</u> 이상인 것으로 하여야 한다. 다만, 전역방식의 경우에는 바닥면적 1㎡당 18㎥ 이상으로 할 수 있다.

※ 위험물안전관리법 시행규칙 별표4
Ⅵ. 배출설비

가연성의 증기 또는 미분이 체류할 우려가 있는 건축물에는 그 증기 또는 미분을 옥외의 높은 곳으로 배출할 수 있도록 다음 각호의 기준에 의하여 배출설비를 설치하여야 한다.

1. 배출설비는 국소방식으로 하여야 한다. 다만, 다음 각목의 1에 해당하는 경우에는 전역방식으로 할 수 있다.
   가. 위험물취급설비가 배관이음 등으로만 된 경우
   나. 건축물의 구조·작업장소의 분포 등의 조건에 의하여 전역방식이 유효한 경우
2. 배출설비는 배풍기(오염된 공기를 뽑아내는 통풍기)·배출 덕트(공기 배출통로)·후드 등을 이용하여 강제적으로 배출하는 것으로 해야 한다.
3. 배출능력은 1시간당 배출장소 용적의 20배 이상인 것으로 하여야 한다. 다만, 전역방식의 경우에는 바닥면적 1㎡당 18㎥ 이상으로 할 수 있다.
4. 배출설비의 급기구 및 배출구는 다음 각목의 기준에 의하여야 한다.
   가. 급기구는 높은 곳에 설치하고, 가는 눈의 구리망 등으로 인화방지망을 설치할 것
   나. 배출구는 지상 2m 이상으로서 연소의 우려가 없는 장소에 설치하고, 배출 덕트가 관통하는 벽부분의 바로 가까이에 화재시 자동으로 폐쇄되는 방화댐퍼(화재 시 연기 등을 차단하는 장치)를 설치할 것
5. 배풍기는 강제배기방식으로 하고, 옥내 덕트의 내압이 대기압 이상이 되지 아니하는 위치에 설치하여야 한다.

20 정답 ①   기본서 2권 412p   기본서 2권 3단비교표 386p

해설
① 바닥의 둘레에 높이 <u>0.15m 이상</u>의 턱을 설치하는 등 위험물이 외부로 흘러나가지 아니하도록 하여야 한다.

※ 위험물안전관리법 시행규칙 별표4
Ⅶ. 옥외설비의 바닥

옥외에서 액체위험물을 취급하는 설비의 바닥은 다음 각호의 기준에 의하여야 한다.

1. 바닥의 둘레에 높이 0.15m 이상의 턱을 설치하는 등 위험물이 외부로 흘러나가지 아니하도록 하여야 한다.
2. 바닥은 콘크리트 등 위험물이 스며들지 아니하는 재료로 하고, 제1호의 턱이 있는 쪽이 낮게 경사지게 하여야 한다.
3. 바닥의 최저부에 집유설비를 하여야 한다.
4. 위험물(온도 20℃의 물 100g에 용해되는 양이 1g 미만인 것에 한한다)을 취급하는 설비에 있어서는 당해 위험물이 직접 배수구에 흘러들어가지 아니하도록 집유설비에 유분리장치를 설치하여야 한다.

21

정답 ② 기본서 2권 413p 기본서 2권 3단비교표 387p

해설

※ 위험물안전관리법 시행규칙 별표4

※ 피뢰설비
지정수량의 10배 이상의 위험물을 취급하는 제조소(제6류 위험물을 취급하는 위험물제조소를 제외한다)에는 피뢰침(「산업표준화법」제12조에 따른 한국산업표준 중 피뢰설비 표준에 적합한 것을 말한다. 이하 같다)을 설치하여야 한다. 다만, 제조소의 주위의 상황에 따라 안전상 지장이 없는 경우에는 피뢰침을 설치하지 아니할 수 있다.

22

정답 ③ 기본서 2권 413p 기본서 2권 3단비교표 388~389p

해설

③ ㉠ 1.5 ㉡ 1.1

※ 위험물안전관리법 시행규칙 별표4
X. 배관
위험물제조소내의 위험물을 취급하는 배관은 다음 각 호의 기준에 의하여 설치하여야 한다.
2. 배관은 다음 각 목의 구분에 따른 압력으로 내압시험을 실시하여 누설 또는 그 밖의 이상이 없는 것으로 해야 한다.
   가. 불연성 액체를 이용하는 경우에는 최대상용압력의 1.5배 이상
   나. 불연성 기체를 이용하는 경우에는 최대상용압력의 1.1배 이상

23

정답 ③ 기본서 2권 413~414p 기본서 2권 3단비교표 389~390p

해설

③ 위험물을 취급하는 건축물 그 밖의 공작물(위험물을 이송하기 위한 배관 그 밖에 이에 준하는 공작물을 제외한다)의 주위에 3m 이상의 너비의 공지를 보유하여야 한다. 다만, 규정에 의하여 방화상 유효한 격벽을 설치하는 경우에는 그러하지 아니하다. (규칙 별표4)

24

정답 ④ 기본서 2권 414p   기본서 2권 3단비교표 390p

해설

④ 알킬알루미늄등을 취급하는 설비의 주위에는 누설범위를 국한하기 위한 설비와 누설된 알킬알루미늄등을 안전한 장소에 설치된 저장실에 유입시킬수 있는 설비를 갖추어야 한다.

※ 위험물안전관리법 시행규칙 별표4

3. 아세트알데하이드등을 취급하는 제조소의 특례는 다음 각목과 같다.
   가. 아세트알데하이드등을 취급하는 설비는 은·수은·동·마그네슘 또는 이들을 성분으로 하는 합금으로 만들지 아니할 것
   나. 아세트알데하이드등을 취급하는 설비에는 연소성 혼합기체의 생성에 의한 폭발을 방지하기 위한 불활성기체 또는 수증기를 봉입하는 장치를 갖출 것
   다. 아세트알데하이드등을 취급하는 탱크(옥외에 있는 탱크 또는 옥내에 있는 탱크로서 그 용량이 지정수량의 5분의 1 미만의 것을 제외한다)에는 냉각장치 또는 저온을 유지하기 위한 장치(이하 "보냉장치"라 한다) 및 연소성 혼합기체의 생성에 의한 폭발을 방지하기 위한 불활성기체를 봉입하는 장치를 갖출 것. 다만, 지하에 있는 탱크가 아세트알데하이드등의 온도를 저온으로 유지할 수 있는 구조인 경우에는 냉각장치 및 보냉장치를 갖추지 아니할 수 있다.
   라. 다목의 규정에 의한 냉각장치 또는 보냉장치는 2 이상 설치하여 하나의 냉각장치 도는 보냉장치가 고장난 때에도 일정 온도를 유지할 수 있도록 하고, 다음의 기준에 적합한 비상전원을 갖출 것
      1) 상용전력원이 고장인 경우에 자동으로 비상전원으로 전환되어 가동되도록 할 것
      2) 비상전원의 용량은 냉각장치 또는 보냉장치를 유효하게 작동할 수 있는 정도일 것
   마. 아세트알데하이드등을 취급하는 탱크를 지하에 매설하는 경우에는 Ⅸ제3호의 규정에 의하여 적용되는 별표 8 Ⅰ제1호 단서의 규정에 불구하고 당해 탱크를 탱크전용실에 설치할 것

25

정답 ③ 기본서 2권 415p   기본서 2권 3단비교표 391p

해설

③ 담은 두께 15㎝ 이상의 철근콘크리트조·철골철근콘크리트조 또는 두께 20㎝ 이상의 보강콘크리트블록조로 할 것

※ 위험물안전관리법 시행규칙 별표4

4. 하이드록실아민등을 취급하는 제조소의 특례는 다음 각목과 같다.
   나. 가목의 제조소의 주위에는 다음에 정하는 기준에 적합한 담 또는 토제(土堤)를 설치할 것
      1) 담 또는 토제는 당해 제조소의 외벽 또는 이에 상당하는 공작물의 외측으로부터 2m 이상 떨어진 장소에 설치할 것
      2) 담 또는 토제의 높이는 당해 제조소에 있어서 하이드록실아민등을 취급하는 부분의 높이 이상으로 할 것
      3) 담은 두께 15㎝ 이상의 철근콘크리트조·철골철근콘크리트조 또는 두께 20㎝ 이상의 보강콘크리트블록조로 할 것
      4) 토제의 경사면의 경사도는 60도 미만으로 할 것

26

정답 ① 기본서 2권 416p 기본서 2권 3단비교표 398p

해설

① 제4석유류 또는 동식물유류의 위험물을 저장 또는 취급하는 옥내저장소로서 그 최대수량이 지정수량의 <u>20배 미만</u>인 것

※ 위험물안전관리법 시행규칙 별표5

Ⅰ. 옥내저장소의 기준(Ⅱ 및 Ⅲ의 규정에 의한 것을 제외한다)

  1. 옥내저장소는 별표 4 Ⅰ의 규정에 준하여 안전거리를 두어야 한다. 다만, 다음 각목의 1에 해당하는 옥내저장소는 안전거리를 두지 아니할 수 있다.

    가. 제4석유류 또는 동식물유류의 위험물을 저장 또는 취급하는 옥내저장소로서 그 최대수량이 지정수량의 20배 미만인 것

    나. 제6류 위험물을 저장 또는 취급하는 옥내저장소

    다. 지정수량의 20배(하나의 저장창고의 바닥면적이 150㎡ 이하인 경우에는 50배) 이하의 위험물을 저장 또는 취급하는 옥내저장소로서 다음의 기준에 적합한 것

     1) 저장창고의 벽·기둥·바닥·보 및 지붕이 내화구조인 것

     2) 저장창고의 출입구에 수시로 열 수 있는 자동폐쇄방식의 60+방화문 또는 60분방화문이 설치되어 있을 것

     3) 저장창고에 창을 설치하지 아니할 것

27

정답 ② 기본서 2권 416p 기본서 2권 3단비교표 398p

해설

※ 위험물안전관리법 시행규칙 별표5

저장 또는 취급하는 위험물의 최대수량	벽·기둥 및 바닥이 내화구조로 된 건축물
지정수량의 5배 초과 10배 이하	1m 이상
지정수량의 10배 초과 20배 이하	2m 이상

28

정답 ② 기본서 2권 416~417p 기본서 2권 3단비교표 399p

해설

② 제3류 위험물 중 칼륨, 나트륨, 알킬알루미늄, 알킬리튬 그 밖에 지정수량이 10kg인 위험물 및 황린을 저장하는 창고

※ 위험물안전관리법 시행규칙 별표5

6. 하나의 저장창고의 바닥면적(2 이상의 구획된 실이 있는 경우에는 각 실의 바닥면적의 합계)은 다음 각목의 구분에 의한 면적 이하로 하여야 한다. 이 경우 가목의 위험물과 나목의 위험물을 같은 저장창고에 저장하는 때에는 가목의 위험물을 저장하는 것으로 보아 그에 따른 바닥면적을 적용한다.

   가. 다음의 위험물을 저장하는 창고 : 1,000㎡

      1) 제1류 위험물 중 아염소산염류, 염소산염류, 과염소산염류, 무기과산화물 그 밖에 지정수량이 50kg인 위험물

      2) 제3류 위험물 중 칼륨, 나트륨, 알킬알루미늄, 알킬리튬 그 밖에 지정수량이 10kg인 위험물 및 황린

      3) 제4류 위험물 중 특수인화물, 제1석유류 및 알코올류

      4) 제5류 위험물 중 지정수량이 10kg인 위험물

      5) 제6류 위험물

   나. 가목의 위험물 외의 위험물을 저장하는 창고 : 2,000㎡

   다. 가목의 위험물과 나목의 위험물을 내화구조의 격벽으로 완전히 구획된 실에 각각 저장하는 창고 : 1,500㎡(가목의 위험물을 저장하는 실의 면적은 500㎡를 초과할 수 없다)

29

정답 ③ 기본서 2권 417p 기본서 2권 3단비교표 400p

해설

③ 제3류 위험물 중 금수성물질

※ 위험물안전관리법 시행규칙 별표5

11. 제1류 위험물 중 알칼리금속의 과산화물 또는 이를 함유하는 것, 제2류 위험물 중 철분·금속분·마그네슘 또는 이중 어느 하나 이상을 함유하는 것, 제3류 위험물 중 금수성물질 또는 제4류 위험물의 저장창고의 바닥은 물이 스며 나오거나 스며들지 아니하는 구조로 하여야 한다.

30

정답 ① 기본서 2권 417p 기본서 2권 3단비교표 400p

해설

① 인화점이 70℃ 미만인 위험물의 저장창고에 있어서는 내부에 체류한 가연성의 증기를 지붕 위로 배출하는 설비를 갖추어야 한다.(규칙 별표5)

31 정답 ② 기본서 2권 417p 기본서 2권 3단비교표 400~401p

해설

② 하나의 저장창고의 바닥면적 합계는 1,000㎡ 이하로 하여야 한다.

※ 위험물안전관리법 시행규칙 별표5
Ⅱ. 다층건물의 옥내저장소의 기준

옥내저장소중 제2류의 위험물(인화성고체는 제외한다) 또는 제4류의 위험물(인화점이 70℃ 미만인 것은 제외한다)만을 저장 또는 취급하는 저장창고가 다층건물인 옥내저장소의 위치·구조 및 설비의 기술기준은 Ⅰ제1호 내지 제4호 및 제8호 내지 제16호의 규정에 의하는 외에 다음 각호의 기준에 의하여야 한다.

1. 저장창고는 각층의 바닥을 지면보다 높게 하고, 바닥면으로부터 상층의 바닥(상층이 없는 경우에는 처마)까지의 높이(이하 "층고"라 한다)를 6m 미만으로 하여야 한다.
2. 하나의 저장창고의 바닥면적 합계는 1,000㎡ 이하로 하여야 한다.
3. 저장창고의 벽·기둥·바닥 및 보를 내화구조로 하고, 계단을 불연재료로 하며, 연소의 우려가 있는 외벽은 출입구외의 개구부를 갖지 아니하는 벽으로 하여야 한다.
4. 2층 이상의 층의 바닥에는 개구부를 두지 아니하여야 한다. 다만, 내화구조의 벽과 60+방화문·60분방화문 또는 30분방화문으로 구획된 계단실에 있어서는 그러하지 아니하다.

32 정답 ③ 기본서 2권 418p 기본서 2권 3단비교표 401p

해설

※ 위험물안전관리법 시행규칙 별표5
Ⅲ. 복합용도 건축물의 옥내저장소의 기준

옥내저장소중 지정수량의 20배 이하의 것(옥내저장소이외 용도로 사용하는 부분이 있는 건축물에 설치하는 것에 한한다)의 위치·구조 및 설비의 기술기준은 Ⅰ제3호, 제11호 내지 제17호의 규정에 의하는 외에 다음 각호의 기준에 의하여야 한다.

1. 옥내저장소는 벽·기둥·바닥 및 보가 내화구조인 건축물의 1층 또는 2층의 어느 하나의 층에 설치하여야 한다.
2. 옥내저장소의 용도에 사용되는 부분의 바닥은 지면보다 높게 설치하고 그 층고를 6m 미만으로 하여야 한다.
3. 옥내저장소의 용도에 사용되는 부분의 바닥면적은 75㎡ 이하로 하여야 한다.
4. 옥내저장소의 용도에 사용되는 부분은 벽·기둥·바닥·보 및 지붕(상층이 있는 경우에는 상층의 바닥)을 내화구조로 하고, 출입구외의 개구부가 없는 두께 70㎜ 이상의 철근콘크리트조 또는 이와 동등 이상의 강도가 있는 구조의 바닥 또는 벽으로 당해 건축물의 다른 부분과 구획되도록 하여야 한다.
5. 옥내저장소의 용도에 사용되는 부분의 출입구에는 수시로 열 수 있는 자동폐쇄방식의 60+방화문 또는 60분방화문을 설치하여야 한다.
6. 옥내저장소의 용도에 사용되는 부분에는 창을 설치하지 아니하여야 한다.
7. 옥내저장소의 용도에 사용되는 부분의 환기설비 및 배출설비에는 방화상 유효한 댐퍼 등을 설치하여야 한다.

33

정답 ① 기본서 2권 418p 기본서 2권 3단비교표 402p

해설

※ 위험물안전관리법 시행규칙 별표5
Ⅳ. 소규모 옥내저장소의 특례
　가. 저장창고의 주위에는 다음 표에 정하는 너비의 공지를 보유할 것

저장 또는 취급하는 위험물의 최대수량	공지의 너비
지정수량의 5배 초과 20배 이하	1m 이상
지정수량의 20배 초과 50배 이하	2m 이상

34

정답 ② 기본서 2권 418p 기본서 2권 3단비교표 402p

해설

※ 위험물안전관리법 시행규칙 별표5
Ⅳ. 소규모 옥내저장소의 특례
　나. 하나의 저장창고 바닥면적은 150㎡ 이하로 할 것

35

정답 ③ 기본서 2권 419p 기본서 2권 3단비교표 402p

해설

※ 위험물안전관리법 시행규칙 별표5
Ⅴ. 고인화점 위험물의 단층건물 옥내저장소의 특례
　나. 저장창고의 주위에는 다음 표에 정하는 너비의 공지를 보유할 것

저장 또는 취급하는 위험물의 최대수량	공지의 너비	
	당해 건축물의 벽·기둥 및 바닥이 내화구조로 된 경우	왼쪽란에 정하는 경우외의 경우
20배 이하		0.5m 이상
20배 초과 50배 이하	1m 이상	1.5m 이상
50배 초과 200배 이하	2m 이상	3m 이상
200배 초과	3m 이상	5m 이상

36 정답 ② 기본서 2권 419~420p 기본서 2권 3단비교표 404p

해설

② 저장창고의 외벽은 두께 20㎝ 이상의 철근콘크리트조나 철골철근콘크리트조 또는 두께 30㎝ 이상의 보강 콘크리트블록조로 할 것

※ 위험물안전관리법 시행규칙 별표5

Ⅷ. 위험물의 성질에 따른 옥내저장소의 특례
  2. 지정과산화물을 저장 또는 취급하는 옥내저장소에 대하여 강화되는 기준은 다음 각목과 같다.
    다. 옥내저장소의 저장창고의 기준은 다음과 같다.
      1) 저장창고는 150㎡ 이내마다 격벽으로 완전하게 구획할 것. 이 경우 당해 격벽은 두께 30㎝ 이상의 철근콘크리트조 또는 철골철근콘크리트조로 하거나 두께 40㎝ 이상의 보강콘크리트블록조로 하고, 당해 저장창고의 양측의 외벽으로부터 1m 이상, 상부의 지붕으로부터 50㎝ 이상 돌출하게 하여야 한다.
      2) 저장창고의 외벽은 두께 20㎝ 이상의 철근콘크리트조나 철골철근콘크리트조 또는 두께 30㎝ 이상의 보강콘크리트블록조로 할 것
      3) 저장창고의 지붕은 다음 각목의 1에 적합할 것
        가) 중도리(서까래 중간을 받치는 수평의 도리) 또는 서까래의 간격은 30㎝ 이하로 할 것
        나) 지붕의 아래쪽 면에는 한 변의 길이가 45㎝ 이하의 환강(丸鋼)·경량형강(輕量形鋼) 등으로 된 강제(鋼製)의 격자를 설치할 것
        다) 지붕의 아래쪽 면에 철망을 쳐서 불연재료의 도리(서까래를 받치기 위해 기둥과 기둥사이에 설치한 부재)·보 또는 서까래에 단단히 결합할 것
        라) 두께 5㎝ 이상, 너비 30㎝ 이상의 목재로 만든 받침대를 설치할 것
      4) 저장창고의 출입구에는 60+방화문 또는 60분방화문을 설치할 것
      5) 저장창고의 창은 바닥면으로부터 2m 이상의 높이에 두되, 하나의 벽면에 두는 창의 면적의 합계를 당해 벽면의 면적의 80분의 1 이내로 하고, 하나의 창의 면적을 0.4㎡ 이내로 할 것

37 정답 ③ 기본서 2권 421p 기본서 2권 3단비교표 408p

해설

※ 위험물안전관리법 시행규칙 별표6

Ⅱ. 보유공지

저장 또는 취급하는 위험물의 최대수량	공지의 너비
지정수량의 1,000배 초과 2,000배 이하	9m 이상
지정수량의 2,000배 초과 3,000배 이하	12m 이상

38 정답 ① 기본서 2권 424~426p 기본서 2권 3단비교표 417~418p

해설

① 하나의 탱크 주위에 설치하는 방유제의 용량은 당해 탱크용량의 50% 이상으로 하고, 2 이상의 취급탱크 주위에 하나의 방유제를 설치하는 경우 그 방유제의 용량은 당해 탱크 중 용량이 최대인 것의 50%에 나머지 탱크용량 합계의 10%를 가산한 양 이상이 되게 해야한다. - 제조소의 취급탱크의 기준

※ 위험물안전관리법 시행규칙 별표6
Ⅸ. 방유제
1. 인화성액체위험물(이황화탄소를 제외한다)의 옥외탱크저장소의 탱크 주위에는 다음 각목의 기준에 의하여 방유제를 설치하여야 한다.
　가. 방유제의 용량은 방유제안에 설치된 탱크가 하나인 때에는 그 탱크 용량의 110% 이상, 2기 이상인 때에는 그 탱크 중 용량이 최대인 것의 용량의 110% 이상으로 할 것. 이 경우 방유제의 용량은 당해 방유제의 내용적에서 용량이 최대인 탱크 외의 탱크의 방유제 높이 이하 부분의 용적, 당해 방유제내에 있는 모든 탱크의 지반면 이상 부분의 기초의 체적, 간막이 둑의 체적 및 당해 방유제 내에 있는 배관 등의 체적을 뺀 것으로 한다.
　나. 방유제는 높이 0.5m 이상 3m 이하, 두께 0.2m 이상, 지하매설깊이 1m 이상으로 할 것. 다만, 방유제와 옥외저장탱크 사이의 지반면 아래에 불침윤성(不浸潤性: 수분 흡수를 막는 성질) 구조물을 설치하는 경우에는 지하매설깊이를 해당 불침윤성 구조물까지로 할 수 있다.
　다. 방유제내의 면적은 8만㎡ 이하로 할 것
　아. 용량이 1,000만ℓ 이상인 옥외저장탱크의 주위에 설치하는 방유제에는 다음의 규정에 따라 당해 탱크마다 간막이 둑을 설치할 것
　　1) 간막이 둑의 높이는 0.3m(방유제내에 설치되는 옥외저장탱크의 용량의 합계가 2억ℓ를 넘는 방유제에 있어서는 1m)이상으로 하되, 방유제의 높이보다 0.2m 이상 낮게 할 것
　　2) 간막이 둑은 흙 또는 철근콘크리트로 할 것
　　3) 간막이 둑의 용량은 간막이 둑안에 설치된 탱크의 용량의 10% 이상일 것

39 정답 ② 　기본서 2권 425p　　기본서 2권 3단비교표 417p

해설

※ 위험물안전관리법 시행규칙 별표6
Ⅸ. 방유제
1. 인화성액체위험물(이황화탄소를 제외한다)의 옥외탱크저장소의 탱크 주위에는 다음 각목의 기준에 의하여 방유제를 설치하여야 한다.
　바. 방유제는 옥외저장탱크의 지름에 따라 그 탱크의 옆판으로부터 다음에 정하는 거리를 유지할 것. 다만, 인화점이 200℃ 이상인 위험물을 저장 또는 취급하는 것에 있어서는 그러하지 아니하다.
　　1) 지름이 15m 미만인 경우에는 탱크 높이의 3분의 1 이상
　　2) 지름이 15m 이상인 경우에는 탱크 높이의 2분의 1 이상

40 정답 ④ 　기본서 2권 425p　　기본서 2권 3단비교표 418p

해설

※ 위험물안전관리법 시행규칙 별표6
Ⅸ. 방유제
　아. 용량이 1,000만ℓ 이상인 옥외저장탱크의 주위에 설치하는 방유제에는 다음의 규정에 따라 당해 탱크마다 간막이 둑을 설치할 것
　　1) 간막이 둑의 높이는 <u>0.3m</u>(방유제내에 설치되는 옥외저장탱크의 용량의 합계가 2억ℓ를 넘는 방유제에 있어서는 1m)이상으로 하되, 방유제의 높이보다 <u>0.2m</u> 이상 낮게 할 것
　　2) 간막이 둑은 흙 또는 철근콘크리트로 할 것
　　3) 간막이 둑의 용량은 간막이 둑안에 설치된 탱크의 용량의 <u>10%</u> 이상일 것

41 정답 ②　기본서 2권 425~426p　기본서 2권 3단비교표 418p

해설

② 용량이 100만 리터 이상인 위험물을 저장하는 옥외저장탱크에 있어서는 카목의 밸브 등에 그 개폐상황을 쉽게 확인할 수 있는 장치를 설치할 것

※ 위험물안전관리법 시행규칙 별표6
Ⅸ. 방유제

차. 방유제 또는 간막이 둑에는 해당 방유제를 관통하는 배관을 설치하지 아니할 것. 다만, 위험물을 이송하는 배관의 경우에는 배관이 관통하는 지점의 좌우방향으로 각 1m 이상까지의 방유제 또는 간막이 둑의 외면에 두께 0.1m 이상, 지하매설깊이 0.1m 이상의 구조물을 설치하여 방유제 또는 간막이 둑을 이중구조로 하고, 그 사이에 토사를 채운 후, 관통하는 부분을 완충재 등으로 마감하는 방식으로 설치할 수 있다.

타. 용량이 100만ℓ 이상인 위험물을 저장하는 옥외저장탱크에 있어서는 카목의 밸브 등에 그 개폐상황을 쉽게 확인할 수 있는 장치를 설치할 것

파. 높이가 1m를 넘는 방유제 및 간막이 둑의 안팎에는 방유제내에 출입하기 위한 계단 또는 경사로를 약 50m마다 설치할 것

하. 용량이 50만리터 이상인 옥외탱크저장소가 해안 또는 강변에 설치되어 방유제 외부로 누출된 위험물이 바다 또는 강으로 유입될 우려가 있는 경우에는 해당 옥외탱크저장소가 설치된 부지 내에 전용유조(專用油槽) 등 누출위험물 수용설비를 설치할 것

42 정답 ②　기본서 2권 427p　기본서 2권 3단비교표 419p

해설

※ 위험물안전관리법 시행규칙 별표6
Ⅺ. 고인화점 위험물의 옥외탱크저장소
① 보유공지

저장 또는 취급하는 위험물의 최대수량	공지의 너비
지정수량의 2,000배 이하	3m 이상
지정수량의 2,000배 초과 4,000배 이하	5m 이상
지정수량의 4,000배 초과	당해 탱크의 수평단면의 최대지름(가로형인 경우에는 긴 변)과 높이중 큰 것의 3분의 1과 같은 거리 이상. 다만, 5m 미만으로 하여서는 아니된다.

43 정답 ③　기본서 2권 428p　기본서 2권 3단비교표 424p

해설

※ 위험물안전관리법 시행규칙 별표7
Ⅰ. 옥내탱크저장소의 기준

나. 옥내저장탱크와 탱크전용실의 벽과의 사이 및 옥내저장탱크의 상호간에는 0.5m 이상의 간격을 유지할 것. 다만, 탱크의 점검 및 보수에 지장이 없는 경우에는 그러하지 아니하다.

라. 옥내저장탱크의 용량(동일한 탱크전용실에 옥내저장탱크를 2 이상 설치하는 경우에는 각 탱크의 용량의 합계를 말한다)은 지정수량의 40배(제4석유류 및 동식물유류 외의 제4류 위험물에 있어서 당해 수량이 20,000ℓ를 초과할 때에는 20,000ℓ) 이하일 것

44 정답 ④   기본서 2권 430p   기본서 2권 3단비교표 428p

해설

④ 당해 탱크를 지하의 가장 가까운 벽·피트·가스관 등의 시설물 및 대지경계선으로부터 0.6m 이상 떨어진 곳에 매설할 것

※ 위험물안전관리법 시행규칙 별표8
Ⅰ. 지하탱크저장소의 기준(Ⅱ 및 Ⅲ에 정하는 것을 제외한다)
  1. 위험물을 저장 또는 취급하는 지하탱크(이하 Ⅰ, 별표 13 Ⅲ 및 별표 18 Ⅲ에서 "지하저장탱크"라 한다)는 지면하에 설치된 탱크전용실에 설치하여야 한다. 다만, 제4류 위험물의 지하저장탱크가 다음 가목 내지 마목의 기준에 적합한 때에는 그러하지 아니하다.
    가. 당해 탱크를 지하철·지하가 또는 지하터널로부터 수평거리 10m 이내의 장소 또는 지하건축물내의 장소에 설치하지 아니할 것
    나. 당해 탱크를 그 수평투영의 세로 및 가로보다 각각 0.6m 이상 크고 두께가 0.3m 이상인 철근콘크리트조의 뚜껑으로 덮을 것
    다. 뚜껑에 걸리는 중량이 직접 당해 탱크에 걸리지 아니하는 구조일 것
    라. 당해 탱크를 견고한 기초 위에 고정할 것
    마. 당해 탱크를 지하의 가장 가까운 벽·피트(pit: 인공지하구조물)·가스관 등의 시설물 및 대지경계선으로부터 0.6m 이상 떨어진 곳에 매설할 것

45 정답 ②   기본서 2권 430p   기본서 2권 3단비교표 428p

해설

② 지하저장탱크의 윗부분은 지면으로부터 0.6m 이상 아래에 있어야 한다.

※ 위험물안전관리법 시행규칙 별표8
Ⅰ. 지하탱크저장소의 기준
  2. 탱크전용실은 지하의 가장 가까운 벽·피트·가스관 등의 시설물 및 대지경계선으로부터 0.1m 이상 떨어진 곳에 설치하고, 지하저장탱크와 탱크전용실의 안쪽과의 사이는 0.1m 이상의 간격을 유지하도록 하며, 당해 탱크의 주위에 마른 모래 또는 습기 등에 의하여 응고되지 아니하는 입자지름 5㎜ 이하의 마른 자갈분을 채워야 한다.
  3. 지하저장탱크의 윗부분은 지면으로부터 0.6m 이상 아래에 있어야 한다.
  4. 지하저장탱크를 2 이상 인접해 설치하는 경우에는 그 상호간에 1m(당해 2 이상의 지하저장탱크의 용량의 합계가 지정수량의 100배 이하인 때에는 0.5m) 이상의 간격을 유지하여야 한다. 다만, 그 사이에 탱크전용실의 벽이나 두께 20㎝ 이상의 콘크리트 구조물이 있는 경우에는 그러하지 아니하다.
  5. 지하탱크저장소에는 별표 4 Ⅲ제1호의 기준에 따라 보기 쉬운 곳에 "위험물 지하탱크저장소"라는 표시를 한 표지와 같은 표 Ⅲ제2호의 기준에 따라 방화에 관하여 필요한 사항을 게시한 게시판 및 같은 표 Ⅲ 제3호의 기준을 준용하여 해당 지하탱크저장소가 금연구역임을 알리는 표지를 설치해야 한다.

46 정답 ③ 기본서 2권 432p   기본서 2권 3단비교표 430p

해설

※ 위험물안전관리법 시행규칙 별표8

8. 지하저장탱크 중 압력탱크(최대상용압력이 부압 또는 정압 5KPa을 초과하는 탱크를 말한다)외의 제4류 위험물의 탱크에 있어서는 밸브 없는 통기관 또는 대기밸브 부착 통기관을 다음 각 목의 구분에 따른 기준에 적합하게 설치하고, 압력탱크에 있어서는 별표 4 Ⅷ제4호에 따른 제조소의 안전장치의 기준을 준용하여야 한다.

나. 대기밸브 부착 통기관

1) 가목1) 및 2)의 기준에 적합할 것
2) 별표 6 Ⅵ제7호나목의 기준에 적합할 것. 다만, 제4류 제1석유류를 저장하는 탱크는 다음의 압력 차이에서 작동하여야 한다.
   가) 정압 : 0.6kPa 이상 1.5kPa 이하
   나) 부압 : 1.5kPa 이상 3kPa 이하
3) 별표 7 Ⅰ제1호사목1)가) 및 나)의 기준에 적합할 것

47 정답 ④ 기본서 2권 431p   기본서 2권 3단비교표 431p

해설

④ 관의 밑부분으로부터 탱크의 중심 높이까지의 부분에는 소공이 뚫려 있을 것. 다만, 지하수위가 높은 장소에 있어서는 지하수위 높이까지의 부분에 <u>소공이 뚫려 있어야 한다.</u>

※ 위험물안전관리법 시행규칙 별표8

15. 지하저장탱크의 주위에는 당해 탱크로부터의 액체위험물의 누설을 검사하기 위한 관을 다음의 각목의 기준에 따라 4개소 이상 적당한 위치에 설치하여야 한다.

가. 이중관으로 할 것. 다만, 소공이 없는 상부는 단관으로 할 수 있다.
나. 재료는 금속관 또는 경질합성수지관으로 할 것
다. 관은 탱크전용실의 바닥 또는 탱크의 기초까지 닿게 할 것
라. 관의 밑부분으로부터 탱크의 중심 높이까지의 부분에는 소공이 뚫려 있을 것. 다만, 지하수위가 높은 장소에 있어서는 지하수위 높이까지의 부분에 소공이 뚫려 있어야 한다.
마. 상부는 물이 침투하지 아니하는 구조로 하고, 뚜껑은 검사시에 쉽게 열 수 있도록 할 것

48 정답 ② 기본서 2권 432p   기본서 2권 3단비교표 432p

해설

※ 위험물안전관리법 시행규칙 별표8

16. 탱크전용실은 벽·바닥 및 뚜껑을 다음 각 목에 정한 기준에 적합한 철근콘크리트구조 또는 이와 동등 이상의 강도가 있는 구조로 설치하여야 한다.

가. 벽·바닥 및 뚜껑의 두께는 0.3m 이상일 것
나. 벽·바닥 및 뚜껑의 내부에는 지름 9㎜부터 13㎜까지의 철근을 가로 및 세로로 5㎝부터 20㎝까지의 간격으로 배치할 것
다. 벽·바닥 및 뚜껑의 재료에 수밀(액체가 새지 않도록 밀봉되어 있는 상태)콘크리트를 혼입하거나 벽·바닥 및 뚜껑의 중간에 아스팔트층을 만드는 방법으로 적정한 방수조치를 할 것

49

정답 ④   기본서 2권 432p   기본서 2권 3단비교표 432p

해설

※ 위험물안전관리법 시행규칙 별표8

17. 지하저장탱크에는 다음 각목의 1에 해당하는 방법으로 과충전을 방지하는 장치를 설치하여야 한다.
    가. 탱크용량을 초과하는 위험물이 주입될 때 자동으로 그 주입구를 폐쇄하거나 위험물의 공급을 자동으로 차단하는 방법
    나. 탱크용량의 90%가 찰 때 경보음을 울리는 방법

50

정답 ④   기본서 2권 434p   기본서 2권 3단비교표 436p

해설

④ 전용실의 채광·조명·환기 및 배출의 설비는 옥내저장소의 채광·조명·환기 및 배출의 설비의 기준에 적합할 것

※ 위험물안전관리법 시행규칙 별표9

1. 위험물을 저장 또는 취급하는 간이탱크(이하 Ⅰ, 별표 13 Ⅲ 및 별표 18 Ⅲ에서 "간이저장탱크"라 한다)는 옥외에 설치하여야 한다. 다만, 다음 각목의 기준에 적합한 전용실안에 설치하는 경우에는 그러하지 아니하다.
    가. 전용실의 구조는 별표 7 Ⅰ제1호 거목 및 너목의 규정에 의한 옥내탱크저장소의 탱크전용실의 구조의 기준에 적합할 것
    나. 전용실의 창 및 출입구는 별표 7 Ⅰ제1호 더목 및 러목의 규정에 의한 옥내탱크저장소의 창 및 출입구의 기준에 적합할 것
    다. 전용실의 바닥은 별표 7 Ⅰ제1호 머목의 규정에 의한 옥내탱크저장소의 탱크전용실의 바닥의 구조의 기준에 적합할 것
    라. 전용실의 채광·조명·환기 및 배출의 설비는 별표 5 Ⅰ제14호의 규정에 의한 옥내저장소의 채광·조명·환기 및 배출의 설비의 기준에 적합할 것

51

정답 ②   기본서 2권 434p   기본서 2권 3단비교표 436p

해설

※ 위험물안전관리법 시행규칙 별표9

[간이탱크저장소의 위치·구조 및 설비의 기준]

4. 간이저장탱크는 움직이거나 넘어지지 아니하도록 지면 또는 가설대에 고정시키되, 옥외에 설치하는 경우에는 그 탱크의 주위에 너비 1m 이상의 공지를 두고, 전용실 안에 설치하는 경우에는 탱크와 전용실의 벽과의 사이에 0.5m 이상의 간격을 유지하여야 한다.
5. 간이저장탱크의 용량은 600ℓ 이하이어야 한다.

52 정답 ④ 기본서 2권 434p   기본서 2권 3단비교표 436p

해설

※ 위험물안전관리법 시행규칙 별표9
  [간이탱크저장소의 위치·구조 및 설비의 기준]
  6. 간이저장탱크는 두께 3.2㎜ 이상의 강판으로 흠이 없도록 제작하여야 하며, 70㎪의 압력으로 10분간의 수압시험을 실시하여 새거나 변형되지 아니하여야 한다.

53 정답 ① 기본서 2권 434p   기본서 2권 3단비교표 436p

해설

※ 위험물안전관리법 시행규칙 별표9
  [간이탱크저장소의 위치·구조 및 설비의 기준]
  8. 간이저장탱크에는 다음 각 목의 구분에 따른 기준에 적합한 밸브 없는 통기관 또는 대기밸브부착 통기관을 설치하여야 한다.
     가. 밸브 없는 통기관
        1) 통기관의 지름은 25㎜ 이상으로 할 것
        2) 통기관은 옥외에 설치하되, 그 끝부분의 높이는 지상 1.5m 이상으로 할 것
        3) 통기관의 끝부분은 수평면에 대하여 아래로 45° 이상 구부려 빗물 등이 침투하지 아니하도록 할 것
        4) 가는 눈의 구리망 등으로 인화방지장치를 할 것. 다만, 인화점 70℃ 이상의 위험물만을 해당 위험물의 인화점 미만의 온도로 저장 또는 취급하는 탱크에 설치하는 통기관에 있어서는 그러하지 아니하다.

54 정답 ③ 기본서 2권 436p   기본서 2권 3단비교표 437p

해설

※ 위험물안전관리법 시행규칙 별표10
Ⅰ. 상치장소
  이동탱크저장소의 상치장소는 다음 각호의 기준에 적합하여야 한다.
  1. 옥외에 있는 상치장소는 화기를 취급하는 장소 또는 인근의 건축물로부터 5m 이상(인근의 건축물이 1층인 경우에는 3m 이상)의 거리를 확보하여야 한다. 다만, 하천의 공지나 수면, 내화구조 또는 불연재료의 담 또는 벽 그 밖에 이와 유사한 것에 접하는 경우를 제외한다.
  2. 옥내에 있는 상치장소는 벽·바닥·보·서까래 및 지붕이 내화구조 또는 불연재료로 된 건축물의 1층에 설치하여야 한다.

55 정답 ② 기본서 2권 436p 기본서 2권 3단비교표 437p

해설

② 압력탱크(최대상용압력이 46.7KPa 이상인 탱크를 말한다) 외의 탱크는 70KPa의 압력으로, 압력탱크는 최대상용압력의 1.5배의 압력으로 각각 <u>10분간</u>의 수압시험을 실시하여 새거나 변형되지 아니할 것. 이 경우 수압시험은 용접부에 대한 비파괴시험과 기밀시험으로 대신할 수 있다.

※ 위험물안전관리법 시행규칙 별표10

Ⅱ. 이동저장탱크의 구조

1. 이동저장탱크의 구조는 다음 각목의 기준에 의하여야 한다.

   가. 탱크(맨홀 및 주입관의 뚜껑을 포함한다)는 두께 3.2㎜ 이상의 강철판 또는 이와 동등 이상의 강도·내식성 및 내열성이 있다고 인정하여 소방청장이 정하여 고시하는 재료 및 구조로 위험물이 새지 아니하게 제작할 것

   나. 압력탱크(최대상용압력이 46.7KPa 이상인 탱크를 말한다) 외의 탱크는 70KPa의 압력으로, 압력탱크는 최대상용압력의 1.5배의 압력으로 각각 10분간의 수압시험을 실시하여 새거나 변형되지 아니할 것. 이 경우 수압시험은 용접부에 대한 비파괴시험과 기밀시험으로 대신할 수 있다.

2. 이동저장탱크는 그 내부에 4,000ℓ 이하마다 3.2㎜ 이상의 강철판 또는 이와 동등 이상의 강도·내열성 및 내식성이 있는 금속성의 것으로 칸막이를 설치하여야 한다. 다만, 고체인 위험물을 저장하거나 고체인 위험물을 가열하여 액체 상태로 저장하는 경우에는 그러하지 아니하다.

3. 제2호의 규정에 의한 칸막이로 구획된 각 부분마다 맨홀과 다음 각목의 기준에 의한 안전장치 및 방파판을 설치하여야 한다. 다만, 칸막이로 구획된 부분의 용량이 2,000ℓ 미만인 부분에는 방파판을 설치하지 아니할 수 있다.

   가. 안전장치

   상용압력이 20KPa 이하인 탱크에 있어서는 20KPa 이상 24KPa 이하의 압력에서, 상용압력이 20KPa를 초과하는 탱크에 있어서는 상용압력의 1.1배 이하의 압력에서 작동하는 것으로 할 것

   나. 방파판

   1) 두께 1.6㎜ 이상의 강철판 또는 이와 동등 이상의 강도·내열성 및 내식성이 있는 금속성의 것으로 할 것

   2) 하나의 구획부분에 2개 이상의 방파판을 이동탱크저장소의 진행방향과 평행으로 설치하되, 각 방파판은 그 높이 및 칸막이로부터의 거리를 다르게 할 것

   3) 하나의 구획부분에 설치하는 각 방파판의 면적의 합계는 당해 구획부분의 최대 수직단면적의 50% 이상으로 할 것. 다만, 수직단면이 원형이거나 짧은 지름이 1m 이하의 타원형일 경우에는 40% 이상으로 할 수 있다.

56 정답 ③ 기본서 2권 436p 기본서 2권 3단비교표 438p

해설

※ 위험물안전관리법 시행규칙 별표10

Ⅱ. 이동저장탱크의 구조

3. 제2호의 규정에 의한 칸막이로 구획된 각 부분마다 맨홀과 다음 각목의 기준에 의한 안전장치 및 방파판을 설치하여야 한다. 다만, 칸막이로 구획된 부분의 용량이 2,000ℓ 미만인 부분에는 방파판을 설치하지 아니할 수 있다.

   가. 안전장치

   상용압력이 20KPa 이하인 탱크에 있어서는 20KPa 이상 24KPa 이하의 압력에서, 상용압력이 20KPa를 초과하는 탱크에 있어서는 상용압력의 1.1배 이하의 압력에서 작동하는 것으로 할 것

57 정답 ④ 기본서 2권 437p 기본서 2권 3단비교표 438p

해설

① 두께 1.6mm 이상의 강철판 또는 이와 동등 이상의 강도·내열성 및 내식성이 있는 금속성의 것으로 해야 한다.
② 하나의 구획부분에 2개 이상의 방파판을 이동탱크저장소의 진행방향과 평행으로 설치하되,
③ 각 방파판은 그 높이 및 칸막이로부터의 거리를 다르게 해야 한다.

※ 위험물안전관리법 시행규칙 별표10
Ⅱ. 이동저장탱크의 구조
   나. 방파판
     1) 두께 1.6mm 이상의 강철판 또는 이와 동등 이상의 강도·내열성 및 내식성이 있는 금속성의 것으로 할 것
     2) 하나의 구획부분에 2개 이상의 방파판을 이동탱크저장소의 진행방향과 평행으로 설치하되, 각 방파판은 그 높이 및 칸막이로부터의 거리를 다르게 할 것
     3) 하나의 구획부분에 설치하는 각 방파판의 면적의 합계는 당해 구획부분의 최대 수직단면적의 50% 이상으로 할 것. 다만, 수직단면이 원형이거나 짧은 지름이 1m 이하의 타원형일 경우에는 40% 이상으로 할 수 있다.

58 정답 ② 기본서 2권 437p 기본서 2권 3단비교표 438p

해설

※ 위험물안전관리법 시행규칙 별표10
   가. 측면틀
     1) 탱크 뒷부분의 입면도에 있어서 측면틀의 최외측과 탱크의 최외측을 연결하는 직선(이하 Ⅱ에서 "최외측선"이라 한다)의 수평면에 대한 내각이 75도 이상이 되도록 하고, 최대수량의 위험물을 저장한 상태에 있을 때의 당해 탱크중량의 중심점과 측면틀의 최외측을 연결하는 직선과 그 중심점을 지나는 직선 중 최외측선과 직각을 이루는 직선과의 내각이 35도 이상이 되도록 할 것
     2) 외부로부터 하중에 견딜 수 있는 구조로 할 것
     3) 탱크상부의 네 모퉁이에 당해 탱크의 전단 또는 후단으로부터 각각 1m 이내의 위치에 설치할 것
     4) 측면틀에 걸리는 하중에 의하여 탱크가 손상되지 아니하도록 측면틀의 부착부분에 받침판을 설치할 것

59 정답 ③ 기본서 2권 437p 기본서 2권 3단비교표 438p

해설

※ 위험물안전관리법 시행규칙 별표10
   나. 방호틀
     1) 두께 2.3mm 이상의 강철판 또는 이와 동등 이상의 기계적 성질이 있는 재료로써 산모양의 형상으로 하거나 이와 동등 이상의 강도가 있는 형상으로 할 것
     2) 정상부분은 부속장치보다 50mm 이상 높게 하거나 이와 동등 이상의 성능이 있는 것으로 할 것

60

정답 ③   기본서 2권 437p   기본서 2권 3단비교표 439p

해설

※ 위험물안전관리법 시행규칙 별표10

3. 이동탱크저장소에 주입설비(주입호스의 끝부분에 개폐밸브를 설치한 것을 말한다)를 설치하는 경우에는 다음 각목의 기준에 의하여야 한다.
   가. 위험물이 샐 우려가 없고 화재예방상 안전한 구조로 할 것
   나. 주입설비의 길이는 50m 이내로 하고, 그 끝부분에 축적되는 정전기를 유효하게 제거할 수 있는 장치를 할 것
   다. 분당 배출량은 200ℓ 이하로 할 것

61

정답 ④   기본서 2권 3단비교표 442p

해설

※ 위험물안전관리법 시행규칙 별표10

2. 공항에서 시속 40km 이하로 운행하도록 된 주유탱크차에는 Ⅱ제2호와 제3호(방파판에 관한 부분으로 한정한다)의 규정을 적용하지 아니하되, 다음 각 목의 기준에 적합하여야 한다.
   가. 이동저장탱크는 그 내부에 길이 1.5m 이하 또는 부피 4천ℓ 이하마다 3.2㎜ 이상의 강철판 또는 이와 같은 수준 이상의 강도·내열성 및 내식성이 있는 금속성의 것으로 칸막이를 설치할 것
   나. 가목에 따른 칸막이에 구멍을 낼 수 있되, 그 지름이 40㎝ 이내 일 것

62

정답 ②   기본서 2권 438p   기본서 2권 3단비교표 443p

해설

② 이동저장탱크의 용량은 <u>1,900ℓ</u> 미만일 것

※ 위험물안전관리법 시행규칙 별표10

1. 알킬알루미늄등을 저장 또는 취급하는 이동탱크저장소는 Ⅰ 내지 Ⅷ의 규정에 의한 기준에 의하되, 당해 위험물의 성질에 따라 강화되는 기준은 다음 각 목에 의하여야 한다.
   가. Ⅱ제1호의 규정에 불구하고 이동저장탱크는 두께 10㎜ 이상의 강판 또는 이와 동등 이상의 기계적 성질이 있는 재료로 기밀하게 제작되고 1MPa 이상의 압력으로 10분간 실시하는 수압시험에서 새거나 변형하지 아니하는 것일 것
   나. 이동저장탱크의 용량은 1,900ℓ 미만일 것
   다. Ⅱ제3호 가목의 규정에 불구하고, 안전장치는 이동저장탱크의 수압시험의 압력의 3분의 2를 초과하고 5분의 4를 넘지 아니하는 범위의 압력으로 작동할 것
   라. Ⅱ제1호 가목의 규정에 불구하고, 이동저장탱크의 맨홀 및 주입구의 뚜껑은 두께 10㎜ 이상의 강판 또는 이와 동등 이상의 기계적 성질이 있는 재료로 할 것
   마. Ⅲ제1호의 규정에 불구하고, 이동저장탱크의 배관 및 밸브 등은 당해 탱크의 윗부분에 설치할 것
   바. Ⅷ제1호 나목의 규정에 불구하고, 이동탱크저장소에는 이동저장탱크하중의 4배의 전단하중에 견딜 수 있는 걸고리체결금속구 및 모서리체결금속구를 설치할 것
   사. 이동저장탱크는 불활성의 기체를 봉입할 수 있는 구조로 할 것
   아. 이동저장탱크는 그 외면을 적색으로 도장하는 한편, 백색문자로서 동판(胴板)의 양측면 및 경판(동체의 양 끝부분에 부착하는 판)에 별표 4 Ⅲ제2호 라목의 규정에 의한 주의사항을 표시할 것

63

정답 ④ | 기본서 2권 439p | 기본서 2권 3단비교표 444p

해설

※ 위험물안전관리법 시행규칙 별표11

Ⅰ. 옥외저장소의 기준

라. 경계표시의 주위에는 그 저장 또는 취급하는 위험물의 최대수량에 따라 다음 표에 의한 너비의 공지를 보유할 것. (다만, 제4류 위험물 중 제4석유류와 제6류 위험물을 저장 또는 취급하는 옥외저장소의 보유공지는 다음 표에 의한 공지의 너비의 3분의 1 이상의 너비로 할 수 있다.)

저장 또는 취급하는 위험물의 최대수량	공지의 너비
지정수량의 10배 이하	3m 이상
지정수량의 10배 초과 20배 이하	5m 이상
지정수량의 20배 초과 50배 이하	9m 이상
지정수량의 50배 초과 200배 이하	12m 이상
지정수량의 200배 초과	15m 이상

64

정답 ③ | 기본서 2권 439p | 기본서 2권 3단비교표 444p

해설

ⓜ, ⓗ - 해당하지 않음

※ 위험물안전관리법 시행규칙 별표11

바. 옥외저장소에 선반을 설치하는 경우에는 다음의 기준에 의할 것

1) 선반은 불연재료로 만들고 견고한 지반면에 고정할 것
2) 선반은 당해 선반 및 그 부속설비의 자중·저장하는 위험물의 중량·풍하중·지진의 영향 등에 의하여 생기는 응력에 대하여 안전할 것
3) 선반의 높이는 6m를 초과하지 아니할 것
4) 선반에는 위험물을 수납한 용기가 쉽게 낙하하지 아니하는 조치를 강구할 것

65

정답 ③ | 기본서 2권 438~439p | 기본서 2권 3단비교표 444~445p

해설

③ 과산화수소 또는 과염소산을 저장하는 옥외저장소에는 불연성 또는 난연성의 천막 등을 설치하여 햇빛을 가릴 것(규칙 별표11)

66

정답 ③ 기본서 2권 439p 기본서 2권 3단비교표 445p

해설

③ 경계표시에는 황이 넘치거나 비산하는 것을 방지하기 위한 천막 등을 고정하는 장치를 설치하되, 천막 등을 고정하는 장치는 경계표시의 길이 2m마다 한 개 이상 설치할 것

※ 위험물안전관리법 시행규칙 별표11

2. 옥외저장소 중 덩어리 상태의 황만을 지반면에 설치한 경계표시의 안쪽에서 저장 또는 취급하는 것(제1호에 정하는 것을 제외한다)의 위치·구조 및 설비의 기술기준은 제1호 각목의 기준 및 다음 각목과 같다.

　가. 하나의 경계표시의 내부의 면적은 100㎡ 이하일 것

　나. 2 이상의 경계표시를 설치하는 경우에 있어서는 각각의 경계표시 내부의 면적을 합산한 면적은 1,000㎡ 이하로 하고, 인접하는 경계표시와 경계표시와의 간격을 제1호 라목의 규정에 의한 공지의 너비의 2분의 1 이상으로 할 것. 다만, 저장 또는 취급하는 위험물의 최대수량이 지정수량의 200배 이상인 경우에는 10m 이상으로 하여야 한다.

　다. 경계표시는 불연재료로 만드는 동시에 황이 새지 아니하는 구조로 할 것

　라. 경계표시의 높이는 1.5m 이하로 할 것

　마. 경계표시에는 황이 넘치거나 비산하는 것을 방지하기 위한 천막 등을 고정하는 장치를 설치하되, 천막 등을 고정하는 장치는 경계표시의 길이 2m마다 한 개 이상 설치할 것

　바. 황을 저장 또는 취급하는 장소의 주위에는 배수구와 분리장치를 설치할 것

67

정답 ④ 기본서 2권 440p 기본서 2권 3단비교표 446p

해설

※ 위험물안전관리법 시행규칙 별표11

Ⅱ. 고인화점 위험물의 옥외저장소의 특례

1. 고인화점 위험물만을 저장 또는 취급하는 옥외저장소 중 그 위치가 다음 각목에 정하는 기준에 적합한 것에 대하여는 Ⅰ제1호 가목 및 라목의 규정을 적용하지 아니한다.

　가. 옥외저장소는 별표 4 ⅩⅠ제1호의 규정에 준하여 안전거리를 둘 것

　나. Ⅰ제1호 다목의 경계표시의 주위에는 다음 표에 정하는 너비의 공지를 보유할 것

저장 또는 취급하는 위험물의 최대수량	공지의 너비
지정수량의 50배 이하	3m 이상
지정수량의 50배 초과 200배 이하	6m 이상
지정수량의 200배 초과	10m 이상

68

정답 ② 기본서 2권 440p 기본서 2권 3단비교표 446p

해설

※ 위험물안전관리법 시행규칙 별표11
Ⅳ. 수출입 하역장소의 옥외저장소의 특례

저장 또는 취급하는 위험물의 최대수량	공지의 너비
지정수량의 50배 이하	3m 이상
지정수량의 50배 초과 200배 이하	4m 이상
지정수량의 200배 초과	5m 이상

69

정답 ② 기본서 2권 440p 기본서 2권 3단비교표 447p

해설

※ 위험물안전관리법 시행규칙 별표12
Ⅰ. 암반탱크
1. 암반탱크저장소의 암반탱크는 다음 각목의 기준에 의하여 설치하여야 한다.
   가. 암반탱크는 암반투수계수가 1초당 10만분의 1m 이하인 천연암반내에 설치할 것
   나. 암반탱크는 저장할 위험물의 증기압을 억제할 수 있는 지하수면하에 설치할 것
   다. 암반탱크의 내벽은 암반균열에 의한 낙반(落磐: 갱내 천장이나 벽의 암석이 떨어지는 것)을 방지할 수 있도록 볼트·콘크리트 등으로 보강할 것

70

정답 ④ 기본서 2권 441p 기본서 2권 3단비교표 449p

해설

※ 위험물안전관리법 시행규칙 별표13
Ⅰ. 주유공지 및 급유공지
1. 주유취급소의 고정주유설비[펌프기기 및 호스기기로 되어 위험물을 자동차등에 직접 주유하기 위한 설비로서 현수식(매닮식)의 것을 포함한다. 이하 같다]의 주위에는 주유를 받으려는 자동차 등이 출입할 수 있도록 너비 15m 이상, 길이 6m 이상의 콘크리트 등으로 포장한 공지(이하 "주유공지"라 한다)를 보유하여야 하고, 고정급유설비(펌프기기 및 호스기기로 되어 위험물을 용기에 옮겨 담거나 이동저장탱크에 주입하기 위한 설비로서 현수식의 것을 포함한다. 이하 같다)를 설치하는 경우에는 고정급유설비의 호스기기의 주위에 필요한 공지(이하 "급유공지"라 한다)를 보유하여야 한다.

71

정답 ④ 기본서 2권 441p 기본서 2권 3단비교표 449p

해설

※ 위험물안전관리법 시행규칙 별표13
Ⅱ. 표지 및 게시판

주유취급소에는 별표 4 Ⅲ제1호의 기준에 준하여 보기 쉬운 곳에 "위험물 주유취급소"라는 표시를 한 표지, 동표 Ⅲ제2호의 기준에 준하여 방화에 관하여 필요한 사항을 게시한 게시판 및 황색바탕에 흑색문자로 "주유중엔진정지"라는 표시를 한 게시판 및 같은 표 Ⅲ 제3호의 기준을 준용하여 해당 주유취급소가 금연구역임을 알리는 표지를 설치하여야 한다.

72

정답 ①   기본서 2권 441p   기본서 2권 3단비교표 450p

해설

※ 위험물안전관리법 시행규칙 별표13

Ⅲ. 탱크

1. 주유취급소에는 다음 각목의 탱크 외에는 위험물을 저장 또는 취급하는 탱크를 설치할 수 없다. 다만, 별표 10 Ⅰ의 규정에 의한 이동탱크저장소의 상시주차장소를 주유공지 또는 급유공지 외의 장소에 확보하여 이동탱크저장소(당해주유취급소의 위험물의 저장 또는 취급에 관계된 것에 한한다)를 설치하는 경우에는 그러하지 아니하다.

    가. 자동차 등에 주유하기 위한 고정주유설비에 직접 접속하는 전용탱크로서 50,000ℓ 이하의 것

    나. 고정급유설비에 직접 접속하는 전용탱크로서 50,000ℓ 이하의 것

    다. 보일러 등에 직접 접속하는 전용탱크로서 10,000ℓ 이하의 것

    라. 자동차 등을 점검·정비하는 작업장 등(주유취급소안에 설치된 것에 한한다)에서 사용하는 폐유·윤활유 등의 위험물을 저장하는 탱크로서 용량(2 이상 설치하는 경우에는 각 용량의 합계를 말한다)이 2,000ℓ 이하인 탱크(이하 "폐유탱크등"이라 한다)

    마. 고정주유설비 또는 고정급유설비에 직접 접속하는 3기 이하의 간이탱크. 다만, 「국토의 계획 및 이용에 관한 법률」에 의한 방화지구안에 위치하는 주유취급소의 경우를 제외한다.

73

정답 ③   기본서 2권 441p   기본서 2권 3단비교표 450p

해설

※ 위험물안전관리법 시행규칙 별표13

Ⅲ. 탱크

1. 주유취급소에는 다음 각목의 탱크 외에는 위험물을 저장 또는 취급하는 탱크를 설치할 수 없다. 다만, 별표 10 Ⅰ의 규정에 의한 이동탱크저장소의 상시주차장소를 주유공지 또는 급유공지 외의 장소에 확보하여 이동탱크저장소(당해주유취급소의 위험물의 저장 또는 취급에 관계된 것에 한한다)를 설치하는 경우에는 그러하지 아니하다.

    가. 자동차 등에 주유하기 위한 고정주유설비에 직접 접속하는 전용탱크로서 50,000ℓ 이하의 것

    나. 고정급유설비에 직접 접속하는 전용탱크로서 50,000ℓ 이하의 것

    다. 보일러 등에 직접 접속하는 전용탱크로서 10,000ℓ 이하의 것

    라. 자동차 등을 점검·정비하는 작업장 등(주유취급소안에 설치된 것에 한한다)에서 사용하는 폐유·윤활유 등의 위험물을 저장하는 탱크로서 용량(2 이상 설치하는 경우에는 각 용량의 합계를 말한다)이 2,000ℓ 이하인 탱크(이하 "폐유탱크등"이라 한다)

    마. 고정주유설비 또는 고정급유설비에 직접 접속하는 3기 이하의 간이탱크. 다만, 「국토의 계획 및 이용에 관한 법률」에 의한 방화지구안에 위치하는 주유취급소의 경우를 제외한다.

74 정답 ② 기본서 2권 441p 기본서 2권 3단비교표 451p

해설

※ 위험물안전관리법 시행규칙 별표13

Ⅳ. 고정주유설비 등

1. 주유취급소에는 자동차 등의 연료탱크에 직접 주유하기 위한 고정주유설비를 설치하여야 한다.
2. 주유취급소의 고정주유설비 또는 고정급유설비는 Ⅲ제1호 가목·나목 또는 마목의 규정에 의한 탱크 중 하나의 탱크만으로부터 위험물을 공급받을 수 있도록 하고, 다음 각목의 기준에 적합한 구조로 하여야 한다.

   가. 펌프기기는 주유관 끝부분에서의 최대배출량이 제1석유류의 경우에는 분당 50ℓ 이하, 경유의 경우에는 분당 180ℓ 이하, 등유의 경우에는 분당 80ℓ 이하인 것으로 할 것. 다만, 이동저장탱크에 주입하기 위한 고정급유설비의 펌프기기는 최대배출량이 분당 300ℓ 이하인 것으로 할 수 있으며, 분당 배출량이 200ℓ 이상인 것의 경우에는 주유설비에 관계된 모든 배관의 안지름을 40㎜ 이상으로 하여야 한다.

75 정답 ① 기본서 2권 442p 기본서 2권 3단비교표 451p

해설

※ 위험물안전관리법 시행규칙 별표13

Ⅳ. 고정주유설비 등

3. 고정주유설비 또는 고정급유설비의 주유관의 길이(끝부분의 개폐밸브를 포함한다)는 5m(현수식의 경우에는 지면 위 0.5m의 수평면에 수직으로 내려 만나는 점을 중심으로 반경 3m) 이내로 하고 그 끝부분에는 축적된 정전기를 유효하게 제거할 수 있는 장치를 설치하여야 한다.

76 정답 ④ 기본서 2권 442p 기본서 2권 3단비교표 451p

해설

※ 위험물안전관리법 시행규칙 별표13

4. 고정주유설비 또는 고정급유설비는 다음 각목의 기준에 적합한 위치에 설치하여야 한다.

   가. 고정주유설비의 중심선을 기점으로 하여 도로경계선까지 4m 이상, 부지경계선·담 및 건축물의 벽까지 2m(개구부가 없는 벽까지는 1m) 이상의 거리를 유지하고, 고정급유설비의 중심선을 기점으로 하여 도로경계선까지 4m 이상, 부지경계선 및 담까지 1m 이상, 건축물의 벽까지 2m(개구부가 없는 벽까지는 1m) 이상의 거리를 유지할 것

   나. 고정주유설비와 고정급유설비의 사이에는 4m 이상의 거리를 유지할 것

77 정답 ③ 기본서 2권 442p 기본서 2권 3단비교표 451p

해설

※ 위험물안전관리법 시행규칙 별표13

4. 고정주유설비 또는 고정급유설비는 다음 각목의 기준에 적합한 위치에 설치하여야 한다.

   가. 고정주유설비의 중심선을 기점으로 하여 도로경계선까지 4m 이상, 부지경계선·담 및 건축물의 벽까지 2m(개구부가 없는 벽까지는 1m) 이상의 거리를 유지하고, 고정급유설비의 중심선을 기점으로 하여 도로경계선까지 4m 이상, 부지경계선 및 담까지 1m 이상, 건축물의 벽까지 2m(개구부가 없는 벽까지는 1m) 이상의 거리를 유지할 것

   나. 고정주유설비와 고정급유설비의 사이에는 4m 이상의 거리를 유지할 것

78 정답 ③ 기본서 2권 442p 기본서 2권 3단비교표 452p

해설

ⓔ 자동차 등의 전시를 위한 작업장 → 세정을
ⓐ 전기자동차용 충전설비 및 ~~주차설비~~

※ 위험물안전관리법 시행규칙 별표13
Ⅴ. 건축물 등의 제한 등
1. 주유취급소에는 주유 또는 그에 부대하는 업무를 위하여 사용되는 다음 각목의 건축물 또는 시설 외에는 다른 건축물 그 밖의 공작물을 설치할 수 없다.
   가. 주유 또는 등유·경유를 옮겨 담기 위한 작업장
   나. 주유취급소의 업무를 행하기 위한 사무소
   다. 자동차 등의 점검 및 간이정비를 위한 작업장
   라. 자동차 등의 세정을 위한 작업장
   마. 주유취급소에 출입하는 사람을 대상으로 한 점포·휴게음식점 또는 전시장
   바. 주유취급소의 관계자가 거주하는 주거시설
   사. 전기자동차용 충전설비(전기를 동력원으로 하는 자동차에 직접 전기를 공급하는 설비를 말한다. 이하 같다)
   아. 그 밖의 소방청장이 정하여 고시하는 건축물 또는 시설

79 정답 ② 기본서 2권 442p 기본서 2권 3단비교표 452p

해설

※ 위험물안전관리법 시행규칙 별표13
Ⅴ. 건축물 등의 제한 등
1. 주유취급소에는 주유 또는 그에 부대하는 업무를 위하여 사용되는 다음 각목의 건축물 또는 시설 외에는 다른 건축물 그 밖의 공작물을 설치할 수 없다.
   가. 주유 또는 등유·경유를 옮겨 담기 위한 작업장
   나. 주유취급소의 업무를 행하기 위한 사무소
   다. 자동차 등의 점검 및 간이정비를 위한 작업장
   라. 자동차 등의 세정을 위한 작업장
   마. 주유취급소에 출입하는 사람을 대상으로 한 점포·휴게음식점 또는 전시장
   바. 주유취급소의 관계자가 거주하는 주거시설
   사. 전기자동차용 충전설비(전기를 동력원으로 하는 자동차에 직접 전기를 공급하는 설비를 말한다. 이하 같다)
   아. 그 밖의 소방청장이 정하여 고시하는 건축물 또는 시설
2. 제1호 각목의 건축물 중 주유취급소의 직원 외의 자가 출입하는 나목·다목 및 마목의 용도에 제공하는 부분의 면적의 합은 1,000㎡를 초과할 수 없다.

80

정답 ④ 　기본서 2권　443p　　기본서 2권 3단비교표　453p

해설

※ 위험물안전관리법 시행규칙 별표13

Ⅵ. 건축물 등의 구조

1. 주유취급소에 설치하는 건축물 등은 다음 각목의 규정에 의한 위치 및 구조의 기준에 적합하여야 한다.
   다. 사무실 등의 창 및 출입구에 유리를 사용하는 경우에는 망입유리 또는 강화유리로 할 것. 이 경우 강화유리의 두께는 창에는 <u>8㎜</u> 이상, 출입구에는 <u>12㎜</u> 이상으로 하여야 한다.

81

정답 ③ 　기본서 2권　443p　　기본서 2권 3단비교표　453p

해설

※ 위험물안전관리법 시행규칙 별표13

라. 건축물 중 사무실 그 밖의 화기를 사용하는 곳(Ⅴ제1호 다목 및 라목의 용도에 사용하는 부분을 제외한다)은 누설한 가연성의 증기가 그 내부에 유입되지 아니하도록 다음의 기준에 적합한 구조로 할 것
   1) 출입구는 건축물의 안에서 밖으로 수시로 개방할 수 있는 자동폐쇄식의 것으로 할 것
   2) 출입구 또는 사이통로의 문턱의 높이를 15㎝ 이상으로 할 것
   3) 높이 1m 이하의 부분에 있는 창 등은 밀폐시킬 것

82

정답 ④ 　기본서 2권　443p　　기본서 2권 3단비교표　453p

해설

※ 위험물안전관리법 시행규칙 별표13

마. 자동차 등의 점검·정비를 행하는 설비는 다음의 기준에 적합하게 할 것
   1) 고정주유설비로부터 <u>4m</u> 이상, 도로경계선으로부터 <u>2m</u> 이상 떨어지게 할 것. 다만, Ⅴ제1호 다목의 규정에 의한 작업장 중 바닥 및 벽으로 구획된 옥내의 작업장에 설치하는 경우에는 그러하지 아니하다.
   2) 위험물을 취급하는 설비는 위험물의 누설·넘침 또는 비산을 방지할 수 있는 구조로 할 것

83

정답 ② 　기본서 2권　443p　　기본서 2권 3단비교표　453p

해설

※ 위험물안전관리법 시행규칙 별표13

바. 자동차 등의 세정을 행하는 설비는 다음의 기준에 적합하게 할 것
   1) 증기세차기를 설치하는 경우에는 그 주위의 불연재료로 된 높이 <u>1m</u> 이상의 담을 설치하고 출입구가 고정주유설비에 면하지 아니하도록 할 것. 이 경우 담은 고정주유설비로부터 <u>4m</u> 이상 떨어지게 하여야 한다.
   2) 증기세차기 외의 세차기를 설치하는 경우에는 고정주유설비로부터 4m이상, 도로경계선으로부터 2m 이상 떨어지게 할 것. 다만, Ⅴ제1호 라목의 규정에 의한 작업장 중 바닥 및 벽으로 구획된 옥내의 작업장에 설치하는 경우에는 그러하지 아니하다.

84 정답 ② 기본서 2권 443p | 기본서 2권 3단비교표 454p

해설

※ 위험물안전관리법 시행규칙 별표13
  사. 주유원간이대기실은 다음의 기준에 적합할 것
    1) 불연재료로 할 것
    2) 바퀴가 부착되지 아니한 고정식일 것
    3) 차량의 출입 및 주유작업에 장애를 주지 아니하는 위치에 설치할 것
    4) 바닥면적이 2.5㎡ 이하일 것. 다만, 주유공지 및 급유공지 외의 장소에 설치하는 것은 그러하지 아니하다.

85 정답 ③ 기본서 2권 444p | 기본서 2권 3단비교표 454p

해설

③ 인입구 배선은 <u>지하</u>에 설치할 것

※ 위험물안전관리법 시행규칙 별표13
  아. 전기자동차용 충전설비는 다음의 기준에 적합할 것
    4) 전기자동차용 충전설비의 전력공급설비[전기자동차에 전원을 공급하기 위한 전기설비로서 전력량계, 인입구(리入口) 배선, 분전반 및 배선용 차단기 등을 말한다]는 다음의 기준에 적합할 것
      가) 분전반은 방폭성능을 갖출 것. 다만, 분전반을 폭발위험장소 외의 장소에 설치하는 경우에는 방폭성능을 갖추지 않을 수 있다.
      나) 전력량계, 누전차단기 및 배선용 차단기는 분전반 내에 설치할 것
      다) 인입구 배선은 지하에 설치할 것
      라) 「전기사업법」에 따른 전기설비의 기술기준에 적합할 것

86 정답 ④ 기본서 2권 444p | 기본서 2권 3단비교표 454p

해설

④ 인터페이스의 구성 부품은 「전기용품 및 생활용품 안전관리법」에 따른 기준에 적합해야 한다.

※ 위험물안전관리법 시행규칙 별표13
  아. 전기자동차용 충전설비는 다음의 기준에 적합할 것
    5) 충전기기와 인터페이스[충전기기에서 전기자동차에 전기를 공급하기 위하여 연결하는 커넥터(connector), 케이블 등을 말한다. 이하 같다]는 다음의 기준에 적합할 것
      가) 충전기기는 방폭성능을 갖출 것. 다만, 다음의 기준을 모두 갖춘 경우에는 방폭성능을 갖추지 않을 수 있다.
        (1) 충전기기의 전원공급을 긴급히 차단할 수 있는 장치를 사무소 내부 또는 충전기기 주변에 설치할 것
        (2) 충전기기를 폭발위험장소 외의 장소에 설치할 것
      나) 인터페이스의 구성 부품은 「전기용품 및 생활용품 안전관리법」에 따른 기준에 적합할 것

87 정답 ② 기본서 2권 445p 기본서 2권 3단비교표 456p

해설

※ 위험물안전관리법 시행규칙 별표13

Ⅶ. 담 또는 벽

1. 주유취급소의 주위에는 자동차 등이 출입하는 쪽외의 부분에 높이 <u>2m 이상</u>의 내화구조 또는 불연재료의 담 또는 벽을 설치하되, 주유취급소의 인근에 연소의 우려가 있는 건축물이 있는 경우에는 소방청장이 정하여 고시하는 바에 따라 방화상 유효한 높이로 하여야 한다.

88 정답 ④ 기본서 2권 445p 기본서 2권 3단비교표 456p

해설

※ 위험물안전관리법 시행규칙 별표13

Ⅶ. 담 또는 벽

2. 제1호에도 불구하고 다음 각 목의 기준에 모두 적합한 경우에는 담 또는 벽의 일부분에 방화상 유효한 구조의 유리를 부착할 수 있다.

    가. 유리를 부착하는 위치는 주입구, 고정주유설비 및 고정급유설비로부터 <u>4m</u> 이상 거리를 둘 것

89 정답 ④ 기본서 2권 445p 기본서 2권 3단비교표 456p

해설

④ 유리를 부착하는 범위는 전체의 담 또는 벽의 길이의 <u>10분의 2</u>를 초과하지 아니할 것

※ 위험물안전관리법 시행규칙 별표13

Ⅶ. 담 또는 벽

2. 제1호에도 불구하고 다음 각 목의 기준에 모두 적합한 경우에는 담 또는 벽의 일부분에 방화상 유효한 구조의 유리를 부착할 수 있다.

    가. 유리를 부착하는 위치는 주입구, 고정주유설비 및 고정급유설비로부터 4m 이상 거리를 둘 것

    나. 유리를 부착하는 방법은 다음의 기준에 모두 적합할 것

        1) 주유취급소 내의 지반면으로부터 70㎝를 초과하는 부분에 한하여 유리를 부착할 것

        2) 하나의 유리판의 가로의 길이는 2m 이내일 것

        3) 유리판의 테두리를 금속제의 구조물에 견고하게 고정하고 해당 구조물을 담 또는 벽에 견고하게 부착할 것

        4) 유리의 구조는 접합유리(두장의 유리를 두께 0.76㎜ 이상의 폴리바이닐뷰티랄 필름으로 접합한 구조를 말한다)로 하되, 「유리구획 부분의 내화시험방법(KS F 2845)」에 따라 시험하여 비차열 30분 이상의 방화성능이 인정될 것

    다. 유리를 부착하는 범위는 전체의 담 또는 벽의 길이의 <u>10분의 2</u>를 초과하지 아니할 것

90

정답 ② 기본서 2권 446p 기본서 2권 3단비교표 456p

해설

※ 위험물안전관리법 시행규칙 별표13
Ⅸ. 펌프실 등의 구조
주유취급소 펌프실 그 밖에 위험물을 취급하는 실을 설치하는 경우에는 다음 각목의 기준에 적합하게 하여야 한다.
가. 바닥은 위험물이 침투하지 아니하는 구조로 하고 적당한 경사를 두어 집유설비를 설치할 것
나. 펌프실등에는 위험물을 취급하는데 필요한 채광·조명 및 환기의 설비를 할 것
다. 가연성 증기가 체류할 우려가 있는 펌프실등에는 그 증기를 옥외에 배출하는 설비를 설치할 것
라. 고정주유설비 또는 고정급유설비중 펌프기기를 호스기기와 분리하여 설치하는 경우에는 펌프실의 출입구를 주유공지 또는 급유공지에 접하도록 하고, 자동폐쇄식의 60+방화문 또는 60분방화문을 설치할 것
마. 펌프실등에는 별표 4 Ⅲ제1호의 기준에 따라 보기 쉬운 곳에 "위험물 펌프실", "위험물 취급실" 등의 표시를 한 표지와 동표 Ⅲ제2호의 기준에 따라 방화에 관하여 필요한 사항을 게시한 게시판을 설치하여야 한다.
바. 출입구에는 바닥으로부터 0.1m 이상의 턱을 설치할 것

91

정답 ② 기본서 2권 3단비교표 458p

해설

※ 위험물안전관리법 시행규칙 별표13
XII. 고속국도주유취급소의 특례
고속국도의 도로변에 설치된 주유취급소에 있어서는 Ⅲ제1호가목 및 나목의 규정에 의한 탱크의 용량을 60,000ℓ 까지 할 수 있다.

92

정답 ③ 기본서 2권 446p 기본서 2권 3단비교표 461p

해설

※ 위험물안전관리법 시행규칙 별표13
XV. 고객이 직접 주유하는 주유취급소의 특례
1. 고객이 직접 자동차 등의 연료탱크 또는 용기에 위험물을 주입하는 고정주유설비 또는 고정급유설비(이하 "셀프용고정주유설비" 또는 "셀프용고정급유설비"라 한다)를 설치하는 주유취급소의 특례는 제2호 내지 제5호와 같다.
2. 셀프용고정주유설비의 기준은 다음의 각목과 같다.
    가. 주유호스의 끝부분에 수동개폐장치를 부착한 주유노즐을 설치할 것. 다만, 수동개폐장치를 개방한 상태로 고정시키는 장치가 부착된 경우에는 다음의 기준에 적합하여야 한다.
        1) 주유작업을 개시함에 있어서 주유노즐의 수동개폐장치가 개방상태에 있을 때에는 당해 수동개폐장치를 일단 폐쇄시켜야만 다시 주유를 개시할 수 있는 구조로 할 것
        2) 주유노즐이 자동차 등의 주유구로부터 이탈된 경우 주유를 자동적으로 정지시키는 구조일 것
    나. 주유노즐은 자동차 등의 연료탱크가 가득 찬 경우 자동적으로 정지시키는 구조일 것
    다. 주유호스는 200kg중 이하의 하중에 의하여 깨져 분리되거나 이탈되어야 하고, 깨져 분리되거나 이탈된 부분으로부터의 위험물 누출을 방지할 수 있는 구조일 것

라. 휘발유와 경유 상호간의 오인에 의한 주유를 방지할 수 있는 구조일 것
마. 1회의 연속주유량 및 주유시간의 상한을 미리 설정할 수 있는 구조일 것. 이 경우 연속주유량 및 주유시간의 상한은 다음과 같다.
　1) 휘발유는 100L 이하, 4분 이하로 할 것
　2) 경유는 600L 이하, 12분 이하로 할 것

93 정답 ② | 기본서 2권 446p | 기본서 2권 3단비교표 461p

해설

※ 위험물안전관리법 시행규칙 별표13
ⅩⅤ. 고객이 직접 주유하는 주유취급소의 특례
　3. 셀프용고정급유설비의 기준은 다음 각목과 같다.
　　가. 급유호스의 끝부분에 수동개폐장치를 부착한 급유노즐을 설치할 것
　　나. 급유노즐은 용기가 가득찬 경우에 자동적으로 정지시키는 구조일 것
　　다. 1회의 연속급유량 및 급유시간의 상한을 미리 설정할 수 있는 구조일 것 이 경우 급유량의 상한은 100ℓ 이하, 급유시간의 상한은 6분 이하로 한다.

94 정답 ④ | 기본서 2권 447p | 기본서 2권 3단비교표 462p

해설

④ 개질장치의 위험물 취급량은 지정수량의 10배 미만일 것

※ 위험물안전관리법 시행규칙 별표13
ⅩⅥ. 수소충전설비를 설치한 주유취급소의 특례
　3. 압축수소충전설비 설치 주유취급소에 설치하는 설비의 기술기준은 다음의 각목과 같다.
　　가. 개질장치의 위치, 구조 및 설비는 별표 4 Ⅶ, 같은 표 Ⅷ 제1호부터 제4호까지, 제6호 및 제8호와 같은 표 Ⅹ에서 정하는 사항 외에 다음이 기준에 적합하여야 한다.
　　　1) 개질장치는 자동차등이 충돌할 우려가 없는 옥외에 설치할 것
　　　2) 개질원료 및 수소가 누출된 경우에 개질장치의 운전을 자동으로 정지시키는 장치를 설치할 것
　　　3) 펌프설비에는 개질원료의 배출압력이 최대상용압력을 초과하여 상승하는 것을 방지하기 위한 장치를 설치할 것
　　　4) 개질장치의 위험물 취급량은 지정수량의 10배 미만일 것

95 정답 ① | 기본서 2권 447p | 기본서 2권 3단비교표 462p

해설

① 위치는 주유공지 또는 급유공지 외의 장소로 하되, 주유공지 또는 급유공지에서 압축수소를 충전하는 것이 불가능한 장소로 할 것

※ 위험물안전관리법 시행규칙 별표13
XⅥ. 수소충전설비를 설치한 주유취급소의 특례
    다. 충전설비는 다음의 기준에 적합하여야 한다.
        1) 위치는 주유공지 또는 급유공지 외의 장소로 하되, 주유공지 또는 급유공지에서 압축수소를 충전하는 것이 불가능한 장소로 할 것
        2) 충전호스는 자동차등의 가스충전구와 정상적으로 접속하지 않는 경우에는 가스가 공급되지 않는 구조로 하고, 200㎏중 이하의 하중에 의하여 깨져 분리되거나 이탈되어야 하며, 깨져 분리되거나 이탈된 부분으로부터 가스 누출을 방지할 수 있는 구조일 것
        3) 자동차등의 충돌을 방지하는 조치를 마련할 것
        4) 자동차등의 충돌을 감지하여 운전을 자동으로 정지시키는 구조일 것

96

정답 ③   기본서 2권   447~448p   기본서 2권 3단비교표   463p

해설

③ 누출된 가스가 체류할 우려가 있는 장소에 설치하는 경우에는 접속부를 용접할 것. 다만, 당해 접속부의 주위에 가스누출 검지설비를 설치한 경우에는 그러하지 아니하다.

※ 위험물안전관리법 시행규칙 별표13
XⅥ. 수소충전설비를 설치한 주유취급소의 특례
    라. 가스배관은 다음의 기준에 적합하여야 한다.
        1) 위치는 주유공지 또는 급유공지 외의 장소로 하되, 자동차등이 충돌할 우려가 없는 장소로 하거나 자동차등의 충돌을 방지하는 조치를 마련할 것
        2) 가스배관으로부터 화재가 발생한 경우에 주유공지·급유공지 및 전용탱크·폐유탱크등·간이탱크의 주입구로의 연소확대를 방지하는 조치를 마련할 것
        3) 누출된 가스가 체류할 우려가 있는 장소에 설치하는 경우에는 접속부를 용접할 것. 다만, 당해 접속부의 주위에 가스누출 검지설비를 설치한 경우에는 그러하지 아니하다.
        4) 축압기(蓄壓器)로부터 충전설비로의 가스 공급을 긴급히 정지시킬 수 있는 장치를 설치할 것. 이 경우 당해 장치의 기동장치는 화재발생 시 신속히 조작할 수 있는 장소에 두어야 한다.

97

정답 ②   기본서 2권   448p   기본서 2권 3단비교표   463p

해설

※ 위험물안전관리법 시행규칙 별표13
    4. 압축수소충전설비 설치 주유취급소의 기타 안전조치의 기술기준은 다음 각 목과 같다
        가. 압축기, 축압기 및 개질장치가 설치된 장소와 주유공지, 급유공지 및 전용탱크·폐유탱크등·간이탱크의 주입구가 설치된 장소 사이에는 화재가 발생한 경우에 상호 연소확대를 방지하기 위하여 높이 1.5m 정도의 불연재료의 담을 설치할 것
        나. 고정주유설비·고정급유설비 및 전용탱크·폐유탱크등·간이탱크의 주입구로부터 누출된 위험물이 충전설비·축압기·개질장치에 도달하지 않도록 깊이 30㎝, 폭 10㎝의 집유 구조물을 설치할 것
        다. 고정주유설비(현수식의 것을 제외한다)·고정급유설비(현수식의 것을 제외한다) 및 간이탱크의 주위에는 자동차등의 충돌을 방지하는 조치를 마련할 것

98 정답 ① 기본서 2권 448p 기본서 2권 3단비교표 463p

해설

※ 위험물안전관리법 시행규칙 별표13

4. 압축수소충전설비 설치 주유취급소의 기타 안전조치의 기술기준은 다음 각 목과 같다

가. 압축기, 축압기 및 개질장치가 설치된 장소와 주유공지, 급유공지 및 전용탱크·폐유탱크등·간이탱크의 주입구가 설치된 장소 사이에는 화재가 발생한 경우에 상호 연소확대를 방지하기 위하여 높이 1.5m 정도의 불연재료의 담을 설치할 것

나. 고정주유설비·고정급유설비 및 전용탱크·폐유탱크등·간이탱크의 주입구로부터 누출된 위험물이 충전설비·축압기·개질장치에 도달하지 않도록 깊이 30cm, 폭 10cm의 집유 구조물을 설치할 것

다. 고정주유설비(현수식의 것을 제외한다)·고정급유설비(현수식의 것을 제외한다) 및 간이탱크의 주위에는 자동차등의 충돌을 방지하는 조치를 마련할 것

99 정답 ③ 기본서 2권 448p 기본서 2권 3단비교표 464p

해설

③ 제1종 판매취급소의 용도로 사용되는 건축물의 부분은 내화구조 또는 불연재료로 하고, 판매취급소로 사용되는 부분과 다른 부분과의 격벽은 내화구조로 할 것

※ 위험물안전관리법 시행규칙 별표14

Ⅰ. 판매취급소의 기준

1. 저장 또는 취급하는 위험물의 수량이 지정수량이 20배 이하인 판매취급소(이하 "제1종 판매취급소"라 한다)의 위치·구조 및 설비의 기준은 다음 각목과 같다.

가. 제1종 판매취급소는 건축물의 1층에 설치할 것

나. 제1종 판매취급소에는 별표 4 Ⅲ제1호의 기준에 따라 보기 쉬운 곳에 "위험물 판매취급소(제1종)"라는 표시를 한 표지와 같은 표 Ⅲ제2호의 기준에 따라 방화에 관하여 필요한 사항을 게시한 게시판 및 같은 표 Ⅲ 제3호의 기준을 준용하여 해당 판매취급소가 금연구역임을 알리는 표지를 설치해야 한다.

다. 제1종 판매취급소의 용도로 사용되는 건축물의 부분은 내화구조 또는 불연재료로 하고, 판매취급소로 사용되는 부분과 다른 부분과의 격벽은 내화구조로 할 것

라. 제1종 판매취급소의 용도로 사용하는 건축물의 부분은 보를 불연재료로 하고, 천장을 설치하는 경우에는 천장을 불연재료로 할 것

마. 제1종 판매취급소의 용도로 사용하는 부분에 상층이 있는 경우에 있어서는 그 상층의 바닥을 내화구조로 하고, 상층이 없는 경우에 있어서는 지붕을 내화구조 또는 불연재료로 할 것

바. 제1종 판매취급소의 용도로 사용하는 부분의 창 및 출입구에는 60+방화문·60분방화문 또는 30분방화문을 설치할 것

사. 제1종 판매취급소의 용도로 사용하는 부분의 창 또는 출입구에 유리를 이용하는 경우에는 망입유리로 할 것

아. 제1종 판매취급소의 용도로 사용하는 건축물에 설치하는 전기설비는 전기사업법에 의한 전기설비기술기준에 의할 것

100 정답 ② 기본서 2권 448p 기본서 2권 3단비교표 464p

해설

② 제1종 판매취급소의 용도로 사용하는 부분에 상층이 있는 경우에 있어서는 그 상층의 바닥을 <u>내화구조로</u> 하고, 상층이 없는 경우에 있어서는 지붕을 내화구조 또는 불연재료로 할 것

※ 위험물안전관리법 시행규칙 별표14

Ⅰ. 판매취급소의 기준

1. 저장 또는 취급하는 위험물의 수량이 지정수량의 20배 이하인 판매취급소(이하 "제1종 판매취급소"라 한다)의 위치·구조 및 설비의 기준은 다음 각목과 같다.

   가. 제1종 판매취급소는 건축물의 1층에 설치할 것
   나. 제1종 판매취급소에는 별표 4 Ⅲ제1호의 기준에 따라 보기 쉬운 곳에 "위험물 판매취급소(제1종)"라는 표시를 한 표지와 동표 Ⅲ제2호의 기준에 따라 방화에 관하여 필요한 사항을 게시한 게시판을 설치하여야 한다.
   다. 제1종 판매취급소의 용도로 사용되는 건축물의 부분은 내화구조 또는 불연재료로 하고, 판매취급소로 사용되는 부분과 다른 부분과의 격벽은 내화구조로 할 것
   라. 제1종 판매취급소의 용도로 사용하는 건축물의 부분은 보를 불연재료로 하고, 천장을 설치하는 경우에는 천장을 불연재료로 할 것
   마. 제1종 판매취급소의 용도로 사용하는 부분에 상층이 있는 경우에 있어서는 그 상층의 바닥을 내화구조로 하고, 상층이 없는 경우에 있어서는 지붕을 내화구조 또는 불연재료로 할 것
   바. 제1종 판매취급소의 용도로 사용하는 부분의 창 및 출입구에는 60+방화문·60분방화문 또는 30분방화문을 설치할 것
   사. 제1종 판매취급소의 용도로 사용하는 부분의 창 또는 출입구에 유리를 이용하는 경우에는 망입유리로 할 것
   아. 제1종 판매취급소의 용도로 사용하는 건축물에 설치하는 전기설비는 전기사업법에 의한 전기설비기술기준에 의할 것

101 정답 ③ 기본서 2권 448p 기본서 2권 3단비교표 465p

해설

※ 위험물안전관리법 시행규칙 별표14

Ⅰ. 판매취급소의 기준

   자. 위험물을 배합하는 실은 다음에 의할 것

   1) 바닥면적은 <u>6㎡ 이상 15㎡ 이하</u>로 할 것
   2) 내화구조 또는 불연재료로 된 벽으로 구획할 것
   3) 바닥은 위험물이 침투하지 아니하는 구조로 하여 적당한 경사를 두고 집유설비를 할 것
   4) 출입구에는 수시로 열 수 있는 자동폐쇄식의 60+방화문 또는 60분방화문을 설치할 것
   5) 출입구 문턱의 높이는 바닥면으로부터 <u>0.1m 이상</u>으로 할 것
   6) 내부에 체류한 가연성의 증기 또는 가연성의 미분을 지붕 위로 방출하는 설비를 할 것

102 정답 ③ 기본서 2권 449p 기본서 2권 3단비교표 465p

해설

③ 제2종 판매취급소의 용도로 사용하는 부분은 벽·기둥·바닥 및 보를 <u>내화구조</u>로 하고, 천장이 있는 경우에는 이를 불연재료로 하며, 판매취급소로 사용되는 부분과 다른 부분과의 격벽은 내화구조로 할 것

※ 위험물안전관리법 시행규칙 별표14

Ⅰ. 판매취급소의 기준

2. 저장 또는 취급하는 위험물의 수량이 지정수량의 40배 이하인 판매취급소(이하 "제2종 판매취급소"라 한다)의 위치·구조 및 설비의 기준은 제1호가목·나목 및 사목 내지 자목의 규정을 준용하는 외에 다음 각목의 기준에 의한다.

가. 제2종 판매취급소의 용도로 사용하는 부분은 벽·기둥·바닥 및 보를 내화구조로 하고, 천장이 있는 경우에는 이를 불연재료로 하며, 판매취급소로 사용되는 부분과 다른 부분과의 격벽은 내화구조로 할 것

나. 제2종 판매취급소의 용도로 사용하는 부분에 상층이 있는 경우에 있어서는 상층의 바닥을 내화구조로 하는 동시에 상층으로의 연소를 방지하기 위한 조치를 강구하고, 상층이 없는 경우에는 지붕을 내화구조로 할 것

다. 제2종 판매취급소의 용도로 사용하는 부분중 연소의 우려가 없는 부분에 한하여 창을 두되, 당해 창에는 60+방화문·60분방화문 또는 30분방화문을 설치할 것

라. 제2종 판매취급소의 용도로 사용하는 부분의 출입구에는 60+방화문·60분방화문 또는 30분방화문을 설치할 것. 다만, 해당 부분 중 연소의 우려가 있는 벽에 설치하는 출입구에는 수시로 열 수 있는 자동폐쇄식의 60+방화문 또는 60분방화문을 설치해야 한다.

103 정답 ③ 기본서 2권 450p 기본서 2권 3단비교표 466p

해설

※ 위험물안전관리법 시행규칙 별표15

Ⅰ. 설치장소

1. 이송취급소는 다음 각목의 장소 외의 장소에 설치하여야 한다.

가. 철도 및 도로의 터널 안

나. <u>고속국도</u> 및 <u>자동차전용도로</u>(「도로법」 제48조제1항에 따라 지정된 도로를 말한다)의 차도·갓길 및 중앙분리대

다. 호수·저수지 등으로서 수리의 수원이 되는 곳

라. 급경사지역으로서 붕괴의 위험이 있는 지역

104 정답 ③ 기본서 2권 450p 기본서 2권 3단비교표 466p

해설

※ 위험물안전관리법 시행규칙 별표15

Ⅱ. 배관 등의 재료 및 구조

1. 배관·관이음쇠 및 밸브(이하 "배관등"이라 한다)의 재료는 다음 각목의 규격에 적합한 것으로 하거나 이와 동등 이상의 기계적 성질이 있는 것으로 하여야 한다.

가. 배관 : 고압배관용 탄소강관(KS D 3564), 압력배관용 탄소강관(KS D 3562), 고온배관용 탄소강관(KS D 3570) 또는 배관용 스테인레스강관(KS D 3576)

105 정답 ② 기본서 2권 450p | 기본서 2권 3단비교표 468p

해설

※ 위험물안전관리법 시행규칙 별표15

Ⅲ. 배관설치의 기준

1. 지하매설

  배관을 지하에 매설하는 경우에는 다음 각목의 기준에 의하여야 한다.

  가. 배관은 그 외면으로부터 건축물·지하가·터널 또는 수도시설까지 각각 다음의 규정에 의한 안전거리를 둘 것. 다만, 2) 또는 3)의 공작물에 있어서는 적절한 누설확산방지조치를 하는 경우에 그 안전거리를 2분의 1의 범위 안에서 단축할 수 있다.

  1) 건축물(지하가내의 건축물을 제외한다) : <u>1.5m</u> 이상
  2) 지하가 및 터널 : <u>10m</u> 이상
  3) 「수도법」에 의한 수도시설(위험물의 유입우려가 있는 것에 한한다) : <u>300m</u> 이상

106 정답 ③ 기본서 2권 451p | 기본서 2권 3단비교표 468p

해설

※ 위험물안전관리법 시행규칙 별표15

Ⅲ. 배관설치의 기준

1. 지하매설

  다. 배관의 외면과 지표면과의 거리는 산이나 들에 있어서는 <u>0.9m</u> 이상, 그 밖의 지역에 있어서는 <u>1.2m</u> 이상으로 할 것. 다만, 당해 배관을 각각의 깊이로 매설하는 경우와 동등 이상의 안전성이 확보되는 견고하고 내구성이 있는 구조물(이하 "방호구조물"이라 한다)안에 설치하는 경우에는 그러하지 아니하다.

107 정답 ③ 기본서 2권 451p | 기본서 2권 3단비교표 468p

해설

※ 위험물안전관리법 시행규칙 별표15

Ⅲ. 배관설치의 기준

1. 지하매설

  사. 배관의 하부에는 사질토 또는 모래로 20㎝(자동차 등의 하중이 없는 경우에는 10㎝) 이상, 배관의 상부에는 사질토 또는 모래로 30㎝(자동차 등의 하중에 없는 경우에는 20㎝) 이상 채울 것

108 정답 ④ 기본서 2권 451p   기본서 2권 3단비교표 469p

해설

④ 포장된 차도에 매설하는 경우에는 포장부분의 토대의 밑에 매설하고, 배관의 외면과 토대의 최하부와의 거리는 0.5m 이상으로 할 것

※ 위험물안전관리법 시행규칙 별표15
 2. 도로 밑 매설
  배관을 도로 밑에 매설하는 경우에는 제1호(나목 및 다목을 제외한다)의 규정에 의하는 외에 다음 각목의 기준에 의하여야 한다.
  가. 배관은 원칙적으로 자동차하중의 영향이 적은 장소에 매설할 것
  나. 배관은 그 외면으로부터 도로의 경계에 대하여 1m 이상의 안전거리를 둘 것
  다. 시가지(「국토의 계획 및 이용에 관한 법률」제6조제1호의 규정에 의한 도시지역을 말한다. 다만, 동법 제36조제1항제1호 다목의 규정에 의한 공업지역을 제외한다. 이하 같다) 도로의 밑에 매설하는 경우에는 배관의 외경보다 10㎝ 이상 넓은 견고하고 내구성이 있는 재질의 판(이하 "보호판"이라 한다)을 배관의 상부로부터 30㎝ 이상 위에 설치할 것. 다만, 방호구조물 안에 설치하는 경우에는 그러하지 아니하다.
  라. 배관(보호판 또는 방호구조물에 의하여 배관을 보호하는 경우에는 당해 보호판 또는 방호구조물을 말한다. 이하 바목 및 사목에서 같다)은 그 외면으로부터 다른 공작물에 대하여 0.3m 이상의 거리를 보유할 것. 다만, 배관의 외면에서 다른 공작물에 대하여 0.3m 이상의 거리를 보유하기 곤란한 경우로서 당해 공작물의 보전을 위하여 필요한 조치를 하는 경우에는 그러하지 아니하다.
  마. 시가지 도로의 노면 아래에 매설하는 경우에는 배관(방호구조물의 안에 설치된 것을 제외한다)의 외면과 노면과의 거리는 1.5m 이상, 보호판 또는 방호구조물의 외면과 노면과의 거리는 1.2m 이상으로 할 것
  바. 시가지 외의 도로의 노면 아래에 매설하는 경우에는 배관의 외면과 노면과의 거리는 1.2m 이상으로 할 것
  사. 포장된 차도에 매설하는 경우에는 포장부분의 토대(차단층이 있는 경우는 당해 차단층을 말한다. 이하 같다)의 밑에 매설하고, 배관의 외면과 토대의 최하부와의 거리는 0.5m 이상으로 할 것
  아. 노면 밑외의 도로 밑에 매설하는 경우에는 배관의 외면과 지표면과의 거리는 1.2m[보호판 또는 방호구조물에 의하여 보호된 배관에 있어서는 0.6m(시가지의 도로 밑에 매설하는 경우에는 0.9m)] 이상으로 할 것

109 정답 ② 기본서 2권 451p   기본서 2권 3단비교표 469p

해설

※ 위험물안전관리법 시행규칙 별표15
 2. 도로 밑 매설
  마. 시가지 도로의 노면 아래에 매설하는 경우에는 배관(방호구조물의 안에 설치된 것을 제외한다)의 외면과 노면과의 거리는 1.5m 이상, 보호판 또는 방호구조물의 외면과 노면과의 거리는 1.2m 이상으로 할 것
  바. 시가지 외의 도로의 노면 아래에 매설하는 경우에는 배관의 외면과 노면과의 거리는 1.2m 이상으로 할 것

110 정답 ② 기본서 2권 452p 기본서 2권 3단비교표 471p

해설

※ 위험물안전관리법 시행규칙 별표15
  6. 해저설치
    배관을 해저에 설치하는 경우에는 다음 각목의 기준에 의하여야 한다.
    다. 배관은 원칙적으로 이미 설치된 배관에 대하여 30m 이상의 안전거리를 둘 것

111 정답 ③ 기본서 2권 450p 기본서 2권 3단비교표 470~471p

해설

※ 위험물안전관리법 시행규칙 별표15
  5. 지상설치
    다. 배관(이송기지의 구내에 설치된 것을 제외한다)의 양측면으로부터 당해 배관의 최대상용압력에 따라 다음 표에 의한 너비(「국토의 계획 및 이용에 관한 법률」에 의한 공업지역 또는 전용공업지역에 설치한 배관에 있어서는 그 너비의 3분의 1)의 공지를 보유할 것. 다만, 양단을 폐쇄한 밀폐구조의 방호구조물 안에 배관을 설치하거나 위험물의 유출확산을 방지할 수 있는 방화상 유효한 담을 설치하는 등 안전상 필요한 조치를 하는 경우에는 그러하지 아니하다.

배관의 최대상용압력	공지의 너비
0.3MPa 미만	5m 이상
0.3MPa 이상 1MPa 미만	9m 이상
1MPa 이상	15m 이상

112 정답 ② 기본서 2권 452p 기본서 2권 3단비교표 472p

해설

※ 위험물안전관리법 시행규칙 별표15
  8. 도로횡단설치
    도로를 횡단하여 배관을 설치하는 경우에는 다음 각목의 기준에 의하여야 한다.
    다. 배관을 도로상공을 횡단하여 설치하는 경우에는 제5호(가목을 제외한다)의 규정을 준용하되, 배관 및 당해 배관에 관계된 부속설비는 그 아래의 노면과 5m 이상의 수직거리를 유지할 것

113 정답 ③ 기본서 2권 452p 기본서 2권 3단비교표 472p

해설

※ 위험물안전관리법 시행규칙 별표15

10. 하천 등 횡단설치

하천 또는 수로를 횡단하여 배관을 설치하는 경우에는 다음 각목의 기준에 의하여야 한다.

다. 하천 또는 수로의 밑에 배관을 매설하는 경우에는 배관의 외면과 계획하상[계획하상이 최심하상(하천의 가장 깊은 곳)보다 높은 경우에는 최심하상]과의 거리는 다음의 규정에 의한 거리 이상으로 하되, 호안 그 밖에 하천관리시설의 기초에 영향을 주지 아니하고 하천바닥의 변동·패임 등에 의한 영향을 받지 아니하는 깊이로 매설하여야 한다.

1) 하천을 횡단하는 경우 : 4.0m
2) 수로를 횡단하는 경우
  가)「하수도법」제2조제3호에 따른 하수도(상부가 개방되는 구조로 된 것에 한한다) 또는 운하 : 2.5m
  나) 가의 규정에 의한 수로에 해당되지 아니하는 좁은 수로(용수로 그 밖에 유사한 것을 제외한다) : 1.2m

114 정답 ② 기본서 2권 3단비교표 477p

해설

※ 위험물안전관리법 시행규칙 별표15

3. 펌프 등

펌프 및 그 부속설비(이하 "펌프등"이라 한다)를 설치하는 경우에는 다음 각목의 기준에 의하여야 한다.

가. 펌프등(펌프를 펌프실 내에 설치한 경우에는 당해 펌프실을 말한다. 이하나목에서 같다)은 그 주위에 다음 표에 의한 공지를 보유할 것. 다만, 벽·기둥 및 보를 내화구조로 하고 지붕을 폭발력이 위로 방출될 정도의 가벼운 불연재료로 한 펌프실에 펌프를 설치한 경우에는 다음 표에 의한 공지의 너비의 3분의 1로 할 수 있다.

펌프등의 최대상용압력	공지의 너비
1MPa 미만	3m 이상
1MPa 이상 3MPa 미만	5m 이상
3MPa 이상	15m 이상

115 정답 ③ 기본서 2권 3단비교표 478p

해설

③ 바닥은 위험물이 침투하지 아니하는 구조로 하고 그 주변에 높이 <u>20㎝</u> 이상의 턱을 설치할 것

※ 위험물안전관리법 시행규칙 별표15
　라. 펌프를 설치하는 펌프실은 다음의 기준에 적합하게 할 것
　　1) 불연재료의 구조로 할 것. 이 경우 지붕은 폭발력이 위로 방출될 정도의 가벼운 불연재료이어야 한다.
　　2) 창 또는 출입구를 설치하는 경우에는 60+방화문·60분방화문 또는 30분방화문으로 할 것
　　3) 창 또는 출입구에 유리를 이용하는 경우에는 망입유리로 할 것
　　4) 바닥은 위험물이 침투하지 아니하는 구조로 하고 그 주변에 높이 20㎝ 이상의 턱을 설치할 것
　　5) 누설한 위험물이 외부로 유출되지 아니하도록 바닥은 적당한 경사를 두고 그 최저부에 집유설비를 할 것
　　6) 가연성증기가 체류할 우려가 있는 펌프실에는 배출설비를 할 것
　　7) 펌프실에는 위험물을 취급하는데 필요한 채광·조명 및 환기 설비를 할 것

116 정답 ② 기본서 2권 3단비교표 478p

해설

※ 위험물안전관리법 시행규칙 별표15
　마. 펌프등을 옥외에 설치하는 경우에는 다음의 기준에 의할 것
　　1) 펌프등을 설치하는 부분의 지반은 위험물이 침투하지 아니하는 구조로 하고 그 주위에는 높이 15㎝ 이상의 턱을 설치할 것
　　2) 누설한 위험물이 외부로 유출되지 아니하도록 배수구 및 집유설비를 설치할 것

117 정답 ③ 기본서 2권 3단비교표 479p

해설

※ 위험물안전관리법 시행규칙 별표15
27. 이송기지의 안전조치
　나. 이송기지에는 다음의 기준에 의하여 당해 이송기지 밖으로 위험물이 유출되는 것을 방지할 수 있는 조치를 할 것
　　1) 위험물을 취급하는 시설(지하에 설치된 것을 제외한다)은 이송기지의 부지경계선으로부터 당해 배관의 최대상용압력에 따라 다음 표에 정한 거리(「국토의 계획 및 이용에 관한 법률」에 의한 전용공업지역 또는 공업지역에 설치하는 경우에는 당해 거리의 3분의 1의 거리)를 둘 것

배관의 최대상용압력	거리
0.3MPa 미만	5m 이상
0.3MPa 이상 1MPa 미만	9m 이상
1MPa 이상	15m 이상

118 정답 ② 기본서 2권 454p 기본서 2권 3단비교표 494p

해설

※ 위험물안전관리법 시행규칙 별표17

Ⅰ. 소화설비

1. 소화난이도등급Ⅰ의 제조소등 및 소화설비

   가. 소화난이도등급Ⅰ에 해당하는 제조소등

	제조소등의 규모, 저장 또는 취급하는 위험물의 품명 및 최대수량 등
제조소 일반취급소	연면적 1,000㎡ 이상인 것
	지정수량의 100배 이상인 것(고인화점위험물만을 100℃ 미만의 온도에서 취급하는 것 및 화약류에 해당하는 위험물을 취급하는 것은 제외)
	지반면으로부터 6m 이상의 높이에 위험물 취급설비가 있는 것(고인화점위험물만을 100℃ 미만의 온도에서 취급하는 것은 제외)
	일반취급소로 사용되는 부분 외의 부분을 갖는 건축물에 설치된 것(내화구조로 개구부 없이 구획 된 것, 고인화점위험물만을 100℃ 미만의 온도에서 취급하는 것 및 별표 16 Ⅹ의2의 화학실험의 일반취급소는 제외)

119 정답 ① 기본서 2권 454p 기본서 2권 3단비교표 494p

해설

① 지정수량의 150배 이상인 것(고인화점위험물만을 저장하는 것 및 화약류에 해당하는 위험물을 저장하는 것은 제외)

※ 위험물안전관리법 시행규칙 별표17

Ⅰ. 소화설비

1. 소화난이도등급Ⅰ의 제조소등 및 소화설비

   가. 소화난이도등급Ⅰ에 해당하는 제조소등

	제조소등의 규모, 저장 또는 취급하는 위험물의 품명 및 최대수량 등
옥내 저장소	지정수량의 150배 이상인 것(고인화점위험물만을 저장하는 것 및 화약류에 해당하는 위험물을 저장하는 것은 제외)
	연면적 150㎡를 초과하는 것(150㎡ 이내마다 불연재료로 개구부 없이 구획된 것 및 인화성고체 외의 제2류 위험물 또는 인화점 70℃ 이상의 제4류 위험물만을 저장하는 것은 제외)
	처마높이가 6m 이상인 단층건물의 것
	옥내저장소로 사용되는 부분 외의 부분이 있는 건축물에 설치된 것(내화구조로 개구부 없이 구획된 것 및 인화성고체 외의 제2류 위험물 또는 인화점 70℃ 이상의 제4류 위험물만을 저장하는 것은 제외)

120

정답 ③   기본서 2권 455p   기본서 2권 3단비교표 496p

해설

※ 위험물안전관리법 시행규칙 별표17

Ⅰ. 소화설비

  1. 소화난이도등급Ⅰ의 제조소등 및 소화설비

    나. 소화난이도등급Ⅰ의 제조소등에 설치하여야 하는 소화설비

제조소등의 구분	소화설비
주유취급소	스프링클러설비(건축물에 한정한다), 소형수동식소화기등(능력단위의 수치가 건축물 그 밖의 공작물 및 위험물의 소요단위의 수치에 이르도록 설치할 것)

121

정답 ④   기본서 2권 455p   기본서 2권 3단비교표 496p

해설

※ 위험물안전관리법 시행규칙 별표17

Ⅰ. 소화설비

  1. 소화난이도등급Ⅰ의 제조소등 및 소화설비

    나. 소화난이도등급Ⅰ의 제조소등에 설치하여야 하는 소화설비

제조소등의 구분	소화설비
옥외탱크저장소(황만을 저장 취급하는 것)	물분무소화설비

122

정답 ④   기본서 2권 456p   기본서 2권 3단비교표 498p

해설

※ 위험물안전관리법 시행규칙 별표17

Ⅰ. 소화설비

  2. 소화난이도등급Ⅱ의 제조소등 및 소화설비

    가. 소화난이도등급Ⅱ에 해당하는 제조소등

	제조소등의 규모, 저장 또는 취급하는 위험물의 품명 및 최대수량 등
제조소	연면적 600㎡ 이상인 것
	지정수량의 10배 이상인 것(고인화점위험물만을 100℃ 미만의 온도에서 취급하는 것 및 제48조의 위험물을 취급하는 것은 제외)
	별표 16 Ⅱ·Ⅲ·Ⅳ·Ⅴ·Ⅷ·Ⅸ·Ⅹ 또는 Ⅹ의2의 일반취급소로서 소화난이도등급Ⅰ의 제조소등에 해당하지 아니하는 것(고인화점위험물만을 100℃ 미만의 온도에서 취급하는 것은 제외)

123

정답 ④ 　기본서 2권 457p 　기본서 2권 3단비교표 499p

해설

※ 위험물안전관리법 시행규칙 별표17

Ⅰ. 소화설비

　2. 소화난이도등급Ⅱ의 제조소등 및 소화설비

　　나. 소화난이도등급Ⅱ의 제조소등에 설치하여야 하는 소화설비

구분	소화설비
제조소 옥내저장소 옥외저장소 주유취급소 판매취급소 일반취급소	방사능력범위 내에 당해 건축물, 그 밖의 공작물 및 위험물이 포함되도록 대형수동식소화기를 설치하고, 당해 위험물의 소요단위의 1/5 이상에 해당되는 능력단위의 소형수동식소화기등을 설치할 것

124

정답 ③ 　기본서 2권 461p 　기본서 2권 3단비교표 511p

해설

※ 위험물안전관리법 시행규칙 별표18

Ⅱ. 위험물의 유별 저장·취급의 공통기준

1. 제1류 위험물은 가연물과의 접촉·혼합이나 분해를 촉진하는 물품과의 접근 또는 과열·충격·마찰 등을 피하는 한편, 알카리금속의 과산화물 및 이를 함유한 것에 있어서는 물과의 접촉을 피하여야 한다.
2. 제2류 위험물은 산화제와의 접촉·혼합이나 불티·불꽃·고온체와의 접근 또는 과열을 피하는 한편, 철분·금속분·마그네슘 및 이를 함유한 것에 있어서는 물이나 산과의 접촉을 피하고 인화성 고체에 있어서는 함부로 증기를 발생시키지 아니하여야 한다.
3. 제3류 위험물 중 자연발화성물질에 있어서는 불티·불꽃 또는 고온체와의 접근·과열 또는 공기와의 접촉을 피하고, 금수성물질에 있어서는 물과의 접촉을 피하여야 한다.
4. 제4류 위험물은 불티·불꽃·고온체와의 접근 또는 과열을 피하고, 함부로 증기를 발생시키지 아니하여야 한다.
5. 제5류 위험물은 불티·불꽃·고온체와의 접근이나 과열·충격 또는 마찰을 피하여야 한다.
6. 제6류 위험물은 가연물과의 접촉·혼합이나 분해를 촉진하는 물품과의 접근 또는 과열을 피하여야 한다.
7. 제1호 내지 제6호의 기준은 위험물을 저장 또는 취급함에 있어서 당해 각호의 기준에 의하지 아니하는 것이 통상인 경우는 당해 각호를 적용하지 아니한다. 이 경우 당해 저장 또는 취급에 대하여는 재해의 발생을 방지하기 위한 충분한 조치를 강구하여야 한다.

125 정답 ① 기본서 2권 462p 기본서 2권 3단비교표 512p

해설

※ 위험물안전관리법 시행규칙 별표18

Ⅲ. 저장의 기준

5. 옥내저장소에서 동일 품명의 위험물이더라도 자연발화할 우려가 있는 위험물 또는 재해가 현저하게 증대할 우려가 있는 위험물을 다량 저장하는 경우에는 지정수량의 10배 이하마다 구분하여 상호간 0.3m 이상의 간격을 두어 저장하여야 한다. 다만, 제48조의 규정에 의한 위험물 또는 기계에 의하여 하역하는 구조로 된 용기에 수납한 위험물에 있어서는 그러하지 아니하다(중요기준).

126 정답 ④ 기본서 2권 3단비교표 513p

해설

※ 위험물안전관리법 시행규칙 별표18

Ⅲ. 저장의 기준

6. 옥내저장소에서 위험물을 저장하는 경우에는 다음 각목의 규정에 의한 높이를 초과하여 용기를 겹쳐 쌓지 아니하여야 한다.

　가. 기계에 의하여 하역하는 구조로 된 용기만을 겹쳐 쌓는 경우에 있어서는 6m

　나. 제4류 위험물 중 제3석유류, 제4석유류 및 동식물유류를 수납하는 용기만을 겹쳐 쌓는 경우에 있어서는 4m

　다. 그 밖의 경우에 있어서는 3m

127 정답 ② 기본서 2권 462p 기본서 2권 3단비교표 513p

해설

※ 위험물안전관리법 시행규칙 별표18

Ⅲ. 저장의 기준

7. 옥내저장소에서는 용기에 수납하여 저장하는 위험물의 온도가 55℃를 넘지 아니하도록 필요한 조치를 강구하여야 한다(중요기준).

128 정답 ③ 기본서 2권 462p 기본서 2권 3단비교표 513p

해설

※ 위험물안전관리법 시행규칙 별표18

Ⅲ. 저장의 기준

19. 옥외저장소에서 위험물을 수납한 용기를 선반에 저장하는 경우에는 6m를 초과하여 저장하지 아니하여야 한다.

129 정답 ④ 기본서 2권 462p   기본서 2권 3단비교표 514p

해설

※ 위험물안전관리법 시행규칙 별표18

Ⅲ. 저장의 기준

21. 알킬알루미늄등, 아세트알데하이드등 및 다이에틸에터등(다이에틸에터 또는 이를 함유한 것을 말한다. 이하 같다)의 저장기준은 제1호 내지 제20호의 규정에 의하는 외에 다음 각목과 같다(중요기준).

   다. 이동저장탱크에 알킬알루미늄등을 저장하는 경우에는 20KPa 이하의 압력으로 불활성의 기체를 봉입하여 둘 것

   차. 보냉장치가 없는 이동저장탱크에 저장하는 아세트알데하이드등 또는 다이에틸에터등의 온도는 40℃ 이하로 유지할 것

130 정답 ② 기본서 2권 3단비교표 514p

해설

※ 위험물안전관리법 시행규칙 별표18

Ⅲ. 저장의 기준

21. 알킬알루미늄등, 아세트알데하이드등 및 다이에틸에터등(다이에틸에터 또는 이를 함유한 것을 말한다. 이하 같다)의 저장기준은 제1호 내지 제20호의 규정에 의하는 외에 다음 각목과 같다(중요기준).

   사. 옥외저장탱크·옥내저장탱크 또는 지하저장탱크 중 압력탱크 외의 탱크에 저장하는 다이에틸에터등 또는 아세트알데하이드등의 온도는 산화프로필렌과 이를 함유한 것 또는 다이에틸에터등에 있어서는 30℃ 이하로, 아세트알데하이드 또는 이를 함유한 것에 있어서는 15℃ 이하로 각각 유지할 것

   아. 옥외저장탱크·옥내저장탱크 또는 지하저장탱크 중 압력탱크에 저장하는 아세트알데하이드등 또는 다이에틸에터등의 온도는 40℃ 이하로 유지할 것

131 정답 ③ 기본서 2권 3단비교표 515p

해설

※ 위험물안전관리법 시행규칙 별표18

Ⅳ. 취급의 기준

5. 주유취급소·판매취급소·이송취급소 또는 이동탱크저장소에서의 위험물의 취급기준은 다음 각목과 같다.

   가. 주유취급소(항공기주유취급소·선박주유취급소 및 철도주유취급소를 제외한다)에서의 취급기준

      8) 자동차 등에 주유할 때에는 고정주유설비 또는 고정주유설비에 접속된 탱크의 주입구로부터 4m 이내의 부분(자동차 등의 점검 및 간이정비를 위한 작업장 및 자동차 등의 세정을 위한 작업장의 용도에 제공하는 부분 중 바닥 및 벽에서 구획된 것의 내부를 제외한다)에, 이동저장탱크로부터 전용탱크에 위험물을 주입할 때에는 전용탱크의 주입구로부터 3m 이내의 부분 및 전용탱크 통기관의 끝부분으로부터 수평거리 1.5m 이내의 부분에 있어서는 다른 자동차 등의 주차를 금지하고 자동차 등의 점검·정비 또는 세정을 하지 아니할 것

132 정답 ③ 기본서 2권 3단비교표 516p

해설
※ 위험물안전관리법 시행규칙 별표18
Ⅳ. 취급의 기준
  라. 선박주유취급소에서의 취급기준은 가목[(1) 및 7)은 제외한다]의 규정 및 나목3)의 규정을 준용하는 외에 다음의 기준에 의할 것
    3) 수상구조물에 설치하는 고정주유설비를 이용하여 주유작업을 할 때에는 5m 이내에 다른 선박의 정박 또는 계류를 금지할 것
    7) 수상구조물에 설치하는 고정주유설비를 이용한 주유작업은 총 톤수가 300 미만인 선박에 대해서만 실시할 것(중요기준)

133 정답 ② 기본서 2권 3단비교표 517p

해설
※ 위험물안전관리법 시행규칙 별표18
Ⅳ. 취급의 기준
  바. 판매취급소에서의 취급기준
    1) 판매취급소에서는 도료류, 제1류 위험물 중 염소산염류 및 염소산염류만을 함유한 것, 황 또는 인화점이 38℃ 이상인 제4류 위험물을 배합실에서 배합하는 경우 외에는 위험물을 배합하거나 옮겨 담는 작업을 하지 아니할 것

134 정답 ③ 기본서 2권 3단비교표 519~520p

해설
※ 위험물안전관리법 시행규칙 별표18
Ⅳ. 취급의 기준
  6. 알킬알루미늄등 및 아세트알데하이드등의 취급기준은 제1호 내지 제5호에 정하는 것 외에 당해 위험물의 성질에 따라 다음 각목에 정하는 바에 의한다(중요기준).
    가. 알킬알루미늄등의 제조소 또는 일반취급소에 있어서 알킬알루미늄등을 취급하는 설비에는 불활성의 기체를 봉입할 것
    나. 알킬알루미늄등의 이동탱크저장소에 있어서 이동저장탱크로부터 알킬알루미늄등을 꺼낼 때에는 동시에 200kPa 이하의 압력으로 불활성의 기체를 봉입할 것
    다. 아세트알데하이드등의 제조소 또는 일반취급소에 있어서 아세트알데하이드등을 취급하는 설비에는 연소성 혼합기체의 생성에 의한 폭발의 위험이 생겼을 경우에 불활성의 기체 또는 수증기[아세트알데하이드등을 취급하는 탱크(옥외에 있는 탱크 또는 옥내에 있는 탱크로서 그 용량이 지정수량의 5분의 1 미만의 것을 제외한다)에 있어서는 불활성의 기체를 봉입할 것
    라. 아세트알데하이드등의 이동탱크저장소에 있어서 이동저장탱크로부터 아세트알데하이드등을 꺼낼 때에는 동시에 100kPa 이하의 압력으로 불활성의 기체를 봉입할 것

135 정답 ② 기본서 2권 514p 기본서 2권 3단비교표 525p

해설

※ 위험물안전관리법 시행규칙 별표19
Ⅱ. 적재방법
1. 위험물은 Ⅰ의 규정에 의한 운반용기에 다음 각목의 기준에 따라 수납하여 적재하여야 한다. 다만, 덩어리 상태의 황을 운반하기 위하여 적재하는 경우 또는 위험물을 동일구내에 있는 제조소등의 상호간에 운반하기 위하여 적재하는 경우에는 그러하지 아니하다(중요기준).
    다. 고체위험물은 운반용기 내용적의 95% 이하의 수납율로 수납할 것
    라. 액체위험물은 운반용기 내용적의 98% 이하의 수납율로 수납하되, 55도의 온도에서 누설되지 아니하도록 충분한 공간용적을 유지하도록 할 것

136 정답 ① 기본서 2권 514~515p 기본서 2권 3단비교표 526p

해설

※ 위험물안전관리법 시행규칙 별표19
Ⅱ. 적재방법
1. 위험물은 Ⅰ의 규정에 의한 운반용기에 다음 각목의 기준에 따라 수납하여 적재하여야 한다. 다만, 덩어리 상태의 황을 운반하기 위하여 적재하는 경우 또는 위험물을 동일구내에 있는 제조소등의 상호간에 운반하기 위하여 적재하는 경우에는 그러하지 아니하다(중요기준).
    바. 제3류 위험물은 다음의 기준에 따라 운반용기에 수납할 것
        1) 자연발화성물질에 있어서는 불활성 기체를 봉입하여 밀봉하는 등 공기와 접하지 아니하도록 할 것
        2) 자연발화성물질외의 물품에 있어서는 파라핀·경유·등유 등의 보호액으로 채워 밀봉하거나 불활성 기체를 봉입하여 밀봉하는 등 수분과 접하지 아니하도록 할 것
        3) 라목의 규정에 불구하고 자연발화성물질중 알킬알루미늄등은 운반용기의 내용적의 90% 이하의 수납율로 수납하되, 50℃의 온도에서 5% 이상의 공간용적을 유지하도록 할 것

137 정답 ② 기본서 2권 516p 기본서 2권 3단비교표 527p

해설

※ 위험물안전관리법 시행규칙 별표19
Ⅱ. 적재방법
7. 위험물을 수납한 운반용기를 겹쳐 쌓는 경우에는 그 높이를 3m 이하로 하고, 용기의 상부에 걸리는 하중은 당해 용기 위에 당해 용기와 동종의 용기를 겹쳐 쌓아 3m의 높이로 하였을 때에 걸리는 하중 이하로 하여야 한다(중요기준).

138 정답 ② 기본서 2권 516p 기본서 2권 3단비교표 527p

해설

※ 위험물안전관리법 시행규칙 별표19

다. 수납하는 위험물에 따라 다음의 규정에 의한 주의사항

1) 제1류 위험물 중 알칼리금속의 과산화물 또는 이를 함유한 것에 있어서는 "화기·충격주의", "<u>물기엄금</u>" 및 "가연물접촉주의", 그 밖의 것에 있어서는 "화기·충격주의" 및 "가연물접촉주의"
2) 제2류 위험물 중 철분·금속분·마그네슘 또는 이들중 어느 하나 이상을 함유한 것에 있어서는 "화기주의" 및 "물기엄금", 인화성고체에 있어서는 "화기엄금", 그 밖의 것에 있어서는 "화기주의"
3) 제3류 위험물 중 자연발화성물질에 있어서는 "화기엄금" 및 "공기접촉엄금", 금수성물질에 있어서는 "물기엄금"
4) 제4류 위험물에 있어서는 "화기엄금"
5) 제5류 위험물에 있어서는 "화기엄금" 및 "충격주의"
6) 제6류 위험물에 있어서는 "<u>가연물접촉주의</u>"

139 정답 ③ 기본서 2권 516p 기본서 2권 3단비교표 527p

해설

※ 위험물안전관리법 시행규칙 별표19

다. 수납하는 위험물에 따라 다음의 규정에 의한 주의사항

1) 제1류 위험물 중 알칼리금속의 과산화물 또는 이를 함유한 것에 있어서는 "화기·충격주의", "물기엄금" 및 "가연물접촉주의", 그 밖의 것에 있어서는 "화기·충격주의" 및 "가연물접촉주의"
2) 제2류 위험물 중 철분·금속분·마그네슘 또는 이들중 어느 하나 이상을 함유한 것에 있어서는 "<u>화기주의</u>" 및 "물기엄금", 인화성고체에 있어서는 "화기엄금", 그 밖의 것에 있어서는 "화기주의"
3) 제3류 위험물 중 자연발화성물질에 있어서는 "화기엄금" 및 "<u>공기접촉엄금</u>", 금수성물질에 있어서는 "물기엄금"
4) 제4류 위험물에 있어서는 "화기엄금"
5) 제5류 위험물에 있어서는 "화기엄금" 및 "<u>충격주의</u>"
6) 제6류 위험물에 있어서는 "가연물접촉주의"

140 정답 ③ 기본서 2권 519p 기본서 2권 3단비교표 529p

해설

ⓒ, ⓜ, ⓗ - 위험등급Ⅱ의 위험물

※ 위험물안전관리법 시행규칙 별표19

Ⅴ. 위험물의 위험등급

별표 18 Ⅴ, 이 표 Ⅰ 및 Ⅱ에 있어서 위험물의 위험등급은 위험등급Ⅰ·위험등급Ⅱ 및 위험등급Ⅲ으로 구분하며, 각 위험등급에 해당하는 위험물은 다음 각호와 같다.

1. 위험등급Ⅰ의 위험물
   가. 제1류 위험물 중 아염소산염류, 염소산염류, 과염소산염류, 무기과산화물 그 밖에 지정수량이 50kg인 위험물
   나. 제3류 위험물 중 칼륨, 나트륨, 알킬알루미늄, 알킬리튬, 황린 그 밖에 지정수량이 10kg 또는 20kg인 위험물
   다. 제4류 위험물 중 특수인화물
   라. 제5류 위험물 중 지정수량이 10kg인 위험물
   마. 제6류 위험물

2. 위험등급Ⅱ의 위험물
   가. 제1류 위험물 중 브로민산염류, 질산염류, 아이오딘산염류, 그 밖에 지정수량이 300kg인 위험물
   나. 제2류 위험물 중 황화인, 적린, 황, 그 밖에 지정수량이 100kg인 위험물
   다. 제3류 위험물 중 알칼리금속(칼륨 및 나트륨을 제외한다) 및 알칼리토금속, 유기금속화합물(알킬알루미늄 및 알킬리튬을 제외한다) 그 밖에 지정수량이 50kg인 위험물
   라. 제4류 위험물 중 제1석유류 및 알코올류
   마. 제5류 위험물 중 제1호 라목에 정하는 위험물 외의 것

3. 위험등급Ⅲ의 위험물 : 제1호 및 제2호에 정하지 아니한 위험물

141 정답 ② 기본서 2권 519p 기본서 2권 3단비교표 529p

해설

①, ③, ④ - 위험등급Ⅱ의 위험물

※ 위험물안전관리법 시행규칙 별표19

Ⅴ. 위험물의 위험등급

별표 18 Ⅴ, 이 표 Ⅰ 및 Ⅱ에 있어서 위험물의 위험등급은 위험등급Ⅰ·위험등급Ⅱ 및 위험등급Ⅲ으로 구분하며, 각 위험등급에 해당하는 위험물은 다음 각호와 같다.

1. 위험등급Ⅰ의 위험물
   가. 제1류 위험물 중 아염소산염류, 염소산염류, 과염소산염류, 무기과산화물 그 밖에 지정수량이 50kg인 위험물
   나. 제3류 위험물 중 칼륨, 나트륨, 알킬알루미늄, 알킬리튬, 황린 그 밖에 지정수량이 10kg 또는 20kg인 위험물

다. 제4류 위험물 중 특수인화물
라. 제5류 위험물 중 지정수량이 10kg인 위험물
마. 제6류 위험물
2. 위험등급 II의 위험물
　가. 제1류 위험물 중 브로민산염류, 질산염류, 아이오딘산염류, 그 밖에 지정수량이 300kg인 위험물
　나. 제2류 위험물 중 황화인, 적린, 황, 그 밖에 지정수량이 100kg인 위험물
　다. 제3류 위험물 중 알칼리금속(칼륨 및 나트륨을 제외한다) 및 알칼리토금속, 유기금속화합물(알킬알루미늄 및 알킬리튬을 제외한다) 그 밖에 지정수량이 50kg인 위험물
　라. 제4류 위험물 중 제1석유류 및 알코올류
　마. 제5류 위험물 중 제1호 라목에 정하는 위험물 외의 것
3. 위험등급 III의 위험물 : 제1호 및 제2호에 정하지 아니한 위험물

142 정답 ② 기본서 2권 519p 기본서 2권 3단비교표 529p

해설

ⓒ, ⓔ, ⓜ, ⓗ - 위험등급 I 의 위험물

※ 위험물안전관리법 시행규칙 별표19

V. 위험물의 위험등급

별표 18 V, 이 표 I 및 II에 있어서 위험물의 위험등급은 위험등급 I · 위험등급 II 및 위험등급 III으로 구분하며, 각 위험등급에 해당하는 위험물은 다음 각호와 같다.

1. 위험등급 I 의 위험물
　가. 제1류 위험물 중 아염소산염류, 염소산염류, 과염소산염류, 무기과산화물 그 밖에 지정수량이 50kg인 위험물
　나. 제3류 위험물 중 칼륨, 나트륨, 알킬알루미늄, 알킬리튬, 황린 그 밖에 지정수량이 10kg 또는 20kg인 위험물
　다. 제4류 위험물 중 특수인화물
　라. 제5류 위험물 중 지정수량이 10kg인 위험물
　마. 제6류 위험물
2. 위험등급 II의 위험물
　가. 제1류 위험물 중 브로민산염류, 질산염류, 아이오딘산염류, 그 밖에 지정수량이 300kg인 위험물
　나. 제2류 위험물 중 황화인, 적린, 황, 그 밖에 지정수량이 100kg인 위험물
　다. 제3류 위험물 중 알칼리금속(칼륨 및 나트륨을 제외한다) 및 알칼리토금속, 유기금속화합물(알킬알루미늄 및 알킬리튬을 제외한다) 그 밖에 지정수량이 50kg인 위험물
　라. 제4류 위험물 중 제1석유류 및 알코올류
　마. 제5류 위험물 중 제1호 라목에 정하는 위험물 외의 것
3. 위험등급 III의 위험물 : 제1호 및 제2호에 정하지 아니한 위험물

143 정답 ④ 　기본서 2권　523p　　기본서 2권 3단비교표　536p

해설

※ 위험물안전관리법 시행규칙 별표21

2. 이동탱크저장소에 의한 위험물의 운송시에 준수하여야 하는 기준은 다음 각목과 같다.
    가. 위험물운송자는 운송의 개시전에 이동저장탱크의 배출밸브 등의 밸브와 폐쇄장치, 맨홀 및 주입구의 뚜껑, 소화기 등의 점검을 충분히 실시할 것
    나. 위험물운송자는 장거리(고속국도에 있어서는 340㎞ 이상, 그 밖의 도로에 있어서는 200㎞ 이상을 말한다)에 걸치는 운송을 하는 때에는 <u>2명</u> 이상의 운전자로 할 것. 다만, 다음의 1에 해당하는 경우에는 그러하지 아니하다.
        1) 제1호가목의 규정에 의하여 운송책임자를 동승시킨 경우
        2) 운송하는 위험물이 <u>제2류</u> 위험물·제3류 위험물(칼슘 또는 알루미늄의 탄화물과 이것만을 함유한 것에 한한다)또는 제4류 위험물(특수인화물을 제외한다)인 경우
        3) 운송도중에 2시간 이내마다 <u>20분</u> 이상씩 휴식하는 경우

144 정답 ③ 　기본서 2권　505p　　기본서 2권 3단비교표　539p

해설

※ 위험물안전관리법 시행규칙 별표23
[화학소방자동차에 갖추어야 하는 소화능력 및 설비의 기준]

화학 소방자동차의 구분	소화능력 및 설비의 기준
포수용액 방사차	포수용액의 방사능력이 매분 <u>2,000ℓ</u> 이상일 것
	소화약액탱크 및 소화약액혼합장치를 비치할 것
	<u>10만ℓ</u> 이상의 포수용액을 방사할 수 있는 양의 소화약제를 비치할 것

145 정답 ① 　기본서 2권　505p　　기본서 2권 3단비교표　539p

해설

※ 위험물안전관리법 시행규칙 별표23
[화학소방자동차에 갖추어야 하는 소화능력 및 설비의 기준]

화학 소방자동차의 구분	소화능력 및 설비의 기준
분말 방사차	분말의 방사능력이 매초 <u>35㎏</u> 이상일 것
	분말탱크 및 가압용가스설비를 비치할 것
	<u>1,400㎏</u> 이상의 분말을 비치할 것

146 정답 ④ 기본서 2권 505p | 기본서 2권 3단비교표 539p

해설

※ 위험물안전관리법 시행규칙 별표23
[화학소방자동차에 갖추어야 하는 소화능력 및 설비의 기준]

화학 소방자동차의 구분	소화능력 및 설비의 기준
이산화탄소 방사차	이산화탄소의 방사능력이 매초 40kg 이상일 것
	이산화탄소저장용기를 비치할 것
	3,000kg 이상의 이산화탄소를 비치할 것

147 정답 ② 기본서 2권 539p | 기본서 2권 3단비교표 540p

해설

※ 위험물안전관리법 시행규칙 별표24
[안전교육의 과정·기간과 그 밖의 교육의 실시에 관한 사항 등]

교육과정	교육대상자	교육시간
강습교육	안전관리자가 되려는 사람	24시간
	위험물운반자가 되려는 사람	8시간
	위험물운송자가 되려는 사람	16시간

148 정답 ② 기본서 2권 539p | 기본서 2권 3단비교표 540p

해설

※ 위험물안전관리법 시행규칙 별표24

교육대상자	교육시간	교육시기	교육기관
위험물운반자	4시간	가. 위험물운반자로 종사한 날부터 6개월 이내 나. 가목에 따른 교육을 받은 후 3년마다 1회	안전원
위험물운송자	8시간	가. 이동탱크저장소의 위험물운송자로 종사한 날부터 6개월 이내 나. 가목에 따른 교육을 받은 후 3년마다 1회	안전원
탱크시험자의 기술인력	8시간	가. 탱크시험자의 기술인력으로 등록한 날부터 6개월 이내 나. 가목에 따른 교육을 받은 후 2년마다 1회	기술원

149 정답 ① 기본서 2권 540p

해설

※ 위험물안전관리법 시행규칙 별표24
2. 교육계획의 공고 등
    가. 안전원의 원장은 강습교육을 하고자 하는 때에는 매년 <u>1월 5일</u>까지 일시, 장소, 그 밖에 강습의 실시에 관한 사항을 공고할 것
    나. 기술원 또는 안전원은 실무교육을 하고자 하는 때에는 교육실시 <u>10일</u> 전까지 교육대상자에게 그 내용을 통보할 것

150 정답 ③ 기본서 2권 540p 기본서 2권 3단비교표 540p

해설

※ 위험물안전관리법 시행규칙 별표24 - 비고
3. 안전관리자 및 위험물운송자의 실무교육 시간 중 일부(4시간 이내)를 사이버교육의 방법으로 실시할 수 있다. 다만, 교육대상자가 사이버교육의 방법으로 수강하는 것에 동의하는 경우에 한정한다.

MEMO

MEMO

MEMO

MEMO

2025 김동준 객관식 문제집 소방관계법규

초판인쇄	2024년 10월 29일
초판발행	2024년 11월 5일
저자	김동준
발행인	박홍준
발행처	㈜두빛나래
등록번호	제575 - 86 - 01526
주소	서울시 구로구 새말로 102, 2522호 (구로동, 신도림포스빌)
전화	070 - 4090 - 1051
팩스	070 - 4095 - 1051
교재문의	dubitbook.com
ISBN	979-11-90945-99-8　13350

저자와 협의 하에 인지는 생략함

이 책의 무단 전재 또는 복제행위는 저작권법 제136조 제1항에 의해 5년 이하의 징역 또는 5,000만 원 이하의 벌금에 처하거나 이를 병과할 수 있습니다.
파본은 교환해 드립니다.

정가 41,000원

김동준 소방 & 방재 아카데미와 함께하는

소방체력 Family

소방단기 김동준선생님과 전국의 체력학원들과 협업하여 수험생여러분들에게 조금이나마 도움이 되자고 소방체력 Family를 결정하였습니다.

본 할인권을 가지고 지정된 체력학원으로 가시면 준비된 혜택과 최고의 체력교육을 받으실 수 있습니다.

할인 coupon

학원내방시 필참

2025년 소방공무원 시험대비
소방체력 Family
학원전용 할인쿠폰

각 지역별 체력학원마다 금액이 상이한 관계로 자세한 사항은 체력학원으로 문의바랍니다. (뒷면참조)

25년 대비 김동준 소방&방재 아카데미와 함께하는 소방체력 Family

체력학원명	지역	주소	상담대표전화
에듀스포츠 체대입시(수원)	경기도	경기도 수원시 장안구 장안로 92 태범B/D 1층, 지하 1층	0507-1460-7679
맥스체대입시(강릉시)	강원도	강원도 강릉시 임영로120 3층 맥스체대입시	033-651-2673
맥스체대입시(동해시)		강원도 동해시 동해대로 5033 4층	033-521-2673
맥스체대입시(천안)	충남	충청남도 천안시 서북구 두정동 2036	041-522-0207
트윈 에이치(청주)	충북	충청북도 청주시 흥덕구 천석로 73	010-8253-1912
맥시멈체대입시(창원)	경남	경남창원시 마산합포구 동서동3길39 새롬미리내 아파트 101동 자하상가 제1호	055-245-1789
엘리트 체대 입시 (전주)	전북	전라북도 전주시 완산구 우전로 255 4층	010-6336-4565
엘리트 체대 입시 덕진점(전주)		전라북도 전주시 던진구 조경단로100 3층	010-6336-4565
맥스체대입시(전주)		전북 전주시 완산구 백제대로424. 2층	063-255-1109
한국 맥시멈 공무원체력학원	대구	대구광역시 중구 중앙대로 390 지하1층	053-255-1129
PSSA 경찰소방체력	부산	1관 : 부산광역시 부산진구 동천로55 ck빌딩 3층	051-806-9666
		2관 : 부산광역시 부산진구 동천로55 구슬빌딩 4층	
맥스체대입시(관악교육원)	서울	서울 관악구 난곡로63가길 60 로얄빌딩	010-7104-0794
맥스체대입시(서초교육원)		서울시 동작구 동작대로 27가길 44 영지빌딩 지하1층(4호선 7호선 이수역 바로앞 걸어서 30초 거리)	02-595-7406, 010-4556-0794
맥스체대입시(춘천교육원)	춘천	강원 춘천시 경춘로 2215 어썸빌딩 3층	033-251-9731
맥스체대입시(원주교육원)	원주	강원 원주시 능라동길 26 메인스퀘어 3층 305호	010-9211-6332